Activeer de leeromgeving

Ga naar:

 www.leeromgeving-boom.tijdstroom.nl

Ga naar het Handboek ouderenpsychologie en klik op activeer:

 ACTIVEER

Registreer het boek met behulp van deze code:

DE452FFM

Handboek ouderenpsychologie

Handboek ouderenpsychologie

Tweede, geheel herziene druk

Marja Vink, Yolande Kuin, Gerben Westerhof, Sanne Lamers
en Anne Margriet Pot (redactie)

De Tijdstroom, Utrecht

Eerste druk, 2006
Tweede, geheel herziene druk, 2017
Tweede, geheel herziene druk, tweede oplage, 2019

© De Tijdstroom uitgeverij, 2017. De auteursrechten berusten bij de auteurs der afzonderlijke bijdragen.
Omslagontwerp: Cees Brake bNO, Enschede

Uitgegeven door De Tijdstroom uitgeverij BV, Postbus 775, 3500 AT Utrecht.
E-mail: info@tijdstroom.nl
Internet: www.tijdstroom.nl

Aan de totstandkoming van deze uitgave is de uiterste zorg besteed. Voor informatie die nochtans onvolledig of onjuist is opgenomen, aanvaarden auteur(s), redactie en uitgever geen aansprakelijkheid. Voor eventuele verbeteringen van de opgenomen gegevens houden zij zich gaarne aanbevolen.

Alle rechten voorbehouden. Niets uit deze uitgave mag worden verveelvoudigd, opgeslagen in een geautomatiseerd gegevensbestand of openbaar gemaakt in enige vorm of op enige wijze, hetzij elektronisch, mechanisch, door fotokopieën, opnamen of enige andere manier, zonder voorafgaande schriftelijke toestemming van de uitgever.
Voor zover het maken van kopieën uit deze uitgave is toegestaan op grond van artikel 16b Auteurswet 1912 juncto het Besluit van 20 juni 1974, Stbl. 351, zoals gewijzigd bij het Besluit van 23 augustus 1985, Stbl. 471, en artikel 17 Auteurswet 1912, dient men de daarvoor wettelijk verschuldigde vergoedingen te voldoen aan de Stichting Reprorecht, Postbus 3051, 2130 KB Hoofddorp.
Voor het overnemen van gedeelten uit deze uitgave in bloemlezingen, readers en andere compilatiewerken (artikel 16 Auteurswet 1912) dient men zich tot de uitgever te wenden.

ISBN 978 90 5898 3121
NUR 770

Inhoud

Voorwoord bij de tweede druk — 11

Deel I   Ouder worden en ouderen — 13

Hoofdstuk 1
Ouder worden en ouderenpsychologie — 15
Marja Vink, Yolande Kuin, Gerben Westerhof, Sanne Lamers en Anne Margriet Pot

Hoofdstuk 2
Levenslooptheorieën — 31
Gerben Westerhof

Hoofdstuk 3
Sociaal netwerk en persoonlijke relaties — 49
Marjolein Broese van Groenou en Theo van Tilburg

Hoofdstuk 4
Biologische veroudering en leeftijdgerelateerde aandoeningen — 65
Martin Smalbrugge

Deel II   Domeinen van psychisch functioneren — 81

Hoofdstuk 5
Emotie en stemming — 83
Yolande Kuin en Harm-Pieter Spaans

Hoofdstuk 6
Cognitie — 123
Saskia Teunisse en Johan Smal

Hoofdstuk 7
Persoonlijkheid — 157
Bas van Alphen

Hoofdstuk 8
Gedrag — 173
Marja Vink, John Ekkerink en Sandra Zwijsen

Deel III Thema's in levensloopperspectief — 199

Hoofdstuk 9
Zingeving en levensvragen — 201
Yolande Kuin en Gerben Westerhof

Hoofdstuk 10
Verlies en rouw — 221
Jan van den Bout en Paul Boelen

Hoofdstuk 11
Wilsbekwaamheid — 247
Han Diesfeldt en Saskia Teunisse

Hoofdstuk 12
Seksualiteit — 271
Albert Neeleman en Nathalie Huitema-Nuijens

Hoofdstuk 13
Kwaliteit van leven — 297
Debby Gerritsen en Nardi Steverink

Hoofdstuk 14
Het levenseinde — 315
Quin van Dam

Deel IV Psychologische interventies — 335

Hoofdstuk 15
Preventie — 337
Iris van Asch en Sanne Lamers

Hoofdstuk 16
Cognitieve gedragstherapie — 355
Paul Boelen en Jan van den Bout

Hoofdstuk 17
Mediatieve cognitieve gedragstherapie — 369
Claudia Disselhorst en Corgé Borghouts

Hoofdstuk 18
Interpersoonlijke psychotherapie — 387
Mark Miller en Richard Morycz

Hoofdstuk 19
Life review — 399
Sanne Lamers, Gerben Westerhof en Ernst Bohlmeijer

Hoofdstuk 20
Oplossingsgerichte psychotherapie — 415
Marion Klaver en Hans Cladder

Hoofdstuk 21
EMDR — 435
Marja Vink en Wietske Soeteman

Hoofdstuk 22
Systeemtherapie — 455
Marga Jacobs

Hoofdstuk 23
Mantelzorgers — 469
Marjolein de Vugt

Hoofdstuk 24
Teambegeleiding — 481
Maritza Allewijn en Leny Haaring

Hoofdstuk 25
Cognitieve revalidatie — 503
Chantal Geusgens en Jeanette Dijkstra

Deel V Speciale aandachtsgroepen — 517

Hoofdstuk 26
Migranten op leeftijd — 519
Carolien Smits en Yvonne Witter

Hoofdstuk 27
Ouderen met ontwikkelingsstoornissen — 537
Hilde Geurts

Hoofdstuk 28
Ouderen met een verstandelijke beperking — 553
Petri Embregts, Rianne Meeusen en Wietske van Oorsouw

Hoofdstuk 29
Ouderen met schizofrenie en verwante psychotische stoornissen — 573
Paul David Meesters en Tonnie Staring

Hoofdstuk 30
Mensen met dementie – 589
Jacomine de Lange

Deel VI   Thema's in de beroepsuitoefening – 607

Hoofdstuk 31
Beroepsethiek – 609
Henk Geertsema

Hoofdstuk 32
Wetenschappelijke competenties – 623
Gerben Westerhof en Anne Margriet Pot

Hoofdstuk 33
Deskundigheidsbevordering – 639
Anne de Wit

Hoofdstuk 34
Multidisciplinaire samenwerking – 653
Henk Geertsema

Personalia – 671

Register – 675

Online leeromgeving

www.tijdstroom.nl/leeromgeving

Op www.tijdstroom.nl/leeromgeving vindt u een leeromgeving waarin, naast het complete boek, aanvullende informatie te vinden is over de thema's die in dit boek aan de orde komen, zoals diagnostische instrumenten, richtlijnen, proefschriften of andere relevante documenten, en beeldmateriaal over specifieke doelgroepen. Ook bevat de website uitgebreide casuïstiek waarmee de indicatiestelling en toepassing van therapeutische interventies bij ouderen nader worden geconcretiseerd. Bij elk hoofdstuk is met behulp van onderstaande iconen aangegeven welke extra's er in de leeromgeving te vinden zijn.

- Casuïstiek
- Beeldmateriaal
- Handige documenten
- Weblinks

Voorwoord bij de tweede druk

In 2007 verscheen de eerste editie van *Handboek ouderenpsychologie*. Door de jaren heen waren reeds verschillende Nederlandstalige boeken verschenen over ouderenpsychologie. Enerzijds waren dat praktijkgerichte boeken, waarin de nodige kennis en ervaring vanuit het werkveld was verzameld, vooral vanuit Nederland; anderzijds waren het wetenschappelijke boeken die inzicht gaven in de theorievorming en internationale wetenschappelijke bevindingen op het vakgebied. Boeken die beide aspecten verenigden, ontbraken, of beperkten zich tot specifieke thema's. *Handboek ouderenpsychologie* voorzag in deze leemte.

Inmiddels zijn er tien jaren verstreken waarin allerlei ontwikkelingen hebben plaatsgevonden op maatschappelijk en wetenschappelijk gebied. Dit vraagt om een rigoureuze update van de oorspronkelijke editie. Het resultaat is deze geheel herziene editie. Het doel en uitgangspunt van het handboek zijn ongewijzigd. Ook deze nieuwe editie is in de eerste plaats bedoeld om psychologen, maar daarnaast ook andere hulpverleners die in de gezondheidszorg met ouderen werken of daartoe worden opgeleid, een basis te bieden om hun werk gefundeerd en geïnspireerd te verrichten. Evenals de vorige editie van het handboek biedt deze versie een combinatie van praktijk en theorie: de praktijkgerichte invalshoek die aansluit bij de vragen die zich voordoen bij het werken met ouderen, gecombineerd met de actuele theoretische en wetenschappelijke stand van zaken.

Dat brengt ons bij de vernieuwing in dit handboek ten opzichte van de oorspronkelijke editie. Relevante ontwikkelingen, zowel in de praktijk als in de theorievorming en wetenschap, zijn verwerkt in deze nieuwe editie. Dit betekent dat een aantal hoofdstukken geheel opnieuw is geschreven, soms door de oorspronkelijke auteurs, maar in een aantal gevallen ook door andere deskundigen. Zo dragen bijvoorbeeld de hoofdstukken over cognitie, persoonlijkheid, wilsbekwaamheid en interpersoonlijke psychotherapie weliswaar nog dezelfde titel, maar is de tekst geheel nieuw, en daarmee in overeenstemming met de huidige praktijk en wetenschappelijke stand van zaken. Bij enkele hoofdstukken is niet alleen de inhoud geheel nieuw, maar is tevens de titel aangepast, aansluitend bij actuele terminologie in het vak en bij accentverschuivingen binnen het hoofdstuk. Zo is bijvoorbeeld het oorspronkelijke hoofdstuk over gedragstherapie en mediatieve behandeling vervangen door een nieuw hoofdstuk getiteld mediatieve cognitieve gedragstherapie, is het hoofdstuk ouderen met een verstandelijke handicap vervangen door een hoofdstuk getiteld ouderen met een verstandelijke beperking, en heeft het hoofdstuk didactische vaardigheden plaatsgemaakt voor een hoofdstuk met als titel deskundigheidsbevordering.

Daarnaast is er een aantal nieuwe onderwerpen toegevoegd. In deel III van dit handboek, over thema's in levensloopperspectief, vormt het hoofdstuk over het levenseinde een belangrijke aanvulling. In deel IV (psychologische interventies) zijn hoofdstukken toegevoegd over *eye movement desensitization and reprocessing* (EMDR), systeemtherapie en cognitieve revalidatie. Nieuw in deel V over speciale aandachtsgroepen zijn de hoofdstukken over ouderen met ontwikkelingsstoornissen (zoals autisme en ADHD), over ouderen met schizofrenie en verwante psychotische stoornissen, en over mensen met dementie.

Een andere belangrijke vernieuwing in dit handboek is de digitale uitbreiding: aan dit boek is een website verbonden (www.tijdstroom.nl/leeromgeving) waarop aanvullende informatie te vinden is over de thema's die in dit boek aan de orde komen. Zo is er bijvoorbeeld aanvullende informatie te vinden over diagnostische instrumenten, richtlijnen, proefschriften of andere relevante documenten, en beeldmateriaal over specifieke doelgroepen. Ook bevat de website uitgebreide casuïstiek waarmee de indicatiestelling en toepassing van therapeutische interventies bij ouderen nader worden geconcretiseerd.

Deze nieuwe editie van het handboek is tot stand gekomen dankzij de inzet van vele deskundigen op het gebied van ouderen. De auteurs zijn afkomstig van universiteiten, hogescholen, medische centra, zorginstellingen, ggz-instellingen en onderzoeksorganisaties in Nederland, België en de Verenigde Staten: Radboud Universiteit Nijmegen, Rijksuniversiteit Groningen, Universiteit van Amsterdam, Vrije Universiteit Amsterdam, Universiteit Maastricht, Universiteit Utrecht, Universiteit Tilburg, Universiteit Twente, Vrije Universiteit Brussel, Clark University, West Virginia University, University of Pittsburgh, Hogeschool Windesheim, VU medisch centrum, Novicare, De Waalboog, Careyn, Rijnhoven, Zorgspectrum, Amstelring, Geriant, Altrecht, GGz Friesland, GGz Eindhoven, GGNet, Mondriaan, Parnassia, vrijgevestigde psychologiepraktijken, PgD Psychologische Expertise voor de Ouderenzorg, Kenniscentrum Zorginnovatie en het Trimbos-instituut. Deze bundeling van expertise garandeert een breed draagvlak en een diversiteit in accenten, benaderingen en opvattingen. Hiermee hebben we willen bereiken evenwichtig aandacht te geven aan de gezamenlijke richting waarin de ouderenpsychologie zich beweegt en aan de talloze wegen die in die richting lopen.

Voor deze editie van het *Handboek ouderenpsychologie* is de oorspronkelijke redactie, Anne Margriet Pot, Yolande Kuin en Marja Vink, uitgebreid met twee nieuwe redacteuren: Gerben Westerhof, hoogleraar narratieve psychologie aan de Universiteit van Twente, die zich in zijn werk richt op het versterken van welbevinden en zingeving bij ouderen, en Sanne Lamers, die haar ervaring als psycholoog in de ouderenpsychiatrie, als onderzoeker en als docent in de psychologie kon inbrengen en de website vorm heeft gegeven. We danken Iris van Asch voor haar inzet tijdens de beginfase van de website-ontwikkeling.

Het eindresultaat is een geheel herzien handboek, dat een inspirerende basis zal bieden aan psychologen en verwante beroepsgroepen die in de gezondheidszorg met ouderen werken.

De redactie:
Marja Vink
Yolande Kuin
Gerben Westerhof
Sanne Lamers
Anne Margriet Pot

Deel I
Ouder worden en ouderen

1 Ouder worden en ouderenpsychologie

Marja Vink, Yolande Kuin, Gerben Westerhof, Sanne Lamers en Anne Margriet Pot

1 Inleiding
2 Wat is oud?
   2.1 Veranderende levensloopindelingen
   2.2 Beeldvorming
   2.3 Feit en fictie
   2.4 Diversiteit in ouder worden
3 Ontwikkelingen in visie op gezondheid en zorgbeleid
   3.1 Zorg voor ouderen
4 Ouderenpsychologie
   4.1 Psychologische hulpverlening aan ouderen
   4.2 Kennisdomein
5 Professionalisering ouderenpsycholoog
   Literatuur

> **Kernboodschappen**
> - Wat we verstaan onder ouder worden, ouderen en ouderdom is het resultaat van een maatschappelijk krachtenspel waarin politiek, belangenorganisaties, media, bedrijven en instellingen, maar ook ouderen zelf een rol spelen.
> - Ouder worden kenmerkt zich door diversiteit: dé oudere bestaat niet.
> - Gezondheid is niet enkel de afwezigheid van ziekte, maar wordt ook gezien als de aanwezigheid van welbevinden, veerkracht en zingeving.
> - De maatschappelijke relevantie van de ouderenpsychologie in de samenleving neemt toe.
> - Ouderenpsychologie biedt wetenschappelijk gefundeerde psychologische kennis en methoden om ouderen en hun naasten te begrijpen, problemen te voorkomen en te behandelen en veerkracht te versterken, opdat mensen ook op hoge leeftijd optimaal tot hun recht kunnen komen.
> - Hulpverlening aan ouderen vraagt om specifieke kennis en vaardigheden, evenals om kritische reflectie op de eigen attitude tegenover ouderdom.

1 Inleiding

Boeken over ouderen en ouder worden zijn populair. Er zijn tegenwoordig veel titels in de boekhandel te vinden, ook van Nederlandse auteurs. Enerzijds zijn er populairwetenschappelijke boeken van diverse aard: medisch-biologisch, psychologisch, levensbeschouwelijk en filosofisch. Een bekend voorbeeld is *Oud worden, zonder het te zijn* van Rudi Westendorp. Er zijn ook boeken met openhartige persoonlijke verhalen, zoals van Stella Braam over haar vader met alzheimer of van Hugo Borst over zijn moeder met dementie.

Verschillende Nederlandse schrijvers hebben de ervaringen met oude ouders in hun literaire werk verwerkt, zoals Adriaan van Dis in *Ik kom terug*, of Maarten 't Hart in *Magdalena*. Daarnaast is er ook fictie: denk aan bestsellers zoals de dagboeken van Hendrik Groen, of Jonas Jonassons *De 100-jarige man die uit het raam klom en verdween*. Of Vonne van der Meer, die in haar roman *Winter in Gloster Huis* de lezer aan het denken zet over ouderen met doodsverlangens en de rol die de samenleving daarbij vervult. Ouder worden lijkt dus een thema te zijn dat mensen intrigeert. Wellicht niet vreemd gezien het feit dat de levensverwachting stijgt, er veelvuldig over ouderen gesproken wordt in politiek en media, en we ook voor onszelf graag willen weten wat dat betekent: ouder worden.

2 Wat is oud?

Hoewel de termen oud, ouderen en ouder worden veelvuldig en gemakkelijk gebruikt worden, is het niet altijd even duidelijk waar het om gaat. Ouder worden doen we ons leven lang. Aan een kind vragen we al: hoe oud ben jij? Met ouder worden bedoelen we vooral de latere levensfasen. Maar er is geen duidelijk begin aan het ouder worden. Wat we oud noemen, wordt sociaal vormgegeven in een maatschappelijk krachtenspel (Baars, 2006; Bijsterveld, 1995; Kohli, 1985). Daarin spelen demografische ontwikkelingen een rol, maar ook politiek en beleid, de media, bedrijven en maatschappelijke organisaties, en niet in de laatste plaats ook ouderen zelf.

2.1 Veranderende levensloopindelingen

Kalenderleeftijd speelt een belangrijke rol in de constructie van de ouderdom. Lange tijd is het begin van de ouderdom gemarkeerd geweest door de pensioengerechtigde leeftijd van 65 jaar. In de jaren tachtig en negentig van de vorige eeuw verschoof de grens naar beneden, mede vanwege de vele regelingen voor het prepensioen. Tegenwoordig worden er allerlei verschillende grenzen gehanteerd. De pensioenleeftijd stijgt tot minstens 67 jaar. Lid worden van een ouderenbond kan vanaf 50 jaar, ouderenbeleid van gemeentelijke en centrale overheden betreft meestal 55+, seniorenbeleid op het gebied van werk begint al bij 40 of 45 jaar. In wetenschappelijk onderzoek wordt vaak onderscheid gemaakt in jongere en oude of oudere ouderen; de laatsten zijn 75+ of 80+. Voor mensen zelf is 50 jaar worden vaak een markerende gebeurtenis. Ze zien niet alleen Sarah of Abraham, maar langzamerhand ontstaat het besef dat het leven eindig is en dat de toekomst beperkter is dan het verleden.

Elke grens heeft iets willekeurigs, zeker gezien het feit dat de levensverwachting alleen maar toeneemt (RIVM, 2016). De grootste stijging kwam voor de Tweede Wereldoorlog, met een sterke afname van de kindersterfte. Daarna is de levensverwachting met twee à drie jaar per decennium toegenomen. Er wordt wel gesproken van een dubbele vergrijzing, omdat de levensverwachting ook op oudere leeftijd is blijven toenemen. Steeds meer mensen worden 100 jaar of ouder. In 2014 waren 2.200 Nederlanders ouder dan 100, een aantal dat verdubbeld was sinds 2000 en dat nogmaals zal verdubbelen tot 2025.

Met de ontwikkeling van de moderne samenleving kwam de bekende driedeling in de levensloop (Kohli, 1985): kinderen en jeugdigen (0 tot begin 20 jaar), volwassenen (begin 20 tot 65 jaar), en ouderen (65+). Vanwege de toename van de levensverwachting en stijging van het aantal mensen in de hogere leeftijden is ook de indeling van de menselijke levensloop de laatste decennia veranderd en is er meer differentiatie in de leeftijdsgroepen ontstaan. Zo wordt in het rapport *Verkenning levensloop* (ministerie van szw, 2002) een indeling in vijf fasen beschreven: vroege jeugd (0-15), jongvolwassenheid (15-30), consolidatie en spitsuur (30-60), actieve ouderdom (60-80) en intensieve verzorging (80+). De leeftijdsgroep van 60-80 bestempelen als ouderdom getuigt echter van onzorgvuldig taalgebruik. Sommige onderzoekers benadrukken de continuïteit en spreken eerder van een verlengde middelbare leeftijd (Biggs, 2005). Daarnaast is deze periode op te delen in een fase voor en na het pensioen. Om de fase van 80+ als fase van alleen intensieve verzorging te beschouwen, getuigt evenzeer van een eenzijdig perspectief op deze latere levensfase. Bovendien is het wellicht gepaster om ook de leeftijd van 95 of 100+ te zien als een aparte levensfase.

Misschien nog belangrijker dan de vraag wanneer ouderdom eigenlijk begint en in welke sterker gedifferentieerde levensfasen de levensloop is in te delen, is de vraag wat de betekenis hiervan is. Wat wordt er verstaan onder ouder worden, ouderdom en ouderen? Ook bij deze vraag is er een maatschappelijk proces van beeldvorming dat bijdraagt aan de manier waarop deze begrippen betekenis krijgen.

2.2 Beeldvorming

Ouder worden wordt vooral in de media vaak op een eenzijdige wijze weergegeven. De eenzijdigheid is vooral terug te zien in het alarmerende beeld dat van de vergrijzing gegeven wordt (Katz, 1996). Door het toenemende aantal ouderen zouden het pensioensysteem en het zorgsysteem vastlopen.

Toch is het misschien beter om te spreken over de januskop van het ouder worden dan om alleen een eenzijdig negatief beeld te geven. Historici hebben beschreven dat in de kunst de verbeelding van ouder worden altijd zowel een positieve als een negatieve kant heeft gehad (Janssen, 2007). Ook in de media zien we dit terug (Van Selm e.a., 2007). Oudere volwassenen worden neergezet als een groep die veel geld kost vanwege de gezondheidsproblemen, maar ook als de profiteurs met een zwitserlevengevoel die de pensioenen van de jongeren opeten. In beleid stonden voorstanders van beide visies ook steeds tegenover elkaar: enerzijds zorg en ondersteuning bieden aan kwetsbare ouderen, anderzijds ouderen aanspreken op hun potentieel om te blijven meedoen in de maatschappij (Roelfsema, 2003). Ook vandaag de dag zien we dat nog terug. Ouderen worden gezien als mondige babyboomers, maar ook als degenen voor wie gezorgd moet worden, zoals in het rapport *Waardigheid en trots, liefdevolle zorg voor onze ouderen* (ministerie van vws, 2015).

Ook in de commerciële wereld zien we de beide kanten terug. De landelijke 50PlusBeurs is een van de grootste evenementen van de Utrechtse Jaarbeurs. Wie rondloopt op deze beurs, ziet het beeld van de relatief vermogende oudere, die aantrekkelijk is voor de commercie. Er is veel aanbod aan vrijetijdsbesteding, zoals reizen, huizen, culturele activiteiten en horeca, en aan de uiterlijke verfraaiing: botox tegen rimpels en plastische chirurgie, om het ideaal van eeuwig jong zijn te realiseren. Op het gebied van gezondheid kunnen vermogende ouderen check-ups laten verzorgen in priveklinieken en op het financiële terrein zijn ze aantrekkelijk voor de bankenwereld, bijvoorbeeld omdat ze jongere generaties, kinderen en kleinkinderen, kunnen ondersteunen in het afsluiten van een hypotheek. Daarnaast is er het beeld van de hulpbehoevende oudere die meer of minder technologisch geavanceerde middelen nodig heeft om onafhankelijk te kunnen blijven en in eigen huis te blijven wonen. Ook dit beeld biedt commerciële bedrijven mogelijkheden en kansen.

De algemene maatschappelijke beeldvorming zien we ook terug in verschillende levensdomeinen. Op het gebied van werk is loopbaanmanagement erop gericht om mensen langer en naar tevredenheid te laten doorwerken. Het wordt steeds belangrijker om duurzame inzetbaarheid te realiseren, zeker in een tijd waarin mensen later met pensioen gaan. Onderzoek (De Grip e.a., 2015) laat echter zien dat nog geen vijfde van de werkgevers het belangrijk vindt dat oudere werknemers tot hun pensioen doorwerken; 43% vindt dat helemaal niet belangrijk. Werkgevers richten zich vaak niet op werkzaamheidsbevorderende maatregelen voor oudere werknemers, maar nog steeds op de zogeheten ontziemaatregelen, zoals leeftijdsvakantiedagen en seniorenverlof.

Ook in de zorg zien we dat beeldvorming over ouder worden een belangrijke rol speelt. Waar in de jaren zestig van de vorige eeuw bejaardenhuizen gebouwd werden en gewild waren om ouderen te ondersteunen in hun zelfstandigheid, heeft het begrip zelfstandigheid een totaal andere invulling gekregen, namelijk van thuis blijven wonen (Bijsterveld, 1995). Daardoor bestaat de groep ouderen die tegenwoordig in zorginstellingen verblijven alleen nog uit de allerkwetsbaarste ouderen.

Beelden en verwachtingen spelen ook een rol in andere aspecten van zorg. In gesprekken tussen artsen en oudere patiënten blijkt dat er vaker sprake is van misinterpretatie van symptomen, van minder open en aandachtige communicatie, en van een slechtere overeenstemming tussen wat er besproken is dan in gesprekken tussen artsen en jongere patiënten (Pasupathi & Löckenhoff, 2002). Dit kan bijdragen aan een minder goede behandeling. Inzicht in vooroordelen en stereotypen wordt dan ook als een noodzakelijk onderdeel gezien van medische opleidingen (Van Bodegom e.a., 2014).

In de geestelijke gezondheidszorg is lange tijd gedacht dat het weinig zin heeft om ouderen te behandelen, maar hier is gaandeweg, mede door onderzoek, een duidelijke kentering opgetreden. Desondanks krijgt een 80-plusser nog altijd niet met eenzelfde vanzelfsprekendheid adequate psychologische hulp geboden als een 40-jarige, wanneer dat aan de orde is (Veerbeek, 2014).

2.3 Feit en fictie

Het blijft van belang om steeds goed een onderscheid te maken tussen feit en fictie. Zo wordt in maatschappelijke discussies over ouder worden vaak genoemd dat hedendaagse ouderen een betere gezondheid hebben dan ouderen uit voorgaande generaties. Deeg (2015) laat echter zien dat ouderen de afgelopen 10-15 jaar meer gezondheidsproblemen hebben gekregen en meer zorg behoeven. Dit heeft enerzijds gevolgen voor hun participatie in de samenleving via arbeid of vrijwilligerswerk, maar ook voor de mate waarin zij zelf zowel zorg geven als krijgen. Pensionering heeft vaak de betekenis van zich terugtrekken uit de maatschappij, of juist van een hedonistisch genieten van de vrije tijd die pensionering met zich meebrengt. Ook hier is het belangrijk om feit en fictie van elkaar te scheiden. Er is een steeds omvangrijker groep mensen die na de pensionering wil doorwerken: in hun oude baan, of juist in een andersoortige situatie. Ze vinden werken fijn, beleven er plezier aan en vinden dat het zin geeft aan hun leven.

Anderen zijn blij dat ze van de werkdruk af zijn en ervaren het als positief dat ze nu zelf de prioriteiten kunnen bepalen. Ze kiezen voor een andere invulling om aanverwante competenties te gebruiken, of juist nieuwe of ongebruikte competenties te ontwikkelen. Veel senioren doen vrijwilligerswerk op allerlei gebied: gastvrouw in een zorgcentrum, chauffeur op de seniorenbus, rondleider in musea, gids bij standswandelingen, vrijwilliger bij de opvang van vluchtelingen, taalcoach, mentor voor leerlingen met schoolproblemen, vrijwillig ouderenadviseur, maar ook bestuurlijke activiteiten.

Zonder vrijwilligers (overigens niet alleen senioren) zou er in Nederland een groot gat vallen in activiteiten. Vrijwilligers hebben een grote economische waarde. Zo blijkt uit gegevens uit 2010 dat in Nederland ruim 5,5 miljoen vrijwilligers samen goed zijn voor 560.000 voltijdsbanen (Vahl, 2010). Dat betekent een economische waarde van tussen de 5 en de 20 miljard euro, afhankelijk van het uurloon dat wordt gehanteerd.

Specifieke cijfers over ouderen zijn wat onduidelijk, maar wel weten we dat een derde van de mensen tussen de 55 en 74 jaar vrijwilligerswerk doet, gemiddeld 6 uur per week. Dit is meer dan de groep van 15-34 jaar en van 35-54 jaar (Dekker e.a., 2007). De socioloog Künemund (2001) berekende dat ouderen in Duitsland dankzij vrijwilligerswerk en andere vormen van maatschappelijke inzet goed zijn voor een economische waarde van minimaal een vijfde van het bedrag dat zij aan pensioenuitkeringen ontvangen.

2.4 Diversiteit in ouder worden

Misschien wel het belangrijkste feit over het ouder worden is dat dit niet gevangen kan worden in algemene beelden en gemiddelde cijfers. Er kan dus niet gesproken worden van 'de' oudere. Er is veel diversiteit en er zijn veel uitdagingen om daar goed vorm aan te geven, door de 'samenleving', maar ook door senioren zelf in interactie met jongere generaties. Kritische wetenschappers pleiten ervoor om meer aandacht te geven aan inhoudelijke aspecten van het ouder worden als proces, in plaats van aan ouderdom en kalenderleeftijd (Baars, 2006). Dat betekent ook dat in het denken over ouder worden, in beleid en onderzoek maar ook in de hulpverlening, op diversiteit ingespeeld moet worden. Deze diversiteit heeft deels te maken met de maatschappelijke positie: het gaat dan om cohortverschillen, geslacht, sociaal-economische status en migratiegeschiedenis. Deels heeft diversiteit ook te maken met individuele verschillen, bijvoorbeeld in persoonlijkheid, het omgaan met het ouder worden, en de individuele levensgeschiedenis. Tot slot is er ook diversiteit in ouder worden binnen een individu: een persoon kan in een bepaald domein, zoals lichamelijke gezondheid, verliezen ervaren, maar tegelijkertijd in een ander domein, zoals sociale relaties of welbevinden, continuïteit of zelfs groei.

Diversiteit komt onder andere terug in cohortverschillen (Becker, 1998; Liefbroer & Dykstra, 2000). De nieuwe cohorten ouderen, te beginnen bij de babyboomers, geboren tussen 1945 en 1965, zullen naar verwachting anders oud worden dan de vooroorlogse cohorten. Sommigen zullen een duidelijk eigen stempel op deze levensfase gaan drukken en zich minder in voorgeprogrammeerde kaders laten plaatsen. Meer mensen zijn hoger opgeleid dan in vorige generaties. Vooral degenen die zich lid voelen van de protestgeneratie, zijn mondiger dan leden van voorgaande generaties. Inrichting van beleid en inrichting van zorg zijn zaken waar 'nieuwe' ouderen zich (graag) mee bemoeien of op zijn minst als volwaardige gesprekspartner gezien willen worden. Als ze hulp nodig hebben, willen velen ook zelf meebepalen hoe en wat. En wat wonen betreft hebben mensen uit deze cohorten ook vaak hun eigen wensen en eisen. Ouder worden betekent immers niet voor iedereen kleiner wonen, zelfs niet als je zorg nodig hebt en in een zorginstelling zou moeten verblijven. Over de manier waarop ze vooral niét oud willen zijn – volledig zorgafhankelijk in de laatste levensfase bijvoorbeeld – hebben veel nieuwe ouderen ook duidelijke ideeën.

Daarnaast is er diversiteit binnen cohorten ouderen. Dit wordt bijvoorbeeld al zichtbaar in gegevens over gezondheid en levensverwachting (RIVM, 2016). Hoewel mannen een inhaalslag maken, hebben vrouwen altijd nog een hogere levensverwachting. Zij brengen deze extra jaren echter vaak door met gezondheidsproblemen. Omdat vrouwen op jongere leeftijd trouwen en op oudere leeftijd sterven dan mannen, zijn ze ook vaak weduwe. Vooral vrouwen uit de oudste cohorten die geen pensioen hebben opgebouwd omdat ze niet gewerkt hebben, moeten rondkomen van alleen een Algemene Ouderdomswet-uitkering (AOW).

Sociaal-economische verschillen zijn ook in Nederland groot. Hoogopgeleiden hebben een zes tot zeven jaar hogere levensverwachting bij de geboorte dan laagopgeleiden. De opeenstapeling van ongelijkheid en tegenslag aan de ene kant en de opeenstapeling van kansen en mogelijkheden aan de andere kant maken dat sociaal-economische verschillen over de levensloop groter worden (Dannefer, 2003).

Mensen met een migratieachtergrond hebben vaak, mede ook door de stress die migratie en uitsluiting in de nieuwe maatschappij met zich kunnen meebrengen, een slechtere gezondheid (Den Draak & De Klerk, 2011). Deze achtergrond draagt bij aan de diversiteit van het ouder worden, omdat migranten heel andere culturele verwachtingspatronen hebben over hun eigen ouderdom dan niet-migranten. Deze culturele verwachtingspatronen blijken echter lang niet altijd te realiseren, omdat ze niet aansluiten op de Nederlandse samenleving en omdat kinderen van migranten ze niet altijd delen.

Naast cohort, geslacht, sociaal-economische status en migratiegeschiedenis spelen ook individuele verschillen in persoonlijkheid, het omgaan met het ouder worden en de individuele levensgeschiedenis een belangrijke rol in de levensloopontwikkeling (Marcoen e.a., 2007). Mensen dragen bij aan hun eigen levensloopontwikkeling door keuzes en beslissingen die ze maken, maar ook door de manier waarop ze met gebeurtenissen in hun leven omgaan, en eerdere keuzes en beslissingen heroverwegen. Gedurende de levensloop stapelen zich zo de ervaringen op, waardoor elke levensloop unieke aspecten krijgt en de verschillen tussen mensen naarmate ze ouder worden alleen maar groter worden (Baltes, 1987).

Een complex samenspel van biologische, sociale en psychologische factoren draagt ertoe bij dat sommige ouderen vitaler zijn en andere kwetsbaarder. Maar het is ook belangrijk om de variatie binnen een persoon te blijven zien. Dat ouder worden vaak met gezondheidsproblemen gepaard gaat, valt niet te ontkennen, maar er zijn veel meer aspecten aan het ouder worden. Mensen kunnen doorgaans goed omgaan met de problemen en moeilijkheden die ze ervaren. Het welbevinden van ouderen is daarom niet slechter dan dat van jongeren (Lamers e.a., 2013). De laatste jaren is er in onderzoek steeds meer aandacht voor de veerkracht en vitaliteit van ouderen, en voor de verschillende factoren die het welbevinden positief beïnvloeden (Westerhof, 2017).

3 Ontwikkelingen in visie op gezondheid en zorgbeleid

De afgelopen jaren zien we een sterke verandering in de visie op gezondheid en zorg. Waar het begrip gezondheid vroeger vooral gezien werd als de afwezigheid van ziekte, is deze invulling aan het verschuiven. Juist de acute ziekten, zoals infectieziekten, zijn in Westerse landen voor een groot deel onder controle gebracht. Mede door veranderingen in de medische zorg blijven mensen met andere ziekten, zoals hartziekten en kanker, tegenwoordig steeds langer leven. Het *healthy ageing*-model van de World Health Organization (Beard e.a., 2016) gaat ervan uit dat gezond ouder worden van belang is voor iedereen om het functioneren zo veel mogelijk te bevorderen en te behouden. Dit geldt niet alleen voor mensen zonder ziekten of aandoeningen, maar ook voor degenen van wie de mentale en/of fysieke capaciteiten zijn verminderd, zoals mensen met dementie. Investeren in hun capaciteit en functioneren zal hen in staat stellen om zo lang mogelijk die dingen te blijven doen die voor hen van belang zijn en aan hun welbevinden bijdragen. De toenemende aandacht voor veerkracht om het eigen functioneren zo optimaal mogelijk te houden, ook wanneer men met tegenslagen te maken krijgt, is hierbij van belang (Huber e.a., 2011). In de geestelijke gezondheidszorg komt er steeds meer aandacht voor de veerkracht van mensen, ook voor die van ouderen (Keyes, 2005).

De healthy aging-benadering van de World Health Organization past goed bij het denken in de ouderenpsychologie, waarin ontwikkeling wordt gezien als groei, maar ook als behoud van functioneren en als het omgaan met tegenslagen en verlies (Marcoen e.a., 2007). Ook ouderen zelf stellen dat het zich goed kunnen aanpassen aan veranderingen in het leven en daardoor welbevinden te ervaren, voor hen van belang is (Von Faber e.a., 2001). Tevens zien we dat er in de geriatrie en in de ouderenzorg meer aandacht komt voor veerkracht, zingeving en welbevinden.

Deze nieuwe benadering kan teruggevonden worden in het beleid voor zorg en welzijn. Waar voorheen gesproken werd van een verzorgingsstaat waarin de staat verantwoordelijk was voor het verlenen van zorg en het bevorderen van welzijn, wordt tegenwoordig gesproken over de participatiesamenleving, waarin burgers zelf verantwoordelijkheid nemen voor hun eigen gezondheid en welzijn. De recente veranderingen in het beleid voor thuiszorg en maatschappelijke ondersteuning hebben een kanteling van verantwoordelijkheden gevraagd van de staat naar de burger. Andere veranderingen, zoals in de gezondheidszorg en de langdurige zorg, hebben eveneens als doel om burgers meer autonomie te verlenen. Daarbij wordt van burgers verwacht dat ze zelf de regie voeren over hun leven, hun competenties inzetten voor zichzelf en anderen, en in eerste instantie terugvallen op hun sociale netwerk voor ondersteuning.

Deze beleidsmatige veranderingen vragen om een andere opstelling van hulpverleners, die niet meer gezien worden als probleemoplossers, maar als begeleiders in het behouden van de regie. Artsen informeren patiënten zodanig dat ze kunnen meedenken en -beslissen over hun behandeling. Sociaal hulpverleners voeren zogeheten keukentafelgesprekken om samen in kaart te brengen wat een cliënt en diens omgeving wel en niet zelf kunnen. Dit alles betekent dat er meer gevraagd en geluisterd moet worden naar wat de cliënt en diens naasten willen. Een en ander leidt ertoe dat er meer differentiatie en pluriformiteit ontstaat in zorgaanbod en zorguitvoering, waardoor cliënten meer te kiezen hebben.

3.1 Zorg voor ouderen

Het is de vraag of er bij al deze veranderingen niet een té rooskleurig beeld geschetst wordt van de autonomie, de competenties en de sociale netwerken van kwetsbare groepen. Bovendien is het discutabel of ouderen en hun dierbaren gebaat zijn bij een maatschappij die eenzijdig focust op autonomie, participatie en zelfbeschikking. Wordt daarmee niet de waarde ontkend van, en het respect ondermijnd voor degenen die niet meer in staat zijn om actief mee te doen, en die niet over de vermogens beschikken om zelf de regie te voeren? Door een te grote nadruk op eigen verantwoordelijkheid kunnen problemen ontstaan voor ouderen die minder goed in staat zijn om hun belangen in te schatten. Als een oudere met dementie of met een psychotische stoornis en daarmee samenhangende sociale isolatie en zelfverwaarlozing niet vraagt om hulp, betekent dit niet dat hij verstoken moet blijven van de benodigde hulp. Dit lijkt wellicht een open deur, maar dit is wat er nu maar al te vaak gebeurt in de praktijk. Bij een dergelijke stringente opvatting van opdrachtgeverschap wordt onvoldoende rekening gehouden met de kwetsbaarheden van mensen.

Eenzijdige nadruk op autonomie en zelfbeschikking brengt dus problemen met zich mee voor kwetsbare mensen. Zij kunnen niet altijd meer hun eigen leven naar eigen inzicht vormgeven, en zijn ook niet altijd in staat om hun eigen zorgvragen adequaat te formuleren. Hulpverleners zullen zich dan ook voortdurend de vraag moeten stellen hoe ouderen – in het licht van hun kracht maar tegelijkertijd rekening houdend met hun kwetsbaarheid – zo veel mogelijk hun leven op een bij hen passende wijze vorm kunnen blijven geven. Van persoon tot persoon zal moeten worden afgewogen waar ongerechtvaardigde betutteling begint en waar belangenbehartiging gerechtvaardigd is, om te voorkomen dat iemand van de noodzakelijke hulp verstoken blijft.

De ouderenpsycholoog beweegt zich binnen de veranderende kaders van de gezondheidszorg en het zorgbeleid. Dit boek biedt aanknopingspunten om dit op een verantwoorde manier te doen en de stem te verheffen als ouderen niet de ondersteuning krijgen die zij nodig hebben. Het is daarbij belangrijk om niet alleen oog te hebben voor het steeds weer bevestigen van de autonomie en zelfstandigheid van ouderen, maar juist ook om hen te ondersteunen in de kunst van het loslaten van doelen die niet meer haalbaar zijn en het afhankelijk durven zijn van anderen.

4 Ouderenpsychologie

Ouderenpsychologie is een nog relatief jong, maar zich snel ontwikkelend specifiek onderdeel van de psychologie (Pot, 2009). Door de sterke vergrijzing neemt de maatschappelijke relevantie van dit vakgebied in de samenleving snel toe. Met de toename van het aantal ouderen is er groeiende behoefte aan wetenschappelijk gefundeerde psychologische kennis en methoden om ouderen en hun naasten te begrijpen, problemen te voorkomen en te behandelen, en hun veerkracht te versterken opdat mensen ook op hoge leeftijd optimaal tot hun recht kunnen komen. Dit vraagt van hulpverleners in het algemeen en van psychologen in het bijzonder om specifieke kennis van ouderen en ouderenpsychologie.

4.1 Psychologische hulpverlening aan ouderen

Een belangrijke vraag binnen de ouderenpsychologie is wat psychologische hulpverlening aan ouderen anders maakt dan aan jongere volwassenen. In zeker opzicht is er veel hetzelfde; de gebruikelijke basisprincipes en technieken van psychologische diagnostiek en behandeling zijn grotendeels toepasbaar bij ouderen, zelfs op hoge leeftijd. Tegelijkertijd is er een aantal aspecten dat het werken met ouderen wezenlijk anders maakt. Leeftijdgerelateerde factoren kunnen grote invloed hebben op de cliënt, op de therapeut en op de voortgang van het therapeutische proces. Deze factoren zijn verbonden met het ouder worden van cliënten zelf, met veranderingen in hun omgeving, en met hun levensgeschiedenis. Ook vormen verschillende aspecten van de werkrelatie tussen de therapeut en de oudere cliënt een aandachtspunt.

Een grote valkuil in de hulpverlening aan ouderen is dat problemen van ouderen vaak klakkeloos worden toegeschreven aan ouderdom, en daarmee als onoplosbaar worden gezien. Behandelbare aspecten worden daardoor gemist. Bovendien ontstaat er daardoor geen ruimte voor hoop op verbetering. Dit fenomeen doet zich voor bij ouderen zelf, bij hun naasten, maar ook bij hulpverleners. Hoe vaak wordt niet gedacht 'Oké, je bent [vul maar in: vergeetachtig, levensmoe, angstig, eenzaam, …], maar ja: je bent oud, dus wat wil je.' Deze valkuil kan worden omzeild door samen met de cliënt zorgvuldig te analyseren welke klachten toe te schrijven zijn aan de leeftijd, en welke aan andere oorzaken. Daarnaast is het van belang om duidelijk uit te leggen dat er vaak iets gedaan kan worden om lijden te verlichten en kwaliteit van leven te verbeteren, ook al kunnen leeftijdgerelateerde veranderingen of chronische aandoeningen niet worden verholpen. Psychologische behandeling blijkt immers vaak ook bij ouderen effectief, mits deze wordt aangepast aan de oudere persoon.

In hoeverre en op welke wijze is aanpassing nodig van de communicatie, het diagnostische en het behandelproces, en de methoden die daarbij worden gekozen? Dat is de vraag waar de psycholoog in het werken met ouderen steeds weer voor staat. Gezien de eerdergenoemde grote individuele verschillen tussen ouderen zal het geen verwondering wekken dat er geen eenvoudig antwoord is op deze vraag. Bob Knight en Nancy Pachana (2015), psychologen die een belangrijke rol spelen in de professionalisering van de ouderenpsychologie, hebben een conceptueel raamwerk ontwikkeld om deze vraag te kunnen beantwoorden. De factoren die van belang zijn voor aanpassing van psychologische behandeling aan de individuele oudere

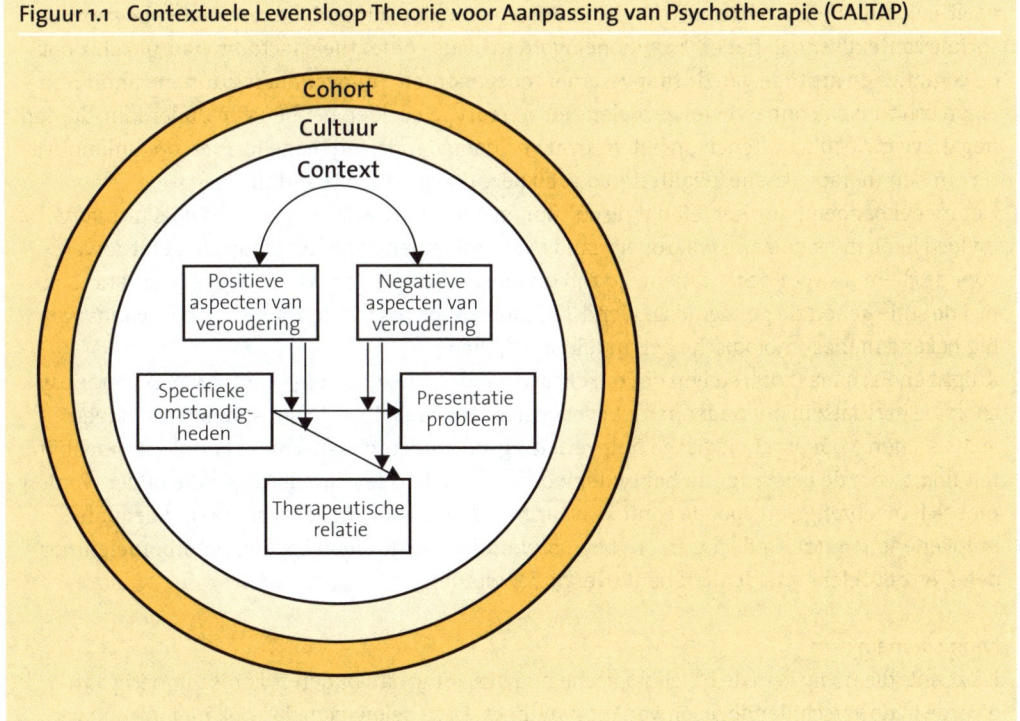

Figuur 1.1 Contextuele Levensloop Theorie voor Aanpassing van Psychotherapie (CALTAP)

Bron: Knight & Pachana, 2015

cliënt, brengen Knight en Pachana onder in een model genaamd Contextual Lifespan Theory for Adapting Psychotherapy (CALTAP) (zie figuur 1.1). Het CALTAP-model helpt om benodigde aanpassingen te bepalen vanuit de verschillende relevante perspectieven. Bovendien kan dit model nuttig zijn om helderheid te geven aan de therapeut, maar ook aan de oudere zelf en zijn naasten, over de vraag: 'Wat heeft leeftijd met het probleem van doen?' Daarmee helpt dit model om de eerdergenoemde valkuil te omzeilen om een problemen van ouderen als passend bij de leeftijd en daardoor onoplosbaar te zien.

Het CALTAP-model stimuleert om zowel aan de positieve als de negatieve biopsychosociale aspecten van het ouder worden aandacht te besteden (zie figuur 1.1). Fysieke, psychische en sociale veranderingen van positieve aard (*positive maturation*) en negatieve aard (*negative maturation*) maken nu eenmaal deel uit van het normale verouderingsproces. Denk bijvoorbeeld aan afname van fysiek uithoudingsvermogen, toename van levenservaring of relativeringsvermogen of aan pensionering. Daarnaast is het van belang om bedacht te zijn op meer ingrijpende veranderingen of specifieke aandoeningen die zich relatief vaak voordoen bij ouderen, maar die niet een natuurlijk onderdeel van het ouder worden betreffen (specifieke omstandigheden). Knight en Pachana (2015) noemen dit in hun CALTAP-model *specific challenges*. Denk bijvoorbeeld aan ernstig gehoorverlies, chronische ziekte, cognitieve stoornissen, mantelzorgtaken, verweduwing, of opname in een zorginstelling.

Verder legt het CALTAP-model veel nadruk op de sociale context van ouderen en op hun bredere sociaal-historische context als behorend tot een specifieke cultuur of subcultuur, en tot een specifiek cohort. Het belang van de sociale context behoeft hier nauwelijks toelichting. Zo zal een oudere die zich omringd weet door betrokken mensen in een omgeving waarin hij gewaardeerd voelt, een afnemende zelfredzaamheid anders ervaren dan iemand die een weinig begripvolle sociale context kent. In het CALTAP-model worden bij de contextuele factoren nadrukkelijk ook de cognities en attitude van de hulpverlener meegenomen. Hulpverleners kunnen vanuit hun eigen cohort (vaak onbewuste) gevoelens en stereotype beelden hebben van ouderdom, die een negatieve invloed uitoefenen op het vertrouwen dat verandering mogelijk is en op hun motivatie om hun therapeutische kwaliteiten ook bij deze doelgroep in te zetten.

Het model benoemt ook het feit dat de cultuur en het cohort waarvan iemand deel uitmaakt, invloed hebben op de wijze waarop iemand over problemen denkt en praat. Dit geldt zowel voor de cliënt als voor de therapeut. Zo zijn oudere ouderen uit de vooroorlogse generatie, ook wel de stille generatie genoemd, gewend 'te dragen in plaats van te klagen' en doorgaans weinig bekend met psychologische behandelmogelijkheden.

Knight en Pachana (2015) stellen dat enkel psychologen met de nodige kennis van ouderenpsychologie in staat zijn om ouderen met evenveel inzet en resultaat te behandelen als jongere volwassenen. Voor psychologische hulpverlening aan ouderen is specifieke kennis en sensitiviteit nodig voor de beleving van het ouder worden, met de vele veranderingen die ouder worden met zich meebrengt, en voor de context waarin ouderen leven. Daarnaast vraagt adequate hulpverlening om zelfreflectie en om bewustwording van de eigen beelden, vooroordelen, oordelen en gevoelens van de therapeut over ouder worden.

4.2 Kennisdomein

De kennis die nodig is in de psychologische hulpverlening aan ouderen, komt uitvoerig aan de orde in de verschillende delen van dit handboek. Deze delen gaan dan ook niet alleen over psychische klachten en stoornissen bij ouderen, maar ook over normale verouderingsprocessen, krachtbronnen en adaptatievermogen, en over levensloop- en cohortaspecten. Deze verschillende invalshoeken zijn nodig om een weg te vinden in de enorme complexiteit van mentale gezondheid en welbevinden op latere leeftijd. Dit handboek behandelt daarmee het gehele kennisdomein van de ouderenpsychologie.

Opbouw van dit handboek

In de volgende drie hoofdstukken van deel I van dit handboek worden ouder worden en ouderen in een breed perspectief geplaatst. Eerst in een hoofdstuk over psychologische levenslooptheorieën. Daarna wordt het ouder worden behandeld vanuit een sociaal perspectief. Vervolgens komt de rol van biologische veroudering en lichamelijke beperkingen aan de orde, inclusief de specifieke aandoeningen die zich relatief vaak voordoen bij ouderen.

Deel II gaat in op de grote domeinen van de psychologie: emotie en stemming, cognitie, persoonlijkheid en gedrag. In vier hoofdstukken wordt expliciet ingegaan op de veranderingen die zich voordoen in deze domeinen gedurende het ouder worden, en op diagnostische methoden die speciaal bij mensen van hogere leeftijd nuttig zijn.

Deel III behandelt zes thema's in levensloopperspectief: zingeving en levensvragen, verlies en rouw, wilsbekwaamheid, seksualiteit, kwaliteit van leven, en het levenseinde. Het gaat om thema's waarvan gezien de beschreven ontwikkelingen in de gezondheidszorg de relevantie alleen maar is toegenomen, en waarbij er een duidelijke rol is voor alle psychologen die met ouderen werken.

Deel IV bevat een elftal hoofdstukken over psychologische interventies voor ouderen en hun (zorg)systeem. De interventies variëren van preventieve en gezondheidsbevorderende interventies tot psychotherapeutische behandelingen. Er zijn interventies specifiek voor ouderen ontwikkeld, zoals life-review, die ook systematisch op hun effect zijn onderzocht. Daarnaast worden psychologische interventies die oorspronkelijk voor jongere volwassenen ontwikkeld zijn, ook bij ouderen toegepast en vindt onderzoek naar de effectiviteit plaats. Dit betekent vooral dat de desbetreffende interventies een andere inhoud krijgen, gekleurd door de latere levensfasen van ouderen, en steeds waar nodig worden aangepast aan de specifieke persoon. Hieraan wordt in de respectievelijke hoofdstukken uitvoerig aandacht besteed door casuïstiek. Dit interventiedeel van het boek maakt duidelijk dat psychologische hulp ook bij mensen van hoge leeftijd en hun naasten veel lijden kan verlichten en bijdraagt aan het hervinden van rust, zelfvertrouwen en levensplezier.

Deel V besteedt aandacht aan groepen ouderen die vanwege de diversiteit in ouder worden specifieke aandacht vragen. Naast een hoofdstuk over oudere migranten zijn in dit deel hoofdstukken opgenomen over ouderen met een verstandelijk beperking, met ontwikkelingsstoornissen zoals ADHD en autisme, met schizofrenie en verwante psychotische stoornissen, en met dementie. Kennis hierover is van belang, omdat zich aanpassen aan veranderingen en welbevinden juist bij deze groepen problematisch kunnen zijn in het licht van hun levensomstandigheden en functioneren.

Deel VI behandelt een viertal belangrijke aspecten van de beroepsuitoefening van de psycholoog bij de hulpverlening aan ouderen. Het gaat om specifieke competenties in beroepsethiek, wetenschappelijk onderzoek, deskundigheidsbevordering, en multidisciplinaire samenwerking. Het psychische functioneren van ouderen en mogelijke psychologische interventies voor deze pluriforme doelgroep worden in dit handboek belicht vanuit een breed spectrum aan theorieën en theoretische modellen. Dit is een bewuste keuze: we moeten niet willen streven naar één *grande théorie* van het ouder worden (vergelijk Bengtson e.a., 1999). Deze verschillende theoretische benaderingen belichten alle een deel van de werkelijkheid en zijn tevens een reductie van de werkelijkheid. Juist deze rijkdom aan theoretische benaderingen doet recht aan de pluriformiteit van ouderen. Hiermee geeft dit handboek psychologen in de hulpverlening aan die oudere cliënten een handvat om hun klinische werk professioneel uit te voeren in de huidige samenleving.

5 Professionalisering ouderenpsycholoog

Ouderenpsychologie heeft zich in de afgelopen veertig jaar ontwikkeld tot een onmisbare discipline binnen de ouderenzorg (Pot & Visser, 2013). De ouderenpsycholoog is de enige niet-medische academische behandelaar naast de klinisch geriater, de ouderenpsychiater en de specialist ouderengeneeskunde. Anno 2015 zijn er in Nederland naar schatting 2.600 ouderenpsychologen werkzaam in de gezondheidszorg, naast ongeveer 300 klinisch geriaters, 200 ouderenpsychiaters en 1.500 specialisten ouderengeneeskunde (Van Alphen, 2015). De werksetting van de ouderenpsycholoog is vooral de geestelijke gezondheidszorg (ggz), de verzorging-, verpleging en thuiszorgsector (vvt), de ziekenhuissector (vooral afdelingen klinische geriatrie en geheugenpoli's) en psychologenpraktijken in de eerste lijn. Ook zijn er toenemend in ouderen gespecialiseerde gedragswetenschappers werkzaam in de zorg voor mensen met een verstandelijke beperking.

Het aantal psychologen dat met ouderen in de praktijk te maken krijgt, is nog vele malen groter en zal alleen maar verder toenemen door de vergrijzing. Psychische problematiek bij ouderen en het belang van psychologische interventies worden steeds beter onderkend. Bovendien is de komende generatie ouderen meer vertrouwd met de mogelijkheden van de psychologie. De behoefte aan psychologische expertise op het gebied van ouderen neemt daardoor snel toe. Nu de kaders, financiering en samenwerkingsverbanden in de gezondheidszorg sterk in beweging zijn, is transparantie over kwalificaties van psychologen extra van belang, ook op het gebied van ouderen.

Vanwege de verwachte toename van het aantal ouderen en mantelzorgers in de komende jaren zal het aantal goed opgeleide ouderenpsychologen verder moeten worden uitgebreid. Er zijn verschillende wegen om als psycholoog expertise te ontwikkelen op het gebied van ouderen, met verschillende daaraan gekoppelde bevoegdheden. Zo wordt er in masteropleidingen klinische psychologie in toenemende mate aandacht aan ouderen besteed. Ditzelfde geldt voor de tweejarige opleiding tot gezondheidszorgpsycholoog (gz-psycholoog), die masterpsychologen na hun academische studie nader toerust om zelfstandig te kunnen werken als big-geregistreerd psycholoog in de gezondheidszorg. Sinds 2004 wordt in Amsterdam de opleiding tot gezondheidszorgpsycholoog met accent ouderen aangeboden om de competenties die nodig zijn voor het werken met ouderen voldoende aan bod te laten komen. Dit is noodzakelijk omdat een opleiding tot gezondheidszorgpsycholoog per definitie generalistisch behoort te zijn, zonder uitsluiting van bepaalde leeftijdsgroepen (Hutschemaeckers 2011).

Een groot probleem is dat in de ouderenzorg, vooral in de verzorging-, verpleging en thuiszorgsector (vvt) en in de zorg voor mensen met een verstandelijke beperking, verhoudingsgewijs veel psychologen werkzaam zijn zonder big-registratie. Dit hangt samen met het zeer beperkte aantal opleidingsplaatsen in deze sectoren. Hoewel dit aantal geleidelijk aan is uitgebreid, vormt het grote aantal niet-big-geregistreerde psychologen die werkzaam zijn in de ouderenzorg, een nog groter probleem dan in veel andere sectoren van de gezondheidszorg. Naar schatting beschikt slechts de helft over deze basiskwalificatie (Van Drunen, 2011). In deze gevallen werkt men soms met constructies waarbij masterpsychologen werken onder supervisie van BIG-geregistreerde psychologen. Deze voor alle partijen onacceptabele situatie vraagt om een oplossing. Een positief punt is dat er vele korte cursussen en studiedagen worden aangeboden waarmee psychologen doorgaans gretig kennis over ouderenpsychologie vergaren en zich verder ontwikkelen, ook als de wegen tot registratie onbegaanbaar blijven.

Daarnaast wordt sinds 2009 in Amsterdam de Profielopleiding Ouderenpsycholoog aangeboden (Geertsema, 2016; Vink, 2013). Dit is een leertraject van anderhalf jaar voor gezondheidszorgpsychologen (GZ-psychologen), waarin alle competenties aan bod komen die van belang zijn in de psychologische hulpverlening aan ouderen. De oudere en diens steunsysteem vormen daarbij het uitgangspunt, ongeacht de eigen behandelcontext van de psycholoog. De opleiding is dan ook niet speciaal bedoeld voor een bepaalde werksetting, maar kan gevolgd worden door alle GZ-psychologen die met ouderen werken. Psychologen zonder registratie met veel jaren werkervaring die via scholing, supervisie en intervisie functioneren op het niveau van GZ-psycholoog, kunnen via een toetsing van eerder verworven competenties (de EVC-procedure) in aanmerking komen voor deelname. Zo kan de profielopleiding ook aan een klein deel van de zogeheten 'BIG-lozen' de mogelijkheid bieden om hun professionele handelen te toetsen en zich verder te ontwikkelen. Dit leidt weliswaar niet tot een BIG-registratie, maar geeft in ieder geval toch een kwaliteitscertificaat.

Binnen de verschillende specialistische opleidingen tot klinisch psycholoog en klinisch neuropsycholoog is eveneens enige aandacht voor ouderen. Binnen de opleiding tot klinisch psycholoog die wordt aangeboden in Eindhoven, is inmiddels de subspecialisatie 'Ouderen' geïntroduceerd.

Dit soort scholing- en opleidingsiniatieven op het gebied van ouderenpsychologie geven een belangrijke impuls aan verbetering en verdere ontwikkeling van de psychologische hulpverlening aan ouderen. Met deze nieuwe editie van *Handboek ouderenpsychologie* willen we daarvoor een inspirerende en gefundeerde basis bieden.

Literatuur

Alphen, S.P.J. van. (2015). De ouderenpsycholoog: Positie en profilering in Nederland. *Gerōn, 17*, 22-25.
Baars, J. (2006). *Het nieuwe ouder worden*. Amsterdam: SWP.
Baltes, P.B. (1987). Theoretical propositions of life-span developmental psychology: On the dynamics between growth and decline. *Developmental Psychology, 23*, 611-626.
Beard, J.R., Officer, A., De Carvalho, I.A., Sadana, R., Pot, A.M., Michel, J.P., e.a. (2016). The World report on ageing and health: A policy framework for healthy ageing. *Lancet, 387*, 2145-2154.
Becker, H.A. (1998). Onderzoek naar generaties: Vroeger en nu. In H. Righart & P. Luykx (Red.), *Generatiemix: Leeftijdsgroepen en cultuur* (pp. 9-37). Amsterdam: Arbeiderspers.
Bengtson, V.L., Rice., C.J., & Johnson, M.L. (1999). Are theories of aging important? Models and explanations in gerontology at the turn of the century. In V.L. Bengtson & K.W. Schaie (Eds.), *Handbook of theories of aging* (pp. 3-20). New York: Springer.
Biggs, S. (2005). Beyond appearances: Perspectives on identity in later life and some implications for method. *Journal of Gerontology: Social Sciences, 60*, S118-128.
Bijsterveld, K. (1995). *Geen kwestie van leeftijd: Verzorgingsstaat, wetenschap en discussie rond ouderen in Nederland, 1945-1982*. Amsterdam: Van Gennep.

Bodegom, D. van, Hoogerduijn, J., & Oeseburg, B. (2014). *Noodzakelijke onderdelen over ouderen in de opleidingen geneeskunde, verpleegkunde, verzorgende-IG en helpende zorg en welzijn*. Den Haag: ZonMw.

Dannefer, D. (2003). Cumulative advantage/disadvantage and the life course: Cross-fertilizing age and social science theory. *Journal of Gerontology: Social Sciences, 58*, 327-337.

Deeg, D.J.H. (2015). *Oud worden is normaal*. Amsterdam: VU University Press.

Dekker, P., Hart, J. de, & Faulk, L. (2007). *Toekomstverkenning vrijwillige inzet 2015*. Den Haag: Sociaal en Cultureel Planbureau.

Draak, M. den, & Klerk, M. de. (2011). *Oudere migranten*. Den Haag: Sociaal en Cultureel Planbureau.

Drunen, P. van. (2011). *De toekomstige behoefte van gz-psychologen en van gz-psycholoog-specialisten. Een eerste verkenning*. Amsterdam: Kamer gezondheidszorgpsycholoog.

Faber, M. von, Bootsma-van der Wiel, A., Exel, E. van, Gussekloo, J., Lagaay, A.M., Dongen, E. van, e.a. (2001). Successful aging in the oldest old: Who can be characterized as successfully aged? *Archives of Internal Medicine, 161*, 2694-2700.

Geertsema. H. (2016). *Profielopleiding gezondheidszorgpsycholoog ouderen: Opleidingsplan 2017-2018*. Amsterdam: GERION/VU medisch centrum/RINO Noord-Holland.

Grip, A. de, Fouarge, D., & Montizaan, R. (2015). *Goede inzetbaarheid oudere medewerkers vereist beter HR-beleid: Netspar Brief 04*. Tilburg: Network for Studies on Pensions, Aging and Retirement. Raadpleegbaar via: www.netspar.nl/assets/uploads/P20150917_Netspar_Brief4_WEB.pdf.

Huber, M., Knottnerus, J.A., Gree, L., Horst, H. van der, Jadad, A.R., Kromhout, D., e.a. (2011). How should we define health? *British Medical Journal, 343*, d4163.

Hutschemaekers, G. (2011). De gezondheidspsycholoog en zijn specialismen. In M. Verbraak, S. Visser, P. Muri & K. Hoogduin (Red.), *Handboek voor gz-psychologen* (pp. 51-59). Amsterdam: Boom.

Janssen, A. (2007). *Grijsaards in zwart-wit*. Zutphen: Walburg Pers.

Katz, S. (1996). *Disciplining old age: The formation of gerontological knowledge*. Charlottesville: The University of Virginia Press.

Keyes, C.L.M. (2005). Mental illness and/or mental health? investigating axioms of the complete state model of health. *Journal of Consulting and Clinical Psychology, 73*, 539-548.

Knight, B.G., & Pachana, N.A. (2015). *Psychological assessment & therapy with older adults*. Oxford: Oxford University Press.

Kohli, M. (1985). Die Institutionalisierung des Lebenslaufs. *Kölner Zeitschrift für Soziologie und Sozialpsychologie, 37*, 1-29.

Künemund, H. (2001). *Gesellschaftliche Partizipation und Engagement in der zweiten Lebenshälfte*. Berlijn: Weissensee Verlag.

Lamers, S.M.A., Westerhof, G.J., & Bohlmeijer, E.T., & Keyes, C.L.M. (2013). Mental health and illness in relation to physical health across the lifespan. In J. Sinnott (Ed.), *Positive psychology: Advances in understanding adult motivation* (pp. 19-34). New York: Springer.

Liefbroer, A.C., & Dykstra, P.A. (2000). *Levenslopen in verandering: Een studie naar ontwikkelingen in de levenslopen van Nederlanders geboren tussen 1900 en 1970*. Den Haag: Sdu.

Marcoen, A., Coleman, P., & O'Hanlon, A. (2007). Psychological ageing. In J. Bond, S. Peace, F. Dittmann-Kohli & G.J. Westerhof (Eds.), *Ageing in society* (3rd ed., pp. 38-67). Londen: Sage.

Ministerie van SZW. (2002). *Verkenning levensloop, achtergronddeel: Analyses van trends en knelpunten*. Den Haag: ministerie van Sociale Zaken en Werkgelegenheid.

Ministerie van VWS. (2015). *Waardigheid en trots, liefdevolle zorg voor onze ouderen: Plan van aanpak kwaliteit verpleeghuizen* [Uitwerking kwaliteitsbrief ouderenzorg]. Den Haag: ministerie van Volksgezondheid, Welzijn en Sport. Raadpleegbaar via: www.rijksoverheid.nl/documenten/ rapporten/2015/02/10/waardigheid-en-trots-liefdevolle-zorg-voor-onze-ouderen.

Pasupathi, M., & Löckenhoff, C. E. (2002). Ageist behavior. In T.D. Nelson (Ed.), *Ageism: Stereotyping and prejudice against older persons* (pp. 201-246). Cambridge, MA: The MIT Press.

Pot, A.M. (2009). Ouderenpsychologie: De grijsheid voorbij. *Psychologie & Gezondheid, 37*, 65-74.

Pot, A.M., & Visser S. (2013). Redactioneel [Themanummer Ouderen]. *PsychoPraktijk, 5*, 2.

RIVM. (2016). *Levensverwachting*. Bilthoven: Rijksinstituut voor Volksgezondheid en Milieu, Centrum Gezondheid en Maatschappij (G&M). Geraadpleegd op 16 augustus 2016, via: www.volksgezondheidenzorg.info/onderwerp/levensverwachting.

Roelfsema, P. (2003). Samen ouder worden: Langetermijnvisie op het ouderenbeleid in voorbereiding. *Gerōn, 5*, 32-37.

Selm, M. van, Westerhof, G.J., & Vos, B. de. (2007). Lachwekkend of respectabel? Representatie van ouderen in de Ster-reclame revisited. *Tijdschrift voor Gerontologie en Geriatrie, 38*, 57-64.

Vahl, R. (2010). De onbetaalbare vrijwilliger. *DNB Magazine, 6*, 20-26. Raadpleegbaar via: www.dnb.nl/ binaries/DNB%20magazine%20-%20december%202010_tcm46-244482.pdf.

Veerbeek, M.A. (2014). *Accessibility and effectiviveness of mental health care for older adults*. Proefschrift, Vrije Universiteit Amsterdam.

Vink, M. (2013). Profielopleiding ouderenpsycholoog: Een innovatief opleidingstraject voor gz-psychologen. *GZ-Psychologie, 6*, 10-13.

Westerhof, G.J. (2017). The dual continua model of mental health and illness: Theory, findings, and applications in psychogerontology. In L. Riby (Ed.), *Handbook of gerontology research methods: Understanding successful aging* (pp. 79-94). Hove: Routledge.

WHO. (2004). *Promoting mental health: Concepts, emerging evidence, practice* [Summary report]. Genève: World Health Organization.

2
Levenslooptheorieën

Gerben Westerhof

1 Inleiding
2 Levensloopspychologie
3 Welbevinden
    3.1 Emotioneel welbevinden
    3.2 Psychologisch welbevinden
    3.3 Sociaal welbevinden
    3.4 Dual continua-model
4 Betekenis van ouder worden
5 Levensverhalen
6 Conclusie
   Literatuur

www.tijdstroom.nl/leeromgeving

▶ Beeldmateriaal
🌐 Weblinks

Kernboodschappen
- Geestelijke gezondheid van ouderen moet in het kader van de complexiteit van levensloopontwikkeling begrepen worden.
- Geestelijke gezondheid omvat meer dan de afwezigheid van psychische problemen: het gaat ook om emotioneel, psychologisch en sociaal welbevinden.
- Beeldvorming over ouder worden bepaalt mede de manier waarop de maatschappij, professionals en ouderen zelf met hun geestelijke gezondheid omgaan.
- De manier waarop het persoonlijke levensverhaal zich gedurende de levensloop ontwikkelt, draagt bij aan de geestelijke gezondheid van ouderen.

1 Inleiding

Ouderenpsychologen houden zich voornamelijk bezig met de geestelijke gezondheid van ouderen. Ze richten daarbij hun aandacht vooral op het voorkómen en behandelen van psychische klachten en stoornissen. Zoals ook blijkt in dit handboek, wordt deze benadering steeds meer ondersteund door goed onderzoek dat de werkzaamheid bij ouderen aantoont van diagnostische methoden en behandelmethoden. Hierdoor heeft het vak van de ouderenpsycholoog de afgelopen decennia sterk gewonnen aan transparantie en erkenning. Deze benadering heeft echter ook een risico. Als geestelijke gezondheid alleen gezien wordt als de afwezigheid van klachten en stoornissen, komt de nadruk sterk te liggen op wat er misgaat. Het gevaar bestaat dat men de ouderwordende persoon om wie het gaat, daarbij uit het oog verliest.

Juist voor de ouderenpsycholoog is een bredere, persoonsgerichte visie van belang. Vaak hebben ouderenpsychologen niet alleen te maken met klachten en stoornissen, maar ook met het sociale netwerk, de bredere zorg die ouderen ontvangen, en de manier waarop ze leven. Dit geldt des te meer voor psychologen die in de ouderenzorg werken. Daarnaast nemen ouderen een scala aan eerdere levenservaringen mee waarmee de psycholoog rekening moet houden. Tot slot hebben ze relatief vaak te maken met onomkeerbaar verlies zoals dat van gezondheid of relaties. Het leven met dergelijk verlies vraagt om breder te focussen dan alleen op problemen.

In dit hoofdstuk bespreek ik vier perspectieven uit de levenslooppsychologie die aansluiten op een bredere, persoonsgerichte visie: het perspectief van de levensloop, van het welbevinden, van de betekenis van het ouder worden, en van de levensverhalen. Het uitgangspunt is niet de pathologie, maar juist de normale ontwikkeling op latere leeftijd.

Ten eerste wordt geestelijke gezondheid gezien als onderdeel van de complexiteit van de levensloopontwikkeling. Geestelijke gezondheid kan niet los gezien worden van de ontwikkeling in andere domeinen, zoals het psychologische, het biologische en het sociale domein. Ook de manier waarop ouderen zelf omgaan met gebeurtenissen in hun leven, draagt hieraan bij.

Ten tweede wordt geestelijke gezondheid gedefinieerd als méér dan de afwezigheid van psychische klachten en stoornissen: het gaat ook om welbevinden en individueel en maatschappelijk functioneren. Zelfs ouderen met klachten en stoornissen blijken welbevinden te kunnen ervaren en met hun beperkingen goed te kunnen functioneren. De ouderenpsycholoog kan zich naast het voorkomen en behandelen van psychische problemen ook richten op het behouden en bevorderen van welbevinden en functioneren.

Het derde perspectief is geestelijke gezondheid binnen de maatschappelijke context, waarin beelden over ouderen medebepalend zijn voor de manier waarop mensen met het ouder worden omgaan. Het is van belang dat de ouderenpsycholoog zich bewust is van dergelijke beelden. Deze kunnen niet alleen het eigen handelen beïnvloeden, maar ook dat van andere professionals en van de ouderen zelf.

Het vierde perspectief van de levenslooppsychologie is de narratieve benadering die radicaal het perspectief van de ouder wordende persoon op diens eigen leven centraal stelt. De manier waarop ouderen hun eigen leven tot een verhaal maken, draagt ook bij aan hun geestelijke gezondheid.

2 Levenslooppsychologie

Vanuit een levensloopperspectief wordt ouderdom niet gezien als een aparte levensfase, en worden ouderen niet gezien als een aparte groep. Het proces van ouder worden wordt benaderd als een aspect van de ontwikkeling die gedurende de gehele levensloop plaatsvindt. Geestelijke gezondheid van ouderen moet tegen de achtergrond van dit proces gezien worden.

In de jaren tachtig van de vorige eeuw formuleerde Paul Baltes (1987), een van de grondleggers van de moderne levenslooppsychologie, een aantal belangrijke principes over levensloopontwikkeling. Levensloopontwikkeling is multidimensioneel en multidirectioneel. Ontwikkeling speelt zich altijd af op verschillende dimensies, die elkaar ook onderling kunnen beïnvloeden. Meestal wordt er een onderscheid gemaakt tussen fysiek, sociaal en psychologisch functioneren. Binnen elk van deze dimensies kunnen dan weer verschillende aspecten onderscheiden worden. Het psychologisch functioneren bijvoorbeeld omvat cognitie, emotie, gedrag, motivatie en persoonlijkheid. Voor elk aspect kan er sprake zijn van verschillende ontwikkelingsrichtingen: groei, behoud van functioneren, en omgaan met verlies. Normale ontwikkeling kan daarbij groei betekenen, maar ook behoud van functioneren of zelfs achteruitgang. Bij cognitieve ontwikkeling is bijvoorbeeld een achteruitgang in het verwerken van nieuwe informatie normaal, terwijl de levenservaring en kennis over de eigen persoon en de wereld veel langer behouden blijven (Baltes, 1997). Over het geheel genomen wordt normale ontwikkeling op oudere leeftijd in vergelijking met jongere leeftijd meer gekenmerkt door behoud en omgang met verlies en minder door groei (Baltes, 1987). Door de complexiteit van levensloopontwikkeling nemen echter de individuele verschillen tussen mensen alleen maar toe naarmate ze ouder worden. Slechts op zeer hoge leeftijd nemen verschillen weer af op grond van biologische veroudering (Baltes, 1997).

De uitkomst van processen van levensloopontwikkeling kan gekenschetst worden als pathologisch, normaal, succesvol of optimaal (Baltes, 1987). Pathologische ontwikkeling verwijst naar processen die fout lopen en resulteren in ziekte. Bij normale ontwikkeling gaat het vooral om een statistisch verschijnsel: het beschrijft de processen zoals die zich binnen een bepaalde groep gemiddeld genomen voordoen gedurende de levensloop. Succesvolle ontwikkeling betreft de positieve uitzondering op het normale proces, terwijl optimale ontwikkeling de best denkbare ontwikkeling is: een ideaalbeeld van ouder worden onder perfecte omstandigheden. Gerontologen hebben zich vanuit het levensloopperspectief geregeld afgevraagd wat succesvol ouder worden betekent. De oudste tegenstelling op dat gebied, die dateert van de jaren zestig van de vorige eeuw, is die tussen *disengagement* en *activity*. De disengagementtheorie gaat uit van goed ouder worden als een zich langzaam terugtrekken uit de samenleving en het leven, dat een natuurlijke reactie zou zijn op de verminderde vitaliteit en het naderend levenseinde (Cumming & Henry, 1961). De activitytheorie daarentegen gaat uit van goed ouder worden als een proces waarbij mensen willen blijven deelnemen aan het leven en de samenleving (Havighurst, 1961). In de loop der jaren zijn aan succesvol ouder worden allerlei verschillende invullingen gegeven, zoals productief, actief, waardig, goed, zinvol, vitaal of gezond ouder worden. Op elk van deze invullingen is ook weer kritiek geleverd, vooral omdat er al snel sprake is van normativiteit.

De laatste decennia zien we dat er meer recht gedaan wordt aan de multidimensionaliteit van levensloopontwikkeling. Meestal worden er meerdere criteria geformuleerd om vast te stellen of er sprake is van goed ouder worden. Het model dat Rowe en Kahn in de Verenigde Staten ontwikkelden voor succesvol ouder worden, is daarbij het meest gebruikte model (Pruchno, 2015; Rowe & Kahn, 1997). Succesvol ouder worden gaat volgens hen gepaard met een kleine kans op ziekte, goed fysiek en cognitief functioneren, en actieve betrokkenheid bij het leven. Er blijft echter veel discussie over de vraag welke factoren gehanteerd zouden moeten worden om succes op latere leeftijd te bepalen. In een overzicht van 28 onderzoeken vonden Depp en Jeste (2006) maar liefst 29 definities.

Een probleem met deze benadering is dat er vaak strenge criteria gelden voor succesvol oud worden. Een chronische ziekte hebben, of een normale achteruitgang in cognitief of sociaal functioneren belemmeren al de kans hierop. Psychologen hebben er daarom op gewezen dat succesvol ouder worden niet alleen aan criteria voor goed functioneren gekoppeld moet worden, maar aan de manier waarop ouderen zelf, meer of minder bewust, omgaan met het ouder worden (Baltes & Baltes, 1990; Brandtstädter & Rothermund, 2002; Heckhausen & Schulz, 1995). Zij kiezen daarom geen vaststaande criteria, maar een benadering van succesvol ouder worden als proces. Een soortgelijke benadering zien we tegenwoordig in definities van gezondheid die geen absolute criteria bevatten, maar uitgaan van het vermogen van mensen om met ziekten om te gaan en zich eraan aan te passen (Huber e.a., 2011).

Omgaan met ouder worden heeft twee kanten. Enerzijds is er sprake van plasticiteit en aanpassingsvermogen. Mensen zijn in staat om zich aan te passen aan veranderingen die met het ouder worden gepaard gaan. Daarmee houden ze hun niveau van functioneren, hun gevoel van controle over het leven, en/of hun gevoel van welbevinden en zelfwaardering in stand. Anderzijds is er ook sprake van een zekere mate van autonomie en sturing. Het ouder worden is niet alleen een proces dat mensen overkomt, maar door doelen te stellen en keuzes te maken, geven zij hieraan ook zelf richting. Beide kanten samen worden ook wel aangeduid als ontwikkelingsregulatie.

Paul Baltes ontwikkelde met zijn vrouw Margaret Baltes een model dat verschillende vormen van ontwikkelingsregulatie beschrijft (Baltes & Baltes, 1990). In dit zogeheten soc-model onderscheiden zij selectie, optimalisatie en compensatie. Selectie is een proces dat gedurende het gehele leven plaatsvindt. Op jongere leeftijd gaat het vooral om keuzes maken: 'Waar wil ik naartoe in het leven?' Op oudere leeftijd krijgt selectie een andere invulling, als mensen selecteren wat de belangrijkste dingen in het leven zijn waaraan zij tijd en energie willen blijven besteden. Optimalisatie is gedrag met als doel om hogere niveaus van functioneren te bewerkstelligen. Dit kan bijvoorbeeld bereikt worden door vaardigheden te trainen, of door op de juiste manier hulpbronnen in te zetten. Compensatie, tot slot, is een proces waarbij mensen verlies of achteruitgang in een bepaald domein opvangen om een bestaand niveau van functioneren zo veel mogelijk te handhaven, bijvoorbeeld door een rollator te gebruiken om mobiel te blijven. Juist een goed gebruik van deze verschillende vormen van ontwikkelingsregulatie is volgens Baltes en Baltes een kenmerk van succesvol ouder worden.

Een aansprekend voorbeeld dat Baltes en Baltes (1990) noemen is de pianist Arthur Rubinstein. Op oudere leeftijd werd hij selectiever: hij speelde minder stukken dan voorheen. Daarnaast nam hij meer tijd om repertoire in te studeren: een optimalisatiestrategie. Tot slot compenseerde hij het feit dat hij niet meer zo vingervlug was als voorheen. Om snelle passages toch snel te laten lijken, speelde hij de daaraan voorafgaande passages extra langzaam.

De socio-emotionele-selectiviteitstheorie (SEST) van Carstensen e.a. (2003) sluit aan op het model van Baltes en Baltes. Carstensen gaat ervan uit dat levensloopontwikkeling twee motieven kent. Het eerste is het motief om dingen te leren kennen, het tweede is het motief om emoties te reguleren. Welk motief op de voorgrond staat, heeft veel te maken met de hoeveelheid levenstijd die mensen voor zich zien. Wanneer deze beperkt is, bijvoorbeeld als mensen gaan verhuizen, een levensbedreigende ziekte krijgen, of ouder worden, richten ze zich meer op het tweede motief: de emotieregulatie. Mensen geven dan een voorkeur aan zaken uit hun leven die hen een vertrouwd en positief gevoel opleveren. Deze voorkeur hebben Carstensen e.a. (2003) teruggevonden in experimenteel en longitudinaal onderzoek over informatieverwerking, herinneringen ophalen, activiteiten kiezen, en sociale relaties onderhouden. Deze vorm van selectie draagt bij aan een positiviteitseffect, waardoor mensen hun functioneren en welbevinden in stand kunnen houden.

De levensloopspychologie biedt een kader vanwaaruit de ouderenpsycholoog de ouder wordende persoon in diens individualiteit kan benaderen. Vanuit een visie op goed ouder worden kunnen problemen met de geestelijke gezondheid geplaatst worden in een breder kader van de biologische, psychologische en sociale ontwikkeling. Dit geeft aanknopingspunten om in te gaan op beschermende en risicofactoren voor problemen met de geestelijke gezondheid. De benadering van de levensloopspychologie biedt daarnaast ook inzicht in de manieren waarop mensen bijdragen aan hun eigen ontwikkeling. De ouderenpsycholoog kan aandacht geven aan de meer of minder effectieve manieren om met groei, behoud en verlies van functioneren om te gaan. Er zijn echter weinig directe toepassingen ontwikkeld die direct voor de praktijk van de ouderenpsycholoog bruikbaar zijn. De benadering geeft vooral een visie op de betekenis van geestelijke gezondheid binnen de complexiteit van het proces van ouder worden.

3 Welbevinden

Geestelijke gezondheid dient dus beschouwd te worden tegen de achtergrond van het bredere proces van ouder worden. Hoewel geestelijke gezondheid een positief begrip is, wordt dit vaak op een negatieve manier gedefinieerd: als de afwezigheid van stoornissen en klachten. Het blijft dan onduidelijk wat een goede geestelijke gezondheid precies betekent. De afgelopen vijftien jaar is hiervoor meer aandacht gekomen. De Wereldgezondheidsorganisatie (WHO, 2004) beschrijft een goede geestelijke gezondheid als een hoog niveau van welbevinden in samenhang met een goed individueel en maatschappelijk functioneren. Als standaarden gelden daarbij respectievelijk geluk, zelfrealisatie en maatschappelijke integratie (Westerhof & Bohlmeijer, 2010).

Deze standaarden zijn al terug te vinden in klassieke filosofische discussies over het goede leven (Waterman, 1990). Het streven naar geluk wordt daarbij gerekend tot de hedonistische visie op een goed leven. Filosofen als Aristippus en Epicurus beragumenteerden dat een goed leven een leven is met veel genot en weinig pijn. Aristoteles zette daartegenover dat dit slechts één manier is om aan het goede leven invulling te geven. Hij ontwikkelde een eudemonische visie waarin de ontwikkeling van karakter en deugden centraal staat. In moderne termen gaat het om het streven naar zelfrealisatie binnen een maatschappelijke context.

In hedendaags onderzoek worden beide visies naast en door elkaar gebruikt. Meestal wordt mensen gevraagd om een subjectief oordeel over hun eigen persoon en leven te geven. Oordelen over geluk en tevredenheid passen binnen de hedonistische visie. Deze worden in het vervolg als emotioneel welbevinden aangeduid. Oordelen over zelfrealisatie en maatschappelijke integratie passen binnen een eudemonische visie en worden als psychologisch welbevinden en sociaal welbevinden beschreven. Tabel 2.1 geeft een overzicht van de verschillende criteria die hiervoor gebruikt worden.

Tabel 2.1   Criteria voor welbevinden

Domein	Onderdeel	Criteria
Emotioneel welbevinden	Levenstevredenheid	Een gevoel van tevredenheid, vrede en voldoening, waarbij je wensen en behoeften weinig verschillen van wat je bereikt en presteert
	Interesse	Een gevoel van interesse en betrokkenheid bij het leven
	Positieve gevoelens	Een gevoel van geluk en plezier in het leven
Psychologisch welbevinden	Zelfacceptatie	Een positieve houding ten opzichte van jezelf, waarbij je de verschillende aspecten van jezelf erkent en accepteert
	Persoonlijke groei	Het gevoel hebben van continue ontwikkeling en mogelijkheden, waarbij je openstaat voor nieuwe ervaringen
	Doel in het leven	Doelen en overtuigingen hebben die het leven zinvol maken
	Omgevingsbeheersing	Je in staat voelen om met een complexe omgeving om te gaan en om je omgeving vorm te geven op een manier die bij je past
	Autonomie	Zelfbepalend en onafhankelijk zijn, waarbij je weerstand kunt bieden aan sociale druk en je jezelf beoordeelt volgens je eigen normen
	Positieve relaties	Warme, bevredigende en vertrouwelijke relaties hebben waarbij sprake is van wederzijdse betrokkenheid en begrip
Sociaal welbevinden	Sociale acceptatie	Een positieve houding hebben ten opzichte van anderen, waarbij je andere mensen erkent en accepteert, ondanks hun soms moeilijke en lastige gedrag
	Sociale groei	Het geloof dat de maatschappij zich op een positieve manier ontwikkelt en mogelijkheden biedt
	Sociale bijdrage	Het gevoel dat je iets kunt bijdragen aan de maatschappij wat door de gemeenschap gewaardeerd wordt
	Sociale coherentie	Je in staat voelen om de sociale wereld te begrijpen
	Sociale integratie	Het gevoel dat je deel uitmaakt van een gemeenschap waar je bij hoort

3.1 Emotioneel welbevinden

Emotioneel welbevinden omvat enerzijds de balans tussen positieve en negatieve gevoelens, anderzijds de emotioneel gekleurde beoordelingen van het eigen leven en domeinen ervan, zoals activiteiten, relaties en gezondheid (Diener & Suh, 1998). Deze hedonistische stroming vult bewust de betekenis van welbevinden niet verder in, zodat mensen zelf de normen kunnen bepalen waarop ze hun gevoelens en oordelen baseren. Een voorbeeld is dat oudere mensen vaak tot een positiever oordeel over hun lichamelijk welbevinden komen als ze zichzelf vergelijken met een stereotiep beeld van hulpbehoevende leeftijdgenoten, dan wanneer ze een oordeel geven door vergelijking met hun gezondheid vroeger (Westerhof & Bohlmeijer, 2010).

3.2 Psychologisch welbevinden

Ryff (1989; 2014) heeft het begrip psychologisch welbevinden geïntroduceerd. Zij vond het van belang om het welbevinden te bestuderen vanuit theoretisch onderbouwde psychologische criteria over zelfrealisatie. Daartoe ging ze op zoek naar gemeenschappelijke kenmerken van optimale ontwikkeling in het werk van levensloopspsychologen als Bühler, Erikson, Jung en Neugarten. Ze vulde haar literatuuronderzoek aan met humanistische theorieën over zelfactualisatie (Maslow en Rogers) en positieve visies op geestelijke gezondheid en persoonlijkheid (Allport en Jahoda). Zes dimensies bleken steeds terug te komen: doelgerichtheid (het leven heeft een richting), persoonlijke groei (er is ontwikkeling mogelijk), autonomie (de mogelijkheid om zelf keuzes te maken, onafhankelijk van de mening van anderen), omgevingsbeheersing (de mogelijkheid om het leven in eigen hand te nemen), zelfacceptatie (een positief beeld van de eigen persoon met alle tekortkomingen die daarbij horen) en positieve sociale relaties (wederzijdse acceptatie en harmonie in de contacten met anderen). Deze zes dimensies beschrijven gezamenlijk het streven om het eigen potentieel te realiseren.

3.3 Sociaal welbevinden

Het begrip sociaal welbevinden is op soortgelijke wijze tot stand gekomen. Keyes (1998) was van mening dat niet alleen het functioneren van het individu in kaart gebracht moest worden, maar ook diens rol in de maatschappij. Hij bestudeerde het werk van belangrijke sociaalpsychologen en sociologen, zoals Durkheim, Marx, Merton en Seeman. Hieruit distilleerde hij vijf essentiële dimensies die van belang zijn om te beoordelen of iemand goed in de maatschappij functioneert: het aanvaarden van de aard van de mens (sociale acceptatie), het begrijpen van de sociale wereld (sociale coherentie), het gevoel dat de maatschappij zich positief ontwikkelt (sociale groei), een bijdrage leveren aan de maatschappij (sociale bijdrage) en het gevoel onderdeel te zijn van de maatschappij (sociale integratie). Deze vijf dimensies beschrijven dus een persoon die een positieve visie heeft op andere mensen en de maatschappij en die zich in de maatschappij thuis voelt en erin participeert. Gezamenlijk geven ze een beeld van iemands maatschappelijk functioneren.

3.4 Dual continua-model

Er is veel discussie over het belang van de verschillende vormen van welbevinden. Sommigen stellen emotioneel welbevinden centraal, omdat dit bij kan dragen aan psychisch en sociaal functioneren (Fredrickson, 1998). Anderen richten vooral de aandacht op psychologisch en sociaal functioneren, omdat deze als voorwaarden voor emotioneel welbevinden worden gezien (Ryan & Deci, 2001). Weer anderen beargumenteren dat er eigenlijk geen verschil is tussen hedonistisch en eudemonisch welbevinden (Kashdan e.a., 2008).
In dit hoofdstuk sluit ik aan bij Keyes (2005) die beargumenteerde dat alle drie de vormen van welbevinden belangrijk zijn, juist omdat ze elkaar wederzijds aanvullen. Een hoog niveau van zowel emotioneel, psychologisch als sociaal welbevinden omschreef hij als *flourishing*. Een persoon die floreert, heeft dan een goede positieve geestelijke gezondheid.
Een belangrijke vraag is wat deze benadering van geestelijke gezondheid toe te voegen heeft aan de benadering van geestelijke gezondheid als de afwezigheid van psychische ziekte. Mensen die meer welbevinden ervaren, hebben doorgaans minder psychische symptomen en ziekten en vice versa. Deze relatie is echter niet perfect (Lamers e.a., 2011). Er zijn zowel mensen met een laag niveau van welbevinden die toch geen psychische ziekte hebben, als mensen met een psychische ziekte die relatief veel welbevinden ervaren. De afwezigheid van psychische symptomen en stoornissen is dus niet altijd hetzelfde als de aanwezigheid van welbevinden. Keyes (2005) spreekt daarom van een *dual continua*-model.
Juist onderzoek naar leeftijdsverschillen geeft een verdere onderbouwing van dit model. Leeftijdsverschillen in welbevinden laten in een groot Nederlands bevolkingsonderzoek een ander

patroon zien dan die in psychische klachten (Lamers e.a., 2013; Westerhof & Keyes, 2010). Met uitzondering van de oudste ouderen rapporteren ouderen minder symptomen van psychische aandoeningen dan jongere volwassenen. Dit betekent niet per se dat ze op alle dimensies van welbevinden hoger scoren: ouderen ervaren weliswaar meer emotioneel welbevinden dan jongere volwassenen, maar minder psychologisch en evenveel sociaal welbevinden. Over het geheel genomen hebben ouderen dus een betere geestelijke gezondheid dan jongeren als naar de afwezigheid van klachten wordt gekeken, maar niet als het welbevinden centraal staat. Geestelijke gezondheid en geestelijke ziekte zijn dus niet de keerzijde van dezelfde medaille. Het meeste onderzoek naar welbevinden is crosssectioneel van aard. De verschillen en overeenkomsten in welbevinden tussen leeftijdsgroepen kunnen dan op drie manieren verklaard worden. Het kan gaan om een ontwikkelingseffect, een cohorteffect of een periode-effect. Een ontwikkelingseffect heeft te maken met de ontwikkeling die mensen doormaken naarmate ze ouder worden. Het hogere emotionele welbevinden van ouderen zou bijvoorbeeld te maken kunnen hebben met het eerdergenoemde positiviteitseffect dat optreedt met het ouder worden (zie paragraaf 3.2; Carstensen e.a., 2003). Een cohorteffect heeft te maken met ervaringen die mensen eerder in hun leven opdoen en meenemen gedurende hun levensloop (Elder, 1982). De huidige generatie ouderen zou in tijden van economische depressie en oorlog minder mogelijkheden gehad kunnen hebben om zich te ontplooien en daardoor minder psychologisch welbevinden kunnen ervaren dan jongere generaties die die mogelijkheden wel hadden. Een periode-effect heeft te maken met de effecten van maatschappelijke ontwikkelingen. De theorie van de structural lag (Riley e.a., 1994) gaat ervanuit dat de samenleving achterloopt bij de snelle vergrijzing, waardoor er slechts weinig zinvolle rollen voor ouderen zijn. Dit zou vooral het sociale welbevinden op latere leeftijd kunnen beïnvloeden.

Voor de ouderenpsycholoog biedt de benadering van geestelijke gezondheid in termen van welbevinden een verbreding van de visie op geestelijke gezondheid als de afwezigheid van psychische symptomen en ziekten. Deze bredere visie maakt het mogelijk dat de ouderenpsycholoog zich niet alleen bezighoudt met stoornissen voorkomen en behandelen, maar ook met welbevinden behouden en bevorderen. Omdat er sprake is van twee continua, is dit juist ook mogelijk wanneer mensen aan psychische stoornissen lijden. Inmiddels zijn er vooral vanuit de positieve psychologie interventies ontwikkeld om welbevinden te behouden en te bevorderen (Bohlmeijer e.a., 2013). Verschillende meta-analyses laten zien dat deze interventies daadwerkelijk kunnen bijdragen aan het welbevinden, juist ook bij mensen die lijden aan somatische of psychische ziekten (Bolier e.a., 2013; Sin & Lyubomirsky, 2009; Weiss e.a., 2016). In dit handboek komen verschillende van dergelijke benaderingen aan de orde.

4 Betekenis van ouder worden

Theorieën over levensloopontwikkeling en over welbevinden zijn weliswaar deels gebaseerd op leeftijd en ouder worden, maar stellen de betekenis van ouder worden niet centraal. Toch is deze betekenis essentieel, omdat deze mede de ontwikkeling van ouderen en hun geestelijke gezondheid en welbevinden bepalen (Diehl & Wahl, 2015).

Sociologen en sociaalpsychologen hebben erop gewezen dat beelden over ouder worden, ouderen en ouderdom in onze maatschappij vaak negatief zijn (Westerhof & Tulle, 2007). Het proces van ouder worden wordt vooral waargenomen als een proces van fysieke achteruitgang, ouderen worden gezien als ziek en hulpbehoevend, en de ouderdom wordt geassocieerd met achteruitgang en verval. Deze negatieve beelden worden in verband gebracht met de manier waarop de vergrijzing van de maatschappij vaak als een doemscenario wordt voorgesteld. Daarnaast hebben ze te maken met de lage status van ouderen in onze maatschappij.

Als het gaat om de beelden die mensen zelf van ouderen hebben dan blijkt dat er zowel positieve als negatieve stereotypen over ouderen bestaan (Kite & Wagner, 2002). Net als bij andere sociale groepen hebben stereotiepe beelden betrekking op twee centrale dimensies: competentie en warmte (Fiske e.a., 2002). Stereotypen over de competentie van ouderen zijn vooral negatief: ze worden gezien als zwak, ziek en hulpbehoevend. Stereotypen over warmte zijn juist positief: hun karakter en sociale vaardigheden worden juist als prettig ingeschat. Het beeld over ouderen als groep kan dan gekenmerkt worden als aardig maar weinig competent (Cuddy & Fiske, 2002; Versteegh & Westerhof, 2007).

Dit beeld wordt in verband gebracht met paternalistisch en betuttelend gedrag (Fiske e.a., 2002). Dit komt bijvoorbeeld tot uitdrukking in de ouderenzorg, waarbij zorgverleners vaak spreken van 'we', of overdreven hard en duidelijk praten, ook als dit niet vanwege gehoor- of cognitieve beperkingen nodig is (Williams & Nussbaum, 2001). Dit op stereotypen gebaseerde gedrag kan ook het functioneren van ouderen beïnvloeden. In een observatieonderzoek vond Margret Baltes (1996) dat in verpleeghuizen afhankelijkheid van ouderen vaak wordt beloond met aandacht, terwijl onafhankelijk gedrag vaak leidt tot weinig aandacht; een vicieuze cirkel van verdere achteruitgang van lichamelijk functioneren. De ondersteuning van psychologische behoeften als autonomie, verbondenheid en competentie door verzorgenden kan daarentegen juist bijdragen aan het welbevinden van ouderen (Custers e.a., 2010; 2014).

Mensen maken zich stereotypen over ouderen al vanaf jonge leeftijd eigen (Montepare & Zebrowitz, 2002). Opvallend genoeg blijken ouderen net zulke stereotypen over ouderen te hebben als jongeren (Versteegh & Westerhof, 2007). Ze passen hun stereotypen blijkbaar niet echt aan hun eigen ervaring aan, ook al worden ze zich wel steeds meer bewust van het feit dat ze ouder worden (Diehl & Wahl, 2010). Als mensen in de loop van de jaren gevolgd worden, blijken ze hun stereotiepe beelden over ouderen steeds meer op hun eigen persoon te gaan betrekken (Kornadt & Rothermund, 2012; Rothermund & Brandtstädter, 2003). Met het ouder worden gaat het zelfbeeld meer op het stereotiepe beeld lijken.

We zien dit ook terug in onderzoek naar de beleving van het eigen ouder worden (Steverink e.a., 2001; Westerhof, 2003; Westerhof e.a., 2012). Mensen ervaren vooral de fysieke achteruitgang en het sociale verlies als negatieve aspecten van het ouder worden. Positieve ervaringen met het eigen ouder worden zijn vooral te vinden in termen van psychologische groei en ontwikkeling en op het sociale domein, zoals respect krijgen, of grootouder worden. Ouderen zijn over het algemeen minder positief in hun beleving van het ouder worden dan mensen van middelbare leeftijd, vooral als het gaat om fysieke achteruitgang en mogelijkheden voor groei en ontwikkeling.

Levy (2009) beschrijft dit proces als *stereotype embodiment*. Ze onderzocht de effecten hiervan op het functioneren van ouderen via experimenten en longitudinale surveys. In experimenteel onderzoek met subliminale priming werden ofwel positieve ofwel negatieve stereotypen over ouder worden aan deelnemers getoond. Dat ging echter zo snel dat ze zich hiervan niet bewust waren. Vervolgens werd hen gevraagd een taak uit te voeren, zoals een brief schrijven, een beslissing nemen over een zware operatie, een stukje lopen, of een geheugentest doen. Het functioneren van de deelnemers die aan de negatieve stereotypen werden blootgesteld, bleek steeds minder goed te zijn dan dat van de deelnemers die aan de positieve stereotypen blootgesteld werden. De stereotypen blijken dus als een selffulfilling prophecy te werken. Een kleine

meta-analyse van zeven van dit soort onderzoeken heeft laten zien dat effecten op cognitieve functioneren vooral toe te schrijven zijn aan de negatieve stereotypering, terwijl positieve stereotypering weinig effect laat zien in vergelijking met neutrale stimuli (Meisner, 2012).
Levy (2009) deed naast de experimenten ook een aantal longitudinale surveys naar de effecten van de beleving van het ouder worden over een langere periode. Ouderen met positievere percepties van het eigen ouder worden bleken jaren later beter gezondheidsgedrag te vertonen, minder vaak chronische ziekten te hebben, en ook langer te leven. Inmiddels is dit soort onderzoek ook met andere datasets, met andere instrumenten en in andere landen gedaan. Westerhof en anderen (2014) publiceerden een meta-analyse over dit onderzoek en zij concludeerden dat de beleving van het eigen ouder worden inderdaad effect heeft op gezondheid en levensduur. Het effect bestond zowel voor de mate waarin mensen zich jonger voelen dan hun kalenderleeftijd, als voor een positievere beleving van het ouder worden. Overigens was het effect minder groot in landen met een sterkere verzorgingsstaat, zoals veel Europese landen, dan in geïndividualiseerdere landen, zoals Angelsaksische landen.

Ook voor de ouderenpsycholoog is het van belang om aandacht te besteden aan de betekenis die het ouder worden heeft voor de oudere cliënt. Stereotiepe beelden over ouderen hebben ook betrekking op hun geestelijke gezondheid: eenzaamheid, depressie, angst en dementie worden vaak gezien als een natuurlijk gevolg van het ouder worden. Het door Freud al uitgesproken idee dat psychotherapie bij ouderen geen zin heeft, heeft eraan bijgedragen dat onderzoek en beleid lange tijd uitbleven, waardoor ouderen verstoken bleven van therapie. Ook wanneer ouderen zelf denken dat psychische problemen bij het ouder worden horen, kan dit hen belemmeren om hulp te zoeken (Westerhof e.a., 2008). De vaak onbewuste processen van stereotypering en zelfstereotypering vragen erom dat ouderenpsychologen proberen de effecten hiervan expliciet te maken.

Ten eerste is het van belang dat ouderenpsychologen zelf nagaan in hoeverre hun eigen handelen door dit soort stereotypen bepaald zou kunnen zijn. Ten tweede kan de psycholoog in de sociale omgeving van ouderen stereotiepe beelden aan de orde stellen en bijvoorbeeld met verzorgenden nagaan in hoeverre zij beelden hebben die paternalistisch en betuttelend gedrag bevorderen. Ten derde is ook de aandacht voor de eigen beleving van ouder wordende cliënten van belang. De ouderenpsycholoog kan hierbij nagaan in hoeverre een cliënt bezig is met het eigen ouder worden, welke thema's daarin een rol spelen, en hoe dit kan bijdragen aan de manier waarop de cliënt omgaat met de geestelijke gezondheid. Er zijn nog weinig interventies primair voor de beleving van het ouder worden, maar eerste onderzoeken laten zien dat aandacht voor de beleving van het ouder worden de effecten van interventies in de gezondheidszorg sterker kan maken (Kotter-Grühn, 2015).

5 Levensverhalen

Onderzoek naar de betekenis van ouder worden heeft al duidelijk gemaakt dat de beleving van het eigen ouder worden van belang is voor de individuele ontwikkeling. Narratieve gerontologie gaat hierin nog een stap verder, door radicaal het perspectief van ouderen zelf op hun leven centraal te stellen. De narratieve gerontologie bestudeert hoe ouder wordende mensen betekenis geven aan hun eigen leven door er verhalen over te vertellen (Randall e.a., 2011). Het levensverhaal wordt dan gezien als een manier om betekenis te verlenen aan het ouder worden in het perspectief van de eigen biografie.

Sommigen gaan zover dat ze stellen dat de ervaring van het ouder worden (Randall e.a., 2011) en het leven in de biografische tijd (Brockmeier, 2000) alleen gevat kunnen worden in verhalen. Verhalen verbinden immers het verleden zoals mensen er nu op terugblikken, met het heden zoals ze dat waarnemen, en met de toekomst waarop ze anticiperen. Juist door verleden, heden en toekomst te verbinden, brengen mensen betekenis, richting en zin in hun leven aan (McAdams, 1996). Omdat levensverhalen over de eigen persoon gaan maken mensen in verhalen ook een beeld van wie ze zijn: een narratieve identiteit (McAdams & McLean, 2013). Zo antwoordt iedereen op de vraag naar de zin van het leven met zijn eigen levensloop, om de schrijver György Konrád te parafraseren.

Het levensverhaal heeft op oudere leeftijd een bijzondere betekenis. Vanuit de levenslooppsychologie is het opmaken van de levensbalans de belangrijkste ontwikkelingstaak in de laatste levensfase (Butler, 1963; Erikson, 1997; Jung, 1971; Tornstam, 2005). Het verhaal lijkt het natuurlijke medium om deze taak tot een goed einde te brengen. Vooral in onderzoeken naar reminiscentie is hieraan aandacht besteed (Westerhof e.a., 2010). Terugblikken op het eigen leven is minder aan leeftijd gebonden dan vaak verondersteld wordt, maar heeft wel verschillende functies op verschillende leeftijden. Op oudere leeftijd gebruikt men het terugblikken vooral om ervaringen over te dragen om zich voor te bereiden op het levenseinde, terwijl jongeren reminiscentie eerder gebruiken bij een identiteit vinden en problemen oplossen.

De manier waarop mensen op latere leeftijd een levensverhaal samenstellen, is mede het resultaat van de ontwikkeling die ze hierin eerder in hun leven hebben doorgemaakt. Kinderen leren van hun ouders om een min of meer coherent verhaal te vertellen over een bepaalde gebeurtenis uit hun leven (Fivush, 2008). Jongeren en jongvolwassenen worden zich meer bewust van de opeenvolging van gebeurtenissen (Habermas & Bluck, 2000). Ze leren om de temporele opeenvolging van gebeurtenissen in te schatten, om causale relaties te zien tussen gebeurtenissen, om steeds terugkerende thema's te ontdekken, en om deze te plaatsen in het culturele narratief over de levensloop zoals dat in onze samenleving gebruikelijk is. Door het verbinden van verschillende gebeurtenissen construeren mensen in hun jonge volwassenheid voor het eerst een rode draad door hun levensverhaal.

In de volwassenheid en op latere leeftijd blijven levensverhalen zich echter ontwikkelen. Ouderen kunnen zo betere verhalenvertellers worden dan jongeren (Pratt & Norris, 1996). De verhalen die ze vertellen, zijn complexer en voldoen vaker aan een structuur met een stijgende verhaallijn, opbouwend tot een hoogtepunt en gevolgd door een ontknoping. Daarnaast vertellen ouderen positievere en sterker geïntegreerde verhalen dan jongeren (Pennebaker & Stone, 2003). Ze gebruiken meer positieve emotiewoorden (geluk, lachen), minder negatieve emotiewoorden (verdriet, boosheid) en meer inzichtwoorden (begrijpen, realiseren) dan jongeren. Naast dergelijke structurele aspecten blijken ook inhoudelijke aspecten van verhalen tussen jong en oud te verschillen. De twee belangrijkste inhoudelijke thema's van verschillen tussen verhalen zijn *agency* en *communion* (Guisinger & Blatt, 1994), ook wel omschreven als individualiteit en verbondenheid (Bode, 2003). Individualiteit verwijst hier naar de rol in het sturen van het eigen leven die de verteller van een verhaal zichzelf toebedeelt. Deze vorm van betekenisverlening legt de nadruk op individuele eigenschappen van een persoon, op zelfreflectie en zelfwaardering, op prestaties, doelen en eigen projecten, op de ervaring van interne beheersing en welbevinden, en tot slot op de onafhankelijkheid tegenover andere personen (Bode, 2003). Bij verbondenheid gaat het om de betekenisverlening aan de eigen persoon in relatie tot anderen. Belangrijk zijn hierbij het in contact zijn met andere mensen, het ondernemen van gemeenschappelijke activiteiten, de kwaliteit van relaties en het gedrag van de eigen persoon en anderen hierin, en de verbinding tussen de persoon en de samenleving (Bode, 2003). Op individueel niveau blijkt dat in bijna elke beschrijving van de eigen persoon beide thema's aanwezig zijn (Westerhof & Bode, 2004). Elke persoon geeft zijn of haar eigen betekenis aan individualiteit en verbondenheid, in relatie tot de eigen levenservaring. Voor ouderen blijkt verbondenheid centraler te staan dan individualiteit, terwijl dit op middelbare leeftijd juist omgekeerd is (Bode, 2003). Dit zou te maken kunnen hebben met het feit dat ouderen in een minder op het individu gerichte samenleving zijn opgegroeid.

Met het ouder worden passen mensen hun verhaal aan wanneer zijzelf of hun omstandigheden veranderen (Randall e.a., 2011; Westerhof, 2010). Belangrijke levensgebeurtenissen in de levensloop kunnen leiden tot een desorganisatie van het bestaande verhaal. Mensen gaan dan weer op zoek naar een nieuw verhaal, waarbij ze bestaande betekenissen in stand houden of veranderen. Ook door het verstrijken van de tijd kunnen gebeurtenissen een andere betekenis krijgen in het levensverhaal. Met pensioen gaan heeft een andere betekenis op het moment dat dit net plaatsgevonden heeft dan wanneer dit al enkele jaren geleden is en men deels de 'afloop' ervan kent. Mensen blijven daarom het eigen levensverhaal steeds opnieuw 'lezen' en met elke lezing opnieuw interpreteren (Randall & McKim, 2008). Het levensverhaal is daarom eigenlijk nooit af, maar wordt continu herschreven. Dit maakt ook juist de veerkracht van het verhaal uit. Een belangrijk thema in verhalen is dan ook hoe mensen moeilijke gebeurtenissen en perioden in hun leven toch weer te boven zijn gekomen, hoe deze hen gevormd hebben, en soms zelfs tot een beter mens gemaakt hebben. McAdams (2006) spreekt hier van verhalen van *redemption* (verlossing).

Soms kan het echter moeilijk zijn om het verhaal aan te passen. Mensen kunnen in zekere zin blijven steken in het verhaal dat ze al hebben verteld. Ze zien dan weinig of geen mogelijkheden om dingen die in hun leven gebeurd zijn, een nieuwe betekenis te geven, en ze verwachten in de toekomst ook niet dat er nog veranderingen en nieuwe mogelijkheden zijn. Dit wordt ook wel aangeduid als *narrative foreclosure*: het voortijdig afronden van het levensverhaal (Bohlmeijer e.a., 2011; Freeman, 2011). De verhalen die mensen vertellen worden dan vaak gedomineerd door één negatief thema, dat steeds maar terug blijft komen. Of het verhaal is heel gefragmenteerd en het lukt niet goed om er een geheel van te maken. Vanwege hun positie in de maatschappij, het verstrijken van de tijd en het meemaken van onomkeerbare gebeurtenissen zou er bij ouderen wellicht meer narrative foreclosure kunnen voorkomen (Bohlmeijer e.a., 2011). Ouderen lijken inderdaad beduidend meer narrative foreclosure naar de toekomst te ervaren, maar juist iets minder naar het verleden dan mensen van middelbare leeftijd (Bohlmeijer e.a., 2014).

De manier waarop mensen verhalen vertellen, is gerelateerd aan hun geestelijke gezondheid en welbevinden (McAdams, 2006; Pennebaker & Chung, 2011; Westerhof & Bohlmeijer, 2012; 2014). Verhalen met emotionele openheid, een goede balans tussen positieve en negatieve emoties, en inzichten en verbanden dragen bij aan de mentale en fysieke gezondheid. Verhalen die meer coherentie vertonen en een sterker gevoel van individualiteit en verbondenheid laten zien, gaan vaak samen met een betere geestelijke gezondheid en welbevinden. Tot slot blijkt dit ook zo te zijn voor verhalen die open zijn tegenover zowel verleden als toekomst, of waarin mensen toch een positieve betekenis hebben gevonden.

De narratieve benadering heeft belangrijke implicaties voor de ouderenpsycholoog. Deze benadering geeft houvast bij het serieus nemen van de visies van oudere mensen op hun eigen persoon en leven. Het op een professionele wijze omgaan met het levensverhaal wordt ook wel narratieve zorg genoemd. Narratieve zorg kan worden geboden in de alledaagse zorg die verschillende professionals aan ouderen verlenen. In narratieve zorg zijn ouderen de experts over hun eigen leven. De vraag staat centraal wie de oudere is en hoe het met hem of haar gaat. Binnen de ouderenzorg kan de psycholoog verzorgenden leren om aandacht te hebben voor het verhaal. 'Groen en grijs' is een methode hiervoor, waarbij jongeren en ouderen elkaar vanuit hun levensverhaal beter leren kennen (Van Kordelaar e.a., 2008). De narratieve benadering kan daarnaast worden geboden in de vorm van verschillende interventies, in het bijzonder in de vorm van reminiscentie en life-review (Bohlmeijer e.a., 2007; Westerhof e.a., 2010). Reminiscentie en life-review worden ingezet voor het ophalen en uitwisselen van verhalen over vroeger, maar ook om vastgelopen verhalen te herstructureren (zie ook hoofdstuk 19). Ook in de psychotherapie worden narratieve methoden gebruikt om de geestelijke gezondheid te bevorderen (Hermans & Hermans-Jansen, 1995). Mensen met psychische problemen hebben vaak een verhaal dat gedomineerd wordt door hun klachten en problemen. Door hier psychologisch afstand van te nemen en door op zoek te gaan naar ervaringen die het dominante verhaal tegenspreken, wordt gezocht naar een alternatief verhaal dat kan bijdragen aan een goede geestelijke gezondheid en welbevinden (Westerhof & Bohlmeijer, 2012).

6 Conclusie

In dit hoofdstuk zijn vier benaderingen besproken die elk een eigen visie tonen op de psychologie van het ouder worden. De vier visies verschillen in de manier waarop ze de ontwikkeling over de levensloop bestuderen. Ondanks de verschillen in de benaderingen geldt dat ze zich allemaal sterk richten op de individuele ontwikkeling over de levensloop. Door juist de normale levensloopontwikkeling centraal te stellen, biedt elke benadering handvatten om verder te kijken dan stoornissen en klachten. Naast stoornissen, problemen en klachten wordt ook steeds de vraag gesteld wat er wel goed gaat in het proces van ouder worden. Dat maakt het mogelijk om de ouder wordende persoon centraal te stellen in plaats van de stoornissen en de klachten.
In zekere zin zijn de besproken benaderingen een product van deze tijd, waarin de eigen verantwoordelijkheid voor geestelijke gezondheid en welbevinden steeds meer op de voorgrond komt te staan. De organisatie van de levensloop is echter geen louter individuele aangelegenheid, maar vindt juist plaats in de context van sociale relaties en in bredere maatschappelijke constellaties. Het is daarnaast van belang om niet uit het oog te verliezen dat ook in de mogelijkheden tot eigen sturing van de levensloop grote individuele verschillen bestaan. Het is een belangrijke taak voor de ouderenpsycholoog om juist ook aan dergelijke verschillen aandacht te besteden.

Literatuur

Baltes, P.B. (1987). Theoretical propositions of life-span developmental psychology: On the dynamics between growth and decline. *Developmental Psychology, 23*, 611-626.
Baltes, M.M. (1996). *The many faces of dependency in old age*. New York: Cambridge University Press.
Baltes, P.B. (1997). On the incomplete architecture of human ontogeny: Selection, optimization, and compensation as foundation of developmental theory. *American Psychologist, 52*, 366-380.

Baltes, P.B., & Baltes, M.M. (1990). Psychological perspectives on successful aging: The model of selective optimization with compensation. In P.B. Baltes & M.M. Baltes (Eds.), *Successful aging: Perspectives from the behavioral sciences* (pp. 1-34). New York: Cambridge University Press.

Bode, C. (2003). *Individuality and relatedness in middle and late adulthood: A study of women and men in the Netherlands, East- and West-Germany.* Dissertation, Katholieke Universiteit Nijmegen.

Bohlmeijer, E.T., Bolier, L., Westerhof, G.J., & Walburg, J. (2013). *Handboek positieve psychologie: Theorie, onderzoek en toepassingen.* Amsterdam: Boom.

Bohlmeijer, E.T., Lamers, S.M.A., & Westerhof, G.J. (2014). The development and initial validation of the narrative foreclosure scale. *Aging and Mental Health, 18*, 879-888.

Bohlmeijer, E.T., Roemer, M., Smit, F., & Cuijpers, P. (2007). The effects of life-review on life-satisfaction and well-being: results of a meta-analysis. *Aging and Mental Health, 11*, 291-300.

Bohlmeijer, E.T., Westerhof, G.J., Randall, W.W., Tromp, T.T., & Kenyon, G.G. (2011). Narrative foreclosure in later life: Preliminary considerations for a new sensitizing concept. *Journal of Aging Studies, 25*, 364-370.

Bolier, L., Haverman, M., Westerhof, G.J., Riper, H., Smit, F., & Bohlmeijer, E. (2013). Positive psychology interventions: A meta-analysis of randomized controlled studies. *BMC Public Health, 13*, 119.

Brandtstädter, J., & Rothermund, K. (2002). The life-course dynamics of goal pursuit and goal adjustment: A two-process framework. *Developmental Review, 22*, 117-150.

Brockmeier, J. (2000). Autobiographical time. *Narrative Inquiry, 10*, 51-73.

Butler, R.N. (1963). The life-review: An interpretation of reminiscence in the aged. *Psychiatry, 26*, 65-76.

Carstensen, L.L., Fung, H.H., & Charles, S.T. (2003). Socioemotional selectivity theory and the regulation of emotion in the second half of life. *Motivation and Emotion, 27*, 103-123.

Cuddy, A.C., & Fiske, S.T. (2002). Doddering but dear: Process, content, and function in stereotyping of older persons. In T.D. Nelson (Ed.), *Ageism: Stereotyping and prejudice against older persons* (pp. 3-26). Cambridge, MA: The MIT Press.

Cumming, E., & Henry, W.E. (1961). *Growing old: The process of disengagement.* New York: Basic Books.

Custers, A.F.J., Westerhof, G.J., Kuin, Y., & Riksen-Walraven, J.M.A. (2010). Need fulfillment in caring relationships: Its relation with well-being of residents in somatic nursing homes. *Aging and Mental Health, 14*, 731-739.

Custers, A.F.J., Cillessen, A.H.J., Westerhof, G.J., Kuin, Y., & Riksen-Walraven, J.M. (2014). Need fulfillment, need importance and depressive feelings of residents over the first eight months of living in a nursing home. *International Psychogeriatrics, 26*, 1161-1170.

Depp, C.A., & Jeste, D.V. (2006). Definitions and predictors of successful aging: A comprehensive review of larger quantitative studies. *American Journal of Geriatric Psychiatry, 14*, 6-20.

Diehl, M.K., & Wahl, H.W. (2010). Awareness of age-related change: Examination of a (mostly) unexplored concept. *Journals of Gerontology, 65*, 340-350.

Diehl, M., & Wahl, H. (2015). *Annual review of gerontology and geriatrics, 35, 2015: Subjective aging, new developments and future directions.* New York: Springer.

Diener, E. (1984). Subjective well-being. *Psychological Bulletin, 95*, 542-575.

Diener, E., & Suh, E.M. (1998). Subjective well-being and age: An international analysis. *Annual Review of Gerontology and Geriatrics, 17*, 304-324.

Elder, G.H., Jr. (1982). Historical experiences in the later years. In T.K. Hareven & K.J. Adams (Eds.), *Ageing and life course transitions: An interdisciplinary perspective* (pp. 75-109). New York: Guilford.

Erikson, E.H. (1997). *The life cycle completed.* New York: Norton.

Fiske, S.T., Cuddy, A.C., Glick, P., & Xu, J. (2002). A model of (often mixed) stereotype content: Competence and warmth respectively follow from perceived status and competition. *Journal of Personality and Social Psychology, 82*, 878-902.

Fivush, R. (2008). Remembering and reminiscing: How individual lives are constructed in family narratives. *Memory Studies, 1*, 49-58.

Fredrickson, B.L. (1998). What good are positive emotions? *Review of General Psychology, 2*, 300-319.

Freeman, M. (2011). Narrative foreclosure in later life: Possibilities and limits. In G. Kenyon, E. Bohlmeijer & W. Randall (Eds.), *Storying later life: Issues, investigations, and interventions in narrative gerontology* (3-19). New York: Oxford University Press.

Guisinger, S., & Blatt, S.J. (1994). Individuality and relatedness: Evolution of a fundamental dialectic. *American Psychologist, 49*, 104-111.

Habermas, T., & Bluck, S. (2000). Getting a life: The emergence of the life story in adolescence. *Psychological Bulletin, 126*, 748-769.

Havighurst, R. J. (1961). Successful aging. *Gerontologist, 1*, 18-13.

Heckhausen, J., & Schulz, R. (1995). A life-span theory of control. *Psychological Review, 102*, 284-304.

Hermans, H.J.M., & Hermans-Jansen, E. (1995). *Self-narratives: The construction of meaning in psychotherapy*. New York: Guilford Press.

Huber, M., Knottnerus, J.A., Green, L., Horst, H. van der, Jadad, A.R., Kromhout, D., e.a. (2011). How should we define health? *British Medical Journal, 343*, d4163.

Jung, C.G. (1971). The stages of life. In C.G. Jung, *The portable Jung* (pp. 3-22). New York: The Viking Press.

Kashdan, T.B., Biswas-Diener, R., & King, L.A. (2008). Reconsidering happiness: The costs of distinguishing between hedonics and eudaimonia. *Journal of Positive Psychology, 3*, 219-233.

Keyes, C.L.M. (1998). Social well-being. *Social Psychology Quarterly, 61*, 121-140.

Keyes, C.L.M. (2005). Mental illness and/or mental health? Investigating axioms of the complete state model of health. *Journal of Counseling and Clinical Psychology, 73*, 539-548.

Kite, M.E., & Wagner, L.S. (2002). Attitudes toward older adults. In T.D. Nelson (Ed.), *Ageism: Stereotyping and prejudice against older persons* (pp. 129-161). Cambridge, MA: The MIT Press.

Kordelaar, K. van, Vlak, A., Kuin, Y., & Westerhof, G.J. (2008). *Groen en grijs: Jong en oud met elkaar in gesprek*. Houten: Bohn Stafleu van Loghum.

Kornadt, A.E., & Rothermund, K. (2012). Internalization of age stereotypes into the self-concept via future self-views: A general model and domain-specific differences. *Psychology and Aging, 27*, 164-172.

Kotter-Grühn, D. (2015). Changing negative views of aging: Implications for intervention and translational research. In M. Diehl & H. Wahl (Eds.), *Annual review of gerontology and geriatrics, Volume 35, 2015: Subjective aging, new developments and future directions* (pp. 167-186). New York: Springer.

Krause, N. (2000). Commentary: Are we really entering a new era of aging? In K.W. Schaie & J. Hendricks (Eds.), *The evolution of the aging self: The societal impact on the aging process* (pp. 307-318). New York: Springer.

Lamers, S.M.A., Westerhof, G.J., & Bohlmeijer, E.T., & Keyes, C.L.M. (2013). Mental health and illness in relation to physical health across the lifespan. In J. Sinnott (Ed.), *Positive psychology: Advances in understanding adult motivation* (pp. 19-34). New York: Springer.

Lamers, S.M.A., Westerhof, G.J., Bohlmeijer, E.T., Ten Klooster, P.M., & Keyes, C.L.M. (2011). Evaluating the psychometric properties of the Mental Health Continuum-Short Form (MHC-SF) in the Dutch population. *Journal of Clinical Psychology, 67*, 99-110.

Levy, B. (2009). Stereotype embodiment: A psychosocial approach to aging. *Current Directions in Psychological Science, 18*, 332-336.

McAdams, D.P. (1996). Personality, modernity, and the storied self: A contemporary framework for studying persons. *Psychological Inquiry, 7*, 295-321.

McAdams, D. (2006). *The redemptive self: Stories Americans live by*. New York: Oxford University Press.

McAdams, D., & McLean, K.C. (2013). Narrative identity. *Current Directions in Psychological Science, 22*, 233-238.

Meisner, B.A. (2012). A meta-analysis of positive and negative age stereotype priming effects on behavior among older adults. *Journals of Gerontology Series B, Psychological Sciences and Social Sciences, 67*, 13-17.

Montepare, J.M., & Zebrowitz, L.A. (2002). A social-developmental view of ageism. In T.D. Nelson (Ed.), *Ageism: Stereotyping and prejudice against older persons* (pp. 77-125). Cambridge, MA: The MIT Press.

Pennebaker, J.W., & Chung, C.K. (2011). Expressive writing and its links to mental and physical health. In H. Friedman (Ed.), *The Oxford handbook of health psychology*. New York: Oxford University Press.

Pennebaker, J.W., & Stone, L.D. (2003). Words of wisdom: Language use over the life span. *Journal of Personality and Social Psychology, 85*, 291-301.

Pratt, M.W., & Norris, J.E. (1996). *Sociale psychologie van het ouder worden*. Baarn: Intro.

Pruchno, R. (2015). Successful aging: Contentious past, productive future. *Gerontologist, 55*, 1-4.

Randall, W.L., Bohlmeijer, E., & Kenyon, G. (Eds.). (2011). *Storying later life*. New York: Oxford University Press.

Randall, W., & McKim, E. (2008). *Reading our lives: The poetics of growing old*. New York: Oxford University Press.

Riley, M.W., Kahn, R.L., Foner, A., & Mack, K.A. (1994). *Age and structural lag: Society's failure to provide meaningful opportunities in work, family, and leisure*. Oxford: John Wiley & Sons.

Rothermund, K., & Brandstädter, J. (2003). Age stereotypes and self-views in later life: Evaluating rival assumptions. *International Journal of Behavioral Development, 27*, 549-554.

Rowe, J.W., & Kahn, R.L. (1997). Successful aging. *Gerontologist, 37*, 433-440.

Ryan, R.M., & Deci, E.L. (2001). On happiness and human potentials: A review of research on hedonic and eudaimonic well-being. *Annual Review of Psychology, 52*, 141-166.

Ryff, C.D. (1989). In the eye of the beholder: Views of psychological well-being among middle-aged and older adults. *Psychology and Aging, 4*, 195-210.

Ryff, C.D. (2014). Psychological well-being revisited: Advances in the science and practice of eudaimonia. *Psychotherapy and Psychosomatics, 83*, 10-28.

Sin, N.L., & Lyubomirsky, S. (2009). Enhancing well-being and alleviating depressive symptoms with positive psychology interventions: A practice-friendly meta-analysis. *Journal of Clinical Psychology, 65*, 467-487.

Steverink, N., Westerhof, G.J., Bode, C., & Dittmann-Kohli, F. (2001). The personal experience of aging, individual resources and subjective well-being. *Journals of Gerontology: Psychological Sciences, 56B*, P364-P373.

Tornstam, L. (2005). *Gerotranscendence: A developmental theory of positive aging*. New York: Springer.

Versteegh, E., & Westerhof, G.J. (2007). Wederzijdse stereotypen van jongeren en ouderen en hun relatie met zelfbeeld en zelfwaardering. *Tijdschrift voor Gerontologie en Geriatrie, 38*, 28-36.

Waterman, A.S. (1990). The relevance of Aristotle's conception of eudaimonia for the psychological study of happiness. *Theoretical and Philosophical Psychology, 10*, 39-44.

Weiss, L.A., Westerhof, G.J., & Bohlmeijer, E.T. (2016). Can we increase psychological well-being? The effects of interventions on psychological well-being: A meta-analysis of randomized controlled trials. *PloS One, 11*, e0158092.

Westerhof, G.J. (2003). De beleving van het eigen ouder worden: Multidimensionaliteit en multidirectionaliteit in relatie tot succesvol ouder worden en welbevinden. *Tijdschrift voor Gerontologie en Geriatrie, 34*, 96-103.

Westerhof, G.J. (2010). 'During my life so much has changed that it looks like a new world to me': A narrative perspective on identity formation in times of cultural change. *Journal of Aging Studies, 24*, 12-19.

Westerhof, G.J., & Bode, C. (2004). The personal meaning of individuality and relatedness: Gender differences in middle and late adulthood. In S.O. Daatland & S. Biggs (Eds.), *Ageing and diversity* (pp. 29-44). Bristol: Policy Press.

Westerhof, G.J., & Bohlmeijer, E. (2010). *Psychologie van de levenskunst*. Amsterdam: Boom.

Westerhof, G.J., & Bohlmeijer, E. (2012). Life stories and mental health: The role of identification processes in theory and interventions. *Narrative Works, 2*, 106-128.

Westerhof, G.J., & Bohlmeijer, E.T. (2014). Celebrating fifty years of research and applications in reminiscence and life review: State of the art and new directions. *Journal of Aging Studies, 29*, 107-114.

Westerhof, G.J., Bohlmeijer, E.T., & Webster, J.D. (2010). Reminiscence and mental health: A review of recent progress in theory, research, and intervention. *Ageing and Society, 30*, 697-721.

Westerhof, G.J., & Keyes, C.L.M. (2010). Mental illness and mental health: The two continua model across the lifespan. *Journal of Adult Development, 17*, 110-119.

Westerhof, G.J., Maessen, M., Bruijn, R. de, & Smets, B. (2008). Intentions to seek (preventive) psychological help among older adults: An application of the theory of planned behavior. *Aging and Mental Health, 12*, 317-322.

Westerhof, G.J., Miche, M., Brothers, A., Barrett, A., Diehl, M., Montepare, J., e.a. (2014). The influence of subjective aging on health and longevity: A meta-analysis of longitudinal data. *Psychology and Aging, 29*, 793-802.

Westerhof, G.J., & Tulle, E. (2007). Meanings of ageing and old age: Discursive contexts, social attitudes and personal identities. In J. Bond, S. Peace, F. Dittmann-Kohli & G.J. Westerhof (Eds.), *Ageing in society* (3rd ed., pp. 235-254). Londen: Sage.

Westerhof, G.J., Whitbourne, S.K., & Freeman, G.P. (2012). The aging self in a cultural context: Identity processes, perceptions of aging and self-esteem in the United States and the Netherlands. *Journal of Gerontology, Psychological Sciences, 67*, 52-60.

Williams, A., & Nussbaum, J.F. (2001). *Intergenerational communication across the life span*. Mahwah, NJ/Londen: Lawrence Erlbaum.

WHO. (2004). *Promoting mental health: Concepts, emerging evidence, practice*. Geneva: World Health Organization.

3
Sociaal netwerk en persoonlijke relaties

Marjolein Broese van Groenou en Theo van Tilburg

1 Inleiding
2 Vormkenmerken netwerken
    2.1 Onderzoek naar netwerken
    2.2 Omvang, samenstelling en nabijheid
3 Inhoudelijke kenmerken netwerken
    3.1 Steun uitwisselen
    3.2 Reciprociteit
4 Netwerken in levensloopperspectief
    4.1 Theorieën over netwerkveranderingen
    4.2 Veranderingen in relaties op oudere leeftijd
5 Gezondheid en netwerk
6 Informele zorg
7 Eenzaamheid en netwerken
    7.1 Eenzaamheid
    7.2 Interventies tegen eenzaamheid
8 Netwerken van ouderen in de eenentwintigste eeuw
9 Tot besluit
   Literatuur

> **Kernboodschappen**
> - Ouderen met kleine netwerken van persoonlijke relaties waarin weinig familieleden en buurtgenoten zijn opgenomen, hebben een verhoogd risico op sociaal isolement en psychische-gezondheidsproblemen.
> - Vorming en onderhoud van netwerken vindt tijdens de levensloop continu plaats; ouderen die niet regelmatig steun uitwisselen met leden van hun netwerk, hebben een verhoogd risico op het ontberen van steun op latere leeftijd.
> - Ouderen hebben tegenwoordig grotere en diverser samengestelde netwerken dan hun leeftijdgenoten van twintig jaar geleden.
> - Steeds meer ouderen hebben ook online contact met hun sociale relaties.
> - Informele zorg is een taak voor verschillende leden van het persoonlijke relatienetwerk, waarbij overleg moet plaatsvinden over afstemming en samenwerking.
> - Eenzaamheid is het resultaat van een tekortschietend netwerk; men is niet ingebed in een goed netwerk, of men krijgt niet de ondersteuning die men wenst. Voorafgaand aan een interventie moet eerst de oorzaak van de eenzaamheid achterhaald worden.

1 Inleiding

In dit hoofdstuk komen de persoonlijke relaties van ouderen aan de orde. Deze nemen een belangrijke plaats in binnen het leven van ouderen. Regelmatig contact met kinderen, familie, buren en vrienden bevordert gevoelens van geborgenheid en sociale integratie, en vermindert gevoelens van eenzaamheid. In alle levensfasen is het prettig om over een goed functionerend persoonlijk relatienetwerk te beschikken, maar op oudere leeftijd is het belang onmiskenbaar. Veel ouderen worden geconfronteerd met negatieve veranderingen, zoals gezondheidsproblemen, het verlies van dierbaren of institutionalisering. Persoonlijke relaties fungeren als 'mantel' en vormen de belangrijkste bron van steun en zorg in moeilijke tijden. Maar persoonlijke relaties veranderen zelf ook, tijdens het ouder worden of als gevolg van een ingrijpende gebeurtenis.

In dit hoofdstuk beschrijven we kenmerken van het persoonlijke relatienetwerk van ouderen, in hoeverre deze netwerken verschillen naar sekse, leeftijd en opleidingsniveau, en hoe relatienetwerken veranderen tijdens de levensloop. Daarna bespreken we twee belangrijke uitkomsten van relatienetwerken: mantelzorg verkrijgen, en de ervaren eenzaamheid. Tot slot vergelijken we ouderen van nu met hun leeftijdgenoten aan het begin van de jaren negentig van de vorige eeuw. Nieuwe generaties ouderen hebben andere kenmerken dan ouderen voorheen hadden, en verschillen ook in hun sociale relatienetwerk. Daarbij hebben we ook kort aandacht voor de sociale relaties via internet.

De gerapporteerde gegevens in dit hoofdstuk komen uit een landelijk langlopend onderzoek naar sociaal functioneren van ouderen in Nederland. Dit onderzoek bestaat uit twee programma's: Leefvormen en sociale netwerken van ouderen (LSN: Knipscheer e.a., 1995) en de Longitudinal Aging Study Amsterdam (LASA: Huisman e.a., 2011).

Leefvormen en sociale netwerken van ouderen (LSN)

Het onderzoeksprogramma Leefvormen en sociale netwerken van ouderen (LSN), uitgevoerd door de Faculteit Sociale Wetenschappen van de Vrije Universiteit te Amsterdam en door het Nederlands Interdisciplinair Demografisch Instituut (NIDI) te Den Haag, is financieel mogelijk gemaakt door het Nederlands Stimuleringsprogramma Ouderenonderzoek. In dit programma werden bij 4494 mensen van ongeveer 54 tot en met 89 jaar in 1992 gegevens verzameld.

Longitudinal Aging Study Amsterdam (LASA)

Het onderzoeksprogramma Longitudinal Aging Study Amsterdam (LASA) wordt uitgevoerd door verschillende vakgroepen van de Vrije Universiteit Amsterdam en het VU medisch centrum, en wordt onder meer mogelijk gemaakt door het ministerie van Volksgezondheid, Welzijn en Sport en de Nederlandse Organisatie voor Wetenschappelijk Onderzoek (NWO) (dossiernummer 480-10-014). In dit programma worden bij 3107 mensen uit het LSN-programma vanaf 1992-1993 elke drie jaar gegevens verzameld. In 2002 en in 2012 werden respectievelijk 1002 en 1023 mensen van ongeveer 55 tot en met 64 jaar toegevoegd aan het programma. In 2012 is de oudste deelnemer 104 jaar.

Voor een overzicht van LASA-publicaties over persoonlijke relaties, zie www.lasa-vu.nl/publications/publications.htm.

2 Vormkenmerken netwerken

2.1 Onderzoek naar netwerken

De grootte en samenstelling van een persoonlijk netwerk zijn uiterlijke kenmerken van een relatienetwerk. Het aantal persoonlijke relaties van een persoon en het aantal groepen in de samenleving waarvan een persoon deel uitmaakt, geven een indicatie van de mate van sociale integratie van het individu. Vergelijk bijvoorbeeld een oudere met een klein netwerk dat alleen uit familieleden bestaat met een oudere die een groot netwerk heeft waarin relaties met familieleden, vrienden, buren, en leden van organisaties zijn opgenomen. Dergelijke vormkenmerken geven de beschikbaarheid van relaties aan, maar zeggen nog weinig over de inhoud van de relaties.

Om netwerkkenmerken te vergelijken, gebruiken we een methode om netwerkrelaties te onderzoeken (Broese van Groenou & Van Tilburg, 2007a). Vraagt men een individu bijvoorbeeld om alle personen te noemen met wie hij of zij een sterke emotionele band heeft dan noemt deze persoon minder personen dan wanneer wij dit individu vragen alle personen te noemen met wie hij of zij regelmatig contact heeft. In het onderzoek Leefvormen en sociale netwerken van ouderen (LSN) en Longitudinal Aging Study Amsterdam (LASA) is ervoor gekozen om netwerken te onderzoeken aan de hand van de volgende drie criteria (Van Tilburg, 1995).

1. De personen vertegenwoordigen verschillende relatiedomeinen: partner, kinderen, familie, buurtgenoten, personen van werk en opleiding, leden van organisaties, en vrienden.
2. Met deze personen onderhouden de onderzoeksdeelnemers regelmatig contact.
3. De relatie is belangrijk voor de deelnemers.

De deelnemers aan het onderzoek is gevraagd om namen te noemen van personen uit hun netwerk. Een vraag was bijvoorbeeld: 'Noem alstublieft de buren met wie u regelmatig contact hebt en die belangrijk voor u zijn.' De methode leverde een netwerk op waarin veel verschillende relatietypen in potentie aanwezig zijn.

2.2 Omvang, samenstelling en nabijheid

Gemiddeld genomen noemden de ouderen van 55 jaar en ouder met deze onderzoeksmethode 18 relaties in hun netwerk (gegevens uit LASA-waarneming 2011/2012). Of dat veel of weinig is, is niet vast te stellen, omdat het aantal bepaald wordt door de methode van ondervraging. Van groter belang is dat we ouderen met een groter netwerk kunnen onderscheiden van ouderen met een kleiner netwerk. Ongeveer 7% van de ouderen noemt 0 tot maximaal 5 personen, 58% noemt tussen de 6 en 20 personen, en 35% noemt meer dan 20 personen. Vrouwen hebben gemiddeld grotere netwerken dan mannen (20 versus 16 personen).

De netwerkomvang neemt af met de leeftijd. De deelnemers van 55-64 jaar hebben de grootste netwerken (gemiddeld 20 personen), de deelnemers van 65-84 jaar hebben gemiddeld 17 personen in hun netwerk, en de 85-plussers hebben de kleinste netwerken (gemiddeld 14 personen). Ouderen met een laag opleidingsniveau (niet meer dan lagere school) hebben kleinere netwerken: gemiddeld 16 personen, tegenover gemiddeld 18 personen bij ouderen met een gemiddeld of hoger opleidingsniveau. De leefsituatie van de oudere maakt veel uit voor de grootte van het persoonlijke netwerk. Ouderen die al dan niet getrouwd met een partner samenwonen, hebben de grootste netwerken (gemiddeld 20 personen), ouderen zonder partner hebben kleinere netwerken (gemiddeld 15 personen). We concluderen dat mannen, de oudsten (85 jaar en ouder), degenen die alleen staan en degenen met een laag opleidingsniveau relatief vaak een kleiner netwerk hebben. Een klein aantal ouderen (7%) heeft minder dan 6 relaties en heeft daarmee een verhoogd risico op sociaal isolement.

De samenstelling van het persoonlijke netwerk kan op verschillende wijzen beschouwd worden. We maken bijvoorbeeld een onderscheid tussen verwanten en niet-verwanten, we kijken specifieker naar het aantal kinderen (of vrienden) dat in het netwerk is opgenomen, of we onderzoeken hoeveel netwerkleden in de buurt wonen. Het onderscheid tussen verwanten en niet-verwanten (Dykstra, 1995; Suanet e.a., 2013b) geeft een indicatie van de diversiteit van het netwerk. De netwerken van de ouderen in de onderzoeksprogramma's Leefvormen en sociale netwerken van ouderen (LSN) en Longitudinal Aging Study Amsterdam (LASA) bestaan gemiddeld ongeveer voor twee derde uit verwanten, en dit geldt voor zowel mannen als vrouwen. De oudsten en degenen met een lagere sociaal-economische status hebben een groter aandeel verwanten in hun netwerk dan de jongere ouderen en degenen met een hogere sociaal-economische status. De omvang van het netwerk en de samenstelling hangen samen: kleinere netwerken hebben een groter deel familieleden dan grotere netwerken.

Wie deel uitmaken van het netwerk, hangt samen met de beschikbaarheid van partner en kinderen. Kinderloze ouderen hebben kleinere netwerken dan de ouderen met kinderen. Dit verschil is echter geheel voor rekening van de beschikbaarheid van kinderen: als men de kinderen niet meetelt, hebben kinderloze ouderen even grote netwerken met gelijke aantallen vrienden, buren en andere niet-verwanten als ouderen die wel kinderen hebben. De kinderloosheid gaat dus niet ten koste van hun relaties met familieleden, buren en vrienden, maar het is ook niet zo dat kinderloosheid gecompenseerd wordt door een groter aantal andersoortige relaties.

Contacten in de buurt zijn belangrijke bronnen van steun voor ouderen. Voor kortdurende hulp van praktische aard, zoals boodschappen doen en klussen in en rond het huis, wordt vaak een beroep gedaan op mensen in de buurt. In het LSN-LASA-onderzoek is nagegaan hoeveel personen van het kernnetwerk in de buurt woonden. Gemiddeld genomen woont de helft van de netwerkleden met wie men vaak contact heeft, binnen 10 minuten reisafstand. Bijna 41% van deze nabije contacten zijn kinderen of andere familieleden. Ongeveer een derde van de respondenten heeft geen familieleden in de buurt (Thomése e.a., 2003). Aan de andere kant van het spectrum vinden we dat een kwart van de ouderen al hun contacten in de buurt heeft wonen. Buurtnetwerken blijken vooral klein te zijn bij alleenstaande ouderen in grote steden, zoals Amsterdam.

3 Inhoudelijke kenmerken netwerken

3.1 Steun uitwisselen

De aanwezigheid van verschillende soorten relaties zegt op zich weinig over de aard van de interacties binnen deze relaties. Voor ouderen is de uitwisseling van steun van belang: zowel emotionele als instrumentele. Vaak wordt daarbij de nadruk gelegd op het ontvangen van steun, maar ouderen zijn uiteraard ook in staat tot het geven van steun. In het LSN-LASA-onderzoek is voor verschillende relaties in het persoonlijke netwerk vastgesteld hoe vaak de oudere emotionele en instrumentele steun heeft gekregen van de betreffende persoon, en hoe vaak de oudere steun aan de ander heeft gegeven (Van Tilburg e.a., 1995).

Bij instrumentele steun gaat het om praktische hulp, bijvoorbeeld klusjes in en rond het huis, op het huis passen, planten water geven, of boodschappen doen. Binnen de meeste relaties van de ouderen wordt echter dergelijke praktische hulp zelden tot nooit uitgewisseld. Opvallend is dat mannen, jongere ouderen en hogere statusgroepen meer instrumentele steun geven dan vrouwen, oude ouderen en lagere statusgroepen. Er is geen verschil in ontvangen instrumentele steun naar sekse, leeftijd of sociaal-economische klasse.

Emotionele steun is het bespreken van persoonlijke problemen of belevenissen in het contact met de ander. Ook hier is sprake van geven (luisteren naar de ander) en ontvangen (de ander luistert naar jou) van emotionele steun. De uitwisseling van emotionele steun vindt vaker en in meer relaties plaats dan de uitwisseling van instrumentele steun. Het uitwisselen van emotionele steun is meer een zaak voor vrouwen dan voor mannen en meer voor jongere ouderen dan voor oudere ouderen. Evenzo is er sprake van sociaal-economische verschillen: vooral ouderen uit de hogere klassen wisselen meer emotionele steun uit met hun netwerkrelaties; bij lagere klassen is dat minder aan de orde.

Binnen de relatie met de partner is de intensiefste uitwisseling van instrumentele en emotionele steun (Broese van Groenou & Van Tilburg, 2003). Op een goede tweede plaats staan de kinderen: ook met kinderen worden beide vormen van steun uitgewisseld, maar emotionele steun nog wel het meest. Instrumentele oftewel praktische hulp komt vooral van familieleden en buren en minder van vrienden en kennissen. Vrienden en broers en zussen zijn belangrijk voor de uitwisseling van emotionele steun: daarbij spelen buren nauwelijks een rol. Aan deze rangschikking ligt een tweetal principes ten grondslag. Ten eerste heeft de oudere zelf vooral voorkeur voor steun van personen die het meest nabij staan, en ten tweede zijn sommige relatietypen beter geschikt voor het verkrijgen van praktische steun (zoals buren) en zijn andere geschikt voor het geven en krijgen van emotionele steun (zoals vrienden).

3.2 Reciprociteit

De mate waarin steun ontvangen en geven in balans zijn, noemen we reciprociteit. De relaties van ouderen kenmerken zich in het algemeen door een redelijke balans in het uitwisselen van emotionele steun, maar zijn wat betreft instrumentele steun meer uit balans (Van Tilburg e.a., 1995). Het is aannemelijk dat de oude ouderen door gezondheidsproblemen hun netwerkrelaties minder met praktische hulp kunnen bijstaan, en dat zij dit gebrek compenseren door het geven van emotionele steun.

Nader onderzoek naar reciprociteit laat zien dat vooral relaties met kinderen en andere familieleden uit balans zijn, waarbij de oudere meer instrumentele steun krijgt dan geeft (Klein Ikkink & Van Tilburg, 1999). Ook in relaties met personen uit de buurt is er weinig sprake van balans in de steunuitwisseling (Thomése e.a., 2003). Deze disbalans is voor beide relatietypen echter geen reden om het contact te verbreken. Naarmate mensen ouder worden, blijven onevenwichtige relaties met belangrijke personen tot het persoonlijke netwerk behoren. Wel zijn er aanwijzingen dat steun geven aan anderen in het verleden de kans vergroot dat men op latere leeftijd steun binnen deze relaties terugkrijgt. Zo bleek dat grootouders op oudere leeftijd meer steun van hun kinderen krijgen naarmate ze voorheen vaker voor de jonge kleinkinderen hadden gezorgd (Geurts e.a., 2012a).

4 Netwerken in levensloopperspectief

4.1 Theorieën over netwerkveranderingen

Het netwerk op oudere leeftijd kan niet los gezien worden van het leven dat men daarvoor heeft geleid. Het netwerk op oudere leeftijd is het resultaat van het levenslang verwerven, ontwikkelen en verbreken van persoonlijke relaties. Sommigen hebben altijd al deel uitgemaakt van het netwerk (broers en zussen bijvoorbeeld), anderen zijn onderweg aangehaakt (zoals vrienden of schoonfamilie), weer andere relaties gaan verloren (bijvoorbeeld buren na een verhuizing). Op deze manier bezien vormt het netwerk een 'konvooi van relaties' (Kahn & Antonucci, 1980) dat men altijd met zich meevoert, en dat voortdurend kan wisselen in omvang, samenstelling en inhoud.

Er zijn verschillende verklaringen voor de veranderingen in de omvang, samenstelling en inhoud van het netwerk (Thomése e.a., 2005). Vanuit het konvooimodel van Kahn en Antonucci (1980) is de verklaring gelegen in de mogelijkheden van personen om relaties aan te gaan en te behouden. Deze mogelijkheden worden op hun beurt sterk bepaald door de rollen die men in het leven vervult. Deelname aan de arbeidsmarkt, bijvoorbeeld, brengt contacten met collega's binnen bereik, maar beperkt tegelijkertijd de tijd om met vrienden en buurtgenoten om te gaan. Het huwelijk brengt nieuwe sociale contacten zoals familie en vrienden van de partner, en na een echtscheiding verdwijnen veel partnergerelateerde contacten uit het netwerk. Wijzigingen die zich tijdens de levensloop voordoen op de terreinen van arbeid, huwelijk en huisvesting, hebben langdurige invloed op de ontwikkeling van het persoonlijke netwerk.

Een tweede verklaring van netwerkveranderingen biedt de *socio-emotional selectivity theory* (SST: Carstensen, 1992). Het uitgangspunt van deze theorie is dat het onderhoud van persoonlijke relaties twee doelen dient: instrumentele doelen (bijvoorbeeld informatievoorziening) en/of emotionele doelen (bijvoorbeeld steun en geborgenheid). Naarmate men ouder wordt, neemt het belang van emotionele doelen toe tot boven het belang van instrumentele doelen, en kiest men ervoor die relaties te behouden waarbij het verkrijgen van emotionele steun en geborgenheid centraal staan. Dit verklaart waarom relaties uit de periferie van het netwerk afvallen en de oude ouderen vooral relaties in de kern van hun netwerk behouden.

4.2 Veranderingen in relaties op oudere leeftijd

Wanneer men in het LSN-LASA-onderzoek op één moment naar de netwerken kijkt, hebben oude ouderen een kleinere netwerkomvang dan jonge ouderen. Dit suggereert dat mensen meer netwerkleden verliezen dan winnen tijdens het ouder worden. Vervolgonderzoek – met meer meetmomenten – toont echter aan dat veranderingen in het persoonlijke netwerk niet snel gaan. Over een periode van 16 jaar neemt de omvang van het persoonlijke netwerk gemiddeld genomen licht af (Broese van Groenou e.a., 2013). De omvang neemt af omdat het verlies aan relaties (vaak niet-verwanten) niet volledig gecompenseerd wordt door nieuwe relaties, vooral bij de oude ouderen en degenen met gezondheidsproblemen. Ook blijkt dat op de langere termijn men wat minder vaak contact met anderen heeft, maar wel meer instrumentele en emotionele steun van (delen van) het netwerk ontvangt (Van Tilburg, 1998). Het lijkt erop dat met het ouder worden vooral een concentratie op de nabij staande personen (partner, kinderen, verwanten) plaatsvindt, terwijl de contacten die emotioneel gezien verder van de oudere afstaan, een minder centrale plaats in het leven krijgen. Dit ondersteunt de veronderstellingen van de socio-emotional selectivity theory (SST).

Er is echter ook veel evidentie voor netwerkveranderingen als consequentie van levensgebeurtenissen (het konvooimodel). Vooral het verlies van de partner heeft gevolgen voor het functioneren van het relatienetwerk. Steun vanuit de omgeving is dan onontbeerlijk. Recent verweduwden doen daarvoor meestal met succes een beroep op de meest nabij staande netwerkleden. Kinderen en vrienden staan de oudere na het verlies van een partner het meest bij met emotionele steun (Van Baarsen, 2001). Die extra ondersteuning houden kinderen en andere verwanten tot wel 2,5 jaar na verweduwing vol, daarna neemt het weer af (Guiaux e.a., 2007). Verweduwing vereist ook een reorganisatie van het sociale leven omdat men vooral het contact met echtparen verliest. Nieuwe vriendschappen beginnen is niet gebruikelijk op hogere leeftijd. Zo blijkt slechts een kwart van de verweduwden nieuwe relaties te ontwikkelen in de jaren na het overlijden van de partner (Lamme e.a., 1996). Veelal betreft dat contacten in de buurt, maar ook vrienden en kennissen, en contacten die men heeft opgedaan via de kerk of andere organisaties. Vooral vrouwen gaan nieuwe netwerkrelaties aan, en doen daar ook veel moeite voor. Voor mannen is de weduwstaat een moeilijke situatie, hetgeen het risico voor hen op depressie en eenzaamheid verhoogt (Van Grootheest e.a., 1999).

Veel ouderen houden het bij hun eerste partner, maar er zijn ook ouderen die op hogere leeftijd een nieuwe partnerrelatie aangaan na een scheiding of verweduwing. Het blijkt zinvol onderscheid te maken naar het type partnerrelatie: eerste huwelijk, tweede huwelijk, samenwoonrelatie, of latrelatie (Dykstra, 2004; De Jong Gierveld, 2002; De Jong Gierveld & Peeters, 2002). Vergeleken met ouderen in een eerste huwelijk is de huwelijkskwaliteit van de andere typen partnerrelaties gemiddeld minder goed, hetgeen de kans op eenzaamheid vergroot (Dykstra & De Jong Gierveld, 2004; De Jong Gierveld e.a., 2009). Als een partner gezondheidsproblemen ervaart, draagt dat bij tot een vermindering van de huwelijkskwaliteit (Korporaal e.a., 2013), maar ook tot een kleiner sociaal netwerk en minder steunuitwisseling met dat netwerk (Korporaal e.a., 2008).

Tot slot zijn nog drie transities te noemen die bijdragen tot intensivering of vervanging van relaties in het netwerk: grootouderschap, verhuizing en pensionering. Het krijgen van kleinkinderen kan het relatienetwerk uitbreiden, en het contact en de steunuitwisseling met de kinderen doen toenemen (Geurts e.a., 2012a; 2012b). Bij een verhuizing, zeker over langere afstand, raken contacten met buurtgenoten eerder uit het netwerk dan contacten met mensen in verenigingen of op het werk (Bloem e.a., 2008). Maar ouderen die verhuizen, maken ook weer contacten in de nieuwe buurt, vooral als de ouderen actief zijn in vrijwilligersorganisaties en zij zich veilig voelen in de nieuwe omgeving (Bloem e.a., 2013). Na pensionering zijn er vooral positieve veranderingen in het relatienetwerk: het aantal contacten neemt toe en de frequentie van contact neemt in sommige relatietypen toe. Na het pensioen is er meer vrije tijd, is er voor steeds meer ouderen een toereikend inkomen, en zijn er meer mogelijkheden om een cursus te volgen, een theaterabonnement te nemen, verre reizen te maken, en aldus nieuwe relaties te ontwikkelen (Cozijnsen e.a., 2010; Van Tilburg, 2009).

5 Gezondheid en netwerk

Gezondheid hangt op verschillende manieren samen met het netwerk. Ten eerste is een goede gezondheid een vereiste om relaties met anderen te kunnen onderhouden. Vooral deelname aan organisaties (zoals clubs), het beoefenen van vrijwilligerswerk, en bestuurlijke activiteiten in organisaties vereisen dat men over een goede gezondheid beschikt (Aartsen e.a., 2004). Uit onderzoek blijkt dan dat hoe beter de eigen gezondheid is, des te groter het netwerk is en hoe meer instrumentele steun wordt gegeven (Van Tilburg & Broese van Groenou, 2002; Hoogendijk e.a., 2016).

Ten tweede bevordert een goed netwerk de gezondheid. Netwerken vormen een buffer tegen de negatieve gevolgen van ingrijpende gebeurtenissen en bevorderen op die wijze fysieke en emotionele gezondheid. Zo leven mensen met gezondheidsproblemen langer als zij grotere netwerken hebben (Ellwardt e.a., 2015) en/of veel emotionele steun van hun omgeving krijgen (Penninx e.a., 1997). Ouderen met een groter netwerk, waarin naast partner en kinderen ook vrienden zijn opgenomen met wie regelmatig emotionele steun wordt uitgewisseld, rapporteren minder depressieve klachten en voelen zich minder eenzaam dan ouderen die een kleiner netwerk hebben, dat meer eenzijdig is samengesteld en waarmee weinig steun wordt uitgewisseld (De Jong Gierveld & Van Tilburg, 1995; Knipscheer e.a., 2000). Een klein netwerk of weinig steun ontvangen, blijkt vooral voor mannen tot depressieve stemming te leiden (Sonnenberg e.a., 2013; Houtjes e.a., 2014). Een goed functionerend persoonlijk netwerk vergroot het gevoel van erbij te horen, gewaardeerd te worden en er in het leven niet alleen voor te staan. Met een groot en ondersteunend netwerk kan men beter omgaan met de nare dingen in het leven, zoals problemen met de gezondheid (Bisschop, 2004) en het verlies van de partner (Van Baarsen, 2002; Guiaux, 2010).

Ten derde vergroot een slechte gezondheid de behoefte aan steun van anderen. Toenemende gezondheidsproblemen kunnen ertoe leiden dat alledaagse praktische steun in zorg wordt omgezet. Of dit gebeurt, en wie van de netwerkleden zich tot mantelzorger ontwikkelt, zijn belangrijke aandachtspunten in onderzoek en beleid.

6   Informele zorg

Instrumentele steun wordt zorg als het gaat om hulp bij activiteiten in het dagelijks leven die de oudere om gezondheidsredenen minder goed of niet meer kan uitvoeren. Deze activiteiten kunnen liggen op het vlak van de persoonlijke verzorging, of op het vlak van huishoudelijke taken. Zorg krijgt men uit informele of formele bronnen. Informele bronnen zijn mantelzorgers: personen uit het netwerk die niet worden betaald voor hun hulp, zoals kinderen of buren (zie ook hoofdstuk 23), formele bronnen zijn professionele zorgverleners, zoals de wijkverpleging en de alfahulp. Van de ouderen met gezondheidsproblemen ontvangt bijna de helft uitsluitend hulp uit informele bronnen, vooral van de partner en de kinderen (Geerlings e.a., 2004). Een klein percentage van de ouderen ontvangt uitsluitend professionele hulp, en ongeveer een vijfde van de ouderen ontvangt beide vormen van hulp.

Partners en kinderen zijn de grootste leveranciers van mantelzorg voor ouderen. Maar ook andere familieleden, buren en vrienden kunnen mantelzorger worden. Als relaties met wie men een actief contact onderhoudt en waarin al sprake is van enige steunuitwisseling, mantelzorg kunnen verlenen, hebben ouderen gemiddeld vier relaties met zorgpotentieel in hun netwerk (Broese van Groenou & Van Tilburg, 2007b). Als een potentiële mantelzorger ook nog in de buurt moet wonen dan voldoet 14% van de relaties in het netwerk aan die eis (Broese van Groenou & Van Tilburg, 2007b).

Mantelzorg geven kan een belastende taak zijn, vooral voor partners die veel uren zorg leveren en zelf ook gezondheidsproblemen ontwikkelen (Knipscheer & Broese van Groenou, 2004). Daarbij zien we dat het geven van mantelzorg steeds vaker gebeurt door verschillende kinderen in het gezin van de hulpbehoevende ouderen. Waar voorheen meestal één kind de rol van centrale mantelzorger kreeg aangemeten, delen tegenwoordig kinderen die taak (Broese van Groenou, 2005; Tolkacheva e.a., 2014). Door samenwerking is de zorg voor een hulpbehoevende ouder ook langer vol te houden. Dit vereist dat kinderen goede afspraken maken. Onenigheid over de zorgverlening aan ouders kan de ervaren zorgbelasting vergroten (Tolkacheva e.a., 2011).

Uit onderzoek blijkt dat kinderen in de lagere sociaal-economische milieus vaker zorg verlenen aan hun ouders dan kinderen uit de hogere milieus. Deels komt dat doordat kinderen uit lagere milieus dichter bij hun ouders in de buurt wonen, een andere reden is dat hun ouders meer verwachten van de zorg door de kinderen (Broese van Groenou, 2004).

7 Eenzaamheid en netwerken

7.1 Eenzaamheid

Als het persoonlijke netwerk niet goed functioneert of anderszins tekortschiet, kan men zich eenzaam voelen. Eenzaamheid wordt gedefinieerd als het ervaren tekort aan een bepaalde kwantiteit en kwaliteit van de persoonlijke relaties (De Jong Gierveld, 1984). Emotionele eenzaamheid ontstaat bij een sterk gemis door de afwezigheid van een intieme relatie, een emotioneel hechte band met een partner, of van een hartsvriend(in). Gevoelens als leegte en verlatenheid staan centraal.

Sociale eenzaamheid komt voort uit een gebrek aan sociale inbedding en is gekoppeld aan het gemis van betekenisvolle relaties met een bredere groep van mensen om je heen, zoals kennissen, collega's, buurtgenoten, mensen met dezelfde belangstelling, en mensen om samen een hobby uit te voeren. Eenzame ouderen voelen zich niet alleen meer geïsoleerd dan niet-eenzame ouderen, ze hebben ook andere netwerken. Ze hebben vaker geen partner, hebben doorgaans kleinere netwerken, hebben minder vaak contact met hun netwerkleden, en zij wisselen minder emotionele steun uit met hun netwerkleden (De Jong Gierveld & Van Tilburg, 1995). Eenzaamheid komt relatief veel voor bij ouderen boven de 75 jaar. Toename van eenzaamheid heeft niet zozeer met het ouder worden op zich te maken. In de voorgaande paragrafen zijn belangrijke determinanten van eenzaamheid behandeld waarin gedurende het ouder worden veranderingen optreden: de partner die overlijdt; het netwerk dat kleiner wordt; emotionele steun die minder vaak uitgewisseld wordt; en de gezondheid die verslechtert.

Onderzoek onder recent verweduwde ouderen in het LSN-LASA-onderzoek wees uit dat men zich in het eerste jaar na het overlijden van de partner zeer eenzaam voelde, maar dat dit geleidelijk afnam in de jaren daarna (Van Baarsen, 2001; Guiaux, 2010). Deze trend geeft slechts een gemiddeld verloop in eenzaamheid weer: sommige ouderen blijven zich zeer eenzaam voelen, terwijl bij anderen de eenzaamheid helemaal niet toeneemt, en bij weer anderen er fluctuaties in eenzaamheid zijn. Gezondheidsproblemen en een negatief zelfbeeld vertraagden de afname in emotionele eenzaamheid in de jaren na het overlijden van de partner. Interessant was dat sociale eenzaamheid niet veranderde na het overlijden van de partner, noch in de jaren daarna. Dit wijst erop dat de oudere voldoende steun ontvangt en contacten heeft na het overlijden van de partner, maar dat men zich, ondanks een adequaat ondersteunend netwerk, eenzaam voelt door het gemis van de partner (Van Baarsen, 2001; Guiaux, 2010).

Ook ouderen met een partner rapporteren eenzaamheidsgevoelens. Dit komt bijvoorbeeld vaker voor bij ouderen in een tweede (huwelijks)relatie, en meer bij vrouwen dan bij mannen, omdat vrouwen minder tevreden zijn met de kwaliteit van die tweede (huwelijks)relatie (De Jong Gierveld e.a., 2009). Een andere reden voor eenzaamheid binnen een partnerrelatie is dat de partner gezondheidsproblemen heeft, waardoor men steun ontbeert dan wel de relatiekwaliteit minder goed is dan voorheen. Ook hier rapporteren vrouwen meer eenzaamheid wanneer hun partner ziek is dan mannen (Korporaal e.a., 2008).

7.2 Interventies tegen eenzaamheid

Uitgaande van de theorie dat eenzaamheid het gevolg is van een situatie waarin iemand betere relaties wenst dan dat op een bepaald moment aanwezig zijn, zijn er drie oplossingsrichtingen voor eenzaamheid (Van Tilburg & De Jong Gierveld, 2007). Iemand kan zijn of haar relatienetwerk verbeteren. Het aantal maar bovenal de kwaliteit van de relaties wordt vergroot. Dit kan door nieuwe relaties aan te gaan, of door bestaande relaties te intensiveren of te verbeteren, bijvoorbeeld door te leren vragen om de steun en aandacht waaraan je behoefte hebt (Stevens & Van Tilburg, 2000). Deze netwerkontwikkeling vraagt actie: je moet iets ondernemen om relaties te verbeteren of nieuwe relaties aan te gaan.

Een tweede oplossingsrichting is dat iemand zijn of haar wensen over en behoeften aan relaties verandert, zodat ze vervuld worden door de relaties die er al zijn. Dit noemen we standaardverlaging. Onrealistische wensen en te hoge verwachtingen van relaties worden dan bijgesteld door bijvoorbeeld het idee los te laten dat je per se een partner moet hebben om gelukkig te zijn, of dat de kinderen elke dag moeten langskomen of opbellen.

Een derde oplossingsrichting is dat iemand een andere betekenis geeft aan de situatie, zodat het gemis als minder erg ervaren wordt. Men leert om te gaan met gevoelens van eenzaamheid, en ze minder belangrijk te maken. Dit kan bijvoorbeeld door de eigen situatie te vergelijken met anderen die het nog slechter hebben, afleiding te zoeken in een hobby of een andere activiteit, ontkenning door situaties te vermijden waarin eenzaamheid sterk gevoeld wordt, of berusting: aanvaarden van de onvermijdelijkheid van het probleem.

Voor de tweede en derde oplossingsrichting is verandering in het denken nodig. Soms wordt gekozen voor één richting, maar ook een combinatie kan toegepast worden. Het zoeken van een oplossing kan betekenen dat het probleem niet helemaal verdwijnt, maar dat de ernst wel vermindert.

Verschillende interventies richten zich direct op eenzame mensen. We noemen er drie. Ten eerste sociaal-culturele activering, die bedoeld is om de sociale omgeving van de eenzame man of vrouw 'contactrijker' te maken. Zeer uiteenlopende activiteiten kunnen hier een steentje toe bijdragen, zoals een sociëteit of koffie-inloopochtend in een dienstencentrum, gezelschapsspelen, een gymnastiekgroepje. Het accent ligt meestal op de activiteit en de gezelligheid, waarmee randvoorwaarden worden gecreëerd om contacten te leggen. Op een min of meer natuurlijke wijze wordt eenzaamheid aangepakt. Wie zich echter op de achtergrond wil houden, kan dat. Daardoor wordt de situatie van mensen die gebaat zijn bij een extra 'zetje' niet verbeterd. Verder zijn sociale vaardigheden, een positief zelfbeeld of niet te hoge verwachtingen over relaties nodig.

Persoonlijke activering, een tweede mogelijkheid, richt zich op de persoon zelf en maakt mensen bewust van hun eenzaamheidsbevorderende houding of gedrag. De begeleiding is bedoeld om de persoon in kwestie de mogelijkheid te geven 'van zich af te praten', steun te bieden bij het vinden van een nieuwe invulling van het dagelijkse leven, een hulpvraag te signaleren, en hem of haar te attenderen op mogelijkheden om met anderen in contact te komen.

In een derde vorm nemen eenzamen deel aan een cursus, gespreksgroep of therapie. Dit soort interventies richt zich vooral op één bepaald aspect van het functioneren van de individuele persoon, bijvoorbeeld het ontbreken van sociale vaardigheden om contacten te leggen en een praatje te maken. Het zijn meestal beroepskrachten die deze interventies uitvoeren.

Daarnaast zijn er interventies die zich richten op de samenleving, zowel buurtgericht voor wonen en welzijn, als wijder. Er zijn verschillende initiatieven voor woongroepen voor ouderen en meergeneratiewonen. In Amsterdam zijn er veel stadsdorpen. Deze initiatieven van en voor bewoners in een buurt hebben als doel om een moderne vorm van nabuurschap te creëren, waarin men lang actief kan zijn, veilig thuis woont, en onderling voor elkaar zorgt. De nationale coalitie 'Erbij' brengt veel lokale en nationale acties tegen eenzaamheid samen, en is een platform om eenzaamheid bespreekbaar te maken.

Samenvattend zijn er al veel interventies beschikbaar om netwerken te verbeteren en eenzaamheid aan te pakken (Van Tilburg & De Jong Gierveld, 2007). En elk jaar komen er nieuwe bij, soms zeer originele. Op dit moment is het nog niet mogelijk een volledig overzicht te geven van de verschillen in werkzaamheid van deze interventies. Opvallend is dat interventies die eenmalig zijn of gericht zijn op een vaag en breed publiek, doorgaans niet succesvol zijn (Fokkema & Van Tilburg, 2007). Effectieve interventies bouwen voort op theoretisch onderbouwde strategieën, gebruiken de ervaringen van eerdere interventies, zijn meestal van langere duur en intensief, en zijn vaak gericht zijn op een specifieke doelgroep.

8 Netwerken van ouderen in de eenentwintigste eeuw

Demografische, economische, technologische en culturele ontwikkelingen maken dat de samenleving nu in vele opzichten anders is dan decennia geleden. Dit heeft ook consequenties voor de structuur, het functioneren en het onderhouden van het relatienetwerk van ouderen. We bespreken hoe dit tot uiting komt in de sociale netwerken van verschillende geboortecohorten ouderen, en vervolgens gaan we kort in op de betrokkenheid van ouderen in sociale netwerken op internet.

Ouderen van verschillende geboortecohorten hebben verschillende mogelijkheden gehad om in hun leven een persoonlijk netwerk op te bouwen (Liefbroer & Dykstra, 2000). Vergelijk alleen al de mogelijkheden voor het volgen van een opleiding en het starten van een beroepsloopbaan voor vrouwen geboren in het begin van de twintigste eeuw met die van de huidige ouderen: vrouwen geboren direct na de Tweede Wereldoorlog. De Longitudinal Aging Study Amsterdam (LASA) is een langlopend onderzoek dat begon in 1992. Het biedt een unieke mogelijkheid na te gaan wat de veranderingen zijn over een periode van twintig jaar. Hebben ouderen in het begin van de eenentwintigste eeuw andere kenmerken dan ouderen in het einde van de twintigste eeuw?

Uit LASA blijkt dat er inderdaad een nieuwe generatie ouderen is, die hoger opgeleid is, langer doorwerkt, en later verweduwd raakt dan de vorige generatie (Suanet e.a., 2013a). Daarbij rapporteren ouderen vaker dan voorheen chronische aandoeningen, maar met minder ingrijpende beperkingen voor het functioneren (Suanet e.a., 2013a). Die kenmerken verklaren mede dat ouderen nu actiever zijn in vrijwilligerswerk en grotere, meer divers samengestelde netwerken hebben (Broese van Groenou & Deeg, 2010; Broese van Groenou & Van Tilburg, 2012).

Culturele ontwikkelingen in de samenleving dragen ertoe bij dat vriendschappen belangrijker zijn geworden, dat meer ouderen een echtscheiding hebben meegemaakt, dat er vaker sprake is van hertrouw en stiefgezinnen bij ouderen. Het LASA-onderzoek laat zien dat ouderen in deze eeuw, ten opzichte van de jaren negentig van de vorige eeuw, vaker vrienden in hun netwerken noemen (Stevens & Van Tilburg, 2011). Ouderen met stiefkinderen noemen deze ook steeds vaker in hun relatienetwerk. In 1992 was dat nog 63% van de stiefouders, in 2009 al 85% (Suanet e.a., 2013b). Deze bevindingen suggereren dat de relatienetwerken van de huidige ouderen (vooral 55-75-jarigen) zijn verbeterd en dat dit positieve gevolgen kan hebben voor hun participatie in sociale verbanden, het ontvangen van steun en zorg, en de mate van eenzaamheid. In de afgelopen jaren is een toenemend aantal ouderen aangesloten op internet, en dit aantal groeit nog steeds. In 2001 was slechts 10% van de 65-plussers in het LASA-onderzoek aangesloten op internet, voor een belangrijk deel waren dat hoger opgeleide ouderen. In de 12 jaar daarna startte nog eens 19% van de LASA-ouderen met internetgebruik; dit waren relatief veel lager opgeleiden, alleenstaanden en ouderen met goede cognitieve en fysieke vermogens (Berner e.a., 2016). Internet wordt voor verschillende doeleinden gebruikt, zoals e-mailen, internetbankieren en informatie zoeken. Voor sociale netwerken is communicatie op sociale media van belang, en ook hierin zien we een snelle toename van het aantal oudere gebruikers. Volgens het CBS was in 2012 43% van de 55-65-jarigen en 24% van de 65-75-jarigen actief op sociale media; in 2015 is dit toegenomen tot respectievelijk 70% en 49% (CBS, 2016). Van de 55-65-jarigen is 40% actief in sociale netwerken op internet (zoals Facebook), en 29% van de 65-75-jarigen. Ouderen onderhouden hun persoonlijke-relatienetwerken steeds vaker online, naast de reguliere offline communicatie.

9 Tot besluit

Voor iedereen geldt dat een goed functionerend persoonlijk netwerk tijdens de levensloop belangrijk is, maar in het bijzonder in de laatste levensfase. Actieve inzet van het individu om eerder in het leven een persoonlijk netwerk op te bouwen is een adequate voorbereiding op de oude dag. Later in het leven kan het individu dan, als het nodig mocht zijn, de gedane investeringen terughalen in de vorm van (digitale) steun en zorgverlening. Aan beleidsmakers en hulpverleners de taak om degenen die de capaciteiten ontberen voor het 'netwerken voor de oude dag', daarbij een handje te helpen.

Literatuur

Aartsen, M.J., Tilburg, T.G. van, Smits, C.H.M., & Knipscheer, C.P.M. (2004). A longitudinal study on the impact of physical and cognitive decline on the personal network in old age. *Journal of Social and Personal Relationships, 21,* 249-266.

Baarsen, B. van. (2001). *How's life? Adaptation to widowhood in later life and the consequences of partner death on the experienced emotional and social loneliness.* Dissertation, Vrije Universiteit Amsterdam.

Baarsen, B. van. (2002). Theories on coping with loss: The impact of social support and self-esteem on adjustment to emotional and social loneliness following a partner's death in later life. *Journal of Gerontology, 57B,* S33-S42.

Berner, J.S., Aartsen, M.J., Wahlberg, M., Elmstahl, S., Berglund, J., Anderberg, P., e.a. (2016). A crossnational and longitudinal study on predictors in starting and stopping Internet use (2001-2013) by Swedish and Dutch older adults 66 years and above. *Gerontechnology, 14,* 157-168.

Bisschop, I. (2004). *Psychosocial resources and the consequences of specific chronic diseases in older age.* PhD Dissertation, Vrije Universiteit Amsterdam.

Bloem, B.A., Tilburg, T.G. van, & Thomése, G.C.F. (2008). Changes in older Dutch adults' role networks after moving. *Personal Relationships, 15,* 465-478.

Bloem, B.A., Tilburg, T.G. van, & Thomése, G.C.F. (2013). Starting relationships with neighbors after a move later in life: An exploratory study. *Journal of Housing for the Elderly, 27,* 28-47.

Broese van Groenou, M.I. (2004). Sociaal-economische verschillen in de hulpverlening van kinderen aan hun oude ouders. *Sociale Wetenschappen, 47,* 49-64.

Broese van Groenou, M.I. (2005). Delen in de zorg: De rol van broers en zussen in de zorg van kinderen voor hun ouders. In A. de Boer (Red.), *Kijk op informele zorg* (pp. 61-74). Den Haag: Sociaal en Cultureel Planbureau.

Broese van Groenou, M.I., & Deeg, D.J.H. (2010). Formal and informal social participation of the 'young-old' in the Netherlands in 1992 and 2002. *Ageing and Society, 30,* 445-465.

Broese van Groenou, M.I., Hoogendijk, E.O., & Tilburg, T.G. van. (2013). Continued and new personal relationships in later life: Differential effects of health. *Journal of Aging and Health, 25,* 274-295.

Broese van Groenou, M.I., & Tilburg, T.G. van. (2003). Network size and support in old age: Differentials according to childhood and adulthood socioeconomic status. *Ageing & Society, 23,* 625-635.

Broese van Groenou, M.I., & Tilburg, T.G. van. (2007a). Network analysis. In J.E. Birren (Ed.), *Encyclopedia of Gerontology (Second Edition): Age, Aging, and the Aged* (pp. 242-250). Oxford, UK: Elsevier.

Broese van Groenou, M.I., & Tilburg, T.G. van. (2007b). Het zorgpotentieel in de netwerken van ouderen. In A. de Boer (Red.), *Toekomstverkenning informele zorg* (pp. 45-64). Den Haag: Sociaal en Cultureel Planbureau.

Broese van Groenou, M.I., & Tilburg, T.G. van. (2012). Six-year follow-up on volunteering in later life. *European Sociological Review, 28,* 1-11.

Carstensen, L.L. (1992). Social and emotional patterns in adulthood: Support for socioemotional selectivity theory. *Psychology and Aging, 7,* 331-338.

CBS. (2016). *Internet: Toegang, gebruik en faciliteiten, 30 mei 2016* [Webpagina]. Den Haag: Centraal Bureau voor de Statistiek. Raadpleegbaar via: http://statline.cbs.nl/Statweb/search/?Q=Internet+toegang+faciliteiten&LA=NL.

Cozijnsen, M.R. (2013). *Retirement in transition: Dutch retirees in a changing social context.* Dissertation, VU University Amsterdam.

Cozijnsen, M.R., Stevens, N.L., & Tilburg, T.G. van. (2010). Maintaining work-related personal ties following retirement. *Personal Relationships, 17,* 345-356.

Dykstra, P.A. (1995). Network composition. In C.P.M. Knipscheer, J. de Jong Gierveld, T.G. van Tilburg & P.A. Dykstra (Eds.), *Living arrangements and social networks of older adults* (pp. 97-114). Amsterdam: VU University Press.

Dykstra, P.A. (2004). Diversity in partnership histories: Implications for older adults' social integration. In C. Phillipson, G. Allan & D. Morgan (Eds.), *Social networks and social exclusion: Sociological and policy issues* (pp. 117-141). Londen: Ashgate.

Dykstra, P.A., & Jong Gierveld, J. de. (2004). Gender and marital-history differences in emotional and social loneliness among Dutch older adults. *Canadian Journal on Aging, 23,* 141-155.

Ellwardt, L., Tilburg, T.G. van, Aartsen, M.J., Wittek, R., & Steverink, N. (2015). Personal networks and mortality risk in older adults: A twenty-year longitudinal study. *PLoS One, 10,* e0116731.

Fokkema, T., & Tilburg, T.G. van. (2007). Zin en onzin van eenzaamheidsinterventies bij ouderen. *Tijdschrift voor Gerontologie en Geriatrie, 38,* 185-203.

Geerlings, S.W., Broese van Groenou, M.I., & Deeg, D.J.H. (2004). Determinanten van veranderingen in zorggebruik. In M.M.Y. de Klerk (Red.), *Zorg en wonen voor kwetsbare ouderen: Rapportage Ouderen 2004* (pp. 81-111). Den Haag: Sociaal en Cultureel Planbureau.

Geurts T., Poortman, A.R., & Tilburg, T.G. van. (2012a). Older parents providing child care for adult children: Does it pay off? *Journal of Marriage and Family, 74,* 239-250.

Geurts T., Tilburg, T.G. van, & Poortman, A.R. (2012b). The grandparent-grandchild relationship in childhood and adulthood: A matter of continuation? *Personal Relationships, 19*, 267-278.

Grootheest, D.S. van, Beekman, A.T.F., Broese van Groenou, M.I., & Deeg, D.J.H. (1999). Sex differences in depression after widowhood: Do men suffer more? *Social Psychiatry and Psychiatric Epidemiology, 34*, 391-398.

Guiaux, M. (2010). *Social adjustment to widowhood changes in personal relationships and loneliness before and after partner loss*. Dissertation, VU University Amsterdam.

Guiaux, M., Tilburg, T.G. van, & Broese van Groenou, M.I. (2007). Changes in contact and support exchange in personal networks after widowhood. *Personal Relationships, 14*, 457-473.

Hoogendijk, E., Suanet, B.A., Dent, E., Deeg, D.J.H., & Aartsen, M.J. (2016). Adverse effects of frailty on social functioning in older adults: Results from the Longitudinal Aging Study Amsterdam. *Maturitas, 83*, 45-50.

Houtjes, W., Meijel, B. van, Ven, P.M. van de, Deeg, D.J.H., Tilburg, T.G. van, & Beekman A. (2014). The impact of an unfavorable depression course on network size and loneliness in older people: A longitudinal study in the community. *International Journal of Geriatric Psychiatry, 29*, 1010-1017.

Huisman, M., Poppelaars, J.L., Horst, M.H.L. van der, Beekman, A.T.F., Brug, J., Tilburg, T.G. van, e.a. (2011). Cohort profile: The Longitudinal Aging Study Amsterdam. *International Journal of Epidemiology, 40*, 868-876.

Jong Gierveld, J. de. (1984). *Eenzaamheid: Een meersporig onderzoek*. Deventer: Van Loghum Slaterus.

Jong Gierveld, J. de. (2002). The dilemma of repartnering: Considerations of older men and women entering new intimate relationships in later life. *Ageing International, 27*, 61-78.

Jong Gierveld, J. de, Broese van Groenou, M.I., Hoogendoorn, A.W., & Smit, J.H. (2009). Quality of marriages in later life and emotional and social loneliness. *Journals of Gerontology, 64B*, 497-506.

Jong Gierveld, J. de, & Peeters, A. (2002). Partnerpaden na het vijftigste levensjaar. *Mens & Maatschappij, 77*, 116-136.

Jong Gierveld, J. de, & Tilburg, T.G. van. (1995). Social relationships, integration, and loneliness. In C.P.M. Knipscheer, J. de Jong Gierveld, T.G. van Tilburg & P.A. Dykstra (Eds.), *Living arrangements and social networks of older adults* (pp. 155-172). Amsterdam: VU University Press.

Kahn, R.L., & Antonucci, T.C. (1980). Convoys over the life course: Attachment, roles, and social support. In P.B. Baltes & O.G. Brim (Eds.), *Life-span development and behavior* (pp. 253-286). New York: Academic Press.

Klein Ikkink, C.E., & Tilburg, T.G. van. (1999). Do older adults' network members continue to provide instrumental support in unbalanced relationships? *Journal of Social and Personal Relationships, 15*, 59-75.

Knipscheer, C.P.M., & Broese van Groenou, M.I. (2004). Determinanten van zorgbelasting bij partners en kinderen van hulpbehoevende ouderen. *Tijdschrift voor Gerontologie en Geriatrie, 35*, 96-106.

Knipscheer, C.P.M., Broese van Groenou, M.I., Leene, G.J.F., Beekman, A.T.F., & Deeg, D.J.H. (2000). The effects of environmental context and personal resources on depressive symptomatology in older age: A test of the Lawton-model. *Ageing and Society, 20*, 183-202.

Knipscheer, C.P.M., Jong Gierveld, J. de, Tilburg, T.G. van, & Dykstra, P.A. (Eds.). (1995). *Living arrangements and social networks of older adults*. Amsterdam: VU University Press.

Korporaal, M., Broese van Groenou, M.I., & Tilburg, T.G. van. (2008). Effects of own and spousal disability on loneliness among older adults. *Journal of Aging and Health, 20*, 306-325.

Korporaal, M., Broese van Groenou, M.I., & Tilburg, T.G. van. (2013). Health problems and marital satisfaction among older couples. *Journal of Aging and Health, 25* 1279-1298.

Lamme, S.P., Dykstra, P.A., & Broese van Groenou, M.I. (1996). Rebuilding the network: New relationships in widowhood. *Personal Relationships, 3*, 337-349.

Liefbroer, A.C., & Dykstra, P.A. (2000). *Levenslopen in verandering: Een studie naar ontwikkelingen in levenslopen van Nederlanders geboren tussen 1900 en 1970 [WRR Voorstudies en Achtergronden V107]*. Den Haag: Sdu Uitgevers. Raadpleegbaar via: http://wrr.cimontest.com/fileadmin/nl/publicaties/DVD_WRR_publicaties_1972-2004/V107_Levenslopen_in_verandering.pdf.

Penninx, B.W.J.H., Tilburg, T.G. van, Kriegsman, D.M.W., Deeg, D.J.H., Boeke, A.J.P., & Eijk, J.T.M. van. (1997). Effects of social support and personal coping resources on mortality in older age: The Longitudinal Aging Study Amsterdam. *American Journal of Epidemiology, 146*, 510-519.

Sonnenberg, C.M., Deeg, D.J.H., Tilburg, T.G. van, Vink, D., Stek, M.L., & Beekman, A.T.F. (2013). Gender differences in the relation between depression and social support in later life. *International Psychogeriatrics, 25*, 61-70.

Stevens, N.L., & Tilburg, T.G. van. (2000). Stimulating friendship in later life: A strategy for reducing loneliness among older women. *Educational Gerontology, 26*, 15-35.

Stevens, N.L., & Tilburg, T.G. van. (2011). Cohort differences in having and retaining friends in personal networks in later life. *Journal of Social and Personal Relationships, 28*, 24-43.

Suanet B.A., Pas, S. van der, & Tilburg. T.G. van. (2013a). Who is in the stepfamily? Change in stepparents' family boundaries between 1992 and 2009. *Journal of Marriage and Family, 75*, 1070-1083.

Suanet, B.A., Tilburg, T.G. van, & Broese van Groenou, M.I. (2013b). Nonkin in older adults' personal networks: More important among later cohorts? *Journals of Gerontology, 68*B, 633-643.

Thomése, G.C.F., Tilburg, T.G. van, & Knipscheer, C.P.M. (2003). Continuation of exchange with neighbors in later life: The importance of the neighborhood context. *Personal Relationships, 10*, 535-550.

Thomése, G.C.F., Tilburg, T.G. van, Broese van Groenou, M.I., & Knipscheer, C.P.M. (2005). Network dynamics in later life. In M. Johnson, V. Bengtson, P.G. Coleman & T.B.L. Kirkwood (Eds.), *The Cambridge handbook on age and ageing* (pp. 463-468). Cambridge: Cambridge University Press.

Tilburg, T.G. van. (1995). Delineation of the social network and differences in network size. In C.P.M. Knipscheer, J. de Jong Gierveld, T.G. van Tilburg & P.A. Dykstra (Eds.), *Living arrangements and social networks of older adults* (pp. 83-96). Amsterdam: VU University Press.

Tilburg, T.G. van. (1998). Losing and gaining in old age: Changes in personal network size and social support in a four-year longitudinal study. *Journal of Gerontology, 53B*, S313-323.

Tilburg, T.G. van. (2009). Retirement effects on relationships. In H.T. Reis & S. Sprecher (Eds.), *Encyclopedia of human relationships* (vol. 3, pp. 1376-1378). Thousand Oaks, CA: Sage.

Tilburg, T.G. van, & Broese van Groenou, M.I. (2002). Network and health changes among older Dutch adults. *Journal of Social Issues, 58*, 697-713.

Tilburg, T.G. van, Broese van Groenou, M.I., & Thomése, G.C.F. (1995). Flow of support. In C.P.M. Knipscheer, J. de Jong Gierveld, T.G. van Tilburg & P.A. Dykstra (Eds.), *Living arrangements and social networks of older adults* (pp. 131-154). Amsterdam: VU University Press.

Tilburg, T.G. van, & Jong Gierveld, J. de. (Red.) (2007). *Zicht op eenzaamheid: Achtergronden, oorzaken en aanpak*. Assen: Van Gorcum.

Tolkacheva, N.V., Broese van Groenou, M.I., Boer, A. de, & Tilburg, T.G. van. (2011). The impact of informal care-giving networks on adult children's care-giver burden. *Ageing and Society, 31*, 34-51.

Tolkacheva, N.V., Broese van Groenou, M.I., & Tilburg, T.G. van. (2014). Sibling similarities and sharing the care of older parents. *Journal of Family Issues, 35*, 312-330.

4 Biologische veroudering en leeftijdgerelateerde aandoeningen

Martin Smalbrugge

1 Inleiding
2 Biologische veroudering, normaal of pathologisch?
3 Samenhang en comorbiditeit
4 Biologische veranderingen en hun gevolgen
    4.1 Hart
    4.2 Longen
    4.3 Nieren
    4.4 Blaas en genitalia
    4.5 Zintuigen
    4.6 Hersenen
    4.7 Mond, maag en darmen
    4.8 Bewegingsapparaat
    4.9 Infecties
    4.10 Endocrinologische aandoeningen
5 Psychofarmaca, indicatiegebieden en bijwerkingen
6 Multidisciplinaire samenwerking
   Literatuur

www.tijdstroom.nl/leeromgeving

- Beeldmateriaal
- Weblinks

Kernboodschappen
- Het onderscheid tussen normale en pathologische veroudering is arbitrair: de ontstaansmechanismen van biologische veroudering zijn vergelijkbaar met die van ouderdomsziekten.
- Een belangrijk gevolg van biologische veroudering en leeftijdgerelateerde aandoeningen is functieverlies, dat per individu sterk verschilt.
- Psychische klachten bij ouderen kenmerken zich door multicausaliteit en verwevenheid van biologische, psychologische en sociale factoren.
- Voor optimale diagnostiek en behandeling van psychische klachten bij ouderen is samenwerking tussen psychologen en artsen onontbeerlijk.

1 Inleiding

Er zijn verschillende specialismen of disciplines die de verouderende mens als onderzoeksobject hebben. Elk specialisme heeft zijn eigen invalshoek en kent een eigen terminologie (Bakker e.a., 2000). In de biologische factoren van het ouder worden en in de aandoeningen die bij ouderen optreden, zijn vooral de biogerontologie en de geriatrie geïnteresseerd. De biogerontologie richt zich op het verouderingsproces, opgevat als de natuurlijke vermindering van de lichamelijke functies: de 'normale' biologische veroudering. De geriatrie houdt zich vooral bezig met ziekten en aandoeningen bij oudere patiënten: de 'pathologische' uitingsvormen van biologische veroudering.

2 Biologische veroudering, normaal of pathologisch?

Toevallig of niet, maar sinds het begin van het huidige millennium krijgen veroudering en de vraag naar de maximale levensduur van de mens extra aandacht in de gerontologische en geriatrische literatuur (zie kader 'Hoe oud kan een mens worden?'). Het in 2014 verschenen boek *Oud worden zonder het te zijn: Over vitaliteit en veroudering* van de Leidse hoogleraar ouderengeneeskunde Rudi Westendorp gaat hier ook uitvoerig op in. Biologische veroudering wordt gedefinieerd als een proces gekenmerkt door een toenemende kans op overlijden naarmate de kalenderleeftijd stijgt.

Hoe oud kan een mens worden?

De *disposable soma*-theorie ('wegwerplichaamtheorie') is een van de theorieën die een antwoord heeft geformuleerd op de vraag hoe oud een mens kan worden. Gesteld wordt dat één deel van het menselijk lichaam niet veroudert, namelijk de kiembaancellen. Dit zijn de geslachtscellen die zich blijven voortzetten door bevruchting in steeds nieuwe generaties. Alle andere lichaamscellen zijn aan verouderingsprocessen onderhevig. De evolutionaire reden voor deze veroudering is dat het zinloos is om te investeren in een langer leven dan noodzakelijk voor de opvoeding van onze kinderen. Het evolutionaire doel is bereikt wanneer zij vruchtbaar zijn en op hun beurt kinderen kunnen krijgen.

Deze theorie verklaart ook waarom de ene soort ouder wordt dan de andere. Gesteld wordt dat individuen van een bepaalde soort die leeftijd in hun natuurlijke omgeving moeten bereiken die noodzakelijk is voor voldoende nakomelingen en instandhouding van hun soort. Als die natuurlijke omstandigheden ongunstig zijn (hoge kans op overlijden door roofdieren, kou of anderszins) neemt de evolutionaire selectie toe voor individuen die op jonge leeftijd veel nakomelingen kunnen krijgen (muizen!). Deze investeringen in de vruchtbaarheid gaan ten koste van investeringen in het onderhoud van het lichaam: muizen worden niet oud. Ook in optimale natuurlijke omstandigheden worden ze niet ouder dan 3 jaar. Als de natuurlijke omstandigheden gunstiger zijn (minder sterfte door roofdieren, kou of infecties) zoals bij de mens, kan die soort het zich permitteren om meer te investeren in het onderhoud van het lichaam. De soort zorgt dan, ondanks een lange draagtijd en een late geslachtsrijpheid, gedurende een langer leven voor voldoende nakomelingen om de soort in stand te houden. In de natuur bestaat blijkbaar een sterk negatieve relatie tussen investeren in vruchtbaarheid en investeren in lichaamsonderhoud.

De maximale levensduur van de mens wordt momenteel geschat op 120-125 jaar. Onderzoek naar de bloedstamcellen van een op 115-jarige leeftijd overleden Drentse suggereert dat de eindigheid van het menselijk leven misschien wel ligt in een maximumaantal (bloed)celdelingen. Bij deze vrouw waren nog slechts 2 actieve bloedstamcellen aanwezig (Holstege, 2014).

Volgens de huidige stand van kennis is biologische veroudering de resultante van enerzijds beschadigende factoren en anderzijds een falen van de herstelmechanismen voor het minimaliseren van het beschadigende effect van die factoren (Westendorp, 2002; Holliday, 2004). Dit proces begint al op jonge leeftijd, maar effecten ervan worden pas na verloop van tijd zichtbaar. Voorbeelden van beschadigende factoren zijn:
- vrije radicalen: deze hebben een ongepaard elektron en kunnen beschadigingen veroorzaken in DNA, RNA en eiwitten;
- uv-licht. Dit leidt tot vele DNA-beschadigingen per dag.

Voorbeelden van herstelmechanismen zijn:
- aanwezigheid van antioxidanten in cellen die vrije radicalen onschadelijk maken;
- enzymsystemen die beschadigingen in DNA, RNA en eiwitten herkennen en herstellen;
- apoptose: selectieve celdood van niet-perfecte of beschadigde cellen, in combinatie met gecontroleerde aanmaak van nieuwe cellen (celdeling).

Evenwicht (homeostase) tussen schade, die continu ontstaat, en herstel, dat eveneens continu plaatsvindt, is de ideale en gewenste situatie. Met het stijgen van de leeftijd ontstaan er echter haperingen in de homeostase. De herstelmechanismen gaan falen door dezelfde beschadigende factoren als waartegen ze gericht zijn. Dit leidt tot verouderingsverschijnselen van cellen, weefsels en organen, en uiteindelijk tot veroudering van het individu.

Bij veel ziekten spelen deze beschadigingsfactoren en het falen van herstelmechanismen eveneens een belangrijke rol. Zo kan bij kanker sprake zijn van een stoornis in de reparatie van DNA-schade, resulterend in het ontstaan van een carcinoom. En bij de ziekte van Alzheimer worden ophopingen en neerslagen van abnormale eiwitten aangetroffen in de hersenen, die verantwoordelijk worden gehouden voor het ontstaan van de dementieverschijnselen.

Onderscheid aanbrengen tussen een 'normaal' verouderingsproces en een 'pathologisch' verouderingsproces is derhalve een arbitrair gebeuren gebaseerd op de gevolgen voor het functioneren. Vallen deze gevolgen binnen de bandbreedte van wat wij als normaal voor de leeftijd ervaren dan spreken we van normale verouderingsprocessen. Vallen de gevolgen buiten deze bandbreedte dan spreken we van pathologische verouderingsprocessen, oftewel aandoeningen of ziekten. Biologisch gezien is echter alle veroudering pathologisch te noemen: er is immers sprake van verworven en onherstelbare schade aan cellen, weefsels en organen.

In de alledaagse werkelijkheid treden veroudering en aandoeningen van diverse orgaanstelsels en zintuigen simultaan op. Wederzijdse beïnvloeding is daarbij regel, zeker als naar de functionele gevolgen wordt gekeken. In de Engelstalige literatuur spreekt men in dit kader van de *cascade breakdown* (zie kader). Het spreekt voor zich dat het van belang is hiermee rekening te houden bij diagnostiek en behandeling van ouderen.

Cascade breakdown

Met de term *cascade breakdown* wordt een kettingreactie bedoeld die kan optreden bij ouderen. Men kan zich dit als volgt voorstellen. Door de verminderde reservecapaciteit van veel orgaansystemen is bij ouderen sprake van een verminderde homeostase (vermogen om bij verstoringen het evenwicht te herstellen). Decompensatie (falen) van orgaansystemen treedt daardoor sneller op.

Stoornissen in één orgaansysteem kunnen daardoor ook sneller leiden tot stoornissen in een ander orgaansysteem, waardoor een kettingreactie in gang wordt gezet. Bijvoorbeeld: een te snelle schildklierwerking veroorzaakt boezemfibrilleren (snelle onregelmatige hartslag). Dit op zijn beurt leidt tot een vermindering van het rondgepompte hartminuutvolume. Door de reeds beperkte reservecapaciteit van dit hartminuutvolume neemt de hersendoorbloeding af tot beneden een kritische grens, met als gevolg een delier.

3 Samenhang en comorbiditeit

> **Meerdere aandoeningen tegelijk**
>
> Bart van Gorcum is 77 jaar. Hij was timmerman en woont na het overlijden van zijn vrouw in een seniorenappartement. Dat geeft een veilig gevoel: als er hulp nodig is dan is die beschikbaar. Hij is lid van een kaartclub en biljart wekelijks in een wijkcentrum. Hij is goed gezond, gebruikt geen medicijnen en bezoekt zijn huisarts alleen voor de jaarlijkse griepprik.
>
> Zijn twee zoons wonen in een dorpje dertig kilometer verderop en wekelijks gaat hij even buurten, genietend van het autorijden. Het valt zijn zoons op dat hij veel dorst heeft de laatste tijd en ook wat mager wordt. Zij raden hem aan naar de huisarts te gaan. Deze constateert dat hij suikerziekte heeft en schrijft hem tabletten voor. Daarnaast gaat hij bij de diabetesverpleegkundige langs die hem nadere uitleg geeft over zijn eerste echte ziekte. Ook raadt men Bart aan om een afspraak te maken bij de oogarts voor controle vanwege zijn suikerziekte. De oogarts constateert dat er geen sprake is van retinopathie door suikerziekte. Bart heeft echter wel forse gezichtsvelduitval door een verhoogde oogboldruk (glaucoom) die nu bij toeval wordt ontdekt. De consequenties zijn enorm: de oogarts meent dat rijden onverantwoord is en adviseert hem zijn auto weg te doen. Daarnaast moet hij oogdruppels gaan gebruiken. Als schrale troost komen zijn zoons nu bij hem buurten en rijden zij af en toe met hem rond in de buurt.
>
> Een halfjaar later bemerkt Bart dat hij moeite heeft met plassen. Zijn buik doet pijn; er komen steeds maar enkele druppeltjes urine. Hij consulteert de huisarts, die urineretentie in de blaas constateert. De huisarts katheteriseert hem en op die manier raakt hij bijna twee liter urine kwijt. De katheter moet blijven zitten en bij verder onderzoek blijkt een prostaatvergroting de oorzaak. De uroloog adviseert een operatie.
>
> Na de operatie is Bart delirant en onrustig. Hij wordt daarvoor behandeld. Na enkele dagen is hij opgeknapt en na een week verlaat hij het ziekenhuis. De katheter is hij kwijt; wel verliest hij ongewild af en toe wat urine, maar dit kan nog verbeteren volgens de uroloog. Voor de zekerheid draagt hij incontinentiemateriaal. Dat geeft hem wel een wat opgelaten gevoel: zou je dat kunnen zien aan de buitenkant? Het urineverlies blijft, maar hij is er aan gewend en heeft zijn leven weer opgepakt. Een paar jaar later krijgt hij een beroerte. De schoonmaakster treft hem halfzijdig verlamd aan in de stoel. Ook kan hij niet meer praten. Na onderzoek blijkt sprake van een herseninfarct, veroorzaakt door een bloedstolsel vanuit het hart. Voor revalidatie gaat hij naar een verpleeghuis. De verlamming van de rechterkant trekt niet bij, maar zijn spraak keert terug. De beperkingen blijken te groot voor terugkeer naar huis. Elektrisch-rolstoelrijden, een grote wens van hem, is te gevaarlijk door zijn gezichtsveldbeperkingen ten gevolge van het glaucoom. Dat geeft hem een enorme klap. Hij wordt depressief; het leven hoeft voor hem niet meer. Na therapeutische gesprekken met de psycholoog en start van een antidepressivum krabbelt Bart langzaam op uit de depressie en begint hij activiteiten te ontwikkelen in het verpleeghuis. Hij kaart weer, gaat wekelijks eropuit met een vrijwilliger en kan weer genieten van de bezoekjes van zijn zoons.

Deze casus illustreert dat bij ouderen vaak meer aandoeningen tegelijk aanwezig zijn die met elkaar samenhangen en elkaars gevolgen op functioneel gebied kunnen versterken. Zo is bijvoorbeeld suikerziekte een risicofactor voor een beroerte en is een beroerte op haar beurt een risicofactor voor het krijgen van een depressie. Evenzo maakt de gezichtsvelduitval door het glaucoom autorijden en later elektrisch-rolstoelrijden onmogelijk. Opmerkelijk en inspirerend is ook het aanpassingsvermogen aan steeds weer nieuwe omstandigheden dat mensen kunnen vertonen, ook op hoge leeftijd. Ondanks de lichamelijke en psychische tegenslagen kan men de veerkracht hebben om telkens een nieuw evenwicht te hervinden.

4 Biologische veranderingen en hun gevolgen

Biologische verouderingsprocessen leiden bij de mens via beschadiging van cellen, weefsel en organen tot functieverlies van organen en zintuigen. Deze paragraaf biedt een overzicht van deze veranderingen en de gevolgen voor het dagelijks functioneren. Zowel de gevolgen van normale veroudering waar elke oudere mee te maken krijgt als een aantal frequent voorkomende aandoeningen en ziekten op oudere leeftijd komen aan de orde (VZinfo.nl, 2014). Als ordeningsprincipe zijn hierbij de orgaanstelsels en zintuigen gehanteerd. Ook wordt enige aandacht geschonken aan onbedoelde effecten van medicamenten die voorgeschreven worden voor de betreffende ziekten en aandoeningen.

Belangrijke veranderingen betreffen de pompfunctie van het hart, de longfunctie, de nierfunctie, de geleidingssnelheid van zenuwen, en zintuiglijke functies zoals het gezichtsvermogen, het gehoor, de reuk en de smaak (Cassel e.a., 2003; Visser e.a., 2015; Reuben e.a., 2016). Er is enerzijds sprake van een kwantitatieve vermindering van het functioneren: een vermindering van capaciteit of vermogen van het orgaan of zintuig. De reservecapaciteit waarop in bijzondere omstandigheden een beroep gedaan kan worden, bijvoorbeeld bij grote fysieke inspanning, neemt af. Anderzijds wordt ook een kwalitatief verlies van functie waargenomen: een vermindering van adaptatievermogen en flexibiliteit.

De veranderingen in functioneren verschillen per individu door verschillen in biologische (en genetische) factoren. De functies zijn, zeker voor hart en longen, echter ook afhankelijk van leefstijl en 'gebruik': regelmatige inspanning leidt tot betere prestaties (*use it or loose it*). Dit betekent dat de variatie in functie(vermindering) binnen de ouderengroep aanzienlijk kan zijn. Deze variatie wordt nog groter als men ook de invloed van allerlei ziekten en aandoeningen op het functioneren van deze organen en zintuigen in ogenschouw neemt. Kortom, biologische verouderingsprocessen leiden grosso modo tot een functievermindering in kwantitatieve en kwalitatieve zin van organen en zintuigen, maar de bandbreedte van functioneren is bij ouderen groot door individuele verschillen.

4.1 Hart

De pompfunctie (capaciteit) van het hart vermindert bij het ouder worden. Dat betekent dat het maximale inspanningsvermogen eveneens afneemt: het fysieke prestatievermogen wordt minder, al is de mate waarin dat optreedt afhankelijk van het 'gebruik'. Daarnaast neemt het adaptatievermogen af: het vermogen van het hart om snel te reageren op veranderingen. Houdingsveranderingen, zoals gaan staan, vragen om snelle aanpassing van het pompvolume (de hoeveelheid bloed die door het hart per tijdseenheid wordt gecirculeerd). Als die aanpassing onvoldoende is, kan dit leiden tot duizeligheid en vervolgens vallen. Deze functievermindering komt vaak samen voor met aandoeningen van het hart die voor verder functieverlies verantwoordelijk zijn.

De belangrijkste hartaandoeningen zijn coronaire hartziekten, hartkleplijden, ritme- en geleidingsstoornissen en hartfalen. Bij bijna de helft van de ouderen is sprake van coronaire hartziekten, oftewel vernauwing van de kransslagaders. Klachten van pijn op de borst, kortademigheid of verminderde inspanningstolerantie kunnen het gevolg zijn. Ook kunnen coronaire hartziekten leiden tot een hartinfarct, waarbij een (deel van een) kransslagader volledig is afgesloten door een bloedstolsel. Depressie, delier en angst zijn geassocieerd met coronaire hartziekten, vooral met het hartinfarct (Cameron, 2007; Rudisch & Nemeroff, 2000; Fleet e.a., 2000).

Hartkleplijden, waarbij een hartklep te nauw is of juist te wijd, is een andere veelvoorkomende oorzaak van hartfunctievermindering. Ook ritmestoornissen van het hart, zoals boezemfibrilleren, waarbij sprake is van een onregelmatige hartslag en een verhoogd risico op een beroerte, komen frequent voor bij ouderen. Daarnaast kunnen geleidingsstoornissen optreden, waarbij de prikkelgeleiding van het hart verstoord is, en wegrakingen kunnen optreden. Een pacemaker kan dan een oplossing zijn.

In de praktijk komen de hartaandoeningen coronaire hartziekten, hartkleplijden, ritme- en geleidingsstoornissen vaak gelijktijdig voor en zijn er causale relaties tussen de aandoeningen. Hartfalen is een aandoening waaraan dit goed geadstrueerd kan worden. Bij hartfalen is de pompfunctie van het hart verminderd. De oorzaak kan een combinatie zijn van coronaire hartziekten (pompfunctie minder door onvoldoende bloedtoevoer naar de hartspier zelf), hartkleplijden (door een lekkende klep is de pompfunctie minder effectief) en een ritmestoornis (door boezemfibrilleren is de pompfunctie minder efficiënt per slag). De ritmestoornis boezemfibrilleren kan daarbij het gevolg zijn van coronaire hartziekten en kleplijden: een complexe interactie van aandoeningen dus.

Hartaandoeningen worden meestal behandeld met medicijnen. Door de hartaandoening is men vaak sneller kortademig en tot minder inspanning in staat dan vroeger. De zelfredzaamheid en de mogelijkheden tot ontspanning worden hierdoor ingeperkt. Daarnaast hebben ook de gebruikte medicijnen bijwerkingen: plaspillen kunnen leiden tot incontinentie; middelen die de pompfunctie van het hart verbeteren geven nogal eens aanleiding tot duizeligheid en valneiging. Vaak zijn ook bloedverdunnende medicijnen nodig, die risico geven op sneller en meer bloeden bij vallen en andere trauma's.

4.2 Longen

Het maximale vermogen van de longen om zuurstof op te nemen neemt af met de leeftijd. Ook dit leidt tot vermindering van het maximale inspanningsvermogen en is evenals bij het hart afhankelijk van 'gebruik'.

Longziekten, waarvan *chronic obstructive pulmonary disease* (COPD: chronisch obstructief lijden) en luchtweginfecties het frequentst voorkomen, leiden tot verdere inperking van de longfunctie. Stoppen met roken blijft ook op hoge leeftijd zinvol. Daarnaast is vaak behandeling met medicijnen noodzakelijk, via inhalaties of in tabletvorm.

Ernstige beperking van de zelfredzaamheid door een sterke beperking van de inspanningstolerantie kan het gevolg van longaandoeningen zijn. Ook wordt vaak angst gezien, waarschijnlijk samenhangend met benauwdheidsgevoelens en het gevoel te stikken.

4.3 Nieren

De gemiddelde bloeddoorstroming van de nieren neemt af met de leeftijd. Dat betekent dat afvalstoffen, maar ook geneesmiddelen die door de nieren uitgescheiden worden, minder efficiënt verwerkt worden. De dosering van geneesmiddelen moet worden aangepast en het risico van overdosering en bijwerkingen is groter.

4.4 Blaas en genitalia

Ongewenst urineverlies (incontinentie) komt zowel bij vrouwen als bij mannen voor op hogere leeftijd. Slapte van de bekkenbodemspieren door een verzakking of oestrogeentekort, instabiliteit van de blaas door blaasontsteking, anatomische obstructie door een vergrote prostaat, maar ook onvermogen om het toilet te bereiken of te gebruiken bijvoorbeeld door mobiliteitsbeperkingen of dementie, kunnen de oorzaken zijn. De gevolgen moeten niet onderschat worden: schaamte, sociale contacten vermijden, intimiteit ontlopen, vereenzaming. Vaak is oorzakelijke behandeling mogelijk. Als dit niet mogelijk is, kan met goede opvangmaterialen veel onnodig leed worden voorkomen.

4.5 Zintuigen

Gezichtsvermogen

De gezichtsscherpte (visus) neemt af door een stijvere lens, maar ook doordat minder licht het netvlies bereikt en het aantal zintuigcellen van het oog afneemt. Ook het contrast zien wordt minder en de tijd nodig voor adaptatie aan licht-donkerwisselingen neemt toe. Kleurenzien verandert geleidelijk en vaak ongemerkt door een vergeling van de ooglens (Donselaar e.a., 2002). In het dagelijks leven leidt dit tot problemen met bijvoorbeeld lezen, ondertiteling op tv volgen, autorijden. Zelfredzaamheid, deelname aan het sociale verkeer buitenshuis en hobbybeoefening kunnen hier ernstig onder lijden. Het is daarom niet verwonderlijk dat visusproblemen op oudere leeftijd sterk geassocieerd zijn met depressiviteit (Ribeiro e.a., 2015).

Met een leesbril, waarmee de gevolgen van een stijve lens (presbyopie) gecorrigeerd worden, kan bij een aantal mensen voldoende verbetering worden bereikt. Maar vaak spelen aandoeningen van het oog een rol, zoals staar (vertroebeling van de ooglens), glaucoom (verhoogde oogboldruk), netvliesaantasting (retinopathie en maculadegeneratie), waarvoor een bril geen afdoende oplossing is.

Bij staar (cataract) nemen vooral de gezichtsscherpte en het contrast zien af. Met een staaroperatie waarbij de eigen lens veelal vervangen wordt door een kunstlens, kan bij veel mensen verbetering bereikt worden.

Bij glaucoom is door de verhoogde oogboldruk sprake van beschadiging van de oogzenuw, met als belangrijk gevolg uitval van delen van het gezichtsveld. Doordat voorwerpen en obstakels in de omgeving onopgemerkt blijven, is het risico op vallen verhoogd. De aandoening is te behandelen door gebruik van oogboldrukverlagende druppels en soms een operatie of laserbehandeling. Gebeurt dit op tijd dan kan onnodige schade voorkomen worden.

Retinopathie wordt vooral gezien bij suikerziekte: een zeer veel voorkomende aandoening op oudere leeftijd. Zowel gezichtsveld als gezichtsscherpte kan worden aangetast. Laserbehandeling is mogelijk in een vroeg stadium.

Bij maculadegeneratie (de macula is het gebied van het netvlies waarmee het scherpst wordt gezien) is sprake van zowel uitval van gezichtsveld als van verlies van gezichtsscherpte. Preventie lijkt mogelijk door niet te roken en door voldoende inname van vitamine C en E. In sommige gevallen is laserbehandeling mogelijk.

Gehoor

Voor het gehoor geldt dat vooral de hogere frequenties minder goed waargenomen worden op oudere leeftijd. We spreken van presbyacusie (ouderdomsslechthorendheid). Sociale isolatie, verdriet over gemis aan sociale contacten en ook achterdocht kunnen het gevolg zijn. Compensatie van ouderdomsslechthorendheid is mogelijk met hoortoestellen, al vergt deze aanpassing de nodige instructie en begeleiding. Daarnaast kan de omgeving bijdragen aan het bevorderen van de communicatie. Belangrijke vuistregels zijn daarbij: communiceren in een rustige omgeving, langzaam spreken en zo nodig herhalen, duidelijk articuleren, een zichtbaar gelaat hebben – vanwege spraakafzien ('liplezen') – en het gesprokene ondersteunen met gebaar en mimiek.

Reuk en smaak

Reuk- en smaakvermogen worden minder bij het ouder worden. Voedsel kan hierdoor als minder samekliijk ervaren worden; eetlust en voedselinname kunnen verminderen. Slechte tand- en mondhygiëne, verminderde speekselproductie, gebitsprotheseproblemen en gebruik van medicatie kunnen een rol spelen bij smaakverlies. Als er geen behandelbare oorzaken zijn, is door gebruik van kruiden compensatie van het smaakverlies mogelijk. Dit heeft de voorkeur boven meer zout en suiker gebruiken.

4.6 Hersenen

Bij het stijgen van de leeftijd wordt atrofie van de hersenen waargenomen en een vermindering van de aantallen ganglioncellen. Het metabolisme van de hersenen en de omzetting van neurotransmitters nemen af. Dit verklaart wellicht de psychische veranderingen die bij veel ouderen gezien worden, zoals tempoverlaging en vermindering van het inprentingsvermogen. Naast de algemenere verouderingsverschijnselen krijgen veel ouderen te maken met hersenaandoeningen die sterk met leeftijd geassocieerd zijn: beroerte, dementie en de ziekte van Parkinson.

Beroerte

Beroerten komen veel op hogere leeftijd voor. De mortaliteit is hoog, maar ook het aantal ouderen dat met blijvende beperkingen van een beroerte verder moet leven, is aanzienlijk (Gaddi e.a., 2003). Fatische problemen en afhankelijkheid van derden voor de algemene dagelijkse levensverrichtingen door blijvende verlammingsverschijnselen of coördinatieproblemen springen vaak het meest in het oog. Echter, ook cognitieve, stemmings- en gedragsveranderingen worden veel gezien (Hacket e.a., 2014) en kunnen een zware belasting vormen, ook voor de omgeving (Camak, 2015).

Dementie

Dementie is een aandoening die sterk gerelateerd is aan de leeftijd. Van de 65-plussers is 10% dement, van de 90-plussers zelfs 40% (Breteler e.a., 2009; VZinfo.nl, 2016a). In 85% van de gevallen betreft het de ziekte van Alzheimer en/of een vasculaire dementie. Een combinatie van beide komt regelmatig voor.
Behalve in het klassieke geheugenverlies worden de gevolgen van een dementie ook merkbaar in vermindering van de zelfzorg en het optreden van psychische en gedragsmatige veranderingen, zoals depressie, angst, hallucinaties, wanen, apathie, afwerend gedrag, of agressie. De zelfstandigheid en autonomie van de oudere met dementie kunnen hierdoor ernstig worden ingeperkt en de belasting voor de omgeving kan groot zijn.

Ziekte van Parkinson

De ziekte van Parkinson kent een prevalentie van rond de 2 per 1.000 en komt vooral bij ouderen voor (De Lau e.a., 2004). De klassieke symptomen zijn bewegingsarmoede, traagheid, stijfheid en tremoren, veroorzaakt door een tekort aan dopamine in het striatum doordat de dopamineproducerende cellen in de substantia nigra degenereren. Deze klassieke symptomen worden ook bij andere ziekten gezien, bijvoorbeeld bij depressie en dementie en als bijwerkingen van een aantal medicamenten, vooral neuroleptica zoals haloperidol. Dat kan de diagnose bemoeilijken.

Lopen en in evenwicht blijven worden moeilijker, de spraak wordt zachter, de gelaatsuitdrukking verstart en het denktempo vertraagt. In het contact met de parkinsonpatiënt dient men daarom tijd te kunnen nemen. Zelfstandig functioneren en deelname aan allerlei sociale activiteiten kunnen onder druk komen te staan door de beperkingen. Met medicamenteuze therapie en oefentherapie wordt getracht het functioneren optimaal te houden.

De medicamenteuze therapie bestaat uit suppletie van dopamine en is symptomatisch. Bij ouderen gaan deze middelen sneller dan bij jongeren gepaard met bijwerkingen als hallucinaties, wanen en agitatie, hetgeen het gebruik ervan kan beperken.

4.7 Mond, maag en darmen

Problemen in het functioneren van het maag-darmkanaal komen veel voor bij ouderen. Tandeloosheid, maagzweren en obstipatie vormen belangrijke voorbeelden.

Gebitsproblemen en tandeloosheid

Ongeveer 40% van de 65-plussers is tandeloos. Dit percentage zal door verbeterde tandheelkundige zorg de komende decennia gaan dalen (VZinfo.nl, 2016b). Voedsel kauwen, maar ook zaken als spreken, zingen, kussen en lachen kunnen door tandeloosheid worden belemmerd. Ook kan het gezicht invallen doordat vooral het onderkaakbot kleiner wordt. Een goede gebitsprothese, die regelmatig controle en aanpassing behoeft, kan deze belemmeringen (deels) opheffen.

Voor ouderen met een eigen gebit is (zorg voor) goede mondhygiëne van groot belang: cariës, maar ook ontstekingen van het tandslijmvlies – en daarmee samenhangende pijn en problemen met eten en drinken – kunnen daarmee voorkomen worden.

Maagzweren

Ulcera (zweren) van maag en twaalfvingerige darm (duodenum) worden bij ouderen frequent gezien, mede door het hoge gebruik van pijnstillers uit de groep niet-steroïdale ontstekingsremmers (*non-steroidal anti-inflammatory drugs*: NSAID's). Vaak zijn er alleen atypische verschijnselen aanwezig, zoals verminderde eetlust en misselijkheid.

Behandeling kan bijna altijd medicamenteus plaatsvinden; uitsluitend bij complicaties zoals een maagbloeding of een maagperforatie wordt er geopereerd.

Obstipatie

Obstipatie is een veelgehoorde klacht onder ouderen. Dit wordt weerspiegeld door een hoog gebruik van laxantia. Een combinatie van verminderde activiteit, vezelarme voeding, verminderde vochtinname, en gebruik van medicamenten met een negatieve werking op de darmmotiliteit kunnen hiervoor verantwoordelijk worden gehouden. In een aantal gevallen is een darmtumor die leidt tot obstructie van de darm de oorzaak van de obstipatie.

4.8 Bewegingsapparaat

Meer dan 40% van de 65-plussers en 80% van de 85-plussers heeft gewrichtsklachten (Thiem e.a., 2013). Daarnaast komen op oudere leeftijd veel fracturen voor door de combinatie van osteoporose (botontkalking) en een verhoogde frequentie van valpartijen.

Artrose

Artrose is degeneratie van gewrichtskraakbeen in combinatie met abnormale botvorming rond het gewricht. Dit leidt tot mobiliteitsverlies en toenemende hulpbehoefte. Daarnaast veroorzaakt artrose vaak chronische pijnklachten bij ouderen. Uitoefenen van hobbyactiviteiten en deelname aan het sociale verkeer kunnen sterk worden beperkt.

Pijnstillers, injecties in aangedane gewrichten, fysiotherapie voor verbetering van het spierstelsel, hulpmiddelen (stok, rollator, aanpassen stoel- en toilethoogte) en gewrichtsvervangende operaties worden ingezet als vormen van behandeling. De doelen van de behandeling zijn vermindering van pijn en behoud van functioneren.

Fracturen

Osteoporose, waarbij het bot minder sterk wordt door ontkalking, komt veel voor bij ouderen. Ouderen vallen ook vaker dan jongeren. Het is daarom niet verwonderlijk dat fracturen frequent gezien worden bij ouderen, vooral van de heupen, de wervels en de pols. De behandeling van een fractuur heeft als doel de oudere zo snel mogelijk weer zelfstandig te laten functioneren. Bij heupfracturen is daarvoor veelal een operatie nodig.

Naar de gevolgen van de heupfractuur is relatief veel onderzoek gedaan. De ziekenhuisopname wordt vaak gecompliceerd door optreden van delier en van infecties van de urine- en luchtwegen. Daarnaast is de mortaliteit hoog – ongeveer 25% is overleden binnen 1 jaar – en blijven veel patiënten (30%) na een heupfractuur kampen met beperkingen in mobiliteit en in algemene dagelijkse levensverrichtingen (Van Balen e.a., 2001; Bertram e.a., 2011). Valangst komt regelmatig voor na een heupfractuur; dit belemmert het herstel en het functioneren (Visschedijk e.a., 2010).

4.9 Infecties

De verdediging van het lichaam tegen micro-organismen wordt minder met de leeftijd. Morbiditeit en mortaliteit ten gevolge van infectieziekten nemen daardoor toe. Urineweginfecties en luchtweginfecties (onder andere longontsteking) komen het frequentst voor.

Urineweginfecties

Door een combinatie van atrofie van het genitale slijmvlies, verminderde vochtinname en daardoor afgenomen urineproductie, en onvolledige blaaslediging is bij ouderen sneller sprake van blaasontstekingen. Daarbij zijn er niet altijd de klassieke symptomen van frequente aandrang en pijn bij plassen: verwardheid of sufheid (in het kader van een delier) kunnen de enige symptomen zijn. Koorts ontbreekt nogal eens. Behandeling vindt plaats met antibiotica.

Luchtweginfecties

De kans op een luchtweginfectie is groter bij ouderen doordat vaak één of meerdere risicofactoren aanwezig zijn: verminderde sputumklaring door aantasting trilhaarfunctie (ook door roken!), uitdroging van het luchtwegslijmvlies door verminderde vochtopname of gebruik van diuretica, verhoogde kans op verslikken door bedlegerigheid, en aandoeningen die met slikstoornissen gepaard gaan (beroerte, ziekte van Parkinson).

Ook hier geldt dat klassieke symptomen als hoesten, opgeven van sputum en koorts kunnen ontbreken. Verwardheid of sufheid (ten gevolge van een delier) en een snellere ademhaling kunnen de enige symptomen zijn. Behandeling kan met antibiotica.

4.10 Endocrinologische aandoeningen

De belangrijkste endocrinologische aandoeningen op oudere leeftijd zijn diabetes ('suikerziekte') en schildklierafwijkingen.

Diabetes

Diabetes komt bij ongeveer 15% van de mensen ouder dan 65 jaar voor (VZinfo.nl, 2016c). Bij diabetes type 1 wordt er geen insuline meer geproduceerd en bestaat de behandeling uit insulinesuppletie. Bij diabetes type 2 is de insulineproductie verminderd en is ook sprake van een zekere mate van resistentie van de weefsels tegen insuline. Type 2 kan in eerste instantie vaak met tabletten worden behandeld en is pas later ook insuline nodig. Type 2 wordt ook wel ouderdomsdiabetes genoemd, omdat het vaak op latere leeftijd ontstaat.

De diabetestherapie heeft als belangrijk risico dat de bloedglucosespiegel in het bloed te laag wordt: hypoglykemie. Dit gaat gepaard met zogeheten hypogevoelens, zoals: hongergevoel, geeuwen, transpireren. Ook kunnen gedragsveranderingen voorkomen zoals angst, verwardheid en agressie. Uiteindelijk kan bewustzijnsverlies optreden. Een regelmatige leefstijl met vaste eettijden helpt om hypoglykemieën te voorkomen.

Te hoge bloedglucosewaarden, die bij niet of onvoldoende behandelde diabetes aanwezig zijn, bemoeilijken het bestrijden van infecties door het lichaam en beïnvloeden ook het welbevinden negatief. Daarnaast vormen ze een grote risicofactor voor een aantal gevreesde langetermijncomplicaties:

- nefropathie: aantasting van de nierfunctie;
- neuropathie: aantasting van de zenuwgeleiding;
- retinopathie: aantasting van de netvliesfunctie;
- angiopathie: vernauwing van de bloedvaten.

Deze langetermijncomplicaties kunnen tot grote invalidering leiden: blindheid, gevoelsverlies, loopstoornissen, nierinsufficiëntie met noodzaak tot dialyse, een verhoogd risico op hartinfarcten door vernauwing van bloedvaten, beroerten, en vaatafsluitingen in de benen resulterend in amputaties.

Schildklierafwijkingen

Een te snelle schildklierwerking (hyperthyroïdie) geeft bij ouderen veelal cardiale klachten, vooral boezemfibrilleren en hartfalen. Daarnaast komen patiënten met hyperthyroïdie regelmatig bij de arts met klachten van psychiatrische symptomen: onrust en gejaagdheid, of juist apathie en sufheid. Behandeling met radioactief jodium en thyrostatica zijn meestal afdoende. Een te trage schildklierwerking kenmerkt zich door symptomen als traagheid; kouwelijkheid; een schorre, krakende, lage stem; en vergeetachtigheid. Deze symptomatologie kan misleiden en in eerste instantie doen denken aan gewone veroudering, of aan depressie of dementie. Behandeling gebeurt door substitutie met schildklierhormoon.

5 Psychofarmaca, indicatiegebieden en bijwerkingen

Psychofarmaca worden veel voorgeschreven aan en gebruikt door ouderen. Dat geldt voor anxiolytica (angstdempende middelen), hypnotica (slaapmiddelen), antidepressiva, en neuroleptica (middelen tegen hallucinaties en wanen, die echter ook regelmatig worden voorgeschreven voor gedragsproblematiek bij dementie, zoals agressie en agitatie).

Psychofarmaca hebben bedoelde effecten: angstvermindering, slaapverbetering, herstel van depressie, en vermindering van hallucinaties, wanen, en agressie en agitatie. Dat is dan ook de reden om deze middelen voor te schrijven. Psychofarmaca hebben echter, net als andere geneesmiddelen, ook de nodige bijwerkingen. Voor die bijwerkingen zijn ouderen gevoeliger dan jonge mensen, en dat maakt dat de afweging om ze voor te schrijven extra zorgvuldig genomen moet worden, en dat niet-farmacologische interventies vaak de voorkeur (moeten) hebben. Daarnaast is het van belang dat men goed attent is op bijwerkingen van eenmaal voorgeschreven psychofarmaca en dat men het gebruik regelmatig heroverweegt. Bijwerkingen hangen samen met neurotransmittersystemen waarop de psychofarmaca aangrijpen.

- Antidepressiva en antipsychotica hebben in wisselende mate anticholinerge, antihistaminerge, antiadrenerge of noradrenerge effecten.
  - Anticholinerge effecten of bijwerkingen zijn: urineretentie, obstipatie, verhoogde oogboldruk, cognitieve stoornissen en delier.
  - Een belangrijke antihistaminerge bijwerking is sufheid, slaperigheid.
  - Een belangrijk antiadrenerg effect is orthostatische hypotensie (bloeddrukdaling bij houdingswisseling, die tot duizeligheid en/of vallen kan leiden).
  - Een belangrijk noradrenerg effect vormen geleidingsstoornissen van het hart.
- Bij antidepressiva zijn er ook serotonerge bijwerkingen: misselijkheid, diarree, hoofdpijn, slaperigheid, bewegingsonrust, en risico op een verlaagd natriumgehalte.
- Bij neuroleptica zijn er antidopaminerge effecten (parkinsonachtige verschijnselen) evenals bewegingsonrust en soms blijvende dyskinesieën.
- Anxiolytica en hypnotica hebben als belangrijke bijwerking een spierspanningverlagend effect en sufheid of slaperigheid.

Voor een uitgebreid overzicht van psychofarmaca, zie het hoofdstuk over praktische farmacotherapie in *Handboek ouderenpsychiatrie* (Persoons, 2010), psychiatrie-nederland.nl of het *Farmacotherapeutisch Kompas* (www.farmacotherapeutischkompas.nl, Bladeren-volgens-boek, Geneesmiddelen: Centraal zenuwstelsel (psychische aandoeningen)).

6 Multidisciplinaire samenwerking

Hulpverleners in de gezondheidszorg voor ouderen worden regelmatig geconsulteerd voor klachten en problemen die zowel lichamelijke als psychologische of sociale oorzaken kunnen hebben. Voor psychologen is het zinvol om te weten welke gevolgen de al dan niet normale biologische verouderingsprocessen kunnen hebben voor het dagelijks functioneren. Die gevolgen zijn immers in belangrijke mate bepalend voor het zelfstandig functioneren, de autonomie en de kwaliteit van leven van de oudere; deze gevolgen bepalen mede de mogelijkheden en onmogelijkheden voor psychologische diagnostiek en behandeling.

Niet zelden is bij ouderen sprake van multicausaliteit. Geheugenproblemen, concentratiestoornissen, depressiviteit, apathie, agitatie en eetproblemen vormen bekende voorbeelden hiervan. Zo kan een depressie veroorzaakt worden door verlies van een partner, maar tegelijkertijd versterkt worden door een ook opspelende trage schildklierfunctie. En concentratiestoornissen kunnen uiteraard het gevolg zijn van een beginnende dementie; een gelijktijdig bestaande bloedarmoede kan er echter toe leiden dat de concentratiestoornissen worden versterkt, en ook gebruik van psychofarmaca heeft effect op de concentratie.

Tabel 4.1 Overzicht groepen psychofarmaca, indicatiegebieden, bijwerkingen

Psychofarmaca-groep	Indicatie-gebieden	Belangrijke bijwerkingen	Opmerkingen
Anxiolytica (angstdempende middelen, vaak een benzodiazepine)	Kortdurende angst	Sufheid; slaperigheid; verminderde spierspanning; coördinatiestoornissen	Bij ouderen kunnen deze middelen ook paradoxaal werken: tot agitatie, angst leiden. Gebruik van anxiolytica langer dan 4 weken wordt afgeraden
Hypnotica (slaapmiddelen, vaak een benzodiazepine)	Slaapstoornissen	Sufheid; slaperigheid; verminderde spierspanning; coördinatiestoornissen	Bij ouderen kunnen deze middelen ook paradoxaal werken: tot agitatie, angst leiden. Hypnotica worden bij voorkeur niet dagelijks gebruikt en niet langer dan 2 weken bij dagelijks gebruik
Antidepressiva (middelen tegen depressie)	Depressies en een aantal angststoornissen	Moderne antidepressiva (serotonineheropnameremmers): misselijkheid, diarree, hoofdpijn, slaperigheid, bewegingsonrust, risico op verlaagd natriumgehalte. Oudere antidepressiva (tricyclische antidepessiva): urineretentie, obstipatie, verhoogde oogboldruk, cognitieve stoornissen, delier	Effect van antidepressiva op depressie kan enkele weken duren
Antipsychotica (middelen tegen wanen en hallucinaties)	Psychose, schizofrenie, bipolaire stoornis: psychiatrische aandoeningen waarbij wanen en hallucinaties als symptomen optreden	Parkinsonachtige verschijnselen, bewegingsonrust, dyskinesieën	Deze middelen worden ook bij agitatie, agressie en wanen en hallucinaties bij mensen met dementie gebruikt. Gebruik dient dan na 3 maanden te worden verminderd of gestopt
Stemmingsstabiliserende middelen (anti-epileptica, lithium)	Manie, bipolaire stoornis, ernstige depressie	Sufheid, coördinatiestoornissen	Behandeling met deze middelen vergt begeleiding door een psychiater

Een goede samenwerking tussen psychologen en artsen en kennis en waardering voor elkaars deskundigheid is in deze situaties onontbeerlijk om te komen tot een juiste probleemstelling en een adequate oplossing. Ouderen die een beroep op hulpverleners doen, moeten hierop kunnen rekenen.

Literatuur

Baan, C.A., & Feskens, E.J. (2001). Disease burden of diabetes mellitus type II in the Netherlands: Incidence, prevalence and mortality. *Nederlands Tijdschrift voor Geneeskunde, 145*, 1681-1685.

Bakker, T.E.J.M., Schroots, J.J.F., & Sipsma, D.H. (Red.). (2000). *Evenwichtig ouder worden*. Houten/Diegem: Bohn Stafleu van Loghum.

Balen, R. van, Steyerberg, E.W., Polder, J.J., Ribbers, T.L., Habbema, J.D., & Cools, H.J. (2001). Hip fracture in elderly patients: Outcomes for function, quality of life, and type of residence. *Clinical Orthopaedics and Related Research, 390*, 232-243.

Bertram, M., Norman, R., Kemp, L., & Vos, T. (2011). Review of the long-term disability associated with hip fractures. *Injury Prevention, 17*, 365-370.

Breteler, M.M.B., & Schrijvers, E.M.C. (2009). Epidemiologie. In C. Jonker, F.R.J. Verhey & J.P.J. Slaets (Red.), *Handboek dementie. Laatste inzichten in diagnostiek en behandeling*. (pp. 13-22). Houten: Bohn Stafleu van Loghum.

Camak, D.J. (2015). Addressing the burden of stroke caregivers: A literature review. *Journal of Clinical Nursing, 24*, 2376-2382.

Cameron, O.G. (2007). Delirium, depression, and other psychosocial and neurobehavioral issues in cardiovascular disease. *Critical Care Clinics, 23*, 881-900.

Cassel, C.K., Leipzig, R., Cohen, H.J., Larson, E.B., & Meier, D.E. (Eds.). (2003). *Geriatric medicine*. Berlijn: Springer.

Donselaar, Y., Polak, B., & Worst, J. (2002). Met of zonder ziende ogen oud worden. Is er keus? *Neuropraxis, 6*, 173-179.

Fleet, R., Lavoie, K., & Beitman, B.D. (2000). Is panic disorder associated with coronary artery disease? A critical review of the literature. *Journal of Psychosomatic Research, 48*, 347-356.

Gaddi, A., Cicero, A.F., Nascetti, S., Poli, A., & Inzitari, D. (2003). Cerebrovascular disease in Italy and Europe: It is necessary to prevent a 'pandemia'. *Gerontology, 49*, 69-79.

Hackett, M.L., Köhler, S., O'Brien, J.T., & Mead, G.E. (2014). Neuropsychiatric outcomes of stroke. *Lancet Neurology, 13*, 525-534.

Holliday, R. (2004). The multiple and irreversible causes of aging. *Journals of Gerontology: Biological Sciences, 59A*, 568-572.

Holstege, H., Pfeiffer, W., Sie, D., Hulsman, M., Nicholas, T.J., Lee, C.C., e.a. (2014). Somatic mutations found in the healthy blood compartment of a 115-yr-old woman demonstrate oligoclonal hematopoiesis. *Genome Research, 24*, 733-742.

Lau, L.M. de, Giesbergen, P.C., Rijk, M.C. de, Hofman, A., Koudstaal, P.J., & Breteler, M.M. (2004). Incidence of parkinsonism and Parkinson disease in a general population: The Rotterdam Study. *Neurology, 63*, 1240-1244.

Mojon, P., Thomason, J.M., & Walls, A.W. (2004). The impact of falling rates of edentulism. *International Journal of Prosthodontology, 17*, 434-40.

Persoons, Ph. (2010). Praktische farmacotherapie. In R. van der Mast, T. Heeren, M. Kat, M. Stek, M. Vandenbulcke & F. Verhey (Red.), *Handboek ouderenpsychiatrie* (pp. 245-266). Utrecht: De Tijdstroom.

Reuben, D.B., Herr, K.A., Pacala, J.T., Pollock, B.G., Potter, J.F., & Semla, T.P. (Eds.). (2016). *Geriatrics at your fingertips*. New York: American Geriatrics Society.

Ribeiro, M.V., Hasten-Reiter Júnior, H.N., Ribeiro, E.A., Jucá, M.J., Barbosa, F.T., & Sousa-Rodrigues, C.F. (2015). Association between visual impairment and depression in the elderly: A systematic review. *Arquivos Brasileiros de Oftalmologia, 78*, 197-201.

Rudisch, B., & Nemeroff, C.B. (2000). Epidemiology of comorbid coronary artery disease and depression. *Biological Psychiatry, 54*, 227-240.

Thiem, U., Lamsfuß, R., Günther, S., Schumacher, J., Bäker, C., Endres, H.G., e.a. (2013). Prevalence of self-reported pain, joint complaints and knee or hip complaints in adults aged ffl 40 years: A cross-sectional survey in Herne, Germany. *PLoS One, 8*, e60753.

Visschedijk, J., Achterberg, W.P., Balen, R. van, & Hertogh, C.M.P.M. (2010). Fear of falling after hip fracture: A systematic review of measurement instruments, prevalence, interventions, and related factors. *Journal of the American Geriatrics Society, 58*, 1939-1748.

Visser, M., Deeg, D.J.H., Asselt, D.Z.B., van, Sande, R., van der. (2015). *Kernboek Inleiding gerontologie en geriatrie*. Houten: Bohn Stafleu van Loghum.

VZinfo.nl. (2014). *Volksgezondheid Toekomst Verkenning, Nationaal Kompas Volksgezondheid, versie 4.15, 20 maart 2014* [Website]. Bilthoven: RIVM. Geraadpleegd op 3 november 2016, via: http://www.eengezondernederland.nl/Trends_in_de_toekomst/Ziekten.

VZinfo.nl. (2016a). *Dementie naar leeftijd* [Webpagina]. Bilthoven: RIVM. Geraadpleegd op 3 november 2016, via: www.volksgezondheidenzorg.info/onderwerp/dementie/cijfers-context/incidentie-en-prevalentie#node-dementie-naar-leeftijd.

VZinfo.nl. (2016b). *Trend prevalentie tandeloosheid* [Webpagina]. Bilthoven: RIVM. Geraadpleegd op 3 november 2016, via: www.volksgezondheidenzorg.info/onderwerp/gebitsafwijkingen/cijfers-context/trends#node-trend-prevalentie-tandeloosheid.

VZinfo.nl. (2016c). *Diabetes naar opleidingsniveau: Leeftijdscategorieën* [Webpagina]. Bilthoven: RIVM. Geraadpleegd op 3 november 2016, via: www.volksgezondheidenzorg.info/onderwerp/diabetes-mellitus/cijfers-context/bevolkingsgroepen#node-diabetes-naar-opleidingsniveau-leeftijdscategorieën.

Westendorp, R.G.J. (2002). Hoe en waarom wij ouder worden. *Neuropraxis, 6*, 162-168.

Westendorp, R.G.J. (2014). *Oud worden zonder het te zijn: Over vitaliteit en veroudering*. Amsterdam: Atlas Contact.

Deel II
Domeinen van psychisch functioneren

5
Emotie en stemming

Yolande Kuin en Harm-Pieter Spaans

1 Inleiding
2 Emotie
    2.1 Gevoelens en stemming
    2.2 Emoties en ouder worden
3 Somberheid en depressie
    3.1 Oorzaken, risico's en comorbiditeit
    3.2 Beoordelen van stemming en stemmingsproblemen
    3.3 Interventies bij depressie
4 Angst
    4.1 Angst op latere leeftijd
    4.2 Diagnostiek van angstproblemen
    4.3 Behandeling van angstproblemen
5 Tot besluit
    Literatuur

---

www.tijdstroom.nl/leeromgeving

📁 **Handige documenten**
🌐 **Weblinks**

Kernboodschappen

- Gedurende de gehele levensloop, dus ook in de latere levensfasen, maken mensen een ontwikkeling door in emotionele beleving en expressie.
- Ook bij oudere volwassenen moeten problemen in stemming en emotie tijdig worden herkend en behandeld, omdat stemmings- en emotionele problemen negatieve gevolgen hebben voor het persoonlijk welbevinden en dat van de omgeving, en leiden tot een verhoogde zorgconsumptie.
- Depressie en angst kunnen bij ouderen vaak samen voorkomen, maar ook met andere somatische en psychische problematiek. Dit heeft consequenties voor diagnostiek en behandeling.
- Het gesprek is een belangrijke start van de diagnostiek bij zowel mogelijke depressie als angstproblematiek. Op basis daarvan worden verdere diagnostische vragen geformuleerd.

1 Inleiding

Bij alles wat we doen, zijn op de een of andere manier emoties betrokken. In het alledaagse taalgebruik zijn er veel woorden die op emoties en gevoelens betrekking hebben en vaak karakteriseren we mensen aan de hand van gevoelens die ze bij ons oproepen. Positieve, maar ook negatieve emoties geven kleur aan het leven en maken deel uit van de kwaliteit van leven en het welbevinden. De emotionele ontwikkeling is het intensiefst in de kinder- en jeugdperiode, maar gaat het hele leven door, ook in de latere levensfasen. Opvallend is de in de literatuur veel genoemde paradox over welbevinden: ondanks de vele bedreigingen van het welbevinden door negatieve gebeurtenissen zijn ouderen in staat hun negatieve emoties te reguleren en hun positieve gevoelens te laten prevaleren (onder anderen Girardin e.a., 2008; Westerhof & Dittmann-Kohli, 2004; zie ook hoofdstuk 2).

2 Emotie

Emotie is een breed begrip dat op vele manieren gehanteerd wordt in enerzijds wetenschappelijke literatuur en anderzijds het alledaagse taalgebruik. In een aantal hoofdstukken in dit boek herkennen we emotie als expliciet thema, bijvoorbeeld bij rouw en verlies (hoofdstuk 10), maar ook als het gaat om welbevinden (hoofdstuk 2), kwaliteit van leven (hoofdstuk 13), of zingeving (hoofdstuk 9). En in deel IV over psychologische interventies is de emotionele component meer of minder manifest aanwezig in de diverse interventiestrategieën.

Frijda begint zijn standaardwerk over emoties met aan te geven dat het niet eenvoudig is te definiëren wat emotie is (Frijda, 1988). In zijn boek geeft hij een overzicht van zijn onderzoek en theorievorming over emoties. Hij bestudeert de verschijnselen die aanleiding zijn voor het gebruik van woorden zoals emotie, emotioneel, verdriet, vreugde, en onderscheidt daarbij gedragsverschijnselen, fysiologische manifestaties en subjectieve beleving. We kunnen bepaald gedrag van iemand zien en interpreteren dat in termen van een bepaalde emotie. Een persoon zelf en/of zijn omgeving kan de fysiologische verschijnselen waarnemen en iemand kan zijn eigen beleving beschrijven in termen van emotie: 'Ik voel me blij', of 'bedroefd'.

Frijda (1988; 2001) beschouwt emoties als veranderingen in actie- of gedragsbereidheid. Emoties worden opgewekt door voor de persoon betekenisvolle gebeurtenissen waarbij de relatie met de omgeving een belangrijke rol speelt. Een bepaalde situatie doet een appel op het individu en leidt tot een bepaalde actietendens: de bijna onbedwingbare neiging om iets te doen. Verschillende stimuli leiden tot verschillende actietendensen.

Emoties zijn in verschillende categorieën in te delen. Bijvoorbeeld: emoties die te maken hebben met verlies, schade of bedreiging (negatieve emoties), emoties die door gunstige omstandigheden worden opgeroepen (positieve emoties) en grensgevallen zoals hoop, tevredenheid, opluchting of medelijden (Lazarus, 1991). De term basisemoties wordt gebruikt om het universele karakter van emoties aan te geven. Er zou een biologische basis zijn voor deze emoties, waarvan de ontwikkeling heel vroeg in het leven begint. Over welke emoties tot de basisemoties gerekend kunnen worden, lopen de meningen uiteen en we zien verschillende aantallen (vier, zes of acht) en benamingen. Uiteraard zijn er meer emoties, maar de vier en zes basisemoties zouden universeel zijn. Vier basisemoties zijn de vier b's: boos, bang, blij en bedroefd, ook wel als woede, angst, blijheid en verdriet aangeduid. Zes basisemoties zijn de genoemde vier met daarbij verrassing/verbazing en afschuw/walging. Met schaamte en liefde komt het aantal op acht. Basisemoties hebben kenmerkende eigenschappen die gedurende de levensloop hetzelfde blijven.

Aan emoties wordt vaak een cognitieve component toegekend, vooral bij de inschatting van de betekenis van de stimulus die een emotie oproept. Volgens Izard en Ackerman (1997) echter staat niet bij alle emoties een cognitieve component op de voorgrond: zij onderscheiden cognitieafhankelijke en cognitieonafhankelijke emoties. Genetische bepaaldheid zou invloed hebben op de rol van cognitie en ook zouden emotionele reacties volgens de auteurs al kunnen optreden nog voordat er een cognitieve evaluatie is. Toch krijgt de cognitie meestal een belangrijke rol in de betekenisgeving aan de gepercipieerde stimulus.

Behalve met cognities zijn emoties ook nauw verweven met motivaties. De betekenis van een situatie bepaalt of beïnvloedt het handelen, bijvoorbeeld in het nastreven van positieve gevoelens en het vermijden van negatieve (zie ook Carstensen e.a., 2006).

Emoties gaan gepaard met meer of minder heftige fysieke sensaties en uitingen. Deze fysiologische reacties van het autonome zenuwstelsel hebben effect op spieren, op inwendige organen, en op hormonale en neurologische functies. Van de hormonale reacties is de verhoogde productie van adrenaline het bekendst, maar ook noradrenaline is erg belangrijk voor de verdere lichamelijke reacties. Sommige reacties zijn duidelijk waarneembaar voor de persoon zelf en diens omgeving, zoals rood worden bij blijdschap of woede, het klamme zweet op het voorhoofd, of een versnelde ademhaling krijgen. Een verhoogde hartslag en maag-darmactiviteit merkt de vooral persoon zelf; andere reacties zoals een verhoogde bloeddruk en pupilreacties zijn minder duidelijk te merken.

2.1 Gevoelens en stemming

Vaak wordt in wetenschappelijke literatuur emotie niet nader gedefinieerd en worden termen als emotie en gevoel door elkaar gebruikt, net als in het gewone taalgebruik. Het verschil tussen emotie en gevoel is de actiebereidheid (Frijda, 1988). Bij een gevoel wordt de actietendens niet direct gevolgd door een feitelijke actie, zoals bij de emotie. Men is zich wel bewust van het appel van de situatie; er is ook anticipatie op een mogelijke actie(bereidheid), maar die is nog niet urgent. De uitspraak 'Ik voel me bang' in de situatie dat er in de buurt waar iemand woont vaak wordt ingebroken, is nog geen emotie, want er is geen directe actie nodig (behalve preventief: een goede beveiliging). Dat is wel het geval wanneer er een insluiper om het huis loopt met het kennelijke doel binnen te komen. Een gevoel van boosheid betekent dat er sprake is van een appel en van arousal, maar er is geen tendens tot actie. Pas wanneer de boosheid wordt geuit in (emotioneel) gedrag, bijvoorbeeld door te schreeuwen of te slaan, is er sprake van emotie.

Met de term stemming wordt een belevingstoestand bedoeld die van langere duur is. Bij stemming is er een betrokkenheid van globalere aard bij de omgeving, of deze ontbreekt juist. Wanneer iemand zich blij voelt, zou hij bijvoorbeeld de hele wereld kunnen omhelzen, maar bij een gevoel van somberheid zou hij zich van de omgeving willen afwenden. Stemmingen zijn, net als emoties (die acuter zijn), reacties op de manier waarop men de relatie met de omgeving waardeert (appraisal). Stemmingen betreffen echter, aldus Lazarus (1991), grotere en indringende, existentiële thema's van het leven. Emoties daarentegen betreffen volgens Lazarus onmiddellijke zaken die een specifiek en tamelijk beperkt doel hebben: zich aanpassen aan de veranderde relatie tussen persoon en omgeving (Lazarus, 1991).

Gevoelens en emoties zijn van voorbijgaande aard; stemmingen hebben een langduriger karakter. Stemmingen bepalen de waardering van de levenssituatie als geheel, in tegenstelling tot gevoelens, die iets specifieks waarderen. Omdat stemming betrekking heeft op meer existentiele thema's, raakt stemming daarom meer aan de kern van ons bestaan. Hoe iemand zich voelt in zijn levenssituatie en hoe hij zich voelt ten opzichte van zijn leven of zijn bestaan als geheel, kunnen we aanduiden als grondstemming.

Over het algemeen worden in de literatuur stemming en emotie wel als verschillende begrippen gezien, in tegenstelling tot emotie en gevoel. Affect wordt soms gebruikt als synoniem voor stemming, maar vaker als de 'zichtbare en hoorbare expressie van de emotionele reactie op externe gebeurtenissen en interne stimuli' (Hengeveld e.a., 2016, p. 714).

2.2 Emoties en ouder worden

De meeste oudere volwassenen voelen zich over het algemeen redelijk gelukkig, ondanks dat velen te maken krijgen met ingrijpende gebeurtenissen. Dit wordt de paradox van welbevinden genoemd. Ze ervaren meer positieve emoties dan negatieve, of in elk geval herinneren ze zich meer prettige gebeurtenissen in hun leven en rapporteren ze prettige gebeurtenissen vaker dan onprettige (Carstensen e.a., 2003; Charles e.a., 2016; Diener & Diener, 1996). Deze toe- en afname loopt min of meer parallel met het toenemen van de leeftijd. Deze bevindingen zijn grotendeels gebaseerd op crosssectioneel onderzoek waarin jongvolwassenen vergeleken zijn met mensen op middelbare en op oudere leeftijd, maar worden ook gevonden in longitudinaal onderzoek. Een zeer langlopend onderzoek is de Grant Study. In dit onderzoek volgde men meer dan 250 mannen gedurende een periode van 75 jaar vanaf de late adolescentie tot op hoge leeftijd. Hieruit bleek dat ook op hogere leeftijd geluk aanwezig is. De warme relaties gedurende het leven blijken daarbij een belangrijke factor te zijn (Vaillant, 2012). Ander onderzoek laat echter ook zien dat toename van positief affect en afname van negatief affect op (zeer) hoge leeftijd afnemen: bij 75-plussers vond men wel minder positieve en meer negatieve emoties (Charles e.a., 2001; Kunzmann e.a., 2000; Mrozcek, 2001). Een mogelijke verklaring daarvoor is dat positief affect samenhangt met wat mensen kunnen doen: dat positief affect een beroep doet op competenties die afgenomen kunnen zijn op hoge leeftijd vanwege biologische veroudering en/of fysieke of psychische problemen (Kunzmann, 2008).

De verschillen tussen jongere en oudere volwassenen lijken gebaseerd op leeftijdsverschillen in attributiestijlen en vooral de belangen (*concerns*) die toegekend worden aan een gebeurtenis (Heymans, 2002). Onder belangen verstaan we doelen, motieven, waarden en verwachtingen; ze zijn onderdeel van de appraisalcomponent. Het is niet zozeer het emotieproces zelf dat aan verandering onderhevig is, maar de doelen, waarden, verwachtingen kunnen in de loop van het leven veranderen, en kunnen zo de verschillen in emoties tussen leeftijdsgroepen verklaren. Gezondheid bijvoorbeeld wordt door bijna alle leeftijdsgroepen als belangrijk en waardevol gezien, maar de inhoud van wat belangrijk is, verschilt in de verschillende levensperioden, ook in de latere levensfasen (Kuin e.a., 2001). Geen ernstige ziekte krijgen wordt op jongere leeftijd als belangrijker ervaren dan op latere leeftijd. Op latere leeftijd wordt behoud van gezondheid steeds belangrijker als voorwaarde voor autonoom leven en om activiteiten te kunnen voortzetten die men graag uitvoert.

Socio-emotionele selectiviteitstheorie

Ook de socio-emotionele selectiviteitstheorie gaat uit van veranderingen in doelen en motivaties in de loop van het leven (Carstensen, 1995; 2006). Het beleefde tijdsperspectief speelt hierbij een rol. Wanneer men jong is, wordt tijd als oneindig beleefd en ligt de focus van de motivatie en bijbehorende doelen op exploratie en informatie zoeken. In de latere levensfasen, wanneer men beseft dat tijd beperkt is, worden emotioneel betekenisvolle doelen belangrijker. Dit bevor-

dert de emotieregulatie, die gedefinieerd wordt als behoud van positief affect en afname van negatief affect (Charles e.a., 2003).
De socio-emotionele selectiviteitstheorie biedt een verklaring voor de verandering in betekenis van sociale relaties. Sociale contacten met anderen hebben diverse functies, zoals informatie verkrijgen en emotieregulatie. Omdat in het begin van het leven het accent ligt op exploratie en informatie zoeken, zijn andere, nieuwe mensen belangrijk om dat doel te realiseren. Naarmate mensen ouder worden heeft dit doel minder prioriteit en worden emotionele doelen belangrijker. Deze toenemende aandacht voor emotie heeft tot gevolg dat mensen in hun keuze voor sociale relaties selectiever zijn. Men kiest de sociale relaties met het oog op dit andere doel: het gaat om vertrouwde en te vertrouwen personen, mensen die emotioneel van belang zijn en die vooral bijdragen aan positieve ervaringen (Carstensen e.a., 2000; 2003).

Cognitieve-affectieve ontwikkelingstheorie
Andere theorieën over de emotionele ontwikkeling in de levensloop leggen wat andere accenten. Volgens de cognitieve-affectieve ontwikkelingstheorie (Labouvie-Vief, 1996) moeten de cognitieve en emotionele ontwikkeling gedurende een groot deel van de levensloop worden gezien als twee gescheiden processen, waarbij steeds voortgebouwd wordt op voorgaande fasen. In de latere volwassenheid vindt integratie van beide processen plaats die ouderen meer mogelijkheden geeft om aanpassingsstrategieën te gebruiken. Rijping van het individu leidt tot complexere cognitie en tot een gedifferentieerdere, genuanceerdere expressie en begrip van emotie.

Theorie van differentiële emoties
In de theorie van differentiële emoties ligt de nadruk op primaire emoties, te vergelijken met basisemoties (Izard & Ackerman, 1997). Omdat deze emoties zijn verankerd in het zenuwstelsel, blijven ze stabiel vanaf de kindertijd tot in de ouderdom. Toch kan differentiatie in beleving en expressie ontstaan: door de ontwikkeling van cognitie en gedrag. Daardoor is het individu in staat tot grotere complexiteit in emotionele ervaring. Ook kan hij of zij emoties van anderen beter herkennen en de eigen emoties in verschillende situaties adequaat reguleren. De kern van de emoties verandert dus niet, maar de gevoelens kunnen wel meer complex en uitgewerkt worden in de loop van het leven.

Conclusie
We kunnen op basis van de verschillende theorieën concluderen dat emotionele ontwikkeling gedurende de gehele levensloop plaatsvindt. Emotionele beleving en expressie kunnen in de latere levensfasen veranderen van aard, complexiteit en differentiatie, en intensiteit. Ondanks dat de positieve emoties in het algemeen overheersen, kunnen er echter ook emotionele problemen ontstaan die het welbevinden ongunstig beïnvloeden. Op latere leeftijd zijn dat vooral depressie en angst.

3 Somberheid en depressie

In een opgewekte stemming beleven we de wereld om ons heen positief, ziet alles er prettig uit, ervaren we andere mensen als aangenaam, kunnen we veel hebben van de omgeving, en voelen we onszelf energiek. In de depressieve stemming is de betrokkenheid bij de wereld veranderd en is de beleving somber gekleurd; het zelfbeeld is negatief, de omgeving wordt als negatief ervaren, evenals het heden, het verleden en de toekomst.

Er is tegenwoordig veel aandacht voor depressies, ook in de media, om het grote publieke erop te attenderen dat depressies bestaan en herkend dienen te worden om adequaat te kunnen behandelen. Voor de persoon met ernstige depressieklachten is het belangrijk dat deze als zodanig worden herkend. Echter, de valkuil is dat elke depressief getinte ervaring wordt gelabeld als een depressieve stoornis. Dat gaat voorbij aan de normale ervaring dat mensen zich weleens minder gelukkig kunnen voelen. Meteen spreken van een depressie is een ongewenste medicalisering (Dehue, 2008). Depressieve gevoelens horen bij het leven. Iedereen voelt zich wel eens somber en lusteloos, heeft minder plezier of geen zin in activiteiten. Dat is meestal een reactie op vervelende ervaringen, of op tegenslagen: een normale reactie. Een depressie onderscheidt zich echter door de intensiteit, de symptomatologie en duur van de verschijnselen van een sombere bui.

Een depressie kan gepaard gaan met een verscheidenheid aan symptomen. Deze betreffen psychisch functioneren (onder andere neerslachtigheid, somberheid, niet kunnen genieten, zich ernstig zorgen maken of vervlakking van gevoel, geheugenproblemen, schuldgevoelens), lichamelijk functioneren (zoals slaap- en eetproblemen, verminderde energie, gevoel van vermoeidheid), en gedrag (bijvoorbeeld zich terugtrekken uit sociale situaties, psychomotorische geremdheid of agitatie). Ook kunnen er psychotische symptomen aanwezig zijn met wanen (bijvoorbeeld over schuld, armoede, falen). Bij agitatie gaat het om agitatie als tegenhanger van geremdheid. Men ziet rusteloosheid, heen en weer lopen, wringen met de handen. Dit kan voorkomen naast remming in de vorm van starre mimiek en zwijgzaamheid. Het betreft dus niet de geprikkeldheid, de dysforie, die men vaak ook 'agitatie' noemt.

Aan de hand van de criteria van de *International statistical classification of diseases and related health problems* (ICD-10: WHO, 1992) of de in Nederland algemener gebruikte criteria van de DSM-5 (APA, 2013) kan volgens afspraak op basis van de symptomen een depressieve stoornis worden gediagnosticeerd. De categorie depressieve stoornissen is in de DSM-5 enigszins gewijzigd ten opzichte van de vorige versie (Spijker & Claes, 2014). Er worden drie nieuwe varianten beschreven, waaronder de persisterende depressieve stoornis (dysthymie), een combinatie van de dysthyme stoornis en de chronische depressieve stoornis. De depressieve stoornis (*major depressive disorder*) heeft enkele nieuwe specificaties gekregen, zoals met angstige spanning (gespannenheid, onrust, piekeren), en met gemengde kenmerken (hypomane kenmerken bij de depressie).

Een ander verschil is dat het tijdscriterium bij rouw na het overlijden van een dierbare is losgelaten. Volgens de DSM-IV kon na een periode van twee maanden na het overlijden een depressie worden vastgesteld. Omdat depressieve rouwreacties gedurende een veel langere periode normaal zijn, is het tijdscriterium vervallen en kan de clinicus zelf bepalen of symptomen moeten worden geduid als rouw of als depressie. Voor een depressie moeten gedurende een periode van twee weken minstens vijf symptomen aanwezig zijn waarvan een van de symptomen is sombere stemming of verlies van interesse of plezier. Er moet sprake zijn van klinisch significante lijdensdruk of beperkingen in het sociale of beroepsmatige functioneren, of in het functioneren op andere belangrijke terreinen. De symptomen worden niet veroorzaakt door fysiologische effecten van een middel of een somatische aandoening. De depressieve episode kan niet worden verklaard door stoornissen zoals een schizoaffectieve stoornis, schizofrenie, een schizofreniforme stoornis, een waanstoornis, of een (on)gespecificeerde schizofreniespectrum- of andere psychotische stoornis. Ook mag zich niet eerder een manische of hypomanische episode voorgedaan hebben.

Naast de Engelse term *major depressive disorder* of *major depression* gebruikt men als pendant ook de term *minor depression*, vaak vertaald als beperkte depressie. Echter, deze term komt officieel niet in de DSM-5 voor. Waar er bij de depressieve stoornis voldaan moet worden aan minstens vijf symptomen, waaronder een van de twee kernsymptomen, zijn dat er bij de beperkte depressie twee tot vier. Het onderscheid is betrekkelijk en relevanter voor onderzoeksmatig dan voor klinisch perspectief. De impact die de stoornis op het leven van oudere mensen heeft is vergelijkbaar, en de behandeling doorgaans ook. Wel maakt het inzichtelijk dat de cijfers over het vóórkomen van depressie in epidemiologische onderzoeken zo uiteen kunnen lopen.

Een langdurige vorm van depressie met relatief lichtere symptomen wordt in de DSM-5 benoemd als persisterende depressieve stoornis. De depressieve klachten zijn langer dan twee jaar aanwezig en het verloop is wisselend: sombere perioden en perioden waarin men zich wat beter voelt, wisselen elkaar af. De betere perioden duren over het algemeen maximaal twee maanden. Omdat men zich nooit echt goed voelt, is er een forse lijdensdruk en het functioneren op belangrijke levensterreinen wordt als beperkt ervaren.

Al deze beschrijvingen zijn van toepassing op depressies in het algemeen met inbegrip van de depressies bij oudere volwassenen. Cijfers over het voorkomen van depressies bij oudere volwassenen zijn in internationaal onderzoek nogal verschillend: van 0,4% tot 35% (bijvoorbeeld Beekman e.a., 1999). Dat heeft te maken met de verschillende populaties die onderzocht zijn (de algemene bevolking of specifieke groepen, bijvoorbeeld psychiatrisch patiënten of verpleeghuisbewoners) en of men naar een gediagnosticeerde depressieve stemmingsstoornis heeft gekeken of naar symptomen. Ook worden verschillende leeftijdsgrenzen aangehouden: boven 55 of boven 65 jaar, waarbij geen verdere differentiatie wordt toegepast, hoewel er steeds vaker gedifferentieerd wordt naar jongere, oudere en zeer oude ouderen.

Wat de Nederlandse situatie betreft lopen cijfers ook uiteen, maar op basis van divers onderzoek wordt aangenomen dat bij ongeveer 15% van de ouderen van 55-85 jaar een depressieve stoornis voorkomt (Beekman e.a., 1997). Bij 2% van de ouderen in de algemene bevolking is sprake van een ernstige depressie (major depressive disorder), bij 13% is er sprake van depressieve klachten en symptomen die niet voldoen aan de DSM-criteria, maar wel als subsyndromale depressie of beperkte depressie worden gedefinieerd (zie ook Landelijke stuurgroep, 2008b). Ook onder zelfstandig wonende 85-plussers komt depressie bij 15% voor (Stek e.a., 2006). Onderzoeken naar het voorkomen van depressie en depressieve klachten in populaties patiënten die huisartsen bezoeken en van instellingen voor geestelijke gezondheidszorg, leveren hogere cijfers op, tot ongeveer 25% (Beekman e.a. 1999; Van Weel-Baumgarten e.a., 2012). In het algemeen ziekenhuis komen depressieve stoornissen voor bij 6% van de ouderen (Kok e.a., 1995). Bij ouderen met een niet-Nederlandse achtergrond is de prevalentie van depressie hoger dan bij de autochtonen: bij ongeveer 34% van de Marokkaanse ouderen en 62% van de Turkse ouderen (Van der Wurff e.a., 2004).

Er is toenemende aandacht voor depressies en de gevolgen ervan voor het dagelijks leven onder de gehele bevolking. Toch vermeldt de NHG-*Standaard Depressie* (Van Weel-Baumgarten e.a., 2012) dat veel huisartsen depressieve klachten niet tijdig herkennen. Dit geldt nog sterker bij oudere volwassenen, zoals verderop in deze paragraaf nog wordt besproken. De vraag wordt vaak gesteld of depressies bij ouderen meer of minder frequent voorkomen in vergelijking met jongere volwassenen. Volgens het onderzoek NEMESIS-2 is er bij 20% van de volwassenen van

18-64 jaar sprake van stemmingsstoornissen (De Graaf e.a., 2010). De betekenis van dit verschil is nog onduidelijk vanwege de beperkingen in de samenstelling van onderzoeksgroepen ouderen.

Bij de jongere volwassenen hebben vrouwen twee keer zo vaak een depressie als mannen. Depressies komen ook bij 65+-vrouwen meer voor dan bij mannen (Beekman e.a., 1997), bij de oude ouderen is het verschil gering (Stek, 2004). Het verschil kan worden toegeschreven aan biologische factoren (onder andere hormonen), sociale rollen, of culturele normen. Ook zouden vrouwen gemakkelijker symptomen van disfunctioneren waarnemen dan mannen en hierover sneller rapporteren wanneer ernaar gevraagd wordt. Bij ouderen zou verder nog meespelen dat oudere mannen vaker nog getrouwd zijn dan vrouwen en een hogere sociaaleconomische status hebben, hetgeen hun welbevinden positief beïnvloedt (Takkinen e.a., 2004). Overigens gelden de sekseverschillen niet voor verpleeghuisbewoners (Jongenelis e.a., 2003).

Een deel van de mensen die op latere leeftijd een depressie heeft, heeft die ook al eerder in het leven gehad. Deze early-onsetdepressies zouden bij ongeveer 20% van de ouderen voorkomen, de rest is late onset (Van Ojen e.a., 1995). De prognose van depressie op latere leeftijd is niet erg gunstig. Uit een prospectief onderzoek blijkt dat bij slechts een kwart van de depressieve ouderen sprake is van een remissie, bij een derde van een chronisch verloop en bij een derde van een intermitterend chronisch verloop; bij de overige groep is er een terugval na aanvankelijk herstel (Beekman e.a., 2004). Ook recenter onderzoek laat zien dat bijna de helft van de deelnemende ouderen met een klinische depressie na twee jaar nog steeds een depressie heeft: bij bijna 60% is sprake van een chronisch verloop van de klachten en slechts 20% is volledig hersteld (Comijs e.a., 2015). Van de ouderen met een subsyndromale depressie herstelt 45%, bij 40% bleef de depressie chronisch en 15% ontwikkelde een depressieve stoornis (Jeuring e.a., 2016). Een depressie op latere leeftijd heeft een grote impact, zowel voor de betrokkenen zelf als voor de samenleving, vanwege de zorgconsumptie en de mortaliteit.

Hoewel terughoudendheid belangrijk is vanwege het mogelijk te snel labelen van zaken als somberheid, lusteloosheid, zich minder prettig te voelen, is het juist vanwege de impact belangrijk om adequate aandacht te besteden aan de klachten die iemand heeft, en al of niet uit. Depressies worden bij ouderen vaak ondergediagnosticeerd en onderbehandeld, ondanks het feit dat er goede behandelmethoden bestaan (onder anderen Kok & Stek, 2010). Er zijn verschillende redenen waarom depressies bij oudere volwassenen onvoldoende worden herkend. Verschijnselen worden door de ouderen zelf en hun omgeving, maar ook door professionals toegeschreven aan het normale ouder worden. Lichamelijke klachten worden alleen toegeschreven aan een lichamelijke aandoening en worden niet gezien als uiting van het psychisch functioneren. Geheugenklachten worden toegeschreven aan dementie.

Depressieve gevoelens kunnen worden gemaskeerd door een 'glimlach': de presentatie is niet depressief, omdat de oudere zich nog opgewekt voordoet. Bovendien rapporteren ouderen vaker positieve ervaringen en gevoelens dan negatieve, zeker als er niet expliciet naar gevraagd wordt.

In veel artikelen en handboeken wordt vermeld dat symptomen van depressie bij ouderen anders zijn dan bij jongere volwassenen, in andere wordt dit tegengesproken. Er zou vooral vaker een somatische presentatie zijn. Uit een review van 22 onderzoeken waarin depressies bij ouderen en jongeren vergeleken worden, komt naar voren dat niet zonder meer gesteld kan worden dat de symptomen van ouderen afwijken (Kok, 2004). Ondanks de beperkingen van de geselecteerde onderzoeken blijken er weinig verschillen te zijn en juist veel overeenkomsten in kenmerken van depressie bij oudere en jongere volwassenen. Symptomen blijken wel aanwezig te zijn, mits er duidelijk naar wordt gevraagd.

De conclusie van een recenter onderzoek is echter dat depressies op latere leeftijd gedeeltelijk verschillen van die op jongere leeftijd (Hegeman, 2016). Men vond niet meer somatische symptomen van depressie. Dat dit in tegenspraak lijkt met eerder onderzoek, komt omdat daar te weinig onderscheid is gemaakt in symptomen op basis van lichamelijke aandoeningen en depressieve uitingen. Uit dit onderzoek kwam ook naar voren dat enkele chronische ziekten invloed hebben op het beloop van de depressie. Bij een hoger ervaren ziektelast is er na twee jaar follow-up nog sprake van een depressie. Dit chronische beloop wordt vooral gezien bij hart- en vaatziekten en stoornissen in het bewegingsapparaat; bij longziekten of kanker was er sprake van een wisselend beloop. Ouderen boven de 70 jaar presenteren minder stemmingsklachten evenals minder motivationele symptomen (Hegeman, 2016).

Dit alles onderstreept nog eens het belang van een goede beoordeling van klachten van ouderen voor een goede herkenning van een depressie op latere leeftijd, vooral wanneer er al sprake is van lichamelijke problemen en ook al lijkt de presentatie van klachten daar niet in eerste instantie op te wijzen. Hulpverleners moeten doorvragen bij het vermoeden van een depressie: vragen hoe iemand zich voelt, of hij of zij zich somber voelt, minder plezier of zin heeft in de dagelijkse dingen of in gezelschap, en ook vragen naar veranderingen ten opzichte van een tijdje geleden en het verloop van de klachten. De aanwezigheid van een depressie is een risico voor suïcide, die ook bij ouderen frequent voorkomt. Van de zelfdodingen komt 80% voor bij mensen die lijden aan een depressie (Kerkhof, 1998).

Het overwegen van een depressie door hulpverleners en verwijzing, vooral door de huisarts, blijken belangrijk om behandeling van start te laten gaan. Ondanks de maatschappelijke aandacht voor depressies en aanwezigheid van depressieve klachten levert screening onvoldoende respons op (Van Beljouw e.a., 2015).

3.1 Oorzaken, risico's en comorbiditeit

Ouder worden en somberheid zijn niet causaal aan elkaar verbonden: veel oudere volwassenen leven zonder depressief te worden. Veel factoren kunnen een rol spelen bij het ontstaan van een depressie. Het biopsychosociale evenwicht kan gemakkelijk verstoord raken en wanneer de mogelijkheden tot herstel beperkt zijn, kan het proces van ouder worden een belangrijke voedingsbodem zijn voor een depressie.

We kunnen onderscheid maken in oorzakelijkheidshypothesen en in risicofactoren voor het ontstaan van depressies. Risicofactoren zijn er vele en deels zijn dit lichamelijke en psychische ziekten en aandoeningen; dan kunnen we ook spreken van comorbiditeit.

Oorzaken

Bij de oorzaken van depressies veronderstelt men een samenspel van *nature* en *nurture*. Genetische factoren spelen ontegenzeggelijk een belangrijke rol bij unipolaire en bipolaire depressies, maar de omgeving en daarmee de situatie waarin men is opgevoed en is opgegroeid, kunnen door invloed op de genetische expressie een levenslange invloed hebben op kwetsbaarheid voor depressies. Hiermee nadert de tegenstelling tussen endogene en exogene, genetisch versus psychogene hypothese van depressie zijn apotheose, waarbij beide elkáár en daarmee de kwetsbaarheid voor emotionele ontregeling zoals depressie kunnen beïnvloeden.

Het is praktisch om ten behoeve van psycho-educatie en behandeling een top-down- en bottom-upmodel voor de ontwikkeling van depressie te hanteren (DeRubeis e.a., 2008). Zo kunnen we ons voorstellen dat de top-downontwikkeling van sombere cognities zich voordoet na teleurstelling en negatieve levenservaringen, die via rumineren kunnen leiden tot minder genieten, slaapstoornissen, eetlustvermindering, maag-darmklachten, hartkloppingen. Deze top-downontwikkeling zet een zich letterlijk van de grijze stof naar de diepere hersenregio's verdiepende depressie in gang die de negatieve sombere cognities versterkt, onderhoudt en misschien naar een psychotisch niveau tilt.

Anderzijds kunnen we bedenken dat een bottom-upontwikkeling van een depressie zich voordoet met als beginpunt enkele nachten van een veranderd slaappatroon bij een jetlag, na een nachtdienst, na een geboorte, na uitslapen in het weekend of na pensionering, die een fysieke ontregeling op gang brengen met piekeren en sombere cognities als latere ontwikkeling. Zowel het psychologische als (medisch-)biologische aangrijpingspunt van behandeling is in het model duidelijk en zijn niet strikt van elkaar gescheiden. Hoewel het model de endogene en exogene hypothese opnieuw lijkt te introduceren, is de nuancering dat het daarbij om de kwetsbaarheid voor de depressie ging. Niet alle mensen ontwikkelen een affectieve stoornis bij levensgebeurtenissen, stress of een slaapstoornis.

Vasculaire risicofactoren zijn als oorzaak voor depressie gezien, waarbij zelfs werd aangenomen dat er een specifiek vasculair depressieve-symptomenprofiel zou zijn met executieve kenmerken, *depression-executive dysfunction syndrome* genoemd (Alexopoulos e.a., 2000; 2002). Recenter onderzoek is minder uitgesproken over een vasculaire oorzaak van depressie. Wel zijn vasculaire risico's en hiermee samenhangende afwijkingen in de hersenen geassocieerd met een slechte respons op medicamenteuze behandeling (McLennan & Mathias, 2010).

Risicofactoren

In de literatuur worden vele verschillende factoren genoemd die een risico kunnen vormen voor het optreden van depressieve klachten en het ontstaan van een depressie. Er is overigens toenemend aandacht voor de positieve factoren die beschermend werken en het welbevinden positief beïnvloeden, zoals steun en kracht (het steun-, stress-, kracht- en kwetsbaarheidsmodel: onder anderen De Jonghe, 1997).

Veel onderzoek is crosssectioneel en correlationeel (Cole & Dendukuri, 2003; Djernes, 2006; Gallagher e.a., 2010; Glaesmer e.a., 2011; Heun & Hein, 2005; Van 't Veer-Tazelaar e.a., 2008; Vink e.a., 2008; Weyerer e.a., 2008). Vaak wordt de aan- of afwezigheid van depressieve symptomen, of een depressieve stoornis gecorreleerd aan een of enkele factoren; bij *multivariate*-analyse echter blijken dergelijke correlaties minder sterk. Dat neemt niet weg dat het voor de klinische praktijk van belang is rekening te houden met de vele mogelijke risicofactoren. Op basis van de verschillende (overzichts)onderzoeken kunnen we de veelheid van factoren ordenen in enkele groepen: biologische, psychologische en sociale factoren. Een dergelijke ordening of indeling suggereert dat de factoren op zichzelf staan, maar er is vaak sprake van interactie. Biologische factoren bijvoorbeeld hebben ook een psychologische component. Een chronische aandoening vraagt coping en daarvoor is de betekenis die de aandoening voor de betreffende persoon heeft belangrijk. Ook persoonlijkheidsfactoren spelen hierin een rol. Factoren kunnen samenhangen en dat maakt de vraag of iets een risicofactor is een complexe vraag, die een goede analyse vereist.

Uit enkele onderzoeken wordt leeftijd als risicofactor genoemd: hoe ouder des te meer kans op depressie. Ander onderzoek bevestigt dit niet; het gaat niet om de kalenderleeftijd zelf, maar om veranderingen die op hogere leeftijd vaker voorkomen en in die zin leeftijdgerelateerd zijn. In de latere levensfasen komen verlieservaringen frequent voor. Ook zijn er vaker andere chronische stressoren aanwezig en krimpen de reservemogelijkheden in fysiek, geestelijk en/of sociaal opzicht.

Een factor die in veel onderzoek als risicofactor genoemd wordt, is sekse: vrouw zijn is een risico voor het optreden van depressie. We noemen dit hier apart, omdat het zo vaak genoemd wordt, hoewel dit ook tot de sociale factoren gerekend kan worden. Een eerder doorgemaakte depressie wordt ook in veel onderzoeken als risicofactor genoemd. De bespreking van de risicofactoren is gebaseerd op de resultaten en informatie uit de in het voorafgaande vermelde onderzoeken.

Biologische risicofactoren

Biologische risicofactoren zijn somatische problemen zoals chronische ziekten, maar ook functionele beperkingen. Bij chronische ziekten worden vooral diabetes, de ziekte van Parkinson, hart- en vaatstoornissen en longaandoeningen (vooral COPD) genoemd. Andere somatische risicofactoren zijn overmatig roken en alcoholgebruik, zintuigbeperkingen (vooral visus), pijn, slaapproblemen, en functionele beperkingen in mobiliteit en in algemene dagelijkse levensverrichtingen. Somatische stoornissen worden beschreven als biologische risicofactoren voor depressie, maar vaak ook als (medische) comorbiditeit. De relatie tussen een depressie en gelijktijdig aanwezig zijn van een somatische stoornis kan tweevoudig zijn: medische problemen leiden tot een gevoeligheid voor depressie en zijn dus risicofactoren, maar ook kan de depressie invloed hebben op de algehele conditie en tot stoornissen leiden (onder anderen Taylor, 2014). Zonder in te gaan op oorzakelijkheid wordt de comorbiditeit ook wel aangeduid als 'in de context van medische problematiek' (Alexopoulos, 2005).

Cognitieve achteruitgang wordt eveneens vaak tot de biologische factoren gerekend, vooral als dit meerdere cognitieve domeinen betreft (Taylor, 2014). De beleving van het hebben van de lichamelijke ziekten en aandoeningen, evenals de betekenis van de gevolgen ervan heeft uiteraard een psychologische component.

Minder frequent genoemde somatische factoren zijn medicijnen zoals bètablokkers, en benzodiazepinen. Uit enkele onderzoeken bij mensen boven de 75 jaar komt de functionele beperking naar voren als belangrijkste factor, vooral wanneer men een groot deel van de dag alleen is en wanneer dit gecombineerd is met angst om te vallen.

Psychologische risicofactoren

Een negatieve subjectieve gezondheidsbeleving is een van de psychologische risicofactoren. Andere factoren zijn: persoonlijkheidskenmerken zoals een externe locus of control, neuroticisme, en een negatief zelfbeeld; disfunctionele coping en gebrek aan self-efficacy; andere psychopathologie (psychose, agitatie) of een psychiatrische voorgeschiedenis; stressvolle of ingrijpende levensgebeurtenissen.

Wanneer de persoonlijke copingstijl meer gekenmerkt wordt door probleemgerichte (oplossende) coping dan door emotieregulerende coping, kan dit tot (innerlijke) conflicten leiden wanneer men moet omgaan met gebeurtenissen die de levenssituatie blijvend beschadigd hebben. Dan is emotieregulering adequater, maar wanneer men daartoe niet of onvoldoende in staat is, kunnen gevoelens van onmacht en hulpeloosheid ontstaan, gepaard gaande met een sombere stemming.

Belangrijk is de subjectieve betekenis van een gebeurtenis of verandering: wat voor de een plezierig is, is voor de ander een nare gebeurtenis. Vooral ingrijpende gebeurtenissen die negatief worden ervaren, kunnen iemand kwetsbaar maken. Genoemd worden de dood van een belangrijke andere, vaak de partner; ernstige ziekte van de persoon zelf of van een naaste; negatieve ervaringen in relaties met anderen; en ongunstige sociaaleconomische omstandigheden (Kraaij e.a., 2002). In de latere levensfase kan de kwetsbaarheid nog vergroot worden door andere factoren die ook als verlies ervaren kunnen worden, zoals lichamelijke stoornissen en beperkingen, inkrimping van het sociale netwerk, wegvallen van sociale rollen, en het besef van eindigheid.

Sociale risicofactoren
Sociale risicofactoren zijn demografische variabelen, zoals eerder genoemd: geslacht (vrouw); een laag opleidingsniveau; nooit gehuwd zijn. In Amerikaans onderzoek wordt etniciteit genoemd en deze factor wordt in de multiculturele Nederlandse samenleving ook steeds belangrijker.
Sociale relaties spelen ook een belangrijke rol. Op de eerste plaats partnerverlies, en verlies van andere vertrouwde relaties. Verder gaat het om een als beperkt ervaren aantal relaties en frequentie van contacten. Dit lijkt overigens wat tegenstrijdig met de eerder genoemde socio-emotionele selectiviteitstheorie, die beschrijft dat mensen op latere leeftijd hun sociale relaties selecteren op basis van de emotionele betekenis, met als gevolg kleinere netwerken. In relatie tot depressie gaat het niet alleen om het aantal, maar om de tevredenheid ermee. Ontevredenheid is een risicofactor, net als ontevredenheid over sociale steun die men ontvangt, of over de aard en het aantal van de sociale activiteiten.
Sociale isolatie en eenzaamheid hangen met de voorgaande factoren samen, maar worden als risicofactoren apart genoemd. Andere risico's zijn de leefomstandigheden: alleen wonen, een stedelijke omgeving; mantelzorger zijn, vooral van iemand met dementie; gebruik van medische zorg en van thuiszorg. Pot e.a. (2005) vonden een positieve relatie tussen het langdurige gebruik van professionele zorg en de aanwezigheid van depressiesymptomen. Bovendien had de overgang naar een 'zwaardere' vorm van zorg (van informele zorg naar professionele thuiszorg; van informele of professionele zorg naar verpleeghuiszorg) een toename van depressieve symptomen tot gevolg.
Verblijf in een zorgcentrum is ook een risicofactor. Prevalentieschattingen bij bewoners van verpleeghuizen lopen uiteen van 2% tot 61% (Jongenelis e.a., 2003; Smalbrugge e.a., 2006a). Een major depression zou gemiddeld bij 15% van de verpleeghuisbewoners voorkomen, een minor depression bij 26%. Bijna 27% van nieuw opgenomen bewoners van somatische verpleeghuisafdelingen had depressieve symptomen (Pot e.a., 2003). Verschillende factoren kunnen bijdragen aan deze depressieve symptomen en stoornissen bij verpleeghuisbewoners: leeftijd, pijn, visuele beperkingen, een beroerte, functionele beperkingen, negatieve levensgebeurtenissen, eenzaamheid, het ontbreken van sociale steun, en subjectief ervaren inadequate zorg (Jongenelis e.a., 2004).

Interactie van factoren
Bij depressies op latere leeftijd kunnen verschillende factoren een rol spelen, die met elkaar kunnen interacteren. Maar er zijn ook beschermende factoren die het ontstaan van een depressie beperken of voorkomen, zoals een ondersteunend netwerk, psychische veerkracht, lichamelijke activiteit, cognitieve stimulatie, een effectieve copingstijl. Het is belangrijk om hiermee met het oog op de diagnostiek, preventie en behandeling rekening te houden. In datzelfde kader is het belangrijk om onderscheid te maken in beïnvloedbare en niet-beïnvloedbare facto-

ren. Risicofactoren kunnen de kwetsbaarheid voor een depressie verhogen, bij ouderen vooral wanneer meer risicofactoren tegelijk aanwezig zijn.

Depressie in relatie tot andere problematiek
In het volgende besteden we aandacht aan depressie in relatie tot andere problematiek, omdat er sprake is van overlap van symptomen die het lastig maakt om te beoordelen wat er precies aan de hand is. Gaat het om depressie of andere problematiek, of om depressie én andere problematiek?

Depressie en rouw
Normale en gecompliceerde rouw na het verlies van een dierbare worden in hoofdstuk 10 van dit handboek uitvoerig behandeld. Rouw gaat gepaard met depressieve kenmerken en het is vaak moeilijk uit te maken of deze reacties nog tot het rouwproces behoren, of gezien moeten worden als een depressie. Dit is vooral het geval naarmate het verlies van de dierbare langer geleden is. Rouwen kost tijd en het verlies moet op een of andere manier in het leven geïntegreerd worden; het eigen leven moet opnieuw georganiseerd worden. De depressieve reacties gaan na verloop van tijd weer over. Als de reacties echter al te lang duren en te intensief zijn, dient nader onderzocht te worden of er sprake is van een depressieve stoornis. Volgens de DSM-5 is het tijdscriterium bij rouw na het overlijden van een dierbare losgelaten; de DSM-IV hanteerde een periode van twee maanden na het overlijden om een depressie te kunnen vaststellen.

Depressie en dementie
Bij dementie gaan niet alleen cognitieve functies achteruit, maar raakt ook het emotionele leven verstoord. Betekenisgeving kan veranderen qua inhoud, primaire controlestrategieën kunnen niet meer (goed) worden toegepast en emoties sluiten niet altijd meer 'logisch' aan op de oorzakelijke veranderingen of gebeurtenissen. Gedrag blijft wel steeds een uiting van emotie, maar de betekenis ervan is voor de omgeving en soms ook voor de persoon zelf niet altijd duidelijk. Leven in een wereld die je niet altijd meer begrijpt, of waarin je door de mensen om je heen niet altijd goed begrepen wordt, maakt onzeker, is bedreigend en onveilig. Dit kan leiden tot verdriet, somberheid en/of een angstige stemming.
Sommige verschijnselen van disfunctioneren kunnen worden toegeschreven aan zowel depressie als aan dementiesyndromen. Denk aan gebrekkige concentratie, desoriëntatie en geheugenproblemen, maar ook aan verminderd initiatief of verminderde activiteit, afgenomen zelfzorg en terugtrekken uit sociale contacten. Vaak wordt aan psychologen de vraag gesteld wat er aan de hand is. Het kan dan gaan om de vraag 'óf-óf', maar ook om 'én-én'. De of-vraag wordt meestal gesteld wanneer er nog niet duidelijk sprake is van cognitieve achteruitgang. Wanneer er al een vorm van dementie is vastgesteld, geven depressieve symptomen aanleiding tot de vraag of er ook sprake is van een depressie.
Depressie kan een voorloper zijn van cognitieve achteruitgang en van dementie (Alexopoulos, 2005; Charney e.a., 2003). Vooral op hoge leeftijd kan depressie samenhangen met vasculaire problemen en wittestofafwijkingen die ook een rol spelen in dementiële beelden. Subcorticale dementie wordt onder andere gekenmerkt door een vlak affect: ook een kenmerk van depressie. Deze samenhang en overlap stellen hoge eisen aan de diagnostiek.
Lange tijd heeft men gedacht dat depressie alleen als een reactie kan optreden in de beginfase van een dementieproces en dat stemmingsveranderingen in verder gevorderde dementie

beschouwd moeten worden als symptomen van het voortschrijdende proces. Intussen is bewezen dat ook bij matige en ernstige dementie depressies kunnen optreden. Depressie komt bij een kwart tot een derde van de mensen met dementie voor; 10-20% voldoet aan de DSM-criteria voor depressieve stoornis (NVKG, 2005). In een overzichtsartikel van Janzing en Zitman (2002) wordt een hoger percentage genoemd: 50% van de mensen met dementie heeft ook een klinisch relevante depressie (inclusief de subsyndromale depressie).

Depressie en apathie
Apathie werd lang als een symptoom van een aandoening gezien. Maar tegenwoordig spreekt met over apathiesyndroom, als een verzameling van symptomen binnen drie symptoomdimensies: verlies van motivatie, verlies van initiatief en interesse, en vervlakt affect. Sommige symptomen overlappen met depressie, zoals verminderde motivatie en interesse, vlak affect, en traagheid (Drijgers e.a., 2010). Bij apathie is er geen sprake van somberheid. Ook de meer vitale verschijnselen lijken alleen bij depressie voor te komen. Diagnostiek kan lastig zijn, omdat apathie en depressie samen kunnen voorkomen, maar een apathiesyndroom ook afzonderlijk voorkomt. Vooral de overlappende verschijnselen zijn soms lastig te interpreteren. Het is voor de behandelmogelijkheden van zowel depressie als apathie wel van belang om tot een goede diagnose te komen. Behalve een overlap met depressie heeft het apathiesyndroom ook overlap met dementie (Drijgers e.a., 2010; Kok & Stek, 2010). Dat maakt een goede differentiatie tussen depressie, dementie en apathie noodzakelijk.

Depressie en angst
Depressieve stoornissen en angststoornissen vertonen deels overlap in symptomen en in risicofactoren; vooral de gegeneraliseerde-angststoornis en depressie gaan vaak samen (Landelijke Stuurgroep, 2008b). Er worden uiteenlopende percentages genoemd, zoals 25% (Schuurmans e.a., 2010), 15-30% (Le Roux e.a., 2005), 2% (Schoevers e.a., 2005). Dat de cijfers uiteenlopen heeft te maken met de classificatiecriteria en de onderzoeksmethoden. In sommige onderzoeken gaat men uit van vastgestelde stoornissen volgens de DSM, in andere hanteert men symptomen van angst en depressie. Over de vraag of angst voorafgaat aan depressie of andersom, lopen de meningen uiteen (Flint, 1998; Schoevers e.a., 2005). Overeenstemming is er wel over de slechte prognose wanneer er sprake is van depressie met een gegeneraliseerde-angststoornis (Steffens & McQuoid, 2005). In hun onderzoek bij oudere verpleeghuisbewoners vonden Smalbrugge e.a. (2005a) een hoge mate van comorbiditeit van depressie met angstproblemen en andersom ook. Zij stellen dat een dimensionele benadering van angst en depressie wellicht meer hout snijdt dan een categoriale benadering.

3.2 Beoordelen van stemming en stemmingsproblemen
Vanwege de hoge prevalentie van stemmingsstoornissen, de samenhang met andere biopsychosociale problemen in het leven van oudere volwassenen, en de gevolgen ervan voor alle betrokkenen is het belangrijk om tijdig vast te stellen wat de betekenis is van klachten van ouderen zelf of van observaties van hun omgeving. Daarom is gerichte aandacht van zorg- en hulpverleners in de gezondheidszorg nodig om signalen van depressie te beoordelen, mede in het licht van alle genoemde risicofactoren. Het gaat niet alleen om pathologie vaststellen, maar ook om de beoordeling van de stemming tegen de achtergrond van de continuïteit normaal-abnormaal en vanuit het levensloopperspectief. Er is soms een vage grens tussen 'normale

reacties' en een depressieve stoornis. Enerzijds is er dan de valkuil van de begrijpelijkheid van de situatie, anderzijds de neiging tot 'overdiagnostiek'. Ter illustratie het voorbeeld van Ernst van Son.

Is er sprake van depressie of niet?

Ernst van Son (70 jaar) verblijft sinds negen maanden op een somatische verpleeghuisafdeling. Hij heeft anderhalf jaar geleden een beroerte gehad met als gevolg linkszijdige paresen en een lichte mate van neglect. Hij kan niet meer zelfstandig staan en lopen en heeft veel hulp nodig bij de zelfzorg.

Meneer Van Son is een tijdje thuis geweest (na aanvankelijke ziekenhuisopname), maar zijn vrouw kon thuis de zorg niet meer aan. In een multidisciplinair overleg melden de verzorgenden dat hij de laatste weken op de afdeling wat lusteloos en somber overkomt; ze constateren dat hij 's nachts vaak wakker ligt. De psycholoog wordt gevraagd om eens te kijken wat er aan de hand kan zijn. In het eerste gesprek wordt, na uitleg over de reden voor het contact, gesproken over hoe meneer Van Son het vindt in de instelling. Verder komt de reden voor opname ter sprake, de beroerte die hem is overkomen, zijn familie en zijn vroegere werk.

Duidelijk wordt dat meneer Van Son moeite heeft om zijn beperkingen te accepteren, dat hij onzeker is over de toekomst (zijn handicaps, recidief, woonsituatie) en dat hij zich zorgen maakt om zijn vrouw die haar leven lang al neiging tot depressies heeft. Ook positieve zaken komen naar voren, zoals tevredenheid over kinderen en kleinkinderen en over zijn werk als schoolconciërge. Hij vertelt dat hij veel ligt te piekeren, vooral na een paar uur slaap. Hij is dan blij met een beetje aandacht van de nachtverzorgende.

De psycholoog kan zich de vraag stellen of Ernst van Son depressief is, maar kan hem ook proberen te begrijpen in zijn levenssituatie: die van een man met zorgen om zichzelf en zijn vrouw, waardoor hij niet opgewekt is en 's nachts wakker ligt. Hij is geconfronteerd met ingrijpende gebeurtenissen in zijn leven en moet daar op een of andere manier mee omgaan. Is dat een depressie? Of omgaan met een ingrijpende levensgebeurtenis? Er zijn risicofactoren voor een depressie aanwezig, zoals verblijf in een verpleeghuis, functionele beperkingen (beide hangen nauw samen) en een beroerte. Ook is er beperkte controle over de situatie van zijn vrouw. Redenen dus om wel gericht de mogelijkheid van een depressie te onderzoeken middels een zelfbeoordelingslijst. Daaruit blijkt overigens geen indicatie voor een depressie.

Na enkele weken verhuist zijn vrouw naar de aanleunwoning bij het zorgcentrum. Meneer Van Son vindt dat een enorme verlichting in zijn situatie: hij is dicht bij zijn vrouw en hoeft zich geen zorgen om haar te maken. Ze kunnen veel samen zijn en samen activiteiten ondernemen. Op de afdeling wordt de positieve stemmingsverandering ook waargenomen.

Diagnostisch gesprek

Voor een zorgvuldige diagnostiek van depressie is het op de eerste plaats nodig om het verhaal van de persoon zelf te horen. Wat is de individuele betekenisgeving, welke levensgebeurtenissen heeft iemand meegemaakt, recent en eerder in het leven, welke copingstijl heeft die persoon, en zijn er persoonlijkheidskenmerken aanwezig die een rol kunnen spelen? Met een 'gewoon' gesprek kan worden begonnen met expliciete aandacht voor deze aspecten, evenals voor risicofactoren. Somatische problematiek moet veel aandacht krijgen. Cognitief functioneren is ook een onderdeel van het diagnostisch gesprek, vanwege de relatie met dementie. Ook is het belangrijk om in een dergelijk gesprek gedachten over de dood, of een eventuele doodswens te bespreken vanwege het risico van suïcide. Aanvullend is een heteroanamnestisch gesprek waardevol en vaak onmisbaar (zie ook Landelijke Stuurgroep, 2008b).

Een andere manier om een diagnostisch gesprek te voeren, is een diagnostisch interview aan de hand van gestandaardiseerde interviewschema's. Een voorbeeld is de Nederlandse versie van de Geriatric Mental Status Schedule, een uitgebreid interviewschema om uiteenlopende psychische problemen bij ouderen op te sporen, waaronder depressie (Copeland e.a., 2002; Hooijer & Van Tilburg, 1988).

Het alternatief is om een deel van de vragen uit de CAMDEX-R/N (Derix e.a., 2003) te gebruiken. Dit instrument is bedoeld voor het onderzoek naar dementie, maar bevat ook vragen over stemming. Zeker wanneer er sprake is van geheugenklachten, is de CAMDEX-R/N geschikt om de cognitieve functies te onderzoeken voor de differentiaaldiagnose dementie.

Screening en ernstmeting

Een screeningsinstrument is een kort en betrouwbaar instrument, met een hoge sensitiviteit en specificiteit (dus: Nederlandse versies moeten in Nederlandse populaties zijn onderzocht). Screening levert geen 'diagnose' op maar een vermoeden van een stoornis. Dus is verder (psycho)diagnostisch onderzoek nodig! Vooral korte screeningsinstrumenten worden vaak door andere disciplines dan die van de psycholoog gebruikt, bijvoorbeeld door de huisarts in de eerste lijn, of door de geriater in het ziekenhuis.

We kunnen onderscheid maken in zelfbeoordeling en boordeling door derden (psychologen, artsen, verzorgenden). De meest gebruikte zelfbeoordelingsschaal is de Geriatric Depression Scale (GDS: Yesavage e.a., 1983). Dit instrument is in de klinische praktijk in Nederland bekend als de Geriatrische Depressieschaal (GDS: Kok e.a., 1993). De lange versie bestaat uit 30 ja/nee-items; er zijn kortere versies van 15 items, 8 items en 5 items. Het invullen is relatief gemakkelijk, maar klinische ervaring leert dat mensen soms moeite hebben om de ja/nee-keuze te maken. De lijst wordt door de cliënt zelf ingevuld, maar wanneer dat gebeurt in aanwezigheid van de psycholoog, is er gelegenheid tot gesprek over de betekenis van het item voor de cliënt en geeft dit extra diagnostische informatie. Een voordeel van de GDS is, dat hij speciaal voor de oudere populatie is ontwikkeld en geen items over het fysiek functioneren bevat, behalve het item 'Voelt u zich energiek?' De GDS kan ook bij mensen met dementie worden gebruikt, mits de cognitieve vermogens toereikend zijn: men gaat uit van een MMSE-score van 15 of hoger.

Hoewel in publicaties vaak de Zung Self-rating Depression Scale (Zung SDS: Zung, 1965) en de Beck Depression Inventory (BDI: Beck e.a, 1961) worden genoemd, worden deze in Nederland bij ouderen weinig gebruikt. Kok (1994) heeft de GDS vergeleken met de toepassing van de Zung SDS, de BDI en de CES-D, en kwam tot de conclusie dat van de zelfbeoordelingsschalen de GDS de voorkeur verdient omdat betrouwbaarheid en validiteit in de toepassing bij ouderen het beste is in vergelijking met de andere instrumenten (zie ook Landelijke Stuurgroep, 2008b). De Center for Epidemiological Studies Depression Scale (CES-D: Radloff, 1977) wordt vaak gebruikt in wetenschappelijk onderzoek, vooral voor screening van depressie in de algehele bevolking. Er is een herziene versie, die ook online kan worden ingevuld (Eaton e.a., 2004); de beoordeling van de scores is aangepast aan de DSM-5. Voor de klinische praktijk is dit instrument minder geschikt.

Naast de zelfbeoordeling wordt ook gebruikgemaakt van op depressieve kenmerken gerichte interviews en observatie. Een psycholoog of arts voert een gesprek met de cliënt en aansluitend vult de hulpverlener de vragenlijst in. Bij ouderen worden de Hamilton Depression Rating Scale (HDRS: Hamilton, 1960) en de Montgomery Åsberg Depression Scale (MADRS: Montgomery & Åsberg, 1979; Leontjevas e.a., 2012c) toegepast om de ernst van de depressie te kunnen bepalen. De MADRS wordt het meest geschikt geacht voor gebruik bij ouderen. Voor de ernstschalen geldt over het algemeen: hoe hoger de score, des te meer depressief. Er worden meestal afkappunten gebruikt om een onderscheid aan te brengen tussen scores die wijzen op 'geen depressie' en scores die wijzen op 'lichte', 'matige', of 'ernstige' depressieve stemming. De GDS is ontwikkeld als screeningsinstrument, maar kan eveneens gebruikt worden om de mate van ernst van de depressie te bepalen.

Met screening- en ernstschalen kan de aanwezigheid of ernst van een depressieve stemming worden vastgesteld, maar zijn alleen onvoldoende om een diagnose depressie te stellen. Nadat een diagnose depressie is gesteld, kan met een ernstschaal de ernst ervan worden vastgesteld. Wanneer er sprake is van dementie, wordt de Cornell Scale for Depression in Dementia veel gebruikt (CSDD: Alexopoulos e.a., 1988; Nederlandse vertaling: Droës, 1993; Leontjevas e.a., 2012c). In deze schaal zijn depressieve kenmerken beschreven die zo mogelijk eerst in een gesprek met de oudere worden uitgevraagd. Daarna, of als een betrouwbare inventarisatie bij de cliënt niet mogelijk is, worden dezelfde kenmerken beoordeeld door de informele of professionele verzorger (Leontjevas e.a., 2012b). Met de Cornell Scale kan worden vastgesteld of er sprake is van lichte of matige depressie, maar hij wordt ook gebruikt als screeningsinstrument.

Voor meer explorerend onderzoek naar stemming bij mensen met dementie kan de 'Depressielijst voor stemmingsonderzoek in de psychogeriatrie' worden gebruikt (Diesfeldt, 1997; 2004). De lijst wordt nog niet beschouwd als screeningsinstrument (Landelijke Stuurgroep, 2008b). Het instrument bestaat uit 15 trefwoorden die bedoeld zijn om gevoelens te ontlokken aan de personen met dementie over zichzelf, hun omgeving en de toekomst. De woorden worden op kaarten aangeboden waarbij een eenvoudige vraag wordt gesteld, zoals 'Voelt u zich tevreden?' of 'Voelt u zich gezond?' De antwoorden worden gescoord op een schaal van 0 tot 2. Er zijn 3 subschalen te onderscheiden, namelijk somber, moe en eenzaam (Diesfeldt, 2004).

Depressief gedrag kan worden geobserveerd. Gedragsobservatieschalen zoals de Gedragsobservatieschaal voor de Intramurale Psychogeriatrie (GIP: Verstraten & Van Eekelen, 1987) en de Beoordelingsschaal Psychisch en Sociaal functioneren (BPS: Van der Bom & Van Loveren-Huyben, 2004) bevatten weliswaar subschalen die gedragsuitingen van depressieve stemming meten, maar deze zijn nog onvoldoende voor een diagnostisch gebruik. Bij het gebruik van observatieschalen wordt vooraf een observatieperiode afgesproken, waarna de items door de verzorgenden worden ingevuld. Een andere registratie van observaties gebeurt met de Neuropsychiatrische Vragenlijst (Neuropsychiatric Inventory (NPI): Kat e.a., 2002). De NPI wordt gebruikt om bij mensen met dementie psychische en gedragsveranderingen vast te stellen. De lijst wordt afgenomen in een semigestructureerd interview met een verzorger. De lijst is verdeeld in twaalf domeinen, waaronder depressie, en per domein wordt een screeningsvraag gesteld. Indien een screeningsvraag positief wordt beantwoord, worden meer specifieke vragen gesteld.

De Nijmegen Observer-Rated Depression-schaal (NORD-schaal: Leontjevas e.a., 2012d) is een korte observatieschaal om depressie bij verpleeghuiscliënten met of zonder dementie op te sporen. Het instrument is ontwikkeld binnen het zorgprogramma Doen bij Depressie (Leontjevas e.a., 2012a), bestaat uit zeven items en wordt door verzorgenden ingevuld. Op basis van de score die door de psycholoog wordt geïnterpreteerd, worden zo nodig verdere stappen gezet voor diagnostiek of interventie. Binnen ditzelfde zorgprogramma is onderzocht welk instrument geschikt is voor differentiatie tussen depressie en apathie bij verpleeghuisbewoners met dementie en andere neuropsychiatrische stoornissen. De Apathy Evaluation Scale Nursing Home version (AES-10; Lueken e.a., 2007) bleek daartoe geschikt (Leontjevas e.a., 2012a; 2012b).

3.3 Interventies bij depressie

Een depressie heeft grote impact op de kwaliteit van leven, beïnvloedt het algehele functioneren van de oudere persoon, en heeft eveneens gevolgen voor de naaste omgeving. Dit zijn belangrijke redenen om depressies bij ouderen te behandelen. Bijkomende redenen zijn de neiging tot recidieven en tot chroniciteit van de depressie, verhoogde sterftekans, en de hoge consumptie van gezondheidszorgvoorzieningen (zie ook Landelijke Stuurgroep, 2008b).

De behandeling kan bestaan uit psychologische en/of biologische, of andersoortige interventies. Het model van top-down- en bottom-upontwikkeling van de depressie (zie paragraaf 3.1) kan bij de keuze helpen. De keuze is afhankelijk van de ernst van de depressie, van de respons bij eerdere episoden en het type depressie: psychotisch of niet-psychotisch, uni- of bipolair. Vooral bij ernstigere vormen zijn biologische interventies als medicatie en elektroconvulsieve therapie (ECT) geïndiceerd, eventueel aangevuld met psychotherapie. Bij de lichtere vormen zijn diverse psychotherapieën effectief gebleken. Eventueel kan de psychotherapie ondersteund worden door antidepressieve medicatie. Het is eveneens belangrijk om de leefsituatie van de depressieve persoon te optimaliseren. Het gaat om een dagstructuur waarin voldoende bezigheden voor afleiding zorgen. Ook geven bezigheden en lichamelijke beweging een fysieke stimulans en is het belangrijk dat er positieve ervaringen worden opgedaan. Sociale steun ter ondersteuning van het activiteitenprogramma is gewenst, omdat de motivatie vanwege de depressieve stemming niet optimaal is. Sociale contacten zorgen ook voor afleiding, positieve ervaring en emotionele steun. Daarnaast is vooral bij ouderen het optimaliseren van de lichamelijke gezondheid een belangrijk aandachtspunt, bijvoorbeeld bestrijding van mogelijke pijn, schildklierafwijkingen, bloedarmoede, of aanpassing van medicatie die mogelijk invloed heeft op de stemming.

Verderop in deze paragraaf wordt van de verschillende interventies de toepasbaarheid bij depressie besproken, in deel IV van dit handboek worden psychologische interventies uitgebreid besproken. Voor een effectieve behandeling is allereerst een goede relatie met de behandelaar van belang. Dit is niet specifiek voor de behandeling van depressie maar het is wel een aandachtspunt, omdat de depressie aanleiding kan zijn voor verminderde motivatie en therapietrouw. Ten tweede is voorlichting over depressie belangrijk. De psycho-educatie omvat informatie over klachten en symptomen, over de samenhang van lichamelijk, psychisch en sociaal functioneren, over het belang van de dagstructuur, 'leefregels', over het belang van een dagstructuur met regelmatige activiteiten, niet alleen de gewone dagelijkse activiteiten zoals opstaan, aankleden, eten en drinken, maar ook een wandeling maken, een bezoek afleggen en andere plezierige activiteiten. Ten slotte informatie over de behandelbaarheid van depressies, ook zonder medicatie (zo mogelijk). Belangrijk is dat duidelijk wordt dat er sprake is van een stoornis waarvoor een behandeling zinvol kan zijn en dat de cliënt zelf daar actief aan kan meewerken.

Bij behandeling van depressies bij ouderen moet de omgeving niet uit het oog verloren worden. Voor de mensen in de naaste omgeving is het omgaan met een depressief persoon niet gemakkelijk; dit kan tot overbelasting leiden. Er zijn veel parallellen te trekken met naasten van mensen met dementie. De ervaren belasting van en ondersteuningsmogelijkheden voor informele verzorgers of naasten komen in hoofdstuk 23 aan bod. Ook voor professionele verzorgers in de thuiszorg of in zorgcentra kan ondersteuning in de dagelijkse begeleiding van depressieve ouderen gewenst zijn (zie ook hoofdstuk 24).

Preventieve interventies

Uiteraard is het het beste om depressies te voorkomen, maar vanwege het grote aantal risicofactoren is dat niet vanzelfsprekend. Speciale aandacht voor preventie van depressieve stoornissen is belangrijk. Hoofdstuk 15 van dit handboek, over preventie, benadrukt dat het niet alleen gaat om stoornissen voorkomen, maar ook om welbevinden en veerkracht bevorderen: juist ook bij de ouderen wier kwetsbaarheid op hoge(re) leeftijd stijgt. Vooral maatregelen voor selectieve preventie (voor ouderen met verhoogd risico op het ontwikkelen van een depressie) en voor geïndiceerde preventie (voor ouderen met subsyndromale symptomen) zijn voor depressie bij ouderen relevant. Interventies kunnen tot doel hebben om klachten te verminderen en/of het welbevinden te bevorderen. Preventieve interventies hebben ook tot doel om mogelijkheden te bevorderen voor ouderen om controle of regie over hun eigen leven te hebben en te behouden, zodat de kwetsbaarheid voor depressie vermindert. We verwijzen graag naar hoofdstuk 15 over preventie voor gedetailleerdere beschrijving.

Voor ouderen met depressieve klachten blijken de interventies 'Op zoek naar zin' en 'Op verhaal komen' effectief: zowel kort na deelname aan de interventie (Pot e.a., 2010), als na een langere periode van zes of negen maanden (Korte, 2012; Korte e.a., 2011). Bij beide interventies geldt dat klachten verminderen en dat het welbevinden toeneemt. In deze interventies gaat het om herinneringen ophalen, met het accent op positieve herinneringen waardoor moeilijke ervaringen in een ander perspectief geplaatst kunnen worden.

Een andere preventieve interventie is de cursus 'In de put, uit de put 55+' die bedoeld is voor ouderen met lichte depressieve klachten (Cuijpers, 2004). De oorspronkelijke cursus (Cuijpers, 2000) is intussen doorontwikkeld tot een versie voor jongere volwassenen en een versie voor 55-plussers (Cuijpers, 2004; Cuijpers & Wilschut, 2011). De cursus bevat psycho-educatieve elementen en stimuleert het ondernemen van plezierige activiteiten, leert mensen te stoppen met piekeren en om positief te denken, en besteedt aandacht aan sociale vaardigheden en ontspanning. Na het volgen van de cursus hebben mensen minder depressieklachten, tot na een jaar na deelname (Haringsma e.a., 2005).

Psychologische behandelinterventies

Er zijn diverse psychologische behandelingsmethoden die met bewezen succes bij oudere depressieve mensen kunnen worden toegepast (onder anderen Cuijpers e.a., 2006). Gedragstherapie en cognitieve gedragstherapie zijn het meest onderzocht wat betreft effectiviteit. Cognitieve gedragstherapie (CGT) is gericht op het opsporen en uitdagen van negatieve cognities en disfunctionele gedachten van de depressieve persoon over zichzelf en zijn situatie en deze bijstellen tot realistisch en helpende cognities (zie ook hoofdstuk 16 en 17). Tevens wordt de cliënt gestimuleerd tot nieuw of hernieuwd gedrag, met onder andere plezierige en sociale activiteiten. Cognitieve gedragstherapie is een effectief gebleken interventie bij ouderen met depressie en wordt als eerste keuze aangeraden (Landelijke Stuurgroep, 2008b). In een meta-analyse concluderen Gould e.a. (2012) dat CGT niet effectiever is dan medicamenteuze behandeling of andere psychotherapieën; nadere specificatie van de soort behandeling ontbreekt echter. Cognitieve gedragstherapie aangeboden als internetbehandeling geeft goede resultaten, maar de toepassing en effectiviteit bij ouderen zijn nog weinig onderzocht (Taylor, 2014).

Ook andere therapievormen hebben positief effect, tenminste in de klinische praktijk, en dit wordt steeds meer door wetenschappelijk onderzoek onderbouwd: interpersoonlijke psychotherapie, oplossingsgerichte psychotherapie, en life review.

Interpersoonlijke therapie
Interpersoonlijke therapie is ontwikkeld als interventie bij depressie. Deze behandelinterventie focust op roltransities, gecompliceerde rouw, interpersoonlijk conflict, en interpersoonlijk tekort. De therapie sluit aan bij de problematiek waarmee mensen in de latere levensfasen geconfronteerd worden. Vanwege de overzichtelijke en gestructureerde werkwijze is deze interventie aantrekkelijk voor ouderen (en andere groepen) die een kortdurende en concrete aanpak prefereren. De effecten van interpersoonlijke psychotherapie voor depressieve ouderen is uitgebreid onderzocht en aangetoond. Met aanpassingen kan de interventie ook bij mensen met cognitieve beperkingen worden toegepast (zie ook hoofdstuk 18). Wanneer er eveneens medisch-somatische problematiek is, zou het effect geringer zijn (Taylor, 2014).

Oplossingsgerichte psychotherapie
Oplossingsgerichte psychotherapie is ook een kortdurende interventie, niet specifiek ontwikkeld voor, maar wel goed bruikbaar bij ouderen met depressie. Een belangrijk uitgangspunt is dat de focus ligt op de oplosbaarheid van problemen. Ook ligt het accent op wat goed gaat en niet op de analyse van problemen (zie ook hoofdstuk 20). Het gaat om het aanleren of verbeteren van vaardigheden om met problemen in het leven om te gaan. Onderzoek laat zien dat oplossingsgerichte psychotherapie effectief is bij ouderen met lichte tot matige depressieve klachten, maar ook bij mensen met dysthymie (Landelijke Stuurgroep, 2008b; Taylor 2014). Bij patiënten met een depressieve stoornis met executieve-functiestoornissen zou oplossingsgerichte psychotherapie effectiever zijn dan ondersteunende cliëntgerichte gesprekstherapie (Alexopoulos e.a., 2011).

Life review
Een andere effectief gebleken interventie is life-reviewtherapie (zie ook hoofdstuk 19). Life review is een gestructureerd evalueren en integreren van positieve en negatieve herinneringen in het leven. Naast individuele en groepstoepassing kan life review tegenwoordig ook online worden uitgevoerd. Life review wordt ook in combinatie met andere therapievormen toegepast, zoals CGT, narratieve therapie of creatieve therapie. Een combinatie van life review en narratieve therapie is de interventie 'Op verhaal komen'. Deze interventie is vermeld bij de preventieve interventies, namelijk bedoeld voor mensen met licht depressieve klachten om erger te voorkomen. Maar 'Op verhaal komen', evenals 'Op zoek naar zin', kan ook als behandelinterventie worden beschouwd: depressieve klachten zijn immers al aanwezig. Onderzoek heeft uitgewezen dat processen zoals integratieve en instrumentele reminiscentie bijdragen aan meer positievere verhalen over zichzelf en de toekomst, en daardoor kunnen leiden tot vermindering van depressie (Korte, 2012).

Doen bij Depressie
In sommige onderzoeken over de effectiviteit van een interventie wordt aandacht besteed aan de toepassing bij ouderen met cognitieve stoornissen, in andere gaat men in op de toepassing in specifieke settings, bijvoorbeeld het verpleeghuis. Een interventie die ontwikkeld is voor verpleeghuisbewoners met depressieve klachten en symptomen is Doen bij Depressie, hiervoor al genoemd bij de bespreking van diagnostische instrumenten (Leontjevas e.a., 2012b). Doen bij Depressie is een multidisciplinair zorgprogramma om depressie op te sporen en er in een stapsgewijze aanpak iets aan te doen. Het programma onderscheidt vijf componenten: herkennen, screenen, diagnosticeren, behandelen en monitoren. Wanneer een depressieve stoornis is vast-

gesteld, past de psycholoog de interventie Dierbare herinneringen-therapie toe, een variant van life review. Hierin haalt men met depressieve verpleeghuisbewoners op een gestructureerde wijze specifieke positieve herinneringen uit hun leven op. Het ophalen van positieve herinneringen creëert het perspectief dat er ook uitzonderingen zijn op de negatieve herinneringen en verhalen over het eigen leven. Hierdoor wordt een positieve zelfidentiteit versterkt, en negatieve interpretaties van herinneringen verliezen hun dominantie. Dit leidt tot een afname van de depressie. Doen bij Depressie is in 2014 door de deelcommissie Ouderenzorg erkend als effectief (Gerritsen e.a., 2014).

Depressies met psychotische kenmerken
Depressies met psychotische kenmerken kunnen initieel mantelzorger en hulpverleners wanhopig maken zolang men het psychotische karakter van de wanhoop en het piekeren van de patiënt niet herkent. Zorgen over financiën, over gebrek aan kleding, over obstipatie of andere lichamelijke kwalen, over fouten uit het verleden of vermeende fouten in het heden, kunnen reëel lijken als men het patroon niet ziet. Herhaalde geruststelling helpt niet, leidt tot irritatie bij de verzorger of hulpverlener en kan de patiënt, die merkt dat men hem niet gelooft, zelfs achterdochtig maken.
De meeste psychotische depressies zijn melancholische depressies met tevens fysieke remming en onrust (agitatie) die herkenning kan vergemakkelijken. Psychotherapie in strikte zin is niet mogelijk, maar steunende gespreksvoering waarbij men begrip toont voor de wanhoop en de zorgen, is van groot belang. Uitleg dat men zo uit balans kan zijn dat het gepieker een eigen leven gaat leiden, dat de behandelaar dit herkent bij depressies, kan steunend zijn.
Aanwezigheid van mantelzorgers bij zo'n gesprek die de realiteit kunnen onderstrepen, is praktisch en betekent voor hen psycho-educatieve steun. Een uitspraak die we aan patiënt en familie kunnen meegeven is dat we eerst het hoofd, het zieke denken, weer in balans moeten krijgen en dan pas aan strikter psychotherapeutische interventies kunnen denken. Kort gezegd: met een ziek hoofd kun je niet gezond denken. Dit kan men gebruiken in de aanloop naar een biologische behandeling.

Medisch-biologische behandelinterventies
De medicamenteuze behandeling is strikt genomen niet anders dan die bij jongere volwassenen met een vergelijkbare respons. Wel zal men bij depressies die voor het eerst op hogere leeftijd optreden, alerter dienen te zijn op comorbide stoornissen die vaker met depressie samenhangen, zoals diabetes, de ziekte van Parkinson, een TIA of een CVA. Men zal meer rekening moeten houden met interacties tussen antidepressiva en voor andere ziekten gebruikte medicamenten, afnemende reservecapaciteit (vooral afnemende nierfunctie), en een grotere kans op vallen.
Antidepressiemedicatie bij niet opgenomen ouderen beslaat een palet van middelen die min of meer selectief serotonerge, noradrenerge of dopamine neurotransmissie beïnvloeden. Dat kan door meer neurotransmitter beschikbaar te maken voor overdracht (door heropnameremming) maar ook de receptor te blokkeren op de 'stroomafwaartse' (postsynaptische) zenuwcel, zodat het signaal van de neurotransmitter niet of minder wordt doorgegeven. Bekende namen van middelen uit deze categorie zijn: bupropion, citalopram, duloxetine, escitalopram, mirtazapine, sertraline, venlafaxine, vortioxetine. De bijwerkingen van deze antidepressiva zijn weliswaar minder direct bedreigend bij overdosering dan de TCA's, ze conflicteren minder met andere medicamenten, maar kennen toch vervelende, minder of meer opvallende bijwerkingen. Daar-

onder vallen misselijkheid, toename van angst, eetlustvermindering, extrapiramidale stoornissen en hyponatriëmie. Er kan toch een interactie met andere medicatie optreden (Pot e.a., 2002). Als deze middelen bij gebruik onvoldoende effect hebben, en zeker bij opgenomen patiënten, worden tricyclische antidepressiva (TCA's) ingezet (onder andere Landelijke Stuurgroep, 2008b). Het belangrijkste middel uit deze groep voor ouderen is nortriptyline, met daarnaast clomipramine, imipramine, amitriptyline. Een groot voordeel is dat van meerdere TCA's therapeutische bloedspiegels bekend zijn. Deze middelen hebben eveneens effecten op de serotonerge en noradenerge neurotransmissie, maar ook anticholinerge en quinidine-effecten die riskantere bijwerkingen kunnen geven.

Vaak wordt genoemd dat voor antidepressiva geldt dat pas na een inwerkperiode van enkele weken effect wordt bereikt. Dat geldt misschien voor een wetenschappelijke significante respons, bijvoorbeeld 50% daling op een depressieschaal, maar gunstige effecten kunnen al in de eerste week merkbaar zijn. De dosering wordt zo snel als mogelijk opgebouwd tot een theoretisch of door bloedspiegel bepaald therapeutisch niveau. Bij geen of te weinig effect moet na een passende afbouwperiode, die per medicament kan verschillen, op een ander middel worden overgegaan.

Elektroconvulsieve therapie
In Nederland wordt ook bij ouderen steeds vaker weer elektroconvulsieve therapie toegepast, omdat dit de effectiefste behandelmethode is, zelfs wanneer er sprake is van ernstige psychotische depressies waarop medicatie en psychotherapie weinig vat krijgen (Rhebergen e.a., 2015; Spaans e.a., 2015; 2016). In gespecialiseerde centra wordt onder begeleiding van een anesthesioloog, een psychiater en gespecialiseerde verpleging deze behandeling toegepast. Twee keer per week wekt men, terwijl de patiënt onder narcose is, met een korte stroompuls een epileptische aanval op. Door de narcose maakt de patiënt de behandeling niet bewust mee. Verbetering treedt snel op, soms binnen enkele behandelsessies, met een gemiddelde van drie tot vijf weken. Tegenwoordig is de behandeling toenemend poliklinisch. De bijwerkingen betreffen vaak hoofdpijn, misselijkheid en moeite hebben met nieuwe informatie opslaan zolang de behandeling duurt. Daarnaast kunnen herinneringen van vlak voor de behandeling uit de herinnering kwijtraken, en zelfs herinneringen van daarvoor. Het percentage mensen dat gevoelig blijkt voor ernstige geheugenproblemen, is beperkt (ongeveer 10%) maar moet worden afgewogen tegen de ernst van de depressie. Objectieve geheugenproblemen blijken niet volledig samen te gaan met gerapporteerde geheugenklachten.

Chronotherapie
Verstoringen van het natuurlijke dag-nachtritme waarbij biologische, psychologische en sociaalmaatschappelijke factoren een rol spelen, kunnen tot diverse klachten leiden zoals slaapproblemen en depressies. Het beïnvloeden van de biologische ritmes door middel van chronotherapie (onder andere waaktherapie, lichttherapie en sociaalritmetherapie) blijkt in toenemende mate een effectieve manier van behandelen (Meesters e.a., 2016). Waaktherapie (slaapdeprivatie) is zelfs de snelst werkende antidepressieve interventie bij bipolaire depressies. Bij ouderen is de ervaring hiermee nog beperkt. Het inzicht echter dat een emotionele ontregeling na een levensgebeurtenis, zoals pensionering of overlijden van een partner, gezien kan worden als een letterlijke verstoring van het levensritme, biedt een praktische invalshoek voor behandeling met chronotherapie.

Behandeling in brede zin
Bij behandeling van depressie bij ouderen denken we aan behandeling in brede zin: aandacht voor de klachten, symptomen, aanleidingen en oorzaken, en voor een positief perspectief op de toekomst ontwikkelen. Behandelingsmogelijkheden zijn psycho-educatie, dagstructuur en -invulling, preventieve interventies, psychologische en medische behandelinterventies. Hoewel ze nog minder goed op effect zijn onderzocht, worden interventies die de fysieke activiteit tot doel hebben wel al toegepast, bijvoorbeeld psychomotorische therapie, bewegingstherapie, looptraining. Danstherapie beoogt ook fysieke activiteit, maar eveneens om de eigen emoties te leren ontdekken en ermee te leren omgaan. Creatieve therapie, beeldende therapie, muziektherapie, dramatherapie, schrijftherapie zijn in de praktijk wel gangbaar, maar onvoldoende wetenschappelijk onderbouwd.

De meeste van deze laatste groep kunnen als preventieve interventie worden ingezet, ook na het doormaken van een depressie, ter voorkoming van een recidief, maar eveneens als plezierige activiteit naast bewezen effectieve interventies, of in het behandelplan bij chronische depressies en persisterende depressieve stoornis (dysthymie). Behandeling van depressieve stoornissen is vaak een multidisciplinaire aangelegenheid, net als in de diagnostiek. Daarbij dient men de cliënt en diens naaste omgeving actief bij de behandeling te betrekken.

4 Angst

Angst is een van de basisemoties van de mens. Angst treedt op wanneer iets in de situatie van een individu als een bedreiging wordt ervaren. Er is een signaal dat men ofwel actief moet ingrijpen in de situatie, of uit de situatie weg moet gaan: *fight or flight*. Confrontatie met een gevaarlijk dier of een voorwerp roept een actietendens op: de situatie vraagt om een directe reactie. Angst is een normale emotie: iedereen is wel eens ergens bang voor. Mensen kunnen bang zijn voor iets specifieks, maar ook voor minder expliciet benoembare zaken, zoals bang zijn dat er in de toekomst iets vervelends gebeurt. Normale angst verdwijnt na verloop van tijd. Wanneer angst echter langdurig aanwezig blijft nadat de bedreigende situatie allang voorbij is, of wanneer angst relatief gezien te intens is, is er sprake van abnormale angst.

Lang was angst in de psychiatrie een signaal van een onderliggend probleem, een neurotisch conflict. Maar door classificatiesystemen zoals de DSM is angst steeds meer als een op zich staande stoornis geworden en onderscheiden in diverse verschillende angststoornissen. De DSM-classificatie heeft als nadeel dat de meer existentiële component van angst niet aan bod komt: de bestaansangst (Glas, 2011). Glas onderscheidt zeven typen bestaansangst die elk een eigen thema en achterliggende structuur hebben. Bijvoorbeeld angst gerelateerd aan gebrek aan veiligheid, of gerelateerd aan structuurverlies, of aan de dood, of aan het bestaan als zodanig. Zonder hier verder uitgebreid op de details in te gaan, sluiten we aan bij het appel dat Glas doet om ook aan de mogelijkheid van deze angsten aandacht te besteden in het contact met patiënten en de patiënt de kans te geven (en nemen) om lastig te verwoorden gevoelens en gedachten te exploreren.

4.1 Angst op latere leeftijd
Zowel in de klinische praktijk als in onderzoek neemt de belangstelling voor angststoornissen bij ouderen toe. In de praktijk is er nog wel sprake van onderdiagnostiek en -behandeling, en ook wetenschappelijke onderzoeken, vooral over behandelingseffecten, blijven achter bij soort-

gelijk onderzoek bij depressie en dementie (Hendriks e.a., 2011; Lenze & Wetherell, 2011; Schuurmans e.a., 2009).

Prevalentiecijfers van angststoornissen bij ouderen lopen nogal uiteen, afhankelijk van de opzet en de uitvoering van de onderzoeken. Een review van internationaal onderzoek geeft percentages van 1,2% tot 15% in de algehele bevolking en in klinische settings van 1 tot 28% (Bryant e.a., 2008). Symptomen van angst komen veel vaker voor: van 15% tot ongeveer 55% in zowel de algemene bevolking als in klinische settings (Bryant e.a., 2008). Volgens een grote representatieve steekproef (n = 3000) van de volwassen Nederlandse bevolking van 55-85 jaar zou 10% een angststoornis hebben (Beekman e.a., 1998). Dit is wel iets minder vaak dan bij jongere volwassenen, maar dat verschil is kleiner dan voorheen gedacht. Angstklachten en stoornissen komen bij ouderen vaker voor dan depressie en de persisterende depressieve stoornis (dysthymie); boven de 80 jaar komt dementie vaker voor dan angst (Landelijke Stuurgroep, 2008a; Schuurmans & Van Balkom, 2011). De herkenning van angststoornissen wordt bij ouderen om verschillende redenen bemoeilijkt, zoals comorbiditeit met depressie, onvoldoende geschikte classificatiecriteria, en criteria die niet aansluiten bij de manifestatie van de symptomen (Flint, 2005a). Angst kan zich op latere leeftijd anders manifesteren en uiten dan op jongere leeftijd. Naast specifieke situaties, zoals angst om te vallen (valangst), of angst voor dementie, worden ook genoemd: angst voor de dood van een geliefd persoon, angst voor een vroegtijdige dood, ziekte of verwonding van een geliefd persoon, falen bij een test, en angst om te stikken (Weijnen, 2003). Daarnaast angsten die we zouden kunnen rekenen tot de bestaansangsten, zoals bezorgdheid over de huidige en toekomstige levenssituatie; angst om de zelfstandigheid en autonomie te verliezen. Dergelijke zorgen en angsten worden vaak onder de noemer gebracht van angst voor het ouder worden. Overigens blijken mensen in de middenfase van het leven angstiger te zijn over de toekomst dan mensen op hoge leeftijd: ze maken zich meer zorgen over de toekomst, financiën en werk dan de oude ouderen (Kuin e.a, 2001; Neikrug, 2003). Dat betekent niet zonder meer dat een toenemende leeftijd gepaard gaat met (meer) angst voor het ouder worden. Andere factoren, zoals inkomen, sociaal-economische status, huidige gezondheid, opleiding en kennis over ouder worden zijn mede van invloed op het ontstaan van angst (Lynch, 2005).

Angstsymptomen en angststoornissen op latere leeftijd zijn vaak geassocieerd met lichamelijke aandoeningen of beperkingen, zoals hart- en vaatziekten en aandoeningen aan de luchtwegen, endocriene en neurologische stoornissen en intoxicaties (onder anderen Vink e.a., 2008). Somatische problemen faciliteren angst, maar angst vergroot de kans op beperkingen en stoornissen (Lenze & Wetherell, 2011).

Symptomen van angst worden ook door ouderen zelf niet altijd als zodanig herkend en net als bij depressies worden psychische klachten vaak vertaald in somatische. Huisartsen worden gemakkelijk misleid wanneer een oudere op het spreekuur komt met somatische klachten, zoals hartkloppingen, benauwdheid, duizeligheid, die uitingen kunnen zijn van angst. Huisartsen zijn nog weinig geneigd om te denken aan de mogelijkheid van een angstprobleem (of stemmingsprobleem), maar de houding van artsen verandert langzamerhand (Van Dijk-Van Dijk e.a., 2012). Ouderen kunnen gemakkelijker angstuitlokkende situaties gaan vermijden, daarin gesteund door de omgeving die het gedrag vaak typeert als begrijpelijk en behorend tot de levensfase. Wanneer een oudere na bijvoorbeeld een hartinfarct of na een valpartij liever niet meer de straat opgaat uit angst dat er iets gebeurt, wordt dat door de mensen in de naaste omgeving vaak heel begrijpelijk gevonden. De omgeving bevestigt het vermijdingsgedrag door boodschappen te doen, zelf op bezoek te komen en dergelijke, zodat de oudere het huis niet meer uit hoeft.

Het vaak samen voorkomen bij ouderen van depressie en angst – in 30 tot 70% van de gevallen – maakt een juiste diagnose stellen eveneens moeilijk (Beekman e.a., 2000). Angststoornissen gaan vaak gepaard met depressieverschijnselen, maar ook depressies gaan vergezeld met angstsymptomen. Dit bemoeilijkt ook het onderzoek naar de prevalentie van angststoornissen. Er is vaker sprake van het voorkomen van angst of depressie en veel minder vaak van het samen voorkomen (Landelijke Stuurgroep, 2008a).

Niet alleen de aanwezigheid van een angststoornis moet worden vastgesteld, ook moet in de hulpverlening aan ouderen onderzocht worden of er sprake is van angstsymptomen. Ook al is er niet altijd sprake van een pathologische angst, de aanwezigheid van angstsymptomen kan leiden tot belemmeringen in het dagelijks functioneren en tot negatief welbevinden (De Beurs e.a., 1999). Dit pleit voor een dimensionele benadering van angst bij ouderen in plaats van alleen het diagnosticeren van een angststoornis aan de hand van een classificatiesysteem en het instellen van een behandeling.

Risicofactoren

In het voorafgaande is al een aantal leeftijds- of levensfasegerelateerde kenmerken beschreven in de presentatie van angsten bij ouderen, bijvoorbeeld angst voor verlies van een dierbare persoon, of angst om afhankelijk te worden. Er zijn diverse omstandigheden te noemen die meespelen in het ontstaan van angstproblematiek. Deze risicofactoren kunnen, net als bij depressie, onderscheiden worden in biologische, psychologische en sociale factoren (onder anderen Vink e.a., 2008), waarbij onderscheid gemaakt wordt tussen angstsymptomen en angststoornissen. Wat betreft de biologische factoren hebben cognitieve achteruitgang en hoge bloeddruk een relatie met angstsymptomen, en chronische lichamelijke beperkingen hebben een relatie met angststoornissen. Hier zien we overlap met risicofactoren voor depressie. Enige voorzichtigheid is op haar plaats, want dit verband werd vooral in crosssectioneel onderzoek gezien en niet longitudinaal. Langdurig alcoholgebruik of geneesmiddelengebruik wordt ook als risicofactor genoemd.

Psychologische risicofactoren zijn (naast verhoogde kwetsbaarheid door verlieservaringen, en persoonlijkheidskenmerken als externe locus of control): afhankelijkheid, neuroticisme, en disfunctionele coping. Ook hier zien we overlap met depressie. Sociale risicofactoren zijn recente ingrijpende, stressvolle gebeurtenissen (onder andere partnerverlies, ernstige ziekte) of vroegere traumatische ervaringen. Kenmerken van het sociale netwerk bleken minder relevant. Het onderzoek van Vink e.a. (2008) laat verschillen en overeenkomsten zien in risicofactoren voor zowel angst als depressie. Vooral de psychologische factoren vertonen overlap. De differentiaaldiagnostiek van depressie en/of angst is een uitdaging en vraagt veel deskundigheid en aandacht.

Presentatie van angst bij ouderen

Gegeneraliseerde-angststoornis
Als de meest voorkomende angststoornis bij ouderen wordt in veel literatuur de gegeneraliseerde-angststoornis (GAS) genoemd (Bryant e.a., 2008; Flint, 2005b; Schuurmans & Van Balkom, 2011). Een gegeneraliseerde-angststoornis wordt gekenmerkt door buitensporige angst en bezorgdheid over een aantal gebeurtenissen of activiteiten gedurende een periode van zes maanden. De bezorgdheid is moeilijk in de hand te houden en gaat samen met een aantal lichamelijke en psychische verschijnselen, zoals spierspanning, rusteloosheid, of snelle ver-

moeidheid. De prevalentie van de gegeneraliseerde-angststoornis in de populatie ouderen is 7,3% (Beekman e.a., 1998). Gegeneraliseerde-angststoornissen komen bij oudere vrouwen vaker voor dan bij mannen. In bijna alle onderzoeken komt een hoge comorbiditeit naar voren van de gegeneraliseerde-angststoornis met depressie (Lenze & Wetherell, 2011; Schoevers e.a., 2005). Een gegeneraliseerde-angststoornis bij ouderen kan al op jongere leeftijd, maar ook pas op latere leeftijd ontstaan. De stoornis ontstaat vaak in de kindertijd of in de adolescentie en heeft voor de rest van het leven een chronisch karakter (Le Roux e.a., 2005). Dit laatste geldt ook wanneer een gegeneraliseerde-angststoornis op latere leeftijd optreedt (Lenze e.a., 2005).
Bewoners van zorginstellingen hebben een verhoogd risico om een gegeneraliseerde-angststoornis te ontwikkelen vanwege de relatie van deze stoornis met fysieke en functionele beperkingen. Resultaten van een grootschalig onderzoek bij mensen van 55-98 jaar laten zien, dat er vaak veel angstsymptomen zijn zonder dat aan de criteria voor een GAS wordt voldaan. Deze resultaten suggereren dat een GAS beter kan worden beschouwd als een dimensioneel construct, waarmee meer recht wordt gedaan aan de beleving van de oudere en de klinische relevantie van een zogeheten *subtreshold*-GAS wordt benadrukt (Miloyan e.a., 2014).

Fobieën
Na de gegeneraliseerde-angststoornis komen fobieën het meest frequent voor: de agorafobie, de sociale-angststoornis (sociale fobie) en de specifieke fobieën. Van deze drie wordt de agorafobie, ook wel straat- of pleinvrees genoemd, het meest gezien. De sociale fobie en de specifieke fobie komen op latere leeftijd veel minder voor dan in de jongere volwassenheid; ze zijn bovendien voornamelijk in de jeugd of in de vroege volwassenheid ontstaan. Bij specifieke fobieën ervaren mensen heftige angst voor specifieke objecten of situaties waarmee ze werkelijk geconfronteerd worden of waarop ze anticiperen, zoals angst voor het vliegen, voor spinnen, voor bloed, of hoogtevrees. Deze angst roept vermijdingsgedrag op dat soms verregaande gevolgen heeft, omdat mensen afzien van bepaalde, ook heel gewenste activiteiten.
De angsten die vooral bij oudere volwassenen voorkomen, kunnen ook tot een sociale fobie of een agorafobie gerekend worden. Angst om te vallen leidt tot vermijden van situaties waar dat kan gebeuren. De oudere persoon vermijdt bepaalde straten of delen van de stad, gaat de deur niet meer uit, of laat allerlei activiteiten in en buiten het huis achterwege; dit heeft negatieve gevolgen voor het fysieke en sociale functioneren. Ruim de helft van ouderen in Nederland rapporteert angst om te vallen en 38% vermeldt vermijding van activiteiten (Zijlstra, 2007). Driekwart van de ouderen die reeds een keer of vaker gevallen zijn, hebben last van valangst (Lach, 2003).
Sommige mensen met incontinentie zijn bang dat anderen hen kunnen ruiken en vermijden daarom sociale situaties. Angst voor incontinentie kan ook een agorafobie tot gevolg hebben, namelijk nergens meer heen durven waar niet onmiddellijk een toilet in de nabijheid is. Angst om vergeetachtig of dement te worden, kan leiden tot een sociale fobie: vermijding van gezelschap om niet met een eventuele vergeetachtigheid geconfronteerd te worden. Een fobie kan lang latent blijven, maar kan door veranderende leefomstandigheden manifest worden wanneer vermijdingsgedrag niet meer uitgevoerd kan worden. Bijvoorbeeld: het wordt duidelijk dat er een liftfobie aanwezig is wanneer traplopen niet meer mogelijk. Angst voor kleine ruimten kan bij ouderen voor het eerst ontstaan wanneer men minder mobiel wordt, of in een rolstoel zit en aan de ruimte gebonden is. Het tegenovergestelde kan ook gebeuren, namelijk dat men in grote ruimten bang is omdat men zich onzeker voelt door beperkte mobiliteit.

Paniekstoornissen
Paniekstoornissen komen weinig voor bij ouderen en veel minder dan bij jongere volwassenen. Kenmerkend is het herhaaldelijk optreden van paniekaanvallen met langer durende perioden van angst en onrust. Tijdens paniekaanvallen zijn er lichamelijke sensaties, zoals hartkloppingen, transpireren, benauwdheid. Deze verschijnselen doen denken aan bijvoorbeeld hartproblemen en leiden vaak tot medisch onderzoek, waarin dan geen lichamelijke oorzaak gevonden wordt. Verder onderzoek naar een mogelijke paniekstoornis wordt niet altijd uitgevoerd. Deze onaangename ervaring kan leiden tot vermijdingsgedrag van vergelijkbare situaties als waarin de paniekaanval heeft plaatsgevonden.
De presentatie van paniekstoornissen is bij ouderen enigszins anders dan bij jongere volwassenen. Zo zouden ouderen minder vaak de gebruikelijke panieksymptomen hebben, en bovendien minder ernstige paniekstoornissen (Sheikh e.a., 2004). Bij een eerste paniekstoornis waren minder lichamelijke sensaties aanwezig en minder paniekgerelateerde cognities en emoties.

Obsessieve-compulsieve en verwante stoornissen
Bij ouderen komen obsessieve-compulsieve en verwante stoornissen weinig voor (0,6%: Beekman e.a., 1998) en meestal bestaat de stoornis al jarenlang. Door verandering in de leefomstandigheden kan de stoornis manifest worden.

Angst bij kwetsbare ouderen
Opgenomen worden en verblijven in een zorginstelling zoals een verpleeghuis zijn over het algemeen ingrijpende ervaringen voor de persoon en diens omgeving. Niet alleen kan dit aanleiding zijn voor een depressieve stemming, maar ook voor angstgevoelens. Somatische stoornissen en beperkingen, en cognitieve problemen kunnen bijdragen aan angstproblematiek: niet alleen stoornissen, maar ook de eerdergenoemde bestaansangsten. Bij mensen met dementie spelen ook ander factoren mee (zie verderop in deze paragraaf).
Over het vóórkomen van angstproblemen bij ouderen in zorgcentra lopen de cijfers nogal sterk uiteen: tussen 0 en 20%. Smalbrugge e.a. (2003; 2005a; 2005b; 2006a; 2006b) voerden zelf een onderzoek uit naar het vóórkomen van angststoornissen bij een groep somatische verpleeghuisbewoners in Nederland. Bij 5,7% was er sprake van een angststoornis, bij 4,2% van een subtreshold-angststoornis en bij 29,7% van angstsymptomen (Smalbrugge e.a., 2005b). Bij mensen met ernstige angstproblemen is er vaak ook sprake van een depressie (Smalbrugge e.a., 2005a). Er is een toename van depressie parallel aan een toename van angst waar te nemen, evenals een toename van angst parallel aan een in ernst toenemende depressie. Volgens de auteurs pleit dit voor een dimensionele benadering van angst en depressie bij verpleeghuisbewoners in plaats van een categoriale, zoals met de DSM, die leidt tot onderschatting van de angstproblemen, waardoor therapeutische maatregelen onvoldoende toegepast worden. In het *Addendum ouderen bij de multidisciplinaire richtlijn angststoornissen* (Landelijke Stuurgroep, 2008a) wordt geopperd dat de verhoogde prevalentiecijfers niet alleen gelden voor ouderen in zorgcentra, maar meer in het algemeen voor lichamelijk kwetsbare ouderen. Daar kan aan toegevoegd worden dat het huidige beleid dat mensen langer zelfstandig thuis moeten blijven wonen, leidt tot een grotere groep kwetsbare ouderen in de thuissituatie die ook kwetsbaar zijn voor het ontstaan van angstproblematiek.
De aanwezigheid van angstproblemen heeft bij verpleeghuisbewoners en thuiswonende kwetsbare ouderen een negatieve invloed op het welbevinden. Het is belangrijk om bij somatische verpleeghuisbewoners nadrukkelijk aandacht te besteden aan gevoelens van angst en

van depressie, om het welzijn van de bewoners positief te kunnen beïnvloeden. Alle disciplines, maar zeker ook die van psychologen in de ouderenzorg, moeten daaraan bijdragen door hierop gespitst te zijn, actief te observeren en bewoners te vragen naar hun belevingswereld.

Angst bij en dementie

Een dementieproces doormaken betekent een bedreiging van de bestaanszekerheid. Wanneer het geheugen niet goed meer functioneert, leidt dat tot verminderde grip op het dagelijks leven en tot onzekerheid en angst. Wanneer recente gebeurtenissen niet meer beklijven en ook feiten uit een verder verleden niet meer paraat zijn, betekent dat een breuk in de continuïteit van de levensloop. Het begrip van het zelf en van het eigen leven wordt aangetast. Dit leidt tot gevoelens van onveiligheid en angst. Veiligheid is een centraal begrip bij onder anderen Kitwood (1997) met zijn concept *person centered care*. In psychosociale modellen van dementie en van benaderingen van demente ouderen wordt dan ook uitgegaan van veiligheid bieden als een van de mogelijkheden om het welbevinden positief te beïnvloeden en negatieve affecten te voorkomen.

In de beginfase van dementie kunnen mensen zelf hun zorgen en angsten over hoe de dementie zich ontwikkelt, hoe de toekomst eruit zal zien, wat hen te wachten staat, verbaal uiten. Wanneer het dementieproces vordert, kunnen fatische stoornissen aanwezig zijn, en is verwoording van de angst veel minder goed mogelijk. Het is dan zowel in de klinische praktijk als in wetenschappelijk onderzoek naar prevalentie van angst bij mensen met dementie moeilijk de angstsymptomen te ontdekken en uit te maken of er sprake is van angststoornissen. Wellicht moet hier veel meer gefocust worden op bestaansangst, op de angst voor het verlies van zichzelf in het hier en nu, en in de eigen levensloop.

Wanneer mensen met dementie hun angstgevoelens niet meer kunnen verwoorden, of als die door de omgeving niet begrepen worden, kan dat leiden tot onbegrepen gedrag. In de analyse van de mogelijke oorzaken van de gedragsproblemen wordt ook angst meegenomen.

In onderzoek (Zuidema e.a., 2006) naar prevalentie van probleemgedrag bij dementerende verpleeghuisbewoners werd bij 10% angstproblemen vastgesteld. Apathie en agitatie kwamen veel meer voor (bijna 40% elk). Ballard e.a. (2000) vonden dat bij 72% van de door hen onderzochte ouderen met vasculaire dementie en bij 38% van de alzheimerpatiënten minstens twee symptomen van angst voorkwamen. Vooral de mensen met ernstige vormen van vasculaire dementie vertoonden de meeste angst.

4.2 Diagnostiek van angstproblemen

Het opsporen van angstsymptomen en -stoornissen gebeurt met behulp van een gesprek, zelfrapportage en gedragsobservatie. Er zijn ook methoden voor het meten van psychofysiologische veranderingen; hierop gaan we in dit handboek niet in. Het gesprek met de oudere persoon, en vaak ook met diens naasten, is van belang om signalen van angst op te sporen en deze verder te exploreren. Dat is belangrijk omdat veel vooral oudere ouderen niet gemakkelijk over hun niet-welbevinden praten. De term angst kan beter vermeden worden, omdat mensen zich daarin vaak niet herkennen, maar wel in 'zorgen' of 'nerveus zijn' (onder andere Landelijke Stuurgroep, 2008a). Het diagnostische gesprek is verder geschikt voor het uitvragen van klachten en symptomen die passen bij de verschillende angststoornissen, om in te gaan op mogelijke aanleidingen, risicofactoren, levenssituatie, levensloop en -geschiedenis, en op sterke (persoonlijke) kenmerken, en hulpbronnen. Er zijn semigestructureerde interviews beschikbaar, maar ze zijn niet specifiek voor ouderen ontwikkeld. Sommige zijn wel gebruikt in onderzoek bij de oudere populatie. Aan de hand van een gestructureerd interview met de oudere kan een Hamilton Anxiety Rating Scale (HARS: Hamilton, 1959) worden ingevuld. Voor meer info verwijzen we naar het *Addendum ouderen bij de multidisciplinaire richtlijn angststoornissen* (Landelijke Stuurgroep, 2008a).

Diagnostiek kan verder worden uitgevoerd met zelfbeoordelingsvragenlijsten en observatieschalen. Er zijn slechts enkele instrumenten speciaal ontwikkeld voor toepassing bij ouderen: De Geriatric Anxiety Inventory (GAI: Pachana e.a., 2007) en de Geriatric Anxitey Scale (GAS: Segal e.a., 2010). De GAS heeft 30 items die somatische, cognitieve en affectieve symptomen meten. De GAI bestaat uit 20 items, kost weinig tijd om in te vullen en is in vele talen vertaald, onder andere in het Nederlands. Psychometrische gegevens zijn echter nog niet voorhanden.

Van de Worry Scale (Wisocki, 1988) is een Nederlandse vertaling beschikbaar. De lijst onderzoekt bezorgdheid over diverse thema's, zoals gezondheid en sociale gebeurtenissen. De Senior Angstschaal (SAS) bevat items over angst en 'zich zorgen maken' (Schuurmans, 2006). Het is een vrij lange vragenlijst met meer dan 70 items die in vier factoren te onderscheiden zijn; ze hebben betrekking op angst voor achteruitgang van de gezondheid en de gevolgen ervan, voor financiele problemen, voor sociale isolatie, en voor levensbedreigende situaties. Het gebruik in de klinische praktijk is nog onvoldoende onderzocht.

Andere zelfbeoordelingsvragenlijsten zijn voor jongere volwassenen ontwikkeld, maar in de loop van de tijd zijn er wel aangepaste normen voor ouderen verschenen. Een voorbeeld is de Hospital Anxiety and Depression Scale (HADS: Zigmond & Snaith, 1983; Nederlandse vertaling beschikbaar). Er zijn normen voor ouderen ontwikkeld (65+: Spinhoven e.a., 1997). De Symptom Check List (90 items) (SCL-90: Derogatis e.a., 1973; Nederlandse vertaling beschikbaar) heeft een subschaal voor angst en wordt ook voor ouderen gebruikt. Voor specifieke angststoornissen zijn specifieke instrumenten beschikbaar (zie Landelijke Stuurgroep, 2008a).

Observatieschalen alleen voor angstproblemen zijn er niet, maar wel zijn er instrumenten die een subschaal over angstgedrag hebben. In de Neuropsychiatrische Vragenlijst (NPI: Kat e.a., 2002) is angst een van de domeinen waarover vragen gesteld worden. De Gedragsobservatieschaal voor de Intramurale Psychogeriatrie (GIP: Verstraten & Van Eekelen, 1987) bevat een subschaal voor observatie van angstig gedrag. De subschalen in deze instrumenten geven alleen informatie over het gedrag dat zou kunnen duiden op angstproblematiek, maar zijn niet geschikt als diagnostisch instrument. Vanuit de observaties kan verder onderzocht worden wat er met de desbetreffende persoon aan de hand is; of angst een rol speelt in het vertoonde gedrag.

4.3 Behandeling van angstproblemen

Psychologische interventies

Hoewel het aantal randomized controlled trials (RCT's) nog niet groot is, is er voldoende evidentie dat cognitieve gedragstherapie de effectiefste therapie is voor angststoornissen, vooral bij een gegeneraliseerde-angststoornis (Hendriks e.a., 2011). Cognitieve gedragstherapie bij een gegeneraliseerde-angststoornis zou bij ouderen goed in de vorm van groepstherapie aangeboden kunnen worden. Daarbij worden vier fasen onderscheiden (Stanley & Averill, 1999). Allereerst wordt informatie aangeboden (psycho-educatie) en de deelnemers worden voorbereid op het bijhouden van registraties. Vervolgens staat ontspanning centraal, gevolgd door een aantal cognitieve therapiesessies en tot slot de fase van de gefaseerde gedragsexperimenten, met zowel imaginaire exposure als exposure in vivo aan de hand van een door de cliënt opgestelde hiërarchie van angstsituaties.

Stanley e.a. (2009) hebben cognitieve gedragstherapie (CGT) toegepast in een brede doelgroep van eerstelijnscliënten. Vergeleken met de gangbare behandeling resulteerde CGT in een grotere afname van zorgen en bezorgdheid, van depressieve symptomen, en in een betere algemene gezondheid. Het was echter niet zo dat een ernstiger mate van gegeneraliseerde-angststoornis leidde tot meer verbetering (Stanley e.a., 2009).

Bij fobieën is gedragstherapie met exposure aan de angst opwekkende stimulus effectief, vaak gecombineerd met cognitieve gedragstherapie. Het opsporen van irrationele gedachten en denkfouten over de angst opwekkende situaties en de gevolgen van blootstelling daaraan vult de gedragsmatige beïnvloeding aan.

Voor de behandeling van angststoornissen wordt sinds kort ook bij ouderen *eye movement desensitization and reprocessing* toegepast (EMDR: Shapiro, 1999; zie ook hoofdstuk 21). EMDR is eerst vooral bij de posttraumatische-stressstoornis gebruikt, maar later ook bij fobieën waarbij sprake is van een traumatische ervaring die de angst heeft veroorzaakt (bijvoorbeeld een fobie om auto te rijden, na een ongeval). Bij EMDR worden snelle oogbewegingen opgewekt, of ook alternerend auditieve of tactiele stimuli aangeboden, na het activeren van de traumatische ervaring. Na één tot enkele sessies worden minder negatieve emoties ervaren, evenals minder disfunctionele cognities. Eye movement desensitization and reprocessing is een gebleken effectieve behandeling bij angst en is opgenomen in de richtlijnen voor behandeling van angststoornissen. De korte duur en hoge mate van effectiviteit maken EMDR een aantrekkelijke therapie, die ook bij ouderen steeds meer wordt toegepast (zie hoofdstuk 21).

Ontspanningstechnieken maken vaak deel uit van veel behandelingen voor angstproblemen en -stoornissen en kunnen ook zinvol zijn als preventieve aanpak. Op mindfulness gebaseerde interventies lijken ook een positief effect te hebben in angstreductie, hoewel dit nog niet uitgebreid is onderzocht bij ouderen (Lenze & Wetherell, 2011).

Preventieve activiteiten zijn nog beperkt. De cursus 'Angst de baas 55+' wordt in verschillende regio's in ons land georganiseerd. Het is een cursus van acht bijeenkomsten, bedoeld voor oudere volwassenen die last hebben van angst- en paniekklachten.

Medisch-biologische interventies

Uit enkele onderzoeken komt naar voren dat, vooral in de acute fase van angst, medicamenteuze interventie effectiever is dan cognitieve gedragstherapie (CGT) (Landelijke Stuurgroep, 2008a; Lenze & Wetherell, 2011; Schuurmans e.a., 2009). In de medicamenteuze behandeling van angst worden angst dempende middelen en antidepressiva toegepast. De angst dempende middelen zijn anxiolytica en benzodiazepinen. Het nadeel is dat ze verslavend zijn en nadelige gevolgen kunnen hebben vanwege de spierverslappende werking. Tegenwoordig geeft men de voorkeur aan het gebruik van moderne antidepressiva, de selectieve serotonineheropnameremmers (SSRI's), omdat ze veel minder bijwerkingen hebben (Schuurmans e.a., 2010). Als deze middelen onvoldoende effect hebben, worden tricyclische antidepressiva ingezet (TCA's). Lichamelijke aandoeningen en het gebruik van andere medicijnen kunnen de werking van de antidepressiva nadelig beïnvloeden.

5 Tot besluit

Het welbevinden wordt door ouderen over het algemeen als positief beschreven, ondanks negatieve ervaringen in het latere leven. Mensen hebben in de loop van hun leven veel verschillende emoties leren kennen, evenals de betekenis daarvan voor hun leven en ook hebben ze geleerd met allerlei emoties om te gaan. In die zin kan ouder worden als een voordeel beschouwd worden. Toch zijn er bij een aanzienlijke groep oudere volwassenen problemen in emoties en stemming aanwezig die tot sterke en langdurige vermindering van welbevinden kunnen leiden. Stemmingsproblemen en -stoornissen zoals depressies en angst vragen de aandacht van de psycholoog voor diagnostiek en behandeling, om een neerwaartse spiraal te voorkomen.

Literatuur

Alexopoulos, G.S. (2005). Depression in the elderly. *Lancet, 365*, 1961-1970.
Alexopoulos, G.S., Abrams, R.C., Young, R.C., & Shamoian, C.A. (1988). Cornell Scale for Depression in Dementia. *Biological Psychiatry, 23*, 271-284.
Alexopoulos, G.S., Kiosses, D.N., Klimstra, S., Kalayam, B., & Bruce, M.L. (2002). Clinical presentation of the 'depression-executive dysfunction syndrome' of late life. *American Journal of Geriatric Psychiatry, 10*, 98-106.
Alexopoulos, G.S., Meyers, B.S., Young, R.C., Klayam, B., Kakuma, T., Gabrielle, M., e.a. (2000). Executive dysfunction and long-term outcomes of geriatric depression. *Archives of General Psychiatry, 57*, 285-290.
Alexopoulos, G.S., Raue, P.J., Kiosses, D.N., Mackin, R.S., Kanellopoulos, D., McCulloch, C., e.a. (2011). Problem-solving therapy and supportive therapy in older adults with major depression and executive dysfunction: Effect on disability. *Archives of General Psychiatry, 68*, 33-41.
APA. (2013). *Diagnostic and statistical manual of mental disorders, fifth edition: DSM-5™*. Arlington, VA: American Psychiatric Association.
Ballard, C., Neill, D., O'Brien, J., McKeith, I.G., Ince, P., & Perry, R. (2000). Anxiety, depression and psychosis in vascular dementia: Prevalence and associations. *Journal of Affective Disorders, 59*, 97-106.
Beck, A.T., Ward, C. H., Mendelson, M., Mock, J., & Erbaugh, J. (1961) An inventory for measuring depression. *Archives of General Psychiatry, 4*, 561-571.
Beekman, A.T.F., Beurs, E. de, Balkom, A.J.L.M. van, Deeg, D.J.H., Dyck, R. van, & Tilburg, W. van. (2000). Anxiety and depression in Later life: Co-occurrence and communality of risk factors. *American Journal of Psychiatry, 157*, 89-95.
Beekman, A.T.F., Bremmer, M.A., Deeg, D.J.H., Balkom, A.J.L.M. van, Smit, J.H., Beurs, E. de, e.a. (1998). Anxiety disorders in later life: A report from the longitudinal aging study Amsterdam. *International Journal of Geriatric Psychiatry, 13*, 717-726.
Beekman, A.T., Copeland, J.R., & Prince, M.J. (1999). Review of community prevalence of depression in later life. *British Journal of Psychiatry, 174*, 307-311.
Beekman, A.T.F., Deeg, D.J.H., Tilburg, T.G. van, Schoevers, R.A., Smit, J.H., Hooijer, C., e.a. (1997). Depressie bij ouderen in de Nederlandse bevolking: Een onderzoek naar de prevalentie en risicofactoren. *Tijdschrift voor Psychiatrie, 39*, 294-308.

Beekman, A.T.F., Geerlings, S.W., Deeg, D.J.H., Smit, J.H., Schoevers, R.S., Beurs, e.a. (2004). Het beloop van depressie bij ouderen: Resultaten van een 6 jaar intensieve follow-up. *Tijdschrift voor Psychiatrie, 46*, 73-84.

Beljouw, I.M. van, Heerings, M., Abma, T.A., Laurant, M.G., Veer-Tazelaar, P.J., van 't, Baur, V.E., e.a. (2015). Pulling out all the stops: What motivates 65+ year olds with depressive symptoms to participate in an outreaching preference-led intervention programme? *Aging and Mental Health, 19*, 453-63.

Beurs, E. de, Beekman, A.T.F., Balkom, A.J.L.M. van, Deeg, D.J.H., Dyck, R. van, & Tilburg, W. van. (1999). Consequences of anxiety in older persons: Its effect on disability, well-being and use of health services. *Psychological Medicine, 29*, 583-593.

Bom, J.A. van der, & Loveren-Huyben, C.M.S. van. (2004). *Beoordelingsschaal voor Psychische en sociale Problemen versie 4.* Beuningen: Van Loveren & Partners.

Bremmer, M.A., Beekman, A.T.F., Deeg, D.J.H., Balkom, A.J.L.M. van, Dyck, R. van, & Tilburg, W. van. (1997). Angststoornissen bij ouderen: prevalentie en risicofactoren. *Tijdschrift voor Psychiatrie, 39*, 634-648.

Bryant, C., Jackson, H., & Ames, D. (2008). The prevalence of anxiety in older adults: Methodological issues and a review of the literature. *Journal of Affective Disorders, 109*, 233-250.

Carstensen, L.L. (1995). Evidence for a life-span theory of socioemotional selectivity. *Current Directions in Psychological Science, 4*, 151-156.

Carstensen, L.L. (2006). The influence of a sense of time on human development. *Science, 312*, 1913-1915.

Carstensen, L.L., Fung, H.H., & Charles, S.T. (2003). Socioemotional selectivity theory and the regulation of emotion in the second half of life. *Motivation and Emotion, 27*, 103-123.

Carstensen, L.L., Mikels, J.A., & Mather, M. (2006). Aging and the intersection of cognition, motivation and emotion. In J.E. Birren & K.W. Schaie (Eds.), *Handbook of the psychology of aging* (6th ed.; pp. 343-362). Amsterdam: Academic Press.

Carstensen, L.L., Pasupathi, M., Mayr, U., & Nesselroade, J.R. (2000). Emotional experience in everyday life across the adult life span. *Journal of Personality and Social Psychology, 79*, 644-655.

Charles, S.T., Mather, M., & Carstensen, L.L. (2003). Aging and emotional memory: The forgettable nature of negative images for older adults. *Journal of Experimental Psychology, 132*, 310-324.

Charles, S.T., Piazza, J.R., Mogle, J., Urban, E.J., Sliwinski, M.J., & Almeida, D.M. (2016). Age differences in emotional well-being vary by temporal recall. *Journals of Gerontology, Series B: Psychological Sciences and Social Sciences, 71*, 798-807.

Charles, S.T., Reynolds, C.A., & Gatz, M. (2001). Age-related differences and change in positive and negative affect over 23 years. *Journal of Personality and Social Psychology, 80*, 136-151.

Charney, D.S., Reynolds, C.F., Lewis, L., Lebowitz, B.D., Sunderland, T., Alexopoulos, G.S., e.a., Depression and Bipolar Support Alliance. (2003). Depression and Bipolar Support Alliance consensus statement on the unmet needs in diagnosis and treatment of mood disorders in late life. *Archives of General Psychiatry, 60*, 664-672.

Cole, M.G., & Dendukuri N. (2003). Risk factors for depression among elderly community subjects: A systematic review and meta-analysis. *American Journal of Psychiatry, 160*, 1147-1156.

Comijs, H.C., Nieuwesteeg, J., Kok, R., Marwijk, H.W. van, Mast, R.C. van der, Naarding, P., e.a. (2015). The two-year course of late-life depression: Results from the Netherlands study of depression in older persons. *BMC Psychiatry, 15*, 20. Available from: www.ncbi.nlm.nih.gov/pmc/articles/PMC4329675.

Copeland, J.R.M., Prince, M, Wilson, K.C.M., Dewey, M.E., Payne. J., & Gurland, B. (2002). The Geriatric Mental State Examination in the 21st century. *International Journal of Geriatric Psychiatry, 17*, 729-732.

Cuijpers, P. (2000). *In de put, uit de put: Zelf depressiviteit overwinnen.* Utrecht: Trimbos-instituut.

Cuijpers, P. (2004). *Cursus 55+ In de put uit de put: Zelf depressiviteit overwinnen*. Amersfoort: ThiemeMeulenhoff.

Cuijpers, P., Straten, A. van, & Smit, F. (2006). Psychological treatment of late-life depression: A meta-analysis of randomized controlled trial. *International Journal of Geriatric Psychiatry, 21*, 1139-1149.

Cuijpers, P., & Wilschut, N. (2011). *In de put, uit de put: Zelf depressiviteit overwinnen* (4e dr.). Amersfoort: ThiemeMeulenhoff.

Dehue, T. (2008). *De depressie-epidemie: Over de plicht het lot in eigen hand te nemen*. Amsterdam: Augustus.

Derix, M.M.A., Korten, E., Teunisse, S., Jelicic, M., Lindboom, J., Walstra, G.J.M., e.a. (2003). *CAMDEX-R/N: Nederlandse versie van de Cambridge Examination for Mental Disorders of the Elderly-Revised*. Lisse: Swets Test Publishers.

Derogatis, L.R., Lipman, R.S., & Covi, L. (1973). SCL-90, an outpatient psychiatric rating scale: Preliminary report. *Psychopharmacology Bulletin, 9*, 13-28.

DeRubeis, R.J., Siegle, G.J., & Hollon, S.D. (2008). Cognitive therapy vs. medications for depression: Treatment outcomes and neural mechanisms. *Nature Reviews Neuroscience, 9*, 788-796.

Diener, E., & Diener, C. (1996). Most people are happy. *Psychological Science, 7*, 181-185.

Diesfeldt, H.F.A. (1997). De Depressielijst: Een instrument voor stemmingsonderzoek in de psychogeriatrie. *Tijdschrift voor Gerontologie en Geriatrie, 28*, 113-118.

Diesfeldt, H.F.A. (2004). De Depressielijst voor stemmingsonderzoek in de psychogeriatrie: Meetpretenties en toepasbaarheid. *Tijdschrift voor Gerontologie en Geriatrie, 35*, 224-233.

Dijk-van Dijk, D.J. van, Crone, M.R., Weele, G.M. van der, Empelen, P. van, Assendelft, W.J.J., & Middelkoop, B.J.M. (2012). Houding van huisartsen ten aanzien van preventie van angst en depressie bij ouderen. *Tijdschrift voor Gezondheidswetenschappen, 90*, 224-232.

Djernes, J.K. (2006). Prevalence and predictors of depression in populations of elderly: A review. *Acta Psychiatrica Scandinavica, 113*, 372-387.

Drijgers, R.L., Aalten, P., Leentjens, A.F.G., & Verhey, F.R.J. (2010). Apathie: Van symptoom naar syndroom. *Tijdschrift voor Psychiatrie, 52*, 397-405.

Dröes, R.M. (1993). *Cornell Scale for Depression in Dementia* [Nederlandse vertaling]. Amsterdam: Vrije Universiteit, Vakgroep Psychiatrie. Raadpleegbaar via: http://handreiking.ysis.nl/depressie/b2-csdd-cornell-scale.

Eaton, W.W., Muntaner, C., Smith, C., Tien, A., & Ybarra, M. (2004). Center for Epidemiologic Studies Depression Scale: Review and revision (CESD and CESD-R). In M.E. Maruish (Ed.), *The use of psychological testing for treatment planning and outcomes assessment* (3rd ed.; pp. 363-377). Mahwah, NJ: Lawrence Erlbaum.

Flint, A.J. (1998). Management of anxiety in later life. *Journal of Geriatric Psychiatry and Neurology, 11*, 194-200.

Flint, A.J. (2005a) Anxiety and its disorders in late life: Moving the field forward. *American Journal of Geriatric Psychiatry, 13*, 3-6.

Flint, A.J. (2005b). Generalised anxiety disorder in elderly patients: Epidemiology, diagnosis and treatment options. *Drugs & Aging, 22*, 101-114.

Frijda, N.H. (1988). *De emoties: Een overzicht van onderzoek en theorie*. Amsterdam: Bert Bakker.

Frijda, N.H. (2001). The self and emotions. In H. Bosma & S. Kunnen (Eds.), *Identity and emotion: Development through self-organisation* (pp. 39-57). Cambridge: Cambridge Univesity Press.

Gallagher, D., Mhaolain, A.N., Greene, E., Walsh, C., Denihan, A, Bruce, I., e.a. (2010). Late life depression: A comparison of risk factors and symptoms according to age of onset in community dwelling older adults. *International Journal of Geriatric Psychiatry, 25*, 981-987.

Gerritsen, D., Leontjevas, R., Ketelaar, N., Derksen, E., Koopmans, R., & Smalbrugge, M. (2014). *Doen bij Depressie* [webpagina in Databank interventies ouderenzorg en gehandicaptenzorg]. Utrecht: Vilans. Raadpleegbaar via: http://www.vilans.nl/databank-interventies-doen-bij-depressie.html.

Girardin, M., Spini, D., & Ryser, V.-A. (2008). The paradox of well-being in later life: Effectiveness of downward social comparison during the frailty process. In E. Guilley & C. Lalive d'Épinay (Eds.), *The closing chapters of long lives: Results from the 10-Year Swilsoo Study on the Oldest Old* (pp. 129-142). New York: Nova Science Publishers.

Glaesmer, H., Riedel-Heller, S., Braehler, E., Spangenberg, L., & Luppa, M. (2011). Age- and gender-specific prevalence and risk factors for depressive symptoms in the elderly: A population-based study. *International Psychogeriatrics, 23*, 1294-1300.

Glas, G. (2011). Over de classificatie van angststoornissen. In T. van Balkom, D. Oosterbaan, S. Visser & I. van Vliet (Red.), *Handboek angststoornissen* (pp. 27-50). Utrecht: De Tijdstroom.

Gould, R.L., Coulson, M.C., & Howard, R.J. (2012). Cognitive behavioral therapy for depression in older people: A meta-analysis and meta-regression of randomized controlled trials. *Journal of the American Geriatrics Society, 60*, 1817-1830.

Graaf, R. de, Have, M. ten, & Dorsselaer, S. van. (2010). *De psychische gezondheid van de Nederlandse bevolking: NEMESIS-2: Opzet en eerste resultaten*. Utrecht: Trimbos-instituut.

Hamilton, M. (1959). The assessment of anxiety states by rating. *British Journal of Medical Psychology, 32*, 50-55.

Hamilton, M. (1960). A rating scale for depression. *Journal of Neurology, Neurosurgery, and Psychiatry, 23*, 56-62.

Haringsma, R., Engels, G.I., Cuijpers, P., & Spinhoven, P. (2005). Effectiveness of the coping with depression course for older adults provided by the community-based mental health care system in the Netherlands: A randomized controlled field trial. *International Psychogeriatrics, 17*, 1-19.

Hegeman, A. (2016). *Appearance of depression in later life*. Dissertation, Universiteit Leiden.

Hendriks, G.-J., Keijsers, G.P.J., Kampman, M., Verbraak, M.J.P.M., Broekman, T.G., Hoogduin, C.A.L., e.a. (2011). Behandeling van angststoornissen bij ouderen. *Tijdschrift voor Psychiatrie, 53*, 589-595.

Hengeveld, M.W., Balkom, A.J.L.M. van, Heeringen, C. van, & Sabbe, B.G.C. (Red.). (2016). *Leerboek psychiatrie* (3e dr.). Utrecht: De Tijdstroom.

Heun, R., & Hein, S. (2005). Risk factors of major depression in the elderly. *European Psychiatry, 20*, 199-204.

Heymans, P.G. (2002). Ontwikkeling van persoonlijkheid en emoties over de levensloop. In J.J.F. Schroots (Ed.), *Handboek psychologie van de volwassen ontwikkeling en veroudering* (pp. 251-299). Assen: Van Gorcum.

Hooijer, C., & Tilburg, W. van. (1988). Geriatric Mental State schedule, GMS: Een psychiatrisch instrument in de psychogeriatrie. *Tijdschrift voor Gerontologie en Geriatrie, 19*, 103-112.

Izard, C.E., & Ackerman, B.P. (1997). Emotions and self-concepts across the life-span. In K.W. Schaie & M.P. Lawton (Eds.), *Annual review of gerontology and geriatrics: Vol 17. Emphasis on emotion and adult development* (pp. 1-26). New York: Springer.

Janzing, J.G.E., & Zitman, F.G. (2002). Depressie bij dementie. *Tijdschrift voor Psychiatrie, 44*, 265-274.

Jeuring, H.W., Huisman, M., Comijs, H.C., Stek, M.L., & Beekman A.T.F. (2016). The long-term outcome of subthreshold depression in later life. *Psychological Medicine, 46*, 2855-2865.

Jongenelis, K., Pot, A.M., Eisses, A.M.H., Beekman, A.T.F., Kluiter, H., Tilburg, W. van, e.a. (2003). Depressie bij oudere verpleeghuispatiënten: Een review. *Tijdschrift voor Gerontologie en Geriatrie, 34*, 52-59.

Jongenelis, K., Pot, A.M., Eisses, A.M.H., Beekman, A.T.F., Kluiter, H., & Ribbe, M.W. (2004). Prevalence and risk indicators of depression in elderly nursing home patients: the AGED study. *Journal of Affective Disorders, 83*, 135-142.

Jonghe, F. de. (1997). Het steun, stress, kracht en kwetsbaarheid-model. In F. de Jonghe, J. Dekker & C. Goris (Red.), *Steun, stress, kracht en kwetsbaarheid in de psychiatrie* (pp. 5-31). Assen: Van Gorcum.

Kat, M.G., Jonghe, J.F.M. de, Aalten, P., Kalisvaart, C.J., Dröes, R.M., & Verhey, F.R.J. (2002). Neuropsychiatrische symptomen bij dementie: Psychometrische aspecten van de Nederlandse Neuropsychiatric Inventory (NPI). *Tijdschrift voor Gerontologie en Geriatrie, 33*, 150-156.

Kerkhof, A.J.F.M. (1998). Suïcide bij ouderen. *Geriatrie-informatorium, december 1998*, D1070-1-11.

Kitwood, T. (1997). *Dementia reconsidered: The person comes first*. Buckingham: Open University Press.

Kok, R.M. (1994). Zelfbeoordelingsschalen voor depressie bij ouderen. *Tijdschrift voor Gerontologie en Geriatrie, 25*, 150-156.

Kok, R. (2004). Atypische presentatie van depressie bij ouderen, feit of fictie? *Tijdschrift voor Gerontologie en Geriatrie, 35*, 65-71.

Kok, R.M., Heeren, T.J., & Hemert, A.M. van. (1993). De Geriatric Depression Scale. *Tijdschrift voor Psychiatrie, 35*, 416-421.

Kok, R.M., Heeren, T.J., Hooijer, C., Dinkgreve, M.A., & Rooijmans, H.G. (1995). The prevalence of depression in elderly medical inpatients. *Journal of Affective Disorders, 33*, 77-82.

Kok, R., & Stek, M. (2010). Depressie. In R. van der Mast, T. Heeren, M. Kat, M. Stek, M. Vandenbulcke & F. Verhey (Red.), *Handboek ouderenpsychiatrie* (pp. 281-294). Utrecht: De Tijdstroom.

Korte, J. (2012). *The stories we live by: The adaptive role of reminiscence in later life*. Dissertation, Universiteit Twente, Enschede.

Korte, J., Bohlmeijer, E.T., Cappeliez, P., Smit, F., & Westerhof, G.J. (2011). Life-review therapy for older adults with moderate depressive symptomatology: A pragmatic randomized controlled trial. *Psychological Medicine, 42*, 1163-1173.

Kraaij, V., Arensman, E., & Spinhoven, Ph. (2002). Negative life events and depression in elderly persons: A meta-analysis. *Journal of Gerontology: Psychological Sciences, 57B*, P87-P94.

Kuin, Y., Westerhof, G.J., Dittmann-Kohli, F., & Gerritsen, D. (2001). Psychophysische Integrität und Gesundheitserleben. In F. Dittmann-Kohli, C. Bode & G.J. Westerhof (Hrsgs.), *Die zweite Lebenshälfte: Psychologische Perspektiven. Ergebnisse des Alters-Survey* (Schriftenreihe des Bundesministeriums für Familie, Senioren, Frauen und Jugend, pp. 343-399). Stuttgart: Kohlhammer.

Kunzmann, U. (2008). Differential age trajectories of positive and negative affect: Further evidence from the Berlin Aging Study. *Journal of Gerontology: Psychological Sciences, 63B*, P261-P270.

Kunzmann, U., Little, T.D., & Smith, J. (2000). Is age-related stability of subjective well-being a paradox? Cross-sectional and longitudinal evidence from the Berlin Aging Study. *Psychology and Aging, 15*, 511-526.

Labouvie-Vief, G. (1996). Emotion, thought, and gender. In C. Magai & S.H. McFadden (Eds.), *Handbook of emotion, adult development, and aging* (pp. 101-115). San Diego, CA: Academic Press.

Lach, H.W. (2003). Fear of falling: An emerging public health problem. *Generations, 26*, 33-37.

Landelijke Stuurgroep Multidisciplinaire Richtlijnontwikkeling in de GGZ. (2008a). *Addendum ouderen bij de multidisciplinaire richtlijn Angststoornissen*. Utrecht: Trimbos-instituut.

Landelijke Stuurgroep Multidisciplinaire Richtlijnontwikkeling in de GGZ. (2008b). *Addendum Ouderen bij de multidisciplinaire richtlijn Depressie*. Utrecht: Trimbos-instituut.

Lazarus, R.S. (1991). *Emotion and adaptation*. New York: Oxford University Press.

Leontjevas, R., Evers-Stephan, A., Smalbrugge, M., Pot, A.M., Thewissen, V., Gerritsen, D.L., e.a. (2012a). A comparative validation of the abbreviated Apathy Evaluation Scale (AES-10) with the Neuropsychiatric Inventory apathy subscale against diagnostic criteria of apathy. [Research Support, Non-U.S. Gov't]. *Journal of the American Medical Directors Association, 13*, 308.e1-308.e6.

Leontjevas, R., Gerritsen, D., & Leeuwen, A. van. (2012b). *Meetinstrumenten voor depressie en apathie in verpleeghuizen*. Nijmegen: Universitair Kennisnetwerk Ouderenzorg Nijmegen.

Leontjevas, R., Gerritsen, D.L., Vernooij-Dassen, M.J., Smalbrugge, M., & Koopmans, R.T. (2012c). Comparative validation of proxy-based Montgomery-Asberg Depression Rating Scale and Cornell Scale for Depression in Dementia in nursing home residents with dementia. *American Journal of Geriatric Psychiatry, 20*, 985-993.

Leontjevas, R., Gerritsen, D.L., Vernooij-Dassen, M. J., Teerenstra, S., Smalbrugge, M., & Koopmans, R.T. (2012d). Nijmegen Observer-Rated Depression scale for detection of depression in nursing home residents. *International Journal of Geriatric Psychiatry, 27*, 1036-1044.

Le Roux, H., Gatz, M., & Wetherell, J.L. (2005). Age and onset of Generalized Anxiety Disorder in older adults. *American Journal of Geriatric Psychiatry, 13*, 23-30.

Lenze, E.J., Mulsant, B.H., Mohlman, J., Shear, M.K., Dew, M.A., Schulz, R., e.a. (2005). Generalized anxiety disorder in late life. *American Journal of Geriatric Psychiatry, 13*, 77-80.

Lenze, E.J., & Wetherell, J.L. (2011). A lifespan view of anxiety disorders. *Dialogues in Clinical Neuroscience, 13*, 381-399.

Lueken, U., Seidl, U., Volker, L., Schweiger, E., Kruse, A., & Schroder, J. (2007). Development of a short version of the Apathy Evaluation Scale specifically adapted for demented nursing home residents. *American Journal of Geriatric Psychiatry, 15*, 376-385.

Lynch, S.M. (2005). Measurement and prediction of aging anxiety. *Research on Aging, 22*, 533-558.

McLennan, S.N., & Mathias, J.L. (2010). The depression-executive dysfunction (DED) syndrome and response to antidepressants: A meta-analytic review. *International Journal of Geriatric Psychiatry, 25*, 933-944.

Meesters, Y., Gordijn, M.C.M., Spaans, H.P., & Verwijk, E. (2016). Chronotherapeutische interventies. *Psyfar, 11*, 18-24.

Miloyan, B., Byrne, G.J., & Pachana, N.A. (2014). Threshold and subthreshold generalized anxiety disorder in later life. *American Journal of Psychiatry, 23*, 633-641.

Montgomery, S.A., & Åsberg, M. (1979). A new depression scale designed to be sensitive to change. *British Journal of Psychiatry, 134*, 382-389.

Mrozcek, D.K. (2001). Aging and emotion in adulthood. *Current Directions in Psychological Science, 10*, 87-90.

Neikrug, S.M. (2003). Worrying about a frightening old age. *Aging & Mental Health, 7*, 326-333.

NVKG. (2005). *Richtlijn Diagnostiek en medicamenteuze behandeling van dementie*. Utrecht: Nederlandse Vereniging voor Klinische Geriatrie.

Ojen, R. van, Hooijer, C., Jonker, C., Lindeboom, J., & Tilburg, W. van. (1995). Late-life depressive disorder in the community, early onset and the decrease of vulnerability with increasing age. *Journal of Affective Disorders, 33*, 159-166.

Pachana, N., Byrne, G., Siddle, H., Koloski, N., Harley, E., & Arnold, E. (2007). Development and validation of the Geriatric Anxiety Inventory. *International Psychogeriatrics, 19*, 103-114.

Pot, A.M., Achterberg, W.P., Jongenelis, K., Kuil, H., Smalbrugge, M., Beekman, A.T.F., e.a. (2002). Depressie in het verpleeghuis: Een onderschat probleem. *Tijdschrift voor Verpleeghuisgeneeskunde, 46*, 38-43.

Pot, A.M., Bohlmeijer, E.T., Onrust, S., Melenhorst, A.S., Veerbeek, M., & Vries, W. de. (2010). The impact of life review on depression in older adults: A randomized controlled trial. *International Psychogeriatrics, 22*, 572-581.

Pot, A.M., Deeg, D.J.H., Twisk, J.W.R., Beekman, A.T.F., & Zarit, S.H. (2005). The longitudinal relationship between the use of long-term care and depressive symptoms in older adults. *Gerontologist, 45*, 359-369.

Radloff, L.S. (1977). The CES-D scale: A self-report depression scale for research in the general population. *Applied Psychological Measurement, 1*, 385-401.

Rhebergen, D., Huisman, A., Bouckaert, F., Kho, K., Kok, R., Sienaert, P., e.a. (2015). Older age is associated with rapid remission of depression after electroconvulsive therapy: A latent class growth analysis. *American Journal of Geriatric Psychiatry, 23*, 274-282.

Schoevers, R.A., Deeg, D.J.H., Tilburg, W. van, & Beekman, A.F.T. (2005). Depression and generalized anxiety disorder: Co-occurence and longitudinal patterns in elderly patients. *American Journal of Geriatric Society, 13*, 31-39.

Schuurmans, J. (2006). *Anxiety in late life: moving toward a tailored treatment.* Dissertation, Vrije Universiteit Amsterdam.

Schuurmans, J., & Balkom, A.J.L.M. van. (2011). Late-life anxiety disorders: A review. *Current Psychiatry Reports, 13*, 267-273.

Schuurmans, J., Comijs, H., Emmelkamp, P.M.G., Weijnen, I.J.C., Hout, M. van den, & Dyck, R. van. (2009). *International Psychogeriatrics, 21*, 1148-1159.

Schuurmans, J., Hendriks, G.-J., & Zelst, W. van. (2010). Angststoornissen. In R. van der Mast, T. Heeren, M. Kat, M. Stek, M. Vandenbulcke & F. Verhey (Red.), *Handboek ouderenpsychiatrie* (pp. 309-322). Utrecht: De Tijdstroom.

Segal, D.L., June, A., Payne, M., Coolidge, F.L., & Yochim, B. (2010). Development and initial validation of a self-report assessment tool for anxiety among older adults: The Geriatric Anxiety Scale. *Journal of Anxiety Disorders, 24*, 709-714.

Shapiro, F. (1999). Eye movement desensitization and reprocessing (EMDR) and the anxiety disorders: Clinical and research implications of an integrated psychotherapy treatment. *Journal of Anxiety Disorders, 13*, 35-67.

Sheikh, J.I., Swales, P.J., Carlson, E.B., & Lindey, S.E. (2004). Aging and panic disorder: Phenomenology, comorbidity, and risk factors. *American Journal of Geriatric Psychiatry, 12*, 102-109.

Smalbrugge, M., Jongenelis, L., Pot, A.M., Beekman, A.F.T., & Eefsting, J.A. (2005a). Comorbidity of depression and anxiety in nursing home patients. *International Journal of Geriatric Psychiatry, 20*, 218-226.

Smalbrugge, M., Jongenelis, L., Pot, A.M., Eefsting, J.A., Ribbe, M.W., & Beekman, A.T.F. (2006a). Incidence and outcome of depressive symptoms in nursing home patients in the Netherlands. *American Journal of Geriatric Psychiatry, 14*, 1069-1076.

Smalbrugge, M., Pot, A.M., Jongenelis, K., Beekman, A.F.T., & Eefsting, J.A. (2003). Angststoornissen bij verpleeghuisbewoners: Een literatuuronderzoek naar prevalentie, beloop en risico-indicatoren. *Tijdschrift voor Gerontologie en Geriatrie, 34*, 215-221.

Smalbrugge, M., Pot, A.M., Jongenelis, K., Beekman, A.F.T., & Eefsting, J.A. (2005b). Prevalence and correlates of anxiety among nursing home patients. *Journal of Affective Disorders, 88*, 145-153.

Smalbrugge, M., Pot, A.M., Jongenelis, L., Gundy, C.M., Beekman, A.F.T., & Eefsting, J.A. (2006b). The impact of depression and anxiety on well-being, disability and use of health care services in nursing home patients. *International Journal of Geriatric Psychiatry, 21*, 325-332.

Spaans, H.P., Sienaert, P., Bouckaert, F., Berg, J.F. van den, Verwijk, E., Kho, K.H., e.a. (2015). Speed of remission in elderly patients with depression: Electroconvulsive therapy v. medication. *British Journal of Psychiatry, 206*, 67-71.

Spaans, H.P., Verwijk, E., Stek, M.L., Kho, K.H., Bouckaert, F., Kok, R.M., & Sienaert, P. (2016). Early complete remitters after electroconvulsive therapy: Profile and prognosis. *Journal of ECT, 32*, 82-87.

Spijker, J., & Claes, S. (2014). Stemmingsstoornissen in de DSM-5. *Tijdschrift voor Psychiatrie, 56*, 173-176.

Spinhoven, Ph., Ormel, J., Sloekers, P.P.A., Kempen, G.I.J.M., Spenkens, A.E.M., & Hemert, A.M. van. (1997). A validation study of the Hospital Anxiety and Depression Scale (HADS) in different groups of Dutch subjects. *Psychological Medicine, 27*, 363-370.

Stacey, C.A., & Gatz, M. (1991). Cross-sectional age differences and longitudinal change on the Bradburn Affect Balance Scale. *Journal of Gerontology: Psychological Sciences, 46*, P76-P78.

Stanley, M.A., & Averill, P.M. (1999). Strategies for treating generalized anxiety in the elderly. In M. Duffy (Ed.), *Handbook of counseling and psychotherapy with older adults* (pp. 511-525). New York: Wiley.

Stanley, M.A., Wilson, N.L., Novy, D.M., Rhoades, H.M., Wagener, P.D., Greisinger, A.J., e.a. (2009). Cognitive behavior therapy for generalized anxiety disorder among older adults in primary care: A randomized clinical trial. *Journal of the American Medical Association, 301*, 1460-1467.

Steffens, D.C., & McQuoid, D.R. (2005). Impact of symptoms of generalized anxiety disorder on the course of late-life depression. *American Journal of Geriatric Psychiatry, 13*, 40-47.

Stek, M.L. (2004). *Depression in late life*. Dissertation, Vrije Universiteit Amsterdam.

Stek, M.L., Vinkers, D.J., & Gussekloo, J. (2006). Natural history of depression in the oldest-old: Population-based prospective study. *British Journal of Psychiatry, 188*, 65-69.

Takkinen, S., Gold, C., Pedersen, N.L., Malmberg, B., Nilsson, S., & Rovine, M. (2004). Gender differences in depression: A study of older unlike-sex twins. *Aging & Mental Health, 8*, 187-195.

Taylor, W.D. (2014). Depression in the elderly. *New England Journal of Medicine, 371*, 1228-1236.

Vaillant, G.E. (2012). *Triumphs of experience: The men of the Harvard Grant Study*. Cambridge, MA: Harvard University Press.

Verstraten, P.F.J., & Eekelen, C.W.J.M. van. (1987). *Handleiding voor de GIP: Gedragsobservatieschaal voor de Intramurale Psychogeriatrie*. Deventer: Van Loghum Slaterus.

Veer-Tazelaar, P.J. van 't, Marwijk, H.W.J. van, Jansen, A.D., Rijmen, F., Kostense, P.J., Oppen, P. van, e.a. (2008). Depression in old age (75+): The PIKO study. *Journal of Affective Disorders, 106*, 295-299.

Vink, D., Aartsen, M.J., & Schoevers, R.A. (2008). Risk factors for anxiety and depression in the elderly: A review. *Journal of Affective Disorders, 106*, 29-44.

Weel-Baumgarten, E.M. van, Gelderen, M.G. van, Grundmeijer, H.G.L.M., Licht-Strunk, E., Marwijk, H.W.J. van, e.a. (2012). *NHG-Standaard Depressie (tweede herziening). Huisarts en Wetenschap, 55*, 252-259. Raadpleegbaar via: www.nhg.org/standaarden/volledig/nhg-standaard-depressie-tweede-herziening.

Weijnen, I. (2003). Angststoornissen bij ouderen: Diagnostiek, fenomenologie en behandeling. *Directieve Therapie, 23*, 147-157.

Westerhof, G.J., & Dittmann-Kohli, F. (2004). De paradox van het ouder worden: Welbevinden, zingeving en aanpassing. In L. Goossens, D. Hutsebaut & K. Verschueren (Red.), *Ontwikkeling en levensloop* (pp. 375-396). Leuven: Universitaire Pers.

Weyerer, S., Eifflaender-Gorfer, S., Köhler, L., Jessen, F., Maier, W., Fuchs, A., e.a. German AgeCoDe Study group (German Study on Ageing, Cognition and Dementia in Primary Care Patients). (2008). Prevalence and risk factors for depression in non-demented primary care attenders aged 75 years and older. *Journal of Affective Disorders, 111*, 153-163.

WHO. (1992). *The ICD-10 classification of mental and behavioural disorders: Clinical descriptions and diagnostic guidelines*. Geneva: World Health Organization.

Wisocki, P. (1988). Worry as a phenomenon relevant to the elderly. *Behavior Therapy, 19*, 369-379.

Wurff, F.B., van der, Beekman, A.T.F., Dijkshoorn, H., Spijker J.A., Smits, C.H.M., Stek, M.L., e.a. (2004). Prevalence and risk factors for depression in elderly Turkish and Maroccan immigrants in The Netherlands. *Journal of Affective Disorders, 83*, 33-41.

Yesavage, J.A., Brink, T.L., Rose, T.L., Lum, O., Huang, V., Adey, M.B., e.a, (1983). Development and validation of a geriatric depression screening scale: A preliminary report. *Journal of Psychiatric Research, 17*, 37-49.

Zigmond A.S., & Snaith, R.P. (1983). The Hospital Anxiety and Depression Scale. *Acta Psychiatrica Scandinavica, 67*, 361-370.

Zijlstra, G.A.R. (2007). *Managing concerns about falls: Fear of falling and avoidance of activity in older people*. Dissertation, Universiteit Maastricht.

Zuidema, S.U., Meer, M.M. van der, Pennings, G.A.T.C., & Koopmans, R.T.C.M. (2006). Prevalentie van probleemgedrag bij een groep dementerende verpleeghuisbewoners. *Tijdschrift voor Gerontologie en Geriatrie, 37*, 19-24.

Zung, W.W. (1965). A self-rating depression scale. *Archives of General Psychiatry, 12*, 63-70.

6
Cognitie

Saskia Teunisse en Johan Smal

1 Inleiding
2 Normale cognitieve veroudering
   2.1 Trajecten van normale cognitieve veroudering
   2.2 Leeftijdgerelateerde cognitieve veranderingen
   2.3 Consequenties van leeftijdgerelateerde cognitieve veranderingen
   2.4 Conclusie
3 Cognitieve diagnostiek bij ouderen
   3.1 Therapeutische diagnostiek
   3.2 Doelstellingen
   3.3 Methodisch werken en het diagnostische proces
   3.4 De vraag in de juiste context
   3.5 Zicht op biopsychosociaal functioneren
   3.6 De autoanamnese als vertrekpunt
   3.7 De visie van een belangrijke andere
   3.8 Psychologische kennis en toetsbare hypothesen
   3.9 Testonderzoek
   3.10 Het belang van consistentie en zekerheid
4 Tot besluit
   Literatuur

 www.tijdstroom.nl/leeromgeving

 Handige documenten

Kernboodschappen
- Bij ouderen gaan sommige cognitieve functies achteruit, maar andere blijven juist stabiel of worden zelfs krachtiger met het toenemen van de leeftijd.
- Cognitieve diagnostiek helpt om relatief onschuldige veranderingen bij normale veroudering te onderscheiden van de ongunstigere veranderingen die geassocieerd zijn met progressieve cognitieve stoornissen.
- Diagnostiek van cognitie brengt een dialoog op gang met de cliënt en diens familie over hun vragen, zorgen en behoeften.
- Cognitieve diagnostiek bij ouderen is uitdagend vanwege de vele stoorfactoren die de kwaliteit van de verschillende informatiebronnen (zoals de autoanamnese, heteroanamnese en testonderzoek) kunnen aantasten.

- Als mensen met cognitieve stoornissen geen cognitieve klachten melden, of hun prestaties overschatten, betekent dat niet dat er zonder meer sprake is van verminderd ziekte-inzicht.
- Cognitieve diagnostiek bij ouderen is nooit een doel op zich, maar vindt altijd plaats met als uiteindelijk doel verbetering van de kwaliteit van leven

Dementie?
Gerda van Dam is een alleenstaande vrouw van 82 jaar, die haar hele leven met plezier en grote inzet heeft gewerkt als onderwijzeres. Ze beschrijft zichzelf als een onafhankelijke en ondernemende vrouw. Ze bezoekt de polikliniek voor geheugenstoornissen omdat zij vindt dat ze het laatste jaar vergeetachtig aan het worden is: ze heeft steeds meer moeite met het onthouden van telefoonnummers en namen, raakt vaker woorden kwijt, en is onlangs vergeten een rekening te betalen, waarna zij voor het eerst in haar leven een aanmaning heeft ontvangen. Het huishoudelijke werk doet ze nog grotendeels zelf, maar ze vindt wel dat ze veel meer tijd nodig heeft. Ook merkt ze dat ze bij het lezen steeds meer moeite heeft om zich te concentreren. Ze heeft ook het gevoel dat ze er minder interesse voor kan opbrengen.
Door dit alles voelt ze zich onzeker en vraagt zich af of er sprake is van beginnende dementie. Haar oudste zus had ook een vorm van dementie. Ze maakt zich zorgen over de toekomst, vooral over de vraag wie er voor haar zal zorgen als haar geheugen steeds slechter wordt. Ze heeft geen familie meer en goede vrienden zijn de stad uit getrokken naar hun kinderen toe.

1 Inleiding

Veranderingen in de cognitie, zowel subjectief als objectief, komen vaak voor bij het ouder worden (Craik & Salthouse, 2008). Een deel van deze veranderingen manifesteert zich regelmatig ook als eerste symptomen van een progressieve cognitieve aandoening, zoals de ziekte van Alzheimer. Bij cognitieve diagnostiek bij ouderen is het van groot belang om de relatief onschuldige veranderingen van normale veroudering te kunnen onderscheiden van de ongunstigere veranderingen die geassocieerd zijn met progressieve cognitieve stoornissen. Dit onderscheid hangt voor een belangrijk deel samen met een accurate conceptualisatie van het cognitieve functioneren passend bij normale cognitieve veroudering.

Het eerste deel van dit hoofdstuk geeft een overzicht van de huidige stand van zaken over cognitieve veroudering. Dit overzicht is vooral gebaseerd op enkele overzichtsartikelen en relevante hoofdstukken uit handboeken over cognitieve veroudering (Glisky, 2007; Salthouse, 2010; Drag & Bieliauskas, 2010; Harada, Love & Triebel, 2013; Attix & Welsh-Bohmer, 2006; Craik & Salthouse, 2008; Lezak e.a., 2012; Ravdin & Katzen, 2013; Pachana & Laidlaw, 2014; Schaie & Willis, 2015) en vormt daarom geen complete weergave van al het beschikbare oorspronkelijke onderzoek.

Het tweede deel van dit hoofdstuk beschrijft het proces van cognitieve diagnostiek bij ouderen in de klinische praktijk. Het diagnostische proces bij ouderen verschilt in belangrijke opzichten van dat bij jongere volwassenen, zodat de aandacht in dit deel van het hoofdstuk vooral zal uitgaan naar specifieke uitdagingen bij ouderen.

2 Normale cognitieve veroudering

Cognitieve veroudering is lange tijd vooral beschouwd vanuit een biologisch perspectief. Daarbij werd veroudering gezien als het resultaat van een opeenhoping van schade in het lichaam gedurende de levensloop. Hierdoor treedt uiteindelijk functieverlies op. Dit *deficit*-model legde de nadruk op pathologie, achteruitgang, stoornissen en beperkingen. Ook ging het model uit van het idee dat veroudering een tamelijk uniform proces is en dat alle veranderingen in cognitieve functies voortvloeien uit ouderdomsgerelateerde achteruitgang van hersenfuncties. Het onderscheid tussen normale en pathologische cognitieve veroudering was binnen dit model afhankelijk van de aan- of afwezigheid van specifieke (neuro)pathologische processen. De grens, waar het een over gaat in het ander, bleek echter moeilijk te bepalen (Rowe & Kahn, 1987; 1997).

De laatste decennia is een genuanceerdere benadering van veroudering ontstaan. Veroudering wordt nu beschouwd als een multidimensioneel proces, waarbij het biologische, psychologische en sociale domein elkaar zowel in positieve als in negatieve zin kunnen beïnvloeden (zie figuur 6.1).

2.1 Trajecten van normale cognitieve veroudering

Cognitieve veroudering is een multidirectioneel proces, dat niet alleen toenemende achteruitgang in functioneren laat zien, maar ook stabiliteit en groei tot op hoge leeftijd (Goh e.a., 2012; Steverink, 2014). Onderzoek laat zien dat er grote individuele verschillen in cognitieve veroudering bestaan: niet alleen de specifieke functie en het moment waarop verandering zich aandient, maar ook de snelheid en richting van de verandering verschilt van persoon tot persoon (Steverink, 2014). Daardoor is de ene oudere niet te vergelijken met de andere: sommigen blijven tot op hoge leeftijd uitstekend functioneren, vergelijkbaar of soms zelfs beter dan jongere volwassenen, terwijl anderen op 60-jarige leeftijd een achteruitgang laten zien. Belangrijk is dat deze interindividuele variabiliteit toeneemt met het stijgen van de leeftijd (Ardila, 2007; Christensen e.a., 1994; Rog & Fink, 2013). Juist die toenemende variatie maakt conclusies trekken over cognitieve veranderingen bij ouderen tot een uitdaging (Harada e.a., 2013, Wisdom e.a., 2012, Lezak e.a., 2012).

Onderzoek laat in het algemeen zien dat er tot het 60e levensjaar bij de meeste mensen geen sprake is van duidelijke negatieve cognitieve veranderingen, maar dat deze op 75-jarige leeftijd wel aanwezig zijn (Schaie, 2012). Uit onderzoek blijkt bovendien dat er tot op hoge leeftijd een groot potentieel voor leren bestaat (Zöllig e.a., 2014; Story & Attix, 2010). Het gegeven dat er ouderen zijn die tot op hoge leeftijd cognitief goed blijven functioneren, toont aan dat cognitieve achteruitgang niet onvermijdelijk is. Een interessante en belangrijke vraag is welke factoren hierop van invloed zijn.

Longitudinaal onderzoek laat zien dat verschillende factoren een rol spelen gedurende de levensloop (zie figuur 6.1). Deze figuur is gebaseerd op de Seattle Longitudinal Study, een van de meest uitgebreide en langst lopende longitudinale onderzoeken naar cognitieve veroudering. Het laat zien dat naast genetische kwetsbaarheid verschillende psychosociale factoren van invloed zijn op het cognitieve functioneren op latere leeftijd, waaronder een intellectueel stimulerende omgeving en ook levensstijl op middelbare leeftijd (zoals sporten).

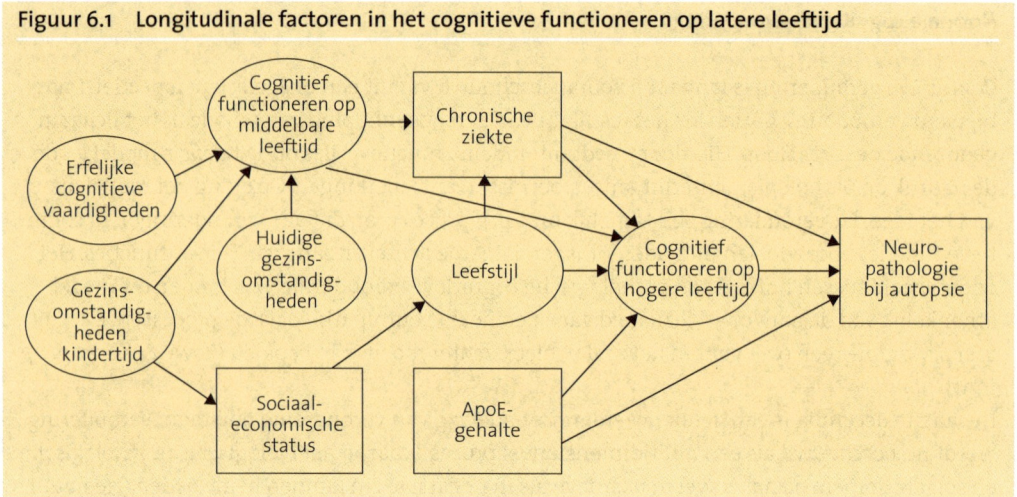

Figuur 6.1 Longitudinale factoren in het cognitieve functioneren op latere leeftijd

ApoE: Apolipoproteïne E
Bron: Schaie, 2012

Om meer zicht te krijgen op de verschillende factoren die bijdragen aan de grote variatie in normale veroudering, hebben wetenschappers het spectrum aan veranderingen opgedeeld in drie globale groepen. In 1987 werd hiertoe een eerste stap gezet met het onderscheid tussen 'gebruikelijke' en 'succesvolle' veroudering (Rowe & Kahn, 1987; zie hoofdstuk 2). Er is geen consensus over de definitie van het concept succesvolle veroudering, maar het gaat in ieder geval om de groep mensen aan het meest positieve uiterste van het normale spectrum: mensen die tot op hoge leeftijd een uitzonderlijke weerstand laten zien tegen effecten van veroudering. 'Gebruikelijke' veroudering omvat dan het overige deel van de mensen die nog goed functioneren, maar wel leeftijdgerelateerde achteruitgang in fysiek, cognitief en/of sociaal functioneren laten zien. De laatste jaren wordt er bovendien veel onderzoek gedaan naar de 'onderzijde' van het normale spectrum. Hier bevinden zich mensen die door tal van factoren een relatief grote leeftijdgerelateerde achteruitgang laten zien in fysiek, cognitief en/of sociaal functioneren en die vermoedelijk een verhoogd risico lopen op pathologische veroudering (ziekte en handicaps). Adaptieve copingvaardigheden zijn in deze trajecten van belang, evenals proactief management van risicofactoren. Ook lijkt een factor als cognitieve reserve een rol te spelen. In de rest van dit hoofdstuk zal geen onderscheid gemaakt worden naar deze verschillende trajecten en zal gesproken worden van normale veroudering in zijn algemeenheid.

2.2 Leeftijdgerelateerde cognitieve veranderingen

Hier beschrijven we de patronen van veranderingen waarover in de wetenschappelijke literatuur in het algemeen consensus bestaat (Salthouse, 2010). De bevindingen zijn veelal gebaseerd op crosssectioneel onderzoek, dat inzicht geeft in leeftijdsverschillen in niveaus van cognitief functioneren, maar geen informatie geeft over het patroon (richting en mate) van verandering in de loop van de tijd. Ook is het moeilijk om te bepalen of gevonden groepsverschillen samenhangen met het verouderingsproces of met cohorteffecten. Crosssectioneel onderzoek laat in het algemeen meer en eerder veranderingen in cognitief functioneren zien met ouder worden dan longitudinaal onderzoek. Naast de cohortverschillen kunnen ook beperkingen van longitudinaal onderzoek hierbij een rol spelen. *Attrition over time* (verlies van deelnemers) en *selec-*

tive attrition (de neiging van laag scorende deelnemers van een cohort om sneller te stoppen met het onderzoek) evenals positieve effecten van eerdere testervaringen (test-hertesteffect) kunnen leeftijdgerelateerde achteruitgang maskeren en maken dat cognitieve veranderingen later lijken op te treden (Schaie, 2005; 2015; Smith & Rush, 2006; Salthouse, 2010). Ook al laat crosssectioneel onderzoek soms andere resultaten zien dan longitudinaal onderzoek: er is wel consensus over de grote lijn van cognitieve verandering bij het ouder worden. Deze cognitieve verandering beschrijven we hier.

Tabel 6.1 Leeftijdgerelateerde cognitieve veranderingen

Domein	Achteruitgang bij het ouder worden?	
Intelligentie	Crystallized intelligence	Nee
	Fluid intelligence	Ja
Snelheid van informatieverwerking		Ja
Aandacht en werkgeheugen	Simpele taken	Nee
	Complexe taken	Ja
Geheugen		Ja en nee
Visuospatiële vaardigheden en visuoconstructie	Simpele taken	Nee
	Complexe taken	Ja
Taal	In het algemeen	Nee
	Visuele benoemingstaken en verbale woordvloeiendheid	Ja
Executieve functies		Ja en nee

Crystallized en fluid intelligence

Het eerste onderzoek naar cognitieve veroudering maakte gebruik van de concepten van *crystallized intelligence* en *fluid intelligence*. Het bleek dat veelvuldig geoefende (*overlearned*) vermogens behouden blijven (*crystallized*: een vaste vorm aangenomen hebben) en zelfs enige groei kunnen laten zien tot na het 60e levensjaar (Lezak e.a., 2012). Voorbeelden hiervan zijn: kunnen fietsen, een taal spreken, een huishoudboekje bijhouden, en algemene kennis van de wereld. Een actief leven vol stimulerende ervaringen maakt dat deze vermogens gedurende de levensloop steeds krachtiger worden.

In tegenstelling tot crystallized intelligence is fluid intelligence onafhankelijk van wat iemand heeft aangeleerd door eerdere ervaringen. Van fluid intelligence is sprake in situaties waar vertrouwde oplossingen niet van toepassing of beschikbaar zijn. Het gaat hierbij om situaties die een beroep doen op snelheid van informatieverwerking, executieve functies, expliciet geheugen en psychomotorische vaardigheden. Deze functies zijn het krachtigst in het derde decennium van het leven en nemen daarna geleidelijk af. Vanaf ongeveer het 60e levensjaar gaan zij in toenemend tempo verder achteruit (Lezak e.a., 2012).

Snelheid van informatieverwerking

De snelheid van informatieverwerking is de snelheid waarmee denkprocessen worden uitgevoerd. Vaak wordt dit afgeleid uit de snelheid waarmee motorisch gereageerd wordt op een aangeboden stimulus. Onderzoek laat zien dat er vanaf het 30e levensjaar sprake is van geleidelijk toenemende vertraging (Lezak e.a., 2012). Verschillende onderzoeken hebben aangetoond dat deze vertraging in informatieverwerking gepaard gaat met een vertraging in de snelheid waarmee andere cognitieve processen kunnen worden uitgevoerd. Een prominente theorie van cognitieve veroudering, de *processing speed theory* van Salthouse (1996), gaat ervan uit dat deze vertraging in informatieverwerking verantwoordelijk is voor een groot deel van de leeftijdgerelateerde veranderingen in andere domeinen, waaronder aandacht, taal, geheugen en executieve functies (Finkel e.a., 2007; Smith & Rush, 2006; Rog & Fink, 2013; Harada e.a., 2013; Park e.a., 2002; Salthouse, 1996).

Volgens Salthouse (1996) zijn er twee mechanismen die dit effect kunnen verklaren. Het eerste houdt in dat wanneer een reeks aan denkstappen moet worden doorlopen en er veel tijd wordt besteed aan eerdere stappen, er weinig tijd over blijft voor latere stappen. Een voorbeeld daarvan is dat wanneer men op straat naar de weg vraagt, en de initiële informatie niet snel genoeg verwerkt kan worden, latere instructies minder effectief zijn. Het tweede mechanisme houdt in dat een product van een eerdere denkstap door traagheid vergeten kan zijn tegen de tijd dat een latere denkstap moet worden uitgevoerd. Een voorbeeld hiervan is dat wanneer een zin vertaald moet worden, men de vertaling van het eerste woord vergeten kan zijn als er te veel tijd nodig is geweest om het laatste woord van de zin te bereiken.

Aandacht

Aandacht is een basale cognitieve functie, die uit verschillende deelfuncties bestaat. Aandacht speelt bij alle cognitieve processen een rol, behalve bij geautomatiseerde processen (Glisky, 2007). Onderzoek laat zien dat effecten van veroudering op de aandachtsefficiëntie variëren met de complexiteit van de handeling (Lezak e.a., 2012). Het vermogen om de aandacht en waakzaamheid over tijd vast te houden (volgehouden aandacht en vigilantie) blijven tot op hoge leeftijd grotendeels stabiel (Harada e.a., 2013; Drag & Bieliauskas, 2010). Het zijn juist de complexere aandachtsfuncties die achteruitgaan met het ouder worden (Harada e.a., 2013): de selectieve aandacht, de verdeelde aandacht, en het verleggen van de aandacht.

Selectieve aandacht is het vermogen om de aandacht te richten op specifieke informatie zonder afgeleid te raken door andere irrelevante informatie. Deze vorm van aandacht is bijvoorbeeld nodig om te kunnen converseren in een lawaaiige omgeving, en bij autorijden (Harada e.a., 2013). Onderzoek laat zien dat ouderen in het algemeen meer moeite hebben met selectieve aandacht dan jongeren. Het lijkt erop dat leeftijdseffecten voor een groot deel worden veroorzaakt door een verminderde snelheid van informatieverwerking bij ouderen in plaats van een tekort in de selectieve aandacht (Verhaeghen & Cerella, 2002).

Verdeelde aandacht is het vermogen om de aandacht te richten op meerdere mentale processen tegelijkertijd. Een voorbeeld daarvan is praten aan de telefoon tijdens het koken. Ouderen hebben hier meer moeite mee, vooral als het gaat om complexere mentale processen (Drag & Bieliauskas, 2010; Glisky, 2007). Het vermogen de aandacht snel te verleggen van de ene handeling naar de volgende (*task switching*), is gerelateerd aan verdeelde aandacht. Ook dit vermogen gaat achteruit met het ouder worden (Verhaeghen & Cerella, 2002).

Geheugen

Een van de meest voorkomende cognitieve klachten van ouderen is een vermindering van het geheugen. Onderzoek laat zien dat ouderen inderdaad vaak minder goed presteren op geheugentaken dan jongeren, maar dat dit niet geldt voor alle aspecten van het geheugen (Drag & Bieliauskas, 2010; Nyberg & Bäckman, 2010) (zie ook tabel 6.2). Hiervoor zijn verschillende

Tabel 6.2 Veranderende en stabiele geheugentaken bij veroudering

Gaat achteruit bij veroudering		Blijft stabiel bij veroudering	
Taak en definitie	*Voorbeeld*	*Taak* en definitie	*Voorbeeld*
Uitgestelde vrije reproductie: spontaan informatie uit het geheugen opdiepen zonder een cue	Je zonder lijstje in de winkel herinneren wat de benodigde zes boodschappen zijn	**Herkenningsgeheugen**: informatie opdiepen (= zich herinneren) met behulp van een cue	Correcte antwoorden geven op ja-neevragen over een verhaal
Brongeheugen (*source memory*): weten wat de bron is van de opgeslagen informatie	Je herinneren of je een feit kent hetzij omdat je het op televisie hebt gezien, hetzij omdat je het in de krant hebt gelezen, hetzij omdat je het hebt gehoord van een vriend	**Semantische geheugen**: opgeslagen feitelijke kennis	Definities van woorden; historische feiten; plaatsnamen
Werkgeheugen: informatie tijdelijk onthouden en tegelijkertijd bewerken of manipuleren	15% fooi berekenen als je de rekening ontvangt in een restaurant; een lange en complexe zin begrijpen en ontrafelen; een aantal stappen vooruitdenken in een schaakspel	**Kortetermijngeheugen**: relatief passieve opslag van informatie op korte termijn	Een telefoonnummer onthouden vanaf het moment van horen tot en met het moment van intoetsen
Temporal order- **geheugen**: je de volgorde in de tijd waarin gebeurtenissen zich hebben afgespeeld herinneren.	Je herinneren dat je afgelopen zaterdag naar de winkel bent geweest nadat je hebt geluncht met vrienden	**Impliciete geheugen**: gedragsbeïnvloeding door een eerdere ervaring zonder bewuste herinnering	Sneller een bepaalde stimulus herkennen of erop reageren wanneer je deze eerder hebt waargenomen
Prospectieve geheugen: voorgenomen handelingen onthouden die in de toekomst moeten worden uitgevoerd en deze op het juiste moment herinneren	Je herinneren dat je de medicatie moet innemen voor het naar bed gaan	**Procedurele geheugen**: geheugen voor hoe je dingen moet doen	Je herinneren hoe je moet fietsen

mogelijke verklaringen. De verschillen in prestaties kunnen gerelateerd zijn aan een verminderde snelheid van informatieverwerking (Luscz & Bryan, 1998), een verminderd vermogen om irrelevante informatie te negeren (Darowski e.a., 2008) en het verminderde gebruik van strategieën om het leren en het geheugen te verbeteren (Davis e.a, 2013; Harada e.a., 2013).

Kortetermijngeheugen en werkgeheugen

Het kortetermijngeheugen en het werkgeheugen zijn, in tegenstelling tot het langetermijngeheugen, beperkt in duur en capaciteit. Volgens de huidige inzichten zijn ze nauw met elkaar verbonden (Cowan, 2008). Het kortetermijngeheugen is de relatief passieve opslag van informatie op korte termijn, terwijl het werkgeheugen het vermogen is om informatie tijdelijk in het geheugen te houden en tegelijkertijd te bewerken of manipuleren. Aangezien de capaciteit bij beide vormen van geheugen beperkt is, kan er slechts een kleine hoeveelheid informatie tijdelijk beschikbaar worden gehouden.

Onderzoek laat zien dat het effect van veroudering meestal klein is voor het kortetermijngeheugen. Het werkgeheugen gaat daarentegen juist achteruit met het toenemen van de leeftijd. Ouderen hebben bijvoorbeeld meer moeite om een reeks van cijfers en letters te ordenen in de correcte alfabetische en cijfermatige volgorde, of om een fooi te berekenen wanneer zij de rekening ontvangen in een restaurant (Harada e.a., 2013). Vanwege het belang van het werkgeheugen bij allerlei mentale processen wordt verondersteld dat leeftijdgerelateerde achteruitgang op dit vlak bijdraagt aan de leeftijdgerelateerde achteruitgang in andere domeinen van functioneren (zoals het langetermijngeheugen, taal, probleemoplossende vaardigheden, de planning van doelgericht gedrag, en beslissingsvaardigheden). Verschillende factoren lijken bij te dragen aan de achteruitgang in werkgeheugen bij ouderen, zoals verminderde aandacht, snelheid van informatieverwerking, en het vermogen om irrelevante informatie te onderdrukken (Park e.a., 2002; Glisky, 2007).

Langetermijngeheugen

Episodische geheugen

Het episodische geheugen is het geheugen voor persoonlijk ervaren gebeurtenissen die zich op een specifieke plaats en tijd hebben afgespeeld, zoals een verjaardagsfeest, of een telefoongesprek van afgelopen week, of een lijst met woorden van twintig minuten geleden. Het episodische geheugen kan worden onderverdeeld in verschillende processen: inprenten (encoderen), vasthouden (retentie) en opdiepen (retrieval/recall en recognitie). Inprenten is het vermogen om nieuwe informatie te encoderen (op te slaan in het geheugen). Ouderen blijken nieuwe informatie minder uitgebreid te encoderen, waardoor die informatie op een later moment weer moeilijker uit het geheugen kan worden opgediept (Craik & Broadbent, 1983; Glisky, 2007). Ook geldt: hoe meer inspanning het encoderen van de nieuwe informatie vereist, hoe kwetsbaarder de opslag bij ouderen (Drag & Bieliauskas, 2010). Daarentegen geldt dat informatie die eenmaal goed is opgeslagen, langere tijd kan worden vastgehouden door ouderen. Of zij die informatie daadwerkelijk kunnen opdiepen als ze dat gevraagd wordt, hangt van de inspanning af die het kost (Lezak e.a, 2012; Drag & Bieliauskas, 2010; Glisky, 2007). In het algemeen geldt dat het ouderen meer moeite kost dan jongere volwassenen om opgeslagen informatie zelf uit het geheugen op te diepen. Als men de oudere daarentegen bij het opdiepen helpt, bijvoorbeeld door enkele aanwijzingen te geven, is de prestatie relatief minder aangedaan.

Een onderdeel van het episodische geheugen is het brongeheugen. Dit wordt beschouwd als het geheugen voor spatiële, temporele en sociale karakteristieken van de specifieke context waarin een gebeurtenis of ervaring heeft plaatsgevonden. Het geheugen voor contextuele details gaat meer achteruit bij normale veroudering dan het geheugen voor de inhoud. Een voorbeeld daarvan is dat een oudere zich wel kan herinneren dat er een bekende vrouw stond te wachten voor de bus, maar niet meer weet waarvan hij deze vrouw kent. Beperkingen in deze vorm van geheugen kunnen het gevolg zijn van een onvermogen om de benodigde encoderingsstrategieën te initiëren om contextuele informatie te binden aan de herinnering van het item zelf (Chalfonte & Johnson, 1996; Glisky e.a., 1995; Drag & Bieliauskas, 2010).

Een ander aspect van het episodische geheugen is het *temporal order*-geheugen: het geheugen voor de volgorde in de tijd waarin items of gebeurtenissen zich hebben afgespeeld. Dit laat een duidelijke leeftijdgerelateerde achteruitgang zien (Kessels e.a., 2007; Rotblatt, 2015).

Semantische geheugen
Het semantische geheugen is de voorraad opgeslagen feitelijke kennis in het geheugen. Het heeft een grote overlap met de crystallized intelligence. Voorbeelden van informatie die in het semantische geheugen kunnen worden opgeslagen zijn: definities van woorden, historische feiten, en de namen van alle provinciehoofdsteden van Nederland. Onderzoek laat zien dat deze vorm van geheugen juist vooruitgaat met het ouder worden en pas op hoge leeftijd achteruitgaat (Drag & Bieliauskas, 2010, Harada e.a, 2013 Rönnlund e.a., 2005). Het feit dat ouderen vaak moeite krijgen met het vinden van namen en woorden, heeft overigens niet zozeer te maken met een achteruitgang in het semantische geheugen, maar met een opdiepprobleem (Drag & Bieliauskas, 2010). Semantische vermogens zoals woordenschat nemen toe met de leeftijd, terwijl processen als werkgeheugen en verwerkingssnelheid een tegenovergesteld patroon laten zien (Park e.a, 2002; Drag & Bieliauskas, 2010).

Impliciete geheugen en procedureel geheugen
Het impliciete geheugen is een vorm van geheugen waarbij een eerdere ervaring iemands gedrag beïnvloedt zonder dat deze persoon zich die eerdere ervaring bewust herinnert (ook wel *priming* genoemd). Deze vorm van geheugen blijft relatief intact bij normale veroudering.
Een deel van het impliciete geheugen betreft de motorische vaardigheden die lang geleden zijn aangeleerd en nu worden uitgevoerd zonder bewuste herinnering, zoals veters strikken, lezen, piano spelen, fietsen, of een auto besturen. Dit wordt het procedurele geheugen genoemd. Doordat deze vaardigheden na veelvuldige oefening geautomatiseerd zijn, vereisen ze geen herinnering van de context waarin de vaardigheid is geleerd (Drag & Bieliauskas, 2010; Zöllig e.a., 2014; Craik, 2000). In het algemeen blijven geautomatiseerde motorische vaardigheden behouden gedurende de levensloop (Churchill e.a., 2003; Glisky, 2007).

Prospectieve geheugen
Het prospectieve geheugen is het geheugen voor intenties. Intenties zijn handelingen die je in de toekomst wilt of moet uitvoeren, zoals een verjaardagskaart versturen, een rekening betalen, of onthouden dat je een e-mail moet sturen nadat je het gesprek met een collega hebt beëindigd. Het prospectieve geheugen kan tijd betreffen (bijvoorbeeld zich herinneren om de medicijnen om 12.00 uur in te nemen) of een gebeurtenis (bijvoorbeeld zich herinneren om de medicijnen bij de lunch in te nemen). Prospectieve-geheugenproblemen behoren tot de meest

gerapporteerde klachten uit het dagelijks leven van ouderen (Kliegel & Martin, 2013; Zöllig e.a., 2014). Onderzoek bevestigt dat deze vorm van geheugen inderdaad achteruitgaat met het toenemen van de leeftijd.

Bij het prospectieve geheugen is het nodig dat iemand onthoudt en zich op het juiste moment herinnert dat hij zich iets moet herinneren. Op hogere leeftijd worden zelfgeïnitieerde processen en het gebruik van interne hints minder betrouwbaar. De kans op fouten in het prospectieve geheugen neemt toe wanneer een externe hint om zich die handeling te herinneren beperkt aanwezig is of wanneer het gaat om meerdere toekomstige acties (zoals zich herinneren om een taart uit de oven te halen en de pan met eieren van het vuur) (Park e.a., 1997; Zöllig e.a., 2014).

Onderzoek laat zien dat het prospectieve geheugen van ouderen vaak beter functioneert buiten het onderzoekslaboratorium, omdat ouderen in het leven van alledag hebben geleerd minder te vertrouwen op hun eigen geheugen, en om externe hints in te zetten (Philips e.a., 2008; Zöllig e.a., 2014). Ouderen presteren bijvoorbeeld beter dan jongeren wanneer hen wordt gevraagd om in de toekomst een kaart te versturen of een afspraak niet te vergeten. Ook toont onderzoek aan dat ouderen beter presteren wanneer een prospectieve geheugentaak wordt gecombineerd met een routinegebeurtenis, zoals de avondmedicatie bij de tandenborstel plaatsen (Maylor, 1990; Drag & Bieliauskas, 2010).

Visuospatiële vaardigheden en visuoconstructie

De visuospatiële vaardigheden (twee- en driedimensionale ruimte kunnen bevatten) vormen een heterogene groep van cognitieve functies. Onderzoek laat zien dat basale perceptievaardigheden (zoals object- en vormrecognitie) en ruimtelijke waarneming intact blijven met het ouder worden (Lezak e.a., 2012). De complexere visuospatiële vaardigheden daarentegen (visuoperceptueel integreren en redeneren, mentale rotatie en visuospatiële constructie) gaan achteruit met de leeftijd (Drag & Bieliauskas, 2010; Harada e.a., 2013).

Perceptie is nauw verweven met andere cognitieve domeinen. Complexere visuospatiële taken kunnen bijvoorbeeld een beroep doen op zowel de visuospatiële aandacht, op het visuospatiële geheugen en het visuospatiële werkgeheugen, als op de visuospatiële verwerkingssnelheid. Deze visuospatiële vaardigheden laten een leeftijdgerelateerde achteruitgang zien (Drag & Bieliauskas, 2010).

Taal

In zijn algemeenheid blijft het taalvermogen intact bij het ouder worden. Het taalbegrip blijft relatief stabiel (Wingfield & Lash, 2015). De woordenschat kan zelfs toenemen (Harada e.a., 2013). Wel kunnen veranderingen in andere cognitieve domeinen maken dat ouderen achteruitgang laten zien op taken met een talige component. Denk hierbij aan object benoemen: een vaardigheid die tot op ongeveer 70-jarige leeftijd stabiel blijft en daarna achteruitgang laat zien (Harada e.a., 2013). Deze achteruitgang kan echter gerelateerd zijn aan opdiepproblemen in plaats van een verlies van semantische informatie (Drag & Bieliauskas, 2010).

De verbale woordvloeiendheid, oftewel het vermogen om het geheugen te doorzoeken om woorden te genereren van een bepaalde categorie (dieren, beroepen, letters) binnen een vastgestelde en beperkte tijd, laat ook een achteruitgang zien bij het ouder worden (Harada e.a., 2013). Dit kan echter worden veroorzaakt door een verminderde effectiviteit en flexibiliteit van de toegepaste zoekstrategie, hetgeen meer samenhangt met leeftijdgerelateerde veranderingen in de executieve functies dan met de taalfunctie op zichzelf.

Ouderen zijn geneigd om tijdens een gesprek meer niet aan het gespreksonderwerp gerelateerde spraak te produceren dan jongeren. Dit is gerelateerd aan verminderde prestaties op inhibitietaken. Dit hangt waarschijnlijk samen met de leeftijdgerelateerde achteruitgang in selectieve aandacht, waardoor ouderen meer moeite hebben om tijdens een gesprek opvallende maar irrelevante onderwerpen te inhiberen (Drag & Bieliauskas, 2010). Zinsbegrip en tekstherinnering kunnen achteruitgaan met de leeftijd, vooral voor zinnen en teksten met een grotere syntactische complexiteit. Deze achteruitgang weerspiegelt waarschijnlijk een onvermogen om de tekst in het werkgeheugen te houden, hetgeen leidt tot begrips- en opdiepproblemen (Drag & Bieliauskas, 2010).

Executieve functies

Executief functioneren is de regulatie van doelgericht gedrag en de effectieve organisatie van grote hoeveelheden informatie bij niet-routinematige activiteiten (Drag & Bieliauskas, 2010). Dit functioneren omvat een brede waaier aan cognitieve vermogens, zoals het vermogen om het eigen gedrag te monitoren, te plannen en te organiseren, het vermogen om te redeneren, flexibel te zijn, en problemen op te lossen (Lezak e.a., 2012). De executieve functies spelen een rol bij bijna alle niet-geautomatiseerde denkprocessen, zoals aandacht toewijzen aan verschillende taken, inhiberen van afleidende of niet-relevante informatie in het werkgeheugen, strategieën formuleren voor het encoderen en herinneren van nieuwe informatie, en aansturen van alle vormen van probleemoplossing, besluitvorming, en andere doelgerichte activiteiten.

Uit onderzoek komt naar voren dat de verschillende executieve vermogens met het toenemen van de leeftijd in verschillende mate raken aangetast (Treitz e.a., 2007; Drag & Bieliauskas, 2010). Bij conceptformatie, abstractie, mentale flexibiliteit, verbale woordvloeiendheid, planning en *set-shifting* is sprake van achteruitgang (Lezak e.a., 2012; Drag & Bieliauskas, 2010; Oosterman e.a., 2010; Wecker e.a., 2005). Dit geldt ook voor het vermogen tot responsinhibitie: een automatisch opkomende respons tegenhouden ten behoeve van een nieuwe of minder automatische respons (Wecker e.a., 2005; Van Hooren e.a., 2007). Het redeneervermogen, zoals het vermogen om rekenkundige problemen op te lossen, overeenkomsten te benoemen, of spreekwoorden uit te leggen, laat weinig verandering zien bij toenemende leeftijd. Wanneer het redeneren moet worden gebruikt om onbekende of structureel complexe problemen op te lossen, presteren ouderen vaak toenemend slechter (Lezak e.a., 2012).

Besluitvorming is een functie die stevige eisen stelt aan de snelheid van informatieverwerking, aandacht en werkgeheugen, en die daarom gehinderd zou kunnen worden door de effecten van veroudering. In het dagelijks leven kunnen deze eisen echter worden verminderd door relevante kennis of expertise in het oplossen van de betreffende problemen. Onderzoek laat bijvoorbeeld zien dat ouderen bij het beslissen over medische behandelingen, het kopen van een nieuwe auto of het afsluiten van een verzekering tot even goede beslissingen komen als jongeren, maar dat deze beslissingen op een andere manier tot stand komen. Ze maken vaker gebruik van reeds aanwezige kennis over het probleem en minder van nieuwe informatie, terwijl jongeren, die waarschijnlijk over minder kennis beschikken, meer geneigd zijn nieuwe informatie te evalueren en meer alternatieven te overwegen voordat zij een beslissing nemen (Sanfey & Hastie, 2000; Glisky, 2007).

Andere hogere-ordefuncties en cognitief-emotionele constructen

Tot op heden is er relatief weinig onderzoek verricht naar de effecten van veroudering op andere hogere-ordeconstructen, zoals wijsheid, en cognitief-emotionele constructen zoals sociale intelligentie, emotionele intelligentie, praktische intelligentie, creativiteit en empathie. Onderzoek naar wijsheid heeft zich gericht op expertise in omgaan met moeilijke conflictsituaties. Individuen scoren het hoogst wanneer zij meer feitelijke kennis hebben over de omstandigheden van dergelijke conflicten, meer strategieën hebben voor omgaan met de consequenties van deze conflicten, en de levensloop integreren met een contextueel perspectief. Onderzoek onder 20- tot 89-jarigen laat zien dat deze expertise in ieder geval stabiel blijft met het ouder worden en zelfs nog kan groeien tot op hoge leeftijd (Staudinger & Baltes, 1996; Zöllig e.a., 2014; Ardelt, 2011).

Ook ander onderzoek laat de waarde zien van rijke kennisstructuren bij ouderen. Ouderen presteren beter dan jongeren wanneer experimentele taken hen de gelegenheid geven om hun persoonlijke en op waarden gebaseerde informatie toe te passen: ze zijn bijvoorbeeld effectiever in het oplossen van interpersoonlijke, emotioneel geladen problemen, en accurater wanneer ze een gevolgtrekking moeten geven over eigenschappen van anderen (Hess e.a., 2001; Zöllig e.a., 2014).

2.3 Consequenties van leeftijdgerelateerde cognitieve veranderingen

Een relevante vraag is wat ouderen in het leven van alledag merken van de geschetste leeftijdgerelateerde veranderingen. In een recente review onderzocht men deze vraag voor de relatie tussen functioneren in de maatschappij en veroudering. Daarbij werd vooral gekeken naar werkprestaties. Er werd geconcludeerd dat er weinig bewijs is voor een relatie tussen leeftijd (in de leeftijdsrange van 20 tot 75 jaar) en algeheel functioneren in de maatschappij (Salthouse, 2012). Wellicht relevanter is het onderzoek naar de relatie tussen cognitieve functies en instrumentele activiteiten van het dagelijks leven (IADL-functies), zoals administratie en financiën regelen, boodschappen doen, en autorijden. Het gaat hier om activiteiten die bijdragen aan zelfstandig leven. Ouderenpsychologen wordt regelmatig gevraagd aanbevelingen te doen wat betreft het vermogen van een individu om zelfstandig te functioneren in zijn omgeving (LaBuda & Lichtenberg, 1999). Wetenschappelijk onderzoek laat zien dat het IADL-functioneren afhankelijk is van verschillende factoren. Onderzoek door Burton e.a. (2006) laat bijvoorbeeld zien dat het IADL-functioneren beter is naarmate de oudere relatief jonger is (< 75 jaar), hoger opgeleid is (> 12 jaar opleiding) en niet gehinderd wordt door cognitieve stoornissen. De conclusie van het onderzoek is dat het merendeel van de ouderen ondanks de leeftijdgerelateerde 'normale' achteruitgang in cognitie, grotendeels zelfstandig zal blijven functioneren (mits niet gehinderd door lichamelijke of andere factoren).

Hoe is de discrepantie te verklaren tussen de in paragraaf 2.2 beschreven leeftijdgerelateerde achteruitgang en de relatief beperkte gevolgen hiervan op het functioneren van ouderen? Een belangrijk verschil is dat het eerdergenoemde onderzoek gebruikmaakt van 'laboratoriumtaken': taken die in een onderzoekssituatie kunnen worden getest onder gestandaardiseerde condities. Vaak zijn dit abstracte taken die weinig zichtbare relaties hebben met het leven van alledag. Sommige onderzoekers hebben zich afgevraagd of dit verschil zou kunnen maken voor ouderen. Zij ontwikkelden daarom alledaagsere taken voor gebruik in de laboratoriumsituatie, zoals interpreteren van busschema's, kaarten, medicatielabels of betaalautomaten. De data die tot nu toe met dergelijke taken verzameld zijn, laten zien dat de prestaties gemiddeld genomen tot op zeer hoge leeftijd stabiel blijven (Zöllig e.a., 2014).

Salthouse (2012) geeft in zijn review andere interessante verklaringen voor het uitblijven van een leeftijdseffect in onderzoek naar het algehele maatschappelijke of dagelijkse functioneren. Een daarvan is dat met het ouder worden een verschuiving optreedt in de wijze waarop dagelijkse problemen worden opgelost. Ouderen zouden daarbij vanuit hun levenservaring meer vertrouwen op eerder opgebouwde kennis (het zich herinneren en toepassen van eerdere oplossingen bij vergelijkbare problemen) dan op het vermogen om nieuwe problemen op te lossen en daardoor minder gehinderd worden door de eerder beschreven cognitieve achteruitgang. Een andere verklaring is dat de gevolgen van leeftijdgerelateerde cognitieve achteruitgang, zoals eerder beschreven, niet zichtbaar worden in het leven van alledag doordat individuen zich aanpassen. Het is bijvoorbeeld mogelijk dat ouderen als reactie op de waargenomen achteruitgang in sensorische en cognitieve vermogens hun manier van autorijden aanpassen en vermijden om 's nachts, op de snelweg, tijdens de spits, of op onbekend terrein te rijden. Over de manier waarop mensen zich, bewust of onbewust, aanpassen aan verminderde cognitieve vaardigheden, is echter nog weinig bekend.

Een laatste verklaring is dat cognitieve vermogens niet de enige determinant zijn van goed functioneren in het alledaagse leven: het is mogelijk dat andere factoren sterker worden met het toenemen van de leeftijd, en dat die de leeftijdgerelateerde achteruitgang in cognitieve vermogens compenseren. Empirisch bewijs voor een compenserende werking van factoren, zoals persoonlijkheid, attitude, emotionele intelligentie, praktische intelligentie, beslissingsvaardigheden, rationaliteit en analytische vaardigheden, is op dit moment nog beperkt aanwezig, maar is interessant. Onderzoek naar de socio-emotionele-selectiviteitstheorie (SEST) is in dit kader interessant om te noemen. Deze theorie stelt dat de wijze waarop mensen hun toekomst ervaren, van invloed is op de doelen die zij stellen (Mather & Carstensen, 2005; zie ook hoofdstuk 2 en 11). Ouderen merken dat er grenzen zijn aan hun toekomstige tijd en gaan zich daarom meer richten op emotioneel betekenisvolle doelen: een verandering die op allerlei manieren is aangetoond (Carstensen & Mikels, 2005). Dit zou kunnen verklaren waarom zij minder gemotiveerd deelnemen aan opdrachten in een laboratoriumsetting dan aan dagelijkse activiteiten waarmee zij zich meer verbonden voelen.

2.4 Conclusie

Wetenschappelijk onderzoek naar normale cognitieve veroudering laat uiteenlopende veranderingen zien. Sommige cognitieve functies gaan achteruit met het ouder worden, maar andere laten juist stabiliteit zien, of worden krachtiger met het toenemen van de leeftijd. Ook is het duidelijk dat er sprake is van een toenemende variabiliteit met het ouder worden. De ene oudere is daardoor niet te vergelijken met de andere.

Bevindingen laten zien dat de verschillende cognitieve functies in nauwe samenhang met elkaar opereren, zodat leeftijdgerelateerde veranderingen in de basale en vroege verwerkingsprocessen (zoals aandacht en snelheid van informatieverwerking) invloed hebben op latere verwerkingsprocessen (zoals het werkgeheugen, aandacht, geheugen, taal, en executieve functies). Alleen al deze bevindingen laten zien dat het ontrafelen van cognitief functioneren bij ouderen steeds weer een fascinerende activiteit is voor psychologen in de klinische praktijk.

3 Cognitieve diagnostiek bij ouderen

Met het ouder worden neemt de kans toe op aandoeningen die gepaard gaan met cognitieve stoornissen. Het in kaart brengen van cognitieve stoornissen en de gevolgen daarvan voor het alledaagse leven van de cliënt is een belangrijke taak van psychologen in de ouderenzorg. Psychologische hulpverlening begint immers met diagnostiek. Kennis van iemands klachten, inzicht in de aard en ernst van de problematiek en mogelijke verklaringen zijn onmisbaar om tot een goed advies te komen over hulpverlening.

Cognitieve diagnostiek bij ouderen is een uitdagend proces. Verschillende factoren dragen daaraan bij. Om te beginnen de eerder beschreven toenemende individuele variatie in cognitief functioneren bij het ouder worden. Daarnaast spelen de talrijke factoren die van invloed kunnen zijn op het cognitieve functioneren en op het diagnostische proces een rol, evenals de verscheidenheid aan onderliggende zorgvragen, en de ethische dilemma's die diagnostiek bij deze doelgroep oproept.

In de afgelopen decennia is veel wetenschappelijke aandacht uitgegaan naar het opsporen van pathologische cognitieve veranderingen bij ouderen en de mate waarin die bij verschillende hersenaandoeningen aanwezig zijn. Opmerkelijk weinig aandacht is er geweest voor het diagnostische proces in de klinische praktijk, terwijl de complexiteit van diagnostiek bij ouderen juist vraagt om sterk methodisch werken. Daarbij is een relevante vraag hoe oudere cliënten het best gepositioneerd kunnen worden tijdens het diagnostische proces om optimaal gemotiveerd deel te nemen aan onderzoek. Negatieve stereotypen over het ouder worden, onbekendheid met de testsituatie, en ook de redenen tot diagnostiek (is er sprake van dementie; zal iemand in staat zijn om de eigen financiën te regelen?) kunnen het onderzoek tot een bedreiging maken (zie bijvoorbeeld Diesfeldt, 2009). Dit vraagt om expliciete aandacht voor contactopbouw en het perspectief van de oudere zelf: welke vragen heeft de oudere; hoe weegt de oudere de verschillende problemen waarmee hij te maken heeft; wat kunnen uitkomsten van onderzoek betekenen; en ook, hoe kan cognitief onderzoek die oudere helpen? Het model van therapeutische diagnostiek biedt interessante handvatten en zal daarom worden toegelicht. Het zal ook als uitgangspunt dienen bij de verdere bespreking van het diagnostische proces.

3.1 Therapeutische diagnostiek

Het model van 'therapeutische diagnostiek' is ontwikkeld vanuit de persoonlijkheidsdiagnostiek (Gorske & Smith, 2010). De centrale gedachte is dat psychodiagnostiek de cliënt helpt zichzelf beter te begrijpen en beter om te gaan met de ervaren problemen. Anders dan bij de traditionele vorm van diagnostiek wordt de cliënt niet slechts als informatiebron gezien, maar als samenwerkingspartner. De cliënt en de psycholoog zijn beiden expert: de cliënt over zijn leven, waar hij tegenaan loopt en wat hij nodig heeft; de psycholoog over gespreksvoering, diagnostiek, ziektebeelden, en behandelvormen. De samenwerking betreft alle fasen van het diagnostische proces, waaronder het bepalen van het doel van het onderzoek, de betekenis van onderzoeksbevindingen, het nabespreken van onderzoek, en de wijze van schriftelijke rapportage. Deze vorm van diagnostiek stelt respect centraal, evenals vertrouwen, nieuwsgierigheid naar de ervaringen en gedachten van de cliënt, en transparantie in het diagnostische proces. Cliënten voelen zich sterker betrokken bij deze vorm van diagnostiek, omdat het bij deze vorm expliciet gaat om de problemen en vragen die zijzelf inbrengen waarbij bovendien hun gedachten en ervaringen essentieel worden gemaakt (Kamphuis, 2011). Gecontroleerd empirisch onderzoek laat positieve effecten zien. Volgens Kamphuis speelt het opheffen van demoralisatie hierbij een belangrijke rol: therapeutische diagnostiek maakt dat cliënten weer perspectief gaan zien, gemotiveerder zijn om zich te laten behandelen, en zich daardoor minder ongelukkig voelen. Hij benadrukt wat dit vraagt van de psycholoog, namelijk dat deze – meer dan bij de gangbare vormen van diagnostiek – een op het individu afgestemde casusconceptualisatie maakt, die uiteindelijk ook de cliënt zelf, tijdens de feedback, moet overtuigen.

Ondertussen vindt deze vorm van diagnostiek ook zijn toepassing binnen de neuropsychologische diagnostiek. In het boek *Collaborative therapeutic neuropsychological assessment* van Gorske en Smith (2010) besteden de auteurs expliciet aandacht aan het eerste gesprek, het gebruik van motiverende gespreksvoering en aan feedback en advies geven aan cliënten. Ze illustreren dit met praktische voorbeelden uit de klinische praktijk.

Wetenschappelijk onderzoek naar het effect van deze vorm van diagnostiek is nog beperkt, maar eerste interessante ervaringen zijn gepubliceerd (Engelman e.a., 2016). De evaluatie ervan bij ouderen is nog niet beschreven. Wel onderstreept ander wetenschappelijk onderzoek bij ouderen het belang van een diagnostisch proces dat de behoeften van de individuele cliënt centraal stelt.

Keady en Gilliard (2002) ondervroegen cliënten met de ziekte van Alzheimer over hoe zij het neuropsychologisch onderzoek op de geheugenpolikliniek ervaren hadden. Naar voren kwam dat ze de bedoeling van het neuropsychologisch onderzoek niet goed hadden begrepen en dat het ze niet duidelijk was geweest hoe het testonderzoek zou leiden tot een oordeel over hun functioneren, en wat de relevantie was van het onderzoek voor hun persoonlijke leven. Sommigen benoemden dat het een vervreemdende, confronterende dan wel bedreigende ervaring was geweest, die hun gedrag tijdens het onderzoek had beïnvloed. De auteurs benadrukken dat vroegtijdige diagnostiek op deze wijze de vroegtijdige ervaring kan geven dat hulpverlening niet helpt bij het leren leven met dementie. Hoe diagnostiek wel kan helpen, onderzochten Lecouturier e.a. (2008) en Byszewski e.a. (2009). Zij onderzochten de vraag hoe mensen met dementie en hun mantelzorgers meegenomen willen worden in de resultaten van onderzoek, in het bijzonder het bespreken van de diagnose dementie. Zij bleken een voorkeur te hebben voor *progressive disclosure*: een stapsgewijze onthulling van de diagnose. Juist neuropsychologische diagnostiek volgens het model van therapeutische diagnostiek sluit hierbij aan, door tijdens het gehele onderzoek stil te staan bij de vragen, gedachten en gevoelens van de cliënt en diens ervaringen.

3.2 Doelstellingen

In de klinische praktijk van de ouderenpsycholoog zijn er verschillende redenen om onderzoek te verrichten naar cognitief functioneren (zie kader). Soms, zoals bij de casus aan het begin van dit hoofdstuk, ligt cognitief onderzoek voor de hand, omdat de cliënt zelf of andere betrokkenen komen met zorgen over het cognitieve functioneren. In andere gevallen staat juist gedragsverandering op de voorgrond, een moeizame motivatie tot revalidatie, stemmingsproblematiek of angst, of een vraag over terugkeer naar huis. Ook in die gevallen kan cognitieve diagnostiek helpen. Apathisch gedrag kan bijvoorbeeld wijzen op niet meer kunnen (niet begrijpen wat de bedoeling is, vergeten zijn dat er iets is gevraagd, of niet meer in staat zijn het eigen gedrag aan te sturen en te organiseren), maar kan ook een uiting zijn van niet meer willen (bijvoorbeeld omdat iemand zich overvraagd voelt). Ook biedt cognitieve diagnostiek handreikingen voor communicatie, voor compensatiemogelijkheden en benaderingswijzen, en brengt het – verricht volgens het model van therapeutische diagnostiek – een dialoog op gang met de cliënt en familie over hun vragen en zorgen, hun angsten en hinderende gedachten, en over wat hen kan helpen.

> **Voorbeelden vraagstellingen bij cognitief onderzoek**
> - Zijn er objectiveerbare cognitieve stoornissen?
> - Wat zijn de aard, de ernst en de omvang van de cognitieve stoornissen?
> - Welke cognitieve functiedomeinen zijn intact, en welke zijn relatief gespaard gebleven?
> - Wat is de mogelijke oorzaak van het gevonden cognitieve profiel? In hoeverre passen de cognitieve stoornissen bij een hersenaandoening of hersenschade? Of zijn andere factoren bepalend, zoals een depressie?
> - Heeft de behandeling effect gehad (herhalingsonderzoek)?
> - Is er verandering in cognitief functioneren ten opzichte van eerder onderzoek?
> - Wat kan er gezegd worden over hoe de cognitieve achteruitgang zich verder gaat ontwikkelen?
> - Kunnen beperkingen bij de revalidatie of beperkingen in het dagelijks leven verklaard worden vanuit vastgestelde cognitieve stoornissen?
> - Welke gevolgen kunnen gestoorde en intact gebleven functies hebben voor het dagelijkse functioneren?
> - Hoe kunnen de leer- of restmogelijkheden worden benut? Welke mogelijkheden zijn er om gebruik te maken van de intacte of relatief gespaard gebleven vaardigheden, bij het optimaliseren van revalidatie of het vergroten van de zelfstandigheid, dan wel bij veiligheid in het dagelijkse leven?
> - Welke omgangsadviezen kunnen er gegeven worden aan de cliënt, dan wel aan degenen die bij de cliënt betrokken zijn?
> - Stelt het gevonden cognitieve profiel de cliënt in staat om deel te nemen aan een groepsgewijze of individuele psychologische behandeling?
> - In hoeverre maken cognitieve stoornissen terugkeer naar huis kwetsbaar? Welke ondersteuning is wenselijk gezien het cognitieve profiel?
> - Hoe kan de cliënt ondersteund worden om wilsbekwaam te beslissen?
> - In welke richting is eventueel verder onderzoek nodig?

3.3 Methodisch werken en het diagnostische proces

Witteman e.a. (2014) definiëren psychodiagnostiek als volgt:

> 'de oordeelsvorming aangaande psychische disfuncties of gedragsmoeilijkheden en sterktes, waarbij de benadering van het probleem op de wetenschappelijke psychologie gebaseerd is en waarbij het essentieel is de persoon (of het systeem) zodanig te begrijpen dat uit de structurering van diens probleem relevante aanwijzingen voor therapie voortvloeien' (Witteman e.a., 2014, p. 11).

Deze definitie benadrukt twee belangrijke punten. Het ene punt is dat diagnostiek geen doel in zichzelf is, maar altijd plaatsvindt om de cliënt (en diens systeem) een stap verder te helpen. Het andere punt is dat er is sprake van een weloverwogen besluitvormingsproces dat uitgaat van wetenschappelijke kennis van psychische functies en gedrag en daarbij gebruikmaakt van de wetenschappelijke onderzoeksmethodiek. Dit laatste is om allerlei redenen gewenst (Witteman e.a., 2014).

Vaak ontbreekt een gouden standaard waarmee het diagnostische oordeel getoetst kan worden op juistheid. Ook komt het relatief weinig voor dat de diagnosticus langere tijd in contact blijft met de cliënt. Daardoor zijn er weinig mogelijkheden voor gefundeerde feedback van de cliënt op het diagnostische oordeel, en voor het toetsen van dat oordeel door het volgen van de cliënt in de loop van de tijd. Zo kunnen bepaalde overtuigingen bij de diagnosticus blijven bestaan, zoals het overschatten van de diagnostische waarde van een specifiek neuropsychologisch profiel. Dat een geadviseerde behandeling werkt, betekent ook niet zonder meer dat het klinische oordeel juist is geweest. Niet alleen kan er kan sprake zijn van een placebo-effect, ook is niet uitgesloten dat een andere behandeling evengoed gewerkt zou hebben. Tot slot heeft veelvuldig onderzoek vanuit de psychometrie, de cognitieve traditie en sociale psychologie laten zien dat de clinicus zelf niet vrij is van oordeelsfouten (De Bruyn e.a., 2006). Om al deze redenen is het dan ook gewenst dat het diagnostische proces zelf zo wetenschappelijk mogelijk doorlopen wordt. De complexiteit van diagnostiek bij ouderen versterkt die behoefte aan methodisch werken.

De meeste richtlijnen op het gebied van psychodiagnostiek zijn ontwikkeld op het vlak van methoden en procedures voor het verzamelen van informatie (het testonderzoek). Veel minder uitgewerkt zijn richtlijnen voor hoe de informatie verzameld en gebundeld moet worden om de vraag van de cliënt concreet te beantwoorden (De Bruyn e.a., 2006). Vanwege het belang daarvan heeft de European Association of Psychological Assessment (EAPA) een taakgroep opgericht die een reeks richtlijnen heeft ontwikkeld voor onder andere het diagnostische proces.

De empirische cyclus wordt beschouwd als methodiek om op verantwoorde wijze informatie te vergaren. De psycholoog doorloopt daarbij verschillende stappen: gegevens verzamelen (observatie), vermoedens formuleren over de aard of oorzaak van de klachten en problemen (inductie), toetsbare voorspellingen formuleren op grond van deze hypothesen (deductie), de te gebruiken instrumenten kiezen, het toetsingscriterium vaststellen, de instrumenten toepassen en verwerken (toetsing), en hypothesen bevestigen of juist weerleggen op basis van resultaten (evaluatie) (Witteman e.a., 2014). Deze wetenschappelijke methodiek is in principe van toepassing op elke diagnostische vraag, waarbij de cyclus meer dan eens doorlopen kan worden. Kenmerkend is dat veronderstellingen over de werkelijkheid (bijvoorbeeld wat er aan de hand is, hoe problemen zich zullen ontwikkelen, of wat nodig is om de problemen te verhelpen) getoetst worden aan feiten (resultaten van onderzoek). Daarnaast geldt de wetenschappelijke eis van transparantie: gedachtegang, onderzoek, interpretatie, conclusies en aanbevelingen zijn inzichtelijk voor andere psychologen en in principe herhaalbaar, niet gebonden aan de persoon van de clinicus (De Bruyn e.a., 2005).

Om de ouderenpsycholoog te ondersteunen in het diagnostische proces, hebben wij een gestructureerde vragenlijst ontwikkeld, die de stappen uit de empirische cyclus expliciteert en aandacht besteedt aan factoren waarmee in de ouderenzorg rekening gehouden moet worden (zie de online leeromgeving behorend bij dit boek op www.tijdstroom.nl/leeromgeving).

3.4 De vraag in de juiste context

In de ouderenzorg zijn verwijzingen voor cognitieve diagnostiek veelal afkomstig van artsen en andere professionals. De psycholoog neemt kennis van de vraag, beoordeelt of de vraag als zodanig te beantwoorden is, of verder overleg en herformulering noodzakelijk zijn, of de psycholoog de aangewezen professional is, en of dit het passende moment is om de vraag te beantwoorden (*Algemene standaard testgebruik*: NIP, 2010).

De vraag of dit het passende moment is, verdient specifieke aandacht in de ouderenzorg, vanwege de veelheid aan biopsychosociale veranderingen bij ouderen en de context waarin de psycholoog opereert (werken met informele en professionele verzorgenden; complexe zorgvragen). Ook bij een concreet verzoek van de verwijzer om een cognitief onderzoek is het de verantwoordelijkheid van de psycholoog om te bepalen of dit werkelijk is geïndiceerd en om indien nodig de vraagstelling te herformuleren.

Steeds is de vraag: is diagnostiek van cognitie de essentiële stap voor de zorgvraag die speelt, en zo ja: is dit een goed moment om een valide indicatie van het cognitieve functioneren te verkrijgen? De aanwezigheid van een delier maakt het bijvoorbeeld onmogelijk om zinvolle uitspraken te doen over de aanwezigheid van cognitieve stoornissen passend bij dementie. Een toekomstig woonadvies aan iemand die recentelijk een beroerte heeft doorgemaakt met ernstige beperkingen in functioneren, is niet zinvol als hij net begonnen is met revalideren, maar wordt passend als hij bijna is uitbehandeld en er nog steeds sprake is van beperkingen die zijn zelfstandige functioneren hinderen. Cognitieve diagnostiek is ook niet de eerste stap in het psychologische handelen wanneer een zorgteam ernstig uit balans is vanwege gedragsproblemen bij een bewoner die lijdt aan de ziekte van Huntington. Ook wanneer een vrouw met dementie wordt doorverwezen voor het beoordelen van de wilsbekwaamheid in verband met een euthanasievraag, is cognitieve diagnostiek niet de eerste stap (Allewijn & Teunisse, 2016; zie ook hoofdstuk 11).

3.5 Zicht op biopsychosociaal functioneren

Bij ouderen is dossieronderzoek een belangrijke bron van informatie (Jamora e.a., 2008). Kennis over de specifieke medische voorgeschiedenis en actuele aandoeningen is nodig om hypothesen te kunnen formuleren over het voorkomen van cognitieve stoornissen en waar die mee kunnen samenhangen, en of er factoren zijn die onderzoek van het cognitieve functioneren op dit moment kunnen hinderen. Niet alleen hersenaandoeningen of hersenletsel en psychiatrische aandoeningen (Gorissen & Krabbendam, 2014) kunnen gepaard gaan met cognitieve veranderingen, maar ook somatische aandoeningen zoals diabetes mellitus, *chronic obstructive pulmonary disease* (COPD), hart- en vaatziekten, en aandoeningen van de lever, nieren of schildklier (De Wit & Derix, 2014; zie ook hoofdstuk 4). Met het ouder worden stijgt de prevalentie van deze somatische aandoeningen. Vaak zijn deze wel behandelbaar of beheersbaar, maar hebben ze toch negatieve gevolgen voor het cognitieve functioneren. Ook de psychosociale gevolgen van deze aandoeningen kunnen effect hebben op cognitief functioneren, zoals de bijkomende spanning, pijn, vermoeidheid, dan wel depressie en angst (De Wit & Derix, 2014).

Met het ouder worden neemt de kans op medische multimorbiditeit toe. In Nederland heeft ruim 70% van de 55-plussers met een chronische ziekte één of meer andere chronische ziekten en 37% heeft twee of meer chronische ziekten (Van Oostrom e.a., 2011). Er zijn aanwijzingen dat deze opeenstapeling van aandoeningen een toegevoegd negatief effect heeft op cognitie (Duff e.a., 2007). Onderzoek onder 692 thuiswonende ouderen laat zien dat er, ook na controle op belangrijke variabelen, een duidelijke relatie is tussen de mate van comorbiditeit en de aandachtsfunctie: ouderen met vijf of meer actuele medische aandoeningen laten bij neuropsychologisch onderzoek meer aandachtsproblemen zien dan ouderen met minder comorbiditeit. Voor alle duidelijkheid: ouderen met aandoeningen die gepaard kunnen gaan met cognitieve stoornissen, waren uitgesloten van deelname aan dit onderzoek.

Factoren als heftige pijn, medicatiegebruik, vermoeidheid, parese aan de dominante hand, gehoorverlies (zie kader), een niet-optimaal gecorrigeerde visus, en recente ingrijpende levensgebeurtenissen zoals het verlies van een partner, of cognitieve stoornissen zelf (zoals ernstige aandachtsstoornissen) kunnen optimale deelname aan cognitief onderzoek hinderen en maken dat het onderzoek moet worden aangepast of uitgesteld. Bovendien kunnen dergelijke factoren ook een verklaring zijn voor de ervaren cognitieve klachten. Het is dus van belang hier gericht naar te zoeken in het dossier, er gericht naar te vragen in de auto- en heteroanamnese, gericht te observeren, en er rekening mee te houden bij de opzet en interpretatie van het onderzoek.

> **Gehoorverlies en cognitieve prestaties**
> Significant gehoorverlies (gedefinieerd als 35 decibel (dB) verlies in het oor dat het beste hoort) is in Nederland aanwezig bij 33% van de mannen en 29% van de vrouwen van 65 jaar en ouder, en bij meer dan 50% van de ouderen boven de 80 jaar. Besef van deze hoge prevalentie is belangrijk, niet alleen omdat gehoorverlies grote gevolgen heeft voor psychosociaal welzijn en leidt tot sociale isolatie en depressie, maar vooral ook omdat gehoorverlies kan leiden tot fout-positieve uitslagen op neuropsychologische tests.
> Van Boxtel e.a. (2000) onderzochten de relatie tussen gehoorverlies en de prestaties op een veelgebruikte verbale geheugentest (de Rey Auditory Verbal Learning Test: RAVLT). In de normale populatie ouderen vonden zij een duidelijke relatie met directe en uitgestelde *recall*. Hun analyse laat zien hoe indringend het effect van gehoorverlies is: de maximale score bij de uitgestelde recall-conditie van een 60-jarige met 30 dB gehoorverlies was statistisch vergelijkbaar met de score van een 85-jarige zonder gehoorverlies. Dit is des te opmerkelijker omdat de testcondities zo optimaal mogelijk waren gemaakt, dat wil zeggen: het volume waarmee de woorden werden gepresenteerd, was optimaal afgestemd voor ieder individu, en achtergrondruis was zo veel mogelijk verwijderd. Dus zelfs onder optimale omstandigheden werd deze relatie met gehoorverlies gevonden.
> In de klinische praktijk betekent dit dat gebruik van deze geheugentaak bij mensen met licht tot matig gehoorverlies leidt tot een onderschatting van de geheugenfunctie, hetgeen mogelijk kan leiden tot onjuiste diagnoses (zoals dementie).

3.6 De autoanamnese als vertrekpunt

Het gesprek met de cliënt is het essentiële vertrekpunt van psychologische diagnostiek. Het is bepalend voor de rest van het onderzoek (inhoudelijk en procesmatig) en heeft verschillende doelen: toestemming krijgen voor onderzoek, een gezamenlijk vertrekpunt bepalen, informatie verzamelen om zicht te krijgen op het huidige en het vroegere functioneren van de cliënt (zie kader), mogelijke verklaringen generen voor veranderingen in functioneren, en vooruitblikken op het nagesprek. Sommige van deze doelen vereisen specifieke aandacht in de ouderenzorg. Het moment om toestemming te krijgen voor onderzoek en om een gezamenlijk vertrekpunt voor onderzoek te vinden is juist in de ouderenzorg een belangrijke stap. Cliënten worden vaak op aandringen van anderen doorverwezen en niet omdat zij zelf zozeer bezorgdheid laten zien. De vraag is dan of en hoe deze oudere weloverwogen kan instemmen met het onderzoek. Therapeutische diagnostiek kan hierbij helpen, door een gelijkwaardige samenwerkingsrelatie tot stand te brengen, waarbinnen de cliënt beschouwd wordt als expert van zijn eigen leven. Juist bij cliënten die zijn doorverwezen omdat een ander zich zorgen maakt, is het belangrijk deze gelijkwaardigheid doelbewust te creëren. Ze zijn doorverwezen vanwege de bezorgdheid van een ander: hoe voelt dat voor hen? Wat vinden zij van deze doorverwijzing en de bezorgdheid die anderen hebben? Herkennen zij die bezorgdheid? Zou dit onderzoek ook voor henzelf waarde kunnen hebben? Wat zijn de vragen die zij graag beantwoord zien? Wat denken zij zelf dat er speelt? Wat zou het voor hen betekenen als die uitkomst werkelijkheid zou zijn? Als dat een mogelijke uitkomst kan zijn, willen zijn dan wel deelnemen?

Het is van belang de cliënt te motiveren, ook door rekening te houden met onervarenheid van veel ouderen met de testsituatie. Ook daarom is uitleg nodig over de tests, de oplopende moeilijkheidsgraad van vragen, dat het normaal is dat mensen de vragen niet allemaal goed kunnen beantwoorden, en stil te staan bij eventuele vragen en hoe dit onderzoek daarop een antwoord kan geven. Bij ouderen met cognitieve stoornissen, zoals geheugenstoornissen, kan het nodig zijn deze zaken meer dan eens te bespreken.

Aandachtspunten bij uitvragen huidige en vroegere functioneren

- Inventarisatie van het huidige cognitieve functioneren in een taal die begrijpelijk is voor de cliënt en met aandacht voor het dagelijkse functioneren.
- Vragen naar het beloop van de veranderingen en de mogelijke biologische, psychologische en/of sociale factoren die daarop van invloed zijn (geweest) volgens de cliënt. Expliciet stilstaan bij andere niet-cognitieve factoren die veel voorkomen zoals visus- en gehoorbeperkingen, de invloed van comorbiditeit (hinder van andere aandoeningen, pijn, en medicatie-effecten), stemmingsproblemen en veranderingen in het eigen sociale netwerk (wegvallen van de partner en andere belangrijke anderen).
- Observatie van de cliënt tijdens het gesprek, juist ook omdat cliënten zelf niet altijd in staat zijn om een betrouwbaar verhaal te vertellen.
  Hoe verloopt de communicatie: lijkt de cliënt de vragen goed te horen en te begrijpen; lijkt het erop dat hij de vragen kan onthouden en antwoorden goed kan formuleren, of zijn er aanwijzingen voor woordvindproblemen? Lijkt de cliënt in staat om zijn aandacht te houden bij het gesprek, of wordt hij afgeleid door interne gedachten of externe stimuli? Maakt de cliënt een verzorgde indruk? Vertelt de cliënt herhaaldelijk dezelfde verhalen?
  De autoanamnese biedt ook de mogelijkheid om de cliënt in een ongestructureerde situatie te observeren. Wat gebeurt er als de psycholoog geen vragen stelt, neemt de cliënt dan zelf het initiatief tot een gesprek? Is hij in staat om de draad van het verhaal vast te houden als de psycholoog geen gestructureerde vragen stelt? Stoornissen op dit niveau komen niet altijd naar voren bij het formele testonderzoek, dat in het algemeen een zeer gestructureerde situatie is. Laat de cliënt op dit moment inzicht zien in zijn eigen functioneren? (zie het kader 'Ziekte-inzicht bevorderen').
- Inventarisatie van het vroegere niveau van cognitief functioneren om een individuele vergelijkingsstandaard te creëren waartegen huidige cognitieve prestaties kunnen worden afgezet. Voor ouderen, en vooral oudere vrouwen, geldt dat zij vaak al op jonge leeftijd moesten gaan werken, waardoor het opleidingsniveau dat zij hebben genoten niet zonder meer een goede indicator is van het intellectuele niveau dat zij in hun leven hebben bereikt. Daarom is van belang om door te vragen naar banen, verantwoordelijkheden, hobby's en andere interesses die zij hebben gehad, wanneer zij daarmee zijn gestopt en wat daarvoor de reden was.
- Tot slot heeft de autoanamnese tot doel om te inventariseren hoe de cliënt betrokken wil zijn in het nabespreken van de bevindingen. Wil de cliënt weten wat de bevindingen van onderzoek zijn? Zo ja, hoe zou dit het beste kunnen plaatsvinden? Wil hij dat anderen daarbij aanwezig zijn; zo ja: wie? Heeft hij voorkeur voor een bepaald moment van de dag?
  Onderzoek door Lecouturier e.a. (2008) laat zien dat mensen met dementie, hun mantelzorgers en professionals de voorkeur geven aan een geïndividualiseerde bespreking, aangepast aan de behoeften van de persoon met dementie en zijn mantelzorgers.

Dementie en inzicht in eigen functioneren

Wetenschappelijk onderzoek toont aan dat mensen met dementie verschillen in de mate van inzicht die ze laten zien en dat naast cognitieve factoren ook psychosociale factoren een duidelijke bijdrage leveren (Clare e.a., 2012). Sommigen ontkennen vergeetachtigheid omdat zij bang zijn voor de gevolgen van de diagnose, omdat de vergeetachtigheid in het niet valt bij andere gezondheidsproblemen, omdat zij zich onvoldoende veilig voelen in het gesprek, of omdat hun eigen zorgen over vergeetachtigheid steeds worden ontkracht door anderen ('Maak je niet zo druk, ook ik word vergeetachtig, dat hoort er bij als je ouder wordt'). Dat mensen met cognitieve stoornissen geen cognitieve klachten rapporteren, betekent dus niet zonder meer dat er sprake is van verminderd inzicht. Ook het overschatten van de eigen prestaties na afloop van het testonderzoek is niet zonder meer een indicatie voor verminderd inzicht (Graham e.a., 2005).

Ziekte-inzicht bevorderen

Wil Feenstra is een 87-jarige weduwe. Zij is opgenomen op een observatieafdeling van het verpleeghuis na een val thuis en een daaropvolgend delier. Ze lijdt sinds enkele jaren aan de ziekte van Alzheimer. Ze is weduwe; ze woont alleen met steun van haar zoon.

Haar zoon is bezorgd omdat mevrouw Feenstra steeds meer hulp nodig heeft, dit ontkent en geen professionele hulp wil accepteren. Hij vindt dit des te schrijnender omdat ze, door de goede functie die ze in haar werkzame leven heeft gehad, alle hulp zou kunnen inkopen die ze zou wensen. Hij is bang dat ze door haar opstelling het risico loopt dat ze haar autonomie eerder moet opgeven dan nodig is, en vraagt of de psycholoog nog een ingang kan vinden om dit met zijn moeder te bespreken.

De psycholoog gaat in gesprek met daarbij nadrukkelijke aandacht voor de opbouw van het contact en het creëren van een veilige situatie, waarin mevrouw Feenstra zich gehoord en gezien voelt. Om dat te bewerkstelligen, nodigt de psycholoog mevrouw Feenstra uit om te vertellen over haar werkzame leven en wat haar kracht altijd is geweest. Gaandeweg het gesprek geniet ze zichtbaar van de belangstelling en bevestiging die ze krijgt. Als de psycholoog na ruime tijd aan haar vraagt of ze vandaag de dag nog steeds zo krachtig is als voorheen, is ze even stil. Met zachte stem vertelt ze dat ze zich zorgen maakt. Ze vergeet dingen, heeft steeds meer moeite om haar leven te overzien en is bang dat ze straks niet langer thuis zal kunnen blijven wonen. De gedachte aan regieverlies vormt een schrikbeeld voor haar. Het bespreken van die angst maakt dat het gesprek wordt afgesloten met een duidelijke hulpvraag: 'Hoe kan ik, ondanks mijn ziekte, zo lang mogelijk de regie behouden?' Ze stemt in met een vervolggesprek samen met haar zoon.

3.7 De visie van een belangrijke andere

Wanneer een cliënt wordt doorverwezen voor cognitieve diagnostiek, is een heteroanamnese vaak zinvol. De belangrijkste reden is dat de cognitieve stoornissen zelf, zoals stoornissen in het geheugen of reflectie op eigen handelen, kunnen maken dat de cliënt onvoldoende zicht heeft op zijn eigen functioneren. Als hiervoor aanwijzingen zijn, vraagt de psycholoog toestemming aan de cliënt om meer informatie te verzamelen bij iemand die hem of haar goed kent, en wie dat het beste zou kunnen zijn. Ook bespreekt de psycholoog of de cliënt bij dat gesprek aanwezig wil zijn. Wanneer de heteroanamnese plaatsvindt buiten de aanwezigheid van de cliënt, is transparantie over wat er met de informatie gaat gebeuren essentieel, namelijk dat cliënt en informant allebei weten dat de heteroanamnestische informatie gedeeld wordt met de cliënt en wordt opgenomen in het psychologische rapport.

De heteroanamnese richt zich, net als de autoanamnese, op het functioneren van de cliënt in heden en verleden. Meestal is de informatie afkomstig van partners of familieleden van de cliënt. Omdat zij de cliënt al lange tijd kennen, kunnen zij als geen ander veranderingen in functioneren waarnemen. Daar staat tegenover dat zij meestal niet getraind zijn in het observeren van de cliënt. Om hun beschrijvingen zo veel mogelijk van subjectieve interpretaties te ontdoen, is het wenselijk om steeds naar concrete voorbeelden van gedrag te vragen. Als een echtgenote zegt dat haar man vergeetachtig is, waarnaar verwijst ze dan, wat ziet ze gebeuren in het leven van alledag? Als een dochter meldt dat haar vader hulp nodig heeft bij het wassen en aankleden, is het belangrijk om door te vragen: waaruit bestaat die hulp en wat gebeurt er als deze hulp niet gegeven wordt? Overigens is het niet ongewoon dat de familie handelingen overneemt niet zozeer omdat de cliënt die handeling zelf niet meer kan verrichten, maar omdat de handeling sneller gaat als de familie assisteert. Zo'n situatie kan leiden tot *excess disability* (onnodige beperkingen) en overrapportage van beperkingen. Er bestaan verschillende gestandaardiseerde vragenlijsten en gedragsobservatieschalen die bij de heteroanamnese gebruikt kunnen worden. Voorbeelden zijn het Interview voor Dagelijkse Levensverrichtingen bij Dementie (Teunisse & Derix, 1991) en de verkorte *informant*-vragenlijst over cognitieve achteruitgang bij ouderen (Informant Questionnaire on Cognitive Decline in the Elderly: IQCODE) (De Jonghe, 1997).

De heteroanamnese kan ook om andere redenen vertekend raken. Walstra en Van Gool (1995) beschrijven bijvoorbeeld twee cliënten die met hun partners de polikliniek voor geheugenstoornissen bezoeken. Bij de ene cliënt blijkt er sprake van onderrapportage van veranderingen door de partner, omdat zij bang is dat een reële rapportage tot gevolg zou hebben dat haar man wordt opgenomen in een verpleeghuis. Bij de andere cliënt is er sprake van overrapportage van veranderingen door de partner; huwelijksproblemen lijken daarbij een rol te spelen. Een gesprek met de medewerkers van de dagvoorziening die de cliënt bezoekt, maakt duidelijk dat de cliënt adequaat functioneert.

Wetenschappelijk onderzoek naar de kwaliteit van beoordelingen door mantelzorgers laat zien dat cliënten en mantelzorgers het niet altijd eens zijn over hoe het met de cliënt gaat. Dit geldt niet alleen voor cliënten met cognitieve achteruitgang, maar ook voor chronisch zieken zonder cognitieve stoornissen. Verschil van mening is dus niet zonder meer terug te voeren op verminderd ziekte-inzicht. Onderzoek bij dementie laat zien dat ook andere factoren een rol spelen, waaronder de mate van belasting die mantelzorgers ervaren als gevolg van de zorg voor de cliënt (Pfeifer e.a., 2013): hoe meer belasting zij ervaren, hoe minder de overeenstemming tussen cliënt en mantelzorger over het functioneren van de cliënt. Dit is crosssectioneel onderzoek en dus is het niet duidelijk hoe deze associatie tot stand komt in de loop van de tijd. Maar een mogelijke verklaring is dat overbelaste mantelzorgers minder tolerantie hebben tegenover het gedrag van de hulpbehoefte bij dementie en daardoor de cliënt anders gaan beoordelen.

Tot slot is het belangrijk op te merken dat partners van oudere cliënten dikwijls zelf op hoge leeftijd zijn. Ook bij hen kan er sprake zijn van cognitieve achteruitgang, die eveneens kan leiden tot een vertekend beeld over de cliënt.

Voor de klinische praktijk betekent dit dat heteroanamnestische informatie niet zonder meer voor waar kan worden aangenomen. Van belang is dat de psycholoog zich steeds een beeld vormt van de informant als informatiebron: in hoeverre kunnen diens verwachtingen, belangen, referentiekaders, ervaren belasting en psychisch functioneren de gegeven informatie vertekend hebben? Bij twijfel kan informatie van een andere informant gewenst zijn. Bij opgenomen cliënten verdient het aanbeveling om ook observaties van de verzorgenden – als andere informatiebron – mee te nemen en te vergelijken met de informatie uit de heteroanamnese. Hoe meer overeenstemming tussen verschillende soorten bronnen, hoe betrouwbaarder de informatie. Ook de observaties van de psycholoog zelf op basis van het gesprek met cliënt worden in deze weging betrokken.

Tijdsdruk maakt dat de heteroanamnese in de klinische praktijk steeds vaker door andere professionals (casemanager, maatschappelijk werker) wordt afgenomen. Toch is afname door de psycholoog aan te bevelen. Niet alleen vanwege het belang dat informatie uit verschillende informatiebronnen gewogen moet worden, maar ook omdat diagnostiek dient om de cliënt, en in de ouderenzorg vaak ook het systeem, verder te helpen. Net als bij de cliënt vraagt dit om het opbouwen van een samenwerkingsrelatie en een koppeling tussen behoeften en wensen die leven bij het systeem en het verdere proces van diagnostiek.

3.8 Psychologische kennis en toetsbare hypothesen

Op basis van de gegevens verkregen uit het dossier, de auto- en heteroanamnese, en de observaties komt de psycholoog tot voorlopige verklaringen voor de klachten van de cliënt. De klachten van Gerda van Dam waarmee we het hoofdstuk openen en haar beschrijving van het beloop van die klachten zouden bijvoorbeeld kunnen passen bij *mild cognitive impairment*, een syndroom waarbij cognitieve stoornissen geobjectiveerd kunnen worden, maar waarbij deze stoornissen slechts beperkt interfereren met het dagelijks leven (NVKG, 2014).

Als er aanwijzingen zijn dat de cognitieve stoornissen wel significant interfereren, zouden haar klachten ook kunnen passen bij dementie. In dat geval zal testonderzoek moeten laten zien dat er cognitieve stoornissen zijn in minstens twee van de volgende domeinen (NVKG, 2014):
- het vermogen om nieuwe informatie op te slaan en te onthouden;
- redeneren en uitvoeren van complexe taken; inschattingsvermogen;
- visuospatiële functies;
- taalfuncties;
- gedrag en persoonlijkheid.

Voor meer informatie over diagnostiek bij dementie, zie Smal en Kleemans (2016).

Omdat zij angstig is over de toekomst, een sombere indruk maakt en veel nadruk lijkt te leggen op wat niet goed meer gaat, is het ook mogelijk dat haar klachten samenhangen met angst of voortkomen uit een depressie (zie hoofdstuk 5). Wetenschappelijk onderzoek naar de rol van emoties op cognitieve processen (Blanchette & Richards, 2010) laat zien hoe angst leidt tot een negatieve interpretatie van de situatie. Dat geldt ook voor depressie. Ook depressieve mensen klagen vaak over hun geheugen zonder dat dit hoeft te betekenen dat er cognitieve stoornissen zijn.

Voorts bestaat ook de mogelijkheid dat Gerda zowel cognitieve stoornissen heeft als een depressie, een combinatie die regelmatig voorkomt bij ouderen; bij 85-plussers is de kans daarop zelfs 25% (Steffens e.a., 2006). Of tot slot ook nog andere hypothesen overwogen moeten worden, hangt af van haar medische conditie en of zij andere aandoeningen heeft die gepaard kunnen gaan met cognitieve achteruitgang, dan wel haar cognitieve klachten kunnen verklaren.

De psycholoog vertaalt voorlopige verklaringen naar hypothesen, die met psychologische onderzoeksmethoden (zoals tests en vragenlijsten) getoetst kunnen worden. Binnen het diagnostische proces voegt deze toetsing wezenlijk andere informatie toe. Van alle informatiebronnen (dossier, autoanamnese, heteroanamnese, observaties, en testonderzoek) is testonderzoek de enige bron waarbij het functioneren van de cliënt vergeleken kan worden met een normgroep en zo veel mogelijk ontdaan is van subjectieve interpretatie.

3.9 Testonderzoek

Passend testmateriaal

Hypothesen zijn bepalend voor de keuze van het onderzoeksmateriaal. Ook andere factoren spelen een rol, zoals bevindingen uit de auto- en heteroanamnese (waaronder taal en cultuur), het huidige niveau van functioneren van de cliënt, de beschikbaarheid van passende normen voor ouderen, en het veelvuldig voorkomen van sensorische, motorische of andere beperkingen bij ouderen die het testonderzoek kunnen belemmeren.

Caplan en Shechter (2006) schreven een interessant hoofdstuk over het aanpassen van gestandaardiseerde tests aan de beperkingen van ouderen. Zij onderscheiden aanpassing (*adaptation*) en verandering (*modification*) van testmateriaal. Van aanpassing is sprake als de aangebrachte verandering direct samenhangt met de beperking van een specifieke cliënt, en het verwachte effect van die aanpassing op de score van die cliënt groter is dan bij vergelijkbare andere ouderen zonder die beperking; de aanpassing mag de meetpretentie van de test niet veranderen. Aanpassingen kunnen zich voordoen in het proces van testen (zoals hulp geven bij het omslaan van de pagina's, schriftelijke instructies in plaats van mondelinge) of in de aangeboden inhoud (zoals het vergroten van het lettertype). Steeds speelt de vraag: hoe kan de psycholoog de oudere met specifieke beperking ondersteunen om met aanpassing in het testmateriaal tot een prestatie te komen die informatief is voor het construct dat de test meet en die geen indicatie is van scorevariatie ten gevolge van de beperking?

Ook in de *Algemene standaard testgebruik* (NIP, 2010) benadrukt men het belang om de testsituatie zo in te richten dat deze toegankelijk is en geschikt voor mensen met een beperking. Expliciet is daaraan toegevoegd dat de aanpassing zelf de testuitslag niet mag beïnvloeden.

Uit onderzoek naar mondelinge afname van de veelgebruikte Trail Making Test blijkt dat die afname nog niet als analoog aan de schriftelijke versie mag worden beschouwd (Kammerer & Riordan, 2016). Ook onderzoek naar de mondelinge en een visuele aanbieding van de vijftienwoordentest laat verschillen zien in prestaties (Van der Elst e.a., 2005). Daarom presenteren de auteurs afzonderlijke normgegevens voor de verschillende versies van de test. Dergelijke gegevens zijn vooralsnog zeldzaam. In de klinische praktijk is de interpretatie van een testaanpassing aan beperkingen bij de cliënt dus een kwetsbaar punt.

Interpretatie van testprestaties

Bij het interpreteren van testprestaties bij ouderen zijn enkele aandachtspunten specifiek van belang: stoorfactoren, multimorbiditeit, aanpassingen van testonderzoek, het ontbreken van een harde maat voor premorbide functioneren, en beperkingen in normgegevens. Stoorfactoren zijn invloeden op de testprestaties die niet vallen binnen de meetpretentie van de test. Deze factoren kunnen leiden tot fout-positieve beoordelingen. Fout-positief betekent dat iemand volgens de test disfunctioneert terwijl die persoon in werkelijkheid niet disfunctioneert (NIP, 2003). Stoorfactoren komen veel voor bij ouderen. Slecht horen en zien behoren tot de vijf meest voorkomende geriatrische problemen en die kunnen niet altijd volledig gecorrigeerd worden door hulpmiddelen (Baruch e.a., 2004). Vergeetachtigheid kan er bovendien aan bijdragen dat hulpmiddelen zijn zoekgeraakt, dat zij niet worden meegenomen naar het onderzoek, of dat ze tijdens testonderzoek niet optimaal worden ingezet. Ook geneesmiddelengebruik kan een belangrijke stoorfactor zijn bij ouderen. Van alle medicatie wordt een kwart tot de helft voorgeschreven aan ouderen. Zij gebruiken vaak meer dan één geneesmiddel, soms zelfs vijf tot tien geneesmiddelen tegelijkertijd. De kans op interacties, onjuist gebruik en bijwerkingen, zoals verwardheid, sufheid, delier, wazig zien en tremoren, is daardoor groot (Van der Aa e.a., 2004). Ook factoren als heftige pijn, snelle vermoeibaarheid en gespannenheid kunnen een negatief effect hebben op de testprestaties. Tot slot kunnen ook cognitieve stoornissen stoorfactor zijn: cognitieve traagheid kan bijvoorbeeld bijdragen aan een afwijkend geringe prestatie op een mondelinge geheugentaak. Of dergelijke stoorfactoren een rol hebben gespeeld, wordt vooral afgeleid uit kwalitatieve observaties tijdens onderzoek (Ponds & Hendriks, 2004).

Wanneer is een prestatie afwijkend? Als de testprestatie beschouwd kan worden als een goede indicatie van datgene wat de test beoogt te meten, volgt beoordeling van die prestatie: is er sprake van een normale of afwijkende prestatie? Verschillende vergelijkingsstandaarden worden hierbij gehanteerd. De eerste vergelijkingsstandaard is het premorbide functioneren: het functioneren van de cliënt in de periode voordat de klachten ontstonden. Juist in de ouderenzorg is deze vergelijkingsstandaard belangrijk, vanwege de toenemende individuele variatie in cognitief functioneren. In de klinische praktijk komt het weinig voor dat oudere cliënten eerder in hun leven cognitief onderzoek hebben ondergaan en moet het premorbide functioneren dus worden geschat. Een schatter is de Nederlandse Leestest voor Volwassenen, waarbij de patiënt een rij onregelmatige woorden hardop moet voorlezen; de somscore is het aantal correct uitgesproken woorden (Schmand e.a., 1992). Doordat de woorden onregelmatig zijn, kan de correcte uitspraak niet worden beredeneerd en wordt een goede prestatie vooral veroorzaakt door verworven kennis. De Nederlandse Leestest voor Volwassenen correleert hoog met het verbale IQ, maar onvoldoende met het performale niveau van functioneren, en de nauwkeurigheid neemt af bij personen met zeer hoge of lage intelligentie. Voor een uitgebreid overzicht van schatters van het premorbide functioneren en de beperkingen daarbij, zie verder Duits en Kessels (2014).

De tweede vergelijkingsstandaard voor de normale versus afwijkende prestaties is de normgroep. Voor de meeste cognitieve tests geldt dat zij een grote spreiding aan prestaties laten zien in de normale populatie. Demografische variabelen zoals leeftijd, opleiding en geslacht kunnen vaak een deel van de variatie in testprestaties verklaren. In het ideale geval is de invloed van dergelijke variabelen op de testprestaties in kaart gebracht en kunnen prestaties van de cliënt vergeleken worden met die van normale mensen van dezelfde leeftijd en achtergrond. Scores die buiten het bereik van de normpopulatie vallen, worden dan als afwijkend geïnterpreteerd. Statistisch gezien gaat het hier om scores lager dan twee standaarddeviaties onder het gemiddelde van de populatie, overeenkomend met een score in het tweede percentiel (NIP, 2003). Anderen hanteren als afwijkend een score die kleiner is dan, of gelijk is aan het vijfde percentiel. In beide gevallen gaat het om een testscore die in een normale populatie relatief weinig voorkomt en statistisch gezien als afwijkend beschouwd kan worden.

De waarde van vergelijking met normgroepgegevens staat of valt met de kwaliteit van die normgroep. Alhoewel de laatste jaren het nodige is verbeterd op het gebied van normen bij ouderen, zijn de normgroepen, in vergelijking met tests ontwikkeld voor de volwassenenzorg, relatief klein en weerspiegelen deze soms selectieve populaties. Een voorbeeld hiervan is dat een van de normgroepen uit de Rivermead Behavioural Memory Test bestaat uit ouderen die deelnamen aan een geheugencursus (Van Balen & Wimmers, 1993): de auteurs merken op dat cognitieve stoornissen bij deze groep niet kunnen worden uitgesloten.

Ook zijn er nog steeds weinig normen voor oude ouderen, een groep die door de dubbele vergrijzing zal toenemen. De normen van de Cambridge Cognitive Examination (CAMCOG R/N) (Derix e.a, 2005) gaan bijvoorbeeld niet verder dan 85-jarige leeftijd. Overigens is een belangrijke vraag, gezien de toenemende cognitieve variatie bij ouderen zoals beschreven in deel I van dit hoofdstuk: waaruit bestaat een goede normpopulatie van ouderen eigenlijk? Er zijn aanwijzingen dat ook normen die gebaseerd zijn op een zogeheten aselecte steekproef van ouderen, niet volledig representatief zijn. Brayne e.a. (1999) lieten in een longitudinaal onderzoek zien dat er vooral onder oude ouderen (80 jaar en ouder) sprake is van een selectieve uitval: oude ouderen die relatief grote, maar normale cognitieve veranderingen doormaken, zijn eerder geneigd van deelname aan onderzoek af te zien. Normen die verkregen zijn onder oude ouderen, weerspiegelen door deze selectieve uitval een overschatting van het cognitieve functioneren op hoge leeftijd.

Eenzelfde overschatting kan optreden als bij het opstellen van de normgroep streng gecontroleerd wordt op aandoeningen die zich vooral op hogere leeftijd vaak voordoen. Het uitsluiten van mensen met die aandoeningen in de normeringssteekproef, maakt die steekproef steeds minder representatief voor de oudere populatie en vergroot het risico op fout-positieven, omdat prestaties van cliënten vergeleken worden met die van een relatief gezonde groep ouderen. Deze voorbeelden laten zien dat kennis van de wijze waarop de normgroep is samengesteld, essentieel is voor een zinvolle interpretatie van testprestaties bij ouderen.

3.10 Het belang van consistentie en zekerheid

Bij de interpretatie zoekt de psycholoog naar consistentie in de testresultaten. Als sommige tests de indruk geven dat er expressieve-taalstoornissen zijn, worden die stoornissen dan teruggevonden bij andere tests of testonderdelen die eveneens een beroep doen op de taalexpressie? In de klinische praktijk zijn testresultaten niet altijd consistent. In die gevallen probeert de psycholoog een verklaring te vinden voor inconsistente testresultaten. Komt het doordat testonderdelen van elkaar verschillen in moeilijkheidsgraad, of spelen verschillen tussen normeringsgroepen een rol?

Ook zoekt de psycholoog naar consistentie tussen testbevindingen en andere informatiebronnen, zoals bevindingen uit de autoanamnese en de heteroanamnese. Vooral bij ouderen bij wie de interpretatie van testgegevens bemoeilijkt kan worden door stoorfactoren en beperkingen in het testmateriaal, is het van belang om testbevindingen te vergelijken met deze andere informatiebronnen en een verklaring te vinden voor eventuele discrepanties (zie tabel 6.3). Discrepanties kunnen het gevolg zijn van:

a *excess disability* in de thuissituatie;
b overrapportage van de problemen door de cliënt;
c onderrapportage door de cliënt, al dan niet ten gevolge van verminderd ziekte-inzicht;
d overrapportage van de problemen door de informant;
e onderrapportage door de informant;
f verschillen tussen de testsituatie en de thuissituatie: sommige cliënten functioneren beter in de testsituatie omdat het een gestructureerde situatie betreft of omdat zij in de testsituatie, in tegenstelling tot thuis, worden aangemoedigd en positieve feedback krijgen;
g geringe ernst van de stoornissen: het kan voorkomen dat klachten gebaseerd zijn op zeer lichte stoornissen die door de cliënt wel kunnen worden opgemerkt, maar die moeilijk aantoonbaar zijn in de testsituatie.

Tot slot zoekt de psycholoog naar consistentie tussen de bevindingen van het testonderzoek en de beelden zoals beschreven in de literatuur (Koltai & Welsh-Bohmer, 2000). Daarvoor is kennis vereist van de cognitieve profielen en aandoeningen zoals die zich bij ouderen kunnen voordoen. Alleen dan kan de psycholoog erachter komen dat een bepaalde combinatie van cognitieve stoornissen onwaarschijnlijk is en dat andere factoren mogelijk van invloed zijn op de prestaties.

Tabel 6.3   Meest voor de hand liggende verklaringen bij discrepanties tussen autoanamnese, heteroanamnese en testonderzoek

Informatiebron	Wel (+) of geen (–) afwijkingen					
Autoanamnese	+	+	+	–	–	+
Heteroanamnese	+	–	+	+	+	–
Testonderzoek	+	–	–	+	–	+
Verklaringen		b, g	f, g	c	a, d	e

a = excess disability in de thuissituatie; b = overrapportage door de cliënt; c = onderraportage door de cliënt; d = overrapportage door de verzorger; e = onderrapportage door de verzorger; f = verschillen tussen de testsituatie en de thuissituatie; g = zeer lichte stoornissen, moeilijk aantoonbaar in de testsituatie.

De vele factoren die van invloed kunnen zijn op cognitieve diagnostiek bij ouderen (stoorfactoren, multimorbiditeit, aanpassingen van testonderzoek, het ontbreken van een harde maat voor premorbide functioneren, en beperkingen in normgegevens, zie paragraaf 3.9 onder Interpretatie van testprestaties) maken diagnostiek bij deze groep niet alleen uitdagend, maar hebben ook gevolgen voor de zekerheid waarmee uitspraken gedaan kunnen worden over de aan- of aanwezigheid van cognitieve stoornissen. Hoe meer stoorfactoren, hoe minder zeker de uitspraak is dat er cognitieve stoornissen zijn en hoe minder zeker de onderliggende oorzaak is. Als diagnostiek vooral dient om het huidige functioneren te beschrijven vanwege de hulpbehoefte en het omgangsadvies, spelen deze factoren een minder hinderende rol. Immers, als een oudere moeite heeft om mondelinge informatie te onthouden vanwege gehoorvermindering, is dit een aandachtspunt in de omgang: of het nu gaat om geheugenstoornissen, of om verminderd functioneren ten gevolge van gehoorverlies. Het is belangrijk dat de psycholoog het doel van het onderzoek dus ook in de context van de specifieke beperkingen van diagnostiek bij ouderen kan plaatsen en weet wat dit betekent voor de zekerheid waarmee hij zijn conclusies formuleert. Cognitieve diagnostiek is geen doel op zich. Het vindt altijd plaats met als doel de cliënt en eventueel zijn dierbaren een stap verder te helpen. Dat betekent dat het bespreken van de bevindingen van onderzoek met de cliënt en eventueel de naasten een belangrijke volgende stap is in het diagnostische proces. Niet alleen is deze stap van belang vanuit ethisch oogpunt (kan de cliënt instemmen met de conclusies, en gaat hij ermee akkoord dat bevindingen gedeeld worden met de verwijzer?), het is een essentiële stap voor de uiteindelijke betekenisgeving. Of, zoals Kamphuis (2011) het verwoordt: het onderzoek is een casusconceptualisatie die uiteindelijk ook de cliënt zelf, tijdens feedback, moet overtuigen. Daarvoor is niet alleen de inhoud van het onderzoek van belang, maar ook de wijze van terugkoppeling naar de cliënt en zijn familie (het belang van progressive disclosure bij dementie, zie paragraaf 3.1). Pas wanneer dat het geval is, kan de diagnostische fase worden afgerond en kunnen de bevindingen worden gedeeld met de verwijzer.

4   Tot besluit

Cognitieve diagnostiek bij ouderen is een uitdagend en complex proces. Meer dan bij jongere volwassenen vereist het een biopsychosociaal perspectief met nadrukkelijke aandacht voor de context, een wetenschappelijke werkwijze, en brede deskundigheid. Naast kennis van de ouderenpsychologie, klinische (neuro)psychologie, psychometrie en psychopathologie is het van belang dat de ouderenpsycholoog ook enige vertrouwdheid heeft met neurologie, neuropathologie, geriatrie en psychofarmacologie.

Cognitieve diagnostiek is nooit een doel op zich, maar vindt altijd plaats met als uiteindelijke doel verbetering van kwaliteit van leven van de oudere (Woods, 1999). Om dat te bereiken zijn respect, vertrouwen, nieuwsgierigheid, afstemming, en samenwerking met de oudere en diens betrokkenen essentiële voorwaarden tijdens het hele diagnostische proces.

Literatuur

Aa, G.C.H.M. van der, Bayens, J.P., Breimer, D.D., Cammen, T.J.M. van der, Feuth, J.D.M., Jansen, P.A.F., e.a. (2004). Oud en oud: de geriatrische patiënt is anders. In F. Eulderink, T.J. Heeren, D.L. Knook & G.J. Ligthart (Red.), *Inleiding gerontologie en geriatrie* (pp. 55-84). Houten: Bohn Stafleu van Loghum.

Allewijn, M., & Teunisse, S. (2016). Psychologische hulp bij euthanasievragen bij dementie. In M.T. Vink, S. Teunisse & H. Geertsema (Red.), *Klaar met leven? Ouderen en het levenseinde in psychologisch perspectief* (pp. 25-36). Houten: Bohn Stafleu van Loghum.

Ardelt, M. (2011). Wisdom, age, and well-being. In K.W. Schaie & S.L. Willis (Eds.), *Handbook of the psychology of aging* (7th ed., pp. 279-291). San Diego: Academic Press.

Ardila, A. (2007). Normal aging increases cognitive heterogeneity: Analysis of dispersion in WAIS-III scores across age. *Archives of Clinical Neuropsychology, 22*, 1003-1011.

Attix, D.K., & Welsh-Bohmer, K.A. (2006). *Geriatric neuropsychology: Assessment and intervention.* New York: Guilford Publications.

Balen, H.G.G. van, & Wimmers, M.F.H.G. (1993). *Rivermead Behavioural Memory Test: Normeringgegevens voor Nederland en Vlaanderen.* Lisse: Swets & Zeitlinger.

Baruch, P.J., Dharmaperwira-Prins, R.I.I., Feenstra, L., Roos, R.A.C., & Sterk, C.C. (2004). Zintuigen en communicatie. In F. Eulderink, T.J. Heeren, D.L. Knook & G.J. Ligthart (Red.), *Inleiding gerontologie en geriatrie* (pp 137-148). Houten: Bohn Stafleu van Loghum.

Blanchette, I., & Richards, A. (2010). Invited review. The influence of affect on higher level cognition: A review of research on interpretation, judgment, decision making and reasoning. *Emotion and Cognition, 24*, 561-595.

Boxtel, M.P.J. van, Beijsterveldt, C.E.M. van, Houx, P.J. van, Anteunis, L.J.C., Metsemakers, J.F.M., & Jolles, J. (2000). Mild hearing impairment can reduce verbal memory performance in a healthy adult population. *Journal of Clinical and Experimental Neuropsychology, 22*, 147-154.

Bowling, A., & Dieppe, P. (2005). What is successful ageing and who should define it? *BMJ, 331*, 1548-1551.

Brayne, C., Spiegelhalter, D.J., Dufouil, C., Chi, L.Y., Dening, T.R., Paykel, E.S., e.a. (1999). Estimating the true extent of cognitive decline in the old old. *Journal of the American Geriatric Society, 47*, 1283-1288.

Burton, C.L., Strauss, E., Hultsch, D.F., & Hunter, M.A. (2006). Cognitive functioning and everyday problem solving in older adults. *The Clinical Neuropsychologist, 20*, 432-452.

Byszewski, A.M., Molnar, F.J., Aminzadeh, F., Eisner, M., Gardezi, F., & Bassett, R. (2009). Dementia diagnosis disclosure: a study of patient and caregiver perspectives. *Alzheimer Disease and Associated Disorders, 21*, 107-114.

Caplan, B., & Shechter, J.A. (2005). Test accomodations in geriatric neuropsychology. In S. Bush & T. Martin (Eds.), *Geriatric neuropsychology: Practice essentials* (pp. 97-114). New York: Taylor & Francis.

Carstensen, L.L., & Mikels, J.A. (2005). At the intersection of emotion and cognition aging and the positivity effect. *Current Directions in Psychological Science, 14*, 117-121.

Chalfonte, B.I., & Johnson, M. (1996). Feature memory and binding in young and older adults. *Memory & Cognition, 24*, 403-416.

Christensen, H., Mackinnon, A., Jorm, A., Henderson, A., Scott, L., & Korten, A. (1994). Age differences and interindividual variation in cognition in community-dwelling elderly. *Psychology and Aging, 9*, 381-390.

Churchill, J.D., Stanis, J.J., Press, C., Kushelev, M., & Greenough, W.T. (2003). Is procedural memory relatively spared from age effects? *Neurobiology of Aging, 24*, 883-892.

Clare, L., Nelis, S.M., Martyr, A., Roberts, J., Whitaker, C.J., Markova, I.S., e.a. (2012). The influence of psychological, social and contextual factors on the expression and measurement of awareness in early-stage dementia: Testing a biopsychosocial model. *International Journal of Geriatric Psychology, 27*, 167-177.

Cowan, N. (2008). What are the differences between long-term, short-term, and working memory? *Progress in Brain Research, 169*, 323-338.

Craik, F.I.M. (2000). Age-related changes in human memory. In D.C. Park & N. Schwarz (Eds.), *Cognitive aging: A primer* (pp. 75-92). New York: Psychology Press.

Craik, F.I.M., & Broadbent, D.E. (1983). On the transfer of information from temporary to permanent memory. *Philosophical Transactions of the Royal Society B: Biological Sciences, 302*, 341-359.

Craik, F.I.M., & Salthouse, T.A. (2008). *Handbook of cognitive aging* (3rd ed.). New York: Psychology Press.

Darowski, E.S., Helder, E., Zacks, R.T., Hasher, L., & Hambrick, D.Z. (2008). Age-related differences in cognition: The role of distraction control. *Neuropsychology, 22*, 638-644.

Davis, H.P., Klebe, K.J., Guinther, P.M., Schroder, K.B., Cornwell, R.E., & James, L.E. (2013). Subjective organization, verbal learning, and forgetting across the life span: From 5 to 89. *Experimental Aging Research, 39*, 1-26.

De Bruyn, E., Claes, L., & Bijttebier, P. (2006). Het psychodiagnostische proces. In L. Claes, P. Bijttebier, T. Vercruysse, L. Hamelinck & E. De Bruyn (Red.), *Tot de puzzel past: Psychodiagnostiek in methodiek en praktijk* (pp. 19-30). Leuven: Acco.

De Bruyn, E.E.J., Ruijssenaars, A.J.J.M., Pameijer, N.K., & Van Aarle, E.J.M. (2005). *De diagnostische cyclus: Een praktijkleer*. Leuven: Acco.

Derix, M.M.A., Korten, E., Teunisse, S., Jelicic, M., Lindeboom, J., Walstra, G.J.M., e.a. (2005). *CAMDEX-R/N, handleiding*. Amsterdam: Harcourt Assessment B.V.

Diesfeldt, H.F.A. (2004). De psycholoog als diagnosticus: Verkenner of hulpverlener? In M.T. Vink & R.P. Falck (Red.), *Psychologie in de ouderenzorg: 7 Psychologie en ouderen* (pp. 13-33). Houten: Bohn Stafleu van Loghum.

Diesfeldt, H. (2009). Angst en spanning bij psychologisch onderzoek: Gestrest van de test. *Denkbeeld, 3*, 26-28.

Drag, L.L., & Bieliauskas, L.A. (2010). Contemporary review 2009: Cognitive aging. *Journal of Geriatric Psychiatry and Neurology, 23*, 75-93.

Duff, K., Mold, J.W., Robert, M.M., & McKay, S.L. (2007). Medical burden and cognition in older patients in primary care: Selective deficits in attention. *Archives of Clinical Neuropsychology, 22*, 569-575.

Duits, A., & Kessels R. (2014). Schatten van het premorbide functioneren. In M. Hendriks, R. Kessels, M. Gorissen, B. Schmand & A. Duits (Red.), *Neuropsychologische diagnostiek: De klinische praktijk* (pp. 173-186). Amsterdam: Boom.

Elst, W.I.M. van der, Boxtel, M.P. van, Breukelen, G.J. van, & Jolles, J. (2005). Rey's verbal learning test: normative data for 1855 healthy participants aged 24-81 years and the influence of age, sex, education, and mode of presentation. *Journal of the International Neuropsychological Society, 11*, 290-302.

Engelman, D.H., Allyn, J.B., Crisi, A., Finn, S.E., Fischer, C.T., & Nakamura, N. (2016). 'Why I am so stuck?': A collaborative/therapeutic assessment case discussion. *Journal of Personality Assessment, 9*, 360-373.

Ennis, G.E., Hess, T.M., & Smith, B.T. (2013). The impact of age and motivation on cognitive effort: Implications for cognitive engagement in older adulthood. *Psychology and Aging, 28*, 495-504.

Eulderink, F., Heeren, T.J., Knook, D.L., & Ligthart, G.J. (Red.). (2004). *Inleiding gerontologie en geriatrie*. Houten: Bohn Stafleu van Loghum.

Faber, M. von, Bootsma-van der Wiel, A., Exel, E. van, Gussekloo, J., Lagaay, A.M., Dongen, E. van, e.a. (2001). Successful aging in the oldest old: Who can be characterized as successfully aged? *Archives of Internal Medicine, 161*, 2694-2700.

Finkel, D., Reynolds, C.A., McArdle, J.J., & Pedersen, N.L. (2007). Age changes in processing speed as a leading indicator of cognitive aging. *Psychology and Aging, 22*, 558-568.

Glisky, E.L. (2007). Changes in cognitive function in human aging. In D.R. Riddle (Ed.), *Brain aging: Models, methods, and mechanisms* (pp. 3-20). Boca Raton: CRC Press.

Glisky, E.L., Polster, M.R., & Routhieaux, B.C. (1995). Double dissociation between item and source memory. *Neuropsychology, 9*, 229-235.

Goh, J.O., An, Y., & Resnick, S.M. (2012). Differential trajectories of age-related changes in components of executive and memory processes. *Psychology and Aging, 27*, 707-719.

Gorissen, M., & Krabbendam, L. (2014). Psychiatrie. In M. Hendriks, R. Kessels, M. Gorissen, B. Schmand & A. Duits (Red.), *Neuropsychologische diagnostiek: De klinische praktijk* (pp. 275-291). Amsterdam: Boom.

Gorske, T.T., & Smith, S.R. (2010). *Collaborative therapeutic neuropsychological assessment*. New York: Springer.

Graham, D.P., Kunik, M.E., Doody, R., & Snow, A.L. (2005). Self-reported awareness of performance in dementia. *Cognitive Brain Research, 25*, 144-152.

Harada, C.N., Love, M.C.N., & Triebel, K.L. (2013). Normal cognitive aging. *Clinics in Geriatric Medicine, 29*, 737-752.

Hess, T.M., Rosenberg, D.C., & Waters, S.J. (2001). Motivation and representational processes in adulthood: The effects of social accountability and information relevance. *Psychology and Aging, 16*, 629-642.

Hooren, S. van, Valentijn, A., Bosma, H., Ponds, R., Boxtel, M. van, & Jolles, J. (2007). Cognitive functioning in healthy older adults aged 64-81: A cohort study into the effects of age, sex, and education. *Aging, Neuropsychology, and Cognition, 14*, 40-54.

Jamora, C.W., Ruff, R.M., & Connor, B.B. (2008). Geriatric neuropsychology: Implications for frontline clinicians. *NeuroRehabilitation, 23*, 381-94.

Jonghe, J.F.M. de. (1997). Differentiating between demented and psychiatric patients with the Dutch version of the IQCODE. *International Journal of Geriatric Psychiatry, 12*, 462-265.

Kaemmerer, T., & Riordan, P. (2016). Oral adaptation of the trail making test: A practical review. *Applied Neuropsychology: Adult, 23*, 384-389.

Kamphuis, J.H. (2011). *Therapeutische diagnostiek* [Oratie]. Amsterdam: Vossiuspers UvA. Raadpleegbaar via: http://dare.uva.nl/document/2/127746.

Keady, J., & Gilliard, J. (2002). The experience of neuropsychological assessment for people with suspected Alzheimer's disease. In B.P. Harris (Ed.), *The person with Alzheimer's disease: Pathways to understanding the experience* (pp. 1-28). Baltimore: John Hopkins University Press.

Kessels, R.P., Hobbel, D., & Postma, A. (2007). Aging, context memory and binding: A comparison of 'what, where and when' in young and older adults. *International Journal of Neuroscience, 117*, 795-810.

Kliegel, M., & Martin, M. (2003). Prospective memory research: Why is it relevant? *International Journal of Psychology, 38*, 193-194.

Koltai, D.C., & Welsh-Bohmer, K.A. (2000). Geriatric neuropsychological assessment. In R.D. Vanderploeg (Ed.), *Clinician's guide to neuropsychological assessment* (pp. 383-415). Mahwah, NY: Lawrence Erlbaum Associates.

LaBuda, J., & Lichtenberg, P. (1999). The role of cognition, depression, and awareness of deficit in predicting geriatric rehabilitation patients' IADL performance. *The Clinical Neuropsychologist, 13*, 258-267.

Lecouturier, J., Bamford, C., Hughes, J.C., Francis, J.J., Foy, R., Johnston, M., e.a. (2008). Appropriate disclosure of a diagnosis of dementia: Identifying key behaviours of 'best practice'. *BMC Health Services Research, 8*, 95.

Lezak, M., Howieson, D., Bigler, E., & Tranel, D. (2012). *Neuropsychological assessment* (5th ed.). New York: Oxford University Press.

Luszcz, M.A., & Bryan, J. (1998). Toward understanding age-related memory loss in late adulthood. *Gerontology, 45*, 2-9.

Mather, M., & Carstensen, L.L. (2005). Aging and motivated cognition: The positivity effect in attention and memory. *Trends in Cognitive Sciences, 9*, 496-502.

Maylor, E.A. (1990). Age and prospective memory. *Quarterly Journal of Experimental Psychology, 42*, 471-493.

NIP. (2003). *Richtlijn NPO algemeen*. Amsterdam: Nederlands Instituut van Psychologen.

NIP. (2010). *Algemene standaard testgebruik*. Amsterdam: Nederlands Instituut van Psychologen.

NVKG. (2014). *Richtlijn diagnostiek en behandeling van dementie*. Utrecht: Nederlandse Vereniging voor Klinische Geriatrie. Raadpleegbaar via: http://www.nvkg.nl/artsen/richtlijnen.

Nyberg, L., & Bäckman, L. (2010). Memory changes and the aging brain: A multimodal imaging approach. In K.W. Schaie & S.L. Willis (Eds.), *Handbook of psychology of aging* (7th ed., pp. 121-131). San Diego: Elsevier Press.

Oosterman, J.M., Vogels, R.L., Harten, B. van, Gouw, A.A., Poggesi, A., Scheltens, P., e.a. (2010). Assessing mental flexibility: Neuroanatomical and neuropsychological correlates of the trail making test in elderly people. *Clinical Neuropsychologist, 24*, 203-219.

Oostrom, S.H. van, Picavet, H.S.J., Gelder, B.M. van, Lemmens, L.C., Hoeymans N, Verheij RA, e.a. (2011). Multimorbiditeit en comorbiditeit in de Nederlandse bevolking: Gegevens van huisartsenpraktijken. *Nederlands Tijdschrift voor Geneeskunde, 155*, A3193. Raadpleegbaar via: http://nvl002.nivel.nl/postprint/PPpp4061.pdf.

Ouwehand, C., Ridder, D.T. de, & Bensing, J.M. (2007). A review of successful aging models: Proposing proactive coping as an important additional strategy. *Clinical Psychology Review, 27*, 873-884.

Pachana, N.A., & Laidlaw, K. (2014). *The oxford handbook of clinical geropsychology*. New York: Oxford University Press.

Park, D.C., Hertzog, C., Kidder, D.P., Morrell, R.W., & Mayhorn, C.B. (1997). Effect of age on event-based and time-based prospective memory. *Psychology and Aging, 12*, 314-327.

Park, D.C., Lautenschlager, G., Hedden, T., Davidson, N.S., Smith, A.D., & Smith, P.K. (2002). Models of visuospatial and verbal memory across the adult life span. *Psychology and Aging, 17*, 299-320.

Pfeiffer, L., Drobetz, R., Fankhauser, S., Mortby, M.E., Marecker, A., & Forstmeier, S. (2013). Caregiver rating bias in mild cognitive impairment and mild Alzheimer's disease: Impact of caregiver burden and depression on dyadic rating discrepancy across domains. *International Psychogeriatrics, 25*, 1345-1355.

Phillips, L.H., Henry, J.D., & Martin, M. (2008). Adult aging and prospective memory: The importance of ecological validity. In M. Kliegel, M.A. McDaniel & G.O. Einstein (Eds.), *Prospective memory: Cognitive, neuroscience, developmental, and applied perspectives* (pp. 161-185). New York: Taylor & Francis Group/Lawrence Erlbaum Associates.

Ponds, R., & Hendriks, M. (2004). Methoden in de neuropsychologische diagnostiek. In B. Deelman, P. Eling, E. de Haan & E. van Zomeren (Red.), *Klinische neuropsychologie* (pp. 63-81). Amsterdam: Uitgeverij Boom.

Ravdin, L.D., & Katzen, H.L. (2013). *Handbook on the neuropsychology of aging and dementia*. New York: Springer.

Reichstadt, J., Sengupta, G., Depp, C.A., Palinkas, L.A., & Jeste, D.V. (2010). Older adults' perspectives on successful aging: Qualitative interviews. *American Journal of Geriatric Psychiatry, 18*, 567-575.

Rog, L.A., & Fink, J.W. (2013). Mild cognitive impairment and normal aging. In L.D. Ravdin & H.L. Katzen (Eds.), *Handbook on the neuropsychology of aging and dementia* (pp. 239-256). New York: Springer.

Rönnlund, M., Nyberg, L., Bäckman, L., & Nilsson, L. (2005). Stability, growth, and decline in adult life span development of declarative memory: Cross-sectional and longitudinal data from a population-based study. *Psychology and Aging, 20*, 3-18.

Rotblatt, L.J. (2015). *Age-related changes in temporal order memory*. Dissertation, San Diego State University.

Rowe, J.W., & Kahn, R.L. (1987). Human aging: Usual and successful. *Science, 237*, 143-149.

Rowe, J.W., & Kahn, R.L. (1997). Successful aging. *Gerontologist, 37*, 433-440.

Salthouse, T.A. (1996). The processing-speed theory of adult age differences in cognition. *Psychological Review, 103*, 403-428.

Salthouse, T.A. (2010). Selective review of cognitive aging. *Journal of the International Neuropsychological Society, 16*, 754-760.

Salthouse, T.A. (2012). Consequences of age-related cognitive declines. *Annual Review of Psychology, 63*, 201-226.

Sanfey, A.G., & Hastie, R. (2000). Judgment and decision making across the adult life span: A tutorial review of psychological research. In D.C. Park & N. Schwarz (Eds.), *Cognitive aging: A primer* (pp. 253-273). New York: Psychology Press.

Schaie, K.W. (2005). What can we learn from longitudinal studies of adult development?. *Research in human development, 2*, 133-158.

Schaie, K.W. (2012). *Developmental influences on adult intelligence: The Seattle longitudinal study* (2nd ed.). New York: Oxford University Press.

Schaie, K.W., & Willis, S.L. (2015). *Handbook of the psychology of aging* (8th ed.). New York: Academic Press.

Smal, J.P., & Kleemans, A.H.M. (2016). *Handboek ziektediagnostiek dementie*. Heerhugowaard: Geriant. Verkrijgbaar via: www.geriant.nl/professional/handboeken-ziekte-en-zorgdiagnostiek.

Smith, G., & Rush, B.K. (2006). Normal aging and mild cognitive impairment. In D.K. Attix & K.A. Welsh-Bohmer (Eds.), *Geriatric neuropsychology: Assessment and intervention* (pp. 27-55). New York: Guilford Press.

Staudinger, U.M., & Baltes, P.B. (1996). Interactive minds: A facilitative setting for wisdom-related performance? *Journal of Personality and Social Psychology, 71*, 746-762.

Steffens, D.C., Otey, E., Alexopoulos, G.S., Butters, M.E., Cuthbert, B., Ganguli, M., e.a. (2006). Perspectives on depression, mild cognitive impairment and cognitive decline. *Archives of General Psychiatry, 63*, 130-138.

Steverink, N. (2014). Successful development and ageing. In N. A. Pachana & K. Laidlaw (Eds.), *The Oxford handbook of clinical geropsychology* (pp. 84-103). New York: Oxford University Press.

Story, T.J., & Attix, D.K. (2010). Models of developmental neuropsychology: Adult and geriatric. In J. Donders & S.J. Hunter (Eds.), *Principles and practice of lifespan developmental neuropsychology* (pp. 41-53). New York: Cambridge University Press.

Teunisse, S., & Derix, M.M.A. (1991). Meten van het dagelijks functioneren van thuiswonende dementiepatiënten: Ontwikkeling van en vragenlijst. *Tijdschrift voor Gerontologie en Geriatrie, 22*, 53-59.

Treitz, F.H., Heyder, K., & Daum, I. (2007). Differential course of executive control changes during normal aging. *Aging, Neuropsychology, and Cognition, 14*, 370-393.

Verhaeghen, P., & Cerella, J. (2002). Aging, executive control, and attention: A review of meta-analyses. *Neuroscience and Biobehavioral Reviews, 26*, 849-857.

Walstra, G.K.M., & Gool, W.A. van. (1995). The need for a 'second witness' in diagnosing dementia. *Journal of the American Geriatrics Society, 43*, 1176-1177.

Wecker, N.S., Kramer, J.H., Hallam, B.J., & Delis, D.C. (2005). Mental flexibility: Age effects on switching. *Neuropsychology, 19*, 345-352.

Wingfield, A., & Lash, A. (2015). Audition and language comprehension in adult aging: Stability in the face of change. In K.W. Schaie & S.L. Willis (Eds.), *Handbook of the psychology of aging* (8th ed., pp. 165-185). New York: Academic Press.

Wisdom, N.M., Mignogna, J., & Collins, R.L. (2012). Variability in Wechsler adult intelligence scale-IV subtest performance across age. *Archives of Clinical Neuropsychology, 27*, 389-397.

Wit, P. de, & Derix, M. (2014). Somatische neuropsychologie. In M. Hendriks, R. Kessels, M. Gorissen, B. Schmand & A. Duits (Red.), *Neuropsychologische diagnostiek: De klinische praktijk* (pp. 293-311). Amsterdam: Boom.

Witteman, C., Heijden, P. van der, & Claes, L. (2104). *Psychodiagnostiek: Het onderzoeksproces in de praktijk*. Utrecht: De Tijdstroom.

Woods, R.T. (1999). Psychological assessment of older people. In R.T. Woods (Ed.), *Psychological problems of ageing: Assessment, treatment and care* (pp. 219-252). Chichester: John Wiley & Sons Ltd.

Zöllig, J., Martin, M., & Schumacher, V. (2014). Cognitive development in ageing. In N.A. Pachana & K. Laidlaw (Eds.), *The Oxford handbook of clinical geropsychology* (pp. 125-143). New York: Oxford University Press.

7
Persoonlijkheid

Bas van Alphen

1. Inleiding
2. Persoonlijkheidsontwikkeling
   - 2.1 Persoonlijkheid en veroudering
3. Vijffactorenmodel en pathologische-trekkenmodel
4. Persoonlijkheidsstoornissen
   - 4.1 Cluster A
   - 4.2 Cluster B
   - 4.3 Cluster C
   - 4.4 Andere persoonlijkheidsstoornissen
   - 4.5 Laat ontstane persoonlijkheidsstoornis
5. Persoonlijkheidsonderzoek
   - 5.1 Meetinstrumenten
   - 5.2 Integratie informatiebronnen
6. Psychologische behandeling
   - 6.1 Behandelniveaus

   Literatuur

---

 www.tijdstroom.nl/leeromgeving

- Casuïstiek
- Handige documenten
- Weblinks

Kernboodschappen

- Persoonlijkheid is opgebouwd uit duurzame patronen van waarnemen, omgaan met, en denken over de omgeving en de eigen persoon.
- Veranderende verschijningsvormen van persoonlijkheid hangen samen met biopsychosociale kenmerken van de levensfase; de onderliggende persoonlijkheidstrekken blijven door de jaren heen relatief stabiel.
- Persoonlijkheidsonderzoek bij ouderen wordt gevormd door verschillende informatiebronnen, zoals gedragsobservatie, klachtenpresentatie, informanteninformatie en testonderzoek.
- De Gerontologische Persoonlijkheidsstoornissen Schaal (GPS) en de Hetero Anamnestische Persoonlijkheidsvragenlijst (HAP) zijn ontwikkeld om persoonlijkheidskenmerken bij ouderen in kaart te brengen en gevalideerd in verschillende ouderenpopulaties.
- Psychologische behandeling bij ouderen met (comorbide) persoonlijkheidsstoornissen kan zich richten op drie niveaus: persoonlijkheidsveranderend, adaptatiebevorderend of steunend-structurerend.

1 Inleiding

Iedereen heeft een persoonlijkheid: dat is een gegeven. Maar wat nu precies wordt verstaan onder persoonlijkheid en waar bijvoorbeeld een normale persoonlijkheid overgaat in een abnormale, is niet eenvoudig te beantwoorden. In de literatuur verlenen de vele persoonlijkheidstheorieën en -modellen meerdere betekenissen aan persoonlijkheid. Zo omschrijven de psychologen Millon en Davis (1996) persoonlijkheid als een complex patroon van diep verankerde psychologische kenmerken die grotendeels onbewust zijn, niet gemakkelijk uitgewist worden, en tot uitdrukking komen in alle facetten van het functioneren. De psychologen Costa en McCrae (1990) definiëren persoonlijkheid als individuele verschillen in de neiging consistente patronen van gedachten, gevoelens en gedragingen te laten zien. De invloedrijke American Psychiatric Association (APA) gaat ervan uit dat persoonlijkheid is opgebouwd uit duurzame patronen van waarnemen, omgaan met en denken over de omgeving en de eigen persoon, die zich manifesteren in uiteenlopende sociale en persoonlijke omstandigheden (APA, 2014). De genoemde definities voor persoonlijkheid hebben met elkaar gemeen dat het gaat om het geheel van unieke en stabiele eigenschappen over verschillende situaties.

2 Persoonlijkheidsontwikkeling

In het algemeen wordt aangenomen dat persoonlijkheidseigenschappen grotendeels zijn te verklaren door erfelijkheid, opvoeding en de interactie tussen erfelijke aanleg, opvoeding en omgeving. Binnen de theorievorming van persoonlijkheidsontwikkeling heeft de Oostenrijkse zenuwarts Freud een cruciale rol gespeeld door een aantal ontwikkelingsfasen binnen de karaktervorming te beschrijven. Freud koppelt de ontwikkeling van de persoonlijkheid primair aan de ontwikkeling in de vroege kindertijd, waarbij hij stelt dat de wijze waarop het kind door de eerste fase van zijn leven heen komt, bepalend wordt voor de rest van zijn leven.
Voortbordurend op de psychoanalytische theorie van Freud heeft de grotendeels in de Verenigde Staten werkzame psychoanalyticus Erikson psychosociale ontwikkelingsstadia geformuleerd die verder gaan dan de kinderjaren. Erikson onderscheidt acht zogeheten ontwikkelingstaken. Een ontwikkelingstaak is een opdracht die de mens heeft om een conflict op goede wijze het hoofd te bieden. Ieder conflict staat voor een levenstaak en dient volbracht te worden om over te gaan naar de volgende levenstaak. Iedere ontwikkelingstaak bestaat uit twee tegenpolen (vitale sterkte versus stagnerende persoonlijkheidsontwikkeling). Erikson heeft vijf ontwikkelingstaken gesitueerd in de kind- en jeugdjaren: Vertrouwen versus Fundamenteel wantrouwen, Zelfstandigheid versus Schaamte/twijfel, Initiatief versus Schuldgevoel, Vlijt versus Minderwaardigheid en Identiteit versus Rolverwarring. Voor de vroege volwassenheid tot en met de ouderdom zijn er drie taken: Intimiteit versus Isolement, Openstaan voor verandering versus Stagnatie en Ego-integriteit versus Wanhoop. Deze laatste ontwikkelingstaak geldt uitsluitend voor ouderen vanaf midden 50 tot de dood. In deze laatste fase is het zaak om tevreden terug te kijken, trots te zijn op wat bereikt is, en te accepteren wat niet is gelukt. Indien deze balans niet opgemaakt kan worden, is er wanhoop (Erikson, 1963). Kortom: door stagnaties in de ontwikkeling kunnen pathologische kenmerken in de persoonlijkheid optreden.
Heden ten dage wordt de etiologie van persoonlijkheidsstoornissen verklaard op grond van complexe interacties tussen extreme temperamentkenmerken (zoals emotionaliteit of gedrags-

inhibitie) en ernstig belastende omgevingsfactoren (zoals vroegkinderlijke psychotrauma's of geringe familiecohesie). Een pathologische persoonlijkheid oftewel persoonlijkheidsstoornis wordt gekenmerkt door vastgeroeste, inflexibele en inadequate gedragspatronen die zo ernstig zijn dat ze beperkingen in het eigen functioneren veroorzaken en/of tot conflicten leiden met de omgeving (Links e.a., 1999).

2.1 Persoonlijkheid en veroudering

De relatie tussen persoonlijkheid en veroudering is complex door interacties tussen biopsychosociale verouderingsfactoren, zoals: fysieke kwetsbaarheid, cognitieve veroudering, een veranderende maatschappelijke positie, en de woonomgeving. Gedragspatronen kunnen daarmee veranderen op latere leeftijd terwijl ze gedurende de levensloop wel eenzelfde onderliggende persoonlijkheidstrek representeren.

Mroczek e.a. (1999) introduceerden hiervoor de term heterotypische continuïteit. Deze term betekent dat onderliggende persoonlijkheidstrekken grotendeels stabiel blijven gedurende de levensloop, maar dat de vorm waarin ze tot uitdrukking komen, verandert per levensfase door levensfasespecifieke factoren (Mroczek e.a., 1999). Zo kan het accent van gedragsuitingen van iemand met een antisociale-persoonlijkheidsstoornis in de kindertijd liggen op treiteren van dieren, in de adolescentie op afpersing met fysieke bedreiging, tijdens de jongvolwassenheid op gewelddadige bankovervallen, en op oudere leeftijd in het organiseren van grootschalige witwaspraktijken. Zowel het zich niet conformeren aan wetten en regels als het gebrek aan spijtgevoelens vormt in dit voorbeeld de onderliggende persoonlijkheidstrek, waarbij de fysieke conditie per levensfase medebepalend is voor de veranderende verschijningsvorm van antisociaal gedrag (zie ook Van Alphen, e.a., 2007). Derhalve worden persoonlijkheidstrekken vanuit het levensloopperspectief niet zozeer gekenmerkt als een statisch patroon van dezelfde gedragsuitingen, maar eerder als plastische representaties van iemands karakteristieke stijl van denken, voelen en gedragen. De onderliggende persoonlijkheidstrek daarentegen kent een relatieve mate van stabiliteit in de loop van de tijd.

3 Vijffactorenmodel en pathologische-trekkenmodel

Van de vele theorieën en modellen over gezonde persoonlijkheidstrekken vormt het zogeheten Vijffactorenmodel, ook wel de Big Five genoemd, het prominentste persoonlijkheidsmodel. Het door Costa en McCrae uitgewerkte Vijffactorenmodel blijkt algemeen geldig te zijn voor vele populaties en culturen. De vijf basistrekken, als beschrijvende verschijningsvormen van de persoonlijkheid, zijn neuroticisme (emotionele instabiliteit), extraversie (gerichtheid op de buitenwereld), openheid voor ervaringen (intellectuele autonomie), altruïsme (vriendelijkheid) en consciëntieusheid (ordelijkheid). Het onderzoek naar het Vijffactorenmodel berust op de aanname dat individuele verschillen in taal worden weergegeven. Het betreft een lexicale benadering, waarin achtereenvolgens vijfduizend begrippen zijn teruggebracht tot vijfhonderd woorden met een persoonskenmerk en vervolgens zijn gereduceerd tot dertig facetten van eigenschappen behorend bij de vijf basistrekken. Elk van de vijf basistrekken is verfijnd tot zes facetten, die de verschillende aspecten van het domein representeren.

Het Vijffactorenmodel is een sterk vereenvoudigd en gestandaardiseerd model dat alle persoonlijkheidstrekken terugbrengt tot een vijftal metadimensies, maar dit neemt niet weg dat het een nuttig model vormt voor epidemiologisch onderzoek. Zo vonden Debast e.a. (2014) in de periode 1980-2012 17 longitudinale of crosssectionele onderzoeken waarin het Vijffactorenmodel het uitgangspunt vormde. De auteurs concludeerden dat er aanwijzingen zijn voor een instabiliteit van persoonlijkheidstrekken door de jaren heen: consciëntieusheid en altruïsme nemen toe met het ouder worden, terwijl extraversie, neuroticisme en openheid afnemen op latere leeftijd, onafhankelijk van geslacht of cultuur (Debast e.a., 2014). Er zijn echter ook aanwijzingen dat er na het 70e jaar een lichte stijging is van neuroticisme, mogelijk ten gevolge van een toename van fysieke en cognitieve klachten (Steunenberg e.a., 2005).

Zoals gezegd is het Vijffactorenmodel vooral gericht op het in kaart brengen van de gezonde persoonlijkheid, maar is het minder voor de hand liggend voor het vaststellen van persoonlijkheidsstoornissen, zoals voor persoonlijkheidsonderzoek binnen de geestelijke gezondheidszorg (ggz). Dit neemt niet weg dat voor een gedegen sterkte-zwakteanalyse van persoonlijkheidseigenschappen, bijvoorbeeld bij het bepalen van de behandelindicatie voor ouderen, het Vijffactorenmodel van meerwaarde kan zijn als onderdeel van het persoonlijkheidsonderzoek (zie ook paragraaf 5).

Een recent en vooralsnog experimenteel model voor abnormale persoonlijkheidstrekken, gerangschikt in 5 5 domeinen, is het pathologische-trekkenmodel. De 5 domeinen van dit model zijn negatieve affectiviteit (negatieve emoties, zoals angst, depressiviteit of boosheid), afstandelijkheid (vermijding van sociaal-emotionele ervaringen), antagonisme (gedragingen waardoor onenigheid met anderen ontstaat), ongeremdheid (gerichtheid op directe bevrediging) en psychoticisme (incongruente; vreemde, excentrieke of ongewone gedragingen en cognities). Deze 5 pathologische domeinen omvatten in totaal 25 afgeleide persoonlijkheidstrekfacetten. Het pathologische-persoonlijkheidstrekkenmodel is opgenomen in het *Handboek voor de classificatie van psychische stoornissen (DSM-5)* (APA, 2014) en vormt een onderdeel van een alternatief model voor de huidige DSM-5-persoonlijkheidsstoornissen (zie ook paragraaf 4).

Een aantal domeinen van het Vijffactorenmodel en het pathologische-persoonlijkheidstrekkenmodel liggen als bipolaire (gezonde versus pathologische) persoonlijkheidsdimensies in elkaars verlengde, namelijk emotionele stabiliteit versus negatieve affectiviteit, extraversie versus afstandelijkheid, altruïsme versus antagonisme, consciëntieusheid versus ongeremdheid. De factoren openheid voor ervaringen en psychoticisme laten zich binnen dit kader lastiger als bipolaire dimensies vangen.

Vooralsnog ontbreekt epidemiologisch onderzoek met behulp van dit model bij ouderen. Psychometrische gegevens over het pathologische-persoonlijkheidstrekkenmodel bij ouderen zijn wel reeds gepubliceerd (zie ook paragraaf 5).

4 Persoonlijkheidsstoornissen

De DSM-5 hanteert een algemene definitie van het begrip persoonlijkheidsstoornis, geldend voor elk van de tien specifieke persoonlijkheidsstoornissen, verdeeld over de clusters A, B en C. De beknopte algemene DSM-5-definitie luidt:

'Een persoonlijkheidsstoornis is een duurzaam patroon van innerlijke ervaringen en gedragingen dat duidelijk afwijkt van de verwachtingen binnen de cultuur van de betrokkene, in veel verschillende situaties aanwezig is en hardnekkig is, ontstaat tijdens de adolescentie of op jongvolwassen leeftijd, stabiel is in de tijd, en beperkingen of lijdensdruk veroorzaakt' (APA, 2014, p. 847).

De prevalentie gemeten in verschillende westerse landen van ouderen met een of meer persoonlijkheidsstoornissen in de algemene bevolking is circa 8%, met een variatie van 3%-13%. In ggz-populaties meldt men voor ouderen met (comorbide) persoonlijkheidsstoornissen cijfers van 5%-33% (poliklinische populaties) en 7%-80% (klinische populaties) (Van Alphen e.a., 2012a). Sommige specifieke persoonlijkheidsstoornissen, zoals de antisociale- en borderline-persoonlijkheidsstoornis, zouden met het toenemen van de leeftijd minder manifest worden of zelfs volledig in remissie gaan, terwijl andere persoonlijkheidsstoornissen, zoals de dwangmatige of schizotypische-persoonlijkheidsstoornis relatief stabiel zijn in de loop van de tijd (APA, 2014).

4.1 Cluster A

De persoonlijkheidsstoornissen van cluster A worden gevormd door de paranoïde-, de schizoïde- en de schizotypische-persoonlijkheidsstoornis. De paranoïde-persoonlijkheidsstoornis wordt gekenmerkt door wantrouwen en achterdocht tegenover anderen, waardoor de beweegredenen van deze patiënten worden geïnterpreteerd als kwaadwillig. Bij de schizoïde-persoonlijkheidsstoornis zijn afstandelijkheid in sociale relaties en beperkingen in het uiten van emoties in sociale situaties de voornaamste kenmerken. De schizotypische-persoonlijkheidsstoornis wordt eveneens gekenmerkt door sociale beperkingen alsmede door (wantrouwende) gedachten en perceptuele vervormingen en eigenaardigheden in het gedrag.

De persoonlijkheidsstoornissen uit dit cluster delen kenmerken als cognitief-perceptuele stoornissen, zoals achterdocht en psychotische belevenissen alsmede sociale isolatie. In het contact komen ouderen met een cluster A-persoonlijkheidsstoornis vreemd of excentriek over. De emotionele expressie is daarentegen vaak beperkt. Als gevolg van achteruitgang van zintuiglijke of cognitieve functies kunnen achterdocht en psychotische belevingen in ernst toenemen. Door de sterke voorkeur voor een solistische leefwijze worden enkel eerstegraadsfamilieleden, veelal met moeite, toegelaten en wordt professionele zorg vaak vermeden of zelfs geweigerd. Weigering van zorg kan op latere leeftijd een groot probleem vormen als de kans op ernstige somatische aandoeningen toeneemt en bijvoorbeeld een ziekenhuisopname noodzakelijk is.

Bij ouderen is het in het bijzonder van belang om na te gaan wat de duur en de oorzaak van een gering sociaal netwerk is. Zo kan iemand in het verleden wel degelijk een (groot) aantal vriendschappelijke contacten hebben onderhouden en is op oudere leeftijd het sociale netwerk drastisch uitgedund door het overlijden van familieleden, vrienden en kennissen. In zulke situaties staat het sociaal isolement niet in verband met een cluster A-persoonlijkheidsstoornis.

4.2 Cluster B

Onder de persoonlijkheidsstoornissen van cluster B vallen de antisociale-, de borderline-, de histrionische- (voorheen aangeduid als 'theatrale') en de narcistische-persoonlijkheidsstoornis. Bij de antisociale-persoonlijkheidsstoornis is sprake van gebrek aan achting voor, en schending van rechten van anderen. De borderline-persoonlijkheidsstoornis wordt vooral gekenmerkt door instabiliteit in relaties, in zelfbeeld en in gevoelens, evenals door impulsiviteit. De histrionische-persoonlijkheidsstoornis gaat gepaard met buitensporige emotionaliteit en vraagt veel aandacht, en de narcistische-persoonlijkheidsstoornis representeert grootheidsgevoelens, behoefte aan bewondering, en gebrek aan inlevingsvermogen. Buitenproportioneel heftige emoties en grensoverschrijdend gedrag staan bij cluster B-persoonlijkheidsstoornissen op de voorgrond en dit leidt vaak tot problemen in het interpersoonlijke functioneren.

Er zijn aanwijzingen dat impulsiviteit vanuit borderlineproblematiek afneemt met het vorderen van de leeftijd (APA, 2014). Er zijn echter ook aanwijzingen dat bij ouderen met een borderline-persoonlijkheidsstoornis het accent komt te liggen op depressieve kenmerken en verlatingsangsten, al of niet geactualiseerd door het overlijden van naasten (Van Alphen e.a., 2012b). Ouderen met een antisociale-persoonlijkheidsstoornis conformeren zich doorgaans nog steeds niet aan bijvoorbeeld de regels in een zorginstelling; evenmin zijn er spijtgevoelens over obstinaat gedrag jegens de zorgmedewerkers. Echter: non-verbale agressie is veelal minder aan de orde, als gevolg van een afnemende fysieke conditie.

Ouderen met een narcistische-persoonlijkheidsstoornis lopen het risico op een transitie van 'onovertroffen held' naar 'vermoeide held' doordat de bewondering door anderen, zoals collega's, drastisch kan afnemen door pensionering. Ook het ontbreken van een actieve maatschappelijke rol werkt averechts op de nagenoeg onverzadigbare behoefte aan bewondering om de gevoelens van grandioosheid in stand te houden. Deze ouderen lopen derhalve een verhoogde kans op depressies als gevolg van een gekrenkt zelfbeeld (Debast e.a., 2013).

Ouderen met een histrionische-persoonlijkheidsstoornis neigen er vooral toe om met somatiserend gedrag buitensporig veel aandacht te vragen. Zij uiten bijvoorbeeld vele lichamelijke klachten waarvoor geen somatische oorzaak wordt gevonden.

4.3 Cluster C

De cluster c-persoonlijkheidsstoornissen zijn de vermijdende-, de afhankelijke- en dwangmatige-persoonlijkheidsstoornis. De vermijdende-persoonlijkheidsstoornis wordt getypeerd als geremdheid in gezelschap, continu het gevoel hebben tekort te schieten, en overgevoelig zijn voor een negatief oordeel. De afhankelijke-persoonlijkheidsstoornis heeft een buitensporige behoefte aan verzorgd worden en is angstig om in de steek gelaten te worden, wat leidt tot onderworpen en vastklampend gedrag. De dwangmatige-persoonlijkheidsstoornis wordt gekenmerkt door een preoccupatie met ordelijkheid, en door de neiging tot beheersing van psychische en sociale processen ten koste van soepelheid, openheid en efficiëntie. Bij cluster c-persoonlijkheidsstoornissen staan angst, insufficiëntiegevoelens en rigiditeit op de voorgrond. Door veranderingen in de derde en vierde levensfase, zoals verlies van werk, gezondheid, autonomie of naasten kunnen angsten in intensiteit toenemen. Zo mijden ouderen met een vermijdende-persoonlijkheidsstoornis nogal eens sociale gelegenheden vanwege een incontinentie- of een trilfobie.

Bij ouderen met een dwangmatige-persoonlijkheidsstoornis kan de buitenproportionele angst toenemen om controle te verliezen, zich uitend in een vergeetfobie: de overtuiging ernstig vergeetachtig te zijn terwijl hiervoor geen objectieve aanwijzingen worden gevonden. Het betreft hier een overreactie op bij de leeftijd passende cognitieve achteruitgang en daarmee de reactieve angst om de beheersing van psychische en sociale processen volledig te verliezen.

Afhankelijke ouderen kunnen bij verlies van de partner een toenemend en tevens claimend beroep op de omgeving doen uit angst om in de steek te worden gelaten. Om een afhankelijke-persoonlijkheidsstoornis bij ouderen vast te stellen, is het van belang om zorgvuldig na te gaan wat de duur en de oorzaak van het afhankelijke gedrag zijn. Zo kan iemand in het verleden wel degelijk autonoom zijn geweest, maar op oudere leeftijd veel hinder ervaren van cognitieve en somatische problemen waardoor een groot beroep wordt gedaan op mantelzorgers of professionals. In dat geval staat afhankelijkheid niet in verband met een afhankelijke-persoonlijkheidsstoornis, maar is het gerelateerd aan beperkingen in de mentale en fysieke conditie.

4.4 Andere persoonlijkheidsstoornissen

Naast de tien specifieke persoonlijkheidsstoornissen wordt in de DSM-5 ook een restcategorie gehanteerd: de andere persoonlijkheidsstoornissen. Binnen deze categorieën wordt er niet voldaan aan minimaal vereiste criteria voor een van de specifieke persoonlijkheidsstoornissen, maar wel aan de algemene criteria voor een persoonlijkheidsstoornis. Ook de persoonlijkheidsverandering door een somatische aandoening valt onder deze restcategorie. Een persoonlijkheidsverandering door een somatische aandoening wordt omschreven als een persisterende verandering van de persoonlijkheid ten opzichte van het karakteristieke persoonlijkheidspatroon dat de betrokkene voorheen vertoonde, met tevens aanwijzingen dat de stoornis het directe gevolg is van een somatische aandoening, zoals een herseninfarct, een schedeltrauma of epilepsie van de temporaalkwab (APA, 2014). Vervolgens kan in de DSM-5 het type persoonlijkheidsverandering worden gespecificeerd, zoals het labiele, ontremde, agressieve of apathische type.

Nogal verwarrend en inconsequent is dat in de algemene criteria voor een DSM-5-persoonlijkheidsstoornis wordt vermeld dat de uitingen van persoonlijkheidspathologie niet toegeschreven mogen worden aan een middel of somatische aandoening. Vanwege de discrepanties in etiologie, uitingswijze en behandeling is het de vraag of de persoonlijkheidsverandering door een somatische aandoening wel in de DSM-5-sectie over persoonlijkheidsstoornissen thuishoort.

4.5 Laat ontstane persoonlijkheidsstoornis

Ondanks de relatieve stabiliteit van persoonlijkheidsstoornissen (APA, 2014) zijn er vanuit de klinische praktijk aanwijzingen dat in de derde of vierde levensfase persoonlijkheidstrekken kunnen verergeren tot persoonlijkheidsstoornissen (Van Alphen e.a., 2012b). Bij deze laat ontstane persoonlijkheidsstoornis zijn er door belastende omgevingsfactoren, zoals het wegvallen van naasten, of een gedwongen verhuizing naar een verzorgingshuis door een ernstig verslechterde fysieke conditie, onvoldoende aanpassingsstrategieën aan de nieuwe situatie. Hierdoor ontstaat er een verscherping van premorbide persoonlijkheidstrekken en daarmee een toename van beperkingen in het sociaal functioneren, conform de genoemde algemene criteria voor een DSM-5-persoonlijkheidsstoornis.

Bij overweging van een laat ontstane persoonlijkheidsstoornis dient wel een somatische oorzaak, zoals een herseninfarct, schedeltrauma of epilepsie van de temporaalkwab te worden uitgesloten (zie ook paragraaf 4.4). In de DSM-5 ontbreekt vooralsnog een specificering naar laat ontstane persoonlijkheidsstoornis.

5 Persoonlijkheidsonderzoek

In de klinische praktijk vormen ouderen met (comorbide) persoonlijkheidsstoornissen een complexe patiëntengroep. Een en ander wordt geïllustreerd aan de hand van een vignet van een 79-jarige vrouw met persoonlijkheidspathologie.

Klachtenpresentatie (casus)

Corrie Eggen (79 jaar) is eigenlijk haar hele leven al nerveus, onzeker en pessimistisch geweest. Maar na het doormaken van een voorbijgaande beroerte (transiënte ischemische aanval: TIA) is haar onzekerheid verder toegenomen en piekert zij veel over gevaren die zich zouden kunnen voordoen in de toekomst. Door het vele piekeren slaapt zij slecht.

In de jaren zeventig en tachtig is zij meerdere keren poliklinisch behandeld voor een gegeneraliseerde-angststoornis en echtpaarrelatieproblematiek. Na vele aarzelingen besloot zij in 1991 te scheiden van haar man. Deze beslissing houdt haar nog vrijwel dagelijks bezig. Het contact met haar vier kinderen verloopt met ups en downs. Haar kennissen- en vriendenkring is van jongs af aan zeer klein geweest omdat zij sociale situaties vermeed uit angst in gezelschap bekritiseerd te worden.

Haar kinderen omschrijven haar als vermijdend, zwaarmoedig, bescheiden en zeggen dat ze veel moeite heeft met veranderingen. Vanwege het excessieve piekeren besluit de huisarts in overleg met haar hulp in te roepen van de ggz. De huisarts verwijst met de aanmelding:

'De patiënte is angstig en gespannen van aard en heeft slaapproblemen. Overmatig piekeren lijkt nu op de voorgrond te staan. Recentelijk heeft zij een TIA doorgemaakt en zij heeft sinds enkele jaren hoge bloeddruk waarvoor zij een antistollingsmiddel respectievelijk bloeddrukverlagende medicatie krijgt. Gaarne diagnostiek en behandeling.'

In deze casus heeft de persoonlijkheid van Corrie Eggen een belangrijke invloed op de wijze waarop ze naar zichzelf kijkt ('Ik ben incompetent'), haar omgeving interpreteert ('Anderen zijn kritisch') en de toekomst ziet (pessimistisch). Maar ook het accepteren van veranderingen, zoals lichamelijke achteruitgang (de TIA), houdt verband met haar persoonlijkheid. Veranderingen worden door haar geïnterpreteerd als 'controleverlies' waardoor zowel haar onzekerheid en haar pessimisme als het piekeren toeneemt, met inslaapproblemen als gevolg. Dit patroon is nagenoeg haar hele leven in meer of mindere mate aanwezig en uit zich in allerlei persoonlijke en sociale situaties. Haar lijdensdruk is nu dermate hoog dat er naast aanwijzingen voor een persoonlijkheidsstoornis, ook een vermoeden is van angst- en stemmingsproblematiek.

Bij ouderen zoals Corrie Eggen is het van belang om de invloed van cognitieve en somatische stoornissen alsmede intelligentie en medicatiegebruik goed in kaart te brengen om een betrouwbare uitspraak te kunnen doen over de persoonlijkheid. Zo kunnen neurodegeneratieve aandoeningen of bijwerkingen van medicatie gedragsveranderingen veroorzaken en onterecht worden geduid als kenmerken van een persoonlijkheidsstoornis. In de ggz zal er allereerst psychodiagnostisch onderzoek plaatsvinden op het gebied van cognitie en intelligentie, stemming en persoonlijkheid, om vervolgens gericht te indiceren voor behandeling.

Persoonlijkheidsonderzoek bij ouderen is een complex en doorgaans stapsgewijs proces waarbij gebruik wordt gemaakt van gedragsobservaties, onderzoeksgesprekken en meetinstrumenten. Bij de onderzoeksgesprekken worden zowel de patiënt als informanten, zoals partner of kinderen betrokken om te komen tot de klachteninventarisatie (anamnese en heteroanamnese), levensloopgegevens (auto- en heterobiografie) en het algemeen psychisch functioneren van de patiënt. De meetinstrumenten dragen bij aan het op een gestandaardiseerde wijze komen tot een diagnostische uitspraak. Daarnaast kan aanvullend medisch onderzoek, zoals een neurologisch of geriatrisch consult, worden aangevraagd met als doel een somatische oorzaak uit te sluiten (Van Alphen, 2007).

5.1 Meetinstrumenten

Testdiagnostiek vormt een belangrijk onderdeel in het werk van de ouderenpsycholoog. Ook binnen persoonlijkheidsonderzoek kan bij ouderen gebruik worden gemaakt van een aantal meetinstrumenten. Voor zover bekend zijn er twee meetinstrumenten ontwikkeld vanuit de ouderenzorg om de aan- of afwezigheid van een DSM-persoonlijkheidsstoornis vast te stellen respectievelijk de aard van pathologische persoonlijkheidstrekken bij ouderen in kaart te brengen. De Gerontologische Persoonlijkheidsstoornissen Schaal (GPS: Van Alphen e.a., 2006) screent of er sprake is van een DSM-5-persoonlijkheidsstoornis. De GPS (16 items) bestaat uit de subschalen habitueel gedrag (7 items) en biografische gegevens (9 items) en is gevalideerd voor ouderen in de ggz en in de huisartsenpraktijk (Van Alphen e.a, 2006; Penders e.a., 2016).

De Hetero Anamnestische Persoonlijkheidsvragenlijst (HAP: Barendse & Thissen, 2006) is voor ouderen gevalideerd in de eerste lijn, de ggz en in de verpleeghuiszorg (Barendse e.a., 2013). De HAP (62 items) brengt tien verschillende (pathologische) persoonlijkheidstrekken in kaart. Daarnaast zijn er twee correctieschalen toegevoegd om positieve of negatieve antwoordpatronen op te sporen. Afname van de HAP gebeurt door een informant, bij voorkeur de partner of een van de kinderen, te vragen om bij het invullen van de items de persoon in kwestie in gedachten te nemen zoals hij zich gedroeg voordat er sprake was van een psychische stoornis, zoals depressie of dementie. Met deze retrospectieve aanpak wordt vertekening door (comorbide) psychische stoornissen op het persoonlijkheidsfunctioneren zo veel mogelijk voorkomen. Kortom: de combinatie GPS-HAP is bruikbaar om de aanwezigheid en het type van de persoonlijkheidsstoornis bij ouderen globaal in kaart te brengen.

Een aantal veelgebruikte persoonlijkheidsvragenlijsten in de volwassenzorg is onderzocht op de leeftijdsneutraliteit van afgeleide items en schalen. Onderzocht werd of ouderen vergeleken met jongere volwassenen gelijke kansen hebben om een bevestigend of ontkennend antwoord te geven op een item. Zo zal een groot aantal ouderen minder mogelijkheid hebben om bevestigend te antwoorden op het item 'Ik houd van de opwinding van de achtbaan', omdat ze bijvoorbeeld al geruime tijd fysiek niet in staat zijn een rit in de achtbaan te maken.

De leeftijdsneutraliteit van de Neuroticism-Extroversion-Openness NEO-Personality Inventory Revised (NEO-PI-R: Costa & McCrae, 2010) is onderzocht in een algemene populatie en vooral de extraversieschaal toonde onvoldoende leeftijdsneutraliteit aan. De schalen van de NEO-PI-R of verkorte versies hiervan zijn vooral gericht op gezonde, aangepaste persoonlijkheidstrekken van het Vijffactorenmodel.

Zowel de Young Schema Questionnaire Long Form (YSQ L-2: Young & Brown, 1994) als de Assessment of DSM-IV Personality Disorders (ADP-IV: Schotte e.a., 1998) bleek in een ggz-populatie met verslavingsproblematiek qua items en schalen nagenoeg volledig leeftijdsneutraal. Wel bleek de YSF-schaal Veeleisendheid/grootsheid leeftijdsgevoelig. Beide instrumenten brengen pathologische persoonlijkheidskenmerken in kaart gebaseerd op de DSM-persoonlijkheidsstoornissen. Op de Personality Inventory DSM-5 (PID-5: Krueger e.a., 2012) werd in een algemene populatie leeftijdsvertekening aangetoond op de vier schalen Sociale teruggetrokkenheid, Aandacht zoeken, Rigide perfectionisme, en Ongewone overtuigingen en ervaringen. De PID-5 is gebaseerd op het experimentele pathologische-DSM-5-trekkenmodel (zie ook paragraaf 3).

Het beschreven onderzoek naar de leeftijdsneutraliteit van persoonlijkheidsvragenlijsten heeft plaatsgevonden in verschillende (doorgaans kleine en specifieke) onderzoekspopulaties. Toch is bij afwijkingen op de leeftijdsneutraliteit van items of schalen voorzichtigheid geboden bij de interpretatie van testscores (Rossi e.a., 2014).

5.2 Integratie informatiebronnen

> **Persoonlijkheidsonderzoek (casus, vervolg)**
> Tijdens het psychodiagnostisch onderzoek wordt vastgesteld dat Corrie Eggen geen evidente cognitieve stoornissen heeft. Wel is sprake van een dysthyme stemming en van buitensporige bezorgdheid, rusteloosheid, prikkelbaarheid en een slaapstoornis in het kader van een gegeneraliseerde-angststoornis.
> Uit het persoonlijkheidsonderzoek met behulp van auto- en heterobiografische gegevens komt naar voren dat zij altijd zeer geremd is in sociale situaties, zoals destijds in de klas, in aanwezigheid van familieleden of tegenover buurtbewoners: uit angst om negatief beoordeeld te worden. Zelf geeft ze als oorzaak dat in haar kindertijd zowel haar vader als moeder zich zeer negativistisch uitte, bijvoorbeeld over haar schoolprestaties terwijl ze toch redelijke cijfers behaalde en nooit doubleerde. Deze houding van haar ouders maakte haar onzeker, pessimistisch en geremd in het ondernemen van nieuwe activiteiten. Voorts zijn haar persoonlijkheidskenmerken geobjectiveerd met de meetinstrumenten GPS, HAP, PID-5 en YSQ. De GPS wijst op de aanwezigheid van een persoonlijkheidsstoornis. De HAP typeert haar vooral als zeer onzeker in de omgang waarbij het ontbreekt aan zelfingenomen of impulsief gedrag. PID-5 geeft hoge scores op de facetten ongerustheid, sociale teruggetrokkenheid en vermijding van intimiteit. Op de YSQ-schalen tekortschieten/schaamte en negativisme/pessimisme laat zij hoge scores zien.
> Naast deze zwakteanalyse komt uit de sterkteanalyse een bovengemiddelde intelligentie en consciëntieusheid naar voren evenals voldoende motivatie voor behandeling, een adequaat steunsysteem (haar kinderen), en voldoende ziektebesef en -inzicht. Dit maakt een persoonlijkheidsveranderende behandeling haalbaar.

GPS: Gerontologische Persoonlijkheidsstoornissen Schaal; HAP: Hetero Anamnestische Persoonlijkheidsvragenlijst; PID-5: Personality Inventory DSM-5; YSQ: Young Schema Questionnaire

Bij Corrie Eggen zijn stapsgewijs verschillende informatiebronnen aangeboord om te bepalen hoe haar persoonlijkheidsfunctioneren mogelijk beïnvloed wordt door haar somatische conditie, haar cognitie, haar intelligentie, haar waarnemen, haar denken en haar stemming. Haar huisarts heeft aanvullende informatie gegeven over haar somatische functioneren, haar medicatiegebruik en eerder verricht beeldvormend onderzoek, om een persoonlijkheidsverandering door een somatische aandoening uit te sluiten. Vervolgens is met behulp van patiënt-, informanten-, en testinformatie bekeken of er sprake is van psychische stoornissen, en in hoeverre deze psychische stoornis of stoornissen het vaststellen van persoonlijkheidsstoornissen mogelijk beïnvloeden. Mede op basis van de uitkomsten van het algemene psychodiagnostische onderzoek is de aanpak van het persoonlijkheidsonderzoek bepaald. Zo zou bij de constatering van ernstige cognitieve stoornissen veel meer nadruk komen te liggen op informanteninformatie in plaats van patiëntinformatie en zou het afnemen van meetinstrumenten slechts in beperkte mate mogelijk zijn geweest.

De sterkte-zwakteanalyse van haar persoonlijkheidskenmerken vormde een belangrijk onderdeel voor de indicatiestelling voor psychotherapeutische behandeling. Immers, bij zo'n intensieve vorm van inzichtgevende psychotherapie zoals een persoonlijkheidsveranderende behandeling dient er voldoende bereidheid te zijn om de behandeling aan te gaan en is er voldoende discipline, doorzettingsvermogen en een redelijk vermogen tot zelfreflectie vereist. Daarnaast wordt ingeschat of de patiënt de ontregelende effecten kan verdragen die kunnen voortkomen uit de behandeling (Van Alphen e.a., 2012b).

6 Psychologische behandeling

Zoals gezegd zijn onderliggende (pathologische) persoonlijkheidstrekken nagenoeg stabiel in de loop van de tijd: 'Een vos verliest zijn haren maar niet zijn streken'. Maar zijn de vosstreken op oudere leeftijd nog wel te behandelen? Onderzoek naar dit thema is slechts zeer beperkt voorhanden. In twee onderzoeken is de effectiviteit onderzocht van persoonlijkheidsveranderende behandelingen, namelijk dialectische gedragstherapie (*dialectical behavior therapy*: DBT) (Lynch e.a., 2007) en kortdurende groepsschematherapie (Videler e.a., 2014) bij ouderen met ernstige depressieve en/of persoonlijkheidsproblematiek. Bij dialectische gedragstherapie ligt de focus vooral op het veranderen van de emotieregulatie van de patiënt, en bij schematherapie wordt uitgegaan van disfunctionele denkschema's die met specifieke technieken worden veranderd in nieuwe functionele schema's. Lynch e.a. vonden geen significant verschil in het effect van enkel medicatie (antidepressivum) versus een combinatie van medicatie (antidepressivum) met dialectische gedragstherapie, maar de combinatietherapie bleek wel superieur in de behandeling van interpersoonlijke sensitiviteit en interpersoonlijke agressie (Lynch e.a., 2007). De kortdurende groepsschematherapie van Videler e.a. laat een mediumbehandeleffect zien op afname van symptomen, vergelijkbaar met jongere volwassenen (Van Vreeswijk e.a., 2014) en wijst op de effectiviteit en daarmee de toepasbaarheid van schematherapie bij ouderen (Videler e.a., 2014).

Hoewel beide onderzoekspopulaties relatief klein en heterogeen waren, zijn er nu wel allereerste aanwijzingen dat behandeling van ouderen met persoonlijkheidsstoornissen zinvol kan zijn. Dat neemt niet weg dat er veel meer onderzoek nodig is naar het effect van persoonlijkheidsveranderende psychotherapieën bij ouderen, zoals dialectische gedragstherapie of schematherapie. Maar ook is onderzoek wenselijk naar therapeutische referentiekaders, zoals mentalisatiebevorderende therapie (MBT) (Bateman & Fonagy, 2004) om hechtingsrelaties te verbeteren, en overdrachtsgerichte psychoanalytische psychotherapie met als behandelfocus de verschillende beelden die iemand van zichzelf en van anderen heeft, integreren tot een flexibel en genuanceerd geheel. Psychofarmaca wordt doorgaans met bescheiden effect ingezet bij het behandelen van symptomen gerelateerd aan de persoonlijkheidsstoornis, zoals cognitief-perceptuele symptomen, affectieve disregulatie en impulsieve gedragingen.

Voorts is het van belang om het behandeleffect te optimaliseren door leeftijdsspecifieke thema's te integreren in de therapie. Gedacht kan worden aan disfunctionele overtuigingen over en gevolgen van somatische aandoeningen, stagnaties in het veranderende levensperspectief, beperkende cohortgebonden en socioculturele overtuigingen zoals schaamte- en schuldgevoelens over psychische problemen, intergenerationele conflicten, het verlies van sociale rollen, en de gevolgen van meer vrijetijdsbesteding (Videler e.a., 2010).

Persoonlijkheidsveranderende behandeling (casus, vervolg)
Corrie Eggen start met een persoonlijkheidsveranderende behandeling in de vorm van schematherapie. Deze therapie bestaat uit een veertigtal sessies en behelst drie aspecten: cognitieve, experiëntiële en gedragstechnieken. Bij Corrie Eggen wordt vastgesteld dat de disfunctionele schema's 'tekortschieten/

> schaamte' en 'negativisme/pessimisme' aangrijpen op zowel de vastgestelde vermijdende-persoonlijkheidsstoornis als de recidiverende gegeneraliseerde-angststoornis. Het doel is dat haar zelfrespect groeit en dat zij de toekomst objectiever en daarmee wat positiever gaat zien, door extreem negatieve cognities los te laten en een gematigde positie in te nemen (zie ook Young e.a., 2005).
>
> De behandelaar wijst op haar positieve eigenschappen en maakt gebruik van een aantal cognitieve technieken, zoals feitenmateriaal onderzoeken en alternatieven bedenken. Experiëntiële technieken vormen een belangrijk onderdeel, zoals de imaginatiedialogen met haar kritische, en tevens pessimistische ouders. In deze imaginatiesessies daagt zij als gezonde volwassene haar negativistische ouders uit en stelt zij 'het onzekere kind' (het beeld van haarzelf uit haar kindertijd) gerust.
>
> De gedragsexperimenten zijn vooral sociaal gerelateerd door het bezoek aan haar familie en enkele buurtbewoners waarvan zij denkt dat zij haar leven kunnen verrijken. Ze leert na een aantal gesprekken met familie en buren iets meer van zichzelf te laten zien en grenzen te stellen. Gaandeweg neemt haar negativistische houding tegenover anderen af en ontdekt ze dat het zelfs prettig kan zijn om met anderen in contact te komen en verhalen te delen, zoals omgaan met lichamelijke achteruitgang (TIA). Ook het piekeren over haar toekomst neemt af en zij slaapt daardoor beter.

De schematherapie is door Jeffrey Young e.a. (2005) afgeleid uit de cognitieve gedragstherapie (zie hoofdstuk 16) en wordt in de praktijk sinds enkele jaren ook succesvol toegepast bij ouderen. Deze therapie gaat uit van disfunctionele schema's en schemamodi die voorafgaand aan de adolescentie zijn ontstaan als aanpassingsstrategieën bij negatieve (opvoedings)ervaringen. Disfunctionele schema's zijn belemmerende emotionele en cognitieve patronen die al vroeg in de kindertijd beginnen en zich de rest van het leven blijven herhalen (Young e.a., 2005). Schemamodi zijn actuele functionele en disfunctionele gevoelstoestanden en aanpassingsstrategieën (Young e.a., 2005).

Er wordt met de patiënt een solide therapeutische relatie opgebouwd zodat traumatische belevenissen uit het verleden door experiëntiële technieken worden 'herschreven' en er een nieuwe betekenis aan wordt gegeven om te komen tot een functioneel schema. Met behulp van cognitieve technieken worden irreële cognities uitgedaagd en met gedragstechnieken worden gezonde aanpassingsstrategieën geoefend (Videler e.a., 2010). De rol van experiëntiële technieken bij ouderen vormt een interessant wetenschappelijk aandachtsgebied en neemt een veelbelovende plaats in binnen de drie (gedrags, cognitieve, experiëntiële) behandeltechnieken.

6.1 Behandelniveaus

Een inzichtgevende behandeling zoals beschreven in het vignet van Corrie Eggen is niet voor iedere oudere met een persoonlijkheidsstoornis weggelegd. Wanneer er bijvoorbeeld sprake is van vergevorderde comorbide cognitieve stoornissen, floride psychosen, of ernstige stemmingsstoornissen, zal doorgaans worden overgegaan op een ander type interventie. Een Nederlands-Vlaams expertonderzoek resulteerde in een definiëring van drie psychologische behandelniveaus: persoonlijkheidsveranderende, adaptatiebevorderende en steunend-structurerende behandeling (Van Alphen e.a., 2012b).

Persoonlijkheidsveranderende behandeling

De beschreven schematherapie bij Corrie Eggen is een vorm van persoonlijkheidsveranderende behandeling, maar ook de eerdergenoemde dialectische gedragstherapie en mentalisatiebevorderende therapie behoren tot de voorbeelden. Bij dit behandelniveau zijn de interventies gericht op verandering van pathologische aspecten van de persoonlijkheid. Dergelijke behandeling is doorgaans intensief en langdurend (> 40 sessies). Dit betekent onder meer dat de oudere bereid is om een langdurige therapie aan te gaan gericht op klachten die voortkomen uit de persoonlijkheidsstoornis. Daarnaast beschikt de oudere over voldoende discipline, doorzettingsvermogen, is hij in staat tot een redelijke mate van zelfreflectie, en kan hij de ontregelende effecten verdragen die kunnen voortkomen uit de behandeling.

Adaptatiegerichte behandeling
De adaptatiegerichte behandelvorm is gericht op het directief beïnvloeden van kritieke aspecten van iemands aanpassing aan diens nieuwe levensfase, zoals omgang met verlies van gezondheid, van naasten of van autonomie, en is gericht op het intermenselijk functioneren. Dergelijke behandeling is doorgaans minder intensief en minder langdurend (< 30 sessies) vergeleken met de persoonlijkheidsveranderende behandeling. Deze behandelvorm kan bestaan uit cognitieve gedragstherapie, interpersoonlijke psychotherapie, of sociale-vaardigheidstraining. Voor dit behandelniveau dient onder meer sprake te zijn van (enige) bereidheid tot gedragsverandering en dient er tevens een duidelijke relatie te bestaan tussen een levensfaseprobleem en de persoonlijkheidsproblematiek.

Steunend-structurerende behandeling
De steunend-structurerende behandeling is bedoeld voor ouderen die niet in staat of bereid zijn om te veranderen en onder meer lijden aan ernstige inactiviteit, en een zeer beperkt sociaal steunsysteem hebben, of een overbelast (professioneel) steunsysteem. Een en ander kan samenhangen met ernstige comorbide psychiatrische ziekten, zoals cognitieve, psychotische en/of stemmingsstoornissen. Binnen dit behandelniveau ligt het accent op ondersteuning van en psycho-educatie aan de patiënt en/of diens (professionele) steunsysteem. Ook kan gedacht worden aan mediatieve cognitieve gedragstherapie (zie hoofdstuk 17). Het verkrijgen en behouden van een adequaat activiteitenpatroon (zoals dagverzorging of deeltijdbehandeling) en een passende dag- en weekstructuur vormen eveneens belangrijke ingrediënten.

Literatuur

Alphen, S.P.J. van. (2007). Geronto-psychodiagnostiek in de GGZ. *De Psycholoog, 10*, 542-545.

Alphen, S.P.J. van, Bolwerk, N., Videler, A.C., Tummers, J.H.A., Royen, R.J.J. van, Barendse, H.P.J., e.a. (2012b). Age related aspects and clinical implementations of diagnosis and treatment of personality disorders in older adults. *Clinical Gerontologist, 1*, 27-41.

Alphen, S.P.J. van, Engelen, G.J.J.A., Kuin, Y., Hoijtink, H.J.A., & Derksen, J.J.L. (2006). A preliminary study of the diagnostic accuracy of the Gerontological Personality disorders Scale (GPS). *International Journal of Geriatric Psychiatry, 21*, 862-868.

Alphen, S.P.J. van, Nijhuis, P.E.P., & Oei, T.I. (2007). Antisocial personality disorder in older adults: A qualitative study of Dutch forensic psychiatrists and forensic psychologists. *International Journal of Geriatric Psychiatry, 22*, 813-815.

Alphen, S.P.J. van, Rossi, G., Dierckx, E., & Oude Voshaar, R.C. (2014). DSM-5-classificatie van persoonlijkheidsstoornissen bij ouderen. *Tijdschrift voor Psychiatrie, 12*, 816-820.

Alphen, S.P.J. van, Sadavoy, J., Derksen, J.J.L., & Rosowsky, E. (2012a). Editorial: Features and challenges of personality disorders in late life. *Aging and Mental Health, 16*, 805-810.

APA. (2014). *Handboek voor de classificatie van psychische stoornissen (DSM-5)*. [Diagnostic and statistical manual of mental disorders, fifth edition]. Amsterdam: Boom.

Barendse, H.P.J., & Thissen, A.J.C. (2006). *Hetero Anamnestische Persoonlijkheidsvragenlijst (HAP): Handleiding*. Schijndel: Barendse & Thissen.

Barendse, H.P.J., Thissen, A.J.C., Rossi, G., Oei T.I., & Alphen, S.P.J. van. (2013). Psychometric properties of an informant personality questionnaire (the HAP) in a sample of older adults in the Netherlands and Belgium. *Aging and Mental Health, 17*, 623-629.

Bateman, A., & Fonagy, P. (2004). *Psychotherapy for borderline personality disorder: Mentalization-based treatment*. Oxford: Oxford University Press.

Costa, P.T. Jr., & McCrae, R.R. (2010). *NEO Inventories professional manual for NEO-PI-3, NEO FFI-3 & NEO-PI-R*. Odessa, FL: Psychological Assessment Resources.

Debast, I., Alphen, S.P.J. van, Rossi, G., Tummers, J.H.A., Bolwerk, N., Derksen, J.L.L., & Rosowsky, E. (2014). Personality traits and personality disorders in late middle and old age: Do they remain stable? A literature review. *Clinical Gerontologist, 37*, 253-271.

Debast, I., Rossi, G., Derksen, J.J.L., & Alphen, S.P.J. van. (2013). Spiegeltje, spiegeltje aan de wand, wie is de mooiste senior van het land? Over narcisme op latere leeftijd. *GZ-Psychologie, 5*, 10-14.

Erikson, E.H. (1963). *Childhood and society* (2nd ed.). New York: Norton.

Krueger, R.F., Derringer, J., Markon, K.E., Watson, D., & Skodol, A.E. (2012). Initial construction of a maladaptive personality trait model and inventory for DSM-5. *Psychological Medicine, 42*, 1879-1890.

Links, P.S., Boiago, I., & Allnutt, S. (1999). Begrijpen en herkennen van persoonlijkheidsstoornissen. In P.S. Links (Red.), *Ernstige persoonlijkheidsstoornissen: Diagnostiek en behandeling* (pp. 17-35). Amsterdam: Syn-Thesis Uitgevers.

Lynch, T.R., Cheavens, J.S., Cukrowitz, K.C., Thorp, S.R., Bronner, L., & Beyer, J. (2007). Treatment of adults with co-morbid personality disorder and depression: A dialectical behaviour therapy approach. *International Journal of Geriatric Psychiatry, 22*, 131-143.

Millon, T., & Davis, R.D. (1996). *Disorders of personality: DSM-IV and beyond*. New York: Wiley.

Mroczek, D.K., Hurt, S.W., & Berman, W.H. (1999). Conceptual and methodological issues in the assessment of personality disorders in older adults. In E. Rosowsky, R.C Abrams & R.A. Zweig (Red.), *Personality disorders in older adults* (pp. 135-150). Mahwah, NJ: Lawrence Erlbaum Associates.

Penders, K.A.P., Rossi, G., Metsemakers, J.F.M., Duimel-Peeters, I.G.P., & Alphen, S.P.J. van. (2016). Diagnostic accuracy of the Gerontological Personality Disorder Scale (GPS) in Dutch general practice. *Aging and Mental Health, 20*, 3, 318-328.

Rossi, G., Broeck, J. van den, Dierckx, E., Segal, D.L., & Alphen, S.P.J. van (2014) Personality assessment in older adults: the value of personality questionnaires unraveled. *Aging and Mental Health, 18*, 936-940.

Schotte, C.K.W., De Doncker, D., Vankerckhoven, C., Vertommen, H., & Cosyns, P. (1998). Self-report assessment of the DSM-IV personality disorders, Measurement of trait and distress characteristics: The ADP-IV. *Psychological Medicine, 28*, 1179-1188.

Steunenberg, B., Twisk, J.W.R., Beekman, A.F.T, Deeg, D.J.H., & Kerkhof, A.J.F.M. (2005). Stability and change of neuroticism in aging. *Journal of Gerontology: Psychological Sciences, 60B*, 27-33.

Videler, A.C., Rossi, G., Schoevaars, M.H., Van der Feltz-Cornelis, C.M., & Alphen, S.P.J. van. (2014). Effects of schema group therapy in older outpatients: A proof of concept study. *International Psychogeriatrics, 26*, 1709-1717.

Videler, A.C., Royen, R.J.J. van, Windeln, K.M., Garenfeld, W., & Alphen, S.P.J. van. (2010). Indicatiestelling & behandeling. In S.P.J. van Alphen (Red.), *Persoonlijkheidsstoornissen bij ouderen: Diagnostiek, behandeling & gedragsadvisering* (pp. 101-143). Amsterdam: Hogrefe.

Vreeswijk, M.F. van, Spinhoven, P., Eurelings-Bontekoe, & Broersen, J. (2012). Changes in symptom severity, schemas and modes in heterogeneous psychiatric patient groups following short-term schema cognitive behavioural group therapy: A naturalistic pre-treatment and post-treatment design in an outpatient clinic. *Clinical Psychology and Psychotherapy, 21*, 29-38.

Young, J.E, & Brown, G. (1994).Young Schema-Questionnaire (2n ed.). In J.E. Yong, *Cognitive therapy for personality disorders: A schema-focused approach* (Rev. ed., pp. 63-76). Sarasota, FL: Professional Resource Press.

Young, J.E., Klosko, J.S, & Weishaar, M.E. (2005). *Schemagerichte therapie: Handboek voor therapeuten.* Houten: Bohn Stafleu van Loghum.

8
Gedrag

Marja Vink, John Ekkerink en Sandra Zwijsen

1. Inleiding
2. Visies op gedrag
   - 2.1 Psychologisch perspectief
   - 2.2 Interactionele visie op gedrag en probleemgedrag
3. Psychologische modellen van gedrag
   - 3.1 Biopsychosociale model
   - 3.2 Leertheoretische model
   - 3.3 Copingmodel
   - 3.4 Adaptatie-copingmodel
   - 3.5 Multifactoriële model
   - 3.6 Progressive lowered stress threshold-model
   - 3.7 Unmet needs-model
   - 3.8 Toepassing van modellen
4. Diagnostiek van gedrag
   - 4.1 Gedragsobservatieschalen
   - 4.2 Rapportage door zorgverleners
   - 4.3 Gedragsobservatie en videoregistratie
5. Persoonsgerichte benadering

   Literatuur

 www.tijdstroom.nl/leeromgeving

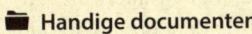 Handige documenten
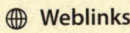 Weblinks

Kernboodschappen
- Menselijk gedrag ontstaat vanuit een complexe samenhang van biologische, psychologische en sociale factoren en kan vanuit verschillende modellen worden beschreven en geanalyseerd.
- Ook bij ouderen is er geen strikte scheiding tussen normaal en afwijkend gedrag; het abnormale is geen kwaliteit van het gedrag zelf, maar een subjectieve beoordeling.
- In hoeverre gedrag als een probleem wordt ervaren, is sterk afhankelijk van de context en van de waarneming en de verwachtingen van alle betrokkenen.
- Gedragsobservatiemethoden vergen geen inzet van de cliënt en zijn daardoor ook toepasbaar bij ouderen waarbij andere onderzoeksmethoden niet toepasbaar zijn.
- Systematische observatie van gedrag geeft inzicht in de factoren die het gedrag beïnvloeden en vormt de basis voor een functieanalyse en een interventieplan.

1 Inleiding

Gedrag maakt op een eenvoudige, directe wijze deel uit van de observeerbare werkelijkheid. Daarmee is gedrag een begrip dat zich volgens de wetenschapsleer hiërarchisch op een ander niveau bevindt dan de thema's van de voorgaande hoofdstukken in dit deel van het handboek. Emotie en stemming, cognitie en persoonlijkheid zijn psychologische constructen: hun bestaan is hypothetisch en wordt afgeleid uit gedragingen – spontane of met vragen of psychologische tests ontlokte gedragingen – en met theoretische kaders geconstrueerd. Gedrag daarentegen is tastbaar en waarneembaar. Gedrag kan worden gedefinieerd als de resultante van de complexe interactie tussen een organisme en zijn omgeving, waarin allerlei functies een rol spelen, zoals waarnemen, onthouden, denken, streven, voelen en handelen (Hermans, e.a., 2007). Kernachtiger uitgedrukt: gedrag is een reactie op een betekenisvolle situatie. Betekenisvol houdt in dat er niet gereageerd wordt op een stimulus als zodanig maar op de cognitieve en emotionele verwerking daarvan.

In voorgaande hoofdstukken is al veel geschreven over gedrag in het kader van ouder worden, vanuit levensloop-, sociaal en biologisch perspectief (zie deel I), en toegespitst op emotie en stemming (hoofdstuk 5), cognitie (hoofdstuk 6) en persoonlijkheid (hoofdstuk 7). Dit hoofdstuk legt het accent op gedrag bij ouderen bij wie de communicatie ernstig belemmerd is en de gebruikelijke methoden om zicht te krijgen op psychisch functioneren moeilijk toepasbaar zijn. Voor hen is het vaak lastig of onmogelijk om verbaal aan de buitenwereld over te brengen wat ze denken, ervaren of voelen, en wat zij nodig hebben voor hun welbevinden. Dit kan bijvoorbeeld het geval zijn bij ouderen met ernstige hersenaandoeningen, of met een uiterst fragiele gezondheid in de allerlaatste levensfase.

Omdat gedrag direct observeerbaar is, blijft gedrag als informatiebron bestaan als andere communicatiebronnen zijn uitgeschakeld. Uit gedrag valt vaak voor het getrainde oog een wereld aan informatie af te leiden. Gedragsobservatiemethoden en instrumenten die speciaal ontwikkeld zijn om zicht te krijgen op relevante aspecten van gedrag bij mensen met ernstige beperkingen, kunnen nuttig zijn. Bij ouderen bij wie de directe communicatie ernstig is bemoeilijkt, vormt de toepassing van gedragsobservatiemethoden een van de weinige elementen van psychodiagnostiek die nog mogelijk is. Psychologische modellen van gedrag reiken daarbij een wetenschappelijk kader aan om gedrag te beschrijven, te analyseren en te begrijpen, en vandaaruit de dagelijkse zorg en specifieke interventies af te stemmen op de behoeften van ouderen.

2 Visies op gedrag

Door de jaren heen is in de psychologische en medische beroepsgroepen een aanhoudend debat gaande over de vraag waar de grens ligt tussen normaal en afwijkend gedrag. Ook in de hulpverlening aan ouderen is dit debat relevant. Wat kan beschouwd worden als normaal, bij de leeftijd passend gedrag, en welk gedrag vergt nadere attentie? In hoeverre gedrag bij ouderen als normaal of niet normaal wordt gezien, hangt samen met de visie op gedrag. Beeldvorming is daarbij een belangrijke factor. Zo krijgen verschijnselen van angst of depressie bij ouderen vaak nog onvoldoende attentie, omdat hulpverleners deze verschijnselen normaal en passend vinden bij ouderen vanuit hun beeld van de oude dag. Denk bijvoorbeeld aan niet meer de straat op durven of aan verlangen naar de dood: verschijnselen die bij mensen van jongere leeftijd zonder meer alarmerend en afwijkend worden gevonden.

Visie op gedrag speelt eveneens een rol bij het interpreteren van gedrag van ouderen met ernstige beperkingen. Bij iemand met de ziekte van Alzheimer in een gevorderde fase kan actief en aanhoudend zoeken naar de ouders enerzijds als abnormaal gedrag worden beschouwd, ervan uitgaande dat de ouders reeds lang geleden zijn overleden. Anderzijds kan dit ook als normaal gedrag worden gezien, vanuit de gedachte dat herinneringen uit een ver verleden beter toegankelijk zullen zijn dan recentere, en dat het ervaren van gripverlies angstig maakt en hechtingsgedrag activeert.

Verschillen in visie op gedrag zijn terug te zien in de diversiteit aan benamingen voor al dan niet afwijkend gedrag bij ouderen: onbegrepen gedrag, moeilijk hanteerbaar gedrag, signaalgedrag, inadequaat gedrag, deviant gedrag, gedragssymptomen, neuropsychiatrische symptomen, gedragsproblemen, probleemgedrag, gedragsstoornissen, storend gedrag of, vooral in de Amerikaanse literatuur: gedrag dat een uitdaging vormt (*challenging behavior(s)*). In internationale medische literatuur over gedragsproblemen bij mensen met dementie hanteert men ook nog de term *behavioral and psychiatric symptoms of dementia* (BPSD). Deze verscheidenheid in terminologie weerspiegelt verschillende visies op de oorzaken van het gedrag en daarmee op aangrijpingspunten voor eventuele interventies. Zo impliceren termen als challenging behavior, onbegrepen gedrag en signaalgedrag dat oplossingen vooral gezocht moeten worden in manieren om het gedrag te begrijpen en ermee om te gaan, terwijl termen als storend gedrag en inadequaat gedrag veranderingen meer bij de persoon zelf zoeken, en 'neuropsychiatrische symptomen' en 'behavioral and psychiatric symptoms of dementia (BPSD)' suggereren dat het gedrag direct voortkomt uit de cerebrale pathologie.

Verschillende visies op gedrag zijn ook terug te vinden in de gehanteerde omschrijvingen van specifieke gedragingen. In de klinische praktijk wordt gedrag vaak niet omschreven in concrete, neutrale, observeerbare bewoordingen, maar in subjectieve termen. De formulering 'claimend gedrag' bijvoorbeeld zegt meer over de irritatie en onmacht van anderen dan over de exacte aard van het gedrag van de cliënt. Termen als 'dwangmatig gedrag' of 'impulsdoorbraken' zijn geen gedragingen, maar duidingen. 'Onrust' geeft niet alleen een interpretatie weer, maar is tevens een paraplubegrip waaronder vele gedragingen kunnen vallen. Neutrale, meer beschrijvende bewoordingen zoals: 'Roept en loopt met gebalde vuisten heen en weer' drukken beter uit om welk gedrag het werkelijk gaat en kleuren de waarneming minder. Subjectieve termen bevatten impliciet vaak een oordeel over het gedrag en brengen het risico met zich mee dat ze gedragsobservaties kleuren. De wijze waarop gesproken wordt over gedrag, mag dan ook als een aandachtspunt worden beschouwd voor alle professionals in de ouderenzorg.

2.1 Psychologisch perspectief

Categorale benadering

De genoemde termen neuropsychiatrische symptomen en gedragssymptomen hebben duidelijk hun oorsprong in de medisch-psychiatrische wereld, waar er vooral aandacht is voor pathologisch, afwijkend gedrag. Medische disciplines concentreren zich op diagnostiek, behandeling en preventie van ziekte en stoornissen: afwijkingen van wat normaal wordt gevonden. Deze focus vraagt om een categorale benadering van gedrag met duidelijke afspraken over de afbakening van normaal en afwijkend gedrag, van gezondheid en pathologie. Een bekende handleiding die volgens dit principe is opgebouwd is de *Diagnostic and statistical manual of mental disorders, Fifth Edition* (DSM-5: APA, 2013). Deze handleiding categoriseert afwijkend gedrag door de verschijnselen te beschrijven. Op basis van verschijnselen worden de problemen van de patiënt geclassificeerd onder een of meerdere syndromen. Als er voldoende verschijnselen zijn van een zekere duur en ernst, wordt geconcludeerd dat er sprake is van een stoornis, ziekte of syndroom. Is er één verschijnsel te weinig aanwezig, of is er onvoldoende duur of ernst van de specifieke verschijnselen dan is er volgens de DSM-5 geen sprake van een stoornis.

Systemen als de DSM-5 zijn het resultaat van compromissen van commissies van deskundigen en worden van tijd tot tijd op basis van nieuwe inzichten herzien. Een voordeel van dergelijke handleidingen is dat hulpverleners en wetenschappers hiermee internationaal dezelfde taal kunnen spreken. Zo'n classificatie helpt niet alleen de communicatie met andere professionals, maar geeft ook richting aan het opstellen van een behandelplan. Er bestaan immers wetenschappelijk onderbouwde behandelprotocollen voor veel DSM-5-classificaties. Een nadeel, dat de auteurs van de DSM-5 zelf ook noemen, is dat classificaties een gereduceerd beeld van de werkelijkheid geven. De classificatie is geen diagnose en zegt niets over de oorzaken van het ontstaan of het in stand blijven van het syndroom en het bijbehorende gedrag. Er wordt een duidelijke grens getrokken tussen normaal en afwijkend gedrag, terwijl deze grens in de werkelijkheid niet als zodanig terug te vinden valt.

Dimensionele benadering

In tegenstelling tot de psychiatrie bestrijkt de psychologie niet alleen het afwijkende gedrag, maar het gehele veld van de psyche, dus ook het normale gedrag. In de gezondheidszorg richt de psychologie zich niet alleen op het bestrijden van psychische problemen en gedragsproblemen, maar ook op normale psychosociale aspecten van gedrag in relatie tot gezondheid, welbevinden en kwaliteit van leven, op preventie en opsporing van risicofactoren (Vingerhoets & Soons, 2010). Als er sprake is van klachten of problemen, volgt een zoekproces naar hetgeen werkelijk relevant is om de problematiek van de cliënt te begrijpen. Het gaat om het opstellen en toetsen van een theoretische verklaring van de klacht, of het probleem in het individuele geval. Hierbij wordt er geen principiële scheiding aangebracht tussen normaal en abnormaal gedrag.

> 'Abnormaal, of elk synoniem daarvan, betekent dat het gedrag niet in een adequate verhouding staat tot de situatie. Het gedrag in kwestie treedt vaker, heviger, zwakker, langduriger op dan de situatie vereist. Bijvoorbeeld meermalen per dag een halfuur intensief de handen wassen omdat er microben op zitten, of apathisch niets doen terwijl allerlei activiteiten verricht moeten worden. Het moge duidelijk zijn dat er sprake is van een continuüm, lopend van aangepast naar onaangepast, waarop het punt van overgang niet vastligt, en van persoon tot persoon kan verschillen. Het gedrag kan ook afwijken van bepaalde regels, normen of gewoonten die in een gemeenschap bestaan en wordt daarom als deviant of abnormaal bestempeld' (Hermans, e.a., 2007, p. 41).

Kortom: het abnormale is niet een kwaliteit van het gedrag zelf, maar een beoordeling van buitenaf of van de betrokkene zelf.

2.2 Interactionele visie op gedrag en probleemgedrag

In hoeverre afwijkend gedrag als een probleem wordt ervaren, is sterk afhankelijk van de context waarbinnen mensen met elkaar omgaan, hoe zij elkaar waarnemen, en wat zij daarbij van elkaar verwachten. Een lichte ontremdheid na een beroerte bijvoorbeeld hoeft in huiselijke kring nauwelijks problematisch te zijn, mits het ieder duidelijk is dat dit een subtiele gedragsverandering is ten gevolge van hersenschade en niet een kwestie van moedwillig ongepast gedrag. In een andere situatie kan hetzelfde gedrag wel als een probleem worden ervaren, bijvoorbeeld te midden van onbekenden op een officiële receptie. Mantelzorgers van mensen met dementie ervaren apathie vaak als een belangrijk probleem, terwijl dit in verpleeghuizen nauwelijks als probleem wordt ervaren (Zwijsen e.a., 2013a). Gedrag dat in een wijkcentrum als niet te hanteren en onacceptabel wordt beschouwd, kan op een psychogeriatrische dagbehandeling heel normaal worden gevonden.

Gurland e.a. introduceerden in 1987 een interactionele visie op storend of verstorend gedrag bij ouderen: er zijn minstens twee partijen nodig om gedrag storend of verstorend te noemen (Gurland e.a., 1987). Factoren die de kans verhogen op storend gedrag, zijn enerzijds gerelateerd aan de attituden en reacties van anderen, en anderzijds aan de tolerantie tegenover dit gedrag. Gurland e.a. pleitten voor een multidimensionele beoordeling van storend of verstorend gedrag van ouderen, waarin nieuwe klachten of problemen worden gerelateerd aan potentieel uitlokkende factoren. Zij noemden drie categorieën potentieel uitlokkende factoren:

1 factoren die storend of verstorend gedrag kunnen veroorzaken;
2 factoren die de alertheid op het storende of verstorende gedrag kunnen vergroten;
3 factoren die de tolerantie tegenover het storende of verstorende gedrag kunnen verlagen.

De eerste factor behelst alle mogelijke somatische, psychische en sociale aspecten die aanleiding kunnen geven tot probleemgedrag, zoals pijn, cognitieve stoornissen, paranoïde wanen, verweduwing of institutionalisering. De andere twee factoren berusten bij de andere partij, en betreffen de mate waarin deze aandacht heeft voor het gedrag en het zich aantrekt.

Ook deze visie accentueert dat de mate waarin gedrag als een probleem wordt ervaren, afhangt van de context. Deze systemische factoren dienen steeds weer nadrukkelijk aandacht te krijgen als het gaat om probleemgedrag bij ouderen, zowel in de diagnostische fase als bij de therapeutische aanpak.

3 Psychologische modellen van gedrag

Voor het begrijpen en beïnvloeden van gedrag is een zorgvuldige analyse nodig van factoren en van processen die bij gedragsbeïnvloeding een rol spelen. Theorieën en modellen van gedrag vormen een belangrijke basis om op wetenschappelijke wijze psychodiagnostiek te verrichten en tot een behandelaanpak in de klinische praktijk te komen. Er bestaan verschillende algemene en psychologische modellen om gedrag te beschrijven. Ook zijn er psychologische modellen die speciaal ontwikkeld zijn om het gedrag van ouderen met cognitieve stoornissen te begrijpen.

3.1 Biopsychosociale model

Het biopsychosociale model kan beschouwd worden als een algemeen geaccepteerd model in de gezondheidszorg. Volgens dit model ontstaat gedrag vanuit een complexe samenhang van biologische, psychologische en sociale factoren. Bij ouderen zijn de samenhang en de wisselwerking tussen somatische, psychische en sociale factoren sterk (zie onder andere hoofdstuk 4). Het belang dat wordt toegekend aan de afzonderlijke factoren, verschilt per tijdperk en per wetenschapsgebied. Waar vroeger vooral vanuit de medische hoek de nadruk lag op somatische en neurologische factoren die gedrag beïnvloeden, is de huidige focus meer verschoven naar het gedragswetenschappelijke oogpunt, en is er ruim aandacht voor de invloed van psychische en sociale factoren bij gedrag. Het benaderen van gedrag vanuit psychosociaal perspectief maakt voor zowel zorgverleners als patiënten veel inzichtelijk over het ontstaan en de mogelijke beïnvloeding van gedrag. Het blijft daarbij uiteraard van belang de mogelijke invloed van lichamelijke aandoeningen (bijvoorbeeld een schildklierafwijking, pijn) en in het bijzonder van cerebrale pathologie te onderkennen. Dit vereist van de ouderenpsycholoog de nodige kennis van cognitieve, emotionele en gedragsmatige gevolgen van somatische aandoeningen.

Het belang om bij onbegrepen gedrag van ouderen met verminderd cognitief functioneren aandacht te schenken aan elk onderdeel van het biopsychosociale model, wordt benadrukt in richtlijnen van diverse beroepsgroepen in de ouderenzorg (zoals de richtlijnen van Verenso, 2008; van het Nederlands Instituut van Psychologen (Allewijn & Vink, 2009); van de Nederlandse Vereniging van Geriatrie (NVKG, 2014); en de richtlijnen voor verpleegkundigen en verzorgenden (UMC St Radboud, 2005)). Hoewel de richtlijnen per beroepsgroep en per aandoening verschillen, komen de belangrijkste kernelementen overeen (zie kader).

> **Kernelementen uit beroepsrichtlijnen voor probleemgedrag en dementie**
> 1 Onbegrepen gedrag tijdig signaleren zodat het mogelijk is om in te grijpen voordat escalatie plaatsvindt.
> 2 Een gedegen analyse maken van het gedrag, met nagaan van oorzaken op lichamelijk, psychisch en sociaal terrein.
> 3 Multidisciplinair werken in een team met in ieder geval een verzorgende, een arts en een psycholoog.
> 4 De oorzaak van het gedrag aanpakken en niet het gedrag zelf.
> 5 Eerst psychosociale interventies toepassen. Psychofarmaca worden alleen toegepast wanneer kan worden aangetoond dat psychosociale interventies niet of niet voldoende werkzaam zijn (met uitzondering van een lichamelijke oorzaak of bij een delier of een psychose).
> 6 Psychofarmaca volgens de richtlijn toepassen tenzij er belangrijke redenen zijn om hiervan af te wijken.
> 7 Familie en mantelzorg betrekken bij de analyse en bij de aanpak van het probleem.
> 8 Behandeling evalueren met extra aandacht voor het mogelijk staken van behandeling met psychofarmaca.

Bron: Zwijsen e.a., 2013b

Kortom, een gedegen analyse van gedrag en gedragsproblemen vereist samenwerking tussen psychologische, medische en verpleegkundige disciplines, zo nodig aangevuld met andere professionals zoals vaktherapeuten. Binnen een multidisciplinair team is de psycholoog als gedragswetenschapper speciaal toegerust voor het gebied van gedragsvraagstukken. De psycholoog baseert zich hierbij op verschillende psychologische verklaringsmodellen van menselijk gedrag. Een algemeen verklaringsmodel van gedrag waarin alle facetten van het biopsychosociale model aan bod komen, is het leertheoretische model (Hermans e.a., 2007). Dit model kan als algemeen overkoepelend model gebruikt worden voor een gestructureerde analyse van gedrag en om processen van gedragsverandering te begrijpen en te beïnvloeden.

3.2 Leertheoretische model

Het leertheoretische model is gebaseerd op experimenteel geverifieerde leerprincipes. Het laat zich beschrijven in een aantal factoren die tezamen in een functieanalyse worden ondergebracht. Een functieanalyse maakt inzichtelijk wat de uitlokkende en in stand houdende factoren van gedrag zijn. Vaak wordt hiervoor het zogeheten SORCK-schema gebruikt. Een prikkel of stimulus (s) ontlokt een reactie of respons (R), die gevolgd wordt door consequenties (c). De o staat voor het organisme, waaronder in ieder geval de fysieke gesteldheid wordt verstaan, maar ook andere min of meer vaststaande kenmerken van het individu kunnen worden geschaard, zoals persoonlijkheid. De K staat voor de contingentie, de relatie in tijd en frequentie tussen respons en consequenties. Hoofdstuk 17 gaat uitvoeriger in op de functieanalyse en het SORCK-schema. In de *Handreiking psychologische hulpverlening bij gedragsproblemen bij dementie* van het Nederlands Instituut van Psychologen (Allewijn & Vink, 2009) is een handzaam werkblad opgenomen waarin het SORCK-schema kan worden uitgewerkt.

De functieanalyse met behulp van het SORCK-schema ontrafelt de leerprocessen die een rol spelen bij ontstaan, instandhouding en verandering van gedrag. Vrijwel alle leerprocessen verlopen via twee traditionele leerprincipes: respondente en operante conditionering. Een minder bekend leerprincipe is habuatie.

Respondente conditionering

Respondente of klassieke conditionering wil zeggen dat men een aspect van de omgeving verbindt met een van nature betekenisvolle stimulus. Meer in het bijzonder gaat het over de vraag hoe neutrale stimuli een nieuwe betekenis krijgen en daardoor niet voor de hand liggende reacties oproepen. De hond van Pavlov ging speeksel afscheiden bij het horen van een bel nadat die bel herhaaldelijk had gerinkeld terwijl vlees werd aangeboden. Door de koppeling van deze twee stimuli leerde de hond dat de bel 'voorspelde' dat er voedsel op komst was. Het vlees wordt de onvoorwaardelijke of ongeconditioneerde stimulus (ucs) genoemd: die roept van nature een ongeconditioneerde oftewel niet-aangeleerde lichamelijke reactie op (ucr). Na enkele herhalingen van de combinatie vlees-bel treedt bij de bel (cs) dezelfde reactie op als bij alleen vlees. Het is dan een aangeleerde ofwel een geconditioneerde respons (cr). Deze aangeleerde respons is gevoelig voor uitdoving (extinctie): als de bel niet meer gevolgd wordt door vlees, zal de aangeleerde reactie op den duur vanzelf weer verdwijnen.

Zowel normaal gedrag als gedrag dat wij afwijkend plegen te noemen, kan met dit leerprincipe worden verklaard. Een voorbeeld is wanneer een oudere dame door pijn (ucs) vanwege een schouderblessure in een reflex verkrampt (ucr) als de verzorgende haar arm optilt bij het wassen en kleden. Nadat de schouder is hersteld en de pijn is verdwenen, kan het nog geruime tijd duren voordat zij in de ochtenden niet meer direct verstijft zodra de zorgverlener haar wast en kleedt (cs).

Respondent aangeleerde responsen hebben altijd te maken met emotie, bijvoorbeeld met angst of blijdschap. Zij liggen aan de basis van al het vermijdings- en toenaderingsgedrag. Deze beide gedragsvormen zijn van belang voor de aanpassing van het individu aan zijn omgeving. De respondente conditionering vormt dan ook een van de fundamenten van cognitieve gedragstherapie voor bijvoorbeeld mensen met angstklachten.

Operante conditionering

Operante of instrumentele conditionering vormt een tweede belangrijk leerprincipe. Het kenmerk van deze vorm van leren is dat het leren van nieuw gedrag ontstaat vanuit bestaand, actief uitgeoefend gedrag. In de oorspronkelijke Skinnerbox leerde een rat op een hendel drukken. Als een toevallige druk op de hendel werd gevolgd door een aangename consequentie, nam de drukrespons in frequentie toe; bij een onaangename consequentie nam deze af. Volgens dit basisprincipe leren we al doende hoe onaangename zaken kunnen worden ontvlucht of vermeden en prettige zaken kunnen worden bereikt. Bekrachtiging doet het gedrag in frequentie toenemen; straf doet de frequentie afnemen.

Bekrachtiging speelt bij beide vormen van leren een cruciale rol. Bekrachtigers kunnen zowel materieel als immaterieel zijn. Persoonlijke aandacht geldt doorgaans als een sterke bekrachtiger. Zo vervallen mensen met dementie in zorginstellingen soms in frequent en langdurig roepen omdat het roepen tot aandacht van de omgeving leidt. Straf, een aversieve consequentie, heeft in principe een frequentieverlagend effect op gedrag. Het gaat bij straf om het onthouden van voor de persoon prettige consequenties, evenals het veroorzaken van onprettige consequenties. Dit brengt echter vaak ethische bezwaren met zich mee en heeft ongewenste neveneffecten, zoals angst, boosheid, depressieve gevoelens of inactiviteit. Een sterke techniek die veel gebruikt wordt in de gedragstherapeutische aanpak, wordt reciproque inhibitie of differentiële bekrachtiging genoemd. Hierbij wordt niet het ongewenste gedrag bestraft, maar wordt vervangend gedrag beloond dat niet te combineren is met het ongewenste gedrag (zie hoofdstuk 17).

Een belangrijke rol in het leertheoretische model is weggelegd voor de κ-factor. De κ staat voor contingentie: de tijdsrelatie tussen respons en consequenties. Een direct toegepaste consequentie werkt beter dan een uitgestelde. Dit maakt het bijvoorbeeld begrijpelijk hoe moeilijk het kan zijn om te stoppen met roken, of om zich strikt aan een dieet te houden.

Habituatie

Een minder bekend leerprincipe, maar wel het meest basale, is habituatie: de afname van respons na herhaaldelijke aanbieding van dezelfde stimulus. Wanneer een mens of een dier wordt geconfronteerd met een nieuwe prikkel, treedt de oriëntatierespons op. Blijft deze prikkel constant dan neemt de nieuwswaarde af. Het gevolg is dat de oriëntatierespons verdwijnt en de rust weerkeert. Habituatie is belangrijk in het proces van selectie en verwerking van informatie. Het brein beoordeelt voortdurend alle prikkels op hun informatiewaarde en selecteert op dimensies als nut en gevaar.

Habituatie verandert niet noemenswaardig bij normale cognitieve veroudering. Bij mensen met cognitieve stoornissen is het mogelijk dat habituatie langer uitblijft en dat de cliënt te lang gealarmeerd en angstig blijft reageren op betrekkelijk onbeduidende prikkels in de omgeving die hij niet kan interpreteren. Ook verhoogde afleidbaarheid, waardoor eenvoudige activiteiten verstoord raken doordat elke prikkel als even belangrijk wordt geïnterpreteerd, zou mede verklaard kunnen worden vanuit falende habituatie. Vereenvoudiging of vermindering van stimuli (een 'prikkelarme omgeving') kunnen dan passende interventies zijn.

Het leermodel verklaart uiteraard niet elk gedrag van ouderen: niet iedere gedragsverandering is het gevolg van leren. Bepaald gedrag en bepaalde gedragsveranderingen treden op als gevolg van ontwikkelingspsychologische processen of een organische stoornis.

Vroeger werd gedacht dat een oudere door organisch letsel niet meer leren kan en daardoor niets heeft aan de op het leermodel geënte interventies. Inmiddels is echter duidelijk dat ook als de cerebrale stoornis niet te behandelen is, wel invloed kan worden uitgeoefend op het bijbehorende gedrag – althans binnen de mogelijkheden van het individu (zie hoofdstuk 17 en 25).

3.3 Copingmodel

Lazarus en Folkman (1984) ontwikkelden een model dat een verklaring kan bieden voor de grote verschillen die mensen vertonen in hun wijze van reageren wanneer zij zich geconfronteerd zien met een voor hen ingrijpende levensgebeurtenis. Met ingrijpende levensgebeurtenissen bedoelt men overigens niet alleen grote gebeurtenissen. Het kan ook gaan om langer durende of vaak voorkomende kleine frustraties in het dagelijks leven (*daily hassles*), zoals zich ergeren aan buren die niet groeten of die geluidsoverlast bezorgen. Ook het niet-plaatsvinden van gebeurtenissen die men wel verwachtte, de zogeheten non-events, kan ingrijpend zijn, bijvoorbeeld als blijkt dat er geen kleinkinderen zullen komen.

De manier waarop een mens omgaat met de emotionele spanning die voortkomt uit ingrijpende levensgebeurtenissen, wordt coping genoemd. Emotionele spanning of stress ontstaat volgens Lazarus en Folkman wanneer iemand een sterke discrepantie of tegenstrijdigheid ervaart tussen de eisen van de situatie en zijn eigen lichamelijke, psychologische en sociale mogelijkheden. Coping is de gedragsmatige en cognitieve inspanning die een mens levert om met die discrepantie om te gaan of deze te verminderen. Mensen gebruiken verschillende copingstrategieën om de spanning die een gebeurtenis oproept te verminderen; de copingstrategie die men gebruikt is afhankelijk van de situatie, de persoonlijkheid en van eerdere levensgebeurtenissen. Het zijn niet alleen de objectieve kenmerken die bepalen hoe ingrijpend de gebeurtenis voor iemand is. Bepalend blijken de waarde en betekenis die het individu aan de gebeurtenis toekent en aan de inschatting van de eigen mogelijkheden om ermee om te gaan, hetgeen in het Engels wordt aangeduid met *appraisal*. Dat zullen we hier vertalen met inschatting. Bij het inschatten spelen allerlei factoren een rol, zoals de persoonlijke levensgeschiedenis, persoonlijkheidskenmerken en de omgeving.

Het copingproces is een continu proces van inschatten, copingstrategieën toepassen, en resultaten evalueren, dat weer kan leiden tot een copingstrategie voortzetten dan wel veranderen. Inschatting en copinggedrag beïnvloeden elkaar voortdurend.

De primaire inschatting is de inschatting van de ernst en de gevolgen van de gebeurtenis: in hoeverre zal de gebeurtenis invloed hebben op mijn welbevinden? De primaire beoordeling bepaalt de intensiteit en de aard van de emotionele reactie.

De secundaire inschatting is de inschatting van de eigen mogelijkheden om de verandering het hoofd te bieden: mogelijkheden op het gebied van kennis, kunde en ervaring, maar bijvoorbeeld ook qua financiële middelen en sociale steun. Indien de persoon zichzelf als goed toegerust ervaart, kan hij de situatie die dreigend leek, ook als een uitdaging gaan ervaren.

Copinggedrag is het op basis van de inschatting van de situatie en de eigen mogelijkheden al dan niet bewust kiezen voor bepaalde copingstrategieën. Deze kunnen grofweg worden ingedeeld in probleemoplossende en emotieregulerende copingstrategieën. Met probleemoplossende copingstrategieën grijpt iemand actief, handelend in op de situatie. Voorbeelden zijn: op zoek gaan naar relevante informatie, oplossingen bedenken, alternatieven afwegen, een keuze maken, en handelen. Emotieregulerende strategieën richten zich op het beheersen van de emoties zodat deze geen negatieve invloed hebben op het functioneren van de persoon. Voorbeelden zijn: bagatelliseren van de ernst van de gebeurtenis, afstand nemen, de situatie herinterpreteren, en afleidende strategieën zoals sporten, mediteren, alcoholgebruik, woede uiten, en zoeken van emotionele steun.

Of er vooral probleemgerichte strategieën worden gebruikt, of meer emotiegerichte, wordt mede bepaald door de geschatte onveranderbaarheid van de situatie. Wanneer men verwacht dat de situatie te beïnvloeden is, zal men eerder geneigd zijn om actieve strategieën te gebruiken. Ook is het bij de keuze van copingstrategieën van belang welke strategieën bij eerdere ingrijpende levensgebeurtenissen succesvol zijn gebleken.

Het copinggedrag van ouderen is dus vaak het resultaat van een levenslang proces. Bij gedragsproblematiek is het dan ook goed om na te gaan welke copingstrategieën iemand op dit moment gebruikt en welke die persoon in het verleden meestal gebruikt heeft. Dit kan inzicht geven in de functie van het gedrag en kan aangrijpingspunten bieden voor een op de persoon afgestemd behandelplan.

3.4 Adaptatie-copingmodel

Het adaptatie-copingmodel is speciaal toegespitst op het gedrag van mensen met dementie. Het kan mogelijk ook bij het gedrag van ouderen met andere ingrijpende invaliderende aandoeningen een nuttig denkkader bieden. Dröes (1991) combineert het copingmodel van Lazarus en Folkman (1984) met het crisismodel van Moos en Tsu (1977). Het crisismodel richt zich op de psychosociale gevolgen van het chronisch ziek zijn. Centraal in dit model staat het begrip adaptatie: de chronisch zieke mens moet zich zien aan te passen aan de gevolgen van de ziekte. Het adaptatie-copingmodel beoogt gedrag van mensen met dementie te begrijpen vanuit de wijze waarop zij zich aanpassen aan de gevolgen van hun ziekte en eventuele institutionalisering (adaptatie) en omgaan met de stress die deze gevolgen kunnen veroorzaken (coping). Dit zijn volgens Dröes processen waarbij mensen met dementie zelf actief zijn en waarbij hun omgeving steun en begeleiding kan bieden. Dröes e.a. (2015) onderscheiden in navolging van Moos en Tsu zeven adaptieve taken in dit aanpassingsproces:

1 omgaan met beperkingen in het dagelijks leven;
2 behoud van emotioneel evenwicht;
3 behoud van positieve zelfwaardering;
4 onderhouden en aangaan van sociale contacten;
5 opbouwen van een adequate relatie met zorgprofessionals;
6 zich aanpassen aan een nieuwe (woon)omgeving (behoud van identiteit; iets om handen hebben);
7 omgaan met een onzekere toekomst.

In welke mate de afzonderlijke taken het leven van mensen met dementie bemoeilijken, verschilt per persoon. Het copinggedrag en de emotionele respons die door de adaptieve taken teweeg worden gebracht, zoals angst, verdriet of woede, zouden volgens Moos en Tsu (1977) worden bepaald door de cognitieve inschatting oftewel de waargenomen betekenis van de ziekte. Deze kan bijvoorbeeld als dreiging, verlies of straf worden ervaren, maar ook als een uitdaging, winst of opluchting. Deze cognitieve inschatting zou op zichzelf weer beïnvloed worden door persoonlijke, ziektegerelateerde, materiële en sociale omgevingsfactoren. Bij persoonlijke factoren moeten we denken aan gezondheid en energie, emotionele ontwikkeling, eerdere copingervaringen, filosofische of religieuze overtuigingen, en competenties, zoals sociale vaardigheden. Bij ziektegerelateerde factoren moeten we denken aan het moment in de levensloop waarop de ziekte plaatsvindt, specifieke symptomen, en de betekenis daarvan voor iedere persoon. Voorbeelden van materiële en sociale omgevingsfactoren zijn beschikbare ruimte, mate van sensorische stimulatie en esthetische kwaliteit van de woonomgeving, sociale relaties, sociale steun en sociaal-culturele normen en verwachtingen.

Figuur 8.1 Het adaptatie-copingmodel

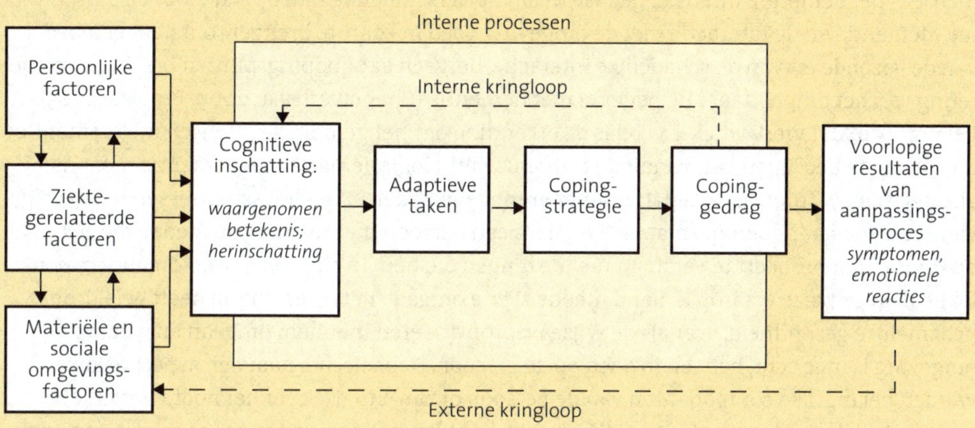

Interne processen

- Persoonlijke factoren
- Ziektegerelateerde factoren
- Materiële en sociale omgevingsfactoren

Interne kringloop

Cognitieve inschatting: waargenomen betekenis; herinschatting → Adaptieve taken → Copingstrategie → Copinggedrag → Voorlopige resultaten van aanpassingsproces symptomen, emotionele reacties

Externe kringloop

Bron: Dröes, 1991.

Volgens Dröes (1991) zijn adaptatie en coping adequaat als de wijze waarop iemand zich aanpast aan en omgaat met de gevolgen van dementie weinig negatieve gevoelens oproept bij de persoon met dementie zelf en zijn omgeving. Er is dan sprake van evenwicht. De adaptatie en de coping kunnen echter ook inadequaat zijn, doordat de dementie negatieve gevoelens en reacties oproept. Dit zien we bijvoorbeeld bij rusteloos, zoekend gedrag of bij gedrag dat als claimend wordt ervaren. Dergelijk gedrag kan opgevat worden als een manier van de persoon met dementie om de stress te hanteren die voortkomt uit de gevolgen van dementie. Er ontstaat hierdoor een wankel evenwicht. Ineffectieve adaptatie en coping kunnen uiteindelijk leiden tot een crisis: een ernstige verstoring van het evenwicht. In dit geval hanteert de persoon copingstrategieën die niet helpen bij het bewaren van het evenwicht, zoals agressie, of stoppen met eten en drinken.

De Lange (2004) vond in haar onderzoek naar adaptatie en coping van mensen met dementie in verpleeghuizen grote individuele verschillen. Naast mensen met gedragsproblemen zag zij ook mensen met een geheel probleemloze adaptatie. De wijze waarop begeleiding en steun werden geboden, bleek effect te hebben op het emotionele evenwicht, op de zelfwaardering, en op de zorgrelatie met verzorgenden (zie hoofdstuk 30).

Multifactoriële model

Kitwood (1997) ontwikkelde een visie op dementiezorg waarbij de nadruk ligt op het behoud van *personhood*, dat zich nog het beste laat vertalen als 'het gevoel hebben een uniek persoon te zijn (in relatie tot anderen)'. Met hulp van anderen kan iemand met dementie zijn emoties beleven en zichzelf een persoon voelen. Deze persoonsgerichte benadering gaat uit van de belevingswereld van de persoon met dementie, onderzoekt wat zijn individuele mogelijkheden zijn en zorgt voor veiligheid, warmte en affectie.

Kitwood legt sterke nadruk op de interactie en daarmee ook op de emoties en de beleving van de verzorgende. Dat betekent dat er ook expliciet aandacht moet zijn voor de gevoelens die een persoon met dementie oproept bij verzorgenden en voor de manier waarop zij met hun gevoelens omgaan. Mede door het werk van Kitwood ontstonden in Nederland vormen van belevingsgerichte zorg voor mensen met dementie (zie hoofdstuk 30). De methode Dementia Care

Mapping is gebaseerd op het werk van Kitwood (Vermeiren, 2012). Met deze methode worden mensen met dementie intensief geobserveerd op verschillende tijdstippen. Door de persoon met dementie en de interactie met de omgeving goed in kaart te brengen, ontstaat een beeld van de gezonde en van de schadelijke interactie, hetgeen aanknopingspunten biedt voor verbetering van het omgaan met de persoon met dementie (Chenoweth e.a., 2009; Brooker, 2005). Belangrijk in het werk van Kitwood is de erkenning dat het gedrag van mensen met dementie niet alleen te begrijpen valt vanuit de cerebrale pathologie. Iemand met dementie moet niet alleen gezien worden als een patiënt met onmogelijkheden en gedragsstoornissen ten gevolge van een hersenaandoening, maar bovenal als een persoon met restmogelijkheden die zich op zijn manier probeert te verstaan met de dingen die hem in zijn leven overkomen. Persoonlijkheid en de wijze waarop iemand met de ziekte omgaat, het leven dat hij heeft geleid, de lichamelijke gezondheid, evenals de wijze waarop anderen met hem omgaan en waarop de omgeving is ingericht, hebben invloed op de persoon. Door slechts naar één aspect te kijken, worden belangrijke componenten van de persoon of zijn situatie over het hoofd gezien. Het multifactoriële model van Kitwood (zie kader) dient om het gedrag van mensen met dementie te begrijpen.

> **Multifactoriële model (Kitwood)**
> Gedrag = P + B + L + N + S
> P = Persoonlijkheidsfactoren en copingstijl
> B = Biografie
> L = Lichamelijke gezondheid
> N = Neurologische schade
> S = Sociale en omgevingsfactoren

Persoonlijkheidsfactoren en copingstijl (P)
Kitwood onderscheidt Persoonlijkheidsfactoren en copingstijl (P) om te benadrukken dat iedereen gedurende zijn leven copingstrategieën heeft geleerd die met meer of minder succes kunnen worden toegepast in een nieuwe situatie. Geeft men bijvoorbeeld doorgaans zichzelf of juist snel anderen de schuld als er iets misgaat? Dat kan invloed hebben op de wijze waarop iemand reageert als hij zijn spullen niet goed meer weet terug te vinden ten gevolge van dementie. Wie altijd al geneigd was de schuld bij zichzelf te zoeken, zal waarschijnlijk eerder angstig en bezorgd reageren als hij iets kwijt is, terwijl mensen die de schuld eerder bij anderen leggen, in een dergelijke situatie wellicht eerder achterdochtig en beschuldigend reageren.

Biografie (B)
De Biografie (B) van de persoon, de levensgeschiedenis, blijkt ook invloed te hebben op het gedrag van mensen met dementie. Traumatische gebeurtenissen, zoals verblijf in een streng weeshuis op jonge leeftijd, of seksueel misbruik, kunnen bijvoorbeeld leiden tot overmatige angst of verzet bij bepaalde situaties in een zorginstelling die associaties oproepen met deze gebeurtenissen (zie hoofdstuk 21). Ook positieve levensgebeurtenissen kunnen het huidige gedrag beïnvloeden.

Lichamelijke gezondheid (L)
Kitwoods factor Lichamelijke gezondheid (L) heeft eveneens een belangrijke invloed op het gedrag. Pijn bijvoorbeeld kan bij mensen met dementie leiden tot hevige onrust, prikkelbaar

gedrag, of aanhoudend roepen. Medicatie kan allerlei gedragsveranderingen teweegbrengen. Gehoorproblemen kunnen tot achterdochtig gedrag leiden of het versterken, terwijl visuele problemen tot onzekerheid en toename van de desoriëntatie kunnen leiden.

Neurologische schade (N)
De factor Neurologische schade (N) behelst in Kitwoods model de neuropathologische veranderingen die het gedrag en de gedragsmogelijkheden beïnvloeden. Aantasting van de frontale delen van de hersenen leidt bijvoorbeeld vaak tot verhoogde impulsiviteit. Neuropsychologisch onderzoek geeft inzicht in het patroon van behouden en aangetaste cognitieve functies, en helpt om het huidige gedrag begrijpen (zie hoofdstuk 6).

Sociale en omgevingsfactoren (S)
De Sociale en omgevingsfactoren (S) krijgen in het werk van Kitwood het meeste aandacht. Hij benadrukt dat de persoon pas tot zijn recht komt in relatie tot een ander. Met hulp van anderen kunnen mensen met dementie zichzelf beleven en zichzelf een persoon voelen.

Interactie tussen factoren
Kitwoods model verklaart het gedrag bij mensen met dementie als een resultaat van een voortdurende interactie tussen verschillende factoren. Sommige van deze factoren kunnen worden beschouwd als gegevenheden die moeilijk te beïnvloeden zijn. Bijvoorbeeld de voortschrijdende neurologische schade, evenals de persoonlijkheid en levensgeschiedenis. Ook al zijn deze factoren moeilijk te beïnvloeden, het is van belang ze duidelijk in beeld te houden en er bij het interpreteren van en reageren op gedrag rekening mee te houden. Lichamelijke gezondheid en Sociale en omgevingsfactoren daarentegen zijn belangrijke factoren die wel te beïnvloeden zijn. Naarmate het dementeringsproces voortschrijdt en de innerlijke stabiliteit afneemt, wordt iemand volgens Kitwood toenemend gevoelig voor negatieve omgevingsinvloeden. Hij verklaart hoe een bepaalde manier van omgaan met mensen met dementie ervoor zorgt dat zij ontmoedigd worden en meer achteruitgaan dan strikt nodig is. Hij spreekt in dit verband van schadelijke omgangsstrategieën (*malignant social psychology*). Hier is bijvoorbeeld sprake van als men mensen met dementie overvraagt of juist dingen uit handen neemt die nog wel lukken, als men hen behandelt als een kind, of als men geen aandacht heeft voor hun gevoelens. Kitwood ontwikkelde een benaderingswijze die het perspectief van mensen met dementie vooropstelt.

Het multifactoriële model van Kitwood is weliswaar ontwikkeld als verklaringsmodel voor het gedrag van mensen met dementie, maar is breder toepasbaar. Aangezien in de opsomming van factoren de gebruikelijke driedeling van de biologische, psychologische en sociale factoren herkenbaar is, nu in een verfijndere vorm, kan deze formule ook van toepassing worden geacht op het gedrag van ouderen zonder dementie en van mensen in het algemeen.

3.6 Progressive lowered stress threshold-model
Het progressive lowered stress threshold-model van Hall en Buchwalter (1987) legt de nadruk op de invloed van prikkels vanuit de omgeving. Zij baseren hun model op copingtheorieën en wetenschappelijke bevindingen van leertheoretisch en psychofysiologisch onderzoek bij mensen met dementie. Volgens dit model leidt de voortschrijdende hersenschade van mensen met dementie tot een afname van het vermogen om sensorische informatie te verwerken. In paragraaf 3.2 beschreven we reeds dat cognitieve stoornissen ertoe kunnen leiden dat habitu-

atie wordt belemmerd. Dit leidt ertoe dat prikkels die voorheen moeiteloos werden verwerkt of waar men gewoonlijk snel aan zou wennen, nu voor stress kunnen zorgen. Tegelijkertijd daalt het niveau van stress dat men nog probleemloos weet te verdragen. Mensen met dementie kunnen dus weinig stress verdragen, en 'gewone prikkels' worden als stressvol geïnterpreteerd. Zodra de waargenomen prikkels de stressdrempel te boven gaan, verandert het gedrag. Mensen raken bijvoorbeeld angstig of geagiteerd en zoeken naar manieren om stress af te reageren, bijvoorbeeld door te roepen of te gaan rondlopen. Het uitgangspunt van dit model is dat de omgeving moet zijn aangepast om aan te sluiten bij mensen met dementie en hun afnemende cognitieve en functionele mogelijkheden. Het overschrijden van de stressdrempel dient zo veel mogelijk voorkomen te worden en idealiter zijn er mogelijkheden om op een gezonde manier stress af te reageren.

Sundowning

Agitatie bij dementie ontstaat vaak in de namiddag en wordt daarom ook wel sundowning genoemd. Het model van Hall en Buchwalter probeert daarvoor een verklaring te geven. Doorgaans ervaren mensen met dementie 's morgens relatief weinig stress. Overdag worden zij blootgesteld aan verschillende stressoren.

Zo krijgt een verpleeghuisbewoner met een gevorderde dementie in de loop van de dag vele prikkels te verwerken. Hij wordt bijvoorbeeld in zijn rolstoel heen en weer verplaatst tussen de slaapkamer, de huiskamer, de activiteitenruimte en het toilet. Hij wordt blootgesteld aan het lawaai van de gang, de boenmachine, pratende medewerkers, en het geroep van een medebewoner. Mogelijk voelt hij pijn of aandrang om te plassen. Hij ervaart het gemis van dierbaren. Mogelijk neemt hij deel aan een activiteit die te hoge eisen aan hem stelt of wordt hij geconfronteerd met zijn onvermogen door een goedbedoelde vraag, zoals: 'Hebt u gisteren een leuke verjaardag gehad bij uw dochter?'

Zonder interventie accumuleren volgens het progressive lowered stress-model de verschillende stressoren in de loop van de dag zodanig dat uiteindelijk een stresstolerantiedrempel wordt overschreden, meestal op een tijdstip ergens in de middag. Vanuit dit model bezien is het belangrijk om de eerste signalen van angst of prikkelbaarheid tijdig te signaleren en de onderliggende stress oproepende stimuli te detecteren om gepaste maatregelen te kunnen nemen. We noemen dit stressmanagement.

3.7 Unmet needs-model

De Amerikaanse psycholoog Cohen-Mansfield (2001; 2013) ontwikkelde het *unmet needs*-model als verklaring voor probleemgedrag bij dementie. Zij spreekt in dit verband van inadequaat gedrag. Het gaat hierbij om observeerbaar inadequaat gedrag, dat wordt ingedeeld in vier subtypen:
1 fysiek agressief gedrag, zoals slaan of bijten;
2 fysiek niet-agressief gedrag, zoals ijsberen of ongericht spullen verplaatsen;
3 verbaal niet-agressief gedrag, zoals constant een zin herhalen of dezelfde vraag stellen;
4 verbaal agressief gedrag, zoals vloeken en schreeuwen.

Vaak wordt geprobeerd dit soort gedrag te beïnvloeden met psychofarmaca, of het wordt getolereerd. Cohen-Mansfield wijst erop dat je daarmee voorbijgaat aan de behoeften van het individu. Deze behoeften kunnen mensen met ernstige cognitieve stoornissen doorgaans niet duidelijk maken aan hun omgeving. Mensen in de omgeving merken deze behoeften vaak niet op, begrijpen ze niet, of voelen zich niet in staat ze te vervullen.

Naast niet-vervulde fysieke behoeften zoals verlichting van pijn, honger of dorst, leiden mensen met gevorderde dementie die inadequaat gedrag vertonen vaak aan zintuiglijke deprivatie, verveling, eenzaamheid of overprikkeling (zie tabel 8.1). Elk gedrag heeft zijn eigen betekenis. Omdat de oorzaak ook na zorgvuldige analyse vaak niet geheel duidelijk is, stelt Cohen-Mansfield voor om hypothetisch te werk te gaan: uit te gaan van de waarschijnlijkste oorzaak, daar een interventie aan te verbinden, vervolgens het effect te evalueren, zo nodig de hypothese aan te passen, enzovoort. Bij de keuze van interventies wijst Cohen-Mansfield erop om deze interventies met de beschikbare middelen af te stemmen op de individuele cognitieve, sensorische en motorische toestand van de persoon met dementie alsmede zijn preferenties, levensgeschiedenis en persoonlijkheid (*person-environment fit*).

Tabel 8.1 Niet-vervulde behoeften (*unmet needs*) als oorzaken van probleemgedrag

Niet-vervulde behoeften	Interventiedoelen	Voorbeelden van psychosociale interventies
Zintuiglijke deprivatie	Stimulatie	– Muziek – Massage, aanraking – Snoezelen – Aromatherapie
Verveling	Activiteiten	– Activiteitenbegeleiding – Huishoudelijke bezigheden – Snoezelen – Buiten wandelen
Eenzaamheid	Gezelschap	– Bezoek – Huisdier – Persoonlijke aandacht – Videobeelden van dierbare
Overprikkeling	Rustige omgeving	– Televisie uit – Huiselijke inrichting – Kleine, rustige groep – Spreken met zachte stem

De Lange (2004) sluit hierop aan door te pleiten voor een omslag van het omgaan met probleemgedrag naar ondersteunen van behoeften. Als wezenlijke aspecten noemt zij: veiligheid, genieten en plezierige activiteiten, uiten van (positieve en negatieve) gevoelens, positieve zelfwaardering, autonomie of afhankelijkheid, verbondenheid, iets om handen hebben, en voor iemand van betekenis zijn.

3.8 Toepassing van modellen

De verschillende psychologische modellen van menselijk gedrag in het algemeen, en van ouderen met cognitieve beperkingen in het bijzonder, sluiten elkaar niet uit, maar kunnen naast elkaar en aanvullend aan elkaar gebruikt worden. Zo sluit de P (Persoonlijkheidsfactoren en copingsstijl) uit het multifactoriële model van Kitwoord aan bij de copingsstijl uit de modellen van Lazarus en Folkman en van Dröes (adaptatie-copingmodel). Ook kan een vermindering van stressprikkels uit het progressive lowered stress streshold-model (PLST) een onvervulde behoefte zijn binnen het unmet needs-model.

Een literatuuroverzicht naar evidence-based psychologische behandelmethoden voor gedragsproblemen bij ouderen liet zien dat er tot dusver het meeste bewijskracht is voor behandeling volgens het leertheoretische model waarbij antecedenten en consequenties van problematisch gedrag worden gedetecteerd en vervolgens worden beïnvloed via op het individu en de omgeving afgestemde interventies (Logsdon e.a., 2007). Deze afstemming vond onder andere plaats door aan te sluiten bij de behoeften van de persoon via het aanbieden van plezierige activiteiten en door aanpassingen in de omgeving volgens het progressive lowered stress thresholdmodel.

Door zich bewust te zijn van de verschillende invalshoeken en de verschillende mogelijke oorzaken van gedrag, kan in de klinische praktijk per individu bepaald worden welke factoren nader onderzoek verdienen en waar aangrijpingspunten liggen voor interventies. Het leertheoretische model kan, ongeacht welk verklaringsmodel daarop ter aanvulling wordt gebruikt, nuttig zijn bij het ontrafelen van het gedrag en het bepalen van factoren die beïnvloed kunnen worden.

4 Diagnostiek van gedrag

Een psychodiagnostisch proces start met het verhelderen van de hulpvraag. Deze fase resulteert in vier vervolgvraagstellingen: wat is er aan de hand; hoe ernstig is het; hoe is het zo gekomen; en: wat te doen? Elke vraagstelling genereert haar eigen zoekproces (zie tabel 8.2)

Dit diagnostische proces zien we terug in de praktijk van de psychologische hulpverlening aan ouderen. Cliënten met psychische klachten die een hulpvraag voorleggen aan een hulpverlener, krijgen in eerste instantie een aantal vragen te beantwoorden. Daarmee verheldert de hulpverlener de hulpvraag en wordt de klacht geanalyseerd. Zo nodig vullen cliënten vervolgens ter aanvulling vragenlijsten in, of registreren zij hun gedrag enige tijd met behulp van een dagboek of een zelfobservatielijst. Op grond van deze informatie kan de hulpverlener in overleg met de cliënt het doel en de aanpak van de behandeling vastleggen, waarna cliënt en hulpverlener gezamenlijk aan de slag gaan. Voorbeelden van deze werkwijze zijn in diverse hoofdstukken van deel IV van dit handboek terug te vinden.

Bij een deel van de ouderen is deze aanpak echter niet mogelijk, vooral bij ouderen met ernstige cognitieve beperkingen.

Tabel 8.2 Componenten diagnostisch proces

Vraagstelling	Component	Aard diagnostiek	Uitkomst
Wat is de hulpvraag?	Klachtenanalyse	Verhelderend	Hulpvraag
Wat is er aan de hand?	Probleemanalyse	Onderkennend	Identificatie (probleemdefinitie)
Hoe ernstig is het?	Ernstanalyse	Taxerend	Ernsttaxatie
Hoe is het zo gekomen?	Oorzaakanalyse	Verklarend	Verklaring
Wat te doen?	Indicatieanalyse	Voorspellend	Interventieplan

Bron: De Bruijn e.a., 2003

De diagnostiek kan onder andere worden bemoeilijkt door:
- communicatieve beperkingen;
- geheugenstoornissen of andere cognitieve beperkingen;
- beperkingen in inzicht, overzicht, en reflecterend vermogen;
- sensorische en motorische beperkingen, of een gebrekkige spankracht;

Dit betekent niet dat er geen diagnostiek mogelijk is. Het betekent wel dat diagnostiek vooral gebaseerd wordt op informatie die niet rechtstreeks gevraagd wordt aan de cliënt. In deze gevallen wordt de hulpvraag doorgaans niet gesteld door de cliënt zelf, maar door informele of professionele verzorgers die zich zorgen maken, of moeilijk weten om te gaan met het gedrag. In de eerste fase van het diagnostische proces, verheldering van de hulpvraag, richt men zich dan ook op deze hulpvrager. Vervolgens kunnen zo nodig gedragsobservatiemethoden worden ingezet, al dan niet gecombineerd met andere informatiebronnen, zoals dossieronderzoek, bevindingen van andere zorg- of behandeldisciplines, of heteroanamnestische gegevens. Gedragsobservatiemethoden vergen geen enkele inzet van de cliënt en zijn daardoor ook toepasbaar bij cliënten waarbij andere onderzoeksmethoden niet mogelijk zijn. Hieronder bespreken we verschillende gedragsobservatiemethoden die voor deze specifieke groep ouderen toegepast kunnen worden.

4.1 Gedragsobservatieschalen

Een gedragsobservatieschaal bestaat uit een reeks vragen over het gedrag van de cliënt, met vaste antwoordmogelijkheden. Voor ouderen met dementie of andere ernstige gezondheidsproblemen zijn in Nederland diverse gedragsobservatieschalen beschikbaar. Tabel 8.3 geeft hiervan een overzicht. Dit is geen uitputtende opsomming, maar een selectie van gedragsobservatieschalen die in de klinische praktijk veel worden gebruikt, in wetenschappelijk onderzoek informatief zijn gebleken, of in overzichten elders in de Nederlandstalige literatuur worden genoemd (De Jonghe, 2009; 2010; Dijkstra, 2003). We onderscheiden observatieschalen die meerdere domeinen inventariseren, zoals cognitie, stemming, sociaal functioneren en zelfredzaamheid, en observatieschalen die een specifiek deelgebied meten. Ook subschalen van observatieschalen die een brede inventarisatie van gedrag bieden, kunnen worden gebruikt om specifieke gedragsaspecten te onderzoeken. Wat de geschiktste gedragsobservatieschaal is, hangt af van het beoogde doel en de specifieke situatie. Er zijn verschillende redenen om gebruik te maken van gedragsobservatieschalen:
- diagnostiek;
- indicatiestelling;
- objectivering van veranderingen in het gedrag;
- beschrijving van cliëntengroepen.

Diagnostiek

Bij cliënten bij wie nauwelijks of geen gesprekscontact mogelijk is, waardoor ook toepassing van zelfbeoordelingsvragenlijsten of psychologische tests niet meer aan de orde zijn, vormt een gedragsobservatieschaal altijd nog een bruikbaar diagnostisch instrument. Ook kan een gedragsobservatieschaal een betrouwbare aanvulling vormen op de informatie die een cliënt zelf heeft gegeven over zijn functioneren en beleving, bijvoorbeeld bij een persoon met dementie die in een gesprek goed gestemd overkomt en meldt dat hij zich meestal opgewekt voelt, maar op andere momenten ontredderd gedrag vertoont.

Tabel 8.3 Gedragsobservatieschalen

Te meten aspect	Beschikbare schalen
Kwaliteit van leven	– Quality of Life in Dementia (QUALIDEM) – Quality Of Life in Alzheimer's disease (QOL-AD) – de Welzijnsmeter
Stemming en welbevinden	– Nijmegen Observer-Rated Depression schaal (NORD) – Montgomery-Åsberg Depression Rating Scale (MADRS) – Cornell Scale for Depression in Dementia (CSDD) – Discomfort Scale Dementia of the Alzheimer Type (DS-DAT)
Angst	– GIP-subschaal Angstig gedrag – NPI-subschaal Angst
Cognitie	– Informant vragenlijst cognitieve achteruitgang bij ouderen (IQCODE-N)
Aandacht en delier	– Delirium Observatieschaal (DOS) – Delier-O-Meter – Delirium Rating Scale, Revised '98 (DRS-R-98) – Confusion Assessment Method Vragenlijst (CAM)
Wanen en hallucinaties	– NPI-subschaal Wanen en hallucinaties
Persoonlijkheid	– Hetero Anamnestische Persoonlijkheidsvragenlijst (HAP)
Brede inventarisatie van gedragsproblemen	– Revised memory and behavior problems checklist (RMBPC) – Gedragsobservatieschaal voor de Intramurale Psychogeriatrie (GIP) – Behavioral Symptoms in Alzheimer's Disease (BEHAVE-AD) – Neuropsychiatrische Inventarisatie (NPI) – Resident Assessment Instrument (RAI)
Achterdocht	– NPI-subschaal Achterdochtig gedrag
Agitatie	– Cohen-Mansfield Agitation Inventory (CMAI)
Agressie	– GIP-subschaal Opstandig gedrag
Initiatiefname en apathie	– Interview Deterioratie Dagelijkse levensverrichtingen bij Dementie (IDDD) – Apathy Evaluatie Schaal (AES-10)
Zelfregulatie	– Dysexecutive Questionnaire (DEX-vragenlijst) uit de BADS
Pijn	– Pain Assessment Checklist for Seniors with Limited Ability to Communicate (PACSLAC)
ADL	– Barthel Index (BI) – Zorgafhankelijkheidsschaal (ZAS)
Ernst van dementie	– Global Deterioration Scale (GDS) – Clinical Dementia Rating scale (CDR) – De ernst van dementieschaal uit de CAMDEX

BADS: Behavioural Assessment of the Dysexecutive Syndrome; CAMDEX: Cambridge Mental Disorders of the Elderly Examination; DEX: Dysexecutive Questionnaire; GIP: Gedragsobservatieschaal voor de Intramurale Psychogeriatrie; NPI: Neuropsychiatrische Inventarisatie

Verder kan een gedragsobservatieschaal een aanvulling vormen op de informatie van derden, zoals van een familielid of verzorgende, zeker als de meningen over het functioneren van een cliënt uiteenlopen. Bij het invullen van een gedragsobservatieschaal wordt meestal gekeken naar een langere periode, bijvoorbeeld de laatste twee weken, en bovendien wordt de schaal doorgaans door twee mensen ingevuld die in deze periode intensief contact hebben gehad met de cliënt.

De uitkomst is dus geen momentopname, en is gebaseerd op de observaties van meer dan één persoon. Gedragsobservatieschalen geven op efficiënte wijze een indruk van de aard en ernst van de problemen die zich voordoen en tonen tevens in welke domeinen de cliënt goed functioneert. Door de clustering van afzonderlijke gedragsitems in subschalen worden complexere begrippen meetbaar, zoals hulpbehoevendheid, depressief gedrag, of sociale activiteit. Zo is te zien of bijvoorbeeld lichamelijke hulpbehoevendheid op de voorgrond staat, of vooral problemen op het gebied van cognitie, stemming of gedrag.

Indicatiestelling
Het profiel van een gedragsobservatieschaal kan een hulpmiddel zijn om vast te stellen op welke domeinen eventueel aanvullend onderzoek of interventies gewenst zijn. Zo kan met een observatieschaal worden gesignaleerd dat er mogelijk sprake is van een combinatie van stemmings- en cognitieve problemen die nader onderzoek vergen. Ook kan een observatieschaal een nuttig hulpmiddel zijn bij het bepalen van het juiste type zorgvoorziening en de intensiviteit van zorg waarmee de cliënt het beste geholpen kan worden.

Objectivering van gedrag en gedragsverandering
Observatieschalen maken herhaalde observaties goed vergelijkbaar. Veranderingen gedurende langere tijd worden daarmee zichtbaar en objectiveerbaar. Observatieschalen helpen om eventuele effecten van behandeling aan te tonen. Daarnaast kunnen observaties van gedrag een objectief beeld geven van de daadwerkelijke frequentie en ernst van het gedrag en het verloop van het gedrag gedurende de dag of week. Deze informatie kan aanknopingspunten geven in de analyse en in psycho-educatie voor de omgeving.

Beschrijving van cliëntengroepen
Met behulp van een gedragsobservatieschaal kan de populatie van een afdeling of van een zorginstelling worden beschreven, evenals van specifieke cohorten, bijvoorbeeld de kenmerken van alle nieuw opgenomen cliënten per jaar. Deze beschrijving biedt vervolgens de mogelijkheid om veranderingen in de verschillende cliëntenpopulaties te volgen gedurende langere tijd.

Aandachtspunten
Om tot betrouwbare resultaten te komen bij het gebruik van gedragsobservatieschalen, zijn enkele aandachtspunten van belang. Van veel schalen is bekend dat de interbeoordelaarsbetrouwbaarheid matig is. Het invullen gebeurt bij voorkeur dus door meerdere zorgverleners die intensief contact hebben met de cliënt. Bij een herhaalde meting verdient het de voorkeur de schaal steeds door dezelfde mensen in te laten vullen. Bij thuiswonende cliënten zijn dit gewoonlijk de mantelzorgers en bij geïnstitutionaliseerde cliënten de professionele verzorgenden.

Gedragsobservatieschalen die worden toegepast bij mantelzorgers, worden bij voorkeur in interviewvorm afgenomen. Van professionele verzorgenden mag worden verwacht dat zij zelf in staat zijn om gedragsobservatieschalen zorgvuldig en betrouwbaar in te vullen mits zij de benodigde training en instructie hebben gekregen.

Het invullen van een observatielijst kost tijd en inspanning, en vereist dus voldoende motivatie bij de invullers. Dit vraagt om uitleg over het belang en om gerichte feedback over de resultaten.

Indicatiestelling voor het gebruik van gedragsobservatieschalen, instructie, toezicht op de uitvoering en interpretatie van de gegevens is een taak voor de psycholoog. De interpretatie en analyse van gedrag kan immers nooit alleen gebaseerd zijn op het gebruik van een observatieschaal. Een hoge score op een observatieschaal voor pijn bijvoorbeeld hoeft niet te betekenen dat er daadwerkelijk sprake is van pijn, maar kan ook voortkomen uit angst.

Observatieschalen dienen enkel ter ondersteuning. Zij kunnen helpen bij het vormen en toetsen van hypothesen over gedrag en bij het zoeken naar een adequate aanpak van problemen. Analyse blijft echter altijd nodig.

4.2 Rapportage door zorgverleners

Een andere wijze om informatie te verzamelen over gedrag is via mondelinge of schriftelijke rapportage door de informele of professionele zorgverleners. Dit kan bijvoorbeeld via een oriënterend gesprek met een mantelzorger over de vraag hoe het gaat met de cliënt, of door de dagrapportage van het zorgteam in een instelling door te nemen.

Een meer gestructureerde rapportage van gedragsobservaties, is wenselijk zodra er een specifieke hulpvraag is over gedrag. Via gerichte vragen kan de hulpvraag worden verhelderd en kunnen de gedragsobservaties van de verzorgenden worden geordend en geanalyseerd. De *Handreiking psychologische hulpverlening bij gedragsproblemen bij dementie* (NIP, 2009) bevat een vragenlijst voor verkenning van gedragsproblematiek (zie kader).

Vragenlijst verkenning gedragsproblematiek

Gedragsprobleem
- Omschrijving van het concrete gedrag (in neutrale, concrete bewoordingen)
- Gaat het om bekend of om nieuw gedrag?

Bij bekend gedrag
- Wat maakt dat er nu hulp wordt ingeroepen?
- Zijn er omstandigheden waardoor het gedrag als extra belastend wordt ervaren?

Zijn er veranderingen in de volgende zaken?
- Lichamelijk functioneren? Zo ja: welke?
- Psychisch functioneren? Zo ja: welke?
- ADL? Zo ja: welke?
- Relaties en familieomstandigheden? Zo ja: welke?
- Huidige relationele omgeving (bijvoorbeeld huisgenoten, verzorgers)? Zo ja: welke?
- Huidige materiële omgeving? Zo ja: welke?
- Zorg- en behandelplan (bijvoorbeeld benaderingswijze, medicatie)? Zo ja: welke?
- Dagindeling (bijvoorbeeld tijden van eten of rusten)? Zo ja: welke?
- Deelname aan activiteiten of tijdsbesteding? Zo ja: welke?

Frequentie
- Sinds wanneer komt dit gedrag voor?
- Hoe vaak wordt het gedrag waargenomen?
- Hoelang duurt de periode waarin het gedrag kan worden waargenomen?

Verloop
- Wat gaat er aan het gedrag vooraf?
- Waar doet het gedrag zich voor?
- Wie zijn erbij?
- Hoe ontwikkelt het gedrag zich van het begin tot het eind?

Uitzonderingen
- Wanneer en onder welke omstandigheden doet het gedrag zich niet voor?
- Welk wenselijk gedrag wordt waargenomen?

Probleemanalyse
- Voor wie is dit gedrag een probleem (cliënt, mensen in zijn omgeving)?
- Welke gevoelens en gedachten maakt dit gedrag los bij hulpverleners?
- Uit welke behoeften zou het gedrag kunnen voortkomen?
- Welke positieve kanten zijn er aan het gedrag van de cliënt?

Interventies
- Welke interventies zijn tot nu toe toegepast, en met welk effect?
- Verwachtingen
- Welke wensen zijn er over het doel en de interventies?

Bron: *Handreiking psychologische hulpverlening bij gedragsproblemen bij dementie* (Allewijn & Vink, 2009)

Systematische gedragsobservatie

In een aantal gevallen zal deze systematische inventarisatie voldoende informatie bieden om een hypothese te kunnen formuleren over de factoren die een rol spelen bij het ontstaan en voortduren van het problematisch gedrag. Soms is echter aanvullende gerichte gedragsobservatie nodig. Dit kan bijvoorbeeld nodig zijn als verschillende bronnen elkaar tegenspreken, het probleem niet door iedereen wordt onderkend, of de ernst zeer verschillend wordt ingeschat door betrokkenen. Systematische gedragsobservatie kan tevens zinvol zijn om te gebruiken als basismeting bij het begin van een interventie, om het effect van een interventie te meten, of om hypothesen te toetsen. Door deze registratie van gedrag ontstaat niet alleen inzicht in de frequentie en tijdstippen van het gedrag, maar ook in factoren die het gedrag oproepen, in stand houden, versterken of doen afnemen. Hiermee kunnen een functieanalyse van het gedrag en een interventieplan worden opgesteld (zie hoofdstuk 17).

Aanvullende rapportage over het gedrag kan via de gebruikelijke rapportage. Een andere mogelijkheid is rapportage via een specifiek format, of via de zogeheten geeltjesmethode, waarbij elke keer dat het gedrag plaatsvindt, een geeltje (zelfklevend memoblaadje) op een poster geplakt wordt (zie ook: www.zorgvoorbeter.nl/ouderenzorg/Geeltjesmeting.html). Deze methoden bieden meer structuur aan de rapporteurs en zijn doorgaans gemakkelijker te analyseren dan de weergave van gedragsobservaties in de gewone rapportage. Systematische registratie van gedrag heeft vooral zin als het zorgvuldig en consequent gebeurt. Dat vereist heldere afspraken met de verzorger(s) over de wijze en de duur van de registratie en over het vervolg, evenals zo nodig aanvullende scholing van een zorgteam.

De duur van de observatieperiode hangt af van de frequentie van het gedrag. Bij gedrag dat zich bijna constant voordoet, kunnen twee dagen misschien al voldoende informatie geven waarin bijvoorbeeld het gedrag elk uur gedurende vijf minuten wordt geregistreerd (*time-sampling*), terwijl gedrag dat zich slechts eenmaal of enkele keren per week voordoet, een observatieperiode van enkele weken vereist.

4.3 Gedragsobservatie en videoregistratie

Naast het gebruik van gestandaardiseerde observatieschalen en mondelinge of schriftelijke rapportage van informele en professionele verzorgers kan de psycholoog ook zelf gedrag observeren. Een voordeel van observatie in de natuurlijke context is dat het in korte tijd veel informatie geeft over het gedrag en inzicht geeft in interactie- en omgevingsaspecten. De observaties worden niet gefilterd door de waarneming van anderen. De psycholoog observeert vanuit het eigen professionele referentiekader en neemt mogelijk zaken waar die tot dan toe onvermeld of onderbelicht zijn gebleven.

Participerende observatie is het observeren van gebeurtenissen terwijl men deel uitmaakt van de betreffende situatie of groep en er ogenschijnlijk actief in participeert. Bij deze vorm van observatie is er meer betrokkenheid dan bij gewone observatie. Participerende observatie is een veelgebruikte methode in het onderzoek naar de beleving van ouderen met dementie, hun verzorgers en familieleden in zorginstellingen (De Lange, 1990; 2004; The, 2005). Via participerende observatie op momenten dat moeilijk te hanteren gedrag zich voordoet, bijvoorbeeld door mee te helpen bij het wassen en kleden of bij de maaltijden, kan de psycholoog aan den lijve de gevoelens ervaren die het gedrag bij verzorgers oproept. Dit geeft inzicht in het perspectief van de hulpvragers. Daarnaast kan de psycholoog interventies ter plekke voordoen en beproeven op hun effectiviteit.

Een andere mogelijkheid is gedragsobservatie via video-opnamen. Deze methode biedt de gelegenheid om de observaties meermaals en tot in detail te bekijken en zorgvuldig te analyseren, zowel de prettige als de problematisch verlopende interacties. De videobeelden kunnen op verschillende manieren worden geanalyseerd. Hoogeveen e.a. (1998) onderzochten met behulp van videobeelden in hoeverre en op welke manier mensen met dementie zelf kunnen aangeven wat zij prettig vinden. Zij filmden onder meer zeven geselecteerde verpleeghuisbewoners met een gevorderde dementie voor wie wassen en kleden een terugkerende kwelling was: voor henzelf en voor de verzorgenden. Zo kon een hypothese worden opgesteld over wat de cliënt prettig en onprettig vindt bij het wassen en kleden. Op grond van deze hypothese werd een procedure opgesteld die beter tegemoetkwam aan de voorkeuren en aversies van de cliënt. Met deze methode kon de effectiviteit van deze aanpak overtuigend worden aangetoond (zie hoofdstuk 32).

Video-interactiebegeleiding is een uitgewerkte vorm van gedragsobservatie via video (Stolker, 1997). Bij video-interactiebegeleiding gaat men ervan uit dat voor een geslaagde communicatie vijf basisprincipes van belang zijn:
− initiatieven volgen;
− ontvangst bevestigen;
− instemmend benoemen;
− beurt verdelen;
− leidinggeven.

Deze aspecten in de communicatie worden er bij de analyse en nabespreking uitgelicht, waarbij vooral de aandacht uitgaat naar de momenten waarop de interactie goed verloopt. De Groot

(2005) beschrijft de toepassing van deze video-interventie in de ouderenzorg (VIO) en toepassingsmogelijkheden in verschillende praktijksituaties: de psychogeriatrie intramuraal en thuis, CVA-revalidatie, chronische somatiek, en gerontopsychiatrie.

5 Persoonsgerichte benadering

Diagnostiek van gedrag is maatwerk, dat moge duidelijk zijn. Hetzelfde geldt voor de interventies: *one-size-fits-all*-oplossingen voor moeilijk hanteerbaar gedrag zijn er niet (Kales e.a., 2015). Als bekend is welke factoren van invloed zijn op gedrag en welke factoren aanknopingspunten bieden voor een gewenste verandering, kunnen de interventies worden afgestemd op het individu en naasten. Interventies voor gedragsbeïnvloeding van de cliënt komen in vele hoofdstukken in deel IV aan de orde. Bij ouderen met ernstige beperkingen valt een aantal psychotherapeutische mogelijkheden af. Mediatieve cognitieve gedragstherapeutische behandeling en cognitieve revalidatie kunnen echter ook bij deze doelgroep perspectief bieden. Deze interventievormen worden beschreven in hoofdstuk 17 en 25. Maar ook andere psychotherapeutische vormen blijken, mits aangepast aan de mogelijkheden en beperkingen van de persoon, soms toch nog inzetbaar en effectief bij ouderen met ernstige cognitieve beperkingen, zoals beschreven wordt in de hoofdstukken over life-review (hoofdstuk 19), oplossingsgerichte psychotherapie (hoofdstuk 20) en EMDR (hoofdstuk 21). Als probleemgedrag zich voordoet, blijkt het overigens niet altijd nodig om daadwerkelijk dit gedrag te beïnvloeden. Soms is het voldoende om het gedrag te verklaren. De interventie is dan uitsluitend gericht op het systeem, de verzorgers, en bestaat bijvoorbeeld uit psycho-educatie. Interventies voor ondersteuning van informele en professionele zorgverleners worden beschreven in hoofdstuk 23 en 24.

Een gedragsmatige aanpak van gedragsproblemen kan eraan bijdragen dat het gebruik van psychofarmaca en van middelen en maatregelen wordt voorkomen, evenals opname of overplaatsing. Het is dan ook van belang dat er vanuit de psychologische beroepsgroep voldoende aandacht is voor de problematische aspecten van gedrag bij mensen met ernstige beperkingen. Minstens zo belangrijk is echter de focus op positieve gedragsaspecten en het bevorderen van welbevinden. Goede zorg houdt in dat er gezamenlijk naar gestreefd wordt de bejegening en omgeving steeds optimaal af te stemmen op de behoeften, eigenheid, mogelijkheden en onmogelijkheden van de persoon, ook als de persoon zelf niet goed meer duidelijk kan maken wat hij nodig heeft voor zijn welbevinden. Psychodiagnostiek kan nuttig zijn om zicht te krijgen op deze elementen en om concreet invulling te geven aan persoonsgerichte zorg. Een persoonsgerichte benadering draagt bij aan het voorkomen of minder vaak voorkomen van gedragsproblemen. Maar bovenal komt zo'n op de persoon afgestemde benadering tegemoet aan de behoefte om ondanks alle ingrijpende veranderingen enige continuïteit te blijven ervaren.

Literatuur

Allewijn, M., & Vink, M.T. (2009). *Handreiking psychologische hulpverlening bij gedragsproblemen bij dementie*. Amsterdam: Nederlands Instituut van Psychologen. Raadpleegbaar via: http://www.psynip.nl/website-openbaar-documenten-nip-algemeen/nieuws/handreiking-gedragsproblemen-nip-1_.pdf.

APA. (2013). *Diagnostic and statistical manual of mental disorders, Fifth Edition.* Arlington, VA: American Psychiatric Publishing.

Brooker, D. (2005). Dementia care mapping: a review of the research literature. *Gerontologist, 45 Spec No 1,* 11-18.

Chenoweth, L., King, M.T., Jeon, Y.H., Brodaty, H., Stein-Parbury, J., Norman, R., e.a. (2009). Caring for Aged Dementia Care Resident Study (CADRES) of person-centred care, dementia-care mapping, and usual care in dementia: A cluster-randomised trial. *Lancet Neurology, 8,* 317-325.

Cohen-Mansfield, J. (2001). Nonpharmacologic interventions for inappropriate behaviors in dementia. *American Journal of Geriatric Psychiatry, 4,* 361-381.

Cohen-Mansfield, J. (2013). Nonpharmacologic treatment of behavioral disorders in dementia. *Current Treatment Options in Neurologoly, 15,* 765-785.

De Bruijn, E.E.J., Ruissenaars, A.J.J., Pameijer, N.K., & Aarle, E.J.M. van. (2003). *De diagnostische cyclus: Een praktijkleer.* Leuven: Acco.

Dijkstra, A. (2003). Observatieschalen: Een duimstok voor gedrag. In B. Miesen, M. Allewijn, C. Hertogh, F. de Groot & M. van Wetten (Red.), *Leidraad psychogeriatrie B/C: Deel B beter doen, deel C Meer weten* (pp. 146-176). Houten: Bohn Stafleu van Loghum.

Dröes, R.M. (1991). *In beweging: over psychosociale hulpverlening aan demente ouderen.* Nijkerk: Intro.

Dröes, R.M., Scols, J., & Scheltens, P. (2015). *Meer kwaliteit van leven: Integratieve, persoonsgerichte dementiezorg.* Leusden: Diagnosis.

Gaillard, A.W.K. (2003). *Stress, productiviteit en gezondheid.* Amsterdam: Nieuwezijds.

Groot, A. de. (Red.). (2005). *Video interactie begeleiding in de ouderenzorg.* Tilburg: De Hazelaar.

Gurland, B.J., Wilder, D.E., & Toner, J.A. (1987). A model for multidimensional evaluation of disturbed behavior in the elderly. In A.G. Awad, H. Durost, H.M.R. Meier & W.O. McCormick (Eds.), *Disturbed behavior in the elderly* (pp. 3-18). New York: Pergamon Press.

Hall, G.R., & Buchwalter, K.C. (1987). Progressively lowered stress threshold model for care of adults with Alzheimer's disease. *Archives of psychiatric nursing, 6,* 399-406.

Hermans, D,. Eelen, P., & Orlemans, H. (2007). *Inleiding tot de gedragstherapie.* Houten: Bohn Stafleu van Loghum.

Hoogeveen, F.R., Smith, J., Koning, C.C., & Meerveld, J.H.V.M. (1998). *Preferenties van dementerende ouderen. Eindrapportage van een onderzoek* [Publicatienr. 198.1198]. Utrecht: NZi, onderzoek, informatie en opleidingen in de zorg.

Jonghe, J.F.M. (2009). Diagnostische instrumenten. In C. Jonker, J.P.J. Slaets & F.R.J. Verhey (Eds.), *Handboek dementie: Laatste inzichten in diagnostiek en behandeling* (pp. 59-1034). Houten: Bohn Stafleu van Loghum.

Jonghe, J. de. (2010). Meetinstrumenten in de ouderenpsychiatrie. In R. van der Mast, T.J. Heeren, M.G. Kat, M. Stek, M. Vandenbulcke & F. Verhey (Red.), *Handboek ouderenpsychiatrie* (pp. 209-219). Utrecht: De Tijdstroom.

Kales, H.C., Gitlin, L.N., & Lyketsos, C.G. (2015). Assessment and management of behavioral and psychological symptoms of dementia. *BMJ, 350,* h369.

Kitwood, T. (1997). *Dementia reconsidered: The person comes first.* Buckingham: Open University Press.

Lange, J. de. (1990). *Vergeten in het verpleeghuis: Dementerende ouderen, hun verzorgenden en familieleden.* Utrecht: Nederlands Centrum Geestelijke Volksgezondheid.

Lange, J. de (2004). *Omgaan met dementie.* Utrecht: Trimbos-instituut.

Lazarus, R.S., & Folkman, S. (1984). *Stress, appraisal and coping.* New York: Springer.

Linde R.M. van de, Dening, T., Matthews, F.E., & Brayne, C. (2014). Grouping of behavioural and psychological symptoms of dementia. *International journal of geriatric psychiatry, 29*, 562-568.

Logsdon, R.G., McCurry, S.M., & Teri, L. (2007). Evidence-based psychological treatments for disruptive behaviors in individuals with dementia. *Psychology and Aging, 22*, 28-36.

Moll van Charante, E., Perry, M., Vernooij-Dassen, M.J.F.J., Boswijk, D.F.R., Stoffels, J., Achthoven, L., & Luning-Koster M.N. (2012). *NHG-Standaard dementie (derde herziening)*. Utrecht: Nederlands Huisartsen Genootschap. Raadpleegbaar via: www.nhg.org/standaarden/volledig/nhg-standaard-dementie.

Moos, R.H., & Tsu, V.D. (1977). The crisis of physical illness: An overview. In R.H. Moos (Ed.), *Coping with physical illness* (pp. 1-21). New York: Plenum Medical Book Company.

NVKG. (2014). *Richtlijn diagnostiek en behandeling van dementie*. Utrecht: Nederlandse Vereniging voor Klinische Geriatrie. Raadpleegbaar via: http://www.nvkg.nl/artsen/richtlijnen.

Orlemans, J.W.G., Eelen, P., & Hermans, D. (1995). *Inleiding tot de gedragstherapie*. Houten: Bohn Stafleu van Loghum.

Stok-Koch, E.G.H.J. (1996). Verpleeghuisopname: Een zwaard van Damocles. In G.A.M. Froeling, M.W. Ribbe & J.A. Stoop (Red.), *Gedragsproblemen in het verpleeghuis* (pp. 39-54). Nijmegen: PAOG Heyendael/Katholieke Universiteit Nijmegen.

Stolker, D., & Blom, M. (1997). *Beeld voor beeld: Ervaringen met video-hulpverlening aan familieleden van dementerenden*. Utrecht: NIZW.

The, A.M. (2005). *In de wachtkamer van de dood*. Amsterdam: Thoeris.

UMC St Radboud. (2008). *Richtlijn omgaan met gedragsproblemen bij patiënten met dementie (niet-medicamenteuze aanbevelingen): Richtlijn voor verpleegkundigen en verzorgenden*. Nijmegen: UMC St Radboud. Raadpleegbaar via: http://geriatrie.venvn.nl/Portals/27/deskundigheid/dementie/RichtlijnOmgaanMetGedragsproblemenBijDementie.pdf.

Verenso. (2008). *Richtlijn probleemgedrag: Met herziene medicatieparagraaf 2008*. Utrecht: Verenso. Raadpleegbaar via: http://www.verenso.nl/wat-doen-wij/vakinhoudelijke-producten/richtlijnen/probleemgedrag/#.V_IFFPmLRQI.

Vermeiren, H. (2012). *Dementie, het blikveld verruimd: Introductie in persoonsgerichte zorg en dementia care mapping*. Antwerpen: Garant.

Vingerhoets, A.J.J.M., & Soons, P. (Red.). (2010). *Psychologie in de gezondheidszorg: Een praktijkoriëntatie*. Houten: Bohn Stafleu van Loghum.

Vugt, M.E. de. (2004). *Behavioral problems in dementia: Caregiver issues*. Dissertation, Maastricht University. Raadpleegbaar via: http://assets.nkop.nl/docs/46253430-40e9-45d5-ad6e-bdc7bcd70a2f.pdf.

Watzlawick, P., Beavin, J.H., & Jackson, D.D. (1978). *De pragmatische aspecten van de menselijke communicatie*. Houten: Bohn Stafleu van Loghum.

Zwijsen, S.A., Kabboord, A., Eefsting, J.A., Hertogh, C.M.P.M., Pot, A.M., Gerritsen, D.L., e.a. (2013a). Nurses in distress? An explorative study into the relation between distress and individual neuropsychiatric symptoms of people with dementia in nursing homes. *International journal of geriatric psychiatry, 29*, 384-391.

Zwijsen, S.A., Lange, J. de, Pot, A.M., Mahler, M., & Minkman, M. (2013b). *Omgaan met onbegrepen gedrag bij dementie: Inventarisatie richtlijnen en inzichten rondom onbegrepen gedrag bij ouderen met dementie*. Utrecht: Trimbos-instituut/Vilans.

Deel III
Thema's in levensloopperspectief

9
Zingeving en levensvragen

Yolande Kuin en Gerben Westerhof

1. Inleiding
2. Wat is zingeving?
3. Zingevingsthema's
   - 3.1 Gezondheid
   - 3.2 Verbondenheid
   - 3.3 Individualiteit
   - 3.4 Activiteiten
   - 3.5 Religiositeit
4. Levensvragen
   - 4.1 Zingeving en chronisch ziek zijn
   - 4.2 Zingeving en dementie
   - 4.3 Zingeving en levenseinde
5. Zingeving in de psychologenpraktijk

Literatuur

---

www.tijdstroom.nl/leeromgeving

- Beeldmateriaal
- Handige documenten
- Weblinks

Kernboodschappen
- Zingeving is een psychologisch proces waarbij mensen in interactie met hun omgeving betekenis toekennen aan hun eigen leven, en richting geven aan hun leven.
- Zingeving vindt gedurende het hele leven plaats naar aanleiding van individuele ontwikkeling, belangrijke levensgebeurtenissen, en veranderingen in de sociaal-culturele context.
- Vooral ingrijpende verlieservaringen kunnen de vraag oproepen wat de zin nog is van dit leven.
- Psychologen kunnen een belangrijke rol spelen bij het zoeken naar een hernieuwd kader om het leven betekenis te verlenen, en bij het zoeken naar nieuwe, aangepaste doelen.

1 Inleiding

Zingeving is meer en meer een populair thema aan het worden. In het leven van alledag wordt er dan al snel gedacht aan levensbeschouwelijke en religieuze aspecten van de zoektocht naar de zin van het leven op aarde: vanwege het verlangen en zoeken naar een bestemming, of om deel uit te maken van een groter geheel. Zingeving gaat echter niet alleen over de zin van het leven in het algemeen, maar ook over de zin van het leven van de individuele persoon. Wat is de zin van mijn eigen leven? Dat noemen we alledaagse en persoonlijke zingeving: wat vinden we belangrijk in ons leven, wat motiveert ons, welke betekenis geven we aan wat we meemaken in ons leven?

Waar zingeving van oudsher een plaats had in filosofische en theologische beschouwingen, wordt het thema ook steeds meer bestudeerd in empirisch psychologisch onderzoek, zeker ook sinds de opkomst van de positieve psychologie (Baumeister e.a., 2013; Hicks & Routledge, 2013; Wong, 2012). De zoektocht naar zin en betekenis van het leven wordt daarbij gezien als een algemeen menselijk motief.

Ook in relatie tot ouder worden krijgt het thema zingeving toenemende aandacht (Westerhof, 2013b). Zingeving is een continu proces dat gedurende de gehele levensloop plaatsvindt. Door individuele ontwikkeling, door veranderingen en gebeurtenissen die in verschillende levensfasen plaatsvinden en door veranderingen in de sociaal-culturele context kunnen zingevingsvragen opgeroepen worden. Als bestaande zingeving niet meer voldoet, zullen andere antwoorden gevonden moeten worden. Hoewel zingeving een universeel thema is, is de uitwerking ervan dus gerelateerd aan de biografische achtergrond en levensfase waarin mensen zich bevinden. Aandacht voor levens- en zinvragen is van belang voor een goede kwaliteit van ouderenzorg voor datgene wat voor een persoon belangrijk is (ZonMw, 2016). In dit hoofdstuk gaan we in op de vraag wat zingeving is, welke bronnen van zingeving mensen in latere levensfasen gebruiken, en wat de rol van de psycholoog kan zijn in het zingevingsproces.

2 Wat is zingeving?

De aandacht voor zingeving komt in de psychologie vooral voort uit de praktijk. Viktor Frankl (1963), een van de grootste bezielers van onderzoek naar zingeving, gaat ervan uit dat er een basale menselijke behoefte bestaat om de zin van het leven en de wederwaardigheden daarin te ontdekken. Irvin Yalom (1980) beschrijft de zoektocht naar zin als een existentiële gegevenheid van het bestaan. Waar Frankl ervan uitgaat dat de zin van het leven een gegeven is in de vorm van een richting in het leven en een verbinding met andere mensen, gaat Yalom ervan uit dat mensen zelf een zin en betekenis in hun leven moeten creëren.

Vanuit psychologisch perspectief kan zingeving gedefinieerd worden als een psychologisch proces waarbij mensen in interactie met de sociaal-culturele omgeving betekenis toekennen en richting geven aan hun eigen leven in totaliteit, of aan aspecten daarvan (Westerhof & Kuin, 2007). Het idee hierachter is dat mensen hun leven als zinvol ervaren als het hun lukt om de vele gebeurtenissen in hun leven op een betekenisvolle manier met elkaar te verbinden (King e.a., 2006).

Zingeving is weliswaar aan een individu gebonden, maar vindt altijd plaats in een sociale en culturele context. Het zoeken van betekenis en het streven naar doelen vinden altijd in samenspraak met andere personen plaats. Dit wordt duidelijk als we zingeving ook als een communicatief proces bezien. Communicatie is slechts mogelijk als mensen gebruikmaken van gemeenschappelijke, gedeelde zingevingskaders. In de theorie over zingeving worden daarom individuele en sociaal-culturele processen niet als twee onafhankelijke of tegengestelde aspecten gezien, maar als twee aspecten die met elkaar verweven zijn.

Een overzicht over verschillende psychologische definities van zingeving laat zien dat er hierbij twee processen te onderscheiden zijn (Westerhof & Kuin, 2007). Het eerste is een meer cognitief proces waarbij het erom gaat dat mensen betekenis geven aan hun leven. Mensen proberen een zekere coherentie en ordening aan te brengen in datgene wat ze in hun leven doen en ervaren. Ze evalueren dit en geven er waarde aan. Het tweede proces is meer motivationeel van aard. Het gaat erom dat mensen het idee hebben dat hun leven een zeker doel en een zekere richting heeft. Mensen die een hoge mate van zin in hun persoonlijk leven ervaren, hebben een duidelijk doel in het leven, en een gevoel dat hun leven richting heeft; ze voelen zich tevreden met prestaties in het verleden en kunnen ook hun toekomst als zinvol beschouwen. Dit motivationele proces bouwt voort op het cognitieve proces van betekenisverlening. Op grond van de betekenis die mensen aan hun leven toekennen, kunnen ze ook dromen en wensen hebben, die ze kunnen omzetten in doelen en intenties. Als het lukt om deze ook in gedrag tot uiting te brengen, geven mensen hun eigen leven en hun eigen ontwikkeling verder vorm.

Soms wordt er naast de cognitieve en motivationele aspecten ook een affectief aspect aan zingeving onderscheiden. Reker en Wong (1988) stellen bijvoorbeeld dat indien mensen betekenis aan hun leven kunnen toekennen en daaraan ook richting kunnen geven, dit als vanzelf leidt tot het ervaren van positieve gevoelens.

In empirisch onderzoek worden de cognitieve, motivationele en affectieve componenten van zingeving ook teruggevonden. O'Connor en Chamberlain (1996) vroegen mensen om te beschrijven wat hun leven zin geeft. In de verschillende bronnen van zingeving die mensen noemden, konden zij steeds een cognitief, een motivationeel en een affectief aspect terugvinden. Zo beschreef een respondent dat hij de mens als een sociaal wezen ziet (cognitieve component), dat hij zelf graag met anderen samen wil zijn en iets voor anderen wil betekenen (motivationele component) en dat hij aan het omgaan met anderen veel plezier ontleent (affectieve component).

Ook aan de negatieve kant, bij het ervaren van zingevingsproblemen, worden de drie componenten teruggevonden (Read e.a., 2005; Westerhof e.a., 2006). Mensen beschrijven dat ze vervreemd zijn van zichzelf, van anderen of van de samenleving, of ze uiten negatieve gedachten over zichzelf en hun leven (cognitieve component). Ze vermelden dat ze geen doelen hebben, dat ze barrières ervaren bij het bereiken van doelen, dat ze teleurgesteld zijn door mislukkingen, en dat ze negatieve verwachtingen van de toekomst hebben (motivationele component). Ook worden negatieve emoties en het ontbreken van positieve emoties beschreven (affectieve component).

Over de relatie tussen de verschillende componenten van zingeving bestaat discussie. Sommigen zien de affectieve component bijvoorbeeld als een gevolg van een cognitief en motivationeel zingevingsproces (Reker & Wong, 1988). Empirisch onderzoek laat die relatie echter niet altijd zien (Van Ranst & Marcoen, 2000). Ander onderzoek laat zien dat juist de omgekeerde relatie is terug te vinden: positieve emoties helpen mensen om het proces van zingeving vorm te geven (King e.a., 2006); het ontbreken van positieve emoties, of de aanwezigheid van negatieve emoties beïnvloedt de cognitieve en motivationele componenten en leidt tot zingevings-

Tabel 9.1   Meest gebruikte instrumenten voor kwantificerend onderzoek naar zingeving

Meetinstrument	Bron	Toelichting
Purpose in Life (PIL)	Crumbaugh & Maholick, 1969	Eendimensionele schaal, voor onderzoek naar de mate waarin men ervaart dat het leven een doel en een richting heeft
Life Regard Index (LRI)	Battista & Almond, 1973; Debats, 1996, 1998	Bestaat uit twee factoren 1) framework, een coherent kader om betekenis te geven aan het leven en doelen te stellen, en 2) fulfillment, de mate van voldoening die men in het leven ervaart.
Sense of Coherence (SOC)	Antonovsky, 1983	Bestaat uit drie subschalen: – begrip (de mate waarin men ervaart dat het leven gestructureerd, voorspelbaar en verklaarbaar is) – beheersbaarheid (de mate waarin men ervaart hulpbronnen te hebben om met eisen die het leven stelt om te gaan) – zinvolheid (de mate waarin men zich verbindt aan deze eisen)
SELE	Dittmann-Kohli 1995; Dittmann-Kohli & Westerhof, 1997	Zinaanvullijst, die mensen vraagt naar opvattingen over zichzelf en het leven (SELE: *Selbst und Leben*) De 28 zinstammen verwijzen naar: – het huidige zelf en het huidige leven (bijvoorbeeld 'Ik kan tamelijk goed...', Mijn zwakheden zijn...', 'Als ik over mezelf nadenk...') – naar het mogelijke zelf en het mogelijke leven (bijvoorbeeld 'Ik ben van plan...', 'Ik ben bang dat...', 'In de komende jaren...') Sommige zinstammen zijn positief of negatief, andere laten de evaluatie aan de respondent zelf over In het bijbehorende codeschema worden de zinaanvullingen gecodeerd naar: – zindomein (psychische zelf, fysieke zelf, het leven in het algemeen, activiteiten, sociale relaties, materiële en maatschappelijke omstandigheden) – personen (partner, kinderen, kleinkinderen, familieleden, vrienden en bekenden) – evaluatie (positief, neutraal, negatief) – tijdsoriëntatie (verleden, heden, toekomst) – veranderingsoriëntatie (winst, behoud en groei) Volgens de toegekende codes worden indices berekend die met persoonskenmerken in verband gebracht kunnen worden. Onderzoek heeft onder andere laten zien dat de evaluatie samenhangt met: – depressie en *sense of coherence* (Van Selm, 1998) – subjectief welbevinden (Westerhof e.a., 2006)
Sources of Meaning Profile (SOMP-R)	Reker, 1996	Bestaat uit 17 items die ieder een bron van zingeving representeren, zoals geëngageerd zijn in persoonlijke relaties, vrijetijdsactiviteiten, financiële zekerheid, participeren in religieuze activiteiten, waardering voor persoonlijke prestaties, van nut zijn voor anderen. De betekenis van elk item wordt beoordeeld op een 7-puntsschaal (van 'niet betekenisvol' tot 'extreem betekenisvol)
Meaning in Life Questionnaire (MLQ)	Steger e.a., 2006; Steger & Kashdan, 2007	Bestaat uit vijf items over de aanwezigheid van zin en vijf die het zoeken naar zin meten. Elk item wordt beoordeeld op een 7-puntsschaal (van 'absoluut onwaar' tot 'absoluut waar'); de scores worden per subschaal opgeteld

problemen. Onderzoek hiernaar wordt bemoeilijkt door het feit dat de bestaande instrumenten om zingeving te onderzoeken vaak geen eenduidige relatie hebben met de componenten zoals die in definities van zingeving naar voren komen (Westerhof & Bohlmeijer, 2010).

Verschillende psychische problemen, zoals depressie, verslavingsproblematiek, verstoorde rouw, psychische trauma's en suïcidaal gedrag, zijn in verband gebracht met problemen in de zingeving. Het meeste empirisch onderzoek naar zingeving bij ouderen is gedaan naar depressie. Pinquart (2002) vond in een meta-analyse dat depressie en gebrek aan zin sterk aan elkaar gerelateerd zijn. In een longitudinaal onderzoek vond Krause (2007) dat persoonlijke zingeving wel depressieve gevoelens op een later tijdstip voorspelt, maar dat dit andersom niet het geval is. Blijkbaar lijdt een gebrekkige persoonlijke zingeving dus wel tot depressieve gevoelens, maar leiden depressieve gevoelens niet per se tot het ervaren van gevoelens van zinloosheid.

Uit enkele onderzoeken komt naar voren dat zin in het leven ervaren een belangrijke buffer is tegen stress en dat dit eveneens het welbevinden positief beïnvloedt (Reker & Woo, 2011). Maar wanneer mensen ingrijpende levensgebeurtenissen meemaken, kan dit ertoe leiden dat persoonlijke overtuigingen en doelen die het leven zin geven, worden ondermijnd (Park e.a., 2010; Van Selm, 1998). Mensen kunnen dan proberen betekenissen aan de gebeurtenissen toe te kennen die congruent zijn met de bestaande zingeving, bijvoorbeeld door de aandacht te vestigen op positieve aspecten van het leven, zoals de steun die iemand ervaart van anderen tijdens een ziekteproces. Een andere ontwikkelingsrichting is dat mensen hun zingeving aanpassen aan de veranderde realiteit en daarmee daadwerkelijk een verandering doormaken. Ze leren of ontwikkelen dan een nieuwe vorm van zingeving. Beide processen worden *benefit finding* genoemd (Tennen & Affleck, 2002), maar het tweede proces heeft ook veel weg van posttraumatische groei (Calhoun & Tedeschi, 2006). Zowel van benefit finding als posttraumatische groei is bekend dat deze samenhangen met welbevinden en geestelijke gezondheid (Helgeson e.a., 2006).

Onderzoek naar de ervaring van zingeving in verschillende leeftijdsgroepen laat zien dat er weinig verschil is in de mate waarin mensen zin en betekenis ervaren in hun leven (Pinquart, 2002; Read e.a., 2005; Westerhof & Dittmann-Kohli, 2004). Blijkbaar lukt het mensen van verschillende leeftijden goed om zin te kunnen blijven geven aan hun persoonlijke leven, ook als daarin veranderingen plaatsvinden. De thema's die centraal staan in de zingeving, blijken echter wel te verschillen. Daar gaan we in de volgende paragraaf uitgebreider op in. Daarnaast kunnen mensen te maken krijgen met situaties die de zin van het leven als geheel op de proef stellen, zoals chronische ziekten, dementie, en de confrontatie met het levenseinde. We spreken hier van levensvragen. Daar gaan we in paragraaf 4 verder op in.

3 Zingevingsthema's

De inhoud van zingeving is, naast de processen die in paragraaf 2 beschreven zijn, een belangrijk onderwerp van theorievorming en onderzoek (Dittmann-Kohli, 1995; O'Connor & Chamberlain, 1996; Reker, 2000; Wong, 1998). Empirische onderzoeken laten zien dat mensen zin ontlenen aan uiteenlopende zaken, zoals persoonlijke relaties, persoonlijke prestaties, creatieve activiteiten, werk en vrije tijd, maar ook politieke onderwerpen, religieuze activiteiten, traditie en cultuur (bijvoorbeeld Reker & Woo, 2011). Er zijn verschillende manieren waarop deze bronnen van zingeving ingedeeld kunnen worden.

Vanuit een humanistisch perspectief onderscheidt Derkx (2011) de volgende zeven zingevingsbehoeften, die deels overeenkomen met de processen die we in paragraaf 2 beschrijven, en deels met de thema's die we in deze paragraaf beschrijven.
- Doelgerichtheid: leef je ergens naartoe wat je van waarde vindt?
- Morele rechtvaardiging: is je leven, dat wat je doet, moreel te verantwoorden?
- Eigenwaarde: vind je jezelf de moeite waard?
- Competentie: heb je het gevoel dat je invloed hebt op je leven?
- Begrijpelijkheid: heb je een begrijpelijk verhaal over je leven en de gebeurtenissen daarin?
- Verbondenheid: voel je je verbonden met anderen?
- Transcendentie: voel je je deel van een groter geheel (kan religie zijn) of verlang je daarnaar?

Vanuit de existentiefilosofie wordt onderscheid gemaakt tussen de *Umwelt*: de fysieke, materiele wereld waarin de mens leeft, de *Eigenwelt*: het innerlijke leven van een persoon, de *Mitwelt*: de persoon in relatie tot anderen en de *Überwelt*: het 'hogere' dat buiten het empirisch vaststelbare staat (Van Deurzen & Adams, 2011).

Vanuit een ordening van empirische onderzoeken kunnen de volgende zes belangrijke zingevingsthema's worden onderscheiden (Westerhof & Kuin, 2007).
- Gezondheid: de aandacht gaat naar de ervaring van het eigen lichaam, zowel wat betreft uiterlijk en het gebruik van het lichaam (bijvoorbeeld sport, eten), als het functioneren hiervan.
- Verbondenheid: hierbij gaat het juist om de manier waarop men is ingebed in sociale netwerken en de bredere maatschappij, bijvoorbeeld goede sociale relaties, intimiteit, altruïsme, collectivisme, maatschappelijk bewustzijn.
- Individualiteit: hierbij gaat het om de eigen persoon en het eigen persoonlijke functioneren los van de sociale context waarin men zich bevindt, bijvoorbeeld: karaktertrekken, persoonlijke groei, zelfacceptatie, zelfpreoccupatie, individualisme, plezier.
- Activiteiten: de focus ligt hier op hetgeen men in de eigen omgeving bewerkstelligt, bijvoorbeeld werk, productiviteit, creativiteit, maatschappelijke participatie, vrijetijds- en hedonistische activiteiten.
- Materiële condities: hierbij gaat het om de materiële randvoorwaarden van het bestaan, zoals bezit, financiële zekerheid, vervulling van basale behoeften.
- Het leven in het algemeen: hierbij gaat het om reflecties op het leven en de inkadering hiervan in basale menselijke waarden, zoals levensevaluaties, humanistische en religieuze waarden, traditie en cultuur, zelftranscendentie en existentiële thema's zoals de eindigheid van het leven.

Deze indeling sluit aan bij het perspectief dat zingeving bestaat uit verbinding: verbinding met de eigen persoon, de wereld om zich heen, andere mensen en het leven als geheel. Ook de verschillende aspecten die vanuit het humanisme en de existentiefilosofie worden onderscheiden, zijn deels terug te vinden. We kunnen zingeving beschrijven als een proces dat is ingebed in de beleving van de eigen persoon, die deels autonoom is (individualiteit) en deels verbonden met anderen (verbondenheid). Via het eigen lichaam (fysieke integriteit) bewerkstelligt een persoon dingen in de buitenwereld (activiteit), die gebonden zijn aan specifieke levensomstandigheden (materiële condities). Tot slot kan de persoon reflecteren op het eigen leven in het algemeen, waarbij van bredere en ook transcendente waarden gebruikgemaakt kan worden.

In het volgende bespreken we vijf zingevingsthema's die in de latere levensfasen belangrijk zijn. De bevindingen zijn grotendeels gebaseerd op grootschalig Duits en Nederlands surveyonderzoek naar zingeving in de tweede levenshelft, waarbij gebruik werd gemaakt van het SELE-instrument, een zinaanvullijst waarin mensen zichzelf en hun leven in eigen woorden beschrijven (Dittmann-Kohli e.a., 2001; Westerhof & Dittmann-Kohli, 2004). Het thema materiële condities werd weinig vermeld; we laten dit verder buiten beschouwing. Het zingevingsthema 'het leven in het algemeen' wordt hier toegespitst op de religiositeit, omdat de praktijk tot dusver leert dat mensen in hun latere leven vaak zoeken naar of teruggrijpen op religieuze kaders.

3.1 Gezondheid

Binnen het thema gezondheid kunnen drie subthema's onderscheiden worden: gezondheid als algemene waarde, psychisch en lichamelijk (psychofysiek) functioneren, en specifieke gezondheidsproblemen (Kuin e.a., 2001). Gezondheid is voor velen een belangrijk domein voor zingeving en is daarmee richtinggevend voor de invulling van de levenssituatie. Gezondheid is niet alleen een belangrijke waarde, maar is ook een voorwaarde om de dingen te kunnen doen die men graag wil, en om zelfstandig te blijven.

Het surveyonderzoek in drie leeftijdsgroepen (40-54, 55-69 en 70-85 jaar) maakte duidelijk dat gezondheid, of breder aangeduid de psychofysieke integriteit, een thema is dat voor oudere mensen belangrijker is dan voor mensen in de middenfase van het leven. Er is sprake van een toenemende centraliteit binnen dit zindomein. Eveneens kwam naar voren dat de betekenis van gezondheid verschilt in de verschillende fasen van het leven en dat de betekenissen kunnen veranderen (Kuin e.a., 2001). Het is niet zo dat de uitspraken negatiever van betekenis worden naarmate de leeftijd toeneemt. Ook in de groep van 70-85 jaar zijn er positieve en neutrale uitspraken over gezondheid. Wanneer mensen naar hun toekomstige situatie kijken, blijkt de jongste groep (40-54 jaar) vooral bang te zijn voor problemen met de gezondheid op latere leeftijd en voor ernstige ziekten, terwijl dat in de oudste groep veel minder aanwezig is. Deze oudste groep doet vooral uitspraken over behoud en verbetering van hun gezondheid. Wel zegt men niet afhankelijk te willen zijn van anderen.

In een onderzoek naar angst voor gezondheidsproblemen bij volwassenen van middelbare leeftijd zijn twee groepen vergeleken: mensen die een ouder hebben met een dementie versus een controlegroep. De kinderen van een ouder met dementie nemen hun eigen cognitieve functioneren anders waar en zijn veel bezorgder over het eigen geestelijke functioneren dan de controlegroep (Gerritsen e.a., 2004). Wanneer zij iets vergeten, vragen zij zich vaak af of dit een signaal van dementie is en daardoor krijgen normale dagelijkse ervaringen een andere betekenis. Zo wordt dementie een belangrijk thema voor deze respondenten zelf: een bedreiging voor hun eigen gezondheid, waarmee ze in het dagelijks leven regelmatig geconfronteerd kunnen worden.

In onze huidige, westerse, sociaal-culturele context is het belangrijk om gezond, energiek en fit te zijn, mobiel te zijn en te blijven, geen ziekten te krijgen, en mentaal in orde te zijn. We willen zowel in goede conditie zijn en blijven als onze zelfstandigheid behouden. Deze thema's domineren de cognitieve interpretatie van de gebeurtenissen en ervaringen in het dagelijks leven en beïnvloeden de doelen die men stelt en de plannen die men maakt. Gezondheid vormt de basis om andere dingen te kunnen realiseren en wanneer de gezondheid bedreigd wordt of aangetast is, heeft dat gevolgen voor de zingeving.

Wanneer iemand een lichamelijke of geestelijke aandoening krijgt, krijgt deze ziekte een betekenis, waarbij de eigen reeds aanwezige kennis en informatie van invloed zijn. De betekenis wordt deels bepaald door kenmerken van de ziekte zelf, zoals de soort symptomen, de ernst, het acute of chronische karakter, het al dan niet levensbedreigende karakter. Ook heeft de ziekte voor het individu zelf veel verschillende betekenissen: niet alleen verlies van gezondheid, maar ook verlies van persoonlijke controle, bedreiging van het gevoel van zelfwaardering, verandering in *body image*, beperking van onafhankelijkheid, invloed op sociale relaties, discontinuïteit van verleden en toekomst, en het bijstellen van de verwachtingen van de toekomst.

3.2 Verbondenheid

Zoals in dit hoofdstuk al vaker is opgemerkt, is de sociale context belangrijk voor zingeving. De kans dat deze kleiner wordt naarmate men ouder wordt, is groot. Niet alleen neemt het aantal sociale relaties af, ook de kwaliteit kan veranderen, bijvoorbeeld door beperkingen in de mogelijkheden tot daadwerkelijk contact: om elkaar te bezoeken of samen dingen te ondernemen. Telefoon, smartphone en internet zijn vervangers daarvan.

Volgens de socio-emotionele selectiviteitstheorie van Carstensen (Carstensen e.a., 1999) veranderen sociale doelen gedurende de levensloop onder invloed van het tijdsbesef. Bij een onbegrensd tijdsperspectief zijn kennisgerelateerde doelen belangrijk; wanneer de toekomende tijd beperkt raakt, investeren mensen meer in emotionele doelen. Voor oudere volwassenen zijn sociale relaties die emotioneel van betekenis zijn belangrijk en bestaat er voorkeur voor hechte, vertrouwde relaties (Carstensen e.a., 1999). Resultaten van het surveyonderzoek over zingeving (Dittmann-Kohli e.a., 2001) laten zien dat mensen in de oudste groep (70-85 jaar) op de SELE-lijst minder familie buiten de partner, de kinderen en de kleinkinderen noemen, en minder vrienden en bekenden dan de jongere leeftijdsgroepen (40-54 en 55-69 jaar; Bode, 2003). Zij spreken echter niet minder over de partner, de kinderen en de kleinkinderen. Er kan geconcludeerd worden dat er geen sprake is van een algemene afname van een behoefte aan contact, maar juist van een focus op de belangrijkste personen uit het sociale netwerk. Doordat in de analyses ook gecontroleerd is of de genoemde personen aanwezig zijn in het netwerk, is aangetoond dat de gevonden verschillen en overeenkomsten niet het gevolg zijn van het wegvallen van bepaalde groepen doordat bijvoorbeeld vrienden gestorven zijn.

Dat betekent overigens niet dat ouderen niet in staat zijn om nieuwe sociale contexten op te zoeken en nieuwe relaties aan te knopen. Andere tijdsbesteding na de pensionering betekent voor velen deelnemen aan bijvoorbeeld cursussen, reizen, bridgecompetities: gelegenheden waarbij men contacten met anderen heeft en ook langduriger vriendschappen kan opbouwen. Vrienden zijn op latere leeftijd belangrijke bondgenoten, zowel in het delen van negatieve ervaringen als in het stimuleren van positieve ervaringen, door bijvoorbeeld plezierige activiteiten samen te ondernemen.

Alleen zijn is vaak een bedreiging van zin. Het duidelijkst is dit wanneer een partner overlijdt. Behalve het verlies van die dierbare persoon met wie men lange tijd heeft samengeleefd, valt er ook een belangrijke bron van persoonlijke zinervaring weg. Het leven krijgt een andere betekenis. Er is geen directe interactie meer, geen overleg, geen toetsing van je eigen ideeën, geen feedback op het eigen handelen, enzovoort. Het leven gaat verder, maar men moet nu zonder de ander het leven een nieuwe structuur geven. De meeste ouderen die hun partner verliezen, slagen daar uiteindelijk goed in, hoewel het aanpassingsproces jarenlang kan duren (Stevens, 1995).

In het bijzonder voor oudere vrouwen geldt dat verweduwd zijn en weinig sociale contacten hebben risicofactoren zijn voor het ontstaan van een depressie, vooral wanneer er andere ingrijpende gebeurtenissen plaatsvinden (Hughes, 1997). De ervaring dat men niet meer nuttig is voor anderen, of geen betekenis voor een ander heeft of denkt te hebben, vormt een bedreiging voor het ervaren van zin in het leven, en tevens een risico voor een depressie. Dit is in de situatie van partnerverlies zeer uitgesproken aanwezig. Gelukkig zijn veel mensen in staat om in de loop van de tijd hun leven opnieuw als zinvol te ervaren. De nieuwe levenssituatie biedt ook nieuwe uitdagingen en kan nieuwe bronnen voor zingeving opleveren. Andere relaties, met kinderen of vrienden, krijgen een andere betekenis, of oude relaties wordt nieuw leven ingeblazen.

3.3 Individualiteit

In de hedendaagse westerse cultuur behoort individualiteit tot een van de belangrijkste waarden. Het gaat daarbij om het gevoel een uniek en coherent persoon te zijn, die zélf richting en sturing geeft aan het eigen leven en de eigen levensloop. Maar voor de oudste ouderen kan de huidige nadruk op individualiteit juist problematisch zijn. Zij komen immers uit een tijd waarin er een minder sterke waardering voor het individu aanwezig was. Dit wordt geïllustreerd in het boek van Geert Mak: *Hoe God verdween uit Jorwerd* (1996, p. 196).

> 'De collectiviteit was op het platteland sterker, de individualiteit zwakker. In Jorwerd hoorde ik ouderen regelmatig over zichzelf in de derde persoon spreken. Veel boeren hadden het over "de vrouw" terwijl hun echtgenote ernaast zat, vrouwen spraken hun man aan met "de boer" of met zijn achternaam [...]. Het woordje "ik" was op het platteland niet populair. Tekenend is een scène uit de documentaire *Het is een schone dag geweest*, waarin de filmer Jos de Putter het laatste boerenjaar van zijn vader in Zeeuws-Vlaanderen vastlegde. [...] Zijn zoon vraagt hem: "Vader, wat vindt u daar nu persoonlijk van?" De vader zwijgt een minuut, nog een minuut, nog een minuut, de camera blijft draaien en dan zegt hij: "Hoe bedoel je, persoonlijk?".'

Dit citaat illustreert treffend hoe deze ouderen, die voor de oorlog op het platteland zijn opgegroeid, weinig geneigd zijn zichzelf als uniek individu te beschouwen. Veeleer zien ze zichzelf in een bepaalde sociale rol: als 'de vrouw' of 'de boer'. Deze ouderen lopen door de huidige nadruk op individualiteit het risico om van de samenleving te vervreemden (Westerhof, 2005).
In het onderzoek naar zingeving wordt inderdaad gevonden dat ouderen een minder sterke nadruk leggen op het thema individualiteit dan mensen van jongere leeftijdsgroepen (Bode, 2003; Dittmann-Kohli, 1995). Deels blijkt dit een cohortverschil te zijn, maar culturele verschillen (bijvoorbeeld regionaal) zouden leeftijdsverschillen mede kunnen verklaren. Veel ouderen hebben zich goed aangepast aan de culturele veranderingen. Zij passen de waarde individualiteit toe op dilemma's van de levensfase waarin zij zich zelf bevinden. De derde levensfase, oftewel de vroege ouderdom, beleven veel mensen in termen van vrijheid. Het feit dat men niet meer aan de dagelijkse verplichtingen van werk en een gezinsleven hoeft te voldoen, wordt door vele ouderen gewaardeerd als een positief aspect van het ouder worden (Westerhof, 2003). De derde levensfase is er ook een die nieuwe mogelijkheden geeft om de eigen identiteit te herzien (Stewart & Healy, 1989) en om te komen tot een hernieuwde inzet om zich persoonlijk te ontwikkelen en te blijven groeien (Dittmann-Kohli & Jopp, 2006). Niet voor niets is er veel interesse voor cursussen waarin het eigen levensverhaal centraal staat en niet voor niets is het hoger onderwijs voor ouderen (hovo) een succes gebleken (Westerhof, 2013a).
In de vierde levensfase vinden we de nadruk op individualiteit vooral terug bij de zorgen over de autonomie. Het begrip 'zo lang mogelijk zelfstandig' vat het streven naar autonomie duidelijk samen. In het onderzoek van Bode (2003) was de behoefte aan zelfstandigheid voor ouderen en in het bijzonder voor oudere vrouwen belangrijker dan voor mensen van middelbare leeftijd.

Overigens dient wel opgemerkt te worden dat de behoefte aan zelfstandigheid niet altijd alleen maar voortkomt uit op het individu gerichte waarden (Von Faber, 2002). Evenzeer kan juist de wens om de emotionele relatie met kinderen in stand te houden op de voorgrond staan. Niet voor niets drukken veel ouderen hun wens naar zelfstandigheid uit als 'de kinderen niet tot last zijn'.

Tegelijkertijd laat de nadruk op autonomie in de vierde levensfase ook de kwetsbaarheid van ouderen in onze samenleving zien. De waarden van individualiteit en autonomie zijn sterk verstrengeld met de positieve waardering van de jonge volwassenheid en de negatieve waardering van de ouderdom in onze cultuur. Met andere woorden: de waardering en het respect voor ouderen worden vaak afgemeten aan individualistische waarden die eerder op de jeugd dan op de ouderdom van toepassing zijn (zie ook hoofdstuk 1).

3.4 Activiteiten

De overgang van het werkzame leven naar het pensioen brengt diverse veranderingen met zich mee. Vanuit het perspectief van zingeving vraagt de pensionering om een herstructurering van bestaande zingevingsstructuren. Enerzijds valt er een belangrijke en door de maatschappij zeer gewaardeerde bron van zingeving weg: het werk. Door de voorspelbaarheid van de pensionering kunnen mensen zich hierop mentaal voorbereiden, al lang voor ze met pensioen gaan. Er wordt ook wel gesproken van 'anticiperende socialisatie'. Door de culturele verwachtingspatronen die mensen hebben van de pensionering, wordt het aanpassingsproces vergemakkelijkt. In ons onderzoek naar zingeving vonden we dan ook dat er slechts bij een kleine groep sprake was van problemen met het pensioen (Westerhof, 2001).

Na het pensioen moet men het leven zelfstandiger gaan vormgeven, door een nieuw dagritme en nieuwe activiteiten te zoeken, en die af te stemmen op het leven van de partner. Er wordt tegenwoordig vaker op gewezen dat het pensioen een tijd van nieuwe mogelijkheden is. Zoals we al zagen, beleven veel mensen die hernieuwde vrijheid als een positief aspect van het ouder worden; hierin is de individuele variatie groot. Actief zijn en blijven is voor velen een belangrijk thema in de derde levensfase, maar ook zien velen de mogelijkheid om het rustiger aan te gaan doen. De keuzen die men hierbij maakt, worden meestal ingegeven door het eigen verleden (Westerhof, 2005). In de continuïteitstheorie wordt hierbij vooral de nadruk gelegd op het proces van betekenisverlening (Atchley, 1993). Hoewel er van buitenaf sprake kan zijn van verandering, bijvoorbeeld het oppakken van een andere activiteit, kan er in de betekenisverlening toch sprake zijn van continuïteit. Daardoor kan continuïteit bestaan uit een bepaalde activiteit voortzetten, een hobby intensiveren, bestaande vaardigheden gebruiken in een nieuwe activiteit, een activiteit hervatten die men lang niet heeft uitgevoerd, of zelfs een lang gekoesterde wens in vervulling laten gaan.

In de laatste fase van het leven, in het bijzonder als men tot de kwetsbare ouderen gaat behoren, is er doorgaans echter sprake van een reductie van activiteiten (Van Eijk, 1997, pp. 268-295). Men concentreert zich op activiteiten die minder fysiek belastend zijn, en die in en om het eigen huis kunnen worden uitgevoerd. Op het niveau van zingeving spelen hierbij de kunst van het loslaten en de aandacht richten op het wezenlijke een belangrijke rol.

3.5 Religiositeit

Zoals eerder opgemerkt kan religie ook een rol spelen bij zingevingsprocessen. Religie wordt opgevat als een bredere waarde die een bron kan zijn bij de zingeving aan het leven in het alge-

meen. Religiositeit is een onderwerp dat in de gerontologie lange tijd weinig aandacht heeft gekregen (Marcoen, 2003). De laatste jaren daarentegen is er meer aandacht voor.
Voor ouderen zou religiositeit om twee redenen een belangrijke rol kunnen spelen in de zingeving. Ten eerste zijn zij opgegroeid in een tijd van verzuiling, waarin godsdienst en kerklidmaatschap een belangrijke rol speelden. Religieuze overtuigingen uit die jaren, orthodox bewaard gebleven of kritisch geherinterpreteerd, zouden ook op latere leeftijd van belang kunnen zijn. Ten tweede krijgen ouderen meer dan jongeren te maken met existentiële thema's als lijden en sterven, die hen ertoe zouden kunnen aanzetten om hun toevlucht te zoeken bij religie. Vanuit de godsdienstpsychologie wordt er immers op gewezen dat religiositeit vaak de rol vervult van een copingmechanisme (Pargament, 1997). Zeker als andere zinbronnen wegvallen, zouden religiositeit en spiritualiteit een laatste bron van zinvervulling kunnen blijven (Marcoen, 2003; Marcoen e.a., 2002). Wat betreft kerklidmaatschap en kerkbezoek geeft 28% van de 75-plussers aan geen kerkelijke gezindte te hebben en geeft 61% aan zelden of nooit een religieuze dienst te bezoeken. Dat is anders bij middelbare en jongere volwassenen; van mensen jonger dan 35 jaar heeft 60% geen kerkelijke gezindte en 82% bezoekt zelden of nooit een religieuze dienst (CBS, 2014). Ouderen nemen niet alleen vaker deel aan geïnstitutionaliseerde vormen van religie, maar hechten ook meer belang aan religie (Westerhof & Dittmann-Kohli, 2004).

4 Levensvragen

We hebben gezien dat er enerzijds weinig verschillen zijn in de mate waarin mensen van verschillende leeftijden zin ervaren in hun leven, maar dat er anderzijds wel verschillen zijn in de mate waarin en de manier waarop zingevingsthema's belangrijk zijn in de tweede levenshelft. Ingrijpende levensgebeurtenissen zijn vaak aanleiding voor een herstructurering van zingeving. Als bestaande zingevingskaders niet meer voldoen, moet het zinsysteem aangepast worden door bijvoorbeeld doelen en verwachtingen bij te stellen of te veranderen. Wanneer lezen iemands passie is maar een progressief gezichtsverlies dit onmogelijk maakt, moeten in het zinsysteem wijzigingen aangebracht worden om zin te blijven ervaren.
Wanneer een ingrijpende gebeurtenis als negatief ervaren wordt, stelt dit de bestaande zingeving bijzonder op de proef. Vooral wanneer er sprake is van een zeer negatieve ervaring, kan die niet alleen leiden tot de vraag wat de zin is van deze gebeurtenis, maar breder: naar de zin van het leven als geheel. In deze paragraaf gaan we in op enkele situaties waar dergelijke levensvragen gesteld kunnen worden: chronische ziekte, dementie en het levenseinde.

4.1 Zingeving en chronisch ziek zijn

Ziekten zijn bedreigingen voor de zingeving, echter ook een uitdaging om in de veranderde of veranderende situatie zin te blijven ervaren. Ziekte vraagt om een heroriëntatie op zichzelf en op de toekomst. Dat geldt zelfs voor een eenvoudige griep die het gewone leven en de plannen die men heeft, kortdurend verstoort. Voor levensbedreigende en chronische ziekten geldt die heroriëntatie veel sterker, maar in het geval van acute levensbedreiging zijn de veranderingen en de gevolgen voor de zinervaring in korte tijd zeer intens: denk aan kanker of een hartinfarct. Een acute ziekte kan chronisch worden, bijvoorbeeld bij een beroerte. Bij chronische ziekten gaat het om langdurige processen waarin er veel aandacht van de persoon uitgaat naar het lichamelijk en geestelijk functioneren: 'Hoe is het verloop?'; 'Wat zal ik nog wel kunnen en wat niet meer'; 'Is er hoop op enig herstel?'

Dit kan aanleiding zijn tot existentiële vragen. 'Wie ben ik nu eigenlijk?' is een belangrijke identiteitsvraag die vooral het 'huidige zelf' betreft. De vraag 'Wat zal er van mij worden?' heeft betrekking op de toekomst en op wat daarin voor de persoon zelf mogelijk is; dit wordt het 'mogelijke zelf' genoemd. De persoonlijke identiteit wordt bedreigd, het beeld van het zelf wordt verstoord (Charmaz, 1999; Leventhal e.a., 1999). Hetzelfde geldt ook voor de sociale identiteit: kan deze gehandhaafd blijven? Hoe reageert de sociale omgeving, blijven sociale relaties gehandhaafd? Welke opvattingen over een persoon met gezondheidsbeperkingen worden hem of haar voorgehouden: als iemand die serieus genomen wordt, die autonoom is, of juist als iemand die steeds minder meetelt omdat hij of zij minder kan? In de betekenisgeving aan zichzelf en het eigen leven speelt de sociale omgeving dus een belangrijke rol.

Ziekte vraagt om heroriëntatie op zichzelf en het eigen leven. Bij chronische ziekte of beperkingen in de gezondheid is dat een voortdurend proces naarmate er meer of andere lichamelijke en geestelijke klachten bijkomen. Dan is het belangrijk om herhaaldelijk het verhaal van de ziekte te vertellen, omdat met elk verhaal een reconstructie kan plaatsvinden. Door het verhaal van de ziekte aan een luisteraar te vertellen, treedt een zekere objectiviteit op waardoor men emoties kan verwoorden en er afstand van kan nemen (Charmaz, 1999). Zo kan opnieuw zin worden geconstrueerd wanneer de 'oude' betekenissen en zin niet meer voldoen of niet meer bruikbaar zijn.

4.2 Zingeving en dementie

Aandacht voor de subjectieve beleving van dementie is niet meer weg te denken uit de dagelijkse omgang met mensen met dementie, uit de informele en professionele zorg, en uit wetenschappelijk onderzoek. Wat betreft de wetenschap: in veel onderzoeken staat het verhaal van de persoon met dementie zelf centraal, en wordt de patiënten zelf gevraagd naar hun ervaringen en meningen over wat er verandert en veranderd is in hun leven sinds ze weten dat er sprake is van een dementiesyndroom. Hoe ervaren mensen het leven met een dementie? Hoe gaan ze om met de gevolgen ervan? Hoe zijn ze in staat hun eigen identiteit te behouden gedurende het dementieproces? (Zie bijvoorbeeld De Boer e.a., 2007; Clare, 2002; Harmer & Orrell, 2008; Hulko, 2009; MacQuarrie, 2005; Phinney & Chesla, 2003; Preston e.a., 2007; Sabat & Harré, 1994; Steeman e.a., 2007). De focus ligt in deze onderzoeken echter veelal op achteruitgang van cognitieve functies, op verandering in persoonlijkheid en gedrag, op het verlies van identiteit. Slechts weinig onderzoek gaat expliciet in op zingeving in het dagelijks leven van mensen met dementie. Holst en Hallberg (2003) interviewden mensen met dementie over allerlei aspecten van hun levenssituatie sinds bij hen de diagnose dementie was vastgesteld. Het bleek dat deze mensen ondanks de dementie in staat waren zin te geven aan hun leven en hun identiteit te behouden, hoewel dat wel moeilijk was.

Enkele andere onderzoeken onderzochten de betekenis en rol van activiteiten in het dagelijks leven van mensen met dementie, waarom en wanneer ze zinvol zijn (Harmer & Orrell, 2008; Phinney e.a., 2007). Uit het onderzoek van Harmer en Orrell bij bewoners van zorgcentra kwamen vier domeinen van activiteiten naar voren: reminiscentie, familie- en sociale activiteiten, muziek, en individuele activiteiten zoals lezen en televisiekijken. Activiteiten blijken betekenisvol te zijn als ze gebaseerd zijn op interesses, op rollen in het verleden, en op routines, maar ook wanneer ze plezier geven en een gevoel van erbij horen versterken. Eveneens belangrijk is om open te staan voor anderen, en anderen te kunnen steunen en troosten bij verliesgevoelens. Dergelijke resultaten werden ook gevonden bij thuiswonende mensen met dementie, hoewel de domeinen enigszins verschillen: vrije tijd en recreatie, huishoudelijke taken, sociale activiteiten en werkgerelateerde activiteiten (Phinney e.a., 2007). Hier zien we overigens ook weer dat bij zingeving de relatie met de sociale omgeving een belangrijke rol speelt. Een kritische kanttekening bij deze onderzoeken is dat ze uitgevoerd zijn bij mensen met lichte tot matig ernstige dementie, omdat die nog (redelijk) goed in staat zijn hun ervaringen en gevoelens te verwoorden en hun verhaal te doen.

Kennis over persoonlijke zingeving van mensen met dementie, over welke specifieke aspecten belangrijk zijn voor hen, is belangrijk om in te spelen op hun behoeften en hen te helpen zin te geven aan hun dagelijks leven. Dat geldt voor zowel informele als voor professionele zorgverleners. In de *Kwaliteitsstandaard levensvragen* (Begemann & Cuijpers, 2015) worden handreikingen gegeven om het omgaan met levensvragen te integreren in de zorg en daarmee te beantwoorden aan de huidige kwaliteitseisen voor de ouderenzorg (zie ook paragraaf 5).

4.3 Zingeving en levenseinde

Bewustwording van de eigen eindigheid kan op verschillende momenten plaatsvinden, maar doorgaans gebeurt dit voor het eerst in de middenfase van het leven. Normale biologische verouderingsverschijnselen attenderen op het ouder worden wanneer de mogelijkheden van het lichaam langzaam beperkter worden. Ook ziekte of overlijden van ouders, familieleden of vrienden kunnen zorgen voor een confrontatie met de eindigheid van het leven. Het passeren van bepaalde leeftijdsgrenzen, zoals de 50e verjaardag, of transities in de levensloop, zoals pensionering, kunnen mensen bewust maken van de tijd die is geweest tegenover de tijd die men nog heeft.

In de latere volwassenheid gaat de eigen eindigheid een andere rol spelen in het zingevingsproces (Dittmann-Kohli, 1995; Timmer e.a., 2003). Terwijl jongeren vooral een bijna oneindig toekomstperspectief hebben waarin ze vooral mogelijkheden zien voor groei, is er vanaf middelbare leeftijd meer aandacht voor het behoud van wat er is en minder voor groei en ontwikkeling (Timmer e.a., 2003). Overigens betekent dit niet dat het toekomstperspectief negatiever gekleurd wordt of dat ouderen meer angsten ervaren voor de toekomst dan mensen van jongere of middelbare leeftijd (Timmer e.a., 2003).

Het bewustzijn van eindigheid zet aan tot een balans opmaken van het eigen leven: wat heeft iemand gerealiseerd en wat wil iemand in de toekomst nog realiseren? Het kan leiden tot spijt en wanhoop, maar ook tot acceptatie en tevredenheid. Erik Erikson (1982) spreekt hier van ego-integriteit. Ego-integriteit is gerelateerd aan welbevinden en geestelijke gezondheid (Westerhof e.a., 2015), maar ook aan een accepterende houding tegenover het eigen levenseinde (Fortner & Neimeyer, 1999).

In de latere levensfasen kunnen zich verschillende levensgebeurtenissen opstapelen. Dit kan het voor sommige ouderen moeilijk maken om ermee om te gaan, vooral bij als ingrijpend ervaren gebeurtenissen. Dit beïnvloedt de kwaliteit van leven negatief. Wanneer de lichamelijke en psychische kwetsbaarheid toeneemt en de draaglast de draagkracht gaat overschrijden, kan dit gedachten oproepen over een gewenst levenseinde. Soms kan het dan gaan over een levenseinde dat ook een einde betekent van lijden wanneer het bijvoorbeeld gaat over de gevolgen van chronische ziekten of een dementieproces. Soms ervaren mensen bij het opmaken van de levensbalans dat het 'genoeg' is of dat het leven 'voltooid' is.

Verschillende auteurs beschrijven hoe het toenemende belang van waarden als onafhankelijkheid, autonomie, zelfredzaamheid in onze Nederlandse samenleving van invloed is op dit proces (onder anderen Allewijn & Teunisse, 2013; Van Wijngaarden e.a., 2015). Zelfs de overheid hanteert deze als uitgangspunten van de zorg voor (kwetsbare) ouderen. Wanneer deze waarden in het dagelijks leven van ouderen onder druk komen te staan, kan dat leiden tot de wens om niet verder te leven.

Van Wijngaarden e.a. (2015) deden een kwalitatief onderzoek om meer inzicht te krijgen in motieven die een rol spelen wanneer mensen stellen dat het leven voor hen niet langer waard is geleefd te worden. Zij hielden diepte-interviews bij 25 mensen van 70 jaar en ouder bij wie er geen medische redenen waren voor hun zogenoemde 'klaar met het leven'-ervaringen. Bij alle respondenten speelde het gevoel van eenzaamheid een rol, ook al had men familie, of andere sociale contacten. Ook was het gevoel van belang er niet meer toe te doen en gemarginaliseerd te zijn als oudere in onze samenleving. De andere thema's waren: niet meer de activiteiten kunnen uitvoeren die kenmerkend zijn voor de persoon zelf, een gevoel van vermoeidheid, lichamelijk, psychisch als sociaal, en aversie tegen het idee afhankelijk te worden. De uitkomsten van dit onderzoek hebben te maken met de genoemde waarden in onze samenleving, maar sluiten ook aan bij de zingevingthema's die eerder in dit hoofdstuk genoemd zijn. Voor de respondenten lijkt de zin in hun dagelijkse leven te ontbreken omdat er nog weinig verbinding ervaren wordt.

Volgens de existentiefilosofie van onder andere Heidegger en Sartre leven we om dood te gaan. We weten ons leven lang dat iedereen doodgaat, dus ook wijzelf, maar in onze jeugd staat dat wat verder van ons af dan op latere leeftijd. Ouder worden betekent steeds dichter bij de dood staan en dat besef dringt zich op zeker moment aan ons op. Mensen gaan op uiteenlopende wijze om met de gedachte aan de naderende dood. Het merendeel kan met aanvaarding en berusting hiermee omgaan, maar bij sommigen is er afweer, en weer anderen hebben een actief verlangen naar de dood (Van de Ven, 2016). Van Wijngaarden e.a. (2015) geven inzicht in de achtergronden van die wens.

Volgens Van de Ven (2016) hebben mensen met een interne *locus of control* meer moeite met het accepteren van het naderende levenseinde dan mensen met een externe locus of control. Bij de manier waarop mensen omgaan met eindigheid en dood, spelen ook verlieservaringen en het omgaan daarmee eerder in het leven een rol, maar ook in welke mate er sprake is van veerkracht. Veerkracht draagt ertoe bij dat mensen constructief omgaan met het besef van de naderende dood en tevens een positief zelfbeeld behouden. Het leven goed kunnen afronden kan worden beschouwd als een ontwikkelingstaak op latere leeftijd. Het is de kunst, maar ook kunde, om het leven als zinvol te blijven ervaren en in het dagelijks leven redenen om te leven te hebben, doelen te kunnen stellen, hoe klein ook.

5 Zingeving in de psychologenpraktijk

Op welke manieren hebben psychologen die werken met ouderen, te maken met het thema zingeving? Hoe kunnen zingevingsthema's opgespoord worden? In het begin van dit hoofdstuk is al duidelijk gemaakt dat het een basale menselijke behoefte is, zin te geven aan het leven (Frankl, 1963). Zingeving is een proces van betekenis toekennen aan wat men meemaakt in het eigen leven, en dit gaat het hele leven door. We hebben ook gezien dat er tijdens het ouder worden andere betekenissen kunnen worden gegeven aan veranderingen en gebeurtenissen die op hun beurt kunnen leiden tot andere doelen en motieven. Niet altijd verloopt dat proces probleemloos en vooral bij verlieservaringen wordt de zinvraag gesteld. Verlieservaringen kunnen een rol spelen bij depressies en daar heeft de ouderenpsycholoog vaak mee te maken (zie hoofdstuk 5).

In de psychologische hulpverlening dient stilgestaan te worden bij de mogelijkheden en onmogelijkheden van zinervaring. Er moet nagegaan worden of er sprake is van het ervaren van zin in het dagelijks leven, en van de mogelijkheid om doelen te zien of te bedenken om na te streven en zo een motief te vinden voor het voortbestaan. Het gaat niet altijd om de existentiële zin in levensbeschouwelijk perspectief, maar juist vaker om het concrete 'zin hebben in' het dagelijks leven. In psychologische hulpverlening kunnen existentiële vragen aan bod komen, maar ook wanneer dat niet het geval is, spelen de alledaagse zin en belemmeringen daarvan een rol. Stilstaan bij doelen die men heeft of niet meer heeft, bij doelen die nog wel nagestreefd kunnen worden, is belangrijk. Mensen kunnen uitgedaagd en aangemoedigd worden om een ander perspectief te ontwikkelen op hun leven en de problemen waarvoor psychologische hulp wordt gezocht (Park e.a., 2010). Ook aandacht voor de cognitieve en affectieve componenten van zingeving is van belang: welke cognities heeft de oudere persoon over zichzelf en het eigen leven, en welke gevoelens gaan daarmee gepaard? Ouderenpsychologen kunnen een rol spelen bij het omgaan met het naderende levenseinde, bij het goed afronden van het leven, of juist bij het verhelderen van de motieven bij het gevoel klaar te zijn met het leven, bij het bereiken van ego-integriteit, en bij het behoud of verwerven van zingevingsbronnen.

Het gesprek is een goede methode om meer zicht te krijgen op de zinervaring van mensen, of op het gebrek eraan (zie onder anderen Allewijn & Teunisse, 2016; Vosselman & Van Hout, 2013). Ook kan gebruikgemaakt worden van de schalen uit paragraaf 2, vooral de Purpose in Life-schaal. Een instrument dat tot nu toe alleen nog voor wetenschappelijk onderzoek is gebruikt, de SELE-lijst, kan ook nuttig zijn (zie tabel 9.1). De zinaanvullingen van de SELE geven weer wat iemand belangrijk vindt, wat hem of haar bezighoudt, en waarbij iemand betrokken is. Psychologen kunnen een relevante rol spelen bij het zoeken naar een hernieuwd kader om het leven betekenis te verlenen, en bij het zoeken naar nieuwe, aangepaste doelen. Ze kunnen helpen bij het opsporen van bronnen van zin die de oudere nog heeft, bij het zoeken naar hulpbronnen. In hulpverlening aan ouderen komt vaak het terugblikken op het eigen leven aan de orde. Mensen doen dat al vanuit zichzelf, maar kunnen er ook toe uitgenodigd worden door specifieke procedures, zoals reminiscentie en *life review*. Dit zijn goed bruikbare methoden, omdat deze vormen van psychologische hulpverlening bedoeld zijn om het welbevinden positief te beïnvloeden en om bij te dragen aan een zinervaring (zie hoofdstuk 19).

Dit alles geldt voor ouderen in de thuissituatie, maar ook voor mensen die in zorgcentra verblijven. Voor deze laatste groep is er veel veranderd in hun gezondheid, met gevolgen voor zelfstandig functioneren. Ze hebben hun vertrouwde woonomgeving tijdelijk of permanent moeten verlaten, zijn een deel van hun privacy kwijt, hebben te maken met mensen in hun omgeving die ze niet zelf hebben uitgekozen, zijn in meerdere of mindere mate aangewezen op hulp van anderen en zijn buiten hun gewone leven geplaatst. De relatie met de toekomst is veranderd. Dit zijn veel bedreigingen van zin.

Uit onderzoek is naar voren gekomen dat het voor mensen in een instelling belangrijk is om een gevoel van betekenis en nut te hebben voor de omgeving en om regie te kunnen voeren over het eigen leven (onder anderen Rodin & Timko, 1992). Dit zijn belangrijke voorwaarden voor een positief welbevinden en om zin te kunnen ervaren. De zorgcentra zijn daarop vaak nog niet optimaal ingespeeld. Het is echter een uitdaging om de bewoners mogelijkheden te bieden tot zelfcontrole, tot doelen creëren en tot activiteiten. Dit is iets wat de organisatie in haar geheel betreft, beleidsmatig, maar dat ook door de diverse aanwezige disciplines mogelijk gemaakt moet worden. Het gaat om een algemeen klimaat waarin de individuele bewoner in interactie met de omgeving zijn of haar leven vorm en inhoud kan geven, met de benodigde complementaire ondersteuning door de zorg- en hulpverleners.

Psychologen kunnen hieraan bijdragen in de voorwaardenscheppende sfeer, zoals inbreng in het formuleren van de zorgvisie, ontdekken van wensen en behoeften, maar ook van zin belemmerende factoren. Steeds gaat het om het zoeken naar perspectieven voor zin in plaats van het bestendigen van een gebrek aan zin waartoe het geïnstitutionaliseerd zijn gemakkelijk kan leiden. De in 2015 verschenen *Kwaliteitsstandaard levensvragen* (Begemann & Cuijpers, 2015) is bedoeld om bij te dragen aan de kwaliteit van zorg door de zorgmedewerkers te stimuleren oog te hebben voor levens- en zinvragen voor de oudere cliënten. De standaard is van toepassing voor alle ouderen met een zorgindicatie, los van de soort aandoening. De aandacht voor levensvragen moet ingebed zijn in de dagelijkse zorg: het moet een vanzelfsprekend onderdeel vormen van de contacten met de cliënten. Dat vraagt veel van de medewerkers, die in staat moeten zijn goede contacten op te bouwen, een open houding aan te nemen en goed te luisteren, ook naar de boodschap achter uitspraken van cliënten. Daar is een organisatie voor nodig die daarvoor ruimte geeft, maar die ook de voorwaarden daarvoor realiseert, zoals deskundigheidsbevordering. Bij de implementatie en uitvoering van deze kwaliteitsstandaard kan de ouderenpsycholoog een rol spelen.

Ook in de directe hulpverlening aan bewoners van zorgcentra kan de psycholoog bijdragen aan zin. Niet alleen wanneer er sprake is van depressie, maar ook bij verwerkingsproblemen of gedragsproblemen is het relevant om bij de cliënt de alledaagse zingeving ter sprake te brengen. Dat kan door aandacht te besteden aan de cognitieve, motivationele, en affectieve componenten van zingeving, en door mensen te vragen naar wat ze belangrijk vinden in hun leven en wat ze (nog) zouden willen nastreven of bereiken; of ze positieve gevoelens ervaren over zichzelf en wat er in hun leven gebeurt. Dergelijke vragen worden niet zo vaak gesteld.

De vraag naar welke doelen mensen hebben in hun leven levert niet altijd meteen een bevredigend antwoord op, omdat mensen denken dat er geen grote doelen meer zijn wanneer ze oud zijn. Echter, zoeken naar kleine, meer alledaagse doelen en die proberen te verwoorden en een plaats te geven in het leven van de cliënt, zal eraan bijdragen dat de cliënt zijn of haar leven ervaart als zinvol.

Literatuur

Allewijn, M., & Teunisse, S. (2016). Psychologische hulp bij euthanasievragen bij dementie. In M. Vink, S. Teunisse & H. Geertsema (Red.), *Klaar met het leven? Ouderen en het levenseinde in psyhchologisch perspectief* (pp. 25-35). Houten: Bohn Stafleu van Loghum.

Antonovsky, A. (1983). The sense of coherence: Development of a research instrument. *Newsletter and research report of the W. S. Schwarts research Center for Behavioral Medicine, 1*, 11-22.

Atchley, R.C. (1993). Continuity theory and the evolution of activity in later adulthood. In J.R. Kelly (Ed.), *Activity and aging: Staying involved in later life* (pp. 5-16). Newbury Park, CA: Sage.

Battista, J., & Almond, R. (1973). The development of meaning in life. *Psychiatry, 36*, 409-427.

Baumeister, R.F., Vohs, K.D., Aaker, J.L., & Garbinsky, E.N. (2013). Some key differences between a happy life and a meaningful life. *Journal Of Positive Psychology, 8*, 505-516.

Becker, H.M. (2004). *Levenskunst op leeftijd: Geluk bevorderende zorg in een vergrijzende wereld*. Delft: Eburon.

Begemann, C., & Cuijpers, M. (2015). *Kwaliteitsstandaard levensvragen: Omgaan met levensvragen in de langdurige zorg voor ouderen*. Utrecht: Vilans.

Bode, C. (2003). *Individuality and relatedness in middle and late adulthood: A study of women and men in the Netherlands, East- and West-Germany*. Proefschrift, Katholieke Universiteit Nijmegen.

Boer, M.E. de, Hertogh, C.M.P.M., Dröes, R.M., Riphagen, I.I., Jonker, C., & Eefsting, J.A. (2007). Suffering from dementia, the patient perspective: A review of the literature. *International Psychogeriatrics, 19*, 1021-1039.

Calhoun, L.G., & Tedeschi, R.G. (2006). *Handbook of posttraumatic growth: Research & practice*. Mahwah, NJ: Lawrence Erlbaum Associates Publishers.

Carstensen, L.L., Isaacowitz, D.M., & Charles, S.T. (1999). Taking time seriously: A theory of socio-emotional selectivity. *American Psychologist, 54*, 165-181.

CBS (2014). Kerkelijke gezindte en bezoek religieuze dienst naar leeftijdsgroep. Geraadpleegd op 15 november 2015, van statline.cbs.nl.

Charmaz, K. (1999). From the 'sick role' to stories of self. In R.J. Contrada & R.D. Ashmore (Eds.), *Self, social identity and physical health* (pp. 209-239). Oxford/New York: Oxford University Press.

Clare, L. (2002). We'll fight as long as we can: Coping with the onset of Alzheimer's disease. *Aging & Mental Health, 6*, 139-148.

Crumbaugh, J., & Maholick, L.T. (1969). *Manual instruction for the purpose in life test*. Munster, IN: Psychometric affiliates.

Debats, D.L. (1996). *Meaning in life: Psychometric, clinical and phenomenological aspects*. Proefschrift, Rijksuniversiteit Groningen.

Debats, D.L. (1998). Measurement of personal meaning: the psychometric properties of the Life Regard Index (LRI). In P.T.P. Wong & P.S. Fry (Eds.), *Handbook of personal meaning: theory, research and application* (pp. 237-260). Mahwah, NJ: Erlbaum.

Derkx P. (2011). *Humanisme, zinvol leven en nooit meer 'ouder worden': Een levensbeschouwelijke visie op ingrijpende biomedisch-technologische levensverlenging*. Brussel: ASP/VUBPRESS.

Deurzen, E. van., & Adams, M. (2011). *Skills in existential counseling & psychotherapy*. Londen: Sage.

Dittmann-Kohli, F. (1995). *Das persönliche Sinnsystem: Ein Vergleich zwischen frühem und spätem Erwachsenenalter*. Göttingen: Hogrefe.

Dittmann-Kohli, F., Bode, C., & Westerhof G.J. (Eds.). (2001). *Die zweite Lebenshälfte, Psychologische Perspektiven. Ergebnisse des Alters-Survey* [Schriftenreihe des Bundesministeriums für Familie, Senioren, Frauen und Jugend]. Stuttgart: Kohlhammer.

Dittmann-Kohli, F., & Jopp, D. (2006). Self and life management: Wholesome knowledge for the third age. In J. Bond, F. Dittmann-Kohli & G.J. Westerhof (Eds.), *Ageing in society* (3rd ed., pp.268-295). Londen: Sage.

Dittmann-Kohli, F., & Westerhof, G.J. (1997). The SELE sentence completion questionnaire: A new instrument for the assessment of personal meaning in research on aging. *Anuario de Psicologia, 73*, 7-18. Available from: http://www.raco.cat/index.php/anuariopsicologia/article/viewFile/61349/96239.

Eijk, L.M. van. (1997). *Activity and well-being in the elderly*. Amsterdam: Thesis.

Erikson, E.H. (1982). *The life cycle completed*. New York: Norton.

Faber, M. von (2002). *Maten van succes bij ouderen: Gezondheid, aanpassing en sociaal welbevinden*. Proefschrift, Universiteit van Amsterdam.

Fortner, B.V., & Neimeyer, R.A. (1999). Death anxiety in older adults: A quantitative review. *Death Studies, 23*, 387-411.

Frankl, V.E. (1963). *Man's search for meaning*. New York: Washington Square Press.

Gerritsen, D., Kuin, Y., & Steverink, N. (2004). Personal experience of aging in the children of a parent with dementia. *International Journal of Aging and Human Development, 58*, 147-165.

Gilleard, C., & Higgs, P. (2000). *Cultures of ageing: Self, citizen and the body*. Harlow: Prentice Hall.

Harmer, B., & Orrell, M. (2008). What is meaningful activity for people with dementia living in care homes? A comparison of the views of older people with dementia, staff and family carers. *Aging and Mental Health, 12*, 548-558.

Helgeson, V.S., Reynolds, K.A., & Tomich, P.L. (2006). A meta-analytic review of benefit finding and growth. *Journal Of Consulting And Clinical Psychology, 74*, 797-816.

Hicks, J.A., & Routledge, C. (2013). *The experience of meaning in life: Classical perspectives, emerging themes, and controversies*. New York: Springer.

Holst, G., & Hallberg, I.R. (2003). Exploring the meaning of everyday life, for those suffering from dementia. *American Journal Of Alzheimer's Disease And Other Dementias, 18*, 359-365.

Hughes, C. (1997). Depression and mania in later life. In I.J. Norman & S.J. Redfern (Eds.), *Mental health care for elderly people* (pp. 141-161). New York: Churchill Livingstone.

Hulko, W. (2009). From 'not a big deal' to 'hellish': Experiences of older people with dementia. *Journal of Aging Studies, 23*, 131-144.

Inglehart, R. (1985). Aggregate stability and individual-level flux in mass belief systems: The level of analysis paradox. *American Political Science Review, 79*, 97-116.

King, L.A., Hicks, J.A., Krull, J.L., & Del Gaiso, A.K. (2006). Positive affect and the experience of meaning in life. *Journal Of Personality And Social Psychology, 90*, 179-196.

Krause, N. (2007). Evaluating the stress-buffering function of meaning in life among older people. *Journal Of Aging And Health, 19*, 792-812.

Kuin, Y., Westerhof, G.J., Dittmann-Kohli, F., & Gerritsen, D. (2001). Psychophysische Integrität und Gesundheitserleben. In F. Dittmann-Kohli, C. Bode & G.J. Westerhof (Red.), *Die zweite Lebenshälfte, Psychologische Perspektiven: Ergebnisse des Alters-Survey [Schriftenreihe des Bundesministeriums für Familie, Senioren, Frauen und Jugend]* (pp. 343-399). Stuttgart: Kohlhammer.

Leventhal, H., Idler, E.L., & Leventhal, E.A. (1999). In R.J. Contrada & R.D. Ashmore (Eds.), *Self, social identity and physical health* (pp. 185-208). Oxford/New York: Oxford University Press.

MacQuarrie C.R. (2005). Experiences in early-stage Alzheimer's disease: Understanding the paradox of acceptance and denial. *Aging & Mental Health, 9*, 430-441.

Mak, G. (1996). *Hoe God verdween uit Jorwerd*. Amsterdam: Atlas.

Marcoen, A. (2003). Gerontologisch onderzoek en spiritualiteit. *Tijdschrift voor Gerontologie en Geriatrie, 34*, 194-195.

Marcoen, A., Cotthem, K. van, Billiet, K., & Beyers, W. (2002). Dimensies van subjectief welbevinden bij ouderen. *Tijdschrift voor Gerontologie en Geriatrie, 33*, 156-165.

O'Connor, K., & Chamberlain, K. (1996). Dimensions of life meaning: A qualitative investigation at mid-life. *British Journal of Psychology, 87*, 461-477.

Pargament, K.I. (1997). *The psychology of religion and coping: Theory, research, practice*. New York: Guilford Press.

Park, N., Park, M., & Peterson, C. (2010). When is the search for meaning related to life satisfaction? *Applied Psychology: Health and Well-Being, 2*, 1-13.

Phinney, A., Chaudhury, H., & O'connor, D.L. (2007). Doing as much as I can do: The meaning of activity for people with dementia. *Aging & Mental Health, 11*, 384-393.

Phinney, A., & Chesla, C.A. (2003). The lived body in dementia. *Journal of Aging Studies, 17*, 283-299.

Pinquart, M. (2002). Creating and maintaining purpose in life in old age: A meta-analysis. *Ageing International, 27*, 90-114.

Preston, L., Marshall, A., Bucks, R.S. (2007). Investigating the ways that older people cope with dementia: A qualitative study. *Aging & Mental Health, 11*, 131-143.

Ranst, N. van, & Marcoen, A. (2000). Structural components of persona meaning in life and their relationship with death attitudes and coping mechanisms in late adulthood. In G.T. Reker & K. Chamberlain (Eds.), *Exploring existential meaning: Optimizing human development across the life span* (pp. 59-74). Thousand Oaks, CA: Sage.

Read, S., Westerhof, G.J., & Dittmann-Kohli, F. (2005). Challenges to meaning in life: A comparison in four different age groups in Germany. *International Journal of Aging and Human Development, 61*, 85-104.

Reker, G.T. (1996). *Manual of the Sources of Meaning Profile, Revised (SOMP-R)*. Peterborough, ON: Student Psychologists Press.

Reker, G.T. (2000). Theoretical perspective, dimensions, and measurement of existential meaning. In G.T. Reker & K. Chamberlain (Eds.), *Exploring existential meaning: optimizing human development across the life span* (pp. 39-58). Thousand Oaks, CA: Sage.

Reker, G.T., & Wong, P.T.P. (1988). Aging as an individual process: Toward a theory of personal meaning. In J.E. Birren & V.L. Bengtson (Eds.), *Emergent theories of aging* (pp. 214-246). New York: Springer.

Reker, G.T., & Woo, L.C. (2011). Personal meaning orientations and psychosocial adaptation in older adults. *SAGE Open, April 28*, 1-10, Available form: http://sgo.sagepub.com/content/early/2011/04/28/2158244011405217.

Rodin, J., & Timko, C. (1992). Sense of control, aging, and health. In M.G. Ory, R.P. Abeles & P.D. Lipman (Eds.), *Aging, health, and behavior* (pp. 174-206). Newbury Park, CA.: Sage.

Sabat, S.R., & Harré, R. (1994). The Alzheimer's disease sufferer as a semiotic subject. *Philosophy, Psychiatry, and Psychology, 1*, 145-160.

Sampson, E.E. (1988). The debate on individualism: Indigenous psychologies of the individual and their role in personal and societal functioning. *American Psychologist, 43*, 15-22.

Selm, M. van. (1998). *Meaninglessness in the second half of life*. Proefschrift, Katholieke Universiteit Nijmegen.

Smits, C. (2000). Het verleden nu beleven. In M.T. Vink & A.E.M. Hoosemans (Red.), *Gevoelens zijn tijdloos* (pp. 77-88). Houten: Bohn Stafleu van Loghum.

Steeman, E., Godderis, J. Grypdonck, M., De Bal, N., & Dierckx de Casterlé, B. (2007). Living with dementia from the perspective of older people: Is it a positive story? *Aging & Mental Health, 11*, 119-130.

Steger, M.F., Frazier, P., Oishi, S., & Kaler, M. (2006). The Meaning in Life Questionnaire: Assessing the presence of and search for meaning in life. *Journal of Counseling Psychology, 53*, 80-93.

Steger, M.F., & Kashdan, T.B. (2007). Stability and specificity of meaning in life and life satisfaction over one year. *Journal of Happiness Studies, 8*, 161-179.

Stevens, N. (1995). Partnerverlies en zingeving op oudere leeftijd. In J. Munnichs, C. Knipscheer, N. Stevens & M. van Knippenberg (Red.), *Ouderen en zingeving* (pp. 48-62). Baarn: Ambo.

Stewart, A.J., & Healy, J.M. (1989). Linking individual development and social change. *American Psychologist, 44*, 30-42.

Tennen, H., & Affleck, G. (2002). Benefit-finding and benefit-reminding. In C.R. Snyder & S.J. Lopez (Eds.), *Handbook of positive psychology* (pp. 584-597). New York: Oxford University Press.

Timmer, E., Steverink, N., & Dittmann-Kohli, F. (2003). Cognitive representations of future gains, maintenance, and losses in the second half of life. *International Journal of Aging and Human Development, 55*, 321-339.

Ven, L. van de. (2016). Het vredige levenseinde. In M. Vink, S. Teunisse & H. Geertsema (Red.), *Klaar met het leven? Ouderen en het levenseinde in psychologisch perspectief* (pp. 1-10). Houten: Bohn Stafleu van Loghum.

Vosselman, M., & Hout, K. van. (2013). *Zingevende gespreksvoering: Helpen als er geen oplossingen zijn.* Amsterdam: Boom/Nelissen.

Westerhof, G.J. (2001). 'I'm afraid that I'll lose my job before I retire': Personal narratives about employment and the social structures of the life course. *Hallym International Journal of Aging, 3*, 55-79.

Westerhof, G.J. (2003). De beleving van het eigen ouder worden: Multidimensionaliteit en multidirectionaliteit in relatie tot succesvol ouder worden en welbevinden. *Tijdschrift voor Gerontologie en Geriatrie, 34*, 96-103.

Westerhof, G.J. (2005). Oud en nieuw: Het levensverhaal van ouderen in een veranderende samenleving. In P. Klep, C. Hoetink & T. Emons (Red.), *Persoonlijk verleden: Over geschiedenis, individu en identiteit* (pp. 59-73). Amsterdam: Aksant.

Westerhof, G.J. (2013a). Levenskunst: De betekenis van levensverhalen. In J. Wijsbek (Ed.). *Levenskunst à la carte* (pp. 119-130). Leidschendam: Quist.

Westerhof, G.J. (2013b). Zingeving en ouder worden. *PsychoPraktijk, 5*, 15-18.

Westerhof, G.J., & Bohlmeijer, E. (2010). *Psychologie van de levenskunst.* Amsterdam: Boom.

Westerhof, G.J., Bohlmeijer, E.T., & McAdams, D.P. (2015). The relation of ego-integrity and despair to personality traits and mental health. *Journals of Gerontology: Psychological Sciences, 00*, 1-9. Advance Access publication, October 6. doi: 10.1093/geronb/gbv062.

Westerhof, G.J., & Dittmann-Kohli, F. (2004). De paradox van het ouder worden: welbevinden, zingeving en aanpassing. In L. Goossens, D. Hutsebaut & K. Verschueren (Red.), *Ontwikkeling en levensloop* (pp. 375-396). Leuven: Leuven University Press.

Westerhof, G.J., & Kuin, Y. (2007). Persoonlijke zingeving en ouderen: Een overzicht van theorie, empirie en praktijk. *Psyche en Geloof, 18*, 118-135.

Westerhof, G.J., Thissen, T., Dittmann-Kohli, F., & Stevens, N. (2006). What is the problem? A taxonomy of life problems and their relation with subjective well-being. *Social Indicators Research, 79*, 97-115.

Wijngaarden, E. van, Leget, C., & Goossensen, A. (2015). Ready to give up on life: The lived experience of elderly people who feel life is completed and no longer worth living. *Social Science & Medicine, 138*, 257-264.

Wong, P.T.P. (1998). Implicit theories of meaningful life and the development of the personal meaning profile. In P.T.P. Wong & P.S. Fry (Eds.), *The human quest for meaning* (pp. 111-140). Mahwah, NJ: Erlbaum.

Wong, P.T.P. (2012). *The human quest for meaning: Theories, research, and applications* (2nd ed.). New York: Routledge/Taylor & Francis Group.

Yalom, I.D. (1980). *Existential psychotherapy.* New York, NJ: Basic Books.

ZonMw. (2016). [*ZonMw-signalement over*] *Zingeving in zorg: De mens centraal.* Den Haag: ZonMw. Raadpleegbaar via: http://www.zonmw.nl/uploads/tx_vipublicaties/ZonMw_zingeving_rapport_web.pdf.

10
Verlies en rouw

Jan van den Bout en Paul Boelen

1 Inleiding
2 'Gewone' rouw
    2.1 Universaliteit van rouwreacties
    2.2 Rouwstadia
    2.3 Rouwarbeidhypothese
    2.4 Wanneer is een verlies verwerkt?
    2.5 Sociale omgeving
    2.6 Multiculturele samenleving
3 De vele vormen van gewone rouw
4 Taken bij rouw
    4.1 Realiteit aanvaarden
    4.2 Pijn en verdriet doorleven
    4.3 Zich aanpassen
    4.4 Blijvende verbinding met overledene, nieuwe leven oppakken
    4.5 Bruikbaarheid rouwtakenmodel
5 Enkele specifieke verliessituaties
6 Gecompliceerde rouw
7 Diagnostiek
8 Interventies bij normale en gecompliceerde rouw
    8.1 Psycho-educatie
    8.2 Rouwbegeleiding
    8.3 Rouwtherapie
9 Tot besluit
   Literatuur

> **Kernboodschappen**
> - 'Het' rouwproces bestaat niet. Er zijn meerdere adequate manieren mogelijk van omgaan met het verlies van een dierbare.
> - Het geloof in 'het' rouwproces (door hulpverleners, de sociale omgeving en de nabestaanden zelf) kan uiterst negatieve gevolgen hebben voor het welbevinden en de psychische gezondheid.
> - Omdat ouder worden veelal impliceert dat er sprake is van verlies, wordt ten onrechte vaak aangenomen dat bij ouderen de verwerking daarvan als vanzelf gaat.
> - De veerkracht van nabestaanden (en zeker ook van oudere nabestaanden) is groter dan veelal wordt gedacht.

1 Inleiding

Verlies is een sleutelwoord bij ouderen, omdat ouder worden noodzakelijkerwijze het meemaken van verliezen op meerdere terreinen impliceert. Zo kan er verlies optreden van lichamelijke en psychische functies en mogelijkheden. Zo is er bijvoorbeeld verlies van fysieke kracht, en de zintuigen gaan minder goed functioneren en er ontstaan problemen met het zien, ruiken en horen. Die problemen met de zintuigen kunnen fors zijn: verlies van gezichtsvermogen kan soms bijna volledig zijn, waardoor lezen nauwelijks meer mogelijk is; verlies van gehoor impliceert nogal eens dat een oudere alleen nog met één persoon tegelijk kan praten. Soms is er sprake van achteruitgang van cognitieve vermogens. Meer algemeen kan er verlies zijn van de zekerheid dat het eigen lichaam 'gewoon' goed functioneert.

Op interpersoonlijk niveau kunnen allerlei contacten en betekenisvolle rollen in de sociale omgeving verloren gaan, deels omdat door pensionering de latere levensfase in verreweg de meeste gevallen ook het verlies van werkcontacten impliceert. Daarnaast is er het verlies van personen door overlijden: van kennissen en vrienden, maar vaak ook van dierbare familieleden en de partner (Moss e.a., 2001).

Ouder worden (latere volwassenheid) brengt dus het meemaken van verliezen op meerdere terreinen met zich mee. Men dient klaar te komen met al deze verliezen, of anders gezegd: deze te verwerken. Maar de vaardigheid om hiermee adequaat om te gaan kan verminderd zijn als gevolg van het optreden van vele verliezen in een betrekkelijk korte tijd (Carr e.a., 2006).

Gelet op deze opsomming van verliezen zou men verwachten dat er juist bij ouderen veel onderzoek is verricht naar verlies en rouw, maar dat is bepaald niet het geval. Mogelijk is de achterliggende gedachte bij veel sociaalwetenschappelijke onderzoekers: verlies en het verwerken van die verliezen zijn zo kenmerkend voor het ouder worden c.q. de ouderdom, dat het daarom niet interessant is en niet onderzocht hoeft te worden, verlies hoort er gewoon bij. Relatief gesproken is er nog het meeste onderzoek gedaan naar verlies van een dierbare.

Conform wat in de literatuur, ook die over rouw, gebruikelijk is, concentreren we ons in deze bijdrage op de gevolgen van het verlies van dierbare personen door een overlijden, al tekenen we hierbij aan dat naar onze mening verlies van andere materiële en niet-materiële zaken aanleiding kan geven tot processen die met de term rouwproces kunnen worden aangeduid en die qua rouwreacties sterk op elkaar lijken. Ondanks dat betrekkelijk spaarzame onderzoek kan geconcludeerd worden – en dat is een wat andere boodschap dan eerder in de onderzoeksliteratuur werd gegeven – dat mensen, en dus ook ouderen, er uiteindelijk over het algemeen goed in slagen om zich aan te passen (adaptatie) aan de meegemaakte verliezen, hoewel hun rouwreacties heel verschillend kunnen zijn. Mensen blijken aanzienlijk veerkrachtiger (*resilient*) dan voorheen werd verondersteld (Bonanno, 2004; Neimeyer & Holland, 2015) .

2 'Gewone' rouw

Het verlies van een dierbare door overlijden is een van de ingrijpendste gebeurtenissen die mensen kunnen meemaken. Tegelijk is het een – zeker op latere leeftijd – onafwendbare gebeurtenis. Bij ouderen zal het verlies van een dierbare vooral de echtgenoot of echtgenote betreffen, of broers, zusters, en of een (eigen) kind (Cleiren, 1993; Hays e.a., 1997; Lopata, 1996). Behalve dat het overlijden van een dierbare een gewone gebeurtenis is in de zin dat iedereen het meemaakt, is het ook een gewone gebeurtenis in de zin dat het frequent voorkomt. Als we ons beperken tot Nederland: jaarlijks sterven in ons land circa 135.000 mensen, dat zijn er bijna 400 per dag. Aannemende dat elke overledene 4 naasten achterlaat, impliceert dit dat elk jaar meer dan 500.000 mensen met de dood van een betekenisvolle naaste te maken krijgen. Gaan we vervolgens uit van de in veel onderzoek gevonden bevinding dat in 10 tot 20% van de gevallen die aanpassing aan het overlijden van een naaste tot ernstige problemen leidt dan leert een eenvoudige rekensom dat in Nederland jaarlijks tussen de 50.000 en 100.000 mensen onevenredig grote problemen ondervinden en blijven ondervinden als gevolg van het overlijden van een naaste. Daar komt bij dat door de vergrijzing van de bevolking het aantal sterfgevallen per jaar in Nederland de komende decennia sterk zal toenemen.

Een overlijdensgeval geeft doorgaans aanleiding tot reacties die aangeduid worden met de term rouw. Hieronder kunnen we verstaan 'het geheel van reacties dat optreedt na een verlies van een persoon met wie een betekenisvolle relatie bestond' (Van der Wal, 1988). In deze omschrijving (en ook in andere, zoals die van Stroebe e.a., 1998) wordt verwezen naar een aspect dat soms ten onrechte vergeten wordt. Men kan pas van rouw spreken als er een band, een relatie was met de overledene. Zonder band met een ander is er geen rouw mogelijk. Rouw is dus te zien als 'de prijs die men betaalt voor een band die men met een ander aangegaan is'. Deze laatste formulering is er een die nogal eens als troostend wordt ervaren door nabestaanden. Die band hoeft overigens geen positieve band te zijn, maar een betekenisvolle: ambivalente relaties kunnen heel wel aanleiding geven tot rouwreacties (Parkes & Prigerson, 2010; Parkes & Weiss, 1983).

De wetenschappelijke belangstelling voor rouw is tot dertig jaar geleden zeer gering geweest. Freud was de eerste die het onderwerp (pathologische) rouw aan een systematische beschouwing onderwierp; hij deed dit in *Trauer und Melancholie* (Freud, 1917/1957). Aanvankelijk was de belangstelling vooral geënt op klinische ervaringen. Systematisch wetenschappelijk onderzoek is pas de laatste drie decennia goed op gang gekomen, en dat geldt niet alleen voor rouwonderzoek onder (jong)volwassenen, maar ook voor rouwonderzoek onder oudere volwassenen (bijvoorbeeld Bonanno e.a., 2002; 2004; Neimeyer & Holland, 2015; Ott e.a., 2007).

2.1 Universaliteit van rouwreacties

In de literatuur is discussie over de vraag in hoeverre de na het verlies van een dierbare optredende rouwreacties universeel zijn. Algemeen wordt tegenwoordig aangenomen dat zulks niet het geval is. Er zijn samenlevingen waarin bijvoorbeeld verdriet de meest voorkomende reactie is, terwijl in andere samenlevingen kwaadheid de dominante reactie is.

Na het verlies van een dierbare treedt gewoonlijk een variëteit aan reacties op (Osterweis e.a., 1984). Kort na het overlijden zijn psychische shock en ongeloof veelvoorkomende reacties. Langzamerhand dringt de realiteit door, waarna gedurende enige tijd het gehele dagelijkse leven in het teken staat van het overlijden: 'alles' herinnert aan de overledene. Gevoelens van verdriet komen zo algemeen voor, dat het verleidelijk is om – zelfs binnen onze samenleving – verdriet een universele reactie te noemen. Wanhoop, somberheid, jaloersheid, angst en machteloosheid zijn eveneens gebruikelijke reacties, evenals woede en boosheid. Boosheid c.q. woede kan gericht zijn tegen zichzelf, tegen anderen (bijvoorbeeld artsen, van wie men kan menen dat ze tekortgeschoten zijn), maar ook tegen de overledene. Boosheid of woede kan ook gericht zijn tegen het leven, het lot, veelal gevoed door opvattingen zoals dat het universum (dan wel God of de goden) eerlijk en rechtvaardig dient (dienen) te zijn. Verder zeggen veel rouwenden het gevoel te hebben dat een deel van henzelf is afgescheurd. Kenmerkend zijn daarnaast sterke stemmingswisselingen. Het ene moment voelt men zich goed en denkt men alles aan te kunnen, waarna men zich het volgende moment tot niets in staat voelt.

Positieve gevoelens, zoals dankbaarheid en zelfs levenslustigheid, kunnen ook optreden ondanks de vaak gehoorde opvatting dat dat niet het geval is. De aanwezigheid van positieve gevoelens in de eerste periode na verlies is zelfs voorspellend voor een beter verloop van het rouwproces (Tweed & Tweed, 2011). Veel nabestaanden van partners die suïcide gepleegd hadden, rapporteren als emotie opluchting: nogal wat mensen die als gevolg van suïcide overleden, zijn namelijk gedurende lange tijd ernstig depressief geweest en die belasting is na de suïcide weggevallen voor de nabestaanden (Van der Wal, 1988). Ook overlijden na een lang ziekbed, of na een jarenlang dementieproces kan gevoelens van opluchting geven. Nabestaanden die aan rouwgroepen deelnemen, vertellen soms dat ze alleen in de groep kunnen of mogen lachen. In het dagelijkse leven wordt het van hen de eerste tijd niet aanvaard dat zij plezier hebben.

2.2 Rouwstadia

Het is lange tijd gebruikelijk geweest om de variëteit aan rouwreacties te beschrijven in termen van fasen of stadia die door de rouwende doorlopen zouden moeten worden, waarna het verlies 'verwerkt' of 'doorgewerkt' zou zijn. In overeenstemming hiermee zijn in de literatuur meerdere fasemodellen of stadiamodellen voorgesteld, volgens welke rouw zou verlopen in drie, vier, vijf of zelfs zeven fasen. Een bekend voorbeeld is het model van Kübler-Ross (1982), dat overigens oorspronkelijk bedoeld was voor het rouwproces van stervende mensen zelf. Deze modellen zijn een tijdlang zeer invloedrijk geweest, ook al waren ze geen van alle ooit empirisch onderbouwd: ze berustten alleen op klinische ervaringen. Daar komt bij dat ze vaak prescriptief en normatief zijn gebruikt: 'Zo hoort een rouwproces te verlopen'.

Gaandeweg is er veel kritiek gekomen op deze modellen, en belangrijker: er is systematisch onderzoek verricht onder nabestaanden (Osterweis e.a., 1984; Wortman & Silver, 1989). Gebleken is dat sommige kenmerkende rouwreacties niet slechts eenmaal, maar herhaaldelijk optreden, bijvoorbeeld verdriet, wanhoop, boosheid en berusting. Verder is de variëteit aan reacties zo groot dat niet van duidelijk afgebakende fasen kan worden gesproken. Hooguit kan men zeer globale fasen onderscheiden, zoals begin, midden en einde (zie ook Maciejewski e.a., 2007).

2.3 Rouwarbeidhypothese

Over rouw is er in de (hedendaagse) westerse cultuur wellicht geen opvatting die zo dominant is als de opvatting dat het geleden verlies moet worden 'doorgewerkt'. Deze opvatting gaat terug op Freud die sprak over de Trauerarbeit, de rouwarbeid die een rouwende dient te verrichten, vandaar de rouwarbeidhypothese. Het is niet gemakkelijk te omschrijven wat precies verstaan moet worden onder rouwarbeid. Het is in ieder geval duidelijk dat de rouwende veelvuldig bezig zou moeten zijn met het geleden verlies, dat hij zichzelf herhaaldelijk en intens moet confronteren met de realiteit van het overlijden, en dat de gevoelens hierover geuit moeten worden (Stroebe, 1992). Zo kan de nabestaande loskomen van de overledene en uiteindelijk daardoor nieuwe intieme banden met een ander aangaan. Inbegrepen bij de notie van 'rouwarbeid' is dus ook de bewering dat de band met de overledene moet worden doorgesneden: pas dan kan de nabestaande nieuwe banden aangaan.

Wat is er uit empirisch psychologisch onderzoek bekend over deze rouwarbeidhypothese? Uit onderzoek komt naar voren dat het zich bezighouden met het verlies (bijvoorbeeld met de oorzaken van de verliesgebeurtenis, of met hoe men de verliesgebeurtenis had kunnen voorkomen) geassocieerd is met minder welbevinden. Als er een andere operationalisering van rouwarbeid wordt genomen, namelijk emoties over het verlies uiten, dan wordt er geen relatie gevonden tussen rouwarbeid en welbevinden (Schut, 1992; Stroebe e.a., 2002). Wetenschappelijk gesproken is dus niet aangetoond dat het 'doorwerken van het verlies' geassocieerd is met betere verliesverwerking. Het lijkt een misvatting om te denken dat voor iedere persoon geldt dat een betekenisvol verlies moet worden doorgewerkt (Van den Bout, 1996).

Vanuit dit gezichtspunt is het opmerkelijk dat nagenoeg alle rouwbegeleidings- en rouwtherapeutische activiteiten uitgaan van de veronderstelling dat de kern van problematische rouw gelegen is in het onvoldoende doorgewerkt hebben van het verlies. Vanuit die veronderstelling kiest men allerlei interventies. Als hulpverleners c.q. clinici zijn wij het daarmee geheel eens: het is onze klinische ervaring dat aan een verstoord rouwproces vaak een onvoldoende doorwerken van het verlies ten grondslag ligt. Deze standpunten lijken tegenstrijdig, maar hoeven het niet te zijn. Bij sommige nabestaanden die zich bij hulpverleners melden, kan er sprake zijn van een onvoldoende doorwerken van het verlies. Andere nabestaanden echter, die eveneens het verlies niet of nauwelijks doorwerken, worden eenvoudigweg niet gezien, mogelijk omdat zij strategieën hanteren die weliswaar vermijdend, maar wel effectief zijn.

Nauw verbonden met de opvatting dat het verlies moet worden doorgewerkt, is de bewering dat de band met de overledene moet worden doorgesneden aangezien de rouwende dan pas nieuwe banden zou kunnen aangaan. Ook die opvatting is onjuist. Het is eerder kenmerkend voor adequate rouw dat de band met de overledene blijft bestaan dan dat deze doorgesneden wordt, zo blijkt uit onderzoek (Klass e.a., 1996), al zal die band in de loop van de tijd wel van karakter veranderen.

2.4 Wanneer is een verlies verwerkt?

Als men onder adequate verwerking van een verlies verstaat dat er nimmer meer een (negatieve) emotie in verband met het overlijden van de dierbare mag zijn, geldt voor het leeuwendeel van de nabestaanden dat het verlies nimmer verwerkt zal worden. Een dergelijke eis is dan ook absurd: veel nabestaanden (en niet alleen oudere nabestaanden) voelen nog jaren na het overlijden verdriet, pijn en soms ook kwaadheid. Dergelijke erupties komen vooral (maar niet alleen) voor op de sterfdag of de verjaardag, of wanneer er op andere wijze een verwijzing naar het overlijden plaatsvindt (Rando, 1993). Eveneens is het gebruikelijk dat nabestaanden de aanwezigheid van de overledene voelen, of dat ze met hem of haar praten. Goede verliesverwerking houdt dus niet in dat men nooit meer (negatieve) emoties over het overlijden en de overledene ervaart. Het houdt wel in dat het leven niet meer dag in dag uit volledig in het teken staat van de overledene, zoals de eerste tijd na een overlijden het geval is. Er komt ook aandacht voor nieuwe of andere zaken in het leven.

2.5 Sociale omgeving

Nabestaanden blijken nogal eens emotionele en praktische hulp van vrienden en kennissen te moeten ontberen (De Keijser, 1997). Dat is betreurenswaardig, omdat bekend is dat de invloed van een overlijden minder groot is wanneer nabestaanden dergelijke ondersteuning juist wel krijgen. Dat die ondersteuning vaak maar mondjesmaat wordt gegeven, heeft er onder meer mee te maken dat de confrontatie met de ontreddering van een nabestaande bij de omgeving tot een besef van eigen kwetsbaarheid kan leiden. Daarnaast voelen omstanders zich vaak hulpeloos tegenover een nabestaande, omdat ze het idee hebben met lege handen te staan. In het contact met getroffenen kunnen omstanders dus negatieve gevoelens oplopen. Dergelijke gevoelens worden meestal niet gemakkelijk geuit: de nabestaande heeft het immers al moeilijk genoeg. Er is dan ook een innerlijk conflict bij veel vrienden en kennissen. Aan de ene kant vindt men dat men zich positief, hulpvaardig en bemoedigend moet gedragen tegenover de getroffene, maar aan de andere kant ervaart men bij zichzelf sterk negatieve gevoelens (Van den Bout & Kleber, 1994). Omstanders gaan verschillend om met dit innerlijke conflict, maar er zijn er velen die het oplossen door zich terug te trekken en niets meer van zich te laten horen. Veel nabestaanden vatten dit op alsof ze in de steek worden gelaten, juist in een periode van hun leven dat ze die steun en aandacht nodig hebben. Het is dienstig om hen dan op de genoemde reeks interacties te wijzen en hen duidelijk te maken dat het gedrag van de omgeving mogelijk als bot valt te betitelen, maar dat de achtergrond daarvan vaak eerder een gebrek aan vaardigheid is ('Wat moet ik in vredesnaam zeggen tegen iemand wiens partner of kind is overleden?') dan een gebrek aan goede wil of een gebrek aan compassie.

2.6 Multiculturele samenleving

Nederland is een multiculturele samenleving. Een constante in alle culturen is dat het overlijden van een dierbare gemarkeerd wordt. De manier waarop is echter variabel, zowel in termen van emotionele reacties als in termen van afscheids- en rouwrituelen. In nagenoeg alle samenlevingen leidt het overlijden van een dierbare tot hevige emotionele reacties. De aard van die reacties kan zeer variëren, evenals de vorm waarin deze reacties worden geuit. Zo zijn er culturen waarin boosheid de dominante emotionele reactie is. Dit is anders dan in de westerse cultuur, waarin na een overlijden van een dierbare verdriet en huilen de meest gebruikelijke reacties zijn. Ook binnen een bepaalde emotie kunnen reacties variëren: het huilen is soms zeer ingetogen, soms echter zeer heftig. De culturele invloed op het verliesverwerkingsproces is zeer groot: de cultuur zorgt voor een bepaalde betekenisgeving (Rosenblatt, 1997). Het maakt voor de rouwreacties nogal wat uit of een overlijden gezien wordt als een weldaad van de goden waarbij God de overledene in de hemel brengt, of dat het overlijden beschouwd wordt als het resultaat van een slechte daad van iemand.

Naast deze (psychologische) rouwreacties is er vooral ook verschil tussen culturen in de expressie van rouw in de vorm van rouwrituelen. Die verschillen zijn goed waar te nemen in de huidige Nederlandse multiculturele samenleving. Allochtone uitvaart- en rouwrituelen verschillen van de westerse (autochtone) rituelen op zijn minst in drie aspecten. In de eerste plaats zijn allochtone rituelen over het algemeen rijker en uitgewerkter qua symboliek. Ten tweede bestrijken ze een (veel) langer traject; in de meeste allochtone culturen is het uitvaartritueel er slechts één in een hele serie. Een derde verschil is dat allochtone rituelen veelal een expliciete slotfase kennen waarin de rouw wordt afgesloten.

Hoewel veel allochtonen begraven worden in het land van herkomst, is er een duidelijke tendens dat zij vaker in Nederland begraven worden. Een speciale omstandigheid is dat voor de meeste allochtonen geldt (en in het bijzonder voor hen die tamelijk recentelijk naar Nederland zijn gekomen) dat de uitvaart, het rouwen en rouwrituelen plaatsvinden in een voor hen vreemde samenleving. In het land van herkomst woonde men doorgaans in een monocultuur; in het nieuwe land wordt men geconfronteerd met een multiculturele samenleving. Andere landgenoten kennen de manier van rouwen en (bepaalde) rouwrituelen niet, en mogelijk waarderen ze deze ook niet. Daar komt bij dat men soms niet meer de beschikking heeft over hulp en kennis van vrienden of specialisten op het gebied van de gebruikelijke rituelen. Rouwen kan dan een eenzame en moeilijke aangelegenheid worden. Volgens de traditionele rituelen kan rouwen ook moeilijk zijn omdat veel verwanten en kennissen ontbreken. Voor veel westerlingen geldt dat rouwen vooral een individueel gebeuren is. In veel andere (allochtone) culturen is het echter gebruikelijk dat de nabestaande op verschillende momenten met anderen in contact treedt.

Veel uitvaart- en rouwrituelen zijn de afgelopen vijftig jaar in het autochtone Nederland verdwenen, al lijkt een kentering zichtbaar. Die kentering kan voor een deel toegeschreven worden aan de kennismaking met allochtone rouwrituelen, zoals na de Bijlmerramp in 1992. De laatste jaren is meer aandacht ontstaan voor rouwrituelen, vooral voor 'persoonlijke' rouwrituelen, waarbij meer dan vroeger afscheid genomen wordt van juist deze overledene door juist deze nabestaanden. Dit lijkt winst, al is er geen direct empirisch bewijs dat daardoor ook het rouwproces wordt bevorderd. Indirect bewijs hiervoor is het gegeven dat therapeutische rituelen een krachtig therapeutisch agens zijn in rouwtherapie. Anderzijds lijkt een overmaat aan rouw- en herdenkingsrituelen niet altijd een goede zaak: uitgebreide en veelvuldige rituelen verworden soms tot lege rituelen: men doet eraan mee omdat dat nu eenmaal verwacht wordt, maar er wordt niets of weinig meer aan beleefd.

3 De vele vormen van gewone rouw

Rouw is een verschijnsel waarover we dertig jaar geleden meer kennis dachten te hebben dan we nu weten dat we hebben. Men zou kunnen zeggen: de grenzen aan wat normale rouw is, zijn verruimd. De laatste jaren is er een tendens in de literatuur om vooral de pluriformiteit van rouwreacties te benadrukken. Dit is een reactie op de vooral in de media gepropageerde visie dat rouw een uniform verschijnsel is ('het' rouwproces).

Deze dominante visie op rouw ziet er globaal als volgt uit. De eerste uren, dagen en soms weken na het overlijden is er sprake van ongeloof; de nabestaande is verdoofd en verlamd. Vaak rapporteren mensen het idee te hebben in een boze droom te leven. Het overlijden lijkt niet echt gebeurd te zijn. Dit geldt gewoonlijk zelfs als het overlijden verwacht werd, bijvoorbeeld na een lang ziekteproces. Geleidelijk nemen gevoelens de overhand. Intens verdriet wordt ervaren, de rouwende huilt en bemerkt plotseling opkomende pijnscheuten. Als de persoon op straat iemand tegenkomt met een soortgelijk postuur als de overledene, is er een hevige schrikreactie. Enige tijd later treden er reacties op als somberheid, depressiviteit, protest en soms kwaadheid. Doordat de nabestaande geleidelijk tot zich laat doordringen dat de persoon dood is, 'verwerkt' de nabestaande het verlies. De intensiteit van de negatieve gevoelens wordt geleidelijk minder. Uiteindelijk, ongeveer na een jaar, wordt het dagelijkse leven weer hernomen en gaat de nabestaande weer nieuwe banden aan. Kortom: er is eerst veel verdriet en emotioneel onwelbevinden en na verloop van tijd wordt dat geleidelijk minder, tot het verlies verwerkt is, zoals dat heet.

Een dergelijke beschrijving geldt weliswaar voor één groep rouwenden, maar is geen adequate beschrijving voor 'de' nabestaande. Er zijn nabestaanden wier rouwproces op een andere wijze verloopt. Rouw is veelvormig. Beweringen zoals: 'Na een verlies treden er vaste, universele reacties op'; 'Deze reacties zijn te ordenen in vaste stadia of fasen'; 'Het verlies dient op een bepaalde wijze te worden doorgewerkt', zijn in hun algemeenheid niet juist. Deze beweringen of opvattingen zijn te karakteriseren als hedendaagse rouwsluiers: sluiers die het zicht op wat rouw is, hebben vertroebeld (Van den Bout, 1996). Anders gezegd: er is niet één manier van verliesverwerking die we gewoonlijk als normale verwerking aanduiden. Er zijn meerdere manieren van rouw die normaal genoemd kunnen worden. Eén manier is de zojuist beschreven dominante visie op rouw, maar andere en normale manieren kunnen de navolgende zijn.

Een eerste reactiepatroon is er een waarbij sprake is van een langdurig onwelbevinden (althans aanzienlijk langer dan verwacht volgens die dominante visie) terwijl dat toch in termen van percentages 'normaal' is. Dit reactiepatroon wordt ook wel aangeduid met de term 'chronische rouw', letterlijk 'voortdurende' rouw. Die term verwijst in de literatuur naar een vorm van pathologische rouw. Echter, veel van wat ooit is aangeduid als verstoorde, chronische rouw, is eerder te betitelen als een andere vorm van 'normale' rouw, alhoewel er ook chronische rouw bestaat die als pathologisch of gecompliceerd gezien kan worden.

Een reactiepatroon waarbij er nauwelijks of geen rouwreacties zijn, niet kort na het overlijden en evenmin op langere termijn, werd ook vaak als pathologisch beschouwd. Het werd gezien als een voortdurende ontkenningsreactie. De verwachting is dan dat er later problemen zullen opdoemen. Men sprak van uitgestelde rouw, maar voor het bestaan van een dergelijke vorm van rouwen is nauwelijks bewijs (Field & Bonanno, 2001). Weinig of geen problemen kort na een overlijden blijken namelijk geassocieerd te zijn met weinig of geen problemen later. Ook hier dient echter weer opgemerkt te worden dat het eveneens voorkomt dat nabestaanden hun rouwreacties voor zich uit schuiven en dat er dan sprake is van uitgestelde rouw die als pathologisch of verstoord beschouwd kan worden. Dit kan, maar hoeft niet het geval te zijn en komt veel minder vaak voor dan vroeger gedacht werd. Veel reacties zijn normaal ook al passen ze niet bij de eenzijdige en beperkte dominante visie over rouwen.

Het onderschrijven van de eerdergenoemde algemene opvattingen over rouw: het 'dragen van rouwsluiers', kan gevolgen hebben, soms zelfs grote gevolgen (Van den Bout, 1996). Zo kan het geloof van veel hulpverleners in deze rouwsluiers nadelige consequenties hebben voor rouwenden. Vertoont een nabestaande bijvoorbeeld een afwijkend verwerkingsproces (in de zin van anders dan verwacht volgens de genoemde opvattingen) dan is de kans groot dat de persoon als deviant wordt gezien. Het mogelijke gevolg hiervan is dat deze normale problemen verergeren, met alle gevolgen van dien. Het klakkeloos overnemen van deze misvatting door de sociale omgeving en door de nabestaanden zelf kan eveneens schadelijke consequenties hebben.

4   Taken bij rouw

Een in de hulpverlening populair interpretatiekader voor rouwreacties is dat van de Amerikaanse rouwtherapeut Worden (2009). Hij gaat niet uit van reacties of fasen, maar onderscheidt een viertal taken waar de rouwende na het verlies voor staat. Deze taken hoeven niet opeenvolgend te worden volbracht, al lijkt er wel van een zekere tijdsfasering sprake te zijn. Anders dan de fasemodellen doet dit takenmodel niet zozeer uitspraken over het rouwproces, maar benadrukt dit model de taken die verricht moeten worden. Verder heeft de term fase een wat passievere connotatie dan de term taak: aan fasen ben je onderhevig, terwijl je voor taken staat. Worden (2009) onderscheidt een viertal taken bij een rouwproces:
- taak 1: de realiteit van het verlies aanvaarden;
- taak 2: de pijn en het verdriet doorleven;
- taak 3: zich aanpassen aan een wereld waarin de overledene niet meer fysiek aanwezig is;
- taak 4: een blijvende verbinding met de overledene vinden terwijl men het nieuwe leven oppakt.

4.1 Realiteit aanvaarden

Rouwtaak 1 volgens Worden is het aanvaarden oftewel accepteren van de realiteit van het verlies. Of een overlijden nu verwacht of onverwacht was, veel nabestaanden kunnen aanvankelijk niet geloven dat de dierbare werkelijk overleden is. De realiteit van het overlijden dringt pas geleidelijk door. Karakteristiek is dat men wel 'weet' dat de dierbare overleden is, maar dat men dat op een ander niveau kennelijk niet weet. Vaak formuleren nabestaanden dit als een tegenstelling tussen verstand en gevoel: verstandelijk weet men het, maar gevoelsmatig niet. Het komt voor dat nabestaanden plotseling de overledene op straat menen te zien lopen, tot ze zich realiseren dat dat niet waar kan zijn, omdat ze immers 'weten' dat de persoon dood is. Sommigen rapporteren dat pas het vele malen lezen van de rouwkaart het overlijden reëeler maakt. Het aanvaarden van de realiteit van een overlijden gebeurt dus niet van het ene op het andere moment. Vaak gaat dat aanvaarden via meerdere lagen. Een nabestaande kan denken dat hij het overlijden heeft geaccepteerd en er enige tijd later achter komen dat dat helemaal niet het geval was. Het komt voor dat nabestaanden, in de dimensie aanvaarden versus ontkennen van de realiteit van het verlies, aan de ontkenningspool blijven vastzitten. Een voorbeeld is een oudere weduwe die nog jaren na het overlijden de tafel voor haar overleden man blijft dekken. Hoewel Worden dat niet stelt, is het onzes inziens goed verdedigbaar om deze eerste taak als de centrale taak te zien waar rouwenden voor staan.

4.2 Pijn en verdriet doorleven

Inherent aan het verwerken van het verlies zijn volgens Worden de pijn en het verdriet die ermee verbonden zijn. Nabestaanden kunnen uiteraard verschillen in de intensiteit van de pijn en het verdriet, maar het is volgens Worden onmogelijk om iemand te verliezen van wie je veel hebt gehouden en geen pijn te voelen. De eerste twee rouwtaken gaan vaak samen: pas door het ervaren en doorleven van die pijn kan uiteindelijk het verlies aanvaard worden.
Omdat niemand het prettig vindt om pijn te voelen, komt het voor dat nabestaanden weglopen voor deze tweede taak. Dat kunnen ze doen door het verdriet en de pijn te ontkennen, of ook door gedachten aan het overlijden te vermijden. Worden is van mening dat deze tweede rouwtaak per se moet worden uitgevoerd, omdat nabestaanden de pijn anders hun hele verdere leven met zich mee zullen dragen. Vaak gaat deze tweede taak vergezeld van diepe wanhoop, depressiviteit en tal van lichamelijke klachten, zoals vermoeidheid en slapeloosheid.
Wij willen deze tweede taak in die zin nuanceren dat het kan voorkomen dat nabestaanden weinig pijn of verdriet ervaren, zelfs al betreft het iemand van wie ze veel gehouden hebben of betreft het mensen met wie men een hechte band had. Dit kan bijvoorbeeld bij ouderen het geval zijn als een vriend of kennis overlijdt die al op leeftijd is. Er hoeft dan niet altijd sprake te zijn van (veel) verdriet of pijn. Anekdotische evidentie suggereert dat veel ouderen een dergelijk verlies snel als een fait accompli tot zich nemen, omdat het de zoveelste bekende is wiens leven geëindigd is: men raakt eraan gewend. Dit geldt a fortiori voor de zeer ouden.
Wij benadrukken zo expliciet dat het na een overlijden van een dierbare kan voorkomen dat er niet of nauwelijks sprake is van rouw, omdat wij willen voorkomen dat mensen voortdurend van hulpverleners te horen krijgen dat zij hun emoties moeten uiten en dat zij erover moeten praten. Met andere woorden: terwijl de eerste rouwtaak immer dient te worden uitgevoerd, geldt dat onzes inziens niet per se voor de tweede rouwtaak.

4.3 Zich aanpassen

De derde rouwtaak volgens Worden is zich aanpassen aan een wereld waarin de overledene niet meer fysiek aanwezig is. Als het overlijden de partner betreft, is het zonneklaar dat het verlies op vele zaken betrekking heeft. De overleden partner had doorgaans vele functies voor de ander, die nu alle onvervuld blijven, zoals die van kameraad, van iemand die het huishouden organiseerde, of van iemand die het initiatief nam in het contact met anderen. Daarenboven reageert de sociale omgeving anders op een stel dan op een alleenstaande. Aan al deze veranderingen moet de nabestaande zich aanpassen. Zeker bij traditionelere partnerrelaties is dit het geval.

Deze rouwtaak heeft niet alleen betrekking op veranderingen in het dagelijkse leven. Ook de manier waarop de nabestaande naar zichzelf kijkt, is door het overlijden veranderd. Veel mensen ontlenen een deel van hun identiteit aan het partner zijn van, of aan het ouder zijn van iemand. Al deze zelfomschrijvingen moeten aangepast worden (Rando, 1993).

4.4 Blijvende verbinding met overledene, nieuwe leven oppakken

Zoals in paragraaf 2.3 al is beschreven, is lang gedacht dat kenmerkend voor goede verliesverwerking zou zijn dat de band met de overledene wordt doorgesneden: pas als dat gebeurd was, zou de nabestaande nieuwe banden kunnen aangaan. Ook Worden was eerder die mening toegedaan toen hij zijn takenmodel voor het eerst formuleerde. Tegenwoordig wordt daar anders over gedacht: de relatie met de overledene blijft bestaan, al verandert de aard van de relatie. Conform hiermee gaat het bij deze laatste taak dan ook niet om het opgeven van de relatie met de overledene, maar om de overledene een andere plaats te geven en om daarmee verder te leven. Onder dat verder leven kan nadrukkelijk ook het aangaan van nieuwe banden vallen, al zal dat voor sommige ouderen niet gelden. Het is belangrijk dat nabestaanden zich realiseren dat het aangaan van een band met een ander of anderen niets afdoet aan de band met de overledene. Deze laatste taak betekent dan ook niet het zich losmaken van de verwachtingen van en de herinneringen aan de overledene, zoals Freud (1913/1957) voorstond.

Het veranderen maar toch continueren van de band met de overledene is overigens niet zonder meer een goede zaak. Als dat continueren zich manifesteert in de vorm van bijvoorbeeld bijna dwangmatig zeer frequent bezoek aan de begraafplaats, of zich alleen goed voelen in de aanwezigheid van kenmerkende bezittingen van de overledene, blijkt dat gerelateerd te zijn aan een moeizaam verloop van het adaptatieproces (Field e.a., 2003). Daarentegen blijkt de aanwezigheid voelen van of in gedachten praten met de overledene te duiden op een goed verlopend rouwproces (Klass e.a., 1996).

4.5 Bruikbaarheid rouwtakenmodel

Het rouwtakenmodel van Worden is een aansprekend model dat in de hulpverlening zeer populair is geworden. Het is een belangrijk heuristisch model dat zowel bij rouwbegeleiding als bij rouwtherapie goede diensten kan bewijzen. Voor hulpverleners is het goed bruikbaar, omdat het helder onder woorden brengt naar welke eindtoestand uiteindelijk gestreefd moet worden bij een nabestaande.

Wel moet ervoor gewaakt worden dat het model niet dezelfde dwingende normerende kracht krijgt die opgetreden is bij de eerdere fase- en stadiamodellen. Zo vermeldden we al dat in onze visie goede verliesverwerking niet per se vergezeld hoeft te gaan met intense pijn en verdriet.

5 Enkele specifieke verliessituaties

Verlies en rouw bij ouderen is te zien als een specifieke verliessituatie. Ouder worden ('latere volwassenheid') brengt het meemaken van verliezen met zich mee, of gebeurtenissen die voor betrokkenen een verlies betekenen. Dat is niet alleen verlies van familieleden en van vrienden en kennissen door overlijden, maar bijvoorbeeld ook verlies van sociale contacten (bijvoorbeeld door pensionering), van betekenisvolle rollen, van fysieke en psychische functies, of van gezondheid. Men zou verwachten dat er juist bij ouderen veel onderzoek is verricht naar verlies en rouw, maar dat is bepaald niet het geval. Als gevolg hiervan is het onbekend of de manier waarop ouderen het verlies van dierbaren verwerken, anders dan wel hetzelfde is als de manier waarop ze andere verliezen verwerken. Zoals gezegd concentreren we ons in dit hoofdstuk op het verlies van dierbare personen.

In een invloedrijk longitudinaal onderzoek van Ott e.a. (2007) onder 141 oudere weduwen en weduwnaars werd gevonden dat de overgrote meerderheid van hen (5 van elke 6 deelnemers) het verlies van hun partner 'goed' konden verwerken; weliswaar waren er aanvankelijk veel rouwsymptomen, maar die namen tamelijk snel af. Daarbinnen is er zelfs een groep (in dit onderzoek 34%) die gedurende de gehele duur van het onderzoek altijd onder de gemiddelde scores voor rouw en depressie scoorde, en daarnaast ook hoge scores liet zien op meetinstrumenten voor geestelijke gezondheid. Desgevraagd meldde deze groep meer voorbereid te zijn geweest op het overlijden, waarbij wel vermeld moet worden dat het overlijden van hun partner 'vreedzamer' verliep dan bij de andere participanten. De resultaten van dit onderzoek suggereren dat een aanmerkelijk deel van de ouderen 'adequaat' met het overlijden van hun partner omgaat: ze vertonen 'veerkracht'.

Het was Bonanno (2004) die als een van de eersten erop wees dat veerkracht (*resilience*) kenmerkend is voor de manier waarop de meeste mensen (kinderen, volwassenen, maar zeker ook ouderen) omgaan met ingrijpende dan wel traumatische gebeurtenissen. Dat het belang en het frequent voorkomen van veerkracht lange tijd onderbelicht zijn geweest in de literatuur, is vrijwel zeker veroorzaakt door het gegeven dat kennis hierover vooral verkregen is door onderzoek bij een selecte groep getroffenen, namelijk personen die als gevolg van ingrijpende gebeurtenissen psychische problemen ondervonden dan wel hulp zochten. In het voetspoor van dit nieuwe inzicht en ondersteund door onderzoek is ook het beeld van ouderdom in de afgelopen jaren wat gekanteld: aanmerkelijk veel ouderen doen het qua psychisch welbevinden na verliesgebeurtenissen best goed, ondanks het parallel hieraan verminderen van fysieke en vaak ook psychische vaardigheden en mogelijkheden.

Van de vele factoren die hierop van invloed zijn, willen we vooral zingeving benadrukken. Er zijn nogal wat ouderen die na het verlies van meerdere dierbaren en vooral ook na het verlies van hun partner van mening zijn dat ze geen betekenis, geen doel meer hebben in het leven. Eerder in hun leven was dat geen punt omdat hun betekenis als vanzelf duidelijk was: in het geval dat er kinderen zijn, dienen die te worden grootgebracht; werk dient te worden verricht; en men doet dingen voor en met een partner, als die er is. Kortom: men was 'productief'. Als de uitkering volgens de Algemene ouderdomswet (AOW) ingaat, wordt deze 'productiviteit' aanmerkelijk onduidelijker: als men 'betekenis hebben', 'ertoe doen' altijd heeft gedefinieerd in termen van het hebben van zaken als betaald werk of een gezin, kan gemakkelijk het idee ontstaan dat men geen betekenis meer heeft, en kunnen existentiële vragen gaan spelen. Dat een ouder persoon ook op veel andere manieren betekenis kan hebben (bijvoorbeeld in vrijwilligerswerk; in mantelzorg; door een goede luisteraar te zijn) kan leiden tot andere zingevingen, die zelfs bevredigender kunnen zijn dan de eerder verworven invullingen (zie ook hoofdstuk 9). Bij ouderen betreft een aanzienlijk deel van de sterfgevallen verwachte sterfgevallen. Dat geldt vooral voor sommige letale ziekten, zoals bepaalde vormen van kanker. In dergelijke gevallen kunnen verwanten, maar ook de terminaal zieke zelf, zich voorbereiden op de aanstaande dood. Maatschappelijk gesproken is hierbij belangrijk dat er een toenemende wens is om thuis – en niet in een ziekenhuis – te overlijden (waarbij al dan niet gebruikgemaakt wordt van terminale thuiszorg) dan wel in zogeheten hospices: instellingen waar speciale begeleiding kan worden gegeven aan stervenden en hun verwanten. In het verlengde hiervan liggen de maatschappelijke discussies en problemen met (actieve en passieve) euthanasie en hulp bij zelfdoding. Onderzoek naar de nasleep voor de nabestaanden van mensen die door zelf gewenste euthanasie en hulp bij zelfdoding zijn overleden, is nog nauwelijks uitgevoerd (voor een onderzoek in Nederland, zie Swarte e.a., 2003).

Een onverwacht overlijden, bijvoorbeeld als gevolg van een hartaanval of een ongeval, impliceert dat nabestaanden zich niet kunnen voorbereiden op het komende verlies. Soms vinden onverwachte sterfgevallen plaats onder schokkende oftewel traumatische omstandigheden. Voorbeelden zijn een auto-ongeluk waarbij de bestuurder of inzittende overlijdt. Dergelijke getroffenen staan voor een dubbele taak: zij moeten het overlijden van naasten verwerken, maar dienen daarnaast ook de traumatische ervaringen van de gebeurtenis te verwerken, zoals afschuwelijke herinneringsbeelden oftewel flashbacks van het ongeluk (Van den Bout e.a., 2012). Dit geldt in het geval dat zij daadwerkelijk betrokken waren bij het ongeluk, maar kan ook optreden wanneer zij alleen gehoord hebben van de schokkende omstandigheden van het overlijden van hun dierbare.

Relatief gesproken zal in het geval van ouderen een overlijden in meer gevallen verwacht dan onverwacht zijn, al is het kenmerkend dat bij een verwacht overlijden nabestaanden toch zeggen dat het toch onverwacht kwam. In de literatuur wordt soms gesteld dat verwacht overlijden aanleiding kan geven tot anticipatoire rouw oftewel voor-rouw. Zo zouden nabestaanden van ouderen die overleden zijn na een lang proces van voortschrijdende dementie, of na een ernstig CVA, hun rouwproces al voor een deel doorlopen hebben voordat de persoon overleden is.

Hoe plausibel de notie van anticipatoire rouw ook moge zijn, we willen hier toch nadrukkelijk vermelden dat uit het vele onderzoek dat verricht is naar de vraag of de verwachtheid versus de onverwachtheid van het overlijden van invloed is op de duur en intensiteit van het rouwproces, een inconsistent beeld naar voren komt (voor een overzicht, zie Stroebe & Schut, 2001). In ongeveer de helft van de onderzoeken blijkt de verwachtheid versus de onverwachtheid van het overlijden niet gerelateerd aan duur en intensiteit van het rouwproces, terwijl in de andere helft van de onderzoeken gevonden wordt dat een onverwacht overlijden tot meer rouw aanleiding geeft. Vermeldenswaard is in dit verband de bevinding van Carr e.a. (2001) dat plotselinge overlijdens, die door jongeren nagenoeg altijd als traumatisch worden ervaren, door ouderen (als het andere ouderen betreft die overlijden) als aanmerkelijk minder traumatisch worden ervaren, mogelijk omdat dergelijke overlijdens voor hen minder onverwacht zijn: oudere dierbaren dan wel vrienden gaan nu eenmaal een keer dood.

Aparte vermelding in het geval van ouderen verdienen de zogeheten meervoudige verliezen. Bij ouderen en zeker bij oude ouderen kan het voorkomen dat in betrekkelijk korte tijd een aanzienlijk deel van de sociale omgeving overlijdt. Het is vooralsnog onduidelijk in hoeverre bij ouderen een dergelijke cumulatie van overlijdensgevallen een risicofactor vormt voor verstoorde verliesverwerking (Moss e.a., 2001).

Nauwelijks onderzocht is het alleen bij ouderen voorkomende verlies van een kleinkind (Fry, 1997). Bij een dergelijk overlijden krijgen de ouders van het kind gewoonlijk meer aandacht en steun dan de grootouders. Grootouders die dit overkomt, zijn in de literatuur dan ook wel aangeduid als *forgotten grievers*. Het weinige onderzoek dat hiernaar gedaan is, suggereert dat de gevolgen doorgaans aanzienlijk zijn. Het overlijden van een kleinkind raakt ook existentiële kwesties: een kleinkind is voor nogal wat grootouders de belichaming van de idee dat ze voortleven na hun dood. Basale opvattingen over het leven en de wereld worden door de dood van hun kleinkind aangetast (Youngblut e.a., 2010).

6 Gecompliceerde rouw

De diagnostiek van pathologische oftewel gecompliceerde rouw is nog niet uitgekristalliseerd. Dit geldt zowel voor het grensgebied tussen normale en gecompliceerde rouw als voor de afgrenzing van gecompliceerde rouw met andere psychische stoornissen, zoals depressie en angststoornissen.
Over het algemeen zijn mensen, zoals in dit hoofdstuk al aan de orde kwam, redelijk goed in staat om het verlies van een dierbare te verwerken. Slechts een minderheid ontwikkelt emotionele problemen die voor enige of langere tijd aanhouden (Bonanno, 2004). Het vóórkomen van psychische stoornissen en problemen na een dergelijk verlies is redelijk goed gedocumenteerd. Onderzoek heeft laten zien dat circa 10 tot 20% van de mensen last heeft van depressieve klachten (Zisook e.a., 1994). Evenzoveel mensen hebben voor enige of langere tijd last van symptomen van een posttraumatische-stressstoornis (PTSS) en/of andere angstsymptomen (Van den Bout & Kleber, 2013; Jacobs e.a., 1990; Schut e.a., 1991).
In de laatste twee decennia is in een reeks onderzoeken duidelijk geworden dat mensen na een verlies, naast de 'bekendere' angst- en depressiviteitsklachten, problematische rouwreacties kunnen ontwikkelen die fenomenologisch (en ook statistisch) te onderscheiden zijn van depressie en angst. Tot deze reacties behoren vooral intens verlangen naar de overledene, preoccupatie met de overledene, en onvermogen om het verlies volledig te accepteren. Gebleken is dat deze symptomen samenhangen met ernstige gezondheidsgerelateerde en sociale beperkingen in het functioneren, en niet vanzelf overgaan (zie onder anderen Prigerson & Jacobs, 2001).
Vanwege de toenemende kennis over de aard en de problematische consequenties van deze rouwspecifieke symptomen zijn in het midden van de jaren negentig van de vorige eeuw eerste stappen gezet in de richting van de formulering van gestandaardiseerde classificatiecriteria voor de rouwstoornis, die toen werd aangeduid met de term gecompliceerde rouw. Onder leiding van Prigerson kwam een panel van vooraanstaande rouwonderzoekers tot de formulering van de zogenoemde voorlopige consensuscriteria voor gecompliceerde rouw (Prigerson e.a., 1999). Na een aantal wijzigingen in de criteria – op grond van nieuw onderzoek en enkele consensusbijeenkomsten tussen onderzoekers en clinici – werden in 2009 classificatiecriteria voor de *prolonged grief disorder* (PGD) vastgesteld. Deze classificatiecriteria zijn goed onderzocht. Vaak is daarbij gebruik gemaakt van de Inventory of Complicated Grief (ICG), een meetinstrument dat de symptomen van de prolonged grief disorder meet en de basis vormde van de voorgestelde criteria voor de prolonged grief disorder (zie paragraaf 7).
Een tijdlang was het de algemene verwachting dat de empirisch sterk onderbouwde classificatiecriteria voor de prolonged grief disorder de basis zouden zijn voor een officiële rouwstoornis (dat wil zeggen: gesanctioneerd door het overkoepelende DSM-5-comité), maar het liep anders.

Een invloedrijke andere onderzoekster (Katherine Shear) stelde ietwat andere, overigens ook deels empirisch onderbouwde classificatiecriteria voor, en het is vrijwel zeker dat deze onenigheid onder rouwonderzoekers de reden was dat het DSM-5-comité besloot om vooralsnog 'verstoorde rouw' of 'gecompliceerde rouw' (of welke term men daar ook voor wil gebruiken) niet op te nemen in de DSM-5 (APA, 2013). Wel is ervoor gekozen om criteria op te nemen voor wat *persistent complex bereavement disorder* (APA, 2013) is genoemd, in het Nederlands vertaald als persisterende complexe rouwstoornis (PCRS: zie kader 10.1). De persisterende complexe rouwstoornis staat in de DSM-5 echter vermeld in een sectie met stoornissen die nog 'nader onderzoek behoeven'. Kortom: 'gecompliceerde rouw' wordt in de psychiatrische nomenclatuur nog (steeds) niet als een aparte stoornis gezien.

Kader 10.1   Persisterende complexe rouwstoornis (PCRS), voorstel voor classificatiecriteria (naar DSM-5)

A De betrokkene heeft de dood meegemaakt van iemand met wie hij of zij een hechte relatie had.
B Na het overlijden is minstens een van de volgende symptomen meer dagen wel dan niet, en in klinisch significante mate voorgekomen, en persisteerden deze gedurende minstens een jaar na het overlijden in het geval van getroffen volwassenen.
   1 Persisterend kwellend verlangen naar de overledene.
   2 Intens verdriet en emotionele pijn als reactie op de dood.
   3 Preoccupatie met de overledene.
   4 Preoccupatie met de omstandigheden van de dood.
C Na het overlijden zijn minstens zes van de volgende symptomen meer dagen wel dan niet, en in klinisch significante mate voorgekomen, en persisteerden deze gedurende minstens een jaar na het overlijden.
   Reactief lijden na de dood van een dierbaar persoon
   1 Duidelijke moeite om het overlijden te accepteren.
   2 Ongeloof ervaren over, of emotionele verdoofdheid door het verlies.
   3 Moeite hebben met positieve herinneringen ophalen aan de overledene.
   4 Bitterheid of boosheid gerelateerd aan het verlies.
   5 Maladaptieve beoordeling van zichzelf in relatie tot de overledene of de dood (bijvoorbeeld zelfverwijt).
   6 Excessief herinneringen aan het verlies vermijden (bijvoorbeeld mensen, plaatsen of situaties die worden geassocieerd met de overledene vermijden).
   Ontwrichting van het sociale leven en de identiteit.
   7 De wens om te sterven om bij de overledene te kunnen zijn.
   8 Moeite hebben om andere mensen te vertrouwen sinds het overlijden.
   9 Zich alleen of onthecht van anderen voelen sinds het overlijden.
   10 Het gevoel dat het leven zinloos of leeg is zonder de overledene, of het denkbeeld dat men niet kan functioneren zonder de overledene.
   11 Verwarring over de eigen rol in het leven, of een afgenomen gevoel over de eigen identiteit (bijvoorbeeld het gevoel dat een deel van zichzelf met de overledene is gestorven).
   12 Moeite of tegenzin om de eigen interesses weer op te pakken sinds het verlies, of toekomstplannen te maken (bijvoorbeeld vriendschappen, activiteiten).
D De stoornis veroorzaakt klinisch significante lijdensdruk of beperkingen in het sociale of beroepsmatige functioneren of in het functioneren op andere belangrijke terreinen.
E De rouwreactie is buiten proportie ten opzichte van, of onverenigbaar met culturele, religieuze of bij de leeftijd passende normen.

De criteria voor de persisterende complexe rouwstoornis (PCRS) lijken sterk op die voor de prolonged grief disorder (PGD) en op de criteria van Shear. Zo staat separatiepijn telkens centraal, en worden symptomen als ongeloof en moeite hebben om het overlijden te accepteren telkens genoemd. Maar er zijn bij de persisterende complexe rouwstoornis ook enkele nieuwe criteria voorgesteld, terwijl ook een ander tijdscriterium wordt gesteld alvorens men van de persisterende complexe rouwstoornis kan spreken, namelijk twaalf maanden, terwijl Prigerson en Shear een tijdscriterium van zes maanden hanteerden.

Voor de voorgestelde stoornis, de persisterende complexe rouwstoornis, bestaat er derhalve geen onderzoek dat heeft aangetoond dat juist deze symptomen in juist deze combinatie indicatief zijn voor verstoorde verliesverwerking voorbij het eerste jaar na het verlies. Het gevolg hiervan is dat al het eerdere onderzoek naar de prevalentie van, de risicofactoren voor, en de behandelingen van verstoorde rouw nauwelijks of geen betekenis hebben voor de persisterende complexe rouwstoornis (Boelen, 2014). Een ander kritiekpunt is dat er bij bijvoorbeeld criterium C zoveel criteria vermeld staan (namelijk twaalf), waarvan er maar zes nodig zijn om aan het criterium te voldoen, dat er letterlijk duizenden beelden van de PCRS kunnen bestaan. Bij de persisterende complexe rouwstoornis definieert criterium A dat de stoornis zich alleen kan ontwikkelen na het verlies van een persoon met wie een hechte relatie of band bestond. Hiermee worden andersoortige verliezen als oorzakelijke factor uitgesloten. De symptomen van de stoornis zijn geclusterd in verschillende criteria. Criterium B omvat de symptomen van separatieangst. Separatieangst representeert, in letterlijke zin, de angst voor de separatie van de overledene, tot uiting komend in onder meer aanhoudend intens verlangen, intens verdriet en preoccupatie met de overledene, oftewel het bijna voortdurend denken aan hem of haar. Bij criterium C staat een reeks verdere symptomen genoemd, die onderverdeeld worden in 'reactief lijden na de dood van de dierbare' en 'ontwrichting van het sociale leven', maar dit onderscheid heeft geen enkele verdere implicatie.

Gecompliceerde rouw afgrenzen van andere psychische stoornissen is vaak niet eenvoudig. Dat geldt in het bijzonder voor depressie. Dat komt doordat depressieve verschijnselen gewoonlijk inherent zijn aan rouw. De depressieve verschijnselen bij rouw kunnen vaak zo intens zijn dat ze klinisch niet te onderscheiden zijn van een depressieve episode. Dat blijkt bijvoorbeeld uit een onderzoek van Zisook en Schuchter (1991). Circa 40% van de weduwen voldeed in de eerste maand aan de criteria voor een depressieve episode. Geleidelijk verdwijnen doorgaans deze depressieve verschijnselen, maar dit gebeurt zeker niet altijd. Zisook en Schuchter vonden 13 maanden na het overlijden nog bij 15% van de weduwen een depressieve episode.

Inhoudelijk zijn er duidelijke verschillen tussen rouwsymptomen en depressieve symptomen. Rouwsymptomen betreffen vooral de overledene dan wel het overlijden: er is veelal preoccupatie met de overledene, er is zoekgedrag, en men kan het niet geloven, laat staan aanvaarden dat de dierbare dood is. Bij depressieve symptomen (zoals wanhoop en uitzichtloosheid) staat de dierbare overledene veel minder op de voorgrond.

7 Diagnostiek

Wanneer gestart wordt met rouwtherapie, dienen allereerst de rouwproblemen in kaart te worden gebracht. Om zicht te krijgen op de aard en de intensiteit van de rouwproblemen, wordt in de intakegesprekken met de cliënt nadrukkelijk ingegaan op de actuele klachten. Van welke verschijnselen of klachten heeft de cliënt het meeste last? Welke klachten hinderen de cliënt het meest in wat hij of zij eigenlijk zou willen doen of kunnen? Waarin uit de rouw zich? Is er vooral verdriet, of juist boosheid of angst? Zijn er aanwijzingen voor comorbide problemen zoals depressiviteit, angstklachten of andere klachten? Ook is belangrijk na te gaan wat de ontwikkeling is van de klachten. Hoe hebben de rouwreacties zich ontwikkeld in de directe nasleep van het verlies? Zijn deze steeds erger geworden? Blijven ze stabiel? Is de huidige toestand waarschijnlijk tijdelijk, of representatief voor een langere periode waarin het moeilijker gaat? De Rouw VragenLijst (RVL) kan worden afgenomen om de intensiteit van de gecompliceerde rouw te kwantificeren. De RVL, een vertaling van de Engelse Inventory of Complicated Grief (Prigerson & Jacobs, 2001) is een 29 items tellende zelfrapportagevragenlijst voor het meten van potentieel problematische rouwsymptomen. De RVL omvat elk van de symptomen zoals opgenomen in de voorlopige classificatiecriteria voor gecompliceerde rouw. Maar ook andere rouwreacties zijn in de RVL terug te vinden. Respondenten dienen bij elk van de 29 symptomen aan te geven hoe vaak zij last hadden van het symptoom in de afgelopen week op een schaal met de antwoordcategorieën 0 = nooit, 1 = zelden, 2 = soms, 3 = vaak en 4 = altijd. Uit onderzoek is bekend dat een score van 61 of hoger weerspiegelt dat iemand ongeveer 75% kans heeft om te voldoen aan de criteria voor gecompliceerde rouw (Boelen e.a., 2003a). In de volgende kaders zijn voorbeelditems weergegeven uit de RVL en de RCV (Rouw Cognitie Vragenlijst); de volledige RVL en RCV kunnen worden opgevraagd bij de auteurs van dit hoofdstuk.

Voorbeelditems Rouw VragenLijst (RVL)
1 Dat hij/zij overleden is, voel ik als een persoonlijke ramp of verwoestende ervaring.
2 Ik denk zoveel aan hem/haar dat het moeilijk voor me is om de dingen te doen die ik normaal doe.
3 Herinneringen aan hem/haar maken me van streek.
4 Ik kan zijn/haar dood niet aanvaarden.
5 Ik voel een zeer sterk verlangen naar hem/haar.
6 Ik voel me naar plaatsen en dingen toegetrokken die verband houden met hem/haar.
7 Ik kan er niets aan doen, maar ik ben boos over zijn/haar dood.
8 Ik kan nauwelijks geloven dat hij/zij is overleden.
9 Ik voel me verbijsterd of verdoofd over zijn/haar dood.
10 Sinds hij/zij overleden is, vind ik het moeilijk om mensen te vertrouwen.

Voorbeelditems uit de Rouw Cognitie Vragenlijst (RCV)
1 Sinds [___] dood is, vind ik mezelf een waardeloos mens.
2 Ik ben er medeschuldig aan dat [___] overleden is.
3 Sinds [___] dood is, realiseer ik mij dat de wereld slecht is.
4 Mensen in mijn omgeving zouden mij veel meer moeten steunen.
5 Ik verwacht niet dat het in de toekomst beter met mij zal gaan.
6 Ik moet rouwen, want anders vergeet ik [___] misschien.
7 Ik vind mezelf een zwak mens, sinds [___] overleden is.
8 Als ik mijn verdriet echt toelaat dan word ik gek.
9 Ik schaam mij voor mezelf, sinds [___] overleden is.
10 Mijn rouwreacties zijn niet normaal.

Nadat zicht is ontstaan op de intensiteit van de rouwproblemen, is het van belang inzicht te krijgen in de factoren die de problemen in stand houden, zoals de mate waarin het verlies in het bewustzijn van de nabestaande geïntegreerd is, negatieve cognities van de cliënt, en onhandige vermijdingsstrategieën (Boelen, 2005).

De mate waarin het verlies geïntegreerd is, is niet rechtstreeks te meten, maar kan wel worden afgeleid uit de mate waarin het verlies echt is voor de cliënt. Voelt hij of zij veel ongeloof over het verlies, of voelt het aan als iets wat werkelijk gebeurd is? Is het verlies al onderdeel van de persoonlijke autobiografie van de cliënt, of voelt het aan als iets wat daar volstrekt buiten staat? Is de cliënt geneigd te doen en te denken (bijvoorbeeld fantaseren) alsof het verlies omkeerbaar is, alsof de dierbare op een dag zal terugkomen? Of wordt het verlies gezien als iets wat permanent is?

Negatieve cognities in de vorm van basisopvattingen kan de hulpverlener nagaan door na te vragen hoe de cliënt denkt over zichzelf, de toekomst en het leven. Wat is het zelfbeeld van de cliënt in het licht van het verlies? Is er sprake van wanhoop of pessimisme? Kan de cliënt zijn of haar negatieve kijk nuanceren en relativeren? Het navragen van eventuele misinterpretaties van de eigen rouwreacties is ook van belang. Is de cliënt geneigd om aan zijn of haar verdriet angstaanjagende interpretaties toe te kennen, zoals 'Word ik gek?', of heeft de cliënt een meer accepterende houding? Ook de Rouw Cognitie Vragenlijst (RCV) kan worden afgenomen, een zelfrapportagevragenlijst voor het in kaart brengen van negatieve gedachten en opvattingen (cognities) die een rol spelen bij het ontstaan en voortduren van verliesverwerkingsproblemen (Boelen e.a., 2003b). De Rouw Cognitie Vragenlijst omvat 38 negatieve cognities en meet onder meer de mate waarin de cliënt negatief denkt over zichzelf, de wereld, de toekomst en de mate waarin er misinterpretaties over de eigen rouwreacties spelen.

Tot slot is het belangrijk om ook zicht te krijgen op de minder effectieve strategieën die de cliënt hanteert om met het verlies om te gaan, en op de effectieve strategieën die hij of zij heeft. Deze dienen te worden verminderd, respectievelijk uitgebreid. Gaat de cliënt bepaalde verliesgerelateerde stimuli uit de weg? Waarom? Is er sprake van angstige vermijding? Hoe gaat de cliënt om met de veranderingen die het verlies teweeg heeft gebracht? Is de cliënt geneigd zich actief aan te passen? Zet hij of zij activiteiten voort die voorafgaand aan het verlies positieve gevoelens hebben gegenereerd? Of is de cliënt geneigd tot depressieve vermijding?

Ook achtergrondvariabelen komen aan bod: onder meer om zicht te krijgen op de toedracht van het verlies en de moeilijkst te verwerken aspecten daarvan. Onder welke omstandigheden is de dierbare overleden? Was de cliënt daarbij? Heeft de cliënt afscheid kunnen nemen? Hoe was de relatie met de overleden dierbare? Was er sprake van afhankelijkheid? Wat waren goede dingen (die er gemist worden) en wat waren minder goede dingen (waarvan het misschien wel fijn is dat ze voorbij zijn)? Is er sprake van onuitgesproken gevoelens jegens de overledene die de verliesverwerking verhinderen?

8 Interventies bij normale en gecompliceerde rouw

Aan interventies die mogelijk zijn bij rouw en rouwproblemen, zijn er drie vormen te onderscheiden: psycho-educatie, rouwbegeleiding en rouwtherapie.

8.1 Psycho-educatie

Psycho-educatie is vaak een eerste interventie in de begeleiding c.q. behandeling en omvat iedere vorm van voorlichting, educatie en uitleg over rouw. Het is aan te raden om cliënten schriftelijk materiaal te laten lezen. Hierbij kan gekozen worden voor boeken over rouw die speciaal voor rouwenden geschreven zijn (bijvoorbeeld Keirse, 2008; Kienhorst e.a., 1999) en professionele maar toegankelijke rouwliteratuur (bijvoorbeeld Van den Bout e.a., 1998; Van Rijswijk & Stevens, 2010; Worden, 2009). Ook kan de hulpverlener op grond van eigen kennis en ervaring zelf uitleg geven.

Psycho-educatie dient onder meer om foutieve opvattingen en ideeën te corrigeren die cliënten kunnen hebben over verliesverwerking in het algemeen en hun eigen rouw in het bijzonder (Rando, 1993). Sommige cliënten denken dat bepaalde emoties zoals verdriet of boosheid noodzakelijkerwijs dienen op te treden in een normaal rouwproces. Een dergelijke opvatting kan aanleiding geven tot gevoelens van schuld en schaamte op het moment dat cliënten constateren dat zij minder verdriet hebben dan zij denken te moeten hebben, of wanneer zij geen boosheid ervaren (Van den Bout, 1996). Psycho-educatie betekent in die zin het normaliseren van de eigen wijze waarop cliënten met hun verlieservaring omgaan.

Als zij algemene informatie en voorlichting over (gecompliceerde) rouw krijgen, biedt dat cliënten ook een referentiekader vanwaaruit zij hun eigen reacties kunnen begrijpen. Zij worden zich bewuster van hun eigen rouwstijl en kunnen deze afzetten tegen de uiteenlopende manieren waarop mensen in het algemeen met een verlies kunnen omgaan. Informatie betreft bijvoorbeeld factoren die de verliesverwerking in het algemeen kunnen bemoeilijken, zoals een voortijdig overlijden, een overlijden onder traumatische omstandigheden, of het uitblijven van sociale ondersteuning. Informatie over die factoren kan tevens leiden tot een herkenning en erkenning van de omstandigheden die in hun geval aan de gecompliceerde verwerking ten grondslag liggen. De psycho-educatie verhoogt ook het gevoel van controle. Cliënten leren hun eigen rouwreacties, die doorgaans diffuus zijn, te onderscheiden en te benoemen. De beschrijving van de elementen van een verwerkingsproces, bijvoorbeeld in termen van het takenmodel van Worden (2009), maakt dat zij de eigen rouwreacties beter kunnen plaatsen en dat deze reacties beter voorspelbaar worden.

8.2 Rouwbegeleiding

In veel westerse landen is rouwbegeleiding een belangrijk maatschappelijk verschijnsel (Boelen e.a., 1999; Van den Bout & Van der Veen, 1997). De achtergrond van de opkomst van rouwbegeleiding is waarschijnlijk dat men in de geïndustrialiseerde samenleving veel minder gewend is aan dood en sterven, waardoor het omgaan met het verlies van een dierbare niet meer behoort tot het vanzelfsprekende repertoire van een individu, gezin of familie. Verschillende ontwikkelingen lijken deze verandering te hebben bewerkstelligd: veel meer mensen leven langer dan vroeger, waardoor sterven zich vooral bij ouderen voordoet; bovendien overlijden mensen vaak in ziekenhuizen, of in andere zorginstellingen en niet in de thuissituatie. Informele steunkaders zijn minder hecht en vanzelfsprekender dan vroeger. Dood en sterven zijn dus min of meer uit het dagelijkse leven gebannen en het is daarom voor velen moeilijker om ermee om te gaan.

Rouwbegeleiding sluit rechtstreeks aan op de in paragraaf 4 vermelde rouwtaken en kan gezien worden als een steun in de rug voor nabestaanden die een in essentie normaal verwerkingsproces doormaken maar toch problemen ervaren bij het vervullen van een of meer rouwtaken (Worden, 2009). Rouwbegeleiding kan op heel verschillende manieren plaatsvinden. Een eerste onderscheid is, of de rouwbegeleiding individueel plaatsvindt of in groepen. Individuele rouwbegeleiding wordt uitgevoerd door professionele hulpverleners, zoals pastores, psychologen, maatschappelijk werkers en artsen, maar wordt ook uitgevoerd door getrainde lotgenoten. Daarnaast is er rouwbegeleiding in groepen: zowel zelfhulpgroepen als groepen begeleid door professionals. Professionele hulpverleners zoals psychologen of maatschappelijk werkers die dergelijke groepen begeleiden, zijn daarnaast vaak als een soort raadgever of consultant aan zelfhulpgroepen verbonden. Deze groepen zijn bekend onder namen als Alleen en dan verder of Verlies en dan verder. Zelfhulpgroepen of lotgenotengroepen worden meestal georganiseerd en begeleid door vrijwilligers die bijna allemaal zelf een verlies hebben meegemaakt. Vaak is het die gebeurtenis geweest die hen ertoe gebracht heeft dit vrijwilligerswerk te gaan doen. Zij zijn meestal niet professioneel opgeleid, al kan het zijn dat ze een korte training hebben gehad. De opzet en de werkwijze van deze zelfhulpgroepen kunnen zeer variëren. Effecten van de groepen met professionele begeleiding worden door onderzoek onderbouwd, die van de zelfhulpgroepen (nog) niet.

8.3 Rouwtherapie

Rouwtherapie is geschikt bij gecompliceerde of pathologische rouw. Omdat gecompliceerde rouw binnen de DSM-classificatie vooralsnog niet gezien wordt als een officiële psychische stoornis, zijn er tot op heden nog betrekkelijk weinig gecontroleerde onderzoeken uitgevoerd naar de effectiviteit van bepaalde behandelingsaanpakken. Rouwtherapie wordt uitgevoerd door psychotherapeuten of andere gespecialiseerde hulpverleners. Zoals in dit hoofdstuk al is vermeld, is het onderscheid tussen enerzijds ongecompliceerde rouw en anderzijds gecompliceerde oftewel pathologische rouw vaak niet eenvoudig te maken. Ook het hierop aansluitende onderscheid tussen rouwbegeleiding en rouwtherapie is minder eenduidig dan soms wordt gedacht.

Als nabestaanden blijvend problemen hebben met de verwerking van het verlies, dan komt dat, zo stellen vrijwel alle therapeuten, doordat ze niet hebben kunnen aanvaarden of verwerken dat een dergelijke ingrijpende gebeurtenis zich in hun leven heeft voorgedaan. In termen van het takenmodel van Worden (2009): ze zijn de realiteit van het verlies (taak 1) blijven vermijden en ze hebben ook vermeden om zichzelf te confronteren met de pijn die het ervaren van dit verlies met zich meebrengt (taak 2). Aanvaarden van het verlies betekent niet dat ze het hadden moeten goedkeuren dat die gebeurtenis plaatsvond: het gaat erom dat ze er niet in geslaagd zijn om in het reine te komen met het feitelijke gegeven dat dit verlies een onuitwisbaar deel van hun leven is. Anders gezegd: ze hebben het geleden verlies nog niet volledig kunnen accepteren, en het verlies staat bij hen in het dagelijkse leven nog sterk op de voorgrond, ook al is het al geruime tijd geleden dat de gebeurtenis zich heeft voorgedaan.

Wat in elke psychotherapeutische behandeling beoogd wordt, is dat het zo moeilijk te verteren feit van het overlijden van de voorgrond naar de achtergrond wordt geschoven. Dat is iets anders dan dat de gebeurtenis helemaal uit iemands leven wordt weggesneden, ook al zijn er cliënten die dat graag zouden willen. Dat wegsnijden ervan is simpelweg niet mogelijk: de realiteit is dat de dierbare overleden is. Waar het uiteindelijk om gaat is dat de nabestaande verder kan leven in de wetenschap dat het verlies een gegeven is, zich realiserend dat deze gebeurtenis onderdeel is van het eigen levensverhaal. De gebeurtenis staat na een geslaagde behandeling niet meer bij voortduring op de voorgrond, maar staat ook niet helemaal apart en afgeschermd van het verdere leven van de cliënt. Zoals een cliënt het na afloop van de therapie formuleerde: 'Er lijkt niets veranderd, maar toch is alles door de behandeling veranderd: eerst waren het verlies en ik identiek aan elkaar, nu zijn het twee aparte dingen. Ik kan ernaar kijken, ik word er niet meer door overstelpt.'

Gemeenschappelijk aan alle psychotherapeutische benaderingen van gecompliceerde rouw is dat de vermijdingsreacties worden aangepakt. Deze vermijdingsreacties kunnen op verschillende zaken betrekking hebben.

- Vermijding van de realiteit van het overlijden. Deze vorm van vermijding kan geheel of gedeeltelijk zijn. Een voorbeeld van gedeeltelijke vermijding is de eerdergenoemde oudere weduwe die nog jaren na het overlijden van haar man de tafel blijft dekken alsof hij nog aan de maaltijd deelneemt. In extreme gevallen kan deze vorm van vermijding inhouden dat het overlijden geheel geloochend wordt.
- Vermijding van gevoelens. Nabestaanden kunnen soms niet toekomen aan gevoelens over het geleden verlies. De gedachte dat men de intensiteit van de verdrietgevoelens niet aankan, kan hieraan ten grondslag liggen. Ook kan een nabestaande menen niet het recht te hebben om verdrietgevoelens te ervaren omdat hij of zij dacht geen volwaardige partnerrelatie met de overledene gehad te hebben. Soms gaat men moeilijke gevoelens uit de weg. Voorbeelden zijn schuldgevoelens vanwege de opvatting dat men bepaalde activiteiten heeft nagelaten of juist heeft uitgevoerd die mede tot het overlijden hebben geleid. Ook kunnen dit gevoelens zijn van kwaadheid jegens de overleden partner, die degene die is achtergebleven, in de steek heeft gelaten.
- Vermijding van bepaalde situaties of voorwerpen. Veelvoorkomend is het vermijden van situaties die op de een of andere wijze het verlies weer onder de aandacht brengen. Nabestaanden hebben er soms moeite mee om bepaalde plaatsen of gelegenheden te bezoeken die hen doen herinneren aan de overledene. Sommige nabestaanden kunnen het niet aan om foto's van de overledene te zien.
- Vermijding van praten over het geleden verlies. Zelfs de geringste verwijzing in een gesprek naar het overlijden van de dierbare kan voor sommige nabestaanden te veel zijn. Een kenmerkend gevolg is dat vrienden en bekenden geen aandacht meer geven aan het geleden verlies, waarna de nabestaande zich vaak verder terugtrekt.

Er is ogenschijnlijk een tegenstelling tussen de bewering dat nabestaanden met een gecompliceerd rouwproces op meerdere manieren zaken vermijden enerzijds, en anderzijds de bewering dat het verlies immer op de voorgrond staat bij dergelijke nabestaanden. Toch is deze tegenstelling alleen schijnbaar (Van den Bout & Kleber, 1994). Als mensen last blijven houden van klachten ten gevolge van een verliesgebeurtenis, kan er globaal genomen sprake zijn van twee reacties: een onderreactie en een overreactie. Bij een onderreactie toont de persoon nauwelijks enige reactie op de gebeurtenis. Dit kan (maar hoeft niet) op een verwerkingsstoornis te wijzen, zoals ontkende of uitgestelde rouw, waarbij psychotherapeutische hulp gewenst is. Aanwijzingen voor een verwerkingsstoornis zijn dan gewoonlijk andere klachten die een persoon ontwikkeld heeft. De persoon slaapt bijvoorbeeld slecht, is snel geïrriteerd en heeft last van hevige stemmingsschommelingen die voorafgaand aan het overlijden niet voorkwamen. In dat geval lijkt het erop dat de nabestaande veel energie investeert in het op een afstand houden van het verlies.

Bij een overreactie (die kan uitlopen in chronische rouw) is de persoon dag in dag uit bezig met het verlies. Hij of zij is erdoor geobsedeerd. Het lijkt vreemd, maar ook deze persoon is bezig met allerlei zaken te vermijden. Het voortdurend bezig zijn met het verlies is voor deze persoon een manier om belangrijke zaken van het verlies af te houden. Vaak komt dit naar voren als men wat scherper kijkt en luistert en enkele eenvoudige zaken inventariseert. Dan kan blijken dat hij weliswaar elk uur aan de overledene denkt, maar nog nooit een foto van de overledene heeft durven bekijken, of nog nooit naar het graf is geweest. Kortom: er hoeft geen tegenstelling te bestaan tussen het voortdurend bezig zijn met het verlies en het vermijden van allerlei zaken die ermee verbonden zijn.

In rouwtherapieën worden de genoemde vermijdingsreacties aangepakt. Dat gebeurt door de cliënten te stimuleren om zichzelf te confronteren met allerlei zaken van het geleden verlies. Psychotherapieën verschillen onder meer in de mate van directiviteit waarin ze die confrontatie vormgeven (Rando, 1993). Soms gebeurt dat door rouwenden op een directe wijze te confronteren met allerlei zaken die met het geleden verlies verbonden zijn, maar soms ook wordt de nadruk gelegd op andere wijzen van denken over het geleden verlies. Andere veelgebruikte manieren om die vermijdingsreacties aan te pakken, zijn schrijfopdrachten en therapeutische rituelen.

Elke nabestaande staat voor de opgave om verstandelijk en gevoelsmatig te accepteren dat het geleden verlies onherstelbaar is en dat hij afscheid moet nemen van de overledene zoals hij met de nabestaande samenleefde. Afscheid nemen betekent niet dat men nooit meer aan de overledene mag denken. Afscheid nemen betekent ook niet de ander in de steek laten. Het betekent wel de ander achterlaten totdat er om welke reden of aanleiding dan ook weer een moment is dat men aan de overledene denkt. Het betekent ook en vooral de draad van het eigen leven weer oppakken zonder dat de overledene bij voortduring bij de nabestaande aanwezig is.

Er zijn verscheidene onderzoeken uitgevoerd die hebben aangetoond dat psychotherapie voor verstoorde of gecompliceerde rouw effectief is. Zo vonden Boelen e.a. (2007) dat een combinatie van exposure en cognitieve therapie tot een wezenlijk grotere afname van verschijnselen van gecompliceerde rouw leidde dan een behandeling met ondersteunende counseling. De vermoedelijk meest onderzochte behandeling is *complicated grief treatment*, ontwikkeld door Shear (Shear e.a., 2005). Complicated grief treatment is een zestien sessies tellende individuele behandeling die grofweg drie fasen omvat: (I) een therapeutische relatie opbouwen en het verhaal van het verlies laten vertellen; (II) obstakels wegnemen die normale rouw in de weg staan (vermijdingsgedrag, negatieve denkpatronen, gebrekkige probleemoplossingsvaardigheden); (III) werken aan persoonlijke doelen en de toekomst vormgeven. In een tweetal onderzoeken is aangetoond dat complicated grief treatment een effectieve aanpak is voor de behandeling van gecompliceerde rouw, zowel bij relatief jongere volwassenen (Shear e.a., 2005) als oudere volwassenen (Shear e.a., 2014).

9 Tot besluit

Als afsluiting van dit hoofdstuk formuleren we enkele handreikingen voor de ouderenpsycholoog in de gezondheidszorg die geconfronteerd wordt met ouderen die ingrijpende verliezen hebben meegemaakt, in het bijzonder het overlijden van dierbaren. Deze handreikingen zijn onder meer ontleend aan Van den Bout en anderen (1998).

Ouder worden impliceert het meemaken van verliezen op meerdere terreinen. Het meemaken van verliezen is daarmee zo gewoon dat niet alleen bij de sociale omgeving, maar ook bij hulpverleners (bijvoorbeeld ouderenpsychologen) gemakkelijk de mening kan postvatten dat er daarom ook geen aandacht hoeft te zijn voor verliezen bij ouderen. Echter: hoe 'gewoon' die verliezen ook zijn, het zijn voor de betrokkenen verliezen die wel 'geslikt', verwerkt dienen te worden en dus is het zeer gewenst dat een ouderenpsycholoog daar aandacht voor heeft en er actief naar vraagt.

Bied daarom ruim gelegenheid om het verhaal over het overlijden en de overledene te vertellen. Doorgaans zullen nabestaanden al de gelegenheid gehad en genomen hebben om hun verhaal aan hun familieleden en aan vrienden en kennissen te vertellen. Het komt echter nogal eens voor dat nabestaanden het verhaal zo vaak willen vertellen dat hun sociale omgeving er genoeg van krijgt. Hoewel de omgeving de groeiende desinteresse en irritatie aanvankelijk niet zal laten merken, kan dat na enige tijd wel gebeuren, en gaandeweg zal de nabestaande dat bemerken. In zo'n situatie is het van belang dat de persoon alsnog een mogelijkheid krijgt zijn verhaal te doen.

Cruciaal is dat de begeleider de eerste door Worden (2009) genoemde rouwtaak in de gaten houdt: de persoon dient zichzelf te confronteren met de realiteit van het verlies. Bij plotselinge, traumatische overlijdens (bijvoorbeeld bij een verkeersongeval) is het daarnaast belangrijk om te vragen naar de precieze omstandigheden van een overlijden. Dit kan gebeuren door simpelweg naar die details te vragen. Dat doorvragen is belangrijk, omdat er aanwijzingen zijn dat naarmate de nabestaande beter in staat is om de gebeurtenis precies te beschrijven en dat ook vaker doet, de gebeurtenis ook eerder een geïntegreerd deel zal worden van het levensverhaal van de persoon en daarmee sneller en beter verwerkt wordt. Het komt een enkele keer voor dat betrokkenen in het geheel niet over het overlijden praten of willen praten. In dergelijke gevallen is het advies om te proberen ervoor te zorgen dat de persoon zich toch uit. Dit kan men bijvoorbeeld doen door belangstelling te tonen voor het gebeurde, en uitdrukkelijk te vragen naar het verhaal over het overlijden.

Daarnaast is het van belang om de gelegenheid te geven om te vertellen over de gevoelens over het verlies. Het komt voor dat nabestaanden hun relaas beperken tot enkele (objectieve) feiten. Ze vertellen in globale bewoordingen de toedracht van het overlijden en de gevolgen die het overlijden voor hen gehad heeft en nog heeft, maar hun verhaal blijft het karakter houden van een kort nieuwsbulletin. Het is belangrijk dat een ouderenpsycholoog nabestaanden ertoe stimuleert om hun gevoelens over het verlies wel te achterhalen, te verwoorden en te uiten. De eenvoudigste manier om dergelijke gevoelens te achterhalen is ernaar te vragen.

Speciale aandacht dient besteed te worden aan het achterhalen en uiten van moeilijke gevoelens. We hebben hierbij oog voor de gevoelens waarvan de betrokkene vindt dat hij ze eigenlijk niet mag voelen en/of waarvoor hij of zij zich enigszins voor schaamt. Zo kunnen weduwen en weduwnaars intens kwaad zijn op hun overleden partner omdat die hen voor hun gevoel in de steek gelaten heeft. Weliswaar weten ze dat dit een onredelijke gedachte is, maar ze hebben die gedachten en dus ook de gevoelens van kwaadheid wel degelijk. Ook kunnen weduwen en weduwnaars heftig jaloers zijn op andere paren en echtparen die elkaar nog wel hebben. Voor veel nabestaanden is het heel moeilijk om voor zichzelf toe te geven dat zij dergelijke in hun ogen onredelijke gevoelens hebben en het is nog moeilijker om dat aan anderen te bekennen. Het is dan ook belangrijk dat een ouderenpsycholoog zeer alert is op de mogelijke aanwezigheid ervan. Het is belangrijk dat gecommuniceerd wordt dat de meeste nabestaanden dergelijke gevoelens hebben, én dat het normaal is om ze te hebben.

Verder is het goed om te benadrukken dat allerlei 'vreemde' verschijnselen doorgaans normaal zijn. In de autochtone Nederlandse cultuur is het niet gebruikelijk om emoties na een overlijden openlijk aan de omgeving te tonen. Rouwen doe je in de beslotenheid van het eigen huis of de eigen kamer, maar niet op straat. Door dit privékarakter van rouwen kan het zijn dat een recent nabestaande niet echt weet heeft van de bonte variëteit aan emoties na een overlijden. Kenmerkend voor de meeste nabestaanden is dan ook dat zij de intensiteit van de 'negatieve' emoties onderschatten. Ook hierover kan een ouderenpsycholoog zinnige informatie verschaffen. Allereerst kan de ouderenpsycholoog vertellen dat de grote meerderheid van nabestaanden tijdens het verwerkingsproces zich soms afvraagt of ze niet gek worden: zo onverwacht, heftig en vaak tegenstrijdig zijn de gevoelens en andere reacties die ze ervaren. Ook kan de ouderenpsycholoog benadrukken dat uit allerlei onderzoek bekend is dat iedere nabestaande op zijn eigen wijze rouwt. Een ouderenpsycholoog dient er uiteraard wel oog voor te hebben dat niet elke mogelijke reactie normaal of onproblematisch is. Maar toch is – zeker de eerste maanden na een ingrijpend verlies – het algemene uitgangspunt te prefereren dat men ogenschijnlijk merkwaardige reacties van sommige nabestaanden het voordeel van de twijfel geeft in plaats van deze te pathologiseren.

Anderzijds kan psychotherapie soms noodzakelijk zijn, vrijwel altijd omdat een nabestaande zelf meldt dat nodig te vinden. Het gaat dan om een minderheid (naar schatting 10 à 15%) van mensen voor wie acute rouwreacties chronisch geworden zijn en tot blijvend lijden leiden. In dit hoofdstuk is een aantal kenmerkende reacties beschreven van gecompliceerde rouw. We wijzen erop dat het onderscheid tussen normale rouw en gecompliceerde rouw strikt is geformuleerd, maar zoals bij elk emotioneel probleem en elke klacht is er sprake van een continuüm.

Literatuur

APA. (2013). *Diagnostic and statistical manual of mental disorders, Fifth Edition*. Arlington, VA: American Psychiatric Publishing.

Boelen, P.A. (2005). *Complicated grief: assessment, theory, and treatment*. Proefschrift, Universiteit Utrecht.

Boelen, P.A. (2014) Gecompliceerde rouw in de DSM en ICD. In J. Maes & H. Modderman (Eds.), *Handboek rouw, rouwbegeleiding, rouwtherapie* (pp. 107-122). Antwerpen: Witsand Uitgevers.

Boelen, P.A., Bout, J. van den, & Hout, M.A. van den. (2003b). The role of cognitive variables in psychological functioning after the death of a first degree relative. *Behaviour Research and Therapy, 41*, 1123-1136.

Boelen, P.A., Bout, J. van den, Keijser, J. de, & Hoijtink, H. (2003a). Reliability and validity of the Dutch version of the Inventory of Traumatic Grief. *Death Studies, 27*, 227-247.

Boelen, P.A., Huiskes, C., & Kienhorst, C.W.M. (Red.). (1999). *Rouw en rouwbegeleiding*. Utrecht: NIZW.

Boelen, P.A., Keijser, J. de, Hout, M.A. van den, & Bout, J. van den. (2007). Treatment of complicated grief: A comparison between cognitive behavioral therapy and supportive counseling. *Journal of Consulting and Clinical Psychology, 75*, 277-284.

Bonanno, G.A. (2004). Loss, trauma, and human resilience: Have we underestimated the human capacity to thrive after extremely aversive events? *American Psychologist, 59*, 20-28.

Bonanno, G.A., Wortman, C.B., Lehman, D.R., Tweed, R.G., Haring M., Sonnega, J., e.a. (2002). Resilience to loss and chronic grief: A prospective study from preloss to 18-months postloss. *Journal of Personality and Social Psychology, 83*, 1150-1164.

Bonanno, G.A., Wortman, C., & Nesse, R. (2004). Prospective patterns of resilience and maladjustment during widowhood. *Psychology and Aging, 19*, 260-271.

Bout, J. van den. (1996). *Rouwsluiers* [Oratie]. Utrecht: De Tijdstroom.

Bout, J. van den, Boelen, P.A., & Keijser, J. de. (Eds.). (1998). *Behandelingsstrategieën bij gecompliceerde rouw en verliesverwerking*. Houten: Bohn Stafleu van Loghum.

Bout, J. van den, Boelen, P.A., & Kienhorst, C.W.M. (2012). Gecompliceerde rouw, PTSS en getraumatiseerde rouw. In E. Vermetten, R.J. Kleber & O. van der Hart (Red.), *Handboek posttraumatische stressstoornissen* (pp. 753-762). Utrecht: De Tijdstroom.

Bout, J. van den, & Kleber, R.J. (1994). *Omgaan met verlies en geweld: Een leidraad voor rouw en traumaverwerking*. Utrecht: Kosmos.

Bout, J. van den, & Kleber, R.J. (2013). Lessons from PTSD for complicated grief as a new DSM mental disorder. In M.S. Stroebe, H. Schut & J. van den Bout (Eds.), *Complicated grief: Scientific foundations for health care professionals* (pp. 115-128). Londen/New York: Routledge.

Bout, J. van den, & Veen, E. van der. (Red.). (1997). *Helpen bij rouw*. Utrecht: De Tijdstroom/Landelijk Steunpunt Rouw.

Carr, D., House, J.S., Wortman, C., Nesse, R., & Kessler, R. (2001). Psychological adjustment to sudden and anticipated spousal loss among older widowed persons. *Journal of Gerontology B Psychological Sciences, 56*, S237-S248.

Carr, D., Nesse, R., & Wortman, C. (Eds.). (2006). *Spousal bereavement late life*. New York: Springer.

Cleiren, M. (1993). *Bereavement and adaptation*. Washington, DC: Hemisphere Press.

Field, N., & Bonanno, G.A. (2001). Examining the delayed grief hypothesis across 5 years of bereavement. *American Behavioral Scientist, 44*, 798-816.

Field, N., Gal-Oz, E., & Bonanno, G.A. (2003). Continuing bonds and adjustment at 5 years after the death of a spouse. *Journal of Consulting and Clinical Psychology, 71*, 110-117.

Freud, S. (1913/1957). *Totem and taboo* [Standard edition, Volume XIV]. Londen: Hogarth Press.

Freud, S. (1917/1957). *Standard edition of the complete works of Sigmund Freud*. Londen: Hogarth Press.

Fry, P.S. (1997). Grandparents' reactions to the death of a grandchild: An exploratory factor analysis. *Omega, 35*, 119-140.

Hays, J.C., Gold, D.T., & Pieper, C.F. (1997). Sibling bereavement in late life. *Omega, 35*, 25-42.

Jacobs, S., Hansen, F., Kasl, S., Ostfeld, A., Berkman, L., & Kim, K. (1990). Anxiety disorders during acute bereavement: Risk and risk factors. *Journal of Clinical Psychiatry, 51*, 269-274.

Keijser, J. de. (1997). *Sociale steun en professionele begeleiding bij rouw*. Proefschrift, Universiteit Utrecht.

Keirse, M. (2008). *Helpen bij verlies en verdriet*. Tielt: Lannoo.

Kienhorst, C.W.M, Boelen, P.A., & Huiskes, C. (1999). *Rouw*. Utrecht: Landelijk Steunpunt Rouw/Nederlands Instituut voor Zorg en Welzijn/Universiteit Utrecht.

Klass, D., Silverman, P.R., & Nickman, S.L. (Eds.). (1996). *Continuing bonds: New understandings of grief*. Washington: Taylor & Francis.

Kübler-Ross, E. (1982). *Leven met stervenden*. Baarn: Ambo.

Lopata, H.Z. (1996). *Current widowhood: Myths and realities*. Thousand Oaks, CA: Sage.

Maciejewski, P.K., Zhang, B., Block, S.D., & Prigerson, H.G. (2007). An empirical examination of the stage theory of grief. *Journal of the American Medical Association, 297*, 716-723.

Moss, M.S., Moss, S.Z., & Hansson, R.O. (2001). Bereavement and old age. In M.S. Stroebe, R.O. Hansson, W. Stroebe & H.A.W. Schut (Eds.), *Handbook of bereavement research: Consequences, coping, and care* (pp. 241-260). Washington, DC: American Psychological Association Press.

Neimeyer, R.A., & Holland, J.M. (2015). Bereavement in later life: Theory, assessment and intervention. In B.T. Mast & P.A. Lichtenberg (Eds.), *Handbook of clinical geropsychology*. Washington, DC: American Psychological Association.

Osterweis. M., Solomon, F., & Green, M. (Eds.). (1984). *Bereavement: Reactions, consequences, and care*. Washington, DC: National Academy Press.

Ott, C.H., Lueger, R.J., Kelber, S.T., & Prigerson, H.G. (2007). Spousal bereavement in older adults: Common, resilient and chronic grief with defining characteristics. *Journal of Nervous and Mental Disease, 195*, 332-341.

Parkes, C.M., & Prigerson, H.G. (2010). *Bereavement: Studies of grief in adult life* (4th ed.). Londen: Routledge.

Parkes, C.M., & Weiss, R.S. (1983). *Recovery from bereavement*. New York, NJ: Basic Books.

Prigerson, H.G., Horowitz, M.J., Jacobs, S.C., Parkes, C.M., Aslan, M., Goodkin, K., e.a. (2009). Prolonged grief disorder: Psychometric validation of criteria proposed for DSM-V and ICD-11. *PLoS Medicine, 6*: e1000121.

Prigerson, H.G., & Jacobs, S.C. (2001). Traumatic grief as a distinct disorder: A rationale, consensus criteria, and a preliminary empirical test. In M.S. Stroebe, R.O. Hansson, W. Stroebe & H.A.W. Schut (Eds.), *Handbook of bereavement research: Consequences, coping, and care* (pp. 613-647). Washington, DC: American Psychological Association Press.

Prigerson, H.G., Shear, M.K., Jacobs, S.C., Reynolds, C.F., Maciejewski, P.K., Davidson, J., e.a. (1999). Consensus criteria for traumatic grief. *British Journal of Psychiatry, 174*, 67-73.

Rando, T.A. (1993). *Treatment of complicated mourning*. Champaign Illinois: Research Press Company.

Rijswijk, R. van, & Stevens, N. (2010). *Voorbij verlies: Perspectieven voor weduwen*. Houten: Bohn Stafleu van Loghum.

Rosenblatt, P.C. (1997). Grief in small-scale societies. In C.M. Parkes, P. Laungani & B. Young (Eds.), *Death and bereavement across cultures* (pp. 27-51). Londen: Routledge.

Schut, H.A.W. (1992). *Omgaan met de dood van de partner*. Amsterdam: Thesis.

Schut, H.A.W., Keijser, J. de, Bout, J. van den, & Dijkhuis, J.H. (1991). Post-traumatic stress symptoms in the first year of conjugal bereavement. *Anxiety Research, 4*, 225-234.

Shear, K., Frank, E., Houck, P., Reynolds, C.F. 3rd. (2005). Treatment of complicated grief: A randomized controlled trial. *JAMA, 293*, 2601-2608.

Shear, M.K., Wang, Y., Skritskaya, N., Duan, N., Mauro, C., & Ghesquiere, A. (2014). Treatment of complicated grief in elderly persons: A randomized clinical trial. *JAMA Psychiatry, 71*, 1287-1295.

Stroebe, M. (1992). Coping with bereavement: A review of the grief work hypothesis. *Omega, 26*, 19-42.

Stroebe, W., & Schut, H. (2001). Risk factors in bereavement outcome: A methodological and empirical review. In M.S. Stroebe, R.O. Hansson, W. Stroebe & H.A.W. Schut (Eds.), *Handbook of bereavement research: Consequences, coping, and care* (pp. 349-371). Washington, DC: American Psychological Association Press.

Stroebe, M., Stroebe, W., Schut, H., & Bout, J. van den. (1998). Bereavement. In H.S. Friedman, N. Adler & R.D. Parke (Eds.), *Encyclopedia of Mental Health* (pp. 235-246). New York: Academic Press.

Stroebe, M., Stroebe, W., Schut, H., Zech, E., & Bout, J. van den. (2002). Does disclosure of emotions facilitate recovery from bereavement? Evidence from two prospective studies. *Journal of Consulting and Clinical Psychology, 70*, 169-178.

Swarte, N.B., Lee, M.L. van der, Bom, J.G. van der, Bout, J. van den, & Heintz, A.P.M. (2003). Effects of euthanasia on the bereaved family and friends: A cross sectional study. *BMJ, 327*, 189-192.

Tweed, R.G., & Tweed, C.J. (2011). Positive emotion following spousal bereavement: Desirable or pathological? *Journal of Positive Psychology, 6*, 131-141.

Wal, J. van der. (1988). *De nasleep van suïcides en dodelijke verkeersongevallen*. Leiden: DSWO-press.

Worden, J.W. (2009). *Grief counseling and grief therapy* (4th ed.). New York: Springer.

Wortman, C.B., & Silver, R.C. (1989). The myths of coping with loss. *Journal of Consulting and Clinical Psychology, 57*, 349-357.

Youngblut, J., Brooten, D., Blais, K., & Niyonsenga, T. (2010). Grandparent health and functioning after a grandchild's death. *Journal of Pediatric Nursing, 25*, 352-359.

Zisook, S., & Schuchter, S.R. (1991). Depression through the first year after the death of a spouse. *American Journal of Psychiatry, 148*, 1346-1352.

Zisook, S., Shuchter, S.R., Sledge, P.A., Paulus, M., & Judd, L.W. (1994). The spectrum of depressive phenomena after spousal bereavement. *Journal of Clinical Psychiatry, 55*, 29-36.

11
Wilsbekwaamheid

Han Diesfeldt en Saskia Teunisse

1 Inleiding
2 Wettelijk kader
   2.1 Formeel onderzoek
   2.2 Documentatie in zorgdossier
   2.3 Vertegenwoordiging
3 Zorgethische invalshoek
   3.1 Kritiek op de juridische invalshoek
   3.2 De rol van naasten en familie
   3.3 Autonomie als doel
4 Psychologische invalshoek
   4.1 Rationeel-normatieve versus descriptieve benadering
   4.2 Beslissen via denkstijlen Systeem 1 en 2
   4.3 Beslissingsondersteuning
5 Beoordeling van wilsbekwaamheid
   5.1 Interview- en vignetinstrumenten
   5.2 Complexiteit beoordelingsproces
6 Taken psycholoog
   6.1 Exploratie en psychodiagnostiek
   6.2 Helpen beslissen, therapeutische invalshoek
   6.3 Formele beoordeling
   6.4 Verlichting van emotionele gevolgen
7 Tot besluit
   Literatuur

 www.tijdstroom.nl/leeromgeving

 Weblinks

Kernboodschappen
- Wilsbekwaamheid is een dynamisch construct, dat varieert in de loop van de tijd, afhankelijk van het cognitieve en emotionele functioneren, en van de beslissing die genomen moet worden.
- Gedragswetenschappelijk onderzoek geeft inzicht in de manier waarop mensen beslissen en hoe zij geholpen kunnen worden om juiste beslissingen te nemen.
- Het beeld van de rationele autonome beslisser die logisch redenerend zorgvuldig alle consequenties van een keuze afweegt, strookt niet met psychologische kennis over menselijke besluitvorming
- Exploratie van factoren die besluitvorming kunnen beïnvloeden is een eerste stap bij wilsbekwaamheidsvraagstukken.

- Ondersteuning bij het besluitvormingsproces kan de cliënt helpen om te komen tot een beslissing die recht doet aan zijn belangen en waarden.
- Een persoon mag nooit onbekwaam beschouwd worden om een beslissing te nemen tenzij alle stappen om hem daarbij te helpen geen enkel effect hebben gehad.

1 Inleiding

Wilsbekwaamheid is een relevant onderwerp voor de ouderenpsychologie. Allereerst omdat volwassen mensen op geen enkele leeftijd zijn vrijgesteld van ingewikkelde keuzeproblemen of belangrijke beslissingen. Bijna niemand ontkomt op hogere leeftijd aan beslissingen op medisch gebied. Andere beslissingen kunnen vermogensbeheer betreffen, een testament (opstellen of aanpassen), of een relatie (huwelijk of geregistreerd partnerschap).

Het onderwerp is ook relevant omdat hersenaandoeningen die cognitie of gevoelsleven aantasten, met het ouder worden vaker voorkomen. Veranderingen van cognitie en emotie hebben invloed op besluitvormingsprocessen (Wood & Tanius, 2007). De ouderenpsycholoog heeft een rol bij de diagnostiek van cognitieve en emotionele stoornissen en bij het onderzoek naar de invloed daarvan op besluitvorming (APA-ABA, 2008; Moye e.a., 2013). Ouderenpsychologen hebben bovendien een ondersteunende taak. Zij kunnen helpen om tot een juiste beslissing te komen: een beslissing die recht doet aan de belangen en waarden van de cliënt. Dat vereist voldoende tijd en zorgvuldig doorlopen van het proces.

In kwesties van wilsbekwaamheid is het van belang dat de psycholoog weet heeft van de wettelijke regelingen op dit terrein (Lamont e.a., 2013b). Daaraan besteden we aandacht in paragraaf 2. Vervolgens laten we zien welke overwegingen uit de zorgethiek nuttig kunnen zijn voor een beter begrip en onderzoek van wilsbekwaamheid. Daarna gaan we in op inzichten uit gedragswetenschappelijk onderzoek naar de manier waarop mensen beslissen. De resultaten van dergelijk onderzoek maken begrijpelijk hoe en waarom mensen bepaalde beslissingen nemen en hoe zij geholpen kunnen worden om juiste beslissingen te nemen. Tot slot bespreken we wetenschappelijk onderzoek naar wilsbekwaamheid bij mensen met cognitieve stoornissen en de gevolgen daarvan voor de ouderenpsycholoog in de klinische praktijk.

2 Wettelijk kader

Wils(on)bekwaamheid is een juridisch begrip dat in verschillende wetten wordt omschreven als '(niet) in staat zijn tot een redelijke waardering van zijn belangen'. Bedoeld wordt: belangen 'ter zake' van nader aan te duiden handelingen of beslissingen ter zake' betekent dat het gaat om een specifieke situatie). De term zelf (wilsbekwaam of wilsonbekwaam) komt overigens in wetsteksten niet voor, maar is in de literatuur en de (rechts)praktijk zeer gangbaar.

De Wet op de Geneeskundige Behandelingsovereenkomst (WGBO), onderdeel van het Burgerlijk Wetboek, fungeert voor regelingen over wilsbekwaamheid als hoofdwet. Volgens deze wet moeten patiënten toestemming geven voor onderzoek of behandeling nadat zij daarover op een begrijpelijke wijze zijn geïnformeerd. Hier heeft wilsbekwaamheid betrekking op het vermogen om de verstrekte informatie te begrijpen en op basis daarvan al dan niet in te stemmen met onderzoek of behandeling. Wilsbekwaamheid kan ook op andersoortige beslissingen betrekking hebben, bijvoorbeeld van financiële aard. De geestelijke vermogens die voor bepaalde handelingen of beslissingen vereist zijn, variëren met de aard en de complexiteit van de kwestie. Daarom is wilsbekwaamheid een relatief begrip dat steeds moet worden gedefinieerd met het oog op de specifieke beslissing die op een bepaald moment aan de orde is (Akerboom e.a., 2011).

Wettelijke regels over wilsbekwaamheid zijn bedoeld om de rechtspositie van kwetsbare mensen te versterken, waaronder bevordering van zelfbeschikking en bescherming van leven, gezondheid en andere belangen (NIP, 2015). Veel aspecten van de regelgeving over wilsbekwaamheid zijn echter niet of nauwelijks in wetgeving uitgewerkt. Dat geldt om te beginnen voor het vaststellen ervan. Het is aan de hulpverlener zelf om te beoordelen of een patiënt wilsbekwaam is om goed geïnformeerd toestemming te geven voor onderzoek of behandeling. Dit geldt niet alleen voor de arts, maar ook voor verzorgenden, paramedici en psychologen, ieder op hun eigen beroepsterrein. De arts bepaalt of de patiënt een geldige toestemming kan geven voor de behandeling die op dat moment aan de orde is. De verzorgende of verpleegkundige die een patiënt helpt met wassen en aankleden, legt uit wat er gaat gebeuren en vraagt de patiënt om toestemming. Of de patiënt instemt, mag uit een verbale of non-verbale reactie worden afgeleid. De psycholoog legt in grote lijnen uit wat de bedoeling is van een voorgenomen onderzoek of gesprek, vraagt of de patiënt daarmee instemt en bepaalt zelf of deze daartoe wilsbekwaam is.

Wilsbekwaamheid kan ook aan de orde komen buiten de gezondheidszorg, bijvoorbeeld wanneer iemand een testament wil maken of wijzigen. In dat geval is de notaris de eerstverantwoordelijke om vast te stellen of de cliënt beschikt over de wettelijk vereiste 'verstandelijke vermogens' (KNB, 2006). Dit is niet altijd een gemakkelijke taak (Peisah e.a., 2014), waarbij soms ernstige fouten worden gemaakt (Jennekens & Jennekens-Schinkel, 2005; Kooke, 2007). De notaris die twijfelt aan iemands bekwaamheid om een testament op te maken, kan in goed overleg met de cliënt diens wilsbekwaamheid laten onderzoeken door een psychiater of psycholoog. In de praktijk onderzoeken hulp- of dienstverleners de wilsbekwaamheid zelden expliciet, maar handelen zij op basis van veronderstelde of impliciet vastgestelde wilsbekwaamheid. Zij hoeven de (wettelijk) vertegenwoordiger van de patiënt niet te raadplegen en kunnen rechtsgeldig met de patiënt of de cliënt afspraken maken. Dit alles mag, op voorwaarde dat zij de cliënt zo goed mogelijk informeren en erop letten dat de toestemming geldig is.

2.1 Formeel onderzoek

Wilsonbekwaamheid mag niet worden verondersteld maar moet worden aangetoond. Hulpverleners wordt geadviseerd terughoudend te zijn met een expliciet, formeel onderzoek van wilsbekwaamheid. Wilsonbekwaamheid betekent immers dat de persoon in kwestie een aantal fundamentele rechten niet kan uitoefenen. Bij een ernstig vermoeden dat een patiënt de reikwijdte van de voorliggende opties en de gevolgen van mogelijke beslissingen niet goed overziet, of wanneer de keuze van de patiënt op gespannen voet staat met diens persoonlijke waarden, kan de behandelaar een formeel onderzoek van de wilsbekwaamheid ter zake overwegen. De hulpverlener bedenkt daarbij onder meer hoe ingrijpend een onderzoek of beoogde behandeling is, welke gevolgen een beslissing heeft en hoe complex de keuze uit meerdere opties is. Ook wanneer hulpverlener en patiënt, ondanks herhaald overleg, nadrukkelijk van mening blijven verschillen over de zorg die in de gegeven omstandigheden de belangen van de patiënt het beste dient, kan een formeel onderzoek van wilsbekwaamheid geïndiceerd zijn (Welie e.a.,

2005). Weigering van een noodzakelijk geachte behandeling kan een reden zijn om de wilsbekwaamheid formeel te (laten) onderzoeken, maar instemmen met een ingrijpende behandeling is dat evenzeer.

Als er voldoende aanleiding is om wilsbekwaamheid formeel te (laten) onderzoeken, is de volgende vraag of de voordelen van zo'n onderzoek opwegen tegen de nadelen. Denk bij nadelen aan mogelijke stigmatisering en de belasting van extra onderzoek. Verder behoort een hulpverlener steeds te overwegen of zonder formeel onderzoek toch een gemeenschappelijk gedragen en verantwoordelijke beslissing haalbaar is, bijvoorbeeld door hulp te bieden om te komen tot een afgewogen beslissing, of door overleg en consensus met betrokkenen over de zorg die de hulpverlener voor de patiënt het meest zinvol vindt (Welie e.a., 2005).

2.2 Documentatie in zorgdossier

De verplichting om een formele beslissing over wilsonbekwaamheid vast te leggen in het zorgdossier, wordt voorzien in de Wijzigingswet cliëntenrechten zorg, de beoogde opvolger van de WGBO. Maar ook nu al geldt dat beslissingen over wilsbekwaamheid kunnen worden getoetst door een klachtencommissie, de tuchtrechter of de gewone rechter. Het is daarom van belang dat hulpverleners expliciete beoordelingen van iemands wilsbekwaamheid in het medisch dossier of in het zorgplan vastleggen, met verantwoording van de wijze waarop de nodige informatie is verstrekt, hoe de patiënt hierop heeft gereageerd, wat de redenen waren om de wilsbekwaamheid voor de onderhavige beslissing te beoordelen, hoe het oordeel over wilsbekwaamheid tot stand is gekomen, en welke deskundigen daarbij eventueel zijn geraadpleegd (gerechtshof Arnhem-Leeuwarden, 2014; ministerie van Justitie, 1994; NIP, 2015).

2.3 Vertegenwoordiging

Voor wie niet wilsbekwaam is om over behandeling en zorg zelfstandig te beslissen, oefent een vertegenwoordiger diens recht op informatie en toestemming uit. Hulpverleners behoren ook over kwesties van wilsbekwaamheid met de vertegenwoordiger te overleggen. De WGBO onderscheidt verschillende categorieën van vertegenwoordigers, te beginnen met de wettelijk vertegenwoordiger, zoals een door de rechter aangestelde curator of mentor. Als er geen wettelijk vertegenwoordiger is, gelden anderen als vertegenwoordiger, en wel in de volgende volgorde:
- de schriftelijk gemachtigde;
- de echtgenoot, geregistreerde partner of andere levensgezel;
- een naast familielid (ouder, kind, broer of zus).

Dit is een hiërarchische volgorde. Dus een schriftelijk gemachtigde die door de patiënt zelf, toen hij daartoe bekwaam was, gemachtigd is om voor hem te beslissen in geval van wilsonbekwaamheid, heeft meer recht om de patiënt te vertegenwoordigen dan de levenspartner, en deze weer meer dan de naaste familie. Anderen dan de genoemde personen kunnen niet als vertegenwoordiger optreden. Er wordt voor gepleit om in de wet kleinkinderen van de patiënt toe te voegen aan de hiërarchie van vertegenwoordigers (Akerboom e.a., 2011).

Ongeacht de aanwezigheid van een vertegenwoordiger geeft de WGBO de hulpverlener overigens ruimte om ook zelf de belangen van de patiënt te wegen en te beoordelen. Het is vanwege de verantwoordelijkheid als goed hulpverlener wettelijk mogelijk dat de hulpverlener een door de vertegenwoordiger gewenste behandeling weigert of een geïndiceerde behandeling doorzet tegen de weigering van de vertegenwoordiger in. Ook gegevensverstrekking aan de vertegenwoordiger mag achterwege blijven als dat zou indruisen tegen de zorg van een goed hulpverlener (ministerie van Justitie, 2007).

3 Zorgethische invalshoek

De wetgeving over wilsbekwaamheid en vertegenwoordiging gaat uit van patiënten en hulpverleners die een behandelingsovereenkomst hebben. Volgens de overeenkomst heeft de patiënt het recht om goed geïnformeerd te worden en daarna weloverwogen en in vrijheid al dan niet in te stemmen met onderzoek en behandeling. De wetgever laat zich daarbij leiden door principes van zelfbeschikking en rechtsbescherming.

3.1 Kritiek op de juridische invalshoek

Er zijn drie punten van kritiek op de juridische invalshoek bij wilsbekwaamheid. De eerste betreft de individuele autonomie. Vanuit de juridische invalshoek ligt de nadruk op de beschermwaardige autonomie van rationeel denkende, individuele personen. Vanuit zorgethisch perspectief echter ontmoet deze opvatting kritiek (Doorn, 2009; Hertogh, 2010). Het autonomiebegrip stoelt op de morele opvatting dat ieder mens het recht heeft zijn leven naar eigen goeddunken in te richten. Anderen mogen zich niet bemoeien met zijn of haar levenskeuzes. Mensen hebben de vrijheid om onverstandige beslissingen te nemen zolang zij anderen daarmee niet hinderen of in gevaar brengen. Hiermee wordt een liberaal-politieke opvatting over betrekkingen tussen burgers rechtstreeks geprojecteerd op een ander onderdeel van de menselijke samenleving: de gezondheidszorg. Dat kan wringen met de ethische motieven van de zorgverlener om zich voor anderen in te zetten: om zich juist wel met anderen en sommige van hun besluiten te bemoeien (Hertogh, 2010).

Een tweede kritiekpunt is de juridische constructie van een autonoom onafhankelijk individu dat zelfbeschikkingsrecht moet kunnen uitoefenen tegenover een even onafhankelijke, individuele hulpverlener. Een dergelijke constructie berust op een nogal gekunstelde opvatting van de relatie tussen hulpvrager en hulpverlener die, als het goed is, meer inhoudt dan een veronderstelde zakelijke afspraak tussen twee contractpartners. Zorgrelaties zijn op een bijzondere manier wederkerig van aard. De zorgvrager roept door het beroep dat hij op de hulpverlener doet, bij die hulpverlener morele ervaringen op, zoals gevoelens van compassie en van verantwoordelijkheid (Hertogh, 2010).

Een derde tekortkoming van een strikt juridische invalshoek is dat de hulpverlening wordt voorgesteld alsof die gebaseerd is op medische of zorgkundige beslissingen die geheel op zichzelf staan. Dit strookt niet met de gangbare praktijk in de ouderenzorg en andere zorgsectoren, waarin de nadruk veel meer ligt op een zorgproces waarin voortdurend grote en kleine, met elkaar samenhangende beslissingen genomen worden om het welzijn van de hulpvrager te ondersteunen. Zo zou volgens een strikt juridisch standpunt de dringende en herhaalde wens van een verpleeghuisbewoner met gevorderde dementie om 'naar huis te willen', getoetst kunnen worden aan diens recht op zelfbeschikking. De afweging om deze wens al dan niet te honoreren staat echter niet los van een eerder genomen besluit dat wonen in het verpleeghuis voor de betrokken patiënt de best passende of enig mogelijke vorm van zorg inhoudt.

3.2 De rol van naasten en familie

Ook in kwesties van vertegenwoordiging staat de zorgethische benadering op gespannen voet met de juridische. Volgens de wettelijke regels heeft de vertegenwoordiger pas een rol bij beslissingen waarvoor de patiënt niet wilsbekwaam wordt geacht. Strikt genomen zou een hulpverlener een vertegenwoordiger of naaste familie niet mogen betrekken bij besluitvorming over de zorg, als de patiënt 'autonoom, vrij en onafhankelijk' tot die besluitvorming in staat is. Volgens de zorgethische invalshoek hechten hulpverleners veel belang aan de waarden en wensen van de patiënt, en juist daarover willen zij advies inwinnen bij anderen die de patiënt goed kennen (Touwen, 2008).

Het staat overigens niet bij voorbaat vast dat de naaste familie van mensen met dementie precies hetzelfde denkt over bepaalde waarden als de patiënten zelf. In een onderzoek maakten mensen met een lichte tot matig-sterke dementie kenbaar hoeveel waarde zij hechtten aan zelfstandigheid op het gebied van dagbesteding, geld uitgeven, of de beslissing van wie zij hulp en zorg zouden willen ontvangen. Mantelzorgers bleken de waarden van hun naasten met dementie systematisch te onderschatten (Reamy e.a., 2011). Dit gold temeer naarmate mantelzorgers hun eigen kwaliteit van leven lager waardeerden, bijvoorbeeld omdat hun gezondheid was achteruitgegaan, zij zich vaak moe voelden, of hun sociale contacten de afgelopen tijd hadden zien verminderen (Reamy e.a., 2012).

Bij voorkeur geeft de patiënt expliciet toestemming om met zijn naasten te overleggen. Daarmee wordt zijn autonomie gerespecteerd (Coverdale e.a., 2006; Molinari e.a., 2006). Het gesprek met zijn naasten biedt bovendien de mogelijkheid om zijn autonomie nog verder vorm te geven, door rekening te houden met het waardesysteem van de patiënt (Hertogh e.a., 2014). Wanneer communicatie met de patiënt niet mogelijk is, is het gesprek met zijn naasten zelfs de enige manier om zijn waarden en wensen te reconstrueren.

3.3 Autonomie als doel

Wat betekenen deze zorgethische overwegingen voor de omgang met kwesties van wilsbekwaamheid en vertegenwoordiging in de ouderenzorg? Verantwoordelijk handelen in antwoord op de hulpbehoevendheid en kwetsbaarheid van oudere zorgvragers vraagt van zorgverleners om de autonomie van de zorgvrager niet uitsluitend als maatstaf te nemen, maar ook als doel (Doorn, 2009; Epstein & Peters, 2009). Bij autonomie als maatstaf ligt het primaat bij het proces van besluitvorming en de daarvoor vereiste cognitieve capaciteiten. Als besluitvorming en cognitie adequaat zijn voor een autonome keuze, wordt het recht op zelfbeschikking gehonoreerd ongeacht de keuze die de patiënt uiteindelijk maakt. Dat is zoals de wetgever het heeft bedoeld. Bij autonomie als doel gaat het niet alleen om de vraag of mensen zelf kunnen kiezen, maar wordt in gemeenschappelijk overleg en gedeelde verantwoordelijkheid ook de inhoud van de keuze in beschouwing genomen.

Hulpverleners hebben ook hun eigen waarden. Het is belangrijk dat zij zich daarvan bewust zijn. Volgens Doorn (2009) kan een hulpverlener uitspreken wat zij belangrijk vindt en waarom. Er mag echter geen dwang worden uitgeoefend. De hulpverlener onderzoekt en luistert naar wat voor de zorgvrager belangrijke waarden zijn, en hoe die passen bij het persoonlijke levensverhaal, de actuele leefsituatie en de toekomstplannen. Met deze zorgethisch gemotiveerde benadering wordt de autonomie van de zorgvrager niet alleen beschermd (zoals de wetgeving beoogt), maar ook ondersteund en versterkt. Modellen van *shared decision making* zijn op dit principe gebaseerd (Elwyn e.a., 2012).

4 Psychologische invalshoek

Bij vragen over wilsbekwaamheid en wilsonbekwaamheid kunnen hulpverleners hun voordeel doen met psychologische kennis over besluitvorming en menselijk gedrag bij beslissen in onzekerheid. Het leeuwendeel van onze beslissingen blijkt automatisch tot stand te komen. Met het ouder worden veranderen besluitvormingsprocessen, hetgeen vraagt om een aangepaste ondersteuning.

4.1 Rationeel-normatieve versus descriptieve visie op besluitvorming

Onderzoek van besluitvorming heeft duidelijk gemaakt dat het stereotiepe beeld van de mens als rationeel autonome beslisser, die logisch redenerend kosten en baten tegen elkaar afweegt, een fictie is. We veronderstellen een rationaliteit die er vaak niet is. Mensen beschikken niet over een onuitputtelijk reservoir van aandacht, noch over onbeperkte cognitieve vaardigheden. Zij zijn zelden volledig geïnformeerd, en hebben zichzelf evenmin compleet onder controle. Tegenover de normatieve benadering (hoe het zou moeten) kiest de psychologie voor een descriptieve en onderzoekende benadering van de menselijke besluitvorming (hoe beslissen mensen in de alledaagse werkelijkheid en waarom beslissen zij zo). In de tegenstelling tussen normatief en descriptief herkennen we opnieuw het spanningsveld dat we eerder tegenkwamen tussen de strikt juridische (normatieve) en de (descriptief-onderzoekende) zorgethische benadering van wilsbekwaamheid. De normatieve benadering stoelt op de liberale ideologie die stelt dat volwassen mensen vrijgelaten moeten worden in hun keuzes zolang zij anderen daarmee geen schade toebrengen. Elke bemoeienis van hogerhand is uit den boze. Zolang het besluitvormingsproces reglementair verloopt, zullen autonome, rationeel denkende burgers zich niet vergissen.

De andere benadering, de descriptief-onderzoekende, descriptieve oftewel gedragskundige, verwerpt het model van de mens als rationele machine, en gaat ervan uit dat vrijheid niet gratis is, maar een prijs heeft. Menselijke beslissers maken wel degelijk fouten, en verdienen daartegen te worden beschermd. Mensen kunnen geholpen worden om goede keuzes te maken, en de psychologie reikt daarvoor de kennis en de middelen aan, die zonder dwang of pressie ondersteunend kunnen zijn voor de besluitvorming (Kahneman, 2011).

4.2 Beslissen via denkstijlen Systeem 1 en 2

Menselijke beslissers staan onder invloed van verschillende denkstijlen, die door het werk van de psychologen Kahneman en Tversky bekend zijn geworden als de hypothetische Systemen 1 en 2 (Kahneman, 2011). De denkstijl van Systeem 1 is snel, automatisch en intuïtief, die van Systeem 2 bedachtzaam, onderzoekend en rationeel. Systeem 1 genereert schijnbaar moeiteloos en buiten iedere bewuste controle om, eerste indrukken, intuïties, intenties en gevoelens. Gebruikelijk is dat Systeem 2 zonder veel omhaal overneemt wat Systeem 1 aanreikt. Een 'eerste indruk' wordt dan een vaste overtuiging en een 'intentie' gaat over in doelgericht gedrag. Systeem 2 komt in actie wanneer automatisch gedrag ontoereikend is voor het afhandelen van bepaalde taken en er extra inspanning en aandacht nodig is om deze tot een goed einde te brengen. Inschakeling van Systeem 2 vraagt inspanning en tijd.

Wettelijke richtlijnen voor het beoordelen van wilsbekwaamheid hebben voornamelijk de werkzaamheid van Systeem 2 voor ogen. Volgens de wet immers is diegene beslisvaardig die relevante informatie begrijpt, deze in verband brengt met de eigen situatie en tot slot, logisch redenerend en alles afwegend, besluit om een onderzoek of behandeling te accepteren of af te wijzen (NVVA, 2008; KNMG, 2004). Systeem 2 is bij uitstek toegerust voor nauwkeurig analyseren en zorgvuldig nadenken, kortom voor bewuste, uitvoerende controle. Maar Systeem 2 heeft een beperkte capaciteit en kan overbelast raken, bijvoorbeeld tijdens het uitvoeren van ingewikkelde (dubbel)taken, of kan disfunctioneren als gevolg van cognitieve beperkingen of een hersenaandoening zoals dementie. Los van de kwetsbaarheid van Systeem 2 is het onder normale omstandigheden liever lui dan moe, en zal het in eerste instantie 'blind en kritiekloos' afgaan op wat Systeem 1 aandraagt.

Een persoon kan bijvoorbeeld instemmen met een voorgestelde behandeling. Bewust of expliciet instemmen is een actie van Systeem 2, op basis van impliciete impressies en gevoelens die zijn aangeleverd door Systeem 1. Als Systeem 1 van de hulpverlener (niets menselijks is haar vreemd) congruent is met dat van de patiënt, zal de hulpverlener de behandeling uitvoeren, zonder nader onderzoek van wilsbekwaamheid.

Maar wat als de hulpverlener vermoedt dat een patiënt op onjuiste gronden wil afzien van een noodzakelijke behandeling? De hulpverlener vindt de keuze van de patiënt ongebruikelijk of is erdoor verrast: haar Systeem 1 detecteert automatisch de afwijking van wat zij normaal vindt, of niet passend bij haar normen en waarden van goed hulpverlenerschap. Zij ziet in de ervaren discrepantie en het daarmee samenhangende emotionele ongemak aanleiding de wilsbekwaamheid van de patiënt te onderzoeken en zet daartoe Systeem 2 aan het werk.

In het algemeen geldt dat Systeem 2 in actie komt wanneer de suggesties van Systeem 1 niet stroken met eerder opgebouwde kennis en ervaring, of bij een vermoeden dat Systeem 1 brokken gaat maken. Het kan de patiënt zelf zijn die met zijn Systeem 2 de door Systeem 1 ingegeven intuïties nader wil onderzoeken, of de hulpverlener die de patiënt wil helpen met het verhelderen van diens keuzes en beslissingen. De patiënt en de hulpverlener kunnen daarbij hun voordeel doen met de psychologie van Systeem 1 en Systeem 2, en met de kennis over de samenwerking en conflicten tussen beide denkstijlen (Kahneman, 2011).

Systeem 1 en 2 bij het ouder worden

Het is een belangrijke ontdekking in verouderingsonderzoek van de laatste twintig jaar dat emotioneel functioneren (Systeem 1) niet door leeftijdgerelateerde achteruitgang wordt aangetast zoals dat het geval is bij cognitief functioneren (Systeem 2). Er zijn zelfs aanwijzingen dat emotioneel functioneren juist sterker wordt met het toenemen van de leeftijd. Deze bevindingen worden verklaard uit de socio-emotionele-selectiviteitstheorie (SEST) die ervan uitgaat dat de wijze waarop mensen hun toekomst ervaren, van invloed is op de doelen die zij stellen (Löckenhoff & Carstensen, 2007; Mather & Carstensen, 2005; zie ook hoofdstuk 2). Als mensen hun toekomstige tijd waarnemen als onbeperkt, zoals wanneer ze nog jong zijn, hechten ze waarde aan nieuwe ervaringen en het verbreden van kennis. Maar als mensen merken dat er grenzen zijn aan hun toekomstige tijd, gaan zij zich richten op emotioneel betekenisvolle aspecten van het leven, zoals de wens om een betekenisvol leven te leiden, intieme relaties te hebben en zich verbonden te voelen met anderen. Dit verklaart waarom ouderen zich juist meer gaan richten op emotioneel betekenisvolle doelen in hun leven. Deze verandering in motivatie is op allerlei manieren aangetoond (Carstensen & Mikels, 2015). Niet alleen de doelen krijgen een andere richting, ook de aandacht en het geheugen raken anders gericht: ouderen hebben niet alleen meer aandacht voor emotioneel positieve informatie, maar kunnen die ook beter onthouden dan negatieve en neutrale informatie (ook wel het positiviteitseffect genoemd). Deze veranderingen in selectiviteit van aandacht en geheugen dragen op hun beurt weer bij aan emotioneel welzijn.

Carstensen en Mikels (2015) vragen zich af welke gevolgen deze veranderingen in motivatie en aandacht hebben voor de besluitvorming van ouderen. Leidt het positiviteitseffect misschien tot minder goede beslissingen omdat ouderen minder aandacht hebben voor negatieve informatie? Of is de focus op emotioneel betekenisvolle aspecten van het leven juist nuttig bij complexe beslissingen? Zijn emoties misschien een beter baken om op te varen dan de cognitieve denkstappen, en hoe ligt dat bij mensen met cognitieve stoornissen zoals dementie? Zouden zij niet beter geholpen zijn in hun besluitvorming als hun gevraagd zou worden naar emotioneel betekenisvolle aspecten van hun leven dan met een analyse van hun cognitieve denkprocessen (zoals begrip of overwegingen), zoals voorgeschreven in de wet?

Beperkingen in Systeem 2 bij het ouder worden

Onderzoek naar normale veroudering laat zien dat er met het toenemen van de leeftijd sprake is van achteruitgang in de snelheid van informatieverwerking, het werkgeheugen, de selectieve en verdeelde aandacht, en het redeneren en het problemen oplossen (zie hoofdstuk 6, Cognitie). Wat betekent dit voor besluitvorming op hogere leeftijd? Zijn gezonde ouderen minder goed in staat om complexe beslissingen te nemen?

Peters (2008) onderzocht rekenvaardigheid. Tal van beslissingen uit het leven van alledag vereisen numerieke vaardigheden, zoals getallen begrijpen, en in staat zijn om gebruik te maken van mathematische concepten en kansberekening. Denk bijvoorbeeld aan interpreteren van een advertentie over korting op een product, een medische verzekering kiezen, een testament opstellen, of beslissen om een risicovolle medische behandeling te ondergaan. Onderzoek laat grote individuele verschillen zien in rekenvaardigheid. In de Verenigde Staten bijvoorbeeld heeft bijna de helft van de bevolking moeite met relatief eenvoudige rekentaken (al dan niet met behulp van een rekenmachine), zoals het verschil berekenen tussen de normale prijs van een product en de prijs in de aanbieding. Deze mensen zien zichzelf niet noodzakelijk als beperkt in dit opzicht, maar onderzoek laat wel zien dat zij bijvoorbeeld getalsmatige informatie minder goed weten te begrijpen en te gebruiken bij medische besluitvorming. Ook neemt de rekenvaardigheid significant af met het toenemen van de leeftijd. Tekortschietende rekenvaardigheid kan een belangrijke hindernis zijn bij het interpreteren van gezondheids- en financiële risico's. Een belangrijke vraag is daarom hoe mensen met een minder sterke rekenvaardigheid ondersteund kunnen worden bij hun besluitvorming.

Onderzoek laat zien dat mensen meer begrijpen en beter geïnformeerde keuzes maken als de belangrijkste informatie vereenvoudigd wordt en de benodigde cognitieve inspanning verminderd. Minder is meer: als numerieke informatie onmisbaar is bij een risicovolle beslissing, geef dan alleen de belangrijkste informatie, en wel zo dat deze gemakkelijk te begrijpen is, en gepresenteerd wordt op een manier die overeenkomt met wat mensen logischerwijs verwachten. Bijvoorbeeld: wanneer uit een serie gegevens het beste ziekenhuis gekozen moet worden, presenteer de cijfers dan zo dat een hoger cijfer staat voor meer kwaliteit, en niet andersom. Dergelijke vormen van beslisondersteuning helpen in het algemeen, maar in het bijzonder bij mensen met verminderde rekenvaardigheden.

4.3 Beslissingsondersteuning

Onderzoek laat zien hoe belangrijk het is dat medische informatie goed onthouden wordt: hoe beter onthouden, hoe actiever de deelname aan besluitvorming, hoe minder angst wordt ervaren, en hoe beter medicatie wordt ingenomen. Steeds meer ouderen maken gebruik van internet (in Nederland 80% van de ouderen van 65-75 jaar en bijna 40% van ouderen ≥ 75 jaar). Onderzoek naar online medische informatie over kanker laat zien dat het ouderen meer moeite kost dan jongeren om de juiste informatie te vinden en te onthouden. Meer dan de helft van online medische informatie wordt zelfs onmiddellijk weer vergeten.

Bol e.a. (2015) onderzochten daarom of zij het onthouden van online medische informatie door ouderen konden verbeteren. Zij maakten gebruik van verschillende illustraties: cognitieve illustraties die de geschreven tekst ondersteunden met foto's, en affectieve illustraties met foto's van een sympathieke dokter in gesprek met een patiënt, vooral bedoeld om positieve emoties uit te lokken. Toepassing van cognitieve en affectieve illustraties sluit aan op bevindingen uit psychologisch onderzoek over cognitieve en emotionele veroudering en beoogt het werkgeheugen minder te belasten en de emotionele relevantie van informatie te vergroten (zie het in paragraaf 4.2 beschreven positiviteitseffect). Jongere en oudere patiënten met kanker kregen op verschillende manieren online medische informatie aangeboden: alleen tekst, tekst ondersteund met cognitieve illustraties, en tekst ondersteund met emotionele illustraties. Juist bij ouderen resulteerden beide vormen van illustraties in grotere tevredenheid met de website. Met cognitieve illustraties onthielden ouderen evenveel als jongere volwassenen (44%), terwijl ouderen die enkel via tekst uitleg kregen daarvan maar 33% konden reproduceren. Ondersteuning met affectieve illustraties leidde niet tot betere geheugenprestaties.

Deze onderzoeken illustreren hoe normale cognitieve veroudering gevolgen kan hebben voor besluitvorming. Ze laten tevens zien dat passende ondersteuning nuttig kan zijn om tot goed geïnformeerde beslissingen komen. Zonder die ondersteuning worden ouderen in hun besluitvorming benadeeld ten opzichte van mensen van jongere leeftijd. De betekenis hiervan voor mensen met pathologische cognitieve achteruitgang, zoals dementie, laat zich raden. Tot op heden is opmerkelijk weinig onderzocht hoe mensen met dementie passend ondersteund kunnen worden in hun besluitvorming. De Britse Mental Capacity Act (DCA, 2007) benadrukt het belang van die ondersteuning:

> 'A person is not to be treated as unable to make a decision unless all practicable steps to help him to do so have been taken without success.'

Psychologen kunnen vanuit hun specifieke expertise op het gebied van cognitie, emotie, en motivatie, en hun vaardigheden op het gebied van diagnostiek en psychotherapie een bijdrage leveren aan verheldering en verbetering van besluitvormingsprocessen.

5 Beoordeling van wilsbekwaamheid

Wat te doen als Johan Visser, een alleenstaande oudere man met dementie, beslissingen wil nemen die hemzelf of anderen in gevaar gaan brengen, of die niet langer overeenkomen met zijn vroegere normen en waarden? Wat is het punt waarop wilsbekwame besluitvorming overgaat in wilsonbekwaam beslissen? Op welk moment kan Johan niet langer autonoom beslissen en moet hij – als hij dit zelf niet meer overziet – tegen zichzelf in bescherming genomen worden? Deze vraag vormt de essentie van wilsbekwaamheidsonderzoek in de klinische praktijk. Kennis over psychiatrische en neurologische aandoeningen is voor een evenwichtige beoordeling van wilsbekwaamheid onmisbaar. Dementie tast de cognitieve vaardigheden aan die nodig zijn om informatie te begrijpen en te onthouden, en om de gevolgen van verschillende beslissingen tegen elkaar af te wegen. Ook bij intact vermogen tot abstract redeneren kan wilsbekwaamheid belemmerd worden, en wel door extreme denkbeelden, extreme evaluaties of extreme emoties (Banner, 2012). Voorbeelden van extreme denkbeelden zijn wanen of dwanggedachten bij bepaalde psychiatrische aandoeningen.

Extreme evaluaties kunnen kankerpatiënten ertoe brengen dat zij chemotherapie categorisch afwijzen ('Chemo is vergif'), of ouderen dat zij de 'dood' verkiezen boven leven in een verpleeghuis. Een angststoornis, een ernstige depressie en een manie gaan gepaard met zodanig extreme emoties dat deze het wilsbekwame beslissen ernstig in de weg kunnen staan, ook al slaagt de cliënt met vlag en wimpel voor cognitietests van begrip, geheugen en logisch redeneren.

Extreme denkbeelden mogen niet worden verward met eigenaardige ideeën of waarden. Opvattingen die hulpverleners als excentriek kunnen ervaren, passen misschien volmaakt bij de persoonlijke waarden en levensgeschiedenis van de persoon die er, mits niet gehinderd door een psychiatrische of neurologische aandoening, haar wilsbekwame beslissingen op baseert. Ook wanneer een cliënt het 'geloof' van een behandelaar in een onderzoek, diagnose of therapie niet even enthousiast deelt, kan dat nog steeds samengaan met wilsbekwaam beslissen. Uiteindelijk berusten ook de sterkste overtuigingen van behandelaars op feilbare en niet absoluut vaststaande wetenschap.

Onderzoek naar het vaststellen van wilsbekwaamheid kent zijn oorsprong in de psychiatrie, waar vooral Grisso en Appelbaum (1998) in de jaren zeventig en tachtig van de vorige eeuw belangrijk werk hebben verricht. Zij onderstreepten het belang van een functionele benadering: dat de beoordeling van wilsbekwaamheid afgestemd moet worden op de specifieke beslissing die aan de orde is en op de daarvoor benodigde specifieke vaardigheden. Om iemand te beoordelen als wilsbekwaam, moet er sprake zijn van een voldoende *goodness of fit* tussen de individuele capaciteiten van het individu en de eisen die de specifieke besluitvormingssituatie stelt. In de jaren daarna ontstond belangstelling voor dit onderwerp vanuit de ouderenzorg. Dit had er niet alleen mee te maken dat aandoeningen met cognitieve stoornissen toenamen met het ouder worden, maar ook met de veelheid aan complexe beslissingen waar ouderen mee te maken krijgen en de hinder die cognitieve stoornissen daarbij kunnen veroorzaken. De functionele benadering werd overgenomen en verder uitgewerkt voor toepassing bij dementie. Onderzoeksgroepen van Marson e.a. en Moye e.a. hebben een belangrijke bijdrage geleverd aan de ontwikkeling van dit vakgebied (Grisso & Appelbaum, 1998; Marson e.a., 2012; Moye e.a., 2013).

5.1 Interview- en vignetinstrumenten

De centrale vraag in het onderzoek naar wilsbekwaamheid is: hoe kan wilsonbekwaamheid worden vastgesteld? De functionele benadering heeft ertoe geleid dat er verschillende instrumenten zijn ontwikkeld voor verschillende typen beslissingen, waaronder die over instemmen met medische behandeling, over deelname aan wetenschappelijk onderzoek, over het opstellen van een wilsverklaring, en financiële beslissingen. De juridische criteria zijn daarbij steeds leidend geweest: is Johan Visser nog in staat te begrijpen waar de behandeling over gaat? Kan hij de informatie lang genoeg onthouden om de voor- en nadelen tegen elkaar af te wegen? Is hij in staat tot reflecteren op die informatie? Overziet hij wat de gevolgen zijn van wel en niet behandelen? En: kan hij – uit vrije wil – tot een keuze komen? Deze criteria maken dat de aandacht in wetenschappelijk onderzoek en de klinische praktijk vooral is uitgegaan naar het rationele beslissen.

Grofweg zijn er twee groepen instrumenten ontwikkeld om deze rationele besluitvorming te onderzoeken (voor een overzicht van instrumenten, zie Dunn e.a., 2006):
- instrumenten die een specifieke beslissing in het leven van de cliënt onderzoeken;
- instrumenten die de besluitvorming in een gestandaardiseerde maar fictieve situatie onderzoeken.

(Semi)gestructureerde interviews voor bestaande beslissingen

De instrumenten die een specifieke beslissing in het leven van de cliënt onderzoeken, zijn (semi)gestructureerde interviews: hiermee stelt men vast welke aspecten van besluitvorming de clinicus moet onderzoeken om te beoordelen of een cliënt in staat is tot rationele besluitvorming. Omdat de situaties waarover besloten moet worden, van cliënt tot cliënt en van situatie tot situatie verschillen, stellen deze methoden uitsluitend de lijnen vast voor de gespreksvoering. Dat maakt ze breed inzetbaar en de structuur draagt bij tot betere overeenstemming tussen verschillende beoordelaars. Dit is niet onbelangrijk vanwege de zeer matige overeenstemming wanneer professionals wilsbekwaamheid op eigen wijze onderzoeken en beoordelen. Deze instrumenten zijn ontwikkeld als handreiking voor de veelheid aan wilsbekwaamheidsvragen in de klinische praktijk. Juist die veelheid aan verschillende vragen maakt onderzoek naar de validiteit van deze methoden lastig.

Om meer zicht te krijgen op de waarde van deze instrumenten, is valideringsonderzoek verricht naar de toepassing van deze instrumenten bij een specifieke klinische – maar wel hypothetische – situatie. In die specifieke gestandaardiseerde situatie laat wetenschappelijk onderzoek een gunstige betrouwbaarheid en validiteit zien. Sommige instrumenten hebben scoringssleutels voor de kwaliteit van de antwoorden. (Zie voor een overzicht Lamont e.a., 2014.) Een gestructureerd interview kan scores opleveren voor de kwaliteit van de beslisvaardigheid. De validiteit van dergelijke scores is echter moeilijk vast te stellen, omdat er geen algemeen geldende gouden standaard voor wilsbekwaam beslissen is.

Vignetmethoden

Vignetmethoden zijn instrumenten die een gestandaardiseerde maar fictieve situatie onderzoeken: cliënten wordt gevraagd om zich voor te stellen dat een beschreven situatie op hen van toepassing is en worden daarna op gestandaardiseerde wijze bevraagd. In Nederland zijn verschillende vignetten ontwikkeld (Schmand e.a., 1999; Vellinga e.a., 2004). Bij het onderzoek mogen cliënten de schriftelijke informatie steeds erbij houden en raadplegen, om het effect van geheugenstoornissen op het onthouden van de informatie weg te nemen. Deze gestandaardiseerde methodiek maakt het mogelijk om besluitvaardigheid te onderzoeken in verschillende cliëntengroepen, en normale ouderen te vergelijken met ouderen met lichte en matige vormen van dementie of verschillende vormen van dementie. Veel aandacht is uitgegaan naar de relatie tussen besluitvaardigheid (voor deelname aan behandeling of deelname aan wetenschappelijk onderzoek) en specifieke cognitieve stoornissen (Dunn e.a., 2006; Palmer & Savla, 2007; Palmer e.a., 2013). Besluitvaardigheidsscores bleken sterk gerelateerd aan specifieke neuropsychologische tests, waarbij de verklaarde variantie soms opliep tot 50%. Toch zijn de auteurs kritisch over deze bevindingen, die volgens hen ook zouden kunnen voortkomen uit de interne structuur en de onderliggende concepten van de gehanteerde besluitvaardigheidsinstrumenten, waarbij sommige criteria veel uitgebreider onderzocht worden dan andere.

Gebruik van instrumentarium dat uitgaat van hypothetische situaties, kent nog een ander belangrijk kritiekpunt, dat merkwaardig genoeg weinig aandacht krijgt in de literatuur. In hoeverre weerspiegelt besluitvorming in hypothetische situaties de besluitvorming zoals die plaatsvindt in het leven van alledag, waarbij emoties en motivatie een andere rol spelen? Zoals eerder in dit hoofdstuk beschreven laat verouderingsonderzoek zien dat ouderen beter beslissen als zij zich meer verbonden voelen met het onderwerp. Onderzoek van besluitvorming middels hypothetische situaties zou kunnen leiden tot onderschatting van iemands werkelijke besluitvaardigheid. Dit wordt inderdaad bevestigd in onderzoek bij mensen met dementie. De kwaliteit van de besluitvorming is duidelijk beter wanneer de beslissing op dat moment ook werkelijk aan de orde is dan wanneer het een 'alsof'-beslissing betreft. Gesteld voor een reële beslissing begrepen mensen met cognitieve stoornissen weliswaar minder van de gegeven uitleg en redeneerden zij iets minder adequaat dan mensen zonder cognitieve stoornissen. Zij gaven echter een vergelijkbare taxatie van de consequenties (Vellinga e.a., 2005). Het onderzoek van Vellinga e.a. laat zien dat de gevonden samenhang tussen enerzijds prestaties op neuropsychologische tests en anderzijds besluitvaardigheid over een hypothetische situatie niet zonder meer van toepassing is op situaties uit de klinische praktijk. Naar aanleiding van hun onderzoek pleiten zij voor beoordeling van iemands wilsbekwaamheid voor de kwestie die op dat moment werkelijk speelt, in plaats van beoordeling van een hypothetische situatie.

2 Complexiteit beoordelingsproces

Ook als een clinicus een (semi)gestructureerd interview gebruikt, zal deze uiteindelijk toch zelf moeten afwegen en verantwoorden of de ander in de onderhavige kwestie tot een wilsbekwame beslissing komt. Het uiteindelijke oordeel over wilsbekwaamheid blijft dus een interpretatie van de clinicus. Moye e.a. (2013) definiëren het oordeel over wilsbekwaamheid als:

> 'het professionele klinische oordeel over de vraag of een individu over de minimale vaardigheden beschikt om een specifieke beslissing te nemen.'

Opvallend is dat relatief weinig is geschreven over de wijze waarop dat klinische oordeel tot stand komt en welke factoren daarbij een rol spelen. Wel laat onderzoek zien dat zelfs bij gebruik van gestructureerdere methoden ervaren beoordelaars nog steeds vragen hebben over het concept wilsbekwaamheid (Kim e.a., 2011). Wat is precies de rol van het geheugen? Hoelang moet iemand bijvoorbeeld informatie kunnen vasthouden in het geheugen om te kunnen spreken van wilsbekwame besluitvorming? Maakt het daarbij een verschil of de behandeling bestaat uit een eenmalige interventie of dat het gaat om langduriger behandeling die langduriger toestemming van de cliënt vereist? En wat betekent dat voor de ondersteuning die een clinicus mag, dan wel zou moeten bieden?
Qualls (2007) besteedt nadrukkelijk aandacht aan de complexiteit van dit beoordelingsproces en de veelheid aan factoren die daarbij een rol spelen. Zij benadrukt het belang om wilsbekwaamheidsbeoordelingen in de juiste context te plaatsen. Cultuur is een onderdeel van die context. Het volgende voorbeeld laat zien hoe belangrijk het is de invloed van cultuur te herkennen.

Geen gesprek mogelijk na CVA

Meneer Garcia, 62 jaar, wordt na een ernstig CVA opgenomen op een observatieafdeling van een verpleeghuis. Hij is afkomstig uit Zuid-Amerika, woont enkele jaren in Nederland en heeft volgens de huisarts recentelijk zijn enige zoon verloren door een ernstig ongeluk. Zijn zoon betekende alles voor hem en was ook zijn enige relatie in Nederland. Observaties tonen aan dat meneer Garcia een mutistische, in zichzelf teruggetrokken, ernstig hulpbehoevende man is. Na enkele weken met weinig verandering in zijn situatie ontstaat de vraag of meneer Garcia nog in staat is om mee te beslissen over zijn toekomst, of dat een mentor benoemd moet worden.

Niet alleen de arts, maar ook de verpleegkundigen, de logopedist en de psycholoog hebben geprobeerd met meneer Garcia in gesprek te raken, maar zonder succes. Niet duidelijk is hoe met hem in gesprek te komen, of het mutisme samenhangt met ernstige afasie of dat dit een heftige emotionele reactie is op het recente verlies van zijn zoon. Meneer Garcia maakt een in zichzelf gekeerde indruk, reageert niet op vragen, en zoekt geen oogcontact. Een depressie kan niet worden uitgesloten, maar behandeling ervan kan niet met hem worden besproken.

In het eerstvolgende multidisciplinaire overleg neemt een oudere verpleegkundige, net terug van vakantie, het woord. Ook zij komt uit Zuid-Amerika. Ze vertelt dat het in haar cultuur uiterst ongebruikelijk is voor een man om zijn zorgen te bespreken met zijn dochter of een andere vrouw van diezelfde leeftijd. Ze merkt op dat het multidisciplinaire team vooral uit jongere vrouwen bestaat en stelt voor dat zij op haar beurt contact met meneer Garcia gaat zoeken. Zij komt zowaar tot een inhoudsvol gesprek.

Deze situatie laat zien hoe belangrijk het is kennis te hebben over de cultuur van deze cliënt. Zonder die kennis zou meneer Garcia op basis van zijn gedrag beschouwd zijn als wilsonbekwaam om over zijn toekomst te beslissen, terwijl zijn gedrag vooral een aanpassing aan zijn culturele waarden weerspiegelde en niets van doen had met de besluitvorming zelf.

Ook andere factoren kunnen de kwaliteit van besluitvaardigheid beïnvloeden, zoals blijkt uit het volgende voorbeeld.

Ervaren druk en belemmerende cognities

Mevrouw Van den Berg, een 87-jarige weduwe, wordt opgenomen op een observatieafdeling. Ze is thuis gevallen en heeft een heupoperatie ondergaan, waarna zij delirant is geworden. Ook als het delier verbleekt, blijft zij ernstige cognitieve problemen houden, die bevestigd worden in onderzoek door de psycholoog. De huisarts meldt dat die problemen ook thuis al bestonden en dat hij signalen van verminderde zelfzorg heeft waargenomen. Hij heeft daarover een gesprek gehad met mevrouw Van den Berg en haar mantelzorger, een neef van mevrouw, maar beiden wilden niet weten van externe hulp, dagbehandeling of opname. Ook op de afdeling is haar neef veelvuldig aanwezig.

Gevraagd naar haar toekomst vertelt mevrouw Van den Berg dat zij naar huis wil, maar ze heeft moeite om dit te onderbouwen. De zorgmedewerkers en de psycholoog vragen zich af of dit het best passend is bij haar. Ze nemen waar dat ze soms een gespannen indruk maakt als haar neef op bezoek komt, en ook dat die twee onenigheid hebben: haar neef vindt dat ze lang genoeg opgenomen is geweest en dwingt haar om meer te oefenen met lopen, zodat ze snel naar huis kan. Dat roept de vraag op of de wens om terug te keren naar huis wel haar werkelijke wens is, of dat zij zich beïnvloed voelt door druk van haar neef. Het team gaat gericht observeren en neemt waar dat mevrouw Van den Berg actief contact zoekt met andere patiënten, dat ze geniet van de gezamenlijke maaltijden, en graag deelneemt aan het programma van de activiteitenbegeleiding. Dit, in combinatie met haar grote hulpbehoevendheid, maakt dat het team opname in het verpleeghuis zou willen overwegen.

De psycholoog gaat wederom in gesprek met mevrouw Van den Berg, maar nu op een moment dat haar neef niet aanwezig is. Ze vertelt dat ze altijd een sociaal mens is geweest, dat ze ondernemend was, en een grote vriendenkring had, maar dat ze die allemaal heeft overleefd. Ze erkent dat ze geniet van het verblijf op de afdeling en dat ze graag zo zou wonen, maar dat ze dit niet durft te zeggen tegen haar neef die zoveel heeft gedaan voor haar.

In een gesprek met zowel mevrouw Van den Berg als haar neef komt naar voren dat hij de beste vriend was van haar man. Op het sterfbed van haar man zou haar neef hem beloofd hebben tot het eind toe voor zijn vrouw te zorgen. Hij is een verantwoordelijk mens en heeft die taak serieus opgevat. Op de vraag hoe hij dit volhoudt, raakt hij geëmotioneerd en vertelt dat het hem steeds zwaarder valt. Hij is zelf ook lichamelijk niet in orde en moet binnenkort voor een zware operatie worden opgenomen in het ziekenhuis. Vanaf dit moment lukt het de psycholoog om met hen beiden vooruit te blikken naar een toekomst die voor hen allebei passend is.

Deze casus laat zien dat besluitvorming door de cliënt beïnvloed kan worden door ervaren druk en cognities. Voor de hulpverleners die de wilsbekwaamheid moeten beoordelen, blijkt het belangrijk te zijn om naast een gesprek voeren over de kwestie zelf (al dan niet terug naar huis), ook onderzoek te doen naar cognitie, emotie en motivatie, evenals naar iemands normen en waarden, de observaties, en een vergelijking van het gedrag op de afdeling met het gedrag in de thuissituatie, en om therapeutische gespreksvoering te beheersen en kennis te hebben van systeemproblematiek. Juist deze complexiteit is wat Qualls (2007) benadrukt, evenals de noodzaak aandacht te hebben voor de veelheid van factoren die besluitvorming in het leven van alledag kunnen beïnvloeden. Het is vanuit deze optiek dat zij wijst op de specifieke expertise die psychologen op dit vlak hebben.

6 Taken psycholoog

De hulp van een psycholoog zal doorgaans worden ingeroepen bij ingewikkelde kwesties, bij een niet gemakkelijk oplosbaar verschil van mening tussen behandelaar en patiënt, of bij keuzes die sterke emotionele conflicten opleveren, al dan niet ten gevolge van systeemproblematiek. De psycholoog kan, vanwege diens expertise op verschillende vlakken, helpen om wilsbekwame beslissingen te bevorderen en indien nodig om zorgvuldig de wilsbekwaamheid te beoordelen.

6.1 Exploratie en psychodiagnostiek

Zoals eerder beschreven kunnen vele factoren bijdragen aan gedrag dat de vraag oproept of iemand wel wilsbekwaam is en zelf beslissingen kan nemen. Exploratie van die factoren is dus gewenst. Therapeutische gespreksvoering kan daaraan een zinvolle bijdrage leveren. Daarbij gaat het niet alleen om de inhoudelijke exploratie van relevante factoren die van invloed zijn. Juist bij ingewikkelde kwesties van wilsbekwaamheid is nadrukkelijke aandacht nodig voor de samenwerkingsrelatie met de cliënt, de eigen attitude (openheid, nieuwsgierigheid, uitgaan van wilsbekwaamheid) en de wijze van gespreksvoering, niet in de laatste plaats omdat cliënten het gevoel kunnen hebben dat zij onder druk staan om goed te presteren.

Psychodiagnostiek kan op verschillende manieren bijdragen bij kwesties van wilsbekwaamheid. Allereerst kan het stoornissen in de cognitie, de emotie, de motivatie en de waarneming aan het licht brengen die kunnen bijdragen aan wilsonbekwame besluitvorming. Afwezigheid van stoornissen op dit vlak maakt wilsonbekwaamheid minder waarschijnlijk. Kennis over specifieke stoornissen helpt om zicht te krijgen op besluitvorming en hoe daarbij te ondersteunen. Volgens de functionele benadering onderzoekt de psycholoog de vaardigheden die nodig zijn om tot een afgewogen beslissing te komen (BPS, 2006). Deze vaardigheden zijn: een keuze kenbaar maken, de informatie begrijpen die van belang is voor een beslissing, deze informatie betrekken op de eigen situatie, zich bewust zijn van de mogelijkheid om anders te beslissen, en inzicht hebben in de gevolgen van de ene en van de andere beslissing voor zichzelf en voor anderen.

Kiezen, begrijpen, waarderen en afwegen veronderstellen cognitieve vaardigheden en een emotionele balans die met behulp van psychologisch onderzoek nader kunnen worden onderzocht (Welie, 2008; Wood, 2007). De psycholoog beschikt over instrumenten voor onderzoek van de diverse functiedomeinen die bij wilsbekwaamheid betrokken zijn. Denk aan emotie en sociale cognitie, geheugen, taal, aandacht en executieve functies (Kessels e.a., 2012).

Een onderdeel van psychologisch onderzoek is ook de observatie van gedrag in alledaagse situaties. Daarvoor kunnen anderen die de onderzochte goed kennen, worden geraadpleegd. Uit het dagelijkse functioneren kan duidelijk worden hoe iemand in de praktijk beslissingen neemt. Past een beslissing bij zijn capaciteiten; zijn er misschien ernstige nadelen voor de persoon zelf of voor anderen; zijn de keuzes te verklaren vanuit de persoonlijke levensgeschiedenis? Er kunnen discrepanties tussen observaties en testresultaten aan het licht komen. De onderzochte cliënt maakt misschien geen sterke indruk als het aankomt op logisch redeneren, maar kan in het dagelijks leven een normale praktische intelligentie laten zien. Er is verschil tussen theoretische en praktische kennis (Goldberg, 2006).

> 'Als het je aan theoretische kennis ontbreekt, ben je onwetend, maar als het je aan praktische kennis ontbreekt, ontbreekt het je aan het vermogen dingen te doen en ben je dus niet in staat op autonome wijze te bepalen wat het beste voor je is' (Janik, 2014).

Praktisch inzicht in wat in een gegeven keuzesituatie geboden is en daarnaar ook kunnen handelen, kan voor conclusies over wilsbekwaamheid een groter gewicht in de schaal leggen dan de uitslag op cognitieve tests (Quickel & Demakis, 2012; Widdershoven & Berghmans, 2004). De volgende casus illustreert hoe psychodiagnostiek kan bijdragen aan wilsbekwame besluitvorming.

Besluitvorming en verlieservaringen

De 75-jarige Hans Akkerman liep anderhalf jaar geleden door een auto-ongeluk een frontale hersenbeschadiging op. Hij veranderde van een actieve, vriendelijke man in iemand die weinig meer onderneemt, hulpbehoevend is en onverwacht heel agressief kan zijn. Zijn vrouw, die zelf niet fit is, kan de zorg voor hem niet langer aan en overweegt te besluiten dat hij wordt opgenomen in een verpleeghuis. Pogingen om hem te betrekken bij deze beslissing lopen uit op heftige woedeaanvallen waardoor zij het onderwerp niet meer durft aan te roeren. Dit alles stemt haar erg verdrietig, vooral omdat zij beiden voorheen altijd goed hebben kunnen praten en beslissingen samen namen.

Op aanraden van de huisarts wordt Hans verwezen naar een psychogeriatrisch centrum met de vraag of hij nog in staat is op zinvolle wijze mee te denken over zijn toekomst. Psychologisch onderzoek levert aanwijzingen op voor ernstige executieve-functiestoornissen. Hans ontplooit geen initiatieven en maakt geen plannen, of werkt ze niet uit. Zijn emoties wisselen sterk.

Uit gesprekken blijkt dat hij verschillende verlieservaringen heeft meegemaakt: als 9-jarige verloor hij zijn ouders door een ongeluk. Zijn grootouders, die hem daarna hebben opgevoed, zijn beiden overleden voor zijn 17e jaar. De gedachte aan een nieuwe verlieservaring, namelijk gescheiden leven van zijn vrouw, roept een zodanig hevige emotie op dat een gesprek daarover niet goed mogelijk is.

Met behulp van korte en sterk gestructureerde psychotherapeutische gesprekken lukt het de lading weg te nemen van eerdere verlieservaringen en te spreken over de situatie thuis. Hans begint in te zien dat gescheiden leven waarschijnlijk de enige mogelijkheid is om het contact met zijn vrouw te behouden. Uiteindelijk stemt hij in met verhuizing naar een verpleeghuis vlak bij de echtelijke woning. Hoewel de cognitieve stoornissen het lastig maakten voor Hans om zonder hulp van anderen zijn situatie en de gevolgen daarvan te overzien, werd zijn besluitvorming vooral gehinderd door zijn emotionele reactie.

6.2 Helpen beslissen, therapeutische invalshoek

Ook in situaties waarin een formeel onderzoek van wilsbekwaamheid niet aan de orde is, kan hulp aangewezen zijn bij ingewikkelde keuzes met belangrijke gevolgen. Toegerust met kennis van besluitvormingsprocessen kan de psycholoog anderen helpen. Hulpverleners kunnen wilsbekwame beslissingen bevorderen door zich in samenspraak met een cliënt te verdiepen in diens overwegingen, motieven en overtuigingen. De cliënt wordt uitgenodigd te spreken over de beslissing, de dilemma's en de daarmee gepaard gaande gevoelens. Voor ouderen zijn zelfstandigheid, bewegingsvrijheid, privacy, onderzoek en behandeling bij ziekte, kiezen hoe je wil wonen, met wie je omgaat of een relatie aangaat, en kunnen beschikken over eigen financiële middelen belangrijke en affectief beladen onderwerpen om over na te denken en een mening over te vormen.

De Amerikaanse chirurg Atul Gawande adviseert zijn collega's om patiënten die in hun laatste levensfase ernstig ziek zijn, de volgende vragen te stellen.
- Wat vindt u van uw huidige gezondheidssituatie?
- Wat zijn uw doelen gegeven deze situatie?
- Als u kijkt naar de tijd die voor u ligt, wat is voor u dan het belangrijkste?
- Wat is uw grootste zorg, grootste angst?
- Tot welke compromissen bent u bereid?

Dergelijke vragen kunnen in de loop van het zorgproces telkens weer aan de orde komen, omdat de antwoorden per situatie kunnen wisselen (Gawande, 2014). Oudere mensen hebben in hun leven vaker voor lastige dilemma's gestaan. Het is goed om ouderen te vragen hoe zij die hebben opgelost of hoe zij vrienden en familieleden zouden adviseren wanneer die voor een vergelijkbare keuze zouden staan. In het gesprek wordt een dilemma soms opnieuw gedefinieerd waardoor iemand beter in staat is een autonome beslissing te nemen.

Ongeschikt versus verantwoordelijk

Bij de heer Bakker, 76 jaar, is eerder de ziekte van Alzheimer vastgesteld. Zijn echtgenote vindt het onverantwoord dat hij nog zelf een auto bestuurt en heeft daar goede redenen voor. Zij kan hem echter niet zover krijgen dat hij het autorijden opgeeft, omdat hij ervan overtuigd is dat hij veilig rijdt.

De psycholoog van de dagbehandeling die meneer Bakker bezoekt, stelt de kwestie aan de orde. De invalshoek van het gesprek is niet meneer Bakkers ongeschiktheid om een auto te besturen, maar hoe hij een 'verantwoordelijk echtgenoot' kan zijn door te beslissen de auto voortaan door zijn vrouw te laten besturen. Het dilemma wordt dus anders gedefinieerd: van 'inzicht in onvermogen' tot 'verantwoordelijkheid nemen voor een belangrijke beslissing'.

> De gesprekken hierover verlopen succesvol en worden afgerond met een schriftelijke overeenkomst (meneer Bakker is jurist) waarin staat dat meneer Bakker het besturen van zijn auto overlaat aan zijn echtgenote, dat hij zich naast haar volkomen veilig en op zijn gemak voelt, dat hem is geadviseerd niet zelf meer achter het stuur van de auto plaats te nemen, en dat zijn verantwoordelijkheidsgevoel hem zal helpen dit advies na te leven. Hij neemt de overeenkomst in tweevoud in ontvangst met de toezegging dat hij één exemplaar zal overhandigen aan zijn vrouw. Later horen wij van zijn echtgenote dat het inderdaad zo is gegaan en dat zij in voorkomende gevallen alleen maar hoeft te herinneren aan het 'contract' om hem ermee te laten instemmen dat zij de auto bestuurt.

Gesprekken over moeilijke beslissingen hebben steeds tot doel dat patiënten binnen hun mogelijkheden controle behouden en hun zelfrespect bewaren.

Versterking van controle en zelfrespect

> Mevrouw De Bruin, 79 jaar, bezoekt sinds het overlijden van haar echtgenoot een psychogeriatrische dagbehandeling. Zij is onlangs verhuisd naar een verzorgingshuis. Ze vindt het er vreselijk en zou het liefst zo snel mogelijk terug willen naar haar oude huis. De kinderen staan echter op het punt het huis te verkopen: 'Om de weg terug definitief af te sluiten en moeder des te sneller te laten wennen aan haar verblijf in het verzorgingshuis'. Maar het omgekeerde gebeurt: mevrouw De Bruin dreigt dat zij zichzelf iets zal aandoen wanneer het huis wordt verkocht.
> In een gesprek geeft de psycholoog mevrouw De Bruin alle gelegenheid om haar emoties te uiten: het verdriet om het verlies van de vertrouwde woning en de angst dat het haar niet zal lukken om contact te leggen met de bewoners van de zorginstelling. Ook bespreken zij haar rechten. Haar huis kan zonder haar instemming niet verkocht worden. Zij heeft dus nog tijd om te bezien of zij werkelijk terug wil naar het oude huis: ze hoeft dat niet op stel en sprong te beslissen. Dit geeft mevrouw De Bruin een gevoel van controle. Zij kalmeert en neemt zich voor om de komende week een afspraak te maken met de maatschappelijk werkende van het verzorgingshuis om met haar te bespreken hoe zij haar dagen kan invullen en met andere bewoners contact kan leggen. Ook zal zij haar kinderen vertellen dat het voor haar belangrijk is dat het ouderlijk huis voorlopig niet wordt verkocht.
> Een maand later laat mevrouw De Bruin weten dat het besluit om te verhuizen 'toch wel goed is geweest'. Ze heeft nu wat ze eerder niet had: garantie op verzorging, en 'onder de mensen zijn'.

6.3 Formele beoordeling

Voor een formeel onderzoek van wilsbekwaamheid is een duidelijke aanleiding vereist, en hulpverleners zullen er niet al te lichtvaardig toe overgaan. Formele beoordeling is pas aan de orde als er voldoende aanleiding is om wilsbekwaamheid formeel te onderzoeken, als de voordelen van zo'n onderzoek opwegen tegen de nadelen, en als er ook met gerichte ondersteuning geen gemeenschappelijk gedragen en verantwoordelijke beslissing haalbaar is. Dit vraagt om een gefaseerde aanpak bij hulpvragen over wilsbekwaamheid. Op basis van actuele wetenschappelijke literatuur en klinische ervaring hebben we een stappenplan opgesteld voor psychologen dat nuttig kan zijn om zorgvuldig te werk te gaan bij wilsbekwaamheidsvragen. Figuur 11.1 toont een beknopte versie van dit stappenplan; de uitgebreide versie is terug te vinden op de website van dit handboek.

Hoofdstuk 11 Wilsbekwaamheid

Figuur 11.1 Stappenplan voor psychologen bij wilsbekwaamheidsvragen

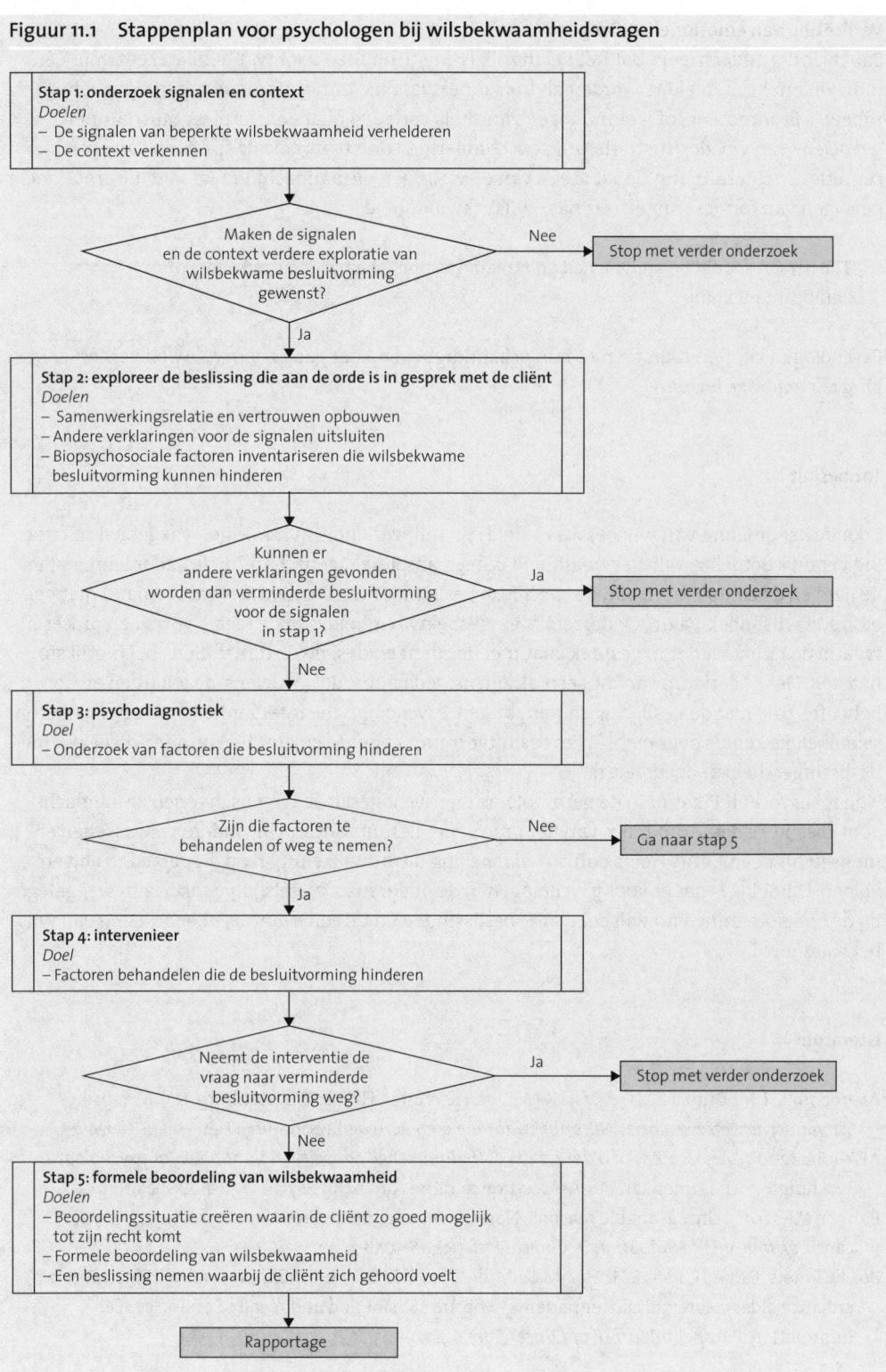

6.4 Verlichting van emotionele gevolgen

Sabat (2005) onderstreept dat het belangrijk is oog te houden voor wat het betekent voor een individu om beoordeeld te worden als wilsonbekwaam. Wanneer iemand tegen zijn zin het rijbewijs is ontnomen, of iemand tegen zijn zin is verhuisd naar een verpleeghuis, kunnen gevoelens van woede, frustratie, angst of somberheid ontstaan, ook als sprake is van ernstige cognitieve achteruitgang. Sabat is een van de weinigen die aandacht vraagt voor de emotionele gevolgen van formeel onderzoek naar wilsbekwaamheid:

> 'The person should be approached and treated as one who has incurred a loss of significant meaning.'

Psychologen kunnen hieraan met hun deskundigheid op het gebied van rouw en verliesverwerking een bijdrage leveren.

7 Tot besluit

Voor de beoordeling van wilsbekwaamheid zijn hulpverleners in hun eigen vakgebied zelfstandig verantwoordelijk. Wilsbekwaamheid is geen absolute eigenschap. Bij de beoordeling tellen de aard en de complexiteit van de specifieke beslissing mee. Dementie maakt iemand niet per definitie wilsonbekwaam. Onderzoek van wilsbekwaamheid is in de ideale vorm een proces waarin de hulpverlener in gesprek gaat met de cliënt en desgewenst met diens belangrijkste naasten. Het onderwerp van dit gesprek zijn de gedachten, de gevoelens, de waarden en de behoeften die met de beslissing samenhangen. Psychologische interventies op basis van wetenschappelijke kennis over menselijke besluitvorming, cognitie en emotie kunnen wilsbekwame beslissingen helpen bevorderen.

Nog maar recentelijk is er in de gerontologie en psychogeriatrie wetenschappelijke aandacht voor specifieke determinanten van het proces van besluitvorming bij oudere volwassenen en mensen met dementie. Het is dan ook van belang de ontwikkelingen op dit gebied te blijven volgen. Duidelijk is dat er voor psychologen in de ouderenzorg veelzijdige taken zijn weggelegd bij de ondersteuning van wilsbekwame beslissingen en bij een eventuele beoordeling van wilsbekwaamheid.

Literatuur

Akerboom, C.P.M., Dute, J.C.J., Gevers, J.K.M., Nys, H., Winter, H.B., & Woestenburg, N.O.M. (2011). *Thematische wetsevaluatie. Wilsonbekwaamheid en vertegenwoordiging.* Den Haag: ZonMw.

APA-ABA. (2008). *Assessment of older adults with diminished capacity: A handbook for psychologists.* Washington: The American Bar Association and the American Psychological Association.

Banner, N.F. (2012). Unreasonable reasons: Normative judgements in the assessment of mental capacity. *Journal of Evaluation in Clinical Practice, 18*, 1038-1044.

Bol, N., Smets, E.M.A., Eddes, E.H., Haes, J.C.J.M. de, Loos, E.F., & Weert, J.C.M. van. (2015). Illustrations enhance older colorectal cancer patients' website satisfaction and recall of online cancer information. *European Journal of Cancer Care, 24*, 213-223.

BPS. (2006). *Assessment of capacity in adults: Interim guidance for psychologists*. Leicester: The British Psychological Society, Professional Practice Board Assessment of Capacity Guidelines Group. Available from: http://www.neurofamilymatters.co.uk/docs/bps-capacity-guidance.pdf.

Carstensen, L.L., & Mikels, J.A. (2015). At the intersection of emotion and cognition. *Current directions in psychological science, 14*, 117-121.

Coverdale, J., McCullough, L.B., Molinari, V., & Workman, R. (2006). Ethically justified clinical strategies for promoting geriatric assent. *International Journal of Geriatric Psychiatry, 21*, 151-157.

DCA. (2007). *Mental Capacity Act 2005: Code of Practice*. Londen: Department of Constitutional Affairs.

Doorn, N. (2009). *Wilsbekwaamheid*. Amsterdam: Boom.

Dunn, L.B., Nowrangi, M.A., Palmer, B.W., Jeste, D.V., & Saks, E.R. (2006). Assessing decisional capacity for clinical research or treatment: A review of instruments. *American Journal of Psychiatry, 163*, 1323-1334.

Elwyn, G., Frosch, D., Thomson, R., Joseph-Williams, N., Lloyd, A., Kinnersley, P., e.a. (2012). Shared decision making: A model for clinical practice. *Journal of General Internal Medicine, 27*, 1361-1367.

Epstein, R.M., & Peters, E. (2009). Beyond information: Exploring patients' preferences. *JAMA, 302*, 195-197.

Gawande, A. (2014). *Being mortal: Illness, medicine, and what matters in the end*. Londen: Wellcome Collection.

Gerechtshof Arnhem-Leeuwarden. (2014). Psychiaterverklaring wilsbekwaamheid opeisbaar bij zwaarwegend belang [rechterlijke uitspraak]. ECLI:NL:GHARL:2014:8078. Raadpleegbaar via: http://deeplink.rechtspraak.nl/uitspraak?id=ECLI:NL:GHARL:2014:8078.

Goldberg, E. (2006). *The wisdom paradox*. New York: Gotham Books.

Grisso, T., & Appelbaum, P. S. (1998). *Assessing competence to consent to treatment: A guide for physicians and other health professionals*. New York: Oxford University Press.

Hertogh, C.M.P.M. (2010). *De senectute: Ethiek en kwetsbaarheid*. Amsterdam: Vrije Universiteit.

Hertogh, C., Hendriks, A., & Verkerk, M. (2014). *Ethische dilemma's in de ouderengeneeskunde*. Assen: Van Gorcum.

Janik, A. (2014). De domheid te lijf. *Nexus, 67*, 99-103.

Jennekens, F. G. I., & Jennekens-Schinkel, A. (2005). De dementerende persoon, het testament en de notaris. *Weekblad voor Privaatrecht, Notarieel recht en Registratie, 6630*, 595-599.

Kahneman, D. (2011). *Thinking, fast and slow*. New York: Farrar, Straus and Giroux.

Kessels, R., Eling, P., Ponds, R., Spikman, J., & Zandvoort, M. van. (2012). *Klinische neuropsychologie*. Amsterdam: Boom.

Kim, S.Y.H., Appelbaum, P.S., Kim, H.M., Wall, I.F., Bourgeois, J.A., Frankel, B., e.a. (2011). Variability of judgments of capacity: experience of capacity evaluators in a study of research consent capacity. *Psychosomatics, 52*, 346-353.

KNB. (2006). *Stappenplan Beoordeling Wilsbekwaamheid ten behoeve van notariële dienstverlening*. Den Haag: Koninklijke Notariële Beroepsorganisatie.

KNMG. (2004). *Van wet naar praktijk: Implementatie van de WGBO*. Utrecht: Koninklijke Nederlandsche Maatschappij tot bevordering der Geneeskunst.

Kooke, P. (2007). *Ik laat je nooit in de steek: Hoe mijn vader alzheimer kreeg en veranderde van patiënt in prooi*. Amsterdam: Nieuw Amsterdam Uitgevers.

Lamont, S., Jeon, Y., & Chiarella, M. (2013a). Assessing patient capacity to consent to treatment: An integrative review of instruments and tools. *Journal of Clinical Nursing, 22*, 2387-2403.

Lamont, S., Jeon, Y., & Chiarella, M. (2013b). Health-care professionals' knowledge, attitudes and behaviours relating to patient capacity to consent to treatment: An integrative review. *Nursing Ethics, 20*, 684-707.

Löckenhoff, C.E., & Carstensen, L.L. (2007). Aging, emotion, and health-related decision strategies: Motivational manipulations can reduce age differences. *Psychology and Aging, 22*, 134-146.

Marson, D., Hebert, T., & Solomon, A. (2012). Civil competencies in older adults with dementia: Medical decision-making capacity, financial capacity, and testamentary capacity. In G.J. Larrabee (Ed.), *Forensic neuropsychology: A scientific approach* (pp. 401-437). New York: Oxford University Press.

Mather, M., & Carstensen, L.L. (2005). Aging and motivated cognition: The positivity effect in attention and memory. *Trends in Cognitive Sciences, 9*, 496-502.

Mills, W.L., Regev, T., Kunik, M.E., Wilson, N.L., McCullough, L.B., & Naik, A. D. (2014). Making and executing decisions for safe and independent living (MED-SAIL): Development and validation of a brief screening tool. *American Journal of Geriatric Psychiatry, 22*, 285-293.

Ministerie van Justitie. (1994). *Handreiking voor de beoordeling van wilsbekwaamheid.* Den Haag: ministerie van Justitie.

Ministerie van Justitie. (2007). *Handreiking voor de beoordeling van wilsbekwaamheid.* Den Haag: ministerie van Justitie.

Molinari, V., McCullough, L.B., Coverdale, J.H., & Workman, R. (2006). Priples and practice of geriatric assent. *Aging and Mental Health, 10*, 48-54.

Moye, J., Marson, D. C., & Edelstein, B. (2013). Assessment of capacity in an aging society. *American Psychologist, 68*, 158-171.

NIP. (2015). *Beroepscode voor psychologen 2015.* Utrecht: Nederlands Instituut voor Psychologen.

NVVA. (2008). *Beginselen en vuistregels bij wilsonbekwaamheid bij oudere cliënten met een complexe zorgvraag: Een handreiking voor verpleeghuisartsen en sociaal geriaters.* Utrecht: NVVA Beroepsvereniging van verpleeghuisartsen en sociaal geriaters.

Palmer, B.W., Ryan, K.A., Kim, H.M., Karlawish, J.H., Appelbaum, P.S., & Kim, S.Y.H. (2013). Neuropsychological correlates of capacity determinations in Alzheimer's disease: Implications for assessment. *American Journal of Geriatric Psychiatry, 21*, 1-12.

Palmer, B.W., & Savla, G.N. (2007). The association of specific neuropsychological deficits with capacity to consent to research or treatment. *Journal of the International Neuropsychological Society, 13*, 1047-1059.

Peisah, C., Luxenberg, J., Liptzin, B., Wand, A.P., Shulman, K., & Finkel, S. (2014). Deathbed wills: Assessing testamentary capacity in the dying patient. *International Psychogeriatrics, 26*, 209-216.

Peters, E. (2008). Numeracy and the perception and communication of risk. *Annals of the New York Academy of Sciences, 1128*, 1-7.

Qualls, S.H. (2007). Hopes for an empirical base for clinical practice. Commentary on 'Assessment of decision-making capacity in older adults'. *Journal of Gerontology: Psychological Sciences, 62B*, 16-17.

Quickel, J. W., & Demakis, G. J. (2012). The Independent Living Scales in civil competency evaluations: Initial findings and prediction of competency adjudication. *Law and Human Behavior, 37*, 155-162.

Reamy, A.M., Kim, K., Zarit, S.H., & Whitlatch, C.J. (2011). Understanding discrepancy in perceptions of values: individuals with mild to moderate dementia and their family caregivers. *Gerontologist, 51*, 473-483.

Reamy, A.M., Kim, K., Zarit, S.H., & Whitlatch, C.J. (2012). Values and preferences of individuals with dementia: perceptions of family caregivers over time. *Gerontologist, 53*, 293-302.

Sabat, S.R. (2005). Capacity for decision-making in Alzheimer's disease: selfhood, positioning and semiotic people. *Australian and New Zealand Journal of Psychiatry, 39*, 1030-1035.

Schmand, B., Gouwenberg, B., Smit, J.H., & Jonker, C. (1999). Assessment of mental competency in community-dwelling elderly. *Alzheimer Disease and Associated Disorders, 13*, 80-87.

Touwen, D. (2008). *Voor een ander: Beslissingsverantwoordelijkheden in de verpleeghuisgeneeskunde.* Amsterdam: Aksant.

Vellinga, A., Smit, J. H., Leeuwen, E. van, Tilburg, W. van, & Jonker, C. (2004). Competence to consent to treatment of geriatric patients: judgements of physicians, family members and the vignette method. *International Journal of Geriatric Psychiatry, 19*, 645-654.

Vellinga, A., Smit, J.H., Leeuwen, E. van, Tilburg, W. van, & Jonker, C. (2005). Decison-making capacity of elderly patients assessed through the vignette method: imagination or reality? *Aging and Mental Health, 9*, 40-48.

Welie, S.P.K. (2008). *Criteria for assessment of patient competence: A conceptual analysis from the legal, psychological and ethical perspectives.* Dissertation, Maastricht University.

Welie, S.P.K., Dute, J., Nys, H., & Wijmen, F.C.B. van. (2005). Patient incompetence and substitute decision-making: An analysis of the role of the health care professional in Dutch law. *Health Policy, 73*, 21-40.

Widdershoven, G.A.M., & Berghmans, R.L.P. (2004). Wilsbekwaamheid in de zorg voor mensen met een verstandelijke beperking. *Nederlands Tijdschrift voor de Zorg aan mensen met verstandelijke beperkingen, 30*, 166-180.

Wood, S. (2007). The role of neuropsychological assessment in capacity evaluations. In S.H. Qualls & M.A. Smyer (Eds.), *Changes in decision-making capacity in older adults* (pp. 191-204). Hoboken: John Wiley & Sons.

Wood, S., & Tanius, B.E. (2007). Impact of dementia on decision-making abilities. In S.H. Qualls & M.A. Smyer (Eds.), *Changes in decision-making capacity in older adults* (pp. 91-106). Hoboken: John Wiley & Sons.

12
Seksualiteit

Albert Neeleman en Nathalie Huitema-Nuijens

1 Inleiding
2 Beeldvorming
3 De seksuele levensloop
4 Veroudering en seksualiteit
   4.1 Lichamelijke veranderingen in seksueel functioneren
   4.2 Ouder worden en seksuele activiteit
   4.3 Lesbische, homoseksuele, biseksuele en transgenderouderen
5 Seksuele problemen en seksuele disfuncties bij ouderen
   5.1 Gezondheidsfactoren
   5.2 Seksueel functioneren bij lichamelijke ziekten
   5.3 Seksueel functioneren bij dementie
   5.4 Opname in een instelling
6 Diagnostiek en interventies
   6.1 De houding van de hulpverlener
   6.2 Diagnostiek
   6.3 Behandeling
7 Emancipatie van de sexy senior
   Literatuur

 www.tijdstroom.nl/leeromgeving

▶ Beeldmateriaal
⊕ Weblinks

Kernboodschappen
- Mensen behouden veelal tot op hoge leeftijd seksuele behoeften en interesses.
- Ouderen blijven doorgaans tevreden over hun seksualiteit, zowel gedrag als gedachten en gevoelens), ongeacht of zij seksueel actief zijn.
- De afwachtende houding van ouderen met seksuele klachten vraagt om een actieve houding van de hulpverlener om seksualiteit aan de orde te stellen.
- Seksuele problemen van ouderen behoeven een geïntegreerde aanpak, waarbij de behandelfocus eerder seksuele tevredenheid zal zijn dan seksuele prestatie.

1 Inleiding

Intimiteit en seksualiteit spelen levenslang een rol in een mensenleven. De derde en vierde levensfase staan ook in dit opzicht niet los van eerdere levensfasen. Het is dan ook vanzelfsprekend dat de ouderenpsychologie aandacht heeft voor de seksualiteit van ouderen.

Seksualiteit staat voor alle gedragingen, gedachten en gevoelens die te maken hebben met het eigen lichaam en dat van een ander en die een opwindend gevoel veroorzaken. Erotiek is welliswaar gericht op lichamelijke lustbeleving, maar niet per se op seksueel, genitaal verkeer. Het spel van verleiden en verleid worden, van aantrekken en afstoten, hoeft immers niet tot seks te leiden.

Intimiteit staat voor het toelaten van de ander in de binnenste leefwereld, al dan niet lichamelijk. Seks kán dus intiem zijn, maar dat hoeft niet. Intimiteit met iemand kán seksueel zijn, maar men kan ook zonder seks elkaar zeer nabij zijn. Liefde, vriendschap en gehechtheid zijn termen die kwaliteiten aanduiden, die de relatie kunnen kenmerken waarbinnen men intiem of seksueel is. Ze zijn niet nodig voor seksuele lustbeleving, maar spelen wel minder of meer een rol bij intimiteit.

In dit hoofdstuk gaan we eerst kort in op de beeldvorming over seksualiteit bij ouderen, die nog vaak negatief is, en vervolgens beschrijven we de seksuele levensloop. Het grootste deel van dit hoofdstuk wordt besteed aan diverse aspecten van seksualiteit en ouder worden: niet alleen lichamelijk, maar ook psychologisch en sociaal. Seksualiteit maakt een leven lang deel uit van het functioneren van mensen, ook al ervaren ouderen bij seks complicaties ten gevolge van het verouderen van hun lichaam, ziekten, verlies, en opname in een zorginstelling. Aandacht en een proactieve houding van ouderenpsychologen tegenover seksualiteit zijn hiervoor onmisbaar. Ook is er bij problematiek een multidisciplinaire benadering nodig, zowel bij de analyse van de problemen als bij de behandeling.

2 Beeldvorming

De afkeer van seksualiteit van ouderen onder studenten, volwassen kinderen van ouders op leeftijd en onder beroepsbeoefenaren in onderwijs en zorg, is uitgebreid gedocumenteerd (Hillman, 2000). Velen kunnen of willen zich niet voorstellen dat ouderen seksueel kunnen verkeren en dat ook doen. Vooral de fysieke voorstelling kan afkeer en angst oproepen.

> **Themaweek**
> In het kader van een themaweek over seksualiteit zijn er op een psychogeriatrische verpleegafdeling enkele posters opgehangen op een teamkamer. Op deze posters zijn deels naakte ouderen te zien die in bed liggen of aan het knuffelen zijn. Het merendeel van de verzorgenden die de teamkamer in komen lopen, reageert met: 'Gatver'; 'Daar kan ik niet naar kijken hoor'; en: 'Iiieks!'

Volgens de heersende culturele stereotypen passen ouder worden en seksualiteit niet of nauwelijks bij elkaar. Ouderen hebben zelf vaak hinder van deze negatieve ideeën. Seks wordt in onze samenleving vrijwel uitsluitend verpakt in beelden van jeugdige schoonheid en snelheid. Geeft een oudere er wel blijk van seksueel vitaal te zijn dan wordt deze algauw een 'ouwe viezerik', 'een ouwe bok die nog wel een groen blaadje lust'. Overigens is de negatieve normering voor vrouwen nog strenger dan voor mannen. Mannen worden geacht tot op hoge leeftijd nog seksueel aantrekkelijk te kunnen zijn, vrouwen worden zo niet bij de eerste rimpels, dan toch na de overgang seksueel vaak definitief afgeschreven. Het wordt niet ongewoon gevonden wanneer oudere mannen een veel jonge(re) vrouw als partner hebben, maar een oudere vrouw met een jonge partner wordt nog veelal als provocerend beleefd. Er is zelfs een term voor bedacht: *cougar*. Deze normen zijn overigens wel in beweging (Neeleman, 2001a). Naarmate het aantal ouderen toeneemt en de levensverwachting stijgt, neemt langzamerhand ook de aandacht voor de seksualiteit van ouderen toe (Hillman, 2000).

Misvattingen over de seksualiteit van ouderen komen deels voort uit het verwarren van de directe gevolgen van het ouder worden met andere factoren, zoals ziekte, handicap of dementie. Ook verschillen tussen de generaties van voor en na de Tweede Wereldoorlog worden gemakkelijk toegeschreven aan de ouderdom op zich. De 80-plussers van nu zijn opgegroeid in een tijd waarin seksualiteit sterk met voortplanting verbonden was. Dit leidde ertoe dat men na die reproductieve levensfase vaak als aseksueel werd beschouwd. De komst van de pil in de jaren zestig van de vorige eeuw is van enorme invloed geweest op het veranderen van de seksuele moraal. Seks kon gemakkelijker losgekoppeld worden van de voortplanting, voorbehoedsmiddelen waren vrij verkrijgbaar en abortus werd vaker legaal. Genot en ontplooiing konden zo in seksueel contact doelen op zich worden. Dit heeft veel invloed gehad op de 70-plussers van nu en hun kijk op seksualiteit.

3 De seksuele levensloop

Seksualiteit is te zien als een van de ontwikkelingslijnen gedurende de gehele menselijke levensloop. Het seksuele ontwikkelingsproces begint al bij de bevruchting. Het erfelijk materiaal van de ouders bepaalt de biologische sekse van het kind. De hersenontwikkeling voor en kort na de geboorte bepaalt mede of iemand zich later man of vrouw zal voelen, en bepaalt voor een deel de seksuele voorkeur (homo-, bi- of heteroseksueel). Naast de biologische sekse speelt ook het psychologische geslacht (gender) een belangrijke rol in seksuele identiteit en gedrag. De term genderidentiteit verwijst naar het zich man of vrouw voelen. De genderrol is het bij die genderidentiteit behorende gedrag. Dat begint zich al heel snel na de geboorte te ontwikkelen. De wijze waarop ouders en omgeving omgaan met de sekse van het kind, is hierbij ongetwijfeld van invloed (De Graaf e.a., 2009).

Seksueel gedrag en beleving kunnen niet worden toegeschreven aan enkel biologische, psychische of sociale factoren, maar juist ook aan de interactie tussen deze factoren. Het in Nederland gebruikte model voor de seksuele ontwikkeling van jongeren is de 'trapsgewijze interactiecarrière'. De ontwikkeling van competentie in seksuele interactie staat hierbij centraal. Stap voor stap leren de jongeren van de ervaringen die ze opdoen, waardoor ze uiteindelijk in staat zijn om op competente wijze om te gaan met een partner. Er wordt tevens belang toegekend aan de invloed van iemands persoonlijke geschiedenis (zoals gezinsklimaat, omgang met leeftijdgenoten, seksuele opvoeding, auto-erotiek en eerste seksuele ervaringen). Onder invloed van deze persoonlijke geschiedenis ontwikkelt men een bepaalde seksuele betekenisgeving en bepaalde gevoelens, motivaties, attitudes en interactievaardigheden. Deze zorgen ervoor dat men seksuele situaties uitkiest waarin vervolgens bepaald seksueel gedrag en bepaalde cognities en gevoelens worden geactiveerd (De Graaf e.a., 2009).

Onderzoek naar seksuele ontwikkeling in de volwassenheid gaat doorgaans over heteroseksuele stellen. Veelal beginnen man en vrouw na een periode waarin kortere en langere relaties elkaar opvolgen, een definitievere relationele binding halverwege hun twintigerjaren. Zowel mannen als vrouwen zijn tussen hun 20e en 30e jaar op seksueel gebied het actiefst. Dit uit zich in interesse, zelfbevrediging, diverse vormen van vrijen, en geslachtsgemeenschap (De Graaf e.a., 2009).

De verwachtingen van de seksuele relatie liggen nogal eens uiteen. Generaliserend gesproken staan voor vrouwen intimiteit en tederheid voorop: als het samenzijn intiem is, is de kans op zin in seks het grootst. Voor mannen is seks juist een manier om tot intimiteit te komen. In deze fase kan het dan ook een opgave zijn om de verschillende individuele verwachtingen en behoeften op elkaar af te stemmen. Dat de weg van seksueel verlangen naar seksuele activiteit niet dezelfde is voor mannen als voor vrouwen, staat overigens los van de seksuele voorkeur. Voor veel homo- en heteromannen is het hebben van een seksueel verlangen voldoende motivatie om tot seksueel contact over te gaan. Voor bijna alle vrouwen (lesbisch, biseksueel of hetero) is de sociale context een zeer bepalende factor. Gender is een veel krachtiger voorspeller van seksueel gedrag dan seksuele voorkeur (Vincke & Woertman, 2009).

Naarmate een relatie langer duurt, gaat romantische, gepassioneerde liefde over in warme, medelevende liefde. De kunst daarbij is om naar elkaar toe te groeien zonder de eigenheid en de individualiteit te verliezen. Het is ook de levensfase waarin werk, carrière en maatschappelijke positie hun aandacht opvragen, naast de zorg voor de kinderen. Een en ander is van invloed op de beleving van de seksualiteit. Zwangerschap is vaak niet bevorderlijk voor de seksuele zin, evenmin als borstvoeding geven, slaapgebrek, oververmoeidheid, spanningen in de relatie over verantwoordelijkheden en over de taakverdeling in het huishouden, en de opvoeding van de kinderen.

Een volgende belangrijke overgangsfase in de seksuele levensloop tekent zich af rond het 50e levensjaar. Zowel bij vrouwen als bij mannen neemt in het algemeen de seksuele activiteit af ten gevolge van een combinatie van lichamelijke en psychosociale factoren. Men is over de helft van het leven, er ontstaat een ander tijdsperspectief. De verantwoordelijkheden voor de opgroeiende kinderen, met gezondheid kwakkelende ouders en op het werk kunnen grote zorgen geven. De sleur die in de relatie en andere levensgebieden optreedt, kan het seksuele vuur dempen. Niet de leeftijd, maar de relatieduur blijkt bepalend voor de vrijfrequentie: bij een langere relatie daalt de frequentie. Wanneer men een nieuwe relatie aangaat, neemt de vrijfrequentie meestal toe (De Graaf e.a., 2009). Bij langdurige relaties kan er echter ook een grote trots zijn over wat er bereikt is en een sterke verbondenheid in wat men samen heeft opgebouwd en doorstaan, waardoor de seksuele activiteit in stand blijft. Wanneer na verloop van tijd kinderen uit huis gaan en de pensionering nadert, dient zich een fase aan met nieuwe mogelijkheden en een andere invulling van de relatie.

De laatste levensfase gaat veelal gepaard met verlies van dierbaren, status, macht en/of lichamelijke gezondheid. Deze verliezen kunnen hun weerslag hebben op het seksuele verlangen, bijvoorbeeld geen zin meer hebben ten gevolge van rouw, schuldgevoel, of angst om onaantrekkelijk gevonden te worden. Een van de gevolgen van de gestegen levensverwachting is dat veel ouderen tegenwoordig samen met hun partner ouder worden. Van de 65-plussers woont de helft nog samen met een partner (CBS, 2015). Dat betekent ook dat men in die latere fase geconfronteerd wordt met het overlijden van een van beiden. Een van de gevolgen betreft de beleving van intimiteit en seksualiteit: hoe die vorm te geven na het overlijden van de partner?

Een deel van de ouderen gaat na verloop van tijd een nieuwe relatie aan, waarbij echter rouw en schuldgevoel jegens de overleden partner kunnen optreden. In de oudste cohorten bestaat een mannentekort. Is tussen de 55 en 64 jaar het aantal mannen en vrouwen nog in evenwicht, van de 85-plussers is driekwart vrouw (CBS, 2015). Voor de oudere heteroseksuele vrouw is het dus niet gemakkelijk een nieuwe partner te vinden. Niettemin zijn er steeds meer ouderen die na een scheiding of overlijden van de partner opnieuw een intieme relatie krijgen. Daarbij is een huwelijk niet meer zo vanzelfsprekend: vaak kiezen ouderen voor latrelaties en samenwoonvormen waarbij de eigen onafhankelijkheid gewaarborgd blijft.

Naast deze algemene lijnen in de seksuele ontwikkeling zijn er ook individuele factoren die het leven uniek maken, bijvoorbeeld wat iemand als kind van de ouders heeft meegekregen over wie het is, over lichamelijkheid en seksualiteit. Meestal zal men in het volwassen leven daaraan een eigen invulling moeten geven. Zo kan iemand bijvoorbeeld leren om over bepaalde vormen van schaamte heen te stappen die uit de opvoeding zijn meegenomen, zodat hij of zij op geleide van de eigen behoeften zich steeds verder seksueel ontwikkelt. Belangrijk daarbij is te ontdekken wat de eigen grenzen zijn: wat men niet prettig of lekker vindt. Met de specifieke behoeften en grenzen van de partner zal daarbij rekening gehouden moeten worden. Misschien heeft iemand een partner getroffen die hem of haar in alle veiligheid door seksuele remmingen heen helpt.

Ingrijpende levensgebeurtenissen als scheiding, ziekte of overlijden van de partner hebben grote invloed op de seksuele gevoelens en mogelijkheden. Ook andere levensgebeurtenissen hebben hun weerslag op de seksuele ontwikkeling. Eventuele problemen met kinderen of met het werk kunnen alle energie opslokken; ziekten en handicaps kunnen de mogelijkheden beperken. Een buitenechtelijke affaire, geslachtsziekten, vruchtbaarheidsproblemen, een abortus, maar ook seksueelgeweldservaringen zijn voorbeelden van met de seksualiteit verweven gebeurtenissen die de seksuele relatie kunnen kleuren. Hoe elk van deze gebeurtenissen doorwerkt, is uiteindelijk afhankelijk van de betekenis die iemand eraan geeft. En wat voor betekenissen iemand die gebeurtenissen geeft, hangt ten nauwste samen met het eigen levensverhaal en de persoonlijkheid.

4 Veroudering en seksualiteit

Naar seksualiteit bij ouderen wordt weinig onderzoek gedaan. Meer dan een halve eeuw geleden waren Amerikaanse onderzoeken van Kinsey e.a. (1948; 1953) en van Masters en Johnson (1968) baanbrekend op het gebied van seksualiteit, ook van ouderen. Recenter verschenen er ook Europese onderzoeken (Bartelet e.a., 2014; Bucher e.a., 2001; Klaiberg e.a., 2001) evenals Nederlandse onderzoeken (Blanker e.a., 2001; NIPO, 2003). Een deel van deze onderzoeken is gestimuleerd door de farmaceutische industrie, die ouderen als een belangrijke afzetmarkt ziet voor erectieherstellende medicatie. Ondanks dit commerciële belang is onderzoek naar ouderen en seksualiteit nog steeds schaars.

Ook is onderzoek naar ouderen en seksualiteit vaak weinig representatief. Veel onderzoek betreft ouderen met een lichamelijke aandoening; mannen zijn meer onderzocht dan vrouwen. Meestal worden ouderen vergeleken met jongeren in crosssectioneel onderzoek. Dat levert weliswaar verschillen op tussen beide groepen, maar die kunnen zowel door veroudering als door cohortverschillen worden verklaard. Zelden worden ouderen langdurig gevolgd in longitudinaal onderzoek om te kunnen vaststellen wat inherent is aan het proces van ouder worden. Ook zijn de oudste ouderen ondervertegenwoordigd (Hillman, 2000). Men onderzoekt vooral seksuele functies en minder het belevingsaspect, waardoor men geen recht doet aan de seksualiteit van ouderen. Nederlands onderzoek bij homoseksuele ouderen en bij andere minderheden ontbreekt vrijwel geheel; dit in tegenstelling tot andere westerse landen, waaronder Amerika en Australië, waar wel onderzoek wordt gedaan naar homoseksuele volwassenen en ouderen (Barrett e.a., 2015; Bauer e.a., 2015; Cloyes, 2016; Gagnon, 1997; Griebling, 2016).

4.1 Lichamelijke veranderingen in seksueel functioneren

De opvallendste veranderingen bij het verouderen zijn de uiterlijke tekenen. Deze uiterlijke veranderingen beïnvloeden niet direct de mogelijkheden tot seksuele activiteit, maar kunnen indirect hun invloed laten gelden doordat ze bijvoorbeeld het gevoel van fysieke aantrekkelijkheid doen afnemen (Van Assche, 2015). Een aantal lichamelijke veranderingen bij het ouder worden is evident: de huid wordt rimpeliger en minder elastisch, haren worden grijs en vallen uit, de vetverdeling en spierverdeling veranderen zodat borsten, buik en billen kunnen gaan hangen. Zowel voor mannen als voor vrouwen zijn er diverse lichamelijke veranderingen bekend die de seksualiteit kunnen beïnvloeden (Brotto e.a., 2008; Gijs e.a., 2009).

De seksuele-responscyclus

Een deel van mannelijk en vrouwelijk seksueel functioneren betreft de zogeheten seksuele-responscyclus (Stoeckart e.a., 2009). De seksuele-responscyclus start bij de fase van het verlangen. Het gaat daarbij niet om fysieke opwinding, maar wel om erotische verbeelding of fantasieën.

Vervolgens geraakt men in de opwindingsfase. Kenmerkend in deze fase zijn de lichamelijke tekenen van opwinding. Bij de man is de erectie (het stijf worden van de penis) een van de belangrijkste signalen; bij de vrouw gaat het onder andere om de lubricatie (vochtig worden van de schede). Als deze fase van de cyclus niet afgebroken wordt, komt men in de plateaufase. Hier bereikt de persoon een hoogtepunt in de opwinding, wat wel even kan aanhouden. Aan het einde van deze fase bereikt men de orgasmedrempel, het moment waarop iemand voelt dat hij of zij zal klaarkomen als hij of zij nu niet stopt. Dan is er het orgasme. Daarna volgt de herstelfase. Bij vrouwen wordt gesproken over multipele orgasmes achter elkaar. Een man moet voordat hij tot een nieuw orgasme kan komen, eerst herstellen van de opwinding (Van Assche, 2015).

Figuur 12.1 De seksuele-responscyclus

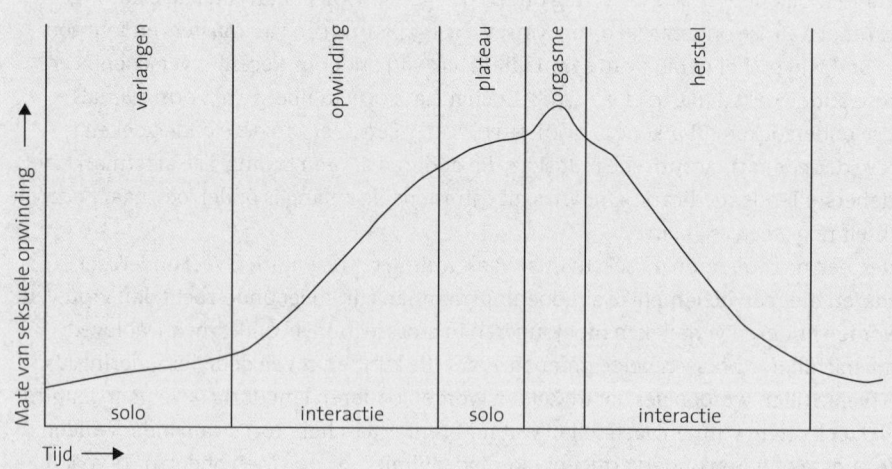

Bron: Stoeckart e.a., 2009

> De fasen die als 'solo' staan gemarkeerd (fase van verlangen en de plateaufase), zijn fasen waarbij men meer introvert zal zijn. De fasen die als 'interactie' staan gemarkeerd (opwindingsfase en herstelfase) zijn fasen die meer als extravert gelden.
> De seksuele-responscyclus wordt niet altijd volledig doorlopen. Men kan gestoord worden door externe prikkels (zoals geluid) of interne prikkels (bijvoorbeeld faalangst). Ook is de tijd die men nodig heeft om een fase te doorlopen, verschillend van persoon tot persoon en afhankelijk van (fysieke) stimulatie. Veroudering grijpt hoofdzakelijk in op de snelheid en het gemak waarmee men de verschillende fasen doorloopt (Van Assche, 2015).

Lichamelijke veranderingen bij mannen

Bij mannen is er geen duidelijke biologische overgang zoals bij de vrouw. Toch wordt bij de ouder wordende man (grofweg 50+) gesproken over andropauze: een vermindering van de testosteronproductie. Ook de gevoeligheid van de penis voor tactiele prikkels en trilling neemt af met het ouder worden. De instroom van bloed in de penis vermindert, de elasticiteit van de penis neemt af en de veneuze afvloeiing neemt juist toe. Het proces om een erectie te krijgen raakt bemoeilijkt en vertraagd, en het wordt ook moeilijker om de erectie te behouden. Bij de zaadlozing wordt minder vocht uitgescheiden en de kracht van de uitstoot is verminderd. De zaadproductie neemt geleidelijk aan af, maar gaat tot op hoge leeftijd door. Het orgasme duurt korter dan voorheen. De aandrang tot een orgasme vermindert met het ouder worden. De wens om te vrijen blijft, maar de wens tot ejaculeren is minder dwingend dan bij jonge mannen. Na een ejaculatie kan een man niet direct weer een erectie krijgen. De zogeheten herstelperiode (zie kader De seksuele-responscyclus) duurt bij het ouder worden steeds langer. Bij tieners zijn enkele minuten veelal genoeg, bij 50-plussers kan het om uren gaan.

Overigens kunnen deze veranderingen in tijd en intensiteit wisselen. Er zijn aanwijzingen dat de regel *use it or lose it* van toepassing is: degenen die een actief seksueel leven leiden, hebben minder last van veroudering van de seksuele organen dan degenen die toch al niet zoveel (meer) aan seks deden (Van Lankveld e.a., 2009; NIPO, 2003; Trudell e.a., 2000).

Lichamelijke veranderingen bij vrouwen

Bij vrouwen zijn de meeste veranderingen het gevolg van de oestrogeendeficiëntie na de menopauze (laatste menstruatie). Tussen de 45 en 55 jaar komt de vrouw in de overgang, menstruaties worden onregelmatig en blijven uiteindelijk helemaal weg. Vanwege de verander(en)de oestrogeenaanmaak in de overgangsfase en in de menopauze duurt het ook bij de vrouw langer om lichamelijk opgewonden te raken. Het vaginaslijmvlies wordt wat minder vochtig en dat gebeurt ook trager. Bij jonge vrouwen duurt het tien tot dertig seconden na een seksuele stimulatie voordat zij vochtig worden, bij oudere vrouwen (60-plus) één tot drie minuten. De vaginawand wordt dunner en minder elastisch. Deze veranderingen kunnen de gemeenschap pijnlijk maken. Er moet dus meer tijd en aandacht besteed worden aan het opgewonden raken.

De vagina en de schaamlippen worden kleiner en de vagina zet minder uit bij opwinding. De clitoris wordt niet kleiner, maar de zwelling wordt met het ouder worden vaak wel geringer. Het aantal keren dat zij kan klaarkomen, is bij de vrouw van 80 bijna hetzelfde als toen zij 20 was. De herstelperiode na een orgasme blijft ook hetzelfde (ongeveer een minuut). De duur van het orgasme kan afnemen, onder andere door verminderde spierkracht. Het orgasme kan vergezeld gaan van pijn in de onderbuik, de vagina en de schaamlippen; dit wordt veroorzaakt door onregelmatige samentrekkingen van de baarmoeder. Ook bij de vrouw geldt dat het vermogen tot seksuele bevrediging op latere leeftijd medeafhankelijk is van haar seksuele ervaring en activiteit (Ter Kuile e.a., 2009).

> **Pijn bij het vrijen**
> Mevrouw Van Dijk, 73 jaar, komt met haar nieuwe vriend bij de seksuoloog. Ze vertelt met stralende ogen dat ze sinds enkele maanden een relatie hebben, dat ze dolverliefd zijn, en dat ze ook behoorlijk seksueel actief zijn. 'Het lijkt net of ik weer 18 ben', zegt ze. Er is alleen een probleem, ze heeft pijn bij het vrijen en daardoor neemt de zin om eraan te beginnen ook af.
> De seksuoloog informeert haar over de veranderingen die optreden in het lichaam bij het ouder worden, de extra prikkeling die nodig is om opgewonden (en dus vochtig) te raken, en het feit dat er glijmiddel te verkrijgen is bij de drogist. Mevrouw Van Dijk blijkt niet op de hoogte te zijn geweest van deze veranderingen in haar lichaam en het bestaan van glijmiddel. Enkele weken later belt ze heel enthousiast op: Ze heeft het glijmiddel geprobeerd en het werkt fantastisch. 'Dat ga ik aan al mijn vriendinnen vertellen!'

4.2 Ouder worden en seksuele activiteit

In hoeverre blijven ouderen daadwerkelijk seksueel geïnteresseerd en actief en hoe tevreden zijn zij over hun seksuele leven? De laatste decennia zijn diverse onderzoeken gedaan naar de seksuele activiteit van ouderen (onder anderen Kalra e.a., 2011; Lindau e.a., 2007; NIPO, 2003). De onderzoeksresultaten zijn slecht vergelijkbaar door verschil in onderzoekspopulatie, vraagstelling en methode, maar de trend is duidelijk. De onderzoeken suggereren dat met het ouder worden de seksuele activiteit in de loop van de jaren duidelijk afneemt, maar niet stopt.

De afname van seksuele activiteit wil niet zeggen dat de seksuele interesse vermindert. In een Amerikaans onderzoek bij 3.000 volwassenen vonden Lindau e.a. (2007) een verband tussen frequentie van seksuele gemeenschap en leeftijd: naarmate de leeftijd vordert, neemt de frequentie van de seksuele activiteit af. De meest voorkomende problemen onder vrouwen waren verminderd verlangen (43%), verminderde vaginale lubricatie (39%) en het onvermogen tot klaarkomen (34%). Onder mannen was de voornaamste klacht een erectiestoornis (37%). De conclusie is dat veel ouderen seksueel actief zijn, hoewel vrouwen minder vaak dan mannen, vanwege het feit dat ze geen partner hebben. Vaak worden de seksuele problemen die de ouderen ervaren, niet besproken met hulpverleners.

Als men alleen naar de resultaten van de coïtaal actieven kijkt, valt op dat men in de oudste leeftijdsgroep gemiddeld nog 3,1 maal per maand gemeenschap heeft, terwijl voor het totale aantal 75-plussers het gemiddelde op 0,8 ligt. De afname in coïtusactiviteit is niet alleen toe te schrijven aan een toename van gezondheidsklachten of gewenning ten gevolge van de langere relatieduur. Ook bij gezonde, instemmende partners die nog niet zo lang bij elkaar zijn, daalt de coïtusfrequentie gestaag met het stijgen der jaren. Uit onderzoek van Matthias e.a. (1997) bleek dat de coïtusfrequentie weliswaar afnam, maar het plezier in seks bij diverse onderzochten was toegenomen. Seksuele activiteit en geestelijke gezondheid bleken voor beide seksen de belangrijkste voorspellende factoren voor seksuele tevredenheid. Verrassend was de uitkomst dat niet meer dan 30% van de onderzochten de voorafgaande maand seksueel actief was geweest, terwijl meer dan 67% tevreden tot zeer tevreden was met hun huidige niveau van seksuele activiteit. Van degenen die niet seksueel actief waren, verklaarde 59% dat zij tevreden of zeer tevreden waren met hun niveau van activiteit. Mannen zijn actiever, maar minder tevreden met de frequentie van hun seksuele activiteit. Andere voorspellende variabelen voor seksuele activiteit bleken een goed sociaal netwerk, een jongere leeftijd en een hogere opleiding bij mannen, en bij vrouwen het gehuwd zijn.

Dat sluit aan bij de conclusie van andere onderzoeken dat er geen rechtstreeks verband is tussen seksueel functioneren en seksuele tevredenheid. Ook het NIPO-onderzoek uit 2003 concludeerde dat veel ouderen tevreden met hun seksualiteit blijven ongeacht of zij seksueel actief zijn, en zij veelal seksuele behoeften en interesses houden tot op hoge leeftijd (zie kader).

> **Bevolkingsonderzoek NIPO, 2003**
> Uit het representatieve NIPO-onderzoek bij mensen tussen 40 en 80 jaar met een vaste relatie bleek het volgende.
> - Van de ouderen (65-80 jaar) vermeldt 57% seks belangrijk te vinden.
> - Ruim de helft van de respondenten verklaart niet gemakkelijk over seks te praten.
> - Ruim driekwart van de ouderen heeft een tot meerdere keren per maand zin in seks.
> - Mannen hebben vaker zin in seks dan vrouwen.
> - Mannen hebben vaker zin in seks dan zij geslachtsgemeenschap hebben.
> - Mannen en vrouwen vermelden dat ze ongeveer even vaak geslachtsgemeenschap hebben.
> - Vrouwen bepalen de frequentie van de geslachtsgemeenschap.
> - De helft van de 65- tot 80-jarigen heeft een tot meerdere keren per maand gemeenschap, waarvan 11% wekelijks. In deze leeftijdscategorie vrijt 47% minder dan eens per maand.
> - Hoe vaker men gemeenschap heeft, hoe bevredigender men de relatie in seksueel opzicht vindt.
> - De tevredenheid met het seksleven daalt na het 40e jaar. Toch blijft 72% van de 65- tot 80-jarigen de relatie in seksueel opzicht (heel) bevredigend vinden.

Bron: NIPO, 2003

De gevolgen van het ouder worden blijken dus minder negatief voor de seksualiteit dan op grond van de maatschappelijke vooroordelen is verondersteld. De behoefte om aangeraakt, gestreeld en geliefkoosd te worden is van alle leeftijden. Zo blijkt uit onderzoek van Thomas e.a. (2015) dat een aanzienlijk deel van de oudere vrouwen seksueel actief blijft als ze een partner hebben. Psychosociale factoren (zoals tevredenheid met de relatie, communicatie met de partner, het belang dat gehecht wordt aan seks) zijn belangrijker voor het gevoel van seksuele tevredenheid dan leeftijd op zich. Hoewel de latere levensfasen verlies en afscheid met zich meebrengen, blijft seksualiteit een bron van bevrediging die in principe niet verloren hoeft te gaan. Het is daarom een belangrijk bestanddeel voor het emotionele en fysieke welzijn van een oudere (Taylor e.a., 2016). Seksuele intensiteit is volgens Schnarch (1998) meer een functie van emotionele rijpheid dan van fysiologische responsiviteit. Waar het seksleven in de jeugd relatief sterk wordt bepaald door heftige opwinding, prestatie, bevestiging en zintuiglijke gevoeligheid, wordt seksleven met het ouder worden juist meer bepaald door gedachten, gevoelens en intimiteit. Hij meent dan ook dat men voor zijn 50e zelden zijn of haar seksuele piek bereikt heeft: de gevoelens nemen boven de 50 jaar toe.

Er zijn aanwijzingen dat een bestendig seksleven de negatieve fysiologische effecten van veroudering beperkt en de kans op bepaalde aandoeningen doet afnemen (Trudell e.a., 2000). Masters en Johnson rapporteerden al in 1966 dat gemeenschap de doorbloeding van de slijmvlieswanden van de vagina bevordert, en dat gemeenschap de afname van de elasticiteit van de vagina ten gevolge van de menopauze beperkt. In een al wat ouder Brits onderzoek bleek bij de mannen van middelbare leeftijd die frequent een orgasme hadden, de sterftekans aan hart- en vaatziekten 50% lager te liggen dan van eenzelfde populatie met weinig orgasmes (Smith e.a., 1997). Mensen die vaker seks hebben, voelen zich gezonder (NIPO, 2003). Ouderen met een actief seksleven en intieme relaties rapporteren verhoudingsgewijs een hogere mate van levenssatisfactie. De precieze causale verbanden zijn echter niet duidelijk.

4.3 Lesbische, homoseksuele, biseksuele en transgenderouderen

Er zijn in Nederland ongeveer 230.000 mannen en vrouwen ouder dan 55 jaar met homoseksuele of lesbische gevoelens: dat is ongeveer 6% van de bevolking boven de 55 jaar (Felten & Boote, 2015). Homo- en biseksuele 50-plussers zijn in veel opzichten hetzelfde als heteroseksuele ouderen. Tegelijkertijd staan ze anders in het leven. Ze hebben vaak een ander levenspad bewandeld dan heteroseksuele ouderen. Velen hebben hun homoseksualiteit verstopt, zijn getrouwd (geweest) en hebben een dubbelleven geleid (Swinnen, 2011). Wat betreft verschillen tussen heteroseksuelen en homoseksuelen in seksueel gedrag is bij herhaling gevonden dat homoseksuele mannen in vergelijking met heteroseksuele mannen vaker seks en meer partners hebben en dat hun duurzame relaties korter van duur en opener van aard zijn. Lesbische vrouwen in vaste relaties daarentegen hebben beduidend minder seks dan homoseksuele mannen (Vanwesenbeek, 2006). Veel homo- en biseksuele 50-plussers kiezen ervoor om zo lang mogelijk zelfstandig te blijven wonen, omdat ze bang zijn dat ze in een zorginstelling weer 'in de kast' moeten (Heaphy e.a., 2004).

Kader
De 80-jarige lesbische Ria Jansen vertelt: 'Ik woon in een verzorgingshuis in de buurt van Eindhoven. Ik heb mijn medebewoonsters en -bewoners verteld dat ik lesbisch ben en tot voor kort met mijn vriendin heb samengewoond. Voor de buitenwacht was zij zogenaamd mijn nicht. Maar sinds ik het verteld heb, word ik min of meer gemeden. Ik zit steeds vaker alleen aan een tafeltje mijn kopje koffie te drinken. Laatst hoorde ik zelfs een jonge verzorgster zeggen: "Je denkt toch niet dat ik die oude pot de kont ga wassen zeker?!" Toen dacht ik: "Of ik nu dood ben of niet, in de hel zit ik nu toch al".'

Veel lesbische, homoseksuele, biseksuele of transgenderouderen (LHBT-ouderen) maken zich zorgen om de (latere) zorg. De resultaten van de Roze belweek in 2006, en de resultaten van onderzoek naar de behoefte aan woonvoorzieningen voor homoseksuele ouderen laten zien dat het merendeel van de roze 50-plussers op dit moment de voorkeur geeft aan een woonvoorziening waarbij sprake is van een gelijke mix van LHBT'ers en hetero's (Den Heijer, 2009). Ongeveer een derde spreekt de voorkeur uit voor een woonvoorziening waar uitsluitend LHBT'ers wonen. Meer mannen dan vrouwen spreken een voorkeur uit voor een woonvoorziening met alleen LHBT'ers. Wel ervaart men het klimaat in verzorgingshuizen als homo-onvriendelijk en wil men meer aandacht voor homoseksualiteit binnen opleidingen.

LHBT-50-plussers kennen een aantal risicofactoren die bepalend kunnen zijn voor de kwaliteit van leven op latere leeftijd, zoals de (beperkte) omvang van het sociale netwerk, en intolerantie en ondeskundigheid tegenover homoseksualiteit bij zorgverleners. Een van de initiatieven om woonvoorzieningen homovriendelijk te maken is de landelijke verbreiding van de Roze Loper, een projectidee van COC Nederland en keuringsinstituut KIWA. Met dit keurmerk geven zorginstellingen aan dat ze structureel werken aan integratie en acceptatie van homoseksualiteit.

5 Seksuele problemen en seksuele disfuncties bij ouderen

De meest voorkomende seksuele problemen en seksuele disfuncties bij ouderen hebben vooral te maken met verlies van seksuele interesse, (de gevolgen van) het verlies of gemis van een partner, opwindingsproblemen en pijnproblemen. In haar overzicht van de literatuur meldt Hillman (2000) bij oudere mannen erectieproblemen als het meest voorkomende seksuele probleem en ook als oorzaak van ontevredenheid.

Het is van belang om een onderscheid te maken tussen 'seksueel functioneren' en 'seksualiteitsbeleving'. Seksueel functioneren betekent dat het lichamelijk seksueel reageren in termen van de seksuele-responscyclus enigermate naar wens verloopt. Het gaat hierbij om een ongestoord seksueel functioneren in termen van seksueel verlangen, opwinding, en orgasme. Stoornissen die zich in dit domein voordoen, noemen we seksuele disfuncties.

Seksualiteitsbeleving daarentegen verwijst naar de subjectieve, individuele beleving van seksualiteit: hoe beleeft iemand het seksueel actief zijn; wat is de betekenis van seksualiteit voor deze man of vrouw? Er is sprake van een seksueel probleem indien er op dit vlak iets misloopt, wanneer mensen er niet in slagen om een positieve beleving te koppelen aan seksualiteit, of zich storen aan bepaalde elementen ervan.

Seksuele disfuncties in DSM-5
- 302.74   Vertraagde ejaculaties
- 302.72   Erectiestoornis
- 302.73   Orgasmestoornis bij de vrouw
- 302.72   Seksuele-interesse-/opwindingsstoornis bij de vrouw
- 302.76   Genitopelvienepijn-/penetratiestoornis
- 302.71   Hypoactief-seksueelverlangenstoornis bij de man
- 302.75   Vroegtijdige ejaculatie
- Seksuele disfunctie door een middel/medicatie
- 302.79   Andere gespecificeerde seksuele disfunctie
- 302.70   Ongespecificeerde seksuele disfunctie

Bron: DSM-5

Het is belangrijk om te benadrukken dat seksuele disfuncties en seksuele problemen ook onafhankelijk van elkaar kunnen voorkomen. Een man met een erectiestoornis, bijvoorbeeld, heeft duidelijk een seksuele disfunctie. Wanneer dat hem erg stoort, heeft hij ook een seksueel probleem. Hij beleeft de disfunctie als problematisch. Er kan ook sprake zijn van een seksueel probleem zonder een seksuele disfunctie. Dan gaat het om seksuele dissatisfactie, ontevredenheid, omdat de frequentie van het vrijen te laag is, of omdat het seksuele contact niet aan de verwachtingen voldoet. Dus niet iedereen met een seksuele disfunctie heeft een seksueel probleem, en niet iedereen met een seksueel probleem heeft een seksuele disfunctie (Enzlin, 2008).

5.1 Gezondheidsfactoren

Als we erectieproblemen als voorbeeld nemen – omdat daar ook het meeste onderzoek naar gedaan is – dan wordt duidelijk hoezeer de seksuele functie en gezondheidsproblemen met elkaar verbonden zijn. Gezondheids- en leefstijlfactoren zoals hypertensie, hartziekten, diabetes, maagzweren, artritis, nicotinegebruik, alcoholgebruik, medicatiegebruik en scores op

Tabel 12.1 Meest voorkomende oorzaken van seksuele problemen bij ouderen

Domein	Oorzaken
Lichamelijke factoren	– Vrouwen: postmenopauzale veranderingen van de genitale slijmvliezen – Mannen: andropauze: verouderingsafhankelijke afname van het erectievermogen – Ziekten en handicaps – Medicatie en medische interventies
Psychische factoren	– Stress en negatieve emotionele ervaringen (bijvoorbeeld zorgen, rouw) – Negatieve seksuele ervaringen (misbruik, incest, verkrachting, ontrouw partner, soa) – Kennistekorten over seksualiteit – Negatieve lichaamsbeleving, onzekerheid en anticipatieangst
Partnerrelatiefactoren	– Chronische intimiteitsproblemen – De seksuele aantrekking tot de partner neemt af naarmate de relatie langer duurt – Het principe van 'geslachtsgemeenschap of niets' – Angst (bij man en vrouw) voor vermindering van het erectievermogen van de man
Maatschappelijke factoren	– Tekort aan beschikbare mannen – *Double standard of aging*: mannen worden als aantrekkelijker, vrouwen als minder aantrekkelijk beschouwd bij het ouder worden – Schuld- en schaamtegevoelens over seksuele gevoelens en handelingen
Omgevingsfactoren (zorginstellingen, familie)	– Gebrek aan mogelijkheden tot intimiteit – Restrictieve regels die beperkend zijn voor seksualiteit

Bron: Von Sydow, 2001

schalen voor woede en depressie blijken allemaal de kans te vergroten dat impotentie wordt aangetroffen.

Medische stoornissen kunnen rechtstreeks de seksuele functie belasten doordat zij ingrijpen op vasculaire, neurale of endocriene processen. Maar evengoed kunnen algemene, non-specifieke factoren een rol spelen. Vermoeidheid en malaisegevoelens bijvoorbeeld kunnen het zin krijgen belemmeren. Ook interfererende sensaties als pijn, jeuk, of een doof gevoel belemmeren zin krijgen, of leiden af van de opwinding. Beperkingen in houding of beweging belemmeren seksueel gedrag.

Ook kan medicatie negatieve effecten hebben op het seksuele functioneren. Bekende geneesmiddelen zijn in dit verband onder meer pijnstillers, middelen tegen hoge bloeddruk, sommige slaapmiddelen, antidepressiva, kalmerende middelen, neuroleptica en parkinsonmiddelen. Bijwerkingen van medicijnen kunnen voor ouderen soms anders uitpakken dan voor jongere volwassenen. Het gebruik van alcohol of nicotine, bovenmatig of niet, kan het seksuele systeem eveneens verstoren.

Naast de lichamelijke gevolgen werpen ziekten en handicaps vaak ook psychische en sociale problemen op. Spanningen en angsten kunnen sterk doorwerken in het seksuele verkeer en kunnen tot seksuele problemen leiden. Ziekte, een medische ingreep of een ongeluk hebben soms een traumatisch effect.

Ook gevolgen van operatieve ingrepen kunnen zo'n negatieve invloed hebben: pijn, vermoeidheid, incontinentie, littekens, of directe schade aan zenuwbanen die betrokken zijn bij het seksueel functioneren. In een aantal gevallen zien ouderen af van seks omdat ze bang zijn dat hun medische conditie daardoor zal verslechteren (Van Son-Schoones, 2008).

5.2 Seksueel functioneren bij lichamelijke ziekten

Seksuele problemen die ouderen ervaren, zijn meestal niet zonder meer aan het lichamelijke verouderingsproces toe te schrijven. Het zijn vaak chronische aandoeningen die zich op oudere leeftijd manifesteren en het seksuele functioneren negatief beïnvloeden, zoals hart- en vaatziekten, een CVA, de ziekte van Parkinson, diabetes mellitus, en dementie. Deze aandoeningen, die we hier beschrijven, zijn slechts een greep uit de vele aandoeningen waarmee ouderen te maken kunnen krijgen en de opsomming is daarmee niet volledig.

Hart- en vaatziekten

Hart- en vaatziekten vormen nog altijd de belangrijkste doodsoorzaak in Nederland, bij zowel mannen als vrouwen. Door verbetering in de behandeling overleven steeds meer mensen een hartinfarct. Mede daarom zien meer mensen na een acute hart- en vaatziekte zich geconfronteerd met langdurige consequenties, waaronder gevolgen voor hun seksuele functioneren. Veel hartpatiënten zijn bang om tijdens seks een hartinfarct te krijgen en om dan dood te gaan. Dit risico is echter erg klein. Een hartziekte kan leiden tot een seksuele disfunctie door symptomen als vermoeidheid of kortademigheid. Verder kan seksuele activiteit cardiale symptomen uitlokken en kan cardiale medicatie het seksuele functioneren verminderen. Verder leiden hartaandoeningen tot fysieke beperkingen waardoor de rollen binnen de relatie veranderen en dus ook binnen seksualiteit. Naast lichamelijke problemen met seksualiteit zijn er ook psychologische problemen die een invloed kunnen hebben, zoals depressie, angst voor symptomen, angst om dood te gaan, verandering van zelfbeeld en zorgen over de effecten van medicatie op de seksualiteitsbeleving. Natuurlijk speelt de partner ook een rol, deze kan overbeschermend zijn en er kan een gebrek aan communicatie zijn om seksuele problemen aan te pakken (Jaarsma, 2008).

> **Hartkloppingen**
>
> Pieter de Vries, 67 jaar oud, heeft een halfjaar geleden een hartinfarct gehad. Hij heeft bij de cardioloog gemeld dat hij graag naar hartrevalidatie wil gaan omdat hij veel meer zou willen doen, maar dat hij niet goed durft. Tijdens een bezoek aan de polikliniek vraagt de verpleegkundige naar diverse activiteiten en ook hoe het gesteld is met zijn seksuele activiteit. Hij zegt: 'Seks, daar doe ik niet meer aan; je hoort van die verhalen dat mensen tijdens de daad sterven. Dat zal wel een prachtige dood zijn, maar voor mij hoeft dat niet.'
> Bij doorvragen blijkt dat hij hartkloppingen krijgt als hij aan seks denkt en hij is bang om weer pijn op de borst te krijgen als gevolg van seks. Ook zijn vrouw vertelt dat ze het eng vindt als haar man actief is, ze is bang dat hij zomaar dood zal neervallen. Meneer De Vries gaat deelnemen aan een groepsprogramma revalideren en leert opnieuw zijn lichamelijke grenzen kennen. Mevrouw De Vries wordt ook uitgenodigd om mee te sporten, zodat ze ook kan ervaren wat haar man allemaal veilig kan.

Na een CVA

Een CVA ('beroerte') is een veelvoorkomende en invaliderende aandoening. Het scala aan mogelijke gevolgen van een CVA strekt zich uit over alle functies van de hersenen. Doordat een CVA invloed kan hebben op alle hersenfuncties, is er een grote verscheidenheid aan storende factoren op seksualiteit, zoals: krachtsverlies en spasticiteit, gevoelsstoornissen, contracturen en pijn, verstoorde communicatie, incontinentie, seksuele ontremming, somberheid, vermoeidheid en gedragsveranderingen. Achteruitgang in seksueel functioneren komt na een CVA zeer vaak voor. Laesies in de rechterhemisfeer blijken vaker samen te hangen met verminderd seksueel functioneren. Mannen melden vaak libidoverlies en een duidelijke achteruitgang in erectiecapaciteit. Bij vrouwen treedt vaak vermindering op van zowel het libido als de lubricatie en het orgasme. Nadrukkelijk van belang zijn ook de instelling tegenover seksualiteit bij zowel patiënt als partner, bijvoorbeeld angst voor erectieverlies, onvermogen om over seks te praten, niet meer bereid zijn deel te nemen aan seksuele activiteit (Visser-Meily & Farenhorst, 2008).

> **Angst voor een nieuw CVA**
>
> De vriend van Marion Geurtsen, Jos Meijer (71 jaar) heeft recentelijk een herseninfarct gehad. Marion en Jos hebben ruim een jaar een relatie. Jos is na het infarct opgenomen op een revalidatieafdeling van een verpleeghuis. Hij is daar nu enkele maanden en het gaat langzaam vooruit. Hij mag een weekend naar huis, maar Marion heeft vragen over hun seksuele relatie. Ze hebben samen al over seks gepraat, omdat seksualiteit een belangrijke rol in hun relatie speelt. De angst die ze hebben is dat hij een nieuw CVA zal krijgen als hij seks heeft, vanwege mogelijke verhoogde hersendruk. De seksuoloog geeft uitgebreid uitleg over het verband tussen een CVA en seksueel actief zijn en wat ze kunnen verwachten. Na het weekend komen ze beiden heel gelukkig terug bij de seksuoloog en vertellen dat ze een heel fijn weekend hebben gehad, dat ze heel fijne seks hebben gehad en met meer vertrouwen de toekomst tegemoet gaan samen.

Ziekte van Parkinson

De ziekte van Parkinson is een veelvoorkomende, chronische progressieve neurodegeneratieve aandoening. In eerste instantie wordt het bewegingsapparaat aangedaan. Naarmate de ziekte vordert, kunnen andere symptomen optreden, zoals cognitieve en emotionele problemen (met persoonlijkheidsveranderingen), sensorische en slaapstoornissen, en stoornissen van het autonome zenuwstelsel.

In het algemeen kunnen we vaststellen dat bij de ziekte van Parkinson de tevredenheid met het eigen seksuele functioneren afneemt. Bij mannen gaat het om verminderde seksuele interesse, en erectie- en orgasmeproblemen. Ook vroegtijdige zaadlozing wordt als klacht beschreven. Bij vrouwen ziet men een verminderd tot afwezig seksueel verlangen, opwindingsstoornissen en orgasmemoeilijkheden. Het dopaminetekort ('plezierhormoon') bij de ziekte van Parkinson is de grote veroorzaker van het gebrek aan seksueel verlangen. Doordat patiënten dopaminerge medicatie toegediend krijgen, neemt de zin in seks bij patiënten vaak toe. Sommige patiënten kunnen zelfs in heftige mate seksueel ontremd raken (*dopamine dysregulation syndrome*: DDS). In dat geval kan afbouw van medicatie of overstappen op andere medicatie wenselijk zijn (Bolle, 2008).

> **Ontremd**
>
> Meneer De Boer is een man van 69 jaar. Sinds een jaar of 10 heeft hij de ziekte van Parkinson. Omwille van zijn tremoren en zijn stemmingsproblemen krijgt hij een mix van diverse dopaminerge medicatie toegediend. Hij voelt zich hier heel erg prettig bij en verhoogt de dosis op eigen houtje. Na enkele maanden klaagt zijn vrouw bij de neuroloog dat hij op internet naar porno gaat zoeken en haar dwingt om meerdere malen per dag seksueel contact te hebben met hem. De medicatie wordt langzaam afgebouwd en daarmee verdwijnt ook de seksuele ontremming van de heer De Boer. Inmiddels is het seksuele contact tussen meneer De Boer en zijn vrouw weer genormaliseerd.

Diabetes mellitus

Diabetes mellitus (DM, of 'suikerziekte') berust op een stofwisselingsstoornis die te wijten is aan een verstoring van de productie van insuline (diabetes type 1) en/of de werking ervan (diabetes type 2). Insuline zorgt in de bloedbanen onder andere voor de opname van suikers in de organen en perifere weefsels. Bij regelmatige blootstelling aan extreme bloedsuikerwaarden in het bloed kan er aderverkalking ontstaan, naast problemen met de ogen, de nieren en de zenuwbanen. De aantasting van de gevoelszenuwen leidt na verloop van jaren tot ongevoeligheid in voeten en handen.

Diabetes heeft een negatieve invloed op het seksuele functioneren van zowel mannen als vrouwen. Bij mannen zijn de belangrijkste klachten een erectiele disfunctie (meer dan de helft van de mannen rapporteert deze klacht) en een vermindering van het erectievermogen. Tot 15% van de mannen wordt geconfronteerd met een 'retrograde ejaculatie'. Dit betekent dat deze mannen merken dat ondanks een gevoel van klaarkomen er geen sperma naar buiten wordt gestuwd. Bij vrouwen zijn de voornaamste klachten sterk verminderde vaginale lubricatie (het vaginaal vochtig worden) en het regelmatig voorkomen van vaginale infecties. Verschillende onderzoeken bij mannen en vrouwen wijzen op een mogelijk verband tussen seksuele problemen en psychologische factoren, zoals faalangst, een aangetast zelfbeeld, en aanvaardingsproblemen (Enzlin, 2008).

5.3 Seksueel functioneren bij dementie

Bij dementie hebben de seksuele problemen niet zozeer te maken met de lichamelijke veranderingen en de gevolgen daarvan, maar vooral met het seksuele gedrag. Onderzoeksgegevens bevestigen de praktijkervaring dat de meerderheid van patiënten met de ziekte van Alzheimer seksueel minder actief wordt, en een minderheid een vergrote seksuele activiteit laat zien (Sherman, 1999). Deze veranderingen hebben niet alleen met cognitieve achteruitgang te maken. Affectieve veranderingen (bijvoorbeeld somber of angstig worden) en wijzigingen in het algemene niveau van activiteit (bijvoorbeeld apathisch of heel druk worden) zijn eveneens van invloed op het seksuele gedrag.

De vermindering van seksuele activiteit wordt over het algemeen niet als probleem gezien door de omgeving. Als iemand daarentegen blijk geeft van een toegenomen behoefte aan seksuele bevrediging, liggen problematisering en veroordeling door diezelfde omgeving op de loer. De veranderingen in het seksuele gedrag kunnen samenhangen met de aard en de ernst van de cognitieve stoornissen. Vooral als er sprake is van een verminderde impulscontrole, zoals zich kan voordoen bij aantasting van de frontale cortex, kan ontremd gedrag ontstaan dat zich ook op het seksuele terrein kan manifesteren. Meestal houden mensen met dementie nog lang hun oude waarden tegenover seksualiteit vast. Veel hoogbejaarden van nu zijn opgevoed met het idee dat naaktheid verbonden is met seksualiteit en schaamte. Deze houding werkt vaak ook door bij dementie.

Voor partners kunnen veranderingen in het seksuele gedrag van de dementerende bijzonder pijnlijk zijn. Vaak zullen veranderingen beter te accepteren zijn als er voldoende compensatie is in andere aspecten van het contact, en als er in de relatie altijd consideratie was tegenover elkaars seksuele wensen. Als het ziekteproces vordert, is de cliënt met dementie vaak niet meer in staat om voldoende attent te zijn op de seksuele behoeften van de ander. De seks samen kan dan frustrerend worden. Andere partners zijn juist altijd maar meegegaan in de seksuele wensen van de partner zonder er zelf veel aan te beleven. Voor deze partners kan de afname van verlangen en seksuele activiteit van de partner met dementie een grote opluchting zijn.

Er ontstaan vaak problemen bij stellen die het seksleven al enige tijd beëindigd hadden en die er nu ineens mee geconfronteerd worden dat de seksuele belangstelling van de dementerende opleeft. Een dementerende echtgenoot die niet meer in staat is attent te zijn, maar op agressieve wijze seks eist, kan zeer belastend zijn voor de relatie. Soms voelt de gezonde partner zich verkracht. Anderzijds voelt de dementerende zich soms zeer afgewezen en verlaten als niet aan zijn behoefte wordt voldaan. Frustratie, wrok, woede en ongeduld kunnen beide partners ten deel vallen als de seks onbevredigend is. Voor sommige paren is een toename van de seksuele behoefte en activiteit van de dementerende partner daarentegen een aangename compensatie voor de negatieve aspecten van de ziekte. Stellen die een lange en bevredigende relatie hebben gehad en veel plezier putten uit het liefdesspel, rapporteren soms dat de intimiteit en seksuele bevrediging lang blijven bestaan. Hetzelfde kan opgaan voor die partnerrelaties die altijd al zeer dreven op de seksuele component van de relatie.

Als de persoon met dementie de echtgenoot of echtgenote niet meer herkent of zelfs vergeten is, wordt seks in veel gevallen voor de gezonde partner een onwezenlijke ontmoeting. Andersom is het voor de gezonde partner veelal een moreel dilemma om seks te hebben met iemand die zich mogelijk de aard van de relatie niet helemaal meer realiseert. 'Maak ik geen gebruik van haar/hem voor mijn eigen bevrediging?' is dan de lastige vraag die hij of zij voor zichzelf moet zien te beantwoorden. Voor anderen geldt juist dat het samen van seks genieten een van de laatste dingen is dat een gevoel van verbondenheid in stand houdt (Sherman, 1999). Vaak is er bij personen met dementie een afname in seksuele interesse zichtbaar, maar soms kan het seksuele gedrag juist ook toenemen en zelfs ongewenste vormen aannemen. Men spreekt dan over seksueel ontremd gedrag: de rem is er dan als het ware vanaf. Mensen met dementie laten een breed scala aan seksuele gedragingen zien, zoals het uiten van verbale seksuele opmerkingen, het betasten of tonen van eigen intieme lichaamsdelen, of seksuele gedragingen waarbij andere personen worden aangeraakt. Dit gedrag komt bij zowel mannen als vrouwen voor. Deze gedragingen komen minder vaak voor bij mensen met de ziekte van Alzheimer en meer bij personen met vasculaire dementie of frontotemporale dementie (Bartelet e.a., 2014).

5.4 Opname in een instelling

Bij opname in een instelling gaat het meestal om complexe zorgvragen. Dat kan tot gevolg hebben dat seksualiteit in eerste instantie geen hoge prioriteit heeft, terwijl in een latere fase steun, emotionele veiligheid en intimiteit erg belangrijk kunnen worden en seksuele behoeften weer kunnen opleven. Vaak blijken instellingen hier niet of slechts heel gebrekkig op te (kunnen) inspelen.

Architectonische en praktische factoren, medecliënten en medewerkers zijn bepalend voor de mogelijkheden tot intimiteit en seksualiteit van de oudere bewoner. De bouwkundige inrichting geeft vaak weinig ruimte voor privacy. Ook al hebben steeds meer mensen in zorgcentra hun eigen appartement of kamer, toch worden de grenzen van de privacy geregeld overschreden, bijvoorbeeld door binnenkomst zonder kloppen. Ook de tijd ontbreekt of wordt niet genomen door het personeel om deze privacy voor de cliënten te realiseren. Zowel revalidatiecentra als verpleeghuizen houden te weinig rekening met de expressie van seksuele gevoelens van ouderen (Lemieux e.a., 2004).

Een opname in een instelling brengt voor de meeste ouderen ook sociaal tal van ingrijpende veranderingen met zich mee. In de eigen woning kon men doen en laten wat men wilde, nu heeft men te maken met regels en afspraken. De sociale druk kan een negatieve invloed hebben op de vrijheid en het vermogen om uiting te geven aan een bestaande seksuele relatie of om een nieuwe relatie aan te gaan. Deze druk kan komen van de kinderen, de andere bewoners en de staf. Nog moeilijker is dat voor homoseksuele of lesbische senioren. Er zijn weinig zorginstellingen in Nederland die beleid hebben voor seksualiteit. Hierdoor weten medewerkers vaak niet hoe met dit thema om te gaan.

Escortservice

Wanneer de vader van mevrouw Boersma wordt opgenomen in een verpleeghuis, vraagt ze direct een gesprek aan met het hoofd van de afdeling. Ze vertelt daarin heel open dat haar vader al jaren gemiddeld twee keer per maand gebruikmaakt van een escortservice en dat ze graag zou zien dat deze dienst ook in het verpleeghuis wordt voortgezet. Het hoofd van de afdeling heeft deze vraag niet eerder gehad en gaat in overleg met de arts en de psycholoog.

Enkele maanden later wordt mevrouw Boersma teruggebeld dat ze akkoord zijn met de escort. In overleg met arts en psycholoog is ook besloten dat er een richtlijn 'omgaan met escort' geschreven wordt, zodat het team weet hoe ze met de escort moeten omgaan, evenals met de privacy van meneer Boersma en de financiële afhandeling. Meneer Boersma vindt het jammer dat er enkele maanden overheen gegaan zijn voordat de escort gestart kon worden, maar is uiteindelijk heel gelukkig dat hij zijn levensstijl kan voortzetten. Zijn behoefte aan seksualiteit is altijd erg groot geweest en na het overlijden van zijn vrouw is hij begonnen met het inschakelen van escortservice.

6 Diagnostiek en interventies

6.1 De houding van de hulpverlener

De toegenomen maatschappelijke openheid tegenover seksuele expressie en de seksualiserende media hebben ook hun invloed op de oudere populatie. Geleidelijk aan benaderen meer ouderen hulpverleners met seksuele zorgen en met vragen om informatie, bevestiging of hulp. Ontevredenheid met de seksuele situatie betekent echter nog niet automatisch dat ouderen zichzelf beleven als iemand met een seksueel probleem, laat staan dat zij daarvoor hulp gaan zoeken. Ongetwijfeld is voor veel ouderen de stap naar de hulpverlening voor een seksuologisch probleem extra hoog. Daarom is de rol van de omgeving – de huisarts, de GZ-psycholoog, de verpleeghuisarts, de verzorgende of de wijkverpleegkundige – hierin zo belangrijk: signalerend, het gesprek openend, behandelend of verwijzend.

Praten over seksualiteit lijkt in Nederland steeds gewoner te worden. Toch blijkt in zorgrelaties praten over seksualiteit en seksuele zorgen allesbehalve vanzelfsprekend. Veel goed opgeleide professionals weten zich geen raad met dit onderwerp, ook niet als de cliënt er zelf over begint. Veel cliënten vinden seksualiteit een belangrijk onderwerp en hebben wel degelijk vragen, maar ze vinden het ook een moeilijk onderwerp om aan te kaarten. Bovendien stellen de meeste cliënten dat de professionals het initiatief zouden moeten nemen om het gesprek hierover te beginnen (Bender e.a., 2004; Gianotten, 2006; Hoing e.a., 2005). Een actieve houding van de hulpverlener is om deze reden zeer belangrijk. Alleen al omdat vele kwalen en ziekten seksuele consequenties kunnen hebben, zijn er vaak redenen om met ouderen een gesprek over seksuele zaken te beginnen. In veel gevallen zijn seksuele klachten door adequate hulp immers goed op te lossen of te verminderen. Daarnaast kan het belangrijk zijn dat ouderen geholpen worden om een nieuw evenwicht te vinden.

> 'Niet vragen naar seksuele functie bij oudere cliënten met of zonder lichamelijke ziekte of lichamelijke beperking is een vorm van slechte zorg. Dat wel doen, maar niet bij senioren, is een vorm van leeftijdsdiscriminatie' (Swinnen, 2011).

Bij een gesprek over seksuele zaken dient een gemeenschappelijke taal gevonden te worden. Die taal moet concreet genoeg zijn om misverstanden te voorkomen, maar niet bruuskerend. De therapeut dient zich er rekenschap van te geven dat sommige ouderen nauwelijks termen hebben om over seksualiteit te praten. Een proactief en professioneel gesprek over seksualiteit heeft de volgende kenmerken.
- De context van het gesprek moet duidelijk zijn.
- Kies bewust een benadering en formuleer voor jezelf een zin die als opstap voor het gesprek dient.
- Accepteer dat alle begin moeilijk is. Dat geldt namelijk voor iedereen. Een zeker gevoel van ongemak bij het bespreekbaar maken van seksualiteit hoort daarbij. Door toch deze gesprekken te voeren, ontstaat ervaring en verdwijnt het ongemak.
- De gebruikte taal moet passen bij je eigen persoonlijkheid, maar het is vooral van belang dat de gebruikte woorden en termen geen bron van misverstanden kunnen zijn.
- Laat ruimte voor diversiteit. Vul niet in voor de cliënt, maar vraag door met open en eventueel gesloten vragen.
- Erken je eigen grenzen. Professionaliteit houdt ook in: goed verwijzen als een probleem buiten je eigen mogelijkheden of competenties valt.

6.2 Diagnostiek

Diagnostiek kan niet gelijkgesteld worden met het enkel toekennen van een DSM-classificatie. 'Klinische diagnostiek' kan worden gedefinieerd als het zoeken naar een antwoord op de vraag hoe de cliënt het beste kan worden geholpen. Het diagnostisch proces dient in ieder geval te bestaan uit een klachtenanalyse (zie bijvoorbeeld ook hoofdstuk 6 Cognitie, hoofdstuk 8 Gedrag, en hoofdstuk 17 Mediatieve cognitieve gedragstherapie). Afhankelijk van de vraagstelling kunnen vervolgens een probleemanalyse, een ernstanalyse, een oorzaakanalyse en/of een indicatieanalyse worden uitgevoerd.

In de hulpverlening bij seksuele problemen bestaat het diagnostische proces in eerste instantie uit een anamnese, waar nodig aangevuld met een nader onderzoek of een analyse van medische, biologische, psychologische, relationele en sociale aspecten van het probleem. Hierbij wordt het liefst ook de eventuele partner betrokken. De verschillende componenten van de anamnese komen in een of meer oriënterende gesprekken aan bod.

> **Componenten van de seksuele anamnese**
> - Analyse van het probleem: de aard en de duur van de klacht, de relatie tot de seksuele-responscyclus; primair of secundair; generaliserend of situatief.
> - De gevolgen van de klacht voor het seksuele functioneren van de cliënt en de partner.
> - De last van de klacht, bepaald door de gevolgen van de klacht voor het dagelijks leven (psychische, lichamelijke en sociale aspecten).
> - Het beloop van het probleem in de loop der tijd; wat is er tot nu toe gedaan en wat was het resultaat?
> - Mogelijke lichamelijke en/of psychische comorbiditeit.
> - Medicatie, roken, alcohol -en middelengebruik.
> - De medische, psychosociale en psychiatrische voorgeschiedenis.
> - Een mogelijke traumatische voorgeschiedenis.
> - Nadere precisering van de hulpvraag, eigen ideeën over de klacht, wensen over en verwachtingen van een eventuele behandeling.

Bron: Lunsen e.a., 2009

Duidelijk is dat seksualiteit niet alleen verklaard kan worden vanuit een strikt biologisch kader, noch vanuit een uitsluitend psychologisch of sociaal gezichtspunt. Een voorbeeld van een raamwerk waarin deze drie aspecten naar voren komen, is het biopsychosociale model (zie tabel 12.1).

6.3 Behandeling

Seksuele problemen behoeven een geïntegreerde, multidisciplinaire aanpak, waarbij de focus van de behandeling doorgaans beter kan liggen bij seksuele tevredenheid dan bij seksuele prestatie. Zeker bij ouderen is exploratie van het cognitieve en emotionele belang van seksualiteit vruchtbaarder dan snel meegaan in de prestatieangst van sommige senioren wanneer seksuele veranderingen zich aandienen (Neeleman, 2001b).
Van Assche (2015) beschrijft dat nochtans elke therapie gebaseerd is op dynamiek, ongeacht de leeftijd van de cliënt. In een therapeutisch proces wordt het 'zijn' vertaald naar 'worden, bijvoorbeeld van 'Ik ben eenzaam' naar 'Ik zou graag meer samen doen met mijn partner'. Dit wordt ook de intermediaire ruimte genoemd. Er wordt een blijvende groei verondersteld en verwacht. De seksuele problemen dienen dan ook net zo behandeld te worden als bij jongere cliënten of patiënten (Gijs e.a., 2009).
De in de seksuologie gebruikelijke streeloefeningen, cognitieve interventies en paradoxale technieken zijn, indien gecombineerd met adequate voorlichting, vaak toereikend om de neerwaartse spiraal te doorbreken. Een eerste stap in een dergelijke sekstherapie is doorgaans het bevorderen van de communicatie tussen beide partners, vooral ook over wat ieder van beiden prettig of juist onprettig vindt. Vervolgens worden gedragstechnieken ingevoerd via huiswerkopdrachten. Er volgen concrete afspraken over de seksuele activiteiten, zoals een tijdelijk verbod op gemeenschap en het toepassen van streeloefeningen. Dit is onder meer belangrijk omdat veel mensen seksualiteit beperken tot coïtaal gedrag. De vorderingen worden in de therapie besproken en oefeningen passend bij het specifieke seksuele probleem kunnen aan het programma worden toegevoegd. Zo wordt het gezamenlijke seksuele repertoire stap voor stap opnieuw opgebouwd.
Bij de behandeling van ouderen zal de therapeut de nodige tijd besteden aan voorlichting over de normale gevolgen van veroudering voor het seksuele functioneren. Naast de verbale uitleg in de gesprekken kunnen literatuur, video's en websites worden aanbevolen. Mensen die ouder worden, zijn niet altijd voorbereid op de gevolgen van de hogere opwindings- en orgasme-

drempel. Men raakt dan gemakkelijk angstig als het vrijen niet meer wil zoals voorheen. Het verschaffen van informatie en het geven van voorlichting is een belangrijke rol van de behandelaar.

De vaste sekspartner dient vanzelfsprekend betrokken te worden bij de gesprekken. Deze maakt meestal ongewild en vaak ongeweten deel uit van het probleem. Beiden moeten hun zorgen en vragen kunnen uitspreken, want anders blijft er een grote kans bestaan op een negatieve interactie. De partner kan aanvullende informatie verschaffen en helpen bij de huiswerkopdrachten. Schuld- en schaamtegevoelens kunnen het voor de oudere moeilijk maken om de problemen onder ogen te zien of om het gedrag te veranderen. Sterke blokkades kunnen te maken hebben met een meer intrapsychische en/of relationele dynamiek. Individuele therapie of partnerrelatietherapie kan dan aangewezen zijn. Indien de relatie uitgeblust is en er geen zin of motivatie is om deze nieuwe inhoud te geven, rijst de vraag hoeveel zin het nog heeft om te pogen de seksuele relatie te reanimeren (Zwanikken, 1999). Bij alleenstaande ouderen of oudere patiënten die met een ernstig of chronisch zieke partner samenleven, zijn gesprekken over masturbatieactiviteiten vaak aangewezen. Het kan een gevoel van opluchting geven als de therapeut duidelijk maakt dat heel wat oudere personen aan zelfbevrediging doen, en de voordelen van masturbatie benoemt. Waar nodig zullen de technieken daartoe worden uitgelegd.

Er is een scala van praktische adviezen te geven om lichamelijke beperkingen te omzeilen (Zwanikken, 1999). Warme baden vóór het vrijen helpen stijve gewrichten en spieren wat soepeler te maken. Suggesties voor andere houdingen tijdens het liefdesspel kunnen worden aangereikt als de vertrouwde houdingen niet meer comfortabel zijn. Streeloefeningen of sensuele massage kunnen fungeren als uitbreiding van het seksuele repertoire of als alternatieven voor seksuele gemeenschap. Het kan ook zinvol zijn om stil te staan bij het tijdstip van seksueel verkeer. Vaak is men gewend om 's avonds te vrijen, maar als men minder energie heeft kan het nuttig zijn om dit naar de ochtend te verplaatsen. Er kan gewezen worden op hulpmiddelen als een vibrator om de opwinding te verhogen, evenals erotische literatuur en films. Het gebruik van fantasieën kan worden gestimuleerd. De nadruk ligt op het belang van de intimiteit van de interactie; het belang van de erectie en het orgasme wordt zo nodig gerelativeerd.

Glijmiddelen kunnen worden aanbevolen om de gevolgen van de verminderde vochtigheid van de vagina te bestrijden. Opwindingsproblemen moeten op deze wijze echter niet worden verdoezeld. Indien nodig wordt door een arts adequate hormonale therapie ingesteld. Voor vrouwen met bijvoorbeeld atrofie van de schedewand is een therapie met oestrogenen aangewezen. Voor mannen met een te lage testosteronspiegel kan testosteronsubstitutie de seksuele opwindbaarheid herstellen. Bij erectieproblemen kan oraal sildenafil (Viagra) of andere erectie ondersteunende medicatie worden voorgeschreven, tenzij er contra-indicaties zijn. Voor vroegtijdige zaadlozing kunnen clomipramine of SSRI's (*selective serotonin-reuptake inhibitors*: een groep antidepressiva) worden voorgeschreven. Counseling is echter bij al deze farmacologische ingrepen onontbeerlijk. Faalangst blijkt op deze farmacologische weg soms goed doorbroken te kunnen worden, waarna er ruimte en vertrouwen ontstaat voor gesprekken over de achterliggende problemen.

Bij therapeuten die ouderen behandelen, botst men wel op tegen vooroordelen bij de cliënten die ervan uitgaan dat het potentieel voor ontwikkeling bij hen is 'opgebruikt'. Menigmaal kondigen ouderen de mislukking bij voorbaat aan: 'Het zal wellicht op onze leeftijd niets meer uitmaken'. Van Assche (2015) beschrijft dat er wellicht bij oudere koppels individuele streefdoelen zijn en de plannen vaak minder op de lange termijn gericht zijn, maar dat het therapeutische proces met oudere koppels vol zit van zelfreflectie, vitaliteit en wilskracht. Bovendien heeft men een rijke geschiedenis om op terug te vallen. Het zou dan ook een grote vergissing zijn om deze mogelijkheden te miskennen.

7 Emancipatie van de sexy senior

De nieuwe generaties ouderen in de westerse landen zijn steeds vitaler, gezonder en mondiger. Mensen die nu met pensioen gaan, verkeren in een betere lichamelijke en sociale conditie dan de generaties voor hen. Ze zijn hoger opgeleid en hebben vaak financieel een betere situatie. De nieuwe ouderen willen niet afhankelijk zijn van hun kinderen of van anonieme woonzorgcentra, maar organiseren bijvoorbeeld zelf nieuwe woonvormen.

Voor nieuwe generaties ouderen wordt het zelfbeschikkingsrecht steeds belangrijker en dat geldt ook voor seksualiteit. Immers, het cohort van de babyboomers heeft de tweede levenshelft bereikt. Zij hebben de seksuele revolutie meegemaakt. Het is de generatie die voor het eerst is opgegroeid met de nieuwe anticonceptiepil en die nu vertrouwd raakt met een pil om erectieproblemen op te lossen. Deze generatie heeft al lang geleden ontdekt dat seks een vitale bron kan zijn van plezier, ontspanning, bevestiging van de eigen identiteit, en intimiteit met de partner. Deze senioren zullen de latere levensfasen in seksueel opzicht anders, en ongetwijfeld assertiever vormgeven dan eerdere generaties. Er ligt voor psychologen en seksuologen een belangrijke uitdaging om passende antwoorden te helpen vinden op de vragen die ouderen nu en in de toekomst stellen en een proactieve rol als professional te hebben in het aangaan van een gesprek over seksualiteit.

Literatuur

Assche, L. van. (2015). *Partnerrelatie, intimiteit en seksualiteit in de tweede levenshelft*. Antwerpen: Garant.

Barrett, C., Crameri, P., Lambourne, S., Latham, J.R., & Whyte, C. (2015). Understanding the experiences and needs of lesbian, gay, bisexual and trans Australians living with dementia, and their partners. *Australia Journal of Ageing, 34 Suppl 2*, 34-38.

Bartelet, M., Waterink, W.,& Hooren, S. van. (2014). Extreme sexual behavior in dementia as a specific manifestation of disinhibition. *Journal of Alzheimers Disorders, 42 Suppl 3*, S119-124.

Bauer, M., Haesler, E., & Fetherstonhaugh, D. (2015). Let's talk about sex: Older people's views on the recognition of sexuality and sexual health in the health-care setting. *Health expectations*, Oct 8. doi: 10.1111/hex.12418. [Epub ahead of print]. Available from: http://onlinelibrary.wiley.com/doi/10.1111/hex.12418/epdf.

Bender, J., Hoing, M., Berlo, W. van, & Dam, A. van. (2004). Is revalidatie aan seks toe? *Revalidata, 121*, 20-26.

Blanker, M.H., Bohnen, A.M., Groeneveld, F.P.M.J., Bernsen, R.M.D., Prins, A., Thomas, S., e.a. (2001). Erectiestoornissen bij mannen van 50 jaar en ouder: Prevalentie, risicofactoren en ervaren hinder. *Nederlands Tijdschrift voor Geneeskunde, 145*, 1404-1409. Raadpleegbaar via: www.ntvg.nl/artikelen/erectiestoornissen-bij-mannen-van-50-jaar-en-ouder-prevalentie-risicofactoren-en-ervaren/volledig.

Boer, B.J. de, Lycklama à Nijeholt, A.A.B., Moors, J.P.C., Pieters, R.M., & Verheij, Th.J.M. (2001). De prevalentie van erectiestoornissen en risicofactoren na de introductie van Viagra: Willen mannen met ED behandeld worden, door wie en hoe? Resultaten van de Enigma-studie [Abstract]. *Tijdschrift voor Seksuologie, 25*, 217. Raadpleegbaar via: http://www.tijdschriftvoorseksuologie.nl/archief/tvs2001-04v.htm.

Bolle, G. (2008). Ziekte van Parkinson. In W.L. Gianotten, M.J. Meihuizen-de Regt & N. van Son-Schoones (Red.), *Seksualiteit bij ziekte en lichamelijke beperking* (pp. 355-361). Assen: Van Gorcum.

Brecher, E.M. (1984). *Love, sex and aging*. Boston, MA: Little & Brown.

Bretschneider, J.G., & McCoy, N.L. (1988). Sexual interest and behavior in healthy 80- to 102-year-olds. *Archives of Sexual Behavior, 17*, 109-129.

Brotto, L.A., Basson, R., & Luria, M. (2008). A mindfulness-based group psychoeducational intervention targeting sexual arousal disorder in women. *Journal of Sexual Medicine, 5*, 1646-1659.

Bucher, T., Hornung, R., Gutzwiller, F., & Buddeberg, C. (2001). Sexualität in der zweiten Lebenshälfte: Erste Ergebnisse einer Studie in der deutschsprachigen Schweiz. In H. Berberich & E. Brähler (Eds.), *Sexualität und Partnerschaft in der zweiten Lebenshälfte*. Giessen: Psychosozial Verlag.

Call, V., Sprecher, S., & Schwartz, P. (1995). The incidence and frequency of marital sex in a national sample. *Journal of Marriage and the Family, 57*, 639-653.

CBS. (2015). *Prognose personen in huishoudens; leeftijd, burgerlijke staat, 2016-2060. 18 december 2015*. Geraadpleegd november 2016, van statline.cbs.nl/statweb/publication/?VW=T&DM=SLnl&PA=83227NED&LA=nl.

Cloyes, K.G. (2016). Seeing silver in the spectrum: LGBT older adult health, aging and gerontological nursing research. *Research in Gerontological Nursing, 9*, 54-57.

DSM-5. (2013). *Diagnostic and Statistical Manual of mental disorders*. 5th ed. American Psychiatric Association. Washington DC.

Enzlin, P. (2008). Seksualiteit, een plaatsbepaling. In W.L. Gianotten, M.J. Meihuizen-de Regt & N. van Son-Schoones (Red.), *Seksualiteit bij ziekte en lichamelijke beperking* (pp. 16-20). Assen: Van Gorcum.

Felten, H., Boote, M. (2015). *Handreiking LHBT-emancipatie*. Utrecht: Movisie. Raadpleegbaar via www.movisie.nl/sites/default/files/LHBT-feiten-cijfers.pdf.

Frenken, J., Rodenburg, N., & Stolk, B. van. (1988). *Huisartsen helpen bij seksuele moeilijkheden: Onderzoek naar belemmeringen in de gezondheidszorg*. Deventer: Van Loghum Slaterus.

Frenken, J., & Stolk, B. van. (1987). *Hulpverlening aan incestslachtoffers: Onderzoek naar belemmeringen in de hulpverlening*. Deventer: Van Loghum Slaterus.

Gaal, E., & Weeghel, J. van. (1998). *Intieme vragen: Intimiteit en seksualiteit bij langdurig zorgafhankelijke cliënten*. Utrecht: Trimbos-instituut.

Gagnon, J.H. (1997). Preface. In M.P. Levine, P.M. Nardi & J.H. Gagnon (Eds.), *In changing times: Gay men and lesbian encounter HIV/AIDS* (pp. vii-xii). Chicago: University of Chicago Press.

Galindo, D., & Kaiser, F.E. (1996). Seks na zestig. *Patient care, 23*, 38-49.

Gianotten, W.L. (2002). Senioren, CVA en seks. In M.T. Vink, R.P. Falck & B.G. Deelman (Red.), *Senioren en CVA: veranderingen in cognitie, emoties en gedrag* (pp. 49-60). Houten: Bohn Stafleu van Loghum.

Gijs, L., Gianotten. W., Vanwesenbeeck, I., & Weijenborg, P. (Red.). (2009). *Seksuologie* (2e dr.). Houten: Bohn Stafleu van Loghum.

Graaf, H. de, Neeleman, A., Vennix, P., & Son-Schoones, N. van. (2009). De seksuele levensloop. In L. Gijs, W. Gianotten, I. Vanwesenbeeck & P. Weijenborg (Red.), *Seksuologie* (pp. 157-180). (2e dr.). Houten: Bohn Stafleu van Loghum.

Griebling T.L. (2016). Sexuality and aging: A focus on lesbian, gay, bisexual, and transgender (LGBT) needs in palliative and end of life care. *Current Opinion in Supportive and Palliative Care, 10*, 95-101.

Heaphy, B., Yip, A.K.T., & Thompson, D. (2004). Ageing in a non-heterosexual context. *Ageing and Society, 24*, 881-902.

Heijer, R. den. (2009). *De behoefte aan woonvoorzieningen voor homoseksuele ouderen (m/v) in Nederland*. Amsterdam: EuMaG (European Masters Gerontology).

Hengeveld, M.W., & Brewaeys, A. (Red.). (2001). *Behandelingsstrategieën bij seksuele disfuncties*. Houten: Bohn Stafleu van Loghum.

Hillman, J.L. (2000). *Clinical perspectives on elderly sexuality*. New York: Kluwer Academic/Plenum Publishers.

Hoing, M., Berlo, W. van, & Bender, J. (2005). Een blinde vlek: Seksualiteit en chronische ziekte of handicap. In R. Bleys, B. Caers, E. de Bie, e.a. (Red.), *Jaarboek 2005*. Antwerpen: Sensoa.

Jaarsma, T. (2008). Hart- en vaatziekten. In W.L. Gianotten, M.J. Meihuizen-de Regt & N. van Son-Schoones (Red.), *Seksualiteit bij ziekte en lichamelijke beperking* (pp. 288-297). Assen: Van Gorcum.

Kalra, G., Subramanyam, A., & Pinto, C. (2011). Sexuality: Desire, activity and intimacy in the elderly. *Indian Journal of Psychiatry, 53*, 300-306.

Kaplan, H.S. (1990). Sex, intimacy, and the aging process. *Journal of the American Academy of Psychoanalysis, 18*, 185-205.

Kinsey, A.C., Pomeroy, W.B., & Martin, C.E. (1948). *Sexual behavior in the human male*. Philadelphia: Saunders.

Kinsey, A.C., Pomeroy, W.B., Martin, C.E., & Gebhard, P.H. (1953). *Sexual behavior in the human female*. Philadelphia: Saunders.

Klaiberg, A., Brähler, E., & Schumacher, J. (2001). Determinanten der Zufriedenheit mit Sexualität und Partnerschaft in der zweiten Lebenshälfte. In H. Berberich & E. Brähler (Eds.), *Sexualität und Partnerschaft in der zweiten Lebenshälfte* (pp. 105-127). Giessen: Psychosozial Verlag.

Klerk, M.M.I. de (Red.). (2001). *Rapportage Ouderen 2001*. Den Haag: SCP.

Koster, E., & Rademakers, J. (2000). *Seksualiteit en intimiteit binnen zorginstellingen voor ouderen: Verslag van een evaluatie-onderzoek*. Utrecht: NISSO.

Kuile, M. ter, Both, S., Bolle, G., & Weijenberg, P. (2009). Seksuele disfuncties bij vrouwen. In L. Gijs, W. Gianotten, I. Vanwesenbeeck & P. Weijenborg (Red.), *Seksuologie* (pp. 339-364). (2e dr.). Houten: Bohn Stafleu van Loghum.

Lankveld, J. van, Boer, B-J. de, & Meuleman, E. (2009). Seksuele disfuncties bij mannen. In L. Gijs, W. Gianotten, I. Vanwesenbeeck & P. Weijenborg (Red.), *Seksuologie* (pp. 365-389). (2e dr.). Houten: Bohn Stafleu van Loghum.

Leiblum, S.R., & Segraves, R.T. (1989). Sex therapy with aging adults. In S.R. Leiblum & R.C. Rosen (Eds.), *Principles and practice of sex therapy: Update for the 1990s* (pp. 352-381). New York: Guilford Press.

Lemieux, L., Kaiser, S., Pereira, J., & Meadows, L.M. (2004). Sexuality in palliative care: Patient perspectives. *Palliative Medicine, 18*, 630-637.

Lindau, S.T., Schumm, L.P., Laumann, E.O., Levinson, W., O'Muircheartaigh, C.A., & Waite, L.J. (2007). A study of sexuality and health among older adults in the United States. *New England Journal of Medicine, 357*, 762-774.

Lunsen, R. van, Weijenborg, P., Vroege, J., Brewaeys, A., & Meinhardt, W. (2009). Diagnostiek en interventies. In L. Gijs, W. Gianotten, I. Vanwesenbeeck & P. Weijenborg (Red.), *Seksuologie* (pp. 333-358). Houten: Bohn Stafleu van Loghum.

Masters, W.H., & Johnson, V.E. (1966). *Human sexual response*. Boston: Little, Brown and Company.

Masters, W.H., & Johnson, V.E. (1968). De sexuele reacties van oudere mensen. In W.H. Masters & V.E. Johnson, *Anatomie van het sexueel gebeuren* (pp. 225-268). Amsterdam: H.J. Paris.

Masters, W.H., & Johnson, V.E. (1970). *Human Sexual Inadequacy*. Boston: Little, Brown and Company.

Matthias, R.E., Lubben, J.E., Atchison, K.A., & Schweitzer, S.O. (1997). Sexual activity and satisfaction among very old adults: Results from a community-dwelling Medicare population survey. *Gerontologist, 37*, 6-14.

Meuleman, E.J.H., Donkers, L.H.C., Robertson, C., Keech, M., Boyle, P., & Kiemeney L.A.L.M. (2001). Erectiestoornis: Prevalentie en invloed op de kwaliteit van leven, het Boxmeer-onderzoek. *Nederlands Tijdschrift voor Geneeskunde, 145*, 576-581.

Moors, J.P.C. (1998). Problemen rond seksualiteit bij ouderen (4). *Tijdschrift voor Huisartsgeneeskunde, 15*, 261-273.

Neeleman, A.J.F. (2001a). Seksualiteit van senioren in beeld. *Gerōn, 3*, 5-15.

Neeleman, A.J.F. (2001b). Sekstherapie met senioren. *Tijdschrift voor Seksuologie, 25*, 16-25.

NIPO. (2003). *Seksuele beleving en gedrag bij ouderen*. Amsterdam: NIPO.

Rademakers, J. (1994). Seksualiteit van ouderen: Een literatuurstudie. *Tijdschrift voor Seksuologie, 18*, 208-213.

Schiavi, R.C. (1999). *Aging and male sexuality*. Cambridge: Cambridge University Press.

Schnarch, D. (1998). *Passionate marriage*. New York: Henry Holt and Company.

Sherman B. (1999). *Sex, intimacy and aged care*. Londen: Jessica Kingsley Publishers.

Smith, G.D., Frankel, S., & Yarnell, J. (1997). Sex and death: Are they related? Findings from the Caerphilly cohort study. *British Medical Journal, 315*, 1641-1644.

Son-Schoones, N. van. (2008). Aspecten van diversiteit. In W.L. Gianotten, M.J. Meihuizen-de Regt & N. van Son-Schoones (Red.), *Seksualiteit bij ziekte en lichamelijke beperking* (pp. 89-126). Assen: Van Gorcum.

Stoeckart, R., Swaab, D.F., Gijs, L., Ronde, P. de, & Slob, K. (2009). Biologie van de seksualiteit; endocrinologische, anatomische en fysiologische aspecten. In L. Gijs, W. Gianotten, I. Vanwesenbeeck & P. Weijenborg (Red.), *Seksuologie* (pp. 73-126). Houten: Bohn Stafleu van Loghum.

Swinnen, A. (2011). *Seksualiteit van ouderen: Een multidisciplinaire benadering*. Amsterdam: Amsterdam University Press.

Sydow, K. von. (1995). Unconventional sexual relationships: Data about German women ages 50 to 91 years. *Archives of sexual behavior, 24*, 271-290.

Sydow, K. von. (2001). Sexuelle Probleme im höheren Lebensalter: Die weibliche Perspektive. In H. Berberich & E. Brähler (Eds.), *Sexualität und Partnerschaft in der zweiten Lebenshälfte* (pp. 87-103). Giessen: Psychosozial Verlag.

Taylor, T.N, Munoz-Plaza, C.E., Goparaju, L., Martinez, O., Holman, S., Minkoff, H.L., e.a. (2016). "The Pleasure Is Better as I've Gotten Older": Sexual Health, Sexuality, and Sexual Risk Behaviors Among Older Women Living With HIV, *Archives of sexual behavior*, Epub ahead of print. DOI:10.1007/s10508-016-0751-1.

Thomas, H.N., Hess, R., Thurston, R.C. (2015). Correlates of sexual activity and satisfaction in midlife and older women. *Annals of Family Medicine, 13*, 336-42.

Trudell, G., Turgeon, L., & Piché, L. (2000). Marital and sexual aspects of old age. *Sexual and Relationship Therapies, 15*, 381-405.

Vanwesenbeeck, I. (2009). Seksuele diversiteit. In L. Gijs, W. Gianotten, I. Vanwesenbeeck & P. Weijenborg (Red.), *Seksuologie* (pp. 181-195). Houten: Bohn Stafleu van Loghum.

Verkuylen, M.M.J.D. (1996). Vragen die worden overgeslagen: Een onderzoek naar het functioneren van verpleeghuisartsen ten aanzien van de seksualiteit van verpleeghuisbewoners. *Tijdschrift voor Seksuologie, 20*, 399-409.

Vincke, J., & Woertman, L. (2009). Problemen van homo- en biseksualiteit. In L. Gijs, W. Gianotten, I. Vanwesenbeeck & P. Weijenborg (Red.), *Seksuologie* (pp. 443-456). Houten: Bohn Stafleu van Loghum.

Visser-Meily, J.M.A., & Farenhorst, N.H. (2008). Cerebrovasculair accident (CVA). In W.L. Gianotten, M.J. Meihuizen-de Regt & N. van Son-Schoones (Red.), *Seksualiteit bij ziekte en lichamelijke beperking* (pp. 194-200). Assen: Van Gorcum.

Vroege, J.A. (1991). *Hulpverlening bij problemen op het gebied van de seksualiteit door de Riagg.* Delft: Eburon.

Vroege, J.A. (1997). Riagg-hulp bij seksuele moeilijkheden: de stand van zaken. *Tijdschrift voor Seksuologie, 21,* 244-249.

Wens, L. (1989). Seksualiteit en ouder worden. In H. Nies (Red.), *Handboek ouder worden* (I.A.5Wen.1-27). Houten: Bohn Stafleu van Loghum.

Zwanikken, W.C. (1999). Seksualiteit en intimiteit. In H. Buijssen (Red.), *Psychologische hulpverlening aan ouderen, deel 1: Psychosociale problematiek* (pp. 69-113). Nijkerk: Intro.

13
Kwaliteit van leven

Debby Gerritsen en Nardi Steverink

1 Inleiding
2 Ontstaan en ontwikkeling van het concept kwaliteit van leven
    2.1 Kwaliteit van leven versus gezondheid
    2.2 Het belang van de subjectieve beleving
    2.3 Wat verstaan ouderen zelf onder kwaliteit van leven?
    2.4 Kwaliteit van leven bereiken en behouden
    2.5 Bruikbare benaderingen
3 Interventies
    3.1 Ouderen in het algemeen
    3.2 Mensen met dementie
4 Meetinstrumenten
    4.1 Ouderen in het algemeen
    4.2 Mensen met dementie
5 Implicaties voor de psycholoog
    Literatuur

---

www.tijdstroom.nl/leeromgeving

- Beeldmateriaal
- Weblinks

Kernboodschappen
- De ervaring van kwaliteit van leven is een dynamisch, persoons- en tijdgebonden proces.
- Een adequaat conceptueel model van kwaliteit van leven benoemt niet alleen de domeinen van kwaliteit van leven, maar brengt deze ook met elkaar in verband en maakt duidelijk hoe de levenskwaliteit in de diverse domeinen verbeterd kan worden.
- Optimalisering van kwaliteit van leven betekent niet alleen leed verhelpen, maar ook welbevinden stimuleren.

1 Inleiding

De vraag wat maakt dat leven kwaliteit heeft, is een vraag die mensen al sinds de oudheid bezighoudt. Plato en Aristoteles schreven in de vierde eeuw voor Christus al over levenskunst en in de eeuwen die volgden hebben verscheidene auteurs zich gebogen over de mogelijkheden van de mens om het leven vorm te geven en het vermogen om zichzelf te veranderen. Ook heeft men zich beziggehouden met 'het goede leven', waarbij nog steeds gedebatteerd wordt over de kwestie of dit betrekking heeft op het moreel goede en rechtvaardige leven, of om het verwerven van geluk en genot (Dohmen, 2002). Ondanks deze reeds lang bestaande filosofische gedachtewisseling is kwaliteit van leven pas de laatste decennia een belangrijk begrip in de sociale en medische wetenschappen geworden.

De hedendaagse aandacht voor kwaliteit van leven heeft deels te maken met het feit dat onze samenleving vergrijst. Hoewel veel mensen gezond en gelukkig ouder worden, kan ouder worden ook met onherstelbare gebreken komen die zo ingrijpend kunnen zijn dat zij op een gegeven moment zelfs de vraag kunnen oproepen of het leven nog enige kwaliteit heeft. Een lang leven gaat vaak gepaard met het inleveren van zelfstandigheid, van bezigheden of met het verlies van belangrijke anderen. Hoewel lang is gedacht dat dit verlies onherroepelijk gepaard ging met een daling van de kwaliteit van leven, blijkt uit onderzoek dat mensen zich vaak aanpassen aan hun veranderde situatie. Zij passen dan hun oordeel aan over wanneer het leven nog de moeite waard is: een fenomeen dat men wel de *disability paradox* noemt (Albrecht & DeVlieger, 1999), de well-being paradox (Herschbach, 2002) of de response shift (Schwartz e.a., 2007).

Ouderen kunnen dus, ondanks veranderingen en verliezen, wel degelijk een hoge kwaliteit van leven ervaren. De ervaring van kwaliteit van leven is dan ook een dynamisch proces, dat persoons- en tijdgebonden is. Het is van belang te ontdekken wat mensen nodig hebben om kwaliteit van leven te ervaren, maar ook in welke mate en op welke wijze het individu daar zelf invloed op kan uitoefenen, en ook in hoeverre hulpverleners dit kunnen.

2 Ontstaan en ontwikkeling van het concept kwaliteit van leven

Rond 1960 kwam in de sociale wetenschappen aandacht voor het idee dat maatschappelijke vooruitgang niet alleen bepaald wordt door materiële welvaart, maar ook door een gevoel van welbevinden en geluk. Dit leidde tot de introductie van het begrip kwaliteit van leven in onderzoek en beleid (Zautra & Goodhart, 1979). Al vrij snel ontstond er discussie over wat kwaliteit van leven precies is en vormden zich verschillende stromingen binnen het kwaliteit-van-levenonderzoek. Zautra en Goodhart (1979) onderscheiden twee typen definities van kwaliteit van leven: één definieert kwaliteit van leven met sociale indicatoren, één met psychologische indicatoren.

Sociale indicatoren zijn kenmerken die gerelateerd zijn aan de sociale en maatschappelijke situatie van mensen. Voorbeelden van sociale indicatoren zijn inkomen, opleiding en gezinssamenstelling. Dit zijn concepten waarvoor absolute, meetbare standaarden bestaan. Deze benadering veronderstelt dat hoge scores op sociale indicatoren samengaan met een hoge mate van kwaliteit van leven.

Psychologische indicatoren hebben betrekking op de persoonlijke levenssituatie van mensen. In deze benadering richt men zich op het meten van de perceptie van levenservaringen. Kwaliteit van leven wordt dan veelal gemeten als een algemene maat voor subjectief welbevinden, of als de ervaring van specifieke levensdimensies (Van Nieuwenhuizen, 1998).

Met de introductie van het begrip kwaliteit van leven in de geneeskunde ontstond een derde benadering: het gezondheidsgerelateerde kwaliteit-van-levenconcept. Kwaliteit van leven kreeg aandacht in de geneeskunde omdat er, terwijl de mortaliteit sterk daalde, meer mensen kwamen die een chronische ziekte hadden en moesten leren omgaan met levenslange beperkingen en handicaps. De aandacht voor kwaliteit van leven nam verder toe door de ontwikkeling van medische behandelingen met ingrijpende neveneffecten. De gezondheidsgerelateerde benadering benadrukt het belang van gezondheid voor het welzijn van het individu. Het concept kwaliteit van leven is daarom in de geneeskunde meestal niet een allesomvattend concept, maar het behelst veelal alleen die aspecten die direct worden beïnvloed door gezondheid (zie bijvoorbeeld Wilson & Cleary, 1995), of, meer nog, door een specifieke ziekte of stoornis (zie bijvoorbeeld Brod e.a., 1999; Rabins & Kasper, 1997).

Een bruikbare conceptuele benadering van kwaliteit van leven kan de professional helpen bij de keuze voor interventies en meetinstrumenten. In paragraaf 3 en 4 gaan wij daar verder op in.

2.1 Kwaliteit van leven versus gezondheid

In 1948 presenteerde de Wereldgezondheidsorganisatie (WHO) de volgende, door haar nog steeds gehanteerde definitie van gezondheid:

> 'Gezondheid is een toestand van volledig lichamelijk, geestelijk en maatschappelijk welzijn en niet slechts van de afwezigheid van ziekte of andere lichamelijk gebreken.'

Voor kwaliteit van leven hanteert de WHO als definitie:

> 'de perceptie van individuen van hun positie in het leven, in de context van de cultuur en het waardesysteem waarin zij leven, en in relatie tot hun doelen, verwachtingen, standaarden en belangen' (WHOQOL Group, 1994).

Met deze definities maakt de WHO een expliciet onderscheid tussen enerzijds somatische of psychische gezondheid en anderzijds de ervaring ervan. Maar het denken over gezondheid verandert, en gezondheid wordt steeds meer in termen van veerkracht, functioneren en participatie gezien in plaats van alleen in somatische of psychische zin. Huber e.a. hebben in 2011 een nieuwe definitie van gezondheid voorgesteld. Deze krijgt een steeds breder draagvlak en wordt zelfs de nieuwe definitie van gezondheid genoemd:

> 'Gezondheid is het vermogen van mensen zich aan te passen en een eigen regie te voeren, in het licht van fysieke, emotionele en sociale uitdagingen van het leven' (Huber e.a., 2011).

Op basis van onderzoek worden zes dimensies van gezondheid onderscheiden: lichaamsfuncties, mentale functies en beleving, de spiritueel/existentiële dimensie, kwaliteit van leven, sociaal-maatschappelijke participatie, en dagelijks functioneren (Huber e.a., 2016). Kwaliteit van leven is hier dus slechts één domein van gezondheid, hetgeen weer nieuwe vragen oproept over hoe kwaliteit van leven en gezondheid zich tot elkaar verhouden.

In de heersende discussie over het concept kwaliteit van leven zijn de meeste onderzoekers op dit terrein in de sociale wetenschappen en de geneeskunde het eens over het feit dat kwaliteit van leven over het individueel ervaren welbevinden gaat. Daarnaast is men ervan overtuigd dat kwaliteit van leven een multidimensioneel concept is, dus uit meerdere onderdelen bestaat. Er bestaan echter uiteenlopende opvattingen over welke dimensies dit zijn.

2.2 Het belang van de subjectieve beleving

Momenteel hanteren de meeste sociaalwetenschappelijk en geneeskundig onderzoekers psychologisch welbevinden als belangrijkste uitkomstmaat van kwaliteit van leven. Hierbij zijn twee stromingen te onderscheiden (Ryan & Deci, 2001). De eerste stroming gaat uit van *hedonic well-being*: de subjectieve ervaring (affectief en cognitief) van het leven als geheel en van belangrijke levensdomeinen (Diener e.a., 2006). De aspecten die hier gemeten worden zijn: positief en negatief affect, tevredenheid over het leven en over de verschillende levensdomeinen, en geluk.

De tweede stroming gaat uit van *eudaimonic well-being*: psychologisch welbevinden als gevolg van een levenslang proces van zelfontplooiing en zelfverwerkelijking. Het bekendste model in dit verband is het multidimensionele model van psychologisch functioneren van Carol Ryff (Ryff, 2014; Ryff & Singer, 1998). Dit model onderscheidt zes dimensies: zelfacceptatie, autonomie, omgevingsbeheersing, persoonlijke groei, doelgerichtheid en positieve relaties met anderen. In dit hoofdstuk gaan we uit van de meest gevolgde stroming, namelijk die uitgaat van hedonic well-being.

Een andere ontwikkeling in het denken over psychologisch welbevinden in de afgelopen jaren is dat steeds meer wordt onderkend dat positief welbevinden (bijvoorbeeld positief affect) niet zomaar gelijk te stellen is aan de afwezigheid van negatief welbevinden (bijvoorbeeld de afwezigheid van negatief affect). Traditioneel is er in de psychologie altijd veel aandacht geweest voor psychische problemen of psychisch lijden en het behandelen daarvan. Een belangrijk criterium voor de effectiviteit van een behandeling was dan meestal de mate waarin het lijden was afgenomen, bijvoorbeeld een afname van depressieve klachten. Het opheffen van leed is echter maar één kant van de medaille: ook het stimuleren van positieve emoties en ervaringen is van belang. Er wordt gepleit voor een meer gebalanceerde benadering van beide kanten en de zogeheten positieve psychologie wint steeds meer terrein (Lambert & Holder, 2015; Seligman & Csikszentmihalyi, 2000).

2.3 Wat verstaan ouderen zelf onder kwaliteit van leven?

Er is steeds meer onderzoek dat beschrijft wat ouderen zelf belangrijk vinden voor hun kwaliteit van leven. Zo noemen Grewal e.a. (2006) de volgende, door thuiswonende ouderen zelf benoemde kernelementen van kwaliteit van leven: *attachment* (liefde, vriendschap en *companionship*), rol (een doel hebben, zich gewaardeerd voelen), *enjoyment* (plezier en gevoel van tevredenheid), veiligheid (veilig (*safe* en *secure*) voelen) en controle (onafhankelijkheid en eigen beslissingen kunnen nemen).

Douma e.a. (2015) exploreerden subjectief welbevinden in de woorden van ouderen zelf en stelden vijftien domeinen vast op basis van de door verschillende groepen ouderen gegeven informatie. Hiervan werden de domeinen 'het sociale leven', 'activiteiten', 'gezondheid' en 'de woon- en leefomgeving' het belangrijkst gevonden (Douma e.a., 2015).

Murphy e.a. (2007) bevroegen thuiswonende ouderen met beperkingen en vonden 'mijn gezondheid', 'sociale verbondenheid', 'mezelf zijn' en 'financiële zekerheid' als kerndomeinen van kwaliteit van leven. De groep van Murphy deed ook onderzoek bij ouderen in de langdurige zorg. Dit onderzoek bracht de volgende domeinen naar voren: 'zorgomgeving en zorgvisie', 'persoonlijke identiteit', 'verbondenheid met familie en samenleving' en 'activiteiten en therapieën' (Cooney e.a., 2009).

Dröes e.a. (2006) onderzochten met interviews en focusgroepen wat mensen met dementie en hun mantelzorgers relevant vonden voor hun kwaliteit van leven, en kwamen tot twaalf domeinen: 'affect', 'zelfwaardering/zelfbeeld', 'gehechtheid', 'sociaal contact', 'plezier beleven aan activiteiten', 'gevoel voor esthetiek in de leefomgeving', 'lichamelijke en geestelijke gezondheid', 'financiële situatie', 'zelfbeschikking en vrijheid', 'spiritualiteit', 'veiligheid en privacy' en 'nuttig zijn/zingeving'.

Het moge duidelijk zijn dat er allerlei dimensies van kwaliteit van leven te benoemen zijn. Maar welke zijn relevant in welke situatie? Bij het bepalen van de dimensies gaat het ten eerste om de beoogde breedte van het concept kwaliteit van leven. Gaat de interesse uit naar alle dimensies van kwaliteit van leven, of alleen naar enkele dimensies die in een specifieke situatie van belang zijn, bijvoorbeeld de dimensies die worden beïnvloed door een bepaalde ziekte? Dit laatste heeft het voordeel dat juist op deze specifieke dimensies (bijvoorbeeld pijn, functionele beperkingen) geïntervenieerd kan worden, waardoor ook de effectiviteit van psychologische of medicamenteuze interventies goed te evalueren is. Een belangrijk nadeel is echter dat dimensies die indirect worden beïnvloed door de dynamiek van de ziekte, niet in ogenschouw worden genomen, terwijl deze wel belangrijk kunnen zijn voor iemands algemene kwaliteit van leven, zoals het sociale leven. Door alleen specifieke dimensies te gebruiken, worden andere mogelijk belangrijke dimensies genegeerd en daarmee ook de algemene kwaliteit van leven.

Een andere vraag is of het nodig en nuttig is om het concept kwaliteit van leven specifiek te maken voor groepen mensen met specifieke kenmerken, bijvoorbeeld een groep kwetsbare ouderen of ouderen met dementie (zie Brod e.a., 1999; Lawton, 1991; Logsdon e.a., 2002). Waarom zou kwaliteit van leven van ouderen een fundamenteel andere betekenis hebben dan voor jongeren? Is het concept basaal anders voor verschillende leeftijdsgroepen, of verschilt alleen de uitwerking, zoals het relatieve belang van de domeinen of de precieze inhoud ervan? Uitgaan van een fundamenteel andere inhoud heeft ten eerste het gevaar in zich dat mogelijk universele aspecten van de kwaliteit van leven van mensen niet aan de orde komen, omdat men te veel gericht is op de specifieke kenmerken van de groep. Bovendien kan er juist in een groepsspecifieke benadering te weinig aandacht bestaan voor unieke kenmerken van individuen uit die groep, omdat alleen die domeinen zijn gekozen die voor de gehele groep gelden. Een groepsspecifieke benadering heeft dan ook alleen de voorkeur wanneer een algemene benadering niet voldoet. Bij een (algemene) benadering dient men wel rekening te houden met individuele verschillen in fysieke, sociale en psychologische omstandigheden van mensen.

2.4 Kwaliteit van leven bereiken en behouden

Om handvatten te krijgen voor het verbeteren van kwaliteit van leven is het niet alleen belangrijk te weten om welke dimensies het gaat, maar ook hoe elke dimensie bijdraagt aan kwaliteit van leven, en hoe de dimensies met elkaar verband houden. Bijvoorbeeld: als kwaliteit van leven zou bestaan uit een fysieke, een psychologische en een sociale dimensie, moet duidelijk zijn of elke dimensie in dezelfde mate bijdraagt aan kwaliteit van leven, of dat bijvoorbeeld de psychologische belangrijker is dan de andere twee.

Het moet ook duidelijk zijn of en hoe de andere dimensies veranderen als een van de dimensies beschadigd is. Kan kwaliteit van leven dan stabiel blijven, of worden teruggewonnen? Of is de kwaliteit van leven voor altijd aangetast? Bijvoorbeeld: als iemand zijn partner verliest, welke dimensies worden daardoor dan beïnvloed? Wordt de algemene kwaliteit van leven daardoor beïnvloed? Is het mogelijk om dit verlies op termijn te compenseren door andere dimensies? En leidt die compensatie dan tot een volledig teruggewonnen kwaliteit van leven? Alleen wanneer dit soort relaties tussen en binnen dimensies duidelijk zijn, is het mogelijk om te weten hoe specifieke dimensies of algemene kwaliteit van leven geoptimaliseerd kunnen worden. De relaties tussen de dimensies zijn in veel benaderingen onderbelicht. Vaak worden dimensies benoemd en omschreven, maar wordt niet duidelijk hoe ze met elkaar samenhangen en wat het relatieve belang van elk van de dimensies is (zie Gerritsen e.a., 2004; Makai e.a., 2014; Logsdon e.a., 2002; Rabins & Kasper, 1997; Wilson & Cleary, 1995).

Om te kunnen interveniëren, is het daarnaast belangrijk om inzicht te hebben in de manieren waarop mensen hun kwaliteit van leven verwerven en behouden ondanks veranderingen en verliezen. Veel benaderingen van kwaliteit van leven specificeren deze manieren (gedragingen) niet of nauwelijks, en zijn daarom minder geschikt als basis voor de ontwikkeling van interventies. Immers, vooral in het huidige tijdsgewricht, waarin mensen zelf zo lang mogelijk zelfstandig willen zijn, in een samenleving die dit ook steeds meer van hen vraagt, is een belangrijke vraag hoe zelfredzaamheid en het zich kunnen aanpassen aan veranderingen en verliezen kan plaatsvinden: wat kunnen mensen zelf doen om hun kwaliteit van leven zo lang mogelijk te behouden? Welke hulpbronnen hebben ze daarvoor nodig, maar ook: welke zelfmanagement- of aanpassingsvaardigheden hebben mensen nodig? Zelfmanagementvaardigheid en de vaardigheid zich aan te passen aan lichamelijke, psychische en sociale uitdagingen krijgen tegenwoordig steeds meer aandacht en zijn onderdeel van de in paragraaf 2.1 beschreven nieuwe definitie van gezondheid (Huber e.a., 2011).

Als er inzicht is in wat de belangrijke domeinen van kwaliteit van leven zijn, in de relaties tussen domeinen, en in belangrijke vaardigheden waardoor mensen in staat zijn hun kwaliteit van leven te verwerven en te behouden, is het mogelijk om effectief te interveniëren en/of om effectief te ondersteunen. In paragraaf 2.5 zullen we enkele benaderingen bespreken die ingaan op deze drie aspecten.

2.5 Bruikbare benaderingen

Voor ouderen zijn er verschillende bruikbare benaderingen of theorieën van kwaliteit van leven te vinden in de literatuur. In het volgende bespreken we twee voorbeelden: een theorie over mensen die in meer of mindere mate met fysieke en/of sociale kwetsbaarheden te maken hebben (de zelfmanagement van welbevindentheorie), en een benadering specifiek voor ouderen met dementie (Kitwood, 1997).

Zelfmanagement van welbevindentheorie

De theorie van zelfmanagement van welbevinden (ZMW: Steverink, 2009, 2014; Steverink e.a., 2005) is een nadere uitwerking van de theorie van sociale productiefuncties (SPF-theorie: Lindenberg, 1996; Steverink e.a., 1998).

Behoeften

De zelfmanagement van welbevindentheorie gaat ervan uit dat de belangrijkste domeinen van kwaliteit van leven (van welbevinden) afgeleid kunnen worden van de basale behoeften van mensen, die hiërarchisch geordend kunnen worden (zie figuur 13.1). De meest algemene basale behoefte van elke mens is de behoefte aan algeheel psychologisch welbevinden, oftewel

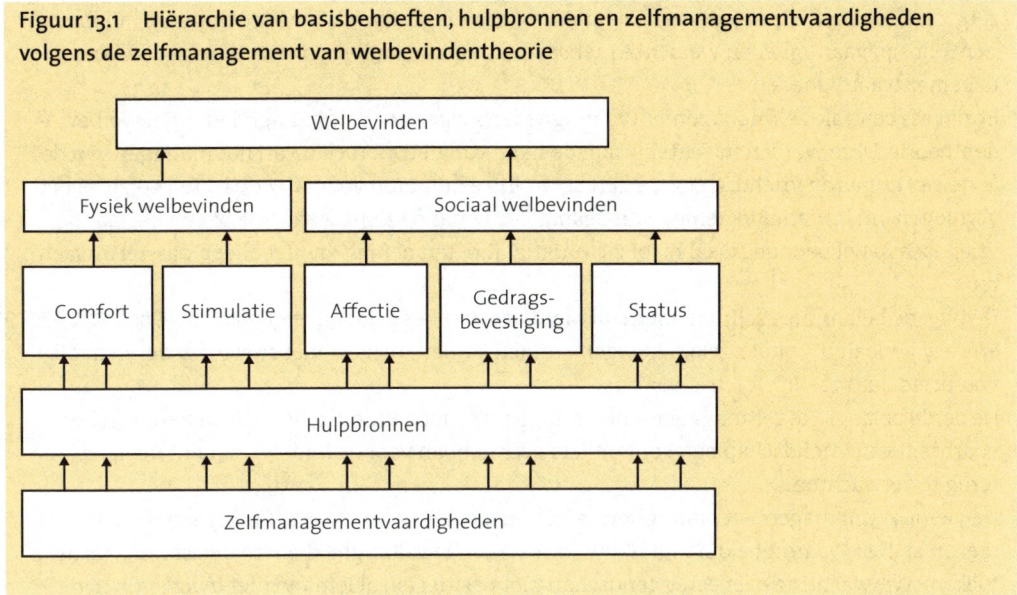

Figuur 13.1   Hiërarchie van basisbehoeften, hulpbronnen en zelfmanagementvaardigheden volgens de zelfmanagement van welbevindentheorie

kwaliteit van leven. Deze behoefte staat helemaal boven in de hiërarchie, en deze behoefte wordt vervuld als twee andere algemene behoeften lager in de hiërarchie vervuld zijn, namelijk fysiek welbevinden en sociaal welbevinden. Nog weer lager staan nog specifiekere behoeften, die echter nog steeds als basale behoeften worden beschouwd. Voor fysiek welbevinden zijn dat comfort en stimulatie. Comfort is de vervulling van basale fysieke behoeften zoals eten, drinken, beschutting en de afwezigheid van pijn en ongemak. Stimulatie is de vervulling van de behoefte aan een aangename mate van lichamelijke of geestelijke activering en de afwezigheid van verveling.

Voor sociaal welbevinden zijn de specifiekere behoeften: affectie, gedragsbevestiging en status. Affectie is de vervulling van de behoefte aan het ontvangen en geven van liefde en genegenheid. Gedragsbevestiging is de vervulling van de behoefte om door anderen bevestigd te worden en bij een groep te horen waarmee je normen en waarden deelt. Status is de vervulling van de behoefte om je positief te onderscheiden van anderen, door bijzondere talenten of verworvenheden.

Als deze vijf basale fysieke en sociale behoeften (comfort, stimulatie, affectie, gedragsbevestiging en status) worden vervuld, zullen mensen fysiek en sociaal welbevinden ervaren, en als gevolg daarvan ook algemeen subjectief welbevinden en een hoge kwaliteit van leven. Omdat deze vijf basisbehoeften als algemeen menselijke behoeften worden beschouwd maar toch specifiek zijn, kunnen deze als de belangrijkste domeinen van kwaliteit van leven worden opgevat.

Vaardigheden
Hiermee zijn de belangrijkste domeinen van kwaliteit van leven gespecificeerd, maar de zelfmanagement van welbevindentheorie specificeert ook de vaardigheden die mensen nodig hebben om deze domeinen van kwaliteit van leven te verwerven, te behouden en om zich goed aan te passen aan veranderingen en verliezen (zie ook Steverink, 2009). Dat zijn de zogeheten zelfmanagementvaardigheden. Het idee achter deze vaardigheden is dat mensen niet alleen hulpbronnen in de omgeving nodig hebben (externe hulpbronnen), zoals voedsel, gezondheids-

zorg, geld, onderwijs, een partner, vrienden en (vrijwilligers)werk, maar ook interne hulpbronnen. Dat zijn vaardigheden waarmee mensen hun externe hulpbronnen 'managen': zelfmanagementvaardigheden.

Er zijn zes centrale zelfmanagementvaardigheden volgens de zelfmanagement van welbevindentheorie. Deze worden inzichtelijk aan de hand van het voorbeeld van het managen van de (externe) hulpbron vriendschap, die een belangrijke hulpbron voor affectie is. Ten eerste is het vermogen om initiatief te nemen van belang. Als iemand vriendschap wil, of een bestaande vriendschap wil behouden, zal hij of zij initiatief moeten nemen en niet alleen passief afwachten.

De tweede belangrijke zelfmanagementvaardigheid is het geloof in eigen kunnen, ook wel selfefficacy genoemd. Zonder geloof in eigen kunnen komen mensen niet snel tot actie, en in dit voorbeeld dus moeilijk tot vriendschap.

De derde belangrijke zelfmanagementvaardigheid is het vermogen om te investeren. In het voorbeeld van vriendschap betekent dit iets over hebben voor de ander zonder meteen iets terug te verwachten.

De vierde zelfmanagementvaardigheid is het vermogen tot een positief perspectief op de toekomst. Deze vaardigheid hangt nauw samen met de vaardigheid om te investeren. Als de toekomstverwachting over een vriendschap niet positief is, zal iemand niet investeren in de vriendschap en zal de vriendschap eerder ophouden te bestaan.

De vijfde zelfmanagementvaardigheid is het vermogen om voor multifunctionaliteit te zorgen. Een multifunctionele vriendschap draagt bij aan meerdere domeinen van het welbevinden. Bijvoorbeeld: met een goede vriend of vriendin een wandeling maken of gaan winkelen draagt niet alleen bij aan affectie, maar ook aan stimulatie.

De zesde zelfmanagementvaardigheid tot slot is de vaardigheid om voor variëteit te zorgen. Variëteit in vriendschap betekent simpelweg meer dan één vriend hebben, waarmee mensen minder kwetsbaar zijn voor verlies.

Vaardigheden en domeinen van welbevinden

Het kernpunt van de zelfmanagement van welbevindentheorie is dat de zes zelfmanagementvaardigheden expliciet worden ingezet voor de vijf dimensies van welbevinden (volgens de vijf basisbehoeften). Dit is essentieel omdat zelfmanagementvaardigheden pas tot welbevinden leiden als ze daadwerkelijk worden toegepast op de belangrijke domeinen van welbevinden. Belangrijk is ook dat de zelfmanagementvaardigheden kunnen worden beïnvloed, waardoor de theorie de basis legt voor interventies. De interventies die ontwikkeld zijn op basis van de zelfmanagement van welbevindentheorie, bespreken we in paragraaf 3.1.

Persoonsgerichte benadering van Kitwood

Volgens de sociaal-psychologische theorie van zorg bij dementie van Kitwood en Bredin (1992) is de achteruitgang bij mensen met dementie een direct gevolg van de ervaren sociale en omgevingssituatie, wellicht meer nog dan hun neurologische status. De zorg heeft een belangrijke rol in het optimaliseren van het welbevinden. Kitwood formuleerde vijf centrale behoeften van mensen met dementie: *attachment* (gehechtheid), *inclusion* (erbij horen), *identity* (identiteit en zelfwaardering), *comfort* (troost, bemoediging) en *occupation* (ergens bij betrokken zijn, iets omhanden hebben). Deze behoeften hebben interessant genoeg een zeer grote overlap met de basisbehoeften zoals geformuleerd in de zelfmanagement van welbevindentheorie: affectie, gedragsbevestiging, status en/of zich onderscheiden, comfort, en stimulatie – waarbij comfort binnen de zelfmanagement van welbevindentheorie een bredere betekenis kent dan bij Kitwood. Zoals eerder in dit hoofdstuk beschreven is het de vraag of kwaliteit van leven van specifieke groepen mensen zoals ouderen een fundamenteel andere inhoud heeft dan voor andere groepen, en deze overlap verdient onzes inziens dan ook nadere bestudering.

Een belangrijk concept binnen de benadering van Kitwood is *personhood*: respect en status verlenen aan mensen ongeacht hun beperkingen. Bijdragen aan kwaliteit van leven, volgens deze benadering, is de zorg afstemmen op mogelijkheden, behoeften, wensen en gewoonten van het individu met dementie, dus op de persoon en niet op diens aandoening en beperkingen. Zorg die personhood ondersteunt, heeft vier kernonderdelen: waarde toekennen aan de persoon met dementie; een individuele benadering die de uniciteit van het individu met dementie erkent; proberen de wereld te begrijpen vanuit het perspectief van de persoon met dementie; en een ondersteunende sociale omgeving bieden (Van der Ven, 2014). Het werk van Kitwood biedt aanknopingspunten voor de manier waarop dit kan, door een aantal principes van gewenste en ongewenste interactie te formuleren, persoonsversterkende en persoonsondermijnende acties genoemd. Voorbeelden van persoonsondermijnende handelingen zijn manipuleren of misleiden, gevoelens ontkennen, en zonder afstemming beslissingen nemen, of handelingen overnemen van de persoon met dementie. Persoonsversterkende handelingen zijn bijvoorbeeld het erkennen van een persoon met dementie als een unieke persoonlijkheid, samenwerking tussen de professional en de persoon met dementie, en overleggen bij te nemen beslissingen (Kitwood, 1997).

3 Interventies

In de afgelopen jaren zijn meerdere interventies voor ouderen ontwikkeld en op effectiviteit getoetst. Deze interventies zijn onder andere door psychologen toe te passen. Sommige daarvan zijn letterlijk toegespitst op kwaliteit van leven of welbevinden, maar de meeste betreffen specifieke indicatoren of aspecten van kwaliteit van leven of welbevinden, zoals eenzaamheid, depressie, of sociale participatie. Een deel van deze interventies is vindbaar via landelijke databanken, waarin vaak ook informatie over effectiviteit kan worden gevonden, zoals de databank 'Effectieve sociale interventies' van Movisie (www.movisie.nl/databank-effectieve-sociale-interventies) en de databank 'Erkende interventies in de langdurige zorg' van Vilans (www.vilans.nl/databank-interventies). Let wel: niet alle interventies zijn (al) opgenomen in deze databanken. In de volgende paragrafen beschrijven we een selectie van relevante interventies om de kwaliteit van leven te verbeteren, eerst voor ouderen in het algemeen, daarna voor mensen met dementie.

3.1 Ouderen in het algemeen

Zoals gezegd zijn interventies voor kwaliteit van leven vaak gericht op één of enkele dimensies van kwaliteit van leven. Er bestaan nog nauwelijks interventies die een brede benadering van kwaliteit van leven hanteren. Voorbeelden van interventies voor een of enkele dimensies zijn: een studiekring van en voor ouderen, om ouderen met elkaar in contact te laten komen en gebruik te laten maken van elkaars kennis (Coster e.a., 2012), de cursus Zin in Vriendschap, voor het verminderen of voorkomen van gevoelens van eenzaamheid (Stevens & Albrecht, 1995), 50plusnet, een online ontmoetingsplek voor 50-plussers die hun sociale netwerk willen uitbreiden (NIGZ, 2010) en een bezoekdienstmethode voor weduwen en weduwnaars (Kox e.a.,

1997) evenals een activerende bezoekdienst om de zelfredzaamheid te vergroten (Ter Steege & Pennix, 1997). Voor ouderen met depressieve klachten bestaan interventies zoals Dierbare Herinneringen (Bohlmeijer e.a., 2009; zie ook hoofdstuk 19 over life review) en In de Put, Uit de Put (Cuijpers & Wilschut, 2011).

Een van de weinige voorbeelden van interventies die een brede benadering van kwaliteit van leven (welbevinden) hanteren, zijn de cursussen GRIP&GLANS (G&G-cursussen). Deze interventies zijn volledig gebaseerd op de eerder beschreven theorie van zelfmanagement van welbevinden (zie paragraaf 2.5). Daarbij staat GRIP voor zelfmanagementvaardigheid en GLANS voor welbevinden (zie Steverink, 2009; 2014). G&G-cursussen zijn onderdeel van het GRIP&GLANS Programma (Steverink, 2009) en zijn ontwikkeld voor ouderen die in mindere of meerdere mate te maken hebben met fysieke en/of sociale kwetsbaarheden, waardoor hun welbevinden en zelfregie onder druk kunnen komen te staan. De G&G-cursussen zijn psycho-educatieve interventies die in verschillende vormen zijn uitgewerkt, zoals in bibliotherapie (Frieswijk e.a., 2004; 2006), een individuele begeleiding via huisbezoeken (Schuurmans, 2004) en een groepscursus (Kremers e.a., 2006). De zes centrale zelfmanagementvaardigheden worden – gecombineerd met de vijf dimensies van welbevinden – op toegankelijke en gestructureerde wijze in de verschillende vormen van G&G aangeleerd. Uit de wetenschappelijke evaluaties van de GRIP&GLANS-interventies blijkt dat de deelnemers na afloop van de cursus significant betere zelfmanagementvaardigheden hebben en meer welbevinden (zie Frieswijk e.a., 2006; Kremers e.a., 2006; Schuurmans, 2004), en minder eenzaamheid ervoeren (Goedendorp & Steverink, 2016; Kremers e.a., 2006).

3.2 Mensen met dementie

Er zijn nog relatief weinig interventies om de kwaliteit van leven te beïnvloeden bij mensen met dementie. Er zijn recentelijk wel enkele nieuwe interventies ontwikkeld, zoals Grip op probleemgedrag (Zwijsen e.a., 2014) en Sociale, Plezierige, Actieve en Nuttige daginvulling op basis van eigen kracht (SPANkracht): voor jonge mensen met dementie (www.spankrachtbijdementie.nl). De interventie Dementia Care Mapping (DCM) is gebaseerd op de eerder beschreven personhood-benadering van Kitwood (Van der Ven, 2014). Dementia Care Mapping kan worden gebruikt in verpleeghuizen om persoonsgerichte zorg te realiseren. Hierbij worden systematische observaties gedaan van interactiemomenten tussen professionals en bewoners. Professionals ontvangen persoonlijke feedback over deze interacties en maken een actieplan voor verbetering van de interactie en dus van de persoonsgerichtheid van de zorg, met als uiteindelijk doel om de personhood van bewoners te verbeteren.

De Ontmoetingscentra (Dröes, 1994) ondersteunen voor mensen met dementie en hun mantelzorgers op een laagdrempelige, sociaal geïntegreerde plek in de wijk, om overbelasting te voorkomen en mensen langer thuis te laten wonen. Ook Doen bij Depressie is effectief gebleken (Leontjevas e.a., 2013). Dit is een zorgprogramma voor de opsporing en behandeling van depressie in de intramurale langdurige zorg. Deze interventie is niet alleen bedoeld voor mensen met dementie, maar ook voor bewoners van somatische afdelingen. Invoering van Doen bij Depressie leidde tot hogere kwaliteit van leven op somatische en psychogeriatrische afdelingen. Verder nam het aantal bewoners met depressie af op somatische afdelingen, en het aantal bewoners met apathie op psychogeriatrische afdelingen (Leontjevas e.a., 2013).

4 Meetinstrumenten

Niet alleen over de inhoud en toepasbaarheid van het begrip kwaliteit van leven, ook over het meten ervan bestaat nog onduidelijkheid. Deels komt die voort uit de discussie over het concept, zoals de vraag welke dimensies in kaart moeten worden gebracht en de vraag of een algemeen of een ziektespecifiek instrument moet worden toegepast. Inmiddels zijn vele meetinstrumenten ontwikkeld, vooral voor specifieke groepen. Deze bevatten vaak meerdere dimensies (ook wel domeinen genoemd), maar er zijn ook meetinstrumenten die alleen de algemene kwaliteit van leven meten. Hierbij wordt ervan uitgegaan dat de algemene kwaliteit van leven resulteert uit een individuele weging van de niet expliciet gemeten dimensies die het individu zelf belangrijk vindt. Een belangrijk argument voor het gebruik van instrumenten voor algemene kwaliteit van leven is de korte afnameduur. De tijdsinvestering kan een belangrijk punt zijn bij bepaalde groepen ouderen, bijvoorbeeld ernstig zieken. Het gebruik van instrumenten voor algemene kwaliteit van leven levert echter verlies op van specifieke informatie over elke dimensie – en van gevoeligheid voor verandering. Als er in één dimensie een verandering plaatsvindt maar niet in de andere, zou deze bij een instrument dat afzonderlijke dimensies meet waarschijnlijk worden gevonden, maar op een algemeen instrument kan deze wegvallen door meetvariatie.

Een ander belangrijk discussiepunt over het meten van kwaliteit van leven bij ouderen is de vraag wie de kwaliteit van leven beoordeelt. Momenteel volgen de meeste onderzoekers de psychologische-indicatorenbenadering en gaan zij ervan uit dat het bij kwaliteit van leven gaat om een persoonlijke, individuele waardering van de levenssituatie. Idealiter is het dan ook de persoon in kwestie die informatie over diens eigen kwaliteit van leven geeft (Novella e.a., 2001). Dit is echter niet altijd mogelijk. De meeste thuiswonende ouderen kunnen zelf een inschatting geven wanneer hen vragen over hun kwaliteit van leven worden gesteld, maar ouderen die ernstige cognitieve beperkingen hebben, zullen vaak niet in staat zijn tot een betrouwbaar oordeel. Zij missen wellicht de cognitieve vaardigheden om alle vragen te begrijpen, om te reflecteren, en om te praten over hun ervaringen (Logsdon e.a., 2002). Bij ouderen met dementie kan het gebruik van meetinstrumenten bovendien bemoeilijkt worden door symptomen zoals rusteloosheid en wanen. Overigens is uit onderzoek gebleken dat ook mensen met matige dementie over hun kwaliteit van leven kunnen oordelen, zelfs wanneer zij weinig ziekte-inzicht hebben (Brod e.a., 1999; Logsdon e.a., 2002).

Desalniettemin zal voor een aantal mensen met cognitieve stoornissen zelfrapportage niet meer mogelijk zijn. In dat geval wordt er soms voor gekozen de zorgverlener te vragen de kwaliteit van leven van de persoon in kwestie te beoordelen. Men kan bijvoorbeeld een mantelzorger vragen om zich in hem of haar te verplaatsen. Ook is het een mogelijkheid om zorgverleners een observatielijst te laten invullen of hen te interviewen over hun observaties. Een probleem hierbij is dat de validiteit van deze zogeheten proxyrapportages ter discussie staat. Wanneer er gegevens beschikbaar zijn van zowel het individu zelf als van een afgevaardigde (*proxy*), is de overeenstemming tussen deze metingen vaak laag, vooral in psychologische en sociale dimensies (Novella e.a., 2001). Bovendien blijkt de overeenstemming tussen zelfrapportage en proxyrapportage slechter te worden naarmate cognitieve stoornissen toenemen (Novella e.a., 2001). Vaak wordt gerapporteerd dat proxy's een lagere kwaliteit van leven scoren (bijvoorbeeld bij Crespo e.a., 2012; Moyle e.a., 2012). Recent onderzoek suggereert echter dat proxy's gematigder scoren, dus zowel minder hoog als minder laag dan mensen met dementie zelf (Leontjevas e.a., 2016).

4.1 Ouderen in het algemeen

Makai e.a. (2014) hebben vastgesteld dat er 34 algemene instrumenten zijn voor kwaliteit van leven bij ouderen. De 11 instrumenten die gezondheidsgerelateerde kwaliteit van leven meten, richten zich op fysiek, sociaal en psychologisch functioneren. De 23 instrumenten voor welbevinden meten, met uitzondering van de Control, Autonomy, Self-Realization en Pleasure (CASP: Hyde e.a., 2003), allemaal ook gezondheidsgerelateerde dimensies, maar daarnaast dimensies die door Makai e.a. gecategoriseerd zijn als zingeving, iets bereiken; zorgen over zekerheid en veiligheid; financieel welbevinden; en: persoonlijke vrijheid.

De meest gebruikte instrumenten voor gezondheidsgerelateerde kwaliteit van leven bij ouderen bleken de Euro Quality of Life (EQ5D) en de Short Form 36 items Health Survey (SF-36). De meest gebruikte en gevalideerde welbevindeninstrumenten zijn de Ferrans and Powers Quality of Life Index (QLI) en de kwaliteit-van-leveninstrumenten van de World Health Organization (WHOQOL-OLD en WHOQOL-Bref) (Makai e.a., 2014). Van deze instrumenten bestaat helaas geen proxyversie. Van de 34 instrumenten kunnen er 7 ook worden gebruikt in economische evaluaties. Van de instrumenten voor gezondheidsgerelateerde kwaliteit van leven zijn dat:

- Euro Quality of Life (EQ5D);
- Assessment of Quality of Life (AQOL), Quality of Wellbeing;
- Short Form 36 items Health Survey (SF-36);
- Health Utilities Index (HUI).

Voor welbevinden gaat het om:

- Adult Social Care Outcomes Toolkit, well-being score (ASCOT wellbeing score);
- Investigating Choice Experiments for the Preferences of Older People (ICEpop) CAPability measure for Older people (ICECAP-O).

Verder is de in Makai e.a. besproken Social Production Function Instrument for the Level of well-being (SPF-IL: Nieboer e.a., 2005) noemenswaardig, omdat deze is gebaseerd op de in paragraaf 2.5 beschreven SPF-zelfmanagement van welbevindentheorie, en omdat deze de vijf kerndimensies van welbevinden meet (zie ook Cramm e.a., 2013; Steverink & Lindenberg, 2006).

Ook voor de zelfmanagementvaardigheden is een meetinstrument ontwikkeld volgens de zelfmanagement van welbevindentheorie: de Self-Management Ability Scale (Cramm e.a., 2012; Schuurmans e.a., 2005). Met deze schaal kan de effectiviteit worden vastgesteld van de GRIP&GLANS-interventies, die zijn gebaseerd op de zelfmanagement van welbevindentheorie. Voor zeer kwetsbare ouderen is de Social Well-being Of Nursing home residents (SWON) beschikbaar (Gerritsen e.a., 2010). Dit is een observatie-instrument voor het meten van de drie dimensies van sociaal welbevinden van SPF-theorie (affectie, gedragsbevestiging en status) onder verpleeghuisbewoners. De SWON bestaat uit negen items; voor elke dimensie vormen drie items een subschaal. De SWON bleek goed toepasbaar in Nederlandse verpleeghuizen, ook bij mensen met dementie (Gerritsen e.a., 2010).

4.2 Mensen met dementie

Als het gaat om ouderen met dementie, kan het verstandig zijn om zelfrapportage-instrumenten te gebruiken die specifiek voor deze groep zijn ontwikkeld, omdat hierbij niet alleen bij de inhoud, maar ook de opzet rekening is gehouden met beperkingen van cognitieve vermogens. Na het eerdere overzicht van Schölzel-Dorenbos e.a. in 2007 publiceerden Bowling e.a. in 2015 een overzicht van meetinstrumenten bij dementie. Zij concludeerden dat er een nieuw instrument moet worden ontwikkeld en getoetst, omdat de bestaande instrumenten niet voldoende op theorie zijn gebaseerd, vaak niet het eigen oordeel van de persoon met dementie meten, niet samen met mensen met dementie en hun mantelzorgers zijn ontwikkeld, en hun algemene toepasbaarheid en validiteit nog onvoldoende bekend is. Aspden e.a. (2014) bekeken meetinstrumenten voor mensen in zorginstellingen en bevolen de Quality of Life in Dementia (Qualidem) aan voor mensen met dementie (Ettema e.a., 2005), die we hierna bespreken onder Observatie-instrumenten. Voor mensen zonder dementie noemden zij het kwaliteit van leven instrument van Kane e.a. (2003). Ook zij noemen het belang van nader psychometrisch onderzoek. In het volgende beschrijven we kort enige instrumenten die in Nederland veel worden gebruikt, onderverdeeld in zelfrapportage-instrumenten en observatie-instrumenten.

Zelfrapportage-instrumenten

De twee zelfrapportageschalen die het meest worden gebruikt in Nederland, zijn de Quality of Life in Alzheimer's Disease (QOL-AD: Logsdon e.a., 2002) en de Dementia Quality of Life Scale (D-QoL; Brod e.a., 1999). De QOL-AD meet twaalf domeinen: lichamelijke gezondheid, energie, stemming, woonomstandigheden, geheugen, familie, huwelijk, vrienden, de persoon als geheel, vaardigheid om karweitjes in en rond het huis te doen, vaardigheid om leuke dingen te doen, en geld. De domeinen zijn gebaseerd op een overzichtsonderzoek naar het meten van kwaliteit van leven bij ouderen met dementie of met andere chronische ziekten. De QOL-AD is specifiek ontwikkeld voor mensen met dementie, en is ook toegepast in een proxyversie, waarbij aan familie of professionele zorgverleners wordt gevraagd hoe de persoon in kwestie de domeinen zou beoordelen (Logsdon e.a., 2002).

De domeinen van de D-QoL, gebaseerd op een zelf ontwikkeld conceptueel raamwerk, zijn: zelfwaardering, positief affect, negatief affect, gevoelens van geborgenheid, en kunnen genieten van de omgeving (*sense of aesthetics*). Voor aanvang van de afname wordt een vraag gesteld om te bepalen of de cognitieve vaardigheden afdoende zijn om de D-QoL te beantwoorden (Brod e.a., 1999).

Observatie-instrumenten

Twee veelgebruikte observatie-instrumenten voor het meten van kwaliteit van leven zijn speciaal ontwikkeld voor mensen met dementie. De Dementia Care Mapping Method (Kitwood & Bredin, 1992) is een observatiemethode die in Nederland toenemend wordt gebruikt (Van der Ven, 2014), waarbij intensieve observatie (zes uur voor een groep van een tot zes personen) leidt tot een score op de domeinen welbevinden, sociale terugtrekking en activiteiten (Fossey e.a., 2002). De Dementia Care Mapping Method is gebaseerd op de in paragraaf 3.2 beschreven sociaal-psychologische theorie van zorg bij dementie van Kitwood en Bredin.

Het tweede observatie-instrument, de Quality of Life in Dementia (Qualidem), is ontwikkeld door Ettema e.a. (2005) en is geschikt voor alle mensen met dementie in zorginstellingen. De volgende domeinen worden door verzorgenden beoordeeld: zorgrelatie, positief affect, negatief affect, rusteloos gespannen gedrag, positief zelfbeeld, sociale relaties en verpleeghuisomgeving. De Qualidem is gebaseerd op het adaptatie-copingmodel (Dröes, 1991).

5 Implicaties voor de psycholoog

In de afgelopen jaren is kwaliteit van leven steeds belangrijker geworden als uitkomst van zorg. Voor de ouderenpsycholoog ligt er echter geen protocol klaar voor het verbeteren van kwaliteit van leven en het meten ervan. Het is belangrijk dat de psycholoog hierbij een helder doel formuleert dat expliciteert wat hij of zij wil meten: alleen dimensies die hij of zij kan beïnvloeden, of is het doel breder? Dimensies die niet direct worden beïnvloed door een ziekte, vertegenwoordigen vaak de sterke kanten van een individu en kunnen worden ingezet als bron voor de verbetering van diens kwaliteit van leven.

Er zijn de afgelopen jaren allerlei interventies ontwikkeld voor de kwaliteit van leven van ouderen, maar die richten zich voornamelijk op aspecten of dimensies ervan: er zijn nog nauwelijks interventies expliciet ontwikkeld voor kwaliteit van leven als geheel. Het kan interessant zijn om nieuwe of nieuw ontdekte interventies in te zetten en uit te proberen. De opzet van databanken voor effectieve interventies is een belangrijke ontwikkeling die de professional helpt om evidence-based te handelen. Deze databanken zullen de komende jaren verder worden gevuld.

Tot slot is het de vraag, wanneer men (de domeinen van) kwaliteit van leven meet voorafgaand aan een interventie en bij de evaluatie ervan: is zelfrapportage wel mogelijk? Bij een zo persoonlijk begrip als kwaliteit van leven, dat bovendien beperkt door anderen blijkt in te schatten, verdient het eigen oordeel de voorkeur. De mogelijkheid tot betrouwbare zelfrapportage kan het best voor elke individuele cliënt afzonderlijk bepaald worden. Het in kaart brengen van kwaliteit van leven en het toepassen van effectieve interventies benadrukt dat het niet alleen van belang is om klachten of problemen van ouderen waar mogelijk te verminderen, maar ook om de kwaliteit van hun leven te optimaliseren, zeker wanneer het wegnemen van problemen niet meer tot de mogelijkheden behoort.

Literatuur

Albrecht G.L., & Vlieger, P.J. de. (1999). The disability paradox: High quality of life against all odds. *Social Science and Medicine, 48*, 977-988.

Aspden, T., Bradshaw, S.A., Playford, E.D., & Riazi, A. (2014). Quality-of-life measures for use within care homes: A systematic review of their measurement properties. *Age and Ageing, 43*, 596-603.

Bowling, A., Rowe, G., Adams, S., Sands, P., Samsi, K., Crane, M., e.a. (2015). Quality of life in dementia: A systematically conducted narrative review of dementia-specific measurement scales. *Aging & Mental Health, 19*, 13-31.

Bohlmeijer, E., Steunenberg, B., Leontjevas, L., Mahler, M., Daniël, R., & Gerritsen, D. (2009). *Handleiding dierbare herinneringen therapie*. Enschede: Universiteit Twente.

Brod, M., Stewart, A.L., Sands, L., & Walton, P. (1999). Conceptualization and measurement of quality of life in dementia: The dementia quality of life instrument (DQOL). *Gerontologist, 39*, 25-35.

Browne, J.P., O'Boyle, C.A., McGee, H.M., Joyce, C.R., McDonald, N.J., O'Malley, K., e.a. (1994). Individual quality of life in the healthy elderly. *Quality of Life Research, 3*, 235-244.

Cooney, A., Murphy, K., & O'Shea, E. (2009). Resident perspectives of the determinants of quality of life in residential care in Ireland. *Journal of Advanced Nursing, 65*, 1029-1038.

Coster, A., Kuijpers, A., & Roodzant, E. (2012), *Handleiding voor het opzetten van Studiekringen van en voor ouderen*. Velp: Spectrum Gelderland.

Cramm, J.M., Dijk, H.M. van, & Nieboer, A.P. (2013). The importance of neighborhood social cohesion and social capital for the well-being of older adults in the community. *Gerontologist, 53 Suppl. 1*, 142-152.

Cramm, J.M., Strating, M.M.H., Vreede, P.L de, Steverink, N., & Nieboer, A.P. (2012). Validation of the self-management ability scale (SMAS) and development and validation of a shorter scale (SMAS-S) among older patients shortly after hospitalisation. *Health and Quality of Life Outcomes, 10*, 9.

Crespo, M., Bernaldo de Quiros, M., Gomez, M.M., & Hornillos, C. (2012). Quality of life of nursing home residents with dementia: A comparison of perspectives of residents, family, and staff. *Gerontologist, 52*, 56-65.

Cuijpers, P., & Wilschut, N. (2011). *Cursusmap In de put, uit de put: Zelf depressiviteit overwinnen* (4e dr.). Amersfoort: ThiemeMeulenhoff.

Diener, E., Lucas, R.E., & Scollon, C.N. (2006). Beyond the hedonic treadmill: Revising the adaptation theory of well-being. *American Psychologist, 61*, 305-314.

Dohmen, J. (2002). *Over levenskunst: De grote filosofen over het goede leven*. Amsterdam: Ambo.

Douma, L., Steverink, N., Hutter, I., & Meijering, L. (2015). Exploring subjective well-being in older age by using participant-generated word clouds. *Gerontologist*, Sep 1, pii, gnv119. [Epub ahead of print]

Dröes, R.M., (1991). *In beweging: Over psychosociale hulpverlening aan demente ouderen*. Nijkerk: Intro.

Dröes, R.M., Boelens-van der Knoop, E., Bos, J., Meihuizen, L., Ettema, T.P., Gerritsen, D.L., e.a. (2006). Quality of life in dementia in perspective; an explorative study of variations in opinions among people with dementia and their professional caregivers, and in literature. *Dementia, 5*, 533-558.

Dröes, R.M., & Breebaart, E. (1994). *Amsterdamse Ontmoetingscentra: Een nieuwe vorm van ondersteuning voor dementerende mensen en hun verzorgers*. Amsterdam: Thesis Publishers.

Ettema, T., Lange, J. de, Dröes, R.M., Mellenbergh, D., & Ribbe, M. (2005). *Handleiding QUALIDEM: Een meetinstrument Kwaliteit van leven bij mensen met dementie in verpleeg- en verzorgingshuizen, versie 1*. Utrecht: Trimbos-instituut.

Fossey, J., Lee, L., & Ballard, C. (2002). Dementia Care Mapping as a research tool for measuring quality of life in care settings: Psychometric properties. *International Journal of Geriatric Psychiatry, 17*, 1064-1070.

Frieswijk, N., Dijkstra, P., Steverink, N., Buunk, B.P., & Slaets, J.P.J. (2004). *Grip op het leven: Genieten van het ouder worden*. Utrecht: Het Spectrum.

Frieswijk, N., Steverink, N., Buunk, B.P., & Slaets, J.P.J. (2006). The effectiveness of a bibliotherapy in increasing the self-management ability of slightly to moderately frail older people. *Patient Education and Counseling, 61*, 219-227.

Gerritsen, D.L., Steverink, N., Frijters, D.H.M., Ooms, M.E., & Ribbe, M.W. (2010). Social well-being and its measurement in the nursing home: The SWON scale. *Journal of Clinical Nursing, 19*, 1243-1251.

Gerritsen, D.L., Steverink, N., Ooms, M.E., & Ribbe, M.W. (2004). Finding a useful conceptual basis for enhancing the quality of life of nursing home residents. *Quality of Life Research, 13*, 611-624.

Goedendorp, M.M., & Steverink, N. (2016). Interventions based on self-management of well-being theory: Pooling data to demonstrate mediation and ceiling effects, and to compare formats. *Aging & Mental Health*, May 12, 1-7. [Epub ahead of print]

Grewal, I., Lewis, J., Flynn, T., Brown, J., Bond, J., & Coast, J. (2006). Developing attributes for a generic quality of life measure for older people: Preferences or capabilities? *Social Science and Medicine, 62*, 1891-1901.

Gulpers, M.J., Bleijlevens, M.H., Capezuti, E., Rossum, E. van, Ambergen, T., & Hamers, J.P. (2012). Preventing belt restraint use in newly admitted residents in nursing homes: A quasi-experimental study. *International Journal of Nursing Studies, 49*, 1473-1479.

Herschbach, P. (2002). Das 'Zufriedenheitsparadox' in der Lebensqualitätsforschung. *Psychotherapie, Psychosomatik, Medizinische Psychologie, 52*, 141-150.

Huber, M., Knottnerus, J.A., Green, L., Horst, H. van der, Jadad, A.R., Kromhout, D., e.a. (2011). How should we define health? *British Medical Journal, 26, 343*, d4163.

Huber, M., Vliet, M. van, Giezenberg, M., Winkens, B., Heerkens, Y., Dagnelie, P.C., e.a. (2016). Towards a 'patient-centred' operationalisation of the new dynamic concept of health: A mixed methods study. *British Medical Journal Open, 6*, e010091.

Hyde, M., Wiggins, R.D., Higgs, P., & Blane, D.B. (2003). A measure of quality of life in early old age: The theory, development and properties of a needs satisfaction model (CASP-19). *Aging and Mental Health, 7*, 186-194.

Kane, R.A., Kling, K.C., Bershadsky, B., Kane, R.L., Giles, K., Degenholtz, H.B., e.a. (2003). Quality of life measures for nursing home residents. *Journals of Gerontology, Series A: Biological Sciences and Medical Sciences, 58*, 240-248.

Kitwood, T. (1997). *Dementia reconsidered: The person comes first.* Buckingham: Open University Press.

Kitwood, T., & Bredin, K. (1992). Towards a theory of dementia care: Personhood and well-being. *Ageing & Society, 12*, 269-287.

Kox, E., Huibers, K., & Staarink, I. (1997). *Handleiding bezoekdiensten voor weduwen en weduwnaars, een model voor de opzet van een bezoekdienst.* Arnhem: Spectrum.

Kremers, I.P., Steverink, N., Albersnagel, F., & Slaets, J.P.J. (2006). Improved self-management ability and well-being in older women after a short group intervention. *Aging and Mental Health, 10*, 476-484.

Lambert, L., & Holder, M.D. (2015). Foundational frameworks of positive psychology: mapping well-being orientations. *Canadian Psychology, 56*, 311-321.

Lawton, M.P. (1991). A multidimensional view of quality of life in frail elders. In J.E. Birren, J.E. Lubben, J.C. Rowe & D.E. Deutchman (Eds.), *Quality of life in the frail elderly* (pp. 3-27). San Diego, CA: Academic Press.

Leontjevas, R., Gerritsen, D.L., Smalbrugge, M., Teerenstra, S., Vernooij-Dassen, M.J.F.J., & Koopmans, R.T.C.M. (2013). A structural multidisciplinary approach to depression management in nursing home residents: A randomised controlled trial. *Lancet, 381*, 2255-2264.

Leontjevas, R., Teerenstra, S., Smalbrugge, M., Koopmans, R.T., & Gerritsen, D.L. (2016). Quality of life assessments in nursing home residents: Proxies attenuate self-ratings towards moderate scores. *Journal of Clinical Epidemiology., pii: S0895-4356*, 30234-30237.

Lindenberg, S. (1996). Continuities in the theory of social production functions. In H. Ganzeboom & S. Lindenberg (Red.), *Verklarende sociologie, opstellen voor Reinhard Wippler* (pp. 169-184). Amsterdam: Thesis Publishers.

Logsdon, R.G., Gibbons, L.E., McCurry, S.M., & Teri L. (2002). Assessing quality of life in older adults with cognitive impairment. *Psychosomatic Medicine, 64*, 510-519.

Makai, P., Brouwer, W.B., Koopmanschap, M.A., Stolk, E.A., & Nieboer, A.P. (2014). Quality of life instruments for economic evaluations in health and social care for older people: A systematic review. *Social Sciences and Medicine, 102*, 83-93.

Moyle, W., Murfield, J.E., Griffiths, S.G., & Venturato, L.(2012). Assessing quality of life of older people with dementia: A comparison of quantitative self-report and proxy accounts. *Journal of Advanced Nursing, 68*, 2237-2246.

Murphy, K., Cooney, A., Shea, E.O., & Casey, D. (2009). Determinants of quality of life for older people living with a disability in the community. *Journal of Advanced Nursing, 65*, 606-615.

Murphy, K., Shea, E.O., & Cooney, A. (2007). Quality of life for older people living in long-stay settings in Ireland. *Journal of Clinical Nursing, 16*, 2167-2177.

Nieboer, A.P., Lindenberg, S., Boomsma, A., & Bruggen, A.C. van (2005). Dimensions of well-being and their measurement: The SPF-IL Scale. *Social Indicators Research, 73*, 313-353.

Nieuwenhuizen, C. van. (1998). *Quality of life of persons with severe mental illness: An instrument.* Amsterdam: Thesis Publishers.

NIGZ (2010). *Lokale internetcommunity's ter voorkoming van sociaal isolement: Handleiding voor organisaties en professionals.* Woerden: Nationaal Instituut voor Gezondheidsbevordering en Ziektepreventie.

Novella, J.L., Jochum, C., Jolly, D., Morrone, I., Ankri, J., Bureau, F., & Blanchard, F. (2001). Agreement between patients' and proxies' reports of quality of life in Alzheimer's patients. *Quality of Life Research, 10,* 443-452.

Rabins, P.V., & Kasper, J.D. (1997). Measuring quality of life in dementia: Conceptual and practical issues. *Alzheimer Disease and Associated Disorders, 11,* 100-104.

Ryan, R.M., & Deci, E.L. (2001). On happiness and human potentials: A review of research on hedonic and eudaimonic well-being. *Annual Reviews in Psychology, 52,* 141-166.

Ryff, C.D. (2014). Psychological well-being revisited: advances in the science and practice of eudaimonia. *Psychotherapy and Psychosomatics, 83,* 10-28.

Ryff, C.D., & Singer, B. (1998). The contours of positive human health. *Psychological Inquiry, 9,* 1-28.

Schölzel-Dorenbos, C.J.M., Ettema, T.P., Bos, J., Boelens-van der Knoop, E., Gerritsen, D.L., Hoogeveen, F., (2007). Evaluating the outcome of psychosocial and pharmacological interventions on quality of life in dementia: Selection of the appropriate QoL instrument in different care settings and stages of the disease. *International Journal of Geriatric Psychiatry, 22,* 511-519.

Schuurmans, H. (2004). *Promoting well-being in frail elderly people: Theory and intervention.* Proefschrift, Rijksuniversiteit Groningen.

Schuurmans, H., Steverink, N., Frieswijk, N., Buunk, B.P., Slaets, J.P.J., & Lindenberg, S. (2005). How to measure self-management abilities in older people by self-report: The development of the SMAS-30. *Quality of Life Research, 14,* 2215-2228.

Schwartz, C.E., Andresen, E.M., Nosek, M.A., & Krahn, G.L.; RRTC Expert Panel on Health Status Measurement. (2007). Response shift theory: Important implications for measuring quality of life in people with disability. *Archives of Physical Medicine and Rehabilitation, 88,* 529-536.

Seligman, M.E.P., & Csikszentmihalyi, M. (2000). Positive psychology: An introduction. *American Psychologist, 55,* 5-14.

Steege, G. ter, & Pennix, K. (1997). *'t Heft in handen: Praktijkboek Activerend huisbezoek bij ouderen.* Utrecht: Nederlands Instituut voor Zorg en Welzijn. Raadpleegbaar via: www.movisie.nl/sites/default/files/alfresco_files/Theft-in-handen%20[MOV-6429992-1.0].pdf.

Stevens, N., & Albrecht, H. (1995). *Handleiding Vriendschapscursus voor oudere vrouwen.* Nijmegen: Radboud Universiteit Nijmegen.

Steverink, N. (2009). Gelukkig en gezond ouder worden: Welbevinden, hulpbronnen en zelfmanagementvaardigheden. *Tijdschrift voor Gerontologie en Geriatrie, 40,* 244-252.

Steverink, N. (2014). Successful development and aging: Theory and intervention. In N.A. Pachana & K. Laidlaw (Eds), *The Oxford handbook of clinical geropsychology* (pp. 84-103). Oxford: Oxford University Press.

Steverink, N., & Lindenberg, S. (2006). Which social needs are important for subjective well-being? What happens to them with aging? *Psychology and Aging, 21,* 281-290.

Steverink, N., Lindenberg, S., & Ormel, J. (1998). Towards understanding successful ageing: patterned change in resources and goals. *Ageing & Society, 18,* 441-467.

Steverink, N., Lindenberg, S., & Slaets, J.P.J. (2005). How to understand and improve older people's self-management of wellbeing. *European Journal of Ageing, 2,* 235-244.

Ven, G. van de. (2014). *Effectiveness and costs of Dementia Care Mapping intervention in Dutch nursing homes.* Proefschrift, Radboud Universiteit Nijmegen. Raadpleegbaar via: http://www.ukonnetwerk.nl/Dementia-Care-Mapping.

WHOQOL Group. (1994). Development of the WHOQOL: Rationale and current status. *International Journal of Mental Health, 23*, 24-56.

Wilson, I.B., & Cleary, P.D. (1995). Linking clinical variables with health-related quality of life: A conceptual model of patient outcomes. *Journal of the American Medical Association, 273*, 59-65.

Zautra, A, & Goodhart, D. (1979). Quality of life indicators: A review of literature. *Community Mental Health Review, 4*, 1-10.

Zwijsen, S.A., Smalbrugge, M., Eefsting, J.A., Twisk, J.W., Gerritsen, D.L., Pot, A.M., e.a. (2014). Coming to grips with challenging behavior: A cluster randomized controlled trial on the effects of a multidisciplinary care program for challenging behavior in dementia. *Journal of the American Medical Directors Association, 15*, 531.e1-531.e10.

14
Het levenseinde

Quin van Dam

1. Inleiding
2. Ontwikkelingstaak van de laatste levensfase
3. Houding van ouderen tegenover de dood
   - 3.1 Terrormanagement- en meaning management-theorie
   - 3.2 Angst voor de dood
   - 3.3 Doodsverlangen
4. Psychologische hulpverlening
   - 4.1 Bespreking van de dood
   - 4.2 Diagnostische taxatie
   - 4.3 Belemmeringen bij de psycholoog
5. Onderwijs over de dood
6. Tot besluit
   Literatuur

 www.tijdstroom.nl/leeromgeving

- Beeldmateriaal
- Weblinks

Kernboodschappen
- Bespreking van passende zorg in de laatste levensfase wordt vaak belemmerd door de angst voor de dood bij zowel de patiënt en diens naasten als de behandelaars.
- Sensitiviteit van de behandelaar voor signalen van doodsangst is belangrijk omdat deze angst vaak vooral onbewust aanwezig is en overdekt wordt door andere zorgen.
- Doodsangst kan heftig, paniekerig zijn (*hot death anxiety*) en leiden tot vermijding en afweer, of een hanteerbare vorm hebben, die rustige reflectie op de dood mogelijk maakt (*cool death anxiety*).
- Verlangen naar de dood wordt gevoed door de gedachte geen betekenis te hebben en anderen tot last te zijn, en door weerzin tegen een dreigende afhankelijke positie.
- De dood vormt een belangrijk onderdeel van het leven en verdient serieuze aandacht in de opleiding van behandelaars.

1 Inleiding

Drie miljoen Nederlanders bereiken de komende decennia de 65-plusleeftijd (Van Duin & Stoeldraijer, 2014). Ze worden geconfronteerd met de dood doordat veel naasten overlijden en ook de horizon van hun eigen sterven snel in zicht komt. Hoe staan deze ouderen tegenover de naderende dood? Geven zij zich daar met berusting aan over, zijn zij er angstig voor, of beschouwen zij het leven als voltooid en dringen zij aan op euthanasie?

Dit hoofdstuk geeft een ontwikkelingspsychologische beschouwing van de laatste levensfase, waarna een bespreking volgt van de betekenis van de dood en de angst daarvoor bij de oudere patiënt. Vervolgens komt aan bod wat de behandelaar kan belemmeren om de dood ter sprake te brengen, en de verschillende mogelijkheden om het levenseinde te bespreken.

2 Ontwikkelingstaak van de laatste levensfase

De verschillende ontwikkelingspsychologische theorieën over de ontwikkelingstaken van de laatste levensfase komen met elkaar overeen (Corr & Corr, 2013). De theoretici benadrukken dat het in deze fase erom gaat een innerlijk gevoel van harmonie en vrede te bereiken (*wholeness; integrity*). Daarvoor is het nodig met behulp van introspectie en zelfreflectie terug te blikken op het verleden en om ontwikkelingstaken uit eerdere ontwikkelingsfasen te voltooien. Dit stelt de oudere mens in staat oude conflicten of teleurstellingen vanuit een nieuw perspectief te beschouwen, daaraan een andere betekenis te geven, en zich voor te bereiden op de dood (Corr & Corr, 2013).

Erikson (1982) typeert de levensfase waarin de menselijke ontwikkeling zijn voltooiing bereikt als het stadium van ego-integriteit. In het daaraan voorafgaande stadium generativiteit beseffen ouderen dat hun leven eindig is en dragen zij taken en verantwoordelijkheden over aan de leden van de volgende generatie. Zij verliezen niet de belangstelling voor het leven, maar realiseren zich dat hun plaats daarin van afnemende betekenis is. In veel gevallen stellen zij zich dienend op tegenover de volgende generaties. Zo kunnen ouderen bereid zijn in te springen bij de zorg voor de kleinkinderen, of kunnen zij in werksituaties, gebruikmakend van al hun kennis en ervaring, hun opvolger adviseren. Het besef van de naderende dood brengt mensen er ook toe zich af te vragen hoe zij de tijd die hen rest zullen besteden, en wat wezenlijk van belang is in hun leven (Abraham, 2005; Van Dam, 2011).

Als ouderen erin slagen het stadium van ego-integriteit te bereiken dan treden zij de dood in veel gevallen met berusting tegemoet. Dat wil zeggen dat zij hun leven zoals dat geweest is accepteren (zie ook hoofdstuk 19).

Acceptatie
Johan van Veen, 74 jaar, is op 29-jarige leeftijd gescheiden en kort daarop van loopbaan veranderd. Hij veroordeelt zichzelf om de verloren jaren, doordat hij op relationeel en werkgebied verkeerde keuzes heeft gemaakt. 'Ik had meer kunnen bereiken als ik niet zo stom geweest was.'
Reflectie op die periode brengt hem tot het besef dat hij door de strenge en inperkende opvoeding niet geleerd heeft zich af te vragen welke partner en studie bij hem passen. Met behulp van introspectie ervaart hij hoe angstig en onzeker hij als begin twintiger in het leven stond, en zich bij zijn keuzes vooral liet leiden door zijn behoeften om het strenge gezinsmilieu te ontvluchten en houvast te krijgen. Dit

besef helpt hem te accepteren hoe zijn leven gelopen is en zijn strenge zelfkritiek los te laten. Hij kijkt nu milder naar zichzelf en waardeert wat hem gelukt is in zijn leven. Deze levenswijsheid deelt hij met zijn kinderen.

Indien ouderen er niet in slagen het stadium van ego-integriteit te bereiken, kan dit leiden tot spijt en wanhoop, omdat zij ontevreden zijn over de wijze waarop hun leven is gelopen en hen de mogelijkheden ontbreken alsnog verandering te brengen in deze belastende situatie. In veel gevallen leidt dit tot toename van de angst voor de dood.

Depressie
Jeannette de Boer, 73 jaar, voelt zich tekortgedaan en is angstig om eenzaam te sterven. Vijftien jaar geleden werd zij verlaten door haar partner, die koos voor een jongere vrouw. 'Niemand kijkt naar mij om, mijn kinderen zijn alleen maar met zichzelf bezig.' Door haar verwijtende houding stoot ze leeftijdgenoten van zich af. Na lang aandringen van haar oudste zoon neemt ze deel aan een ggz-groep voor ouderen met depressieve klachten.

De gerotranscendentietheorie van Tornstam (2005) sluit aan bij het werk van Erikson. Volgens Tornstam verandert tijdens de ontwikkeling van de middelbare naar de latere leeftijd de visie op het leven. Bij deze gerotranscendentie maakt een materialistisch en rationeel gekleurd wereldbeeld – passend bij de middelbare leeftijd – plaats voor een kosmische en transcendente oriëntatie (Braam e.a., 1998). De verandering van perspectief voltrekt zich op twee niveaus. Op het kosmische niveau ervaren ouderen een nieuw gevoel van eenheid met het universum, een herdefiniëring van tijd, ruimte, leven en de dood en een toegenomen gevoel van affiniteit met vorige en met komende generaties. Dit betekent dat de grens tussen leven en dood voor ouderen in vergelijking met toen zij op middelbare leeftijd waren, minder uitgesproken is en dat zij nu meer beseffen hoe onbelangrijk het leven van een enkeling is in verhouding tot dat van de mensheid. Bovendien ervaren ouderen thans een sterkere saamhorigheid met het universum en met de vorige en volgende generaties en verdwijnt in hun beleving de afstand tussen heden en verleden.
Op het tweede niveau, egotranscendentie, vindt een herdefiniëring van het zelf en de relaties met anderen plaats. Ouderen stellen zichzelf en hun eigen belang minder op de voorgrond dan toen zij op middelbare leeftijd waren. Daarnaast vinden zij materiële zaken en oppervlakkige sociale contacten minder belangrijk. Bovendien scheppen zij er meer genoegen in om zich over te geven aan peinzen en overdenken (Braam e.a., 1998).
Bij wetenschappelijke exploratie van de gerotranscendentietheorie met behulp van een vragenlijst bij een groep Deense ouderen (74-100 jaar) werden de twee niveaus als afzonderlijke factoren of subschalen teruggevonden. Bovendien bleek dat de scores op de beide subschalen positief samenhingen met actieve in plaats van passieve coping, en met tevredenheid met het leven (Braam e.a., 1998). Daarnaast bleek kosmische transcendentie positief samen te hangen met sociale activiteit en met het verlies van de levenspartner in de afgelopen twaalf maanden. Er was geen samenhang met depressie. Een replicatieonderzoek onder Nederlandse ouderen (55-76 jaar) leverde twee niveaus of subschalen op. Gerotranscendentie lijkt zich vooral in tijden van crises te ontwikkelen. Zo laten mensen die ouder zijn en mensen die zowel lichamelijke beperkingen hebben als niet getrouwd zijn, hogere scores op beide subschalen zien (Braam e.a., 1998).

De theorieën van Tornstam en Erikson schetsen een beeld van de ouderen die zich, na uitvoering van de ontwikkelingstaak, richten op reflectie, terugblik en overpeinzing, en oog hebben voor hun afnemende sociale betekenis en voor hun sterfelijkheid. De theorie van Tornstam verschilt van de theorie van Erikson met de typering van het kosmische niveau: ouderen beseffen dat hun leven een nietig onderdeel vormt van de mensheid en van het universum.

3 Houding van ouderen tegenover de dood

De houding (gevoelens, gedachten en gedrag) van ouderen tegenover de dood wordt voor een groot deel gevormd door cultureel maatschappelijke invloeden, eerdere confrontaties met de dood, en doodsangst (Corr & Corr, 2013). De culturele achtergrond van ouderen beïnvloedt hun overtuigingen en morele waarden bij ziekte en dood, bij de beleving van pijn, en bepaalt mede of iemand geïnformeerd wordt over zijn ziekte en naderend einde, de zorg, en de beschikking over het eigen lichaam (Doka, 2013). Zo is in sommige culturen een gesprek met ouderen over hun wensen in de laatste levensfase vrijwel onmogelijk omdat het niet gebruikelijk is om ernstig zieke patiënten te vertellen dat zij zullen sterven (Corr & Corr, 2013). Door respectvol te luisteren en bereid te zijn de eigen opvattingen los te laten, kan de ouderenpsycholoog kennisnemen van de cultureel bepaalde ervaringen van ouderen met dood, sterven, verlies en verwerking (Doka, 2013). De psycholoog komt deze culturele invloeden op het spoor door bijvoorbeeld te informeren naar de wijze waarop er in het gezin van herkomst werd omgegaan met de dood, welke rituelen bij overlijden gebruikelijk waren en welke rol het hiernamaals speelde binnen de cultuur van de oudere.

3.1 Terrormanagement- en meaning management-theorie

In de literatuur stond lange tijd de angst voor de dood en de hantering van deze *terror* (bedreiging) van het bestaan op de voorgrond. De *terror management*-theorie en het vele daardoor geïnspireerde onderzoek is een representant daarvan. De *meaning management*-theorie kwam voort uit het besef dat niet iedereen bang is voor de dood, maar dat men deze kan accepteren of er juist naar kan verlangen. Als de oudere zijn sterfelijkheid onder ogen ziet, hoeft hij geen energie te steken in de bestrijding van de angst daarvoor, maar kan hij zijn tijd en energie gebruiken om een zinvol en bevredigend bestaan te leiden. In de terror management-theorie ligt er de nadruk op hoe mensen de angst voor de dood bestrijden, de meaning management-theorie accentueert dat zij de dood kunnen accepteren door betekenis te geven aan hun leven.

Terror management-theorie

De terror management-theorie is geïnspireerd door het werk van Becker (1973), die stelde dat de angst voor de dood de basale drijfveer is voor het menselijk handelen en de ontwikkeling van culturele waarden. Het besef van zijn sterfelijkheid vormt voor de mens een bedreiging van zijn overlevingsinstinct en brengt verlammende vernietigingsangst teweeg (Mikulincer & Florian, 2008). De mens weert de angst voor een deel af door zorgen en gedachten over de dood te verdringen, of door deze naar de verre toekomst te verplaatsen: 'Ik ben nu gezond en ik maak me geen zorgen: dat kan altijd nog.'

Daarnaast ervaart de mens een krenking van zijn persoon en van zijn wereldbeschouwing als hij beseft dat zijn lichaam en zijn geest vernietigd worden. De mens heft deze krenking op door zijn toevlucht te nemen tot een vorm van symbolische onsterfelijkheid. Deze onsterfelijkheid bereikt hij door bij te dragen aan een gezamenlijk gecreëerde cultuur, die overzichtelijk en voorspelbaar is en waarin waarden en normen gedeeld worden. Door zijn geestelijke bijdrage aan deze cultuur leeft hij daarin ook na zijn dood voort (Mikulincer & Florian, 2008). Ouderen kunnen door afnemende fysieke en cognitieve capaciteiten niet meer volledig voldoen aan de eisen van de cultuur, maar kunnen door hun generativiteit wel bijdragen aan de volgende generatie, en zo toch symbolische onsterfelijkheid bereiken (Cicirelli, 2002). Volgens de terror management-theorie vormt de cultuur een symbolische bescherming tegen de bedreiging van de dood. Dit impliceert dat mensen meer een beroep zullen doen op deze bescherming – de eigen cultuur – als zij zich door de dood bedreigd voelen.

Een groot aantal wetenschappelijke onderzoeken ondersteunt de terror management-theorie (voor een overzicht zie: Mikulincer & Florian, 2008). De resultaten laten zien dat mensen zich meer vastklampen aan de eigen cultuur en mensen van andere culturen afwijzen bij confrontatie met signalen die aan de dood gerelateerd zijn, zoals een kerkhof, een ramp of een terroristische aanslag. De onderzoeken tonen ook aan dat mensen met een positieve zelfwaardering minder gevoelig zijn voor deze aan de dood gerelateerde signalen, en de cultuur minder nodig hebben als bescherming (Mikulincer & Florian, 2008).

Meaning management-theorie

De meaning management-theorie gaat ervan uit dan men ernaar dient te streven om de onvermijdelijkheid van de dood onder ogen te zien en te beseffen welke psychologische, spirituele, maatschappelijke en culturele betekenissen verbonden zijn aan de dood. Deze betekenissen helpen te realiseren wat belangrijk is in ons leven. Dat wil zeggen: te begrijpen wie we zijn, wat van waarde is en er echt toe doet, wat ons doel is, en hoe we een bevredigend leven kunnen leven ondanks tegenslagen en de dood (Wong, 2008).

Onderzoek vanuit de meaning management-theorie naar de houding tegenover de dood leverde drie soorten acceptatie op: neutraal, toegangsweg en ontsnapping.

- Neutrale acceptatie: besef van een onvermijdelijk einde van het leven. Deze factor is in het onderzoek niet eenduidig. De factor omvat het cognitieve besef van de eindigheid, maar ook het gevoel dat de opdracht of levensmissie is voltooid (Wong, 2008). Doodsverlangens en het besef dat het leven klaar is, vallen onder deze neutrale acceptatie.
- De dood als toegangsweg: een poort naar een beter leven in het hiernamaals, dat een spirituele werkelijkheid omvat. Zo vertrouwen veel christenen erop dat hun ziel na hun dood voortleeft in de hemel.
- De dood als ontsnapping: een beter alternatief voor het pijnlijke bestaan. Suïcide en euthanasie vallen hieronder, omdat de dood minder bedreigend is dan de pijn van het leven (Wong, 2008).

Een van deze drie acceptatievormen kan afhankelijk van de ontwikkelingsfase en de omstandigheden op de voorgrond staan (Wong, 2008). Het onderzoeksresultaat van Wong (2008) laat ook zien dat acceptatie van de dood niet tegenstrijdig is met angst voor de dood, maar daar juist mee samenhangt: ook al accepteren we de dood, vanuit ons overlevingsinstinct zullen we ook angstig reageren. Bovendien zal de angst voor de dood vaak gevoed worden door een bepaalde betekenis. Bijvoorbeeld: 'Wie zorgt er voor mijn dementerende partner als ik overlijd?'

Zorgen over de eigen dood

Vanuit de meaning management-theorie is onderzocht hoe de angst voor de dood samenhangt met de betekenis die mensen aan de dood toekennen. Daarvoor gebruikte men de vragenlijst Fear of personal death (Mikulincer & Florian, 2008). Uit een factoranalyse bleek dat de 31 items van de lijst gecentreerd waren rond 6 factoren die betrekking hebben op 3 dimensies: intrapersoonlijke, interpersoonlijke en transpersoonlijke zorgen over de dood.

Binnen de dimensie intrapersoonlijke zorgen kan men twee factoren onderscheiden: de onmogelijkheid om plannen te verwezenlijken (de dood beangstigt mij omdat mijn plannen en activiteiten worden stilgelegd) en vernietigingsangst (angst omdat mijn lichaam uiteenvalt). De tweede dimensie heeft betrekking op interpersoonlijke interacties en relaties met geliefden. Het gaat daarbij om angst voor het verlies van de sociale identiteit (angst dat mijn verlies geen pijn doet bij hen die mij na staan) en daarnaast angst voor de gevolgen van de dood voor gezin en vrienden (angst omdat mijn gezin mij nodig heeft).

Bij de dimensie transpersoonlijke zorgen staat de angst centraal voor wat er gebeurt ná de dood (angst omdat er zoveel onbekends mee gepaard gaat) evenals de angst voor bestraffing (angst omdat ik in het hiernamaals bestraft word). Het onderzoek van Mikulincer en Florian (2008) laat zien dat de inhoud van de angst per individu verschillend kan zijn. Voor de psycholoog is het van belang te beseffen dat deze inhoud in sterke mate kan afwijken van zijn eigen beleving en wijze van reageren bij confrontatie met de dood.

> **Verzwijgen**
> Karim Amrani, 78 jaar, is ernstig ziek en heeft nog slechts enkele maanden te leven. Hij bezweert de huisarts bij huisbezoek in het bijzijn van zijn familie niet te praten over de ernst van zijn ziekte en zijn te verwachten overlijden. Zij vraagt hem waarvoor hij het meest bang is. Het blijkt dat hij een leidende rol in zijn familie heeft en bang is dat de familie niet zonder hem verder kan. Na enkele gesprekken over zijn angst en over de reële mogelijkheden van zijn familie stemt hij in met haar voorstel een familieberaad te beleggen.

De houding van meneer Amrani illustreert de dimensie interpersoonlijke zorgen. Hij bezweert zijn angst om zijn leidende rol op te geven en ontkent zijn naderend overlijden. De huisarts is aanvankelijk verrast door zijn verzoek. Zij vraagt zich af vanuit welk gevoel meneer Amrani het nodig heeft om zijn nabije dood te verzwijgen en vermoedt dat deze geheimhouding ingegeven wordt door angst. Hij voelt zich erkend in zijn angst en beseft het irreële karakter ervan. Dit besef helpt hem in te stemmen met het familieberaad.

3.2 Angst voor de dood

Cicirelli (2009) definieert doodsangst als de emotionele reactie op de waarneming van de eigen sterfelijkheid: een gevoel van hulpeloosheid tegenover de bedreiging van het eigen bestaan. Deze angst kan verschillende vormen aannemen en wordt beïnvloed door religieuze en spirituele overtuigingen. Omdat doodsangst vaak schuilgaat achter andere zorgen, moet de ouderenpsycholoog oog hebben voor de kenmerken en de mogelijke aanleidingen daarvan. Daarnaast dient hij oog te hebben voor de wijze waarop doodsangst kan samenhangen met psychische problematiek.

Bewuste en onbewuste doodsangst

Ouderen blijken in enkele wetenschappelijke onderzoeken niet meer, maar zelfs minder doodsangst te rapporteren dan jongere volwassenen. De onderzoeksresultaten geven echter alleen een beeld van de bewuste doodsangst, aangezien gebruik is gemaakt van vragenlijsten voor zelfrapportage (Kastenbaum, 2014). Om de discrepantie tussen bewuste en onbewuste doodsangst te onderzoeken bij jongere volwassenen (20-50) en bij ouderen (75-90), maakten Raedt en Speeten (2007) naast deze zelfrapportagemethode gebruik van de Emotionele Stroop-taak om het onbewuste angstniveau te bepalen.

Bij de Emotionele Stroop-taak kregen de proefpersonen drie soorten kaarten voorgelegd. Op een deel van de kaarten waren strengen van met elkaar verbonden letters x afgebeeld, op het tweede deel stonden neutrale woorden, en het laatste deel bevatte woorden die verband houden met de dood. De letters x en de twee soorten woorden waren at random in vijf verschillende kleuren afgedrukt. De proefpersonen kregen de opdracht om zo snel mogelijk de kleur te noemen en af te zien van de betekenis van het woord. Bij deze Stroop-taak wordt ervan uitgegaan dat de tijd die nodig is om de kleur te noemen – de informatieverwerkingstijd – wordt beïnvloed door de emotionele betekenis van het woord. In dit onderzoek was dat de bedreigende betekenis van woorden die aan de dood gerelateerd zijn. Het verschil in verwerkingstijd is daarmee een maat voor de onbewuste emotionele lading van een woord. Deze aanname wordt ondersteund door wetenschappelijk onderzoek.

Uit hun onderzoek bleek geen verschil tussen de jongere en de oudere groep bij de meting van de bewuste doodsangst. Bij de jongere groep was er in tegenstelling tot de groep ouderen wel een discrepantie tussen het bewuste en het onbewuste angstniveau: de onbewuste angst was bij de jongeren sterker dan de bewust vermelde doodsangst. De onderzoekers veronderstellen dat de bij jongeren optredende discrepantie tussen bewuste en onbewuste doodsangst erop wijst dat zij de bewuste doodsangst ontkennen. Het ontbreken van deze discrepantie bij ouderen kan erop wijzen dat zij de doodsangst niet ontkennen en de onvermijdelijkheid van hun dood accepteren (Raedt & Speeten, 2008).

Uit het overzicht van Kastenbaum (2014) blijkt dat de doodsangst bij ouderen doorgaans een hanteerbaar niveau heeft. Dat wil zeggen dat de dagelijkse activiteiten er niet door worden verstoord. De intensiteit kan echter toenemen als reactie op het verlies van een belangrijke naaste, bij ziekte of psychische problemen, en in een bedreigende of onzekere situatie.

De beperkte mate van doodsangst bij ouderen is niet in alle gevallen een gunstig teken en een blijk van acceptatie van de dood. De beperkte doodsangst kan er ook op wijzen dat een deel van de ouderen ontevreden is over de kwaliteit van hun leven, dat zij geen positieve vooruitzichten hebben, en de dood zien als een ontsnapping aan hun akelige bestaan. Zo ervaren sommige ouderen veel spanning door het veelvuldige verlies van naasten, door eenzaamheid, door financiële zorgen, of door lichamelijke en psychische gebreken (Kastenbaum, 2014).

Verdrietig en woedend

Willem Smit, 72 jaar, is door een oogziekte sinds een halfjaar blind en dringt aan op euthanasie. De psycholoog vraagt hem waar hij van weg wil, hoe hij zich de dood voorstelt, en hoe het voor anderen zal zijn als hij er niet meer is. Hij is verdrietig en woedend over het verlies van zijn gezichtsvermogen. Daarnaast ervaart hij het als zeer krenkend dat anderen hem betuttelen en hem zaken uit handen nemen die hij nog zelf kan doen. Door de erkenning van de pijn, de woede en het verdriet over het verlies ervaart hij weer contact en voelt hij zich serieus genomen. Het helpt hem ook om beter duidelijk te maken waartoe hij zelf in staat is. Zijn doodswens verdwijnt naar de achtergrond.

Hot and cool death anxiety

Bij doodsangst wordt onderscheid gemaakt tussen heftige, paniekerige doodsangst (*hot death anxiety*) en rustige reflectie op de dood (*cool death anxiety*). In het geval van heftige doodsangst is reflectie niet mogelijk en nemen ouderen vaak hun toevlucht tot vermijding en ontkenning (Grant & Wade-Benzoni, 2009). De bespreking van de heftige doodsangst in de behandeling helpt ouderen de paniek over te laten gaan in hanteerbare angst en reflectie op de dood.

> **Angst voor verlies**
> De partner van Marijke Eik is ongeneeslijk ziek. Zij grijpt zich angstig vast aan de medische technologie en dwingt haar man om door te gaan met experimentele kuren. In een gesprek met het echtpaar bespreekt de psycholoog Marijkes angst voor het naderende verlies van haar man, en haar man uit zijn zorgen over haar en de kinderen en zijn behoefte aan rust en tijd om afscheid te nemen. Dit helpt haar om haar dwingende houding op te geven, zijn naderende dood onder ogen te zien en samen met haar kinderen afscheid van hem te nemen.

Overtuiging en doodsangst

Religieuze en spirituele overtuigingen beïnvloeden de houding tegenover de dood en de angst daarvoor. Zo leidt een levensbedreigende ziekte in veel gevallen tot een existentiële crisis vanwege de confrontatie met een mogelijk overlijden. Deze crisis roept vragen op zoals: 'Waarom heb ik deze ziekte en waarom juist nu?' en 'Is het in overeenstemming met mijn geloof of mijn spiritualiteit om de behandeling te staken of deze nog aan te gaan?'

Uit wetenschappelijk onderzoek blijkt dat spirituele en religieuze overtuigingen ondersteunend maar ook belemmerend kunnen werken bij een levensbedreigende ziekte. Deze overtuigingen kunnen angst en onzekerheid verminderen en een gevoel van verbondenheid versterken met God, een hogere macht, of voor de nabestaanden: met elkaar. Daarnaast kunnen overtuigingen echter ook angst vergroten, bijvoorbeeld als de ziekte als een straf wordt beleefd. Veel behandelaars gaan door een gebrek aan scholing in spiritualiteit en religie een gesprek daarover uit de weg en laten dit over aan pastors of spirituele mentors. Daarmee miskennen zij hoezeer deze belevingen voor de oudere en zijn naasten een onderdeel zijn van de totale ervaring van de ziekte (Doka, 2013).

Kenmerken en aanleidingen tot doodsangst

Aangezien doodsangst in veel gevallen meer op onbewust dan op bewust niveau tot uiting komt, dient de psycholoog gespitst te zijn op de kenmerken en mogelijke aanleidingen van doodsangst. Als hij deze kenmerken of aanleidingen opmerkt, moet hij actief onderzoeken of van doodsangst sprake is. Zes kenmerken of attributies komen naar voren bij een begripsanalyse van de literatuur over doodsangst: emotie, cognitie, experiëntieel, identiteitsontwikkeling, socioculturele vorming, en bron van motivatie (Lehto & Stein, 2009).

Emotie
In emotionele zin is doodsangst nauw gerelateerd aan de vrees voor vernietiging van iemands bestaan. Doodsangst omvat impliciete (onbewuste) en expliciete angstelementen die in wisselende intensiteit tot uiting kunnen komen. Ook bij direct betrokkenen van een oudere met een ernstige ziekte neemt de impliciete of de expliciete doodsangst toe.

Cognitie
Tijdens de cognitieve ontwikkeling leren kinderen orde en structuur aan te brengen, onduidelijkheden en onzekerheden te verdragen, en bedreigende situaties te taxeren. Indien kinderen een concreet en realistisch besef van de dood ontwikkelen, wordt dit besef onderdeel van hun

cognitieve structuur en is de dood minder bedreigend (Lehto & Stein, 2009). In dat geval beseffen zij dat de dood universeel is, dat wil zeggen dat elk levend wezen uiteindelijk doodgaat, en dat het moment waarop de dood toeslaat niet te voorspellen is. Bovendien begrijpen deze kinderen dat het dode lichaam dan verkeert in een onomkeerbare en niet functionele staat, dat wil zeggen dat alle levensfuncties stoppen (Corr & Corr, 2013). Ontbreekt dit realistische doodsbesef, dan kunnen primitieve en magisch gekleurde angsten blijven bestaan en op latere leeftijd de inhoud van de angst beïnvloeden. Zo bleek een 84-jarige vrouw de magische angst te hebben dat ze na haar begrafenis opgegeten zou worden door insecten. Het realiteitsbesef dat zij dan niet meer zou bestaan en dit niet zou meemaken, ontbrak.

Een onderdeel van de cognitieve structuur is de betekenis die aan de dood wordt toegekend. Culturele en religieuze overtuigingen hebben, afhankelijk van een belonende of straffende beschrijving van het hiernamaals, een respectievelijk positieve of negatieve invloed op doodsangst (Lehto & Stein, 2009).

Afrekening
Harry de Groot, 78 jaar, nog actief als wetenschappelijk onderzoeker en afkomstig uit een streng calvinistisch milieu, komt met een onrustig, angstig en gespannen gevoel in de therapiesessie. Als de psycholoog deze gevoelens en zijn houding tegenover de dood met hem onderzoekt, blijkt dat hij angstig is voor de naderende dood en de afrekening door God. Als kind leerde hij dat je moest woekeren met je talenten. Voor zijn laatst geschreven boek heeft hij nog geen uitgever gevonden. Mocht hij nu sterven dan zal God hem straffen omdat hij niet het uiterste uit zijn talenten heeft gehaald.

Experiëntieel
Vanuit experiëntieel perspectief bezien blijkt dat doodsangst op bewust niveau grotendeels naar de achtergrond wordt gedrongen. Deze adaptieve reactie voorkomt dat het dagelijks leven te veel verlamd wordt door angst en dreiging. Op onbewust niveau kan de doodsangst wel aanwezig zijn en invloed uitoefenen. Zelfvertrouwen en het vermogen richting te geven aan het eigen bestaan verminderen deze ontregelende invloed van doodsangst (Lehto & Stein, 2009).

Stuurloos
Wout Mulder, 66 jaar, meldt zich aan met angstige en depressieve verschijnselen en chaotische gedachten, die geluxeerd zijn door een recente verhuizing. Hij staat op een stuurloze wijze in het leven en heeft de beleving dat allerlei gebeurtenissen, zoals zijn vaderschap en verhuizen, hem zijn overkomen. Bij doorvragen blijkt hij angstig dat het leven plotseling ophoudt.

Identiteitsontwikkeling
Overgangen in de identiteitsontwikkeling blijken een toename van doodsangst teweeg te brengen. Zo ervaren studenten die worstelen met belangrijke levenskeuzes, meer doodsangst dan studenten die richting geven aan hun bestaan. Deze doodsangst kan ook vertaald worden als angst voor het leven: maak ik wel de goede levenskeuze? Mensen van middelbare en oudere leeftijd vertonen meer doodsangst als zij met weinig voldoening en veel spijt terugkijken op hun leven en daaraan geen betekenis en richting kunnen geven. Indien zij wel in staat zijn betekenis en sturing aan hun leven te geven dan rapporteren zij minder doodsangst. Daarnaast wordt verondersteld dat doodsangst op latere leeftijd heviger is indien er in de kindertijd sprake is geweest van emotionele verwaarlozing en een gemis aan veilige emotionele bindingen.

Socioculturele vorming
De socioculturele vorming beïnvloedt de cognitieve, experiëntiële en mogelijk emotionele aspecten van doodsangst. Zo is in de westerse maatschappij ontkenning de overheersende houding tegenover de dood. Dit kan tot uiting komen in de neiging de confrontatie met zieken en ouderen te vermijden. Uit een overzicht van wetenschappelijk onderzoek blijkt dat vrouwen meer doodsangst rapporteren dan mannen (Lehto & Stein, 2009). Als mogelijke verklaring wordt aangevoerd dat vrouwen meer dan mannen gevoelens toelaten en ook meer oog hebben voor relaties. Daardoor ervaren zij meer dan mannen de angst de ander te verliezen en beseffen zij meer wat de dood van henzelf voor anderen kan betekenen (Kastenbaum, 2014).

Bron van motivatie
Doodsangst kan ook een bron van motivatie vormen. Om de pijn van de eindigheid te verzachten, streven mensen soms naar een vorm van symbolische onsterfelijkheid. Dit kan hen aanzetten tot creatieve activiteiten (Lehto & Stein, 2009). Volgens Yalom (2008) heeft deze symbolische onsterfelijkheid een troostende werking en kan deze op drie manieren bereikt worden. In de eerste plaats door te beseffen dat we tijdens ons leven als een steen in het water rimpelingen veroorzaken: na onze dood leven we voort in anderen, zoals onze kinderen, vrienden en personen uit ons werk. Daarnaast adviseert Yalom om te investeren in emotionele relaties en verbindingen aan te gaan. Als laatste raadt hij aan alles uit het leven te halen en niets voor 'hem' – de dood – over te laten.

Categorieën aanleidingen

De aanleidingen voor doodsangst zijn op te splitsen in drie categorieën die elkaar overlappen. De eerste categorie is een omgeving met veel stress zoals een burgeroorlog of een andere onvoorspelbare situatie. Bij langdurige blootstelling aan stress raakt doodsangst op de achtergrond en wordt deze minder bewust beleefd (Lehto & Stein, 2009). Zo vertelde een 66-jarige vrouw over het vele lijfelijke geweld in het ouderlijke gezin, dat haar zelfbeeld sterk ondermijnde. Toen de psycholoog vroeg naar doodsangsten, bleek dat zij als volwassene gepreoccupeerd was met de dood. Ze beleefde die als een mogelijke ontsnapping aan haar akelige bestaan. Pas toen ze ernstig ziek werd, besefte ze hoezeer ze hing aan het leven. Dit besef hielp haar de fatalistische houding te laten varen en te proberen zoveel mogelijk uit het leven te halen. Veel stress en doodsangst kunnen ook optreden bij transities of overgangssituaties, zoals de menopauze, het climacterium, de pensionering, de verhuizing naar een verzorgingshuis of het einde van een psychotherapeutische behandeling. Bij kroonjaren, zoals 50, 65 of 70 jaar, kunnen de beleefde discrepanties tussen wat men wilde bereiken en wat bereikt is, leiden tot verheviging van doodsangst.

De tweede categorie aanleidingen tot doodsangst bestaat uit de ervaring van een levensbedreigende situatie of de diagnose van een levensbedreigende ziekte. Deze diagnose kan heftige vernietigingsangst oproepen. Bij herstel van de ziekte kunnen er symptomen resteren van een posttraumatische-stressstoornis (Pool, 2009).

De derde groep aanleidingen tot doodsangst wordt gevormd door de confrontaties in privé- of werksituaties met sterven en de dood (Lehto & Stein, 2009). Zo kan iemand die rouwt over het verlies van een naaste, zelf een toename van doodsangst ervaren door het besef van zijn of haar eigen sterfelijkheid. Yalom (2008) benadrukt dat de psycholoog oog dient te hebben voor de doodsangst bij de rouwende patiënt: een volgens hem onderschatte component van de rouwverwerking. Ouderen worden in soms korte tijd geconfronteerd met veel verschillende verliezen. Door een gebrek aan tijd en voldoende steun van de omgeving ontbreekt hen de mogelijkheid om te rouwen en deze verliezen te verwerken. Hun verdriet wordt door deze opeenvolging van verliezen een constante metgezel (Corr & Corr, 2013). Zij rouwen in veel gevallen over het verlies van de lichamelijke en cognitieve mogelijkheden, over het verlies van de partner, een zus, een broer, een kind, een kleinkind, vrienden of van een huisdier. Deze ingrijpende verliezen kunnen ook oude onverwerkte verliezen naar de oppervlakte brengen.

Het is voorstelbaar dat de opeenstapeling van verlies bij de oudere heftige doodsangst teweegbrengt en de verbondenheid met het leven nadelig beïnvloedt. De rouwreactie na het overlijden van een naaste kent fysieke, gevoelsmatige, cognitieve en gedragsmatige componenten en kan het functioneren van een patiënt korter of langer beperken en soms leiden tot depressieverschijnselen.

Belangrijk voor psychologen is de normale rouwreactie te onderscheiden van gecompliceerde rouw, waarbij de oudere bijvoorbeeld gekweld wordt door irreële schuldgevoelens, zich leeg en minderwaardig voelt, en fysieke klachten ontwikkelt (zie ook hoofdstuk 10, Verlies en rouw).
In de rouwverwerking stond van oudsher de idee centraal dat voor een succesvolle verwerking de rouwende oudere de verbinding met de overledene moet opgeven en nieuwe verbindingen moet aangaan. Uit de onderzoeksliteratuur blijkt echter (Worden, 2009) dat de handhaving van een emotionele band met de overledene het verlies juist draaglijk kan maken. De oudere onderkent dan de realiteit van de dood, maar de overledene leeft in zijn gedachten voort zonder de pijn en het verdriet die hij tijdens het verlies voelde (zie ook hoofdstuk 10, Verlies en rouw). De achterblijver kan daarbij betekenis geven aan de dood van de naaste door activiteiten te ontplooien in de geest van de overledene (Corr & Corr, 2013). Mensen die uitgaan van de oude visie op rouw, kunnen dit gedrag onterecht als ontkenning labelen.

In gedachten
De ouders van een 28-jarige vrouw die is overleden aan een hersentumor, nemen deel aan Alpe d'Huzes. Terwijl zij de berg opfietsen, zijn zij in gedachten bij hun dochter. Zij zamelen geld in voor wetenschappelijk onderzoek naar kanker om te voorkomen dat andere jonge mensen in de toekomst aan deze ziekte zullen overlijden.

Doodangst en psychische problematiek
De mensen met (zich ontwikkelende) psychische problematiek kunnen op uiteenlopende manieren worstelen met vraagstukken van dood en doodsangst. Zo zijn patiënten met anorexia nervosa, boulimie en zelfbeschadigend gedrag vaak gepreoccupeerd met de dood en de angst voor vernietiging. Tegelijk stelt dissociatie hen in staat te ontkennen dat ze een reëel gevaar lopen om te overlijden. De overheersende aanwezigheid van de dood roept bij behandelaars vaak wanhoop, vermijding en afkeer op, en belemmert hen soms om het overlijdensrisico te bespreken (Farber e.a., 2007). In andere gevallen kan een sterk aanwezige doodsangst raken aan een angststoornis, met een overlap in klachten en verschijnselen. Patiënten uit beide groepen melden negatieve emoties, zoals spanning, onzekerheid en een zorgelijk en ongemakkelijk gevoel (Lehto & Stein, 2009). Ook in de depressieve klachten van ouderen kunnen doodsangst en schuldgevoelens een rol spelen (Cicirelli, 2009). Deze schuldgevoelens hebben soms betrekking op de relatie met de ouders, de kinderen of de partner. Daarnaast kunnen ouderen gekweld worden door schuldgevoelens over de matige relatie met de overleden broer of zus. Deze relatie met broer of zus zien behandelaars vaak over het hoofd doordat zij meer gericht zijn op de relatie van de patiënt met de ouders (Cicirelli, 2009).

Aandacht voor de dood is ook in preventief opzicht belangrijk. Zo blijkt dat de onverwachte dood van een geliefde traumatisch kan zijn, met gevolgen in de gehele levensloop van de achterblijvers. Zo'n levensgebeurtenis is een risicofactor voor onder meer depressie, paniekstoornissen en de posttraumatische-stressstoornis. Onder ouderen wordt naast deze klachten een verhoogde incidentie of toename geconstateerd in het voorkomen van manische episoden, fobieën, alcoholmisbruik en de gegeneraliseerde-angststoornis (Keyes e.a., 2014).

3.3 Doodsverlangen

Een toenemend aantal ouderen van 70 jaar en ouder zonder psychische stoornis of levensbedreigende ziekte ervaart het leven als voltooid en dringt aan op wettelijke mogelijkheden tot euthanasie (Wijngaarden e.a., 2015). Uit onderzoek met behulp van diepte-interviews bij 25 van deze ouderen die geworven waren via advertenties, bleek dat zij in het verleden actieve mensen waren die hun onafhankelijkheid waardeerden, bang waren voor een afhankelijke positie, en graag controle over hun leven wilden hebben (Wijngaarden e.a., 2015). In hun huidige leven waren zij niet meer in staat en niet bereid om zich over te geven aan het dagelijkse bestaan, en zagen zij de dood als de enige uitweg.

Deze ouderen beleefden een voortdurende spanning tussen wie zij waren en wie zij nu zijn, tussen hun verwachtingen van het leven en hun dagelijkse ervaring. Daarin hadden zij het gevoel er niet meer toe te doen en geen verbinding te hebben met anderen. Zij voelden zich basaal eenzaam, ook al leefden enkelen van hen met een partner en hadden zij kinderen. Op de voorgrond stond dat zij geen waardevolle activiteiten meer konden ontplooien waarin hun identiteit tot uiting kwam, en zij hun leven niet meer konden verrijken met bijvoorbeeld de uitwisselingen van nieuwe ideeën. Zo betreurde een 87-jarige vrouw die in een verzorgingshuis leefde dat zij niet meer kon schilderen. De kleurrijke wereld waarvan zij zo hield had zijn kleur verloren door visusproblemen.

De ouderen hadden het gevoel geen betekenis te hebben en vooral een last voor anderen te zijn. Zij voelden zich mentaal, fysiek, sociaal en existentieel moe, het leven was zinloos doordat alle doelen bereikt waren, zij hadden er geen interesse meer in. Daarnaast voelden zij een flinke weerzin tegen een dreigende afhankelijke positie (Wijngaarden e.a., 2015).

Deze groep ouderen slaagt er niet in het levensstadium van generativiteit te bereiken (Erikson, 1982). Zij accepteren niet dat hun plaats in het leven van afnemende betekenis is; zij kunnen en willen zich niet dienend opstellen tegenover de volgende generatie, en zij verliezen de belangstelling voor het leven. Voor hen is de dood een oplossing van hun onvrede.

Dit verlies van betekenis en de verbinding met de volgende generatie kan mogelijk hersteld worden met gerichte interventies. Zo werd bij de Universiteit van Kansas een intergenerationele onderwijsactiviteit opgezet waaraan zowel ouderen als jongeren deelnamen (Doll, 2006). Twee groepen, een van achttien jongeren en een van achttien ouderen, namen gezamenlijk deel aan een Human Development and Aging Course bij deze universiteit (Doll, 2006). Bij de bespreking van de ontwikkelingspsychologische onderwerpen werd onder meer uitgewisseld over homoseksualiteit op latere leeftijd, verlies van de partner, gedachten over sterven en de dood, wilsverklaringen, en de begrafenis (Doll, 2006).

Bij de evaluatie bleek dat deze intergenerationele onderwijsactiviteit ervoor zorgde dat de wederzijdse vooroordelen werden doorbroken en dat de jongeren de ouderen dankbaar waren voor de kennis en levenservaring die de ouderen met hen deelden (Doll, 2006). Het is voorstelbaar dat ouderen die worstelen met een verlies aan betekenis en een gevoel van zinloosheid, meer belangstelling voor het leven krijgen en minder verlangen naar de dood als zij deelnemen aan intergenerationele activiteiten.

4 Psychologische hulpverlening

Ouderen die worstelen met doodsangst of doodsverlangens, kunnen baat hebben bij adequate psychologische hulp (Vink e.a., 2016). Dit stelt eisen aan de gespreksvoering, een zorgvuldige taxatie en specifieke competenties.

4.1 Bespreking van de dood

Bij de bespreking van de dood met de oudere past een open en geïnteresseerde houding, die erop gericht is te begrijpen hoe de oudere vanuit zijn cultuur en perspectief de dood beleeft, welke betekenis hij eraan toekent en welke angsten voor de dood er zijn. Probeer te exploreren en stel oplossingen en interpretaties zo lang mogelijk uit. Voorkom dat de cliënt zich beperkt tot vaagheden zoals: 'De dood hoort nu eenmaal bij het leven' door concrete vragen te stellen zoals: 'Hoe is het denkt u voor uw vrouw, of voor uw zoon of dochter als u er niet meer bent?'
Het eerste deel van de vragen is gericht op de betekenis van de dood, op ervaringen van spijt, ideeën over een leven na de dood en op een verlangen naar de dood. Het daarop volgende deel behandelt de angst voor de dood, de samenhang met psychische problematiek, en de behandeling van deze doodsangst.

Kader 14.1 Explorerende vragen

Betekenis van de dood
- Hoe ziet u de dood; wat houdt er op voor u?
- Is het beeld van de dood na uw kindertijd veranderd? Wat betekent dit vroegere of het huidige beeld voor u?
- Wat betekent uw dood voor uw naasten? Hoe kijken ze terug op u?
- Voelt u zich voor iemand verantwoordelijk?
- Wie zal het vooral zwaar hebben, en waarom?
- Is een belangrijke persoon overleden, hoe herinnert u zich hem, wat betekent het verlies voor u? Met wie praat u daarover en wat betekent dat voor u?
- Lukt het u om nieuwe contacten te leggen?

Ervaringen van spijt
- Waarvan hebt u spijt?
- Hoe stond u toen in het leven? Hoe kijkt u daarop terug?
- Wat is belangrijk voor u in de tijd die u nog heeft? Hoe kunt u dat realiseren?

Ideeën over een leven na de dood
- Wat gebeurt er met uw ziel of geest? Leeft u ergens voort?
- Verwacht u een oordeel over uw leven op aarde?

Verlangen naar de dood
- Sinds wanneer verlangt u naar de dood? Is er toen iets gebeurd of veranderd voor u?
- Wat mist u in uw huidige leven? Hoe werd daarin vroeger voorzien? Met wie had u toen contact en wat betekende dat voor u en voor de ander?

- Met wie hebt u nu contact? Hoe is dat voor u en voor de ander?
- Welke problemen kwam u vroeger tegen en hoe hanteerde u ze?
- Hoe ziet u de volgende generatie en hoe zien zij u?
- Wat is er nodig om plezier in uw leven te krijgen?

4.2 Diagnostische taxatie

De diagnostische taxatie gaat vooraf aan de bespreking en behandeling van de doodsangst. Het doel van deze taxatie is de inschatting van de psychische mogelijkheden en beperkingen van de oudere. Diagnostische taxatie geeft antwoord op de vragen: waarom nu deze angst bij deze oudere; en: om welke vorm van angst gaat het? Dit geeft een beeld van mogelijke aanleidingen tot de toename van doodsangst, van het angstniveau, en van de daarbij gehanteerde afweer of coping.

Ook bij ogenschijnlijk goed functionerende ouderen kunnen primitieve angsten aanwezig zijn, zoals angst voor desintegratie of voor objectverlies. Om deze angsten op te sporen, is concreet exploreren noodzakelijk. Enkele mogelijke vragen zijn: 'Geef eens een concreet voorbeeld waarin u zich angstig voelde'; 'Wat gebeurde er precies?'; 'Waarvoor bent het bangst?'; en 'Wat kan er (met u) gebeuren?'

Nachtmerries

Marijke Vos, 78 jaar, was angstig om plotseling dood te gaan. Daarnaast klaagde zij over heftige nachtmerries waarin zij droomde over bombardementen die haar huis vernietigden. De aanvankelijke veronderstelling bij de behandelaars dat er sprake was van een oorlogstrauma, werd in een heteroanamnestisch onderzoek niet bevestigd. Neuropsychologisch onderzoek toonde een beginnende dementie aan. Haar doodsangsten hadden de vorm van desintegratie- en vernietigingsangst.

Diagnostische taxatie van de oudere is ook belangrijk als de psycholoog de doodsangst bespreekt als een existentiële angst. Aan de hand van deze taxatie kan hij afwegen over welke mogelijkheden en beperkingen de oudere beschikt om deze primaire angst te verdragen. De psycholoog bespreekt de angst voor de dood, de ervaring van de eindigheid van het bestaan, en de ontkenning van de werkelijkheid (Van Kalmthout, 2012). De psycholoog gaat de pijn, het verdriet, de angst en de onzekerheid niet uit de weg, stelt zich daarvoor open, helpt de oudere om daarbij stil te staan, en deelt met de oudere wat zijn verhaal bij de hulpverlener oproept en welke ervaringen de hulpverlener zelf heeft met de angst voor de dood (Van Kalmthout, 2012). De bewustwording van het reële besef van de dood en de daarmee samenhangende doodsangst kan bij een aantal ouderen in eerste instantie veel weerstand oproepen. De psycholoog moet niet te snel opgeven, en volhardend blijven (Yalom, 2008). Als de oudere de realiteit van het naderende levenseinde onder ogen ziet, kan dat zijn perspectief op het leven veranderen en hem helpen te beseffen wat in de hem resterende tijd nog van wezenlijk belang is, en dat kan een authentieke investering in het leven bevorderen (Yalom, 2008).

Bij ouderen met suïcidale gedachten is er in veel gevallen een mengeling van doodsangst en doodswens. In eerste instantie zal de psycholoog het risico op suïcide taxeren. Daarnaast kan hij de doodswens exploreren door vragen te stellen zoals: 'Waar wilt u van weg?'; 'Hoe beleeft u de dood?', en 'Hoe zal het voor uw naasten zijn als u er niet meer bent?'

4.3 Belemmeringen bij de psycholoog

Bij de bespreking van het levenseinde ondervindt de psycholoog mogelijk belemmeringen doordat de dood in de huidige samenleving zijn natuurlijke vertrouwdheid heeft verloren. Daarnaast kan de confrontatie met de dood bij hem afwerende reacties oproepen en bovendien heeft een psycholoog weinig onderwijs over de dood genoten.

Vervreemding van de dood

De dood kreeg in de afgelopen anderhalve eeuw door de stijging van de levensverwachting een minder natuurlijke plek in het dagelijks leven. Het bruto sterftecijfer (het aantal sterfgevallen per 1.000 inwoners) daalde in Nederland tussen 1850 en 2000 van 25% naar 8%. Daarnaast nam in diezelfde periode het sterftecijfer van kinderen en jongeren (het aantal sterfgevallen per 1.000 van mensen tussen de 0 en 20 jaar) af van 50,2% naar 1,3%. Het sterftecijfer van ouderen (65 jaar en ouder) steeg in datzelfde tijdsbestek van 18,1% naar 70,9% (P. Schnabel, *Ouder worden OK, maar oud zijn?* Presentatie op 9 mei 2012 te Utrecht. Sociaal Planbureau. Universiteit van Utrecht).

Daardoor is de dood voor velen geassocieerd met de ouderdom. Bovendien betekent deze verandering van sterftecijfers dat de mensen die in de afgelopen vijftig jaar zijn opgegroeid, minder vaak dan hun groot- en overgrootouders van nabij hebben meegemaakt dat iemand overleed. Dit geldt ook voor de meeste psychologen: zij zijn in hun kindertijd weinig geconfronteerd met de dood van een gezinslid of iemand uit de directe omgeving, en missen daardoor kennis die is opgedaan door deze ervaringen met de dood en wat daarover is verteld. Deze kennis die in de loop van het leven is opgedaan, wordt aangeduid als informele scholing (Corr & Corr, 2013). Bovendien raakte de dood in de afgelopen eeuw meer afgescheiden van het dagelijks leven doordat het aantal mensen dat thuis sterft, is afgenomen. Begin 1900 stierf 80% van de mensen thuis, in 2000 was dat nog 33% (Keirse, 2011). De overigen overlijden in een ziekenhuis of zorginstelling, zoals een verpleeghuis of hospice. De verandering van de plaats van overlijden betekent dat de zorg voor de stervenden meer in handen van beroepsmatige zorgverleners terecht is gekomen. Daardoor zijn mensen die overlijden verder verwijderd van hun gezinsleden met wie zij een persoonlijke geschiedenis delen, en die vaak het beste weten wat zij nodig hebben. Gezinsleden zijn niet meer deelgenoot als een van hen overlijdt, maar eerder toeschouwer (Corr & Corr, 2013). Doordat sterven zijn natuurlijke vertrouwdheid heeft verloren, is de taal langzaam verdwenen: er zijn geen woorden meer voor (Keirse, 2011). Voor veel psychologen is de bespreking van het levenseinde moeilijk omdat zij weinig informele scholing hebben gehad en geen taal hebben geleerd voor de dood.

Doodsangsten van psychologen

De patiënt brengt in de therapeutische relatie met de psycholoog emotionele reacties bij de psycholoog teweeg. Deze tegenoverdrachtsreacties van de psycholoog zijn voor een deel bepaald door zijn eigen onopgeloste emotionele conflicten. Uit wetenschappelijk onderzoek blijkt dat psychologen angstig en vermijdend kunnen reageren als de thematiek van de patiënt raakt aan deze onopgeloste conflicten. In veel gevallen vermindert hun reflectieve vermogen en wordt hun beeld van de patiënt verstoord (Hayes e.a., 2007). Wanneer patiënten worden geconfronteerd met deze tegenoverdrachtsreacties van psychologen, ontwikkelen zij een zwakkere therapeutische relatie met hen en beleven zij deze psychologen als minder empathisch (Hayes e.a., 2007). Een afname in empathie werd ook aangetroffen bij psychologen die rouwtherapie boden en zelf nog worstelden met het onverwerkte verdriet over de dood van een naaste. Uit onderzoek bij patiënten die een rouwtherapie ondergingen, bleek dat hoe meer de psychologen een overledene misten, des te minder deze patiënten hen als empathisch beleefden. Dit onderzoeksresultaat onderstreept de noodzaak dat psychologen aandacht hebben voor persoonlijke problemen die hun werk kunnen verstoren. Dit geldt des te meer als de zorgen van patiënten een weerspiegeling vormen van de problemen van de psychologen (Hayes e.a., 2007).

Op grond van deze bevindingen valt te verwachten dat de psycholoog die zijn eigen angsten voor zijn dood niet onder ogen ziet, de doodsangst van de patiënt niet zal herkennen, en afwerend en vermijdend zal reageren wanneer hij daarmee geconfronteerd wordt. Heeft hij zijn conflicten over zijn angst voor de dood wel verwerkt, dan zal hij zich beter kunnen verplaatsen in de doodsangst van de patiënt. Bij de behandeling van de patiënt die worstelt met doodsangst, is hij dan beter in staat te reflecteren op zijn eigen ervaringen bij de verwerking van doodsangst. Hij kan daar zo nodig iets over vertellen en realistische hoop bieden die gebaseerd is op de confrontatie met zijn eigen pijn (Hayes e.a., 2007).

> **Schuldgevoel**
> Bas Hendriks, behandelaar, ondergaat na de suïcide van zijn partner psychotherapie om dit verlies te verwerken. In deze therapie kan hij naast gevoelens van verdriet, falen en doodsangst ook zijn schaamte- en schuldbeladen gevoelens van woede en opluchting over haar dood toelaten. Daarnaast wordt hij zich bewust van zijn almachts- of redderfantasieën, zoals de verwachting dat hij haar problemen kon oplossen. Hierin heeft hij te weinig oog gehad voor zijn eigen beperkingen.
> Door de therapie kan hij zich beter verplaatsen in de gevoelens van patiënten die geconfronteerd werden met de suïcide van een geliefde. In het bijzonder helpt zijn verwerkingsproces hem om indien nodig bij patiënten de schuldbeladen gevoelens van woede en opluchting ter sprake te brengen, of hen te laten zien dat hun gevoel van falen geen reëel falen betreft.

5 Onderwijs over de dood

Onderwijs over de dood (*death education*) omvat kennisoverdracht over onderwerpen die samenhangen met de dood, zoals sterven, en verlies door overlijden. Twee vormen worden onderscheiden: informeel onderwijs dat leerervaringen met de dood gedurende het leven omvat, en formeel onderwijs. De formele vorm bestaat uit georganiseerde leergangen over de dood en daarmee samenhangende onderwerpen (Corr & Corr, 2013).

Onderwijs over de dood is volgens de Association for Death Education and Counseling (ADEC) een van de zes onderdelen van de thanatologie: de wetenschappelijke bestudering van sterven en de dood. De andere vijf zijn: sterven; beslissingen bij het levenseinde; verlies, psychische pijn en rouw; diagnostiek en interventies; en traumatische dood. De zes onderdelen van de thanatologie worden vanuit tien gezichtspunten belicht: (1) cultuur en socialisatie; (2) religie en spiritualiteit; (3) professionele thema's; (4) historisch perspectief; (5) hedendaags perspectief; (6) levensloop; (7) institutioneel en maatschappelijk; (8) familie en individu; (9) wetenschappelijk onderzoek; (10) ethisch en wettelijk gezichtspunt. Samen vormen zij een kennismatrix (zie: www.adec.org) die in het handboek van de ADEC wordt besproken (Maegher & Balk, 2013).

Om de dood te kunnen bespreken, dient de psycholoog te beschikken over *death competence*. Death competence bestaat uit zowel emotionele als cognitieve competentie op het terrein van de dood. Wie beschikt over emotionele competentie, is in staat de soms heftige gevoelens te verdragen die gepaard gaan met de bespreking van thematiek die aan de dood gerelateerd is, de eigen doodsangsten te hanteren, en oog te hebben voor daarmee samenhangende tegenoverdrachtsgevoelens. Beschikt de psycholoog over cognitieve competentie dan bezit hij kennis van de verschillende houdingen tegenover de dood, van het verschijnsel doodsangst en de factoren die daarop van invloed zijn, van de verschillende copingmechanismen, van de rouwreacties, van de instellingen voor ernstig zieken, en van de inhoudelijke, wettelijke, morele en ethische regelingen over het levenseinde (Gamino & Ritter, 2012).

Hiervoor is theoretisch en ervaringsgericht onderwijs nodig: dit biedt de cognitieve kennis en de mogelijkheid om te reflecteren op de eigen doodsangst. Ook kunnen zo vaardigheden ontwikkeld worden om empathisch af te stemmen op de patiënt en zijn familie, en de naderende dood met hen te bespreken.

6 Tot besluit

De dood vormt een belangrijk onderdeel van het leven van ouderen en verdient serieuze aandacht, ook in de opleiding van ouderenpsychologen. Gerichte aandacht voor de dood in het onderwijs leidt ertoe dat heftige doodsangst (hot death anxiety) – vaak leidend tot vermijding – plaatsmaakt voor rustige doodsangst (cool death anxiety).

Dit bleek ook uit onderzoek onder twee groepen verpleegkundigen waarvan de ene wel en de andere groep geen onderwijs kreeg over de dood. Al deze verpleegkundigen werkten op een afdeling met terminale patiënten. Het onderwijs bestond uit theorie over de dood en een ervaringsgericht deel. In het ervaringsgerichte deel kregen de verpleegkundigen de gelegenheid om te reflecteren op de eigen overtuigingen en angsten voor de dood, wisselden zij ervaringen met het overlijden van patiënten uit, en bespraken zij manieren om slecht nieuws te brengen en naasten van overleden te steunen. De getrainde verpleegkundigen waren beter dan de nietgetrainde collega's in staat de doodsangst te hanteren. Bovendien konden zij beter hun gevoelens delen met collega's, hadden zij meer oog voor de eigen grenzen en die van collega's en zorgden zij beter voor de patiënten en hun familie (Brisley & Wood, 2004).

Psychologen beschikken al over veel relevante deskundigheid die zij op andere terreinen toepassen (Haley e.a., 2003). Zo zijn zij al gewend met patiënten te praten over pijnlijke confrontaties, angst, verdriet, onmacht en verlies, en beschikken zij over interventies om patiënten te helpen een uitweg te vinden. Om het gesprek over de laatste levensfase en de dood te voeren, is een uitbreiding van deze therapeutische vakbekwaamheid nodig: competentie op het terrein van de dood. Ouderenpsychologen die daarover beschikken, kunnen het leven van hun patiënten verrijken door hen bij te staan in hun worsteling met een van de meest betekenisvolle gebeurtenissen uit het leven van de mens: het afscheid van het eigen leven en dat van hun naasten (Van Dam, 2016).

Literatuur

Abraham, R.E. (Red.). (2005). *Het ontwikkelingsprofiel in de praktijk*. Assen: Van Gorcum.
Becker, E. (1973). *The denial of death*. New York: Simon & Schuster.
Braam, A.W., Deeg, D.J.H., Tilburg, T.G. van, Beekman, A.T.E., & Tilburg, W. van. (1998). Gerotranscendentie als levensperspectief: Een eerste empirische benadering bij ouderen in Nederland. *Tijdschrift voor Gerontologie en Geriatrie, 29*, 24-32.
Brisley, P., & Wood, L.M. (2004). The impact of education and experience on death anxiety in new graduate nurses. *Contemporary Nurse, 17*, 102-108.
Cicirelli, V. (2002). *Older adults' views on death*. New York: Springer.
Cicirelli, V. (2009). Sibling death and death fear in relation to depressive symptomatology in older adults. *Journals of gerontology. Series B, Psychological Sciences and Social Sciences, 64*, 24-32.
Corr, C.A., & Corr, D.M. (2013). *Death & dying, life & living* (7th ed., international edition). Wadsworth: Cengage learning.
Dam, Q.D. van. (2011). Een impasse of uitweg? Inschatting van de psychosociale vermogens met het ontwikkelingsprofiel. *Tijdschrift voor Cliëntgerichte Psychotherapie, 49*, 307-319.
Dam, Q.D. van. (2016). Psychotherapeuten en de dood: Pleidooi voor educatie. *Tijdschrift voor Psychotherapie, 3*, 156-168.
Doka, K.J. (2013). Religion, spirituality, and assesment and intervention. In D.K. Meagher & D.E. Balk (Eds.), *Handbook of thanatology* (2nd ed., pp. 209-217). New York: Routledge.
Doll, G.A. (2006). Enhancing gerontology education: The role of older adult auditors in a human development and aging course. *Journal of Intergenerational Relationships, 4*, 63-72.
Duin, C. van, & Stoeldraijer, L. (2014). *Bevolkingsprognose 2014-2060: Groei door migratie*. Den Haag: Centraal Bureau voor de Statistiek.
Erikson, E. (1982). *The life cycle completed: A review*. New York: Norton.
Farber, S.K., Jackson, C.C., Tabin, J.K., & Bachar, E. (2007). Death and annihilation anxieties in anorexia nervosa, bulimia, and self-mutilation. *Psychoanalytic Psychology, 2*, 298-305.
Gamino, L.A., & Ritter, R.H. (2012). Death competence: An ethical imperative. *Death Studies, 36*, 23-40.
Grant, A.M., & Wade-Benzoni, K.A. (2009). The hot and cool of death awareness at work: Mortality cues, aging, and self-protective and prosocial motivations. *Academy of Management Review, 34*, 600-622.
Haley, W.E., Larson, D. G., Kasl-Godley, J., & Neimeyer, R.A. (2003). Roles for psychologists in endof-life care: Emerging models of practice. *Professional Psychology: Research and Practice, 34*, 626-633.
Hayes, J.H., Yeh, Y.J., & Eisenberg, A. (2007). Good grief and not-so-good grief: Countertransference in beraevement therapy. *Journal of Clinical Psychology, 63*, 345-355.
Kalmthout, M. van. (2012). Tijd voor een existentieel georiënteerde psychotherapie. *Tijdschrift voor Psychotherapie, 6*, 407-420.
Kastenbaum, R.J. (2014). *Death, society and human experience* (7th ed). Harlow: Pearson education limited.
Keirse, M. (2011). *Later begint vandaag*. Tielt: Lannoo.
Keyes, M., Pratt, C., Galea, S., McLaughlin, K.A., Koenen, K.C., & Shear, M.K. (2014). The burden of Loss: Unexpected death of a loved one and psychiatric disorders across the life course in a national study. *American Journal of Psychiatry, 171*, 864-871.
Lehto, R.H., & Stein, K.F. (2009). Death Anxiety: An analysis of an evolving concept. *Research and Theory for Nursing Practice: An International Journal, 23*, 23-41.

Meagher, D. K., & Balk, D.E. (Red.). (2013). *Handbook of thanatology* (2nd. ed.). New York: Routledge.

Mikulincer, M., & Florian, V. (2008). The complex and multifaceted nature of the fear of personal death: The multidimensional model of Victor Florian. In A. Tomer, G.T. Eliason & P.T.P. Wong (Eds.), *Existential and spiritual issues in death attitudes* (pp. 39-64). New York: Taylor & Francis.

Pool, G. (2009). Kanker, een existentiële opgave. In H. de Haes, L. Gulathérie van Wezel & R. Sannderman (Red.), *Psychologische patiëntenzorg in de oncologie* (pp. 135-151). Assen: Van Gorcum.

Raedt, R. de, & Speeten, N. van der. (2008). Discrepancies between direct and indirect measures of death anxiety disappear in old age. *Depression and Anxiety, 25*, E11-E17.

Tornstam, L. (2005). *Gerotranscendence: A developmental theory of positive aging*. New York: Springer.

Vink, M., Teunisse, S., & Geertsema, H. (Red.). (2016). *Klaar met leven? Ouderen en het levenseinde in psychologisch perspectief*. Houten: Bohn Stafleu van Loghum.

Wijngaarden, E. van, Leget, C., & Goossensen, A. (2015). Ready to give up on life: The lived experience of elderly people who feel life is completed and no longer worth living. *Social Science & Medicine, 138*, 257-264.

Wong, P.T.P. (2008). Meaning management theory and death acceptance. In A. Tomer, G.T. Eliason & P.T.P. Wong. (Eds.), *Existential and spiritual issues in death attitudes* (pp. 65-87). New York: Taylor & Francis.

Worden, W.J. (2009). *Grief counselling and grief therapy – a handbook for the mental health practitioner*. 4th ed. New York: Springer.

Yalom, I.D. (2008). *Tegen de zon inkijken*. Amsterdam: Balans.

Deel IV
Psychologische interventies

15
Preventie

Iris van Asch en Sanne Lamers

1 Inleiding
2 Preventie van psychische stoornissen
    2.1 Belang van preventie in het algemeen
    2.2 Belang van preventie bij ouderen
    2.3 Klachtgericht werken versus welbevinden bevorderen
    2.4 Theorieën over welbevinden en veerkracht
    2.5 Vormen van preventie
3 Interventies
    3.1 Interventiefocus op welbevinden
    3.2 Interventiefocus op klachten
4 Rol van de psycholoog
5 Tot besluit
   Literatuur

---

www.tijdstroom.nl/leeromgeving

📁 Handige documenten
🌐 Weblinks

Kernboodschappen
- Psychische stoornissen voorkomen en de psychische weerbaarheid vergroten zijn belangrijk, ook bij ouderen.
- Preventie is van belang in alle settings, ook in de intramurale zorg bij ouderen met multimorbiditeit.
- Het is essentieel om in preventie zowel aandacht te besteden aan psychische klachten behandelen, als aan welbevinden en veerkracht bevorderen.
- Meer wetenschappelijk onderzoek naar preventieve interventies bij ouderen is nodig.
- Landelijke implementatie van reeds bestaande en onderzochte preventieve interventies behoeft meer aandacht.
- De ouderenpsycholoog heeft een belangrijke rol in de ontwikkeling en uitvoering van geïndiceerde en zorggerichte preventieve interventies.

1 Inleiding

In dit hoofdstuk zal worden ingegaan op het belang van preventie bij ouderen. We beginnen met een algemene beschrijving van preventie van psychische stoornissen. Vervolgens spitsen we dit verder toe op de ouderenpsychologie: diverse preventieve interventies worden beschreven en de rol van de ouderenpsycholoog wordt toegelicht.
Centraal in dit hoofdstuk staat de visie dat preventie niet alleen inhoudt dat psychische klachten en problemen worden behandeld, maar juist ook dat welbevinden en veerkracht worden bevorderd. Preventie is daarmee een activiteit die terugkomt in alle settings van de ouderenpsycholoog.

2 Preventie van psychische stoornissen

2.1 Belang van preventie in het algemeen

Psychische stoornissen voorkomen en welbevinden en veerkracht bevorderen is op alle leeftijden belangrijk: om verschillende redenen. Psychische stoornissen hebben ingrijpende consequenties voor de persoon zelf, maar ook voor naasten. De ziektelast van psychische stoornissen, dat wil zeggen: de hoeveelheid gezondheidsverlies in een populatie die erdoor veroorzaakt wordt, is groot. Gezamenlijk zorgen psychische stoornissen voor 11,5% van alle ziektelast in Nederland (Meijer e.a., 2006). Zo zorgen angststoornissen en depressieve stoornissen voor een sterke vermindering van de kwaliteit van leven en van welbevinden (Poos e.a., 2014) en gaan psychische stoornissen gepaard met hoge economische kosten; geschat wordt dat alleen al depressieve stoornissen in Nederland jaarlijks ongeveer zes miljard euro kosten (Cuijpers, 2011). Hoewel er effectieve behandelingen voor psychische stoornissen beschikbaar zijn, lukt het maar gedeeltelijk om de ziektelast op populatieniveau te verminderen. Dit heeft drie redenen: allereerst wordt niet iedereen met een psychische stoornis bereikt. Ten tweede krijgt niet iedereen een bewezen effectieve behandeling aangeboden, en ten derde blijkt dat niet iedereen de behandeling trouw volgt (Meijer e.a., 2006). Maar zelfs wanneer de omstandigheden optimaal zijn, blijken behandelingen van psychische stoornissen slechts een beperkt deel van de ziektelast te kunnen wegnemen (Andrews e.a., 2004). Psychische stoornissen voorkomen en de psychische weerbaarheid bevorderen heeft mede om deze redenen de voorkeur boven het behandelen als de stoornis al aanwezig is. Wetenschappelijk onderzoek naar het effect van preventieve interventies laat zien dat het mogelijk is om het ontstaan van psychische stoornissen te voorkomen (Meijer e.a., 2006). Mede dankzij deze wetenschappelijke basis is er de laatste jaren meer aandacht gekomen voor preventie. Dat geldt ook voor preventie bij ouderen.

2.2 Belang van preventie bij ouderen

Juist bij ouderen wordt het belang van preventie steeds groter. Hoewel er veel vitale ouderen in Nederland zijn, neemt de kwetsbaarheid toe met het ouder worden (Van Campen, 2014). Ouderen met multimorbiditeit en matig tot ernstige functiebeperkingen hebben een verhoogde kwetsbaarheid (Den Draak & Van Campen, 2011). In het bijzonder neemt de psychische kwetsbaarheid toe (Comijs, 2011). Zo ervaren oudere volwassenen vaker psychische klachten zoals depressie of angstklachten (Beekman e.a., 1997; 1998).
Niet zozeer leeftijd op zich, maar fysieke achteruitgang en veranderingen in het sociale netwerk blijken sterkere voorspellers te zijn voor psychische kwetsbaarheid (Comijs, 2011). Hierbij

kun je denken aan bijvoorbeeld lichamelijke ziekten, cognitieve achteruitgang, en verlies van dierbaren en sociale rollen door bijvoorbeeld het stoppen met betaald werk. Deze risicofactoren komen op oudere leeftijd vaker voor dan in andere levensfasen. Zo zijn ouderen een belangrijke risicogroep voor depressie en depressieklachten, omdat in de latere levensfase meerdere determinanten voor depressie samenkomen, zoals een chronische ziekte, het verlies van de partner, en zingevingsproblemen (Smit e.a., 2006).

2.3 Klachtgericht werken versus welbevinden bevorderen

Er is relatief weinig onderzoek gedaan naar de effecten van preventie. Wel laten steeds meer onderzoeken zien dat effectieve preventie van psychische stoornissen mogelijk is (Cuijpers & Bohlmeijer, 2001; Cuijpers e.a., 2008). Ook bij ouderen blijken preventieve interventies effectief (Forsman e.a., 2011). Lange tijd zijn deze preventieve interventies enkel gericht geweest op het voorkomen en behandelen van psychische klachten. Sinds enkele jaren richten (preventieve) behandelingen zich steeds meer op het bevorderen van welbevinden in aanvulling op het voorkómen en behandelen van psychische klachten. Onderzoek laat namelijk zien dat het essentieel is om in preventie aandacht te hebben voor zowel psychische klachten als welbevinden. Psychische klachten en welbevinden vormen twee gerelateerde maar verschillende dimensies van psychische gezondheid (Westerhof & Keyes, 2008).

Hoewel de afwezigheid van psychische klachten gerelateerd is aan de aanwezigheid van welbevinden, kan iemand met psychische klachten een zekere mate van welbevinden ervaren, net zoals dat iemand zonder psychische klachten een laag welbevinden kan ervaren. Het model dat hiervan uitgaat, wordt ook wel het twee-continuamodel genoemd, of het *dual continua*-model (zie hoofdstuk 2). De geldigheid van dit model is bevestigd onder Nederlandse oudere volwassenen (Lamers e.a., 2011; Westerhof & Keyes, 2008).

2.4 Theorieën over welbevinden en veerkracht

Bij ouderen is er al langere tijd aandacht voor het belang van welbevinden, veerkracht, weerbaarheid en eigen regie. Een belangrijke theorie op dit gebied is de zelfdeterminatietheorie van Ryan en Deci (2002; 2008). Volgens deze sociaal-psychologische theorie zijn drie universele basisbehoeften belangrijk voor het welbevinden van mensen:
- autonomie: de behoefte aan een gevoel van keuzevrijheid en eigen beslissingen kunnen nemen;
- verbondenheid: de behoefte aan een gevoel van verbondenheid met anderen en ergens bij horen;
- competentie: de behoefte aan een gevoel van bekwaamheid en aan doelen kunnen bereiken.

Onderzoeken in diverse settings hebben aangetoond dat de vervulling van deze drie basisbehoeften gerelateerd is aan een hogere mate van welbevinden (Ryan & Deci, 2002) en diverse andere gezondheidsuitkomsten (Ng e.a., 2012). Ook bij ouderen in somatisch verpleeghuizen is de vervulling van de basisbehoefte aan autonomie, verbondenheid en competentie gerelateerd aan het welbevinden (Custers e.a., 2010), de levenstevredenheid (Kasser & Ryan, 1999), en de mate van depressie (Custers e.a., 2014). Het is vooral belangrijk dat de mate van vervulling overeenkomt met het belang dat bewoners van zorginstellingen zelf hechten aan elk van de drie basisbehoeften (Custers, 2013).

Naast de zelfdeterminatietheorie laten ook andere theorieën het belang zien van welbevinden en veerkracht. Voorbeelden hiervan zijn de theorie van zelfrealisatie (Ryff, 1989) en ontwikkelingsregulatie (Baltes & Baltes, 1990; Baltes & Carstensen, 1996) die worden beschreven in hoofdstuk 2 over psychologische levenslooptheorieën. In preventieve interventies bij ouderen wordt vaak gebruikgemaakt van deze levenslooptheorieën in de onderbouwing of aangeboden

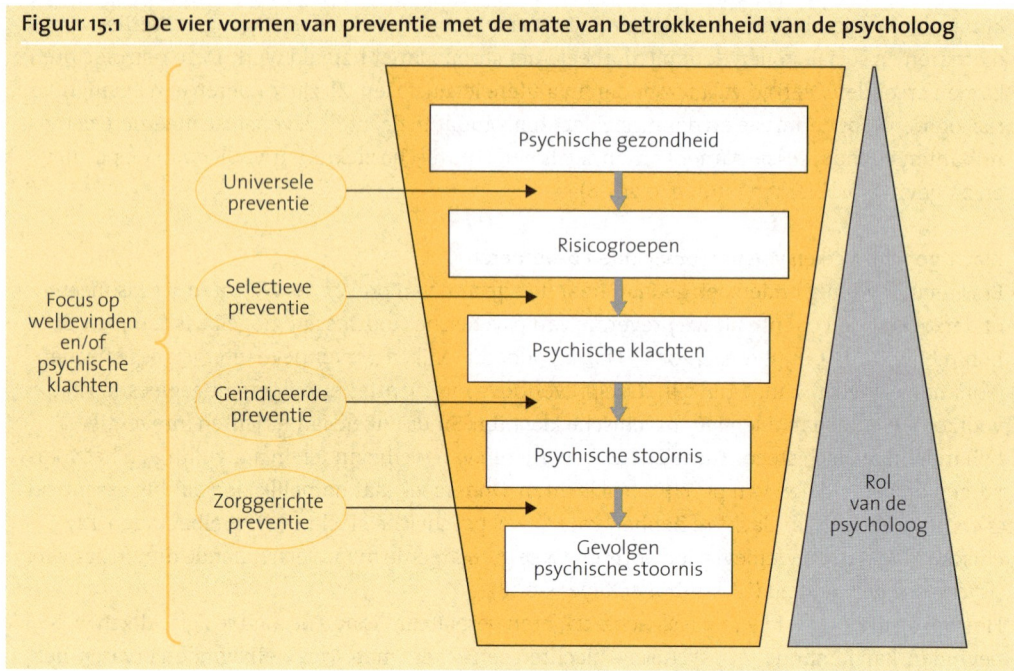

Figuur 15.1 De vier vormen van preventie met de mate van betrokkenheid van de psycholoog

oefeningen. Zo is het doel van de preventieve interventie Leven in de Plus, die in paragraaf 3.1 nader wordt beschreven, om de regie over het eigen leven te behouden. Hierin staat de basisbehoefte autonomie centraal.

2.5 Vormen van preventie

Globaal zijn er vier vormen van preventie te onderscheiden (Cuijpers, 2011; Schroevers & Smit, 2010). Deze vormen zijn weergegeven in figuur 15.1.

Universele preventie is gericht op de algemene bevolking of een deelpopulatie uit de bevolking, bijvoorbeeld ouderen vanaf een leeftijd van 65 jaar. De doelgroep wordt niet vastgesteld op basis van risicofactoren of de aanwezigheid van symptomen, maar iedereen binnen de bevolking of deelpopulatie wordt benaderd. Voorbeelden van universele preventie zijn massamediale campagnes, die meestal bestaan uit psycho-educatie om de bevolking te informeren en bewustwording te vergroten van psychische klachten en welbevinden.

Selectieve preventie is gericht op individuen of subgroepen van de populatie met een verhoogde kans op het ontwikkelen van een psychisch probleem. De doelgroep wordt vastgesteld aan de hand van bekende risicofactoren, bijvoorbeeld het meemaken van een ingrijpende gebeurtenis zoals het verlies van een dierbare of het hebben van een chronische lichamelijke aandoening.

Geïndiceerde preventie is gericht op mensen met subsyndromale symptomen: mensen die in beperkte mate psychische symptomen hebben, maar niet voldoen aan de classificatiecriteria voor een psychische stoornis. Hieronder vallen bijvoorbeeld ouderen met depressieklachten die niet voldoen aan de DSM-criteria voor een depressieve stoornis. Ook kun je hierbij denken aan ouderen met een laag welbevinden. Symptomen hebben, of een laag welbevinden, wordt gezien als een voorloper en risicofactor voor het ontwikkelen van een psychische stoornis. Waar bij selectieve preventie er geen sprake van psychische klachten hoeft te zijn, is dat bij geïndiceerde preventie wel het geval. Geïndiceerde preventie bestaat dan ook uit vroege herkenning om te voorkomen dat de symptomen zich verergeren tot een psychische stoornis.

Zorggerichte preventie dient om psychische weerbaarheid te stabiliseren en te verhogen en de consequenties van aandoeningen te verminderen voor de persoon zelf en voor mensen in de directe omgeving. Deze vorm kan ingezet worden bij chronische aandoeningen zoals dementie waarmee iemand moet leren leven.

Terugvalpreventie, ook wel recidiefpreventie genoemd, is een specifiek onderdeel van zorggerichte preventie. Terugvalpreventie dient om nieuwe episoden en comorbiditeit te voorkomen bij mensen die zijn hersteld van een aandoening, bijvoorbeeld mensen die hersteld zijn van een depressieve stoornis volgens de DSM-criteria en die een verhoogde kans hebben om opnieuw deze stoornis te ontwikkelen.

3 Interventies

Preventieve interventies sluiten aan op de vier vormen van preventie: ze zijn universeel, selectief, geïndiceerd of zorggericht van aard. Ze dienen om psychische klachten te voorkomen, of te voorkomen dat deze erger worden en zich verder ontwikkelen tot een psychische stoornis. Daarnaast kan het een doel zijn om de consequenties van psychische klachten en stoornissen te verminderen, het welbevinden te bevorderen, en het risico op terugval te beperken. Het doel van de psycholoog is om het evenwicht te herstellen naar het eerdere niveau van psychisch functioneren, of een nieuw evenwicht te vinden met aandacht voor het psychisch weerbaarder maken van de cliënt.

Er bestaan grofweg twee verschillende soorten preventieve interventies voor de oudere doelgroep: interventies waarbij de focus ligt op het behandelen van klachten en problemen, en interventies waarbij de focus ligt op het bevorderen van welbevinden en veerkracht. Beide soorten interventies kunnen ingezet worden om de eerder beschreven doelen van preventie te bereiken. Zo kun je bij een cliënt met depressieklachten een klachtgerichte interventie aanbieden, maar ook een interventie om het welbevinden te bevorderen, of een combinatie van beide. Hoewel bij interventies om het welbevinden dienen te bevorderen, klachten niet expliciet behandeld worden, blijkt uit meerdere onderzoeken dat de klachten wel significant kunnen afnemen (Forsman e.a., 2011).

Voor welke interventie je als psycholoog kiest, hangt dus vooral af van de voorkeur, behoefte en mogelijkheden van de cliënt. Wel lijken interventies voor welbevinden juist bij de oudere doelgroep goed aan te sluiten. Ten eerste zijn volwassenen van de oudste generaties minder gewend om te praten over hun psychische klachten en worden klachtgerichte interventies als stigmatiserend ervaren. Interventies voor welbevinden worden mogelijk als laagdrempeliger ervaren.

Ten tweede geven interventies voor het bevorderen van welbevinden de cliënt handvatten in het omgaan met tegenslagen en problemen: ze sluiten hiermee goed aan op de toenemende kwetsbaarheid in de latere levensfase. Daarbij past het bij de maatschappelijke ontwikkeling dat gestimuleerd wordt om ouderen steeds langer zelfstandig thuis te laten wonen en er dus ook meer beroep wordt gedaan op hun vermogen om de eigen regie in handen te houden. De mogelijkheid bestaat ook om als psycholoog te kiezen voor een stapsgewijze aanpak waarbij wordt begonnen met een laagdrempelige interventie. Mocht deze interventie onvoldoende verandering teweegbrengen dan kan gekozen worden voor een intensievere interventie of een interventie met een andere insteek.

Er zijn al verschillende stapsgewijze programma's voor ouderen ontworpen en onderzocht. Een voorbeeld hiervan is het zorgprogramma Doen bij Depressie, dat in paragraaf 3.2 wordt beschreven (en ook in hoofdstuk 13, Kwaliteit van leven, paragraaf 3.2).

Paragraaf 3.1 en 3.2 beschrijven enkele van de belangrijkste preventieve psychologische interventies voor ouderen. Algemene interventies voor preventie voor volwassenen zijn uiteraard ook toepasbaar bij ouderen. Echter, dit hoofdstuk laat zien dat oudere volwassenen een specifieke groep vormen waarmee rekening moet worden gehouden. Preventieve interventies voor leeftijdsspecifieke problemen zijn dan ook van belang.

Het goede nieuws is dat er de laatste jaren veel preventieve interventies voor ouderen zijn ontwikkeld. Onderzoek naar deze interventies is echter schaars en ook de landelijke implementatie van dergelijke interventies blijft nogal eens achter. Dit hoofdstuk beschrijft enkele interventies die zijn ontwikkeld voor ouderen, of die passen bij de specifieke problematiek van ouderen. De nadruk ligt hierbij op Nederlandse interventies voor de ouderen zelf en waarin de ouderenpsycholoog een rol kan spelen.

3.1 Interventiefocus op welbevinden

Life review-therapie

Life review-therapie is een methode die goed past bij de doelen van preventieve interventies. Bij life review-therapie ligt de focus van de behandeling niet zozeer op de klachten, maar op het bevorderen van welbevinden door oog te hebben voor positieve herinneringen en door moeilijke gebeurtenissen een plaats te geven en het leven richting te geven. Twee voorbeelden zijn de preventieve interventies Op zoek naar zin en Op Verhaal Komen, die beide worden aangeboden aan ouderen met depressieklachten.

Op zoek naar zin is een groepsinterventie, Op Verhaal Komen is zowel een groeps- als een individuele zelfhulpinterventie. In beide interventies wordt aan de hand van thema's zoals de jonge jaren en vriendschap teruggekeken op het leven. Zowel de interventie Op zoek naar zin (Pot e.a., 2010) als Op Verhaal Komen (Korte e.a., 2011; Lamers e.a., 2015) is effectief gebleken in het verminderen van depressieklachten en het bevorderen van welbevinden. Voor meer informatie over life review-therapie en deze twee interventies wordt verwezen naar hoofdstuk 19, Life review.

> **Op Verhaal Komen (casus)**
> Elly Langedijk, 73 jaar, meldt zich aan voor de zelfhulp life review-therapie Op Verhaal Komen. Ze vertelt dat ze zich somber voelt, vooral 's avonds. Hierdoor piekert ze en slaapt ze slecht. Mevrouw Langedijk vertelt: 'Sinds een poos heb ik het gevoel dat ik niet weet welke kant ik verder op wil in het leven. Ik ervaar een gebrek aan doel en zingeving.'
> In de cursus Op Verhaal Komen kijkt ze terug op haar leven. Door terug te gaan naar belangrijke, zowel positieve als moeilijke herinneringen aan haar leven, ontdekt ze haar sterke kanten en positieve eigenschappen. Zo was ze vroeger erg creatief, maar heeft ze hier de laatste jaren weinig mee gedaan. Door de creatieve oefeningen in de cursus en doordat ze deze rode draad in haar leven vindt, besluit ze om weer te gaan schilderen.

> Na de cursus zijn de gevoelens van somberheid nog niet helemaal verdwenen, maar ze piekert minder en slaapt beter. Belangrijker nog: zij heeft weer een gevoel van richting in haar leven: 'Mijn levensverhaal als bron van wijsheid, dat dekt de lading van hoe ik terugkijk op de cursus.'

Leven in de Plus

Leven in de Plus is een e-healthinterventie voor ouderen met als doel om de regie over het eigen leven te behouden. De cursus bestaat uit kennisoverdracht en een vaardigheidstraining van vijf trainingen bestaande uit opdrachten die zelfstandig doorlopen kunnen worden. Onderwerpen van de trainingen zijn onder andere: haalbare doelen stellen, het sociale netwerk versterken, en positiever leren denken.

Leven in de Plus is ontwikkeld voor thuiswonende ouderen die hun zelfmanagementvaardigheden willen versterken, en is vooral bedoeld voor ouderen die eenzaam zijn, net met pensioen zijn gegaan, waarvan de partner (of een ander belangrijk persoon) is weggevallen, die lichamelijk achteruitgaan, of die moeite hebben om invulling aan hun dagelijks leven te geven.

De internetcursus is als zelfhulp ontwikkeld, maar kan ook gebruikt worden als ondersteuning van een psychologische behandeling. Uit de resultaten van een pilotonderzoek (uitgevoerd door het Trimbos-instituut) naar Leven in de Plus blijkt dat depressieklachten en het gevoel van eenzaamheid afnemen en dat de mate van welbevinden toeneemt.

Acceptance and Commitment Therapy (ACT)

Steeds meer instellingen bieden interventies aan die gebaseerd zijn op *acceptance and commitment therapy* (ACT). ACT is een relatief nieuwe vorm van gedragstherapie, die verschillende werkzame technieken met elkaar combineert. Het doel is om de psychologische flexibiliteit te verhogen waardoor iemand beter kan omgaan met tegenslagen in het leven en geneigd is om activiteiten te ondernemen die echt belangrijk voor hem of haar zijn (Jansen & Batink, 2014). ACT geeft handvatten om weerbaar en veerkrachtig te zijn, ter preventie van het ontstaan van psychische stoornissen.

ACT sluit goed aan op de oudere volwassene, doordat zich op latere leeftijd ingrijpende levensgebeurtenissen kunnen voordoen, zoals het verlies van partner of achteruitgang van de gezondheid. Onderzoek specifiek bij ouderen staat nog in de kinderschoenen, maar de bevindingen naar de effecten bij volwassenen zijn positief (Hayes e.a., 2006). Zo blijkt ACT vooral effectief bij chronische pijn en depressie, hoewel ACT ook aangeboden en onderzocht wordt bij bijvoorbeeld ouderen met angststoornissen. ACT kan worden aangeboden als face-to-facebehandeling individueel en in groepen, maar ook als zelfhulp waarbij gebruikgemaakt kan worden van een hulpboek of van een online interventie als Voluit Leven (Bohlmeijer & Hulsbergen, 2009).

Mindfulness

Hoewel mindfulness een eeuwenoude vaardigheid is die haar wortels heeft in het boeddhisme, is het aanbieden van preventieve interventies gebaseerd op mindfulness relatief nieuw. Mindfulness is het aandacht geven aan de ervaring van het huidige moment, op een milde manier en zonder te oordelen. Het richt zich onder andere op het opmerken van automatische patronen in het leven. Ouderen reflecteren regelmatig op het leven, wat soms kan leiden tot piekeren. Mindfulness kan dan helpen om meer in het moment te leven en te leren accepteren dat er in je leven ook onaangename dingen, zoals achteruitgang van conditie of het verlies van dierbaren, zijn (Warmenhoven & Schipper, 2012).

Mindfulness wordt dan ook breed ingezet bij verschillende doelgroepen en wordt meestal aangeboden als groepstraining, waarbij er van de deelnemers verwacht wordt dat zij thuis oefenen met mindfulness. In de Verenigde Staten is een initiatief dat mindfulness implementeert in zorginstellingen, ter ondersteuning van kwetsbare bewoners en hun mantelzorgers (McBee, 2008). Er is steeds meer wetenschappelijk onderzoek naar mindfulness beschikbaar, ook over ouderen. Zo blijkt mindfulness te leiden tot een betere acceptatie van lichamelijke pijn (Morone e.a., 2008a) en minder eenzaamheid (Creswell e.a., 2012). Ouderen zijn zelf positief over hun ervaringen met mindfulness (Morone e.a., 2008b).

Op weg naar de gouden jaren

In de cursus Op weg naar de gouden jaren leren ouderen proactieve vaardigheden aan om naar de toekomst te kijken en te anticiperen op mogelijk veranderingen. Deze cursus is gebaseerd op de Selectie Optimalisatie met Compensatie-theorie (soc-theorie) uit 1997 van Baltes (Bode e.a., 2007; zie ook Baltes & Baltes, 1990; zie ook hoofdstuk 2, paragraaf 2). Mensen worden succesvol oud als ze de volgende mechanismen op elkaar afstemmen: zich bewust op minder gebieden concentreren, deze goed onderhouden en naar eigen wensen inrichten, en zo nodig andere oplossingen zoeken als iets echt niet meer wil lukken. Hiervoor dient de persoon vroegtijdig mogelijke toekomstige problemen onder ogen te zien en vaardigheden aan te leren waarmee men voor deze problemen oplossingen kan bedenken en ze in stabiel gedrag kan omzetten. Op weg naar de gouden jaren is ontwikkeld voor mensen vanaf de middelbare leeftijd (50 jaar) tot 75 jaar die aan hun toekomst willen werken. De cursus bestaat uit vier bijeenkomsten van twee uur. Tijdens de cursus gaat de aandacht uit naar hoe deelnemers zich kunnen voorbereiden op positieve en negatieve aspecten van het ouder worden, hoe zij waarschuwingssignalen kunnen signaleren, en hoe zij concrete doelen en een daarbij passend actieplan op kunnen stellen. In de laatste sessie staat terugkoppeling van ervaringen en behaalde resultaten centraal. Uit effectonderzoek blijkt dat door de cursus de proactieve vaardigheden verbeteren (Bode e.a., 2007). Deze effecten waren drie maanden na afloop van de cursus nog aanwezig.

Vriendschapscursus

De vriendschapscursus is een cursus voor vrouwen vanaf 55 jaar met als doel eenzaamheidsgevoelens te voorkomen of verminderen door hen te helpen met het ontwikkelen van de vriendschappen waar zij naar op zoek zijn. Dat kan door bestaande vriendschappen te verbeteren, of door nieuwe vriendschappen op te bouwen. Daarnaast heeft de cursus een drietal subdoelen: de zelfwaardering van de deelnemers vergroten, het begrip vriendschap verruimen, en een actieve houding tegenover vriendschappen ontwikkelen.

In twaalf groepsbijeenkomsten worden oefeningen gedaan, bijvoorbeeld om een realistischer of positiever zelfbeeld te ontwikkelen, of om grenzen te leren aangeven. Uit onderzoeken naar de effecten blijkt dat er een verbetering is in zowel de kwaliteit als kwantiteit van de vriendschappen (Martina & Stevens, 2006). Ook blijkt dat er een (beperkte) verbetering onder de deelnemers op het gebied van zelfwaardering, levenstevredenheid en stemming. De mate van eenzaamheid neemt alleen significant af onder deelnemers die tegelijkertijd nieuwe vriendschappen aangingen en bestaande vriendschappen verdiepten. Het alleen ontwikkelen of alleen verdiepen van vriendschappen had geen significant effect op de ervaren eenzaamheid (Stevens e.a., 2006). De Vrije Universiteit Amsterdam ontwikkelt en onderzoekt een online variant van de vriendschapscursus.

GRIP&GLANS

De GRIP&GLANS-cursus is gebaseerd op de zelfmanagementtheorie van welbevinden. De cursus is ontwikkeld voor ouderen die te maken hebben met fysieke en/of sociale kwetsbaarheden, en dient voor het verbeteren van de zelfmanagementvaardigheden (grip) en het welbevinden (glans). Er zijn diverse varianten ontwikkeld, zoals bibliotherapie (Frieswijk e.a., 2004; 2006), een individuele begeleiding via huisbezoeken (Schuurmans, 2004) en een groepscursus (Kremers e.a., 2006).

De cursus blijkt effectief in het bevorderen van zelfmanagementvaardigheden en welbevinden (Frieswijk e.a., 2006; Kremers e.a., 2006), maar ook in het verminderen van eenzaamheid (Goedendorp & Steverink, 2016; Kremers e.a., 2006). Voor meer informatie en achtergrond over de cursus, zie hoofdstuk 13, Kwaliteit van leven.

Samen verder na de diagnose dementie

De meeste preventieve interventies zijn bedoeld voor de oudere zelf. Er zijn echter ook interventies voor de cliënt samen met zijn of haar omgeving. 'Samen verder na de diagnose dementie' is zo'n interventie: zowel voor de persoon met een beginnende dementie als diens mantelzorger (Aan Asch e.a., 2015). Het doel van de interventie is om het cliëntpaar handvatten te geven om in de toekomst met alle veranderingen en moeilijkheden om te kunnen gaan.

De interventie bestaat uit een aantal gesprekken tussen de mantelzorger en de persoon met dementie in een vroeg stadium van de dementie en is ontwikkeld en onderzocht in Amerika (Whitlatch e.a., 2006). De vier gesprekken hebben elk een ander onderwerp: Dementie: de invloed op relatie/communicatie, Waarden en voorkeuren wat betreft de relatie en zorg, Tijd voor jezelf en voor elkaar, en Hulp van anderen inschakelen. De uitkomst van de vier gesprekken wordt beschreven in een toekomstplan. Dit toekomstplan is een hulpmiddel voor als het paar in de toekomst beslissingen moet nemen en de persoon met dementie daartoe minder in staat is. De mantelzorger kan wanneer de situatie daar is, nog eens terugkijken op de wensen en voorkeuren van de persoon met dementie. Eerder aangegeven wensen en gemaakte afspraken kunnen de mantelzorger helpen om beslissingen voor de persoon met dementie te maken. De gesprekken worden begeleid door een psycholoog die voorafgaand een voorbereidend gesprek met het paar voert om te kijken of de interventie aansluit bij de mogelijkheden en behoeften, en om het paar voor te bereiden op de onderwerpen die besproken zullen worden. Uit een pilotonderzoek blijkt dat de kwaliteit van leven bij de persoon met dementie toeneemt en dat ervaren stress bij de mantelzorger afneemt (www.trimbos.nl/themas/dementiezorg/ondersteuning-na-de-diagnose-dementie).

Acceptatie
Tiny Hogendoorn is 74 jaar, is net een paar jaar met pensioen en is getrouwd met Hans Hogendoorn. Een jaar geleden is de diagnose ziekte van Alzheimer bij haar gesteld. De motivatie van dit cliëntpaar om de interventie 'Samen verder na de diagnose dementie' te volgen, is dat meneer Hogendoorn moeite heeft met het accepteren van de situatie en het communiceren met zijn vrouw.
Wat zij vooral van de gesprekken hebben opgestoken, is dat ze zich bewuster zijn van de manier waarop ze met elkaar communiceren. Ze luisteren beter naar elkaar. Ook voelen ze zich meer gerustgesteld. Door het praten leren zij omgaan met de diagnose en is de paniek minder groot. Over de toekomst praten vonden ze confronterend, maar het effect hiervan was wel dat er meer acceptatie en berusting is. Door de gesprekken voelen ze zich beter hierop voorbereid.

3.2 Interventiefocus op klachten

In de put, uit de put 55+

In de put, uit de put 55+ heeft als doel depressieklachten bij oudere volwassenen vanaf 55 jaar te verhelpen of te verminderen. Deze cursus is gebaseerd op cognitieve gedragstherapie en sociale leertheorie, en bestaat uit tien bijeenkomsten van twee uur en één terugkombijeenkomst. In deze bijeenkomsten leert men wat depressieklachten zijn, hoe deze ontstaan, en hoe deze te beïnvloeden zijn. Daarnaast is er aandacht voor ontspannen, meer plezierige activiteiten ondernemen, positief en constructief denken, sociale vaardigheden en hoe je depressieklachten in de toekomst kunt voorkomen. Tussen de bijeenkomsten door wordt men gevraagd huiswerkopdrachten te maken om de geleerde vaardigheden ook in de praktijk toe te passen.

Uit onderzoek naar de groepsinterventie blijkt dat deelnemers na afloop van de interventie significant minder depressieklachten ervaren in vergelijking met een controlegroep. Direct na de cursus behaalde effecten blijken stand te houden over een periode van 1 jaar tot 14 maanden na afloop van de cursus (Haringsma e.a., 2005). Uit een meta-analyse naar verschillende varianten van de cursus Omgaan met Depressie (waaronder In de put, uit de put) blijkt dat deze cursus zowel effectief is in het verminderen van depressieklachten als in het voorkomen van het ontstaan van depressies.

Zicht op Evenwicht

Zicht op Evenwicht (oorspronkelijke naam: A Matter of Balance/Beter in Balans) is een interventie ontwikkeld voor zelfstandig wonende ouderen die bezorgd zijn om te vallen en die daardoor activiteiten vermijden. Het doel is om deze valangst te verminderen. Ouderen die bang zijn om te vallen, bewegen minder, waardoor hun spierkracht en balans afnemen en het risico op een val juist toeneemt. Het doorbreken van deze negatieve spiraal vormt een belangrijk onderdeel van de cursus. Door ouderen vertrouwen te geven in hun eigen mogelijkheden gaan zij meer bewegen, waardoor ze een betere spierkracht en balans ontwikkelen. De kans op vallen neemt dan af.

Om te kunnen deelnemen aan de interventie moeten deelnemers zelfstandig kunnen staan en lopen en geen ernstige cognitieve aandoeningen zoals dementie hebben. Er bestaat zowel een groepscursus als een individuele cursus. De groepscursus bestaat uit acht wekelijkse groepsbijeenkomsten van twee uur, plus een herhalingsbijeenkomst twee maanden na de laatste bijeenkomst. De individuele cursus bestaat uit acht contactmomenten: drie huisbezoeken, vier telefonische gesprekken en een herhalingscontact. Inhoudelijk komen dezelfde punten aan bod als in de groepscursus, maar er ligt meer nadruk op de ondersteuning van de deelnemer om bepaalde dagelijkse activiteiten weer op te pakken. Beide varianten zijn onderzocht: de deelnemers aan de groepscursus blijken in vergelijking met een controlegroep minder angst om te vallen en minder vermijding van activiteiten te rapporteren. Ook dachten ze positiever over vallen, werden ze actiever in het dagelijks leven, en ervoeren ze meer controle over het vallen (Zijlstra, e.a., 2009). Deelnemers aan de individuele cursus blijken minder bezorgd te zijn om te vallen, vermijden minder activiteiten vanwege bezorgdheid om te vallen en hebben een positiever beeld van de te verwachten consequenties van vallen (Dorresteijn e.a., 2013).

Angst de baas

De preventieve cursus Angst de baas dient om kennis over angst te verkrijgen, en inzicht in het instaan van de angstklachten. Het accent ligt op het leren van vaardigheden om piekeren en angstklachten te verminderen en angststoornissen te voorkomen, waarbij gebruik wordt gemaakt van cognitieve gedragstherapie.

Angst de Baas wordt in diverse (ggz-)instellingen ook aangeboden als groepscursus aan mensen van 55 jaar en ouder. Hierin is onderlinge erkenning en herkenning belangrijk. In acht tot tien bijeenkomsten van twee uur komen diverse onderwerpen aan bod, zoals leren ontspannen, angstige gedachten veranderen, en angstige situaties aanpakken. Door middel van huiswerkopdrachten passen deelnemers de geleerde vaardigheden toe in hun thuissituatie (zie onder anderen van Montfort e.a., 2007).

Doen bij Depressie

Doen bij Depressie is niet zozeer een preventieve interventie, maar een zorgprogramma gebaseerd op geïndiceerde en zorggerichte preventie (Gerritsen e.a., 2013). Het is ontwikkeld door het Universitair Kennisnetwerk Ouderenzorg Nijmegen met het doel om de opsporing en behandeling van depressie in verpleeghuizen te verbeteren. Doen bij Depressie bestaat uit drie fasen: opsporen, behandelen en monitoren (Gerritsen e.a., 2015). In iedere fase heeft de psycholoog, naast het zorgteam en de specialist ouderengeneeskunde, haar eigen taken. De opsporingsfase heeft een belangrijke preventieve functie, waarbij elke bewoner iedere zes maanden wordt gescreend op de aanwezigheid van depressieklachten.

Wanneer er bij de screening depressieklachten worden geconstateerd, worden er binnen Doen bij Depressie diverse modules aangeboden om de klachten te verminderen en het ontstaan van een volledige depressie vóór te zijn. Een van deze modules is de interventie Dierbare herinneringen, waarbij men specifieke, positieve herinneringen ophaalt (voor meer informatie over deze interventie verwijzen we naar hoofdstuk 19, Life review). De ouderenpsycholoog heeft een rol in de indicatiestelling en uitvoering van deze interventie.

Het zorgprogramma is effectief gebleken in het verminderen van het aantal mensen met een depressie op somatische afdelingen en in het verminderen van de apathie op psychogeriatrische afdelingen. Op afdelingen waar het beter was gelukt om Doen bij Depressie te implementeren, waren de effecten groter (Leontjevas e.a., 2013).

Psycho-educatie

Bij psycho-educatie staat het verwerven van kennis en vaardigheden centraal, met als doel om mensen te leren omgaan met beperkingen, psychische of lichamelijke klachten of stoornissen. Niet zozeer de inhoud (kennis) is het belangrijkste, maar de beleving die voor de cliënt en naasten verbonden zijn aan de gegeven informatie (Hoencamp & Haffmans, 2011).

Vaak bestaat psycho-educatie uit voorlichting over de oorzaken, symptomen, gevolgen en mogelijke behandelingen van een bepaalde ziekte of klacht. Daarnaast wordt er aandacht besteed aan het accepteren en het aanvaarden van de ziekte of klacht. Door ouderen bewust te maken van risicofactoren en vroege signalen, bijvoorbeeld van een depressie, zou het risico op het ontstaan van een depressie kunnen worden verminderd. Een meta-analyse van Pinquart e.a. (2007) bij ouderen laat zien dat psycho-educatie inderdaad effectief kan zijn in het verminderen van depressieklachten.

Er is een groot scala aan psycho-educatieve methoden en interventies beschikbaar, en elke instelling heeft haar eigen aanbod. Interventies kunnen individueel worden aangeboden of in een groep, en vinden meestal plaats aan het begin van een behandeling na het stellen van de diagnose. Steeds meer ggz-instellingen bieden daarnaast psycho-educatieve modules aan die online gevolgd kunnen worden.

Psycho-educatie kan worden aangeboden in een aparte interventie, maar wordt ook vaak geïntegreerd in een behandeling of in een andere preventieve interventie. Dat geldt bijvoorbeeld voor het zorgprogramma Doen bij Depressie, waarbij gebruikgemaakt wordt van folders met informatie over de klachten die bij een depressie horen en over welke oorzaken en behandelmogelijkheden er zijn.

4 Rol van de psycholoog

De ouderenpsycholoog heeft een belangrijke taak in preventie, onderkent ook de American Psychological Association (APA, 2014) in de richtlijn voor de psychologische hulpverlening aan ouderen:

> 'Psychologists strive to recognize and address issues related to the provision of prevention and health promotion services with older adults' (APA, 2014, p. 51).

De rol van de psycholoog in de preventie van psychische stoornissen bij ouderen is afhankelijk van de instelling en de setting waarin die psycholoog werkzaam is: in een extramurale zorginstelling, de huisartsenzorg, de generalistische basis-ggz (GBGGZ), de specialistische ggz (SGGZ), of een algemeen ziekenhuis. De psycholoog is vooral belangrijk in geïndiceerde en zorggerichte preventie, zoals weergegeven in figuur 15.1 (paragraaf 2.5). Binnen de diverse settings en vormen van preventie zijn er grofweg drie rollen die een psycholoog kan vervullen.

Ten eerste is de rol van de psycholoog het verkennen en in kaart brengen van de kwetsbaarheden en mogelijkheden van de oudere. De psycholoog beoogt een totaalbeeld te verkrijgen van zowel de klachten en problemen als de sterke kanten en het welbevinden van het individu, wat behoort tot het dagelijks werk van de psycholoog. Bij de oudere doelgroep is er vaak sprake van een precair evenwicht waarin ook in de toekomst grote kans is op een toename van kwetsbaarheid op fysiek, sociaal en psychisch vlak. Allereerst dient natuurlijk bekeken te worden hoe je het eerdere evenwicht kunt herstellen, maar soms is dit niet meer haalbaar (bijvoorbeeld door cognitieve achteruitgang). Dan is van belang om te kijken wat de mogelijkheden zijn van zowel de cliënt als het systeem, met als doel een nieuw evenwicht op een lager niveau te bereiken (Geelen & Vink, 2004). Hierin brengt de psycholoog de klachten en mogelijkheden van de cliënt in kaart en stelt een interventieplan op. Omdat psychische klachten bij ouderen vaak niet op zichzelf staan, maar versterkt of verminderd kunnen worden door het systeem of problemen op andere domeinen zoals het fysieke en sociale domein, verdient samenwerking met andere disciplines de aandacht. In multidisciplinair overleg, in welke setting dan ook, is de rol van de psycholoog dan ook het signaleren van kwetsbaarheden en alert zijn op mogelijkheden die preventieve interventies kunnen bieden.

Ten tweede is de psycholoog de aangewezen persoon voor het uitvoeren van preventieve interventies. Niet alle preventieve interventies hoeven te worden uitgevoerd door een psycholoog, vooral universele en selectieve preventieve interventies worden vaak uitgevoerd door andere disciplines. Echter, interventies om subklinische klachten te behandelen (geïndiceerde preventie) zijn veelal cognitief-gedragstherapeutisch van aard en dienen bij uitstek door een psycholoog uitgevoerd te worden (Cuijpers, 2011). Daarbij hebben psychologen in de ouderenzorg vaak ruime kennis van en ervaring in het werken met systemen, groepsprocessen, en vaardigheidstraining specifiek voor oudere volwassenen.

Ten derde zijn het in de praktijk vaak psychologen die preventieprogramma's ontwikkelen vanuit de instelling waar ze werken (Cuijpers, 2011). Een voorbeeld hiervan is een preventieprogramma ontwikkeld door GGZ inGeest in samenwerking met de Vrije Universiteit voor de preventie van angst en depressie bij ouderen wanneer er sprake is van lichte klachten (Van 't Veer-Tazelaar e.a., 2009). Psychologen die in de curatieve zorg werken, kunnen door de preventieve afdeling van hun instelling worden gevraagd om te melden welke signalen zij opvangen vanuit hun curatieve werk. Bijvoorbeeld dat zij opmerken dat er een toename is van bepaalde problematiek. Deze signalen kunnen aanleiding zijn tot het opzetten van een preventieprogramma voor deze problematiek om zo de toename te kunnen stoppen.

5 Tot besluit

Preventie neemt in het werk van de ouderenpsycholoog een belangrijke plaats in. Er zijn legio mogelijkheden van preventie: zo kan preventie worden toegepast in diverse settings, vanuit een focus op klachten en/of welbevinden, individueel of in groepen, en face-to-face of online. Oudere volwassenen vormen een specifieke groep waarmee rekening moet worden gehouden. Er zijn de laatste jaren in toenemende mate preventieve interventies voor ouderen ontwikkeld, maar er is meer wetenschappelijk onderzoek naar de effectiviteit van deze interventies nodig. Ook behoeft de landelijke implementatie van reeds bestaande en onderzochte preventieve interventies de aandacht.

In de praktijk werken ouderenpsychologen vaak al met een preventief doel. Denk hierbij bijvoorbeeld aan een verpleeghuispsycholoog die in een multidisciplinair overleg alert is op de ontwikkelingen bij een bewoner met beginnende depressieklachten en op zoek gaat naar een manier om verergering van deze klachten te voorkomen. Aan de andere kant kan de ouderenpsycholoog nog veel meer betekenen voor de oudere cliënt als het gaat om preventie. Ongeachte de zwaarte van de problematiek zou de psycholoog in het dagelijks werk aandacht moeten hebben voor de mogelijkheden van het aanbieden en ontwikkelen van preventieve interventies, vooral ook ter bevordering van het welbevinden. Een proactieve houding van de psycholoog is hierin essentieel.

Literatuur

APA. (2014). Guidelines for psychological practice with older adults. *American Psychologist, 69*, 24-65.
Andrews, G., Issakidis, C., Sanderson, K., Corry, J., & Lapsley, H. (2004). Utilising survey data to inform public policy: Comparison of the cost-effectiveness of treatment of ten mental disorders. *British Journal of Psychiatry, 184*, 526-533.
Asch, I.F.M. van, Velden, C. van der, Blokland, M., Allewijn, M., Lange, J. de, & Pot, A.M. (2015). *Samen verder na de diagnose dementie, een interventie voor thuiswonende mensen met dementie en hun mantelzorgers: Handleiding en draaiboek*. Utrecht: Trimbos-instituut.
Baltes, P.B., & Baltes, M.M. (1990). Psychological perspectives on successful aging: The model of selective optimization with compensation. In P.B. Baltes & M.M. Baltes (Eds.), *Successful aging: Perspectives from the behavioral sciences* (pp. 1-34). New York: Cambridge University Press.
Baltes, M.M., & Carstensen, L.L. (1996). The process of successful ageing. *Ageing & Society, 16*, 397-422.

Beekman, A.T., Bremmer, M.A., Deeg, D.J., Balkom, A.J. van, Smit, J.H., Beurs, E. de, e.a. (1998). Anxiety disorders in later life: A report from the Longitudinal Aging Study Amsterdam. *International Journal of Geriatric Psychiatry, 13*, 717-726.

Beekman, A.T., Deeg, D.J., Braam, A.W., Smit, J.H., & Tilburg, W. van. (1997). Consequences of major and minor depression in later life: A study of disability, well-being and service utilization. *Psychological Medicine, 27*, 1397-1409.

Bode, C., Ridder, D.T.D. de, Kuijer, R.G., & Bensing, J.M. (2007). Effects of an intervention promoting proactive coping competencies in middle and late adulthood. *Gerontologist, 47*, 42-51.

Bohlmeijer, E.T., & Hulsbergen, M. (2009). *Voluit leven: Mindfulness of de kunst van het aanvaarden, nu als praktisch hulpboek*. Amsterdam: Uitgeverij Boom.

Bohlmeijer, E.T., & Westerhof, G.J. (2010). *Op verhaal komen: Je autobiografie als bron van wijsheid*. Amsterdam: Uitgeverij Boom.

Campen, C. van. (2014). Ouderen: Vitaal en kwetsbaar. In J. van Vliet & J.S. Jukema (Red.), *Perspectieven op ouder worden en de sociaal professional* (pp. 25-36). Den Haag: Boom Lemma.

Comijs, H. (2011). Psychische kwetsbaarheid. In C. van Campen (Red.), *Kwetsbare ouderen* (pp. 107-117). Den Haag: Sociaal en Cultureel Planbureau.

Creswell, J.D., Irwin, M.R., Burklund, L.J., Lieberman, M.D., Arevalo, J.M., Ma, J., e.a. (2012). Mindfulness-Based Stress Reduction training reduces loneliness and pro-inflammatory gene expression in older adults: A small randomized controlled trial. *Brain, Behavior, and Immunity, 26*, 1095-1101.

Cuijpers, P. (2011). Preventie van psychische problemen. In M.J.P.M. Verbraak, S. Visser, P. Muris & C.A.L. Hoogduin (Red.), *Handboek voor GZ-psychologen* (pp. 277-285). Amsterdam: Uitgeverij Boom.

Cuijpers, P., & Bohlmeijer, E.T. (2001). *Preventie van psychische problemen vanuit de geestelijke gezondheidszorg: De effecten van groepsgerichte interventies*. Utrecht: Trimbos-instituut.

Cuijpers, P., Straten, A., van, Smit, F., Mihalopous, C., & Beekman, A. (2008). Preventing the onset of depressive disorders: A meta-analytic review of psychological interventions. *American Journal of Psychiatry, 165*, 1272-1280.

Custers, A.F.J. (2013). *Need fulfillment and well-being in nursing homes*. Proefschrift, Radboud Universiteit Nijmegen.

Custers, A.F.J., Cillessen, A.H.J., Westerhof, G.J., Kuin, Y., & Riksen-Walraven, J.M.A. (2014). Need fulfillment, need importance, and depressive symptoms of residents over the first eight months of living in a nursing home. *International Psychogeriatrics, 26*, 1161-1170.

Custers, A.F.J., Westerhof, G.J., Kuin, Y., & Riksen-Walraven, J.M.A. (2010). Need fulfillment in caring relationships: Its relation with well-being of residents in somatic nursing homes. *Aging & Mental Health, 14*, 731-739.

Deci, E.L. (2008). Self-determination theory: A macrotheory of human motivation, development and health. *Canadian Psychology, 49*, 182-185.

Draak, M. den, & Campen, C. van. (2011). Kwetsbare ouderen in Nederland. In C. van Campen (Red.), *Kwetsbare ouderen* (pp. 51-65). Den Haag: Sociaal en Cultureel Planbureau.

Dorresteijn, T.A., Zijlstra, G.A., Haastregt, J.C. van, Vlaeyen, J.W., & Kempen, G.I. (2013). Feasibility of a nurse-led in-home cognitive behavioral program to manage concerns about falls in frail older people: A process evaluation. *Research in Nursing & Health, 36*, 257-270.

Forsman, A.K., Nordmyr, J., & Wahlbeck, K. (2011). Psychosocial interventions for the promotion of mental health and the prevention of depression among older adults. *Health Promotion International, 26*, 85-107.

Frieswijk, N., Dijkstra, P., Steverink, N., Buunk, B.P., & Slaets, J.P.J. (2004). *Grip op het leven: Genieten van het ouder worden*. Utrecht: Het Spectrum.

Frieswijk, N., Steverink, N., Buunk, B.P., & Slaets, J.P.J. (2006). The effectiveness of a bibliotherapy in increasing the self-management ability of slightly to moderately frail older people. *Patient Education and Counseling, 61*, 219-227.

Geelen R., & Vink M. (2004). De psycholoog als preventiewerker. In M.T. Vink & R.P. Falck (Red.), *Psychologie in de ouderenzorg: Een vak apart* (pp. 85-104). Houten: Bohn Stafleu van Loghum.

Gerritsen, D., Leontjevas, R., Derksen E., & Smalbrugge, M. (2015). Depressie opsporen en behandelen: Werken met het zorgprogramma Doen bij Depressie. *Denkbeeld, 27*, 22-25.

Gerritsen, D., Leontjevas, R., Ketelaar, N., Derksen, E., Koopmans, R., & Smalbrugge, M. (2013). *Handboek multidisciplinair zorgprogramma Doen bij Depressie*. Nijmegen: UKON.

Goedendorp, M.M., & Steverink, N. (2016). Interventions based on self-management of well-being theory: Pooling data to demonstrate mediation and ceiling effects, and to compare formats. *Aging & Mental Health, May 12*, 1-7. [Epub ahead of print]

Haringsma, R., Engels, G.I., Cuijpers, P., & Spinhoven, P. (2005). Effectiveness of the coping with depression course for older adults provided by the community-based mental health care system in the Netherlands: A randomized controlled field trial. *International Psychogeriatrics, 17*, 1-19.

Hayes, S.C., Luoma, J., Bond, F., Masuda, A., & Lillis, J. (2006). Acceptance and commitment therapy: Model, processes, and outcomes. *Behaviour Research and Therapy, 44*, 1-25.

Hoencamp, E., & Haffmans, J. (2011). Gebruik van psycho-educatie door de gz-psycholoog. In M.J.P.M. Verbraak, S. Visser, P. Muris & C.A L. Hoogduin (Red.), *Handboek voor GZ-psychologen* (pp. 287-297). Amsterdam: Uitgeverij Boom.

Jansen, G., & Batink, T. (2014). *Time to ACT! Het basisboek voor professionals*. Zaltbommel: Thema, Uitgeverij van Schouten & Nelissen.

Jonker, A.A.G.C., Comijs, H.C., Knipscheer, C.P.M., & Deeg, D.J.H. (2009). The role of coping resources on change in well-being during persistent health decline. *Journal of Aging and Health, 21*, 1063-1082.

Kasser, V.M., & Ryan, R.M. (1999). The relation of psychological needs for autonomy and relatedness to health, vitality, well-being and mortality in a nursing home. *Journal of Applied Social Psychology, 29*, 935-954.

Korte, J., Bohlmeijer, E.T., Cappeliez, P., Smit, F., & Westerhof, G.J. (2011). Life-review therapy for older adults with moderate depressive symptomatology: A pragmatic randomized controlled trial. *Psychological Medicine, 42*, 1163-1173.

Kremers, I.P., Steverink, N., Albersnagel, F., & Slaets, J.P.J. (2006). Improved self-management ability and well-being in older women after a short group intervention. *Aging & Mental Health, 10*, 476-484.

Lamers, S.M.A., Westerhof, G.J., Bohlmeijer, E.T., Klooster, P.M. ten, & Keyes, C.L M. (2011). Evaluating the psychometric properties of the Mental Health Continuum-Short Form (MHC-SF). *Journal of Clinical Psychology, 67*, 99-110.

Lamers, S.M.A., Westerhof, G.J., Korte, J., & Bohlmeijer, E.T. (2015). The efficacy of life review as online-guided self-help for adults: A randomized trial. *Journals of Gerontology. Series B, Psychological Sciences and Social Sciences, 70*, 24-34.

Leontjevas, R., Gerritsen, D.L., Smalbrugge, M., Teerenstra, S., Vernooij-Dassen, M.J.F.J., & Koopmans, R.T.C.M. (2013). A structural multidisciplinary approach to depression management in nursing-home residents: A multicentre, stepped-wedge cluster-randomised trial. *Lancet, 381*, 2255-2264.

Martina, C.M.S., & Stevens, N.L. (2006). Breaking the cycle of loneliness? Psychological effects of a friendship enrichment program for older women. *Aging & Mental Health, 10*, 467-475.

McBee, L. (2008) Mindfulness-based elder care: Communicating mindfulness to frail elders and their caregivers. In F. Didonna (Ed.), *Clinical handbook of mindfulness* (pp. 431-445). New York: Springer.

Meijer, S.A., Smit, F., Schoemaker, C.G., & Cuijpers, P. (2006). *Gezond verstand: Evidence-based preventie van psychische stoornissen*. Bilthoven: Rijksinstituut voor Volksgezondheid en Milieu.

Montfort, M. van, Hoevenaars, A., Akkermans, M., & Kloek, J. (2007). *Cursus Angst de Baas 55+: Cursistenmap*. Utrecht: Trimbos-instituut.

Morone, N.E., Greco, C.M., & Weiner, D.K. (2008a). Mindfulness meditation for the treatment of chronic low back pain in older adults: A randomized controlled pilot study. *Pain, 134*, 310-319.

Morone, N.E., Lynch, C.S., Greco, C.M., Tindle, H.A., & Weiner, D.K. (2008b). 'I felt like a new person', the effects of mindfulness meditation on older adults with chronic pain: Qualitative narrative analysis of diary entries. *Journal of Pain, 9*, 841-848.

Ng, J.Y.Y., Ntoumanis, N., Thøgersen-Ntoumani, C., Deci, E. L., Ryan, R M., Duda, J.L., e.a. (2012). Self-determination theory applied to health contexts: A meta-analysis. *Perspectives on Psychological Science, 7*, 325-340.

Pinquart, M., Duberstein, P.R., & Lyness, M. (2007). Effects of psychotherapy and other behavioral interventions on clinically depressed older adults: A meta-analysis. *Aging & Mental Health, 11*, 645-657.

Poos, M.J.J.C., Gool, C.H. van, Gommer, A.M. (2014). *Ziektelast in DALY's: Wat is de ziektelast in Nederland? In Volksgezondheid Toekomst Verkenning, Nationaal Kompas Volksgezondheid*. Bilthoven: Rijksinstituut voor Volksgezondheid en Milieu.

Pot, A.M., Bohlmeijer, E.T., Onrust, S., Melenhorst, A.S., Veerbeek, M., & Vries, W. de (2010). The impact of life review on depression in older adults: A randomized controlled trial. *International Psychogeriatrics, 22*, 572-581.

Ryan, R.M., & Deci, E.L. (2001). On happiness and human potentials: A review of research on hedonic and eudaimonic well-being. *Annual Review of Psychology, 52*, 141-66.

Ryan, R.M., & Deci, E.L. (2002). Overview of self-determination theory: An organismic dialectical perspective. In E.L. Deci & R.M. Ryan (Eds.), *Handbook of self-determination research* (pp. 3-33). Rochester: The University of Rochester Press.

Ryan, R.M., & Deci, E.L. (2008). A self-determination approach to psychotherapy: The motivational basis for effective change. *Canadian Psychology, 49*, 186-193.

Ryff, C.D. (1989). Happiness is everything, or is it? Explorations on the meaning of psychological well-being. *Journal of Personality and Social Psychology, 57*, 1069-1081.

Schroevers, R., & Smit, F. (2010). Preventie van psychiatrische stoornissen: De casus 'depressie'. In R. van der Mast, T. Heeren, M. Kat, M. Stek, M. Vandenbulcke & F. Verhey (Red.), *Handboek ouderenpsychiatrie* (pp. 219-234). Utrecht: De Tijdstroom.

Schuurmans, H. (2004). *Promoting well-being in frail elderly people: Theory and intervention*. Proefschrift, Rijksuniversiteit Groningen.

Smit, F., Ederveen, A., Cuijpers, P., Deeg, D., & Beekman, A. (2006). Opportunities for cost-effective prevention of late-life depression: An epidemiological approach. *Archives of General Psychiatry, 63*, 290-296.

Stevens, N.L., Martina, C.M., & Westerhof, G.J. (2006). Meeting the need to belong: Predicting effects of a friendship enrichment program for older women. *Gerontologist, 46*, 495-502.

Tilburg, T.G. van, Havens, B., & Jong Gierveld, J. de. (2004). Loneliness among older adults in the Netherlands, Italy and Canada: A multifaceted comparison. *Canadian Journal on Aging, 23*, 169-180.

Veer-Tazelaar, P.J. van 't, Marwijk, H.W. van, Oppen, P. van, Hout, H.P. van, Horst van der, H.E., Cuijpers, P., e.a. (2009). Stepped-care prevention of anxiety and depression in late life a randomized controlled trial. *Archives of General Psychiatry, 66*, 297-304.

Warmenhoven, F., & Schipper, L. (2012). Mindfulness voor ouderen. *Gerōn Tijdschrift over ouder worden en maatschappij, 14,* 29-31.

Westerhof, G.J., & Keyes, C.L.M. (2008). Geestelijke gezondheid is meer dan de afwezigheid van geestelijke ziekte. *Maandblad Geestelijke Volksgezondheid, 63,* 808-820.

Whitlatch, C.J., Judge, K., Zarit, S.H., & Femia, E. (2006). Dyadic intervention for family caregivers and care receivers in early-stage dementia. *Gerontologist, 46,* 688-694.

Zijlstra, G.A.R., Haastregt, J.C.M. van, Ambergen, T., Rossum, E. van, Eijk, J.Th.M van, Tennstedt, S.L., e.a. (2009). Effects of a multicomponent cognitive behavioral group intervention on fear of falling and activity avoidance in community-dwelling older adults: Results of a randomized controlled trial. *Journal of the American Geriatrics Society, 57,* 2020-2028.

16
Cognitieve gedragstherapie

Paul Boelen en Jan van den Bout

1 Inleiding
2 Elementen van het cognitief-gedragstherapeutische proces
3 Interventies met accent op gedragsmodificatie
   3.1 Geleidelijke activering
   3.2 Exposure
4 Interventies met accent op cognitiemodificatie
   4.1 Uitleggen van de rationale
   4.2 Disfunctionele cognities opsporen
   4.3 Disfunctionele cognities uitdagen en modificeren
   4.4 Gedragsexperiment
   4.5 Maladaptieve basisschema's opsporen en uitdagen
5 Tot besluit
   Literatuur

> **Kernboodschappen**
> - Cognitieve gedragstherapie is een succesvolle therapie gebleken bij ouderen met depressieve klachten en angstklachten.
> - De diversiteit van de cognitieve en gedragstherapeutische interventies maakt het mogelijk goed aan te sluiten bij de specifieke problematiek van de cliënt.
> - Toepassing van cognitieve therapie bij ouderen verschilt niet van toepassing op jongere leeftijd, wel zijn de problemen vaak levensfasegerelateerd.
> - Ook disfunctionele basisopvattingen die bij ouderen al een leven lang een rol hebben gespeeld, verdienen het opgespoord en uitgedaagd te worden om ze te kunnen veranderen.

1 Inleiding

Cognitieve gedragstherapie is een combinatie van gedragstherapeutische en cognitief therapeutische interventies. Gedragstherapeutische interventies zijn vooral gericht op het bewerken van gedrag dat centraal staat bij het ontstaan en aanblijven van emotionele problemen. Cognitieftherapeutische interventies zijn vooral gericht op het bewerken van disfunctionele (niet-helpende) denkprocessen en processen van informatieverwerking die bijdragen aan het ontstaan en persisteren van deze problemen. In dit hoofdstuk worden kenmerken van cognitieve gedragstherapie en voorbeelden van interventies besproken. Ook wordt ingegaan op het effect van deze benadering. In dit hoofdstuk staat de gebruikelijke individuele toepassing centraal. In hoofdstuk 17 komt aan bod dat cognitief-gedragstherapeutische interventies zich ook lenen voor een mediatieve toepassing (de therapeut behandelt de cliënt niet direct, maar via personen in de omgeving van de cliënt: de mediatoren).

2 Elementen van het cognitief-gedragstherapeutische proces

In een typisch cognitief-gedragstherapeutisch proces wordt begonnen met het in kaart brengen van actuele problemen. Hierbij kan het onder meer gaan om individuele emotionele problemen, problematisch gedrag, interpersoonlijke problemen, en problemen die heel recent zijn of juist al langer spelen. De therapeut en de cliënt brengen samen het verband tussen diverse problemen in kaart. Op basis daarvan, en de vraag welk probleem in het hier en nu de grootste lijdensdruk met zich meebrengt, wordt gekozen voor een probleem dat als eerste in de behandeling aandacht zal krijgen. Het probleem wordt zo concreet mogelijk geformuleerd en er worden doelen gesteld voor de behandeling. Men kiest weloverwogen de interventies waarmee het probleem het snelst en effectiefst kan worden verminderd: door functieanalyses, betekenisanalyses, en/of cognitieve casusconceptualisaties. Dit zijn alle drie analysemethoden waarmee systematisch hypothesen kunnen worden opgesteld over factoren die een rol spelen bij het uitlokken of ontstaan van de problemen, en bij het voortbestaan ervan.

Functieanalyse
De functieanalyse is een vertaling van de klachten in termen van operante leerwetten. De analyse beantwoordt de vraag: wat zijn de uitlokkende factoren en belonende consequenties van het problematische gedrag die zorgen dat het gedrag blijft bestaan?
Bij iemand die na een val buiten op straat geneigd is om te vermijden om zijn of haar huis uit te gaan, kan het vermijdingsgedrag als 'problematisch gedrag' worden benoemd dat onder meer in stand wordt gehouden door een verminderde kans om te vallen en een toegenomen gevoel van veiligheid. Het stap voor stap weer de straat op gaan om te ervaren dat de gevreesde val niet of niet zomaar gebeurt, zou later in de therapie een manier kunnen zijn om het vermijdingsgedrag te doorbreken.

Betekenisanalyse
De betekenisanalyse is een analyse van de problemen in termen van wetmatigheden van klassieke conditionering: bepaalde stimuli die oorspronkelijk neutraal zijn, lokken een bepaalde automatische reactie uit omdat deze stimuli verbonden zijn met andere stimuli die niet neu-

traal zijn. Betekenisanalyses worden gemaakt om hypotheses in kaart te brengen over waarom bepaalde situaties bij de betreffende persoon een reactie oproepen.

Bij iemand die getuige is geweest van sterke achteruitgang van de echtgenoot door dementie, kan de confrontatie met een vriend of kennis die zich verspreekt of even verward is, onmiddellijk een palet van herinneringen ophalen aan deze ervaring en dientengevolge onmiddellijk bijpassende gevoelens van verdriet of machteloosheid oproepen. Het herhaaldelijk verwoorden van herinneringen aan de dementerende echtgenoot zou een manier kunnen zijn om herbelevingen hiervan en onverwachte emotionerende associaties daarmee te verminderen.

Cognitieve casusconceptualisatie

De cognitieve casusconceptualisatie is een weergave van disfunctionele (niet-helpende) denkprocessen die de actuele problematiek mede in stand houden. Er zijn verschillende manieren waarop men een dergelijke conceptualisatie kan opstellen. Wel hebben casusconceptualisaties gemeen dat ze veelal hypothesen bevatten over zowel basisopvattingen als over automatische cognities.

Basisopvattingen (ook wel basiscognities of schema's genoemd) zijn stabiele kennisstructuren waarin kennis is opgeslagen van de persoon over zichzelf, anderen en de wereld. Deze ontstaan vroeg in het leven, voornamelijk op grond van ervaringen met belangrijke anderen. Automatische cognities zijn relatief gemakkelijk bewust te maken interpretaties die mensen toekennen aan situaties en dingen die ze meemaken. Deze cognities komen voort uit de dieperliggende basisopvattingen. Cognitieve theorieën gaan ervan uit dat disfunctionele basisopvattingen kunnen worden geactiveerd door betekenisvolle gebeurtenissen in de actualiteit.

> **Mislukking**
> Meneers Van der Velden heeft onder invloed van gebrekkige emotionele aandacht in zijn jeugd de overtuiging 'niet veel waard te zijn'; tijdens het huwelijk met zijn vrouw en een vervullend arbeidzaam leven is deze overtuiging latent geweest. Net nadat hij met pensioen is gegaan, overlijdt zijn vrouw. Met dit wegvallen van twee bronnen, werk en huwelijk, wordt deze overtuiging plots weer actief. De geactiveerde overtuiging 'Ik ben niet veel waard' zorgt ervoor dat meneer Van der Velde in de actualiteit ambigue situaties (een kennis die niet terugbelt, een tegenvallend bezoek aan een vriend) automatisch negatief interpreteert, bijvoorbeeld als teken van mislukking. Het gevolg hiervan is somberheid, evenals een neiging zich terug te trekken, wat leidt tot een negatieve spiraal.

Disfunctionele basisopvattingen leiden tot systematische fouten in de verwerking van inkomende informatie en tot negatieve automatische gedachten. Deze zorgen op hun beurt voor een versterking van de disfunctionele basisopvattingen (zie bijvoorbeeld ook Roelofs e.a., 2015). Figuur 16.1 biedt een sterk versimpelde weergave van de cognitieve theorie.

3 Interventies met accent op gedragsmodificatie

Interventies binnen de cognitieve gedragstherapie zijn een combinatie van typische gedragstherapeutische interventies en typische cognitieve interventies. Het onderscheid tussen deze twee categorieën interventies is ietwat arbitrair. Wat verschilt, is dat bij de gedragstherapeutische interventies het gedrag van de persoon als startpunt genomen wordt, en dat bij de cogni-

Figuur 16.1 Cognitieve theorie

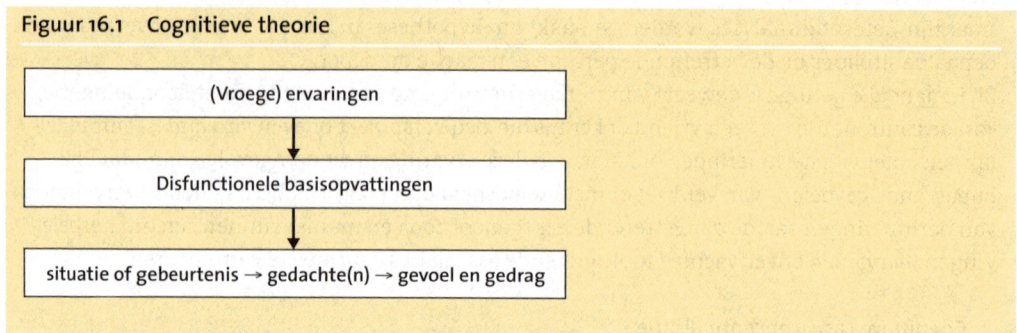

tieve interventies de cognities, interpretaties van actuele situaties, en patronen het startpunt vormen. Tot de gedragstherapeutische interventies behoren interventies als geleidelijke activering en exposure. (Zie voor uitgebreide informatie over gedragstherapeutische analyses en interventies onder anderen Hermans e.a., 2007.)

3.1 Geleidelijke activering

Bij geleidelijke (of graduele) activering wordt de cliënt aangemoedigd om allerlei doelen expliciet te maken, zoals sociale of recreatieve, bijvoorbeeld regelmatig op bezoek gaan bij vrienden die in het volgende dorp wonen, of op fietsvakantie gaan. Vervolgens worden deze doelen vertaald in haalbare, kleine stapjes waarbij concreet wordt gemaakt wat de cliënt achtereenvolgens moet doen om uiteindelijk het doel te bereiken. Daarna worden de stappen, begeleid door de therapeut, systematisch doorgewerkt (Jacobson e.a., 2001).

Het idee achter het effect van deze interventie bij depressieve klachten is als volgt. Mensen met (beginnende) depressieve klachten ervaren negatieve emoties en hopeloosheid. Deze dragen eraan bij dat mensen inactief worden (stoppen met sociale activiteiten) en zich onthouden van potentieel positieve en betekenisvolle activiteiten (sociale contacten, werken, studeren). Dit vermijdings- en terugtrekgedrag verhindert de ervaring van positieve emoties en blokkeert de correctie van hopeloze gedachten over andere mensen, de wereld en de eigen toekomst. Hierdoor worden de negatieve emoties versterkt en is de vicieuze cirkel rond. Een vergelijkbaar proces kan zich voltrekken in de nasleep van een traumatische gebeurtenis (een verkeersongeval, een inbraak, een brand, of andere ingrijpende gebeurtenissen). Ook in dat geval kunnen negatieve emotionele ervaringen leiden tot inactiviteit en vermijdingsgedrag. Bij deze negatieve emoties kan het gaan om somberheid. Veelal echter worden inactiviteit en vermijdingsgedrag ook versterkt door angst voor confrontatie met mensen, plaatsen, voorwerpen, en/of situaties die met het trauma geassocieerd zijn, door pijnklachten en fysieke beperkingen, of door reële materiële beperkingen.

Hoewel begrijpelijk, staan deze inactiviteit en vermijding doelgericht en constructief copinggedrag in de weg. Hierdoor kan de verwerking steeds meer geblokkeerd raken en kunnen posttraumatische klachten en andere emotionele problemen toenemen. Geleidelijke activering om deze inactiviteit en vermijding te doorbreken kan bijdragen aan de reductie en preventie van depressieve klachten en posttraumatische stress na een ingrijpende gebeurtenis.

3.2 Exposure

In het persisteren van vooral angst wordt binnen de leertheoretische visie een centrale rol toebedeeld aan vermijdingsgedrag. Bekende voorbeelden zijn vieze deurknoppen vermijden door cliënten met smetvrees, drukke winkels vermijden door cliënten met een paniekstoornis, verjaardagen vermijden door cliënten met een sociale fobie, en door ouderen met valangst: vermijden om buiten te lopen, boodschappen te doen of ergens naartoe te gaan.

Er zijn verschillende visies op de vraag waarom dergelijk vermijdingsgedrag een persisterend effect heeft. Vanuit een leertheoretische invalshoek is het idee dat vermijdingsgedrag de uitdoving (habituatie) van de angstrespons hindert en/of de doorbreking van de relatie tussen geconditioneerde (neutrale) en ongeconditioneerde (intrinsiek aversieve) stimuli in de weg staat (extinctie). Vanuit een cognitieve invalshoek is het idee dat vermijdingsgedrag de correctie verhindert van foutieve cognities die aan zowel de angst als aan dit vermijdingsgedrag ten grondslag liggen (bijvoorbeeld: 'Als ik die deurknop aanraak dan word ik besmet met bacteriën waardoor ik ernstig ziek word') (zie onder anderen Van den Hout & Merckelbach, 1993).

Een ander begrip dat belangrijk is in dit verband, is veiligheidsgedrag: gedrag dat de persoon vertoont om angstwekkende interne en externe stimuli uit de weg te gaan c.q. te voorkomen. Het frequente handen wassen van de cliënt met dwangklachten kan bijvoorbeeld als vorm van veiligheidsgedrag worden beschouwd – dat kan optreden naast het vermijden van vieze deurknoppen. Evenzo kan extra sloten plaatsen op deuren en overdag alles op slot houden gezien worden als veiligheidsgedrag wanneer het als doel heeft om een overschat risico te verhullen: dat vreemden het huis overdag zullen binnendringen. Veiligheidsgedrag versterkt angstklachten, omdat het de correctie van cognities die aan deze klachten ten grondslag liggen hindert. Gebaseerd op deze theoretische uitgangspunten is exposure (blootstelling) aan het object van vrees, het object dat verbonden is met angstwekkende associaties en dientengevolge vermeden wordt, een belangrijke interventie in de gedragstherapie. Exposure bestaat uit systematische blootstelling aan gevreesde stimuli (sociale situaties, vieze deurknoppen, angstwekkende herinneringen aan het meegemaakte trauma of ingrijpende verlies), of anders gezegd: het achterwege laten van vermijdingsgedrag, veelal in combinatie met het achterwege laten van veiligheidsgedrag. Doelstelling hiervan is dat, in cognitieve termen, de cliënt leert dat de ramp die hij vreest niet plaatsvindt.

Ook in de behandeling van posttraumatische-stressstoornis is exposure een belangrijke interventie. Exposure kan worden toegepast op twee manieren. Bij in-vivo-exposure gaat de cliënt de confrontatie aan met situationele stimuli die met het trauma verbonden zijn (bijvoorbeeld de situatie waarin de gebeurtenis plaatsvond) om vermijding te doorbreken en ter correctie van het idee dat het trauma zich opnieuw zal voordoen. Bij imaginaire exposure wordt de cliënt aangemoedigd om het trauma in gedachten herhaaldelijk opnieuw te beleven. Foa en Rothbaum (1998) benadrukken dat het opnieuw beleven van de herinneringen aan het trauma in de veilige context van de therapie ertoe leidt dat er gewenning optreedt aan de angst. Deze gewenning raakt vervolgens verbonden met deze herinneringen waardoor deze minder angst activeren. Vanuit een meer cognitief perspectief draagt imaginaire exposure bij aan correctie van cognities zoals: 'Als ik de herinneringen toelaat, word ik zo angstig dat ik de controle verlies' en, doordat de gebeurtenis vanuit een nieuw perspectief kan worden bekeken, van cognities als: 'Ik ben schuldig aan de gebeurtenis' en: 'Mijn leven is voorgoed veranderd.'

4 Interventies met accent op cognitiemodificatie

Tot de categorie cognitieftherapeutische interventies behoren het systematisch opsporen van disfunctionele oftewel niet-helpende cognities; het uitdagen en modificeren van die disfunctionele cognities (met interventies zoals de socratische dialoog, door denkfouten op te sporen, en met de taartpunttechniek); gedragsexperimenten; en: het opsporen en bewerken van maladaptieve basisschema's. (Zie voor uitgebreide informatie over cognitieve therapie onder anderen Beck, 1976; Bögels & Van Oppen, 2011; Ellis, 1994; Korrelboom & Ten Broeke, 2014; Ten Broeke e.a., 2012.)

4.1 Uitleggen van de rationale

Het uitleggen van het cognitieve model is een belangrijke eerste stap in cognitieve gedragstherapie. Aan de cliënt wordt uitgelegd dat ongewenste gevoelens die de cliënt in bepaalde situaties ervaart (bijvoorbeeld angsten of somberheid) niet rechtstreeks voortkomen uit de situatie zelf, maar uit de manier waarop hij deze situaties interpreteert en de gedachten die hij in en over de situatie heeft. Ongewenst of (vriendelijker geformuleerd) 'onhandig' gedrag (bijvoorbeeld vermijden, zich terugtrekken) is meestal een manier om het negatieve gevoel te verminderen, maar houdt het gevoel juist vaak in stand. Vanaf het eerste moment wordt beoogd dat de cliënt naar zijn eigen problemen gaat kijken in termen van een samenspel tussen de volgende factoren:
- gebeurtenissen of situaties;
- gedachten over die situaties of gebeurtenissen;
- gevoelens die uit die gedachten voortkomen;
- gedrag dat meestal logisch volgt uit de gedachten en gevoelens maar dat tegelijk die gedachten in stand houdt of bevestigt.

Figuur 16.2   G-schema

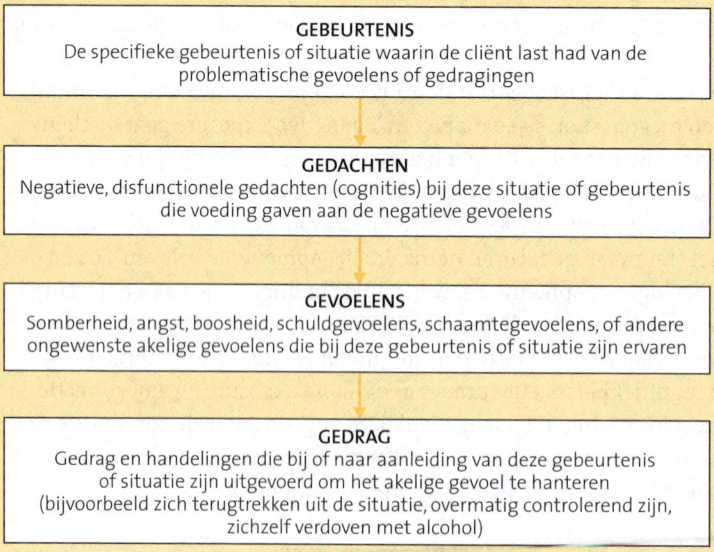

GEBEURTENIS
De specifieke gebeurtenis of situatie waarin de cliënt last had van de problematische gevoelens of gedragingen

GEDACHTEN
Negatieve, disfunctionele gedachten (cognities) bij deze situatie of gebeurtenis die voeding gaven aan de negatieve gevoelens

GEVOELENS
Somberheid, angst, boosheid, schuldgevoelens, schaamtegevoelens, of andere ongewenste akelige gevoelens die bij deze gebeurtenis of situatie zijn ervaren

GEDRAG
Gedrag en handelingen die bij of naar aanleiding van deze gebeurtenis of situatie zijn uitgevoerd om het akelige gevoel te hanteren (bijvoorbeeld zich terugtrekken uit de situatie, overmatig controlerend zijn, zichzelf verdoven met alcohol)

Dit samenspel, soms weergegeven als een G-schema zoals in figuur 16.2 of een variant op dit schema, kan als leidraad dienen voor de gehele cognitieftherapeutische behandeling.
Het onderscheid en samenspel tussen gebeurtenissen, gedachten, gevoelens en gedrag wordt uitgelegd aan de hand van een aantal voorbeelden; bij voorkeur voorbeelden uit het eigen leven van de cliënt.

> **Sociale situaties**
> Mevrouw Evers is angstig in sociale situaties en raakt geneigd om die te vermijden. Nadat enkele situaties zijn doorgesproken, blijkt zij in sociale situaties gedachten te hebben als 'Ik heb niets te vertellen' en 'Andere mensen vinden mij een rare vrouw en willen niet met mij praten.' Deze gedachten geven aanleiding tot angst en bezorgdheid. De neiging om dit soort situaties uit de weg te gaan, verhindert dat mevrouw Evers kan ervaren dat haar gedachten niet correct zijn of, wanneer de negatieve cognities bewaarheid worden, zij deze situatie beter kan hanteren dan ze voorspelt.

4.2 Disfunctionele cognities opsporen

Het opsporen van negatieve, disfunctionele gedachten (cognities) is vanzelfsprekend een centraal onderdeel van cognitieve gedragstherapie. Emotionele episoden vormen hierbij het uitgangspunt: specifieke momenten waarop de cliënt last had van problematische gevoelens of problematisch gedrag. Momenten waarop de cliënt zich goed voelde, staan in principe niet ter discussie.

Bij het analyseren van emotionele episoden en het opsporen van negatieve cognities wordt meestal de volgende lijn gevolgd. Allereerst wordt de situatie in kaart gebracht waarin het vervelende gevoel aanwezig was. De beschrijving van de situatie dient concreet te zijn (zoals een camera deze zou registreren) en vrij te zijn van subjectieve gedachten. Emotionele momenten kunnen soms ook ontstaan wanneer (plots) bepaalde herinneringen in gedachten opkomen: na de dood van de partner kan een herinnering aan een gezamenlijke vakantie intense somberheid of verdriet oproepen. Wanneer herinneringen het begin vormen van emotionele episoden, worden deze genoteerd onder het kopje 'situatie'.

Daarna wordt de cliënt gevraagd het gevoel te benoemen dat als negatief en belastend ervaren werd. Meestal gaat het daarbij om een van de volgende vijf gevoelens: angst, boosheid, somberheid, schaamte, of schuldgevoel. De sterkte van het gevoel wordt uitgedrukt in een getal tussen nul en honderd. Ook het gedrag wordt genoteerd, oftewel: wat de cliënt deed om met de situatie of zijn gevoel daarin om te gaan. Soms is er niet direct sprake van een negatief gevoel, maar is er sprake van bepaald ongewenst gedrag dat de cliënt als onhandig of hinderlijk ervaart. Bijvoorbeeld passiviteit: niets doen op momenten dat actief zijn wenselijker is; denk hierbij aan de oudere die geen inkopen gaat doen om te koken omdat zij geen zin heeft eruit te gaan en zich daartoe aan te kleden, en vindt dat ze het nog wel kan doen met de restjes in de koelkast. Een ander voorbeeld is vermijding, situaties uit de weg gaan, zoals het niet meer buiten lopen omdat daar een valpartij heeft plaatsgevonden. Overmatig drankgebruik komt ook voor als manier om zich te verdoven in moeilijke situaties, bijvoorbeeld na partnerverlies.

Vervolgens wordt de cliënt gevraagd om de automatische negatieve gedachten te verwoorden die hij of zij had in de situatie, en die leidden tot het ongewenste gevoel of gedrag. Ook wordt gevraagd de subjectieve geloofwaardigheid van de gedachte uit te drukken op een schaal van nul tot honderd. Dit gebeurt om later te kunnen meten of, en in hoeverre het uitdagen van de gedachten ertoe leidt dat deze inboeten aan geloofwaardigheid.

Het cognitieftherapeutische proces is een actief proces (Ten Broeke e.a., 2012). De cliënt wordt dan ook vanaf het begin af aan aangemoedigd om zelfstandig, buiten de sessies om, te oefenen met het opsporen van cognities aan de hand van de gedachteschema's weergegeven in figuur 16.2. Ook bij ouderen kunnen hierbij formulieren worden gebruikt die dit proces structureren (Coon e.a., 1999; Gallagher-Thompson & Thompson, 1998). Met deze actieve aanpak wordt niet alleen gerealiseerd dat de klachten van de cliënt minder worden, maar leert hij of zij ook heel concrete hulpmiddelen om eventuele emotionele problemen ook later zelfstandig te bewerken.

4.3 Disfunctionele cognities uitdagen en modificeren

Nadat de disfunctionele cognities zijn opgespoord, worden deze uitgedaagd. Uitdagen dient om de houdbaarheid, de logica en het effect van de disfunctionele cognities te onderzoeken. De therapeut legt uit dat er bij het uitdagen steeds van een afstand naar de disfunctionele gedachte gekeken wordt. De gedachten worden beschouwd als toetsbare veronderstellingen of hypothesen.

Iedere uitdaging is een circulair proces waarin een specifieke disfunctionele cognitie zowel het begin- als het eindpunt vormt. Allereerst wordt bepaald welke cognitie er zal worden uitgedaagd. Het uitdagen richt zich telkens op één disfunctionele gedachte. Hierdoor wordt structuur aangebracht in de veelheid van gedachten en gevoelens die de cliënt heeft. Bovendien wordt het principe van het uitdagen dan sneller duidelijk, zodat de cliënt zijn gedachten eerder zelfstandig zal kunnen uitdagen. Vervolgens wordt deze gedachte aan een uitgebreid onderzoek onderworpen waarbij de therapeut beschikt over diverse uitdaagtechnieken. Nadat de gedachte is uitgedaagd en de cliënt is overtuigd van de ongeldigheid en onhandigheid van de gedachte, wordt geprobeerd om de oorspronkelijke gedachte zodanig te herformuleren dat die beter houdbaar en functioneel is. Het gaat hierbij nadrukkelijk niet om het formuleren van positieve gedachten ('Het leven is prachtig', 'Ik ben geweldig'), maar om genuanceerde en functionele gedachten. Hier volgen voorbeelden van uitdaagtechnieken die de therapeut ten dienste staan om twijfel te zaaien in de disfunctionele gedachten van de cliënt.

Socratische dialoog

Bij een socratische dialoog stelt de therapeut socratische vragen om twijfel te zaaien in de gedachtegang van de cliënt. De therapeut neemt daarbij een onderzoekende en onwetende houding aan. Voorbeeldvragen die de therapeut kan gebruiken in de socratische dialoog, zijn vragen over bewijzen of argumenten voor de disfunctionele gedachte ('Welke bewijzen hebt u om aan te nemen dat uw gedachte klopt?'), vragen over de logica van de gedachtegang ('Is het logisch om te denken dat niemand meer met u wil omgaan nu uw man overleden is?') en vragen over de gevolgen van de gedachte ('Wat zijn de gevolgen als u zichzelf blijft vertellen dat het leven u nog maar weinig te bieden heeft? Helpt deze negatieve gedachte u verder?').

Denkfouten opsporen en benoemen

De therapeut kan de cliënt wijzen op denkfouten: de logische redeneerfouten in de gedachtegang. In het kader worden voorbeelden gepresenteerd van denkfouten die iemand kan hebben naar aanleiding van een frequent voorkomende gebeurtenis zoals het overlijden van een dierbare. Door onlogische redeneringen systematisch te benoemen als denkfouten, krijgt de cliënt geleidelijk aan steeds meer inzicht in de cognitieve valkuilen waarin hij steeds weer trapt. Dit inzicht helpt om uit deze valkuilen te blijven. In het kader hieronder worden diverse denkfouten beschreven en voorbeelden gegeven van denkfouten die bij rouw kunnen voorkomen.

Voorbeelden van denkfouten bij rouw
- Generaliseren: een algemene conclusie trekken op basis van één situatie of gebeurtenis.
  Bijvoorbeeld: 'Het zal mij nooit lukken om over het verdriet heen te komen en weer gelukkig te zijn'; 'Het leven heeft mij niets meer te bieden.'
- Willekeurige conclusies trekken: conclusies trekken zonder bewijsmateriaal.
  Bijvoorbeeld: 'Dat ik maar weinig huil, betekent dat ik onvoldoende van hem/haar hield'; 'Dat ik maar weinig huil, betekent dat ik niet normaal ben'; 'Dat ik meer had kunnen doen voor [de overledene], betekent dat ik schuldig ben aan zijn dood'.
- Personaliseren: Het toeschrijven van gebeurtenissen aan eigen tekortkomingen of het eigen falen.
  Bijvoorbeeld: 'Het is mijn schuld dat hij dood is'; 'Mijn kinderen zijn ongelukkig omdat ik niet goed met het verlies kan omgaan.'
- Gedachten lezen: denken te weten wat andere mensen denken.
  Bijvoorbeeld: 'Anderen denken dat ik schuldig ben aan het overlijden'; 'Mensen vinden me oninteressant nu ik alleen ben.'
- Rampen voorspellen: het voorspellen van een extreem negatieve afloop van een gebeurtenis of situatie.
  Bijvoorbeeld: 'Als ik het verlies werkelijk tot me laat doordringen dan word ik gek'; 'Als ik minder aan haar denk [of: minder verdriet heb] dan zal ik haar vergeten'; 'Nu ik alleen ben zal ik wegkwijnen en nooit meer gelukkig zijn.'
- Catastroferen: een nare situatie extreem negatief evalueren.
  Bijvoorbeeld: 'Het is verschrikkelijk dat ik nog steeds niet over het verlies heen ben'; 'Dat ik nu alleen ben is vreselijk, dat kan ik niet verdragen.'
- Eisen stellen: het vertalen van wensen en verlangens in eisen.
  Bijvoorbeeld: 'Ik moet goed met het verlies kunnen omgaan'; 'De mensen moeten begrijpen hoe ik me voel'; 'De wereld zou eerlijk en rechtvaardig moeten zijn.'
- Totale beoordeling: een totaal negatief oordeel vellen over zichzelf of een ander op basis van één situatie of kenmerk.
  Bijvoorbeeld: 'Ik ben een waardeloos mens omdat ik niet goed voor [de overledene] gezorgd heb'; 'Hij is een waardeloze arts, omdat hij meer voor [de overledene] had kunnen doen'.

Taartpunttechniek

De taartpunttechniek kan onder meer gebruikt worden bij het uitdagen van 'personaliseren' en 'ramp voorspellen' (zie kader Voorbeelden van denkfouten bij rouw). Nadat de uit te dagen gedachte vastgesteld is, worden zo veel mogelijk alternatieve interpretaties voor de situatie of gebeurtenis opgesteld. Bij personaliseren, zoals 'Het is mijn schuld dat zij is overleden' worden de mogelijke oorzaken geïnventariseerd die aan de gebeurtenis ten grondslag kunnen liggen. Bij het ramp voorspellen ('Dat ik mij niet goed voel, betekent dat ik ernstig ziek ben') worden verschillende uitkomsten van de situatie benoemd, naast de rampzalige uitkomst die de cliënt vreest. De verschillende interpretaties (oorzaken c.q. uitkomsten) worden van een percentage voorzien dat de geloofwaardigheid van de interpretaties weergeeft. Tot slot worden de percentages weergegeven in een taartpuntdiagram en wordt de disfunctionele cognitie opnieuw bekeken.

4.4 Gedragsexperiment

Een gedragsexperiment is een belangrijke interventie bij cognitieve gedragstherapie. Het is als een uitdaagtechniek die erop gericht is om de houdbaarheid van bepaalde gedachten te onderzoeken door het opdoen van ervaringen (Korrelboom & Ten Broeke, 2014). Uit de disfunctionele gedachte van de cliënt wordt een hypothese afgeleid in de vorm van een voorspelling ('Als... dan gebeurt er vast en zeker...') die beschrijft wat de uitkomst van een bepaalde activiteit zal zijn. Tevens wordt een alternatieve hypothese geformuleerd. Vervolgens wordt samen met de cliënt een experiment ontworpen: bepaald wordt wat de cliënt zal doen om beide hypothesen te toetsen. Concrete criteria worden bepaald op basis waarvan na afloop van het experiment beoordeeld kan worden welke hypothese aangenomen kan worden. Nadat het experiment is uitgevoerd, worden de ervaringen besproken in het licht van de opgestelde hypothesen en wordt de oorspronkelijke disfunctionele cognitie opnieuw bekeken.

Twee voorbeelden. Bij depressieve klachten is er vaak sprake van gedachten als: 'Ik kan nergens plezier aan beleven', 'Het heeft geen zin meer om mezelf te verzorgen, er is toch niemand die erop let.' Deze gedachten gaan vaak gepaard met inactiviteit: omdat de cliënt verwacht dat het niet leuk is of zinloos is om dingen te doen, doet hij weinig tot niets meer. Gedragsexperimenten kunnen gebruikt worden om deze (depressieve) verwachtingen te toetsen. De cliënt wordt aangemoedigd om een concrete activiteit (bijvoorbeeld vrienden of familie bezoeken) te ondernemen, om te onderzoeken of zijn verwachting ('Ik kan er toch geen plezier aan beleven') waar is.

Bij angstklachten is er vaak sprake van angst voor een dreiging, met vermijdingsgedrag als gevolg. De cliënt met sociale angst vermijdt sociale gelegenheden omdat hij bang is iets raars te doen en 'af te gaan'. De cliënt met gecompliceerde rouw vermijdt het denken over het meegemaakte verlies omdat hij bang is 'gek' te worden van verdriet wanneer hij gedachten erover toelaat. Met gedragsexperimenten kunnen dergelijke angstige voorspellingen getoetst worden. De eerste cliënt kan worden aangemoedigd om naar een verjaardag te gaan om te onderzoeken of mensen hem werkelijk zo negatief beoordelen. De tweede kan aangemoedigd worden om in de therapie over het verlies te praten om te ontdekken of hij werkelijk 'gek' zal worden.

4.5 Maladaptieve basisschema's opsporen en uitdagen

Een deel van de cliënten komt met problemen die redelijk afgebakend zijn en veeleer beschouwd kunnen worden als een reactie op actuele gebeurtenissen dan als uiting van reeds langer aanwezige pathologie. Dan kan het voldoende zijn om in de therapie aandacht te besteden aan de automatische gedachten. Echter, vaak wordt in de loop van de therapie duidelijk dat de actuele problemen van de cliënt verbonden zijn met dieperliggende disfunctionele basisopvattingen. Zoals eerder vermeld gaat het daarbij veelal om algemene en extreme waardeoordelen over de eigen persoon ('Ik ben waardeloos'; 'Ik ben een zwak mens'), of over andere mensen ('Iedereen verlaat mij'; 'Andere mensen zijn niet te vertrouwen'). De aanwezigheid van disfunctionele basisopvattingen kan onder meer worden afgeleid uit het feit dat de actuele problemen reeds lang aanwezig en hardnekkig zijn, dat de cliënt ook eerder in zijn leven psychische problemen heeft gehad, of dat de cliënt in het hier en nu worstelt met een scala van klachten. Wanneer disfunctionele basisopvattingen een rol spelen bij de problemen, is het zinvol daaraan ook aandacht te besteden in een latere fase van cognitieve therapie, nadat de cliënt goed bekend is met de principes van de cognitieve therapie, deze kan toepassen, en de ergste last van de aanmeldingsklachten verminderd is.

Bij het bewerken van algemene disfunctionele basisopvattingen wordt globaal hetzelfde stramien gevolgd als bij de specifiekere disfunctionele gedachten. Eerst wordt de basisopvatting opgespoord. Vervolgens wordt deze met uiteenlopende uitdaagtechnieken op houdbaarheid getoetst. Daarna wordt een alternatieve basisopvatting geformuleerd die beter houdbaar, minder algemeen en rigide is en die minder zelfondermijnend is. Aangezien disfunctionele basisopvattingen zeer hardnekkig zijn, wordt er veel aandacht besteed aan het zoeken van bewijzen voor de geldigheid van deze alternatieve basisopvatting (zie ook: Beck e.a., 1990; Bögels & Arntz, 1995; Young, 1990).

Het opsporen van disfunctionele basisopvattingen is moeilijker dan het opsporen van automatische gedachten, omdat het algemene en impliciete leefregels zijn die gelden in uiteenlopende situaties in plaats van meer bewuste gedachten die in specifieke situaties spelen. Bij het opsporen van disfunctionele gedachten kunnen diverse technieken gebruikt worden (zie kader).

Opsporen van disfunctionele basisopvattingen
- Verticale-pijltechniek: het doorvragen op actuele gedachten uit situatie-gedachten-gevoelschema's (met vragen als: 'Wat als...?'; 'Stel dat je gedachte waar is, wat zegt dat over jou?') kan disfunctionele basisopvattingen aan het licht brengen.
- Zoeken naar algemene thema's: in de situatie-gedachten-gevoelschema's van de cliënt kunnen bepaalde thema's naar voren komen die een negatieve kijk op zichzelf weerspiegelen, zoals minderwaardigheid, angst voor afwijzing, altijd sterk moeten zijn, en perfectionisme. De therapeut kan nagaan of deze terugkerende thema's wijzen op de aanwezigheid van disfunctionele basisopvattingen.
- Kerngebeurtenissen bespreken: de therapeut kan nagaan of ingrijpende kerngebeurtenissen uit het verleden een rol spelen in de wijze waarop de cliënt in het hier en nu reageert.
Belangrijke vragen hierbij zijn: 'Heb je je eerder in je leven zo gevoeld?', 'Doet deze situatie je denken aan iets van vroeger?'
Het kan zijn dat de cliënt op grond van kerngebeurtenissen uit het verleden conclusies heeft getrokken over zichzelf die aan de basis hebben gestaan van een disfunctionele basisopvatting. Afwijzing door moeder kan geleid hebben tot de disfunctionele basisopvatting 'Ik ben niets waard'. Zoals bij de 72-jarige cliënte die als kind van haar moeder vaak te horen kreeg dat zij een vergissing was en beter niet geboren had kunnen worden. Haar moeder vertelde aan anderen vaak dat ze trots was op de broer van de cliënte; de cliënte zelf kreeg nooit complimentjes.
- Terugkerende denkfouten bespreken: terugkerende denkfouten kunnen wijzen op disfunctionele basisopvattingen. Voortdurend eisen stellen kan wijzen op perfectionisme ('Ik moet altijd alles goed doen, anders ben ik niets waard.'). Veelvuldig personaliseren kan wijzen op een extreem verantwoordelijkheidsgevoel ('Ik moet altijd mijn best doen om het anderen naar de zin te maken.'). Bij oudere vrouwen komt het nogal eens voor dat zij als oudste dochter van een groot gezin de zorg voor de kleinere broertjes en zusjes hadden, zich daarvoor erg verantwoordelijk voelden, maar daarmee hun eigen leven en tijd voor ontspanning moesten opofferen.

Wanneer disfunctionele basisopvattingen opgespoord zijn, worden deze, net zoals specifiekere disfunctionele cognities, uitgedaagd. Bij het uitdagen van disfunctionele basisopvattingen kan gebruikgemaakt worden van de uitdaagtechnieken die eerder genoemd zijn. Hieronder worden ook nog aanvullende technieken genoemd (zie kader).

Uitdagen van disfunctionele basisopvattingen
- Benoemen van voor- en nadelen van het basisschema:
  bij hardnekkige basisopvattingen is het zinvol om de cliënt te laten opschrijven wat de precieze voordelen en nadelen zijn van het vasthouden aan bepaalde opvattingen ('Schrijf eens op welke voordelen je erbij hebt om je vast te houden aan de overtuiging 'ik ben waardeloos'). Een belangrijke vraag hierbij is of de opvatting de cliënt helpt bij het bereiken van belangrijke doelen nu en in de toekomst.
- Bijhouden van een 'bewijzen-voor-en-tegen-dagboek':
  hierbij wordt de cliënt gevraagd om gedurende enige tijd (bijvoorbeeld een week) elke dag enkele bewijzen op te schrijven die pleiten voor het negatieve schema en enkele bewijzen die pleiten tegen het schema: 'Jouw basisopvatting is "Ik ben waardeloos." Houd de komende week eens een dagboek bij waarbij je elke dag opschrijft welke bewijzen er voor en tegen deze opvatting pleiten. Let daarbij ook op de dingen die gebeuren de komende week en die deze overtuiging bevestigen of die deze juist tegenspreken.'
- Gedragsexperimenten:
  gedragsexperimenten zijn zeer belangrijk bij het bewerken van maladaptieve schema's.
  Een voorbeeld. Een cliënte heeft de overtuiging dat zij zich moet schikken naar wensen van anderen omdat zij anders afgewezen wordt. In een gedragsexperiment wordt de opvatting getoetst dat nee zeggen tegen andere mensen leidt tot afwijzing. De cliënt experimenteert met het afslaan van het verzoek om op de kleinkinderen te passen en met het afslaan van een uitnodiging voor een familiebezoek.
  De oorspronkelijke disfunctionele basisopvatting wordt op basis van deze ervaringen als volgt geherformuleerd: 'Ik hoef niet altijd te doen wat andere mensen van mij verwachten en wat ik zelf niet wil doen. Mensen zullen mij niet meteen afwijzen als ik nee zeg tegen een verzoek. Als zij dat wel doen dan is dat vervelend maar dat kan ik wel verdragen.'
- Kerngebeurtenissen bespreken:
  de therapeut kan met de cliënt bespreken welke specifieke ervaringen aan de opvatting ten grondslag hebben gelegen. Zodoende kan blijken dat de overtuiging 'Ik ben waardeloos' ontstaan is door de houding van de ouder(s), zoals de cliënte (zie kader Opsporen van disfunctionele basisopvattingen) die volgens haar moeder beter niet geboren had kunnen worden. Ook kan blijken dat de overtuiging 'Iedereen verlaat mij' gegroeid is uit vroege ervaringen met verliezen.
  Het bespreken van dergelijke ervaringen leidt ertoe dat de cliënt enige afstand kan nemen van het schema: de cliënt leert dat zij niet waardeloos is, maar dat anderen geprobeerd hebben om haar aan te praten dat zij dat is, en dat zij dat is gaan en blijven geloven.
  Voorts kan het de cliënt helpen beseffen dat het schema onder de huidige omstandigheden niet langer houdbaar is. Een opvatting als 'Ik mag geen emoties tonen, want anders word ik afgestraft' kan misschien vroeger in het leven functioneel zijn geweest, omdat het tonen van emoties door de ouders werkelijk afgestraft werd. In het hier en nu is deze overtuiging echter niet langer geldig.

Evenals bij het aanpakken van automatische negatieve gedachten is het van belang dat er aandacht besteed wordt aan het formuleren van alternatieve basisopvattingen die beter houdbaar zijn, vrij zijn van denkfouten, voor de cliënt geloofwaardig zijn, en minder zelfondermijnend zijn. Aangezien disfunctionele basisopvattingen zeer hardnekkig en over het algemeen zeer geloofwaardig zijn voor de cliënt, is het van belang dat de alternatieve opvatting expliciet geformuleerd wordt. Wanneer de alternatieve opvatting geformuleerd is, kan de cliënt deze op een kaartje schrijven met daarbij de argumenten, bewijzen en ervaringen die voor de houdbaarheid van de nieuwe basisopvatting pleiten. De cliënt kan het kaartje met zich meedragen en lezen op momenten dat negatieve emoties en gedachten die voortkomen uit het oorspronkelijke schema, de kop opsteken.

5 Tot besluit

Hoe zit het met de effectiviteit van cognitieve gedragstherapie bij ouderen? Niet onverwacht is het meeste effectonderzoek verricht naar behandeling van depressie en angststoornissen (Coon e.a., 1999; James, 2013). Voor wat betreft depressie hebben diverse onderzoeken laten zien dat cognitieve gedragstherapie effectiever is in de behandeling van depressie dan inactieve (wachtlijst)controlegroepen en ook iets effectiever is dan *treatment as usual* (Gould e.a., 2012a).
De effecten van cognitieve gedragstherapie in de behandeling van angststoornissen zijn minder vaak onderzocht; niettemin lijkt cognitieve gedragstherapie ook daarin succesvol en effectiever dan andersoortige actieve behandelingen (Gould e.a., 2012b). Cognitieve gedragstherapie is ook effectief bij angst bij mensen met dementie (Spector e.a., 2015). Vermeldenswaardig is ook dat cognitief-gedragstherapeutische interventies effectief zijn in de preventie van klinische depressie en angststoornis bij ouderen met subsyndromale depressie en angst (Van 't Veer-Tazelaar e.a., 2009).

Literatuur

Beck, A.T. (1976). *Cognitive therapy and the emotional disorders*. New York: The Guilford Press.

Beck, A.T., Freeman, A., & Associates. (1990). *Cognitive therapy of personality disorders*. New York: Guilford.

Bögels, S., & Arntz, A. (1995). Persoonlijkheidsstoornissen. In W. Vandereycken, C.A.L. Hoogduin & P.M.G. Emmelkamp (Red.), *Handboek psychopathologie, deel III* (pp. 242-264). Houten: Bohn Stafleu van Loghum.

Bögels, S.M., & Oppen, P. van. (2011). *Cognitieve therapie: Theorie en praktijk*. Houten: Bohn Stafleu van Loghum.

Broeke, E. ten, Heiden, C. van der, Meijer, S., & Schurink, G. (2012). *Cognitieve therapie: De basisvaardigheden*. Amsterdam: Boom.

Coon, D.W., Rider, K., Gallagher-Thompson, D., & Thompson, L. (1999). Cognitive-behavioral therapy for the treatment of late life distress. In M. Duffy (Ed.), *Handbook of counselling and psychotherapy with older adults* (pp. 487-510). New York: Wiley.

Ellis, A. (1994). *Reason and emotion in psychotherapy: A comprehensive method of treating human disturbance.* (2nd edition). New York: Birch Lane Press.

Foa, E.B., & Rothbaum, B.O. (1998). *Treating the trauma of rape: Cognitive behavioral therapy for PTSD*. New York: Guilford.

Gallagher-Thompson, D., & Thompson, L.W. (1998). De toepassing van cognitieve gedragstherapie bij psychologische problemen in de derde levensfase. In S.H. Zarit & B.G. Knight (Red.), *Ouderen en psychotherapie: Effectieve interventies in levensloopperspectief* (pp. 77-98). Lisse: Swets & Zeitlinger.

Gould, R.L., Coulson, M.C., & Howard, R.J. (2012a). Cognitive behavioral therapy for depression in older people: A meta-analysis and meta-regression of randomized controlled trials. *Journal of the American Geriatrics Society, 60*, 1817-1830.

Gould, R., Coulson, M., & Howard, R. (2012b). Efficacy of cognitive behavioral therapy for anxiety disorders in older people: a meta-analysis and meta-regression of randomized controlled trials. *Journal of the American Geriatrics Society, 60*, 218-229.

Hermans, D., Eelen, P., & Orlemans, H. (2007). *Inleiding tot de gedragstherapie* (6e dr.). Houten: Bohn Stafleu van Loghum.

Hout, M. van den, & Merckelbach, H. (1993). Over exposure. *Directieve Therapie, 13*, 192-203.

Korrelboom, K., & Broeke, E. ten. (2014). *Geïntegreerde cognitieve gedragstherapie: Handboek voor theorie en praktijk* (2e dr.). Bussum: Coutinho.

Jacobson, N.S., Martell, C.R., & Dimidjian, S. (2001). Behavioral activation treatment for depression: Returning to contextual roots. *Clinical Psychology: Science and Practice, 8*, 255-270.

James, I.A. (2013). *Cognitieve gedragstherapie voor ouderen: Een praktische gids voor hulpverleners.* Lannoo Campus.

Roelofs, J., Arntz, A., & Voncken, M. (2015). Cognitieve benaderingen van psychopathologie. In H.T. van der Molen, E. Simon & J. van Lankveld (Red.), *Klinische psychologie: Theorieën en psychopathologie* (pp. 73-86). Groningen/Houten: Noordhoff.

Spector, A.E., Charlesworth, G., King, M., Hoe, J., Lattimer, M., Sadek, S, e.a. (2015). Cognitive Behavioural Therapy (CBT) for anxiety in dementia: A pilot randomised controlled trial. *British Journal of Psychiatry, 206*, 509-516.

Veer-Tazelaar, P.J. van 't, Marwijk, H.W. van, Oppen, P. van, Hout, H.P. van, Horst, H.E. van der, Cuijpers. P., e.a. (2009). Stepped-care prevention of anxiety and depression in late life: a randomized controlled trial. *Archives of General Psychiatry, 66*, 297-304.

Young, J.E. (1990). *Cognitive therapy for personality disorders: A schema-focused approach.* Sarasota, FL: Professional Resource Press.

17
Mediatieve cognitieve gedragstherapie

Claudia Disselhorst en Corgé Borghouts

1 Inleiding
2 Indicaties en contra-indicaties
   2.1 Omgangsadvisering versus gedragsbehandeling
3 Mediatieve toepassing van gedragstherapeutisch proces
   3.1 Probleemkeuze, doelbepaling en meting
   3.2 Functieanalyse en interventies
   3.3 Evaluatie
4 Cognitieve interventies
   4.1 Motivatie en competenties versterken
   4.2 Toepassing
5 Randvoorwaarden
6 Effectiviteit
7 Tot besluit
   Literatuur

 www.tijdstroom.nl/leeromgeving

- Casuïstiek
- Handige documenten
- Weblinks

Kernboodschappen
- Bij mediatieve cognitieve gedragstherapie worden gedragsproblemen behandeld via mediatoren: personen in de directe omgeving van de cliënt.
- Deze therapievorm is zowel in zorginstellingen als in de thuissituatie toepasbaar.
- Een grondige gedragsanalyse vormt de basis voor het interventieplan.
- Cognitieve interventies kunnen de uitvoering van het gedragsbehandelplan ondersteunen.
- Doordat zorgteams en mantelzorgers anders leren omgaan met de cliënt en doordat zij het probleemgedrag anders ervaren, worden gedragsproblemen weer hanteerbaar.

1 Inleiding

Mediatieve cognitieve gedragstherapie, vaak kortweg aangeduid met mediatieve gedragstherapie, mediatieve therapie of mediatietherapie, neemt binnen het takenpakket van de ouderenpsycholoog een belangrijke plaats in (NIP, 2009; 2016). Mediatieve cognitieve gedragstherapie is een specifieke toepassingsvorm van cognitieve gedragstherapie (zie hoofdstuk 16) waarbij problemen van de cliënt worden behandeld via personen in de directe omgeving (mediatoren). De therapeut behandelt de cliënt niet in persoonlijk contact, maar indirect, door de mediator aanwijzingen te geven over de uit te voeren interventies. In deze interventies is bovendien het gedrag van de mediator zelf betrokken. De mediatoren maken deel uit van het dagelijks leven van de cliënt. Hierbij kan men bijvoorbeeld denken aan een familielid, verpleegkundige of een zorgteam. Mediatieve cognitieve gedragstherapie wordt toegepast in zorginstellingen, maar ook steeds vaker in de thuissituatie (Geelen & Alphen, 2014).

Deze therapievorm is aan de orde als psychologische behandeling via gesprekscontact met de cliënt zelf niet mogelijk is, bijvoorbeeld wanneer sprake is van gedragsproblemen of verschijnselen van depressie of angst bij ouderen met ernstige cognitieve of communicatieve beperkingen. De mediatieve toepassing van cognitieve gedragstherapie kent haar oorsprong in de ontwikkelingspsychologie (Methorst e.a., 1995): kinderen met gedragsproblemen die te jong zijn om zelf in psychotherapie te gaan, worden via de ouders behandeld. Ook bij mensen met een verstandelijke beperking wordt deze therapievorm toegepast wanneer individuele gesprekstherapie niet mogelijk is.

Het doel van mediatieve gedragstherapie is beïnvloeding van concreet observeerbaar gedrag van de cliënt. Hierbij ligt het accent op gedragstherapeutische interventies: de therapeutische toepassing van de in de leertheorie ontwikkelde leerprincipes. Gedrag wordt uitgelokt door interne en externe stimuli en versterkt door de consequenties. Dit betekent dat langs dezelfde weg ook ander gedrag geleerd kan worden. Het gedragstherapeutische proces is in de kern hetzelfde als bij reguliere cognitieve gedragstherapie.

Een wezenlijk verschil is dat de interventies niet worden uitgevoerd door de cliënt zelf, maar door de mediator of mediatoren. Dit samenspel met de naastbetrokkenen brengt extra dynamiek met zich mee in de behandeling. Het welslagen van de behandeling is medeafhankelijk van de bereidheid en het vermogen van de naastbetrokkenen om de interventies uit te voeren. Ter ondersteuning hiervan kunnen cognitieve interventies nodig zijn, maar dan voor de mediatoren en niet voor de cliënt zelf. Hierbij is het doel om cognities te beïnvloeden van de mediator of mediatoren die de uitvoering van de mediatieve gedragstherapie belemmeren. Doordat zorgteams en mantelzorgers anders leren omgaan met de oudere en doordat zij het probleemgedrag anders ervaren, worden gedragsproblemen weer hanteerbaar.

2 Indicaties en contra-indicaties

Mediatieve cognitieve gedragstherapie is geïndiceerd wanneer er sprake is van complex probleemgedrag en een individuele behandeling niet mogelijk is, bijvoorbeeld ten gevolge van afasie. In veel gevallen wordt een behandeling gestart nadat psycho-educatie en omgangsadviezen niet tot voldoende afname van de gedragsproblematiek hebben geleid. In andere gevallen gaat men vanwege de ernst en de complexiteit van het probleemgedrag direct over tot een mediatieve behandeling.

Voor aanvang van een mediatieve gedragstherapie worden fysieke aspecten als mogelijke interne uitlokkers van probleemgedrag uitgesloten of behandeld. Dat betekent dat mediatieve therapie pas geïndiceerd is als is voorzien in basale behoeften als honger, dorst en het legen van een volle blaas, en als medische oorzaken als pijn en jeuk zijn uitgesloten. De mediatieve behandeling richt zich vervolgens op gedrag dat wordt uitgelokt, in stand gehouden of versterkt door de omgeving.

Bij een crisissituatie zijn acute interventies vereist. Dit kunnen zowel psychosociale interventies als medicamenteuze interventies zijn. Een mediatief behandelproces dat bestaat uit meerdere behandelsessies, is op dat moment niet aan de orde, maar kan geïndiceerd zijn zodra de crisis is geweken.

Indicatiestelling mediatieve cognitieve gedragstherapie

Indicaties
- Psycho-educatie en omgangsadviezen hebben niet tot voldoende afname van de gedragsproblematiek geleid.
- Er is sprake van complex, reeds langer bestaand probleemgedrag.
- Gedrag wordt uitgelokt of in stand gehouden door de omgeving.

Contra-indicaties
- Gesprekstherapeutische behandeling is mogelijk.
- Er is sprake van een crisissituatie waarbij acute interventies vereist zijn.
- Lichamelijke oorzaken zijn nog niet uitgesloten of behandeld.

2.1 Omgangsadvisering versus gedragsbehandeling

Bij de aanpak van probleemgedrag wordt een onderscheid gemaakt tussen omgangsadvisering en behandeling (James, 2013). Het opvolgen van het advies van de psycholoog is vrijblijvend. Advies wordt in principe eenmalig gegeven. Bij omgangsadvisering legt de therapeut geen dossier aan. Ook heeft hij in principe geen contact met de cliënt met probleemgedrag. Degene die het advies ontvangt, kan ervoor kiezen de omgangsadviezen wel of niet toe te passen en, als het een zorgmedewerker betreft, uit te werken in het dossier van de cliënt.

Tabel 17.1 Vergelijking tussen omgangsadvisering en behandeling

Omgangsadvisering bij gedragsproblematiek	Behandeling bij gedragsproblematiek
Accent op psycho-educatie; algemene adviezen	Accent op behandeling; interventies op maat
In principe eenmalig	Therapeutisch proces: meerdere sessies
Omgangsadvies is vrijblijvend	Behandeling wordt voorgeschreven
De ontvanger van het advies werkt het uit in dossier	De psycholoog beschrijft het gedragsbehandelplan (in samenspraak met mediatoren)

De uitvoering van een mediatieve behandeling bij gedragsproblemen door het zorgteam is net zo min vrijblijvend als de uitvoering van een medicamenteuze behandeling van gedragsproblemen. De interventies die vastgelegd zijn in het dossier van de cliënt moeten door het hele zorgteam worden uitgevoerd. Bij een mediatieve gedragstherapeutische behandeling is de psycholoog de behandelaar die hiervan een dossier bijhoudt. Net als bij een individuele behandeling wordt het gedragstherapeutische proces doorlopen, en is er sprake van meerdere sessies.

De psycholoog voert de regie, schrijft het gedragsbehandelplan en begeleidt de mediator of mediatoren actief bij het behandelproces.

Het zorgteam en de mantelzorger actief bij de behandeling betrekken en de behandeling met hen afstemmen is belangrijk bij gedragsproblematiek. Daarnaast is overleg met de huisarts of de specialist van belang. Een efficiënte vorm van overleg binnen zorginstellingen is het gedragsspreekuur of de gedragsvisite, waarbij de psycholoog, de arts en het zorgteam afstemmen wat nodig is aan diagnostiek (op lichamelijk of psychisch gebied), omgangsadvisering of behandeling. Als mediatieve therapie geïndiceerd blijkt te zijn, vinden de behandelsessies plaats met de mediator of mediatoren en de therapeut die deel uitmaken van het gedragsbehandeloverleg.

3 Mediatieve toepassing van gedragstherapeutisch proces

Mediatieve cognitieve gedragstherapie verloopt volgens de empirische cyclus. Gestart wordt met inventarisatie van de problemen en het opstellen van hypothesen over ontstaan en samenhang van de problemen. Over het algemeen werkt men aan één probleem, maar in de gedragstherapie is het gebruikelijk om een analyse te maken van de causale samenhang tussen meerdere problemen in het leven van de cliënt en welke betekenis deze problemen hebben. Dit noemt men de holistische theorie (Hermans e.a., 2007) of casusconceptualisatie (James, 2013). Vervolgens wordt het therapiedoel vastgelegd en ernst, duur of frequentie gemeten van het probleemgedrag (*baseline*). Van het te behandelen probleem zelf maakt de therapeut samen met de mediator of mediatoren een functieanalyse of gedragsanalyse. Op basis van de functieanalyse worden de behandelinterventies vastgesteld. Deze interventies hebben altijd betrekking op het veranderen van relaties tussen stimuli, responsen en consequenties. Het therapieresultaat wordt geëvalueerd in relatie tot het gestelde doel en de basismeting. Zo nodig wordt de cyclus herhaald (Korrelboom & Ten Broeke, 2014).

Een mediatieve therapie is een gezamenlijke zoektocht van de therapeut samen met de mediator of mediatoren naar manieren om grip te krijgen op het probleemgedrag. Tijdens deze zoektocht wordt een beroep gedaan op allerlei verschillende vaardigheden van de therapeut. Het opbouwen van de therapeutische relatie met een mediator moet worden gecombineerd met regievoeren over het behandelproces, terwijl tegelijkertijd elke mediator verantwoordelijk wordt gemaakt voor de inhoud en uitvoering van de gedragstherapeutische interventies. Het gedragstherapeutische proces biedt hierbij zowel de therapeut als de mediator of mediatoren structuur en houvast en vertrouwen in een goede afloop.

De praktijk leert dat het gemiddeld aantal sessies voor een mediatieve gedragstherapeutische behandeling ligt tussen de vier en de zes. Het minimumaantal sessies is drie. In de eerste sessie vindt dan de probleemkeuze en doelbepaling plaats. Daarnaast wordt de meting aangestuurd. In de tweede sessie wordt de baseline besproken en wordt een functieanalyse opgesteld en op basis daarvan een plan van aanpak gemaakt. Ook wordt in deze sessie afgesproken wanneer de nameting plaatsvindt en een afspraak gemaakt voor de derde sessie, de evaluatie.

3.1 Probleemkeuze, doelbepaling en meting

Stap 1 Probleemkeuze

De eerste stap in het mediatieve proces is het gesprek met de mantelzorger, de verzorger of het zorgteam. Om recht te doen aan de inzet die al is verricht en deze ervaringen te kunnen gebruiken binnen de therapie, wordt gevraagd wat allemaal al geprobeerd is en geholpen heeft. Daarnaast worden alle problemen kort langsgelopen om een beeld te krijgen van wat er aan de hand is: 'Wat zie ik de cliënt/uw partner doen op een video dat als problematisch wordt ervaren?' Meestal is sprake van een aantal onderling samenhangende problemen. Samen met de mantelzorger of het zorgteam wordt vervolgens een keuze gemaakt van het te behandelen probleem (stap 1). Afwegingen daarbij kunnen onder andere zijn: lijdensdruk voor de cliënt, hinder voor de omgeving, de kans dat het probleem met succes is aan te pakken, en de centrale waarde van het probleem: 'Als we dit oplossen, zal de rest ook wel beter gaan.'

Het gedragsprobleem dat gekozen wordt, dient concreet observeerbaar te zijn in de praktijk. Cognities als 'claimend' of gevoelens als 'angstig' lenen zich niet voor een mediatieve gedragstherapie. Het is raadzaam om in deze fase alvast te achterhalen binnen welke context het gekozen probleemgedrag als het hinderlijkste wordt ervaren: 'Waar en wanneer is dit gedrag het hinderlijkste voor de cliënt, de medecliënten, het personeel, of de mantelzorger?

Stap 2 Doelbepaling

Stap 2 is het stellen van een behandeldoel. Reeds in een vroegtijdig stadium van de behandeling een doel stellen genereert hoop. Ook geeft het doel richting aan de vervolgstappen van het gedragstherapeutische proces. Het is net als bij een treinreis: hoe weet je hoe het reisschema eruitziet als er geen plaats en tijd van aankomst (doel) is bepaald? Een doel moet zijn: afname van het teveel aan ongewenst gedrag of: toename van het gewenste gedrag wanneer een tekort aan bepaald gedrag als problematisch wordt ervaren. Daarnaast moet worden vastgesteld met welke mate van afname of toename van het gedrag men tevreden is. Dit wordt uitgedrukt in ernst, duur of frequentie.

Stap 3 Meting

Op basis van de resultaten van de meting (stap 3) kan men beoordelen hoe de mate van gedragsproblematiek op dat moment zich verhoudt tot het gestelde doel. Soms blijkt uit de meting dat het doel al is bereikt. Een reden voor zo'n 'instantsucces' kan zijn dat door de meting aan het licht komt dat het probleemgedrag zich in werkelijkheid minder manifesteert dan de mediatoren veronderstelden. In dat geval zorgt de meting voor cognitieve bijstelling. Een andere reden kan zijn dat de mediator of mediatoren ten gevolge van het meten hun gedrag al hebben aangepast, waardoor het probleemgedrag minder wordt uitgelokt of in stand gehouden.

De meting wordt uitgevoerd door de mediator. Dat is een aandachtspunt bij het bepalen van de wijze van meten. Wanneer men goed begrijpt hoe de meetlijst moet worden ingevuld, weet wat het nut is van een meting, en de meetlijst zelf maakt met behulp van instructies van de therapeut, is de kans groter dat de meting de juiste informatie oplevert (Baadsgaard & Wagner, 1993). Niet alleen om deze reden heeft het gebruik van eenvoudige zelfgemaakte meetlijsten de voorkeur boven het gebruik van gestandaardiseerde instrumenten, maar ook omdat op deze manier specifiek de frequentie, duur en/of ernst van het gekozen probleemgedrag in kaart wordt gebracht.

> **Voorbeeld probleemkeuze-doelbepaling-meting**
> Mevrouw Van den Heuvel, 80 jaar, heeft parkinsondementie. Er zijn verschillende probleemgedragingen geïnventariseerd. Tijdens de activiteiten van het dagelijks leven (ADL) pakt ze de polsen van de verzorgende soms heel stevig vast. In de huiskamer roept ze vaak op luide toon: 'Help me!' en in de avond loopt ze regelmatig kamers van medebewoners op.
> Het zorgteam kiest ervoor om met mediatieve behandeling eerst het 'Help me!'-roepen aan te pakken: Binnen de context van de huiskamer, tijdens de maaltijden, wordt dit gedrag als het hinderlijkste ervaren voor zowel mevrouw zelf als voor de medebewoners en het verzorgend personeel. Na enige discussie zijn de verzorgenden overeengekomen wanneer het doel is bereikt: als de sfeer tijdens de maaltijden een stuk aangenamer zal zijn en als mevrouw Van den Heuvel nog maximaal twee keer per maaltijd 'Help me!' roept. Er wordt vervolgens een week lang geturfd hoe vaak mevrouw Van den Heuvel per maaltijd roept.

3.2 Functieanalyse en interventies

Stap 4 Functieanalyse

Aangezien ogenschijnlijk hetzelfde gedrag geheel verschillende achtergronden kan hebben, is ook bij mediatief werken de functieanalyse onontbeerlijk (stap 4). De functieanalyse wordt ook wel de kern van de gedragstherapie genoemd, omdat hier het conditioneringspatroon in kaart wordt gebracht. Vaak wordt hiervoor het oorspronkelijke SORCK-model gebruikt.

Een stimulus (s), ontlokt bij het organisme, de persoon met bepaalde kenmerken (o) een respons (R), die gevolgd wordt door consequenties (c). De stimuli kunnen intern en/of extern zijn. De respons betreft bij mediatieve gedragstherapie het uiterlijk waarneembaar gedrag. De consequenties kunnen aangenaam, onaangenaam of neutraal zijn. De O (organisme) in het schema omvat de persoonsgebonden variabelen. Dit zijn relevante gegevens op somatisch, psychisch en sociaal gebied. De K staat voor contingentie: de relatie tussen respons en consequenties in tijd en frequentie. De functieanalyse maakt duidelijk wat de uitlokkende en de in stand houdende factoren van het probleemgedrag zijn.

Variaties op het SORCK-schema

Vereenvoudigde variaties op het SORCK-schema die regelmatig worden gebruikt bij mediatieve behandeling van gedragsproblemen, zijn het SRC-schema en het ABC-schema. Rekening houden met de levensloop en de persoonlijke wensen en behoeften van de cliënt (o) kan gedragsproblemen voorkomen. Als daarnaast voorafgaand aan een mediatieve gedragstherapie beïnvloedbare interne stimuli als honger, pijn en jeuk zijn uitgesloten of behandeld, kan een vereenvoudigd en in de praktijk praktisch toepasbaar schema worden gebruikt: het s®r®c-schema. Dit schema biedt de mediator of mediatoren en therapeut een duidelijk kader. Mediatieve therapie richt zich dan uitsluitend op datgene wat waarneembaar is: waarneembare stimuli (s), waarneembaar gedrag (R) en waarneembare gevolgen (c) van dat gedrag. De persoonsgebonden variabelen (o) geven weliswaar relevante achtergrondinformatie over levensloop, huidige beperkingen en medische voorgeschiedenis, maar er wordt niet rechtstreeks op geïntervenieerd door middel van de mediatieve gedragstherapie. Men richt zich bijvoorbeeld niet rechtstreeks op het doorgemaakte cerebrovasculaire accident, maar wel op de uitlokkende en in stand houdende factoren van het probleemgedrag van deze persoon met vasculaire problematiek. Bij de interventie wordt wel rekening gehouden met de O, in die zin dat de aannemelijkheid van de relatie tussen gekozen stimulus en het gewenste gedrag bepaald wordt door de O. Als iemand bijvoorbeeld nooit een groepsmens is geweest en op de afdeling niet-aangeboren hersenletsel (NAH) tijdens de maaltijd aan een ronde tafel wordt geplaatst samen met vijf andere bewoners, is het aannemelijk dat deze stimuli het 'weggloopgedrag' tijdens de maaltijd uitlokken. Ook bij het zoeken naar de bekrachtigers in de interventiefase wordt gebruikgemaakt van de persoonsgebonden informatie (O).

Het SRC-schema wordt bij de mediatieve toepassing ook wel het ABC-schema genoemd. ABC staat dan voor *antecedents-behaviour-consequences*. De O-variabelen worden in deze connotatie gezien als interne stimuli die het gedrag mede uitlokken (Cohn e.a., 1994; Hamer, 2002). Hamer en Voesten (2001) hebben de terminologie van het ABC-schema aangepast aan de Nederlandse taal.

- A = Actie, het probleemgedrag van de cliënt (de R in het SORCK-schema).
- B = Beweger (Begint vanwege) en staat voor de antecedente interne (de O in het SORCK-schema) en externe stimuli (de S in het SORCK-schema).
- C = Consequentie (de C in het SORCK-schema).

Het is belangrijk te achterhalen met welk connotatieschema de mediatoren gewend zijn te werken, hierbij aan te sluiten en samen met collega-therapeuten dezelfde 'taal' te kiezen.

> **Functieanalyse: variatie in notatie**
> Voorbeeld S ® O ® R ® C
> S: De partner zegt tegen persoon met dementie dat hij iets vergeten is, of iets zegt wat niet klopt.
> O: Dementie, persoonlijkheid met narcistische trekken en vermijdende coping.
> R: Verbale agressie (schelden).
> C: De partner gaat uitleggen waarom zij gelijk heeft, wat averechts werkt en een nieuwe stimulus wordt die soms ook non-verbale agressie (slaan) uitlokt.
> Voorbeeld B ® A ® C
> A: Verbale agressie (schelden).
> B: De partner zegt tegen persoon met dementie dat hij iets vergeten is, of iets zegt wat niet klopt; dementie, persoonlijkheid met narcistische trekken en vermijdende coping.
> C: De partner gaat uitleggen waarom zij gelijk heeft, wat averechts werkt en een nieuwe stimulus wordt die soms ook non-verbale agressie (slaan) uitlokt.

Opstellen functieanalyse
Het opsporen van stimuli en consequenties vindt plaats in samenwerking met de mediator of mediatoren. De therapeut vraagt elke mediator om verschillende beschrijvingen te geven van wat er op een fictieve video te zien is voorafgaand aan en volgend op het probleemgedrag. De therapeut kan de volgende vragen stellen voor de te maken functieanalyse.

- Stimuli: 'Spoel de video in gedachten een klein stukje terug, net voordat het probleemgedrag plaatsvindt, wat zie en hoor ik dan allemaal?'; 'Wat nog meer?'
- Kortetermijngevolgen: 'Spoel de video in gedachten een klein stukje verder: hoe reageert de mantelzorger, verzorgende, medebewoner of het bezoek op het probleemgedrag?'
- Langetermijngevolgen: 'Wat zijn de gevolgen op lange termijn, wat maakt dat je graag wilt dat dit probleemgedrag verandert?'

Deze 'opnamen' vormen de bouwstenen voor de functieanalyse waarop de interventies worden gebaseerd.

Stap 5   Behandelinterventies vaststellen

Interventies op stimulusniveau

Op basis van de functieanalyse worden de behandelinterventies vastgesteld (stap 5). Het heeft de voorkeur om te starten met het interveniëren op stimulusniveau. Als de uitlokker van het gedrag weggehaald kan worden, hoeft het probleemgedrag namelijk niet meer plaats te vinden. Wanneer dit onvoldoende effect heeft, of geen externe stimulus is geobserveerd, kan op gevolgenniveau (consequentieniveau) gezocht worden naar interventiemogelijkheden. Uitlokkers kunnen zowel in de fysieke als de sociale omgeving worden gevonden. Een voorbeeld van een uitlokker in de fysieke omgeving is bijvoorbeeld over- of onderprikkeling. Uitlokkers in de sociale omgeving zijn de manieren waarop de cliënt wordt bejegend.

> **Voorbeeld van een interventie op de stimulusniveau**
> Meneer De Wit, 76 jaar, heeft frontotemporale dementie. Hij woont met zijn echtgenote in een eengezinswoning en vertoont ontremd eetgedrag (R). Zijn echtgenote zet, zoals ze hun hele leven gewend zijn, de pannen op tafel en het toetje alvast op het aanrecht (S). De man schrokt al het eten snel achter elkaar naar binnen en pakt dan meteen het toetje, terwijl zijn echtgenote nog met de hoofdmaaltijd bezig is. Zij doet zonder enig succes verwoede pogingen hem rustig te laten eten en maakt hem duidelijk dat zij zijn gedrag als zeer onbeleefd ervaart (C). De sfeer tijdens de maaltijden is om te snijden.
> De interventie bestaat uit het beïnvloeden van de situatie. Met de echtgenote wordt afgesproken dat zij de pannen niet meer op tafel zet en per gang zelf zal opscheppen voor haar echtgenoot. Het toetje zal buiten het zicht worden geplaatst.

Interventies op consequentieniveau

Wanneer de interventies op stimulusniveau niet hebben geleid tot het behalen van het doel van de behandeling, kan gezocht worden naar interventies op consequentienivau. De behandeling richt zich dan op de in stand houdende of versterkende factor van het probleemgedrag. Dit zijn de reacties van de mediator of mediatoren, medecliënten en eventueel aanwezig bezoek die direct volgen op het probleemgedrag. Op consequentieniveau zijn verschillende vormen van bekrachtiging mogelijk. De belangrijkste zijn differentiële bekrachtiging en non-contingente bekrachtiging. Bij differentieel bekrachtigen wordt ongewenst gedrag genegeerd en gewenst gedrag dat niet verenigbaar is met het probleemgedrag, wordt bekrachtigd (Hermans e.a., 2007).

Bij non-contingente bekrachtiging wordt de bekrachtiging op vaste momenten aangeboden, waardoor de cliënt op termijn leert dat hij het gedrag niet meer hoeft te vertonen om de bekrachtiger te krijgen. Er zijn materiële bekrachtigers, zoals lekker eten of sigaretten, en sociale bekrachtigers. Sociale bekrachtigers bestaan uit aandacht van een mediator in de vorm van een gesprekje of een compliment. De aard van de bekrachtiger moet worden afgestemd op de cliënt. Zo zal aandacht in de vorm van een gesprekje voor iemand met schizofrenie een andere waarde hebben dan voor iemand met een narcistische persoonlijkheid.

Bij beide vormen van interventies is het belangrijk uit te leggen aan de mediator of mediatoren dat het probleemgedrag in eerste instantie waarschijnlijk zal toenemen. De cliënt heeft immers ervaren dat volhouden loont. Als iemand met dementie bijvoorbeeld heeft geleerd dat de mantelzorger uiteindelijk naast hem komt zitten als hij dit maar vaak genoeg vraagt, zal dit vraaggedrag aanvankelijk nog langer aanhouden als de mantelzorger differentiële bekrachtiging gaat toepassen. Pas als de mantelzorger volhoudt en niet naast haar echtgenoot gaat zitten als hij daarom vraagt, maar juist wel als hij met een puzzel bezig is of de krant leest, zal het vraaggedrag uiteindelijk uitdoven.

Ook het gewenste gedrag dat beloond moet worden, zal concreet benoemd moeten worden. In dit voorbeeld kan dat bijvoorbeeld puzzelen of lezen zijn. Dit gedrag dient immers zo snel mogelijk na het vertonen ervan te worden bekrachtigd. Daarbij is het nuttig om te achterhalen welke stimuli dit gedrag uitlokken. Daarbij kan het maken van een functieanalyse van het gewenste gedrag ondersteunend zijn (Klaver, 2016). Hier zien we een verband met de in hoofdstuk 20 beschreven oplossingsgerichte psychotherapie, waarbij men op zoek is naar wat het gewenste doelgedrag uitlokt en beloont. Het bijhouden van een registratielijst voor positief gedrag kan nuttige informatie opleveren als de mediatoren het lastig vinden om gewenst gedrag te benoemen.

> **Voorbeeld van een interventie op consequentieniveau**
> Meneer Van Leeuwen, 73 jaar, heeft het korsakovsyndroom, woont in een verpleeghuis, en vertoont repeterend vraaggedrag. Na metingen door de verzorging komt naar voren dat hij gemiddeld vijftig keer per uur om sigaretten vraagt (R). Uit de functieanalyse blijkt dat hij dit gedrag vertoont als hij een verzorgende van de afdeling ziet (S) en dat dit gedrag wisselend beloond wordt (C) doordat hij soms wel en soms geen sigaret krijgt. De interventie is 'differentiële bekrachtiging' en bestaat uit belonen van het gewenste gedrag (niet vragen om een sigaret) en het negeren van het ongewenste gedrag (vragen om een sigaret).

Negeren van een hulpvraag vergt veel van betrokken naasten en verzorgenden en vraagt om gedegen coaching van de therapeut. Belangrijk is dat de mediatoren begrijpen wat hun eigen rol is bij de instandhouding van het probleemgedrag. In het voorbeeld van meneer Van Leeuwen hebben de verschillende verzorgenden hem laten ervaren dat het blijven vragen om een sigaret hem uiteindelijk iets oplevert, namelijk de sigaret of contact.

Daarnaast is het belangrijk dat de therapeut uitlegt dat negeren nooit als enige interventie wordt toegepast. Het is niet de bedoeling dat de cliënt verstoken blijft van aandacht en bekrachtiging ten gevolge van het behandeltraject. De hoeveelheid bekrachtiging blijft hetzelfde, maar volgt op het gewenste gedrag of op vaste momenten, waardoor het ongewenste gedrag afneemt. Concrete afspraken worden gemaakt, zodat het voor de mediator duidelijk is hoe de interventies uitgevoerd moeten worden in de praktijk. Ondersteuning met cognitieve interventies voor mediatoren kan hierbij nodig zijn.

3.3 Evaluatie

Stap 6 Evaluatie

In de laatste stap van het gedragstherapeutische proces wordt het therapieresultaat geëvalueerd (stap 6). Tijdens de evaluatie wordt de nameting besproken en op basis daarvan wordt beoordeeld of het doel is bereikt. Zo ja, dan is het belangrijk aandacht te besteden aan hoe dit de mediator of mediatoren gelukt is. Het toeschrijven van het therapieresultaat aan eigen handelen vergroot de self-efficacy van naasten en verzorgenden.

Als het doel niet is bereikt, onderzoekt de therapeut wat de reden hiervoor zou kunnen zijn. Als de interventies goed zijn uitgevoerd, wordt opnieuw een functieanalyse gemaakt op basis waarvan nieuwe interventies worden gekozen. Als de interventies niet goed zijn uitgevoerd, wordt waar nodig extra uitleg gegeven of door middel van een rollenspel geoefend. Als blijkt dat de mediatoren bij de uitvoering van het gedragsbehandelplan worden gehinderd door niet-helpende gedachten en negatieve emoties, kan de therapeut ondersteuning bieden met behulp van cognitieve technieken. Door anders naar het probleemgedrag te leren kijken, kan de motivatie voor het meewerken aan een mediatieve gedragstherapie worden vergroot en worden de mediatoren ondersteund bij het veranderen van hun gedrag tegenover de persoon met gedragsproblemen.

4 Cognitieve interventies

Cognitieve interventies dienen om niet-helpende gedachten om te zetten in helpende gedachten. Helpende gedachten – in het geval van mediatieve gedragstherapie die van de mediatoren – hebben vervolgens een positief effect op het gevoel en het gedrag van de mediatoren. Hoofdstuk 16 beschrijft hoe cognitieve interventies worden ingezet in de hulpverlening aan ouderen, bijvoorbeeld bij behandeling van angst, depressie en gecompliceerde rouw. Ook binnen een mediatieve gedragstherapeutische behandeling zijn cognitieve interventies bruikbaar, maar dan voor de cognities van de mediator of mediatoren, bij het probleemgedrag van cliënten.

4.1 Motivatie en competenties versterken

Cognitieve interventies kunnen uiterst nuttig zijn bij de behandeling van probleemgedrag, bijvoorbeeld wanneer negatieve emoties van een mediator zo sterk aanwezig zijn dat zij de mediator belemmeren om mee te willen werken aan een mediatieve gedragstherapeutische behandeling. Cognitieve interventies kunnen dan de motivatie voor het starten van een mediatieve gedragstherapie vergroten.

Ook kunnen cognitieve interventies nodig zijn ter ondersteuning van de mediator of mediatoren bij de daadwerkelijke uitvoering van het behandelplan. Bijvoorbeeld als het iemand steeds maar niet lukt op een minder confronterende en stress veroorzakende manier met het gedrag van de dementerende partner om te gaan. Of als een zorgteam het niet op weet te brengen om bij een bewoner de benodigde interventies in praktijk te brengen, ondanks dat er wel degelijk bereidheid is om aan het behandelplan mee te werken.

> **'Dat kan ik niet meer opbrengen'**
> Bij het eerdergenoemde voorbeeld van een interventie vanwege ontremd eetgedrag bij meneer De Wit (76 jaar, frontotemporale dementie) kwam de interventie er simpelweg op neer om de pannen niet op tafel te zetten. Maar het lukt de mantelzorger niet om deze interventie uit te voeren. In gesprek met de therapeut wordt duidelijk dat zij wordt gehinderd door cognities als: 'Ik heb me mijn hele leven al aan moeten passen aan jou, dat kan ik niet meer opbrengen.'
> De therapeut zet cognitieve interventies in die haar helpen om deze belemmerende gedachten om te zetten in de helpende gedachten: 'Ik doe dit voor mezelf', en: 'Door die dementie kan hij zich nu eenmaal

> pas anders gedragen bij de maaltijd als ik het anders ga doen.' Na deze interventies lukt het de mantelzorger alsnog het toetje uit het zicht te plaatsen en de pannen niet meer zoals gebruikelijk op tafel te zetten. Hierdoor kunnen ze toch samen de maaltijd blijven nuttigen.

Het ombuigen van belemmerende naar helpende gedachten zorgt voor een afname van negatieve gevoelens van de mediator over het probleemgedrag of de benodigde interventie. Hierdoor is de mediator in staat de persoon met probleemgedrag anders te bejegenen, of anders te reageren op het probleemgedrag. De helpende gedachten ondersteunen op deze manier de uitvoering van het mediatieve behandelplan om het gedragsprobleem van de cliënt te beïnvloeden.

Tot slot kunnen cognitieve interventies de competenties van mantelzorgers en professionele verzorgenden versterken wanneer gedragsbeïnvloeding bij de cliënt niet haalbaar blijkt te zijn. In deze situatie kunnen cognitieve interventies eraan bijdragen dat zij in staat zijn de zorg voor deze zware categorie cliënten vol te houden. In plaats van gedachten als 'Ik schiet tekort', kunnen helpende gedachten komen als: 'Ik doe mijn best, meer kan ik niet doen.'

Indicaties voor cognitieve interventies
- Negatieve emoties belemmeren een mediator om mee te werken aan mediatieve gedragstherapie.
- Ter ondersteuning van de mediator of mediatoren bij uitvoering gedragsbehandelplan.
- Ter ondersteuning van mantelzorgers en/of verzorgers wanneer mediatieve gedragstherapie tot geen of onvoldoende gedragsverandering leidt.

4.2 Toepassing

De toepassing van cognitieve interventies in het kader van een mediatieve behandeling vindt plaats binnen de context van het probleemgedrag van de cliënt. Het uiteindelijke doel blijft afname van het gedragsprobleem. Dit probleemgedrag (R) van de cliënt lokt gedachten, gevoelens en gedrag (G-G-G) uit bij de mediator. De manier van reageren van de mediator op het probleemgedrag van de cliënt is vervolgens een consequenties (C) in de functieanalyse van het probleemgedrag van de cliënt. Figuur 17.1 geeft de samenhang weer tussen het probleemgedrag van de cliënt en de reactie van de mediator.

Figuur 17.1 Samenhang tussen probleemgedrag cliënt en reactie mediator

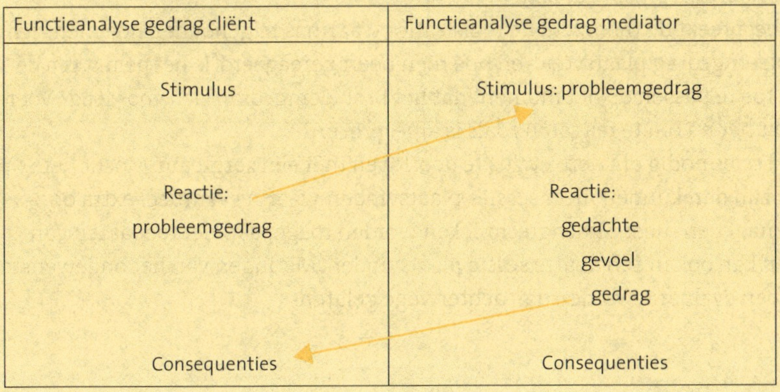

Functieanalyse gedrag cliënt	Functieanalyse gedrag mediator
Stimulus	Stimulus: probleemgedrag
Reactie: probleemgedrag	Reactie: gedachte gevoel gedrag
Consequenties	Consequenties

De gedachten over het probleemgedrag kunnen onderling verschillen tussen de leden van een zorgteam. De ene verzorgende kan bijvoorbeeld denken dat een cliënt roept om haar te treiteren, een andere verzorgende kan denken dat de cliënt roept omdat hij zich eenzaam voelt. Deze verschillende gedachten zetten aan tot een verschillende manier van reageren op het gedrag, waardoor het probleemgedrag toeneemt. Deze variatie in manier van reageren is zichtbaar bij de consequenties binnen de functieanalyse van mediatieve gedragstherapie voor gedragsbeïnvloeding van de cliënt.

Bij cognitieve interventies met een zorgteam voor mediatieve behandeling van probleemgedrag volgt de therapeut de stappen van de gedragstherapeutische cyclus. Gestart wordt met het uitleggen van de rationale. Men legt aan het team uit welke invloed gedachten hebben op gevoel en gedrag. Niet de situatie, in dit geval het probleemgedrag van de cliënt, maar de gedachten over het probleemgedrag zorgen voor ongewenste emoties en ongewenst gedrag bij de mediatoren. Negatieve gedachten over het probleemgedrag opsporen en alternatieve gedachten zoeken vormen het middel dat de mediatoren kan helpen het probleemgedrag anders te ervaren en hiermee op een andere manier om te gaan. De mediatoren kunnen een periode hun gevoel en gedrag registreren als de bewoner het probleemgedrag vertoont, zodat een baselinemeting ontstaat.

Nadat met de mediatoren in kaart is gebracht welke ongewenste emoties en gedragingen volgen op het probleemgedrag, en wat men wil bereiken, wordt gezocht naar de gedachten die dit ongewenste gevoel en gedrag uitlokken. Niet-helpende gedachten worden uitgedaagd, zodat alternatieve gedachten kunnen worden geformuleerd.

Met behulp van verbeeldingstechnieken (imaginatie) kan de therapeut een situatie laten oproepen waarin het probleemgedrag van de cliënt recentelijk heeft plaatsgevonden. De mediatoren schrijven op wat zij in deze ingebeelde situatie voelen en doen, en schrijven daarna op wat men denkt: 'Wat denk je op dat moment?' Hierbij kan de therapeut gebruikmaken van een gedachte-gedrag-gevoelschema (GGG-schema). Door middel van uitdaagtechnieken nodigt de therapeut de mediatoren uit om een alternatieve helpende gedachte te formuleren. Belangrijke vragen hierbij zijn: 'Helpt deze gedachte om je doel te bereiken; je beter te voelen bij het probleemgedrag en erop te reageren zoals je graag zou willen?' 'Is deze gedachte waar/reëel?' en 'Welke gedachte zou wel kunnen helpen je doel te bereiken?' Soms kan psycho-educatie over de o-variabelen van het SORCK-schema bijdragen aan het formuleren van helpende gedachten. Uitleg over dwangmatig gedrag bij frontotemporale dementie kan bijvoorbeeld cognities bijstellen als: 'De hele wereld moet naar zijn pijpen dansen.'

Tijdens de evaluatie bespreekt de therapeut de registraties waarin is bijgehouden hoe men zich voelde toen het probleemgedrag plaatsvond, en hoe men heeft gereageerd. Is het gelukt om de helpende gedachten toe te passen op het moment dat het probleemgedrag zich voordeed? Voelt men zich beter en lukt het nu om te reageren zoals is afgesproken?

Doorgaans zijn drie sessies nodig om deze cyclus te doorlopen met een zorgteam. Mocht het doel nog niet bereikt zijn dan kunnen meer sessies plaatsvinden waarin eventueel extra GGG-schema's worden gemaakt en meer uitdaagtechnieken worden toegepast. Het toepassen van cognitieve technieken kan ook in één aparte sessie plaatsvinden. Metingen van het ongewenste gevoel en gedrag en een evaluatie worden dan achterwege gelaten.

> **Voorbeeld van cognitieve interventie bij probleemgedrag**
> Meneer Jacobs woont in het verpleeghuis en heeft de ziekte van Alzheimer. Hij gaat na het bezoek van zijn vrouw huilen en rondlopen, en roepen dat hij naar zijn vrouw wil. Uit de functieanalyse van dit gedrag blijkt dat zijn vrouw dit gedrag in stand houdt door met haar man in discussie te gaan over het wel of niet met haar mee kunnen gaan naar huis. De voorgestelde interventie is om het afscheid kort te laten verlopen en niet meer in discussie te gaan met haar man.
> Het lukt mevrouw Jacobs-de Vries echter niet om deze interventie uit te voeren. Haar gedrag (in discussie gaan met haar man) en haar gevoel (verdriet) komen voort uit haar opvatting dat zij schuldig is aan het verblijf en het (al dat niet vermeende) lijden van haar man in het verpleeghuis. Met behulp van uitdaagtechnieken lukt het haar om in plaats van deze niet-helpende gedachte een helpende gedachte te formuleren: 'Ook al heeft mijn man verdriet, dat wil niet zeggen dat ik verantwoordelijk ben voor zijn lijden.'

5 Randvoorwaarden

Meditatieve cognitieve gedragstherapie is een vorm van niet-medicamenteuze behandeling. Om deze te kunnen uitvoeren in zorgorganisaties, is een essentiële randvoorwaarde dat het management deze vorm van behandeling, die de therapeut samen met zorgteams toepast, ondersteunt (NIP, 2016). Een praktische randvoorwaarde voor toepassing bij (thuis)zorgteams van deze vorm van therapie is een rustige ruimte waar de therapeut kan beschikken over een whiteboard en men niet wordt gestoord. De therapeut plant drie kwartier tot een uur, net als bij een niet-mediatieve therapie. Transparantie en commitment zijn belangrijke randvoorwaarden die de therapeutische relatie met de mediatoren ten goede komt. De therapeut legt steeds uit wat men kan verwachten en stemt dit af met de mediatoren. Het opbouwen van deze therapeutische samenwerkingsrelatie en het actief betrekken van de mediatoren bij de behandeling vinden therapeuten vaak lastiger dan het bedenken van passende interventies. Supervisie kan hen hierbij ondersteunen.

Pretherapie kan nuttig zijn voor zorgteams die nog niet gewend zijn gedragsproblematiek mediatief te behandelen. Dit houdt in dat er vooraf voorlichting gegeven wordt over de therapie.

Belangrijk bij mediatieve gedragstherapie met zorgteams is dat er sprake is van een min of meer 'gezond team': een team dat in principe in staat is met elkaar en de therapeut samen te werken en gemaakte afspraken na te komen (zie hoofdstuk 24, Teambegeleiding).

De verschillende stappen van het gedragstherapeutische proces kunnen in principe worden doorlopen met één mediator. Als de zorg verleend wordt door een team, gaat de voorkeur echter uit naar een groepsgewijze toepassing. Dit voorkomt dat een verzorgende het idee krijgt dat zij als enige 'het niet goed doet' en versterkt de samenwerking en het deskundigheidsniveau van het team bij moeilijk hanteerbaar gedrag. Zeker wanneer emoties bij het zorgteam hoog oplopen en men verschillende ideeën heeft hoe het gedragsprobleem het beste behandeld kan worden, is het raadzaam in breder verband de sessies vorm te geven met minstens drie mediatoren, en een cotherapeut te zoeken. Een cotherapeut kan bijvoorbeeld een zorgmanager zijn. De cotherapeut kan erop toezien dat de afspraken uit het gedragsbehandelplan worden nagekomen. Ook kan de cotherapeut de visie van de afdeling verwoorden wanneer deze richting zou moeten geven aan de probleemkeuze. Waarden en normen spelen in dit soort situaties vaak een rol. Ziet men een cliënt met dementie die overdag in zijn pyjama rondloopt als een persoon met een gedragsprobleem, of niet? Belangrijk is dat de therapeut niet zelf de norm bepaalt. Ook bij fysieke agressie is het gezien de ernst van het gedragsprobleem aan te raden met meerdere mediatoren het therapieproces te doorlopen. Een vaste mediator die bij iedere sessie aanwezig is, kan zorgen voor de informatieoverdracht naar de andere mediatoren.

Bij mediatieve therapie met mantelzorgers is het van belang na te gaan of er factoren zijn in het dagelijks leven die dusdanig belastend zijn dat er onvoldoende energie en ruimte aanwezig is bij de mantelzorger om te starten met de therapie. Dit kan bijvoorbeeld het geval zijn bij financiële problemen of als de partner van de mantelzorger niet alleen thuis kan zijn en er onvoldoende opvangmogelijkheden zijn benut. Het is dan raadzaam dat de mantelzorger eerst, of ook, dat soort zaken regelt, bijvoorbeeld met behulp van een casemanager.

6 Effectiviteit

Een veel gehoorde opmerking is: 'Gedragsproblemen worden veroorzaakt door het beschadigde brein en zijn om die reden niet beïnvloedbaar'. Door deze opvatting ontstaat therapeutisch nihilisme bij een doelgroep waarbij behandeling van de gedragsproblematiek voor zowel de cliënt als de omgeving juist veel kan opleveren. Diverse n = 1-onderzoeken laten zien dat gedragsproblemen bij mensen met hersenbeschadiging wel degelijk te beïnvloeden zijn (Buchanan & Fisher 2002, Geelen & Blijenberg 1999; Klaver & A-Tjak 2006). Mensen met hersenschade kunnen leren (Rose, 2003; Oudman, 2016), en ook bij hen staat gedrag onder invloed van de omgeving (Dirkse e.a., 2011). Spira en Edelstein (2007) tonen in hun experimenteel onderzoek aan dat bij ouderen met dementie operante conditionering mogelijk is en dat zij reageren op verschillende bekrachtigingsschema's. Davison e.a. (2007) tonen aan dat gedragstherapeutische interventies leiden tot bescheiden maar significante vermindering van agressief en verbaal geagiteerd gedrag. Daarnaast leiden deze interventies ook tot een afname in de waargenomen belasting van mantelzorgers. Volgens Davison e.a. (2007) is cognitieve gedragstherapie toepasbaar in alle fasen van het dementieproces. Ook bij de mediatieve behandelingen van dwalen, incontinentie en andere vormen van stereotiep gedrag bij mensen met dementie zijn positieve effecten gevonden (Douglas e.a., 2004). Olazarán e.a. (2010) vinden aanwijzingen dat mediatieve interventies uitgevoerd door mantelzorgers tot vermindering van gedragsproblemen leiden.

Het mediatieve behandelprotocol De plezierige Activiteitenmethode voor de behandeling van depressie bij ouderen in psychogeriatrische verpleeghuizen is onderzocht en is bewezen effectief (Verkaik e.a., 2011). Binnen multidisciplinare zorgprogramma's voor afname van probleemgedrag en verbetering van stemmingsproblematiek bij ouderen in zorginstellingen nemen mediatieve interventies steeds vaker een belangrijke plaats in. Voorbeelden hiervan zijn Doen bij Depressie (Leontjevas, 2012; zie ook hoofdstuk 15, paragraaf 3.2) en Grip op probleemgedrag (Zwijsen, 2014: zie Zorginzicht.nl/bibliotheek); zie ook hoofdstuk 30.

Moniz Cook e.a. (2012) hebben aangetoond dat het opstellen van functieanalyses bruikbaar is bij interventies van gedragsproblemen bij mensen met dementie, maar zij hebben niet de effectiviteit van dergelijke interventies kunnen vaststellen. Zowel stimuluscontrole als differentiële bekrachtiging heeft goed resultaat in de zin van afname van probleemgedrag en toename van gewenst gedrag bij mensen met dementie (Cohen-Mansfield, 2001). Het probleem hierbij is vaak het consequent kunnen uitvoeren van voorgenomen interventies. Dit veronderstelt een zorgteam dat thuis is in het gebruik van elementair leertheoretische kennis en het toepassen daarvan bij ouderen met ernstige cognitieve beperkingen. Scholing op dit gebied versterkt het competentieniveau van de verzorgers. Zij zijn beter in staat probleemgedrag te voorkomen en kunnen er beter mee omgaan (Burgio, 1992; 2000). Daarom is ook bij- en nascholing in het leren omgaan met eenvoudige gedragsbeïnvloedende technieken van grote waarde gebleken (Boehm e.a., 1995; Allen-Burge e.a., 1999).

Cohn e.a. (1994) hebben een gestructureerde modulegestuurde cursus samengesteld voor verzorgenden, die naast gedragstherapie ook de communicatie tussen verzorgers en de oudere centraal stelt (Hamer & Voesten, 2001). Deze cursus, de ABC-cursus, biedt een goed raamwerk voor mediatieve therapie. In hun literatuuronderzoek naar de effectiviteit van trainingsprogramma's voor professionele werkers vinden Spector e.a. (2013) dat dergelijke trainingsprogramma's leiden tot vermindering van gedragsproblemen bij mensen met dementie. Voor de aansturing van het gedragstherapeutische proces en de ondersteuning, coaching en educatie van het zorgteam blijft structurele begeleiding van zorgteams door de therapeut echter noodzakelijk.

7 Tot besluit

De complexiteit van gedragsproblematiek bij ouderen met dementie, niet-aangeboren hersenletsel of andere beperkingen vraagt vaak om meer dan enkel psycho-educatie of een omgangsadvies. Mediatieve behandeling met cognitieve gedragstherapie doet de cliënt en zijn zorgverleners dan meer recht. Deze behandelmethode kan mantelzorgers 'empoweren' en hun draaglast verlichten. Dit kan ervoor zorgen dat cliënten langer thuis kunnen blijven wonen. Mediatieve behandeling van gedragsproblematiek kan voorkomen dat onnodig vrijheidsbeperkende middelen en psychofarmaca worden toegepast. Het welzijn van de cliënt kan hierdoor worden vergroot. Binnen een zorginstelling kan dit ook voor medecliënten een gunstig effect hebben. Zorgteams krijgen concrete handvatten en er is aandacht voor hun emoties, hetgeen hen kan helpen de voldoening in hun werk te behouden en de zorg voor cliënten met complexe problematiek vol te blijven houden.

Literatuur

Allen-Burge, R., Stevens, A.B., & Burgio, L.D. (1999). Effective behavioral interventions for decreasing dementia-related challenging behavior in nursing homes. *International Journal of Geriatric Psychiatry, 14*, 213-232.

Baadsgaard, M., & Wagner, P. (1993). *Inleiding in de gedragsmodificatie*. Baarn: Uitgeverij H. Nelissen B.V.

Boehm, S., Wahl, A.L., Cosgrove, K.L., Locke, J.D., & Schlenk, E.A. (1995). Behavioral analysis and nursing interventions for reducing disruptive behaviors of patients with dementia. *Applied Nursing Research, 8*, 118-322.

Buchanan, J.A., & Fisher, J.E. (2002). Functional assessment and noncontingent reinforcement in the treatment of disruptive vocalization in elderly dementia patients. *Journal of Applied Behavior Analysis, 35*, 99-103.

Burgio, L.D., & Bourgeois, M. (1992). Treating severe behavioral disorders in geriatric residential settings. *Behavioral Residential Treatment, 7*, 145-168.

Burgio, L.D., & Fisher, S.E. (2000). Application of psychosocial interventions for treating behavioural and psychological symptoms of dementia. *International Psychogeriatrics, 12*, 351-358.

Cohen-Mansfield, J. (2001). Nonpharmacological interventions for inappropriate behaviors in dementia. *American Journal of Geriatric Psychiatry, 9*, 361-381.

Cohn, M.D., Smyer M.A., & Horgass A.L. (1994). *The ABC of behavior change: Skills for working with behavior problems in nursing homes.* State College, PA: Venture Publishing.

Davison, T.E., Hudgson, C., McCabe, M.P., Kuruvilla, G., & Buchanan, G. (2007). An individualized psychosocial approach for 'treatment resistant' behavioral symptoms of dementia among aged care residents. *International Psychogeriatrics, 19*, 859-873.

Dirkse, R., Kessels, R., Hoogeveen, F., & Dixhoorn, I. van. (2011). *(Op)nieuw geleerd, oud gedaan: Over het lerend vermogen van mensen met dementie.* Utrecht/Antwerpen: Kosmos Uitgevers B.V.

Douglas, S., James, I., & Ballard, C. (2004). Non-pharmacological interventions in dementia. *Advances in Psychiatric Treatment, 10*, 171-17.

Geelen, R.J.G.M., & Alphen, S.P.J. van. (2014). Mediatieve therapie in de thuiszorg: Onbekend en onbenut. *Tijdschrift voor gerontologie en geriatrie, 45*, 19-24.

Geelen, R., & Bleijenberg, G. (1999): Proef op de som. Illustratie van gedragstherapie in het psychogeriatrisch verpleeghuis. *Gedragstherapie, 32*, 79-104.

Hamer, A.F.M. (2002). Probleemgedrag bij dementie: De gedragstherapeutische visie in de zorg. *Psychopraxis, 4*, 195-199.

Hamer, A.F.M., & Voesten, A.E.J.M. (2001). Gedragsverandering? Een ABC-tje! Een cursus voor ziekenverzorgenden. *Denkbeeld, februari*, 20-24.

Hermans, D., Eelen, P., & Orlemans, H. (2007). *Inleiding tot de gedragstherapie.* Houten: Bohn Stafleu van Loghum.

James, I.A. (2013). Het gebruik van psychotherapie in de behandeling van lastig gedrag in zorginstellingen: Een personeelsgecentreerde, persoonsgerichte aanpak. In I.A. James, *Cognitieve gedragstherapie voor ouderen: Een praktische gids voor hulpverleners* (pp. 154-177). Houten: LannooCampus.

Klaver, M.G. (2016). Mediatieve therapie. In P. Smits, R.Ponds, N. Farenhorst, M. Klaver & R. Verbeek (Red.), *Handboek neuropsychotherapie* (2016) (pp. 93-111). Amsterdam: Boom.

Klaver, M.G., & A-Tjak, J. (2006). Mediatieve gedragstherapie in het verpleeghuis: Het gebruik van cognitief gedragstherapeutische analyses en cognitieve interventies met een zorgteam. *Gedragstherapie, 39*, 5-21.

Korrelboom, K., & Broeke, E. ten. (2014). *Geïntegreerde cognitieve gedragstherapie, handboek voor theorie en praktijk.* Bussum: Uitgeverij Coutinho.

Leontjevas, R. (2012). *Act in case of depression: Validation and effectiveness of a multidisciplinary depression care program in nursing homes.* Dissertation, Radboud University Nijmegen.

Methorst, G., Savelsberg, P., Hoogduin, K., & Schaap, C. (1995). Mediatietherapie: Gedragsverandering via derden. *Directieve Therapie, 15*, 248-263.

Moniz Cook, E.D., Swift, K., James, I., Malouf, R., Vugt, M. de, & Verhey, F. (2012). Functional analysis-based interventions for challenging behaviour in dementia. *Cochrane Database of Systematic Reviews 2012*(2), Article CD006929. The Cochrane Library Database.

NIP. (2009). *Handreiking psychologische hulpverlening bij gedragsproblemen bij dementie.* Zaandijk: Heijnis & Schipper Drukkerij.

NIP. (2016). *De psycholoog in de veranderende verpleeghuiszorg.* Utrecht: Nederlands Instituut van Psychologen, Sectie Ouderenpsychologie.

Olazarán, J., Reisberg, B., Clare, L., Cruz, I., Peña-Casanova, J., Del Ser, T., e.a. (2010). Nonpharmacological therapies in Alzheimer's disease: A systematic review of efficacy. *Dementia and Geriatric Cognitive Disorders, 30*, 161-178.

Oudman, E. (2016). *Reconstructing cognition in Korsakoff's syndrome: Diagnosis, residual capacities, and rehabilitation.* Dissertation, Utrecht University.

Rose, M. (2003, August 19). Spaced-retrieval and montessori-based activities, cognitive interventions for dementia using preserved abilities and external cues. Paper presented at the 2003 IPA Eleventh Congress of the International Psychogeriatric Association]. *International Psychogeriatrics, 15*, 93-94. Available from: asm.confex.com/ipa/11congress/techprogram/paper_2738.htm.

Spector, A., Orrell, M., & Goydera, J.A. (2013). Systematic review of staff training interventions to reduce the behavioural and psychological symptoms of dementia. *Ageing Research Reviews, 12*, 354-364.

Spira, A.P., & Edelstein, B.A. (2007). Operant conditioning in older adults with Alzheimer's disease. *Psychological Record, 57*, 409-427.

Verenso. (2008). *Multidisciplinaire handreiking bij de NVVA-richtlijn probleemgedrag.* Utrecht: Verenso.

Verkaik, R., Francke, A.L., Meijel, B. van, Spreeuwenberg, P.M.M., Ribbe, M.W., Bensing, J.M. (2011). The effects of a nursing guideline on depression in psychogeriatric nursing home residents with dementia. *International Journal of Geriatric Psychiatry, 26*, 723-732. Available form: http://postprint.nivel.nl/PPpp3266.pdf.

Zwijsen, S.A. (2014). *Grip on challenging behavior: Development, implementation and evaluation of a care programme for the management of challenging behavior on dementia special care units.* Dissertation, Vrije Universiteit Amsterdam.

18
Interpersoonlijke psychotherapie

Mark Miller en Richard Morycz[1]

1   Achtergrond
2   De behandeling
3   Wetenschappelijke onderbouwing
4   Behandeling bij ouderen
    4.1   Rolveranderingen
    4.2   Interpersoonlijke conflicten
    4.3   Gecompliceerde rouw
    4.4   Interpersoonlijk tekort
    4.5   Meer dan één aandachtsgebied
5   Cognitieve beperkingen
6   Tot besluit
    Literatuur

 www.tijdstroom.nl/leeromgeving

- Casuïstiek
- Beeldmateriaal
- Handige documenten
- Weblinks

Kernboodschappen
- Interpersoonlijke psychotherapie is een kortdurende, gebruikersvriendelijke en goed onderzochte vorm van psychotherapie voor depressie.
- Interpersoonlijke psychotherapie richt zich op een van de volgende vier probleemgebieden: rolverandering, interpersoonlijk conflict, gecompliceerde rouw, of interpersoonlijk tekort.
- Interpersoonlijke psychotherapie is ook goed toe te passen bij mensen met cognitieve beperkingen. De rol van de mantelzorger verdient daarbij bijzondere aandacht.

---

1   Vertaling: drs. H.P. Merkus, Bleiswijk.

1 Achtergrond

Interpersoonlijke psychotherapie (IPT) is een kortdurende, gebruikersvriendelijke en goed onderzochte vorm van psychotherapie voor depressie, die in de meeste behandelrichtlijnen voor depressies is opgenomen. Cliënten vertellen vaak dat deze vorm van therapie voelt als een conversatie met een zorgzame persoon die zijn of haar welzijn belangrijk vindt. Deze vorm van psychotherapie gebruikt geen jargon en cliënten hoeven geen nieuwe concepten te leren. Interpersoonlijke psychotherapie is ontwikkeld als behandeling om depressieve klachten te verminderen en kan ook goed worden gebruikt bij cliënten die tijdens of na de interpersoonlijke psychotherapie psychofarmaca krijgen (Klerman e.a., 1984; Weissman e.a., 2000; 2007). Interpersoonlijke psychotherapie wordt sinds langere tijd ook specifiek bij ouderen toegepast (Miller e.a., 2001). De werkwijze is goed uit te leggen, biedt steun en richt zich op veranderingen in het (sociale) leven die bij ouderen vaak voorkomen.

In dit hoofdstuk bespreken we de basis van interpersoonlijke psychotherapie, de wetenschappelijke onderbouwing voor deze behandeling, de toepassing bij ouderen, en de aanpassingen voor mensen met cognitieve beperkingen.

2 De behandeling

Oorspronkelijk is interpersoonlijke psychotherapie ontwikkeld voor de behandeling van depressie bij volwassenen. Centraal staan de kwaliteit van iemands interpersoonlijke relaties en eventuele recente veranderingen daarin. De meest voorkomende klachten passen in vier probleemgebieden (zie paragraaf 4): rolverandering, interpersoonlijke conflict, gecompliceerde rouw en interpersoonlijk tekort. Interpersoonlijke psychotherapie erkent dat persoonlijkheidstrekken of persoonlijkheidsstoornissen een rol kunnen spelen als mogelijke risicofactor voor depressiviteit, maar beoogt niet om de persoonlijkheid te veranderen. In plaats daarvan stimuleert de therapeut de cliënt om meer en betere sociale contacten te ontwikkelen. Interpersoonlijke psychotherapie onderkent dat genetische en lichamelijke factoren, naast psychische en interpersoonlijke stress en negatieve levensgebeurtenissen, kunnen leiden tot depressie. Er wordt hier echter geen onderscheid in gemaakt. Het doel van interpersoonlijke psychotherapie is om depressieve klachten te verminderen, ongeacht de oorzaak.

Voor het begin van interpersoonlijke psychotherapie is allereerst een grondig psychiatrisch onderzoek nodig, om zeker te zijn van een correcte diagnose. Net als bij elke andere vorm van psychotherapie is het cruciaal om een goede verstandhouding te verkrijgen binnen een ondersteunende omgeving. De IPT-therapeut legt vooraf alle procedures uit, speelt een actieve faciliterende rol bij verandering en biedt afdoende psycho-educatie over het biopsychosociale model voor depressie. Daarbij kan het nodig zijn om ook de mogelijke rol te bespreken van uitgebreider, lichamelijk onderzoek en/of cognitief onderzoek. Als de cliënt al langere tijd niet bij de eigen huisarts is geweest, zal eerst de mogelijke aanwezigheid van een onderliggende hersen- of metabole aandoening worden onderzocht. Bij ouderen komt ook somatische comorbiditeit veel voor, dus kan een samenwerking met een somatisch specialist noodzakelijk zijn om de zorg compleet te maken. Dit is goed in te passen in interpersoonlijke psychotherapie.

Vervolgens maakt de therapeut een interpersoonlijke inventarisatie door te vragen naar alle belangrijke mensen in het leven van de cliënt. Er is speciale aandacht voor de mate waarin belangrijke relatieproblemen kunnen hebben bijgedragen aan het ontstaan van de depressie.

Ook gaat de therapeut met de cliënt na welke contacten deze zou kunnen mobiliseren om de kwaliteit van leven te verbeteren. Daarna stelt de therapeut een specifiek aandachtspunt voor de interpersoonlijke psychotherapie voor uit een van de vier genoemde categorieën: rolverandering, interpersoonlijk conflict, gecompliceerde rouw en interpersoonlijk tekort. Depressie zorgt voor beperkingen in het functioneren. Daarom krijgt de cliënt de rol van zieke toebedeeld: als erkenning dat hij of zij niet zichzelf is en dus niet in staat is om zijn of haar gebruikelijke plichten allemaal met dezelfde energie te vervullen totdat de depressie is opgeheven. Vervolgens maken de therapeut en cliënt samen een contract waarin ze expliciet overeenkomen dat de therapie stopt na 12-16 wekelijkse individuele gesprekken van 50 minuten. Het doel daarvan is dat de cliënt toezegt zelf actief te gaan werken aan vooruitgang.

De therapeut stimuleert de cliënt om elk mogelijk verband tussen het begin van de depressie en een specifieke gebeurtenis, verandering in rol, of interpersoonlijk conflict te onderzoeken. Continu stuurt de therapeut aan op een verkenning van de gevoelens op het probleemgebied. Bij elke verbetering van depressieve gevoelens onderzoekt de cliënt het verband met acties die deze zelf heeft ondernomen en met specifieke veranderingen die hij of zij zelf heeft bewerkstelligd. Door dit proces steeds te herhalen, telkens met de focus op het benoemde probleemgebied, bouwt interpersoonlijke psychotherapie aan een gevoel van regie, zelfwaardering, zelfvertrouwen en een betere stemming.

Het is hierbij belangrijk dat de IPT-therapeut blijft benadrukken dat hij of zij enkel het IPT-proces faciliteert. Het is de cliënt die de nieuwe keuzes maakt, de risico's neemt en de besproken veranderingen bewerkstelligt. De nadruk ligt op het aanleren van nieuwe en betere strategieën die de cliënt tussen de sessies door in het werkelijke leven kan toepassen. De therapeut en cliënt evalueren de vooruitgang periodiek om verbeteringen op het conto van de inspanningen van de cliënt te kunnen schrijven. Dit bekrachtigt de winst en stimuleert de cliënt om aan het probleemgebied te blijven werken. De therapeut herinnert de cliënt er steeds aan dat de tijd beperkt is, en om bij elke sessie waarover therapeut en cliënt contractueel dingen hebben afgesproken, resultaatgericht te werken. Doordat de IPT-therapeut de cliënt voortdurend vraagt om diens gevoelens te relateren aan huidige relaties, vermijdt deze dat de cliënt afhankelijk wordt van de therapeut. De therapeut bereidt de beëindigingsfase goed voor. Het ligt voor de hand dat de cliënt ook na beëindiging van de behandeling dezelfde nieuwe aanpak blijft gebruiken bij andere interpersoonlijke scenario's.

Interpersoonlijke psychotherapie omvat een aantal specifieke technieken waaronder probleemverheldering, rollenspel, communicatieanalyse en besluitvormingsanalyse. Bij communicatieanalyse gaat het om een zorgvuldige selectie en gedetailleerde bespreking van een bepaalde interactie om na te gaan waarom die interactie niet goed ging, wat de cliënt op een bepaald moment eventueel anders had kunnen zeggen, en hoe de cliënt in de toekomst de besproken nieuwe strategie zou kunnen proberen. Bij besluitvormingsanalyse gaat het erom de beweegredenen, voors, tegens, en alternatieven van denkbare veranderingsmogelijkheden zorgvuldig te bespreken.

3 Wetenschappelijke onderbouwing

Er bestaat een uitmuntend overzicht over de evidentie van interpersoonlijke psychotherapie van de hand van Holly Swartz (2015), de voorzitter van de International Society of Interpersonal Psychotherapy (ISIPT). Een meta-analyse van 53 gerandomiseerde klinische onderzoeken (RCT's) met in totaal meer dan 2.500 cliënten liet zien dat interpersoonlijke psychotherapie even goed of beter werkt dan andere psychotherapeutische vormen van behandeling van acute depressie bij volwassenen (Cuijpers e.a., 2008). Een andere meta-analyse van 8 RCT's met in totaal 685 cliënten liet een klein maar significant voordeel zien voor de combinatie van interpersoonlijke psychotherapie met antidepressiva ten opzichte van alleen antidepressiva (Cuijpers e.a., 2009). Bij een meta-analyse van vier RCT's bleek de terugvalpreventie beter te zijn bij een maandelijkse onderhoudsbehandeling met interpersoonlijke psychotherapie in combinatie met een placebomedicijn dan bij een behandeling met alleen het placebo (Cuijpers e.a., 2011). Een andere meta-analyse heeft aangetoond dat combinatietherapie beter werkte dan alleen geneesmiddelen, maar deze bevinding was minder robuust naarmate de leeftijd van de proefpersonen hoger was (Reynolds e.a., 2006).

Er zijn verschillende onderzoeken specifiek naar interpersoonlijke psychotherapie bij ouderen. In The first Pittsburgh study of maintenance therapies in late-life depression (MTLD-1) werden 180 mensen behandeld met een gemiddelde leeftijd van 68 jaar (Reynolds e.a., 1999a). Het herstelpercentage werd gemeten als het percentage deelnemers met een Hamilton Depression Rating van 10 of lager gedurende 2 opeenvolgende weken. Voor interpersoonlijke psychotherapie was het herstelpercentage 78%. Combinatietherapie, monotherapie met geneesmiddelen en monotherapie met interpersoonlijke psychotherapie waren allemaal beter in het voorkomen van terugval gedurende 3 jaar maandelijkse follow-up dan een placebo met klinische begeleiding. Er is ook een later, soortgelijk onderzoek naar 151 ouderen met een gemiddelde leeftijd van 78 en een hoger percentage somatische aandoeningen (Reynolds e.a., 2006). Er bleek geen toegevoegde waarde van interpersoonlijke psychotherapie boven medicatie (paroxetine) op zichzelf. Tot slot bleek in een onderzoek met 76 ouderen na ontslag uit een opname, dat een verkorte vorm van interpersoonlijke psychotherapie interpersoonlijke counseling genoemd, de depressieve klachten effectief verminderde (Mossey e.a., 1996). Er bestaat ook onderzoek dat laat zien dat interpersoonlijke psychotherapie in de eerstelijnszorg haalbaar en effectief kan zijn voor ouderen (Bruce e.a., 2004; Van Schaik e.a., 2003).

Voor mensen met een recidiverende depressieve stoornis is het duidelijk dat een onderhoudsbehandeling met medicijnen levenslang noodzakelijk kan zijn om een volgende episode te voorkomen of daarvan de ernst te verminderen. Iets soortgelijks bleek in het MTLD-1-onderzoek voor een onderhoudsbehandeling met interpersoonlijke psychotherapie: die bleek een beschermende waarde te hebben in vergelijking met alleen een placebomedicijn. Bij een secundaire analyse bleken deelnemers wiens oorspronkelijke IPT-aandachtsgebied bestond uit interpersoonlijke conflicten, minder vaak terug te vallen als ze maandelijkse onderhoudssessies interpersoonlijke psychotherapie hadden in vergelijking met een maandelijkse ondersteuning in het omgaan met hun klachten (Miller e.a., 2003).

Er was echter geen verschil in het terugvalpercentage als het oorspronkelijke IPT-gebied gecompliceerde rouw of rolverandering was. Er waren te weinig deelnemers met als aandachtsgebied interpersoonlijk tekort om de resultaten te kunnen vergelijken voor dat probleemgebied. Voor deelnemers met gecompliceerde rouw of rolverandering was de initiële behandeling van interpersoonlijke psychotherapie met nortryptiline gedurende minstens zestien weken blijkbaar voldoende om de probleemgebieden volledig door te werken.

Deelnemers met rolconflicten zijn in de eerste fase wellicht vooruitgegaan in het opkomen voor zichzelf. Toen ze werden toegewezen aan klinische begeleiding in plaats van interpersoonlijke psychotherapie in de drie jaar durende onderhoudsfase, is hun voornemen om hun nieuwe copingstrategieën toe te passen wellicht langzaam gesleten en zijn eerdere maladaptieve gewoonten weer ontstaan.

De deelnemers met interpersoonlijke conflicten die daarentegen werden toegewezen aan maandelijkse onderhouds-IPT (met dezelfde therapeut als die waar ze in de acute fase mee werkten), hadden de gelegenheid om steeds weer hun voornemen om het nieuwe pad van assertiviteit te heroverwegen en te hernieuwen. Onderhouds-IPT is dus vooral geschikt voor cliënten die interpersoonlijk conflict als IPT-aandachtsgebied hebben en een hoog risico lopen op erosie van de therapeutische winst.

4 Behandeling bij ouderen

In deze paragraaf bespreken we enkele details over de inzet van technieken bij de vier probleemgebieden van interpersoonlijke psychotherapie met specifieke aandacht voor de oudere cliënt. Oudere cliënten vallen vaak niet in een netjes afgebakende classificatie. Het is daarom de taak van de therapeut om hun klinische beeld te duiden en de best aansluitende behandeling te zoeken. Dat hoeft geen interpersoonlijke psychotherapie te zijn.

4.1 Rolveranderingen

Op latere leeftijd komen veel rolveranderingen voor, zoals pensionering, het laatste kind dat uitvliegt (of een kind dat terugkomt), een acute of chronische aandoening die lichamelijke beperkingen met zich meebrengt, kleiner gaan wonen na vele jaren in hetzelfde huis, of eenvoudig het besef dat de mogelijkheden afnemen, inclusief de cognitieve vaardigheden. Op latere leeftijd betekenen deze veranderingen vaak dat bepaalde rollen niet meer uitvoerbaar zijn. Bij rolveranderingen zijn de belangrijkste taken dat de cliënt leert te rouwen om het verlies van de oude rol en vervolgens onderzoekt op welke manieren hij of zij zich optimaal kan aanpassen aan de nieuwe rol.

4.2 Interpersoonlijke conflicten

Interpersoonlijke conflicten kunnen op elke leeftijd ontstaan, en de oudere leeftijd is hierop geen uitzondering. Relaties waarin vaak rolconflicten optreden, zijn de relatie met de levenspartner, de ouders, volwassen kinderen, broers en zussen, kleinkinderen, leidinggevenden, buren, en vriendschappen die onder druk zijn komen te staan. Depressiviteit door interpersoonlijk conflict hangt vaak samen met inadequate communicatie of niet-wederzijdse rolverwachtingen die niet geheel zijn uitgesproken. Communicatieanalyse, besluitvormingsanalyse en rollenspel zijn technieken die de therapeut in dit probleemgebied vaak inzet. Door binnen de IPT-sessies te stimuleren om emoties over het rolconflict te uiten, leert de cliënt welke nieuwe strategieën hij of zij beter zou kunnen gebruiken om de eigen opvattingen, gedachten en gevoelens volledig te uiten. Er ontstaat dan ruimte om vruchtbaarder interacties in de belangrijke relaties uit te proberen, wat dan weer leidt tot meer zelfwaardering en zelfvertrouwen waardoor de depressieve klachten verminderen.

Bij interpersoonlijke conflicten onderzoekt de therapeut samen met de cliënt in welk stadium de betreffende relatie zich bevindt. Het kan gaan om een relatie waarin de negatieve affecten eerst moeten afkoelen zodat enige afstand voor reflectie en hernieuwde invulling van de relatie ontstaat. Met strategieën voor conflictoplossing kan de relatie vervolgens verbeteren. Het kan ook gaan om een relatie waarin de disfunctionele interacties waarin de disfunctionele interacties zo sterk aanwezig zijn dat de relatie te zeer vastgeroest, geblokkeerd of gestagneerd is. Er zijn dan oefeningen nodig voor nieuwe mogelijkheden tot groei en verandering van relaties. Om een nieuwe vorm voor de relatie te vinden, daagt de therapeut dan juist bestaande strategieën uit om de relatie op te schudden. Tot slot kan blijken dat het gaat om een relatie waarin er al lange tijd geen wederzijdse bevrediging meer is. De cliënt zal dan wellicht onder ogen zien dat deze relatie onherstelbaar of al 'dood' is. Uiteengaan zou dan wel eens de beste oplossing kunnen zijn. De therapeut richt de interpersoonlijke psychotherapie op de vraag of en hoe deze ontbonden zou kunnen worden.

4.3 Gecompliceerde rouw

Als gecompliceerde rouw het probleemgebied is, is een vaak pijnlijke aanpassing aan het overlijden van een dierbare nodig (Bierhals e.a., 1996; Miller e.a., 1994; Pasternak e.a., 1994; 1996; 1997; Reynolds e.a., 1999b; Rosenzweig e.a., 1996; 1997). Voor ouderen kan het overlijden van een levenspartner na decennia van samenzijn een zeer moeizame aanpassing opleveren. Anderzijds hebben 80-plussers vaak een meer accepterende houding tegenover de dood als natuurlijk eindpunt van het leven dan jongere leeftijdsgroepen. Ze hebben in de loop van de jaren vaak al vrienden en bekenden van hun leeftijd zien wegvallen. Het verlies van een ouder die de pater of mater familias is geweest, leidt vaak tot onrust, gemis van het leiderschap onder de overlevenden, en soms een machtsstrijd om die plek op te vullen.

Het overlijden van een kind is een van de moeilijkste verliezen en voelt altijd tegennatuurlijk omdat kinderen hun ouders behoren te overleven. Het verlies van een enig kind of van het laatste nog levende kind van een gezin met meer kinderen kan extra zwaar zijn door het verlies van een generatie of het uitsterven van een familienaam. Het verlies van een kleinkind wordt als nog onnatuurlijker ervaren. Helaas is er een hoog percentage echtscheidingen tussen de ouders van overleden kinderen, waardoor vaak nog een extra verlies ervaren kan worden. Een scheiding is strikt genomen echter een rolverandering, aldus de wrange grap binnen interpersoonlijke psychotherapie dat er 'een dode' nodig is om het probleemgebied rouw te kunnen gebruiken. Alle andere verliezen, zoals het verlies van gezondheid, lichamelijke mogelijkheden, rijvermogen, seksuele potentie of welvaart, vallen onder rolverandering.

De eerste doelstelling van interpersoonlijke psychotherapie bij gecompliceerde rouw is dat de cliënt alle gevoelens onderzoekt die hij of zij over de verlorene heeft, zowel positief als negatief. Daarnaast onderzoekt de cliënt alle aanpassingen die nodig zijn om te leven zonder de dierbare. Bij de IPT-technieken die de cliënt helpen met gecompliceerde rouw, onderzoekt de therapeut met de cliënt de kwaliteit van de verloren relatie. De therapeut vraagt naar details over de laatste fase van het leven van de dierbare en welke rol de cliënt daarin heeft gespeeld en bespreekt rolconflicten uit het verleden die wellicht nooit zijn opgelost. Het doel is om acceptatie te bereiken van de dood als blijvende realiteit. Daartoe onderzoekt de cliënt ook alle positieve en negatieve emoties, en verkent de cliënt nieuwe copingstrategieën voor het leven zonder de verlorene.

4.4 Interpersoonlijk tekort

Bij de cliënt wiens klinische beeld het best past bij het probleemgebied van interpersoonlijk tekort, is de strategie om de kwaliteit en de variabiliteit van interacties met relaties in de eigen sociale omgeving te leren optimaliseren en verbeteren. Een interpersoonlijke psychotherapie vanwege een interpersoonlijk tekort is een laatste redmiddel voor mensen die chronisch moeite hebben om wederzijds bevredigende relaties in meerdere situaties in stand te houden. Hieronder zullen ook mensen met persoonlijkheidsstoornissen zijn. Voor deze groep blijkt interpersoonlijke psychotherapie niet altijd de beste behandeling.

Bij de drie andere aandachtsgebieden (paragraaf 4.1-4.3) wordt aangenomen dat de therapeut-cliëntrelatie een positieve werkrelatie is. De cliënt probeert nieuwe benaderingen uit bij mensen uit de eigen interpersoonlijke sfeer. De cliënt leert zo betere copingstrategieën te vinden. De week daarna komt de cliënt terug om de vooruitgang te bespreken, waarna dit proces zich herhaalt. Deze aanpak dient om te voorkomen dat de cliënt afhankelijk wordt van de therapeut en om de beëindigingsfase van de interpersoonlijke psychotherapie te vergemakkelijken. Bij interpersoonlijk tekort als aandachtsgebied maakt de IPT-therapeut echter wel gebruik van de eigen interactie met de cliënt, als oefenterrein voor andere relaties in het echte leven. De therapeut en de cliënt maken meer gebruik van rollenspel, met als uiteindelijke doel dat de cliënt hetzelfde later uitprobeert met iemand die hij of zij kent in het echte leven en daarvan verslag doet bij de volgende sessie. De IPT-therapeut gebruikt dus 'meer van zichzelf' bij dit aandachtsgebied dan bij de andere drie.

4.5 Meer dan één aandachtsgebied

Het is niet ongewoon dat er achter een eerste aandachtsgebied ook een tweede schuilgaat. In The first Pittsburgh study of maintenance therapies in late-life depression (MTLD-1) (Reynolds e.a., 1999a) had bijna de helft van de proefpersonen een tweede aandachtsgebied in de interpersoonlijke psychotherapie.

Wat het meest voorkomt, is dat bij een beeld dat in eerste instantie over rolverandering gaat, uiteindelijk ook een rolconflict op de achtergrond blijkt te spelen. Nadat de redenen voor het rolconflict zijn doorgewerkt, kan dan blijken of er een reeds lang bestaande frictie in een belangrijke relatie is. Ook een interpersoonlijk tekort kan zich als tweede aandachtsgebied aandienen, als blijkt dat de cliënt nooit goed voor zichzelf heeft kunnen opkomen of een voorgeschiedenis heeft van interpersoonlijke ruzies of chronisch tekort aan zelfwaardering. Bij rouw kan rolverandering als secundair aandachtsgebied aan de orde komen. Ouderen die een levenspartner kwijtraken, kunnen ineens taken krijgen die ze nog nooit hebben hoeven uitvoeren toen hun partner nog leefde, zoals koken, huishouden, reparaties, financieel beheer of tuinieren. In het algemeen is het in een kortetermijnbehandeling als interpersoonlijke psychotherapie praktisch niet haalbaar om meer dan een of twee aandachtsgebieden te behandelen (Miller e.a., 1997, 2003; Wolfson e.a., 1997).

> **Afsluiting van de therapie**
> Omdat interpersoonlijke psychotherapie een kortdurende behandeling is, is het cruciaal dat de cliënt en de therapeut al vroeg in de therapie een doel of probleemgebied benoemen waarop de aandacht steeds gericht blijft en waarin ze naar verbetering streven. Cruciaal is verder dat de therapeut herhaaldelijk wijst op het verband tussen de verandering in sociale rol of rollen en het begin van de depressie, en op verbeteringen van de depressieve klachten die toe te schrijven zijn aan veranderingen die de cliënt heeft aangebracht in een of meer interpersoonlijke relaties die met het probleemgebied te maken hebben. De toepassing op werkelijke relaties in de werkelijke wereld leidt ertoe dat bij de cliënt het vertrouwen groeit dat dit zelfde proces te generaliseren is naar andere scenario's na de beëindiging van de interpersoonlijke psychotherapie. Deze benadering maakt ook de beëindiging gemakkelijker, vooral voor diegenen die voor het eerst psychotherapie meemaken.

> Als de cliënt daarin toch geen erg stevig vertrouwen heeft, of meldt dat hij of zij een langere periode van therapie nodig heeft, spreekt de therapeut zijn of haar vertrouwen in de cliënt uit met het advies eerst drie maanden te proberen de vaardigheden te blijven toepassen zonder therapie, alvorens te overwegen weer in therapie te gaan. Telefonisch contact of andere vormen van therapieverlenging zijn af te raden. Beter is een *clean break* die de cliënt meer aanzet om de vaardigheden zelfstandig te gaan gebruiken. Merkt de cliënt dat hij of zij na drie maanden toch weer in een nieuwe depressie is gekomen dan is een volgende IPT-ronde toelaatbaar, eventueel met een andere therapeut.

5 Cognitieve beperkingen

In de twee eerdere MTLD-onderzoeken naar interpersoonlijke psychotherapie waren cognitieve beperkingen een uitsluitingscriterium voor deelname. Daarmee ontstond een homogene groep. Maar een combinatie van depressiviteit met cognitieve beperking komt regelmatig voor onder ouderen. In het derde MTLD-onderzoek werden daarom deelnemers geïncludeerd met een matige cognitieve beperking (Reynolds e.a., 2011). Op basis van praktijkervaringen werd een aangepaste versie van interpersoonlijke psychotherapie bij cognitieve beperking ontwikkeld: IPT-ci (cognitive impairment) (Miller, 2004; Miller e.a., 2006).

Hoewel interpersoonlijke psychotherapie oorspronkelijk is opgezet als een individuele behandeling met weinig input van betrokken anderen, werden ook naasten in de behandeling betrokken, die in essentie vaak mantelzorgers waren geworden. De belangrijkste pijlers zijn dan de volgende.

1 Het is essentieel dat mantelzorgers een rol spelen bij de sociale anamnese, de functionele beoordeling en het behandelproces.
2 Cruciale interventies voor het mantelzorgsysteem zijn voorlichting, probleemoplossingsstrategieën en ondersteuning.
3 Het aandachtsgebied voor de behandeling is de dyade cliënt-mantelzorger in plaats van alleen de problemen van de cliënt.
4 De behandeling omvat ook begrip, empathie en mededogen voor de gezinsleden, die vaak zeer belast zijn door de zorgtaken en verantwoordelijkheden.
5 Zowel gezamenlijke sessies als individuele sessies met de cliënt en/of mantelzorger zijn toegestaan om zo veel mogelijk inzicht te bevorderen in het actuele functioneren van de cliënt en bruggen te slaan tussen cliënt en mantelzorger op basis van een beter wederzijds begrip in aansluiting op beider vermogens.
6 Aan de beëindiging wordt niet in dezelfde mate gehecht als bij de oorspronkelijke IPT-formule, aangezien mensen met een degeneratieve hersenaandoening waarschijnlijk mettertijd achteruitgaan, en er aanvullende besprekingen nodig zijn met zowel de cliënt als de mantelzorger(s) over nieuwe copingstrategieën bij elk nieuw functieverlies.
7 Als eenmaal een stabiele situatie is bereikt waarin cliënt en mantelzorger zijn voorgelicht, de juiste somatische beoordeling en behandelingen zijn ingesteld, en zowel cliënt als mantelzorger(s) zich gedragen op een manier die bij de capaciteiten van de cliënt past, dan kan de frequentie van follow-upsessies worden verlaagd naar eens in de 1 tot 6 maanden, al naargelang de behoefte. De therapeut biedt wel continu de mogelijkheid om vervroegd langs te komen.
8 Als een stabiele situatie is bereikt, kan de therapeut proactief spreken over de planning van belangrijke zaken voor de langere termijn zoals wensen over medische behandeling, en de anticipatie op verlies van de partner of op kleiner gaan wonen.

Bij de eerste beoordeling van een oudere cliënt met kenmerken van depressiviteit en cognitieve beperking is het vaak onmogelijk te bepalen welke van de twee eerder aanwezig was. Ook is moeilijk te beoordelen hoe ernstig de dementie is voordat de depressiviteit doeltreffend behandeld is. Het kan even duren voordat deze antwoorden zich ontvouwen. IPT-ci valt te beschouwen als een extra set instrumenten in de gereedschapskist van technieken, waarmee de cliënt en diens mantelzorger(s) geleerd kan worden hoe zij optimaal met hetzij depressie, hetzij cognitieve beperking, hetzij beide kunnen omgaan. IPT-ci kan dus ook geschikt zijn voor cliënten en mantelzorgers die met dementie worstelen zonder dat er sprake is van depressiviteit. Alleen wanneer een oudere cliënt zonder cognitieve beperking zelfstandig komt met een puur depressief beeld, is traditionele interpersoonlijke psychotherapie waarschijnlijk het enige dat nodig is. De rol van de mantelzorger in IPT-ci is niet die van de cliënt. De mantelzorger draagt vooral bij aan inzicht in de gebeurtenissen en heeft via de eigen copingvaardigheden grote en directe invloed op de cliënt. Daarom is het een manier om indirect met de cliënt te werken. Aandachtspunten hierbij zijn: beoordeling van het vaardigheidsniveau van de mantelzorger; voorlichting geven; en zowel gezamenlijke als individuele sessies waarin de mantelzorger een betere coping leert.

De scheidslijn kan vaag zijn indien de mantelzorger overbelast is en worstelt met andere stressfactoren, en voor zichzelf ook een troostende en begripvolle persoon nodig heeft. De IPT-therapeut dient dan een persoonlijke aantekening te maken van deze extra stressfactor, maar de mantelzorger niet zelf als cliënt therapeutisch te behandelen. De therapeut bejegent de mantelzorger empathisch en stimuleert deze om voor zichzelf afzonderlijk hulp te zoeken voor deze problemen. De interactie en betrokkenheid tussen therapeut en mantelzorger blijven dus beperkt tot de behoeften van de cliënt en de mate waarin de mantelzorger al dan niet voor de cliënt kan zorgen. Zo blijft het werk binnen de interpersoonlijke psychotherapie duidelijk en is de focus het best gericht op het behalen van resultaten.

Een andere reden voor duidelijke grenzen tussen de IPT-therapeut en de mantelzorger is dat, in zeldzame gevallen, de mantelzorger wellicht de oudere mishandelt. Als dit aan het licht komt en het nodig blijkt om de cliënt te beschermen, dan kan het zijn dat de IPT-ci-therapeut aangifte moet doen van de mishandeling of moet getuigen bij de rechtbank ter bescherming van de oudere in kwestie.

Waar mantelzorgers het vaakst hulp bij nodig hebben, is het begrijpen van de gevolgen van executief disfunctioneren. Dit kan tot uiting komen in de vorm van verminderd inzicht, oordeelsvermogen of probleemoplossende vaardigheid, het onvermogen om empathie te tonen, ervaren egoïsme of tactloosheid, sociale ontremming en zelfs verminderde verbale vloeiendheid. De mantelzorger ziet executief disfunctioneren vaak aan voor koppige opstandigheid, een niet-zorgzame houding, egoïsme, luiheid, domheid, of verlies van gevoelens van liefde. De beste manier om de mantelzorger over het werkelijke probleem voor te lichten, is door de problematische periode vanaf het begin door te spreken en stap voor stap de alternatieve uitleg van de gebeurtenissen tot de mantelzorger te laten doordringen. Het kan nodig zijn om andere voorbeelden te geven voordat de mantelzorger het concept goed begrijpt. Daarna geeft de therapeut de mantelzorger de opdracht om executief disfunctioneren te gaan herkennen en manieren te vinden om er beter mee om te gaan. Als de mantelzorger een geïnformeerd perspectief krijgt, kan deze het inzicht ontwikkelen dat de cliënt het gedrag niet vertoont vanwege een onderliggende karakterzwakte maar door de aantasting van de hersenen die niet meer functioneren zoals vroeger. Als dat lukt, kan de mantelzorger meestal meer compassie opbrengen en gaan de verwachtingen van de mantelzorger meer aansluiten bij de werkelijke vermogens van de cliënt.

6 Tot besluit

Interpersoonlijke psychotherapie is een goed werkende, laagdrempelige en kortdurende depressiebehandeling, die ook bij ouderen effectief is gebleken. IPT-ci is een aanpassing voor ouderen met cognitieve beperkingen waarin ook de mantelzorger een rol speelt. Er bestaan gedetailleerde beschrijvingen van werkstrategieën per probleemgebied, die behandelaren in vrij korte tijd bedreven kunnen maken in interpersoonlijke psychotherapie. Zo kunnen specialistisch verpleegkundigen, sociaal werkers, psychologen en psychiaters in enkele maanden getraind worden in het toepassen van IPT-principes. We pleiten voor een nieuw specialisme van geriatrische zorg waarin deze specialisten getraind zijn in deze technieken en de vereiste achtergrond hebben in gerontologische beginselen, zodat ze met ouderen kunnen werken in verschillende settings zoals de huisartsenpraktijk, verzorgings- en verpleeghuizen, en psychiatrische afdelingen, maar ook in de geriatrische thuiszorg voor ouderen. Ouderenpsychologen spelen niet alleen een rol in de toepassing van interpersoonlijke psychotherapie en IPT-ci, maar ook in de opleiding en training van andere professionals in deze therapievorm.

Literatuur

Bierhals, A.J., Prigerson, H.G., Fasiczka, A., Frank, E., Miller, M., & Reynolds, C.F. (1996). Gender differences in complicated grief among elderly. *Omega: Journal of Death and Dying, 32*, 303-317.

Bruce, M.L., Have, T.R. ten, Reynolds, C.F., Katz, I.I., Schulberg, H.C., Mulsant, B.H., e.a. (2004). Reducing suicidal ideation and depressive symptoms in depressed older primary care patients: A randomized controlled trial. *Journal of the American Medical Association, 291*, 1081-1091.

Cuijpers, P., Dekker, J., Hollon, S.D., & Andersson, G. (2009). Adding psychotherapy to pharmacotherapy in the treatment of depressive disorders in adults: A meta-analysis. *Journal of Clinical Psychiatry, 70*, 1219.

Cuijpers, P., Geraedts, A.S., Oppen, P. van, Andersson, G., Markowitz, J.C., & Straten, A. van. (2011). Interpersonal psychotherapy for depression: A meta-analysis. *American Journal of Psychiatry, 168*, 581.

Cuijpers, P., Straten, A. van, Andersson, G., & Oppen, P. van. (2008). Psychotherapy for depression in adults: a meta-analysis of comparative outcome studies. *Journal of Consulting and Clinical Psychology, 76*, 909.

Klerman, G.L., Weissman, M.M., Rounsaville, B.J., & Chevron, E.S. (1984). *Interpersonal psychotherapy of depression.* New York: Basic Books.

Miller, M.D. (2004). Using interpersonal psychotherapy for depressed elders with cognitive impairment: The clinical view. *Geriatric Psychiatry in Long-Term Care, 2*, 7-9.

Miller, M.D. (2009). *Clinicians guide to interpersonal psychotherapy in late life: Helping cognitively impaired or depressed elders and their caregivers.* Oxford, GB: Oxford University Press.

Miller, M.D., Cornes, C., Frank, E., Ehrenpreis, L., Silberman, R., Schlernitzauer, M.A., e.a. (2001). Interpersonal psychotherapy for late-life depression: Past, present and future. *Journal of Psychotherapy Practice and Research, 10*, 231-238.

Miller, M.D., Frank, E., Cornes, C., Houck, P.R., & Reynolds, C.F. (2003). The value of maintenance interpersonal psychotherapy (IPT) in elder adults with different IPT foci. *American Journal of Geriatric Psychiatry, 11*, 97-102.

Miller, M.D., Frank, E., Cornes, C., Imber, S.D., Anderson, B., Ehrenpreis, L., e.a. (1994). Applying interpersonal psychotherapy to bereavement-related depression following loss of a spouse in late-life. *Journal of Psychotherapy Practice and Research, 3*, 149-162.

Miller, M.D., Richards, V., Zuckoff, A., Martire, L.M., Morse, J., Frank, E., e.a. (2006). A model for modifying interpersonal psychotherapy (IPT) for depressed elders with cognitive impairment. *Clinical Gerontologist, 30*, 79-101.

Miller, M.D., Wolfson, L., Cornes, C., Silberman, R., Ehrenpreis, L., Zaltman, J., e.a. (1997). Using interpersonal psychotherapy (IPT) in a combined psychotherapy/medication research protocol with depressed elders: A descriptive report with case vignettes. *Journal of Psychotherapy Practice and Research, 7*, 47-55.

Mossey, J.M., Knott, K.A., Higgins, M., & Talerico, K. (1996). Effectiveness of a psychosocial intervention, interpersonal counseling, for subdysthymic depression in medically ill elderly. *Journal of Gerontology: Medical Sciences, 51A*, M172-M178.

Pasternak, R.E., Prigerson, H., Hall, M., Miller, M.D., Fasiczka, A., Mazumdar, S., e.a. (1997). The post-treatment illness course of depression in bereaved elders: Exploratory analyses. *American Journal of Geriatric Psychiatry, 5*, 54-59.

Pasternak, R.E., Reynolds, C.F., Miller, M.D., Fasiczka, A.L., Prigerson, H., Frank, E., e.a. (1996). Spousally bereaved elders with subsyndromal depression with bereavement-related major depression: A descriptive analysis and comparison. *American Journal of Geriatric Psychiatry, 4*, 61-68.

Pasternak, R.E., Reynolds, C.F., Miller, M.D., Frank, E., Fasiczka, A., Prigerson, H., e.a. (1994). The symptom profile and two-year course of subsyndromal depression in spousally bereaved elders. *American Journal of Geriatric Psychiatry, 2*, 210-219.

Reynolds, C.F., Butters, M.A., Lopez, O., Pollock, B.G., Dew, M.A., Mulsant, B.H., e.a. (2011). Maintenance treatment of depression in old age: A randomized, double-blind, placebo-controlled evaluation of the efficacy and safety of donepezil combined with antidepressant pharmacotherapy. *Archives of General Psychiatry, 68*, 51-60.

Reynolds, C.F., Dew, M.A., Pollock, B.G., Mulsant, B.H., Frank, E., Miller, M.D., e.a. (2006). Maintenance treatment of major depression in old age. *New England Journal of Medicine, 354*, 1130-1138.

Reynolds, C.F., Frank, E., Perel, J.M., Imber, S.D., Cornes, C., Miller, M.D., e.a. (1999a). Nortriptyline and interpersonal psychotherapy as maintenance therapies for recurrent major depression: A randomized controlled trial in patients older than 59 years. *JAMA, 281*, 39.

Reynolds, C.F., Miller, M.D., Pasternak, R.E., Frank, E., Perel, J.M., Cornes, C., e.a. (1999b). Treatment of bereavement-related major depressive episodes in later life: A controlled study of acute and continuation treatment with nortriptyline and interpersonal psychotherapy. *American Journal of Psychiatry, 156*, 202-208.

Rosenzweig, A.S., Pasternak, R.E., Prigerson, H.G., Miller, M.D., & Reynolds, C.F. (1996). Bereavement-related depression in the elderly: Is drug treatment justified? *Drugs and Aging, 8*, 323-328.

Rosenzweig, A., Prigerson, H.G., Miller, M.D., & Reynolds, C.F. (1997). Bereavement and late-life depression: Grief and its complications in the elderly. *Annual Review of Medicine, 48*, 421-428.

Schaik, A. van, Marwijk, H. van, Beekman, A., Haan, M. de, & Dyck, R. van. (2003). De toepasbaarheid van interpersoonlijke psychotherapie bij depressieve ouderen. *Directieve Therapie, 23*, 309-323.

Swartz, H.A. (2015). Interpersonal Psychotherapy (IPT) for depressed adults: Indications, theoretical foundation, general concepts, and efficacy. *UpToDate Topic 15675 Version 15.0.*

Weissman, M.M., Markowitz, J.C., & Klerman, G.L. (2000). *Comprehensive guide to interpersonal psychotherapy*. New York: Basic Books.

Weissman, M.M., Markowitz, J.C., & Klerman, G.L. (2007). *Clinician's quick guide to interpersonal psychotherapy.* New York: Oxford University Press.

Wolfson, L., Miller, M., Houck, P., Ehrenpreis, L., Stack, J.A., Frank, E., e.a. (1997). Foci of interpersonal psychotherapy (IPT) in depressed elders: Clinical and outcome correlates in a combined IPT/nortriptyline protocol. *Psychotherapy Research, 7,* 45-55.

19 Life review

Sanne Lamers, Gerben Westerhof en Ernst Bohlmeijer[1]

1 Inleiding
2 Reminiscentie
   2.1 Functies
   2.2 Leeftijd
   2.3 Individuele karakteristieken en contextuele factoren
   2.4 Geestelijke gezondheid
3 Life review
   3.1 Reminiscentie-interventies
   3.2 Life-reviewinterventies
   3.3 Life-reviewtherapie
   3.4 Effectiviteit
   3.5 Doelgroep en werkingsmechanisme
   3.6 Benodigde vaardigheden
4 Voorbeelden interventies life review
   4.1 Combinatie met andere therapievormen
   4.2 Interventies in Nederland
5 Tot besluit
   Literatuur

 www.tijdstroom.nl/leeromgeving

- Casuïstiek
- Handige documenten
- Weblinks

Kernboodschappen
- Life review is een laagdrempelige interventie waarbij aan de hand van herinneringen een gestructureerde evaluatie van het eigen leven plaatsvindt.
- Life review kent drie varianten: reminiscentie-interventies, life-reviewinterventies en life-reviewtherapie.
- Life review biedt bij verlieservaringen de mogelijkheid om continuïteit in het eigen leven te blijven ervaren en daarmee gevoelens van controle, zingeving en welbevinden te handhaven.

---

[1] Met dank aan Hergen Schuringa voor zijn bijdrage aan het hoofdstuk Life review in de eerste editie van het *Handboek ouderenpsychologie*.

- Life review is een effectieve methode om depressie te behandelen.
- Als psychologische behandeling van ouderen met ernstige psychische klachten kan het nodig zijn om life review te combineren met andere behandelvormen.

Herinneringen

Een oudere man met dementie die in een verzorgingshuis woont, roept na elke maaltijd: 'Honger, honger.' De verzorgenden reageren in eerste instantie geïrriteerd. 'Dat kan toch niet, u heeft net gegeten.' zeggen ze dan. Dan leren zij om meer in te gaan op de achtergrond van zijn emoties en herinneringen. Het blijkt dat de man als havenarbeider heeft gewerkt in Rotterdam, onder andere tijdens de Tweede Wereldoorlog. Hij kreeg bijna al het brood mee omdat hij hard moest werken, waardoor er voor zijn vrouw erg weinig overbleef. In de pauzes at hij zijn boterhammen, maar hij voelde zich erg schuldig omdat hij wist dat hij ook de boterhammen van zijn vrouw zat op te eten terwijl zij honger leed.

1 Inleiding

In 1963 publiceerde de psychiater Robert Butler een artikel over life review dat een klassieker is geworden in de psychologie van het ouder worden: 'The life review: An interpretation of reminiscence in the aged'. Hij was daarmee de eerste die wees op het belang van herinneringen bij het werken met ouderen. Op basis van klinische ervaringen constateerde hij een toename van 'reminiscentie' (herinneringen ophalen) bij ouderen. Hij interpreteerde dit als een natuurlijke en universele behoefte om in de laatste levensfase het eigen leven te evalueren en de balans op te maken. Butler veronderstelde dat dit proces wordt uitgelokt door de naderende dood en het besef van toenemende persoonlijke kwetsbaarheid. Ook Erik Erikson (1959) benoemde in zijn levenslooptheorie de laatste levensfase als een periode van balans opmaken. Een succesvolle terugblik op het leven zou leiden tot een geïntegreerde kijk op het eigen verleden waarin zowel de positieve herinneringen als mislukkingen en teleurstellingen een plek krijgen.

Butler maakte een onderscheid tussen enerzijds reminiscentie (het proces van persoonlijke herinneringen ophalen), en anderzijds life review. Met life review bedoelde hij een reorganisatieproces waarbij alle belangrijke ervaringen nog eens de revue passeren en geherwaardeerd worden binnen het perspectief van de hele levensloop. Ook conflicten die in het verleden niet zijn opgelost, komen opnieuw naar voren en kunnen alsnog worden verwerkt. In positieve zin kan life review leiden tot verzoening met het eigen leven en tot nieuwe betekenisgeving en daarmee ook tot acceptatie van de dood. In negatieve zin leidt de evaluatie van het eigen leven tot wanhoop en depressie. Dit is vooral het geval wanneer gevoelens van schuld, bitterheid en falen blijven overheersen.

In een later artikel positioneert Butler (1974) life review nadrukkelijk als een ontwikkelingspsychologische taak die nodig is om succesvol oud te kunnen worden. Hij pleit daarom voor een ruime toepassing van life review als methodiek in allerlei settings (thuiswonende ouderen en (psychiatrische) zorginstellingen, verpleeg- en verzorgingshuizen, algemene bevolking), zowel in de vorm van preventie als psychotherapie. Met zijn werk heeft Robert Butler honderden wetenschappelijke onderzoeken en praktische toepassingen van life review geïnspireerd (Westerhof & Bohlmeijer, 2014).

Op dit moment wordt life review gezien als methodiek waarbinnen drie varianten kunnen worden onderscheiden (zie paragraaf 3). Reminiscentie-interventies stimuleren het ophalen en delen van positieve herinneringen, life-reviewinterventies omvatten een systematischer evaluatie en integratie van zowel positieve als negatieve herinneringen aan het eigen leven, en life-reviewtherapie dient om negatieve reminiscentiestijlen te veranderen die verdere ontwikkeling blokkeren en nadelig zijn voor de toekomst van de cliënt. De drie varianten vragen elk om een verschillende mate van deskundigheid en begeleiding. De variant waarbij ouderenpsychologen de belangrijkste rol hebben in de uitvoering, is life-reviewtherapie.

2 Reminiscentie

2.1 Functies

In de laatste decennia is duidelijk geworden dat reminiscentie (herinneringen ophalen) een complex proces is met verschillende vormen en functies: meer dan alleen het kunnen accepteren van de dood zoals dat door Butler werd belicht. Globaal worden er drie functies van reminiscentie onderscheiden: een sociale functie, een instrumentele functie en een integratieve functie (Westerhof & Bohlmeijer, 2014; Westerhof e.a., 2010). Ten eerste heeft reminiscentie een sociale functie. Het delen van persoonlijke herinneringen in alledaagse gesprekken verbindt mensen. Daarnaast kunnen persoonlijke herinneringen worden ingezet om anderen iets te leren, of om te informeren op basis van eigen ervaringen.

Ten tweede heeft reminiscentie een instrumentele functie: herinneringen ophalen aan het oplossen van problemen in het verleden kan mensen helpen bij het omgaan met huidige problemen. Ook kunnen herinneringen helpen om in het reine te komen met verliezen die zijn geleden, doordat herinneringen symbolisch een verbinding in stand kunnen houden, bijvoorbeeld met mensen die zijn overleden. Herinneringen ophalen kan op zichzelf ook een vorm van coping zijn, waarbij het terugdenken aan het verleden kan helpen om emoties in het heden beter te reguleren. Deze strategie kan echter averechts werken als het ophalen van herinneringen wordt gebruikt om te ontsnappen aan het heden.

Ten derde heeft reminiscentie een integratieve functie. Deze functie past het beste bij Butlers (1963) en Eriksons (1959) beschrijving van life review. Het gaat hier om het geven van betekenis aan zowel positieve als negatieve herinneringen, die daarmee in een geïntegreerd verhaal worden opgenomen. Herinneringen worden hier gebruikt om een antwoord te vinden op de vraag: wie ben ik? Daarmee dragen ze bij aan de constructie van de eigen identiteit. Dit kan leiden tot verzoening en nieuwe betekenisgeving, maar ook tot wanhoop en depressie wanneer de eigen identiteit gedefinieerd wordt door negatieve ervaringen of perioden in het leven.

2.2 Leeftijd

Butler zag reminiscentie als een universeel en natuurlijk proces in de laatste fasen van het leven, maar onderzoeken laten zien dat niet alle ouderen terugblikken op het leven (Wink & Schiff, 2002). In een onderzoek onder 100-jarigen meldt ruim 46% van de respondenten nooit aan life review te hebben gedaan (Merriam, 1995). Daarnaast blijken ouderen niet vaker herinneringen op te halen dan jongere volwassenen (Pasupathi & Carstensen, 2003). Wel blijkt dat ouderen een ander doel hebben dan jongere volwassenen, wanneer zij herinnering ophalen.

Ouderen halen vaker herinneringen op om anderen te informeren of iets te leren en om zichzelf voor te bereiden op het naderende levenseinde, terwijl jongeren dit vaker doen om hun identiteit te vinden en om problemen op te lossen (Cappeliez e.a., 2001; Webster & Gould, 2007). Autobiografisch herinneren wordt tegenwoordig dan ook gezien als een vaardigheid die zich ontwikkelt gedurende de gehele levensloop (Fivush e.a., 2011).

2.3 Individuele karakteristieken en contextuele factoren

Verschillende karakteristieken blijken samen te hangen met reminiscentiestijlen. In het algemeen lijken vrouwen vaker herinneringen op te halen, zich meer details te herinneren en vaker emotionele herinneringen te hebben die samenhangen met relaties en identiteit (Davis, 1999; Ross & Holmberg, 1990; Webster, 2001). Mannen herinneren zich daarentegen eerder persoonlijke resultaten en objectieve feiten (Haber, 2006). Deze verschillen zouden mede verklaard kunnen worden door de wijze waarop ouders met jongens en meisjes praten over herinneringen. Met jongens zou dit eerder concreet en zakelijk gebeuren en met meisjes uitgebreid en evaluerend (Fivush, 2009). Mannen zouden dan in interventies in het algemeen eerder baat hebben bij het bespreken van herinneringen aan objectieve feiten of resultaten en hoe zij in het verleden deze resultaten bereikt hebben (instrumentele reminiscentie). Voor vrouwen zou eerder het bespreken van de betekenis van persoonlijke ervaringen (integratieve reminiscentie) een succesvolle aanpak kunnen zijn.

Naast sekse spelen persoonlijkheidstrekken een rol bij reminiscentie. Extraversie gaat samen met vaker herinneringen delen met anderen, en neuroticisme met vaker herinneringen ophalen vanuit een gevoel van bitterheid. Mensen die open zijn voor ervaringen, halen vaker herinneringen op voor identiteitsvorming, problemen oplossen, en voorbereiding op de dood (Cappeliez & O'Rourke, 2002).

Tot slot blijken reminiscentiestijlen ook afhankelijk van contextuele factoren, en blijken de omgeving en cultuur veel belangrijker dan Butler meende (Webster, 1999). Zo vindt Merriam (1993) dat Afro-Amerikanen vaker actief terugblikken op hun leven dan blanke Amerikanen. Bovendien wordt gevonden dat mensen meer herinneringen ophalen in tijden van veranderingen in hun leven (Parker, 1999).

2.4 Geestelijke gezondheid

Er wordt al geruime tijd onderzoek gedaan naar de adaptieve rol die reminiscentie en life review kunnen spelen bij het ouder worden in het behoud van zingeving, welbevinden en het gevoel controle te hebben over het leven (Birren & Deutchman, 1991; Parker, 1999; Wong & Watt, 1991). Ouderen maken relatief veel verlieservaringen mee die hiervoor een bedreiging kunnen vormen, zoals het overlijden van dierbaren, het krijgen van lichamelijke beperkingen en het verlies van zelfstandigheid. Door terug te blikken op het eigen leven kunnen mensen een gevoel behouden van continuïteit (Parker, 1999), grip op het leven (Wong, 1995) en levenstevredenheid (Cook, 1991; Haight, 1998).

De reminiscentiestijl speelt een belangrijke rol bij geestelijke gezondheid, zoals welbevinden, angst en depressie. De manier waarop herinneringen worden opgehaald is hierbij belangrijker dan de frequentie waarmee dat gebeurt (Westerhof e.a., 2010). Dit kan worden verklaard doordat verschillende reminiscentiefuncties zorgen voor het opbouwen van verschillende psychologische bronnen zoals positieve relaties, copingvaardigheden, een gevoel van controle, zelfvertrouwen, en zin en betekenis ervaren in het leven (Korte e.a., 2012b; O'Rourke e.a., 2011). Zo zijn instrumentele en integratieve functies gerelateerd aan een betere geestelijke gezondheid, terwijl bittere herinneringen ophalen of aan verveling ontsnappen gerelateerd zijn aan een slechtere geestelijke gezondheid. Sociale functies van reminiscentie hebben indirect een relatie met geestelijke gezondheid, afhankelijk van de manier waarop in relaties herinneringen worden opgehaald.

3 Life review

Life review en reminiscentie worden vaak in één adem genoemd en dit heeft in de literatuur en bij het ontwikkelen en evalueren van interventies tot verwarring geleid. Het is daarom belangrijk om onderscheid te maken tussen drie vormen van interventies die op essentiële punten verschillen: reminiscentie-interventies, life-reviewinterventies en life-reviewtherapie (Haight & Burnside, 1993; Westerhof e.a., 2010).

3.1 Reminiscentie-interventies

Reminiscentie-interventies dienen vooral voor de sociale functies van reminiscentie. Ze stimuleren het ophalen en delen van positieve herinneringen om de stemming te verbeteren en verbinding te stimuleren. Hierbij wordt vaak gebruikgemaakt van voorwerpen, foto's en muziek uit de tijd dat de ouderen jong waren. Soms worden herinneringen ook vastgelegd in een levensalbum. Het kan zijn dat de verteller ook stilstaat bij de betekenis van herinneringen, maar dit wordt aan hem- of haarzelf overgelaten.

Herwaardering, verwerking en inzicht worden niet actief gezocht. Daarom kan het proces 'bitterzoet' zijn, maar is het in het algemeen niet pijnlijk. De begeleider heeft een faciliterende en ondersteunende rol. Reminiscentie-interventies worden veelal in groepen toegepast, hoewel individuele toepassing ook tot de mogelijkheden behoort. Toename van zelfvertrouwen, zelfwaardering, welbevinden en socialisatie zijn belangrijke doelen. Een bijzondere vorm van reminiscentie is autobiografisch werken. Hierbij wordt deelnemers gevraagd om aan de hand van vragen (delen van) hun levensverhaal op te schrijven en eventueel uit te wisselen.

3.2 Life-reviewinterventies

Life-reviewinterventies gaan uit van de instrumentele en integratieve reminiscentiefuncties. Life-reviewinterventies omvatten een systematischere evaluatie en integratie van zowel positieve als negatieve herinneringen van het gehele leven. Evaluatie en inzicht zijn hierin een expliciet onderdeel. Daarom kan het proces pijnlijker zijn dan bij reminiscentie. De begeleider of therapeut stelt actief vragen over de betekenis van herinneringen, en zoekt met de deelnemer naar herwaardering van gebeurtenissen. Op deze wijze wordt beoogd om controle, zingeving en ego-integriteit te vergroten.

Er bestaan verschillende methoden voor life review als interventie, die echter gemeenschappelijke kenmerken hebben (Haight, 1991; Haber, 2006). Life-reviewinterventies gaan in op de verschillende levensfasen: van de kindertijd tot de huidige levensperiode. De lengte van een interventie verschilt, maar ligt doorgaans tussen de acht en de twaalf sessies van een tot anderhalf uur. Het is van belang om in een eerste sessie een beeld te krijgen van de levensloop van de deelnemer of deelnemers, bijvoorbeeld door hen een levenslijn te laten tekenen. Dit is van belang om in volgende sessies op een goede manier door te kunnen vragen vanuit de context van het leven van elke deelnemer. In elke sessie staat meestal een bepaalde fase in het leven (zoals de kindertijd of de adolescentie) of een bepaald thema (zoals werk of zorg) centraal.

Voor het ophalen van herinneringen uit deze fase kan een protocol met vragen gebruikt worden (zie bijvoorbeeld Haight & Webster, 1995), maar vaak wordt er ook gebruikgemaakt van voorwerpen, foto's, films, muziek en geuren om herinneringen op te halen. In groepsbijeenkomsten stimuleren deelnemers door herkenning ook elkaar in het ophalen van herinneringen. Om het ophalen van herinneringen op gang te brengen, kan het goed zijn om te beginnen met enkele algemenere vragen, zoals over waar iemand woonde, met wie hij of zij omging, wat de belangrijkste activiteiten waren. Per periode worden er zowel positieve als negatieve herinneringen opgehaald. Bij positieve herinneringen is het van belang om zo goed mogelijk door te vragen naar details, zodat het niveau van unieke, episodische herinneringen bereikt wordt. Bij negatieve herinneringen is een evaluatie van belang. Er kan daarbij worden doorgevraagd naar de betekenis van deze herinneringen, naar wat mensen ervan geleerd hebben, en of hoe ze door een moeilijke periode heen zijn gekomen.

3.3 Life-reviewtherapie

Life-reviewtherapie is een vorm van life review die gestructureerder is. Life-reviewtherapie dient om negatieve reminiscentiestijlen te veranderen die verdere ontwikkeling blokkeren en nadelig zijn voor de toekomst van de cliënt, en om alternatieve reminiscentiestijlen te bevorderen. Het doel is om psychische symptomen zoals angst en depressie te verminderen, maar ook om controle, zingeving en welbevinden te bevorderen.

Life-reviewtherapie wordt in het algemeen gestructureerd uitgevoerd, kan zowel in groepen als individueel worden toegepast, en kan zowel face-to-face als online plaatsvinden. In life-reviewtherapie kunnen hiervoor ook technieken uit andere therapievormen gebruikt worden (zie ook paragraaf 4.1), zoals creatieve therapie, cognitieve gedragstherapie of narratieve therapie. De benodigde vaardigheden worden in paragraaf 3.6 besproken.

3.4 Effectiviteit

In de afgelopen decennia zijn vele onderzoeken verricht naar de effecten van therapeutische toepassingen. Verschillende meta-analyses laten zien dat reminiscentie en life-reviewinterventies effectief zijn in het verbeteren van welbevinden en verminderen van depressiesymptomen (Bohlmeijer e.a., 2003; 2007). Ook onder mensen met dementie blijkt reminiscentie een effectieve methode te zijn om gevoelens van depressie te verbeteren (Huang e.a., 2015). De omvangrijkste meta-analyse, op basis van 128 onderzoeken (Pinquart & Forstmeier, 2012), laat matige effecten zien op depressie en ego-integriteit, en kleinere effecten op het hebben van een doel in het leven, een gevoel van controle, welbevinden, sociale integratie en cognitieve prestaties. De meeste van deze effecten bleven behouden op langere termijn.

De sterkste effecten worden gevonden bij life-reviewtherapie, in vergelijking met reminiscentie-interventies en life-reviewinterventies. De effecten zijn vergelijkbaar met de effecten van cognitieve gedragstherapie en probleemoplossende therapie bij oudere volwassenen (Cuijpers e.a., 2014). Daarmee is life-reviewtherapie erkend als een evidence-based interventie voor depressie bij oudere volwassenen (Scogin e.a., 2005). Ook in Nederland zijn diverse life-reviewtherapieën onderzocht en effectief gebleken. Zo blijkt life-reviewtherapie effectief als groepsinterventie (Korte e.a., 2012a) en begeleide zelfhulpinterventie voor mensen met psychische klachten (Lamers e.a., 2015). Het *Addendum Ouderen bij de multidisciplinaire richtlijn Depressie* (Landelijke stuurgroep, 2008) noemt zowel reminiscentie-interventies als life-reviewinterventies en life-reviewtherapie als goede behandelopties bij ouderen met een depressie.

3.5 Doelgroep en werkingsmechanisme

Met het toenemende bewijs dat life-reviewtherapie effectief is, rijst de vraag voor wie en hoe deze interventies werken. De interventies blijken in gelijke mate effectief voor mannen en vrouwen, jongere en oudere ouderen, ouderen in verpleeghuizen, en thuiswonende ouderen. De effecten op depressiesymptomen zijn groter bij deelnemers met een klinische depressie of een chronische lichamelijke ziekte (Pinquart & Forstmeier, 2012). In een grootschalig onderzoek naar life-reviewtherapie werden nauwelijks verschillen gevonden in effectiviteit wanneer gekeken werd naar demografische kenmerken, persoonlijkheidstrekken en reminiscentiefuncties (Korte e.a., 2012a). Wel profiteerden extraverte deelnemers wat meer van de groepstherapie, en deelnemers die vaak herinneringen ophaalden uit verveling profiteerden wat minder.

Naast onderzoek over voor wie life review werkt is er, zij het beperkt, onderzoek gedaan naar hoe life-reviewinterventies werken. In de literatuur worden verschillende verklaringen gegeven van enkele werkzame ingrediënten van life review. De belangrijkste verklaringen zijn een verbetering in emotieregulatie, zingeving en ego-integriteit, een gevoel van controle, sociale processen en een vermindering in rumineren.

Tijdens life review worden actief herinneringen opgehaald. Een aantal van deze herinneringen betreft pijnlijke en emotionele ervaringen. Het kan gaan om verlieservaringen, conflicten met belangrijke mensen, of beslissingen die men al dan niet heeft genomen. Soms zullen herinneringen gepaard gaan met schuldgevoelens. Life review biedt de gelegenheid om verlieservaringen verder te verwerken (Silver, 1995), of om conflicten en schuldgevoelens te bespreken en op te lossen of een plaats te geven (Butler, 1963; Garland & Garland, 2001; Watt & Cappeliez, 2000). Wanneer iemand terugkijkt op de hele levensloop, kan hij of zij zich bewust worden van ontwikkelingen die hij of zij heeft doorgemaakt. Life review nodigt mensen uit om stil te staan bij de betekenis van ervaringen en om deze ervaringen te evalueren. Op deze wijze kunnen mensen antwoorden vinden op vragen naar de betekenis en de zin van het eigen leven. Wanneer dit lukt, ontstaat een gevoel van ego-integriteit (Erikson, 1963; Haight e.a., 1995; Wong, 1995). Erikson definieerde ego-integriteit als het accepteren en onderkennen van de eigen unieke levensloop als iets wat zo moest zijn en niet anders. Zin kunnen geven aan het leven en een gevoel van ego-integriteit blijken processen die een rol spelen in de effectiviteit van life review (Westerhof e.a., 2010; Lamers e.a., 2015).

Life review spoort mensen aan om een overzicht te maken van alle belangrijke levensgebeurtenissen en ervaringen in het eigen leven. Daarbij wordt ook aandacht gegeven aan perioden dat men succesvol was, of momenten waarop men moeilijke gebeurtenissen of problemen heeft overwonnen. Op deze wijze wordt men zich (opnieuw) bewust van competenties en overlevings- of copingvaardigheden (Korte e.a., 2012c; Birren & Deutchman, 1991; Fry & Barker, 2002; Wong, 1995). Dit leidt tot een vernieuwd gevoel van controle over de eigen situatie.

Life review kan individueel en in groepen worden aangeboden. Een kwalitatief onderzoek naar ervaringen van deelnemers met life-reviewtherapie in groepen laat zien dat sociale processen belangrijk zijn en de effectiviteit van life review kunnen bevorderen of hinderen (Korte e.a., 2014). Globaal zijn er drie sociale processen belangrijk: een goede groepssfeer, openheid tegenover de andere deelnemers, en zich kunnen verbinden met de andere deelnemers. Verder onderzoek is nodig om specifieker na te gaan in hoeverre deze processen een rol spelen in de effectiviteit van een life-reviewgroepsinterventie.

Rumineren is herhaaldelijk langdurig denken over negatieve gevoelens en problemen. Mensen met een depressie hebben moeite met het ophalen van specifieke positieve herinneringen

(Williams e.a., 2007) en rumineren houdt deze verminderde specificiteit van autobiografische herinneringen in stand (Watkins & Teasdale, 2001). Het verminderen van rumineren, doordat mensen minder de behoefte hebben om keer op keer terug te denken aan vervelende ervaringen uit het verleden, zou om deze reden een rol kunnen spelen in de werkzaamheid van life-reviewtherapie. Een vermindering in rumineren blijkt inderdaad gedeeltelijk de positieve effecten van een life-reviewtherapie te kunnen verklaren (Lamers e.a., 2015). Er moet echter rekening mee worden gehouden dat door het toepassen van life review de mate van rumineren ook zou kunnen verergeren, doordat mensen aan de slag gaan met hun levenservaringen. Life review werkt dan averechts. Zorgvuldige en deskundige indicatiestelling en monitoren van het proces zijn daarom van belang.

3.6 Benodigde vaardigheden

Voor therapeuten die life review toepassen, zijn drie clusters vaardigheden van belang, namelijk faciliteren en structureren, actief en empathisch luisteren, en specifieke therapeutische vaardigheden. Faciliteren en structureren vormt het vermogen om het gesprek op gang te brengen en te structureren. In het algemeen worden thema's of gespreksonderwerpen geïntroduceerd. De therapeut heeft als taken om te bewaken dat mensen niet te veel afdwalen, in de gaten te houden dat verschillende subthema's of vragen aan de orde komen, en door te vragen. Bij life review in groepen heeft de therapeut de taak om het groepsproces te bewaken. Dit is van belang vanwege de rol die sociale processen spelen bij life review in groepen (Korte e.a., 2014). Het is essentieel om een goed draaiboek te gebruiken en verschillende informatiebronnen (Garland & Garland, 2001).

Voor een goede uitvoering van life review is het vervolgens van belang dat, net als bij andere psychologische interventies, de therapeut in staat is tot actief en empathisch luisteren (Haight & Burnside, 1993). Dit betekent het vermogen om te begrijpen wat iemand wil zeggen en dit in de taal van de cliënt terug te koppelen, om positieve openingen in het verhaal te horen, om onderliggende emoties te horen en te letten op non-verbale signalen en deze te benoemen, om actief verbanden te leggen tussen de verhalen van de cliënt of alternatieve interpretaties te bedenken (reframing), en deze voor te leggen aan de cliënt.

Bij de uitvoering van life review in een niet-therapeutisch kader zijn de eerste twee vaardigheden in principe voldoende. Wanneer life review wordt toegepast bij cliënten bij wie er sprake is van (ernstige) psychopathologie (bijvoorbeeld depressie of angst) kan het nodig zijn om life review te combineren met andere therapievormen. De verhalen en herinneringen van de cliënt zullen in dit geval immers worden gekleurd door onderliggende psychische problemen (negatief zelfbeeld, emotionele blokkades, ernstige schuldgevoelens, intrapsychische conflicten) en de therapeut moet in staat zijn om met deze emoties en verhalen om te gaan, ze te bewerken en de cliënt te begeleiden bij het proces van integratie.

4 Voorbeelden interventies life review

4.1 Combinatie met andere therapievormen

Life review kan goed worden gecombineerd met andere therapeutische benaderingen. Zo introduceerden Watt en Cappeliez (2000) een life-reviewtherapiebehandelprotocol voor ouderen met ernstige depressieve klachten waarin life review wordt gekoppeld aan cognitieve therapie.

Aan de hand van verschillende thema's wordt ouderen gevraagd herinneringen en ervaringen te beschrijven die veel betekenis voor hen hebben gehad.

Vanwege de depressie zullen de verhalen van de ouderen relatief veel negatieve gedachten over zichzelf, de wereld en de toekomst bevatten (Beck e.a., 1979) en zullen veel ouderen vooral zichzelf verantwoordelijk houden voor negatieve gebeurtenissen in hun leven. Het is aan de therapeut om de cliënt bewust te maken van de onderliggende gedachten, deze te herleiden tot disfunctionele schema's, en deze uit te dagen en te komen tot realistische en adaptieve evaluaties (zie hoofdstuk cognitieve gedragstherapie). Life review kan ook goed worden gecombineerd met bijvoorbeeld creatieve therapie en *eye movement desensitization and reprocessing* (EMDR).

4.2 Interventies in Nederland

Reminiscentie-interventies worden in Nederland al langere tijd toegepast in diverse zorginstellingen en dagvoorzieningen voor ouderen. Er is een toenemende belangstelling voor life-reviewinterventies en life-reviewtherapie als preventie en behandeling van psychische klachten (vooral depressie) bij ouderen. Hieronder beschrijven we enkele voorbeelden.

Levensalbum of levensboek

Een belangrijke manier om reminiscentie te ondersteunen, is het werken met een levensalbum of levensboek (zie onder anderen Bloemendal e.a., 1997). In een levensalbum worden de persoonlijke verhalen en herinneringen van iemand over zijn levensloop vastgelegd. Dit gebeurt vaak ook met behulp van foto's, teksten, plaatjes, stambomen, en waardevolle documenten. Zorgvragers, zorgverleners en mantelzorgers kunnen gezamenlijk werken aan het samenstellen van een levensalbum. Het werken met een levensalbum kan goed worden toegepast bij mensen met dementie (Haight e.a., 2003). De Universiteit Twente doet samen met het Universitair Medisch Centrum Groningen en zorggroep Livio onderzoek naar een online toepassing van het levensalbum (www.livio.nl/kenniscentrum/innovatie/online-levensalbum). In dit levensalbum kunnen met een e-healthapplicatie herinneringen van mensen met beginnende dementie op een dynamische tijdlijn worden vastgelegd. Een getrainde vrijwilliger ondersteunt de persoon met beginnende dementie en diens mantelzorger bij het vullen van het album met digitale verhalen, foto's, plaatjes, filmpjes, muziek, recepten en andere dingen die te maken hebben met het leven van de persoon met dementie. Het album kan vervolgens worden afgedrukt en gebruikt om waardevolle herinneringen op te halen.

Dierbare herinneringen

Dierbare herinneringen is een life-reviewtherapie voor ouderen met depressieklachten die in zorginstellingen wonen (Richters e.a., 2012; 2015). De interventie dient om specifieke, positieve herinneringen op te halen. In vijf wekelijkse sessies van ongeveer drie kwartier halen ouderen herinneringen op. Na een eerste kennismaking ligt de focus in elk van de volgende vier sessies op een bepaalde periode uit het leven: de kindertijd, de adolescentie, de volwassenheid, en het leven als geheel. De gesprekken vinden individueel en onder begeleiding plaats.

De gesprekken worden gestructureerd aan de hand van vragen die de deelnemer stimuleren om zo gedetailleerd en levendig mogelijk te vertellen over een plezierige herinnering. Hierbij wordt bijvoorbeeld gevraagd naar de kleuren, geuren en mensen die betrokken zijn bij de herinnering. Bij negatieve herinneringen wordt geprobeerd om deze een positieve wending of richting te geven.

Dierbare herinneringen wordt meestal uitgevoerd door (ouderen)psychologen, maar er is ook onderzoek gedaan waarin de interventie wordt begeleid door vrijwilligers die door een ouderenpsycholoog getraind zijn (Westerhof, 2016). Dierbare herinneringen wordt in Nederland ook aangeboden als module in de behandelfase van het zorgprogramma Doen bij depressie (Gerritsen e.a., 2013). Uit onderzoek blijkt dat het lukt om ouderen te trainen in het ophalen van specifieke, positieve herinneringen en dat dit bijdraagt aan het verminderen van depressieve klachten (Serrano e.a., 2004; Westerhof, 2016).

Op zoek naar zin

Op zoek naar zin is een life-reviewtherapie over het eigen levensverhaal voor mensen vanaf 55 jaar met lichte of matige depressieve klachten die zelfstandig wonen en bezig zijn met zingevingsvragen (Franssen & Bohlmeijer, 2003). Het bijzondere van de cursus is dat vooral gebruik wordt gemaakt van non-verbale technieken en dat de life review wordt gekoppeld aan creatieve opdrachten (Bohlmeijer e.a., 2004; 2005). De thema's die aan de orde komen zijn onder andere: de allereerste herinneringen, huizen waarin men woonde; normen en waarden bij de opvoeding; vriendschappen; een overzicht van de eigen levensloop; identiteit en zelfportret. De cursus lijkt zich ook goed te lenen voor toepassing in zorginstellingen en als onderdeel van behandelingen in de psychiatrie. Uit onderzoek is gebleken dat er sprake was van een significante afname van depressieve klachten, een toename van het gevoel controle te hebben over de eigen situatie, en een toename in zingeving (Bohlmeijer e.a., 2005; Pot e.a., 2010; Westerhof e.a., 2010).

Op Verhaal Komen

Op Verhaal Komen is een life-reviewtherapie voor ouderen met matige depressieklachten. De interventie combineert life review met elementen uit de narratieve therapie. Op Verhaal Komen wordt aangeboden als groepscursus en als zelfhulpcursus. In beide varianten komen diverse thema's aan bod, zoals de kindertijd en de adolescentie, liefde en zorg. De groepscursus vindt plaats in ggz-instellingen, met acht bijeenkomsten van twee uur. De bijeenkomsten worden begeleid door twee groepswerkers, meestal een psycholoog in samenwerking met bijvoorbeeld een (sociaalpsychiatrisch) verpleegkundige.

De interventie is effectief gebleken in het verminderen van depressieklachten en angstklachten en het bevorderen van welbevinden (Korte e.a., 2012a). De zelfhulpcursus Op Verhaal Komen is beschikbaar als hulpboek (Bohlmeijer & Westerhof, 2010) en bestaat uit acht lessen en twee optionele lessen over het verlies van dierbaren en omgaan met de dood. De zelfhulpcursus is onderzocht met ondersteunende emailbegeleiding en is daarbij effectief gebleken in het verminderen van depressieklachten en bevorderen van welbevinden (Lamers e.a., 2015). Aan de Universiteit Twente wordt een online cursus Op Verhaal Komen onderzocht op effectiviteit, waarin deelnemers de cursus individueel volgen met begeleiding door een counselor, of in groepsverband met drie lotgenoten.

Voorbeeldvragen Op Verhaal Komen
Kindertijd
- Hoe zou u uw kindertijd in twee of drie woorden willen karakteriseren?
- Heeft u uitgesproken positieve of negatieve herinneringen aan uw kindertijd?
- Was deze tijd eerder warm of kil? Was deze tijd eerder veilig of onveilig?
- Kunt u één kenmerkend voorval noemen waaraan u altijd denkt als het over uw kindertijd gaat?
- Welke gedachte geeft u de meeste spanning als u aan deze tijd denkt?
- Met wie had u het beste contact? Met wie het minste?
- Welke gevoelens komen bij u naar boven als u aan uw vader en moeder denkt?
- Wat zijn de belangrijkste waarden die u in uw jeugd hebt geleerd?
- Wat waren uw belangrijkste ontberingen?
- Wat waren uw sterke eigenschappen in het omgaan met die ontberingen?

Hoofdstukken in je levensverhaal
- In welke hoofdstukken zou u uw leven kunnen indelen? (Maximaal 8.)
- Zou u deze hoofdstukken titels kunnen geven?
- Wat is het belangrijkste thema in ieder hoofdstuk?
- Welk hoofdstuk staat het dichtst bij wie u graag wilt zijn?
- Welk hoofdstuk zou u graag willen herschrijven?
- Welk hoofdstuk geeft u de meeste voldoening?

In het vorige kader worden enkele voorbeelden gegeven van vragen die deelnemers moeten beantwoorden. In de groepscursus vertellen de deelnemers tijdens de bijeenkomsten de antwoorden aan elkaar; in de zelfhulpcursus gaan de deelnemers zelf met deze vragen aan de slag. De rol van de therapeut of begeleider is om (desgewenst) te helpen bij het construeren van nieuwe perspectieven of visies op het eigen leven.

Zelfhulpcursus Op Verhaal Komen
Lia Kaderman neemt deel aan de zelfhulpcursus Op Verhaal Komen, waarbij ze via e-mail ondersteuning krijgt van een begeleider. Aan het einde van de cursus schrijft zij het volgende aan haar begeleider.
'Ik denk dat ik de opdrachten wel goed heb kunnen gebruiken. [...] Het is grappig om te merken dat hoe meer je herinneringen ophaalt, hoe meer je je ook kunt herinneren, zowel de leuke als de niet leuke dingen. Ik heb geprobeerd een sprookje te schrijven over mijn situatie van nu. Dit met behulp van de aanwijzingen. Het sprookje is als volgt.
Er was eens een oma die heel veel van haar kleinkinderen hield. Zij woonde in een redelijk klein dorp waar veel mensen elkaar kenden. Zij was erg bedroefd omdat ze haar kleinkinderen veel te weinig zag. Dit kwam omdat jeugdzorg de kinderen uit huis had laten plaatsen. Dit dwong de oma om op afspraak eens in de zes weken "vrolijk" op bezoek te gaan (bij jeugdzorg) bij haar kleinkinderen. Dat leidde tot veel verdriet, pijn, boosheid en frustratie. Gelukkig werd zij geholpen door de cursus Op Verhaal Komen. Hoewel dit soms bijna mislukte doordat het zo moeilijk was om ook naar het positieve in de situatie te kijken. Uiteindelijk lukte het steeds meer en makkelijker om ook naar het positieve te kijken. Daardoor kon ze overal beter mee omgaan.'

5 Tot besluit

Het ophalen en evalueren van herinneringen vormen het uitgangspunt voor life review. Het is een aantrekkelijke behandeling voor ouderen, die aansluit bij een herkenbare en alledaagse activiteit. Life-reviewinterventies kunnen op veel manieren worden aangeboden, zoals individueel of in groepen, en face-to-face of online. Uit steeds meer onderzoeken blijkt dat life review effectief is in het bevorderen van de geestelijke gezondheid en het welbevinden van ouderen. Uit onderzoek blijkt echter dat niet alle ouderen een proces van life review doormaken. Het is bovendien ook een confronterende methodiek die veel oproept en bij ouderen met psychische problematiek begeleiding door een ouderenpsycholoog vraagt. Vooralsnog zijn er weinig aanwijzingen dat de methode ook geschikt is bij posttraumatische stress, zodat hier voorzichtig mee moet worden omgegaan. Hoewel er steeds meer kennis beschikbaar is over bij wie en hoe life review werkt, is vooral naar deze vragen meer onderzoek nodig.

Literatuur

Beck, A.T., Rush, A.J., Shaw, A.J., & Emery, G. (1979). *Cognitive therapy of depression*. New York: Guilford Press.

Birren, J.E., & Deutchman, D.E. (1991). *Guiding autobiography groups for older adults*. Baltimore: Johns Hopkin University Press.

Bloemendal, G., Geelen, R., & Koot-Fokkink, A. (1997). *Levensboeken, een handleiding voor hulpverleners in de ouderenzorg*. Baarn: Uitgeverij Intro.

Bohlmeijer, E.T., Roemer, M., Cuijpers, P., & Smit, F. (2007). The effects of reminiscence on psychological well-being in older adults: A meta-analysis. *Aging and Mental Health, 11*, 291-300.

Bohlmeijer, E.T., Smit, F., & Cuijpers, P. (2003). Effects of reminiscence and life review on late-life depression: A meta-analysis. *International Journal of Geriatric Psychiatry, 18*, 1088-1094.

Bohlmeijer, E.T., Valenkamp, M., & Westerhof, G.J. (2004). Op zoek naar zin, een cursus rond het eigen levensverhaal. *Gerōn, 6*, 12-15.

Bohlmeijer, E.T., Valenkamp, M., Westerhof, G.J., Smit, F., & Cuijpers, P. (2005). Creative reminiscence: The results of a pilot-project. *Aging and Mental Health, 9*, 302-304.

Bohlmeijer, E.T., & Westerhof, G.J. (2010). *Op verhaal komen: Je autobiografie als bron van wijsheid*. Boom: Amsterdam.

Butler, R.N. (1963). The life review: An interpretation of reminiscence in the aged. *Psychiatry, 26*, 65-76.

Butler, R.N. (1974). Successful aging and the role of the life review. *Journal of the American Geriatrics Society, 12*, 529-536.

Cappeliez, P., Lavallée, R., & O'Rourke, N. (2001). Functions of reminiscence in later life as viewed by young and old adults. *Canadian Journal on Aging, 20*, 577-589.

Cappeliez, P., & O'Rourke, N. (2002). Personality traits and existential concerns as predictors of the functions of reminiscence in older adults. *Journals of Gerontology: Psychological Sciences, 57B*, 116-123.

Cook, E.A. (1991). The effects of reminiscence on psychological measures of ego integrity in elderly nursing home residents. *Archives of Psychiatric Nursing, 5*, 292-298.

Cuijpers, P., Karyotaki, E., Pot, A.M., Park, M., & Reynolds, C.F. (2014). Managing depression in older age: Psychological interventions. *Maturitas, 79*, 160-169.

Davis, P.J. (1999). Gender differences in autobiographical memory for childhood emotional experiences. *Journal of Personality and Social Psychology, 76*, 498-510.
Erikson, E.H. (1959). *Identity and the life cycle*. New York: International University Press.
Erikson, E.H. (1963). *Childhood and society*. New York: Norton.
Fivush, R. (2009). Co-constructing memories and meaning over time. In J.A. Quas & R. Fivush (Eds.), *Emotion and memory in development: Biological, cognitive, and social considerations* (pp. 343-354). New York: Oxford University Press.
Fivush, R., Habermas, T., Waters, T.E.A., & Zaman, W. (2011). The making of autobiographical memory: intersections of culture, narratives, and identity. *International Journal of Psychology, 46*, 321-345.
Franssen, J., & Bohlmeijer, E. (2003). *Op zoek naar zin, een cursus rond het eigen levensverhaal voor ouderen met depressieve klachten*. Utrecht: Trimbos-instituut.
Fry, P.S., & Barker, L.A. (2002). Female survivors of abuse and violence: The influence of storytelling reminiscence on perceptions of self-efficacy, ego strength and self-esteem. In J.D. Webster & B.K. Haight (Eds.), *Critical advances in reminiscence work* (pp. 197-217). New York: Springer.
Garland, J., & Garland, C. (2001). *Life review in health and social care, a practitioner's guide*. East Sussex: Brunner-Routledge.
Gerritsen, D., Leontjevas, R., Ketelaar, N., Derksen, E., Koopmans, R., & Smalbrugge, M. (2013). *Handboek multidisciplinair zorgprogramma Doen bij Depressie*. Nijmegen: Universitair Kennisnetwerk Ouderenzorg Nijmegen.
Haber, D. (2006). Life review: Implementation, theory, research, and therapy. *International Journal of Aging & Human Development, 63*, 153-171.
Haight, B.K. (1991). Reminiscing: The state of the art as a basis for practice. *International Journal of Aging and Human Development, 33*, 1-32.
Haight, B.K., Bachman, D.L., Hendrix, S., Wagner, M.T., Meeks, A., & Johnson, J. (2003). Life review: Treating the dyadic family unit with dementia. *Clinical Psychology and Psychotherapy, 10*, 165-174.
Haight, B.K., & Burnside, I. (1993). Reminiscence and life review: Explaining the differences. *Archives of Psychiatric Nursing, 7*, 91-98.
Haight, B.K., Michel, Y., & Hendrix, S. (1998). Life review: Preventing despair in newly relocated nursing home residents: short-and long-term effects. *International Journal of Aging and Human Development, 47*, 119-142.
Haight, B.K., & Webster, J.D. (Eds.). (1995). *The art and science of reminiscing: Theory, research, methods and applications*. Washington, DC: Taylor & Francis.
Huang, H.C., Chen, Y.T., Chen, P.Y., Hu, S.H., Liu, F., Kuo, Y.L., e.a. (2015). Reminiscence therapy improves cognitive functions and reduces depressive symptoms in elderly people with dementia: A meta-analysis of randomized controlled trials, *Journal of the American Medical Directors Association, 16*, 1087-1094.
Korte, J., Bohlmeijer, E.T., Cappeliez, P., Smit, F., & Westerhof, G.J. (2012a). Life review therapy for older adults with moderate depressive symptomatology: A pragmatic randomized controlled trial. *Psychological Medicine, 42*, 1163-1173.
Korte, J., Cappeliez, P., Bohlmeijer, E., & Westerhof, G. (2012b). Meaning in life and mastery mediate the relationship of negative reminiscence with psychological distress among older adults with mild to moderate depressive symptoms. *European Journal of Ageing, 9*, 343-351.
Korte, J., Drossaert, C.H.C., Westerhof, G.J., & Bohlmeijer, E.T. (2014). Life review in groups? An explorative analysis of social processes that facilitate or hinder the effectiveness of life review. *Aging & Mental Health, 18*, 376-384.

Korte, J., Westerhof, G.J., & Bohlmeijer, E.T. (2012c). Mediating processes in an effective life review intervention. *Psychology and Aging, 27*, 1172-1181.

Lamers, S.M.A., Bohlmeijer, E.T., Korte, J., & Westerhof, G.J. (2015). The efficacy of life review as online-guided self-help for adults: A randomized trial. *Journals of Gerontology. Series B, Psychological Sciences and Social Sciences, 70*, 24-34.

Landelijke Stuurgroep Multidisciplinaire Richtlijnontwikkeling in de GGZ. (2008). *Addendum Ouderen bij de multidisciplinaire richtlijn Depressie*. Utrecht: Trimbos-instituut.

Merriam, S.B. (1993). Butler's life review: How universal is it? *International Journal of Aging and Human Development, 37*, 163-175.

Merriam, S.B. (1995). Reminiscence and the oldest old. In B.K. Haight & J.D. Webster (Eds.), *The art and science of reminiscing: Theory, research, methods and applications* (pp. 79-88). Washington, DC: Taylor & Francis.

O'Rourke, N., Cappeliez, P., & Claxton, A. (2011). Functions of reminiscence and the psychological well-being of young-old and older adults over time. *Aging & Mental Health, 15*, 272-281.

Parker, R.G. (1999). Reminiscence as continuity: Comparison of young and older adults. *Journal of Clinical Geropsychology, 5*, 147-157.

Pasupathi, M., & Carstensen, L.L. (2003). Age and emotional experience during mutual reminiscing. *Psychology and Aging, 18*, 430-442.

Pinquart, M., & Forstmeier, S. (2012). Effects of reminiscence interventions on psychosocial outcomes: A meta-analysis. *Aging & Mental Health, 16*, 541-558.

Pot, A.M., Bohlmeijer, E.T., Onrust, S., Melenhorst, A.S., Veerbeek, M., & Vries, W. de. (2010). The impact of life review on depression in older adults: A randomized controlled trial. *International Psychogeriatrics, 22*, 572-581.

Richters, K., Korte, J., Westerhof, G.J., & Bohlmeijer, E. (2012). *Dierbare herinneringen: Informatie voor trainers*. Oldenzaal: Schrijverij.

Richters, K., Schoonen, C., Korte, J., Bohlmeijer, E., & Westerhof, G.J. (2015). *Dierbare herinneringen: Interventiebeschrijving en draaiboek*. Oldenzaal: Schrijverij.

Ross, M., & Holmberg, D. (1990). Recounting the past: Gender differences in the recall of events in the history of a close relationship. In J.M. Oloson & M.P. Zanna (Eds.), *Self-inference processes: The Ontario symposium on personality and social psychology, 6* (pp. 135-152). Hillsdale, NJ: Erlbaum.

Scogin, F., Welsh, D., Hanson, A., Stump, J., & Coates, A. (2005). Evidence-based psychotherapies for depression in older adults. *Clinical Psychology: Science and Practice, 12*, 222-237.

Serrano, J.P., Latorre, J.M., Gatz, M., & Montanes, J. (2004). Life review therapy using autobiographical retrieval practice for older adults with depressive symptomatology. *Psychology and Aging, 19*, 270-277.

Silver, M.H. (1995). Memories and meaning: Life-review in old age. *Journal of Geriatric Psychiatry, 28*, 57-73.

Watkins, E., & Teasdale, J.D. (2001). Rumination and overgeneral memory in depression: Effects of self-focus and analytic thinking. *Journal of Abnormal Psychology, 110*, 353-357.

Watt, L.M., & Cappeliez, P. (2000). Integrative and instrumental reminiscence therapies for depression in older adults: Intervention strategies and treatment effectiveness. *Aging and Mental Health, 4*, 166-177.

Webster, J.D. (1999). World views and narrative gerontology: Situating reminiscence behaviour within a lifespan perspective. *Journal of Aging Studies, 13*, 29-42.

Webster, J.D. (2001). The future of the past: Continuing challenges for reminiscence research. In G. Kenyon, P. Clark & B. de Vries (Eds.), *Narrative gerontology, theory, research and practice* (pp. 159-185). New York: Springer.

Webster, J.D., & Gould, O. (2007). Reminiscence and vivid personal memories across adulthood. *International Journal of Aging & Human Development, 64*, 149-170.

Westerhof, G.J. (2016). *Dierbare herinneringen*. Geraadpleegd op 15 november 2016 van http://www.vilans.nl/databank-interventies-dierbare-herinneringen.html.

Westerhof, G.J., & Bohlmeijer, E.T. (2014). Celebrating fifty years of research and applications in reminiscence and life review: State of the art and new directions. *Journal of Aging Studies, 29*, 107-114.

Westerhof, G., Bohlmeijer, E., & Valenkamp, M. (2004). The search for meaning in life: A pilot evaluation of a creative reminiscence program for depression in the elderly. *Journal of Educational Gerontology, 30*, 751-766.

Westerhof, G.J., Bohlmeijer, E.T., & Webster, J.D. (2010). Reminiscence and mental health: A review of recent progress in theory, research and interventions. *Ageing and Society, 30*, 697-721.

Williams, J.M., Barnhofer, T., Crane, C., Herman, D., Raes, F., Watkins, E., e.a. (2007). Autobiographical memory specificity and emotional disorder. *Psychological Bulletin, 133*, 122-148.

Wink, P., & Schiff, B. (2002). To review or not to review? The role of personality and life events in life review and adaptation to older age. In J. Webster & B.K. Haight (Eds.), *Critical advantages in reminiscence work: From theory to application* (pp. 44-60). New York: Springer.

Wong, P. (1995). The processes of adaptive reminiscence. In K. Haight & J. Webster (Eds.), *The art and science of reminiscing* (pp.23-35). Washington, DC: Taylor & Francis.

Wong, P.T.P., & Watt, L.M. (1991). What types of reminiscence are associated with successful aging? *Psychology and Aging, 8*, 272-279.

20
Oplossingsgerichte psychotherapie

Marion Klaver en Hans Cladder

1. Ontstaansgeschiedenis
2. Theoretische basis en uitgangspunten
3. Effecten
4. Methode
   - 4.1 Samenwerkingsrelatie met de cliënt
   - 4.2 Protocol eerste gesprek
   - 4.3 Protocol vervolggesprek
5. Ouderen
   - 5.1 Cognitieve stoornissen
   - 5.2 Mediatieve toepassing
6. Tot besluit
   - Literatuur

www.tijdstroom.nl/leeromgeving

- Casuïstiek
- Weblinks

Kernboodschappen
- Oplossingsgerichte psychotherapie is niet bedoeld voor klachten en diagnoses, maar voor krachten en oplossingen.
- Via exploratie van uitzonderingen mobiliseren cliënten hun persoonlijke hulpbronnen om de gewenste doelen te bereiken.
- De speciale aandacht die deze therapie schenkt aan de samenwerkingsrelatie binnen het behandelproces, beperkt stagnatie en uitval.
- Oplossingsgerichte psychotherapie bevordert de autonomie en draagt bij aan empowerment door te benadrukken dat cliënten de experts zijn als het gaat om hun eigen leven.
- Oplossingsgerichte psychotherapie is kortdurend, doet relatief weinig aanspraak op het geheugen en ziekte-inzicht, en kan zo nodig mediatief worden toegepast.

1 Ontstaansgeschiedenis

Oplossingsgerichte psychotherapie is in de jaren tachtig van de vorige eeuw ontwikkeld door De Shazer en Berg en collega's. Zij lieten zich onder andere inspireren door het werk van Weakland e.a. (1974), die onderzochten of psychotherapie ook binnen tien sessies mogelijk zou zijn. Dat bleek inderdaad het geval, als men zich maar beperkte tot de oplossing van het aangeboden probleem zonder te streven naar inzicht, of naar reorganisatie van de structuur van het gezinssysteem of de persoonlijkheid. Een andere bijzonderheid bij deze kortdurende therapie was dat het medische model werd verlaten: klachten zoals angst, somberheid of slapeloosheid werden niet beschouwd als ziekten of destructieve processen binnen het organisme, maar als gewoonten. Daarmee zijn het geen dingen meer die je hebt, maar die je doet. Een basisaanname van dit oplossingsgerichte therapiemodel was dat niet-werkende oplossingen van de cliënt het probleem in stand houden. Het werd de taak van de therapeut om – zonder de ideeën van de cliënt te veranderen – deze toch te bewegen tot een andere aanpak van het probleem dan voorheen. De Shazer en Berg werkten sinds 1982 op hun eigen instituut voor korte gezinstherapie met een onderzoeksploeg achter een one-wayspiegel. Zij onderzochten in detail op welke momenten cliënten vooruitgingen. Dat bleek het geval te zijn nadat de therapeut oplossingsgerichte vragen had gesteld. Hun model is dus atheoretisch en puur empirisch ontwikkeld, eenvoudigweg door therapeutische gesprekken goed te observeren en aandacht te schenken aan wat bleek te werken. Zij ontdekten dat er altijd uitzonderingen zijn op een probleem: momenten waarop het probleem er niet is of in ieder geval minder hevig of minder hinderlijk. Door juist daarop voort te bouwen, veranderde de benadering van de therapeut van 'Doe iets anders' naar 'Doe meer van dat wat je doet als het probleem er niet is.' Dat bleek eenvoudiger voor de therapeut, die nu zelf geen ingewikkelde strategieën meer hoefde te bedenken, en eenvoudiger voor de cliënt die niet iets hoefde te gaan doen wat hij nog niet eerder had gedaan.

Een volgende aanpassing ontstond min of meer bij toeval. Berg was op weg naar de spreekkamer met een depressieve cliënte die verzuchtte: 'Om mijn probleem op te lossen moet er wel een wonder gebeuren'. Berg ging daar in de spreekkamer op door en vroeg: 'Stel dat zo'n wonder zou gebeuren, wat voor verschil zou dat maken, hoe zou het na het wonder anders zijn?' Daarover verder pratend werd de vrouw steeds opgewekter en levendiger, tot ze bijna als een ander mens weer naar buiten ging. Vanaf dat moment gingen alle therapeuten van het centrum standaard aan iedereen de 'wondervraag' stellen. Het grote voordeel van deze vraag is dat de therapeut vervolgens kan vragen wanneer iets van de situatie na het wonder er soms al even een beetje is. Daardoor veranderen de vroegere uitzonderingen op het probleem in kleine wonderen. Dat brengt het gesprek bij die momenten die al in de richting van de gewenste toestand gaan.

De Shazer en Berg hebben oplossingsgerichte therapie toegepast bij individuele cliënten, stellen en gezinnen met een grote verscheidenheid van problemen. Zij hebben de methode verder ontwikkeld en wereldwijd uitgedragen (onder anderen Berg & De Jong, 1996; Berg & Dolan, 2002; De Jong & Berg, 2015; De Shazer, 1985; 1988; De Shazer & Dolan, 2009). In Europa heeft de groep van C. Iveson van de organisatie BRIEF in Londen ('brief' is geen acroniem, maar komt van 'solution focused *brief* therapy') de oplossingsgerichte benadering verder vereenvoudigd. BRIEF heeft onderzocht wat zonder verlies aan effect weggelaten zou kunnen worden, waardoor men kwam tot een viervragenmodel (Iveson, 2002). In Nederland heeft vooral Frederike Bannink met verschillende coauteurs de toepassing bij verschillende doelgroepen verder uitgewerkt, waaronder, samen met René den Haan, ook bij ouderen (Den Haan & Bannink, 2012).

2 Theoretische basis en uitgangspunten

Hoewel oplossingsgerichte therapie atheoretisch is ontwikkeld, is er wel verbinding met een aantal theoretische stromingen. Allereerst is er aansluiting bij het sociaalconstructionisme. Wat iemand als werkelijk ervaart, wordt volgens dit theoretisch model geconstrueerd in gesprek met anderen. Mensen verlenen ergens betekenis aan in interactie met anderen en in de context van de groep en de samenleving waarvan zij deel uitmaken. De waarnemingen en definities van problemen en oplossingen verschuiven door therapiegesprekken. De rol van de taal, de manier waarop mensen met elkaar praten, is daarbij cruciaal. Volgens de sociaalconstructionistische visie is de therapeut in dit proces niet zozeer de expert, maar eerder een samenwerkingspartner. De expertise van de therapeut bestaat uit vaardigheden om dit proces te faciliteren: de therapeut stimuleert cliënten om hun definities van de werkelijkheid – hun problemen, krachten en oplossingen – te onderzoeken en te herformuleren, en van daaruit een bevredigender situatie te creëren.

Daarnaast vindt oplossingsgerichte therapie aansluiting bij de positieve psychologie, een stroming in de psychologie die onderzoekt wat het leven de moeite waard maakt en hoe mensen en samenlevingen floreren (*thrive*). Positieve psychologie wordt gezien als een uitbreiding op de 'traditionele' psychologie, die vooral dient voor het ontdekken en genezen van psychische klachten of symptomen (Bannink, 2009). Oplossingsgerichte therapie en positieve psychologie delen een positieve focus en hebben tot doel cliënten te helpen een betere toekomst te creëren en optimaal te functioneren (Bannink & Jackson, 2011).

Oplossingsgerichte therapie werkt vanuit een specifieke mindset. Deze mindset bevat ideeën over de cliënt, de samenwerking en de wijze waarop vooruitgang met de cliënt gerealiseerd wordt. Deze mindset is wezenlijk anders dan de bekendere probleemgerichte mindset. Oplossingsgerichte therapie gaat uit van een aantal uitgangspunten die deze mindset verhelderen, zie kader (De Shazer, 1985; 1988; De Shazer & Dolan, 2009).

> **Uitgangspunten oplossingsgerichte therapie**
> - Problemen zijn niet-succesvolle pogingen om levensmoeilijkheden op te lossen.
> - Het is niet nodig om veel over het probleem te weten om het te kunnen oplossen. Probleem en oplossing hebben vaak weinig met elkaar te maken, en één oplossing lost soms meerdere problemen op.
> - De antwoorden van de cliënt hangen af van de vragen van de therapeut. Wie vraagt naar problemen krijgt problemen te horen, wie vraagt naar oplossingen krijgt oplossingen te horen. Het is belangrijk dat de therapeut de juiste vragen stelt.
> - Aandacht gaat vooral uit naar wat er al goed gaat en al is bereikt, het eigen aandeel daarin, en het concreet maken van hoe het worden moet.
> - Geen enkel probleem is altijd even sterk aanwezig. Er zijn altijd uitzonderingen te vinden waarop voortgebouwd kan worden.
> - Cliënten beschikken over de persoonlijke hulpbronnen die zij nodig hebben om te veranderen. Er hoeft niets nieuws te worden aangeleerd. Bestaande hulpbronnen hoeven alleen onder de aandacht gebracht te worden.
> - Weerstand van de cliënt is geen bruikbaar begrip. De therapeut dient geen weerstand bij de cliënt op te wekken door er andere, eigen doelen op na te houden. De therapeut dient zich aan te passen aan de cliënt wat betreft diens stemming, stijl en stadium van verandering (Prochaska e.a., 1994).

- De relatie cliënt-therapeut is belangrijker dan de technieken. De relatie blijft goed door mee te gaan met de doelen van de cliënt en door geen confrontatie aan te gaan met de cliënt, en niets te forceren.
- Kennis van de cliënt over zijn eigen leven (lokale kennis) is belangrijker dan de theoretische kennis van de therapeut (universele kennis).

3 Effecten

In het onderzoek naar de effectiviteit van oplossingsgerichte therapie zijn meta-analyses (onder anderen Stams e.a., 2006; Kim, 2008), een aantal systematische reviews (onder anderen Bond e.a., 2013; Corcoran & Pillai, 2007; Gingerich e.a., 2012; Gingerich & Peterson, 2013) en een aantal gerandomiseerde gecontroleerde onderzoeken en vergelijkende onderzoeken bekend. De toepassing van oplossingsgerichte therapie is onderzocht met verschillende doelgroepen en bij verschillende aanmeldingsklachten en wijst uit dat oplossingsgerichte therapie minstens zo effectief is als andere benaderingen, zoals cognitieve gedragstherapie en psychodynamische therapie, en meestal in minder sessies dan alternatieve therapieën. Er bleek in de meeste gevallen geen verband te zijn tussen enerzijds het type klacht of DSM-classificatie en anderzijds het aantal benodigde sessies of therapie-effect. Er werd geen verband gevonden tussen sociaaleconomische status en behandelresultaat (Macdonald, 2007). Ook tussen leeftijd en behandelresultaat werd geen verband gevonden (Macdonald, 2003).

Het grootste en beste onderzoek is het ruim 10 jaar durende gerandomiseerde onderzoek van de Finse onderzoeksgroep van Knekt naar het effect van oplossingsgerichte therapie en lange en korte psychodynamische therapie, bij 326 polipsychiatriepatiënten met angst en stemmingsstoornissen. De oplossingsgerichte therapie duurde gemiddeld 10 sessies, de korte psychodynamische 18,5 sessies, en de lange psychodynamische 232 sessies. Bij follow-up na 1 jaar waren er geen significante verschillen in effect (Knekt e.a., 2012).

Het onderzoek naar oplossingsgerichte therapie bij ouderen is beperkt. Dahl e.a. (2000) deden onderzoek naar oplossingsgerichte therapie met een groep thuiswonende oudere cliënten met klachten variërend van depressie en angst tot huwelijksproblemen en problemen in de coping met chronische ziekten. Er werd een significante verbetering gevonden in het functioneren van cliënten. Seidel en Hedley (2008) vergeleken een groep oudere cliënten die drie sessies oplossingsgerichte therapie kregen met een wachtlijstgroep. Er werd in de behandelgroep een significante verbetering gevonden in lichamelijke klachten, algemeen functioneren, en de ervaren ernst van het probleem, en een significant verschil tussen de behandelgroep en de controlegroep in lichamelijke klachten en algemeen functioneren en de mate waarin het doel was bereikt.

Ingersoll-Dayton e.a. (1999) onderzochten de mediatieve toepassing van oplossingsgerichte therapie met familieleden en verpleegkundig assistenten op afdelingen met cliënten met dementie bij wie sprake was van dwalen en agressief gedrag. Het doel van de behandeling was het beïnvloeden van de frequentie en de ernst van het gedrag en het gevoel van familieleden en verzorgenden in de omgang met het gedrag. Zowel de frequentie en ernst van het gedrag als de beleving van de omgeving in de omgang met het gedrag verbeterde significant.

Een andere doelgroep waarbij cognitieve beperkingen een rol spelen en een mediatieve inzet vaak gewenst is, zijn cliënten met een verstandelijke beperking. Roeden e.a. (2014a) deden onderzoek naar de toepassing van oplossingsgerichte therapie bij cliënten met een verstandelijke beperking. Ze vergeleken een behandelgroep met een groep die *care as usual* kreeg.

Hun conclusie was dat oplossingsgerichte therapie een aantal belangrijke voordelen heeft in vergelijking met reguliere behandelingen in het werken met cliënten met een intellectuele beperking. Deze voordelen zitten vooral in de gerichtheid op krachten, in de erkenning van een expertrol van de cliënt, en in het gestructureerde, actieve en directieve karakter van oplossingsgerichte therapie. Door zorgteams bij de behandeling te betrekken worden teams ertoe aangezet om vanuit een krachtenperspectief naar cliënten te kijken.

Roeden e.a. (2014b) onderzochten tevens het effect van oplossingsgerichte coaching op het functioneren van zorgteams. Oplossingsgerichte coaching gaf significante verbetering in proactief denken van zorgteams, in de kwaliteit van relaties, en in het bereiken van teamdoelen.

Carr e.a (2014) onderzochten de effecten van oplossingsgerichte therapie met cliënten met een chronische aandoening zoals de ziekte van Parkinson, *chronic obstructive pulmonary disease* (COPD) en chronische pijn. De cliënten werden na een oplossingsgerichte behandeling geïnterviewd over vier thema's: verantwoordelijkheid in de therapie; ondersteuning van de therapeut; vooruitkijken versus terugkijken; en: het belang van communicatie. Volgens de cliënten was hun gevoel van empowerment, gevoel van controle en vertrouwen toegenomen door de therapie. Zij schreven dit vooral toe aan de wijze waarop de therapeut met hen samenwerkte, die hen de mogelijkheid gaf om zelf tot oplossingen te komen. Cliënten hadden het gevoel na de behandeling beter om te kunnen gaan met hun ziekte. Chronische aandoeningen vragen wel om meer sessies dan problemen die minder lang bestaan en er is sprake van een hogere dropout (Macdonald, 2003).

Naast onderzoek zijn er verschillende op klinische ervaring gebaseerde beschrijvingen van oplossingsgerichte therapie voor ouderen, voor de volgende toepassingen:
- individueel (Den Haan & Bannink, 2012; Bonjean, 2003; Iveson, 2001);
- met systemen (Bonjean, 1997);
- bij cliënten met cognitieve problemen (Iveson, 2002; Fisch e.a., 1982; Ratner e.a., 2012; Klaver & Bannink, 2010; Klaver, 2014; 2016);
- mediatieve toepassing (Den Haan & Bannink, 2012; Klaver, 2016).

Het beperkte onderzoek maakt het nog onmogelijk om specifieke uitspraken te doen over de toepassing van oplossingsgerichte therapie bij ouderen. Wat geconcludeerd kan worden is dat oplossingsgerichte therapie minstens gelijkwaardig is aan andere bonafide therapieën maar meestal korter, en onafhankelijk van leeftijd, sociaaleconomische status en DSM-classificatie. Ook bij oplossingsgerichte therapie blijft echter gelden dat het verschil in effect tussen hulpverleners vele malen groter blijkt dan het verschil tussen therapiemethoden (Wampold, 2001).

4 Methode

Oplossingsgerichte therapie heeft een minimalistisch ideaal: hoe krijg je met een minimum aan theorie en met een zo beperkt mogelijke interventie in een minimaal aantal sessies voldoende effect? Voldoende effect betekent dat iemand op het goede spoor zit en weer zelfstandig verder kan. Elk gesprek wordt gezien als het laatste gesprek tenzij de cliënt een volgend gesprek met de therapeut vindt bijdragen aan een verdere vooruitgang.

Er is een protocol voor het eerste gesprek en voor een vervolggesprek (Bannink, 2013). De stappen van het protocol illustreren de focus gedurende het gehele proces. Van het heden (probleem) naar het gewenste resultaat in de toekomst (doel) via het opsporen van uitzonderingen ('Wat zijn momenten die al een beetje lijken op het gewenste resultaat?') naar het vinden van oplossingen en krachten ('Wat doet u op zo'n moment, en wat zien anderen u doen, en hoe kwam u op het idee?'). De vooruitgang wordt zichtbaar gemaakt via een schaalmeting ('Waar zit u ten opzichte van het gewenste resultaat en wat zou u een stukje voorwaarts laten bewegen?').

Om deze stappen succesvol te kunnen doorlopen, biedt oplossingsgerichte therapie heldere instructie over de opstelling van de therapeut en over de benodigde gesprekstechnieken. De opstelling van de therapeut wordt door De Shazer beschreven in termen van *leading from one step behind* en *the tap on the shoulder*. Leading from one step behind houdt in dat de therapeut de cliënt zelf laat bepalen wat het doel is en wat bijdraagt aan het dichterbij brengen van dit doel. De therapeut stelt vragen waarmee hij de cliënt helpt de aandacht te richten op informatie die bijdraagt aan vooruitgang (the tap on the shoulder). Deze houding van niet-weten zet aan tot een dialoog waarbij de cliënt in de expertrol wordt gezet en er een respectvolle en coöperatieve relatie tot stand wordt gebracht.

In oplossingsgerichte therapie worden de vragen van de therapeut gezien als de interventies van de behandeling. Er wordt vooral gebruikgemaakt van open vragen. Een open vraag legt het beste het perspectief van de cliënt bloot. Ook maakt oplossingsgerichte therapie gebruik van hypothetische vragen ('Stel dat...'), complimenten ('Wat mooi dat u dat lukt; hoe kreeg u dat voor elkaar?'), normaliseren en neutraliseren ('Natuurlijk maakte dat u verdrietig'), positieve heretikettering ('Goed dat u het tempo aangeeft') en erkenning geven ('Ik begrijp dat dit een nare situatie voor u is').

4.1 Samenwerkingsrelatie met de cliënt

In oplossingsgerichte therapie is er veel aandacht voor de samenwerkingsrelatie. De therapeut-cliëntrelatie wordt belangrijker geacht dan de technieken. Conform de basisuitgangspunten van oplossingsgerichte therapie wordt een goede samenwerkingsrelatie met de cliënt opgebouwd door zich aan te passen aan de cliënt: zowel wat betreft de stijl en stemming van de cliënt als wat betreft het veranderstadium van de cliënt (Prochaska e.a., 1994) en de doelen die de cliënt voor ogen heeft. Met een dergelijke opstelling is er geen sprake van confrontatie of forceren en wordt voorkomen dat er weerstand ontstaat bij de cliënt.

Een bekende indeling van de therapeutische relatie, die overeenkomt met de veranderingsstadia van Prochaska, is de indeling bezoekerstypische-klaagtypische-klanttypische samenwerkingsrelatie. De bezoekerstypische samenwerkingsrelatie kenmerkt zich doordat de cliënt geen probleem of hulpvraag heeft. Bij de klaagtypische samenwerkingsrelatie ervaart de cliënt wel een probleem en een hulpvraag, maar ziet de cliënt zichzelf nog niet als onderdeel van het probleem of van de oplossing. Een klanttypische samenwerkingsrelatie is de samenwerkingsrelatie waarin de cliënt een probleem ervaart, een hulpvraag heeft en zichzelf als onderdeel van het probleem of de oplossing ziet. Deze indeling kan de therapeut helpen om de juiste focus en vragen te kiezen tegenover de cliënt, om een passende samenwerking op te bouwen.

Bannink (2013) beschrijft uitgebreid de vragenmogelijkheden die per type samenwerkingsrelatie kunnen helpen. Iveson e.a. (2012) en Ratner e.a. (2012) hebben het gebruik van deze indeling in type samenwerkingsrelatie verlaten en gaan ervan uit, in navolging van De Shazer, dat de samenwerkingsrelatie alleen niet 'verpest' moet worden door de therapeut door het opwekken van weerstand. De therapeut dient de doelen en visie van de cliënt onvoorwaardelijk te accepteren. De expertise van de therapeut ligt met dit uitgangspunt vooral in vragen stellen die dit doel verhelderen en concretiseren.

4.2 Protocol eerste gesprek

Het protocol van het eerste gesprek omvat de volgende stappen: kennismaking, probleemonderhandeling, doelformulering, de uitzonderingen, de schaalvraag, een volgend teken van vooruitgang, complimenten-brug-boodschap en de vraag of het nodig is om opnieuw terug te komen.

Kennismaking

In de kennismaking wordt eerst gekeken naar de manier waarop de cliënt wil samenwerkingen met de therapeut. Dit doet de therapeut door de verschillende manieren waarop hij met de cliënt aan de slag kan gaan, in de behandeling voor te leggen. Bannink (2013) noemt dit: het voorleggen van de winkel. De therapeut zou bijvoorbeeld kunnen vertellen dat hij probleemgericht- of oplossingsgericht met de cliënt kan werken. In een probleemgerichte aanpak zal vooral het probleem geanalyseerd worden en zal vanuit de analyse gekeken worden naar inzetten op anders denken of doen om het probleem te laten verminderen (zie hoofdstuk 16, Cognitieve gedragstherapie).

Over de oplossingsgerichte aanpak kan de therapeut uitleggen dat er dan niet zozeer over het probleem gepraat zal worden maar dat het accent ligt op het analyseren van de toekomst (= doel) in termen van hoe het leven van de cliënt eruitziet als zijn probleem (voldoende) zou zijn opgelost. Op basis van deze formulering zoekt de therapeut met de cliënt naar gedragingen en gedachten die de cliënt al in zich heeft en waarvan hij merkt dat die hem helpen in de richting van zijn doel. Met het voorleggen van deze keuze wordt er direct ingezet op een oplossingsgerichte mindset.

Wanneer cliënten kiezen voor de oplossingsgerichte aanpak, volgt een oplossingsgerichte kennismaking. Daarin wordt de focus gelegd op de positieve zaken in het leven van de cliënt, bijvoorbeeld door te vragen naar waarop iemand trots is in zijn leven. Ook kan gevraagd worden naar eventuele veranderingen sinds de aanmelding. Ruim twee derde van de cliënten blijkt sinds de aanmelding al tot een vorm van positieve actie te zijn overgegaan. Deze *pre-session change* blijkt alleen naar voren te komen als er expliciet naar wordt gevraagd.

Probleemonderhandeling en doelformulering

Na de kennismaking volgt de probleemonderhandeling. Deze wordt ingezet met de vraag: 'Wat brengt u hier?' Daar waar therapeuten vanuit het probleemgerichte werken vooral gewend zijn het probleem uitgebreid te analyseren, wordt in de oplossingsgerichte aanpak vooral erkenning gegeven voor het probleem, en worden geen vragen gesteld voor een diepere verkenning van het probleem. Vervolgens stelt de therapeut de vragen 'Hoe is dit een probleem voor u?' en 'Wat heeft u al gedaan waarvan u merkte dat het u hielp?' Hiermee wordt het ingebrachte probleem in een oplossingsgericht perspectief geplaatst.

Na de probleemverkenning wordt de aandacht gericht op de gewenste toekomst, door de cliënt te vragen wat hij hoopt dat deze gesprekken zullen opleveren: 'Waaraan zou u merken dat deze gesprekken zin hebben gehad?' Voor een uitgebreide exploratie van het gewenste resultaat stelt de therapeut de wondervraag:

> 'Stel: u gaat vanavond naar bed en u valt in slaap, en als alles stil is, midden in de nacht, gebeurt er een wonder. En dat wonder is dat alle problemen waarvoor u nu hier komt, voldoende zijn opgelost. Maar u weet dat niet, want u slaapt. Wat is dan het eerste waaraan u, als u morgen wakker wordt, merkt dat er iets veranderd is?'

Na het stellen van de wondervraag geeft de therapeut de cliënt ruimte om zich een fantasiebeeld te vormen van de dag na het wonder. Vervolgens wordt ongeveer twintig minuten lang gedetailleerd doorgevraagd: concreet (als in een film: 'Wat zie ik je dan doen?'), positief (wat wel: 'Wat komt daarvoor in de plaats?') en interactioneel (in relatie tot anderen: 'En hoe reageerde je man?'). Hoe gedetailleerder de cliënt weet te antwoorden, hoe echter en haalbaarder het doel wordt.

Uitzonderingen

Dan volgt een exploratie van de uitzonderingen. De Jong en Berg (2015) gebruiken als ezelsbruggetje voor het vinden van uitzonderingen het acroniem EARS dat staat voor: *eliciting* (uitlokken), *amplifying* (uitvergroten), *reinforcing* (bekrachtigen), en *starting over* (opnieuw beginnen). De eerste vraag lokt het zoeken van een uitzondering uit: 'Wanneer had u de afgelopen tijd soms al even iets wat een beetje op dat van de dag na het wonder leek?'

De tweede vraag vergroot deze situatie uit om het tot stand komen van de uitzondering te verhelderen, evenals het eigen aandeel en de reactie van de omgeving hierop: 'Wat deed u toen, en wat zagen anderen u doen en hoe ging het toen verder?'

Bekrachtiging bevestigt het eigen aandeel van de cliënt en versterkt hiermee het gevoel zelf enige invloed te kunnen uitoefenen op zijn of haar leven: 'Hoe kwam u op dat goede idee? Wat maakte dat u dat besloot of dat koos? Dus u bent iemand die... [een positieve eigenschap]?'

De laatste vraag zet het zoekproces naar andere uitzonderingen opnieuw in: 'Wat zijn nog meer momenten die al een klein beetje lijken op de dag na het wonder?' Deze cyclus herhaalt men net zo lang tot de cliënt alle uitzonderingen met de therapeut verhelderd heeft.

Schaalvraag en volgend teken van vooruitgang

Na verkenning van de uitzonderingen worden de zogeheten schaalvraag gesteld. 'Als 0 het slechtste moment van uw leven is, en 10 is de dag na het wonder, waar zit u dan nu?' Gemiddeld zeggen mensen in een eerste gesprek dat ze op een 3 zitten. De therapeut vraagt dan wat maakt dat ze er nu een 3 voor geven, en wat hielp om van een 0 bij een 3 te komen.

Twijfelt de therapeut aan de motivatie tot verandering van de cliënt, dan kan hij ook een schaalvraag over de motivatie stellen. 'Als 0 betekent dat u het laat bij hopen en bidden, en 10 betekent dat u bereid bent er alles voor te doen wat ik u maar zou kunnen vragen, waar zit u dan nu?'

Na de schaalmeting wordt er met de cliënt gekeken naar een volgend teken van vooruitgang. Ook hier is het belangrijk dit teken concreet, positief en in termen van gedrag van de cliënt te formuleren.

Complimenten-brug-boodschap

De sessie wordt besloten met de boodschap van de therapeut aan de cliënt. De boodschap omvat complimenten en de reden voor een eventuele suggestie. Er zijn twee standaardsuggesties: de 'doe-suggestie' en de 'let-op- of denk-na-suggestie'. De doe-suggestie richt de aandacht op gedrag van de cliënt (doe meer van wat werkt; doe iets anders). De let-op- of denk-na-suggestie richt de aandacht op het opsporen van positieve situaties en het gedrag dat de cliënt in deze situatie inzet ('Let op momenten die al een klein beetje lijken op de wonderdag en let op wat jij dan anders doet').

Welke suggesties worden gegeven, is afhankelijk van de samenwerkingsrelatie tussen de cliënt en de therapeut. In een klanttypische samenwerkingsrelatie kunnen allerlei doe-, let-op- en denk-na-suggesties worden meegegeven. Bij een klaagtypische samenwerkingsrelatie worden enkel let-op- en denk-na-suggesties gegeven en bij een bezoekerstypische samenwerkingsrelatie worden uitsluitend complimenten en geen suggesties gegeven. Naast deze standaardsuggesties zijn er allerlei variaties in suggesties te geven (Bannink, 2013). Tot slot stelt de therapeut de vraag of de cliënt het nodig vindt om opnieuw af te spreken, en zo ja: wanneer.

4.3 Protocol vervolggesprek

Het vervolggesprek omvat: nieuwe uitzonderingen, de schaalmeting, complimenten-brugboodschap en de vraag voor een volgend gesprek. De therapeut begint met de vraag wat er beter is gegaan sinds het vorige gesprek. Als de cliënt op basis van deze vraag geen verbetering weet op te sporen, kan de vraag naar verbetering meer specifiek worden gesteld, bijvoorbeeld: 'Hoe ging het de dag na het vorige gesprek? En de dag daarna? En toen?' Wanneer de cliënt uitzonderingen op het spoor komt, worden deze conform EARS verder uitgevraagd.

Als blijkt dat er geen verbetering is opgetreden of dat er sprake is van achteruitgang dan zal de therapeut vooral copingvragen stellen. Copingvragen zijn indirecte complimenten. Door het beantwoorden van de vraag bekrachtigt de cliënt zichzelf. Een passende copingvraag in deze fase van het vervolggesprek is bijvoorbeeld: 'Hoe houdt u zich staande, ondanks deze achteruitgang?'

Vanaf de schaalmeting volgt het protocol van het vervolggesprek de werkwijze van het protocol van het eerste gesprek.

5 Ouderen

Ondanks de nog beperkte onderzoeken naar de toepassing van oplossingsgerichte therapie wordt oplossingsgerichte therapie vaak toegepast in de ouderenzorg, zowel individueel als mediatief met zorgteams en mantelzorgers, en heeft de oplossingsgerichte therapie een vaste plek in het onderwijs aan psychologen in de ouderenzorg (GZ-opleiding met accent op ouderen, en de profielopleiding ouderen). De reden hiervoor is meerledig. Het aantrekkelijke van oplossingsgerichte therapie bij ouderen ligt in de aandacht die oplossingsgerichte therapie heeft voor de krachten en wensen van ouderen, het versterken hiervan door gebruik te maken van wat er bij de ouderen al aanwezig is, en het kortdurende en 'minder zware' karakter van de behandeling. Deze positieve focus past goed bij de actuele visie op het zorgbeleid van succesvol ouder worden. Oplossingsgerichte therapie geeft de mogelijkheid om succesvol ouder worden en de manier om dit te verwezenlijken persoonsafhankelijk te definiëren en doet hiermee tevens recht aan de hoge mate van interindividualiteit bij ouderen (Bonjean, 1997).

Iveson (2001) stelt dat juist bij ouderen de focus op krachten zo belangrijk is vanwege een vergrote geneigdheid van de ouderen zelf en de professional om de aandacht te richten op kwetsbaarheid en problemen. Het volgen van de wensen en doelen van de cliënt daagt de professional uit om de ouderen ook te zien en te bejegenen als een persoon die hierin zijn eigen verantwoordelijkheid kan nemen.

In de toepassing met ouderen kan er doorgaans gebruikgemaakt worden van het standaardprotocol (Den Haan & Bannink, 2012). Specifiek voor de ouderengroep is er een aantal aandachtspunten die het laten slagen van een oplossingsgerichte behandeling vergroten. Vanwege de hoge mate van heterogeniteit en comorbiditeit bij ouderen wordt er aangeraden om een biopsychosociale visie te hanteren, zodat ook de fysieke situatie, het medicatiegebruik en de mate van ondersteuning vanuit de omgeving verhelderd worden als onderdeel van het veranderingsproces.

Bij ouderen speelt specifieke thematiek een rol. Thema's als zingeving, verlies, gezondheid, afhankelijkheid en verbondenheid komen bij de oudere cliënt vaak voor. Bij het thema verlies wordt vaak rouw gezien, wat kan samengaan met intense emoties. Veel ouderen merken dat, na verloop van tijd, de steun van de omgeving voor deze emoties vermindert en de omgeving vooral aanstuurt op het oppakken van het leven. Bonjean (2003) ervaart in haar oplossingsgerichte werk met ouderen met rouw dat deze situatie, en de reactie van de omgeving, cliënten extra gevoelig maakt voor de reactie van de therapeut. Daar waar oplossingsgerichte therapie vooral gericht is op de gedragsmatige kant (doen of denken wat helpt), adviseert Bonjean bij rouw om attent te zijn op de omgang met deze emoties. Erkenning geven, empathische ondersteuning en copingvragen stellen (zoals 'Hoe houdt u het vol?', of 'Hoe heeft u de energie kunnen opbrengen om mee te werken aan uw dochters voorstel om in behandeling te gaan?') dragen bij aan het opbouwen van een succesvolle samenwerkingsrelatie en faciliteert een meer natuurlijk dan geforceerd veranderingsproces.

Er zijn verschillende onderzoeken bekend waarin de doelen van oudere cliënten zijn onderzocht. De meest prominente doelen zijn het behouden van een goede gezondheid en relaties met anderen. Met het ouder worden neemt de kans op belemmeringen in het behalen van doelen toe. Vooral van fysieke beperkingen zoals pijn en chronische ziekten is bekend dat deze het behalen van doelen negatief kunnen beïnvloeden.

Ouderen blijken in vergelijking met jongeren over meer alternatieve manieren te beschikken voor het behalen van een doel en zijn vanwege hun levenservaring beter in staat een passend alternatief te kiezen (Cheavens & Gum, 2000). Van deze kracht wordt optimaal gebruikgemaakt in oplossingsgerichte therapie.

5.1 Cognitieve stoornissen

Een ander kenmerk van de ouderengroep is de hoge prevalentie van cognitieve stoornissen. De toepassing van psychotherapie met cliënten met cognitieve stoornissen vraagt bij elke therapievorm dat de therapeut zijn toepassing en werkwijzen aanpast (Smits e.a., 2016). Klinische ervaring leert dat oplossingsgerichte therapie in veel gevallen goed toepasbaar is bij ouderen met cognitieve stoornissen (Iveson, 2002; Klaver & Bannink, 2010; Klaver, 2014; 2016). Zolang een gesprekscontact mogelijk is en er voldoende cognitieve capaciteiten zijn om een oplossingsgericht taalconstruct op te bouwen, kan oplossingsgerichte therapie worden overwogen.

Ook voor deze groep ouderen gelden de algemene voordelen van oplossingsgerichte therapie, zoals de aandacht voor de samenwerkingsrelatie waardoor er minder stagnatie en uitval optreedt, en de gerichtheid op krachten en competenties van de cliënt waardoor er hoop en empowerment ontstaan. Een specifiek voordeel is dat een gebrek aan ziekte-inzicht en beperkingen in het geheugen geen onoverkomelijke belemmering hoeven te vormen.

In een probleemgerichte behandeling wordt ziekte-inzicht vaak gesteld als voorwaarde voor een succesvolle behandeling en geheugenproblemen als een beperking voor de behandeling. In een probleemgerichte behandeling wordt vooral uitgegaan van de perceptie en expertise van de therapeut op de situatie en het probleem van de cliënt. Deze focus biedt weinig ruimte voor een effectieve omgang met een vaak andere perceptie van de cliënt op zijn eigen situatie. Er kan ingezet worden op het vergroten van het ziekte-inzicht, wat een complexe en soms moeilijk haalbaar doel is. Het alternatief is om de cliënt door uitleg of geleidelijke confrontatie te verleiden tot of te overtuigen van de visie van de therapeut. Deze inzet legt een grote druk op de samenwerkingsrelatie en leidt hiermee tot een verhoogde kans op drop-out.

In oplossingsgerichte therapie worden de perceptie en de expertise van de cliënt gevolgd en is een gedeelde visie op de situatie en problemen niet nodig om vooruitgang te genereren. Een gebrek aan ziekte-inzicht speelt daarom veel minder een beperkende rol in een oplossingsgerichte behandeling. Dat wil niet zeggen dat de therapeut in alle fasen van de behandeling onbevooroordeeld de visie van de cliënt blijft volgen. Vooral in de fase waarin de therapeut met de cliënt onderzoekt wat een volgend teken van vooruitgang zal zijn, vraagt dit soms om een andere inzet van de therapeut. Hoe deze aanpassing er concreet uitziet, is te lezen onder het kopje Omgang met beperkingen en gebrek aan ziekte-inzicht.

In probleemgerichte behandelingen wordt er vanuit een medisch model veel informatie van buiten ingebracht in de therapie, zoals de hypothese over het gedrag, de rationale van de behandeling, en de interventies die gaan helpen om het probleem te verminderen. In een oplossingsgerichte therapie wordt in tegenstelling tot deze 'educatie' vooral gewerkt via het principe van evocatie. Evocatie betekent dat bestaande informatie in de cliënt naar boven wordt gebracht door open vragen te stellen. Het idee is dat deze 'ik-eigen' en aan emotie en belang gerelateerde informatie beter beschikbaar is en blijft voor de cliënt. Geheugenproblemen hebben daarom niet snel een beperkende invloed op de expertrol van cliënten: ondanks geheugenproblemen weten cliënten vaak goed wat hun doel is en wat hen daarbij helpt. Deze perceptie blijft ook stabiel in de loop van de tijd. Ook al onthouden cliënten niet alles van wat er in een sessie gezegd is, er blijkt wel vooruitgang op te treden in de richting van het gekozen doel.

Voor de toepassing van oplossingsgerichte therapie met cliënten met cognitieve stoornissen is een aangepast protocol beschikbaar (Bannink & Klaver, 2010). De aanpassingen worden hierna besproken.

Alternatieve wondervraag

In plaats van de wondervraag wordt de voorkeur gegeven aan de hoop-en-verschil-vraag. Dit is een alternatieve vraag voor het verhelderen van de doelformulering en bestaat uit de vragen: 'Waar hoopt u op?' en: 'En waar hoopt u nog meer op?' Als alle hoop benoemd is door de cliënt, wordt de vraag gesteld: 'En stel dat alles waar u op hoopt zou uitkomen, wat zou dat voor verschil maken?'

De hoop-en-verschil-vraag heeft een aantal voordelen ten opzichte van de wondervraag. De wondervraag wordt vaak als te abstract beleefd door cliënten met cognitieve beperkingen. De hoop-en-verschil-vraag is kort, concreet en eenvoudiger te beantwoorden. Een tweede voordeel zit in de hoeveelheid informatie die bovengebracht wordt in het formuleren van het doel. Bij het gebruik van de wondervraag ontstaat er een uitgebreide beschrijving van de dag na het wonder. Voor cliënten met geheugenproblemen bevat zo'n gehele beschrijving van de wonderdag veel informatie en is deze moeilijk als doel te onthouden en te overzien. De hoop-en-verschil-vraag leidt tot een waarde zoals zelfstandigheid, vrijheid of rust en wordt gebruikt als term voor het doel of het gewenste resultaat van de cliënt zijn behandeling.

De hoop-en-verschil-vraag draagt tevens bij aan het uit elkaar houden van het echte doel en de middelen tot het doel. De hoopvraag richt de aandacht op de middelen naar het doel ('Ik hoop dat ik weer beter kan lopen, dat ik weer thuis zal wonen en dat ik weer met mijn vrienden kan kaarten') en de verschilvraag maakt helder wat deze middelen zullen opleveren (zelfstandigheid) en is hiermee gelijk aan het doel.

Een doel geformuleerd in termen van een waarde heeft een hoog abstractieniveau. Dit lijkt in tegenspraak met de visie in psychotherapie dat doelen zo concreet mogelijk geformuleerd dienen te worden. Uit ervaring blijkt dat cliënten echter goed weten wat de waarde voor hen inhoudt. De concretisering in gedrags - en gedachtentermen vindt vooral plaats in het verhelderen van de uitzonderingen en van het volgende teken van vooruitgang. Een man die opgenomen was in het verpleeghuis vanwege een progressieve spierziekte, had veel moeite met de toegenomen afhankelijkheid. Zijn doelformulering was: 'Mezelf zijn'. In het uitvragen van de uitzonderingen werd helder dat hij dit al voelde wanneer hij met zijn partner naar de lokale korfbalvereniging ging om korfbal te kijken en oude teamgenoten te ontmoeten, wanneer hij met een ijsje in het bos van de vogels aan het genieten was, en in de gedachte: 'Ik ben niet veranderd: mijn lijf is veranderd.'

Hoe hoger het abstractieniveau van het doel, hoe groter de reikwijdte is van de middelen die naar dit doel leiden. Hiermee wordt de kans op het succesvol dichterbij brengen van het doel groter. In de casus 'Oudere cliënt met cognitieve stoornissen' verderop in deze paragraaf wordt de toepassing van de hoop-en-verschilvraag geïllustreerd.

Omgang met beperkingen en gebrek aan ziekte-inzicht

In de fase waarin de therapeut met de cliënt onderzoekt wat een volgend teken van vooruitgang zal zijn in de richting van de cliënt zijn doel, noemen cliënten soms gedrag dat niet meer in het gedragsreportoire van de cliënt zit en dat ook niet meer opnieuw geleerd kan worden vanwege de beperkingen die een cliënt ten gevolge van zijn hersenschade heeft. Denk bijvoorbeeld aan autorijden, zelfstandig koken of handwerken. Wanneer blijkt dat gedrag niet meer toegankelijk is, zal er een andere manier gevonden moeten worden om het doel dichterbij te brengen. De vraag is dus: 'Wat is een ander teken van vooruitgang?', wat ook wel rerouten wordt genoemd.

Rerouten is iets waar je niet zomaar op inzet: je doet dit nadat je – gecontroleerd – met je cliënt onderzocht hebt of het gedrag daadwerkelijk niet meer mogelijk is. Bij mensen met een gebrek aan ziekte-inzicht is deze fase vaak het meest belastend omdat ze vanwege hun andere perceptie op hun mogelijkheden niet altijd meebewegen met het zoeken van beschikbare alternatieven. Dit vraagt dus om een pas op de plaats om zowel de samenwerkingsrelatie als de voortgang van de behandeling niet te schaden.

Gezamenlijk zoekproces naar een haalbaar volgend teken

Meneer Prins is met een CVA opgenomen in het verpleeghuis. Meneer Prins werkt met de therapeut aan het dichterbij brengen van het doel: zich goed voelen. Voor het CVA fietste meneer Prins elke dag een rondje door de polder, wat hem een rustig en prettig gevoel gaf. Hij is ervan overtuigd dat dit weer zou moeten kunnen en noemt dit als een volgend teken van vooruitgang. De fysiotherapeut rapporteert dat meneer Prins daarvoor fysiek te beperkt is en de ergotherapeut stelt dat meneer Prins zich vanwege een neglect onvoldoende veilig door het verkeer zou kunnen bewegen. Meneer Prins is echter zo vasthoudend in zijn wens, visie en motivatie hiervoor, dat zijn wens in eerste instantie wordt gevolgd.

Er wordt een trainingstraject gestart op de onderdelen fysiek en neglect om te onderzoeken of hierin nog vooruitgang gerealiseerd kan worden. Ondanks een grote inzet van meneer Prins blijkt dit onvoldoende voor een veilige fietssituatie. Dat is een grote teleurstelling voor meneer Prins. Deze teleurstelling wordt erkend en er wordt gekeken wat een ander volgend teken van vooruitgang zou kunnen zijn. Meneer Prins blijft in eerste instantie op hetzelfde thema verder zoeken, wat leidt tot het verkennen van het gebruik van een duofiets of ander vervoer om het rondje polder weer terug kunnen brengen in zijn leven. Tijdens deze exploratie wordt helder dat niet zozeer het fietsen dan wel het zien van de natuur tijdens het fietsen meneer Prins het meest helpt, en dat hij dit gevoel ook ervaart bij natuurfilms kijken. Meneer Prins blijkt een hele verzameling natuur-dvd's te hebben waar hij dagelijks een halfuur naar kijkt en wat hem dichter bij zijn gewenste doel, zich goed voelen, brengt.

Ondersteuning met hulpmiddelen en helpers

Voor het ondersteunen van het geheugen kan de schaalmeting van de cliënt getekend worden, waarbij in elke sessie de nieuwe meting en de bijbehorende helpende inzet wordt opgenomen. Deze tekening geeft tevens zicht op de vooruitgang van de cliënt. Op het eind van het gesprek wordt aan de cliënt gevraagd wat ervoor nodig is om dat wat in de sessie besproken is, onder de aandacht te houden. Op deze manier krijgt de cliënt de ruimte om op basis van zijn eigen visie hiervoor een eventuele extra inzet te doen.

De oplossingen van de cliënt kunnen mediatief ondersteund worden door de omgeving: in een intramurale setting door het zorgteam; in de thuissituatie kunnen familie of mantelzorgers deze ondersteuning geven. De ondersteuning bestaat uit het stimuleren, belonen en bekrachtigen van de cliënt in het toepassen van wat al helpt. Deze ondersteuning maakt dat oplossingen en competenties van de cliënt verankerd raken in zijn gedragsrepertoire, en het helpt de omgeving om bij te dragen aan een persoonsgerichte inzet.

Oudere cliënt met cognitieve stoornissen (1)

Mevrouw Veen is een 74-jarige vrouw die enige tijd geleden is opgenomen op een somatische afdeling van het verpleeghuis. Ze heeft een CVA doorgemaakt waardoor ze zorgafhankelijk is en cognitief en gedragsmatig is veranderd. De verzorgenden signaleren acceptatieproblemen en moeten steeds weer strijd leveren om haar de benodigde hulp te kunnen bieden. Zij stellen haar voor om in gesprek te gaan met de psycholoog.

Bij de kennismaking vertelt ze dat ze geen eenvoudig leven heeft gehad. Ze is twee keer gescheiden en heeft er in de zorg voor haar kinderen altijd alleen voor gestaan. Dat heeft haar ook zelfstandig en sterk gemaakt: eigenschappen die ze belangrijk vindt en waar ze trots op is. Vervolgens wordt met mevrouw Veen overlegd op wat voor manier ze met de therapeut wil samenwerken. Zij kiest voor de oplossingsgerichte methode. Ter onderbouwing stelt ze dat ze het als zinloos ervaart om terug te kijken en haar problemen te analyseren. Ze wil vooruit en het woord 'oplossing' geeft haar een goed gevoel.

Op de vraag wat haar bij de therapeut brengt, vertelt ze dat ze haar opname in het verpleeghuis heel moeilijk vindt. Ze voelt zich overgeleverd en heeft regelmatig strijd met de verzorging over de manier waarop ze met haar omgaan. Op de vraag op welke manier dit een probleem is, antwoordt mevrouw Veen dat ze zich zo afhankelijk voelt en dat dit haar boos en verdrietig stemt. Na het geven van erkenning en het onderzoeken van wat zij al geprobeerd heeft en wat hierin heeft geholpen, wordt de focus op de toekomst gericht met de hoop-en-verschilvraag.

[T = therapeut; C = cliënt.]

T: En waar hoopt u op in deze behandeling?
C: Dat ik me weer beter zal voelen over mezelf en mijn situatie.
T: En waar hoopt u nog meer op?
C: Dat de verzorging mij wat meer ruimte zal geven en wat aardiger zal zijn.
T: En waar hoop u nog meer op?

C: Nou ja het liefst zou ik natuurlijk willen dat ik gewoon weer thuis zou zijn en niet hier.
T: Ja, natuurlijk. En stel dat alles waar u op hoopt uit zou komen: wat zou dat voor verschil voor u maken?
C: Dat zou een enorm verschil maken. Dat zou veel voor mij betekenen.
T: En wat zou dat voor u betekenen?
C: Dan zou ik me onafhankelijk voelen. Zoals ik dat altijd in mijn leven gevoeld heb. En dat was niet altijd makkelijk hoor. Maar ik merk dat dit wel heel belangrijk voor me is.

Vervolgens vraagt de therapeut wat al momenten zijn die mevrouw Veen een beetje een gevoel van onafhankelijkheid geven (uitlokken van uitzonderingen). Zij vertelt dat ze zich onafhankelijk voelt als ze schildert bij de activiteitenbegeleiding.

Met de vraag hoe schilderen haar helpt (de uitzondering uitvergroten) vertelt mevrouw Veen dat ze schilderen altijd leuk gevonden heeft, maar er door de zorg voor kinderen en kleinkinderen weinig tijd voor heeft gehad. Als ze schildert voelt ze zich los van haar problemen: ze hoeft met niemand rekening te houden en ze kan het doen wanneer ze dat zelf wil.

Op de vraag hoe anderen reageren op haar schilderen (verdere exploratie van de uitzondering) vertelt ze trots dat de activiteitenbegeleider haar werken erg mooi vindt en gevraagd heeft of ze opgehangen mogen worden in de gang. Ze vertelt dat dit haar erg gestimuleerd heeft om verder te gaan.

Tot slot vraagt de therapeut hoe mevrouw Veen wist dat schilderen haar zou helpen (bekrachtiging via een indirect compliment). Mevrouw Veen vertelt dat ze dit eigenlijk altijd geweten heeft, maar dat er nu de ruimte is om het te doen.

Vervolgens vraagt de therapeut nog drie andere uitzonderingen uit en stelt de schaalvraag. De cliënt scoort een 4 op een schaal van 0-10, waarbij 0 het slechtste moment van haar leven is en 10 de onafhankelijkheid is waar ze naar streeft. De therapeut complimenteert haar met de inzet die zij in deze moeilijke situatie al heeft weten te realiseren en hoe dit haar al een stuk in de richting van haar doel heeft laten bewegen. Vervolgens wordt een volgend teken van vooruitgang met de cliënt geëxploreerd.

T: Wat is een volgend teken van vooruitgang?
C: Als ik beter contact met de verzorging zou kunnen hebben: het is nu elke dag iets waar ik tegenop zie.
T: En wat zou u kunnen inzetten in het contact met de verzorging om een beetje vooruitgang te ervaren?
C: Tja, moeilijk zeg. Ik vind vooral dat de verzorging het anders zou moeten doen, het is hun werk, ze mogen ze zich best wat meer verdiepen in mijn situatie.
T: En stel dat de verzorging het anders zou doen en zich in u zou verdiepen, wat zou u dan in het contact anders doen?
C: Dan zou ik aardiger zijn, ja, ik ben nu vaak wel boos hoor.
T: En wat zou u doen, als u aardiger zou zijn tegen de verzorging?
C: Ik denk dat ik dan bij het begin van de verzorging wat rustiger zou zijn en vertrouwen zou hebben.
T: En waaraan zou de verzorging dat merken?
C: Dan zou ik zeggen: 'Goedemorgen, zullen we kijken hoe we het vanochtend gaan aanpakken?'
T: Ah, mooi. Dus u zegt dan goedemorgen en onderzoekt met de verzorging hoe jullie het vanochtend zullen aanpakken. Klinkt als een goed idee.

Tot slot sluit de therapeut het contact af met een boodschap en een suggestie. De therapeut beloont de cliënt voor het feit dat ze zo goed weet wat belangrijk voor haar is. Het is mooi om te merken dat ze al een aantal dingen ontdekt heeft die haar helpen in het dichterbij brengen van onafhankelijkheid en dat ze die ook al inzet. De therapeut geeft haar de suggestie mee om vooral door te blijven gaan met wat helpt en te ontdekken wat de andere opstelling in het contact met de verzorgenden voor verschil voor

> haar gaat maken. Zij wil graag nog een keer terugkomen over drie weken en vindt het een goed idee om het zorgteam op de hoogte te stellen van haar doel.
> Het team herkent de strijd die de cliënt ervaart tijdens de verzorging. Het team heeft al verschillende manieren geprobeerd om de verzorgingsmomenten wat soepeler te laten lopen. Het team had niet bedacht dat deze momenten zo belastend voor haar waren omdat ze juist zo stevig overkomt. Het team vindt de doelformulering van de cliënt heel herkenbaar en zijn gemotiveerd haar te steunen in het dichterbij brengen van dit doel. Tijdens de verzorgingsmomenten let het zorgteam nu meer op het samen bespreekbaar maken van de aanpak en belonen ze haar voor een prettige samenwerking. De activiteitenbegeleider is verrast over de bijdrage die het schilderen heeft aan het welbevinden van de cliënt en bepreekt met haar hoe ze dit effect nog kunnen vergroten. Na drie sessies scoort de cliënt een 7 op de schaalmeting en heeft mevrouw Veen het gevoel weer zelf verder te kunnen. Het team ervaart een soepelere omgang met haar en rapporteert meer oog te hebben voor de waarde van haar onafhankelijkheid.

5.2 Mediatieve toepassing

Een mediatieve toepassing van psychotherapie is geïndiceerd in het geval een cliënt niet meer zelf in staat is om te profiteren van een gesprekscontact, of wanneer de zorgomgeving moeite ervaart in de omgang met gedrag van een cliënt (zie hoofdstuk 17, Mediatieve cognitieve gedragstherapie). Een mediatieve therapie start bij een gedragsprobleem en kan drie soorten doelstellingen hebben:
- het gedragsprobleem beïnvloeden (bijvoorbeeld: de frequentie van het roepen verminderen);
- het welbevinden beïnvloeden van het zorgteam tegenover het gedragsprobleem (bijvoorbeeld: bevorderen van een gevoel van rust van het zorgteam tijdens het bestaande roepgedrag); of:
- gewenst gedrag bij de cliënt bevorderen (bijvoorbeeld: rustig aanwezig zijn).

De eerste twee doelformuleringen vragen een probleemgerichte inzet. Vooral cognitieve gedragstherapie wordt benut om de invloed van de omgeving te verhelderen en in te zetten voor het verwezenlijken van het doel.
De derde doelstelling vraagt om een oplossingsgerichte inzet van mediatieve therapie. Dit kan op twee manieren. De eerste manier gaat volgens oplossingsgerichte standaardprotocollen voor het eerste gesprek en het vervolggesprek voor individuele cliënten. De beschrijving van deze toepassing met voorbeelden is terug te lezen in Den Haan en Bannink (2012) en volgt de volgende protocolstappen: kennismaking en rapport opbouwen; doelanalyse; uitzonderingen; schaalvragen; feedback en suggesties; en follow-upbijeenkomst.
Een tweede mogelijkheid voor oplossingsgerichte mediatieve therapie is volgens het protocol voor mediatieve cognitieve gedragstherapie, dat uitgebreid beschreven en geïllustreerd wordt door Klaver (2016). In dit protocol wordt uitgegaan van het idee dat oplossingsgerichte therapie een vorm van cognitieve gedragstherapie is en wordt de aandacht met het team gericht op het analyseren van de invloed van de omgeving op het ontstaan en mede in stand houden van het gewenste gedrag van de cliënt. Dit protocol volgt de stappen: kennismaking gericht op de krachten van het team; probleeminventarisatie; doelformulering in termen van het gewenste gedrag; het gewenste gedrag meten; functieanalyses van het gewenste gedrag; interventies; evaluatie. De meerwaarde van dit protocol is dat de behandeling gericht kan worden op alle drie de doelformuleringen van een mediatieve therapie en hiermee kunnen probleem- en oplossingsgerichte doelen en interventies gecontroleerd gecombineerd worden. Een voorbeeld

van een oplossingsgerichte inzet van dit protocol is terug te lezen op www.neuropsychologischebehandeling.nl (M.G. Klaver, protocol voor het mediatief toepassen van cognitieve gedragstherapie met zorgteams). Teams zijn over het algemeen meer of vooral gewend om over het probleemgedrag of -situaties te praten en moeten vaak wennen en leren om in de oplossingsgerichte mindset te komen. Het uitleg geven aan deze manier van kijken en behandelen kan een goede eerste stap zijn om hiermee met een team aan de slag te gaan. Het is een uitdaging voor de therapeut om met de verschillende samenwerkingsrelaties in het team om te gaan. Elk type samenwerkingsrelatie kan benut worden in het veranderingsproces. Teamleden die bijvoorbeeld geen probleem ervaren (bezoekertypische samenwerkingsrelatie) hebben mogelijk waardevolle gedachten die maken dat de situatie anders beleefd wordt, of doen iets anders waardoor het probleem zich minder vaak of niet voordoet. Teamleden met een klaagtypische samenwerkingsrelatie kunnen een bijdrage leveren in een observerende rol (voor het vinden van uitzonderingen) en teamleden met een klanttypische samenwerkingsrelatie leveren een belangrijke bijdrage aan doen van wat al helpt.

Ook is het waardevol om te kijken wat de teamkwaliteiten en -krachten zijn en hoe deze kunnen bijdragen aan vooruitgang. Dit wordt bij voorkeur in de start van de behandeling gedaan met vragen als: 'Waar zijn jullie goed in als team?'; 'Vertel eens over een succeservaring in de omgang met gedragsproblemen en wat van dat succes kunnen we nu meenemen of benutten'; en: 'Wat maakt jullie team aantrekkelijk om in te werken?' Teams ervaren de oplossingsgerichte methode vaak als verfrissend en het helpt hen vanuit een ander perspectief naar cliënten te kijken. De werkwijze vergroot de teamcohesie en emancipeert, verstevigt en empowert een zorgteam. Een uitdaging in de mediatieve toepassing van oplossingsgerichte therapie is het feit dat de meeste organisaties een probleemgericht paradigma van zorgverlening hanteren. Het succesvol integreren van een oplossingsgerichte doelformulering in een probleemgerichte zorgverlening vraagt daarom ook aandacht. De Jong en Berg (2015) doen een aantal aanbevelingen die kunnen bijdragen aan een succesvolle integratie.

Multidisciplinair zorg- of behandelplan

Een andere mediatieve toepassing is het inzetten van het oplossingsgerichte paradigma in een multidisciplinair zorg- of behandelplan. In deze toepassing wordt de oplossingsgerichte doelformulering van de cliënt als uitgangspunt genomen van het multidisciplinaire behandelplan. In het multidisciplinaire overleg wordt onderzocht hoe disciplines kunnen bijdragen aan het dichterbij brengen van het doel – samen met de cliënt. Deze mediatieve inzet van het oplossingsgerichte paradigma zet maximaal in op het welbevinden van de cliënt vanuit het perspectief van de cliënt en maakt het mogelijk om probleem- en oplossingsgerichte behandelingen naast elkaar in te zetten (Klaver, 2014).

> **Oudere cliënt met cognitieve stoornissen (2)**
> In de casus van mevrouw Veen wordt onafhankelijkheid het doel van haar behandelplan. Naast de inzet van de psycholoog, het zorgteam en de activiteitenbegeleiding wordt in het multidisciplinaire overleg helder dat zij 'staan' in plaats van de hele dag in haar rolstoel zitten belangrijk vindt. Lopen is niet meer mogelijk, maar staan geeft haar een gevoel van vrijheid en onafhankelijkheid. Met de fysiotherapie wordt gekeken wat haalbaar is en welke oefeningen hiervoor nodig zijn. Vervolgens wordt gekeken hoe dit geïntegreerd kan worden in haar dagstructuur.

6 Tot besluit

Een oplossingsgerichte aanpak lijkt in alle levensfasen effectief, ook – of misschien zelfs juist – bij ouderen. De continuïteit in het leven van de cliënt wordt gewaarborgd doordat oplossingsgerichte therapie sterk inzet op de gezonde kanten van de cliënt. Ouderen hebben een lang leven achter zich, rijk aan ervaringen. Hierin ligt een belangrijke bron van potentie waaruit cliënten kunnen putten. Oplossingsgerichte therapie komt tegemoet aan de pluriformiteit van mensen en is bij uitstek persoonsgericht. In de formulering van het gewenste resultaat en de manier waarop de cliënt deze dichterbij brengt, liggen de specifieke en persoonlijke waarden, behoeften en mogelijkheden van de cliënt opgeslagen. Dit maakt de doelformulering tevens tot een waardevol ijkpunt voor het behandelplan. Oplossingsgerichte therapie gaat uit van de expertise van de cliënt. In combinatie met het bevorderen van de interne locus of control levert oplossingsgerichte therapie een belangrijke bijdrage aan het gevoel van autonomie en empowerment.

Oplossingsgerichte therapie is zowel toepasbaar bij ouderen die gezond zijn als bij ouderen met fysieke en cognitieve beperkingen. De mediatieve toepassing van oplossingsgerichte therapie helpt om oudere cliënten te ondersteunen in het dichterbij brengen van hun doel en leert de omgeving om te gaan met gedrag van cliënten. Hiermee is oplossingsgerichte therapie toepasbaar in het brede spectrum van problemen bij ouderen.

Literatuur

Bannink, F.P. (2009). *Positieve psychologie in praktijk*. Amsterdam: Hogrefe.

Bannink, F.P. (2013). *Oplossingsgerichte vragen: Handboek oplossingsgerichte gespreksvoering* (3e dr.). Amsterdam: Pearson.

Bannink, F.P., & Jackson, P.Z. (2011). Positive psychology and solution focus: Looking at similarities and differences. *InterAction, The Journal of Solution Focus in Organisations, 3*, 8-20.

Bannink, F.P., & Klaver, M.G. (2010). *Oplossingsgerichte behandelprotocol voor de behandeling met cliënten met hersenletsel*. Amsterdam: RINO NH.

Berg, I.K., & Dolan, Y. (2002). *De praktijk van oplossingen: Gevalsbeschrijvingen uit de oplossingsgerichte gesprekstherapie*. Lisse: Swets & Zeitlinger.

Berg, I.K., & Jong, P. de. (1996). Solution-building conversations: Co-constructing a sense of competence with clients. *Families in society: Journal of Contemporary Human Services, 77*, 376-391.

Bond, C., Woods, K., Humprey, N., Symes, W., & Green, L. (2013). The effectiveness of solution focused brief therapy with children and families: A systematic and critical evaluation of the literature from 1990-2010. *Journal of Child Psychology and Psychiatry, 54*, 707-723.

Bonjean, M.J. (1997). Solution-focused brief therapy with aging family. In T.D. Hargrave & S. Midori Hana (Eds.), *The aging family: New vision in theory, practice and reality* (pp. 81-100). New York: Routledge.

Bonjean, M.J. (2003). Solution-focused therapy: Elders enhancing exceptions. In J.L. Ronch & J. Goldfield (Eds.), *Mentalwellness in aging: Strengths-based approaches* (pp. 201-234). Baltimore: Health Professions Press.

Butler, R.N. (1969). Age-ism: Another form of bigotry. *Gerontoligst, 9*, 243-246.

Carr, S.M., Smith, I.C., & Simm, R., (2014) Solution-focused brief therapy from the perspective of clients with long-term physical health conditions. *Psychology, Health & Medicine, 19*, 384-391.

Cheavens, J., & Gum, A. (2000). Gray power: Hope for the ages. In C.R. Snyder (Ed.). *Handbook of hope: Theory, measures, and applications* (pp. 201-221). San Diego, CA: Academic Press.

Chevalier, A.J. (1995). *On the cliënts path: A manual for the practice of solution-focused therapy.* Oakland: New Harbinger Publications.

Cladder, H. (2010). *Oplossingsgerichte korte psychotherapie.* Amsterdam: Pearson.

Cocoran, J., & Pillai, V. (2007). A review of the research on solution-focused therapy. *Britisch Journal of Social Work, 10,* 1-9.

Dahl, R., Bathel, D., & Carreon, C. (2000) The use of solution focused therapy with an older population. *Journal of Systemic Therapies, 19,* 45-55.

De Shazer, S. (1985). *Keys to solution in brief therapy.* New York: Norton.

De Shazer, S. (1988). *Clues: investigation solutions in brief therapy.* New York: Norton.

De Shazer, S., & Dolan, Y. (2009). *Oplossingsgerichte therapie in de praktijk.* Amsterdam: Hogrefe.

Fisch, R., Weakland, J.H., & Segal, L. (1982). *The tacticts of change: doing therapy briefly.* San Franciso: Jossey-Bass.

Franklin, C., Trepper, T.S., Gingerich, W.J., & McCollum, E.E. (Eds.). (2012). *Solution-focused brief therapy: A handbook of evidence-based practice.* New York: Oxford University Press.

Gergen, K.J. (1985). The social constructionist movement in American psychology. *American Psychologist, 40,* 266-275.

Gingerich, W.J., Kim, J., Stams, G.J.J.M., & MacDonald, A.J. (2012). Solution-focused brief therapy outcome research. In C. Franklin, T.S. Trepper, E.E. McCollum & W.J. Gingerich (Eds.), *Solution-focused brief therapy: A handbook of evidence based practice* (pp. 95-111). New York: Oxford University Press.

Gingerich, W.K., & Eisengart, S. (2000). Solution focused brief therapy: A review of the outcome research. *Family Process, 39,* 477-498.

Gingerich, W.K., & Peterson, L.T. (2013). Effectiveness of solution-focused brief therapy: A systematic qualitative review of controlled outcome studies. *Research on Social Work Practice, 23,* 266-283.

Haan, R. den, & Bannink, F.P. (2012). *Handboek oplossingsgerichte gespreksvoering met ouderen.* Amsterdam: Pearsons.

Iveson, C. (2001). *Whose life: Working with older people.* Londen: BTPress.

Iveson, C. (2002). Solution-focused brief therapy. *Advanced in Psychiatric Treatment, 8,* 149-157.

Iveson, I., George, E., & Ratner, H., (2012). *Brief coaching. A solution focused approach.* Londen/New York: Routledge.

Ingersoll-Dayton, B., Schroepfer, T., & Prycem, J. (1999). The effectiveness of a solution-focused approach for problem behaviors among nursing home residents. *Journal of Gerontological Social Work, 32,* 49-64.

Jong, P. de, & Berg, I.K. (2015). *De kracht van oplossingen: handboek oplossingsgerichte werken.* Amsterdam: Pearson.

Klaver, M.G. (2014). Oplossingsgerichte therapie. In C. van Heugten, M. Post, S. Rasquin & P. Smit, *Revalidatiepsychologie* (pp. 421-431). Amsterdam: Boom.

Klaver, M.G. (2016). Oplossingsgerichte therapie. In P. Smits, R. Ponds, N. Fahrenhorst, M. Klaver & R. Verbeek, *Neuropsychotherapie* (pp. 171-188). Amsterdam: Boom.

Klaver, M.G., & Bannink, F.P. (2010). Oplossingsgerichte therapie bij patiënten met niet-aangeboren hersenletsel. *Tijdschrift voor Neuropsychologie, 5,* 11-19.

Kim, J.S. (2008). Examining the effectiveness of solution-focused brief therapy: A meta-analysis. *Research on Social Work Practice, 18,* 107-116.

Knekt, P., Lindfors, O., Virtala, E., Härkänen, T., Sares-Jäske, L., & Laaksonen, M.A. (2012). The effectiveness of short- and long-term psychotherapy during a 7-year follow-up. *European Psychiatry, 27*, 1.

Macdonald, A.J. (2003). Research in solution-focused brief therapy. In B. O'Connell & S. Palmer (Eds.), *Handbook of solution-focused therapy* (pp. 12-24). Londen: Sage.

Macdonald, A.J. (2007). *Solution-focused therapy: Theory, research and practice*. Londen: Sage.

Miller, S.D., Hubble, M.A., & Duncan, B.L. (1996). *Handbook of solution-focused brief therapy*. San Francisco: Jossey-Bass.

Panayotov, P.A., Strahilov, B.E., & Anichkina, A.Y. (2012). Solution-focused brief therapy and medication adherence with schizofrenic patients. In C. Franklin, T.S. Trepper, E.E. McCollum & W.J. Gingerich (Eds.), *Solution-focused brief therapy: A handbook of evidence based practice* (pp. 95-111). New York: Oxford University Press.

Prochaska, J.O., Norcross, J.C., & Diclemente, C.C. (1994). *Changing for good*. New York: Avon Books.

Ratner, H., George, E., & Iveson, C. (2012). *Solution-focused brief therapy: 100 key points & techniques*. Londen/NewYork: Routledge.

Roeden, J.M., Maaskant, M.A., & Curfs, L.M.G. (2014a). Process and effects of solution-focused brief therapy with people with intellectual disabilities: A controlled study. *Journal of Intellectual Disability Research, 58*, 307-320.

Roeden, J.M., Maaskant, M.A., & Curfs, L.M.G. (2014b). Effectiveness of solution-focused coaching of staff of people with intellectual disabilities: A controlled study. *Journal of Systemic Therapies, 33*, 16-34.

Rowan, T., & O'Hanlon, B. (1999). *Solution-oriented therapy for chronic and severe mental illness*. New York: John Wiley & Sons.

Seidel, A., & Hedley, D. (2008). The use of solution-focused brief therapy with older adults in Mexico: A preliminary study. *American Journal of Family Therapy, 36*, 242-252.

Smits, P., Ponds, R., Fahrenhorst, N., Klaver, M., & Verbeek, R. (2016). *Handboek neuropsychotherapie*. Amsterdam: Boom.

Stams, G.J.J., Dekovic, M., Buist, K., & Vries, L. de (2006). Effectiviteit van oplossingsgerichte korte therapie: Een meta-analyse. *Gedragstherapie, 39*, 81-95.

Wampold, B.E. (2001). *The great psychotherapy debate: Models, methods, and findings*. New Jersey/Londen: Lawrence Erlbaum Associates.

21
EMDR

Marja Vink en Wietske Soeteman

1 Inleiding
2 Behandelmethode
   2.1 Procedure
   2.2 Werkingsmechanisme
   2.3 Wetenschappelijke evidentie en richtlijnen
3 Toepassingsgebieden bij ouderen
   3.1 Posttraumatische-stressstoornis (PTSS)
   3.2 Traumagerelateerde angst
   3.3 Enkele andere toepassingsgebieden
4 Benodigde aanpassingen
   4.1 Werken aan voorwaarden
   4.2 Aanpassingen procedure
5 Tot besluit
   Literatuur

---

 www.tijdstroom.nl/leeromgeving

- Casuïstiek
- Beeldmateriaal
- Handige documenten
- Weblinks

Kernboodschappen
- EMDR is een kortdurende, geprotocolleerde, evidence-based psychologische behandelmethode die effectief is voor klachten die verband houden met traumatische ervaringen.
- PTSS blijft bij ouderen vaak verborgen achter lichamelijke klachten, depressie, angststoornissen, euthanasiewensen, overmatig middelengebruik of gedragsproblemen.
- Voor het opleven of herleven van PTSS-verschijnselen kunnen actuele ingrijpende levensgebeurtenissen, zoals opname in een zorginstelling of het overlijden van een dierbare, als trigger fungeren.
- EMDR is toepasbaar bij mensen op hoge leeftijd, ook vaak nog als er fysieke en cognitieve beperkingen zijn.

1 Inleiding

Traumatische ervaringen zoals een ongeval, een beroving, misbruik, of een abrupte confrontatie met een levensbedreigende aandoening, kunnen diepe sporen nalaten. Vaak zijn mensen in staat om ingrijpende ervaringen op eigen kracht te verwerken. Soms blijft men echter gebukt gaan onder de negatieve gevolgen van schokkende ervaringen, of ondervindt men er na verloop van tijd klachten van, soms pas na vele jaren in volle hevigheid. Mensen hebben bijvoorbeeld last van terugkerende indringende beelden (herbelevingen), blijven situaties en zaken vermijden die herinneringen aan de gebeurtenis oproepen, gaan gebukt onder schuldgevoelens of andere negatieve emoties, of vertonen extreme schrikachtigheid en prikkelbaarheid. Dan kan er sprake zijn van een posttraumatische-stressstoornis (PTSS). Ook depressiviteit, fobische klachten, piekergedrag, slaapproblemen of onverklaarbare lichamelijke klachten kunnen ontstaan na ingrijpende levenservaringen. Deze verschijnselen vormen een ernstige belemmering voor het functioneren in het dagelijks leven en brengen vaak grote lijdensdruk met zich mee. *Eye movement desensitization and reprocessing*, algemeen gebruikelijk afgekort tot EMDR, is een kortdurende, geprotocolleerde psychologische behandelmethode voor klachten die verband houden met traumatische ervaringen (De Jongh & Ten Broeke, 2003). De praktijk leert dat deze behandelmethode ook bij mensen op hoge leeftijd kan worden toegepast en effectief is, zelfs als er fysieke en cognitieve beperkingen zijn.

2 Behandelmethode

EMDR bestaat uit een aantal vaste stappen die tot doel hebben traumatische herinneringen van hun emotionele lading te ontdoen (*desensitization*) en de daaraan gekoppelde associaties zodanig te reorganiseren (*reprocessing*) dat de klachten verdwijnen. Dit proces wordt ook wel met de term verwerking aangeduid. EMDR combineert verschillende effectieve elementen van andere psychotherapieën met een afleidende taak, meestal het visueel volgen van de bewegende handen van de therapeut. De Amerikaanse psycholoog Francine Shapiro legde de basis voor deze methode. Zij kwam tot de ontdekking dat door oogbewegingen de emotionele lading van onprettige herinneringen kan afnemen. Vanuit deze ontdekking introduceerde zij eind jaren tachtig van de vorige eeuw EMDR als behandelmethode voor traumagerelateerde problematiek (Shapiro, 1989). In de jaren die daarop volgden is de methode verder verfijnd en is er veel onderzoek naar verricht, zowel naar het werkingsmechanisme als naar de effectiviteit. Inmiddels is de effectiviteit van EMDR voor de behandeling van PTSS vastgesteld en is EMDR uitgegroeid tot een algemeen bekende behandelmethode voor traumagerelateerde problemen die wordt toegepast bij vele verschillende cliëntengroepen (Ten Broeke e.a., 2008; De Jongh & Ten Broeke, 2011; Oppenheim e.a., 2015). Ook in de hulpverlening aan ouderen wordt EMDR toenemend ingezet (Vink, 2015; Vink & Soeteman, 2016).
EMDR heeft als voordeel ten opzichte van veel andere vormen van psychotherapie dat het een uiterst gestructureerde methode is, die relatief weinig eisen stelt aan de communicatieve en cognitieve vermogens van de cliënt. De belasting voor de cliënt – en voor de therapeut – is relatief beperkt omdat de traumatische levenservaringen slechts kort en niet tot in detail worden besproken en het therapeutische doel over het algemeen in relatief korte tijd wordt bereikt. Bij een posttraumatische-stressstoornis die voortkomt uit een enkelvoudig trauma, zijn ongeveer drie behandelsessies vaak al toereikend (Bisson e.a., 2007; Bradley e.a., 2005; Van Etten & Taylor,

1998; Seidler & Wagner, 2006). Bij langdurige traumatisering en multiproblematiek neemt de behandeling doorgaans meer tijd in beslag en maakt EMDR deel uit van een breder behandelplan.

Procedure

Het vertrekpunt bij EMDR-behandeling is een casusconceptualisatie: een hypothese over de oorzaken en de specifieke dynamiek van de problematiek. Dit betekent dat eerst de benodigde diagnostiek wordt verricht. Ook wordt daarbij een taxatie gemaakt van een aantal individuele kenmerken, waaronder de persoonlijke draagkracht en de last die men van de klachten ondervindt. Hieruit blijkt of een gerichte traumabehandeling op dat moment nodig is, en of EMDR daarvoor geïndiceerd is. Vervolgens wordt de cliënt met uitleg op de behandeling voorbereid. Indien nodig richt de voorbereiding zich ook op het versterken van het gevoel van veiligheid en vaardigheden om de emoties te verdragen.

Basisprotocol EMDR-procedure

1 *Voorbereiding*
2 *Targetbeeld*
 Vaststellen van het actueel emotioneel meest beladen beeld van de traumatische herinnering.
3 *Negatieve cognitie* (NC)
 Met het beeld in gedachten de negatieve, disfunctionele cognitie ('Ik ben...') formuleren die maakt dat het beeld nu nog zo beladen is.
4 *Positieve cognitie* (PC)
 Een positieve functionele cognitie vaststellen die lijnrecht tegenover de negatieve cognitie (NC) staat. De geloofwaardigheid van de positieve cognitie (PC) beoordelen op een validity of cognition-schaal (VOC) van 1 tot en met 7.
5 *Targetbeeld 'op scherp' en emotionele spanning (subjective units of disturbance: SUD's)*
 De emoties vaststellen die het beeld en de NC oproepen.
 Subjective units of disturbance (SUD's) bepalen op een schaal van 0 tot en met 10.
 De plaats van bijbehorende lichamelijke sensaties aangeven.
6 *Desensitisatie*
 Zich concentreren op het beeld, de negatieve cognitie (NC) en lichamelijke sensaties.
 Series afleidende stimuli aanbieden (de bewegende hand van de therapeut, auditieve stimuli via een koptelefoon, handtaps).
 Na elke serie informeren naar associaties, zich hierop concentreren, dan de volgende serie stimuli aanbieden.
 Van tijd tot tijd evalueren in welke mate het beeld nog spanning oproept.
7 *Installatie*
 Als de spanning volledig is verdwenen (subjective units of disturbance (SUD's) = 0) het beeld koppelen aan de positieve cognitie (PC).
 Opnieuw series afleidende stimuli aanbieden tot de PC als volledig geloofwaardig wordt beoordeeld (validity of cognition (VOC) = 7).
8 *Positieve afsluiting*

De stappen van de EMDR-procedure zijn beschreven in het basisprotocol. De cliënt dient een korte globale beschrijving te geven van de traumatische herinnering en vervolgens te bepalen welk beeld uit die 'herinneringsfilm' hem of haar nu emotioneel nog het meest raakt. De therapeut vraagt welke negatieve gedachte verbonden is aan dat beeld. Dat kan bijvoorbeeld de gedachte zijn: 'Ik ben machteloos' of: 'Ik ben schuldig'. De cliënt beoordeelt met een getal tussen 0 en 10 hoeveel spanning dit beeld teweegbrengt, en benoemt welke emotie en lichamelijke sensaties het beeld oproept.

Vervolgens krijgt de cliënt de opdracht zich te concentreren op dat beladen herinneringsbeeld met de bijbehorende gedachten, emoties en lichamelijke sensaties. Vanaf dat moment wordt een afleidende prikkel aangeboden. Meestal is dat de horizontaal snel bewegende hand van de therapeut, die de cliënt met diens ogen dient te volgen. Soms wordt een andere stimulus gebruikt, zoals het geluid van klikjes die door middel van een koptelefoon afwisselend links en rechts worden aangeboden, of een tactiele stimulus door alternerend op de linker- en rechterhand of -knie van de cliënt te tikken. De stimuli worden in korte series aangeboden.

Deze procedure brengt allerlei beelden, gedachten, gevoelens en lichamelijke sensaties teweeg. De therapeut vraagt na elke set aan de cliënt wat er in hem of haar opkomt. Ook laat de therapeut van tijd tot tijd opnieuw beoordelen hoeveel spanning het beeld nog oproept, en laat de cliënt vervolgens inzoomen op het meest indringende aspect van het beeld. De negatieve lading van de traumatische herinnering wordt gedurende deze procedure geleidelijk aan verzwakt en de herinnering roept steeds minder spanning op.

Zodra het beeld geen spanning meer oproept, richt de procedure zich op vervanging van de negatieve disfunctionele cognitie die verbonden is aan de traumatische gebeurtenis door een positieve cognitie, zoals 'Ik kan het aan' of 'Ik heb gedaan wat ik kon'. Als er nog meer emotioneel beladen beelden zijn, wordt nogmaals dezelfde procedure doorlopen.

2.2 Werkingsmechanisme

Over het werkingsmechanisme van EMDR zijn door de jaren heen verschillende theorieën geformuleerd. De werkgeheugentheorie (zie figuur 21.1) geniet de meeste empirische steun. De werkzaamheid van EMDR berust volgens deze theorie op de beperktheid van het werkgeheugen en de labiliteit van geactiveerde herinneringen. De EMDR-procedure bewerkstelligt dat opgeslagen traumatische herinneringen via het werkgeheugen worden geactiveerd. In deze geactiveerde conditie is een herinnering veranderbaar en is de wijze waarop de herinnering opnieuw wordt opgeslagen beïnvloedbaar.

Het werkgeheugen heeft slechts een beperkte verwerkingscapaciteit. Het gevolg daarvan is dat door het uitvoeren van een taak de prestaties op een andere taak die gelijktijdig wordt uitgevoerd – zoals het in gedachten vasthouden van geheugenbeelden – onder druk komt te staan. Door het visueel volgen van een stimulus, of een andere taak die het werkgeheugen belast, is er minder aandacht beschikbaar om het herinneringsbeeld levendig en in alle emotionele intensiteit in gedachten te houden. Tegelijkertijd wordt er afstand gecreëerd tot het herinneringsbeeld door de instructies die worden gegeven. Als de aandacht die gericht is op een specifieke herinnering deels wordt afgeleid, vindt er 'deflatie' van de herinneringsbeelden plaats: de helderheid, de levendigheid en de emotionaliteit van de herinnering nemen af. De herinnering wordt vervolgens gewijzigd weer opgeslagen. De resultaten van een aantal experimentele onderzoeken bieden ondersteuning voor deze theorie (onder anderen Andrade e.a., 1997; Engelhard e.a., 2011a; 2011b; Gunter & Bodner, 2008; Lee & Cuijpers, 2013).

De werkgeheugentheorie voorspelt dat belasting van het werkgeheugen niet alleen effectief is voor het verlichten van klachten bij mensen die geplaagd worden door indringende herinneringen (flashbacks), maar ook bij mensen die klachten ondervinden door aversieve beelden die betrekking hebben op de toekomst (flashforwards). Dit is bijvoorbeeld het geval bij iemand

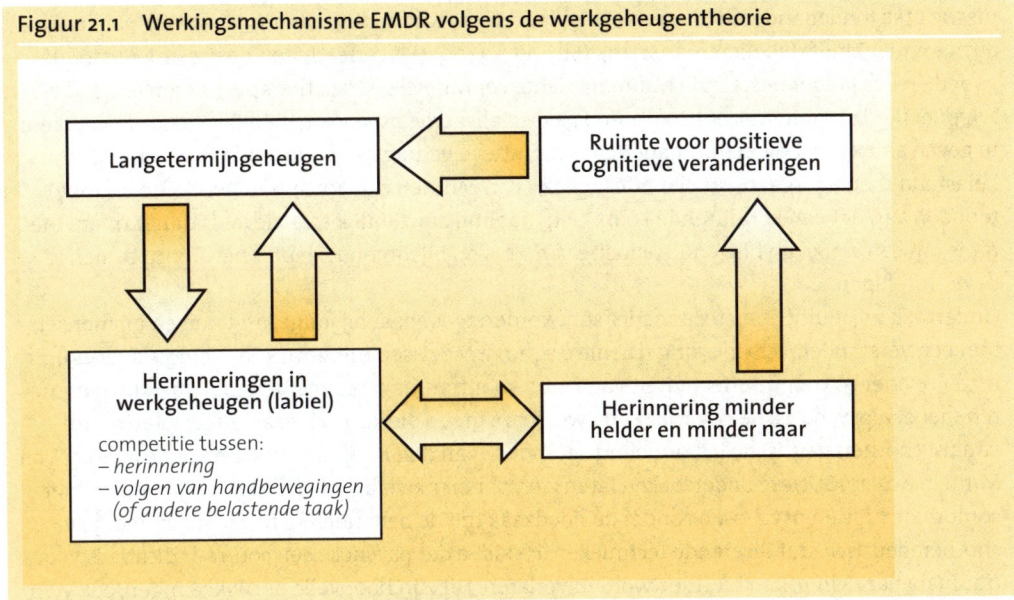

Figuur 21.1 Werkingsmechanisme EMDR volgens de werkgeheugentheorie

Bron: www.EMDR.nl (website Vereniging EMDR Nederland), 2016

met een paniekstoornis die last heeft van het beeld dat hij een hartinfarct krijgt in een drukke menigte, of iemand met hypochondrie die telkens voor zich ziet dat hij een levensbedreigende diagnose krijgt. Onderzoek wijst inderdaad uit dat deze aversieve beelden eveneens vervagen als het werkgeheugen wordt belast (Engelhard e.a., 2011b). Deze bevinding heeft geleid tot een uitbreiding van het indicatiegebied van EMDR, van trauma's uit het verleden naar pathologische 'catastrofale scenario's' over de toekomst.

Ook is experimenteel onderzocht in welke mate en op welke wijze werkgeheugenbelasting het effectiefst is (onder anderen Gunter & Bodner, 2008; Van den Hout e.a., 2010). De afleidende taak dient niet te veel ruimte voor de geheugenrepresentatie over te laten, maar moet ook weer niet zoveel ruimte nemen dat het te moeilijk wordt om het beeld helder voor de geest te halen. De optimale werkgeheugenbelasting ligt ergens tussen deze twee uitersten in. Het is dus van belang om de mate van belasting af te stemmen op de werkgeheugencapaciteit van het individu. Bij een relatief beperkte werkgeheugencapaciteit, zoals bij mensen op zeer hoge leeftijd of met bepaalde hersenaandoeningen, is een minder sterke belasting gewenst. In de praktijk wordt dan meestal het tempo van de oogbewegingen verlaagd. Ook kan worden uitgeweken naar een andere, minder belastende taak. Van den Hout e.a. (2012) toonden aan dat het luisteren naar klikjes het werkgeheugen minder belast dan oogbewegingen. Op basis van al deze wetenschappelijke bevindingen die het werkingsmechanisme van EMDR geleidelijk aan ontsluieren, zijn in de afgelopen jaren waar nodig wijzigingen aangebracht in de EMDR-procedure (Engelhard, 2012).

2.3 Wetenschappelijke evidentie en richtlijnen

Naar de effectiviteit van EMDR bij PTSS is veel wetenschappelijk onderzoek verricht waarbij EMDR is vergeleken met zowel wachtlijstcontrolecondities als actieve andere behandelingen. Uit meta-analyses blijkt dat EMDR een effectieve en veilige behandeling is voor acute en chronische PTSS (onder anderen Chen e.a., 2015; Watts e.a., 2013), ook voor PTSS als gevolg van langdurige, vroegkinderlijke traumatisering (Ehring e.a., 2014). In effectiviteit doet EMDR niet onder voor de reeds langer bestaande traumagerichte cognitieve gedragstherapie (Bisson e.a., 2007; 2013; Seidler & Wagner, 2006). In trauma gespecialiseerde psychologen blijken vaak de voorkeur te geven aan EMDR boven traumagerichte cognitieve gedragstherapie omdat EMDR minder belastend is en doorgaans sneller effect geeft (Van Minnen e.a., 2010). Van der Kolk e.a. (2007) toonden aan dat een kortdurende EMDR-behandeling aanzienlijk effectiever is dan farmacotherapie om een sterke en blijvende reductie van PTSS en bijkomende depressieve symptomen te bewerkstelligen.

Onderzoek wijst uit dat EMDR effectief kan worden toegepast bij jonge kinderen en bij mensen met een verstandelijke beperking (Diehle e.a., 2015; Mevissen e.a., 2011; Rodenburg e.a., 2009). Er is zelfs evidence voor de effectiviteit van EMDR voor traumagerelateerde problemen bij patiënten met een psychotische stoornis: een kwetsbare groep die klinisch vaak uitgesloten wordt van psychotherapeutische behandeling voor PTSS (Van den Berg e.a., 2015; De Bont e.a., 2013; Van Minnen e.a., 2016). Deze onderzoeken laten zien dat EMDR veilig en effectief is bij mensen met comorbide PTSS en psychosen zonder de noodzaak om de behandeling te vertragen met psychotherapeutisch stabiliserende technieken. Het idee dat psychose een contra-indicatie is voor traumabehandeling, kan hiermee worden verlaten. Dit zijn hoopvolle ontwikkelingen, ook voor problematiek binnen de doelgroep ouderen.

Onderzoeken naar het effect van EMDR specifiek bij ouderen zijn tot dusver niet bekend (Gielkens e.a., 2016). Het *Addendum ouderen bij de multidisciplinaire richtlijn angststoornissen* (Landelijke Stuurgroep, 2008) adviseert om bij ouderen met verschijnselen van PTSS volgens de algemene richtlijn te handelen. Deze beveelt voor PTSS als behandeling van eerste keus EMDR of traumagerichte cognitieve gedragstherapie aan (Van Balkom, 2013). Het addendum voor ouderen met angststoornissen moedigt therapeuten aan om bij ouderen met een beperkte draagkracht en met cognitieve beperkingen niet snel uit te wijken naar een steunende en toedekkende benadering, maar ook bij deze groep behandeling met EMDR te overwegen.

> 'Bij ouderen die weinig draagkracht zouden hebben, veel cognitieve beperkingen en/of weinig sociale steun wordt in de praktijk nogal eens besloten PTSS expliciet niet te behandelen; er wordt dan gekozen voor een steunende en toedekkende benadering. Het is echter moeilijk vast te stellen hoe deze begrippen gedefinieerd dienen te worden (wat is draagkracht, wat is te weinig sociale steun?). Het gevaar is derhalve dat een dergelijke overweging gemakkelijk aanleiding geeft voor leeftijdsdiscriminatie (*ageism*). Bovendien zijn er in dit soort gevallen andere benaderingen denkbaar (EMDR; mediatieve behandeling) die niet belastend hoeven te zijn, waarbij wel symptoomreductie kan worden bewerkstelligd' (Landelijke Stuurgroep, 2008, p. 50).

Naar de effectiviteit van EMDR bij andere vormen van traumagelateerde problematiek wordt in toenemende mate onderzoek verricht. EMDR lijkt effectief toepasbaar bij specifieke fobieën (onder anderen Diehle e.a., 2015; De Jong & Ten Broeke, 2003; De Jongh, 2012; De Roos & De Jongh, 2008). Klinische ervaringen met EMDR-behandeling bij chronische pijnklachten zijn eveneens hoopvol (Grant & Threlfo, 2002; Tesarz e.a., 2013; 2014), ook bij fantoompijn (Flik & De Roos, 2010; De Roos e.a., 2010; Schneider e.a., 2008). Een systematische review van alle onderzoeken naar EMDR en somatisch onverklaarbare (pijn)klachten wees uit dat behandeling met EMDR succesvol kan zijn als de EMDR-procedure gericht is op de traumatische herinneringen die gerelateerd zijn aan de specifieke lichamelijke klacht (Van Rood & De Roos, 2009). Naar de effectiviteit van EMDR bij andere problemen, zoals verslaving en persoonlijkheidsstoornissen, zijn verschillende onderzoeken nog gaande.

3 Toepassingsgebieden bij ouderen

3.1 Posttraumatische-stressstoornis (PTSS)

Het meest voor de hand liggende indicatiegebied voor toepassing van EMDR bij ouderen is de posttraumatische-stressstoornis. Naar schatting ongeveer een op de zeven ouderen kampt met verschijnselen van een posttraumatische-stressstoornis (PTSS) (Van Zelst e.a., 2003). In een grootschalig Nederlands bevolkingsonderzoek (Longitudinal Aging Study Amsterdam: LASA) werd bij 55-plussers een prevalentie van PTSS gevonden van 0,9% (Van Zelst e.a., 2003). De prevalentie van subthreshold-PTSS, waarbij niet alle vereiste symptomen aanwezig zijn, bleek in dit onderzoek maar liefst 13,1%. Ook uit onderzoek bij ouderen in Duitsland bleek de subthresholdprevalentie relatief hoog (Glaesmer e.a., 2012). De gevolgen van PTSS – óók van subthreshold-PTSS – op het leven van ouderen zijn aanzienlijk: afname van kwaliteit van leven, een verhoogd risico op somatische ziekten, slechter lichamelijk functioneren, depressie en andere psychische stoornissen, overmatig middelengebruik en suïcidaliteit (Glaesmer e.a., 2012; Van Zelst e.a., 2006).

> **Criteria posttraumatische-stressstoornis**
> - Blootstelling aan een feitelijke of dreigende dood, ernstige verwondingen, of seksueel geweld. Het kan zijn dat dit de persoon zelf is overkomen, dat hij getuige is geweest van de psychotraumatische gebeurtenis(sen), of dat het een intieme naaste is overkomen.
> - Aanwezigheid van vier symptoomclusters:
>   1 recidiverende herbelevingen;
>   2 persisterende vermijding;
>   3 negatieve veranderingen in cognities en stemming;
>   4 hyperactivatie.

Bron: DSM-5 (APA, 2014)

PTSS manifesteert zich bij ouderen in verschillende vormen (Van Zelst e.a., 2003). Kort na een ingrijpende gebeurtenis kan PTSS voor het eerst in het leven van ouderen ontstaan. Beelden van een recent incident, zoals een ongeval of misdrijf, blijven hen dan achtervolgen en hinderen. Dit kan ook voorkomen na levensbedreigende en beangstigende gezondheidsproblemen. Ouderen rapporteren in vergelijking met jongere leeftijdsgroepen relatief vaak traumatische ervaringen bij een levensbedreigende ziekte (Hauffa e.a., 2011). Deze ervaringen, zoals het doorstaan van een beroerte of een ernstig hartinfarct, een beenamputatie of het doormaken van een delier, kunnen dermate ingrijpend zijn dat ze PTSS-verschijnselen veroorzaken. De PTSS-verschijnselen zijn dan direct gerelateerd aan het doorstaan van deze recente levensbedreigende gebeurtenis, of van stressvolle gebeurtenissen eromheen.

Maar ook treden bij ouderen de verschijnselen van PTSS soms pas vele jaren nadat het psychotrauma heeft plaatsgevonden op, na een lange (relatief) klachtenvrije periode. Dit zien we bijvoorbeeld bij mensen met traumatische oorlogservaringen in een ver verleden, of met incest in de voorgeschiedenis. In deze gevallen is er sprake van chronische PTSS met een wisselend beloop. Bij een chronische PTSS zijn de PTSS-verschijnselen aanhoudend, soms al tientallen jaren, in meer of mindere mate aanwezig sinds een psychotrauma in het verleden. Bij deze vorm van PTSS hebben mensen vaak in de loop van hun leven een manier gevonden om met de klachten te leven zonder dat het dagelijks leven erdoor wordt overheerst, en zonder dat de klachten zichtbaar zijn voor de omgeving. Zodra echter de omstandigheden in ongunstige zin veranderen, komt de PTSS in volle ernst (weer) tot uiting.

> **Verborgen chronische PTSS na seksueel misbruik als kind**
> De 71-jarige Pieter de Kort komt voor het eerst bij de Specialistische ggz in behandeling vanwege een recent vastgestelde chronische PTSS en depressie. Hij heeft levenslang al last van angsten, grote onzekerheid. Tijdens een recente ziekenhuisopname leefde de angst op en toen heeft hij zijn naaste omgeving verteld dat hij in zijn jeugd misbruikt is door een priester. Dit misbruik heeft grote invloed gehad op zijn ontwikkeling; hij stelt zich altijd zeer afhankelijk op van de ander. Hij zoekt nu hulp vanwege sterke opleving van de angst tijdens ziekenhuisopname.
> Na de intake wordt hem EMDR aangeboden. Drie EMDR-sessies zijn nodig om zijn PTSS-klachten te doen verdwijnen. Samen met zes sessies cognitieve gedragstherapie kan de behandeling succesvol worden afgerond. Bij de behandelevaluatie meldt meneer De Kort dat hij actiever is, zich ontspannener voelt, nu goed slaapt, en meer zekerheid ervaart in sociale contacten. En misschien wel het allerbelangrijkste: dat hij nu voor het eerst van zijn leven zelf beslissingen kan nemen.

Voor het opleven of heropleven van PTSS-verschijnselen kunnen actuele ingrijpende levensgebeurtenissen, zoals een ziekenhuisopname of het overlijden van de partner, als trigger fungeren. Ook een verminderde mogelijkheid om vermijding als copingstrategie toe te passen kan een rol spelen: door het wegvallen van een drukke werkkring of gezinsleven, of door gezondheidsproblemen. Fysieke beperkingen kunnen het lastig maken om de zich opdringende gedachten te blijven vermijden en stress te reduceren met afleidende en ontspannende activiteiten. Maar ook cognitieve veranderingen kunnen bijdragen aan een toename van PTTS-symptomen. Dit geldt temeer als er sprake is van cerebrale pathologie, zoals na een beroerte of bij dementie. Andrews e.a. (2007) herkennen dit mechanisme bij oorlogsveteranen in een systematische review over late onset PTSS:

> 'The most prevalent triggers to delayed-onset PTSD in the case studies were related to the onset of neurological and other disorders affecting cognition in elderly combat veterans' (Andrews e.a., 2007, p. 1325).

De cijfers uit de wetenschappelijke literatuur over de prevalentie van PTSS bij mensen met hersenaandoeningen lopen sterk uiteen, maar suggereren dat het op zijn minst nodig is om alert te zijn op deze problematiek (Vink e.a., 2016). Edmonson e.a. (2013) onderzochten in een systematische review en meta-analyse de prevalentie van PTSS die werd geluxeerd door een CVA of TIA. Zij kwamen tot de conclusie dat maar liefst een kwart van de patiënten die een CVA of TIA overleeft, in het eerste jaar significante PTSS-symptomen ontwikkelt die het gevolg zijn van het incident. Dit is niet verwonderlijk: een beroerte kan immers beschouwd worden als een zeer ingrijpende en levensbedreigende gebeurtenis. Ook is het mogelijk dat de gevoelens van machteloosheid, angst en controleverlies die een beroerte met zich meebrengt, herinneringen aan eerder doorgemaakte traumatische gebeurtenissen reactiveren waarin deze gevoelens een rol speelden. Effectieve copingstrategieën kunnen niet meer inzetbaar zijn.

Maar ook de neuropsychologische functiestoornissen kunnen een belangrijke rol spelen bij de hoge incidentie van PTSS na een beroerte. Daarmee kan het vermogen afnemen om emotioneel beladen beelden te inhiberen en sturing te geven aan gedachten. Mensen die de herinnering aan traumatische ervaringen altijd op afstand hebben weten te houden, krijgen dat dan niet meer voor elkaar. Gielkens e.a. (2012) wijzen er naar aanleiding van een casus ook nog op dat de emotionele instabiliteit en huilbuien die voortkomen uit een beroerte, een directe trigger zouden kunnen vormen voor herbelevingen.

Over de incidentie van PTSS bij mensen met dementie is nog weinig bekend. De indruk bestaat echter dat ook een dementieproces een belangrijke rol speelt bij het opleven van PTSS-symptomen. Hier kunnen dezelfde verklaringsmechanismen aan verbonden worden als genoemd bij een beroerte.

Hoewel PTSS frequent voorkomt bij ouderen, wordt deze vaak niet herkend. Gielkens e.a. (2012) beschrijven een aantal factoren die herkenning bij ouderen bemoeilijken. Veel hulpverleners zijn nog onvoldoende bekend met deze stoornis en zijn er niet op bedacht. Ouderen beginnen zelf niet gemakkelijk over hun traumatische ervaringen, zelfs niet tegenover hun huisarts: zwijgen over traumatische ervaringen hoort bij een generatie die 'niet klaagt maar draagt'. Ze proberen er zo min mogelijk aan te denken, of dragen ze als een geheim met zich mee. Jarenlang aanwezige klachten kunnen bovendien leiden tot een egosyntone interpretatie en beleving ('Ik heb nu eenmaal een kort lontje' of 'Ik ben een slechte slaper').

Ook is PTSS lastig te herkennen omdat problemen die uit deze stoornis voortkomen de onderliggende problematiek aan het oog onttrekken. Zo kunnen de lichamelijke problemen die ontstaan vanuit PTSS, zoals moeheid of hartkloppingen, afleiden van de diagnose PTSS en ertoe leiden dat de patiënt in het medische circuit terechtkomt. PTSS zit vaak verstopt onder lichamelijke klachten, depressie, angststoornissen, euthanasiewensen, overmatig drank- of medicijngebruik, of gedragsproblemen.

Chronische PTSS en hevige doodsangst bij een voormalig dienstplichtig militair
Martin van Beek is een 85-jarige man die onlangs is opgenomen op een somatische afdeling in het verpleeghuis. De opname volgt op een ziekenhuisopname in verband met nachtelijke benauwdheid, pijn op de borst en paniek. Zijn gezondheid is fragiel en zijn conditie is zeer beperkt. Zijn cardiale toestand is slecht. Ook heeft hij een paar jaren geleden een klein herseninfarct gehad en sindsdien nog enkele TIA's. Al direct na opname valt op dat meneer tegen het vallen van de avond erg benauwd, angstig en onrustig wordt. Hij rijdt dan in paniek in zijn rolstoel over de afdeling en klampt verzorgenden aan. In gesprek met de psycholoog bekent hij dat hij de laatste jaren toenemend last heeft van zijn ervaringen als jonge dienstplichtig militair in voormalig Nederlands-Indië, waar hij in 1948-1950 diende. Zodra het gaat schemeren is hij uiterst op zijn hoede. Het vallen van de avond was destijds het moment dat hij als militair extra alert moest zijn: vooral 's avonds en 's nachts dreigde gevaar.

Hij ziet erg tegen de nachten op. Het duurt vaak lang voordat hij in slaap valt. Als hij eenmaal is ingeslapen, wordt hij geteisterd door nachtmerries. Hij heeft last van herbelevingen; ziet steeds weer nare beelden uit die jaren voor zich. Zijn pogingen om er niet aan te denken mislukken, de beelden en bijbehorende gevoelens dringen zich als vanzelf aan hem op. Hij voelt zich prikkelbaar, onrustig en kan enorm schrikken van onverwachte geluiden.

Het is nu voor het eerst in zijn leven dat hij met iemand spreekt over de herinneringen die hem zo hinderen. Zijn huidige klachten wijzen op een posttraumatische-stressstoornis. Daarnaast boezemt het naderende levenseinde hem enorme angst in. Als gelovig mens moet hij er niet aan denken om straks aan de hemelpoort rekenschap te moeten afleggen van zijn daden. Nu er geen ontkomen meer aan zal zijn, weet hij zich geen raad. De psycholoog bespreekt met hem wat er aan de hand is en legt hem uit dat zijn klachten behandeld kunnen worden met EMDR.

Hij werkt vervolgens vol inzet mee aan de EMDR-behandeling. Nu hij eenmaal kan vertellen over zijn belevenissen uit die jaren, is hij daar nauwelijks meer in te stuiten. Centraal staat de vraag van welke herinnering hij de laatste dagen het meeste last heeft. Hij hoeft daar geen moment over na te denken. Dat is een gebeurtenis waarbij hij en zijn peloton ternauwernood hebben kunnen ontsnappen aan de verdrinkingsdood. Vervolgens wordt het meest beladen beeld uit die herinnering aangepakt. Terwijl hij zich op dat beeld concentreert, krijgt hij een afleidende prikkel aangeboden. Dat is in zijn geval het geluid van klikjes via een koptelefoon, omdat in de voorbereiding duidelijk was dat het hem niet lukt om handbewegingen met de ogen te blijven volgen. Al in de eerste zitting daalt de spanning die dit beeld oproept, en na de tweede zitting voelt hij er geen spanning meer bij.

In de derde zitting wordt nog een ander zeer indringend herinneringsbeeld uit die periode aangepakt, een beeld waarvan hij zegt: 'Dat draag ik altijd bij me'. Het is een incident waarbij een kind omkomt, een kind van ongeveer dezelfde leeftijd als zijn jongste kleinkind nu. Ook over deze ervaring heeft hij meer dan zestig jaar met niemand gesproken. Binnen één zitting daalt de emotionele lading van dit beeld van torenhoog naar 0, en heeft alle zelfverwijt dat aan het beeld verbonden was plaatsgemaakt voor de overtuiging dat hij heeft gedaan wat hij kon. Na deze drie zittingen voelt hij zich rustiger, is hij niet meer zo prikkelbaar en raakt hij niet meer in paniek als de avond valt. Hij heeft geen slaapmiddel meer nodig om in slaap te komen en heeft geen last meer van nachtmerries. Ook vertrouwt hij er nu op dat hij zal worden toegelaten tot het hemelse rijk. De gedachte dat de dood nabij is, brengt geen onrust meer teweeg.

3.2 Traumagerelateerde angst

Behalve bij PTSS kan EMDR worden toegepast bij diverse andere problemen waarbij emotioneel beladen herinneringen invloed hebben op de klachten. Bij traumagerelateerde angststoornissen is deze samenhang evident.

Specifieke fobieën op latere leeftijd

Een aantal fobieën kan gerelateerd worden aan gebeurtenissen die zich op latere leeftijd relatief vaak voordoen. Denk bijvoorbeeld aan angst om te vallen (Chung e.a., 2009). In ziekenhuizen en op revalidatieafdelingen van verpleeghuizen is hierin dan ook extra alertheid geboden. Door deze angsten kunnen het revalidatieproces en de terugkeer naar huis ernstig worden belemmerd. Indien er aanwijzingen zijn voor een samenhang tussen enerzijds het ontstaan of duidelijke verergering van de angstklachten, en anderzijds specifieke, ingrijpende gebeurtenissen, kan EMDR deel uitmaken van de multidisciplinaire behandeling.

Doodswens na val

De 82-jarige Helène Aalbers heeft de ziekte van Parkinson en is na een val opgenomen voor revalidatie in het verpleeghuis. Ze komt somber over en laat merken dat ze niet meer terug wil naar huis. Ze wil dood en heeft de arts gevraagd om euthanasie. Er blijkt niet alleen sprake van een depressie maar ook van traumagerelateerde angst. De gedachte 's nachts weer alleen in haar huis te zullen zijn, boezemt haar enorm veel angst in. Ze is daar 's avonds gevallen en heeft machteloos op de grond gelegen tot de buurvrouw in de loop van de volgende ochtend ontdekte wat er aan de hand was. Als ze daar nu aan terugdenkt, voelt ze zich uiterst gespannen en verdrietig. Na uitleg gaat ze akkoord met EMDR-behandeling om deze angst voor terugkeer naar huis aan te pakken. Na vier zittingen kan ze het beeld waarin ze hulpeloos op de grond ligt goed verdragen en voelt ze geen weerzin meer bij de gedachte om naar huis terug te keren. Na verdere behandeling van de depressie schuift haar doodswens geleidelijk naar de achtergrond.

Paniekstoornis bij ouderen

Een paniekstoornis kan voorkomen met of zonder agorafobie. Hiervoor is cognitieve gedragstherapie een effectieve psychologische behandeling. Er kunnen echter redenen zijn om daarnaast ook EMDR te overwegen bij deze problematiek. De eerste paniekaanval is voor veel patiënten een ingrijpende gebeurtenis geweest (*the first is the worst*): een vorm van psychisch trauma (McNally & Lukach, 1992). De geheugenrepresentatie van de eerste paniekaanval wordt vaak actief wanneer patiënten opnieuw vergelijkbare lichamelijke sensaties ervaren, met een paniekaanval tot gevolg. Verwerking van de eerste paniekaanval door middel van EMDR kan de paniekklachten verminderen. Een tweede reden om EMDR te overwegen bij behandeling van een paniekstoornis is dat traumatische gebeurtenissen direct ten grondslag kunnen liggen aan het ontstaan van de paniekstoornis.

Levenslange paniek

Cora de Wit, 76 jaar, wordt binnen de specialistische ggz behandeld met cognitieve gedragstherapie voor een paniekstoornis met agorafobie en een depressie. Kijkend naar de paniekklachten heeft deze behandeling een redelijk goed effect. Maar omdat de behandelaar de indruk heeft dat een aantal ingrijpende gebeurtenissen ten grondslag ligt aan de ontwikkeling van de paniekstoornis, verwijst ze haar door naar een EMDR-therapeut. Uit de taxatie blijkt dat Cora de paniekgevoelens voor het eerst als klein meisje in de oorlog heeft ervaren. Er is een drietal gebeurtenissen die de paniekgevoelens hebben doen ontwikkelen. In een zevental EMDR-sessies kan zij deze ingrijpende herinneringen verwerken, met als gevolg een grote verbetering wat betreft paniekklachten.

Anticipatieangst bij ouderen

Mensen kunnen soms angsten ontwikkelen voor toekomstige situaties. Soms lopen ze vast omdat ze erg angstig worden voor dat wat komen gaat. Ze hebben een rampfantasie opgebouwd, al dan niet gebaseerd op emotioneel geladen ervaringen, die continu de angst aanstuurt. Bij ouderen zien we regelmatig angst voor de dood of voor het overlijdensproces, angst voor een latere fase van een ziekte (zoals angst om te stikken bij longkanker of bij *chronic obstructive pulmonary disease*: COPD), of angst voor opname in een zorginstelling. De praktijk leert dat ook bij dit soort angsten behandeling met EMDR effectief kan zijn. In veel gevallen blijkt uit de casusconceptualisatie dat ook zo'n rampscenario samenhangt met emotioneel beladen herinneringen. Dan kan een EMDR-behandeling van deze aversieve herinneringen soms al voldoende zijn om de anticipatieangst te verlichten. Indien dit niet het geval is, of als er geen beladen herinneringen ten grondslag blijken te liggen aan de angst voor wat gaat komen, richt de EMDR-behandeling zich op het angstige toekomstbeeld.
In de casus van de hoogbejaarde voormalige dienstplichtige militair zagen we hoe sterk de emoties kunnen zijn als het levenseinde in zicht komt. Hier was niet alleen sprake van PTSS maar ook van hevige angst voor de naderende dood vanwege het dreigende oordeel van God.

Deze anticipatieangst was verbonden aan ingrijpende gebeurtenissen uit een eerdere levensfase die met schuldgevoelens waren omgeven. Deze casus laat zien hoe behandeling met EMDR ook in de palliatieve fase een bijdrage kan leveren aan het welbevinden wanneer deze wordt gecompliceerd door angsten.

3.3 Enkele andere toepassingsgebieden

Het is mogelijk om EMDR in te zetten bij de behandeling van diverse andere psychische aandoeningen en klachten die samengaan met vermijdingsgedrag, somberheid, gevoelens van angst, schaamte, verdriet, schuld of boosheid. Een voorwaarde is daarbij dat deze klachten op een of andere wijze direct samenhangen met concrete emotioneel beladen ervaringen. Hier volgen nog enkele toepassingsgebieden die juist voor ouderen van belang zijn, geïllustreerd met casuïstiek.

Depressie en gestagneerde rouw

EMDR kan bij de behandeling van een depressie en rouwproblematiek als ondersteunende behandeling ingezet worden, naast de reguliere behandelinterventies. Bij depressie gaat het vooral om die herinneringen waarbij verlies of falen centraal staan. En bij rouwproblematiek gaat het om verlies van lichamelijke of geestelijke gezondheid, verlies van status of zingeving. EMDR kan worden overwogen als deze herinneringen een aansturende werking lijken te hebben op de huidige klachten.

> **Gestagneerd rouwproces na plotseling overlijden echtgenoot**
>
> Mieke Walraven, 67 jaar, is haar man een aantal jaren geleden onverwacht verloren na hartfalen. Zij wordt verwezen naar de gespecialiseerde ggz vanwege een depressie met gestagneerde rouw. De rouw blijkt 'vast te zitten' op een herinnering bij het overlijden. Deze herinnering maakt haar machteloos, roept ook schuldgevoelens op en zorgt ervoor dat de rouw niet op gang komt. Ze heeft deze gebeurtenis altijd weggestopt en veel vermeden (zo hangt de kleding van haar man nog in de kast). De therapeut gaat samen met haar met deze herinnering aan de slag. In twee sessies lukt het Mieke om zonder schuldgevoel aan deze gebeurtenis te kunnen terugdenken. Na afsluiting van de EMDR komt er een normaal rouwproces op gang.

Chronische pijn

In de klinische praktijk zijn goede resultaten gezien van EMDR bij chronische pijn (De Roos & Veenstra, 2008). Flik en De Roos (2010) beschrijven een EMDR-behandeling bij een 68-jarige man die al vele jaren ernstige fantoompijn had na amputatie van zijn been. In deze casus kwamen bij de intake geen aanwijzingen voor PTSS of posttraumatische-stressreacties naar voren. Toch bleek er bij gedetailleerd uitvragen wel degelijk sprake van zeer emotioneel beladen herinneringen die in de loop van de tijd samenhangen met het ontstaan of het verergeren van de fantoompijn. Na tien sessies was de intensiteit van de pijn verminderd van 10 naar 1 (op een schaal van 0 tot en met 10). Deze casus laat zien hoe belangrijk het kan zijn om bij chronische pijnklachten alert te zijn op pijnlijke herinneringen.

4 Benodigde aanpassingen

Bij de toepassing van EMDR bij ouderen zijn er enkele voorwaarden die aandacht behoeven. Daarnaast kunnen aanpassingen nodig zijn in de procedure.

4.1 Werken aan voorwaarden

Een voorwaarde voor een EMDR-behandeling is dat iemand wil en durft te praten over diep ingrijpende en persoonlijke levenservaringen die met veel emoties omgeven zijn. Zeker voor mensen van hoge leeftijd die last ervaren van herinneringen waarover ze altijd hebben gezwegen, is dit geen vanzelfsprekendheid. Dit stelt hoge eisen aan de samenwerkingsrelatie en aan de opbouw van vertrouwen. Indien nodig kan de therapeut specifieke interventies inzetten die het gevoel van veiligheid versterken voordat de EMDR-procedure begint.

Een andere voorwaarde is een toereikend steunsysteem gedurende de behandeling, vooral wanneer het gaat om complexe traumaproblematiek die met hevige emoties gepaard gaat. Sociale isolatie is op zich geen contra-indicatie voor behandeling, maar betekent wel dat er actief een steunsysteem georganiseerd dient te worden voordat de behandeling van start gaat. Denk bijvoorbeeld aan deelname aan een dagbehandeling. Ook kan tijdelijk extra inzet van bijvoorbeeld specialistische psychiatrische thuiszorg wenselijk zijn ter ondersteuning.

Een voorwaarde is ook dat iemand emoties kan ervaren gedurende de behandelsessies en dat deze niet zijn gedempt door kalmerende middelen, alcohol of andere dempende middelen. De praktijk is dat bij ouderen met spanningsklachten vaak (een hoge dosering) benzodiazepinen worden voorgeschreven, en overmatig alcoholgebruik komt veel voor bij getraumatiseerde mensen. Deze middelen kunnen verhinderen dat tijdens de EMDR-procedure het noodzakelijke arousalniveau wordt bereikt, waardoor er onvoldoende desensitisatie kan plaatsvinden. Daarbij bestaat risico op terugval na het staken van deze middelen als gevolg van *state dependency*-effecten. Wanneer er sprake is van afhankelijkheid van sederende middelen, zal er aandacht moeten zijn voor begrenzing, en zijn er op zijn minst afspraken nodig over afzien van inname voorafgaand aan elke behandelsessie.

Bij ouderen met een ernstige lichamelijke aandoening kan het wenselijk zijn om vooraf met de behandelend arts te overleggen over de belastbaarheid van de cliënt en eventuele mogelijkheden om de fysieke verschijnselen op te vangen die zich kunnen voordoen op momenten van een hoge arousal tijdens de behandeling. Hierbij kan bijvoorbeeld gedacht worden aan ernstige benauwdheid in het geval van COPD.

4.2 Aanpassingen procedure

Lichamelijke en cognitieve beperkingen kunnen, in meer of mindere mate, aanpassingen noodzakelijk maken bij een EMDR-behandeling. Bij ernstige visusproblemen of bij duizeligheidsklachten bijvoorbeeld, zijn oogbewegingen niet geschikt en zal er in de desensitisatiefase uitgeweken moeten worden naar een andere zintuigmodaliteit. Hersenaandoeningen, zoals dementie, de ziekte van Parkinson of een beroerte, hebben cognitieve, emotionele en gedragsmatige gevolgen, die toepassing van EMDR kunnen bemoeilijken. De ervaring leert dat EMDR ook dan ingezet kan worden. Er zijn echter vaak wel aanpassingen nodig.

Hersenaandoeningen

Vooralsnog is er onvoldoende bekend over toepassingsmogelijkheden van EMDR bij mensen met dementie en andere cerebrale pathologie om al definitieve uitspraken te kunnen doen over in- en exclusiecriteria. Er dient in ieder geval eenvoudige verbale communicatie mogelijk te zijn. Ook dient de patiënt de aandacht minimaal voor korte tijd gericht te kunnen focussen op de traumatische herinnering.

Bij ouderen met cognitieve stoornissen kan het lastig zijn om te bepalen of behandeling met EMDR geïndiceerd is. Een hypothese over de oorsprong en specifieke dynamiek van de problematiek, de casusconceptualisatie, vormt altijd de basis voor de behandeling. Cognitieve stoornissen kunnen echter het taxatieproces bemoeilijken. Om te achterhalen of de klachten of het gedrag samenhangen met een of meer ingrijpende ervaringen, kan de therapeut actief aanvullende informatie verzamelen via familie, professionele verzorgenden en het medisch dossier. Het vereist de nodige kennis van psychotrauma en van cerebrale pathologie om te kunnen onderscheiden in hoeverre gedrag beschouwd mag worden als passend bij de neuropsychologische gevolgen van een hersenaandoening, of als traumagerelateerd.

Tijdens een EMDR-behandeling kunnen specifieke aanpassingen nodig zijn. Executieve-functiestoornissen vragen bijvoorbeeld om een intensievere structurering en sturing door de therapeut. Dit kan nodig zijn om relevante targetbeelden vast te stellen en te selecteren. Ook tijdens het desensitisatieproces kan extra sturing nodig zijn. Soms is het bijvoorbeeld nodig om de cliënt steeds weer te begrenzen in zijn verhaal. Maar ook komt het voor dat de cliënt juist extra hulp nodig heeft van de therapeut om niet te blijven 'hangen' in een beeld of gedachte.

Een ander punt van aanpassing is de belasting van het werkgeheugen. In de desensitisatiefase is een stimulus nodig waarbij de mate van afleiding adequaat is gedoseerd. Bij ouderen met cerebrale pathologie lukt het doorgaans niet om de beweging van de vingers met de ogen te volgen, zelfs niet als het tempo wordt aangepast. Er kan dan overgeschakeld worden naar klikjes via de koptelefoon of met de hand tikken op handen of bovenbenen.

De ervaring leert dat ouderen met hersenaandoeningen vaak moeite hebben om de mate van spanning of geloofwaardigheid uit te drukken in een getal. Het kan voor hen lastig zijn om het verband tussen een getal en een gevoel te begrijpen, of om cijfers te hanteren. Dan kan worden uitgeweken naar visuele middelen, zoals het variëren van de afstand tussen beide handen, of het gebruik van een visueel analoge schaal (VAS). Ook kunnen cijfers vervangen worden door woorden, zoals 'een beetje' en 'heel erg'. Een alternatief is nog om telkens te vragen hoe de cliënt zich voelt. Wanneer ook dit niet lukt, kan de therapeut de mate van spanning beoordelen door observatie van lichaamstaal en fysieke verschijnselen.

Voor patiënten met ernstige cognitieve stoornissen is een aantal stappen in het protocol ingewikkeld. Dan is er geen andere mogelijkheid dan het protocol te beperken tot de essentie: vaststellen van het beeld, en desensitisatie. Amano en Toichi (2014) ontwikkelden speciaal voor mensen met een gevorderde dementie zo'n ingeperkte EMDR-procedure. Zij noemden het On-the-spot-EMDR. Zij beschrijven de behandeling van drie verpleeghuisbewoners met een ernstige vorm van dementie. Deze patiënten vertoonden terugkerend geagiteerd gedrag, met luid schreeuwen en agressie. Zij leken daarbij traumatische gebeurtenissen uit hun leven te herbeleven. Een gesprek met hen hierover was niet meer mogelijk, maar op grond van het gedrag, verbale uitingen en de voorgeschiedenis was er een sterk vermoeden dat PTSS-verschijnselen een rol speelden bij dit gedrag. Alle drie lieten na EMDR een sterke verbetering zien in emoties en gedrag. Deze verbetering bleek na zes maanden stand te hebben gehouden. Tot dusver was de gedachte dat een voorwaarde voor EMDR-behandeling is dat de cliënt in enige mate in staat moet zijn om onderscheid te maken tussen het hier en nu en vroegere ervaringen. De bevindingen met On-the-spot-EMDR bij mensen met gevorderde dementie werpen een ander licht op deze veronderstelling.

Bij ernstige geheugen-, begrips- of communicatieproblemen is het moeilijk om het effect van de behandeling te toetsen via de cliënt. In dat geval is ook weer de informatie van familie of verzorgenden extra van belang. Een concrete observatieopdracht gedurende het EMDR-traject, bijvoorbeeld voor specifieke angstverschijnselen, agitatie of slaapproblemen, kan helpen om zicht te krijgen op verandering van de klachten.

> **Nachtelijke onrust na fysieke fixatie**
> De 82-jarige partner van Cor van Wijk raakt overbelast. Zij wil graag voor haar man blijven zorgen, maar voelt zich uitgeput, vooral doordat de nachten slopend zijn. Haar man heeft vasculaire dementie. Sinds zijn laatste ziekenhuisopname is hij 's nachts erg gespannen en onrustig. Hij ademt dan zwaar, maakt duidelijk dat hij pijn op de borst heeft, en klemt haar hand stevig vast. Zij probeert hem te kalmeren door hem almaar geruststellend toe te spreken en over zijn rug te aaien.
> De arts kan geen medische oorzaak vinden voor de nachtelijke benauwdheid, en schrijft deze toe aan angst. De psycholoog van het ambulante team verkent samen met het echtpaar of er inderdaad sprake is van angst en waar deze mee samenhangt. De gebeurtenissen in het ziekenhuis lijken een cruciale rol te spelen. Tijdens deze ziekenhuisopname, die zes maanden eerder plaatsvond vanwege een nieuw klein herseninfarct, is meneer Van Wijk vastgebonden in bed en in de stoel. Hij vond dit vreselijk, en zijn vrouw eveneens, maar pas na overplaatsing naar de revalidatieafdeling van het verpleeghuis ontdekten ze dat het ook zonder fixatie kon.
> Meneer Van Wijk blijkt bepaalde gebeurtenissen uit het ziekenhuis nog opmerkelijk scherp voor ogen te hebben. Hij kan gebeurtenissen nog maar met moeite verwoorden. Toch lukt het, met enige hulp van zijn vrouw, om te achterhalen welke herinneringsbeelden veel emotie oproepen. Dat is onder andere het beeld dat hij in een verpleegdeken ligt met de rits dicht tot aan zijn kin terwijl het hem niet lukt die rits te openen. Als hij daar nu aan terugdenkt voelt hij de ontzetting en machteloosheid weer in alle hevigheid.
> Cor van Wijk werkt goed mee aan de EMDR-behandeling, al zijn de zittingen erg vermoeiend voor hem en voelt hij regelmatig benauwdheid en pijn op de borst als hij een nare herinnering voor ogen haalt. Zijn echtgenote noteert elke ochtend hoe de nacht is gegaan. Aanvankelijk neemt de nachtelijke onrust alleen maar toe, en is er extra uitleg en bemoediging nodig om het echtpaar te motiveren om ermee door te gaan. Na de derde zitting komt de ommekeer en begint het 's nachts beter te gaan. Na de vijfde zitting is de onrust 's nachts verdwenen. Ruim een jaar na afsluiting gaat het nog steeds goed: hij moet wel een paar keer 's nachts het bed uit voor toiletbezoek, maar slaapt dan weer in en heeft geen geruststelling meer nodig.

5 Tot besluit

EMDR heeft doorgaans een korte behandelduur, is sterk gestructureerd, is eenvoudig uit te leggen, en er hoeft niet veel bij gepraat te worden. Deze kenmerken maken dat EMDR ook voor de kwetsbaardere ouderen relatief geschikt is. Dit hoofdstuk heeft laten zien dat een hoge leeftijd, een beperkt steunsysteem, cognitieve achteruitgang, verstandelijke beperkingen en een uitgebreide psychiatrische voorgeschiedenis geen contra-indicatie hoeven te vormen voor toepassing van EMDR.

EMDR-behandelingen worden bij ouderen vooral toegepast bij PTSS-problematiek. De gevolgen van PTSS en traumagerelateerde angst voor de kwaliteit van leven van ouderen en voor hun levenslust blijkt aanzienlijk. Deze problematiek wordt in de praktijk nog onvoldoende herkend.

Dit vraagt van hulpverleners alertheid op klachten die kunnen samenhangen met traumatische levensgebeurtenissen. Er is attentie geboden zodra verschijnselen van een verhoogde arousal worden gesignaleerd, zoals schrikachtigheid, op de hoede zijn, rusteloosheid, slaapproblemen, concentratieproblemen of verhoogde prikkelbaarheid, veelal gecombineerd met duidelijk aanwezige somberheid of angst. Doorvragen naar traumatische gebeurtenissen in de voorgeschiedenis en naar herbelevings- en vermijdingssymptomen is dan wenselijk. Ook wanneer deze gedragingen zich voordoen bij ouderen met hersenaandoeningen zoals dementie, is er mogelijk sprake van PTSS en kan EMDR worden overwogen.

Klinische ervaring leert dat EMDR niet alleen effectief ingezet kan worden bij ouderen met PTSS en traumagerelateerde angststoornissen, maar bijvoorbeeld ook binnen een behandeling van depressie, rouw en chronische pijn. Andere toepassingsgebieden die worden verkend, zoals bij verslaving of persoonlijkheidsproblematiek, kunnen vanzelfsprekend ook voor ouderen relevant zijn. Nader onderzoek is nodig om de anekdotische successen van EMDR bij ouderen op wetenschappelijke wijze te staven. Dit kan een bijdrage leveren aan het beschikbaar maken van EMDR als behandelmethode voor alle ouderen die dat nodig hebben.

Literatuur

Amano, T., & Toichi, M. (2014). Effectiveness of the on-the-spot-EMDR method for the treatment of behavioral symptoms in patients with severe dementia. *Journal of EMDR Practice and Research, 8*, 50-65.

APA. (2014). *DSM-5: Beknopt overzicht van de criteria*. Amsterdam: Boom.

Andrade, J., Kavanagh, D., & Baddeley, A. (1997). Eye-movements and visual imagery: A working memory approach to the treatment of post-traumatic stress disorder. *British Journal of Clinical Psychology, 36*, 209-223.

Andrews, B., Brewin, C.R., Philpott, R., & Stewart, L. (2007). Delayed-onset posttraumatic stress disorder: A systematic review of evidence. American Journal of Psychiatry, 164, 1319-1326.

Balkom, A.L.J.M. van, Vliet, I.M. van, Emmelkamp, P.M.G., Bockting, C.L.H., Spijker, J., Hermens, M.L.M., e.a.; namens de Werkgroep Multidisciplinaire richtlijnontwikkeling Angststoornissen/Depressie (2013). *Multidisciplinaire richtlijn Angststoornissen (Derde revisie): Richtlijn voor de diagnostiek, behandeling en begeleiding van volwassen patiënten met een angststoornis*. Utrecht: Trimbos-instituut.

Berg, D. van den, Bont, P. de, Vleugel B. van der, Roos C. de, Jongh A. de, Minnen A. van, e.a. (2015). Prolonged exposure vs eye movement desensitisation and reprocessing vs waiting list for posttraumatic stress disorder in patients with a psychotic disorder: A randomized clinical trial. *JAMA Psychiatry, 72*, 259-267.

Bisson, J.I., Ehlers A., Matthews, R., Pilling, S., Richards, D., & Turner, S. (2007). Psychological treatments for chronic post-traumatic stress disorder: Systematic review and meta-analysis. *British Journal of Psychiatry, 190*, 97-104.

Bisson, J.I., Roberts, N.P., Andrew, M., Cooper, R., & Lewis, C. (2013). Psychological therapies for chronic post-traumatic stress disorder (PTSD) in adults. *Cochrane Database of Systematic Reviews 2013*(12), Article CD003388. The Cochrane Library Database.

Bont, P.A. de, Minnen, A. van, & Jongh, A. de. (2013). Treating PTSD in patients with psychosis: A within-group controlled feasibility study examining the efficacy and safety of evidence-based PE and EMDR protocols. *Behavior Therapy, 44*, 717-730.

Bradley, R., Greene, J., Russ, E. Dutra, L., & Westen, D. (2005). A multi-dimensional meta-analysis of psychotherapy for PTSD. *American Journal of Psychiatry, 162*, 214-227.

Broeke, E. ten, Jongh, A. de, & Oppenheim, H. (2008). *Praktijkboek EMDR: Casusconceptualisatie en specifieke patiëntengroepen*. Amsterdam: Pearson Assessment and Information.

Chen L., Zhang, G., Hu, M., & Liang, X. (2015). Eye movement desensitization and reprocessing versus cognitive-behavioral therapy for adult posttraumatic stress disorder: Systematic review and meta-analysis. *Journal of Nervous and Mental Disease, 203*, 443-451.

Chung, M.C., McKee, K.J., Austin, C., Barkby, H., Brown, H., Cash, S., e.a. (2009). Posttraumatic Stress Disorder in older people after a fall. *International Journal of Geriatric Psychiatry, 24*, 955-964.

Diehle, J., Opmeer, B.C., Boer, F., Mannarino, A.P., & Lindauer, R.J. (2015). Trauma-focused cognitive behavioral therapy or eye movement desensitization and reprocessing: What works in children with posttraumatic stress symptoms? A randomized controlled trial. *Child & Adolescent Psychiatry, 24*, 227-236.

Doering, S., Ohlmeier, M.C., Jongh, A. de, Hofmann, A., & Bisping, V. (2013). Efficacy of a trauma-focused treatment approach for dental phobia: A randomized clinical trial. *European Journal of Oral Sciences, 121*, 584-593.

Edmonson, D., Richardson, S., Fausett, J.K., Falzon, L., Howard, V.J., & Kronish, I.M. (2013). Prevalence of PTSD in survivors of stroke and transient ischemic attack: A meta-analytic review. *PLoS ONE, 8*, e66435.

Ehring, T., Welboren, R., Morina, N., Wicherts, J.M., Freitag, J., & Emmelkamp, P.M.G. (2014). Meta-analysis of psychological treatments for posttraumatic stress disorder in adult survivors of childhood abuse. *Clinical Psychology Review, 34*, 645-657.

Engelhard, I.M. (2012). Making science work in mental care. *European Journal of Psychotraumatology, 3*, 18740.

Engelhard, I.M., Hout, M.A. van den, & Smeets, M.A. (2011a). Taxing working memory reduces vividness and emotional intensity of images about the Queen's Day tragedy. *Journal of Behavior Therapy and Experimental Psychiatry, 42*, 32-37.

Engelhard, I.M., Hout, M.A. van den, Dek, E.C.P., Giele C.L, Wielen, J.W. van der, Reijnen, M., e.a. (2011b). Reducing vividness and emotional intensity of recurrent 'flashforwards' by taxing working memory: An analogue study. *Journal of Anxiety Disorders, 25*, 599-603.

Etten, M.L. van, & Taylor, S. (1998). Comparative efficacy of treatments for posttraumatic stress disorder: A meta-analysis. *Clinical Psychology and Psychotherapy, 5*, 126-144.

Flik, C.E., & Roos, C. de. (2010). Behandeling van fantoompijn met eye movement desensitisation and reprocessing (EMDR): Gevalsbeschrijving. *Tijdschrift voor Psychiatrie, 52*, 589-593.

Grant, M., & Threlfo, C. (2002). EMDR in the treatment of chronic pain. *Journal of Clinical Psychology, 58*, 1505-1520.

Gielkens, E.M.J., Sobczak, S., & Alphen, S.P.J. van. (2012). Posttraumatische Stress Stoornis op latere leeftijd. *GZ-Psychologie, 8*, 22-27.

Gielkens, E.M., Sobczak, S., & Alphen S.P. van. (2016). Eye movement desensitization and reprocessing therapy for personality disorders in older adults? *International Psychogeriatrics, 14*, 1-2.

Glaesmer, H., Kaiser, M., Bräehler, E., Freyberger, H.J., & Kuwert, P. (2012). Posttraumatic stress disorder and its comorbidity with depression and somatisation in de elderly: A German community-based study. *Aging & Mental Health, 16*, 403-412.

Gunter, R.W., & Bodner, G.E. (2008). How eye movements affect unpleasant memories: Support for a working-memory account. *Behaviour Research and Therapy, 46*, 913-931.

Hauffa, R., Rief, W., Brähler, E. Martin, A., Mewes, R., & Gläesmer, H. (2011). Lifetime traumatic experiences and posttraumatic stress disorder in the German population. *Journal of Nervous and Mental Disease, 199*, 934-939.

Hout, M. van den, Engelhard, I.M, Smeets, M.A.M., Hornsveld, H., Hoogeveen, E., Heer, F, de, e.a. (2010). Counting during recall: Taxing of working memory and reduced vividness and emotionality of negative memories. *Applied Cognitive Psychology, 24*, 303-311.

Hout, M.A. van der, Rijkeboer, M.M., Engelhard, I.M., Klugkist, I., Hornsveld, H., Toffolo, M.J., e.a. (2012). Tones inferior to eye movements in the EMDR treatment of PTSD. *Behaviour Research and Therapy, 50*, 275-279.

Jongh, A. de. (2012). Treatment of a woman with emetophobia: A trauma focused approach. *Mental Illness, 4*, 10-14.

Jongh, A. de, & Broeke, E. ten. (2003). *Handboek EMDR: Een geprotocolleerde behandelmethode voor de gevolgen van psychotrauma*. Amsterdam: Pearson Assessment and Information.

Jongh, A. de, & Broeke, E. ten. (2011). *Vraagbaak EMDR: Oplossingen en tips voor EMDR-behandelingen*. Amsterdam: Pearson Assessment and Information.

Kolk, B.A. van der, Spinazzola, J., Blaustein, M.E., Hopper, J.W., Hopper, E.K., Korn D.L., e.a. (2007). A randomized clinical trial of eye movement desensitization and reprocessing (EMDR), fluoxetine, and pill placebo in the treatment of posttraumatic stress disorder: Treatment effects and long-term maintenance. *Journal of Clinical Psychiatry, 68*, 37-46.

Landelijke Stuurgroep Multidisciplinaire Richtlijnontwikkeling in de GGZ. (2008). *Addendum ouderen bij de multidisciplinaire richtlijn angststoornissen*. Utrecht: Trimbos-instituut.

Lee, C.W., & Cuijpers, P.A. (2013). Meta-analysis of the contribution of eye movements in processing emotional memories. *Journal of Behavior Therapy and Experimental Psychiatry, 44*, 231-239.

McNally, R.J., & Lukach, B.M. (1992). Are panic attacks traumatic stressors? *American Journal of Psychiatry, 149*, 824-826.

Mevissen, L., Lievegoed, R., & Jongh, A. de. (2011). EMDR treatment in people with mild ID and PTSD: 4 cases. *Psychiatric Quarterly, 82*, 43-57.

Minnen, A. van, Hendriks, L., & Olff, M. (2010). When do trauma experts choose exposure therapy for PTSD patients? A controlled study of therapist and patient factors. *Behaviour Research and Therapy, 48*, 312-320.

Minnen, A. van, Vleugel, B. van der, Berg, D. van den, Bont, P. de, Roos, C. de, Gaag, M. van der, e.a. (2016). Effectiveness of trauma-focused treatment for patients with psychosis with and without the dissociative subtype of post-traumatic stress disorder. *British Journal of Psychiatry, 209*, 347-348.

Oppenheim, H., Hornsveld, H., Broeke, E. ten, & Jongh, A. de. (2015). *Praktijkboek EMDR deel II: Toepassingen voor nieuwe patiëntengroepen en stoornissen*. Amsterdam: Pearson Assessment and Information.

Rodenburg, R., Benjamin, A., Roos, C de, Meijer, A.M., & Stams, G.J. (2009). Efficacy of EMDR in children: A meta-analysis. *Clinical Psychological Review, 29*, 599-606.

Rood, Y.R. van, & Roos, C. de. (2009). EMDR in the treatment of medically unexplained symptoms: A systematic review. *Journal of EMDR Practice and Research, 3*, 248-263.

Roos, C.J.A.M. de, & Jongh, A. de. (2008). EMDR traeatment of children and adolescents with a choking phobia. *Journal of EMDR Practice and Research, 2*, 2010-2011.

Roos, C. de, & Veenstra, S. (2008). EMDR bij chronische pijn. In E. ten Broeke, A. de Jongh & H. Oppenheim (Red.), *Praktijkboek EMDR: Casusconceptualisatie en specifieke patiëntengroepen* (pp. 245-287). Amsterdam: Pearson Assessment and Information BV.

Roos, C. de, Veenstra, A.C., Jongh, A. de, Hollander-Gijsman, M. den, Wee, N.J. van der, Zitman, F.G., e.a. (2010). Treatment of chronic phantom limb pain using a trauma-focused psychological approach. *Pain Research & Management, 15*, 65-71.

Schneider, J., Hofmann, A., Rost, C., & Shapiro, F. (2008). EMDR in the treatment of chronic phantom limb pain. *Pain Medicine, 9*, 76-82.

Seidler, G.H., & Wagner, F.E. (2006). Comparing the efficacy of EMDR and trauma-focused cognitive-behavioral therapy in the treatment of PTSD: A meta-analytic study. *Psychological Medicine, 36*, 1515-1522.

Shapiro, F. (1989). Efficacy of the eye movement desensitisation procedure in the treatment of traumatic memories. *Journal of Traumatic Stress, 2*, 199-223.

Tesarz, J., Gerhardt, A., Leisner, S., Janke, S., Hartmann, M., Seidler, G.H., e.a. (2013). Effects of eye movement desensitization and reprocessing (EMDR) on non-specific chronic back pain: A randomized controlled trial with additional exploration of the underlying mechanisms. *BMC Musculoskeletal Disorders, 14*, 256.

Tesarz, J., Leisner, S., Gerhardt, A., Janke, S., Seidler, G.H., Eich, W., e.a. (2014). Effects of eye movement desensitization and reprocessing (EMDR) treatment in chronic pain patients: A systematic review. *Pain Medicine, 15*, 247-263.

Vink, M. (2015). Als je aan het verleden lijdt: Trauma's aanpakken met EMDR. *Denkbeeld, Tijdschrift voor Psychogeriatrie, 5*, 6-9.

Vink, M., Janssen, E., & Zaal, A. (2016). Eye movement desensitization and reprocessing. In P. Smits, R. Ponds., N. Fahrenhorst, M. Klaver & R. Verbeek, R. (Red.), *Handboek neuropsychotherapie* (pp. 189-213). Amsterdam: Boom.

Vink, M., & Soeteman, W. (2016). EMDR bij ouderen. In H. Oppenheim, H. Hornsveld, E. ten Broeke & A. de Jongh (Red.), *Praktijkboek EMDR deel II: Toepassingen voor nieuwe patiëntengroepen en stoornissen* (pp. 63-93). Amsterdam: Pearson Assessment and Information.

Watts, B.V., Schnurr, P.P., Mayo, L., Young-Xu, Y., Weeks, W.B., & Friedman, M.J. (2013). Meta-analysis of the efficacy of treatments for posttraumatic stress disorder. *Journal of Clinical Psychiatry, 74*, 541-550.

Zelst, W. van, Beurs, E. de, Beekman, A.T.F., Deeg, D.J.H., & Dyck, R. van. (2003). Prevalence and risk factors of posttraumatic stress disorder in older adults. *Psychotherapy and Psychosomatics, 72*, 333-342.

Zelst, W.H. van, Beurs, E. de, Beekman, A.T.F., Deeg D.J.H., & Dijck, R. van. (2006). Well-being, physical functioning and use of health services in the elderly with PTSD and subthreshold PTSD. *International Journal of Geriatric Psychiatry, 21*, 180-188.

22
Systeemtherapie

Marga Jacobs

1 Inleiding
2 Systeemtheoretische basisbegrippen
   2.1 Circulariteit, interpunctie, interactiesequenties, recursiviteit
   2.2 Hechting, gehechtheidsstrategie en volwassen gehechtheid
   2.3 Context
   2.4 Levenscyclus van families
3 Rol systeemtherapeut
4 Praktijk
   4.1 Aanmelding
   4.2 Diagnostiek
   4.3 Doel van de behandeling
   4.4 Methoden en technieken
5 Tot besluit
   Literatuur

 www.tijdstroom.nl/leeromgeving

- Casuïstiek
- Beeldmateriaal
- Handige documenten
- Weblinks

Kernboodschappen
- Het werken vanuit een systeemtherapeutisch perspectief geeft zicht op de onderlinge, op elkaar inwerkende relaties tussen ouderen, hun partners, kinderen, familieleden, vrienden en eventuele zorg- en hulprelaties, evenals op de rol van de afzonderlijke individuen daarin.
- In systeemtherapie worden problemen niet in maar tussen mensen gezocht: het gaat altijd over interacties en relaties.
- De omgeving kan zowel een onderdeel als de oplossing van het probleem van een oudere zijn.
- Een goede systeemanalyse is onontbeerlijk wil men het probleem van een aangemelde cliënt in al zijn facetten in kaart brengen. Dat hoeft nog niet te betekenen dat alle systeemleden in behandeling worden genomen, maar wel dat altijd in de behandeling van de individuele oudere cliënt wordt nagegaan wat de invloed is van zijn gedrag op de omgeving en omgekeerd.
- Een (psychisch) probleem heb je nooit alleen: er zijn altijd systeemleden bij betrokken.

1 Inleiding

Systeemtherapie richt zich op het totaal aan perspectieven en werkelijkheden binnen het sociale systeem en biedt zowel een perspectief op het familieleven als op de rol van de afzonderlijke individuen daarin. Problemen worden niet ín maar tussen mensen gezocht: het gaat altijd over interacties en relaties (Savenije, 2014). Systeemtherapie kan niet alleen bij paren, gezinnen, families en zorgsystemen worden ingezet, maar ook bij individuele cliënten.

Juist bij ouderen zijn de problemen vaak relationeel van aard. De veelheid aan rollen die ouderen vervullen, wordt kleiner en verschuift. Bijvoorbeeld door het stoppen met werken gaat de rol van collega, van therapeut, van docent over naar die van oppasoma/-opa, vrijwilliger, wijze buur, of luisterend oor voor verzorgenden en familieleden. Door gezondheidsproblemen kan men afhankelijk en hulpbehoevend worden en genoodzaakt worden een beroep op anderen te doen: de verzorger wordt verzorgde. Familieverbanden worden dan belangrijker, maar kunnen door deze rolveranderingen onder druk komen te staan. Ouderen worden dan ook regelmatig door hun naasten aangemeld voor psychische hulp. Het werken vanuit een systeemtherapeutisch perspectief geeft dan zicht op de onderlinge, op elkaar inwerkende relaties tussen ouderen, hun partners, kinderen, familieleden, vrienden en eventuele zorg- en hulprelaties. De omgeving kan zo zowel onderdeel als oplossing van het probleem zijn.

De systeemtheorie ontwikkelde zich in de jaren vijftig van de vorige eeuw als tegenwicht tegen het toen gangbare individugerichte denken. In de jaren zestig en zeventig werden elementen uit de systeemtheorie, de cybernetica, de sociale en de gedragswetenschappen met elkaar verbonden en zo ontwikkelde zich de systeemtherapie. Deze therapie richt zich op relaties tussen mensen, de wisselwerking in hun onderlinge verhoudingen, en de sociale context waarin deze zich afspelen.

De term systeem duidt op het sociale geheel waarvan mensen deel uitmaken, bijvoorbeeld een gezin, familie, buurt, school, werk, gemeente, politiek, kerk of vereniging. In zo'n systeem beïnvloeden mensen elkaars gedachten, gevoelens, verwachtingen en gedragingen in wisselwerking met anderen, ook al kan de intensiteit van relaties binnen systemen uiteraard variëren.

In het begin werd de aandacht vooral gericht op het gedrag van systeemleden en hun interacties. In de jaren tachtig verschoof deze aandacht onder invloed van de cognitieve psychologie, het constructivisme en postmoderne theorieën naar cognitie en taal, en werd gezocht naar de individuele betekenis die mensen gaven aan hun wereld (Hoffmann, 1993). Boeckhorst (2014) pleit ervoor om niet alleen de nieuwste ontwikkelingen te volgen, maar ook aandacht te blijven besteden aan tradities, rituelen, gewoonten en geschiedenissen van het gezin in zijn context. Reijmers (2014) geeft in *Handboek systeemtherapie* een overzicht van de ontwikkelingen binnen de systeemtherapeutische benaderingen.

De oriëntatie op het werken met ouderen en hun systemen is van recentere datum. Eind jaren zeventig, begin jaren tachtig verschijnen de eerste publicaties en *case studies* over systeemtherapie met ouderen (Anderson & Hargrave, 1990; Engel & Aarssen, 2008; Herr & Weakland, 1979). Van de artikelen in toonaangevende tijdschriften op het gebied van systeemtherapie beslaat tussen 1986 en 2006 slechts circa 3% het thema ouder worden en daarmee samenhangende levensfaseproblematiek (Van Amburg e.a., 1996; Lambert-Shute & Fruhauf, 2011). Deze auteurs vragen terecht meer aandacht voor ouderen en hun systemen. Systemische factoren spelen immers een belangrijke rol bij het ontstaan en voortbestaan van problemen van ouderen. Tussen partner en kinderen van een oudere die dementeert verandert bijvoorbeeld de balans in de relatie doordat de gezonde partner zich nieuwe rollen moet aanmeten, of zich bedrogen kan voelen omdat er geen gezamenlijk heden en verleden meer is. Kinderen van het echtpaar kunnen de ernst van de gezondheidssituatie van de dementerende ouder onderschatten, waardoor de verzorgende partner alleen komt te staan en het risico op eigen psychische en lichamelijke problemen toeneemt. Bovendien melden ouderen met dementie zich zelden zelf aan voor hulp en is het voor de naasten moeilijk om hierin een besluit te nemen.

Verlies van psychische en/of lichamelijke gezondheid van ouderen heeft altijd invloed op de naasten, of het nu gaat om iemand met een CVA, kanker of andere ingrijpende ziekten: oude niet-vereffende rekeningen tussen familieleden kunnen weer opspelen. Een goede systeemanalyse is dan ook onontbeerlijk wil men het probleem in al zijn facetten in kaart brengen. Dat hoeft nog niet te betekenen dat alle systeemleden in behandeling worden genomen, maar wel dat altijd in de behandeling van de individuele oudere cliënt wordt nagegaan wat de invloed is van zijn gedrag op de omgeving en omgekeerd.

2 Systeemtheoretische basisbegrippen

Kennis van de systeemtheorie, van communicatiepatronen, evenals kennis van hechtingsstijlen, het familiesysteem in zijn context, de levenscyclus van de systeemleden en van de hulpbronnen die systeemleden gebruiken, zijn de basis voor een goede systeemanalyse (Baars e.a., 2013). Om tot zo'n analyse te kunnen komen, is het noodzakelijk de basisbegrippen binnen de systeemtheorie te kennen. Hieronder worden enkele van deze basisbegrippen besproken.

2.1 Circulariteit, interpunctie, interactiesequenties, recursiviteit

In de systeemtheorie worden oorzaak en gevolg gezien als niet van elkaar te onderscheiden en samenhangend in een circulair proces. Er is een existentiële onderlinge afhankelijkheid van alle levende organismen in hun context (Bateson, 1972; Van Lawick & Savenije, 2014).

Om dit proces te kunnen beschrijven, wordt een – arbitrair – beginpunt gekozen. Communicatie kenmerkt zich door het interpreteren van interacties, vaak in termen van oorzaak en gevolg, als een zoektocht naar hoe de werkelijkheid moet worden gezien. Meningen kunnen daarover verschillen en hierover wordt dan de interpunctiestrijd gevoerd. Opeenvolgende reeksen van acties en reacties kunnen zich in vaste patronen herhalen, in interactiesequenties, waarin elke actie informatie geeft over de voorgaande actie. Deze recursiviteit houdt in dat elk gedrag weer informatie terugvoert in het systeem en zo weer nieuw gedrag uitlokt (Baars e.a., 2013). De volgende casus illustreert dit proces. In dit familiesysteem is de zoon gewend dat vader zorgt, en vader is gewend te zorgen. Het advies van zijn zoon vat hij dan ook op als aansporing om het oude evenwicht te herstellen; hij vraagt niet na of hij dit ook zo bedoelt. Hij trekt zich terug en dit gedrag breidt zich uit over alle contacten.

> **Recursiviteit**
> Arnold Bokhoven, 75 jaar, is altijd de sterke, verzorgende pater familias geweest, totdat zijn vrouw overlijdt. Hij blijft voor anderen zorgen, maar voor zichzelf zorgen lukt veel minder. Een opmerking van zijn zoon dat het tijd wordt het leven weer op te pakken verleidt de vader, die zijn overleden vrouw niet kan missen, ertoe zijn verdriet niet meer te tonen, waarna de zoon zich (in de ogen van vader Bokhoven) opgelucht terugtrekt. Arnold vermoedt dat hij tot last is, vindt ook dat hij het zelf moet redden, deelt zijn verdriet niet meer en gaat zijn zoon ontlopen. In het contact met anderen wordt hij overvallen door onbeheersbare huilbuien; hij geeft anderen niet de kans hem te troosten. Schaamte en angst hen

lastig te vallen zijn opnieuw redenen om zich te isoleren. Een depressie is nabij en het rouwen bevriest. Pas door zijn zoon in te lichten over hoe hij diens woorden heeft geïnterpreteerd en zo ook zijn zoon de ruimte te geven zijn verhaal te doen, komt er de mogelijkheid voor een nieuwe gezamenlijke werkelijkheid.

2.2 Hechting, gehechtheidsstrategie en volwassen gehechtheid

Hechten is een aangeboren menselijke behoefte. Wie als kind niet veilig is gehecht aan een belangrijke hechtingsfiguur, houdt in het volwassen leven problemen met het aangaan van verbindingen met anderen, ook op oudere leeftijd. De kern van relatieproblemen in het volwassen leven is vaak een gevolg van een onveilig geworden hechting in het verleden. Juist in situaties waarin een relatie wordt bedreigd, of die situaties nu reëel zijn of als zodanig worden beleefd, wordt het hechtingsgedrag zichtbaar (Engel, 2007). Verlatingsangst: 'Ben jij er voor mij als ik het moeilijk heb en je nodig heb?' of angst voor afwijzing: 'Durf ik mij aan je toe te vertrouwen als ik je nodig heb?' staan de verbinding met anderen dan in de weg. Deze vragen geven de kern aan van de hechtingsproblematiek. De behoefte om zich door anderen gezien, gehoord en erkend te voelen wordt erin verwoord (Wagenaar & Quené, 2014).

Onveilig gehecht
Arnold Bokhoven bijvoorbeeld heeft van jongs af aan voor zijn jongere broers en zussen moeten zorgen omdat zijn moeder last had van paniekaanvallen en zijn vader hard moest werken om het gezin te onderhouden. Hij heeft geleerd niet tot last te zijn en de problemen voor anderen op te lossen. Het kwam niet bij hem op aandacht voor zijn noden te vragen. Hij dacht dat zelf het beste te kunnen en was bang dat hij zou worden afgewezen als hij toch een beroep op een ander zou doen.

2.3 Context

Wat zich tussen mensen afspeelt, krijgt slechts betekenis in de context: de tijdgeest, de sekse, de cultuur, maar ook de familiegeschiedenis, de huidige leefsituatie, het temperament van systeemleden, de kwaliteit van de relaties, en hoe deze relaties worden beleefd (Van Lawick & Savenije, 2014). Al deze factoren moeten in een systeemtherapie worden gevat. De volgende casus laat zien welke contextuele factoren meespelen in de situatie waarin een cliënte en haar man zich bevinden.

Uit handen genomen
De 83-jarige Marie Snel meldt zich aan met een depressie en twee alternatieven om haar stemming te verlichten: ze wil of dood of weg bij haar man. Haar man en dochter begrijpen hier niets van en ook zij kan niet echt de vinger leggen op waar het mis is gegaan. Van nature ondernemend en vrolijk ziet ze het leven nu niet meer zitten. Alles is haar te veel, ze verlangt naar steun maar krijgt die niet. En die heeft ze ook nooit nodig gehad. In haar familie was zij degene die van jongs af aan voor anderen klaarstond; zij beleefde ook veel bevrediging aan het regelen voor iedereen. Maar nu kan ze niet meer.
Van haar man verlangt ze nu dat hij haar opvangt, terwijl zij hem in hun huwelijk alles uit handen heeft genomen. Ze noemt hem kwetsbaar, noemt zijn oorlogsverleden, en geeft voorbeelden van hoe zij met elkaar omgaan. Dat zij zich heeft uitgeput, lichamelijke signalen waren er al veel eerder, heeft zij niet als zodanig herkend.

> Dat zij haar omgeving altijd heeft bediend, gevraagd en ongevraagd, geen informatie heeft gegeven over hoe zij zich voelt en wat zij nodig heeft, en dat het daarom voor anderen ook moeilijk is om wat voor haar terug te doen, ziet zij in de therapiesessies voor het eerst. En ook dat zij zichzelf en anderen door haar ongeduld onder druk zet. Zij kijkt met nieuwe ogen naar haar man, verwoordt haar wensen en grenzen, en krijgt tot haar verbazing de aandacht die ze heeft gevraagd. Haar behoefte hem of het leven te verlaten, verdampt. Haar perspectief verandert, ze beziet haar wereld opnieuw en ervaart de relaties met anderen als nieuw.

Door haar problemen in de context van het gezin, de familiecultuur, haar relaties met anderen, haar temperament en dat van anderen te plaatsen, heeft zij een derde alternatief kunnen vinden: een aan haar huidige behoefte aangepast levenstempo en durven stilstaan bij de vraag naar wat zij nodig heeft.

2.4 Levenscyclus van families

Om als kind tot ontwikkeling te komen en zich later te blijven ontwikkelen, is er een subtiele afstemming nodig tussen de levenscyclus van het individu en die van het gezin. Die vindt plaats door paarvorming, in huwelijk, door kinderen die het huis verlaten, door invulling van de latere levensfasen, en ook door de confrontatie met ziekte, verlies en dood. Problemen in de afstemming op deze ontwikkelingen leiden tot spanningen (Carr, 2006) en vaak ook tot psychische stoornissen.

Elke familie staat onder invloed van de relationele en emotionele erfenissen uit vorige generaties: religie, seksualiteit, de relaties met de ouders, met broers en zussen, het uiten van affectie, zich wel of niet met elkaar bemoeien, en ruzies. Intergenerationele erfenissen kunnen zowel (positief) stimulerend zijn (veerkracht) als problematisch wanneer geheimen, trauma's, ziekten en armoede een rol spelen (Carter & McGoldrick, 2004).

Familieleden kunnen een verbond tegen een gemeenschappelijke vijand aangaan, een coalitie vormen, of onderling tijdelijk samenwerken, een alliantie smeden. Er wordt onderscheid gemaakt in verticale loyaliteit tussen de verschillende generaties: de lotsverbondenheid van de verschillende generaties (grootouders-ouders-kinderen) en horizontale loyaliteit: de verbondenheid binnen dezelfde generatie (partner, broers, zussen). Bij crises kunnen verbanden tussen en binnen de generaties zowel verbinden als beknellen, zoals in de volgende casus is te lezen.

> **Loyaliteit**
> Het echtpaar Blok staat op punt van scheiden. Peter (76) voelt zich aangetrokken tot mannen; hij wil zijn geaardheid niet langer verbloemen, maar wil ook het huwelijk in stand houden. Henny (73) raakt hiervan in de war. Haar boosheid houdt ze echter voor zich. Zij heeft zich altijd aan zijn wensen aangepast, was bang dat hij anders zou (dreigen met) weggaan of zichzelf wat zou aandoen. Zij wil zo min mogelijk mensen inlichten over hun relatieproblemen, ze is bang voor hun oordelen. Maar aan de kinderen kan zij niet voorbij.
> Een hevige strijd woedt tussen de twee dochters, de zoon en hun vader en moeder. De zoon en de jongste dochter hebben zich altijd samen verbonden gevoeld. De oudste dochter staat wat apart, ook door haar nauwe band met haar moeder, Henny. In het gezinsgesprek worden deze verbanden blootgelegd. De vader staat apart, de zoon wil hem wel steunen, maar daarmee brengt hij het contact met zijn jongste zus in gevaar. De oudste dochter wenst haar vader niet meer te spreken. Henny zit hierdoor tussen

> meerdere vuren. Zij wil haar kinderen niet kwijt, wil niet kiezen en blijft erop hopen dat haar man zijn seksuele behoeften opschort. En haar man vergelijkt haar nog steeds met zijn moeder die ook alles voor hem bedisselde.

3 Rol systeemtherapeut

De systeemtherapeut staat voor de moeilijke opdracht om op elk moment in het gesprek een werkbaar evenwicht te vinden tussen voldoende verbondenheid en contact met alle betrokkenen en tegelijkertijd voldoende afstand tot hen te bewaren. De systeemtherapeut kan geen observatiepositie innemen (Rober, 2014). Hij of zij maakt namelijk altijd deel uit van het (therapeutische) systeem en kan de werkelijkheid niet kennen los van het systeem in kwestie. Dit impliceert een nieuwsgierige houding van de therapeut, een actieve inzet en een zorgvuldige multipartijdigheid (Cecchin, 1992). Dit betekent ook dat een systeemtherapeut 'flexibel empathisch' is: zich afwisselend inleeft in een van de individuen en dit afwisselt en verdeelt tussen de systeemleden samen met een overkoepelende empathie voor het systeem (Reijmers, 2015). De bestaande 'verhouding' tussen de systeemleden wordt aanvaard en moet als uitgangspunt worden genomen. De systeemtherapeut is een facilitator van het systeem en geen scheidsrechter (Luijens & Vansteenwegen, 2004). De systeemtherapeut benut zijn kennis 'niet-wetend wetend': hij accepteert en valideert de ervaringen van elk van de systeemleden en zoekt met het gezin, de familie of ander systeem, naar wegen om onbetwiste vooronderstellingen en interne tegenstrijdigheden in hun levensverhaal aan het licht te brengen (Cappaert, 2014). Zo kunnen nieuwe betekenissen worden gevonden die de systeemleden en hun onderlinge relaties verrijken en meer tot hun recht laten komen (De Vos, 2012).

Voor oudere cliënten is het in systeemtherapie komen vaak een nieuwe ervaring. Taken voor de systeemtherapeut bij ouderen zijn dan het normaliseren van dagelijkse ervaringen, de aandacht richten op de eigen oplossingsgerichtheid, en de sterke kanten en de levenservaring van de cliënt en zijn systeem erkennen. Het gaat in de behandeling zowel over samen terugkijken, afscheid nemen, en loslaten van dat wat was, waardoor de hechtingspatronen zichtbaar worden, als het formuleren van nieuwe doelen, ook in relatie tot anderen (Jacobs & Engel, 2000). Van de systeemtherapeut bij ouderen wordt daarnaast extra flexibiliteit gevraagd: gesprekken vinden indien nodig thuis plaats, systeemleden kunnen soms niet bij de gesprekken aanwezig zijn, of worden door de cliënten geweigerd vanwege langdurige strijd, kinderen hebben er soms voor gekozen het contact te verbreken. Gesprekken samen met andere hulpverleners in het systeem vergen bovendien een tijdrovende agendavoering.

4 Praktijk

4.1 Aanmelding

Wanneer ouderen zich aanmelden met ernstige of langdurige problemen, is het altijd zaak te onderzoeken of deze problemen de draagkracht van een of meer gezinsleden te boven gaan. Gezien het vaak complexe web van informele en formele hulpverleningsrelaties van ouderen is het belangrijk bij de aanmelding direct te onderzoeken wie de hulpvraag stelt. Is dat de aangemelde persoon, de partner, kinderen, de huisarts, verzorgenden van een beschermde woonvorm of nog anderen? Op opmerkingen als 'Mijn vrouw vindt dat ik maar eens hulp moet gaan zoeken' of 'De verzorging heeft last van me', kan dan worden gereageerd met de vraag hoe het voor diegene is gebruik te moeten maken van de psychologische hulp, of hij zich gesteund of gestuurd voelt, en wat zijn visie is op de problematiek. Hiermee laat de hulpverlener merken dat er oprechte belangstelling is voor alle personen achter het probleem. Zo kan het vertrouwen in de hulpverlening toenemen en wordt de weg bereid om de hulpvraag te verbreden naar de interacties in het systeem van de hulpvrager.

4.2 Diagnostiek

Diagnostiek in systeemtherapie omvat meer dan het vergaren van informatie over problemen en probleemgebieden. Het is niet het maken van een foto, maar een film, een dynamisch proces (Ausloos, 1999). Aandacht moet worden besteed niet alleen aan de oorzaak maar ook aan de gevolgen van problemen voor het cliëntsysteem. Ieder systeemlid kan zich dan begrepen voelen in de ervaren druk van de problemen op de onderlinge relaties (Reijmers, 2014). Systemische diagnostiek is dan ook meer dan diagnostiek alleen: het is een ingreep in de werkelijkheid, waarbij de diagnose wordt gezien in de context van de leef- en betekeniswereld van cliënten. Meerdere visies op de werkelijkheid kunnen daarin samenkomen: die van cliënt, andere systeemleden, therapeut, en de omringende samenleving.

Een manier om deze informatie te verzamelen is het maken van een genogram (zie ook paragraaf 4.4): een familiestamboom, een visueel beeld van complexe familiepatronen, waarin alle gezinsleden en belangrijke personen in iemands leven een plaats krijgen (Savenije & Van Lawick, 2008).

4.3 Doel van de behandeling

Systeemtherapie onderzoekt en komt tussenbeide in relaties tussen gezinsleden, om gezins- en familierelatiestructuren en -dynamieken zodanig te verschuiven dat nieuwe interactiewijzen kunnen ontstaan die de individuele ontwikkelingsbehoeften ondersteunen (Qualls, 2009). Omdat ouderen te maken hebben met snelle veranderingen in het contact met anderen (verlies van intimiteit door ziekte, verlies door overlijden partner of ouders, kinderen die het contact verbreken, kleinkinderen die minder zorg nodig hebben, seksuele veranderingen, nieuwe relaties), kunnen zij met behulp van systeemtherapie worden begeleid bij de overgang naar nieuwe levensfasen.

4.4 Methoden en technieken

Systeemtherapie biedt een breed scala aan interventietechnieken, zowel verbaal als non-verbaal. De therapie kan gericht zijn op interacties, op betekenisgeving, met aandacht voor zowel het verleden, het heden als de toekomst, en is goed toepasbaar bij ouder wordende gezinnen in een overgangsfase. Van Lawick en Savenije (2014) geven van deze technieken een overzicht in *Handboek systeemtherapie*. In dit hoofdstuk voert het te ver ze alle te bespreken. Enkele methoden die worden gebruikt in de systeemtherapie met ouderen, worden hier besproken.

Werken met het genogram

Door het samen maken van een genogram, een familiestamboom waarin de gezinsrelaties van het systeem over verschillende generaties worden gevisualiseerd, kunnen herhalingspatronen, scripts en loyaliteiten worden onderzocht. Aandacht is er dan voor zowel de individuele als de interactionele ontwikkeling, voor gegeven en ontvangen steun, voor normen en waarden, voor familietradities, en voor belangrijke interesses van gezinsleden. Kennis daarvan brengt hypothesen over draagkracht en veerkracht in de familie voort.

Voor oudere cliënten geldt vaak dat ze door op deze wijze terug te kijken, lang bestaande vanzelfsprekendheden in relatie tot andere gezinsleden opnieuw onder de loep nemen, en soms zelfs voor het eerst bespreken met broers en zussen, kinderen en ouders of andere belangrijke personen in hun leven (Jacobs, 2012). Cliënten nemen vaak foto's mee, onderzoeken hoe hun leven is gegaan, vragen anderen wat hun herinneringen zijn en maken zo opnieuw contact in vaak al lang bestaande en vastliggende relaties. Door de positie in het leven nu en in het verleden te aanvaarden, treedt ook vaak mildheid op ten opzichte van anderen. Bevroren relaties kunnen ontdooien, problematische situaties kunnen worden opgelost en de veerkracht in het gezinssysteem kan worden hernieuwd. In de volgende casus is te lezen hoe het maken van een genogram dit echtpaar hielp zich anders met elkaar en met het gezin van oorsprong van de aangemelde cliënte te verhouden.

Internaat

Annette Pieterse, 68 jaar, depressief geworden na het stoppen met haar werk, is het een na oudste kind in een gezin van vijf, met een oudere broer, en twee jongere broers en een zus. Haar problemen heeft ze altijd voor zich gehouden, onder andere dat ze een voor haar schaamtevolle gewoonte heeft: haartrekken. Door het maken van een genogram staan we stil bij haar gezin van herkomst; er komen vele herinneringen boven. Zij ziet zichzelf ingeklemd tussen een stoere oudere broer en drie jongere in haar ogen opgewekte broers en zus, die het niet zo nauw namen. Haar man die hierbij aanwezig is, ziet hoe zij ook nu nog dezelfde positie in haar familie heeft: ze staat erbuiten, voelt zich niet gezien en gehoord. Ook hij staat wat buiten haar familie, dat is altijd zo geweest. Zelf komt hij uit een warm gezin waar problemen besproken konden worden en het contact met zijn twee broers is goed. Hij zou dan ook graag willen dat ook zij hem meer zou betrekken bij haar problemen. Hij wist van het haartrekken, maar hij mag het er niet met haar over hebben.

Annette situeert de start van haar probleem op 8-jarige leeftijd toen zij zonder verklaring als enige van de kinderen naar een internaat werd gestuurd. Door het genogram wordt nog eens een extra duidelijk hoe zij zich toen al buitengesloten voelde en vervolgens ook geen contact meer zocht. Naar aanleiding van het genogram neemt ze drie stappen. Met haar man oefent ze om wat haar dwarszit meer met hem te bespreken. De volgende stap is dat zij in gesprek gaat met haar broers en zus over hoe zij hun jeugd hebben beleefd: een flinke stap, want het contact is minimaal. Tot haar verbazing gaan zij hier graag op in, tot haar nog grotere verbazing hebben zij hun jeugd anders beleefd, waren zij eigenlijk jaloers op de aandacht die zij kreeg in het internaat, en hebben ze nooit goed begrepen waarom zij zo terughoudend was. Hoewel het haar moeite kost ze te geloven, lucht het haar erg op het contact te hebben hersteld. Als laatste vertelt ze haar kinderen wat er bij haar speelt en durft ze de rol van altijd klaar staande moeder los te laten. Haar depressie klaart op en het haartrekken weet ze tot een minimum te beperken. Annette zet alles op alles om haar wensen te blijven verwoorden en geniet van het nieuwe contact met man, gezin en familie.

Cognitieve gedragsrelatietherapie bij depressie

Een depressieve oudere heeft er baat bij om emotionele steun te krijgen, maar die steun helpt vooral als de oudere iets terugdoet: door degene die steunt te steunen. Wederkerigheid is een elementaire functie in duurzame intieme relaties en verdient aandacht in de behandeling van ouderen (Beach & Whisman, 2012; Ko & Lewis, 2011; Whisman e.a., 2012). Het wederzijds geven en nemen kan onder andere onder druk komen te staan als een van de partners ziek wordt, het verschil in vitaliteit tussen de partners toeneemt, of het leeftijdsverschil groot is en een van de partners nog werkt.

In de volgende casus is te lezen hoe de cliënt zijn klachten weet te verbreden van het zoeken naar het ultieme medicijn naar de betekenis van zijn depressie in de context van zijn leven en gezin. De cliënt is op een wat dwangmatige manier alleen met zichzelf bezig en hij heeft weinig oog voor de behoeften van het systeem. Het ontbreken van wederkerigheid lijkt dan ook een onderhoudende factor in het voortbestaan van de depressie. Relatietherapie met het echtpaar is geïndiceerd, met ook gebruikmaking van cognitieve therapie.

Ik mag niet falen
Kees de Jong, 82 jaar, kampt met een ernstige depressie, verlies van vitaliteit, slaapproblemen en met angst om alleen te zijn. De afgelopen jaren is hij geconfronteerd met hartproblemen en diabetes. Het effect hiervan op zijn conditie bagatelliseert hij: hij moet en zal weer zo worden als hij was. Zijn herstel maakt hij afhankelijk van het 'goede' medicijn. Helaas werken verschillende antidepressiva onvoldoende. Individuele cognitieve therapie heeft hem niet verder geholpen. We onderzoeken samen met hem en zijn echtgenote in welke context zijn problemen optreden.
Kees is emotionele situaties en praten over gevoelens altijd uit de weg gegaan. In zijn familie werd over emoties gezwegen. Hij streeft naar een 'stoïcijnse houding' en het tonen van emoties hoort daar niet bij. Dat zou maar 'slap' zijn. Zijn vrouw steunt hem enigszins in zijn medicijnvraag, maar ze vindt het ook wel prettig dat hij door zijn depressie zijn emoties minder kan verdringen en meer van zichzelf laat zien. De aandacht wordt gericht op het rouwen om het verlies van zijn vitaliteit, en tegelijkertijd op het zoeken naar een nieuwe levensvervulling die is aangepast aan de mogelijkheden van Kees en zijn vrouw. Zijn vrouw en twee zonen voelen wel voor deze wijze van kijken. Kees ziet hier niets in, of eerder: weet niet hoe dat moet. In de therapie wacht hij net als bij de psychiater op een verlossende ontknoping van zijn problemen.
Pas door het concreet uitdagen van zijn zelfkritische gedachten (onder andere 'Ik mag niet falen'; 'Huilen is slap'), het thuis oefenen met het G-schema en vooral door het zich daarbij te laten bijstaan door zijn echtgenote, komt er lucht. Accepteren van het ouder worden, het rouwen om het verlies van lichamelijke functies, het erkennen dat zij meer energie heeft dan hij: het valt hem zwaar maar het lukt hen samen hier aandacht voor te hebben. Zijn vrouw toont nu compassie met de strijd die hij levert in plaats van hem steeds te wijzen op dat hij meer moet ondernemen, maar durft hem ook meer alleen te laten en haar eigen interesses te volgen, zodat hij minder druk voelt. En hij zoekt naar activiteiten die zij samen kunnen ondernemen. Kees verandert niet opnieuw van medicatie, hij oefent meer geduld met zichzelf en met zijn vrouw. En zij heeft geaccepteerd dat hij minder vitaal is dan zij.

Systeemtherapie bij de vraag naar euthanasie

Suïcidale communicaties zijn vaak verstrengeld met familierelaties die twee of meer generaties kunnen omvatten. Hoe een suïcidale uiting wordt gehoord, is even belangrijk als hoe deze wordt geuit (Richman, 2001). Het is dan ook belangrijk om altijd iemand uit de naaste omgeving van de suïcidale cliënt bij de behandeling te betrekken. Samen zoeken naar mogelijke oorzaken en gevolgen van problemen kan de betrokkenheid van het systeem vergroten en het isolement van degene waar het om gaat verminderen (Cornelis, 2011). Systeemtherapie bij de vraag naar euthanasie is dan ook zeer aanbevolen.

Erkenning

Christien Konings, 82 jaar, lichamelijk geïnvalideerd, depressief en boos, ziet het leven absoluut niet meer zitten. Ernstige reuma en longproblemen hebben haar de laatste jaren zeer beperkt. Haar sociale netwerk is gering, niet in de laatste plaats omdat ze boos en afstandelijk kan reageren en verwacht dat hulp haar wordt aangeboden zonder dat ze daarom moet vragen. Zij blijft hopen op inzet van haar dochter, maar laat haar daarvan niets merken.

Christien uit regelmatig de wens tot euthanasie; daarop ingaand relativeert ze dit echter weer, tot nieuwe obstakels in haar leven opduiken. En dat zijn er vele: weer een nieuwe hulpkracht te moeten inwerken is er een van. Als zij geen gehoor denkt te vinden voor haar wens, dreigt ze met suïcide. Al eerder heeft zij een poging hiertoe ondernomen. Duidelijk is dat zij zich zeer ongelukkig voelt, duidelijk is ook dat ze daar met niemand openlijk over spreekt. Zij weigert haar dochter bij de behandeling te betrekken.

Het euthanasieprotocol dat de psychiater volgt, brengt uitkomst. Zonder systeemleden kan aan het onderzoeken van haar vraag geen gehoor worden gegeven, en zij geeft toe. Christiens dochter wordt uitgenodigd. Ze schrikt van moeders idee haar leven te willen beëindigen. Ondanks alles zou het vreselijk voor haar zijn om haar moeder zo te verliezen. Veel oud leed borrelt op. Het leven is voor Christien en haar dochter niet gemakkelijk geweest. Ze is tegen haar wil vroeg gescheiden en heeft haar kind zonder ondersteuning van familie moeten opvoeden. In hun gezin werd gezwegen. Het is voor Christiens dochter dan ook een openbaring dat zij haar verhaal kwijt kan en dat moeder hiernaar wil luisteren. We staan stil bij hoe moeilijk het voor Christien is om erkenning te geven terwijl ze zelf zo verlangt naar erkenning. De dochter begrijpt dit van haar zoals Christien het van haar dochter begrijpt. Het contact tussen moeder en dochter wordt voorzichtig hersteld; beiden oefenen in het kenbaar maken van hun wensen. Christiens euthanasiewens verdwijnt en in onderling overleg sluiten we het contact af.

Emotionally focused couple therapy (EFCT) in partnerrelatietherapie

Emotionally focused couple therapy (EFCT) bij (oudere) paren is een partnerrelatietherapie gebaseerd op de hechtingstheorie, op het intrapsychisch en het interpersoonlijke perspectief. Emoties van de partners staan hierbij centraal (Johnson, 2004; Johnson e.a., 2005; Wagenaar & Quené, 2014). Er wordt stilgestaan bij de gevoelens, gedachten en het gedrag van beide partners. Nagegaan wordt of en hoe zij bijvoorbeeld kunnen vastzitten in een negatieve cirkel van elkaar aanvallen en zich terugtrekken, waarbij uitingen van boosheid en angst de boventoon voeren. In de therapie wordt dan gezocht naar wat de partners werkelijk raakt, zoals primaire, onderliggende, gevoelens als angst voor afwijzing, angst om te falen, angst voor isolement. Deze gevoelens samen kunnen delen en erkennen geeft de mogelijkheid om weer verbinding te voelen en aan te durven gaan.

Nabijheid

Lies Lamers, geplaagd door een ernstige angststoornis, zoekt op dringend verzoek van haar partner hulp. Zij is een veel jonger dan haar kalenderleeftijd (69) ogende vrouw die zich moeilijk laat benaderen. Ze wantrouwt empathie en voelt zich eerder thuis bij haar honden dan bij mensen. Als oudste van vier kinderen heeft ze haar leven lang voor iedereen gezorgd zonder daarvoor hulp terug te willen. Nu haar partner depressief is geworden, kan ze hem niet meer opvangen. Zij wil op niemand terugvallen, bovendien is haar netwerk gering; met haar drie jongere broers is het contact verbroken.

> Haar afstandelijkheid is zeer begrijpelijk: haar stiefvader heeft haar langdurig seksueel misbruikt. Lies' moeder bleef hem trouw, ondanks dat hij hiervoor werd veroordeeld. Moeder sprak er niet over en Lies zweeg. In het contact blijkt dat Lies naar erkenning hunkert, maar niet gelooft in wat haar geboden wordt. In de relatie met haar partner komt dit duidelijk naar voren: hij kan niets goed doen en moet het liefst op de achtergrond blijven.
> Zij heeft weinig zicht op de harde, sterk afwijzende manier waarop ze hem en anderen van zich afhoudt. De behoefte aan nabijheid, zorg en aandacht is er zeker, maar wat de partner ook biedt: het is te weinig. Dat herkent ze ook in andere relaties, en dat geeft de mogelijkheid met haar en hem stil te staan bij haar angst afgewezen te worden, bij haar verlangen naar nabijheid en bij het waarom van haar eenzijdig zorgen. Lies' partner durft uit te spreken hoe verdrietig hij het vindt om altijd op afstand gehouden te worden, veel kritiek te krijgen en het gevoel te hebben het nooit goed te doen. De cirkel van haar aanvallen en zijn terugtrekken wordt in de therapie doorbroken. De partners tonen begrip voor elkaars angsten en daarop gebaseerd gedrag, durven hun gevoelens uit te spreken, hun grenzen aan te geven; haar angst en zijn depressie verbleken.

5 Tot besluit

Een (psychisch) probleem heb je nooit alleen. Qualls (2009) en de in dit hoofdstuk genoemde auteurs adviseren dan ook om de familiecontext altijd in het oog te houden, ook als er moet worden gekozen voor individuele therapie. Systeemtherapie heeft echter, net als andere therapievormen, ook risico's. Soms is zwijgen in de therapiekamer nog steeds goud. Geheimen die veel gezichtsverlies voor de systeemleden opleveren, geweldsuitingen zonder gewetenswroeging, loyaliteitsconflicten: dit zijn zaken die men thuis voor zich zou houden, maar waar men zich door de aanwezigheid van de therapeut vrij zou kunnen voelen ze aan de ander kenbaar te maken. De systeemtherapeut heeft de taak zijn cliënten te beschermen om de uitweg van het niet-kiezen of het ontkennen van het bestaan van een keuzeconflict hiermee niet af te snijden (Hartgers, 2013).

Bij het ouder worden wordt de existentiële onderlinge afhankelijkheid extra groot als ouderen, onder andere bij ziekte of verlies van belangrijke naasten, meer een beroep moeten doen op hun omgeving. Daar wederkerigheid in een relatie voor het welzijn van systeemleden van cruciaal belang is, is het goed te beseffen dat ouderen vaak niet alleen een beroep doen op, maar ook hun bijdrage leveren aan hun families en gemeenschappen. Ouderen kunnen een hulpbron zijn door te assisteren in de zorg voor kinderen en kleinkinderen en weer bij te dragen aan het arbeidsproces, bijvoorbeeld in vrijwilligerswerk (Peluso e.a., 2013). En ook als ouderen geen fysieke bijdrage meer kunnen leveren vanwege gezondheidsproblemen, kunnen zij door hun ervaring en kennis te delen een bron van steun, wijsheid, humor en relativeringsvermogen zijn voor familieleden, vrienden, kennissen en verzorgenden. Succesvol ouder worden biedt dan ook essentiële voordelen, niet alleen voor de oudere zelf maar ook voor de mensen om hem of haar heen. Wanneer een oudere daarin wordt belemmerd vanwege psychische problemen, is het dan ook van groot belang om niet alleen het individu te behandelen maar het systeem erbij te betrekken of in het vizier te houden, want nogmaals: een (psychisch) probleem heb je nooit alleen.

Literatuur

Amburg, S.M. van, Barber, C.E., & Zimmerman, T.S. (1996). Aging and family therapy: Prevalence of aging issues and later family life concerns in marital and family therapy literature (1986-1993). *Journal of Marital and Family Therapy, 22*, 195-203.

Anderson, W.T., & Hargrave, T.D. (1990). Contextual family therapy and older people: Building trust in the intergenerational family. *Journal of Family Therapy, 12*, 311-320.

Ausloos, G. (1999). *De competentie van families: Tijd, chaos, proces*. Leuven/Apeldoorn: Garant.

Baars, J., & Meekeren, E. van. (2013). Behandeling. In J. Baars & E. van Meekeren (Red.), *Een psychische stoornis heb je niet alleen: Praten met families en naastbetrokkenen* (pp. 240-249). Amsterdam: Boom.

Baars, J., Wagenaar, K., & Meekeren, E. van. (2013). Wat clinici moeten weten over families en naastbetrokkenen. In J. Baars & E. van Meekeren (Red.), *Een psychische stoornis heb je niet alleen: Praten met families & naastbetrokkenen* (pp. 27-75). Amsterdam: Boom.

Bateson, G. (1972). *Steps to an ecology of mind*. New York: Dutton.

Beach, S.R.H., & Whisman, M.A. (2012). Affective disorders. *Journal of Marital and Family Therapy, 38*, 201-291.

Boeckhorst, F. (2014). Over de verdwijning van het systeemtheoretisch denken en de vrijheid van de fietser. *Systeemtherapie, 26*, 222-240.

Cappaert, A. (2014). Families met ouderen. In A. Savenije, M.J. van Lawick & E.T.M. Reijmers (Red.), *Handboek systeemtherapie* (pp. 550-561). Utrecht: De Tijdstroom.

Carr, A. (2006). *Family therapy: Concepts, process and practice* (2nd ed.). West Sussex: Wiley & Sons, Ltd.

Carter, B., & McGoldrick, M. (2004). *The expanded life cycle: Individual, family and social perspectives*. Boston, MA: Allyn & Bacon.

Cecchin, G. (1987). Hypothesizing, circularity and neutrality revisited: An invitation to curiosity. *Family Process, 26*, 405-413.

Cornelis, J. (2011). Interveniëren bij suïcidaliteit: Zonder naasten gaat het niet. *Systeemtherapie, 23*, 217-231.

Engel, M. (2007). Ouderen en relaties, hechten en onthechten. *Systeemtherapie, 19*, 80-93.

Engel, M., & Aarssen, W. (2008). Families met ouderen. In A. Savenije, M.J. van Lawick & E.T.M. Reijmers (Red.), *Handboek systeemtherapie* (pp. 400-408). Utrecht: De Tijdstroom.

Hartgers, M. (2010). Bijwerkingen, fouten en andere risico's. In J. Baars & E. van Meekeren (Red.), *Een psychische stoornis heb je niet alleen: Praten met families en naastbetrokkenen* (pp. 264-275). Amsterdam: Boom.

Herr, J., & Weakland, J.J. (1979). *Counselling elders and their families: Practical techniques for applied gerontology*. New York: Springer.

Hoffman, L. (1993). *Exchanging voices: A collaborative approach to family therapy*. Londen: Karnac Books.

Jacobs, M. (2012). Ik zorg, dus ik ben: Oudste dochters, parentificatie en psychische problemen op oudere leeftijd. *Tijdschrift voor Psychotherapie, 38*, 463-474.

Jacobs, M., & Engel, M. (2000). Het wikken en wegen van lusten en lasten: Psychodynamische psychotherapie met ouderen. In M.T. Vink & A.E.M. Hoosemans (Red.), *Gevoelens zijn tijdloos: Belevingsgerichte interventies bij ouderen* (pp. 17-40). Houten: Bohn Stafleu van Loghum.

Johnson, S.M. (2004). *The practice of emotionally focused marital therapy: Creating connections* (2nd ed.). New York: Bruner/Routledge.

Johnson, S.M., Bradley, B., Furrow, J., Lee, A., Palmer, G., Tilley, G., e.a. (2005). *Becoming an emotionally focused couple therapist: The workbook*. New York: Routledge.

Ko, K.L., & Lewis, M.A. (2011). The role of giving and receiving emotional support in depressive symptomatology among older couples: An application of the actor-partner interdependence model. *Journal of Social and Personal Relationships, 28*, 83-99.

Lambert-Shute, J., & Fruhauf, C.H. (2011). Aging issues: Unanswered questions in marital and family therapy literature. *Journal of Marital & Family Therapy, 37*, 27-36.

Lawick, J. van, & Savenije, A. (2014). Basisbegrippen. In A. Savenije, M.J. van Lawick & E.T.M. Reijmers (Red.), *Handboek systeemtherapie* (pp. 203-223). Utrecht: De Tijdstroom.

Luijens, M., & Vansteenwegen, A. (2004). Respect voor het systeem? In M. Leijssen & N. Stinckens (Red.), *Wijsheid in gesprekstherapie* (pp. 139-152). Leuven: Universitaire Pers.

Peluso, P.R., Parsons, M., & Watts, R.E. (2013). Introduction. In P.R. Peluso, R.E. Watts & M. Parsons (Eds.), *Changing aging, changing family therapy: Practicing with 21st century realities* (pp. 3-20). New York: Routledge.

Qualls, S.H. (2009). Family therapy in late life. *Psychiatric annals, 399*, 844-855.

Reijmers, E. (2014) Systemische diagnostiek. In A. Savenije, M.J. van Lawick & E.T.M. Reijmers (Red.), *Handboek systeemtherapie* (pp. 188-199). Utrecht: De Tijdstroom.

Reijmers, E. (2015). Empathie in systeemtherapie. In G. Vanaerschot, N. Nicolai & M. Hebbrechts (Red.), *Empathie, het geheime wapen van psychiaters en psychotherapeuten* (pp. 151-163). Leusden: Diagnosis Uitgevers.

Richman, J. (2001). Family therapy with elderly suicidal patients: Communication and crisis aspects. *Omega, 44*, 361-370.

Rober, P. (2014). De therapeut. In A. Savenije, M.J. van Lawick & E.T.M. Reijmers (Red.), Handboek Systeemtherapie (pp. 177-187). Utrecht: De Tijdstroom.

Savenije, A. (2014). Redactionele introductie. In A. Savenije, M.J. van Lawick & E.T.M. Reijmers (Red.), *Handboek systeemtherapie* (pp. 13-22). Utrecht: De Tijdstroom.

Savenije, A., & Van Lawick, M.J. (2008). Methoden en technieken. In A. Savenije, M.J. van Lawick & E.T.M. Reijmers (Red.), *Handboek systeemtherapie* (pp. 223-256). Utrecht: De Tijdstroom.

Vos, J. de (2012). Systeemtherapie en psychiatrische diagnoses... aparte werkelijkheden? *Systeemtherapie, 24*, 204-220.

Wagenaar, K., & Quené, H. (2014). Hechting en emoties: Emotionally focused therapy. In A. Savenije, M.J. van Lawick & E.T.M. Reijmers (Red.), *Handboek systeemtherapie* (pp. 433-443). Utrecht: De Tijdstroom.

Whisman, M.A., Uebelacker, L.A., Tolejko, N., Chatav, Y., & McKelvie, M. (2006). Marital discord and well-being in older adults: Is the association confounded by personality? *Psychology and Aging, 21*, 626-631.

23
Mantelzorgers

Marjolein de Vugt

1 Inleiding
   1.1   Negatieve gevolgen van mantelzorg
   1.2   Positieve gevolgen van mantelzorg
   1.3   Mantelzorgcarrière
2 Interventies
   2.1   Gecombineerde interventies
   2.2   Psycho-educatie
   2.3   Ondersteuningsgroepen
   2.4   Psychotherapie
   2.5   E-health-interventies
   2.6   Aansluiting bij behoeften
3 Tot besluit
   Literatuur

---

www.tijdstroom.nl/leeromgeving

📁 **Handige documenten**
🌐 **Weblinks**

Kernboodschappen

- Mantelzorgers zijn zeer kwetsbaar door de chronische stress waaraan zij worden blootgesteld.
- Aandacht hebben voor positieve aspecten van mantelzorg draagt bij aan een betere adaptatie aan de nieuwe situatie en aan acceptatie van hulp.
- De verschillen in taken en uitdagingen per fase van de mantelzorgcarrière vragen om differentiatie in het aanbod van psychologische interventies.
- De belangrijkste elementen van psychologische interventies zijn psycho-educatie, psychotherapie (vooral cognitieve gedragstherapie) en ondersteuningsgroepen.
- Mantelzorgers profiteren vooral van psychologische interventies die uit meerdere elementen bestaan, voldoende intensief zijn, en optimaal aansluiten bij persoonlijke kenmerken en behoeften.

1 Inleiding

De term mantelzorger wordt gebruikt voor iemand die langdurig en onbetaald zorgt voor een chronisch zieke, gehandicapte of hulpbehoevende persoon uit de persoonlijke omgeving. Dit kan een partner, een kind of een ouder zijn, maar ook een ander familielid, een vriend of een kennis (www.mezzo.nl/pagina/voor-mantelzorgers/thema-s/dit-is-mantelzorg). De Raad voor Volksgezondheid en Samenleving (RVS) hanteert de volgende definitie:

> 'zorg die niet in het kader van een hulpverlenend beroep wordt gegeven aan een hulpbehoevende door een of meerdere leden van diens directe omgeving waarbij de zorgverlening direct voortvloeit uit de sociale relatie' (Struijs, 2006).

Informele zorg is een term die vaak als synoniem van mantelzorg wordt gebruikt. Dit begrip kan echter breder worden opgevat en kan naast mantelzorgers ook vrijwilligers omvatten die bij aanvang van de zorg nog geen persoonlijke relatie hebben met de zorgontvanger. Dit is een essentieel verschil omdat het aangeeft dat vrijwilligers een bewuste keuze maken om de zorg te verlenen terwijl veel mantelzorgers als vanzelfsprekend in hun rol terechtkomen doordat er een beroep op hen wordt gedaan. Veel mantelzorgers herkennen zich niet in de term mantelzorger omdat ze niet bekend zijn met deze term, of deze niet op hun eigen situatie betrekken. Vaak zijn ze langzaam in hun rol gegroeid en vinden ze het vanzelfsprekend om de zorg aan hun naaste te bieden. Zij identificeren zich dan meer met de persoonlijke relatie die ze met de ander hebben, bijvoorbeeld als partner of als kind, dan met de zorgtaak die zij vervullen. Dit is een drempel om mantelzorgers te bereiken met ondersteuning en interventies.

Uit een onderzoek van het Centraal Bureau voor de Statistiek (CBS, 2013) in 2012 blijkt dat ruim anderhalf miljoen mensen in Nederland intensief of langdurige mantelzorg geven. De meeste mantelzorgers zijn tussen de 50 tot 65 jaar, maar de mantelzorgers boven de 85 jaar geven gemiddeld met 24 uur per week de meeste mantelzorg. Vrouwen geven vaker mantelzorg dan mannen.

De druk op mantelzorgers neemt toe door een aantal maatschappelijke veranderingen, waaronder de grotere nadruk die de overheid legt op het aanspreken van je eigen informele netwerk. Tevens is er sprake van een vergrijzende samenleving waarin ouderen met chronische ziekten langdurige zorg nodig hebben. Bij het bestuderen van gevolgen voor mantelzorgers en mogelijke interventies is het betreffende ziektebeeld van belang. Bij progressieve ziektebeelden zoals dementie zal er een langdurig en toenemend beroep op mantelzorgers worden gedaan. Deze mantelzorgers doorlopen hierdoor een proces dat verschillende fasen en uitdagingen kent waarbij een groot risico bestaat om overbelast te raken. Naar schatting zijn er momenteel 260.000 mensen met dementie, wat zal uitgroeien naar meer dan een half miljoen in 2040. De meerderheid van deze mensen woont thuis en wordt verzorgd door een of meerdere naasten. Momenteel betreft dit ongeveer 300.000 mantelzorgers (Alzheimer Nederland, 2016). Dit hoofdstuk zal zich vooral toespitsen op deze specifieke groep mantelzorgers van mensen met dementie vanwege de grote relevantie en de ruime wetenschappelijke kennis op dit gebied.

1.1 Negatieve gevolgen van mantelzorg

Mantelzorgers van mensen met een chronisch en progressief ziektebeeld zoals dementie bieden vaak jarenlange intensieve zorg, waarbij zij voortdurend geconfronteerd kunnen worden met nieuwe complexe problemen. Het vraagt van mantelzorgers een grote mate van veerkracht, flexibiliteit en creativiteit in het omgaan met toenemende hulpbehoevendheid, cognitieve problemen, lichamelijke problemen, veranderingen in emoties en gedrag, veranderingen in economische en sociale omstandigheden, en besluitvorming over juridische zaken, zorg en behandeling. Er kan sprake zijn van een reeds jarenlange geleidelijke toename van de ziekte en hiermee gepaard gaande mantelzorg voordat de diagnose wordt gesteld. Een Nederlands onderzoek laat zien dat bij dementie de duur van het ziektebegin tot aan de diagnose gemiddeld bijna drie jaar is (Van Vliet e.a., 2013). Dit wordt verklaard door het feit dat de veranderingen die men opmerkt pas na lange tijd besproken worden met naasten en vervolgens de stap naar de huisarts nog langer op zich laat wachten (Chrisp e.a., 2011). De vaststelling van de diagnose dementie is voor de mantelzorger dan vaak een bevestiging van vermoedens (Derksen e.a., 2005) of zelfs een opluchting na een lange periode van spanning en onzekerheid (Van Vliet e.a., 2011). Mantelzorgers zijn zeer kwetsbaar als zij aan jarenlange stress worden blootgesteld (De Vugt, 2004). De Nederlandse dementiemonitor uit 2013 gaf aan dat vier op de tien mantelzorgers zich 'tamelijk zwaar belast' voelt en ruim een op de tien zich 'zeer zwaar belast' tot 'overbelast' voelt (Peeters e.a., 2014). Mantelzorgers hebben vier keer zoveel kans op een depressie in vergelijking met mensen die geen mantelzorg geven (Joling e.a., 2010). Er is tevens sprake van kwetsbaarheid voor fysieke gezondheidsproblemen door de invloed van chronische stress op het immuunsysteem (De Vugt e.a., 2005a; Bauer e.a., 2000).

Mantelzorgers verschillen in de wijze waarop ze de zorg invullen (De Vugt e.a., 2004) en de mate waarin ze psychische of fysieke gevolgen ervaren, onafhankelijk van de ernst van het ziektebeeld. Als de problemen en dagelijkse zorg de capaciteiten van de mantelzorger overschrijden dan resulteert dit in stress en een gevoel van belasting. Deze subjectieve belasting van de mantelzorger wordt bepaald door een interactie tussen kenmerken van de persoon voor wie gezorgd wordt (bijvoorbeeld de aanwezigheid van probleemgedrag zoals nachtelijke onrust), kenmerken van de mantelzorger (onder andere kennis over dementie, copingvaardigheden en persoonlijkheidskenmerken), en de omgeving (bijvoorbeeld sociale steun en professionele hulp).

De wijze waarop mantelzorgers de zorg invullen, heeft niet alleen gevolgen voor henzelf maar ook voor de persoon voor wie gezorgd wordt. Het ecologische model van Lawton (1985) beschrijft dat het gedrag van een persoon een resultante is van de kenmerken van die persoon in interactie met de omgeving. Volgens dit model neemt de gevoeligheid voor de omgeving toe wanneer de individuele competenties afnemen, zoals bij dementie. Indien de eisen van de omgeving onvoldoende aansluiten bij de persoonlijke competenties, kan dit leiden tot probleemgedrag, zoals onrust of agressie. Een adaptieve zorgstrategie geeft een veilige omgeving voor de persoon met dementie, waardoor de kans op probleemgedrag minder groot is dan bij een niet-adaptieve zorgstrategie (De Vugt e.a., 2004). Een adaptieve zorgstrategie wordt gekenmerkt door een ondersteunende, rustige en meegaande benadering. Een niet-adaptieve zorgstrategie wordt gekenmerkt door een confronterende benadering. De mantelzorger heeft de neiging ongeduldig en geïrriteerd te reageren en de persoon met dementie te wijzen op fouten en vergissingen. Deze niet-adaptieve zorgstrategie geeft niet alleen een hogere mate van onrust bij de persoon met dementie, maar geeft tevens een grotere kans op emotionele problemen zoals depressieve klachten bij de mantelzorger.

De mate van emotionele problemen en ervaren belasting bij de mantelzorger is medebepalend voor het moment waarop de zorg thuis niet langer mogelijk is en de persoon voor wie gezorgd wordt moet worden opgenomen in een verpleeghuis. Er is hierbij een verschil te zien tussen volwassen kinderen en partners als mantelzorgers. Kinderen besluiten over het algemeen eerder tot opname (De Vugt e.a., 2005b), mogelijk doordat zij vaak mantelzorg op afstand bieden en ook andere rollen moeten invullen, zoals werk, en zorg voor een gezin.

1.2 Positieve gevolgen van mantelzorg

In de literatuur ligt een sterke nadruk op de negatieve gevolgen voor mantelzorgers. Er is pas de laatste jaren meer aandacht gekomen voor positieve ervaringen en emoties in relatie tot het adaptieve vermogen van mantelzorgers. Reeds in de jaren negentig beschreven Pearlin e.a. dat mensen innerlijke groei kunnen ervaren wanneer zij geconfronteerd worden met moeilijke omstandigheden (Pearlin e.a., 1990). Het bieden van mantelzorg kan voldoening geven door een gevoel van bekwaamheid (Carbonneau e.a., 2010). Het in staat zijn om (terug) te geven aan een ander kan gezien worden als een sociale basisbehoefte (Vernooij-Dassen e.a., 2011) en kan een gevoel van tevredenheid geven (Nolan, 1996). De kwaliteit van de (premorbide) relatie tussen de mantelzorger en de persoon voor wie gezorgd wordt is zeer bepalend voor de ervaren motivatie om mantelzorg te geven op basis van affectie (Quinn e.a., 2010). Bij het ontbreken van die affectie wordt mantelzorg meer een verplichting. Het ziektebeeld heeft uiteraard invloed op de kwaliteit van de relatie tussen beiden, maar niet alleen in negatieve zin. Bijvoorbeeld: ondanks het feit dat de communicatie vaak moeilijker wordt bij dementie, melden veel partners dat zij een sterkere emotionele band ervaren in vergelijking met voorafgaand aan de ziekte (De Vugt e.a., 2003).

Het benadrukken van deze positieve aspecten van mantelzorg in ondersteunende interventies zou de acceptatie en werkzaamheid van deze interventies kunnen versterken. In Nederlands onderzoek (Boots e.a., 2015) werd gevonden dat mantelzorgers die moeite hebben om hun situatie te accepteren, meer nadruk leggen op negatieve veranderingen, negatieve emoties en verlies. Oog hebben voor positieve veranderingen draagt bij aan een betere adaptatie aan de nieuwe situatie. Deze mantelzorgers staan meer open voor het toelaten van hulp.

1.3 Mantelzorgcarrière

Het mantelzorgproces kan als een carrière worden beschouwd (Aneshensel e.a., 1995; De Vugt & Verhey, 2013), bestaande uit grofweg drie fasen: roladaptatie, roluitvoering, en het uit handen geven van de mantelzorgrol. In de eerste fase ligt de nadruk op zich leren aanpassen aan de nieuwe rol. Duidelijkheid over de diagnose geeft de mogelijkheid om het aanpassingsproces tijdig in te gaan. Een belangrijke eerste stap is het uiten van gevoelens van verlies en verdriet. Vervolgens ligt de nadruk op het accepteren en leren omgaan met het verlies en de problemen waar de mantelzorger voor staat. In deze fase kunnen de objectieve zorglasten bij een progressieve ziekte nog beperkt zijn.

In de tweede fase staan praktische hulp en problemen meer op de voorgrond door een toename van de hulpbehoevendheid. Een goede acceptatie en adaptatie in de eerste fase zal bijdragen aan een lagere subjectieve belasting bij gevorderde ziekte, ondanks een toegenomen objectieve belasting.

In de derde fase worstelen veel mantelzorgers met het uit handen geven van de zorg aan zorgprofessionals in de thuissituatie of in een verpleegvoorziening. Dit gaat vaak gepaard met schuldgevoelens over het feit dat men niet langer in staat is de zorg zelf volledig op zich te nemen. Vooral bij het besluit tot een opname is men over het algemeen tot het uiterste gegaan om dit zo lang mogelijk uit te stellen. De verschillen in taken en uitdagingen per fase van het zorgproces vraagt ook om differentiatie in het aanbod van psychologische interventies.

2 Interventies

Interventies voor mantelzorgers bestaan in het algemeen uit informatie geven, vaardigheden aanleren, en het steunsysteem versterken om het risico op overbelasting te verminderen en een eventuele opname van de persoon met dementie in het verpleeghuis uit te stellen. De belangrijkste elementen van psychologische interventies zijn psycho-educatie, psychotherapie (vooral cognitieve gedragstherapie) en ondersteuningsgroepen.

Interventies die meerdere van deze elementen combineren, blijken succesvoller dan interventies die zich maar op één aspect richten. Een nieuwe ontwikkeling is de toenemende beschikbaarheid van e-health-interventies, die een laagdrempelig en kosteneffectief alternatief lijken te zijn voor de traditionelere face-to-face-interventies. De effecten en aard van de verschillende interventies zal verder worden toegelicht. Vervolgens zal worden ingegaan op een aantal factoren die medebepalend zijn voor het succes van een interventie.

2.1 Gecombineerde interventies

Een meta-analyse van gecombineerde interventies voor mantelzorgers bij dementie laat veelbelovende positieve effecten zien op uitstel van opname in een verpleeghuis (Olazaran e.a., 2010). Na een interventieperiode van 6 tot 12 maanden lag het aantal opnamen 33% lager in de interventiegroep in vergelijking met een groep die gebruikelijke zorg kreeg. Dit betreft een uiterst relevant klinisch en maatschappelijk effect.

Een belangrijk onderzoek in deze review betrof die van Mittelman e.a. (1993). De interventie bestond uit meerdere componenten, waaronder zes individuele en familiegesprekken, deelname aan een ondersteuningsgroep, en continu ad hoc beschikbare telefonische ondersteuning. Een langetermijnfollow-up na 18 jaar liet zien dat er in de interventiegroep uitstel van opname in het verpleeghuis was met anderhalf jaar vergeleken met een groep die gebruikelijke zorg kreeg, door een verbetering van het welbevinden van de mantelzorger. Ook na de verpleeghuisopname bleek dat de ervaren belasting van mantelzorgers in de interventiegroep lager was dan in de groep die gebruikelijke zorg kreeg (Gaugler e.a., 2008).

2.2 Psycho-educatie

Een belangrijk interventie-element is psycho-educatie, waarbij op systematische wijze informatie wordt gegeven over ziekte- en zorggerelateerde aspecten, zoals uitleg over de diagnose, de prognose, probleemgebieden waar de mantelzorger voor komt te staan, omgangsadviezen, en mogelijkheden voor ondersteuning en zorg. Op basis van deze informatie kan aandacht worden besteed aan het verwerken en accepteren van de situatie en toepassen van deze kennis en vaardigheden op de persoonlijke situatie. Een belangrijk aandachtspunt hierbij is het inschatten en bewaken van de draagkracht van mantelzorgers. Vooral partners hebben in hun rol als mantelzorger de neiging om zichzelf weg te cijferen en om voortdurend hun grenzen te verleggen. Als zij zich bewust worden van het belang van hun eigen welzijn om goede zorg te kunnen bieden aan de persoon met dementie, nemen zij hun eigen behoeften en grenzen meer in acht en kunnen zij de zorg langer volhouden.

Gunstige effecten van psycho-educatieve interventies worden bij dementie vooral gezien op de ervaren belasting van mantelzorgers (NICE, 2006), waarbij het niet uitmaakt of dit individueel of in groepsverband plaatsvindt. Er is enig bewijs dat het ook bescherming kan bieden tegen depressieve klachten. Echter het geven van informatie alleen blijkt onvoldoende als het niet ook gecombineerd wordt met het aanleren van adequate copingstrategieën (Selwood e.a., 2007).

Hierin is dan ook een belangrijke rol voor de psycholoog weggelegd. Er is tot op heden onvoldoende bewijs dat psycho-educatieve interventies effecten hebben op de ervaren kwaliteit van leven van mantelzorgers of uitstel van opname van de persoon met dementie in het verpleeghuis (Jensen e.a., 2015). De weliswaar positieve maar beperkte effecten die bereikt worden door het geven van psycho-educatie maken duidelijk dat er meer interventie-elementen nodig zijn om een optimaal resultaat te behalen.

2.3 Ondersteuningsgroepen

Ondersteuningsgroepen voor mantelzorgers zijn breed en zijn in veel verschillende vormen beschikbaar. Een belangrijk doel is lotgenoten ontmoeten: ervaringen uitwisselen en onderlinge steun en advies. De groepen variëren in openheid en opzet, zoals de mate waarin er door een professional aanvullende psycho-educatie wordt gegeven.

De grote variatie in ondersteuningsgroepen maakt dat effectonderzoeken inconsistente resultaten rapporteren. Een meta-analyse (Chien e.a., 2011) laat wel degelijk positieve effecten zien op welbevinden, depressie, ervaren belasting en sociale uitkomsten. Mantelzorgers profiteren het meest van ondersteuningsgroepen indien de groepen beperkt zijn in omvang (6-10 deelnemers) en een duur hebben van langer dan 8 weken. Tevens blijken vrouwen meer profijt te hebben van ondersteuningsgroepen in termen van welbevinden en depressiereductie.

2.4 Psychotherapie

Indien psycho-educatie alleen onvoldoende effect laat zien, kan aanvullend gedacht worden aan een vorm van psychotherapie. Het meest toegepast en onderzocht is cognitieve gedragstherapie (Gallagher-Thompson e.a., 2012). Cognitieve gedragstherapie dient om strategieën aan te leren om negatieve, disfunctionele gedachten op te sporen, en die om te buigen naar helpende gedachten die leiden tot plezierige activiteiten en adaptieve coping.

Een belangrijke bron van stress voor mantelzorgers bij dementie is probleemgedrag, zoals onrust en agressie. Cognitieve gedragstherapie kan hier meer grip op geven, en het probleemgedrag verminderen door mantelzorgers te leren de antecedenten en consequenties van het gedrag te op te sporen en aan te passen (Livingston e.a., 2014).

Diverse onderzoeken laten zien dat met kortdurende cognitieve gedragstherapie zowel depressieve als angstklachten kunnen verminderen, waarbij individuele aanbieding beter resultaat geeft dan in groepsverband (Knight e.a., 1993). Het nadeel van deze interventie is dat het relatief kostbaar is met het oog op de training en kwalificaties die het van de professional vereist. Een goede indicatiestelling is dus van belang waarbij vooral mantelzorgers met klachten van somberheid, angst, piekeren of schuldgevoelens gebaat zijn bij cognitieve gedragstherapie (Gallagher-Thompson e.a., 2012).

Een opkomende 'derde generatie' psychotherapie is de *acceptance and commitment therapy* (ACT). Waar cognitieve gedragstherapie een sterke nadruk legt op verandering (van gedachten, emoties en gedrag), richt ACT zich op het accepteren van de situatie en de gevoelens die daarmee gepaard gaan. Dit sluit aan bij de omstandigheid van mantelzorgers bij dementie die geconfronteerd worden met moeilijke situaties en problemen die onveranderbaar zijn, zoals de confrontatie met de diagnose en het verdriet om de progressieve cognitieve achteruitgang van hun geliefde (Losada e.a., 2015). Een vergelijkend onderzoek tussen cognitieve gedragstherapie en ACT laat voor beide interventies een significante reductie van depressie en angst zien bij mantelzorgers (Losada e.a., 2015). Meer onderzoek is nodig om zicht te krijgen op welke therapie het meest geschikt is voor wie.

2.5 E-health-interventies

Een relatief nieuwe ontwikkeling is de snelle groei van e-health-interventies voor mantelzorgers. E-health staat voor het gebruik van informatie- en communicatietechnologie (ICT) binnen de gezondheidszorg. E-health biedt de mogelijkheid om gepersonaliseerde, betaalbare en toegankelijke interventies te bieden met behoud van kwaliteit en met meer eigen regie voor de participant (Riper e.a., 2013).

De eerste resultaten zijn veelbelovend en laten positieve effecten zien op zelfvertrouwen, gevoel van bekwaamheid, stress, ervaren belasting en depressie (Boots e.a., 2014). De effecten zijn het sterkst voor internetinterventies die meerdere elementen combineren, zoals informatie, gepersonaliseerde adviezen en lotgenotencontact. Het biedt tevens mogelijkheden om mensen te bereiken die vanwege afstand of mobiliteitsproblemen niet in de gelegenheid zijn om gebruik te maken van traditionele interventies. Het voorziet in een behoefte van mantelzorgers, waarbij zij een voorkeur aangeven voor een gemengde opzet waarbij de internetinterventie wordt gecombineerd met ondersteuning door een persoonlijke coach (Boots e.a., 2014).

2.6 Aansluiting bij behoeften

Om het effect van de interventie te kunnen maximaliseren, is het cruciaal dat de interventie aansluit bij de individuele behoeften van de mantelzorger. Een aantal zaken is van belang om die aansluiting te optimaliseren. Ten eerste: wanneer men de mantelzorger actief betrekt bij de keuze uit beschikbare interventies (Spijker e.a., 2008) vergemakkelijkt dat een goede aansluiting bij de wensen en behoeften van die mantelzorger. Wanneer men een keuze biedt, resulteert dat tevens in een hogere mate van ervaren controle bij de mantelzorger, een hogere mate van tevredenheid over de behandeling, en een betere therapietrouw, met sterkere interventie-effecten tot gevolg. Het ontbreekt bij mantelzorgers echter vaak aan overzicht van de mogelijkheden, waardoor zij geen weloverwogen keuze kunnen maken en zij een grote mate van afhankelijkheid ervaren ten opzichte van de betrokken hulpverlener (Wolfs e.a., 2012). Voor de psycholoog is een taak weggelegd om een bewustwordingsproces op gang te brengen bij de mantelzorger door expliciet aandacht te besteden aan het keuzeproces en een overzicht te bieden van de mogelijkheden. Het formuleren van persoonlijke doelen is een goed uitgangspunt om vervolgens na te gaan welke beschikbare interventies hierop aansluiten en zo tot een keuze te kunnen komen.

Een tweede aspect dat belangrijk is om de interventie te laten aansluiten bij de mantelzorger, vormen de persoonlijke kenmerken van mantelzorgers. Leeftijd, geslacht, opleidingsniveau en de relatie met de persoon met dementie zijn van invloed op de interventiekeuze en de verbetering die kan worden bewerkstelligd. Mannen en hoger opgeleiden blijken vaker op eigen kracht effectieve zorgstrategieën te hanteren dan vrouwen en lager opgeleiden. Mannen hebben eerder de neiging om een ondersteunende rol aan te nemen, terwijl vrouwen vaker een verzorgende strategie hanteren en geneigd zijn taken over te nemen (De Vugt e.a., 2004). Hierdoor lopen vrouwen een groter risico om overbelast te raken. Dit verklaart mogelijk waarom vrouwen meer profijt hebben van psychologische interventies in termen van depressieve klachten en kennis (Sörensen e.a., 2002).

Ten derde is de fase van het zorgproces relevant voor een optimale aansluiting van de interventie. Ervaren problemen en taken verschillen per fase van de mantelzorgcarrière. De vooruitgang op het gebied van vroegdiagnostiek van dementie geeft kansen om mantelzorgers in een vroege fase interventies aan te reiken die hen preventief voorbereiden op hun taak als mantelzorger. Psychologische interventies specifiek voor de vroege fase, de adaptatiefase, worden echter maar beperkt aangeboden. Een belangrijke uitdaging is het motiveren van mantelzorgers om bij een relatief lage zorgzwaarte aan preventieve interventies deel te nemen. In een vroege fase belemmeren acceptatieproblemen, angst voor stigma, en het negatieve karakter van beschikbare informatie de bereidheid om aan interventies deel te nemen (Boots e.a., 2015). Psychologische interventies voor de vroege fase van het proces dienen minder probleemgericht te zijn en meer nadruk te leggen op het versterken van competenties en positieve gevoelens en ervaringen.

3 Tot besluit

Psychologen kunnen een belangrijke bijdrage leveren aan de ondersteuning van mantelzorgers gedurende de verschillende fasen van het zorgproces. Bij progressieve ziektebeelden zoals dementie kan er in dit proces een onderscheid worden gemaakt in drie fasen, waarin respectievelijk rolaanpassing, uitvoering en het uit handen geven van de zorg op de voorgrond staan. Psychologische interventies kunnen in de eerste fase worden ingezet om het verdriet over de diagnose te verwerken, het begrip van de ziekte te vergroten, te helpen bij het accepteren van de ziekte en het verlies, en de adaptatie aan de rol als mantelzorger te bevorderen. Dit is een cruciale fase waarin versterking van de mantelzorger preventief kan werken om negatieve gevolgen in het verdere ziekteproces te minimaliseren. Naarmate de hulpbehoevendheid toeneemt, zullen ziektegerelateerde problemen in cognitie, gedrag en functioneren meer op de voorgrond staan. In deze fase zijn mantelzorgers gebaat bij interventies om probleemoplossende vaardigheden te versterken en de eigen grenzen te bewaken ter voorkoming van overbelasting. In de laatste fase is psychologische hulp bij het loslaten van de zorg gewenst ter voorkoming van schuldgevoelens en depressieve klachten.

Mantelzorgers profiteren het meest van interventies die uit meerdere elementen bestaan, voldoende intensief zijn, en optimaal aansluiten bij persoonlijke kenmerken en behoeften. Dit vraagt om een gedifferentieerd en gepersonaliseerd aanbod van psychologische interventies, waarbij de taken en rol van de psycholoog kunnen wisselen tussen die van voorlichter, (groeps)- gespreksleider, psychotherapeut, coach en adviseur. Ontwikkelingen op het gebied van e-health geven nieuwe kansen om gepersonaliseerde, betaalbare en toegankelijke interventies te bieden met behoud van kwaliteit en meer eigen regie voor de mantelzorger. Het wetenschappelijke onderzoek op dit gebied is nog pril en moet de komende jaren de veronderstelde meerwaarde nog gaan aantonen.

Literatuur

Alzheimer Nederland. (2016). *Cijfers en feiten over dementie: Factsheet, datum 28-01-2016, www. alzheimer-nederland.nl.* Amersfoort: Alzheimer Nederland. Raadpleegbaar via: www.alzheimer-nederland.nl/sites/default/files/directupload/factsheet-dementie-algemeen.pdf.

Aneshensel, C.S., Pearlin, L.I., Mullan, J.T., Zarit, S.H., & Whitlatch, C.J. (1995). *Profiles in caregiving: The unexpected career.* San Diego, CA: Academic Press.

Bauer, M.E., Vedhara, K., Perks, P., Wilcock, G.K., Lightman, S.L., & Shanks, N. (2000). Chronic stress in caregivers of dementia patients is associated with reduced lymphocyte sensitivity to glucocorticoids. *Journal of Neuroimmunology, 103,* 84-92.

Boots, L.M.M., Vugt, M.E., Knippenberg, R.J.M., Kempen, G.I.J.M., & Verhey, F.R.J. (2014). A systematic review of Internet-based supportive interventions for caregivers of patients with dementia. *International Journal of Geriatric Psychiatry, 29*, 331-344.

Boots, L.M., Wolfs, C.A., Verhey, F.R., Kempen, G.I., & Vugt, M.E. de. (2015). Qualitative study on needs and wishes of early-stage dementia caregivers: The paradox between needing and accepting help. *International Psychogeriatrics, 27*, 927-936.

Carbonneau, H., Carol, C., & Desrosiers, J. (2010). Development of a conceptual framework of positive aspects of caregiving in dementia. *Journal of Applied Gerontology, 29*, 327-353.

CBS. (2013). *Uitkomsten Gezondheidsmonitor 2012* [Persbericht op webpagina]. Den Haag: Centraal Bureau voor de Statistiek. Raadpleegbaar via: www.cbs.nl/nl-nl/nieuws/2013/17/220-duizend-nederlanders-voelen-zich-zwaar-belast-door-mantelzorg.

Chien, L.Y., Chu, H., Guo, J.L., Liao, Y.M., Chang, L.I., Chen, C.H., e.a. (2011). Caregiver support groups in patients with dementia: A meta-analysis. *International Journal of Geriatric Psychiatry, 26*, 1089-1098.

Chrisp, T.A., Tabberer, S., Thomas, B.D., & Goddard, W.A. (2011). Dementia early diagnosis: Triggers, supports and constraints affecting the decision to engage with the health care system. *Aging & Mental Health, 16*, 559-565.

Derksen, E., Vernooij-Dassen, M., Gillissen, F., Olde-Rikkert, M., & Scheltens, P. (2005). The impact of diagnostic disclosure in dementia: A qualitative case analysis. *International Psychogeriatrics, 17*, 319-326.

Gallagher-Thompson, D., Tzuang, Y.M., Au, A., Brodaty, H., Charlesworth, G., Gupta, R., e.a. (2012). International perspectives on nonpharmacological best practices for dementia family caregivers: A review. *Clinical Gerontologist, 35*, 316-355.

Gaugler, J.E., Roth, D.L., Haley, W.E., & Mittelman, M.S. (2008). Can counseling and support reduce burden and depressive symptoms in caregivers of people with Alzheimer's disease during the transition to institutionalization? Results from the New York University caregiver intervention study. *Journal of the American Geriatrics Society, 56*, 421-428.

Jensen, M., Agbata, I. N., Canavan, M., & McCarthy, G. (2015). Effectiveness of educational interventions for informal caregivers of individuals with dementia residing in the community: Systematic review and meta-analysis of randomised controlled trials. *International Journal of Geriatric Psychiatry, 30*, 130-143.

Joling, K.J., Hout, H.P. van, Schellevis, F.G., Horst, H.E. van der, Scheltens, P., Knol, D.L., e.a. (2010). Incidence of depression and anxiety in the spouses of patients with dementia: A naturalistic cohort study of recorded morbidity with a 6-year follow-up. *American Journal of Geriatric Psychiatry, 18*, 146-153.

Knight, B.G., Lutzky, S.M., & Macofsky-Urban, F. (1993). A meta- analytic review of interventions for caregiver distress: Recommendations for future research. *Gerontologist, 33*, 240-248.

Lawton, M.P. (1985). The elderly in context perspectives from environmental psychology and gerontology. *Environment and Behavior, 17*, 501-519.

Livingston, G., Johnston, K., Katona, C., Paton, J., Lyketsos, C.G., & Old Age Task Force of the World Federation of Biological Psychiatry. (2014). Systematic review of psychological approaches to the management of neuropsychiatric symptoms of dementia. *American Journal of Psychiatry, 162*, 1996-2021.

Losada, A., Márquez-González, M., Romero-Moreno, R., Mausbach, B.T., López, J., Fernández-Fernández, V., e.a. (2015). Cognitive-behavioral therapy (CBT) versus acceptance and commitment therapy (ACT) for dementia family caregivers with significant depressive symptoms: Results of a randomized clinical trial. *Journal of Consulting and Clinical Psychology, 83,* 760.

Mittelman, M.S., Ferris, S.H., Steinberg, G., Shulman, E., Mackell, J.A., Ambinder, A., e.a. (1993). An intervention that delays institutionalization of Alzheimer's disease patients: Treatment of spouse-caregivers. *Gerontologist, 33,* 730-740.

NICE. (2006). *Dementia: Supporting people with dementia and their carers in health and social care* [Guideline]. Manchester: National Institute for Health and Care Excellence. Available form: www.nice.org.uk/guidance/CG42.

Nolan, M. (1996). Supporting family carers: The key to successful long-term care? *British Journal of Nursing, 5,* 836.

Olazaran, J., Reisberg, B., Clare, L., Cruz, I., Pena-Casanova, J., Del Ser, T., e.a. (2010). Nonpharmacological therapies in Alzheimer's disease: A systematic review of efficacy. *Dementia and Geriatric Cognitive Disorders, 30,* 161-178.

Pearlin, L.I., Mullan, J.T., Semple, S.J., & Skaff, M.M. (1990). Caregiving and the stress process: An overview of concepts and their measures. *Gerontologist, 30,* 583-594.

Peeters, J., Werkman, W., & Francke, A. (2014). *Kwaliteit van dementiezorg door de ogen van mantelzorgers: Dementiemonitor mantelzorg 2013, deelrapportage 1.* Utrecht: Nederlands instituut voor onderzoek van de gezondheidszorg.

Quinn, C., Clare, L., & Woods, R.T. (2010). The impact of motivations and meanings on the wellbeing of caregivers of people with dementia: A systematic review. *International Psychogeriatrics, 22,* 43-55.

Riper, H., Kooistra, L., Wit, J. de, Ballegooijen, W. van, & Donker, T. (2013). *Preventie & eMental Health kennissynthese.* Den Haag: ZonMw.

Selwood, A., Johnston, K., Katona, C., Lyketsos, C., & Livingston, G. (2007). Systematic review of the effect of psychological interventions on family caregivers of people with dementia. *Journal of Affective Disorders, 101,* 75-89.

Sörensen, S., Pinquart, M., & Duberstein, P. (2002). How effective are interventions with caregivers? An updated meta-analysis. *Gerontologist, 42,* 356-372.

Spijker, A., Vernooij-Dassen, M., Vasse, E., Adang, E., Wollersheim, H., Grol, R., e.a. (2008). Effectiveness of nonpharmacological interventions in delaying the institutionalization of patients with dementia: A meta-analysis. *Journal of the American Geriatrics Society, 56,* 1116-1128.

Struijs, A. (2006). Informele zorg. *Achtergrondstudie bij het RVZ-advies Mensen met een beperking in Nederland: de AWBZ in perspectief.* Den Haag: RVZ.

Vernooij-Dassen, M., Leatherman, S., & Rikkert, M.O. (2011). Quality of care in frail older people: The fragile balance between receiving and giving. *BMJ, 342,* d403.

Vliet, D. van, Vugt, M.E. de, Bakker, C., Koopmans, R.T., Pijnenburg, Y.A., Vernooij-Dassen, M.J., e.a. (2011). Caregivers' perspectives on the pre-diagnostic period in early onset dementia: A long and winding road. *International Psychogeriatrics, 23,* 1393-1404.

Vliet, D. van, Vugt, M.E. de, Bakker, C., Pijnenburg, Y.A.L., Vernooij-Dassen, M.J.F.J., Koopmans, R.T.C.M., e.a. (2013). Time to diagnosis in young-onset dementia as compared with late-onset dementia. *Psychological Medicine, 43,* 423-432.

Vugt, M.E. de. (2004). *Behavioural problems in dementia: Caregiver issues.* Dissertation, Maastricht University.

Vugt, M.E. de, Nicolson, N.A., Aalten, P., Lousberg, R., Jolle, J., & Verhey, F.R. (2005a). Behavioral problems in dementia patients and salivary cortisol patterns in caregivers. *Journal of Neuropsychiatry & Clinical Neurosciences, 17,* 201-207.

Vugt, M.E. de, Stevens, F., Aalten, P., Lousberg, R., Jaspers, N., Winkens, I., e.a. (2003). Behavioural disturbances in dementia patients and quality of the marital relationship. *International Journal of Geriatric Psychiatry, 18,* 149-154.

Vugt, M.E. de, Stevens, F., Aalten, P., Lousberg, R., Jaspers, N., Winkens, I., e.a. (2004). Do caregiver management strategies influence patient behaviour in dementia? *International Journal of Geriatric Psychiatry, 19,* 85-92.

Vugt, M.E. de, Stevens, F., Aalten, P., Lousberg, R., Jaspers, N., & Verhey, F.R. (2005b). A prospective study of the effects of behavioral symptoms on the institutionalization of patients with dementia. *International Psychogeriatrics, 17,* 577-589.

Vugt, M.E. de, & Verhey, F.R. (2013). The impact of early dementia diagnosis and intervention on informal caregivers. *Progress in Neurobiology, 110,* 54-62.

Wolfs, C.A., Vugt, M.E. de, Verkaaik, M., Haufe, M., Verkade, P.J., Verhey, F.R., & Stevens, F. (2012). Rational decision-making about treatment and care in dementia: A contradiction in terms? *Patient Education and Counseling, 87,* 43-48.

24 Teambegeleiding

Maritza Allewijn en Leny Haaring

1 Teambegeleiding als kerntaak
   1.1 Ontwikkelingen in de zorg voor kwetsbare ouderen
2 Verzorgen en verzorgenden
   2.1 Kenmerken van verzorgenden
   2.2 Opgaven en strategieën van verzorgenden
   2.3 Verzorgen als teamwerk
3 De psycholoog als begeleider van verzorgenden
   3.1 Drie kernprocessen
   3.2 Paradox van psychologische hulpverlening
   3.3 Gespreksvaardigheden en methodiek
   3.4 Aansluiten bij teamkenmerken en -ontwikkeling
4 Wetenschappelijke onderbouwing en voorwaarden
5 Terug naar de praktijk
6 Tot besluit
   Literatuur

 www.tijdstroom.nl/leeromgeving

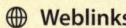 Weblinks

Kernboodschappen
- Gedragsmatige en emotionele ondersteuning van verzorgenden zijn onderdeel van hun deskundigheidsbevordering en essentieel om de kwaliteit van zorg voor kwetsbare ouderen te kunnen borgen.
- Het begeleiden van verzorgende teams vraagt inzicht in de dynamiek van langdurige zorgrelaties in de zorg voor mensen met moeilijk hanteerbaar gedrag.
- De psycholoog creëert een situatie waarin verandering mogelijk is door het afwisselen van de processen verbinden, begrijpen en toevoegen.
- Teambegeleiding is een complex analytisch en methodisch proces en is het werkdomein van gekwalificeerde gedragswetenschappers.

> **Hoogoplopende emoties in het omgangsoverleg**
> Andrea meldt direct bij aanvang van het overleg dat ze het wil hebben over de situatie van mevrouw De Groot. De psycholoog vraagt de anderen of zij dit een passend thema voor het omgangsoverleg vinden. De reacties zijn wat aarzelend, maar uiteindelijk stemmen alle aanwezigen in en krijgt Andrea het woord. Ze vertelt dat mevrouw De Groot de laatste weken steeds passiever wordt, somber oogt en de moed lijkt op te geven.
> De psycholoog vraagt waaraan Andrea meent te zien dat mevrouw De Groot somber is en hoe Andrea's relatie is met mevrouw De Groot. De psycholoog vraagt ook naar de relatie tussen Andrea en de dochter van mevrouw De Groot, en over wie Andrea zich nou het meeste zorgen maakt. Andrea blijkt nauw betrokken te zijn bij mevrouw De Groot: ze kennen elkaar al jaren en Andrea heeft ook veel contact met haar dochter. Ze meent zeker te weten dat mevrouw De Groot niet verder wil leven en gunt haar de rust die ze verlangt. En nu is er besloten om mevrouw De Groot antidepressiva te geven en toch weer uit bed te halen. 'Dat is toch niet belevingsgericht?' zegt Andrea, zichtbaar geëmotioneerd.

1 Teambegeleiding als kerntaak

De stemming en het gedrag van zorgbehoevende ouderen in positieve zin beïnvloeden via mensen die hen verzorgen kent al enige traditie, maar is weinig onderzocht. Vooral in de jaren negentig is wel enig onderzoek gedaan naar deze wijze van therapeutisch werken. De Britse onderzoeksgroep van Moniz-Cook e.a. (1998) onderzocht of een trainingsprogramma voor verzorgenden moeilijk hanteerbaar gedrag bij ouderen met dementie in instellingen kan verminderen. De training was gebaseerd op het gedragsmodificatiemodel van Stokes (1996) en het model van persoonsgeoriënteerde zorg bij dementie van Kitwood (1993). De training beoogde verzorgenden inzicht te geven in de oorzaken van moeilijk hanteerbaar gedrag en om vervolgens dit gedrag via individuele zorgplannen te voorkomen of te kunnen hanteren. Uit het onderzoek blijkt dat het gedrag niet minder voorkomt, maar wel gemakkelijker te hanteren is na een dergelijke training.

Een vergelijkbaar onderzoek werd verricht door Baltes e.a. (1994). Zij onderzochten de effecten van een trainingsprogramma op zowel afhankelijkheidsbevorderende en onafhankelijkheidsonderdrukkende vormen van interactie tussen verzorgenden en bewoners van instellingen voor ouderenzorg. Het trainingsprogramma combineerde kennisoverdracht, verzorgenden die reflecteren op hun interacties met bewoners, en het aanleren van nieuw gedrag. Bij dit laatste werd gebruikgemaakt van video-opnamen. Het resultaat van de training was een afname van het afhankelijkheidsbevorderende gedrag bij de verzorgenden en een toename van gedrag dat de onafhankelijkheid van de ouderen bekrachtigde. Verder vond men een toename van het onafhankelijke gedrag van de opgenomen ouderen en een toename van interacties, die met onafhankelijkheid te maken hebben.

Als effect van een communicatietraining voor verzorgenden met het doel hen gevoeliger te maken voor de behoeften, beperkingen en mogelijkheden van ouderen in instellingen, vonden Heinemann-Knoch e.a. (2005) een verbetering van informatieverstrekking door de verzorgenden aan de ouderen en een verbetering van de kwaliteit van de relaties tussen de verzorgenden en de ouderen.

Deze Britse en Duitse onderzoeken laten zien dat men bij de ondersteuning van de verzorgenden in hun omgang met zorgbehoevende ouderen vooral denkt aan scholing en training. Dergelijke trainingen blijken succesvol bij de evaluatie van de trainingen na afloop. De vraag is echter wat de effecten op langere termijn zijn. In haar onderzoek vond Moniz-Cook dat de effecten na drie maanden alweer grotendeels waren tenietgedaan. De onderzoekers pleiten dan ook voor permanente supervisie van verzorgenden en verankering van de getrainde inzichten in het zorgbeleid van de instelling. Dit spoort met de gangbare praktijk in de Nederlandse zorginstellingen, waar psychologen meestal werken volgens een vaste en permanente structuur voor de ondersteuning van de verzorgenden. In de Nederlandse beroepspraktijk gaan we ervan uit dat inzichten uit de psychologie de zorg voor ouderen ten goede komen (onder andere Ypma-Bakker e.a., 2008; NIP, 2016; Vink & Falck, 2004).

De problematiek van hulpbehoevende ouderen is complex. Veel ouderen die afhankelijk zijn van zorg, kampen met gedrags- of stemmingsproblematiek. De begeleiding en behandeling hiervan kunnen en mogen niet uitsluitend op de schouders van verzorgenden rusten. Om verzorgenden te kunnen laten profiteren van inzichten uit de psychologie en om verantwoorde psychosociale interventies uit te voeren, is intensieve samenwerking tussen verzorgenden en psychologen noodzakelijk. De begeleiding van verzorgende teams behoort dan ook tot de kerntaken van de psycholoog (NIP, 2016). De werkwijze voor het begeleiden van teams is ontwikkeld binnen de muren van instellingen, maar zal in toenemende mate ook gebruikt worden in de begeleiding van thuiszorgteams.

1.1 Ontwikkelingen in de zorg voor kwetsbare ouderen

Zorginstellingen die langdurige zorg bieden aan ouderen met complexe zorgvragen, veranderen in de eerste decennia van de eenentwintigste eeuw sterk van karakter. Het medische model uit de jaren tachtig en het psychosociale model uit de jaren negentig zijn aangevuld vanuit krachten in de samenleving die vragen om een genormaliseerde, herkenbare woonomgeving en cliënt in eigen regie. Het genormaliseerde kleinschalige wonen is inmiddels gangbaar. Sommigen beweren zelfs dat kleinschalig wonen het geprofessionaliseerde werken in de ouderenzorg kan vervangen. Anderen bepleiten een samengaan van een 'normaal leven' en een therapeutische omgeving die begrip heeft voor de behoeften, beperkingen en eigenheid van de persoon met dementie of andere vormen van psychische kwetsbaarheid (Haaring, 2007).

Een andere ontwikkeling is de nauwere samenwerking tussen formeel en informeel verzorgenden. Onder druk van bezuinigingen, maar ook vanuit de gedachte dat de cliënt zelf de regie over het eigen leven blijft voeren, speelt de familie een steeds prominentere en gelijkwaardiger rol naast die van de zorgprofessional. Dit maakt het werk van verzorgenden in zekere zin complexer. De familie gaat meer en meer bepalen en (blijft) zelf zorgen. De deskundigheid van de zorgprofessional wordt niet meer als vanzelfsprekend aanvaard.

De druk op 'zo lang mogelijk thuis' maakt dat de institutionele zorg in een late fase van het leven en de ziekte wordt ingezet. Ook zien we vooral mensen met complexe problematiek, bijvoorbeeld met dementie in combinatie met persoonlijkheids- of andere psychiatrische problematiek, in de zorgcentra instromen. Het leren kennen van de bewoner verloopt moeilijker en er zijn meer wisselingen in de bewonersgroep. Ook zijn er veel ouderen met complexe problematiek die thuis zorg krijgen. Thuiszorgteams hebben echter nog lang niet altijd de terugvalmogelijkheden op expertise en begeleiding zoals die vanuit de instelling zijn ontwikkeld.

Ook op het terrein van de emancipatie van de persoon met dementie zijn de ontwikkelingen in de afgelopen decennia snel gegaan. Er is meer aandacht voor de besefscontext en het informed consent. Psychologische aspecten hebben veel invloed op de kwaliteit van leven met dementie, zoals onder meer blijkt uit verklaringen van deelnemers van Kopgroepen (De Lange & Veerbeek, 2009). Dit betekent dat er steeds hogere eisen gesteld worden aan de sociale omgeving, bejegeningsaspecten en participatiemogelijkheden van mensen met dementie. Het gebruik van vrijheidsbeperkende maatregelen, psychofarmaca en 'leugentjes om bestwil' wordt in toenemende mate ongewenst geacht.

De geschetste ontwikkelingen maken het werk voor verzorgenden belangrijk en zinvol, maar ook complex. De eisen vanuit de cliënt en maatschappij zijn hoog, de druk om voor alle problemen en lijden een oplossing te vinden is groot. Van de zorgprofessional wordt verwacht dat deze telkens kan motiveren waarom bepaalde keuzes gemaakt zijn; de cliënt en de familie beschikken zo veel mogelijk zelf op basis van informatie die door zorgprofessionals gegeven wordt. Kleinschalig wonen maakt voor verzorgenden het werken in de veiligheid van een groot team minder expliciet en zichtbaar. Ze werken minder tegelijkertijd samen, meer bij toerbeurt. De ontwikkelingen vragen om een nieuw soort zorgprofessionals. Zij moeten in staat zijn in de spiegel te kijken, te reflecteren op het eigen handelen en de gevolgen hiervan, en hun aanpak te kunnen bijstellen op grond van de reacties van de cliënt. Dit vraagt om goed opgeleide en geschoolde zorgprofessionals (Zwijsen, 2014).

Ook de positie van de psycholoog verandert door de geschetste ontwikkelingen. Psychologische aspecten van kwetsbaar leven van ouderen hebben meer bekendheid; het lijden wordt meer erkend. Daarbij lijkt het lijden tegelijkertijd minder goed te worden verdragen, waardoor professionals in de zorg onder druk komen te staan.

In dit krachtenveld ontmoeten psychologen en zorgprofessionals elkaar. De dialoog die hier tot stand komt, helpt structuur aanbrengen in de chaotische wereld van het zorgen voor mensen met complexe problematiek en hun naasten. Een positief sociaalpsychologisch zorgklimaat vraagt om het werken vanuit een gezamenlijk gedragen visie, waarin de kwaliteit van leven van bewoners centraal staat, maar ook de belevingswereld en opgaven van verzorgenden niet over het hoofd gezien worden. Relationele aspecten spelen in de langdurige zorg nu eenmaal onherroepelijk een rol, zeker bij het werken met ouderen met gedragsmatige of psychische problemen. Dit geldt niet alleen voor de instellingszorg, maar ook in de zorg voor ouderen die zo lang mogelijk thuis verzorgd worden. Omgangsoverleg waarin reflectie veel aandacht krijgt is hier van belang voor een consistente cliëntgeoriënteerde attitude, voor het omgaan met ethische dilemma's, maar ook voor het voorkomen of tijdig signaleren van ontsporingen in de zorg.

2 Verzorgen en verzorgenden

De psycholoog die teams van professionele verzorgers gaat begeleiden, ziet zich voor een aantal vragen gesteld: wie zijn de verzorgenden; waarom kiezen ze dit beroep; wat vinden ze belangrijk in hun werk; welke moeilijkheden komen ze tegen en hoe gaan ze hiermee om; hoe werken ze onderling samen; wat speelt zich af in teams? Inzicht in de achtergronden van het handelen van verzorgenden is bepalend voor de insteek die de psycholoog kiest bij de begeleiding van teams. Zicht op de processen die zich afspelen in verzorgende teams kan bovendien de effectiviteit van de psycholoog bij de begeleiding vergroten.

2.1 Kenmerken van verzorgenden

Welke mensen werken in de zorg, specifiek in de zorg voor ouderen? Je vindt hier mensen met zeer diverse opleidingen; van helpende (niveau 2), verzorgende individuele gezondheidszorg (VIG, niveau 3) tot aan verpleegkundigen (niveau 4), maar ook sociaal-pedagogisch werkers (SPW'ers) en activiteitenbegeleiders (AB'ers). De meeste van deze opleidingen zijn maar voor een beperkt deel specifiek gericht op de zorg voor ouderen. Een tekort aan verzorgenden en zeker ook bezuinigingen zorgen ervoor dat er veel medewerkers zijn met een laag opleidingsniveau. Beperkte kennis en vaardigheden geven specifieke problemen voor een team en ook voor de psycholoog die zo'n team begeleidt. Naast bezuinigingen en taakdifferentiatie is er de laatste tijd door kritiek uit de maatschappij meer aandacht om medewerkers met een hoger opleidingsniveau zoals verpleegkundigen (niveau 4), hbo-v'ers (niveau 5) en sociaal-pedagogisch hulpverleners (niveau 5) aan te stellen in de ouderenzorg. De laatste jaren is de instroom van verzorgenden met een andere culturele achtergrond groter geworden. Dit zorgt voor nog meer heterogeniteit binnen teams, bijvoorbeeld in communicatie, in normen en waarden, maar ook in beleving en in de manier waarop men werkstress ervaart (Van Werven, 2011).

Er zijn dus grote verschillen, niet alleen in opleidingsniveau en culturele achtergrond, maar ook in leeftijd en in werk- en levenservaring. Naast de verzorgenden met het oude diploma ziekenverzorgende, die al jaren werken, zijn er de jongeren die werken en leren combineren, de zogeheten beroepsbegeleidende leerweg (BBL-route), of stage lopen binnen hun opleiding, de beroepsondersteunende leerweg (BOL-route).

Daarnaast is er een groep volwassenen die vanuit een andere opleidingsachtergrond voor de zorg kiest: de zij-instromers. Bij deze groep zien we vaak een bewuste keuze om met ouderen te gaan werken. Ze hebben vaak meer levenservaring opgedaan en hebben minder romantische verwachtingen dan de jongeren. Bij deze groep hoor je vaak ideeën als 'graag aandacht geven' of 'oude mensen wel leuk vinden'. Helaas worden zij tijdens hun stage of werk nog al eens hardhandig geconfronteerd met de realiteit: ook oude mensen zijn niet altijd aardig of dankbaar: ze zijn soms eisend of ronduit onaangenaam.

Vanuit het beginnersperspectief staat 'contact met mensen en aandacht geven' centraal. Naarmate de leerling meer tijd in de praktijk doorbrengt, komt er spanning tussen theorie en praktijk. De eisen vanuit het werkveld worden hoger, het werktempo moet omhoog. Om deze spanning en het spanningsveld tussen betrokkenheid en distantie te hanteren, wordt eerst steun gezocht bij elkaar in de opleiding. Naar het eind van een opleiding toe zie je een steeds grotere aanpassing aan het team waarin men werkt. Er wordt naar compromissen gezocht. Teamleden dienen eerder als identificatiefiguren dan medeleerlingen of docenten (Boeije, 1994). Het is dus erg belangrijk wie als voorbeeld wordt gekozen en welke waarden en normen van een organisatie en een team worden overgenomen.

Er is weinig literatuur over de vraag of er algemene kenmerken zijn te geven van verzorgenden. Wel zijn er met een scherp oog voor de praktijk en in verschillende publicaties (onder anderen De Lange, 1990; De Geus e.a., 2000) een aantal algemene kenmerken vast te stellen:
- verzorgenden hebben meestal een scherpe intuïtie;
- verzorgenden hebben soms moeite deze intuïtie goed te verwoorden;
- verzorgenden zijn gevoelig voor kritiek en afwijzing;
- eigen grenzen bewaken is niet hun sterkste kant;
- de behoefte om erbij te horen is groot.

In onze maatschappij staat de zorg voor ouderen in een instelling onder druk. Er is, vooral in de media, veel kritiek op de kwaliteit van zorg. Dit geeft het beroep van verzorgenden weinig status. Dit gebrek aan maatschappelijke erkenning van zorgtaken is niet bevorderlijk voor de zelfwaardering en het gevoel van eigenwaarde van verzorgenden. Het verklaart mede waarom zij vaak het gevoel hebben het niet goed te doen, en zij zichzelf onderschatten en vaak opkijken naar andere disciplines.

Verzorgenden kijken zelf over het algemeen positief tegen hun werk aan, zoals blijkt uit een longitudinaal onderzoek van het Nivel (Maurits e.a., 2015): 80% van de ondervraagden is trots op hun werk en ontleent er voldoening aan. De resultaten van deze enquête zijn ook op andere punten positief: men vindt het werk dat men doet inhoudelijk leuk, het werk is zinvol en afwisselend, en men heeft voldoende invloed op de inhoud van het werk.

Driekwart van de respondenten is minder tevreden over de werkdruk dan in voorgaande jaren en vind dat de kwaliteit van hun werk hier onder te lijden heeft. De helft van de ondervraagden vindt het werken in de zorg geestelijk en lichamelijk zwaar. Deze mentale en fysieke belasting heeft bij ruim 12% geresulteerd in persoonlijke problemen in de vorm van vermoeidheid, frustraties en het gevoel opgebrand te zijn. Uit verschillende onderzoeken naar werkstress en burn-outproblematiek (De Geus e.a., 2000) blijkt dat juist werkenden in de zorg hier problemen mee hebben. Door hun sterke betrokkenheid investeren zij veel in hun werk en door de hoge werkdruk ervaren zij te weinig resultaten. De disbalans tussen geven en ontvangen kan op den duur leiden tot emotionele uitputting en de kans op een burn-out is dan groot. Ook opiniepanelonderzoek onder verzorgenden en verpleegkundigen (1V/V&VN, 2015) bevestigt deze conclusies. Het promotieonderzoek van Boeije (1994), *Kwaliteit van zorg in verpleeghuizen*, is een van de weinige onderzoeken specifiek naar verzorgende teams. Het onderzoek is al ouder, maar de beschreven processen spelen zich ook anno 2017 nog steeds af in het werk van verzorgenden en het boek biedt dan ook nog steeds waardevolle inzichten in deze processen voor de psycholoog. Als kern van wat verzorgenden belangrijk vinden aan de kwaliteit van de intermenselijke of relationele kant van de zorg werd genoemd: bijdragen aan het gevoel van eigenwaarde van de ouderen. Een zestal aspecten was hieraan te onderscheiden.

– Bejegening. Mensen op een beleefde en respectvolle wijze benaderen. Ook de zorg voor een net uiterlijk werd hieronder begrepen: om zichtbare stigmatiserende kenmerken te verminderen.
– Zelfstandigheid. Stimulering van de zelfzorg om de controle over het eigen leven zoveel mogelijk te laten behouden en hospitalisatie tegen te gaan.
– Aandacht. Al die activiteiten waarmee verzorgenden willen voorzien in de door hen waargenomen of veronderstelde behoefte aan sociale contacten. De bedoeling is sociale isolatie en eenzaamheid tegen te gaan en de zorginstelling tot een thuis te maken.
– Behulpzaamheid. Het aanbieden van zorg die adequaat en op tijd in de hulpbehoefte van de bewoner voorziet om zo het gevoel van afhankelijkheid te verminderen.
– Privacy. Het beschermen van de persoonlijke levenssfeer van bewoners en het respecteren van hun plaats en bezittingen. Het doel is beschermen van de autonomie en respecteren van de behoefte aan een eigen territorium.
– Continuïteit. De opbouw van een langdurige relatie door middel van een persoonlijke verzorging op basis van vertrouwen en herkenning.

Wat verzorgenden aangeven belangrijk te vinden in de zorgverlening, is niet altijd direct terug te vinden in de dagelijkse praktijk waar een veelheid van processen als werkdruk, onvoldoende deskundigheid en ondersteuning hun invloed doen gelden.

2.2 Opgaven en strategieën van verzorgenden

Verzorgenden stellen over het algemeen hoge eisen aan hun werk. Ze tonen een grote mate van betrokkenheid en genegenheid, zeker bij ouderen met dementie (De Lange, 1990). In de weerbarstige praktijk van alledag worden ze met deze instelling geconfronteerd met een aantal problemen. Verzorgenden beschrijven problemen meestal heel concreet.

Opgaven

In de veelheid van de genoemde probleemsituaties onderscheidt Boeije (1994) in het onderzoek een drietal thema's: de opgave van het nooit eindigende werk, onzekerheid over het verloop van contacten, en de spanning tussen distantie en betrokkenheid.

De opgave van het nooit eindigende werk
De relationele zorg staat op de voorgrond. Er is een nooit eindigende vraag om hulp en aandacht. Dat geeft vaak het gevoel nooit klaar te zijn en de bewoners niet voldoende te kunnen bieden. Deze beleving scoort hoog in emotionele belasting. Relationele zorg is moeilijk te standaardiseren, is niet goed controleerbaar, en is niet altijd zichtbaar en meetbaar. Er is soms jaloezie op activiteitenbegeleidsters of vrijwilligers die wel tijd hebben om mensen aandacht te geven. Tegenwoordig zorgt de toename van administratieve taken voor extra werkdruk.

Onzekerheid over het verloop van contacten
Ouderen die verzorgd moeten worden, vertonen soms vreemd of afwijkend gedrag, zeker bij psychogeriatrische problematiek. De onzekerheden waar verzorgenden mee geconfronteerd worden zijn bijvoorbeeld: wat is normaal en wat niet; welke maatstaven en normen hanteer je; wat verbaast je nog, wat vind je gewoon? Er zijn verschillende verwachtingen van en eisen aan elkaar. Ook communicatieve beperkingen zorgen vaak voor onzekerheid in het contact. Onwennigheid en onvoldoende deskundigheid in het werken met de doelgroep kan ook een rol spelen.

Spanning tussen distantie en betrokkenheid
In de zorg voor ouderen gaat het meestal om langdurige zorg. De laatste tijd wordt bij de zorgverlening juist erg de nadruk gelegd op betrokkenheid, aandacht en warmte. Bij het aannamebeleid wordt hierop ook bewust geselecteerd. Tegelijkertijd moeten verzorgenden in staat zijn afstand te nemen, 'professioneel' te reageren. Mensen overlijden, worden overgeplaatst. Hoe betrokken ben je en waar houdt het op? De cultuur van de organisatie en het team ten aanzien van dit aspect beïnvloedt het gedrag en de beleving van de individuele verzorgenden.

Strategieën

Hoewel er op individueel niveau grote verschillen zijn te zien in hoe verzorgenden de problemen en spanningsvelden hanteren, zijn er op een abstracter niveau wel patronen te herkennen. De strategieën die Boeije (1994) beschrijft, zijn voor medewerkers in zorginstellingen ook nu nog zeer herkenbaar en geven aanknopingspunten voor interventies. Strategieën hebben tot doel de problemen het hoofd te bieden en de spanning te verminderen. Sommige teams hanteren bepaalde strategieën vaker dan andere teams. De verschillende strategieën en de effecten die deze hebben op de verzorgenden zelf, de bewoners en de sfeer of cultuur op de afdeling, worden hier kort besproken.

Uniformering van de zorg
Vanuit de organisatie worden vaak indelingen gemaakt in groepen of categorieën, zoals het niveau van dementie, de leefstijl, of de mate van hulpbehoevendheid of van probleemgedrag. De zorg kan daardoor geüniformeerder per groep worden geboden. Het is echter niet alleen de organisatie die uniformering kan stimuleren. De verzorgenden doen dat soms op hun niveau door bijvoorbeeld het instellen van vaste afspraken als toiletrondes, vaste tijden om op te staan

en naar bed te gaan. Teams die deze strategie kiezen vertonen veel vaste routines, weinig flexibiliteit en weinig variatie in persoonlijke bejegening. De functie hiervan is om het gevoel van controle te vergroten. Deze strategie wordt soms gebruikt voor het 'nooit eindigende werk'. Er is meer controle op tempo en op het beheersen van emoties.

Een gevaar is dat de individualiteit van mensen verloren gaat, dat de betrokkenheid bij bewoners vermindert, en er een lopende-bandbenadering ontstaat. Door meer aandacht voor de persoon en kleinschalig georganiseerde zorg komt dit minder vaak voor, maar bezuinigingen en tijdregistratie bij de zorgverlening werken dit weer in de hand.

Normalisatie van het dagelijks leven
Normalisatie van het dagelijks leven is een strategie waarmee verzorgenden proberen om bewoners een zo normaal mogelijk leven te laten leiden met een zekere mate van zelfstandigheid. Problemen van bewoners worden daarbij soms geminimaliseerd, gebreken en beperkingen verborgen om zo de onzekerheid in het verloop van het contact te hanteren. Een voordeel is dat de aandacht niet gericht wordt op wat niet goed gaat, maar de nadruk meer ligt op mogelijkheden.

Een nadeel hierbij kan zijn dat er onvoldoende signalen van achteruitgang worden gegeven, waardoor te behandelen zaken onder tafel blijven. Dit gaat gepaard met verhullend taalgebruik en de neiging om niet te praten over problemen, achteruitgang, ziekten of overlijden. Tegenover familie wordt de indruk gegeven dat het goed gaat. Ook kunnen vanuit deze strategie te hoge eisen worden gesteld aan bewoners.

Communicatie met bewoners vermijden
Als het contact met bewoners veel emotie en spanning oproept, leidt dit tot een vermindering van het aantal contacten met hen. Er treedt ook een selectie op van de onderwerpen waarover wordt gepraat. Men is vooral druk met andere zaken op de afdeling; de kasten worden schoongemaakt, dossiers goed bijgehouden. Men hecht zich minder aan bewoners en neemt een zekere afstand in het contact. Het gaat hier bijna altijd om machteloosheid vanuit de verzorgende en zelfbescherming.

Het effect voor bewoners laat zich raden: weinig persoonlijk contact en bevestiging en een afstandelijke of onpersoonlijke sfeer. Dit heeft dan weer zijn terugslag op de verzorgende en zo ontstaat een negatieve spiraal in de arbeidstevredenheid.

Overleg over de prioriteiten in de zorg
Overleg over de prioriteiten in de zorg is een strategie die een mogelijkheid biedt om te kunnen omgaan met het gevoel van de nooit eindigende zorg. Een voorwaarde hiervoor is dat elke medewerker zijn verantwoordelijkheid in het team kent en neemt. Er worden prioriteiten gesteld en keuzes gemaakt. Het stimuleert een actieve betrokkenheid in het team. Er ontstaat openheid over gevoelens en ondersteuning van elkaar. Het ligt voor de hand dat dit gedrag ook generaliseert naar de omgang met bewoners. Veel overleg en het goed beargumenteren van keuzen geeft betrokkenheid en vergroot de voldoening in het werk.

Acceptatie van beperkingen van bewoners
Met een houding van acceptatie van beperkingen van bewoners wordt zorg verleend vanuit het besef dat bewoners ziek zijn en nooit meer hun oude niveau terugkrijgen. Het gaat hierbij uiteraard niet om mensen met reactiveerbare aandoeningen. Deze strategie stelt verzorgen-

den in staat tot omgaan met de onzekerheid over het verloop van contacten. Het besef van de voortdurende achteruitgang van de bewoner bereidt de verzorgende voor op dat wat komen gaat. Aanpassing aan het niveau van de bewoner is het uitgangspunt, naast tolerantie van het afwijkende gedrag. Er is hier sprake van een reëel verwachtingsniveau. Het gaat om het voortdurend afwegen en keuzen maken bijvoorbeeld bij behandelingen en ziekenhuisopname, bij de behoefte aan privacy, bij het loslaten van bepaalde normen.
Een risico van deze strategie kan zijn dat bewoners minder gestimuleerd worden tot zelfredzaamheid en behoud van autonomie.

Dosering van de betrokkenheid bij de zorg
Bij dosering van de betrokkenheid bij de zorg gaat het om evenwicht te zoeken tussen distantie en betrokkenheid, om manieren te ontwikkelen voor omgaan met gevoelens die het contact met bewoners oproept. Het bewaken van eigen emotionele grenzen speelt hier een belangrijke rol in. Dit betekent dat er openheid gecreëerd moet worden in het team en dat teamleden elkaar steunen. Er moeten goede rationales gevonden worden die houvast geven in het werk. Anticipatie op moeilijke situaties, zoals overlijden, kan helpen de emoties te hanteren. Ook het thuis afstand nemen van het werk zal gestimuleerd of aangeleerd moeten worden. De effecten van deze strategie kunnen voor de verzorgenden en het team positief zijn; er is meer voldoening, meer tevredenheid en meer openheid. Dit komt de sfeer en de bewonerszorg ten goede.

Doelen en consequenties
De eerste drie strategieën (uniformering, normalisatie en communicatie vermijden) zijn meer gericht op doelmatigheid in het werk en het behouden van afstand tussen verzorgende en bewoner. De andere drie strategieën (overleg, acceptatie en dosering) zijn daarentegen meer gericht op persoonlijke zorg en betrokkenheid. Het gaat er niet om of een strategie goed of fout is, maar of deze voor een bepaalde probleemsituatie een bevredigende oplossing kan bieden. De verschillende vormen van probleem oplossen hebben grote consequenties voor de kwaliteit van de relationele zorg. Teams die zich meer op doelmatigheid en zelfbescherming richten, zullen zich vaker van de eerste drie strategieën bedienen. Zij bouwen afstand in, richten zich meer op resultaat, zijn meer instrumenteel gericht. Er wordt meer gecontroleerd; zij hebben meer routines. Er is een voorkeur voor standaardiseren en verdelen van taken.
Teams die zich meer van de laatste drie strategieën bedienen, zijn meer bewonersgericht; de betrokkenheid bij bewoners is groter. Er vindt meer overleg plaats, er wordt meer naar oplossingen gezocht. Door erover te praten kunnen gevoelens beter worden gehanteerd en kan op tijd afstand worden genomen. Beperkingen worden meer geaccepteerd en er worden realiseerbare doelen gesteld.
De doelstelling van een afdeling bepaalt ook welke strategieën effectief kunnen zijn in het bereiken van dat doel. Een afdeling waar CVA-patiënten gerevalideerd worden om zo snel mogelijk naar huis te kunnen gaan, stelt andere eisen aan strategieën van verzorgenden dan een afdeling waar mensen met dementie tot het eind van hun leven wonen.

2.3 Verzorgen als teamwerk
Verzorgende teams laten zich moeilijk eenduidig omschrijven: hét team bestaat niet. Ze verschillen in grootte, in samenstelling, maar ook in de mate van betrokkenheid bij de groep bewoners die ze verzorgen. Het maakt een verschil of een team continu in een kleinschalige afdeling of huiskamer werkzaam is, of in een groter verband wisselend in een aantal huiskamers. Ook

Figuur 24.1 Factoren die het functioneren beïnvloeden van teams die zorgen voor cliënten met gedragsproblematiek

Organisatiecontext
1. Visieontwikkeling
2. Zorgplannen en kwaliteitsketen
3. Helderheid taken, verantwoordelijkheden, bevoegdheden, competenties
4. Gebruik van kennis en kennisontwikkeling
5. Integraal werken

Dynamiek binnen het team
1. Continuïteit en voorkomen van verloop
2. Sociaal-emotioneel volwassen personeel
3. Gerichtheid op de kerntaak
4. Onderlinge samenwerking en ondersteuning
5. Effectief omgaan met spanningen

Functioneren van teams
- Welzijn
- Effectiviteit

Zorginhoudelijke variabelen
1. Contextuele benadering van gedragsproblemen
2. Handelen vanuit inzicht in het probleemgedrag
3. Belang van hechting
4. Respectvol handelen
5. Creëren van therapeutisch klimaat

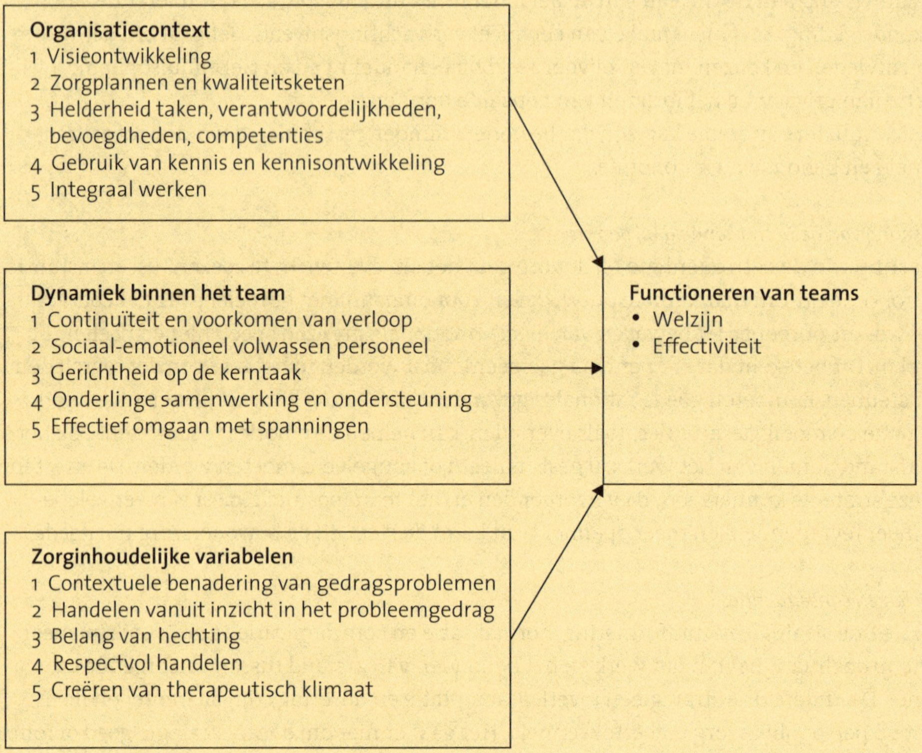

Bron: *Teams in balans* (Konst & Schuurmans, 2006)

de mate van zelfstandigheid, zelfsturing en begeleiding kan sterk variëren. Daarnaast zorgt de problematiek van de te verzorgen bewoners ook voor een grote diversiteit aan soorten teams: teams werkzaam op een revalidatieafdeling bijvoorbeeld verschillen sterk in cultuur van teams werkzaam in de psychogeriatrie.

Teams van professionele verzorgers in de ouderenzorg verschillen in de processen die zich hierbinnen afspelen niet wezenlijk van teams in andere sectoren van de gezondheidszorg, zoals de zorg voor verstandelijk gehandicapten of in het agogische werkveld. Het Centrum voor Consultatie en Expertise (CCE) ziet in zijn consultaties vaak dat de vraag niet alleen over de cliënt gaat, maar hiermee in samenhang bijna altijd over het functioneren van het zorgteam. Het rapport *Teams in balans* (Konst & Schuurmans, 2006) geeft een overzicht van teamfactoren die van invloed zijn op de kwaliteit van de begeleiding en zorg van cliënten met gedragsproblematiek, in dit geval in de zorg voor verstandelijk gehandicapten (SGEVG: sterk gedragsgestoorde en ernstig verstandelijk gehandicapten). De factoren wijken waarschijnlijk niet af van die in de ouderenzorg (zie figuur 24.1). Factoren die van belang blijken, zijn onder meer de visie binnen het team, kennis van factoren die het gedrag beïnvloeden, goede samenwerking en ondersteuning, en in staat zijn om een therapeutisch klimaat te creëren. Aan deze factoren besteedt de gedragswetenschapper in de teambegeleiding veel aandacht.

3 De psycholoog als begeleider van verzorgenden

De psycholoog kent in het contact met verzorgenden dezelfde moeilijkheden als verzorgenden in hun contacten met patiënten. Het begeleiden van verzorgende teams is eveneens nooit eindigend werk, er is onzekerheid over het verloop van contacten, en er is spanning tussen distantie en betrokkenheid. Ook kan de psycholoog vergelijkbare strategieën kiezen als verzorgenden om de moeilijkheden het hoofd te bieden: zorg uniformeren, bijvoorbeeld door standaardadviezen te geven, vluchten in formele procedures ('Vraag eerst de arts maar om een verwijzing') of een wachtlijst aanleggen. Ook psychologen vermijden communicatie met verzorgenden als het contact tussen psycholoog en team niet goed verloopt.

Aan de andere kant kan overleg over prioriteiten in het werk om het nooit eindigende werk het hoofd te bieden ook voor de psycholoog een effectieve strategie zijn om de voldoening in het werk te vergroten. De acceptatie van de beperkingen, in dit geval van het team, en een reëel verwachtingspatroon dragen bij aan een goede samenwerking met het team. Dit leidt tot een groter rendement van het werk van de psycholoog. Ook zal de psycholoog zich voortdurend bewust (moeten) zijn van de spanning tussen distantie en betrokkenheid bij de zorg.

Wat psychologen en verzorgenden bindt, is de betrokkenheid bij bewoners en het streven naar een goede kwaliteit van zorg. Net als verzorgenden zijn ook psychologen vatbaar voor burn-out. Deze vatbaarheid wordt naast de psychische belasting die het werken met zieke mensen in een langdurige relatie met zich meebrengt, ook verklaard door kenmerken van de persoon. Mensen die kiezen voor de hulpverlening, zoals verzorgenden en psychologen, hebben behoefte aan contact en hebben vaak moeite met grenzen stellen op emotioneel vlak (Schaufeli, 1990). Naast overeenkomsten zijn er ook de verschillen. Verzorgenden werken vaak intuïtief en pragmatisch, terwijl van psychologen verwacht mag worden dat zij kunnen objectiveren, gevoelens kunnen herkennen en benoemen, en op cognitief niveau de eigen werkwijze kunnen analyseren. Daarnaast zullen zij een theoretisch kader hanteren vanwaaruit zij denken en handelen. De verzorgende heeft meestal intuïtief een zorgende en beschermende houding tegenover de bewoner. De psycholoog zal zich steeds bewust moeten zijn hoe hij of zij zich tegenover de bewoner en naar de verzorgende of het verzorgende team opstelt. Een (zelf)kritische en bewuste houding is noodzakelijk voor het begeleiden van teams (Lingsma, 1999).

3.1 Drie kernprocessen

De begeleiding van verzorgende teams door de psycholoog kan gezien worden als een cyclisch proces, waarin drie taken afwisselend worden nagestreefd: begrijpen, verbinden en toevoegen. Elke taak heeft eigen subtaken, eigen typen interventies, technieken en gesprekstechnieken.

Begrijpen

De psycholoog maakt een analyse van de situatie om de hulpverlening op te kunnen baseren. De analyse richt zich op diverse domeinen: gedrag, behoeften en cognities van verzorgenden, gedrag en behoeften van de cliënt (en het cliëntsysteem), interactie tussen de cliënt (en het cliëntsysteem) en verzorgenden, en interacties tussen verzorgenden (teamprocessen).

Voor het in kaart brengen van gedrag en behoeften van bewoners gebruikt de psycholoog eigen diagnostische methoden, gedragsobservaties door verzorgenden, en het gesprek met verzorgenden. Om te begrijpen wat verzorgenden nodig hebben, is het noodzakelijk hier in het gesprek expliciet aandacht aan te besteden. Het begrijpen van interacties kan in het gesprek duidelijk worden, maar kan ook door het observeren van zorgmomenten, of door gerichte rapportage te vragen. Teamprocessen worden in teamoverlegsituaties duidelijk als de psycholoog hier expliciet aandacht voor heeft.

Verbinden

Door gebruik van therapeutische gesprekstechnieken kan de psycholoog een verbindende rol spelen in diverse opzichten. Het opbouwen van een werkrelatie betekent dat de psycholoog zich verbindt met verzorgenden, hen leert kennen als professionals. Hiervoor is het nodig belangstelling te tonen voor hun kijk op en kennis van hun werk, de bewoner, de collega's, de behandelaren, de organisatie. Daarbij hoort kennis van de opleiding, ontwikkeling en cultuur van verzorgenden.

De psycholoog slaat ook een brug tussen teamleden, door hen begrip te vragen voor elkaars standpunt en ruimte te geven voor verschillen van inzicht en werkwijze. De verbinding met bewoners kan worden versterkt als moeilijk hanteerbaar gedrag beter begrepen of hanteerbaar wordt en als verzorgenden zich competent weten. Tot slot zal de psycholoog er actief aan bijdragen dat verzorgenden weten wat de visie is van de instelling en zij hun handelen hieraan blijven toetsen.

Toevoegen

Een goede teambegeleider zal niet alleen begrip verwerven en verbinden, maar ook iets toevoegen. Dit kan psychologische kennis zijn die een nieuwe kijk geeft op het gedrag van de bewoner of op het verloop van de interacties met de bewoner (psycho-educatie), maar kan ook uitmonden in een advies voor de omgang met de bewoner in bepaalde situaties. De regie over de omgang blijft bij de verzorgenden.

Vaak zal de psycholoog ook steun en complimenten geven aan verzorgenden en oplossingen bekrachtigen die zij gekozen hebben en effectief zijn om het emotionele evenwicht bij de bewoner te bewerkstelligen of te handhaven. Door selectieve bekrachtiging zullen helpende strategieën versterkt worden en niet-helpende uitdoven. Kennis van leerstrategieën van verzorgenden is hierbij onontbeerlijk.

Afwisseling van processen

De drie processen begrijpen, verbinden en toevoegen zullen elkaar telkens afwisselen. Door ervaring en training leert de psycholoog op welk moment welke van de drie centraal staat en welke interventies hierbij horen. Begeleiding van verzorgenden vindt plaats in bijvoorbeeld het omgangsoverleg, maar ook bij andere werkzaamheden van de psycholoog, zoals advisering bij gedragsproblematiek en scholing.

3.2 Paradox van psychologische hulpverlening

Een psycholoog zal de begeleiding van het verzorgende team op een methodische wijze aanpakken. Het verzorgende team is te beschouwen als cliënt van de psycholoog. De hulpverlenersparadox van Haley (1982) is dan ook onverkort van toepassing: de cliënt (het zorgteam) vraagt aan de hulpverlener: 'Help mij, maar verander mij niet.' Het antwoord van de hulpverlener hierop is eveneens een paradox: 'Ik accepteer u (dit team) onvoorwaardelijk zoals u bent, maar ik zal u helpen veranderen.' Alleen door onvoorwaardelijke acceptatie creëert de hulpverlener een situatie waarin verandering mogelijk is. Het uitgangspunt van onvoorwaardelijke acceptatie is dat de cliënt geen fouten kan maken en dat geldt dus ook voor het abstracte 'verzorgende team'. Het team is goed zoals het is, de begeleider creëert een situatie waarin verandering mogelijk is en doet dus iets anders dan 'de goede antwoorden', 'tips' of omgangsadviezen geven. Een van de opgaven van verzorgenden is het vinden van een evenwicht tussen afstand en betrokkenheid. Ook de psycholoog ziet zich voor deze opgave gesteld: enige professionele afstand is geboden: het heeft geen zin dat de psycholoog zich laat verleiden tot meehuilen met de teamleden, of de ervaren onmacht overneemt. Aan de andere kant doemt het beeld op van een afstandelijke psycholoog die partij kiest voor die arme cliënt die is overgeleverd aan deze onwetende verzorgenden. Tussen deze twee gevarenzones is het manoeuvreren.

3.3 Gespreksvaardigheden en methodiek

Gespreksvaardigheden voor het begeleiden van teams worden ontleend aan verschillende vormen van psychotherapie. Het kader geeft een aantal voorbeelden. Gespreksvoering bij teambegeleiding vertoont overeenkomst met een zogeheten socratisch gesprek (Bolten, 1998). Dit is een gesprek waarin een vraag centraal staat die door de aanwezigen wordt onderzocht, beargumenteerd en getoetst aan algemene of binnen de groep heersende normen en waarden. In een socratisch gesprek gaan de deelnemers met elkaar de dialoog aan in plaats van elkaar te overtuigen. De gespreksleider levert aan het onderzoeksgesprek over deze vraag geen inhoudelijke bijdrage – iets wat in het begin vaak leidt tot verbazing of ergernis bij de deelnemers – maar stelt vragen.

Ook gespreksvaardigheden uit de oplossingsgerichte psychotherapie (zie hoofdstuk 20), de cognitieve gedragstherapie (hoofdstuk 16) en de motiverende gespreksvoering zijn van belang bij het begeleiden van teams. Het doel is om in de dialoog contact te maken met de kracht van verzorgenden en hen te motiveren tot anders kijken, denken of handelen. Cognitieve technieken zijn daar bruikbaar bij, zoals beschreven in hoofdstuk 17. Uitgangspunt hierbij is dat niet het gedrag van de bewoner leidt tot problemen, maar vooral de gedachten die dit oproept bij verzorgenden. Voorbeelden van niet-functionele en niet-helpende gedachten zijn: 'Ze weet heel goed hoe ze je moet pakken' of: 'Dit soort gedrag kan echt niet hier op de afdeling'.

Druk van het team ('Zorg dat dit probleem stopt en wel nu!') brengt het risico met zich mee dat de psycholoog zich genoodzaakt voelt om (direct) met adviezen of zelfs oplossingen te komen. Juist in de rol van teambegeleider wordt echter van hem verwacht dat hij vooral procesbegeleider is en de teamleden de spiegel voorhoudt en ruimte schept voor verandering, en daarnaast inhoudsdeskundige is, die op grond van kennis van gedrag van ouderen kan adviseren welke behandeling en begeleiding het welbevinden van de oudere cliënt zullen bevorderen. De psycholoog leunt dus in eerste instantie achterover, stelt vragen en erkent de ernst van de problemen. Pas na een gedegen analyse van het probleem kan gedacht worden aan verbetering.

> **Voorbeelden van gespreksvaardigheden bij teambegeleiding**
> - Luisterende houding: 'Oh, vertel eens?'
> - Probleemanalyse: 'Begrijp ik dat dit iedere ochtend zo gaat?'
> - De naïeve vraag stellen: 'Zijn alle bewoners hier dan vergeetachtig?'
> - Achteroverleunen: '...' [stilte laten vallen]
> - Impasse laten ontstaan: 'Tja, een moeilijk probleem.'
> - Verbinding maken: 'Druk geweest, vanochtend?'
> - Begrip tonen: 'Ik kan me voorstellen dat je soms je geduld verliest.'
> - Steunen: 'Ik denk dat je het heel goed hebt aangepakt.'

- Probleemoplossend vermogen mobiliseren: 'Heb je een voorstel?'
- Omgaan met weerstand: 'Misschien trek ik te snel conclusies.'
- Op gevoelens reflecteren: 'Ik zie dat je het er moeilijk mee hebt.'
- Sturen: 'Dan moeten jullie de komende tijd noteren welk effect deze benadering heeft.'

Er zijn verschillende methoden om teambegeleiding vorm te geven. Een belangrijke methode is het omgangsoverleg. Dit is een overleg waarin het contact tussen verzorgenden en de cliënt of bewoner centraal staat. De psycholoog kan hier de rol van procesbegeleider en inhoudsdeskundige optimaal combineren (Allewijn & Kranenburg, 1999). In veel instellingen is het omgangsoverleg inmiddels gemeengoed geworden. Het overleg heeft verschillende functies. Het kan een onderdeel zijn van consultatie. In consultatie begeleidt de psycholoog teams bij vraagstukken in de omgang met de cliënt (en/of het cliëntsysteem) zonder een behandelrelatie te hebben met de cliënt. Omgangsoverleg is ook nodig in het kader van mediatieve therapie (zie hoofdstuk 17) om het gezamenlijk uitvoeren van het gedragsbehandelplan te coachen en monitoren. Tot slot heeft het omgangsoverleg het doel verzorgenden te steunen om het lijden of het moeilijke gedrag dat ondanks alle inspanningen en interventies onvoldoende beïnvloedbaar is gebleken, te kunnen blijven verdragen en gemeenschappelijke teamdoelen vast te stellen.

Verzorgenden waarderen de bijeenkomsten als ze voldoende eigen inbreng kunnen hebben en zich gesteund en gewaardeerd weten door de psycholoog die de besprekingen begeleidt. De kracht van een omgangsoverleg ligt vooral in de gehanteerde methodische werkwijze. De in het volgende kader beschreven handelwijze is afgeleid van de incidentmethode. In de incidentmethode brengt een probleembeheerder een concreet probleem of incident in, dat vervolgens in verschillende stappen wordt besproken. Gesprekstechnisch is er een duidelijk onderscheid tussen de exploratiefase en de oplossingsgerichte fase. Regelmatig evalueren van het verloop van het overleg is noodzakelijk.

Fasering omgangsoverleg

1 *Welkom*
Tijd geven voor de overgang van zorgen naar praten, voor acclimatiseren; eventueel nieuwe deelnemers inlichten over doel en werkwijze van het overleg.

2 *Rondje*
Deelnemers kunnen voorstellen doen (in een 'rondje') over mogelijke gespreksthema's; wat maken zij mee in het contact met bewoners; welke dilemma's ervaren zij in de omgang?

3 *Agenda*
De psycholoog doet een voorstel voor de agenda en vraagt instemming van alle deelnemers.

4 *Thema inbrengen*
Per onderwerp neemt een van de deelnemers de rol van inbrenger van het thema op zich; deze deelnemer beschrijft de situatie.

5 *Exploreren*
De psycholoog stelt verhelderende vragen en zoomt in op de situatie: wat gebeurt er, welke emoties roept dit op bij de inbrenger, hoe heeft deze gereageerd en wat waren de gevolgen? Hoe kijkt de inbrenger naar het eigen handelen (reflectie)?

6 *Delen*
Aan de overige deelnemers wordt gevraagd of zij vergelijkbare ervaringen hebben en of ze deze kunnen inbrengen en erop kunnen reflecteren. Tevens exploreert men in deze fase de teamprocessen: in hoeverre is er sprake van een gezamenlijke visie, onderlinge cohesie en openheid?

7 *Beschouwing en doelbepaling*
De psycholoog vraagt de deelnemers hun ideeën te opperen over de mogelijke achtergronden van de situatie, het doel en mogelijkheden om dit doel te bereiken.
8 *Analyse*
De psycholoog vat samen wat is ingebracht, welke factoren een rol spelen, wat de conclusies zijn en welke interventies of veranderingen in gedrag of gedachten nodig zijn om het doel te bereiken.
9 *Toetsing*
De psycholoog toetst de voorgestelde analyse en interventie aan beschikbare kennis van de problematiek.
10 *Afsluiting*
De psycholoog vraagt na hoe de aanwezigen het gesprek ervaren hebben, doet een voorstel voor het vervolg en vraagt de deelnemers om instemming.

Een andere manier om het team te begeleiden, is door te participeren of te observeren in problematische zorgsituaties. De gehanteerde methodiek hierbij is nauwelijks ontwikkeld; sommige psychologen observeren strikt zonder in te grijpen in de situatie en geven vervolgens feedback, anderen gebruiken eerder een vorm van participerende observatie of nemen zelfs de modelrol op zich. Een specifieke vorm van begeleiding is de video-interactiebegeleiding (Amory & Hermsen, 2001; De Groot, 2005). De video-interactiebegeleider, een psycholoog of een speciaal getrainde andere professional onder supervisie van een psycholoog, neemt een aantal interacties tussen verzorgenden en cliënt op en bespreekt deze na met de betrokken verzorgenden. Positieve contactmomenten worden zorgvuldig geanalyseerd om te ontdekken wat het contact tot stand brengt.
Ook het rollenspel is een bruikbare methode bij teambegeleiding. Hiermee kan men op veilige wijze oefenen en experimenteren met andere manieren van reageren bij moeilijk te hanteren gedrag.

Aansluiten bij teamkenmerken en -ontwikkeling
Naast de keuze van methodiek is het ook van belang aan te sluiten bij de mate van cohesie, de competenties, en ontwikkelingsfase van het team. Doordat verzorgenden graag 'erbij horen' is de collegialiteit binnen een team over het algemeen groot. Teamleden zijn soms zelfs sterker betrokken bij elkaar dan bij de bewoners. De sterke groepscohesie zorgt ervoor dat er soms moeilijk door te dringen is in het bolwerk van verzorgenden door andere disciplines (De Lange, 1990). Over het algemeen wordt wat betreft de groepscohesie onderscheid gemaakt in verschillende soorten teams (onder anderen Remmerswaal, 2013; 2015; Klomp, 1997).
We kunnen vier soorten teams onderscheiden op basis van cohesie: het gezonde team, het versteende team, het loszandteam en het kiezelteam. Bij verschillende soorten teamdynamiek en -cohesie horen verschillende werkwijzen van de begeleidend psycholoog (zie tabel 24.1).
De psycholoog dient zich bewust te zijn van het risico meegenomen te worden in strategieën van verzorgenden die erop gericht zijn spanning te reduceren of primair de cohesie in het team te beïnvloeden. Verzorgenden met weinig zelfvertrouwen kunnen geneigd zijn zich te conformeren aan het groepsstandpunt. Ook kan sprake zijn van diverse coalities, bijvoorbeeld met de psycholoog of juist daartegen, of met niet-aanwezige anderen. Deze – vaak onbewust gekozen – strategieën verhullen soms de daadwerkelijke problematiek van de relatie en omgang met de bewoner en het functioneren van het team en dus ook het zicht op verbetering. De psycholoog kan zelf ook onbewust niet-helpende strategieën inzetten, zoals meegaan in de keuzes van het

Tabel 24.1   Teamcohesie, teamprocessen en gewenste werkwijze van de psycholoog

Mate van cohesie	Kenmerken	Opgaven psycholoog
In balans: gezond team	– Goede balans tussen taak en relatie – Flexibel – Waarden en normen open en bespreekbaar – Loyaliteit is goed maar niet dwingend – Onderlinge communicatie open – Open contact met de buitenwereld – Hulpvragen actief en taakgericht – Rolwisselingen – Prettige samenwerking	– Aansluiten bij de hulpvraag
Te sterk: versteend of gesloten	– Hoge onderlinge loyaliteit – Sterke gerichtheid op zichtbare handelingen – Rigide – Strenge normen en waarden – Weinig onderlinge communicatie – Veel verzet tegen de buitenwereld – Vastliggende rollen en taken – Weinig hulpvragen	– Bekrachtig belevingsgerichtheid – Bevorder uiten eigen meningen – Bekrachtig vernieuwing en doorbreken vaste patronen – Investeer in tijd en aandacht – Zoek nabijheid van het team – Stel lage en haalbare doelen vast
Te zwak: los zand	– Sterke identificatie met en loyaliteit met de bewoner – Weinig gedeelde waarden en normen – Veel ideeën, weinig besluiten – Snel onrust, paniekreacties – Grote gedrevenheid – Veel wandelgangenoverleg – Weinig methodiek – Rolonduidelijkheid – Weinig eigen oplossingsgerichtheid – Veel hulpvragen	– Creëer veiligheid en rust – Wees voorspelbaar – Verduidelijk het gezamenlijke doel – Versterk onderling contact teamleden – Vergroot ervaren succes – Structureer contacten en communicatie – Werk methodisch – Bouw aan gezamenlijke visie op zorg en welbevinden
Complex: kiezelstenen	– Verschillen van mening ten aanzien van visie – Communicatie goed binnen subgroepen, beperkt tussen subgroepen – Vaak: verworven privileges – Zwakke formele leiding – Hulpvragen alleen van sommige leden van het team – Afspraken worden vaak niet nagekomen	– Zoek samenwerking met zorgmanagement om patronen en privileges te doorbreken – Bouw aan gezamenlijke visie op zorg en welbevinden – Leg loyaliteit niet bij een van de kiezels – Versterk verbinding tussen (leden van) subgroepen

Bron: Bruijel, 2016

Tabel 24.2   Voorbeelden van niet-helpende strategieën

Niet-helpende strategie	Voorbeelden
Bagatelliseren van het probleem	'Het valt best mee; misschien voelt ze zich gewoon lekkerder in bed?'
Ontwijken	'Dit is meer iets voor de arts; daar kunnen wij niets mee.'
Redden	'Ik zal haar stemming onderzoeken en met de arts overleggen.'
In conflict gaan	'Iemand met een depressie laat je toch niet in bed liggen?'
Meegaan	'Ik denk dat ze het gewoon niet meer ziet zitten, dus prima dat jullie haar haar rust gunnen.'
Partij kiezen voor een deel van het team	'Ik snap wel dat jullie haar willen stimuleren om uit bed te komen.'

team om de relatie niet op het spel te zetten. Voorbeelden van andere niet-helpende strategieën bij teambegeleiding zijn in conflict gaan, of partij kiezen voor een deel van het team (zie tabel 24.2).

4   Wetenschappelijke onderbouwing en voorwaarden

Vijftien jaar na de opkomst van teambegeleiding door de psycholoog en het omgangsoverleg is er nog geen wetenschappelijke evidentie voor het effect op het welbevinden van bewoners, of op de arbeidstevredenheid van verzorgenden. Onderzoek hiernaar zou wenselijk zijn.

Er is wel enig onderzoek verricht naar arbeidstevredenheid van verzorgenden in de ouderenzorg. Een hoog stressniveau bij verzorgenden is gerelateerd aan lage arbeidstevredenheid (De Veer e.a., 2013). Deze stress is hoger naarmate verzorgenden het gevoel hebben te weinig tijd aan bewoners te kunnen besteden. Ondersteuning vermindert het stressniveau. In een onderzoek naar morele dilemma's in het dagelijks werk van verzorgenden komt naar voren dat er een toename is van morele dilemma's in de keuzen die verzorgenden moeten maken in hun werk (De Veer & Francke, 2009). Begeleiding van een team door een psycholoog geeft ondersteuning bij deze keuzen en kan daardoor een vermindering van de werkdruk geven en vergroting van werktevredenheid.

Andere onderzoeksgegevens betreffen de effecten van een multidisciplinaire werkwijze bij probleemgedrag, zoals voorgeschreven in de richtlijnen van Verenso en het Nederlands Instituut van Psychologen (zie onder meer Nordennen e.a., 2010; Zuidema, 2010). In het onderzoek van Zwijsen (2014) naar het gebruik van een zorgprogramma voor mensen met probleemgedrag blijkt dat er een sterke relatie is tussen de aanwezigheid van neuropsychiatrische symptomen (zoals die vaak voorkomen bij mensen met dementie) en stress bij zorgverleners en wordt benadrukt dat het belangrijk is dat de psycholoog verzorgenden ondersteunt in het omgaan daarmee. Ook houdt Zwijsen een pleidooi voor het vergroten van de expertise van verzorgenden, aangezien er een toename is in complexiteit van het gedrag van mensen met dementie in zorginstellingen. Bij de huidige voorkeur voor persoonsgerichte zorg en een persoonsgerichte attitude bij zorgverleners blijkt ondersteuning en begeleiding in de werkomgeving van belang om emotionele uitputting te voorkomen en de balans te vinden tussen emotionele betrokkenheid en professionele afstand (Willemse e.a., 2015). Deze rol vervult de psycholoog bij de begeleiding van teams.

In het kader van het rapport *Zorg voor vrijheid* (Van der Wal, 2008) en de Wet zorg en dwang komt het accent steeds meer te liggen op psychosociale en psychologische interventies bij probleemgedrag. Onderdeel van deze interventies is multidisciplinaire samenwerking en teambegeleiding: ook in het licht van verschillende onderzoeken waarin blijkt dat bij het gebruik van psychofarmaca bij de behandeling van probleemgedrag zeer vaak bijwerkingen voorkomen en de kans op andere complicaties is verhoogd (Van Iersel e.a., 2005; Zuidema, e.a., 2005). De Inspectie voor de Gezondheidszorg adviseerde in 2015 om de gedragswetenschapper structureel te betrekken bij de zorg voor mensen met dementie in verpleeghuizen, evenals terughoudendheid en zorgvuldige methodiek bij de inzet van psychofarmaca (IGZ, 2015).

Voor teambegeleiding dienen binnen de organisatie goede voorwaarden te zijn en afspraken gemaakt te worden. Enkele belangrijke thema's hierbij zijn: organisatiesteun voor de teambegeleiderrol van de psycholoog; voldoende opleidingsniveau; voldoende formatie; en ruimte en logistieke vereisten.

Organisatie steunt teambegeleiderrol psycholoog

De visie van de organisatie geeft ruimte voor de rol van de psycholoog als teambegeleider. Het doel en de uitwerking van deze rol zijn vastgelegd en worden door het management onderschreven.

Vereist opleidingsniveau

De gezondheidszorgpsycholoog is door opleiding en ervaring bij uitstek degene die het verzorgende team kan begeleiden in de omgang met bewoners en de problematiek die zij hierbij tegenkomen. De taak vereist een analytisch denkvermogen en inzicht in velerlei processen die zich tussen mensen kunnen afspelen. Een teambegeleider kent en begrijpt de belevingswereld en de taal van verzorgenden. Getrainde psychologen met een mastertitel kunnen teambegeleiding zelfstandig uitvoeren met op de achtergrond ondersteuning van een GZ-psycholoog.

Op deeltaken kan de begeleiding worden overgedragen aan hbo-opgeleiden, zoals sociaalpsychiatrisch verpleegkundigen (SPV'ers), psychologisch werkers, verpleegkundig specialisten of casemanagers. Voorbeelden van deze taken zijn ondersteunen bij gedrag observeren en verzorgenden coachen bij de uitvoering van benaderingsplannen en werkwijzen. Ook specifieke methodieken zoals video-interactiebegeleiding Ouderenzorg (VIO) en dementia care mapping (DCM) kunnen onder supervisie van een psycholoog door anderen worden uitgevoerd.

Formatie

Teamondersteuning vraagt een passende formatie voor zowel de verzorgenden als de psycholoog. Omgangsoverleg vindt bij voorkeur regulier en met enige regelmaat plaats en wordt zo georganiseerd dat verzorgenden vrijgemaakt zijn van de zorg voor de bewoners. Voor een harmonieuze teamontwikkeling, op grond van een gemeenschappelijke visie en expertise, is het van belang dat de teamleden regelmatig contact en overleg hebben. Hoewel er in de praktijk soms geluiden klinken dat een overleg met een heel team niet mogelijk is bij kleinschalig georganiseerde zorgverlening, zijn er voldoende voorbeelden van organisaties die dit wel realiseren.

Ruimte en logistiek

Er is een rustige ruimte beschikbaar, waar verzorgenden in overleg kunnen zonder belast te zijn met zorgtaken of toezicht. In de roosterplanning kan tijd worden vrijgemaakt voor voldoende overleg, afhankelijk van de grootte van het team en de wooneenheid, van 1-2 keer per maand.

5 Terug naar de praktijk

Terug naar het praktijkvoorbeeld van Andrea en haar bezorgdheid over mevrouw De Groot. De psycholoog verkent in eerste instantie de gevoelens en mening van Andrea, later ook van de anderen. Sommige verzorgenden zijn sterk emotioneel betrokken en identificeren zich met het lijden van mevrouw De Groot. Anderen laten zich meer leiden door hun professionele kennis en begrijpen de consequenties van de inschatting dat er sprake is van een depressie. Dit geeft spanning in het team en zet de samenwerking onder druk. De psycholoog stelt vast:
– dat alle aanwezigen goede zorg willen geven aan mevrouw De Groot;
– dat het moeilijk is om beleid uit te voeren dat door anderen is vastgesteld en waarmee je niet kunt instemmen: vanuit medemenselijke, ethische of zorginhoudelijke overwegingen;
– dat er verschillende interpretaties mogelijk zijn van het begrip belevingsgerichte zorg.

De aanwezigen herkennen zich in deze conclusies. Teamlid Andrea wordt erkend in haar betrokkenheid en nabijheid. In de loop van het gesprek meldt ze zelf dat ze wat meer afstand wil nemen. Ook wil ze nog eens met de eerstverantwoordelijk verzorgende van mevrouw De Groot in gesprek gaan over het beleid om te komen tot een gemeenschappelijke visie op de problematiek. Dit proces bestaat uit de volgende stappen en resultaten.
1 Vaststellen dat de situatie nadere afwegingen nodig heeft. Erkenning van de collega's dat de emotionele belasting die Andrea voelt, serieus te nemen is.
2 Analyse van de beleving. Welke factoren dragen eraan bij dat betreffende verzorgende zich emotioneel belast voelt?
3 Exploratie van de betekenis van de situatie voor andere verzorgenden. Hoe ervaren zij de situatie? Kun je ook op een andere manier kijken, ervaren, oordelen?
4 Consensus bereiken in het team: ook al verschil je inhoudelijk van mening, ieders standpunt is te respecteren.
5 Gemeenschappelijke beeldvorming: wat is een depressie, wat is belevingsgerichte zorg, hoe vind je evenwicht tussen professionele distantie en betrokkenheid?
6 Wat kan de inbrenger in het vervolg anders doen of denken om de situatie beter te kunnen hanteren?

6 Tot besluit

Structurele begeleiding van zorgteams is van belang voor de kwaliteit van leven van ouderen die afhankelijk zijn van zorg. De psycholoog ondersteunt het team door deskundigheidsbevordering, emotionele ondersteuning, het faciliteren van reflectie en mediatieve interventies. Daar is kennis voor nodig van gedrag van ouderen, de gevolgen van veelvoorkomende ziektebeelden, zoals dementie, maar ook van de processen die een rol spelen in het gedrag van verzorgenden en in de interactie. De psycholoog maakt daarbij gebruik van therapeutische gesprekstechnieken die helpen om gedragsmatige en emotionele ondersteuning te geven aan de leden van het zorgteam en om samenwerkingsprocessen te bevorderen.

Teambegeleiding is een onmisbare schakel in de aanpak van onbegrepen of moeilijk hanteerbaar gedrag. In het merendeel van de zorginstellingen voor langdurige zorg vormt deze vorm van ondersteuning inmiddels een regulier element van de zorgverlening. De uitdaging is nu om te zorgen dat teambegeleiding – al dan niet in aangepaste vorm – ook breed beschikbaar komt voor thuiszorgteams, om hen te ondersteunen in de zorgverlening aan thuiswonende kwetsbare ouderen en de emoties, zorgen en dilemma's die zich daarbij voordoen.

Literatuur

V/V&VN (2015). *Rapportage onderzoek verplegenden en verzorgenden verpleeghuizen*. Hilversum/Utrecht: Verpleegkundigen en Verzorgenden Nederland. Raadpleegbaar via: http://gezondheid.eenvandaag.nl/tv-items/57581/kwart_vindt_zorg_in_eigen_verpleeghuis_onvoldoende.

Allewijn, M., & Kranenburg, J. (1999). Waar verzorgenden en psychologen elkaar ontmoeten: Omgangsoverleg in het psychogeriatrisch verpleeghuis. *Denkbeeld*, jaargang 11, vol. 6, december 1999, 14-15.

Amory, F., & Hermsen, M. (2001). Video-hulpverlening bij dementie. In AM Pot, P. Broek & R. Kok (Red.), *Gedrag van slag: Gedragsproblemen bij ouderen met dementie*. Houten: Bohn Stafleu van Loghum.

Baltes, M.M., Neumann E.M., & Zank, S. (1994). Maintenance and rehabilitation of independence in old age: an intervention program for staff. *Psychology and Aging, 9*, 179-188.

Boeije, H.R. (1994). *Kwaliteit van zorg in verpleeghuizen*. Utrecht: De Tijdstroom.

Bolten, H. (1998). De ontdekking van een goede gesprekshouding: Het socratisch gesprek als morele ervaring. In J.W.M. Kessels & C. Smit (Red.), *Ethiek in leerprocessen: Capita Selecta Opleiders in Organisaties, deel 35* (pp. 118-139). Deventer: Kluwers Bedrijf Informatie.

Geus, A.C. de, Son, A.M. van, Blanc, P.M. le, & Schaufeli, W.B. (2000). *'Take care!' Een teamgerichte interventie ter bevordering van welzijn op het werk*. Houten: Bohn Stafleu van Loghum.

Groot, A. de. (Red.). (2005). *Video Interactie Begeleiding in de ouderenzorg*. Tilburg: De Hazelaar.

Haaring, L. (2007). Doe maar gewoon. *Denkbeeld, 19*, 72-74.

Haley, J. (1982). *Strategieën in de psychotherapie*. Asten: Bijleveld.

Heinemann-Knoch, M., Korte, E., Heusinger, J., Klünder, M., & Knoch, T. (2005). Kommunikationsschulung in der stationäten Altenpflege Ergebnisse der Evaluation eines Modellprojektes zur Entwicklung der Kommunikationskultur und zur Transfersicherung. *Zeitschrift für Gerontologie und Geriatrie, 38*, 40-46.

Hoen, M. (1998). Genormaliseerd wonen, het alledaagse als therapie. In E.A. Miesen, M. Allewijn & C. Hertogh (Red.), *Leidraad psychogeriatrie, deel B, Beter doen* (pp. 366-388). Houten: Bohn Stafleu van Loghum.

Iersel, M.B., Zuidema, S.U., Koopmans, R.T.C.M., Verhey, F.R.J., & Olde Rikkert, M.G.M. (2005). Antipsychotics for behavioural and psychological problems in elderly people with dementia: a systematic review of adverse events. *Drugs Aging, 22*, 845-858.

IGZ. (2015). *Kijken met andere ogen naar de zorg voor mensen met dementie en onbegrepen gedrag: Een oriënterend en cliëntgericht onderzoek naar de kwaliteit van zorg aan cliënten met onbegrepen gedrag in de intramurale ouderenzorg*. Utrecht: Inspectie voor de Gezondheidszorg.

Kitwood, T. (1993). Person and process in dementia. *Geriatric Psychiatry, 8*, 541-545.

Klomp, M. (1997). Teamprocessen en teambegeleiding in de ouderenzorg. In M.T. Vink & P. Broek (Red.), *Relaties en de omgeving van ouderen* (pp.53-72). Houten: Bohn Stafleu van Loghum.

Konst, D., & Schuurmans, M. (2006). *Teams in balans: Praktische handleiding voor het functioneren van teams die zijn betrokken bij de zorg voor SGEVG-cliënten (sterk gedragsgestoorde en ernstig verstandelijk gehandicapten)*. Raadpleegbaar via: http://www.cce.nl/webshop/bestellen/teams-in-balans.

Lange, J. de. (1990). *Vergeten in het verpleeghuis*. Utrecht: NcGv.

Lange, J. de, & Veerbeek, M. (2009). *De Kopgroep, een behandelgroep voor mensen met dementie*. Utrecht: Trimbos-instituut.

Lingsma, M. (1999). *Aan de slag met teamcoaching*. Baarn: Nelissen.

Maurits, E.E.M., Veer, A.J.E. de, Spreeuwenberg, P., & Francke, A.L. (2015). *De aantrekkelijkheid van werken in de zorg* [Rapport]. Utrecht: Nivel.

Miesen, B. (2012). *Liefde voor het leven*. Houten: Bohn Stafleu van Loghum.

Moniz-Cook, E., Agar, S., Silver, M. Woods, R., Wang, M., Elston, C., e.a. (1998). Can staff training reduce behavioural problems in residential care for the elderly mentally ill? *International Journal of Geriatric Psychiatry, 13*, 149-158.

NIP. (2016). *De psycholoog in de veranderende verpleeghuiszorg*. Utrecht: Nederlands Instituut van Psychologen.

Nordennen, R.T.C.M. van, Verhoeven, A., & Schots, E. (2010). Probleemgedrag: Insteken op niet-medicamenteuze behandeling. *Tijdschrift voor Ouderengeneeskunde, 3*, 91-94.

Remmerswaal, J. (2013). *Handboek groepsdynamica: een nieuwe inleiding op theorie en praktijk*. Boom: Nelissen.

Remmerswaal, J. (2015). *Begeleiden van groepen: Groepsdynamica in praktijk*. Houten: Bohn Stafleu van Loghum.

Rippen, H., & Lange, J. de. (1994). *Thuis in de psychogeriatrie*. Utrecht: NIZW.

Schaufeli, W. (1990). *Opgebrand, achtergronden van werkstress bij contactuele beroepen: Het burn-out-syndroom*. Rotterdam: Donker.

Scholten, C. (1999). Waarom werken in de zorg? Resultaten van de eerste arbeidsmarktmeting onder verplegenden en verzorgenden. In L. Boon (Red.), *Kwaliteit van de arbeid in de zorg* (pp. 31-46). Amstelveen: Stichting Sympoz.

Stokes, G. (1996). Challenging behaviour in dementia. In R.T. Woods (Ed.), *Handbook of clinical psychology of ageing* (pp. 601-628). Chichester: Wiley.

Veer, A.J.E. de, & Francke, A.L. (2009). *Morele dilemma's in het dagelijks werk van verplegenden en verzorgenden* [Rapport]. Utrecht: Nivel.

Veer, A.J.E. de, Francke, A.L., Struijs, A., & Willems, D.L. (2013). Determinants of moral distress in daily nursing practice. *International Journal of Nursing Studies, 50*, 100-108.

Vink, M.T., & Falck, R.P. (2004). *Psychologie in de ouderenzorg: Een vak apart*. Houten: Bohn Stafleu van Loghum.

Wal, G. van der. (2008) *Zorg voor vrijheid: Terugdringen van vrijheidsbeperkende maatregelen kán en moet*. Den Haag: ministerie van Volksgezondheid, Welzijn en Sport.

Werven, L.M. van. (2011). *Een onderzoek naar de ervaren strains door zorgverlenend personeel in de psychogeriatrische verpleeghuiszorg*, masterthesis. Utrecht: UvU.

Willemse, B.W. Jonge, J. de, Smit, D., Visser, Q., Depla, M.F., e.a. (2015). Staff's person-centredness in dementia care in relation to job characteristics ans job-related well-being: A cross-sectional survey in nursing homes. *Journal of Advanced Nursing, 71*, 404-416.

Ypma-Bakker, M.E.M., Glas, E.R., Hagens, J.H.A.M., Hengels, J.G.H., Rondas, A.A.L.M, Saltet, M.L, e.a. (2008). *Richtlijn Probleemgedrag: met herziene medicatieparagraaf 2008*. Utrecht: Verenso.

Zuidema, S. (2010). Probleemgedrag bij ouderen met dementie: Een vergelijking van tien nationale en internationale Richtlijnen. *Tijdschrift voor Ouderengeneeskunde, 5*, 187-193.

Zwijsen, S.A. (2014). *Grip on challenging behaviour: Development, implementation and evaluation of a care program for the management of challenging behaviour on dementia special care units.* Dissertation, VU Amsterdam.

25
Cognitieve revalidatie

Chantal Geusgens en Jeanette Dijkstra

1 Inleiding
2 Ouderen
3 Factoren van invloed op het behandelplan
   3.1 Cognitieve stoornissen
   3.2 Leren en leervermogen
   3.3 Inzicht in het eigen functioneren
4 Compensatoire interventies
   4.1 Omgevingsaanpassing
   4.2 Conditionering en gedragsbehandeling
   4.3 Vaardigheidstraining
   4.4 Strategietraining
5 Programma's voor ouderen
   5.1 Mild cognitive impairment (MCI)
   5.2 CVA-revalidatie volgens Laurens Therapeutisch Klimaat
6 Tot besluit
   Literatuur

 www.tijdstroom.nl/leeromgeving

 Weblinks

Kernboodschappen
- Cognitieve revalidatie is een proces waarin cliënten en hun naasten samenwerken met zorgprofessionals om cognitieve stoornissen veroorzaakt door een hersenaandoening te verminderen of te verlichten.
- Cognitieve interventies waarvan de effectiviteit bewezen is, hebben tot doel om bestaande beperkingen te compenseren.
- Het behandelplan dient te worden afgestemd op de behoeften, mogelijkheden en beperkingen van de cliënt en zijn omgeving.
- Ziekte-inzicht vergroten kan een expliciet behandeldoel zijn bij cognitieve revalidatie.
- Cognitieve revalidatie kan ook worden ingezet bij ouderen met cognitieve stoornissen die geen ziektebesef tonen en waarbij het leervermogen ernstig is aangetast.

1 Inleiding

Onder cognitieve revalidatie verstaan we interventies om cognitieve problemen te verbeteren die kunnen optreden als gevolg van een hersenaandoening. In een veelgebruikte definitie van Wilson (1997) wordt cognitieve revalidatie beschreven als een proces waarin cliënten en hun naasten samenwerken met zorgprofessionals om cognitieve stoornissen veroorzaakt door een hersenaandoening te verminderen of te verlichten. De interventies zijn dus primair bedoeld voor cognitieve problemen, maar kunnen ook een indirect effect hebben op emotionele of gedragsmatige problemen doordat de interventies zelfvertrouwen, autonomie en gevoel van controle van een cliënt kunnen vergroten.

2 Ouderen

Cognitieve revalidatie wordt toenemend ingezet binnen de ouderenzorg. Denk bijvoorbeeld aan revalidatie na een beroerte of andere vormen van niet-aangeboren hersenletsel, of aan het toepassen van principes uit de cognitieve revalidatie bij patiënten met een neurodegeneratieve aandoening zoals de ziekte van Alzheimer of de ziekte van Parkinson. Revalidatiebehandeling voor ouderen, waaronder cognitieve revalidatie, wordt in Nederland aangeboden onder de naam geriatrische revalidatiezorg (GRZ) die sinds 2013 uit de Zorgverzekeringswet gefinancierd wordt. Cognitieve revalidatie kan ook worden ingezet binnen het behandelplan van ouderen die thuis wonen, een dagbehandeling bezoeken, of in een zorginstelling wonen.

Onderzoek toont een positief effect van cognitieve revalidatie na niet-aangeboren hersenletsel (Cicerone e.a., 2011). Onderzoek specifiek naar de ouderen binnen deze populatie is echter nog schaars. Onderzoek laat ook positieve effecten van cognitieve revalidatie zien op cognitief functioneren van mensen met *mild cognitive impairment* (MCI) (Reijnders e.a., 2013). Daarnaast zijn positieve effecten van cognitieve interventies aangetoond bij mensen met dementie (Hopper e.a., 2013). Het doel van dergelijke interventies is het cognitief, emotioneel en gedragsmatig functioneren te verbeteren door op cognitie gebaseerde activiteiten (zie hoofdstuk 30). In een Cochranereview (Woods e.a., 2012) komt naar voren dat realiteitsoriëntatietraining consistent voor een verbetering zorgt in cognitief functioneren en in sommige gevallen leidt tot een betere kwaliteit van leven en algeheel welbevinden. Dit zou vooral gelden voor mensen met lichte tot matige dementie.

Cognitieve revalidatie bestaat veelal uit een combinatie van psycho-educatie, het aanpassen van de omgeving, vaardigheidstraining en strategietraining. Deze interventievormen worden verderop in dit hoofdstuk nader toegelicht. De restauratieve aanpak, een andere vorm van cognitieve revalidatie, zal in het vervolg van dit hoofdstuk niet worden besproken. Deze aanpak is gericht op het herstellen of verbeteren van een cognitieve stoornis. Functietraining en cognitieve hertraining zijn voorbeelden van deze aanpak, waarbij er van wordt uitgegaan dat herstel van cognitieve functies optreedt bij herhaalde oefening en stimulering (Fasotti & Spikman, 2014, p. 439). Een voorbeeld hiervan is het trainen van het geheugen door een lijst woorden te proberen te onthouden of door het spel memory te spelen. Uit onderzoek blijkt dat dergelijke training ertoe kan leiden dat iemand beter wordt in het uitvoeren van de getrainde taak (zoals dus het spelen van het memoryspel), maar dat er geen generalisatie optreedt naar andere taken (zoals onthouden welke boodschappen je in de supermarkt wilt halen).

Een functietraining generaliseert dus niet naar activiteiten in het dagelijkse leven, en resulteert niet in het herstel van de cognitieve functies waar patiënten op hopen. In dit hoofdstuk zal daarom enkel worden ingegaan op de compensatoire benadering, die is gericht op het verminderen van de gevolgen van cognitieve stoornissen en waarbij gebruik wordt gemaakt van psycho-educatie, omgevingsaanpassingen, vaardigheidstraining en strategietraining.

3 Factoren van invloed op het behandelplan

Bij het opstellen van een behandelplan voor cognitieve revalidatie is het van belang dat de gekozen interventies worden afgestemd op de aard en de ernst van cognitieve stoornissen, op de (resterende) leermogelijkheden, en op de mate van inzicht in het eigen functioneren. Uitgaande van deze factoren en de daaruit voortkomende beperkingen wordt een interventie gekozen en worden behandeldoelen gesteld. Bij het opstellen van deze doelen vormen de wensen van de cliënt en van de omgeving het uitgangspunt, maar men dient ook de ideeën van de behandelaar over bijvoorbeeld de haalbaarheid van bepaalde doelen mee te wegen. Geadviseerd wordt om de doelen zo veel mogelijk te relateren aan dagelijkse activiteiten die voor de cliënt en zijn omgeving relevant zijn, en om deze doelen zo concreet mogelijk te formuleren.

3.1 Cognitieve stoornissen

Om zicht te krijgen op de aard en de ernst van iemands cognitieve stoornissen, wordt gebruikgemaakt van een neuropsychologisch onderzoek (zie hoofdstuk 6). Zo wordt duidelijk wat iemands sterke en zwakke kanten zijn op het cognitieve vlak. Daarnaast is het belangrijk om het niveau van het alledaags functioneren, de copingstijl, de stemming, de vermoeidheid, de pijn, de persoonlijkheidsfactoren en de eventuele gedragsproblemen in kaart te brengen. Deze factoren kunnen van invloed zijn op het cognitieve functioneren en het leervermogen (Comijs e.a., 2002).

Na afronding van het onderzoek wordt met behulp van psycho-educatie uitleg gegeven over het huidige cognitieve functioneren van de cliënt en de manier waarop dit in het dagelijks leven tot uiting kan komen in de beperkingen die de cliënt en de naasten ervaren. Voor naasten is het vaak belangrijk om te weten dat het gaat om 'niet kunnen' in plaats van 'niet willen' of 'luiheid'. Neuropsychologische bevindingen kunnen worden gebruikt om problemen in het dagelijks leven te begrijpen en kunnen inzicht geven in welke interventies al dan niet effectief zijn. Wanneer iemand bijvoorbeeld op een woordenleertaak geen woorden bijleert na herhaalde aanbieding, heeft het geen zin iemand bij herhaling dezelfde informatie aan te bieden. Op de website www.boompsychologie.nl/themas/neuropsychologie/behandelprotocollen staat een voorbeeld van een voorlichtingsprogramma voor partners en andere naastbetrokkenen van volwassen revalidanten met een chronisch, licht tot matig niet-aangeboren hersenletsel, als gevolg van een CVA, een traumatisch hersenletsel, een ruimte-innemend proces of een verworven encefalopathie (Fasotti & Boelen, 2010). Ook is er voor deze doelgroep een protocol waar in een reeks van zeven bijeenkomsten voorlichting en informatie gegeven wordt (Boelen & Fasotti, 2010). De bijeenkomsten gaan over verschillende non-specifieke gevolgen van niet-aangeboren hersenletsel.

3.2 Leren en leervermogen

Leren wordt gedefinieerd als een relatief permanente verandering van het gedrag die het gevolg is van ervaring. Bij revalideren, en dus ook bij cognitieve revalidatie, staat leren centraal. Oude vaardigheden die als gevolg van een hersenaandoening verloren zijn gegaan, worden opnieuw aangeleerd, en de cliënt en zijn omgeving leren nieuwe vaardigheden in het omgaan met cognitieve veranderingen. Hersenaandoeningen hebben vaak invloed op de leerbaarheid, oftewel het vermogen om nieuwe dingen te leren, maar ook persoonskenmerken spelen een rol bij het leervermogen.

Persoonsfactoren die invloed hebben op leerbaarheid, zijn leeftijd, opleiding, motivatie, persoonlijke interesses en copingstijl. Zo leren jongeren bepaalde vaardigheden bijvoorbeeld sneller en gemakkelijker dan ouderen. En iemand met een actieve, oplossingsgerichte copingstijl zal bijvoorbeeld meer openstaan voor het aanleren van een nieuwe vaardigheid ter compensatie van een beperking dan iemand met een vermijdende copingstijl. In hoeverre mensen al gewend zijn om cognitieve strategieën te gebruiken, heeft eveneens invloed op de leerbaarheid. Een cliënt die vroeger op zijn werk altijd nauwgezet een agenda bijhield, zal minder moeite hebben om zich het agendagebruik ook in zijn privéleven eigen te maken dan een cliënt die nooit eerder een agenda heeft gebruikt. Het is dus van belang om deze factoren te inventariseren zodat het behandelplan hierop kan worden afgestemd.

Daarnaast dient men ook rekening te houden met de kenmerken en de gevolgen van de hersenaandoening die invloed hebben op het leervermogen, ook wel leerbaarheid genoemd. Denk bijvoorbeeld aan het ziektebeloop, de aard en de ernst van de aandoening, de aard en de ernst van cognitieve stoornissen, en de mate waarin het inzicht in het eigen functioneren verstoord is.

Cognitieve stoornissen en leervermogen

Wanneer gesproken wordt over cognitieve stoornissen en leervermogen, wordt logischerwijs vaak direct gedacht aan de invloed van geheugenstoornissen. Iemand met ernstige forse geheugenstoornissen zal bijvoorbeeld meer moeite hebben met het aanleren van het gebruik van een agenda dan iemand met een lichte geheugenstoornis, gewoon omdat de kans groter is dat de persoon met ernstige geheugenstoornissen de strategie (afspraken direct opschrijven in de agenda) is vergeten.

Om te kunnen leren is naast het verwerven van kennis en vaardigheden ook het kunnen toepassen van deze vaardigheden van groot belang. Hiervoor wordt een beroep gedaan op het executieve functioneren. Executieve functies zijn immers nodig om te kunnen beoordelen welk gedrag ingezet dient te worden in een specifieke situatie, om dit gedrag te plannen, te initiëren en uit te voeren, het resultaat te evalueren, en het gedrag zo nodig bij te sturen (Spikman & Fasotti, 2012, p. 136).

Vaak zal de situatie waarin de kennis en vaardigheden dienen te worden toegepast, afwijken van de situatie waarin deze zijn aangeleerd. In zo'n geval wordt generalisatie van het geleerde beoogd. We weten echter dat geleerd gedrag juist erg afhankelijk is van de context waarin het wordt geleerd, en dat generaliseren van kennis en vaardigheden daarom bepaald niet eenvoudig is. Het noteren van afspraken in een agenda zou bijvoorbeeld getraind kunnen worden tijdens een agendatraining. Het noteren van afspraken zal dan in eerste instantie gekoppeld raken aan de locatie waarin de training wordt gevolgd, de therapeut die de training geeft, en de soort afspraken waarmee geoefend wordt. Idealiter schrijft de cliënt afspraken echter niet alleen op tijdens de agendatraining en in aanwezigheid van deze specifieke therapeut, maar bijvoorbeeld juist ook thuis wanneer iemand belt die voorstelt om morgen op bezoek te komen, of na een huisartsbezoek wanneer de cliënt een vervolgafspraak maakt met de doktersassistente. Naast de mate waarin het geleerde tijdens de training losgekoppeld wordt van de leercontext, is voor het daadwerkelijk optreden van deze generalisatie ook wederom het executieve functioneren van de cliënt van belang.

3.3 Inzicht in het eigen functioneren

De mate van leerbaarheid wordt onder andere beïnvloed door de motivatie van een cliënt om (nieuwe) vaardigheden te leren. Hierbij speelt het inzicht in het eigen functioneren een belangrijke rol. Motivatie voor cognitieve revalidatie en dus voor het leren of opnieuw leren van vaardigheden zal immers afhangen van de mate waarin een cliënt zelf herkent dat er een probleem is en van de mate waarin hij daar in het dagelijks leven ook last van heeft. Mensen met een hersenaandoening kunnen problemen hebben met het herkennen van hun beperkingen en problemen. Een ontbrekend of verminderd inzicht in het eigen functioneren bij mensen met een hersenaandoening heeft verschillende oorzaken, die soms gelijktijdig aanwezig kunnen zijn: (1) de hersenaandoening zelf, (2) cognitieve stoornissen waardoor de cliënt de gevolgen van de aandoening niet kan waarnemen of beoordelen, (3) een gebrek aan informatie over de stoornissen of onvoldoende confrontatie met de gevolgen ervan, en (4) een psychologisch defensiemechanisme (Sohlberg & Mateer, 2001).

Crosson e.a. (1989) stellen dat er drie niveaus zijn van inzicht in de eigen beperkingen, naast het volledig ontbreken van dit inzicht. Het eerste niveau is het intellectuele inzicht: een persoon weet dat hij een stoornis heeft, zonder te herkennen wanneer deze optreedt. Het tweede niveau, het spontaan optredende inzicht oftewel emergente inzicht (*emergent awareness*), is het herkennen van problemen die ontstaan door de stoornis op het moment dat deze problemen optreden. Het derde en hoogste niveau van inzicht is het anticiperende inzicht, waarbij een persoon kan inschatten in welke situaties problemen zullen ontstaan als gevolg van de stoornis en hij voorziet dat er problemen zullen gaan optreden.

Inzicht in eigen functioneren vergroten

Er worden twee soorten interventies onderscheiden voor het vergroten van ziekte-inzicht: psycho-educatie, en de cliënt herhaaldelijk confronteren met de beperkingen, bijvoorbeeld door de cliënt de problemen te laten ervaren. Deze laatste interventie dient zorgvuldig en doordacht te worden ingezet, aangezien een beperkt ziekte-inzicht kan voortkomen uit een psychologisch defensiemechanisme: het beperkte inzicht heeft dan een beschermende functie (Ponds & Stapert, 2010, p. 84).

Wanneer een gebrek aan informatie of ervaring een rol speelt bij het beperkte ziekte-inzicht, wordt verondersteld dat het ziekte-inzicht met behulp van psycho-educatie en confrontatie te vergroten zal zijn. Er dient te worden nagegaan of psycho-educatie over de hersenaandoening en de mogelijke gevolgen daarvan is aangeboden, en of deze informatie ook is opgenomen en begrepen.

Het moment en de wijze waarop psycho-educatie wordt aangeboden is van belang (zie ook: hoofdstuk 6, over therapeutische diagnostiek en *progressive disclosure*). Wanneer de aangeboden informatie aansluit bij de veranderingen die de cliënt en zijn omgeving ervaren, zal deze meer aanspreken en daardoor ook beter beklijven dan wanneer de aangeboden informatie voor cliënt en omgeving (nog) niet herkenbaar is. Een gebrek aan ervaringen met (nieuwe) beperkingen kan optreden wanneer iemand nog niet of nauwelijks in situaties is geweest waarin hij of zij geconfronteerd is met de beperkingen. Wanneer een persoon die een beroerte heeft gehad net ontslagen is uit het ziekenhuis, zal hij nog niet hebben kunnen ervaren dat zelfstandig koken nu bijvoorbeeld problemen geeft. In het ziekenhuis wordt weinig beroep gedaan op zelfstandig functioneren, waardoor beperkingen vaak pas duidelijk worden wanneer iemand na ontslag uit het ziekenhuis weer geleidelijk tracht oude rollen en activiteiten te hervatten.

In een overzichtsartikel over de behandeling van een verminderd ziekte-inzicht adviseren de auteurs om het vergroten van het ziekte-inzicht expliciet op te nemen als behandeldoel voor cognitieve revalidatie. Zij raden aan om ziekte-inzicht te trachten te vergroten door in een zo realistisch mogelijke setting functionele vaardigheden te trainen, waarbij met behulp van zo veel mogelijk verschillende benaderingswijzen feedback gegeven wordt op de ervaringen die de cliënt tijdens de training opdoet. Gedurende de training zal duidelijk worden welke vormen van feedback het beste aansluiten bij de individuele persoon, waarna deze vormen van feedback steeds gerichter kunnen worden ingezet (Schrijnemaekers e.a., 2014).

4 Compensatoire interventies

Wanneer concrete doelen gesteld zijn, wordt een interventie gekozen. De vorm van de interventie dient te worden afgestemd op het leervermogen van de cliënt en de mate van inzicht in het eigen functioneren. Op basis van de niveaus van inzicht zoals die worden beschreven door Crosson e.a. (1989) kan een inschatting gemaakt worden van de soort interventie die ingezet kan worden. Globaal zijn er vier typen interventies te onderscheiden: omgevingsaanpassing; conditionering en gedragsbehandeling; vaardigheidstraining; strategietraining. De eerste twee interventievormen vereisen geen inzicht in de eigen beperkingen en stellen geen of slechts lage eisen aan het leervermogen en de motivatie van de cliënt. Vaardigheidstraining en vooral strategietraining stellen hogere eisen aan deze aspecten.

4.1 Omgevingsaanpassing

Wanneer een cliënt zelf geen inzicht toont in zijn beperkingen en de leerbaarheid zeer gering is, dienen interventies gericht te zijn op het aanpassen van de omgeving. Aan de medewerking van de cliënt worden bij dit type interventies geen eisen gesteld. Het uitgangspunt is dat aanpassingen in de fysieke en sociale omgeving structuur geven die voor de cliënt nodig is om zo optimaal mogelijk te kunnen functioneren ondanks zijn beperkingen. Bij de inzet van deze interventies worden geen blijvende gedragsveranderingen verwacht: de gedragsverandering blijft afhankelijk van consequent aanbieden van de externe structurering. Dat betekent dus dat iedereen in de omgeving van de cliënt op de hoogte dient te zijn van de gekozen omgevingsaanpassing en dat deze aanpassing altijd en door iedereen dient te worden toegepast.

Bij het gebruik van deze vorm van interventies dient men het gedrag van de cliënt en de omstandigheden waarin het te veranderen gedrag optreedt, goed te observeren en te analyseren, zodat de structurering, en daarmee de gedragsverandering, zo gericht mogelijk kan worden ingezet. Voorbeelden van interventies voor omgevingsaanpassing zijn het aanbrengen van pictogrammen op de deuren in huis, zodat via het pictogram zichtbaar wordt welke ruimte zich achter de deur bevindt, of op een afdeling bewegwijzering aanbrengen vanaf de gemeenschappelijke ruimte naar het toilet. Een ander voorbeeld is om een cliënt met linkszijdig neglect consequent aan zijn rechterkant te benaderen.

4.2 Conditionering en gedragsbehandeling

Wanneer inzicht in het eigen functioneren ontbreekt, maar nog wel enig leervermogen resteert, kan gebruikgemaakt worden van conditionering en gedragsbehandeling (zie ook hoofdstuk 17). Bij deze interventievorm blijft de rol van de cliënt beperkt en wordt er een groot beroep gedaan op de omgeving. Wederom dient men het gedrag van de cliënt en de omstandigheden waarin het gedrag optreedt te observeren en te analyseren. Daarnaast zal men ook inzicht moeten verkrijgen in wat bekrachtigende stimuli zijn voor de cliënt in een specifieke situatie. Anders dan bij de omgevingsaanpassing wordt bij deze interventievorm juist wel verwacht dat het aangeleerde gedrag aanwezig zal blijven wanneer na verloop van tijd een eventuele bekrachtiging niet meer wordt verschaft.

Deze interventiemethode wordt vaak ingezet wanneer sprake is van een stoornis in de sociale cognitie die tot uitdrukking komt in sociaal onaangepast gedrag. Het doel van de interventie is het laten uitdoven van dit ongewenste sociale gedrag en het laten toenemen van sociaal gewenst gedrag. Een voorbeeld van ongewenst gedrag is schreeuwen. Getracht wordt dit gedrag te veranderen door het invoeren van een systeem van belonen van het gewenste gedrag (rustig aanwezig zijn) en het negeren van het ongewenste gedrag (schreeuwen). Een voorbeeld van een manier waarop het gewenste gedrag beloond kan worden, is door gebruik te maken van tokens waarmee de cliënt bepaalde privileges kan 'verdienen'.

Een methode aan de hand waarvan concreet probleemgedrag in de klinische praktijk geanalyseerd en veranderd kan worden is de ABC-methode: *antecedents-behaviour-consequences* oftewel actie-beweger-consequentie. Allereerst worden het probleemgedrag (behaviour), de uitlokkers van het gedrag (antecedents) en de eventuele gevolgen (consequences) van het gedrag in kaart gebracht. Vervolgens wordt getracht de antecedenten van het probleemgedrag zo veel mogelijk te beperken, zodat het probleemgedrag minder vaak wordt uitgelokt. Indien nodig worden de consequenties van het gedrag veranderd, zodat het gewenste gedrag wordt bekrachtigd en het ongewenst gedrag uitdooft. Hamer en Voesten (2001) geven een uitgebreide beschrijving van de manier waarop deze methode toegepast kan worden (zie ook: hoofdstuk 17, paragraaf 3.2).

4.3 Vaardigheidstraining

Wanneer een cliënt bemerkt dat de uitvoering van specifieke taken problemen oplevert en wanneer hij gemotiveerd is om deze taken te (her)leren, kan vaardigheidstraining worden ingezet. Bij een vaardigheidstraining worden situatiegebonden gedragsroutines en activiteiten getraind. Generalisatie naar andere taken en andere situaties waarin dezelfde taak zou kunnen worden uitgevoerd, wordt niet verwacht. Idealiter worden taken daarom getraind in de situatie waarin deze ook daadwerkelijk uitgevoerd gaan worden. In de praktijk betekent dat dus trainen in de eigen badkamer of in de eigen keuken, of in de supermarkt waar de cliënt gewend is zijn boodschappen te doen. Anders dan bij conditionering wordt bij deze interventiemethode een groter beroep gedaan op de medewerking en de inzet van de cliënt zelf. Voorbeelden van vaardigheidstrainingen zijn opnieuw leren koffiezetten in de eigen keuken en met het eigen koffiezetapparaat, het uitvoeren van een vaste ochtendroutine zoals opstaan, wassen en aankleden, of een treinkaartje kopen bij een kaartautomaat.

Via de website www.boompsychologie.nl/themas/neuropsychologie/behandelprotocollen wordt een behandelprotocol beschikbaar gesteld voor agendatraining aan de hand waarvan mensen met een ernstige geheugenstoornis na hersenletsel leren hoe ze een agenda kunnen gebruiken om hiermee voor een deel de geheugenproblemen te compenseren in het dagelijks leven en zo meer zelfstandigheid te bereiken. De agendatraining is een individuele behandeling waarbij nieuw gedrag moet worden aangeleerd. De behandeling duurt gemiddeld twee tot drie maanden, afhankelijk van het leervermogen van de cliënt (Beers & Schrijnemaekers, 2012).

Een leerprocedure die binnen de cognitieve revalidatie in toenemende mate wordt gebruikt bij het aanleren en opnieuw leren van vaardigheden is Foutloos leren. Foutloos leren doet een beroep op het impliciete geheugen, dat bij mensen met een hersenaandoening vaak meer gespaard is gebleven dan het expliciete geheugen. De methode dient te worden ingezet indien cliënten niet van hun fouten kunnen leren. Het uitgangspunt is om het maken van fouten in de aanleerfase te voorkomen, zodat alleen de juiste informatie wordt opgeslagen in het impliciete geheugen. Deze benadering komt voort uit de wetenschap dat hersenen van mensen met een ernstige geheugenstoornis verminderd in staat zijn om onderscheid te maken tussen juiste informatie en foute informatie, waardoor fouten die in de trainingsfase gemaakt worden, niet worden opgemerkt en niet worden gecorrigeerd en ze mee aangeleerd worden. Daardoor leert iemand dus om de fout te blijven maken.

Trainingsprincipes die bij Foutloos leren worden toegepast zijn het versimpelen en opdelen van de taak, het voordoen van deelstappen (modelling), het geven van verbale instructies tijdens de uitvoering van deelstappen, gebruikmaken van visuele cues om het leren te ondersteunen, en het vervolgens geleidelijk afbouwen van instructies en cues (*vanishing cues*). Gedurende deze procedure dient de leeromgeving zo te worden ingericht dat gokken niet wordt uitgelokt en dat de behandelaar kan anticiperen op eventuele fouten. Zo wordt door de wijze van aanbieding van de training de kans op het maken van fouten zo veel mogelijk beperkt. Wanneer toch een fout wordt gemaakt dan wordt deze direct gecorrigeerd. De aangeleerde (deel)handelingen worden veel en met steeds langer wordende intervallen herhaald (*spaced retrieval*) (De Werd e.a., 2013a).

Een voorbeeld van deze interventie is het aanleren van de naam van een verpleegkundige. Allereerst wordt de naam foutloos ingeprent door een foto van de verpleegkundige te combineren met de geschreven naam. De trainer noemt de naam van de verpleegkundige en vraagt daarna de cliënt de naam te noemen die hoort bij de foto. De geschreven naam (*cue*) is hierbij aanwezig en de cliënt wordt actief gewezen op deze cue. Vervolgens wordt deze procedure herhaald, waarbij de laatste letter van de geschreven naam wordt weggelaten. Geleidelijk worden steeds meer letters weggelaten totdat er geen letters meer zichtbaar zijn en de cliënt de naam spontaan kan benoemen (vanishing cues). Nadat de naam is ingeprent wordt overgegaan tot het trainen van het opdiepen van de informatie waarbij de cliënt herhaaldelijk en met steeds grotere tussenpozen wordt gevraagd om de naam te noemen van de persoon op de foto (spaced retrieval).

De effectiviteit van Foutloos leren is aangetoond bij diverse cliëntengroepen, onder wie mensen met niet-aangeboren hersenletsel (Clare & Jones, 2008) en mensen met dementie (De Werd, e.a., 2013b). In de praktijk blijkt Foutloos leren veel tijd en energie te kosten. Daar staat tegenover dat uit onderzoek is gebleken dat het geleerde lang beklijft (De Werd e.a., 2013b).

4.4 Strategietraining

Een strategietraining dient om de cliënt een nieuwe manier te leren waarop taken kunnen worden uitgevoerd. Anders dan bij een vaardigheidstraining wordt een strategie aangeleerd die toepasbaar is in een categorie van situaties, in plaats van één vast gedrag dat in één specifieke situatie dient te worden ingezet. Het gaat dus om een 'algemene' aanpak die kan worden toegepast in verschillende situaties die een bepaalde overeenkomst hebben, zoals situaties waarin tijdsdruk kan ontstaan. Om baat te hebben bij een strategietraining, is het van belang dat de cliënt zelf kan herkennen in welke situatie en wanneer de strategie toegepast moet worden. Dit dient plaats te vinden op het moment dat het probleem waarvoor gecompenseerd wordt zich voordoet (er is dan emergent inzicht), of liever nog voordat het probleem zich voordoet (anticiperend inzicht). Het moge duidelijk zijn dat het gebruik van compensatiestrategieën een groot beroep doet op het leervermogen, het abstractievermogen en de mate van ziekte-inzicht van de cliënt.

Wanneer een cliënt tijdens het voeren van een gesprek kan opmerken dat hij de informatie niet goed meer opneemt (emergent inzicht) dan zou een passende compensatiestrategie kunnen zijn om te trachten de informatietoestroom te beperken door een pauze in te lassen in het gesprek, of om de ander te vragen om wat rustiger te spreken, of om de informatie te herhalen. Wanneer een cliënt voorafgaand het gesprek al kan voorzien dat hij moeite zal krijgen om alle informatie goed op te nemen (anticiperend inzicht) dan kan de compensatiestrategie gericht zijn op het voorkomen van dit probleem. Zo zou de cliënt er rekening mee kunnen houden om het gesprek te plannen op het moment van de dag waarop hij zich het meest fit voelt. Ook zou de cliënt bij de start van het gesprek kunnen vermelden dat hij wat meer tijd nodig heeft om de ander goed te begrijpen, en de ander vervolgens te vragen om hiermee rekening te houden door wat langzamer te spreken.

5 Programma's voor ouderen

In de meeste revalidatieprogramma's die beschikbaar zijn voor ouderen wordt een combinatie ingezet van de genoemde soorten interventies. Vaak wordt gestart met het geven van psycho-educatie voor de specifieke problematiek van de doelgroep (zoals *mild cognitive impairment*, dementie, CVA). Daarna volgt meestal een training voor het aanleren van vaardigheden, voor het aanleren van compensatiestrategieën, of voor een combinatie van deze interventies. Hier volgt een korte bespreking van enkele programma's die in Nederland aan ouderen worden aangeboden. Naast deze programma's bestaan er trainingen voor specifieke cognitieve, energetische en emotionele problemen die frequent voorkomen bij mensen met niet-aangeboren hersenletsel, bijvoorbeeld:
- geheugentraining (Van Kessel e.a., 2010);
- agendatraining (Beers & Schrijnemaekers, 2012);
- training bij apraxie (Van Heugten & Geusgens, 2010);
- training bij neglect (Van Kessel & Fasotti, 2010);
- training bij toegenomen prikkelbaarheid (Oonk & Farenhorst, 2012);
- de behandeling van een dysexecutief syndroom (Boelen e.a., 2012);
- het vergroten van de belastbaarheid (Zedlitz & Fasotti, 2010).

Deze protocollen kunnen worden gedownload via de website www.boompsychologie.nl/themas/neuropsychologie/behandelprotocollen. Wanneer sprake is van ernstige cognitieve stoornissen, een zeer beperkt leervermogen en een beperkt ziekte-inzicht dan zullen interventies minder gericht zijn op psycho-educatie en trainingen van de cliënt, maar meer gericht zijn op het aanpassen van de omgeving, op conditionering en op het ondersteunen van de mantelzorgers.

5.1 Mild cognitive impairment (MCI)

Het behandelprotocol voor mild cognitive impairment (MCI) is opgezet voor cliënten met lichte cognitieve stoornissen (MCI) en een naastbetrokkene (Joosten & De Vugt, 2010). Mensen met MCI hebben vaak geheugenproblemen en hebben een verhoogd risico om dementie te ontwikkelen. Een belangrijk aspect van de training is dan ook het vergroten van kennis over deze diagnose, door het geven van voorlichting over diagnose en prognose en de verwachtingen van de toekomst.

Naast het vergroten van kennis over MCI is het omgaan met de problemen die ontstaan zijn door MCI een aandachtspunt. Voor zowel de persoon met MCI als de partner ligt de nadruk op acceptatie en het versterken van vaardigheden om de problemen ten gevolge van MCI te kunnen hanteren. Het versterken van deze vaardigheden zou leiden tot verhogen van welbevinden en verminderen van stress. Daarnaast beoogt de training de relatie tussen de cliënt en zijn partner te versterken. Voor de cliënt heeft acceptatie en het leren van vaardigheden als bijkomend voordeel dat de hulpeloosheid afneemt. Voor de partner heeft de training als doel de ervaren belasting te verlagen.

Het protocol betreft een evidence-based groepsbehandeling voor mensen met MCI en hun naasten, van tien sessies, elk twee uur. De behandeling is een combinatie van psycho-educatie, cognitieve revalidatie en psychotherapie. De behandeling beoogt kennis over MCI en de bijkomende gevolgen te vergroten en de coping te versterken, met hierbij speciale aandacht voor de communicatie tussen de MCI-patiënt en diens naaste. Naast het aanbieden van informatie, het oefenen met geheugenstrategieën, en het uitwisselen van ervaringen en ideeën, wordt ook gebruikgemaakt van cognitief-gedragstherapeutische technieken zoals het registreren van stressvolle situaties en het oefenen van nieuw gedrag middels rollenspelen (Joosten e.a., 2008).

> **Samen leren omgaan met MCI**
>
> Ank Langenberg is naar de geheugenpoli gekomen omdat ze geheugenklachten heeft die progressief zijn. Ze vergeet veel van wat gezegd is en raakt spullen kwijt in huis. Er is een wisselende desoriëntatie in tijd, niet in plaats en persoon. Er zijn geen woordvindstoornissen of andere spraakproblemen. Ze doet haar huishouden zelfstandig en heeft geen problemen met het bedienen van huishoudelijke apparaten. Ze merkt wel dat ze zaken vergeet, maar ze heeft er niet veel last van. Anks echtgenoot maakt zich echter wel veel zorgen.
>
> Uit het neuropsychologische onderzoek komen duidelijke geheugenstoornissen naar voren. Op de overige domeinen scoort ze binnen de normale range. Er wordt op basis van onder andere het neuropsychologische onderzoek geconcludeerd dat er sprake is van een amnestische MCI, omdat de zwakke geheugenprestaties duidelijk op de voorgrond staan.
>
> Ank wordt aangemeld voor de MCI-groep. In deze groep ontmoet ze mensen met dezelfde problemen en hoort ze hoe zij met deze klachten omgaan. Ze ziet dat ze niet de enige is met deze klachten. Samen met haar man krijgt ze voorlichting over de diagnose en tips hoe ze met deze klachten in het dagelijks leven kunnen omgaan. Dit geeft hen rust.

5.2 CVA-revalidatie volgens Laurens Therapeutisch Klimaat

In het boek *Alles is revalidatie* (Terwel, 2011) wordt een revalidatieprogramma beschreven dat is ontwikkeld voor oudere CVA-patiënten die revalideren in de klinische setting van een verpleeghuis: het Laurens Therapeutisch Klimaat. Dit is een holistische, interdisciplinaire benadering die grotendeels in groepsverband wordt aangeboden. In het programma wordt vooral veel gebruikgemaakt van vaardigheidstrainingen waarbij cliënten gedurende hun verblijf op de afdeling voortdurend uitgenodigd en uitgedaagd worden om het geleerde direct in de praktijk te brengen. Gedurende de revalidatieopname krijgt de cliënt de mogelijkheid om zo veel mogelijk zelf te doen, waarbij waar nodig ondersteuning geboden wordt die is afgestemd op de mogelijkheden en de beperkingen van de individuele cliënt. Op deze manier vindt oefening voortdurend plaats, juist ook buiten de trainings- en behandelsessies om. Naast vaardigheidstraining wordt gebruikgemaakt van omgevingsaanpassingen en van compensatiestrategieën. Er worden diverse trainingen aangeboden, zowel in groepsvorm als individueel, en voor iedere cliënt wordt een programma samengesteld dat het best past bij de mogelijkheden, beperkingen en wensen van de individuele cliënt. Voorbeelden van trainingen die worden aangeboden, zijn de training wassen en aankleden, de training huishoudelijke vaardigheden, de looptraining, de geheugentraining, en ontspanningstherapie.

Een belangrijk uitgangspunt van het programma is de methode Pauzeren, Rustige omgeving, Eén ding tegelijkertijd en Tempo aanpassen: PRET. Deze methode heeft tot doel om randvoorwaarden te creëren voor een zo optimaal mogelijk leerproces. Idealiter wordt dit door de cliënt zelf toegepast, maar zoals we al eerder hebben gezien is het zelfstandig toepassen van compensatiestrategieën zeker geen vanzelfsprekendheid. In de praktijk blijkt dan ook dat niet alle cliënten die deelnemen aan dit revalidatieprogramma, in staat zijn om de strategieën zelf toe te passen. Daarom is ervoor gekozen om het toepassen van de PRET-methode door het hele interdisciplinaire team te laten uitvoeren. Er wordt hiervoor dus gebruikgemaakt van omgevingsaanpassingen.

In veel verpleeghuizen in Nederland zijn er afdelingen voor geriatrische revalidatie. Deze afdelingen zijn gericht op herstel en verbetering van functionaliteit van ouderen en hebben als doel het optimaliseren van de kwaliteit van leven waarbij ernaar gestreefd wordt dat de cliënten (weer) thuis kunnen wonen. Geriatrische revalidatie wordt ingezet bij diverse diagnosegroepen, waaronder cliënten met een beroerte. Op deze afdelingen wordt gebruikgemaakt van een therapeutisch klimaat.

6 Tot besluit

Zoals in dit hoofdstuk wordt beschreven kan cognitieve revalidatie worden ingezet bij ouderen met cognitieve stoornissen, ook bij mensen die geen ziektebesef tonen en bij wie het leervermogen ernstig is aangetast. Voorwaarde voor een succesvolle behandeling is dat de doelen en aanpak worden afgestemd op de behoeften, mogelijkheden en beperkingen van de persoon en zijn omgeving. In dit hoofdstuk worden compensatiemethoden besproken die ook bij het ontbreken van ziekte-inzicht kunnen worden ingezet. De aanwezigheid van een gemotiveerde mantelzorger of professionele verzorgende is een voorwaarde voor alle in dit hoofdstuk beschreven interventievormen. Vanwege de beperkte generalisatie van cognitieve training is het belangrijk om de training te richten op vaardigheden die voor iemand in het dagelijks leven belangrijk zijn. Hierdoor zal iemand gemotiveerder zijn voor deze training en er optimaal van profiteren in het dagelijks leven.

Indien sprake is van dementie of andere neurodegeneratieve aandoeningen zoals de ziekte van Parkinson, zullen doelen steeds bijgesteld moeten worden, afgestemd op de progressie van de aandoening. Maar wanneer een bepaalde vaardigheid of copingstijl goed is geleerd, kan deze doorgaans langere tijd behouden blijven. Het kan dus zeker de moeite lonen. Ook het versterken van adaptatieve vermogens, autonomie, zelfvertrouwen en verbondenheid zijn belangrijke aspecten van cognitieve revalidatie. Hiermee kan cognitieve revalidatie een bijdrage leveren aan de kwaliteit van leven van ouderen met cognitieve beperkingen en hun omgeving.

Literatuur

Beers, K., & Schrijnemaekers, A. (2012). *Training van agendagebruik: Behandelprotocol*. Amsterdam: Uitgeverij Boom.
Boelen, D., & Fasotti, L. (2010). *Voorlichting revalidant*. Amsterdam: Uitgeverij Boom.
Boelen, D., Spikman, J., Lamberts, K., Brouwer, W., & Fasotti, L. (2012). *Behandeling van het dysexecutief syndroom*. Amsterdam: Uitgeverij Boom.
Cicerone, K.D., Langenbahn, D.M., Braden, C., Malec, J.F., Kalmar, K., Fraas, M., e.a. (2011). Evidence-based cognitive rehabilitation: Updated review of the literature from 2003 through 2008. *Archives of Physical Medicin and Rehabilitation, 92*, 519-530.
Clare, L., & Jones, R.S. (2008). Errorless learning in the rehabilitation of memory impairment: A critical review. *Neuropsychology Review, 19*, 1-23.
Comijs, H.C., Deeg, D.J., Dik, M.G., Twisk, J.W., & Jonker, C. (2002). Memory complaints; the association with psycho-affective and health problems and the role of personality characteristics: A 6-year follow-up study. *Journal of Affective Disorders, 72*, 157-165.
Crosson, B., Barco, P.P., Velozo, C.A., Bolesta, M.M., Cooper, P.V., Werts, D., e.a. (1989). Awareness and compensation in postacute head injury rehabilitation. *Journal of Head Trauma Rehabilitation, 4*, 46-54.
Fasotti, L., & Boelen, D. (2010). *Voorlichting partner en andere naastbetrokkenen*. Amsterdam: Uitgeverij Boom.
Fasotti, L., & Spikman, J. (2014). Neuropsychologische behandeling. In C. van Heugten, M. Post, S. Rasquin & P. Smits (Red.), *Handboek revalidatiepsychologie* (pp. 433-446). Amsterdam: Uitgeverij Boom.
Hamer, A.F.M., & Voesten, A.E.J.M. (2001). Gedragsverandering? Een ABC-tje! Een cursus voor ziekenverzorgenden. *Denkbeeld, februari*, 20-24.
Heugten, C. van, & Geusgens, C. (2010). *Toelichting bij 'Ergotherapie richtlijn voor diagnostiek en behandeling van apraxia bij CVA patiënten'*. Amsterdam: Uitgeverij Boom.
Hopper, T., Bourgeois, M, Pimentel, J., Qualls, C.D., Hickey, E., Frymark, T., e.a. (2013). An evidence-based systematic review on cognitive interventions for individuals with dementia. *American Journal of Speech and Language Pathology, 22*, 126-145.
Joosten, L., Berg, S. van den, & Teunisse, J. (2008). *Help me even herinneren: Een gids voor mensen met milde geheugenproblemen en hun naasten*. Houten: Bohn Stafleu van Loghum.
Joosten, L., & Vugt, M. de. (2010). *MCI behandelprotocol: Omgaan met mild cognitive impairment, een groepsbehandeling voor patiënten met MCI en hun partners*. Amsterdam: Uitgeverij Boom.
Kessel, M., van., & Fasotti, L. (2010). *Cognitieve revalidatie van neglect: Protocol en trainingsmateriaal*. Amsterdam: Uitgeverij Boom.
Kessel, M. van, Fasotti, L., Berg, I., Hout, M. van, & Wekking, E. (2010). *Training geheugenstrategieën*. Amsterdam: Uitgeverij Boom.
Oonk, W., & Farenhorst, N. (2012). *Meer grip op prikkelbaarheid en prikkelbaar gedrag na hersenletsel: Een multidisciplinair programma*. Amsterdam: Uitgeverij Boom.

Ponds, R., & Stapert, S. (2010). Grenzen aan neuropsychologische behandeling. In R. Ponds, C. van Heugten, L. Fasotti & E. Wekking (Red.), *Neuropsychologische behandeling* (pp. 77-93). Amsterdam: Uitgeverij Boom.

Reijnders, J., Heugten, C. van, & Boxtel, M. van. (2013). Cognitive interventions in healthy older adults and people with mild cognitive impairment: A systematic review. *Ageing Research Reviews, 12*, 236-275.

Schrijnemaekers, A., Smeets, S.M.J., Ponds, R.W.H.M., Heugten, C.M. van, & Rasquin, S. (2014). Treatment of unawareness of deficits in patients with acquired brain injury: A systematic review. *Journal of Head Trauma Rehabilitation, 29*, E9-E30.

Sohlberg, M.M., & Mateer, C.A. (2001). *Cognitive rehabilitation: An integrative neuropsychological approach*. Andover: Taylor & Francis.

Spikman, J., & Fasotti, L. (2012). Herstel en behandeling. In R. Kessels, P. Eling, R. Ponds, J. Spikman & M. van Zandvoort (Red.), *Klinische neuropsychologie* (pp. 125-146). Amsterdam: Uitgeverij Boom.

Terwel, M. (2011). *Alles is revalidatie: Revalideren na een beroerte in het Laurens Therapeutisch Klimaat*. Delft: Uitgeverij Eburon.

Werd, M. de, Boelen, D., & Kessels, R. (2013a). *Foutloos leren bij dementie: Een praktische handleiding*. Den Haag: Boom Lemma Uitgevers.

Werd, M.M. de, Boelen, D., Rikkert, M.G., & Kessels, R.P. (2013b). Errorless learning of everyday tasks in people with dementia. *Clinical Interventions in Ageing, 8*, 1177-1190.

Wilson. B.A. (1997). Cognitive rehabilitation: How it is and how it might be. *Journal of the International Neuropsychological Society, 3*, 487-496.

Woods, B., Aguirre, E., Spector, A.E., & Orrell, M. (2012). Cognitive stimulation to improve cognitive functioning in people with dementia. *Cochrane Database of Systematic Reviews 2012*(2), Article CD005562. The Cochrane Library Database.

Zedlitz, A., & Fasotti, L. (2010). *Omgaan met beperkte belastbaarheid: Behandelprotocol voor ambulante hersenletselpatiënten met (ernstige) vermoeidheid*. Amsterdam: Uitgeverij Boom.

Deel V
Speciale aandachtsgroepen

26 Migranten op leeftijd

Carolien Smits en Yvonne Witter

1. Inleiding
2. Achtergronden
3. Migratie en continuïteit
   - 3.1 Turken en Marokkanen
   - 3.2 Surinamers en Antillianen
   - 3.3 Molukkers
   - 3.4 Chinezen
   - 3.5 Migratie, continuïteit, assimilatie en acculturalisatie
4. Geestelijke gezondheid, autonomie en zorg
   - 4.1 Migratie en geestelijke gezondheid
   - 4.2 Zorgbehoefte en zorggebruik
   - 4.3 Afhankelijkheid en autonomie
5. Voorlichting, preventie en psychologische hulpverlening
   - 5.1 Voorlichting en preventie
   - 5.2 Psychologische hulpverlening
   - 5.3 Communicatie
6. Tot besluit

Literatuur

www.tijdstroom.nl/leeromgeving

 Beeldmateriaal
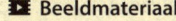 Weblinks

Kernboodschappen
- Oudere migranten in Nederland vormen niet één groep, maar diverse groepen gekenmerkt door verschillende etnische achtergronden en andere sociaal-culturele factoren.
- Vooral bij ouderen van Turkse en Marokkaanse afkomst is de prevalentie van depressieve en angstklachten hoger dan bij autochtone ouderen.
- Psychologische hulpverlening aan oudere migranten vraagt specifieke deskundigheid, vooral kennis over culturele eigenheden van de verschillende groepen.
- Er zijn in de (geestelijke) gezondheidszorg veel initiatieven voor voorlichting en preventie aan oudere migranten. De ontwikkeling van psychodiagnostische en psychologische interventiemethodieken vordert gestaag.

1 Inleiding

De meeste oudere migranten waren jongvolwassenen toen ze naar Nederland kwamen. De migratieredenen en -omstandigheden van deze ouderen verschillen sterk. De achtergronden van hun komst naar Nederland bepaalden destijds de positie van de migranten en indirect werken ze nu nog door in hun leven.

Oudere migranten zijn niet altijd kwetsbaar en voor zover ze het nu wel zijn, zijn ze dat niet altijd geweest. Degenen die jaren geleden bijvoorbeeld als arbeidsmigranten naar Nederland zijn gekomen, waren immers op een goede gezondheid geselecteerd en waren ook mentaal zo toegerust dat ze een verregaande stap durfden te zetten. Voor vluchtelingen geldt dat zij in het land van herkomst vaak tot de hogere sociale klassen behoren. Aan de andere kant wordt het de laatste jaren steeds duidelijker dat verschillende groepen oudere migranten veel problemen ervaren. Deze problemen bestaan vaak op meerdere vlakken: relationeel, psychisch, somatisch en financieel-economisch (Schellingerhout, 2004; Denktaş, 2011).

Dit hoofdstuk is beperkt tot de niet-westerse allochtone ouderen en dan vooral de zes grootste groepen oudere migranten die reeds langere tijd in Nederland wonen: de ouderen van Turkse, Marokkaanse, Surinaamse, Antilliaanse, Molukse en Chinese afkomst. Over andere groepen allochtone ouderen zoals Grieken, Italianen, Spanjaarden is te weinig bekend. Hetzelfde geldt voor nieuwe groepen migranten zoals die uit Ghana, Oost-Europa en oorlogsgebieden in Afrika of het Midden-Oosten. Deze diversiteit neemt nog steeds toe, en daarmee groeit de lacune in onze kennis.

In de meeste onderzoeken wordt onder 'ouderen' mensen van 55 jaar en ouder verstaan: nog relatief jong. Sommige auteurs wijzen er echter op dat allochtone ouderen lichamelijk al vroeg 'oud' zouden zijn; bovendien zouden sommige groepen zich al relatief jong oud voelen (De Vries & Smits, 2003; Smits & De Vries, 2003).

2 Achtergronden

Recente grootschalige gegevens over de leefsituatie van oudere migranten ontbreken. Het laatste grootschalige onderzoek stamt uit 2003. Hierbij werden de leefsituaties van oudere Turken, Marokkanen, Surinamers, Antillianen, Molukkers en autochtone Nederlanders met elkaar vergeleken (Schellingerhout, 2004). Enkele nieuwe onderzoeken zijn in uitvoering. Vooral binnen de Longitudinal Aging Study Amsterdam (LASA) zijn op grote schaal oudere Turken en Marokkanen onderzocht op hun mentale, sociale en fysieke functioneren. Hiervan zijn echter nog geen cijfers beschikbaar. Ook binnen de Netherlands Kinship Panel Study (NKPS) zijn enkele grotere groepen oudere migranten geïncludeerd. Het NKPS onderzoekt sociale en familieverbanden binnen de vier grootste groepen migranten. Binnen het Nationaal Programma Ouderenzorg (NPO) focussen ook enkele projecten zich specifiek op migranten. Een relevant NPO-project verricht binnen het AMC betreft Symbol, gericht op dementie en andere aandoeningen. Het onderzoek vanuit het AMC betreft onder meer Turkse, Marokkaanse en Surinaamse ouderen van 55 jaar en ouder. Verder zijn de GGD'en van de vier grote steden actief met hun gezondheidsmonitoren (El Fakiri & Bouwman-Notenboom, 2015).

De Surinaamse ouderen vormden in 2003 de grootste groep migrantenouderen (32.614), gevolgd door de Turkse ouderen (26.164), de Marokkaanse ouderen (22.953), de Antilliaanse ouderen (9.162), en de Molukse ouderen (ongeveer 3.500) (Schellingerhout, 2004). Het aantal oudere

Chinezen is nog kleiner, al ontbreken ook hier recente cijfers: in 1997 waren er ruim 10.000 Chinezen ouder dan 50 jaar (Vogels e.a., 1999).

Tot 2030 zal het aantal niet-westerse ouderen flink groeien, zowel relatief als in aantal. In 2025 zal 19% van de niet-westerse migranten ouder zijn dan 54 jaar en 8% zal 65 jaar of ouder zijn. Het aantal ouderen van niet-westerse herkomst zal ondertussen meer dan verdubbelen: van 183.000 55-plussers in 2010 tot 445.000 in 2025. Het aantal 65-plussers stijgt naar verwachting van 72.000 in 2010 tot 196.000 in 2025. (Den Draak & De Klerk, 2011). Omdat bijna de helft van de niet-westerse ouderen in de vier grote steden woont, zal dit percentage hier veel hoger zijn. De allochtone ouderen in Nederland zijn nog relatief jong vergeleken met de autochtone bevolking, al ontbreken ook hier recente cijfers.

De sekseverdeling binnen de verschillende groepen ouderen is verschillend. Van de autochtone 55-64-jarigen is de helft man; boven de 64 jaar neemt het aandeel vrouwen toe, door de hogere levensverwachting van vrouwen. Bij Surinaamse en Antilliaanse ouderen zijn er in alle leeftijdsklassen relatief meer vrouwen. Voor de Turken en Marokkanen is het patroon echter anders: hier is het aandeel mannen in alle leeftijdsgroepen ouderen groter dan dat van vrouwen. Dit hangt samen met het grote leeftijdsverschil tussen echtgenoten – de mannen zijn aanzienlijk ouder dan hun vrouwen, vooral bij de Marokkanen – en met het feit dat niet alle gezinnen zijn herenigd, zodat er nog echtgenotes in het land van herkomst verblijven (Schellingerhout, 2004).

Turkse en Marokkaanse ouderen wonen veel minder vaak alleen dan autochtone, Surinaamse en Antilliaanse ouderen. Zij zijn relatief vaak gehuwd en hebben nog inwonende kinderen. Dit geldt vooral voor de Marokkaanse ouderen, evenals voor de Molukse ouderen. Surinaamse en Antilliaanse ouderen zijn vaak alleenstaand. Dit houdt verband met het hoge aantal vrouwen dat hun kinderen zonder vaste partner opvoedt (Schellingerhout, 2004).

Oudere Turken, Marokkanen, Surinamers en Antillianen rapporteren een slechtere lichamelijke gezondheid dan autochtone ouderen (Schellingerhout, 2004). Recenter is nog bevestigd dat ouderen van Turkse en Marokkaanse herkomst meer fysieke beperkingen hebben en zich minder gezond voelen dan autochtone Nederlanders (Bekker & Van Mens-Verhulst, 2008; Devillé e.a., 2006; Lamkaddem e.a., 2008; Denktaş, 2011). De Molukse groep daarentegen lijkt een betere gezondheid te hebben dan autochtone ouderen (Schellingerhout, 2004). Het recentere onderzoek van Denktaş bevestigt de slechtere gezondheid van verschillende groepen oudere migranten, al blijken hier de Antilliaanse ouderen gezonder dan de autochtonen. Een betere sociaal-economische status en meer veranderingen in de oorspronkelijke culturele patronen hangen samen met minder gezondheidsproblemen. Veel niet-westerse oudere migranten leven in achterstandswijken. Dit heeft een negatief effect op vooral de fysieke gezondheid. Opvallend genoeg is het overlijdensrisico van Marokkanen, en in mindere mate van Turkse Nederlanders, lager dan dat van autochtonen van middelbare leeftijd en ouder. Voor vrouwen geldt dat in nog sterkere mate, ondanks hun lichamelijke klachten. Het overlijdenssrisico is bovendien gedaald. Een verklaring voor dit verschijnsel kan liggen in de betere curatieve zorg en de milde weersomstandigheden van de afgelopen jaren. Deze hebben vooral een gunstige invloed op de sterfte door cardiovasculaire aandoeningen (Garssen & Van der Meulen, 2007).

Het inkomen van oudere migranten is gemiddeld genomen vrij laag. Dit hangt samen met hun opleiding, en hun huidige en vroegere werkstatus. Het verschil met autochtone ouderen is niet zo groot bij de Surinamers en Molukkers: zij vormden in het land van herkomst al een zekere elite en volgden vaak in Nederland een aanvullende opleiding. Slechts weinig Turkse en Marokkaanse ouderen werken nog. Zij zijn in de jaren tachtig op grote schaal ontslagen of in de WAO beland. Voor veel Turken en Marokkanen geldt dat zij niet altijd de uitkeringen krijgen waar ze recht op hebben. Dat hangt deels samen met hun beperkte beheersing van de Nederlandse taal (Çelik & Groenestein, 2010).

De oudere Chinezen in Nederland hebben meestal zeer beperkt onderwijs gevolgd. Driekwart van de ouderen spreekt geen Nederlands, of heeft moeite met de taal. Het merendeel van de Chinese ouderen werkt of heeft gewerkt in de Chinese horeca. Hun financiële positie is over het algemeen slecht.

De economische positie van oudere migrantenvrouwen is in alle groepen slechter dan die van mannen. Armoede treft oude migrantenvrouwen vaker en harder dan mannelijke migranten. Hetzelfde geldt voor migranten van 65 jaar en ouder vergeleken met jongere ouderen. In beide gevallen heeft dit te maken met het ontbreken van eigenschappen waarmee armoede enigszins kan worden gecompenseerd en de aanwezigheid van kenmerken die de gevolgen van armoede juist verergeren: lage opleiding, analfabetisme, een slechte beheersing van het Nederlands en lichamelijke problemen.

3 Migratie en continuïteit

3.1 Turken en Marokkanen

De achtergronden en migratieredenen van de ouderen die op jongere leeftijd naar Nederland zijn gekomen, verschillen sterk en werken nu nog door in hun leven. De verwachting van een tijdelijk verblijf en de economische drijfveren van de Turkse en Marokkaanse migranten bepalen het bestaan van deze groepen nu ze ouder zijn. De Turken en Marokkanen zijn als arbeidsmigrant (gastarbeider) in de jaren zestig en zeventig naar Nederland gekomen, voornamelijk vanuit het agrarische platteland in het land van herkomst.

Ze wilden na een verblijf van een aantal jaren terugkeren naar hun vaderland om daar met hun verdiende geld een beter bestaan op te bouwen. Daarom hebben zij geen tijd en geld besteed aan een opleiding of aan het leren van de Nederlandse taal. Een aantal is in de loop van de tijd teruggegaan, maar het merendeel heeft om economische redenen het vertrek uitgesteld toen de situatie in het vaderland er niet op vooruitging. Maar met de economische neergang in de jaren tachtig raakten ze in Nederland als eersten werkloos: ze waren laaggeschoold en met hun taalproblemen steeds moeilijker inzetbaar. Door het zware werk – veel mannen hadden twee fysiek zware banen tegelijkertijd – kwamen veel Turken en Marokkanen in de Ziektewet en tot slot in de WAO. In de jaren zeventig en tachtig kwamen hun vaak relatief jonge vrouwen en kinderen over; ook zijn er in Nederland nog veel kinderen geboren.

3.2 Surinamers en Antillianen

De meeste Surinamers zijn in de jaren zeventig, rond de onafhankelijkheid van Suriname, hier gekomen. De migratiemotieven hadden een politieke en sociaal-economische achtergrond. Surinamers kwamen hier vanwege de dreiging die de politieke omwenteling met zich meebracht, maar ook vanwege sociale zekerheid, werk, studie en hereniging met partners en familieleden. De meeste Antillianen kwamen in de jaren negentig en daarna om vergelijkbare redenen naar Nederland. De meerderheid verwachtte niet dat hun verblijf hier kort zou duren. Doordat zij Nederlands spraken, en als inwoners van het Koninkrijk der Nederlanden vertrouwd waren met de Nederlandse cultuur en vergeleken met de Turken en Marokkanen beter opgeleid, is de sociaal-economische positie van oudere Surinamers en Antillianen relatief goed.

3.3 Molukkers

De groep Molukse KNIL-militairen die met hun gezinnen in 1951 na de soevereiniteitsoverdracht van Indonesië naar Nederland kwam, is inmiddels heel klein geworden. De groep ouderen van Molukse afkomst bestaat nu vooral uit hun kinderen (tweede generatie). De meeste ouderen wonen nog in de zogeheten Molukkergemeenten waarbinnen zij destijds werden opgevangen. Hun beheersing van de Nederlandse taal en goede opleiding vergrootten hun kansen op de Nederlandse arbeidsmarkt en in de samenleving. Hiervan hebben de Molukkers financieel profijt nu ze ouder geworden zijn.

3.4 Chinezen

Oudere Chinezen wonen ofwel in stadswijken met veel Chinezen (al is het begrip Chinatown hiervoor te ambitieus) ofwel gespreid over het land in dorpen en kleine steden. Ook dit gegeven houdt verband met hun migratiegeschiedenis.

Tussen Chinezen bestaan grote verschillen in herkomst en nationaliteit. De ene groep is afkomstig uit landen met een overwegend Chinese bevolking, zoals de Volksrepubliek China (inclusief Tibet), Taiwan, Hongkong en Macau. De tweede groep Chinezen komt uit herkomstlanden zoals Indonesië, Suriname en Vietnam. De eerste Chinezen kwamen als zeelieden in het begin van de vorige eeuw naar de Nederlandse havensteden. Na de onafhankelijkheid van Indonesië kwamen veel Chinese Indonesiërs naar Nederland die gespreid over het land restaurants opzetten. Na verloop van tijd lieten zij echtgenotes en kinderen overkomen.

3.5 Migratie, continuïteit, assimilatie en acculturalisatie

Migratie is een proces of serie gebeurtenissen die beïnvloed worden door individuele en sociale factoren. Het migratieproces begint al voor de verhuizing en zet zich door tot lang nadien. De reacties van het individu verschillen, afhankelijk van migratiefactoren zoals afstand van het land van herkomst naar Nederland en vrijwilligheid van de migratie. Ook individuele factoren zoals leeftijd, sekse, etniciteit, zelfconcept, psychologische, sociale en biologische kwetsbaarheden bepalen de individuele reacties (Bhugra, 2004). De migratie van een jonge, goed opgeleide en gezonde man met voldoende zelfvertrouwen en een extraverte persoonlijkheid heeft meer kans van slagen dan die van een oudere analfabete vrouw met een slechte gezondheid. Continuïteit bepaalt hoe het leven er na de migratie uitziet en de kansen op succes. Blijft het samenlevingsverband intact? Spreekt men de taal van het gastland? Kan de nieuwkomer een baan vinden in het eigen vak? Continuïteit en verandering resulteren in een acculturatie dan wel assimilatie met alle graderingen ertussen. Acculturalisatie betekent veranderingen in de oorspronkelijke culturele patronen van de ene groep of van beide groepen (Groves, 1967). Assimilatie is een proces waarbij culturele verschillen bij de migrantgroep verdwijnen (Berry, 1980). Acculturalisatie kan in verschillende individuele domeinen worden herkend: taal, religie, ontspanning, voeding en inkopen. Concreet kan dit vastgesteld worden met vragen over het taalgebruik in verschillende situaties: thuis, met de kinderen en de partner, op het werk, op straat, in winkels. Op religieus terrein is de vraag relevant of de religie vooral individueel wordt beleefd, of dat kerkgang of moskeebezoek plaatsvindt (APA, 2012). De moskeeën bieden een ontmoetingsgelegenheid voor de eigen herkomstgroep (in het geval van Turken en Marokkanen: vooral van mannen). Veel moskeeën bieden cursussen en informatie op het terrein van de Koran, het Arabisch, maar soms ook het Nederlands of over financiële of gezondheidszaken. Acculturalisatie is nauw verbonden met zelfwaardering en identiteit. Ziet een oudere migrant zich bijvoorbeeld als een Molukker, als een Molukse Nederlander of als een Nederlander? Wanneer iemand trots is op zijn geschiedenis en een positieve rode draad ziet naar het heden, ligt acculturalisatie voor de hand.

Denken en doen krijgen na een migratie ook vorm door de omgeving. Het gaat daarbij om de nieuwe samenleving, maar ook om de oude omgeving. Beide beïnvloeden het individu zowel direct als indirect: direct via contacten met het vaderland; indirect via de eigen geïnternaliseerde waarden en die van medemigranten. Wie verhuist van een sociocentrische samenleving, waarin het groepsbelang relatief veel nadruk krijgt, naar een egocentrische samenleving, heeft een probleem omdat het gastland een bepaald gedrag verwacht van de nieuwkomer terwijl de eigen gemeenschap verwacht dat men zich als vanouds gedraagt wat betreft kleding, voeding en relaties.

4 Geestelijke gezondheid, autonomie en zorg

4.1 Migratie en geestelijke gezondheid

De vele uitdagingen van het migratieproces betekenen vaak stress voor de betrokkene. Stressoren kunnen de geestelijke gezondheid stimuleren maar ook bedreigen; de meeste aandacht gaat tot nu toe uit naar het laatste. De relatie tussen migratie en geestelijke gezondheid is complex en onduidelijk. Schizofrenie is het meest onderzochte psychiatrische ziektebeeld in relatie tot migratie. In vergelijking met autochtone groepen is de kans van allochtonen op schizofrenie 1,9 tot 14,6 keer verhoogd (Bhugra, 2004). De verklaring van dit fenomeen is nog niet sluitend, maar Selten e.a. (2013) veronderstellen dat immigratie en langdurige blootstelling aan zogeheten *social defeat* het mesolimbische dopaminesysteem van de hersenen negatief beïnvloeden. Social defeat (sociale mislukking) omvat negatieve ervaringen van uitsluiting van de meerderheidsgroep, zoals bij migratie, trauma uit de kindertijd, lage intelligentie en drugsmisbruik.

Depressie en angst komen veel voor onder oudere migranten. Nederlandse onderzoeken vonden voor oudere migranten een relatief hoge prevalentie van angst en depressie. Verschillende onderzoeken laten een fors verhoogde prevalentie zien van depressieve symptomen onder Turken en Marokkanen: 61,5% van de Turkse en 37,6% van de Marokkaanse 55-75 jarigen (cijfers: Van der Wurff e.a.; 2004; Bekker & Van Mens-Verhulst, 2008). Recent stelde Uysal-Bozkir (2016) een hoge prevalentie van depressie onder Marokkaanse, Turkse maar ook Surinaamse ouderen met een Hindoestaanse achtergrond. Over de geestelijke gezondheid van oudere Molukkers en Chinezen zijn geen cijfers voorhanden.

Vrouw-zijn en een hoge leeftijd vormen belangrijke predictoren van depressieve klachten bij migranten (Schellingerhout, 2004; Van der Wurff e.a., 2004). Hetzelfde geldt voor een lage opleiding, analfabetisme, chronische ziekte, lichamelijke beperkingen, ongehuwd of verweduwd zijn, een ervaren tekort aan sociale steun, en alleen wonen (Bekker & Lhajoui, 2004; Bhugra, 2004). Nog weinig aandacht is er in de genoemde onderzoeken voor het verband tussen psychische klachten en de invloed van spanningen tussen kinderen en vaders, tussen echtgenoten, en de spanningen en discriminatie in de Nederlandse samenleving. Oudere Turken en Marokkanen zien zelf wel een verband tussen hun geestelijke gezondheid en relationele spanningen (Smits & De Vries, 2003). Zij wijzen bovendien op het belang van een zinvolle tijdsbesteding en de steun van hun geloof.

Met het ouder worden van de hier al langer verblijvende migrantengroepen stijgt ook het percentage migranten met dementie. Er waren anno 2014 235.000 Nederlanders met dementie, onder wie 13.750 migranten. Van de mensen met dementie is 6% migrant. Het aantal oudere migranten met dementie stijgt vanwege de vergrijzing van grote groepen migranten in Nederland 5 keer zo snel als het aantal autochtonen volgens Alzheimer Nederland. In 2020 zal 11% van het aantal mensen met dementie van allochtone afkomst zijn (Pharos, 2015; Willemsen & Van Wezel, 2011). Recent is bovendien aangetoond dat oudere migranten relatief vaak dementie vertonen (Ozgul Uysal-Bozkir, 2016).

> **Beleving van psychische klachten bij oudere Turken en Marokkanen**
> Voor veel oudere Turken, maar meer nog voor Marokkanen in Nederland, geldt een taboe op psychische klachten. Alledaagse psychische klachten zoals angst en depressie worden als lichamelijke klachten beschouwd, of als problemen die bij het ouder worden of bij het leven horen.
> Ernstige psychische problemen kunnen toegewezen worden aan duivelse influisteringen of het niet goed naleven van de islamitische voorschriften. Wanneer dit in de eigen gemeenschap openbaar zou worden, zou dit het hele gezin of de familie schaden. Daarom worden psychische klachten veelal verzwegen.

4.2 Zorgbehoefte en zorggebruik

Het Sociaal en Cultureel Planbureau stelt onder zelfstandig wonende ouderen van Turkse, Marokkaanse en Surinaamse afkomst veel vaker zelfzorgproblemen vast dan onder Antilliaanse, Molukse en autochtone 55-plussers (Schellingerhout, 2004). Tegenover deze problemen staan hulpbronnen, zoals een hoog inkomen (Molukkers) of het hebben van een partner of kinderen die dichtbij wonen (Turken, Marokkanen, Molukkers). Wanneer rekening gehouden wordt met deze persoonlijke hulpbronnen, telt de groep Surinaamse ouderen relatief de meeste kwetsbare ouderen. Voor de Turken en Marokkanen geldt wel dat zij, vanwege hun inkomen, taalbeheersing en slechte gezondheid, erg afhankelijk zijn van hun sociale netwerk.

De gezondheidsstatus bepaalt voor een groot deel het zorggebruik. Denktaş, (2011) stelde vast dat het gebruik van huisartsenzorg hoger was onder alle immigrantengroepen, terwijl het gebruik van fysiotherapie en thuiszorg zeer laag was (Denktaş, 2011; Uiters e.a., 2006). Antillianen nemen tussen de drie andere immigrantengroepen en de Nederlandse groep qua zorggebruik een tussenpositie in. Inkomen en opleidingsniveau hebben, naast gezondheid, geen extra verklaringskracht voor alle typen van zorggebruik bij alle etnische groepen. Acculturatie, vooral taalvaardigheid, blijkt van belang. De Nederlandse taalvaardigheid van oudere immigranten heeft grote invloed op etnische verschillen in het secundaire en tertiaire gebruik van gezondheidszorg. Het gebruik van thuiszorg stijgt met 150% bij een goede Nederlandse taalvaardigheid (Denktaş, 2011). Dit is te verklaren uit een direct effect, wanneer een zorgbehoefte vanwege taalproblemen niet bij een zorgverlener kan worden geuit, maar ook vanuit een indirect effect, aangezien taalproblemen ook leiden tot gebrek aan kennis van ziekte, gezondheid en beschikbare zorg.

Turken en Marokkanen maken minder gebruik van gespecialiseerde zorg in ziekenhuizen (Uiters e.a., 2006) en de thuiszorg (Denktaş, 2011; Schellingerhout, 2004), Surinamers bezoeken relatief vaak een medisch specialist; Molukse ouderen relatief weinig. Turkse en Surinaamse ouderen worden in verhouding vaak in het ziekenhuis opgenomen.

Oudere migranten, met uitzondering van Surinamers, zijn in verzorgings- en verpleeghuizen ondervertegenwoordigd. Een belangrijke reden is het negatieve beeld van dit soort instellingen bij deze ouderen (Van Buren, 2002) en de voorkeur voor verzorging door de kinderen (Yerden,

2000; Schellingerhout, 2004). Gebruikers van ouderenzorg verlangen naar hetgeen ze gewend zijn vanuit hun land van herkomst (Meulenkamp e.a., 2010). Cijfers over het gebruik van de geestelijke gezondheidszorg wijzen op een ondergebruik bij oudere migranten (Polikar e.a., 2000; Veerbeek, 2015). Het taboe op psychische klachten (zie het kader in paragraaf 4.1), de onbekendheid met de geestelijke gezondheidszorg, die in veel herkomstlanden veel bescheidener is opgezet dan in Nederland, en de problemen met de Nederlandse taal zijn hierbij belangrijke factoren (De Vries & Smits, 2003; Smits & De Vries, 2003; Smits e.a., 2006; De Jong & Fassaert, 2010).

Naast ondergebruik is er bij oudere migranten vaak sprake van zorggebruik dat niet aansluit bij hun behoeften. Zo kan het zijn dat patiënten voor hun problemen hulp verwachten van een huisarts, terwijl de problematiek in het Nederlandse stelsel onder het maatschappelijk werk valt. Veel problemen met zorggebruik houden verband met de beleving van de lichamelijke en psychische gezondheid en met communicatie die wordt bemoeilijkt door taalproblemen en door niet-aansluitende verwachtingen (zie het kader in paragraaf 5.3, Als hulpverlener communiceren met Turkse en Marokkaanse ouderen). Deze problemen gelden ook voor de geestelijke gezondheid van oudere migranten, vooral Turken, Marokkanen en Chinezen (De Vries & Smits, 2003; Smits & De Vries, 2003; Seeleman, 2002; Van Buren, 2002; Smits e.a., 2005).

4.3 Afhankelijkheid en autonomie

De relatief grote inzet van familieleden bij de zorg, vooral van dochters en schoondochters, houdt verband met de gewoontes in het land van herkomst samenhangend met een sociocentrische cultuur. Turkse, Marokkaanse, Chinese en Molukse ouderen verwachten veel hulp van hun kinderen (Seeleman, 2002; Smits & De Vries, 2003; Yerden, 2013; Smits e.a., 2006; De Valk & Schans, 2008). Toch zien we ook bij deze groepen variaties in deze afhankelijkheid van de kinderen (Van den Berg, 2014). Hoger opgeleide ouderen hebben minder verwachtingen van hun kinderen (De Valk & Schans, 2008). De ouderen zien dat het steeds minder vanzelfsprekend is dat de kinderen de volledige zorg voor de (schoon)ouders op zich nemen, vanwege de andere waarden en normen van de kinderen, maar ook vanwege praktische beperkingen zoals het betaalde werk van de kinderen, hun drukke agenda, de reisafstand en het kleine formaat van de Nederlandse eengezinswoning. De verwachtingen over de kinderen en de onzekerheid die hiermee gepaard gaat, leiden regelmatig tot psychische problemen (De Vries & Smits, 2003; Seeleman, 2002; Smits & De Vries, 2003; Van Buren, 2002; Yerden, 2000; Van den Berg, 2014). Traditionele verwachtingen van zorgbeelden zijn langzaam aan het veranderen (Yerden, 2013). Oudere migranten ervaren langzamerhand hun eigen kracht. Zij merken dat het belangrijk is om na te denken over het ouder worden in Nederland. Oudere vrouwen blijken gemakkelijker dan oudere mannen de zorgverwachtingen en opvattingen bij te kunnen stellen. Zij zien hoe druk kinderen het hebben met het eigen gezin en met werk.

Op praktisch niveau zijn veel oudere migranten weinig autonoom. Door hun lage opleiding, analfabetisme en slechte beheersing van de Nederlandse taal zijn vooral de Turken, Marokkanen en Chinezen afhankelijk van hun partner of kinderen wanneer zij een beroep willen doen op professionele zorg. Dit geldt voor het lezen van informatie, het invullen van formulieren, het vervoer, en het met hulpverleners bespreken van klachten. Voor Turkse en Marokkaanse vrouwen geldt daarenboven dat culturele normen voor de contacten tussen mannen en vrouwen hun mogelijkheden nog verder kunnen beperken.

De culturele bagage van de oudere migranten beïnvloedt ook hun houding tegenover professionele hulpverleners. De autonomie van een individuele patiënt is daarbij niet altijd vanzelfsprekend. Vanwege de sociocentrische cultuur van veel herkomstlanden mag verondersteld worden dat ook voor oudere migranten in Nederland de balans tussen familie- en gemeenschapsbesluitvormingen enerzijds en individuele autonomie anderzijds anders kan uitvallen dan voor autochtone ouderen. Kennis hierover ontbreekt nog, maar is dringend nodig voor de vele behandel- en zorgbeslissingen die op hogere leeftijd genomen moeten worden. Bijvoorbeeld in het geval van dementie: wie neemt de beslissingen over diagnostiek, thuiszorg en eventuele verpleeghuisopname? Nederlandse zorgverleners zijn gewoon om de oudere zelf om toestemming te vragen en in tweede instantie de partner en kinderen. Sommige oudere migranten voelen zich overvallen door deze vragen en weten niet goed raad met deze benadering. Ze vinden het vaak lastig om duidelijk te maken wat ze graag willen of nodig hebben (Meulenkamp e.a., 2010; De Graaff, 2012).

5 Voorlichting, preventie en psychologische hulpverlening

5.1 Voorlichting en preventie

Allochtone ouderen hebben een grote behoefte aan informatie over gezondheid en zorg (De Vries & Smits, 2003; Seeleman, 2002; Smits & De Vries, 2003; Van Buren, 2002; Smits e.a., 2006; Kolste & Wilbrink, 2013). Toch bereikt veel informatie de ouderen niet. Naast taalproblemen speelt hierbij de geïsoleerde positie van vooral Chinese, Turkse en Marokkaanse vrouwen een rol. Deze vrouwen hebben nauwelijks contacten buiten de eigen familie of gemeenschap. Omgekeerd sluit het aanbod, bijvoorbeeld in de geestelijke gezondheidszorg, vaak niet aan bij de behoeften en specifieke situatie van de doelgroepen.

Vanuit de instellingen voor geestelijke gezondheidszorg (ggz) en openbare gezondheidszorg (Gemeentelijke Geneeskundige en Gezondheidsdiensten: GG en GD'en) zijn allerlei initiatieven genomen om migranten, en oudere migranten in het bijzonder, voorlichting te geven over (geestelijke) gezondheid en zorgmogelijkheden. Niet alleen zijn verschillende zorg- en welzijnsinstellingen hierbij betrokken, maar ook de organisaties van allochtonen zelf en de ouderenorganisaties. Hier volgen een paar voorbeelden. Soms zijn deze activiteiten onderdeel van een integrale aanpak in een wijk of stad, waarbij ook ingezet wordt op verandering in werkprocessen van professionals en hun deskundigheid op het gebied van interculturele zorg. Van lang niet alle initiatieven is de effectiviteit onderzocht. In de beschrijving vermelden we eventuele onderzoeksbevindingen.

In een aantal grote steden geven zogeheten 'voorlichters eigen taal en cultuur' aan groepen migranten voorlichting over allerlei gezondheidskwesties. Allochtone zorgconsulenten begeleiden migranten bij hun bezoek aan de huisarts. Onderzoek laat de positieve effecten van deze ondersteuning zien (Singels e.a., 2008).

Pharos (kenniscentrum voor het terugdringen van de gezondheidsverschillen voor mensen met een laag opleidingsniveau, beperkte gezondheidsvaardigheden, en/of een migranten- of vluchtelingenachtergrond) en Vilans (kenniscentrum voor de langdurende zorg) ontwikkelden voor oudere migranten een voorlichtingsmethodiek Zorg om Elkaar. De methodiek is een cursus over hulp en voorzieningen in de thuissituatie en ondersteunt de bewustwording over ouder worden in een vreemd land. In Rotterdam werken de GG en GD en de ggz en de eerste lijn samen in

het project Bruggen Bouwen. In dit project ontvangen professionals bijscholing en ondersteuning voor hun zorg aan allochtonen. Ook de patiënten zelf worden begeleid in hun hulpvraag. Het totale pakket van interventies bleek de kwaliteit van de zorg te verbeteren (Joosten-van Zwanenburg e.a., 2004). Andere aangetoonde effecten zijn: een betere communicatie tussen huisarts en patiënt; verminderde klachten; en een positiever beeld van de eigen (psychische) gezondheid (Van Gelder e.a., 2004). GGZ Noord-Holland-Noord stelde een multidisciplinair en multicultureel team samen dat het bereik van de ggz onder oudere migranten wist te verbeteren (Hoffer e.a., 2010). Dit team werkte aanvankelijk projectmatig aan een goede samenwerking met zorg- en welzijnsorganisaties en migrantenorganisaties, gerichte voorlichting en scholing van de professionals. Succesfactoren lijken te zijn: een outreachende benadering, een systeemtherapeutische aanpak, transculturele benadering, en steun vanuit het management.
Verschillende preventiecursussen zijn ontwikkeld en worden in de praktijk toegepast. De ggz-instelling in Den Haag, Parnassia, verzorgt de preventieve cursus 'Rijker leven voor oudere allochtonen'. De cursus 'Lichte dagen, donkere dagen' is ontwikkeld voor Turken en Marokkanen met depressieve klachten en wordt in ongeveer twintig ggz-preventieafdelingen aangeboden, ook voor ouderen (Can & Voordouw, 2002). Voor oudere Turken en Marokkanen is bovendien een preventieve cursus ontwikkeld voor het omgaan met angstklachten (De Vries & Smits, 2005a). Voor oudere Turken en Marokkanen met depressieve klachten is een preventieve cursus beschikbaar die is gebaseerd op de life review en narratieve benadering (Smits e.a., 2006). Life review is ook de basis voor de methodiek Levensboek. Deze methodiek is ontwikkeld voor oudere vluchtelingen, oorlogsgetroffenen en veteranen met depressieve klachten die in een sociaal isolement dreigen te raken. De methodiek heeft een groepsaanpak: in acht bijeenkomsten kijken deelnemers terug op hun leven en op de goede en versterkende momenten en ervaringen. De volledige naam van de cursus is 'Levensboek, cursus oudere vluchtelingen, oorlogsgetroffenen en veteranen met depressieve klachten'. De cursus is in 2010 ontwikkeld door Cogis (kennisinstituut voor het voorkomen en verminderen van de gevolgen van geweld, bijvoorbeeld voor vluchtelingen en oorlogsslachtoffers), Pharos en het Trimbos-instituut (onderzoeksinstituut voor geestelijke gezondheid, mentale veerkracht en verslaving).
De aandacht voor oudere migranten en dementie groeit. Het Netwerk van Organisaties van Oudere Migranten (NOOM, zie www.netwerknoom.nl) heeft samen met ouderenbond Unie KBO een dvd gemaakt, *Meer dan vergeten*, om het thema dementie bespreekbaar te maken. Ook op andere plaatsen zijn er voorlichtingsprojecten. In Rotterdam is welzijnsorganisatie Pluspunt in 2010 gestart met een succesvol voorlichtingsproject over dementie met speciaal opgeleide vrijwilligers die presentaties geven op aanspreekbare locaties in de taal van de doelgroep (www.pluspuntrotterdam.nl).
Verder zijn er op verschillende plekken Odensehuizen: inloopcentra voor ouderen met dementie en hun naasten. In Amsterdam-Zuidoost is in 2014 een Odensehuis geopend specifiek voor oudere migranten met dementie (Özkanli e.a., 2014).
Voor oudere Surinamers met dementie en hun mantelzorgers bestaat in Amsterdam een ontmoetingscentrum, Kraka-e-Sewa, dat ondersteuning biedt in de vorm van gespreksgroepen voor mantelzorgers, informatieve bijeenkomsten, een wekelijks spreekuur, praktische hulp bij het regelen van professionele hulp, en gebruik van een dagsociëteit door de oudere met dementie (Osté e.a., 2000).
Tijdens informatieve huiskamerbijeenkomsten krijgen Turkse en Marokkaanse oudere vrouwen ten huize van een gastvrouw uit de eigen kring in hun eigen taal informatie over ouder worden en geestelijke gezondheid, piekeren en depressie, vergeetachtigheid en dementie (De Vries &

Smits, 2004; 2005a). De voorlichtster stimuleert de vrouwen om onderling hun problemen te bespreken en informeert hen over de hulpmogelijkheden in de regio. Deelnemers en aanbieders aan deze steunende en preventieve cursussen zijn vaak enthousiast.

ZonMw, een kennisinstituut voor gezondheidszorg, organiseerde een onderzoek naar het project Stem van de Oudere migrant dat sleutelfiguren inzet die dienen als brug naar voorzieningen voor zorg, wonen en welzijn (Verhagen e.a., 2013).

5.2 Psychologische hulpverlening

De diagnostiek van psychische klachten bij allochtonen is zowel in wetenschappelijk onderzoek als in de klinische praktijk een heikele onderneming (Kortmann, 2003). Vanuit psychologisch-methodologisch standpunt zijn betrouwbaarheid en validiteit belangrijke criteria. Wanneer de gebruikelijke instrumenten bij allochtonen worden toegepast, wordt aan deze criteria onvoldoende voldaan. Voor de ggz is een handreiking voor cultuurbewuste psychodiagnostiek ontwikkeld (Van Dijk, 2011): een methodische benadering voor interculturele psychodiagnostiek die gebruikmaakt van verschillende vormen van gegevensverzameling in een doorlopend, cyclisch proces van data-analyse en probleemdefiniëring. Het uitgangspunt daarbij is de leefwereld van de cliënt, diens ervaringen en wat in zijn dagelijks leven op het spel staat. Tot nu toe is er naar oudere allochtonen nog beperkt onderzoek verricht op het gebied van diagnostiek en interventies.

Voor dementie zijn de eerste stappen gezet: in Amsterdam hebben geriaters en psychologen een migrantenpoli opgezet. De hulpverleners hebben deze speciale poli opgezet omdat ze merkten dat de reguliere aanpak bij ongeschoolde en analfabete ouderen uit andere culturen niet werkt. Dementie is bij veel migrantengroepen onbekend. Klachten worden toegeschreven aan de ouderdom of, bij gedragsproblemen: aan 'gekte'. Ook is er schaamte over de problemen. De migrantenpoli zet daarom in op voorlichting en werkt met ervaren tolken. Voor de screening en diagnostiek is er voor diverse migrantengroepen de Cross-Culturele Dementiescreening, een cultuursensitief screeningsinstrument voor cognitieve problemen ontwikkeld (Goudsmit e.a., 2011; Mulder, 2013).

Voor depressieklachten was er al langer aandacht. Op grond van een exploratief onderzoek concluderen Spijker e.a. (2004) dat de Center for Epidemiologic Studies Depression Scale (CESD: Radloff, 1977), een screeningsinstrument voor depressieklachten, een voor oudere Turken en Marokkanen bruikbaar instrument is met voldoende betrouwbaarheid en validiteit. De onderzoekers melden echter ook een afwijkende factorstructuur: een gegeven dat ook in andere onderzoeken met allochtone doelgroepen is beschreven. Ook bleken veel items non-respons op te leveren, vooral bij de Marokkaanse ouderen. Deze fenomenen zijn te verklaren vanuit het kwalitatieve onderzoek dat uitgevoerd is onder een deel van dezelfde respondenten. De beleving van psychische klachten is voor een deel cultuurspecifiek en wordt in dit geval mede bepaald door schaamte en taboe (De Vries & Smits, 2003; Smits & De Vries, 2003). Het is voorstelbaar dat dit resulteert in non-respons of in antwoordtendenties die de validiteit van de metingen in gevaar brengen.

De diagnostiek van een depressieve stoornis met een gestandaardiseerde diagnostische vragenlijst, de Composite International Diagnostic Interview (CIDI), is bij de groep oudere Turken en Marokkanen ook problematisch (Smits e.a., 2005). Drie vormen van bias zijn vastgesteld: *method bias* door problemen met het gebruik van het meetinstrument, *item bias* vanwege de slechte vertaling, en *construct bias* vanuit de verschillende betekenissen die begrippen zoals depressie kunnen hebben bij diverse groepen. Deze vormen van bias zijn te begrijpen wanneer we beseffen dat deze ouderen niet gewend zijn aan dergelijke diagnostische interviews. Bepaalde vragen worden niet begrepen en sommige vragen worden als ongepast gezien, zoals de vraag over seksualiteit bij alleenstaande vrouwen en vragen over het lezen bij analfabete migranten.

5.3 Communicatie

Problemen zoals met de Composite International Diagnostic Interview (CIDI) zijn ook te herkennen in de klinische praktijk. Zolang er nog geen goed bruikbaar diagnostisch instrumentarium beschikbaar is, zal de hulpverlener extra zorgvuldig te werk moeten gaan. Kennis over de culturele achtergrond van de cliënt en de persoonlijke geschiedenis en beleving van klachten zijn daarbij belangrijk. Meer nog dan bij andere cliënten moet informatie uit verschillende bronnen en methodieken verkregen worden: interview, verschillende meetinstrumenten, observatie, en informatie van partner en familie. Steeds weer moeten hulpverleners controleren of de cliënten en zijzelf elkaar begrijpen. Inmiddels zijn verschillende vormen van 'culturele interviews' beschikbaar. Zo is er voor huisartsen het Cultureel Interview voor Huisartsen (CI-H: Çatak & Van Dijk, 2014).

Voor oudere migranten geldt dat er vaak sprake is van een driehoek in de communicatie: naast de professional en de oudere is dat de naaste. Professionals moeten in deze situatie onderkennen dat de naaste meerdere rollen vervult: tolk, woordvoerder en persoonlijk getroffene (De Graaff, 2012).

In zijn algemeenheid wordt aangeraden cultuursensitief te werken. Voor oudere Turken en Marokkanen zijn enkele handvatten hiervoor gegeven (De Vries & Smits, 2003, zie het volgende kader). In veel opzichten verschilt cultuursensitief werken niet wezenlijk van goed professioneel handelen zoals dat ook bij autochtone ouderen gewenst is. Belangrijk is dat de hulpverlener goed observeert en oog heeft voor het referentiekader van de cliënt. Veel oudere migranten bijvoorbeeld duiden depressieve klachten niet als psychisch, maar als lichamelijk of als behorend bij het leven (De Vries & Smits, 2003).

Als hulpverlener communiceren met Turkse en Marokkaanse ouderen
Gespreksvoering
- Vraag ouderen wat hun culturele of etnische groep is, wat hun moedertaal is en welke taal of talen zij spreken.
- Vraag of zij geholpen willen worden door een man of door een vrouw.
- Vraag of zij bij voorkeur geholpen willen worden door iemand uit het land van herkomst.
- Probeer vast te stellen in welke opzichten de oudere georiënteerd is op het land van herkomst dan wel op de Nederlandse samenleving: qua taal, sociale contacten en leefwijze.
- Geef voorlichting over hoe de Nederlandse gezondheidszorg in elkaar steekt wat betreft financiering en verwijzingen.
- Geef uitleg die aansluit bij het ziekte-idioom en het referentiekader van de cliënt.
- Houd er rekening mee dat veel ouderen niet gemakkelijk nee zeggen.
- Bij het nemen van beslissingen is de familie vaak nauw betrokken. Vraag uw cliënt hoe deze bepaalde beslissingen wil nemen en houd hiermee rekening bij de communicatie.
- Veel ouderen verwachten geen egalitaire omgangsvormen.
- De omgang is doorgaans minder direct dan autochtone Nederlanders gewend zijn.

Werken aan een vertrouwensband
- Neem de tijd voor het opbouwen van een vertrouwensband.
- Bied iets te drinken aan; wees een goede gastheer of gastvrouw.
- Toon belangstelling voor de achtergrond van de oudere (de geboortestreek, het ouderlijk gezin, de omstandigheden van de migratie).
- Vraag regelmatig naar het welvaren van de familie.
- Wees duidelijk over uw professionele expertise, maar sta uitdrukkelijk open voor dingen die alleen uw cliënt u kan vertellen, bijvoorbeeld informatie over de lichamelijke gezondheid en gewoontes uit het herkomstland.
- Toon respect voor de cliënt: beschouw de cliënt als een waardige en gelijkwaardige gesprekspartner.
- Luister goed naar het verhaal van de cliënt en laat merken dat u luistert.

Praktische omgangstips
- Een hand geven is niet altijd toegestaan vanwege religieuze redenen. Vraag of u een hand mag geven, of laat de oudere het initiatief nemen.
- Vraag of u uw schoenen moet uitdoen, bij een huisbezoek aan een moslimfamilie.
- Sommige oudere Turken en Marokkanen gaan soms voor langere tijd naar het land van herkomst. Houd hiermee rekening bij het maken van afspraken.
- Houd bij het maken van afspraken ook rekening met gebedstijden: maak tijdens de ramadan afspraken tussen gebedstijden.

Bron: De Vries & Smits, 2003

De communicatie dient vanwege het taboe op psychische klachten zeer zorgvuldig te gebeuren. Hulpverleners moeten diagnosespecifieke, universele symptomen kunnen onderscheiden van cultuurspecifieke en individuele uitingen. In de intake moet aandacht worden besteed aan de rol van de migratie en de gevolgen hiervan, en aan de gevolgen die de migratie heeft voor de verwachtingen van het ouder worden zelf. Voor goede hulp dient geïnvesteerd te worden in de hoeveelheid beschikbare tijd (Kolste & Wilbrink, 2013). De hulp moet zo veel mogelijk door dezelfde hulpverlener worden geboden, zodat er ruimte komt voor een vertrouwensrelatie. Voor veel oudere migranten geldt bovendien dat hulp in de eigen taal moet worden aangeboden, juist bij psychische problematiek. Bovendien moet steeds gepeild worden of een hulpverlener van hetzelfde geslacht gewenst is.

6 Tot besluit

Oudere migranten verschillen onderling sterk wat betreft hun demografie, migratie en acculturalisatie. Veel groepen oudere migranten hebben psychische klachten. Ze hebben behoefte aan voorlichting en hulp. De laatste jaren zijn op het gebied van voorlichting en preventie belangrijke vorderingen gemaakt. De effectiviteit van de ontwikkelde methodieken moet echter goed worden onderzocht. Vervolgens kunnen hulpverleners en beleidsmakers werken aan landelijke implementatie van de methodieken.

Ook in de psychodiagnostiek en in psychologische behandeling is vooruitgang te zien, al blijft de komende jaren intensieve aandacht gewenst vanwege het toenemende aantal oudere migranten en de vele risicofactoren voor psychische klachten waarmee zij worden geconfronteerd. Daarbij moeten zowel clinici als onderzoekers aandacht besteden aan deze risicofactoren, maar ook aan de sterke kanten van deze ouderen.

Ouderenpsychologen kunnen aan deze preventie bijdragen: aan de ontwikkeling, de praktische uitvoering, en de effectevaluatie. In de curatieve hulpverlening hebben ze in vergelijking met andere psychologen een voorsprong wanneer het gaat om de zorg voor migranten, omdat zij gewend zijn rekening te houden met grote individuele verschillen, met het belang van de levensloop, en met lichamelijke factoren en de beleving ervan. Wanneer professionals nog weinig ervaring hebben met migranten, is bijscholing voor interculturele competentie wenselijk (Meulenkamp e.a., 2010).

Misschien is het correcter om te spreken van 'responsiviteit voor etnische diversiteit' dan van interculturele competentie. Ten eerste omdat de gezondheidzorg responsief moet zijn voor universele diversiteitsaspecten van alle patiënten (zoals sociaal-economische status). Ten tweede omdat in de zorg voor etnisch diverse patiëntenpopulaties veel meer aspecten van belang zijn dan alleen etniciteit en cultuur, zoals immigratiestatus, gender, sociaal-economische status en geletterdheid. Responsiviteit voor diversiteit lijkt neer te komen op een balans tussen werken op een patiëntgerichte manier waarbij de uniciteit van de ervaringen van patiënten wordt erkend, en rekening houden met groepskarakteristieken die bepaalde patiëntengroepen extra kwetsbaar maken (Seeleman, 2014).

Literatuur

APA. (2012). *Crossroads, the psychology of immigration in the new century: Report of the APA Presidential Task Force on Immigration.* Washington, DC: American Psychological Association. Available form: http://www.apa.org/topics/immigration/report.aspx.

Bekker, M.H.J., & Lhajoui, M. (2004). Health and literacy in first- and second-generation Moroccan Berber women in the Netherlands: Ill literacy? *International Journal for Equity in Health, 3*, 1-11.

Bekker, M.H.J., & Mens-Verhulst, J. van (2008). *GGZ en Diversiteit: Prevalentie en Zorgkwaliteit.* Programmeringsstudie `etniciteit en gezondheid'voor ZonMw. Tilburg: Universiteit van Tilburg. Geraadpleegd 10 november 2016, via http://www.zonmw.nl/nl/publicaties/detail/ggz-en-diversiteit-prevalentie-en-zorgkwaliteit/?no_cache=1&cHash=2e05fee522f59c067e6c87f6b3640911.

Berg, M. van den (2014). *Mantelzorg en Etniciteit, etnische verschillen in de zorgattitude, zorgbereidheid en conflicthantering van mantelzorgers.* Enschede: Universiteit Twente. Academisch proefschrift.

Berry, J.W. (1980). Acculturation as varieties of adaptations. In A.M. Padilla (Ed.), *Acculturation* (pp. 9-26). Boulder CO, VS: Westview Press.

Bhugra, D. (2004). Migration and mental health. *Acta Psychiatrica Scandinavica, 109,* 243-258.

Buren, L.P. van. (2002). *Visies van oudere migranten op de toekomst en de zorg: Onderzoek onder Surinaamse, Turkse en Marokkaanse ouderen in Rotterdam.* Rotterdam: GGD Rotterdam en omstreken.

Can, M., & Voordouw, I. (2002). *Lichte Dagen, Donkere Dagen, cursus voor Turken en Marokkanen met depressieve klachten: Handreiking voor cursuscoördinatoren en -begeleiders.* Utrecht: Trimbos-instituut.

Çatak, M., & Dijk, R. van. (2014). Migranten met psychische problemen in de huisartsenpraktijk. *Bijblijven, 330,* 61-68.

Çelik, A., & Groenestein, P. (2010). *Het is niet alles (g)oud wat er blinkt. Diversiteit in ouderenbeleid.* Utrecht: Forum, Instituut voor Multiculturele Vraagstukken.

Denktaş, S. (2011). *Health and health care use of elderly immigrants in the Netherlands: A comparative study*. Dissertation, Erasmus Universiteit Rotterdam.

Devillé, W., Uiters, E., Westert, G., & Groenewegen, P. (2006). Perceived health and consultation of GPs among ethnic minorities compared to the general population in the Netherlands. In G.P. Westert, L. Jabaaij & F.G. Schellevis (Eds.), *Morbidity, performance and quality in primary care: Dutch General Practice on Stage* (pp. 85-96). Oxford: Radcliffe Publishing Ltd.

Dijk, R. van. (2011). Cultuurbewuste psychodiagnostiek: Een methodische aanpak. *Psychopraktijk, 3*, 30-33.

Draak, M. den, & Klerk, M. de. (2011). *Oudere migranten. Kennis en kennislacunes*. Den Haag: Sociaal en Cultureel Planbureau.

Furnham, A., & Bochner, S. (1986). *Culture shock*. Londen: Routledge.

Garssen, J., & Meulen, A. van der. (2007). *Overlijdensrisico's naar herkomstgroep: Daling en afnemende verschillen*. Heerlen/Voorburg: CBS. Geraadpleegd november 2016 via: www.cbs.nl/nl-nl/achtergrond/2008/02/overlijdensrisico-s-naar-herkomstgroep-daling-en-afnemende-verschillen.

Gelder, E. van, Hoop, T. de, & Joosten, E. (2004). *Meerwaarde allochtone zorgconsulent bij psychosomatische klachten van Turkse en Marokkaanse vrouwen: Resultaten van het project Bruggen Bouwen*. Rotterdam: GGD Rotterdam e.o.

GGZ Nederland. (2003). *Interculturalisatie van de GGZ voor oudere allochtonen: Een handreiking voor zorgverleners en managers van GGZ-instellingen*. Utrecht: GGZ Nederland.

Graaff, F. de. (2012). *Partners in palliative care? Perspectives of Turkish and Moroccan immigrants and Dutch professionals*. Dissertation, Universiteit van Amsterdam.

Grondelle, N., & Overbeek, R. van. (2010). *Zorg om elkaar. Ouder worden in Nederland*. Utrecht: Pharos en Vilans.

Groves, T.D. (1967). Psychological acculturation in a tri-ethnic community. *South Western Journal of Anthropology, 23*, 337-350.

Goudsmit, M., Parleviet, J.L., Campen, J.P.C.M. van, & Schmand, B. (2011). Dementiediagnostiek bij oudere migranten: Obstakel en oplossingen. *Tijdschrift voor Gerontologie en Geriatrie, 42*, 204-214.

Heuvel, N. van den, Smits, C., Beekman, A., & Deeg, D. (1996). Personal control: A moderator of the relation between cognitive function and depression in adults aged 55-85? *Journal of Affective Disorders, 41*, 229-240.

Hoffer, C., Boekhout, B., Braak, J. ter, Gökce, Z., Posthumus, M., & Zijlstra, Y. (2010). Het migrantenproject van GGZ Noord-Holland-Noord: De vermeende onbereikbaarheid van allochtone ouderen doorbroken. *Dialoog, 12*, 8-14.

Jong, J.T.V.M. de, & Fassaert, T.J.L. (2010). Zorggebruik voor psychische problemen onder migranten. In Gemeente Amsterdam. Adviesraad Diversiteit en Integratie, *Toegankelijk en effectief voor allen! Geestelijke gezondheidszorg in Amsterdam* (pp. 22-27). Amsterdam: gemeente Amsterdam.

Joosten-van Zwanenburg, E., Kocken, P.L., & De Hoop, T. (2004). *Het project Bruggen Bouwen: Onderzoek naar de effectiviteit van allochtone zorgconsulenten in Rotterdamse huisartsenpraktijken in de zorg aan vrouwen van Turkse en Marokkaanse afkomst met stressgerelateerde pijnklachten*. Rotterdam: GGD Rotterdam e.o., sector Gezondheidsbevordering.

Kolste, R., & Wilbrink N. (2013). *Ouderen over ondersteuning en zorg: Kwaliteitscriteria voor ondersteuning en zorg vanuit ouderenperspectief met extra aandacht voor kwetsbare ouderen, waaronder migrantenouderen*. Zwolle/Utrecht: CSO/Zorgbelang Nederland/Pharos. Raadpleegbaar via: http://www.pharos.nl/documents/doc/ouderen_over_ondersteuning_en_zorg.pdf.

Kortmann, F. (2003). *Interculturele geestelijke gezondheidszorg in Nederland: Een studie naar de 'state of the art' van de transculturele hulpverlening, Wetenschapskatern*. Rotterdam: Mikado.

Lamkaddem, M., Spreeuwenberg, P., Devillé, W.L., Foets, M., & Groenewegen, P.P. (2008). Changes in health and primary health care use of Moroccan and Turkish migrants between 2001 and 2005: a longitudinal study. *BMC Public Health 2008, 8* :40 doi:10.1186/1471-2458-8-40.

Meulenkamp, T., Beek, A.P.A., Gerritsen, D.L., Graaff, F.M. de, & Francke, A.L. (2010). *Kwaliteit van leven bij migranten in de ouderenzorg: Een onderzoek onder Turkse, Marokkaanse, Surinaamse, Antilliaanse/Arubaanse en Chinese ouderen.* Utrecht: Nivel.

Mulder, E. (2013). Nieuwe cognitietest voor dementerende migranten. *Medisch Contact , 31/32,* 1594-1595.

Osté, J., Abendanon, A.R., & Dröes, R.M. (2002). Een nieuw stukje tropisch Nederland: Het Surinaams ontmoetingscentrum Kraka-e-Sewa. *Denkbeeld, 14,* 28-30.

Pharos. (2015). *Factsheet dementie.* Utrecht: Pharos. Raadpleegbaar via: http://www.pharos.nl/documents/doc/factsheet%20dementie.pdf.

Polikar, L., Wennink, J., Hosper, K., & Smits, C. (2000). De allochtone cliënten van de geestelijke gezondheidszorg. *Tijdschrift voor Sociale Geneeskunde, 78,* 263-265.

Poort, E.C., Spijker, J., Dijkshoorn, H., & Verhoeff, A.P. (2000). *Turkse en Marokkaanse ouderen in Amsterdam 1999-2000: Gezondheid, zelfredzaamheid en zorggebruik.* Amsterdam: GG&GD.

Radloff, L.S. (1977). The CES-D Scale: A self-report depression scale for research in the general population. *Applied Psychological Measurement, 1,* 385-401.

Schellingerhout, R. (Red.). (2004). *Gezondheid en welzijn van allochtone ouderen.* Den Haag: Sociaal en Cultureel Planbureau.

Seeleman, C. (2002). *Zorgbehoeften van Chinese ouderen.* Rotterdam: GGD Rotterdam en omstreken.

Seeleman, M.C. (2014). *Cultural competence and diversity responsiveness: how to make a difference in healthcare?* Proefschrift Universiteit van Amsterdam.

Selten, J.P., Ven, E. van der, Rutten, B.P., & Cantor-Graae, E. (2013). The social defeat hypothesis of schizophrenia: An update. *Schizophrenia Bulletin, 93,* 1180-6.

Singels, L., Drewes, M., & Most van Spijk, M. van der. (2008). *De effecten van voorlichting in de eigen taal en cultuur in beeld: Resultaten van twintig jaar inzet van voorlichters eigen taal en cultuur en allochtone zorgconsulenten in de lokale gezondheidsbevordering en zorg.* Woerden: Nationaal Instituut voor Gezondheidsbevordering en Ziektepreventie.

Smits, C., Boland, G., Vries, W. de, & Erp, R. van. (2006). *De kracht van je leven. Een cursus rond het levensverhaal van Turkse en Marokkaanse ouderen met depressieve klachten.* Utrecht: Trimbos-instituut.

Smits, C.H.M., Seeleman, M.C., Buren, L.P. van, & Yuen, C. (2003). Psychische gezondheid bij oudere Chinese migranten: een onderzoeksverkenning. *Tijdschrift voor gezondheidswetenschappen, 84,* 67-75. Raadpleegbaar via: http://www.mighealth.net/nl/images/a/a4/Smits.pdf.

Smits, C.H.M., Seeleman, M.C., Buren, L.P. van, & Yuen, C. (2006). Psychische gezondheid bij oudere Chinese migranten: een onderzoeksverkenning. *TSG; 84,* 67-75.

Smits, C., & Vries, W. de. (2003). Een som van misverstanden: De GGZ en psychische klachten van oudere Turken en Marokkanen. *Denkbeeld, 15,* 10-13.

Smits, C.H.M., Vries, W.M. de, & Beekman, A.T.F. (2005). The CIDI as an instrument for diagnosing depression in older Turkish and Moroccan labour migrants: An exploratory study into equivalence. *International Journal of Geriatric Psychiatry, 20,* 436-445.

Spijker, J., Wurff, F.B. van der, Poort, E.C., Smits, C.H.M., Verhoeff, A.P., & Beekman, A.T.F. (2004). Depression in first generation labour migrants in Western Europe : The utility of the Center for Epidemiologic Studies Depression Scale (CES-D). *International Journal of Geriatric Psychiatry, 19,* 538-544.

Uiters, E., Devillé, W.L.J.M., Foets, M., & Groenewegen, P.P. (2006). Use of health care services by ethnic minorities in the Netherlands: do patterns differs? *European Journal of Public Health, 16*, 388-393.

Uysal-Bozkir, O. (2016). *Health status of older migrants in The Netherlands.* Proefschrift, Universiteit van Amsterdam.

Valk, H.A.G. de, & Schans, J.M.D. (2008). 'They ought to do this for their parents': Perceptions of filial obligations among immigrant and Dutch older people. *Ageing and Society, 28*, 49-66.

Veerbeek, M. (2015). *Accessibility and effectiveness of mental health care for older adults.* Dissertation, Vrije Universiteit Amsterdam.

Verhagen, I., Ros, W.J.G., Steunenberg, B., & Wit, N. de. (2013) Culturally sensitive care for elderly migrants through Ethnic community health workers: Design and development of a community based intervention programme in the Netherlands. *BMC Public Health, 13*, 227.

Vogels, R., Geense, P., & Martens, E. (1999). *De maatschappelijke positie van Chinezen in Nederland.* Assen: Van Gorcum.

Vries, W. de, & Smits, C. (2003). *Psychische klachten bij Turkse en Marokkaanse ouderen: Een handreiking voor de praktijk.* Utrecht: Trimbos-instituut.

Vries, W. de, & Smits, C. (2004). *Geestelijke gezondheid en ouder worden, informatieve huiskamerbijeenkomsten voor oudere Turkse en Marokkaanse vrouwen: Handleiding en draaiboek.* Utrecht: Trimbos-instituut.

Vries, W. de, & Smits, C. (2005a). *Stap voor stap, een preventieve cursus voor oudere Turken en Marokkanen met angstklachten: Handleiding voor cursusleiders.* Utrecht: Trimbos-instituut.

Vries, W. de, & Smits, C. (2005b). Op zoek naar rust in de ziel Rahat el baal: De beleving van problemen met de geestelijke gezondheid van Marokkaanse ouderen. *Tijdschrift voor Gerontologie en Geriatrie, 36*, 194-202.

Willemsen, M., & Wezel, N. (2011). 'Vergeetachtigheid ken ik wel, maar dementie?' *Denkbeeld, 23*, 2-5.

Wurff, F.B. van der, Beekman, A.T.F., Dijkshoorn, H., Stek, M.L., Smits, C.H.M., Spijker, J.A., e.a. (2004). Prevalence and risk-factors for depression in elderly Turkish and Moroccan immigrants in The Netherlands. *Journal of Affective Disorders, 83*, 33-42.

Yerden, I. (2000). *Zorgen over zorg: Traditions, verwantschapsrelaties, migratie en verzorging van Turkse ouderen in Nederland.* Amsterdam: Het Spinhuis.

Yerden, I. (2013). *Traditions in de knel: Zorgverwachtingen en zorgpraktijk bij Turkse ouderen en hun kinderen in Nederland.* Proefschrift, Universiteit van Amsterdam.

27
Ouderen met ontwikkelingsstoornissen

Hilde Geurts

1 Inleiding
2 De autismespectrumstoornis
   2.1 Continuïteit in symptomatologie en comorbiditeit
   2.2 Cognitieve veroudering
3 Aandachtsdeficiëntie-/hyperactiviteitsstoornis
   3.1 Continuïteit in symptomatologie en comorbiditeit
   3.2 Cognitieve veroudering
4 De ouderenpsycholoog
   Literatuur

www.tijdstroom.nl/leeromgeving

- Handige documenten
- Weblinks

Kernboodschappen
- De neurobiologische ontwikkelingsstoornissen autismespectrumstoornis en aandachtsdeficiëntie-/hyperactiviteitsstoornis (ADHD) kunnen niet alleen in de jeugd, maar ook in de late volwassenheid worden vastgesteld.
- Binnen de hulpverlening moet extra aandacht zijn voor coping als mensen met de autismespectrumstoornis en/of ADHD terugkijken op hun leven.
- Comorbide problemen zoals angst- en stemmingsproblemen zijn prevalent bij mensen met de autismespectrumstoornis en/of ADHD en behoeven aandacht van de ouderenpsycholoog.
- De diversiteit in problematiek en de ontwikkeling van de problematiek maakt dat persoonsgerichte hulpverlening zeer belangrijk is.
- Ondanks de dominante idee dat mensen met de autismespectrumstoornis en/of ADHD eerder dementie of andere ouderdomsaandoeningen ontwikkelen, is het prematuur om deze conclusie te trekken.

1 Inleiding

Binnen de DSM-5-categorie neurobiologische ontwikkelingsstoornissen (APA, 2013) vallen verscheidene diagnoses die in de kindertijd al kunnen worden vastgesteld en waar kinderen niet overheen groeien. In de volwassenheid zijn de problemen dus nog steeds aanwezig van deze in de kindertijd mogelijk reeds vastgestelde diagnoses. Verstandelijke beperkingen (zie hoofdstuk 30), communicatiestoornissen (bijvoorbeeld stotteren), specifieke leerstoornissen (bijvoorbeeld dyslexie), motorische stoornissen (bijvoorbeeld de coördinatieontwikkelingsstoornis) en ticstoornissen (bijvoorbeeld de stoornis van Gilles de La Tourette) vallen alle binnen deze categorie. Dit hoofdstuk zal zich richten op de twee bekendste psychiatrische neurobiologische ontwikkelingsstoornissen: de autismespectrumstoornis (ASS) en de aandachtsdeficiëntie-/hyperactiviteitsstoornis (ADHD).

Zowel de autismespectrumstoornis als ADHD werd aanvankelijk vooral gezien als ontwikkelingsstoornissen die in de kindertijd werden vastgesteld en behandeld. Over volwassenen, laat staan over ouderen met deze diagnoses was nauwelijks iets bekend. Hier is de laatste jaren enige verandering in gekomen. De cohorten mensen waarbij voor het eerst deze diagnoses in de kindertijd zijn gesteld, worden ouder, en bovendien kunnen beide diagnoses gedurende de gehele levensloop nog gesteld worden. Beide worden dus niet meer gezien als diagnoses die zich beperken tot de kindertijd. Echter: een voorwaarde om de diagnoses te kunnen stellen, is dat er in de kindertijd bij de autismespectrumstoornis en ADHD passende ontwikkelingsproblemen aanwezig zijn.

Er is veel heterogeniteit in de hoeveelheid zorg en ondersteuning die ouderen met de autismespectrumstoornis en/of ADHD nodig hebben. Bij de autismespectrumstoornis zien we een diversiteit in problematiek en in compenserende kwaliteiten. Dit maakt dat sommigen een goede opleiding hebben afgerond, een vruchtbaar werkzaam leven hebben gehad, een partner en/of een gezin hebben, en zich met sporadische hulp vanuit de geestelijke gezondheidszorg (ggz) ook prima hebben kunnen redden. Deze groep staat tegenover een meerderheid die juist hun gehele leven vrijwel volledig afhankelijk is van de zorg van professionals en van hun familie, en altijd onder begeleiding heeft gewoond (Henninger & Taylor, 2013; Magiati e.a., 2014).

Aangezien de prevalentie van de autismespectrumstoornis over de gehele levensloop op ongeveer 1% wordt geschat (Brugha e.a., 2011) zullen ook hulpverleners werkzaam in de ouderenzorg te maken krijgen met deze doelgroep. Deze hulpverleners zullen ook te maken krijgen met ADHD, want bij ouderen (60 tot 94 jaar) is de prevalentie naar schatting 2,8% (Michielsen e.a., 2012). De ADHD-prevalentie bij schoolgaande kinderen daarentegen is naar schatting 3-7% (APA, 1994). Een contrast tussen de autismespectrumstoornis en ADHD is dus dat bij een substantieel deel van de kinderen met ADHD de problemen dermate afnemen dat de diagnose niet langer zinvol is (zie onder anderen Barbaresi e.a., 2013), terwijl dit bij de autismespectrumstoornis veel sporadischer het geval lijkt te zijn (zie onder anderen Seltzer e.a., 2004). Het idee is verder dat zowel de autismespectrumstoornis als ADHD vaker bij mannen dan bij vrouwen voorkomt, hoewel er discussie is of de prevalentie van de autismespectrumstoornis en ADHD bij vrouwen mogelijk wordt onderschat. Uit onderzoek blijkt dat er bij ouderen geen man-vrouwverschil meer is in ADHD-prevalentie (Michielsen e.a., 2012).

De autismespectrumstoornis en ADHD kunnen beide bij dezelfde persoon worden vastgesteld. Bij volwassenen wordt de comorbiditeit geschat op 12 tot 43% (Croen e.a., 2015; Hofvander e.a., 2009; Joshi e.a., 2013), en ook is er wat betreft genetica en cognitieve problemen veel overlap.

Toch behandelt dit hoofdstuk de stoornissen afzonderlijk: eerst ouderen met de autismespectrumstoornis en vervolgens ouderen met ADHD. Over het al dan niet samen voorkomen van de autismespectrumstoornis en ADHD bij ouderen is namelijk nog geen onderzoek bekend omdat de gezamenlijke diagnose pas sinds enkele jaren erkend is.

> **Geluiden**
> Mien Tops (67 jaar) komt uit een gezin van zeven kinderen. Een van haar vijf broers heeft zich op 43-jarige leeftijd gesuïcideerd. Een zoon van haar zus heeft de diagnose ADHD en zijn zusje heeft de diagnose syndroom van Asperger. Mien heeft het gymnasium goed afgerond en was altijd een ijverige leerling. Ze werd wel gepest, maar had ook een goede vriendin met wie ze veel optrok. Haar universitaire studie biologie heeft ze nooit afgemaakt. Ze had moeite om overzicht te houden en begreep vaak niet wat er nu van haar werd verwacht. Ze houdt niet van groepen mensen en zit het liefst op haar werkkamer om meer te leren over vogels, of om rustig thrillers te kunnen lezen. Mien heeft haar hele leven in de dierentuin gewerkt als dierenverzorger op de vogelafdeling nadat zij hier ooit als vrijwilliger mee was gestart. Ze zit bij een boekenclub die ze heeft opgericht samen met haar (enige) vriendin die ze nog kent van de middelbare school. Ze is, net als haar man, een enthousiaste vogelaar en ze is actief op allerhande online vogelfora.
> Mien is sinds haar pensioen constant moe en raakt meer en meer geïrriteerd door de geluiden uit de buurt. Ze heeft de hele dag oordoppen in. Haar man heeft het idee dat zij zich meer terugtrekt en minder aanspreekbaar wordt. Hij had juist verwacht dat ze weer frequenter samen dingen zouden kunnen ondernemen als ze beiden met pensioen zouden zijn. Hij maakt zich zorgen en vraagt zich af of ze depressief is. De huisarts vermoedt vierde-levensfaseproblematiek vanwege haar pensioen en verwijst Mien naar een ouderenpsycholoog. Deze stelt bij Mien op 67-jarige leeftijd de diagnose 'autismespectrumstoornis met een comorbide stemmingsstoornis'.

2 De autismespectrumstoornis

Mensen met de autismespectrumstoornis hebben problemen in uiteenlopende situaties met zowel de sociale communicatie als de sociale interactie. Dit is onder andere zichtbaar door problemen in de sociaal-emotionele wederkerigheid en in het onderhouden van relaties. Waar dit bij kinderen heel duidelijk zichtbaar is, is dit bij volwassenen en ouderen vaak subtieler. Veel volwassenen en ouderen melden dat ze in de loop van hun leven trucs geleerd hebben om zich in het meest gangbare sociale verkeer te redden, maar dat dit veel energie kost. In complexere sociale situaties, zoals het functioneren binnen een groep mensen met wie samen werken en/of leven vereist is, zijn de aangeleerde compensatietechnieken vaak niet afdoende om goed te functioneren (zie casus Geluiden). Naast de sociale problemen zien we dat er bij mensen met de autismespectrumstoornis vaak sprake is van inflexibiliteit in routines en interesses, en van zowel hyper- als hyporeactiviteit op zintuiglijke prikkels. Zo zijn sommige mensen met de autismespectrumstoornis zeer gevoelig voor ogenschijnlijk reguliere geluiden, of juist ongevoelig voor kou.

De meeste hulpverleners zullen zijn opgeleid ten tijde van DSM-versies van voor de DSM-5 en hebben dus geleerd om een onderscheid te maken tussen autisme, het syndroom van Asperger en de pervasieve ontwikkelingsstoornis niet anderszins omschreven (*pervasive developmental disorder not otherwise specified*: PDD-NOS). Dit onderscheid wordt in de DSM-5 niet meer gemaakt omdat er niet voldoende evidentie was dat er in etiologie, prognose en behandelrespons verschillen waren tussen deze drie groepen. Ook was in eerdere versies van de DSM de sensorische (on)gevoeligheid geen onderdeel van de classificatiecriteria en werden sociale problemen en communicatieproblemen los van elkaar beoordeeld (voor meer details over de kenmerken van de autismespectrumstoornis, zie APA, 2013; Trimbos-instituut, 2013). Een minderheid van de volwassenen met de autismespectrumstoornis heeft op volwassen leeftijd werk en een relatie en leeft zelfstandig.

De problemen in het sociale verkeer maken dat mensen met de autismespectrumstoornis gedurende hun leven vaak een kleiner sociaal netwerk hebben dan mensen zonder de autismespectrumstoornis (zie casus Geluiden). Dit betekent dus ook dat, mochten ze als ze ouder worden meer zorg nodig hebben, ze een minder groot sociaal vangnet hebben dat mantelzorg zou kunnen verlenen. De gehechtheid aan de eigen routines en ook de gevoeligheid voor omgevingsprikkels kunnen voor problemen zorgen als mensen niet (meer) zelfstandig kunnen wonen. Zo kan het zijn dat bijvoorbeeld verwacht wordt dat mensen op een bepaalde tijd ontbijten die niet overeenkomt met de tijden passend bij hun eigen routine of dat bijvoorbeeld het smakkende eetgeluid van anderen voor iemand met een autismespectrumstoornis een dermate heftig geluid is dat hij of zij hier van geagiteerd raakt en zelfs agressief wordt. Ook kan onregelmatige verzorging (personeelswisselingen, verschillende tijden van contact) bijvoorbeeld voor veel onrust zorgen bij ouderen met een autismespectrumstoornis. Voor naasten en verzorgers kan de reactie van de persoon niet in verhouding tot het probleem voelen omdat het voor naasten en verzorgers vaak lastig te begrijpen is hoe verstorend een verandering in routine of een omgevingsprikkel voor iemand met een autismespectrumstoornisdiagnose kan zijn. Daarnaast is er vaak sprake van comorbiditeit (zie paragraaf 2.1) bij mensen met de autismespectrumstoornis. Dit alles maakt dat mensen met de autismespectrumstoornis binnen de ouderenzorg vaak als een complexe groep wordt gezien.

Het is voor hulpverleners die niet bekend zijn met de autismespectrumstoornis lastig in te schatten wat nu maakt dat er bijvoorbeeld sprake is van agressief gedrag, omdat het gedrag veroorzaakt kan worden door iets wat voor mensen zonder de autismespectrumstoornis niet als storend of opmerkelijk wordt gezien. Duidelijke communicatie door directe vragen te stellen en duidelijk te vertellen wat de verwachtingen zijn, kunnen al veel problemen oplossen en/of voorkomen. Door zowel voorspelbaar, betrouwbaar als duidelijk te zijn en ook de problemen van de persoon met de autismespectrumstoornis te valideren en te erkennen (zie ook Schuurman e.a., 2013b) wordt er gezorgd voor een veilige interventieomgeving.

Het lastige is dat er ouderen zijn binnen zowel de reguliere ouderenzorg als binnen de psychiatrische ouderenzorg die geen officiële diagnose autismespectrumstoornis hebben, maar daar op basis van de huidige criteria wel aan voldoen. Het op latere leeftijd stellen van een valide diagnose autismespectrumstoornis is ingewikkeld omdat voor het stellen van de diagnose ook kennis over de vroege ontwikkeling van belang is. Daarnaast zijn de diagnostische instrumenten die ons ter beschikking staan voor diagnostiek bij jongere volwassenen beperkt, en weten we niet of deze instrumenten wel geschikt zijn voor ouderen.

Een veelgebruikte autismespectrumstoornisvragenlijst binnen de volwassenendiagnostiek is bijvoorbeeld de Autisme Quotiënt (AQ: Hoekstra e.a., 2008). Deze vragenlijst is onderzocht bij ouderen tussen de 60 en 90 jaar met en zonder een depressie (Geurts e.a., 2016). Bij het gebruik van het gangbare afkappunt om verdere diagnostiek te gaan inzetten, waren er opvallend veel mensen die hoog scoorden op deze vragenlijst. Bij de groep ouderen met een depressie was dit zelfs meer dan 30%. Dit leert ons twee dingen: (1) we kunnen hoogstwaarschijnlijk het diagnostisch instrumentarium dat gebruikt wordt bij volwassenen niet op dezelfde manier gebruiken bij ouderen en (2) bij het vaststellen en behandelen van depressies bij ouderen is het goed om ook alert te blijven op de aanwezigheid van de autismespectrumstoornis. Dit laatste betekent overigens niet dat een depressie zich presenteert als lijkend een autismespectrumstoornis, of dat de autismespectrumstoornissymptomen op latere leeftijd op depressiesymptomen lijken. Wel betekent het dat als er sprake is van een depressie, het kan zijn dat er daarnaast ook sprake is van de autismespectrumstoornis, omdat de autismespectrumstoornis en depressie vaak samen voorkomen (zie ook paragraaf 2.1 en de casus in paragraaf 1).

Binnen een in 2016 lopend onderzoek wordt gekeken of men voor de diagnostiek van de autismespectrumstoornis bij ouderen tot een expertconsensus kan komen (Hitzert e.a., 2016), maar tot die tijd is het vooral belangrijk dat er in ieder geval bij hulpverleners kennis is over de autismespectrumstoornis bij volwassenen en dat iemand die de volwassenen minstens tien jaar kent, betrokken wordt bij het diagnostische proces (James e.a., 2006; Van Niekerk e.a., 2011). Voor meer kennis over diagnostiek en behandeling van volwassenen met de autismespectrumstoornis is het zinvol om je te verdiepen in de *Multidisciplinaire richtlijn diagnostiek en behandeling van autismespectrumstoornissen bij volwassenen* (Trimbos-instituut, 2013) en het praktijkgeoriënteerde behandeling- en interventieboek van Schuurman e.a. (2013a).

Er zijn nog geen onderzoeken of onderzoeksresultaten van interventies die specifiek bedoeld zijn voor de oudere doelgroep. In 2016 werd wel een psycho-educatie-interventie voor 55+ met een autismediagnose onderzocht. Hierin werd aandacht besteed aan derde- en vierde-levensfaseproblematiek. Bij een aantal geestelijke-gezondheidszorginstellingen gespecialiseerd in ouderenzorg worden ook groepsinterventies aangeboden aan ouderen met een autismespectrumstoornisdiagnose en/of hun partners, om zo aandacht te besteden aan de specifieke uitdagingen van de autismespectrumstoornis. Van deze interventies is niet bekend of deze ook de te verwachten positieve effecten hebben.

2.1 Continuïteit in symptomatologie en comorbiditeit

Bij mensen met de autismespectrumstoornis is er een grote diversiteit in hoe ze zich ontwikkelen. Een goede vroege taalontwikkeling, grotere intellectuele capaciteiten en de mildere symptomen van de autismespectrumstoornis zijn voorspellers voor een relatief betere prognose (Howlin & Moss, 2012). Het is voor het goed inschatten van de mogelijkheden van ouderen met een autismespectrumstoornis dus belangrijk om iemands cognitieve functioneren en vroege taalontwikkeling in kaart te brengen. Het IQ en het taalniveau zijn in de DSM-5 zogeheten *specifiers*, juist omdat ze beide belangrijk zijn voor iemands prognose. Ouderen met een beperktere intelligentie en forse taalproblemen hebben minder mogelijkheden om te compenseren en hebben vaak andere comorbiditeiten (zie verderop in deze paragraaf).

Ook de kernsymptomen van de autismespectrumstoornis lijken af te nemen met het ouder worden (Magiati e.a., 2014). Ouder worden lijkt gepaard te gaan met minder beperkt en repetitief gedrag (Esbensen e.a., 2009; Howlin e.a., 2013) maar de sensorische gevoeligheden lijken stabiel (Crane e.a., 2009).

In een groep 50- tot 60-jarigen met de autismespectrumstoornis en een intellectuele beperking was er meer hulp nodig vanwege zelfverwondend gedrag, disruptief gedrag en destructief gedrag. Ook was het medicatiegebruik hoger dan van mensen in dezelfde leeftijdsgroep met alleen een intellectuele beperking (Kats e.a., 2013). Deze forse gedragsproblemen lijken niet toe of af te nemen met het ouder worden (Kats e.a., 2013) al werd in een eerder onderzoek gesuggereerd dat bij mensen met de autismespectrumstoornis en een intellectuele beperking er wel met het ouder worden forsere gedragsproblemen zijn (Totsika e.a., 2010). Het lastige is dat onze kennis vooral gebaseerd is op onderzoek bij mensen met de autismespectrumstoornis en een (lichte) verstandelijke beperking. Wat de prognose is van mensen met gemiddelde intellectuele capaciteiten, is nauwelijks bekend, terwijl dit juist de doelgroep is waar hulpverleners werkzaam in de geriatrische psychiatrie mee in aanraking komen. Het is maar zeer de vraag of de symptomen bij deze groep mensen ook afnemen, want eerste bevindingen bij volwassenen en ouderen met een late autismespectrumstoornisdiagnose lijken uit te wijzen dat dit niet het geval is (Lever & Geurts, 2016; Happé e.a., 2016).

Comorbiditeit

De autismespectrumstoornis staat bekend als een diagnose waarbij er sprake is van veel comorbiditeit, ook bij de groep waarbij er geen sprake is van een verstandelijke beperking. Angststoornissen en stemmingsstoornissen zijn het meest frequent (Lever & Geurts, 2016). Veel mensen met de autismespectrumstoornis hebben een uitgebreide behandelgeschiedenis waarbij het bij een groot deel van de huidige oudere volwassenen met de autismespectrumstoornis zo is dat ze relatief laat een autismespectrumstoornisdiagnose hebben gekregen en in het verleden juist primair werden behandeld in verband met hun comorbide problemen (Geurts & Jansen, 2012; Hofvander e.a., 2009; Roy e.a., 2015). Zo zien we dat bij dossieranalyses en interviews over de verschillende diagnoses gedurende de levensloop niet alleen angst- en stemmingsstoornissen frequent werden gerapporteerd, maar ook psychoses en persoonlijkheidsstoornissen (Geurts & Jansen, 2012). Deze psychiatrische comorbide diagnoses behoeven dus ook aandacht, maar dit geldt eveneens voor fysieke comorbiditeiten.

Mensen met de autismespectrumstoornis hebben waarschijnlijk een kortere levensverwachting dan mensen zonder de autismespectrumstoornis (Gillberg e.a., 2010; Mouridsen e.a., 2008; Pickett e.a., 2011). In een groot Zweeds epidemiologisch onderzoek bleek de gemiddelde leeftijd van overlijden voor mensen met een autismespectrumstoornis 54 jaar, terwijl dit voor mensen zonder de autismespectrumstoornis 70 jaar was (Hirvikoski e.a., 2016). Dit heeft bij mensen met een verstandelijke beperking te maken met de comorbide epilepsie en congenitale afwijkingen, maar het lijkt er ook op dat mensen met de autismespectrumstoornis niet op tijd naar de huisarts gaan en dus andere fysieke aandoeningen niet in een vroege en nog behandelbare fase worden ontdekt. Dit komt mogelijk door de ervaren communicatiebeperkingen, maar daarnaast is het idee dat dit ook te maken heeft met de verminderde prikkelgevoeligheid en het niet goed herkennen van signalen van het lichaam die kunnen duiden op ziekte. Bovendien kan de verhoogde prikkelgevoeligheid juist weer een uitdaging zijn bij het medicamenteus behandelen van mensen met een autismespectrumstoornis, omdat ze ook gevoeliger kunnen zijn voor specifieke medicijnen (zie ook multidisciplinaire richtlijn: Trimbos-instituut, 2013).

Uit onderzoek bleek dat er meer parkinsonisme voorkomt bij volwassenen met de autismespectrumstoornis van middelbare leeftijd (overwegend IQ < 50) dan bij de volwassenen zonder de autismespectrumstoornis (Starkstein e.a., 2015). In een ander epidemiologisch onderzoek (Croen e.a., 2015) werd duidelijk dat parkinsonisme meer dan 30 keer zo vaak voorkomt bij mensen met een autismespectrumstoornis in vergelijking met mensen zonder een autismespectrumstoornis. Of dit mede het gevolg is van het een lange historie van het gebruik van neuroleptica, of dat de autismespectrumstoornis en de ziekte van Parkinson een etiologische gemeenschappelijkheid hebben, is een open vraag.

Bij vrouwen met de autismespectrumstoornis zonder verstandelijke beperking was suïcide een relatief veelvoorkomende oorzaak van overlijden. Dit past waarschijnlijk ook bij de hoge comorbiditeit met depressie (zie de casus in paragraaf 1).

2.2 Cognitieve veroudering

Het zich op vroegere leeftijd manifesteren van parkinsonsymptomen bij mensen met de autismespectrumstoornis past ook bij het idee dat er sprake zou kunnen zijn van mogelijke vervroegde cognitieve veroudering. Op jonge leeftijd hebben volwassenen met de autismespectrumstoornis allerhande cognitieve problemen die we bij mensen zonder de autismespectrumstoornis pas op latere leeftijd zien. Zo zijn jongvolwassenen relatief traag in reageren, hebben ze moeite om snel van strategie te veranderen, en zijn ze interferentiegevoelig. Dit samen met het gegeven dat ze veel worden blootgesteld aan allerhande risicofactoren voor cognitieve veroudering (bijvoorbeeld stress) maakt dat er het vermoeden is dat er mogelijk sprake is van versnelde achteruitgang. Voor hulpverleners is het van belang om kennis te hebben over de manier van informatieverwerking bij mensen met de autismespectrumstoornis.

De autismespectrumstoornis wordt vaak omschreven als een informatieverwerkingsstoornis (zie ook Geurts e.a., 2015) waarbij mensen met de autismespectrumstoornis zich eerder verliezen in details (zwakkere centrale coherentie), meer moeite hebben om zich een beeld te vormen van de mentale toestand van anderen (verminderde impliciete theory of mind) en zich minder flexibel kunnen voegen naar een veranderende omgeving (executieve functies). De andere manier van informatie verwerken betekent dus ook dat mensen met de autismespectrumstoornis hun omgeving vaak anders ervaren. Dit kan zowel negatieve gevolgen hebben (verkeerde of andere interpretatie) als positieve gevolgen (bijvoorbeeld een beter oog voor details).

Ouderen met de autismespectrumstoornis rapporteren veel meer cognitieve klachten dan ouderen zonder de autismespectrumstoornis (Davids e.a., 2016; Lever & Geurts, 2015; Van Heijst & Geurts, 2015). De weinige onderzoeken die daadwerkelijk cognitie hebben onderzocht bij ouderen met de autismespectrumstoornis, geven geen uitsluitsel of er nu sprake is van vervroegde veroudering. Terwijl er in een klein onderzoek van ouderen met de autismespectrumstoornis tussen de 51 en de 83 jaar (Geurts & Vissers, 2012) aanwijzingen leken te zijn voor versnelde achteruitgang op specifieke cognitieve domeinen, is dit in een later, groter onderzoek niet gerepliceerd (Lever & Geurts, 2015). Ouderen met de autismespectrumstoornis hadden wel meer problemen met bijvoorbeeld specifieke executieve functies, maar niet op het gebied van verbaal geheugen of theory of mind. Ook bleken ouderen met de autismespectrumstoornis zelfs beter te presteren op visuele geheugentaken. Dus ondanks dat ze wel meer cognitieve klachten ervoeren (Davids e.a., 2016; Lever & Geurts, 2015; Van Heijst & Geurts, 2015), werd dit nauwelijks terug gezien op objectieve cognitieve tests (Davids e.a., 2016; Lever & Geurts, 2015; Lever e.a., 2015; Ring e.a., 2015a; 2015b).

Volgens sommige onderzoekers kan de autismespectrumstoornis juist beschermen tegen de vroege ontwikkeling van dementie, omdat zij onder andere vonden dat er veel minder vaak dementie werd vast gesteld bij mensen met de autismespectrumstoornis dan bij mensen zonder de autismespectrumstoornis (Oberman & Pascual-Leone, 2014). Of dit ook betekent dat er minder sprake is van dementie, is maar zeer de vraag, want mogelijk wordt er bij mensen met de autismespectrumstoornis minder snel een dementieonderzoek gestart, omdat de geobserveerde cognitieve problemen aan de autismespectrumstoornis worden geweten. Daarnaast blijkt uit een groter epidemiologisch onderzoek dat dementie juist frequenter voorkomt bij mensen met de autismespectrumstoornis in vergelijking met mensen zonder de autismespectrumstoornis (Croen e.a., 2015). Dit is zeker iets wat nog aandacht behoeft, want cognitief functioneren is belangrijk voor onder andere (de ervaren) autonomie.

3 Aandachtsdeficiëntie-/hyperactiviteitsstoornis

Bij mensen met de aandachtsdeficiëntie-/hyperactiviteitsstoornis (ADHD) kan er zowel sprake zijn van inattentie (aandachtsdeficiëntie) als van hyperactiviteit en impulsiviteit. Bij de aandachtsdeficiëntie gaat het vooral om de afleidbaarheid door uitwendige prikkels, maar er zijn ook andere voorbeelden van aandachtssymptomen: niet kunnen organiseren van taken en activiteiten, vergeetachtigheid tijdens dagelijkse bezigheden, en vaak dingen kwijtraken. Bij hyperactiviteit gaat het om druk gedrag, zoals veel praten en veel bewegen. Impulsiviteit is moeite hebben met het afremmen van het eigen gedrag.

ADHD heeft een enorme impact op het dagelijks leven van volwassenen: de functionele beperkingen en het zorggebruik zijn vergelijkbaar met die van mensen met een angst- of middelenstoornis (Tuithof e.a., 2014). Volwassenen met ADHD hebben vaak werk beneden hun intellectuele niveau, ervaren relationele problemen, hebben frequenter ongelukken, en lopen een groter risico tot het ontwikkelen van verslaving (Barkley e.a., 2006; Tuithof e.a., 2014). De hoeveelheid ADHD-symptomen en dan vooral de impulsiviteit heeft een voorspellende waarde voor de functionele beperkingen. Hoe meer symptomen, des te meer functionele beperkingen er kunnen zijn (Szuromi e.a., 2013).

De groep volwassenen die zowel in de kindertijd als op volwassen leeftijd een ADHD-diagnose heeft, rapporteert ook meer zogeheten emotionele impulsiviteit dan de groep die in de volwassenheid niet meer aan een ADHD-diagnose voldoet (Barkley & Fischer, 2010). Deze emotionele impulsiviteit lijkt samen te hangen met de vaak geobserveerde sociale en relationele problemen, maar ook met rijgedrag, beheer van financiën, en recreatieve activiteiten. Het zou kunnen zijn dat dit te herleiden is tot een probleem in het zogeheten executieve functioneren, al is dat tot op heden nog niet direct onderzocht. Opvallend is wel dat uit een onderzoek bij ouderen met ADHD bleek dat er geen verschil was in leefsituatie, opleidingsniveau en inkomen tussen ouderen met en zonder ADHD (Michielsen e.a., 2012; zie ook Brod e.a., 2012a; 2012b).

Om ADHD vast te kunnen stellen, is het belangrijk dat in ieder geval een deel van de symptomen al voor het 12e jaar aanwezig waren, dat ze minimaal persisteren over een langere periode en niet situatiegebonden zijn. Dit maakt dat, net als bij de autismespectrumstoornis, er informatie voorhanden moet zijn over de kindertijd. Het complexe van het vaststellen van ADHD op latere leeftijd is dat aandachtsproblemen voorkomen bij reguliere cognitieve veroudering en bij een breed scala aan hersenaandoeningen en psychiatrische diagnoses. Bij specifieke dementiële beelden, maar ook bij specifieke stemmingsstoornissen zien we bijvoorbeeld aandachtsstoornissen en tevens impulsiviteit. Vooral de aandachtsproblemen zijn dus een aspecifiek criterium. Daarom is het juist ook hier de uitdaging dat er gedegen informatie wordt verkregen over de vroege ontwikkeling.

Er is momenteel discussie of we het in geval van een diagnose in de volwassenheid over dezelfde groep hebben als degenen die hun diagnose reeds in de kindertijd hebben gekregen. Kunnen we bij een diagnose die in de volwassenheid gesteld wordt, wel altijd spreken van een neurobiologische ontwikkelingsstoornis ADHD? De reden dat hier recentelijk twijfel over is ontstaan, komt voort uit een groot langlopend longitudinaal onderzoek (Moffitt e.a., 2015). Daarin is gebleken dat een groot deel (wel 90%) van de mensen die in de volwassenheid aan de ADHD-criteria voldoen, op basis van zelfrapportage – waarin aangegeven wordt welke symptomen er in de kindertijd en volwassenheid aanwezig zijn – in de kindertijd eigenlijk geen symptomen had. Deze volwassenen rapporteren zelf dus dat er wel symptomen aanwezig waren in de kindertijd, maar hun ouders rapporteerden tijdens de daadwerkelijke kindertijd geen ADHD-symptomen. Ook neuropsychologisch is er geen overlap. Dit roept de vraag op hoe valide de zelfrapportage over de kindertijd is, zeker nu deze bevindingen gerepliceerd zijn in twee onafhankelijke onderzoeken (Agnew-Blais e.a., 2016; Caye e.a., 2016).

In tegenstelling tot de autismespectrumstoornis is er in het ADHD-veld systematisch onderzoek gedaan naar een screener voor ADHD voor mensen tussen de 60 en 94 jaar (Semeijn e.a., 2013b). Ondanks dat deze screener oorspronkelijk ontwikkeld was voor jongvolwassenen met ADHD, blijkt uit een eerste onderzoek dat deze screener mogelijk ook ingezet kan worden voor ouderen, ondanks dat de psychometrische kwaliteiten nog niet optimaal zijn (Barkley e.a., 2008). Het was vooral lastig om te bepalen of de informatie over de kindertijd betrouwbaar en valide was (zie ook het onderzoek van Moffitt e.a., 2015). Het is ook nog niet duidelijk welke instrumenten ingezet kunnen worden om op latere leeftijd goed te differentiëren tussen een dementieel beeld, een dysthyme stoornis en ADHD. In de ouderenzorg zal juist dit een uitdagende vraag zijn. Ook de vraag welke behandeling het best ingezet kan worden bij ouderen met ADHD, is nog niet beantwoord. Kinderen en jongvolwassenen worden vaak behandeld met een combinatie van medicatie (bijvoorbeeld methylfenidaat) en coaching (onder andere strategietrainingen gebaseerd op cognitief-gedragstherapeutische principes om met ADHD om te gaan). Op basis van dierexperimenteel onderzoek is het idee dat langdurig gebruik van methylfenidaat in de kindertijd leidt tot structurele veranderingen op hersenniveau, wat maakt dat de effecten ook deels blijven bestaan als de kinderen stoppen met dit medicijn terwijl bij volwassenen dit waarschijnlijk niet zo is (Andersen, 2005). Bij kinderen zien we inderdaad dat er structurele veranderingen in de hersenen zijn (Castellanos e.a., 2002; Nakao e.a., 2011; Shaw e.a., 2009; Sobel e.a., 2010). We weten niet of medicatie ook bij ouderen nog steeds het gewenste effect heeft en welke bijwerkingen medicatie op oudere leeftijd zal hebben. Wat betreft de inzet van coaching of bijvoorbeeld cognitieve gedragstherapie en/of strategietrainingen is er ook geen onderzoek geweest met een specifieke focus op ouderen. Dus ook wat betreft de behandeling binnen de ouderenzorg zullen we vooral moeten vertrouwen op wat we weten over reguliere veroudering en over volwassenen met ADHD. Algemene principes van niet-medicamenteuze behandeling zullen in paragraaf 4 aan de orde komen omdat deze voor ADHD en de autismespectrumstoornis overlappen.

Voorlopig zijn boeken over volwassenen met ADHD dus momenteel de aangewezen bronnen voor meer kennis over diagnostiek en behandeling van ouderen met ADHD (bijvoorbeeld Barkley & Benton, 2011; maar zie ook Kooij & Otten-Pablos, 2013; Van Lammeren e.a., 2012). Toch is het juist ook zinvol om goed de wetenschappelijke literatuur in de gaten te houden omdat het onderzoek naar dit onderwerp momenteel volop gaande is.

3.1 Continuïteit in symptomatologie en comorbiditeit

Het idee is dat de presentatievorm van ADHD gedurende het leven kan veranderen tussen de drie beelden subtypen. Het kan dus zijn dat iemand op latere leeftijd valt onder de specificatie overwegend onoplettend beeld, terwijl iemand in de tienertijd juist beter getypeerd kon worden met de specificatie overwegend hyperactief-impulsief beeld of gecombineerd beeld.

Ongeveer 15% van de volwassenen bij wie ADHD in de kindertijd reeds was vastgesteld, voldoet nog aan de ADHD-criteria, en een additionele groep van 50% heeft nog ADHD-symptomen die tot beperkingen in het dagelijkse leven lijken te leiden (Faraone e.a., 2006). Er lijkt dus voor een grote groep sprake te zijn van een afname in symptomen. Uit een prospectief onderzoek bij ouderen met en zonder ADHD bleek dat de balans tussen de aandachtssymptomen en de hyperactief-impulsieve symptomen niet veranderde met het ouder worden en dat de symptomatische afname die men ziet van de kindertijd naar de volwassenheid, niet lijkt door te zetten op oudere leeftijd (Semeijn e.a., 2015a; Guldberg-Kjär e.a., 2013).

Comorbiditeit

Ook bij ADHD is er sprake van veel comorbiditeit. Ongeveer 70% van de volwassenen met ADHD heeft bijvoorbeeld moeite een regulier slaappatroon aan te houden, waarbij de meesten melden een avondmens te zijn (Van Veen e.a., 2010). Een afwijkend circadiaan ritme kan als consequentie hebben dat binnen bijvoorbeeld een verpleeghuis een oudere met ADHD meer moeite zal hebben om zich aan het reguliere dagregime aan te passen. Daarnaast zijn angst- en stemmingsstoornissen niet alleen bij volwassenen met ADHD prevalent (zie onder anderen Biederman, 2005; Sobanski, 2006), maar blijken deze ook bij ouderen met ADHD nog veelvuldig voor te komen (Michielsen e.a., 2013). Eerder werd ook al verslaving als comorbide problematiek benoemd. Ieder van deze comorbiditeiten behoeft aandacht ongeacht de leeftijd van de persoon met ADHD.

Er is, net als bij de autismespectrumstoornis, bij mensen met ADHD sprake van verhoogde morbiditeit. In het geval van ADHD lijkt dit niet primair te maken te hebben met comorbide fysieke problemen, maar mensen met ADHD blijken vaker betrokken te zijn bij verkeersongelukken met een dodelijke afloop (Dalsgaard e.a., 2015). Ook lijkt het zo te zijn dat, als er meer ADHD-symptomen aanwezig zijn bij ouderen, er ook meer cardiovasculaire aandoeningen, longziekten en andere fysieke chronische aandoeningen zijn (Semeijn e.a., 2013a). Het idee is dat dit te wijten zou kunnen zijn aan een ongezonde leefstijl. In ieder geval betekent dit dat je als hulpverlener alert zult moeten zijn op de aanwezigheid van comorbide somatiek als er sprake is van een ADHD-diagnose.

3.2 Cognitieve veroudering

Net als bij de autismespectrumstoornis is er het vermoeden dat de met ADHD geassocieerde ongezondere leefstijl (onder andere meer stressfactoren zoals het niet hebben van een baan, en relatieproblemen) kan betekenen dat er sprake is van versnelde cognitieve veroudering. Volwassenen met ADHD hebben vaak problemen in executieve functies zoals planning en het stoppen van gedrag, lijken op een andere manier gevoelig voor beloning en straf, en hebben problemen met het reguleren van hun arousalniveau (zie onder anderen Boonstra e.a., 2010). Terwijl er, vergeleken met de autismespectrumstoornis, relatief veel onderzoek is gedaan naar veranderingen op symptoomniveau bij volwassenen met ADHD, is onderzoek over cognitieve veroudering nog een onontgonnen gebied. Binnen het onderzoek waarin de ADHD-screener voor ouderen werd onderzocht, is ook nog cognitie nader onderzocht (Semeijn e.a., 2015b). Er kwam naar voren dat hoe meer ADHD-kenmerken, des te minder het cognitief functioneren is op het gebied van werkgeheugen en aandacht bij ouderen met ADHD. Deze relatie bleek echter grotendeels te verklaren te zijn door de aanwezige comorbide stemmingsproblemen (namelijk depressie).

Er zijn verschillende onderzoeken gedaan naar de associatie tussen ADHD(-symptomen) en verschillende dementiële beelden (alzheimerdementie, Lewy-bodydementie). Hierbij bleek uit een omvangrijk onderzoek bij ouderen met een variatie aan cognitieve problemen (van normale veroudering tot *mild cognitive impairment* tot gediagnosticeerde dementie) dat er geen relatie was tussen de ADHD-symptomen en de gestelde diagnoses (Ivanchak e.a., 2011). Wel was er een duidelijke relatie met aandachtsprocessen, en de auteurs waarschuwen er dus voor dat aandachtsproblemen niet per se onderdeel van het cognitieve dementiële profiel hoeven te zijn, maar juist zouden kunnen komen door comorbide ADHD. Mensen met Lewy-bodydementie lijken meer ADHD-symptomen gedurende hun volwassen leven te hebben dan mensen met alzheimerdementie. Of een ADHD-diagnose in de volwassenheid, zoals de auteurs stellen (Golimstok e.a., 2011), een voorloper is van Lewy-bodydementie, is maar zeer de vraag. Net als bij de autismespectrumstoornis staat het onderzoek naar cognitieve veroudering in relatie tot ADHD, en in relatie tot het al dan niet vormen van een risicofactor voor het ontwikkelen van dementiële beelden, duidelijk nog in de kinderschoenen.

4 De ouderenpsycholoog

Zowel bij het werken met mensen met de autismespectrumstoornis als met mensen met ADHD is de uitdaging dat we relatief weinig kennis hebben over ouderen met deze diagnoses. Het onderzoek is kort geleden pas goed op gang gekomen en langzaam komt er meer kennis. Het lastige is dat (1) deze kennis gefragmenteerd is; (2) er sprake is van een enorme diversiteit in problematiek binnen de groep mensen met reeds gediagnosticeerde autismespectrumstoornis en/of ADHD; (3) er ouderen zijn die niet gediagnosticeerd zijn toen ze jong waren; en (4) het onduidelijk is of er een grotere kans is op het ontwikkelen van verouderingsziekten (zowel psychisch als somatisch). Het is dus voor psychologen in de ouderenzorg belangrijk om alert te zijn op de eventuele aanwezigheid van de autismespectrumstoornis en ADHD en zich te realiseren dat de autismespectrumstoornis en ADHD ook op oudere leeftijd een bedreiging kunnen vormen voor de (ervaren) autonomie.

Wees dus alert op beide als je merkt dat er bijvoorbeeld de communicatie niet goed lijkt te verlopen, als iemand moeite lijkt te hebben met de opgelegde routine binnen de zorginstelling, als er discrepanties zijn tussen wat iemand aankan en wat je op basis van intelligentie of arbeidsverleden had verwacht dat iemand aan zou kunnen, als iemand moeite lijkt te hebben om zich te concentreren tijdens gesprekken. Om bij te dragen aan een acceptabele kwaliteit van leven van ouderen met de autismespectrumstoornis en/of ADHD is kennis over de autismespectrumstoornis en ADHD bij volwassenen dus een minimumvereiste. Zolang we nog te weinig weten over de oudere groep, vormt de kennis over volwassenen onze leidraad.

Er zijn geen specifieke interventies voor ouderen met de autismespectrumstoornis en/of ADHD. Maar er zijn tot op heden ook geen onderzoeken die duidelijk maken dat de interventies die nu voor volwassenen met de autismespectrumstoornis en/of ADHD worden ingezet, niet ingezet zouden kunnen worden voor ouderen met deze diagnoses. In ieder geval lijkt het op basis van klinische ervaring (zie ook Schuurman e.a., 2013a) bij zowel ouderen met de autismespectrumstoornis als bij ouderen met ADHD belangrijk om in de behandeling aandacht te besteden aan (1) de bestaande copingstrategieën: of deze (nog) voldoen; (2) acceptatie van de diagnose en omgaan met gevoelens van verlies en rouw als de diagnose op latere leeftijd gesteld is; (3) een gezonde leefstijl waarbij er een juiste balans gevonden zal moeten worden tussen bijvoorbeeld normaal functioneren en anders mogen zijn, draagkracht en draaglast, en ontspanning en inspanning; (4) stressreductie (iemand kan rustig overkomen, maar tegelijkertijd toch veel stress ervaren); (5) emotieregulatie; en (6) comorbiditeit. De hulpverlener zal zijn of haar zorg moeten aanpassen aan de sociaal-emotionele leeftijd van de persoon met de autismespectrumstoornis en/of ADHD waarbij de zelfstandigheid en autonomie van de persoon gerespecteerd en gewaarborgd worden. Aangezien beide diagnostische beelden niet statisch zijn, is het belangrijk om oog te hebben voor veranderingen in zowel de sterke kanten die mogelijk compenserend kunnen zijn, als de zwakke kanten die extra ondersteuning behoeven.

Bij de autismespectrumstoornis is het daarnaast nog belangrijk om alert te blijven op het generaliseren van het geleerde in verschillende situaties. Dit blijkt vaak een probleem en daarom is het belangrijk om niet alleen de persoon met de autismespectrumstoornis te betrekken bij de behandeling, maar ook belangrijke naasten en, indien van toepassing, het verzorgend personeel.

Literatuur

Agnew-Blais, J.C., Polanczyk, G.V., Danese, A., Wertz, J., Moffitt, T.E., & Arseneault, L. (2016). Evaluation of the persistence, remission, and emergence of attention-deficit/hyperactivity disorder in young adulthood. *JAMA Psychiatry, 73*, 713-720.

APA. (1994). *Diagnostic and statistical manual of mental disorders, Fourth Edition*. Washington, DC: American Psychiatric Association.

APA. (2013). *Diagnostic and Statistical Manual of Mental Disorders, Fifth Edition*. Arlington, VA: American Psychiatric Association.

Andersen, S.L. (2005). Stimulants and the developing brain. *Trends in Pharmacological Sciences, 26*, 237-243.

Barbaresi, W.J., Colligan, R.C., Weaver, A.L., Voigt, R.G., Killian, J.M., & Katusic, S.K. (2013). Mortality, ADHD, and psychosocial adversity in adults with childhood ADHD: A prospective study. *Pediatrics, 131*, 637-644.

Barkley, R.A., & Benton, C.M. (2011). *Volwassen ADHD: Een praktisch programma in vijf stappen* [vertaling: J.W. Reitsma]. Amsterdam: Nieuwezijds.

Barkley, R.A., & Fischer, M. (2010). The unique contribution of emotional impulsiveness to impairment in major life activities in hyperactive children as adults. *Journal of the American Academy of Child & Adolescent Psychiatry, 49*, 503-513.

Barkley, R.A., Fischer, M., Smallish, L., & Fletcher, K. (2006). Young adult outcome of hyperactive children: Adaptive functioning in major life activities. *Journal of the American Academy of Child & Adolescent Psychiatry, 45*, 192-202.

Barkley, R.A., Murphy, K.R., & Fischer, M. (2008). *ADHD in adults: What the science says*. New York: Guilford Press.

Biederman, J. (2005). Attention-deficit/hyperactivity disorder: A selective overview. *Biological Psychiatry, 57*, 1215-1220.

Boonstra, A.M., Kooij, J., Oosterlaan, J., Sergeant, J.A., & Buitelaar, J.K. (2010). To act or not to act, that's the problem: Primarily inhibition difficulties in adult ADHD. *Neuropsychology, 24*, 209-221.

Brod, M., Pohlman, B., Lasser, R., & Hodgkins, P. (2012a). Comparison of the burden of illness for adults with ADHD across seven countries: A qualitative study. *Health and Quality of Life Outcomes, 10*, 47-64.

Brod, M., Schmitt, E., Goodwin, M., Hodgkins, P., & Niebler, G. (2012b). ADHD burden of illness in older adults: A life course perspective. *Quality of Life Research, 21*, 795-799.

Brugha, T.S., McManus, S., Bankart, J., Scott, F., Purdon, S., Smith, J., e.a. (2011). Epidemiology of autism spectrum disorders in adults in the community in England. *Archives of General Psychiatry, 68*, 459-465.

Castellanos, F.X., Lee, P.P., Sharp, W., Jeffries, N.O., Greenstein, D.K., Clasen, L.S., e.a. (2002). Developmental trajectories of brain volume abnormalities in children and adolescents with attention-deficit/hyperactivity disorder. *JAMA, 288*, 1740-1748.

Caye, A., Rocha, T.B., Anselmi, L., Murray, J., Menezes, A.M., Barros, F.C., e.a. (2016). Attention-deficit/hyperactivity disorder trajectories from childhood to young adulthood: Evidence from a birth cohort supporting a late-onset syndrome. *JAMA Psychiatry, 73*, 705-712.

Crane, L., Goddard, L., & Pring, L. (2009). Sensory processing in adults with autism spectrum disorders. *Autism The International Journal of Research and Practice, 13*, 215-228.

Croen, L.A., Zerbo, O., Qian, Y., Massolo, M.L., Rich, S., Sidney, S., e.a. (2015). The health status of adults on the autism spectrum. *Autism The International Journal of Research and Practice, 19*, 814-823.

Dalsgaard, S., Østergaard, S.D., Leckman, J.F., Mortensen, P.B., & Pedersen, M.G. (2015). Mortality in children, adolescents, and adults with attention deficit hyperactivity disorder: A nationwide cohort study. *Lancet, 385*, 2190-2196.

Davids, R.C., Groen, Y., Berg, I.J., Tucha, O.M., & Balkom, I.D. van. (2016). Executive functions in older adults with autism spectrum disorder: Objective performance and subjective complaints. *Journal of Autism and Developmental Disorders, 46*, 2859-2873.

Esbensen, A.J., Seltzer, M.M., Lam, K.S., & Bodfish, J.W. (2009). Age-related differences in restricted repetitive behaviors in autism spectrum disorders. *Journal of Autism and Developmental Disorders, 39*, 57-66.

Faraone, S.V., Biederman, J., & Mick, E. (2006). The age-dependent decline of attention deficit hyperactivity disorder: A meta-analysis of follow-up studies. *Psychological Medicine, 36*, 159-165.

Geurts, H.M., & Jansen, M.D. (2012). A retrospective chart study: The pathway to a diagnosis for adults referred for de ASD assessment. *Autism The International Journal of Research and Practice, 16*, 299-305.

Geurts, H.M., Sizoo, B.B., & Noens, I. (2015). *Autismespectrumstoornis: Interdisciplinair basisboek*. Leusden: Diagnosis Uitgevers.

Geurts, H.M., Stek, M., & Comijs, H. (2016). Autism characteristics in older adults with depressive disorders. *American Journal of Geriatric Psychiatry, 24*, 161-169.

Geurts, H.M., & Vissers, M.E. (2012). Elderly with autism: Executive functions and memory. *Journal of Autism and Developmental Disorders, 42*, 665-675.

Gillberg, C., Billstedt, E., Sundh, V., & Gillberg, I.C. (2010). Mortality in autism: A prospective longitudinal community-based study. *Journal of Autism and Developmental Disorders, 40*, 352-357.

Golimstok, A., Rojas, J.I., Romano, M., Zurru, M.C., Doctorovich, D., & Cristiano, E. (2011). Previous adult attention-deficit and hyperactivity disorder symptoms and risk of dementia with Lewy bodies: A case-control study. *European Journal of Neurology, 18*, 78-84.

Guldberg-Kjär, T., Sehlin, S., & Johansson, B. (2013). ADHD symptoms across the lifespan in a population-based Swedish sample aged 65 to 80. *International Psychogeriatrics, 25*, 667-675.

Happé, F.G., Mansour, H., Barrett, P., Brown, T., Abbott, P., & Charlton, R.A. (2016). Demographic and cognitive profile of individuals seeking a diagnosis of autism spectrum disorder in adulthood. *Journal of Autism and Developmental Disorders, 46*, 3469-3480.

Heijst, B.F.C. van, & Geurts, H.M. (2015). Quality of life in autism across the lifespan: A meta-analysis. *Autism, 19*, 1-10.

Henninger, N.A., & Taylor, J.L. (2013). Outcomes in adults with autism spectrum disorders: A historical perspective. *Autism The International Journal of Research and Practice, 17*, 103-116.

Hirvikoski, T., Mittendorfer-Rutz, E., Boman, M., Larsson, H., Lichtenstein, P., & Bölte, S. (2016). Premature mortality in autism spectrum disorder. *British Journal of Psychiatry, 208*, 232-238.

Hitzert, B., Schmidt, R., Geurts, H.M., & van Alphen, S.P.J. (2016). Diagnostiek en behandeling van autismespectrumstoornissen bij ouderen: een expertstudie. *Tijdschrift voor Psychiatrie, 12*, 854-862.

Hoekstra, R.A., Bartels, M., Cath, D.C., & Boomsma, D.I. (2008). Factor structure, reliability and criterion validity of the autism-spectrum quotient (AQ): A study in dutch population and patient groups. *Journal of Autism and Developmental Disorders, 38*, 1555-1566.

Hofvander, B., Delorme, R., Chaste, P., Nyden, A., Wentz, E., Stahlberg, O., e.a. (2009). Psychiatric and psychosocial problems in adults with normal-intelligence autism spectrum disorders. *BMC Psychiatry, 9*, 35.

Howlin, P., & Moss, P.P. (2012). Adults with autism spectrum disorders. *Canadian Journal of Psychiatry, 57*, 275-283.

Howlin, P., Moss, P., Savage, S., & Rutter, M. (2013). Social outcomes in mid- to later adulthood among individuals diagnosed with autism and average nonverbal IQ as children. *Journal of the American Academy of Child & Adolescent Psychiatry, 52*, 572-581.

Ivanchak, N., Abner, E.L., Carr, S.A., Freeman, S.J., Seybert, A., Ranseen, J., & Jicha, G.A. (2011). Attention-deficit/hyperactivity disorder in childhood is associated with cognitive test profiles in the geriatric population but not with mild cognitive impairment or Alzheimer's disease. *Journal of Aging Research, 2011*, Article ID 729801.

James, I.A., Mukaetova-Ladinska, E., Reichelt, F.K., Briel, R., & Scully, A. (2006). Diagnosing Aspergers syndrome in the elderly: A series of case presentations. *International Journal of Geriatric Psychiatry, 21*, 951-960.

Joshi, G., Wozniak, J., Petty, C., Martelon, M.K., Fried, R., Bolfek, A., e.a. (2013). Psychiatric comorbidity and functioning in a clinically referred population of adults with autism spectrum disorders: A comparative study. *Journal of Autism and Developmental Disorders, 43*, 1314-1325.

Kats, D., Payne, L., Parlier, M., & Piven, J. (2013). Prevalence of selected clinical problems in older adults with autism and intellectual disability. *Journal of Neurodevelopmental Disorders, 5*, 27-39.

Kooij, S., & Otten-Pablos, S. (2013). *Hyper sapiens: Praktische gids voor mensen met ADHD*. Houten: Het Spectrum.

Lammeren, A.M.D.N. van, Horwitz, E.H., & Ketelaars, C.E.J. (2012). *Volwassenen met ADHD*. Assen: Van Gorcum.

Lever, A.G., & Geurts, H.M. (2015). Age-related differences in cognition across the adult lifespan in autism spectrum disorder. *Autism Research, 9*, 666-676.

Lever, A.G., & Geurts, H.M. (2016). Psychiatric co-occurring symptoms and disorders among younger, middle-aged, and older adults with autism spectrum disorder. *Journal of Autism and Developmental Disorders, 46*, 1916-1930.

Lever, A.G., Werkle-Bergner, M., Brandmaier, A.M., Ridderinkhof, K.R., & Geurts, H.M. (2015). Atypical working memory decline across the adult lifespan in autism spectrum disorder? *Journal of Abnormal Psychology, 124*, 1014-1026.

Magiati, I., Tay, X.W., & Howlin, P. (2014). Cognitive, language, social and behavioural outcomes in adults with autism spectrum disorders: A systematic review of longitudinal follow-up studies in adulthood. *Clinical Psychology Review, 34*, 73-86.

Michielsen, M., Comijs, H.C., Semeijn, E.J., Beekman, A.T., Deeg, D.J., & Kooij, J.S. (2013). The comorbidity of anxiety and depressive symptoms in older adults with attention-deficit/hyperactivity disorder: A longitudinal study. *Journal of Affective Disorders, 148*, 220-227.

Michielsen, M., Semeijn, E., Comijs, H.C., Ven, P. van de, Beekman, A.T., Deeg, D.J., e.a. (2012). Prevalence of attention-deficit hyperactivity disorder in older adults in The Netherlands. *British Journal of Psychiatry: The Journal of Mental Science, 201*, 298-305.

Moffitt, T.E., Houts, R., Asherson, P., Belsky, D.W., Corcoran, D.L., Hammerle, M., e.a. (2015). Is adult ADHD a childhood-onset neurodevelopmental disorder? Evidence from a four-decade longitudinal cohort study. *American Journal of Psychiatry, 172*, 967-977.

Mouridsen, S.E., Brønnum-Hansen, H., Rich, B., & Isager, T. (2008). Mortality and causes of death in autism spectrum disorders. *Autism, 12*, 403-414.

Nakao, T., Radua, J., Rubia, K., & Mataix-Cols, D. (2011). Gray matter volume abnormalities in ADHD: Voxel-based meta-analysis exploring the effects of age and stimulant medication. *Perspectives, 168*, 1154-1163.

Niekerk, M.E. van, Groen, W., Vissers, C.T.W., Driel-de Jong, D. van, Kan, C.C., & Oude Voshaar, R.C. (2011). Diagnosing autism spectrum disorders in elderly people. *International Psychogeriatrics, 23*, 700-710.

Oberman, L.M., & Pascual-Leone, A. (2014). Hyperplasticity in autism spectrum disorder confers protection from Alzheimer's disease. *Medical Hypotheses, 83*, 337-342.

Pickett, J., Xiu, E., Tuchman, R., Dawson, G., & Lajonchere, C. (2011). Mortality in individuals with autism, with and without epilepsy. *Journal of Child Neurology, 26*, 932-939.

Ring, M., Gaigg, S.B., & Bowler, D.M. (2015a). Object-location memory in adults with autism spectrum disorder. *Autism Research, 8*, 609-619.

Ring, M., Gaigg, S.B., & Bowler, D.M. (2015b). Relational memory processes in adults with autism spectrum disorder. *Autism Research Official Journal of the International Society for Autism Research, 9*, 97-106.

Roy, M., Prox-Vagedes, V., Ohlmeier, M.D., & Dillo, W. (2015). Beyond childhood: Psychiatric comorbidities and social background of adults with asperger syndrome. *Psychiatria Danubina, 27*, 50-59.

Schuurman, C., Blijd-Hoogewys, E., & Gevers, P. (2013a). *Behandeling van volwassenen met een autismespectrumstoornis*. Amsterdam: Hogrefe.

Schuurman, C., Brandenburg, M., & Geurts, H. (2013b). Algemene aspecten van behandeling van volwassenen met een de ASS. In C. Schuurman, E. Blijd-Hoogewys & P. Gevers, *Behandeling van volwassenen met een autismespectrumstoornis* (pp. 41-60). Amsterdam: Hogrefe.

Seltzer, M.M., Shattuck, P., Abbeduto, L., & Greenberg, J.S. (2004). Trajectory of development in adolescents and adults with autism. *Mental Retardation and Developmental Disabilities Research Reviews, 10*, 234-247.

Semeijn, E.J., Kooij, S.J., Comijs, H.C., Michielsen, M., Deeg, D.J., & Beekman, A.T. (2013a). Attention deficit and hyperactivity disorder, physical health, and lifestyle in older adults. *Journal of the American Geriatrics Society, 61*, 882-887.

Semeijn, E.J., Michielsen, M., Comijs, H.C., Deeg, D.J., Beekman, A.T., & Kooij, J.S. (2013b). Criterion validity of an attention deficit hyperactivity disorder (ADHD) screening list for screening ADHD in older adults aged 60-94 years. *American Journal of Geriatric Psychiatry, 21*, 631-635.

Semeijn, E.J., Comijs, H.C., Vet, H.C.W. de, Kooij, J.J.S., Michielsen, M., Beekman, A.T.F., & e.a. (2015a). Lifetime stability of ADHD symptoms in older adults. *ADHD Attention Deficit and Hyperactivity Disorders, 7*, 1-8.

Semeijn, E.J., Korten, N.C.M., Comijs, H.C., Michielsen, M., Deeg, D.J.H., Beekman, A.T.F., e.a. (2015b). No lower cognitive functioning in older adults with attention-deficit/hyperactivity disorder. *International Psychogeriatrics, 27*, 1467-1476.

Shaw, P., Sharp, W.S., Morrison, M., Eckstrand, K., Greenstein, D.K., Clasen, L.S., e.a. (2009). Psychostimulant treatment and the developing cortex in attention deficit hyperactivity disorder. *American Journal of Psychiatry, 166*, 58-63.

Sobanski, E. (2006). Psychiatric comorbidity in adults with attention-deficit/hyperactivity disorder (ADHD). *European Archives of Psychiatry and Clinical Neuroscience, 256*, 26-31.

Sobel, L.J., Bansal, R., Maia, T.V., Sanchez, J., Mazzone, L., Durkin, K., e.a. (2010). Basal ganglia surface morphology and the effects of stimulant medications in youth with attention deficit hyperactivity disorder. *American Journal of Psychiatry, 167*, 977-986.

Starkstein, S., Gellar, S., Parlier, M., Payne, L., & Piven, J. (2015). High rates of parkinsonism in adults with autism. *Journal of Neurodevelopmental Disorders, 7*, 1-11.

Szuromi, B., Bitter, I., & Czobor, P. (2013). Functional impairment in adults positively screened for attention-deficit hyperactivity disorder: The role of symptom presentation and executive functioning. *Comprehensive Psychiatry, 54*, 974-981.

Totsika, V., Felce, D., Kerr, M., & Hastings, R. (2010). Behavior problems, psychiatric symptoms, and quality of life for older adults with intellectual disability with and without autism. *Autism, 40*, 1171-1178.

Trimbos-instituut. (2013). *Multidisciplinaire richtlijn diagnostiek en behandeling van autismespectrumstoornissen bij volwassenen.* Utrecht: Trimbos-insitituut.

Tuithof, M., Have, M. ten, Dorsselaer, S. van, & Graaf, R. de. (2014). Prevalentie, persistentie en gevolgen van ADHD in de Nederlandse volwassen bevolking. *Tijdschrift voor Psychiatrie, 56*, 10-19.

Veen, M.M. van, Kooij, J.J.S., Boonstra, M., Gordijn, M.C.M., & Someren, E.J.W. van, (2010). Delayed circadian rhythm in adults with attention-deficit/hyperactivity disorder and chronic sleep-onset insomnia. *Biological Psychiatry, 67*, 1091-1096.

28
Ouderen met een verstandelijke beperking

Petri Embregts, Rianne Meeusen en Wietske van Oorsouw

1 Inleiding
2 Zorg
   2.1 Huidige definitie verstandelijke beperking
   2.2 Ontwikkelingen in visie op zorg
   2.3 Ontwikkeling in woonvormen
3 Ouder worden met een verstandelijke beperking
   3.1 Levensverwachting en gezondheidsproblemen
   3.2 Verandering in woonzorg en dagbesteding
4 Psychopathologie
   4.1 Psychische kwetsbaarheid
   4.2 Dementie
5 Diagnostiek
   5.1 Richtlijnen en classificatiesystemen
   5.2 Neuropsychologisch onderzoek
6 Ondersteuning en behandeling
   6.1 Ondersteuningsmethoden
   6.2 Begeleiding en behandeling
   6.3 Het levenseinde
7 Toekomst van zorg
   Literatuur

 www.tijdstroom.nl/leeromgeving

 Weblinks

Kernboodschappen
- Het aantal ouderen met een verstandelijke beperking is binnen de verstandelijk-gehandicaptensector en in de maatschappij sterk toegenomen.
- Ouderen met een verstandelijke beperking zijn relatief kwetsbaar voor het ontwikkelen van ouderdomsaandoeningen en psychische problemen.
- Er zijn speciale testmaterialen ontwikkeld en richtlijnen opgesteld om ouderdomsproblemen zoals dementie en depressie bij mensen met een verstandelijke beperking te diagnosticeren.
- Psychologische behandelmogelijkheden die toepasbaar zijn voor ouderen met een verstandelijke beperking, worden toenemend ingezet.

1 Inleiding

> 'Ik, ik ben helemaal niet oud, ik kan alles nog goed' – Jan, 93 jaar
> 'Ik ben oud, ik kan niet meer goed lopen en heb grijs haar' – Sjaan, 63 jaar
> (Meeusen & Van der Heijden, 1998)

Nederland kent minstens 160.000 mensen met een verstandelijke beperking. Ondanks een toenemende zichtbaarheid zijn nog lang niet alle mensen met een verstandelijke beperking in beeld, waardoor het schatten van aantallen lastig blijft. Rapporten van onder andere het Sociaal en Cultureel Planbureau laten door de jaren heen wisselende cijfers zien, variërend van minder dan 100.000 tot ver over de 200.000 mensen (onder anderen Ras e.a., 2010; Woittiez & Crone, 2005; Woittiez e.a., 2012; 2014a; 2014b). Naast het gebruik van voorzieningen binnen de gehandicaptenzorg ontvangt een groot deel van deze groep hulp vanuit de reguliere eerste- en tweedelijns gezondheidszorg. Dit geldt zeker voor de groep mensen met een lichte verstandelijke beperking of zwakbegaafdheid. Verondersteld wordt dat met het complexer worden van de maatschappij een steeds groter wordende groep mensen uitvalt. Bovendien vallen informele steunsystemen weg doordat de maatschappij individualistischer wordt. Ook is er sprake van een toename van het aantal diagnoses door enerzijds een verbeterde kennis over en vroegtijdige screening van ontwikkelingsproblemen op jonge leeftijd, en anderzijds door het beleid voor indicatiestellingen. Dit heeft geleid tot een verbreding van in- en uitsluitingscriteria, waardoor mensen met een IQ tot 80/85 tegenwoordig eveneens tot de doelgroep kunnen behoren. In Nederland heerst de consensus dat de groep met een IQ tussen 70 en 85 kan worden opgevat als zijnde zorgvragers met een verstandelijke beperking indien er sprake is van ernstige chronische problemen met leren, het gedrag of de sociale redzaamheid (onder anderen Ras e.a., 2010; Woittiez e.a., 2012; 2014a; 2014b).

Steeds meer hulpverleners in de reguliere zorg komen als gevolg van deze ontwikkelingen in contact met mensen met een verstandelijke beperking, ook in de ouderenzorg. De huidige visie, het huidige beleid en de huidige financiering dragen bij aan de integratie van deze doelgroepen. We spreken zelfs liever niet meer van doelgroepen, maar van kwetsbare medeburgers. Mensen met een verstandelijke beperking worden als volwaardig lid van de samenleving gezien, en verantwoordelijkheden van de overheid zijn gedecentraliseerd naar de gemeenten opdat hulp en ondersteuning dicht bij huis gegeven kan worden (Embregts, 2011). Een onderdeel hiervan is de overheveling van de extramurale begeleiding van de Algemene Wet Bijzondere Ziektekosten (AWBZ) naar de Wet maatschappelijke ondersteuning 2015 (WMO 2015: Van der Kwartel, 2013). Visieveranderingen in de zorg voor mensen met een verstandelijke beperking zijn echter niet nieuw. Al decennialang zijn er verschuivingen te zien in theoretische modellen, sociale, maatschappelijke en politieke visies. Deze hebben steevast geleid tot nieuwe termen ter beschrijving van de doelgroep. Benamingen als 'mentaal of geestelijk gehandicapten', 'zwakzinnigen', 'verstandelijk gehandicapten' en 'mensen met mogelijkheden' zijn daarbij nog het meest recent. Tegenwoordig spreken we van 'mensen met een verstandelijke beperking' of 'mensen met een verstandelijke handicap' (Maaskant, 2007; Maaskant e.a, 2010a; Mans, 1998; De Bruijn e.a., 2014).

2 Zorg

2.1 Huidige definitie verstandelijke beperking

De American Association and Intellectual and Developmental Disabilities (AAIDD) heeft vastgelegd dat een verstandelijke beperking de volgende kenmerken omvat (Schalock e.a., 2010):
- een significante beperking in het intellectuele functioneren (een IQ van twee of meer standaarddeviaties onder het populatiegemiddelde);
- gelijktijdig optredend met een significante beperking in het adaptieve gedrag (conceptuele, sociale en praktische vaardigheden; twee of meer standaarddeviaties onder het populatiegemiddelde);
- het optreden van deze beperkingen vóór het 18e levensjaar.

In vergelijking met eerdere edities komt de huidige DSM-5 sterker overeen met deze kenmerken. De indeling in intelligentiequotiënt is vervangen door typologische beschrijvingen van het intellectuele functioneren waarbij de indeling in ernst niet gebaseerd is op IQ-scores maar op de mate van ondersteuningsbehoefte en de beperkingen in het adaptieve functioneren (APA, 2013; 2014).

De definitie van de AAIDD en de indeling in de DSM-5 zijn breed erkend. Daarnaast worden in de praktijk nog steeds modellen gebruikt waarin een verduidelijking wordt gegeven van de ernst van een verstandelijke beperking in relatie tot het IQ en de ontwikkelingsleeftijd (zie tabel 28.1).

Tabel 28.1 Classificatiemodellen ernst verstandelijke beperking

IQ	Ontwikkelingsleeftijd in jaren	Ernst verstandelijke beperking
70-80/85	≥ 11/12	Zwakbegaafd (laagbegaafd)
50/55-70	7 à 8 tot circa 11/12	Licht
35-50/55	4 à 5 tot 7 à 8	Matig
< 25	0 tot circa 2	Zeer ernstig
IQ niet te bepalen	---	Niet te bepalen

Tabel 28.1 geeft een globale indeling in IQ-niveaus weer. Deze indeling is mede gebaseerd op de IQ-indeling die in voormalige classificatiemodellen zoals de DSM-IV-R (APA, 2000) en de ICD-10 (WHO, 2004) gebruikt werd en de indeling in ontwikkelingsniveaus van Piaget (Monks & Knoers, 2009) en Došen (2010). Uit tabel 28.1 valt bijvoorbeeld af te leiden dat mensen met een lichte verstandelijke beperking een IQ hebben van 50/55 tot 70, hetgeen overeenkomt met een verstandelijk denkniveau passend bij een ontwikkelingsleeftijd van 7 à 8 tot circa 12 jaar. Tegenwoordig gaat men naast de IQ-scores en de hieraan gekoppelde ontwikkelingsleeftijden ook uit van specifieke ondersteuningsbehoeften waarmee het gebrek aan intelligentie gepaard gaat. Dit is reeds zichtbaar in de definitie zoals die is opgesteld door de AAIDD. Naast de vaststelling van de intellectuele vaardigheden zijn het adaptieve gedrag, de mate van participatie, de gezondheid en de context medebepalend geworden voor het mogen stellen van de diagnose. Het adaptieve gedrag representeert de sociale en praktische vaardigheden. Participatie omvat de interacties tussen de persoon en zijn omgeving: het sociale gedrag. Met de context worden de omgevings- en persoonlijke factoren in iemands leven bedoeld. Al deze factoren tezamen bepalen het functioneren van mensen met een verstandelijke beperking (Buntinx, 2003; De Bruijn e.a., 2014; Shalock e.a., 2010).

Bovendien wordt aangeraden om ook de communicatieve en sociaal-emotionele ontwikkeling in ogenschouw te nemen. Beide domeinen zijn immers niet altijd tot hetzelfde niveau doorontwikkeld als de verstandelijke ontwikkeling. Het is een erkend gegeven dat vooral het niveau van de sociaal-emotionele ontwikkeling relatief vaak achterblijft ten opzichte van de verstandelijke ontwikkeling. Dit leidt tot een disharmonisch ontwikkelingsprofiel en tot psychische en gedragsmatige problemen (De Bruijn e.a., 2014; Došen, 2010).

De bredere definitie van een verstandelijke beperking tezamen met de inzichten in de sociaal-emotionele ontwikkeling maken duidelijk dat er een verschil is tussen dat wat een persoon 'praktisch kan' en daarnaast 'psychisch aankan'. Iemand die bijvoorbeeld op praktisch gebied alle handelingen kan uitvoeren die nodig zijn om alleen te wonen (onder andere poetsen, zichzelf verzorgen, boodschappen doen, naar het werk gaan), kan het zelfstandig wonen toch niet altijd aan. Ondanks de beheersing van praktische vaardigheden kan het complex zijn om bijvoorbeeld zelf dagstructuur aan te brengen, zelf problemen op te lossen, of sociale contacten aan te gaan en te onderhouden.

2.2 Ontwikkelingen in visie op zorg

In overeenstemming met het VN-verdrag voor de rechten van mensen met beperkingen wordt tegenwoordig gestreefd naar een gelijkwaardige positie en participatie van mensen met een verstandelijke beperking. Dit uitgangspunt is het resultaat van de veranderingen die in de afgelopen decennia hebben plaatsgevonden in de visie op zorg en in de ondersteuning aan mensen met een verstandelijke beperking in Nederland. Vermaatschappelijking in de zorg is een jarenlang proces van institutionalisering naar extramuralisering en volwaardig burgerschap. Op basis van het burgerschapsparadigma worden mensen met een verstandelijke beperking expliciet beschouwd als volwaardige medeburgers die deel uitmaken van de samenleving (onder anderen Van Gennep, 2009). Aanvullend op het burgerschapsparadigma benadrukt het ondersteuningsparadigma de mogelijkheden die ondersteuning kan bieden door het optimaliseren van de omgeving (Embregts, 2011; Blom e.a., 2013; Woittiez & Crone, 2005).

Deze visieverandering over participatie en ondersteuning heeft geresulteerd in de-institutionalisering en het opheffen of veranderen van grote instellingsterreinen. De ervaring leerde echter dat zelfstandig wonen een niet voldoende voorwaarde bleek voor de volledige integratie in de samenleving en deelname aan het maatschappelijke leven. Vanuit die constatering zijn in de afgelopen jaren voortdurend veranderingen in het beleid en het voorzieningenaanbod voorgesteld en doorgevoerd (Kwekkeboom e.a., 2006). Mensen met een verstandelijke beperking zijn 'burger' geworden, met woonvoorzieningen in de maatschappij, stemrecht en recht op het gebruik van gemeentelijke voorzieningen. Sinds 2015 valt de zorg ook onder de verantwoordelijkheid en de regie van de lokale overheid. Participatie in de samenleving wordt hierdoor naar verwachting sterker doorgezet (Schuurman, 2014).

Het beleid is gericht op het versterken van de eigen kracht (empowerment) van mensen met een verstandelijke beperking. Zij worden meer en meer gestimuleerd om vaardigheden te ontwikkelen die leiden tot een toename van zelfbewustzijn en zelfbepaling (Embregts, 2011). Inmiddels zijn er bijvoorbeeld effectieve scholingen ontwikkeld om mensen met een verstandelijke beperking op te leiden tot ervaringsdeskundigen (Verbrugge & Embregts, 2013). De ervaringskennis van mensen met een verstandelijke beperking wordt benut om bijvoorbeeld evaluatieve instrumenten te ontwikkelen ten behoeve van het kwaliteitskader, onderwijs te vernieuwen, en de betekenis van wetenschappelijke onderzoeksgegevens te interpreteren

(Abma e.a., 2006). In de komende jaren zal de gelijkwaardige participatie van mensen met een verstandelijke beperking verder worden voortgezet. Als gevolg hiervan zal deze doelgroep steeds vaker en meer zichtbaar betrokken worden in de reguliere zorg, cliëntenraden, onderwijs en wetenschappelijk onderzoek (VGN, 2014; Tuffrey-Wijne, 2013; 2014).

2.3 Ontwikkeling in woonvormen

De woonvormen en de ontwikkelingen hierin zijn voor mensen met een verstandelijke beperking zeer divers. Tot halverwege de jaren negentig van de vorige eeuw woonden de meesten van hen in grootschalige instituten aan de rand van de stad of dorp. Anderen woonden bij familie of in gezinsvervangende tehuizen (GVT). Deze GVT's, de latere Woonbegeleidingscentra (WBC's) werden opgericht in de jaren zeventig van de vorige eeuw en lagen in gewone woonwijken. Het waren de eerste vervangende woonvormen vanuit de deconcentratiegedachte (Overkamp, 2000). Daarnaast werden dependances ontwikkeld, waarmee de deconcentratie een stap verder werd gebracht in de richting van kleinschaligheid (Evenhuis, 2002). Inmiddels doen zich ontwikkelingen voor waarbij de instellingsterreinen ontmanteld worden en mensen met (zeer) ernstige en meervoudige beperkingen kleinschalige woonvoorzieningen aangeboden krijgen in steden en dorpen. Bij andere instellingen is juist zichtbaar dat de instellingsterreinen blijven bestaan voor mensen met een verstandelijke beperking en complexere problematiek. Bovendien is omgekeerde integratie zichtbaar en worden instellingsterreinen omgebouwd tot woonparken waar op of aan de rand van het terrein ook reguliere huisvestingsmogelijkheden zijn. Tevens is begeleid zelfstandig wonen (BZW) een mogelijkheid. Dit aanbod is bedoeld voor mensen met een lichte verstandelijke beperking of zwakbegaafdheid die zo'n twee tot vier uur per week begeleiding krijgen. Vaak wordt het zelfstandig wonen ondersteund vanuit de Woonbegeleidingscentra in de wijk. Sinds de veranderingen in beleid en de invoering van de WMO 2015 wordt deze begeleiding steeds frequenter door de reguliere wijkteams geboden (ministerie van VWS, 2004). Sinds de invoering van het persoonsgebonden budget (pgb) wordt dit op grote schaal ingezet om (woon)begeleiding en nieuwe wooninitiatieven zoals ouderinitiatieven te financieren. Dit heeft als doel om een op maat gesneden woonaanbod te creëren (Paumen, 2011).

3 Ouder worden met een verstandelijke beperking

3.1 Levensverwachting en gezondheidsproblemen

Binnen de verstandelijk-gehandicaptensector neemt het aantal ouderen sterk toe. Volgens ruwe schattingen is er een stijging van 14% ouderen in 2001 tot een percentage van 21-27% ouderen in later onderzoek (onder anderen Bernard e.a., 2001; CBZ, 2003; Van Staalduinen & Ten Voorde, 2011; Ras e.a., 2010). Een van de oorzaken van het stijgende aantal ouderen met een verstandelijke beperking is de toename van de levensverwachting in de afgelopen decennia. Gold in 1960 nog een levensverwachting van ongeveer 20 jaar, in 2008 lag dit al op circa 50 jaar. Voor mensen met een lichte verstandelijke beperking en zwakbegaafdheid ligt de verwachting even hoog als voor de algemene bevolking (Haveman e.a., 2009; Maaskant e.a., 2002; Maaskant & Hoekman, 2007). Deze stijgende levensverwachting heeft rechtstreeks te maken met een verbeterde levensstandaard door stijging van het welvaartsniveau en verbetering van de verpleegkundige en medische zorg (CBZ, 2003; Maaskant & Hoekman 2007).

Vroegtijdige veroudering

Naast een stijgende leeftijdsverwachting blijft aan de orde dat verouderingsaandoeningen bij mensen met een verstandelijke beperking al in een relatief vroeg stadium kunnen optreden, namelijk vanaf de leeftijd van 50 jaar. Bij mensen die functioneren op (zeer) ernstig verstandelijk beperkt niveau of mensen met het syndroom van Down kunnen deze verschijnselen zelfs al vanaf de leeftijd van 40 jaar optreden (Maaskant, 1993). Uit het onderzoek van het consortium Gezond Ouder met een verstandelijke beperking (GOUD) blijkt dat het veronderstelde 'vroeg oud worden' van deze populatie vooral verklaard kan worden door een opeenstapeling van ongunstige factoren gedurende de levensloop zoals het aantal chronische ziekten en medicijngebruik en een slechtere fitheid door een ongezonder eetpatroon en te weinig beweging. Dit heeft tot gevolg dat ouderen met een verstandelijke beperking qua gezondheid op 50-jarige leeftijd al vergelijkbaar zijn met kwetsbare 75-plussers in de algemene bevolking. Het zogenaamde vroeg oud worden van deze populatie betreft in feite een vroege geriatrische kwetsbaarheid (Evenhuis, 2014).

Somatische comorbiditeit

Mensen met een verstandelijke beperking zijn kwetsbaar als het gaat om hun lichamelijke gezondheid. Zij hebben op jonge leeftijd al meer gezondheidsproblemen dan normaal begaafde mensen. Onderzoek heeft aangetoond dat de stoornissen in de hersenen die hebben geleid tot een verstandelijke beperking, tevens kunnen leiden tot andere aandoeningen. Er bestaat een verhoogd risico op motorische beperkingen, hart- en vaatziekten, epilepsie, zintuiglijke handicaps en syndroomspecifieke stoornissen (Evenhuis, 2002; Meijer & Van Schrojenstein Lantman-de Valk, 2005).

Met het ouder worden treden bij mensen met een verstandelijke beperking dezelfde verouderingsaandoeningen op als in de algemene bevolking. Het risico op bijvoorbeeld hart- en vaatziekten, verhoogde bloeddruk, chronische longaandoeningen en diabetes lijkt vergelijkbaar te zijn. Een aantal aandoeningen komt echter vaker voor, vooral visuele en auditieve beperkingen, aandoeningen aan het bewegingsapparaat, problemen met de motoriek, psychiatrische stoornissen en dementie.

Door de combinatie van enerzijds de reeds bestaande aandoeningen vanaf de geboorte en anderzijds de daarbovenop komende verouderingsaandoeningen zijn de beperkingen relatief ernstiger. Ook lijden velen daardoor aan meerdere aandoeningen tegelijkertijd. Er is een groter risico op een slechte gezondheid en een vervroegde neurologische achteruitgang (Evenhuis, 2002; Haveman e.a., 2009).

Syndroomspecifieke veroudering

Een syndroom kan ten grondslag liggen aan een verstandelijke beperking. Over verouderingsprocessen bij specifieke syndromen (zoals het fragiele-x-syndroom en het angelmansyndroom) is nog relatief weinig bekend. Wetenschappelijk onderzoek naar syndroomspecifieke veroudering heeft zich voornamelijk gericht op de veroudering bij mensen met het syndroom van Down. Kenmerkend bij hen is de vroegtijdige veroudering en daarmee samenhangend een verhoogd risico op de ziekte van Alzheimer (Coppus, 2008; Haveman e.a., 2009; Kerr, 2010). Op lichamelijk gebied zijn al vanaf de leeftijd van 40 jaar een afnemende weerstand en conditie, moeheid en problemen met de bloedsomloop zichtbaar. Er ontstaan vaak tekorten van vitamine B_{12}, en visus- en gehoorstoornissen komen vaker voor.

Ook andere typische ouderdomsaandoeningen lijken op basis van klinische indrukken bij deze doelgroep op jonge leeftijd zichtbaar, zoals glucose-intolerantie, vaataandoeningen, haaruitval en botaandoeningen. Op het psychische vlak valt het trager worden op, alsook het sneller geïrriteerd zijn, de toename van dwangmatigheid en het slecht verdragen van veranderingen (onder anderen Bittles e.a., 2007; Dierckx, 2013; Evenhuis, 2002). De biologische leeftijd kan afhankelijk van het aantal ouderdomsaandoeningen jaren hoger liggen dan de kalenderleeftijd. Bij mensen met het syndroom van Down zelfs wel 15 tot 20 jaar hoger. De levensverwachting van mensen met het syndroom van Down neemt desalniettemin elk jaar toe: 44% van de mensen met syndroom van Down wordt inmiddels ouder dan 60 jaar. In de laatste decennia is dit snel toegenomen van 9 jaar in 1929 en 26 jaar in 1983 naar 49 jaar in 1997 (Coppus, 2008; Haveman e.a., 2009).

De laatste jaren wordt door het Gouveneur Kremers Centrum onderzoek gedaan naar veroudering en levensverwachting bij andere syndromen dan het downsyndroom, met als uiteindelijke doel de ontwikkeling van een gezondheids- en ondersteuningsmonitor. Onderzoek heeft zich vooralsnog gericht op het prader-willisyndroom (onder anderen Sinnema, 2011) en het rettsyndroom (onder anderen Halbach e.a., 2012). Bij het prader-willisyndroom werd een levensverwachting van 49 jaar gerapporteerd (Sinnema, 2011). Onderzoek naar het rettsyndroom heeft geen levensverwachting afgegeven, maar laat op volwassen leeftijd een langzaam progressieve achteruitgang van motorische functies zien bij juist stabieler blijvende cognitieve functies (Halbach e.a., 2012). Bij andere, minder voorkomende syndromen (zoals het sanfilliposyndroom) is eveneens vroegtijdige veroudering geconstateerd.

3.2 Verandering in woonzorg en dagbesteding

Een langere levensverwachting leidt tot verandering in zorgvragen van mensen met een verstandelijke beperking. Bewoners van bestaande woon- en zorgvoorzieningen worden steeds ouder en de thuiswonende ouderen doen een groter beroep op reguliere zorgvoorzieningen. Met het ouder worden, neemt ook de behoefte toe aan vormen van verzorgd of beschermd wonen zowel in de gehandicaptenzorg als daarbuiten. Woonvoorzieningen van zorgorganisaties binnen de gehandicaptenzorg worden aangepast aan de zorgvraag van de ouderwordende cliënt. De Woonbegeleidingscentra (WBC's) en kleinere woonvormen zijn immers niet altijd voldoende berekend op ouder wordende mensen met een verstandelijke beperking. Deze woonvormen zijn meestal gericht op het ontwikkelen en in stand houden van de vaardigheden en over het algemeen niet op het verplegen en verzorgen van cliënten. De ruimte voor hulpmiddelen kan dan tekortschieten. Inmiddels wordt bij nieuwbouw steeds meer rekening gehouden met omkeerbaar en levensloopbestendig bouwen zodat de woonruimte in principe voor iedere leeftijdsfase geschikt is (CBZ, 2003). Voor mensen met specifieke zorgvragen, zoals psychogeriatrische cliënten, worden gespecialiseerde woningen gecreëerd binnen de instellingen en wordt samenwerking gezocht met organisaties voor verzorging en verpleging.

Het ouder worden van mensen met een verstandelijke beperking vraagt om een andere opzet en invulling van de dagbesteding. Mensen met een verstandelijke beperking volgen verschillende vormen van dagbesteding afhankelijk van leeftijd, het niveau van functioneren en de bijkomende lichamelijke en psychische problemen. Dit kan variëren van dagbesteding binnen een dagcentrum, tot vrijwilligerswerk of betaalde arbeid. Door het burgerschapsparadigma wordt de laatste jaren sterk ingezet op ondersteuning voor betaalde arbeid (Dankers & Wilken, 2005). Het ouder worden vraagt om aangepaste arbeid en dagbesteding. In plaats van hele dagen aanwezig zijn op een dagcentrum, zullen meer mensen gedeeltelijk of volledig thuisblijven. Hierop wordt ingespeeld door meerdere vormen van dagbesteding te creëren, ook dichter bij huis, of aan huis. Ook is het in deeltijd participeren mogelijk gemaakt en worden flexibeler begin- en eindtijden en rusttijden gehanteerd. Inhoudelijk wordt een gevarieerder aanbod gecreëerd voor ouderen, zoals een seniorensoos en bewegingsprogramma's. Activiteiten voor ouderen kennen vaker een belevingsgericht karakter (Van der Kooij, 2014). Daarbij wordt gestreefd naar een op ieder individu toegesneden en betekenisvol programma met ruimte voor eigen behoeften en een eigen tempo (Hornman, 2013).

4 Psychopathologie

4.1 Psychische kwetsbaarheid

De grotere kwetsbaarheid van ouder wordende mensen met een verstandelijke beperking is ook op psychisch gebied zichtbaar. Er is een verhoogd risico op psychische en gedragsstoornissen, ADHD en aan autisme verwante problemen (Evenhuis, 2002; Meijer & Van Schrojenstein Lantman-de Valk, 2005). De toenemende levensverwachting geeft bovendien een groter risico op psychopathologie die kan optreden met het ouder worden. Dementie komt vaak voor, maar ook andere psychische problemen zijn bekend. Als gedragsproblemen, psychopathologie en dementie geïncludeerd worden bij de doelgroep ouderen met een verstandelijke beperking dan is een percentage stoornissen zichtbaar tot 68,7% (Cooper, 1999; Cooper & Holland, 2007). Dit percentage ligt hoger in vergelijking met de volwassen populatie met een verstandelijke beperking en de normaal begaafde populatie. Vergrote kwetsbaarheid (biologisch, neurologisch en psychisch), de eigen persoonsfactoren, verlies, rouw en een krimp van het sociale netwerk maken ouderen met een verstandelijke beperking gevoelig voor de ontwikkeling van psychische problemen (Cooper, 1999; Cooper & Holland, 2007).

Vaak is bij ouderen zichtbaar dat problemen ontstaan wanneer de steunsystemen wegvallen waarmee zij zich tot dan toe in de maatschappij staande hebben gehouden. Zelfstandig zorg dragen voor het huishouden, zelfzorg, dagstructuur, sociale contacten en financiën leidt tot spanning. Copingstrategieën in het omgaan met problemen zijn over het algemeen beperkt en mensen worden snel overvraagd. Langdurige overvraging kan vervolgens leiden tot problemen zoals uitputting, slaapproblemen, depressies en zelfs psychotische symptomen. De omgeving begrijpt dit niet altijd goed en kan iemand als lastig ervaren in plaats van als ziek, bijvoorbeeld als iemand een groter beroep gaat doen op familie, of kinderlijk gedrag begint te vertonen. Alle psychische stoornissen die bij ouderen zichtbaar zijn, kunnen eveneens bij ouderen met een verstandelijke beperking optreden. Veelvoorkomend in de klinische praktijk zijn psychotische stoornissen, depressie, angststoornissen, verslavingsproblematiek, dwangstoornissen, een posttraumatische-stressstoornis (PTSS) (vaak door seksueel misbruik), somatoforme stoornissen en complexe rouw. In mindere mate worden eetstoornissen vastgesteld.

Psychotische stoornissen

Psychotische stoornissen bij ouderen met een verstandelijke beperking treden vaak op als symptoom van dementie, een delier of de ziekte van Parkinson, of als bijwerking van medicatie. Epilepsie kan eveneens psychotische symptomen uitlokken en komt bij deze doelgroep veel voor (Fletcher e.a., 2007). Bij mensen met een (zeer) ernstige tot matige verstandelijke beperking zijn psychotische belevingen moeilijk te duiden. Hallucinaties zijn bij hen lastig vast te stellen, wanen ontbreken. Vooral veranderingen in psychosociaal functioneren treden op met mogelijke symptomen als desoriëntatie, vreemde lichaamshouding, angst voor bepaalde ruimten, toename agressie of het in zichzelf keren.

Bij mensen met een lichte verstandelijke beperking kunnen verschillende symptomen voorkomen, zoals visuele hallucinaties, horen van stemmen, wanen en achterdocht (Cooper, 1999; Došen, 2010). In de praktijk is het vaak lastig om de psychotische symptomen te onderscheiden van andere klachten of uitingen die te verklaren zijn vanuit het niveau van functioneren. Zo is het horen van stemmen soms moeilijk te onderscheiden van eigen gedachten. Bijvoorbeeld een cliënte met een lichte verstandelijke beperking die meldt dat de gedachten haar overspoelen en vanuit haar buik opborrelen en naar haar hoofd gaan. Dit zijn negatieve gedachten, en doordat ze continu die gedachten heeft, kan ze nergens meer van genieten. Het is nooit rustig in haar hoofd, het maalt maar door. Ze benoemt ze steeds als eigen gedachten die niet te sturen zijn, maar kan soms de gedachten ook benoemen als persoon. Zo kan ze op een leuke dag waarvan ze geniet ineens zeggen dat 'hij' zegt dat ze het niet leuk mag hebben, waarbij het niet duidelijk is of dit nu haar gedachten zijn waar ze geen controle over heeft, of dat ze echt een stem hoort. Zelf lukt het haar bij navraag ook niet om onderscheid te maken en dan blijft het complex: bedoelt ze een eigen piekergedachte, of hoort ze een stem?

Psychotische belevingen en achterdocht zijn soms ook moeilijk te onderscheiden van symptomen van overvraging. Bijvoorbeeld bij een cliënt met een lichte verstandelijke beperking en psychotische waanbeelden, wonend in een gewoon verzorgingshuis, maar met een verkeerde indicatie. Na een gesprek met het cliëntbureau over de aanvraag van een andere indicatie zodat zijn woonsituatie onveranderd zou blijven, raakte hij ervan overtuigd dat hij de huur niet meer kon betalen. Mede door berichten op de televisie over politie die niet-betaalde rekeningen (boetes) zou komen innen, ontwikkelde hij de overtuiging dat de politie hem ieder moment kon komen ophalen en gevangen zou nemen. Iedereen die hem op andere gedachten wilde brengen, werd met achterdocht bekeken. In zijn beleving gold: iedereen wist wat er zou gaan gebeuren, maar niemand vertelde hem de waarheid. De angst werd zo groot dat dit leidde tot waanideeën over hoge schulden, opgepakt worden door de politie en geen huis meer hebben. Het gevolg was claimend, roepend gedrag, en uitputting die uiteindelijk leidde tot een opname. Bij deze man was er sprake van een psychotische stoornis, die met medicatie kon worden behandeld. Het ontstaan daarvan werd echter sterk beïnvloed door overvraging van zijn verstandelijke vermogens.

Depressie en angst

In het onderzoek Gezond Ouder met een Verstandelijke Beperking (GOUD) is depressie en angst bij 990 ouderen met een lichte tot zeer ernstige verstandelijke beperking onderzocht (Evenhuis, 2014; Hermans, 2012). De prevalentie van depressieve stoornissen was 8% en van angststoornissen 4%. De prevalentie van depressieve stoornissen was 5 maal hoger dan de prevalentie in de algemene populatie ouderen en hing in dit onderzoek samen met chronische ziekten en beperkte vaardigheden in algemene dagelijkse levensverrichtingen (ADL). De prevalentie van angststoornissen was daarentegen lager dan in de algemene bevolking. Onderzoek naar levensgebeurtenissen liet zien dat driekwart van de onderzochten in het afgelopen jaar minstens één negatieve levensgebeurtenis had meegemaakt (Hermans, 2012).

In het GOUD-onderzoek zijn ook slaapstoornissen onderzocht. Meer dan zeven op de tien ouderen met een verstandelijke beperking had een of meerdere slaapproblemen. Deze blijken in de praktijk vaak niet te worden herkend, hetgeen een risicofactor is voor de ontwikkeling van een depressie (Wouw-van Dijk, 2013).

4.2 Dementie

Wanneer we specifiek inzoomen op dementie bij mensen met een verstandelijke beperking, laat onderzoek wisselende prevalentiegegevens zien. Dementie lijkt bij deze groep vaker voor te komen dan bij de reguliere ouderenpopulatie. Een van de oorzaken is dat vaak al vanaf de geboorte sprake is van een kwetsbaar brein. Bij verstandelijk beperkten jonger dan 65 jaar is er bij ruim 13% sprake van dementie tegenover 1% in de normaal begaafde populatie. Boven de 65 jaar geldt dat voor 18% bij mensen met een verstandelijke beperking tegenover ruim 6% bij normaal begaafden (Coppus, 2008). In deze cijfers zijn de prevalentiegegevens van mensen met het syndroom van Down achterwege gelaten. Zij vormen een grote risicogroep voor het ontwikkelen van dementie en worden daarom apart besproken. Bij mensen met het downsyndroom onder de 65 jaar komt dementie in meer dan 30% voor en boven de 65 jaar worden percentages genoemd van 26-100% (Coppus, 2008).

Een verschil in het dementieproces tussen mensen met en mensen zonder een verstandelijke beperking is dat de eerste presentatie van symptomen anders kan zijn. Afhankelijk van het niveau van functioneren en de oorzaak van de dementie kunnen bijvoorbeeld geheugenstoornissen minder op de voorgrond staan en kunnen veranderingen in sociaal gedrag of stemming meer opvallen (Meeusen & De Geus, 2005; Strydom e.a., 2009). Bij mensen met een lichte verstandelijke beperking zijn de eerste signalen vaak vergelijkbaar met die van de normaal begaafde populatie en valt vergeetachtigheid vaak als eerste op. Naarmate iemand op een ernstiger verstandelijk beperkt niveau functioneert, worden lichamelijke verschijnselen zoals incontinentie of spierschokjes vaker als eerste signaal gezien. Daarnaast zijn veranderingen zichtbaar in de zelfzorg, verminderde sociale interacties, en een toename in apathisch gedrag (Lai & Williams, 1989). Meeusen en De Geus (2005) beschrijven daarnaast de volgende frequent optredende eerste signalen:

- verlies van initiatief en interesse;
- verlies van vaardigheden, vooral slechtere zelfverzorging;
- vermindering van het communicatievermogen;
- desoriëntatie in tijd (minder in plaats en in persoon);
- motorische achteruitgang;
- geheugenproblemen voor recente gebeurtenissen;
- dwalen;
- stemmingswisselingen en labiliteit;
- prikkelbaarheid;
- rusteloosheid;
- incontinentie voor urine;
- spierschokjes, epilepsie (vooral bij mensen met het downsyndroom).

Uit onderzoek bij mensen met het downsyndroom blijkt dat deze subgroep een genetische predispositie heeft voor de ontwikkeling van dementie. Dit heeft te maken met het feit dat dit syndroom meestal ontstaat door aanwezigheid van een extra chromosoom 21. Op dit chromosoom ligt eveneens het gen dat betrokken is bij de aanmaak van plaques die kenmerkend zijn voor de ziekte van Alzheimer. Dit geeft een stapeling van eiwitten (amyloïdeiwit: APP) in de hersenen. Deze amyloïdstapeling in de hersenen vindt bij mensen met het syndroom van Down al plaats vanaf de geboorte, maar niet iedereen met het syndroom van Down wordt daadwerkelijk ook dement (Coppus, 2008; Kerr, 2010). De eerste symptomen van de ziekte van Alzheimer bij mensen met het downsyndroom zijn meestal geheugenproblemen, minder actief en sneller vermoeid zijn, traagheid in denken en doen, en het ontstaan of sterker worden van dwangmatige gedragingen. Toename van dwang is vaak zichtbaar bij toenemende veroudering en gripverlies, zeker bij mensen met het downsyndroom. Het besef van de impact en de ervaren last van dwang is echter minder sterk aanwezig dan bij cliënten in de reguliere populatie; dwangmatige gedragingen worden meer patroongedragingen die moeilijk te doorbreken zijn.

5 Diagnostiek

5.1 Richtlijnen en classificatiesystemen

Onderzoek en diagnosestelling bij ouderen met een verstandelijke beperking en bijkomende ouderdomsproblematiek is complex, mede door aanwezigheid van somatische en psychiatrische comorbiditeit. Meerdere richtlijnen en classificatiesystemen zijn hiervoor opgesteld of vertaald naar de doelgroep, bijvoorbeeld de Diagnostic Manual-Intellectual Disability (DM-ID) (Flechter, 2007) en de Diagnostic criteria for psychiatric disorders for use with adults with learning disabilities/mental retardation (DC-LD) (Royal college of psychiatrists, 2011). In 2001 heeft de European Association for Mental Health in Mental Retardation (EAMHMR) richtlijnen opgesteld voor de diagnostiek van psychiatrische problemen, waaronder dementie, voor volwassenen met een verstandelijke beperking (Deb e.a., 2001). Voor een beter begrip van en onderzoek naar psychische stoornissen en gedragsproblemen bij mensen met een verstandelijke beperking heeft Došen het Schema voor Emotionele ontwikkeling (SEO) en het Model van Integratieve diagnostiek en behandeling ontwikkeld. De integratieve diagnose is gebaseerd op een holistische kijk en is richtinggevend voor de verdere behandeling (Došen e.a., 2007; Došen 2010). Een van de meest complexe onderzoeksvragen is het stellen van de diagnose dementie bij mensen met een verstandelijke beperking. De beschikbare diagnostische tests uit de reguliere ouderenzorg voor onderzoek naar dementie zijn niet of slechts in geringe mate geschikt voor mensen met een verstandelijke beperking. De tests zijn niet genormeerd voor deze doelgroep en vragen naar vaardigheden die soms niet goed of nooit ontwikkeld zijn, zoals rekenen, lezen en schrijven, of executieve functies. De Mini-Mental State Examination (MMSE) bijvoorbeeld is niet bruikbaar. Het blijft lastig om wat passend is vanuit een lager niveau van cognitief functioneren te onderscheiden van veroorzaakt wordt door achteruitgang.

In 1995 en 1996 stelde een internationale werkgroep vanuit the International Association for the Scientific Study of Intellectual and Develomental Disabilities (IASSID) richtlijnen op voor de diagnose van dementie bij mensen met een verstandelijke beperking (Aylward e.a., 1995; Janicki e.a., 1996). Deze richtlijnen geven een verduidelijking van de te volgen stappen voordat de diagnose gesteld mag worden. Dit zorgt voor meer consensus in de diagnosestelling.

In Nederland is in 2005 een diagnostisch protocol voor onderzoek naar dementie ontwikkeld op basis van richtlijnen voor dementieonderzoek in de reguliere populatie en op basis van binnen organisaties ontwikkelde praktische protocollen. Dit heeft geleid tot invoering van de *Landelijke richtlijnen voor het vaststellen van dementie bij personen met een verstandelijke beperking* (Meeusen e.a., 2005). In een procedurebeschrijving en bijbehorend stroomdiagram wordt het diagnostische proces stapsgewijs weergegeven. Het diagnostische protocol onderscheidt de volgende stappen in het onderzoeksproces:

- signaleren van veranderingen in functioneren;
- probleemanalyse, start van een multidisciplinair team;
- uitvoeren van zowel medisch als psychologisch onderzoek;
- nagaan duur gedragsveranderingen;

- diagnosestelling aan de hand van classificatiecriteria;
- vaststellen oorzaak dementie;
- zorgdiagnostiek.

5.2 Neuropsychologisch onderzoek

In de zorg voor mensen met een verstandelijke beperking wordt veel onderzoek uitgevoerd op basis van gedragsobservatieschalen: vanwege de geringe testbaarheid van de doelgroep. Deze tests worden afgenomen bij informanten die de persoon goed kennen. Veel niet door de Commissie Testaangelegenheden Nederland (COTAN) geregistreerde gedragsobservatieschalen worden gebruikt om psychopathologische veroudering en dementie te diagnosticeren. Het bekendst was lange tijd de Dementie Vragenlijst voor Verstandelijk Gehandicapten (DVZ: Evenhuis e.a., 1998). Onderzoek naar de bruikbaarheid van in Nederland beschikbare dementieschalen zorgde voor twijfels over de beschikbare instrumenten en leidde tot de vertaling en revisie van de Canadese Dementia Scale for Down Syndrome (Maaskant & Hoekman, 1999; 2000). Deze schaal bleek bruikbaar voor een grotere groep mensen met een verstandelijke beperking dan alleen mensen met het syndroom van Down. Deze Dementieschaal voor mensen met een Verstandelijke Handicap (DSVH) wordt inmiddels frequent gebruikt. Daarnaast is een schaal in ontwikkeling die zich richt op gedragsveranderingen als voorspeller van dementie bij mensen met het syndroom van Down (Dekker e.a., 2015).

Naast gedragsobservatieschalen gebruikt men ook neuropsychologische tests om cognitieve problemen te onderzoeken. De Netol, een neuropsychologische testserie voor oudere mensen met een lichte verstandelijke beperking (Verberne, 1998) is specifiek voor hen samengesteld op basis van bestaande tests. Hierin zijn de reguliere tests voor neuropsychologisch onderzoek aangepast voor mensen met een lichte verstandelijke beperking. De Netol omvat taken voor het visuele en auditieve geheugen, praxis, visueel-ruimtelijke vaardigheden, taal, waarneming, aandacht en concentratie, snelheid van informatieverwerking en executieve functies.

Voor mensen met zwakbegaafdheid of een lichte verstandelijke beperking die op oudere leeftijd worden aangemeld met cognitieve problemen, is het niet altijd eenvoudig om het premorbide niveau te onderscheiden van cognitieve achteruitgang. De Screener voor intelligentie en licht verstandelijke beperking (SCIL) kan hierbij helpen. De SCIL (Kaal e.a., 2013) is een kort instrument en is geschikt om snel in te kunnen schatten of er sprake kan zijn van een lichte verstandelijke beperking. Dit instrument is nog niet specifiek voor de doelgroep ouderen gevalideerd. Verder is een heteroanamnese belangrijk om een onderscheid te kunnen maken tussen het premorbide niveau en cognitieve problemen, waarbij het schoolverleden, doublures, vervolgopleiding en werkverleden hiertoe aanwijzingen kunnen geven.

6 Ondersteuning en behandeling

6.1 Ondersteuningsmethoden

De dagelijkse ondersteuning van ouderen met een verstandelijke beperking is veelal gebaseerd op begeleiding die tot doel heeft praktische ondersteuning te bieden en structuur aan te brengen in het dagelijks leven. Dit kan verschillen afhankelijk van de woonsituatie en de levensfase. Er zijn veel methodieken en producten ontwikkeld om mensen met een verstandelijke beperking goed te kunnen begeleiden, verzorgen of verplegen (Twint & De Bruijn 2014). Voor verstandelijk beperkte ouderen worden algemeen ontwikkelde methoden gebruikt of wordt gebruikgemaakt van methoden vanuit de reguliere ouderenzorg, zoals de belevingsgerichte zorg. Belevingsgericht benaderen en het werken met het levensverhaal zijn belangrijke uitgangspunten bij veel methodieken, zoals beschreven door onder anderen Van der Kooij (2014) en Urlings (1998). Van der Kooij beschrijft in haar boek de belevingswereld van de (vitale) oudere met een verstandelijke beperking. Hierin wordt aandacht besteed aan wie hij is, zijn wensen en behoeften, de rol van de mensen in zijn omgeving, en de keuzes voor de toekomst. Urlings heeft in 1998 de methodiek 'respectvol en methodisch begeleiden van oudere en dementerende mensen met een verstandelijke handicap' ontwikkeld. De basis van de methodiek is de fenomenologische benaderingswijze, waarbij zich inleven in de ander, begrip tonen, onvoorwaardelijk accepteren en respecteren wezenlijke uitgangspunten zijn. In de methodiek wordt onder meer gebruikgemaakt van levensverhalen, realiteitsoriëntatie, reminiscentie, validation, haptonomie, snoezelen en massage. Daarnaast zijn er methodieken ontwikkeld om de eigen kracht of het sociale netwerk te versterken. Deze specifieke methoden zijn bedoeld voor mensen met ernstige verstandelijke beperkingen en voor dementerende ouderen met verstandelijke beperkingen. De methode Meer Mens (Prisma, 2014) uit 2011 is hier een voorbeeld van, maar ook Voorlezen-plus van Boer en Wikkerman (2008).

Naast begeleidingsmethodieken wordt er de laatste jaren een toenemend aantal bruikbare producten ontwikkeld voor zowel begeleiders als cliënten, bijvoorbeeld het Dementiespel voor begeleiders (Uijl-Blijenberg, 2012) en voor cliënten het Zingevingsspel (Heijs, 2010), met als doel de deskundigheid te vergroten bij begeleiders, respectievelijk meer in gesprek komen met cliënten.

De kwaliteit van het contact met begeleiders is voor ouderen met een verstandelijke beperking extra belangrijk omdat zij voor ondersteuning en voor hun sociale relaties steeds afhankelijker worden van professionele ondersteuners en vrijwilligers. Onderzoek naar sociale netwerken toonde aan dat het aantal sociale relaties van ouderen met verstandelijke beperkingen beperkt is (Van Heumen, 2008). Het aantal relaties was wel vergelijkbaar met dat van ouderen in de reguliere populatie, maar de kwaliteit van de relaties was minder goed. Dit had vooral te maken met het feit dat het sociale netwerk vooral bestond uit professionele relaties die gekoppeld waren aan de woonsituatie. Het natuurlijke netwerk is over het algemeen kleiner vergeleken met de reguliere populatie volwassenen (Van Asselt-Goverts e.a., 2013) en neemt verder af naarmate mensen ouder worden (Van Heumen, 2008; Smit & Van Gennep, 2002).

.2 Begeleiding en behandeling

Een aandachtspunt voor psychologen en orthopedagogen in de zorg voor ouderen met een verstandelijke beperking is het ondersteunen van de omgeving, naasten en begeleiders, ook in het leren herkennen van signalen van het ouder worden en de pathologische veroudering. Daarbij hoort het leren signaleren van de veranderende behoeften van de oudere met een verstandelijke beperking en het ondersteunen van teams in het omgaan met gedrag.

De laatste jaren worden er daarnaast steeds meer therapeutische behandelmogelijkheden ontwikkeld en toegepast. Binnen de gehandicaptenzorg wordt naast diverse vaktherapieën, zoals speltherapie, psychomotorische therapie en muziektherapie, gebruikgemaakt van psychologische therapievormen zoals gedragstherapie, *eye movement desensitization and reprocessing* (EMDR) en oplossingsgerichte therapie. Daarbij wordt de therapie uiteraard aangepast aan de mogelijkheden en behoeften van de individuele cliënt. Vaak is het de kunst om de therapie zo concreet mogelijk te maken, en veel gebruik te maken van visuele materialen. Cliënten met een verstandelijke beperking denken immers vaak meer in beeldtaal en concreet. Therapieën die gericht zijn op het 'doen', sluiten doorgaans beter aan dan meer verbaal gerichte therapieën. Onafhankelijk van de therapievorm die gekozen wordt, blijven de basisprincipes hetzelfde. Het is belangrijk om aan te sluiten bij het niveau van de cliënt, zowel verstandelijk als emotioneel. Vaak is er meer herhaling en verduidelijking nodig, en moeten veranderingen in denken of doen worden getraind en ingesleten.

De laatste jaren worden er, onder andere naar aanleiding van het onderzoek Gezond Ouder met een verstandelijke beperking (GOUD) en onderzoek naar effecten van bewegen, steeds meer leefstijl- of beweegprogramma's ontwikkeld (Ogg-Groenendaal e.a., 2014; Balsters e.a., 2013). Deze programma's zijn preventief: om problemen door verkeerde leefstijl en te weinig beweging te voorkomen.

6.3 Het levenseinde

Normaal begaafde mensen gaan verschillend om met het gegeven van dood en sterven. Dit is niet anders bij mensen met een verstandelijke beperking, maar de wijze waarop is afhankelijk van het niveau van functioneren en de opgedane levenservaring. Dit geldt voor het besef van de dood als begrip, het besef en het accepteren van het eigen levenseinde, en het omgaan met verlies.

Mensen met een zeer ernstige verstandelijke beperking kennen geen doodsbesef: ze begrijpen het niet en reageren op grond van ervaringen en de sfeer in het hier en nu. Mensen met een ernstige verstandelijke beperking denken sterk egocentrisch: zij reageren vaak dan ook nuchter bij het overlijden van bekende mensen. Het gemis wordt vaak op een later tijdstip ervaren en kan zichtbaar worden in gedragsveranderingen. Mensen met een matige verstandelijke beperking laten zich vaak leiden door spontane impulsen. Praten met hen over dood en sterven is wat eenvoudiger. Ze hebben een groter begrips- en enig inlevingsvermogen, maar betrekken alles nog op zichzelf en zoeken naar logische verklaringen voor de gebeurtenissen. Mensen met een lichte verstandelijke beperking kunnen logisch denken, zij het gekoppeld aan concrete voorstellingen. Over ziekte en dood hebben zij reële beelden: de dood is onomkeerbaar. De rouwprocessen lijken op die van de reguliere populatie, vaak wel impulsiever in uitingsvorm (Maaskant e.a., 2008; 2010b; Meeusen-van de Kerkhof e.a., 2001; 2006).

Weten hoe mensen omgaan met verlies is een belangrijk aandachtspunt in de begeleiding. Mensen met een verstandelijke beperking maken in hun leven meer verliessituaties mee dan mensen met een normale begaafdheid, mede door gevolgen van de beperking, maar ook afhankelijk van de situatie waarin iemand opgroeit en woont: in een instelling of in de maatschappij (Van Bommel e.a., 2014).

Het palliatieve beleid voor mensen met een verstandelijke beperking vraagt extra aandacht, niet in de laatste plaats omdat de diversiteit van deze mensen in zorgvragen en woonplekken groot is. Palliatieve zorg zal nog meer dan voor normaal begaafde mensen aangepast moeten worden aan de individuele situatie, vanwege de specifieke zaken die de zorg aan mensen met een verstandelijke beperking vraagt (De Haan & Van Rossum, 2009). Zo is de leeftijd waarop palliatieve zorg nodig is, meestal lager en hebben mensen met een verstandelijke beperking meer moeite om de ziekte en de behandeling te begrijpen. Daarnaast worden handelingen die nodig zijn in verzorging of verpleging, gedurende de palliatieve fase niet door alle cliënten verdragen. Sommigen zijn afwerend in lichamelijk contact, anderen zijn erg angstig voor dingen die ze niet begrijpen of wanneer ze in een vreemde omgeving zijn. Dit maakt de medische handelingen die in de palliatieve fase nodig zijn, zoals het plaatsen van een infuus of katheter,

vaak bedreigend en moeilijker uitvoerbaar. Hierdoor zijn niet altijd alle mogelijkheden van palliatieve zorg haalbaar (De Haan & Van Rossum, 2009; Tuffrey-Wijne, 2007).
In de zorg voor mensen met een verstandelijke beperking kan het ook lastig zijn om duidelijk aan te geven wanneer er sprake is van de palliatieve fase. Dit heeft te maken met het feit dat er vaak veel onzekerheden zijn en er regelmatig zonder een duidelijke diagnose moet worden gewerkt. De cliënt kan in een palliatieve fase terechtkomen door progressie van de aandoening die hij heeft in samenhang met de verstandelijke beperking, of doordat een nieuwe aandoening is ontstaan. De comorbiditeit die samenhangt met de verstandelijke beperking speelt hierbij een rol. Dit is bijvoorbeeld zichtbaar bij stofwisselingsziekten zoals het eerdergenoemde sanfilliposyndroom. De palliatieve fase kan daarbij jarenlang duren (De Haan & Van Rossum, 2009). Aandacht voor kwaliteit van leven is dan ook extra belangrijk.

7 Toekomst van zorg

De toekomstige zorg voor ouderen met een verstandelijke beperking zal niet meer alleen in de verstandelijk-gehandicaptensector plaatsvinden, maar juist steeds frequenter in de reguliere zorg worden aangeboden. Dit geldt in het bijzonder voor mensen met een lichte verstandelijke beperking en voor mensen die zwakbegaafd zijn. Er worden steeds meer sectoroverstijgende initiatieven ontwikkeld: in de reguliere ouderenzorg, in de geestelijke gezondheidszorg, en in de verstandelijke-gehandicaptenzorg. Op het gebied van signalering, diagnostiek, ondersteuning en behandeling wordt uitwisseling van doelgroepspecifieke kennis en methodieken steeds belangrijker. Diagnostiek en behandeling zullen met de nieuwe ontwikkelingen in de zorg steeds meer in de eerste lijn en de reguliere zorg plaatsvinden. Hierin ligt een duidelijke taak voor de psychologen en orthopedagogen die bij deze doelgroep betrokken zijn. Kennis van de doelgroep en kennisoverdracht naar anderen worden belangrijker om de zorg goed te kunnen blijven bieden ongeacht waar iemand woont of waar iemand zorg ontvangt.

Literatuur

Abma, T. A., Nierse C., Caron-Flinterman, EF., Broerse, J, Heuvelman, C., Van Dijk, J., e.a. (2006). *Onderzoek met en voor mensen met verstandelijke beperkingen. Eindrapport 'Vraagsturing wetenschappelijk onderzoek met en voor mensen met een verstandelijke beperking'.* Maastricht/Amsterdam/Utrecht: Universiteit Maastricht/VU Amsterdam/Federatie voor Ouderverenigingen/LFB Onderling Sterk.

APA. (2000). *Diagnostic and statistical manual of mental disorders, Fourth Edition, Text revision.* Washington, DC: American Psychiatric Association.

APA. (2013). *Diagnostic and statistical manual of mental disorders, Fifth Edition.* Arlington, VA: American Psychiatric Association.

APA. (2014). *Handboek voor de classificatie van psychische stoornissen: DSM-5* [vertaling van Diagnostic and statistical manual of mental disorders, fifth edition: DSM-5™]. Amsterdam: Boom.

Asselt-Goverts, A.E. van, Embregts, P.J.C.M., & Hendriks, A.H.C. (2013). Structural and functional characteristics of the social networks of people with mild intellectual disabilities. *Research in Developmental Disabilities, 34*, 1280-1288.

Aylward, E.H., Burt, D.B., Thorpe, L.U., Lai, F., & Dalton, A.J. (1995). *Diagnosis of dementia in individuals with intellectual disability*. Washington: International Association for the Scientific Study of Intellectual Disabilities & American Association on Mental Retardation.

Balsters, H., Wildeman, A., Wijck, R. van. (Red.). (2013). *Beweegprogramma GOUD: Achtergrond en randvoorwaarden beweegprogramma*. Utrecht: Kennisplein gehandicaptensector. Geraadpleegd op www.kennispleingehandicaptensector.nl/docs/KNP/Verbeterprogramma/Beweeg_en_educatieprogramma/Beweegprogramma_programma-A.pdf.

Bernard, S., Maaskant, M.A., Gevers, J.P.M., & Wierda, H. (2001). Voorspellingen ten aanzien van het aantal oudere mensen met een verstandelijke handicap in algemene woonvoorzieningen 1996-2011. *Nederlands Tijdschrift voor de Zorg aan Mensen met Verstandelijke Beperkingen, 3*, 166-178.

Bittles, A.H., Bower, C., Hussain, R., & Glasson, E.J. (2007). The four ages of down syndrome. *European Journal of Public Health, 17*, 221-225.

Blom, M., Driessen, M., Heijnen-Kaales, Y., & Toonen, R. (2013). *Kwaliteitskader gehandicaptenzorg: Visiedocument 2.0*. Utrecht: Vereniging Gehandicaptenzorg Nederland (VGN).

Boer, N., & Wikkerman, C. (2008). Voorlezen-plus prikkelt de zintuigen. *Markant Kenniskatern, 5*, 8-11.

Bommel, H. van, Maaskant, M.A., Meeusen, R., & Wouw, W. van der. (2014). *Kwijt! Verlies bij mensen met een verstandelijke handicap*. Echt/Veldhoven: Pergamijn/Severinus.

Bruijn, J. de, Buntinx, W., & Twint, B. (2014). *Verstandelijk beperkt: Definitie en context*. Amsterdam: Uitgeverij SWP.

Buntinx, W.H.E. (2003). Wat is een verstandelijke handicap: Definitie, assessment en ondersteuning volgens het AAMR-model. *Nederlands Tijdschrift voor de Zorg aan Mensen met Verstandelijke Beperkingen, 29*, 4-24.

CBZ. (2003). *Op tijd bouwen voor ouderen, college bouw ziekenhuisvoorzieningen* [Rapport]. Utrecht: College Bouw Ziekenhuisvoorzieningen.

Cooper, S.A. (1999). Psychiatric disorders in elderly people with developmental disabilities. In N. Bouras (Ed.), *Psychiatric and behavioural disorders in elderly people with development disabilities and mental retardation* (1th ed., pp. 212-225. Cambridge: Cambridge University Press.

Cooper, S.A., & Holland, A.J. (2007). Dementia and mental ill health in older people with intellectual disability. In N. Bouras (Ed.), *Psychiatric and behavioural disorders in elderly people with development disabilities and mental retardation* (2th ed., pp. 154-172). Cambridge: Cambridge University Press.

Coppus, A.M.W. (2008). *Predictors of dementia and mortality in down's syndrome*. Dissertation, Erasmus Universiteit Rotterdam.

Dankers, T., & Wilken, J.P. (2005). *Aan het werk: Mogelijkheden voor arbeidsintegratie van mensen met een verstandelijke handicap*. Utrecht: Expertisecentrum Maatschappelijke Zorg & Sociaal Beleid, Hogeschool Utrecht.

Deb S., Matthews T., Holt G., & Bouras N. (2001). *Practice guidelines for the assessment and diagnosis of mental health problems in adults with intellectual disability*. Londen: Pavilion Press.

Dekker, A.D., Strydom, A., Coppus, A.M.W., Nizetic, D., Vermeiren, Y., Naudé, P.J.W., e.a. (2015). Behavioural and psychological symptoms of dementia in Down syndrome: Early indicators of clinical Alzheimer's disease? *Cortex. 73*, 36-61.

Dierx, G. (2013). *Dementie: Downsyndroom en dementie* [factsheet Alzheimer Nederland]. Amersfoort: Alzheimer Nederland. Raadpleegbaar via: http://www.gerdierx.nl/wp-content/uploads/2013/02/Downsyndroom_en_dementie.pdf, http://www.gerdierx.nl/?p=1895.

Došen, A. (2010). *Psychische stoornissen, gedragsproblemen en verstandelijke handicap: Een integratieve benadering bij kinderen en volwassenen*. Assen: Van Gorcum.

Došen, A., Gardner, W., Giffiths, D., King, R., & Lapointe, A. (2007). *Practice guidelines and principles: Assessment, diagnosis, treatment and related support for persons with intellectual disabilities and problem behavior*. Gouda: CCE.

Embregts, P. (2011). *Zien, bewogen worden, in beweging komen*. Inaugerale rede, Katholieke Universiteit Tilburg.

Evenhuis, H.M. (2002). *Want ik wil nog lang leven, moderne gezondheidszorg voor mensen met verstandelijke beperkingen*. Zoetermeer: Raad voor de Volksgezondheid en Zorg.

Evenhuis, H. (Red.). (2014). *Gezond ouder met een verstandelijke beperking: Resultaten van de GOUD-studie 2008-2013* [Wetenschappelijk rapport]. Rotterdam: Erasmus MC Rotterdam. Raadpleegbaar via www.onbeperktgezond.nl.

Evenhuis, H.M., Kengen, M.M.F., & Eurlings, H.A.L. (1998). *DVZ, Dementie Vragenlijst voor Verstandelijk Gehandicapten: Vroeg opsporen van dementie bij volwassenen met een verstandelijke beperking*. Amsterdam: Pearson Assessment and Information B.V.

Fletcher, R., Loschen, E., Stavrakaki, C., & First, M. (Eds.) (2007). *Diagnostic Manual-Intellectual Disability (DM-ID): A textbook of diagnosis of mental disorders in persons with intellectual disability*. Kingston, NY: NADD Press.

Gennep A. van. (2009). Verstandelijke beperkingen als sociaal probleem. *Nederlands Tijdschrift voor de Zorg aan Mensen met Verstandelijke Beperkingen, 2*, 101-121.

Haan, K. de, & Rossum, N. van. (Red.). (2009). *Palliatieve zorg voor mensen met een verstandelijke beperking: Landelijke richtlijn, versie 1.0*. Utrecht: Integraal Kankercentrum Nederland. Raadpleegbaar via: http://www.pallialine.nl/verstandelijke-beperking.

Halbach, N.S.J., Smeets, E.E.J., Steinbusch, C., Maaskant, M.A., Van Waardenburg, D., & Curfs L.M.G., (2012). Aging in Rett syndrome: A longitudinal study. *Clinical Genetics, 84*, 223-229.

Haveman, M.J., Heller, T., Lee, L.A, Maaskant, M.A, Shooshtari, S., & Strydom, A. (2009). *Report on the state of science on health risks and ageing in people with intellectual disabilities: IASSID Special interest research group on ageing and intellectual disabilities*. Dortmund: Faculty Rehabilitation Sciences, University of Dortmund.

Heijs, D. (2010). *Zingevingsspel 'Uit jezelf'*. Heerenveen: Zorggroep Alliade.

Hermans, H. (2012). *Depression and anxiety in older adults with intellectual disabilities*. Proefschrift, Erasmus universiteit Rotterdam.

Heumen, L. van. (2008). *Sociale relaties, het sociale netwerk en sociale steun bij ouderen met verstandelijke beperkingen*. Scriptie-onderzoek psychogerontologie. Nijmegen: Radboud Universiteit.

Hornman, M. (2013). *Dagbesteding voor ouderen met verstandelijke beperkingen* [Webpagina]. Utrecht: Vereniging Gehandicaptenzorg Nederland. Raadpleegbaar via: http://www.vgn.nl/artikel/16056.

Janicki, M.P., Heller, T., Seltzer, G., & Hogg, J. (1996). Practice guidelines for the clinical assessment and care management of Alzheimer's disease and other dementias among adults with intellectual disability. *Journal of Intellectual Disability Research, 40*, 374-382.

Kaal, H., Nijman, H., & Moonen, X. (2013). *SCIL: Screener voor intelligentie en licht verstandelijke beperking*. Amsterdam: Hogrefe Uitgevers.

Kerr, D. (2010). *Verstandelijke beperking en dementie: Effectieve interventies*. Antwerpen: Uitgeverij Garant.

Kooij, C. van der. (2014). *Wil je wel in mijn wereld komen? Methodiek voor belevingsgerichte ouderenzorg*. Utrecht: Zorgtalentproducties.

Kwartel, A. van der. (2013). *Brancherapport Gehandicaptenzorg 2012*. Utrecht: VGN.

Kwekkeboom, M.H., Boer, A.H. de, Campen, C. van, & Dorrestein, A.E.G. (2006). *Een eigen huis: Ervaringen van mensen met verstandelijke beperkingen of psychiatrische problemen met zelfstandig wonen en deelname aan de samenleving.* Den Haag: SCP.

Lai, F., & Williams, R.S. (1989). A prospective study of Alzheimer disease in Down syndrome. *Archives of Neurology, 46,* 849-853.

Maaskant, M.A. (1993). *Mental handicap and aging.* Dissertation, Rijksuniversiteit Limburg Maastricht.

Maaskant, M.A. (2007). Ouderen met een verstandelijke handicap. In A. Pot, Y. Kuin & M. Vink (Red.), *Handboek ouderenpsychologie* (pp. 458-468). Utrecht: De Tijdstroom.

Maaskant, M.A., Gevers, J.P.M., & Wierda, H. (2002). Mortality and life expectancy in Dutch residential centres for individuals with intellectual disability, 1991-1995. *Journal of Applied Research in Intellectual Disabilities, 15,* 200-212.

Maaskant, M.A., & Hoekman, J. (1999). Lood om oud ijzer: Dementieschalen voor mensen met een verstandelijke beperking vergeleken. *Nederlands Tijdschrift voor de Zorg aan Mensen met Verstandelijke Beperkingen, 25,* 3-20.

Maaskant, M.A., & Hoekman, J. (2007). Veroudering bij mensen met verstandelijke beperkingen. In J. Hoekman, H. Jacobse, W.A.L. Van Leeuwen, M.A. Maaskant & H. Mannen (Red.), *Vademecum zorg voor verstandelijk gehandicapten, 1900,* (pp. 1-12). Houten: Bohn, Stafleu van Loghum.

Maaskant, M.A., & Hoekman, J. (2000). *Dementieschaal voor Down Syndroom* [vertaling van A. Gedey; Dementia scale for Down Syndrome]. Echt/Gouda: Stichting Pepijn/Gemiva-SVG Groep.

Maaskant, M.A., Kerkhof-Willemsen, G.H.P.M. van, & Sinnema, M. (2010a). Verstandelijke handicap: Definitie, classificaties en kenmerken. *Bijblijven, 4,* 9-17.

Maaskant, M.A., Meeusen-van de Kerkhof, R., Bommel, H. van, & Wouw, W. van de. (2008). Steun bij het sterven: Hebben cliënten besef van de dood? *Markant Kenniskatern, 9,* 8-10.

Maaskant, M.A., Meeusen-van de Kerkhof, R., Bommel, H. van, & Wouw, W. van de. (2010b). How do persons with severe and profound intellectual disabilities experience their approaching death and how can they be supported. In V. Prasher (Ed.), *Contemporary issues in intellectual disabilities* (pp. 75-80). New York: Nova Publishers.

Mans, I. (1998). *Zin der zotheid: Vijf eeuwen cultuurgeschiedenis van zotten, onnozelen en zwakzinnigen.* Amsterdam: Bert Bakker.

Meeusen, R., & Geus, R. (Red.). (2005). *Dementie in beeld: Landelijke richtlijnen voor het vaststellen van dementie bij mensen met een verstandelijke beperking.* Utrecht: Landelijk KennisNetwerk Gehandicaptenzorg. Raadpleegbaar via: http://www.kennispleingehandicaptensector.nl/docs/producten/Dementie_in_Beeld.pdf.

Meeusen, R., & Heijden, M. van der. (1998). *Beleving van het ouder worden. Bevindingen na 2,5 jaar gespreksgroep voor ouderen, augustus 1995, maart 1998* [Interne notitie]. Eindhoven: Eckartdal.

Meeusen-van de Kerkhof, R., Bommel, H. van, Wouw, W. van de, & Maaskant, M. (2001). *Kun je uit de hemel vallen? Beleving van de dood en rouwverwerking door mensen met een verstandelijke handicap.* Utrecht: LKNG.

Meeusen-van de Kerkhof, R., Bommel, H. van, Wouw, W. van de, & Maaskant, M. (2006). Perceptions of death and management of grief in people with intellectual disability. *Journal of Policy and Practice in Intellectual Disabilities, 3,* 95-104.

Meijer, M.M., Van Schrojenstein Lantman-de Valk, H.J.M. (2005). De organisatie van de gezondheidszorg voor mensen met een verstandelijke handicap. In H. Mannen, E. Biemond, H. Jacobse, M. van Leeuwen, & M. Maaskant (Red.). *Vademecum Zorg Verstandelijk Gehandicapten.* Houten: Bohn Stafleu van Loghum.

Ministerie van VWS. (2004). *Mensen met een handicap in Nederland: het VWS beleid*. Rijswijk: ministerie van VWS.

Monks, F.J., & Knoers, A.M.P. (Red.). (2009). *Ontwikkelingspsychologie: Inleiding tot de verschillende deelgebieden* (13e dr.). Assen: Van Gorkum.

Ogg-Groenendaal, M., Hermans, H., & Claessens, B. (2014). A systematic review on the effect of exercise interventions on challenging behavior for people with intellectual disabilities. *Research in Developmental Disabilities, 35*, 1507-1517.

Overkamp, F. (2000). *Instellingen nemen de wijk: Een analyse van het beleid inzake de decentralisatie van instellingen voor mensen met een verstandelijke handicap en zijn empirische effecten*. Enschede: Universiteit van Twente.

Paumen, M., (2011). *Ouderinitiatieven: Pak die kans* [Factsheet] Raadpleegbaar via: http://www.kennispleingehandicaptensector.nl/kennispleindoc/showcases/ouderinitiatieven.pdf.

Prisma. (2014). *Meer Mens* [Webpagina]. Waalwijk: Prisma. Raadpleegbaar via: http://www.prismanet.nl/zorgaanbod/behandeling/meer-mens/

Ras, M., Woittiez, I., Kempen, H. van, & Sadiraj, K. (2010). *Steeds meer verstandelijk gehandicapten? Ontwikkelingen in vraag en gebruik van zorg voor verstandelijk gehandicapten 1998-2008*. Den Haag: SCP.

Royal College of Psychiatrists. (2001). *DC-LD: Diagnostic criteria for psychiatric disorders for use with adults with learning disabilities/mental retardation*. Londen: Gaskell Press.

Schalock, R.L., Borthwick-Duffy, S.A., Bradley, V.J., Buntinx, W.H.E., Coulter, D.L., Craig, E.M., e.a. (2010). *Intellectual disability: Definition, classification, and systems of supports*. Washington DC: American Association on Intellectual and Developmental Disabilities.

Schuurman, M. (2014). Naar de samenleving: De transformatie van de inrichtingszorg voor mensen met verstandelijke beperkingen in Nederland, tussen 1989 en 2014. *Nederlands Tijdschrift voor de Zorg aan Mensen met Verstandelijke Beperkingen, 1*, 10-34.

Sinnema, M. (2011). *Prader-Willi syndrome: Genotype and phenotype at adult age*. Maastricht: Datawyse Universitaire Pers.

Smit, B., & Gennep, A. van. (2002). *Netwerken van mensen met een verstandelijke beperking. Werken aan sociale relaties: praktijk en theorie* (4e dr.). Utrecht: Nederlands Instituut voor zorg en welzijn.

Staalduinen, W., van, & Voorde, F. ten. (2011). *Trendanalyse gehandicaptenzorg*. Den Haag: TNO. Raadpleegbaar via: www.tno.nl/media/2162/trendanalyse_verstandelijk_gehandicaptenzorg.pdf.

Strydom, A., Lee, L.A., Jokinen, N., Shooshtari, S., Raykar, V., Torr, J., e.a. (2009). *Dementia in older adults with intellectual disabilities: A report on the state of science on dementia in older adults with intellectual disabilities by the IASSID Special Interest Research Group on Ageing and Intellectual Disabilities*. Maastricht: Maastricht University. Available from: www.iassidd.org/uploads/legacy/images/documents/Aging/state%20of%20the%20science%20dementia%202009.pdf.

Tuffrey-Wijne, I. (2007). *Palliative care for people with intellectual disabilities*. Maastricht: DataWyse B.V.

Tuffrey-Wijne, I. (2013). *How to break bad news to people with intellectual disabilities: A guide for carers and professionals*. Londen: Jessica Kingsley Publishers.

Tuffrey-Wijne, I. (2014). *Hoe breng je slecht nieuws aan mensen met een verstandelijke beperking? Een handleiding voor familie, begeleiders en andere professionals*. Houten: Bohn Stafleu van Loghum.

Twint, B., & Bruijn, J. de. (2014). *Handboek verstandelijke beperking, 24 succesvolle methoden*. Amsterdam: Boom Cure & Care.

Uijl-Blijenberg, A. (2012). *Dementiespel 'weten, vergeten en begeleiden'*. Utrecht: Vilans.

Urlings, H.F.J. (1998). *Respectvol en methodisch begeleiden van oudere en dementerende mensen met een verstandelijke handicap.* Kerkrade: UBD.

Verberne, G.J.C.M. (1998). *NETOL, Neuropsychologische testserie voor oudere licht verstandelijk gehandicapten.* Oostrum: Stichting Vrienden van Nieuw Spraeland.

Verbrugge, C.J.M., & Embregts, P.J.C.M. (2013). *Een opleiding ervaringsdeskundigheid voor mensen met een verstandelijke beperking.* Tilburg: Prismaprint.

VGN. (2014). *Einddocument Bouwstenen Nationaal Programma Gehandicapten.* Raadpleegbaar via: http://www.vgn.nl/artikel/20552.

WHO. (2004). *International statistical classification of diseases and related health problems: Tenth revision volume 1 (ICD-10).* Geneva: WHO. Available from: http://apps.who.int/classifications/icd10/browse/2010/en#/F70-F79.

Woittiez, I., & Crone, F. (Red.). (2005). *Zorg voor verstandelijk gehandicapten: Ontwikkelingen in de vraag.* Den Haag: SCP.

Woittiez, I., Putman, L., Eggink, E., & Ras, M. (2014a). *Zorg beter begrepen: Verklaringen voor de groeiende vraag naar zorg voor mensen met een verstandelijke beperking.* Den Haag: Sociaal en Cultureel Planbureau.

Woittiez, I., Ras, M., & Ouddijk, D. (2012). *IQ met beperkingen. De mate van verstandelijke handicap van zorgvragers in kaart gebracht.* Den Haag: Sociaal en Cultureel Planbureau.

Woittiez, I.B., Ras, M., Putman, L., Eggink, E., & Kwartel, A.J.J. van der. (2014b). *Hoe vaak komt een verstandelijke beperking voor?* Raadpleegbaar via www.volksgezondheidenzorg.info/onderwerp/verstandelijke-beperking/preventie-zorg/zorg.

Wouw-van Dijk, E. (2013). *Sleep and sleep-wake rhythm in older adults with intellectual disabilities.* Dissertation, Erasmus MC: University Medical Center Rotterdam.

29
Ouderen met schizofrenie en verwante psychotische stoornissen

Paul David Meesters en Tonnie Staring

1 Inleiding
2 Epidemiologie
3 Diagnostiek van psychopathologie en cognitie
4 Gesprek met de patiënt
5 Psychosociaal perspectief van levenskwaliteit en zingeving
6 Behandeling
    6.1 Algemene principes
    6.2 Psychologische interventies
7 Conclusie
    Literatuur

www.tijdstroom.nl/leeromgeving

- Beeldmateriaal
- Weblinks

Kernboodschappen
- Een van elke zes patiënten met schizofrenie is ouder dan 60 jaar.
- Ouderen met schizofrenie vormen een gemengde en veelkleurige groep: dé oudere patiënt met schizofrenie bestaat niet.
- Cognitieve stoornissen bij ouderen met schizofrenie betreffen vooral aandacht, werkgeheugen, verbaal en visueel leren, executieve functies en psychomotorisch tempo. Het niveau van sociale vaardigheden hangt sterker samen met het cognitieve functioneren dan met de intensiteit van de psychotische symptomen.
- Sociale beperkingen die patiënten met early-onsetschizofrenie al vroeg in hun ziekte oplopen, bijvoorbeeld door gemiste kansen op een relatie, opleiding of werk, beïnvloeden ook hun functioneren op oudere leeftijd. Patiënten die pas op latere leeftijd schizofrenie ontwikkelen, zijn sociaal vaak beter geïntegreerd.
- De psycholoog heeft een belangrijke rol bij zowel diagnostiek (onder andere neuropsychologisch onderzoek) als behandeling van ouderen met schizofrenie. Bij behandeling kan het gaan om psycho-educatie, cognitieve gedragstherapie, gezinsinterventies, en ook psychotherapie voor comorbide problematiek. Daarnaast kan de psycholoog een rol spelen via mediatieve therapie.

1 Inleiding

Dé oudere patiënt met schizofrenie bestaat niet. Ouderen met schizofrenie vormen een gemengde en veelkleurige groep. In meerderheid betreft het oud geworden patiënten die al op jonge leeftijd schizofrenie hebben ontwikkeld (Meesters & Stek, 2011). Deze early-onsetpatiënten kunnen terecht als overlevers worden beschouwd, omdat de levensverwachting bij schizofrenie sterk verlaagd is (Tiihonen e.a., 2009). Toch er is ook een aanzienlijk aantal patiënten bij wie schizofrenie zich in verhouding pas laat manifesteert. Bovendien leidt het samenspel van de psychiatrische aandoening en veroudering tot grote interindividuele variatie.

Als patiënten op een denkbeeldig continuüm van functioneren en welzijn worden geplaatst, vinden we aan één zijde mensen bij wie de gevolgen van hun aandoening beperkt zijn gebleven en die veerkrachtig zijn gebleken in het omgaan met hun ziekte. Als zij bovendien lichamelijk voldoende gezond blijven, kan er bij hen soms zelfs worden gesproken van succesvol oud worden. Helaas is dit maar voor enkelen weggelegd (Ibrahim e.a., 2010). Aan de andere zijde van het continuüm vinden we sterk beperkte patiënten, van wie het leven beheerst blijft door hun psychose, zowel in symptomen als in sociaal opzicht. Treft hen ook nog het ongeluk van een ernstige lichamelijke ziekte of handicap dan zijn zij meestal blijvend aangewezen op institutionele zorg. Door het sluiten van de meeste intramurale ggz-bedden wonen deze ouderen met schizofrenie steeds vaker in zorgcentra.

Terwijl de uitersten van dit continuüm vooral de aandacht trekken, bewegen de meeste ouderen met schizofrenie zich ergens hiertussenin. Mettertijd kunnen zij natuurlijk meer naar de ene dan wel de andere kant van het continuüm opschuiven. De dynamiek van dit continuüm verklaart het sterk heterogene beloop bij patiënten: sommigen zijn met het ouder worden slechter af, anderen blijven opvallend stabiel functioneren en een aantal kan vermoedelijk zelfs een betere levenskwaliteit gaan ervaren met het klimmen der jaren (Cohen e.a., 2015). Belangrijk hierbij is hoe de omgeving inspeelt op de oudere patiënt met schizofrenie. Een kwetsbare factor is dat het natuurlijke sociale netwerk vaak klein is (Meesters e.a., 2010). Daarbij worden ouderen met schizofrenie ook door hulpverleners vaak nog gezien als *lost cases*, aan wie in therapeutisch opzicht weinig eer te behalen is. Zo krijgen zij te maken met twee stigma's: zowel dat van hun psychiatrische aandoening als dat van de ouderdom (Depla e.a., 2005). Tegengaan van deze dubbele stigmatisering is een taak die niet alleen hulpverleners aangaat, maar die ook een bredere maatschappelijke benadering vereist. Daarbij heeft niet alleen de oudere patiënt zelf, maar ook de samenleving als geheel wat te winnen.

> **Technieken**
> Jeltje Draaisma, nu 74 jaar, kwam precies twintig jaar geleden voor het eerst in beeld bij de ggz. Ze meende toen al enkele jaren dat een buurman 'technieken' op haar uitoefende, waarmee hij energie bij haar weghaalde. Dit merkte ze aan lichamelijke sensaties, zoals jeuk en buikpijn. De buurman volgde haar gangen in huis. Ze kon hem zelfs horen ademen. Nog steeds is ze ervan overtuigd dat hij via een apparaat op zijn balkon de technieken uitoefent. Een enkele keer schreeuwt ze vanuit haar woning tegen de buurman, maar als ze hem op de trap tegenkomt, groeten ze elkaar altijd beleefd.
> Jeltje is al een tijd weduwe. Ze woont zelfstandig en heeft goed contact met haar beide zoons. Die probeerden aanvankelijk haar denkbeelden te weerleggen, maar hebben zich er uiteindelijk bij neergelegd dat hun moeder er aparte ideeën op nahoudt. Medicatie tegen de technieken heeft ze nooit willen gebruiken.

Kletsen

Henk Barends, nu 69 jaar, woont sinds kort in een instelling voor beschermd wonen. Hij heeft met spijt zijn woning verlaten maar was het ermee eens dat het daar niet langer ging. Door zijn slechte longconditie lag hij regelmatig in het ziekenhuis. Eenmaal thuis was hij vaak te benauwd om zichzelf te verzorgen. Het lukte hem niet om te stoppen met roken.

Op zijn 31e jaar kreeg hij voor het eerst last van stemmen, die daarna nooit meer zijn weggegaan. Wel is hun intensiteit door medicatie afgenomen. Daarbij heeft hij zelf manieren ontwikkeld om zijn leven met de stemmen draaglijk te houden. Zo zegt hij vaak in zichzelf: 'Laat ze maar kletsen, het is toch allemaal onzin.' Ook afleiding werkt goed. Als op zijn nieuwe woonplek de stemmen hem te veel worden, loopt hij vaak even naar een begeleider voor een praatje. Overigens heeft hij niet alleen akelige stemmen. Er is ook een stem die hem juist aanmoedigt: 'Je doet het goed, hoor.' Die wil hij beslist niet kwijt.

Koren

Agnes van der Hoef heeft in haar jeugd het conservatorium bezocht en werkte daarna als vioollerares. Met haar man kreeg ze twee dochters met wie het contact altijd harmonisch was. Op 72-jarige leeftijd bezoekt de crisisdienst haar op verzoek van de huisarts. Sinds kort communiceert ze zingend met de benedenburen, die ze op hun beurt terug hoort zingen. Ze is hierbij meestal opgewekt, maar af en toe ook even terneergeslagen als ze berichten hoort dat ze zal sterven.

Tijdens een korte opname, mede om haar lichamelijk kwetsbare echtgenoot te ontlasten, wordt neuropsychologisch onderzoek verricht. Daarbij blijken er beperkingen te zijn bij het aanleren van nieuwe informatie en bij enkele executieve taken. Er worden geen lichamelijke afwijkingen gevonden en een MRI-onderzoek van de hersenen is conform haar leeftijd. Op het voorgeschreven antipsychoticum wordt ze rustiger, maar ze blijft ervan overtuigd de buren door de muren heen te horen. Haar echtgenoot vertelt nog dat zijn vrouw een paar jaar eerder hem al eens had verteld ergens een koor te horen zingen.

2 Epidemiologie

Van elke 6 patiënten met schizofrenie is er 1 ouder dan 60 jaar (Meesters & Stek, 2011). In Nederland zijn er anno 2016 zo'n 20.000 60-plussers met schizofrenie. Door demografische ontwikkelingen zal hun aantal naar verwachting binnen 2 decennia tot zo'n 30.000 toenemen. Daarmee zijn van alle mensen met schizofrenie de ouderen nu de snelst groeiende groep. De meeste ouderen met schizofrenie wonen vandaag de dag niet in een instelling maar in de maatschappij.

Schizofrenie begint vaak, maar niet altijd, op jongere leeftijd. Bij aanvang van de ziekte voor het 40e jaar spreekt men van early-onsetschizofrenie. Als schizofrenie zich pas na het 40e jaar manifesteert, gebruiken we de term late-onsetschizofrenie. Maar zelfs na het 60e jaar kan zich nog een beeld ontwikkelen dat sterk op schizofrenie lijkt. Hiervoor is de term *very-late-onset schizophrenia-like psychosis* gangbaar geworden (Howard e.a., 2000).

Recente cijfers voor de Nederlandse situatie komen uit het Amsterdamse onderzoek Schizofrenie op Oudere Leeftijd (SOUL: Meesters & Stek, 2011). Daarin zijn 183 oudere patiënten (60-plussers) met schizofrenie systematisch onderzocht. Een ruime meerderheid woonde zelfstandig, terwijl kleinere aantallen deelnemers beschermd woonden, of psychiatrisch opgenomen waren. De 1-jaarsprevalentie binnen de 60-plus bevolkingsgroep bedroeg 0,55% (Meesters & Stek, 2011).

Anders gezegd: 1 van elke 180 oudere inwoners bleek ggz-zorg in verband met schizofrenie te ontvangen. Dit percentage is vergelijkbaar met dat voor jongere populaties (Saha e.a., 2005), wat de relevantie aangeeft die schizofrenie ook op oudere leeftijd nog heeft. De werkelijke prevalentie ligt nog hoger, omdat de SOUL-meting uitsluitend de patiëntengroep betrof die in psychiatrische zorg was. Er zijn sterke aanwijzingen dat van alle individuen met ernstige psychiatrische aandoeningen meer dan de helft geen ggz-zorg ontvangt, hoewel ouderen mogelijk relatief vaker wel in zorg zijn (Kreyenbuhl e.a., 2009).

Een andere opvallende bevinding van het SOUL-onderzoek was dat schizofrenie bij meer dan 1 van elke 3 patiënten pas na het 40e jaar was ontstaan. Verder waren vrouwen duidelijk oververtegenwoordigd (prevalentie vrouwen 0,68%; mannen 0,35%). Dit vormt een contrast met het lifetimerisico om schizofrenie te ontwikkelen, dat voor mannen 1,3 keer hoger is dan voor vrouwen (Aleman e.a., 2003). Deels hangt dit samen met het beduidend vaker voorkomen van laat ontstane schizofrenie bij vrouwen. Maar ook een lagere zorgparticipatie en mogelijk hogere mortaliteit onder mannen met schizofrenie kan hieraan hebben bijgedragen, al kon dit op grond van dit onderzoek niet nader worden vastgesteld.

3 Diagnostiek van psychopathologie en cognitie

Het is gebruikelijk om psychotische symptomen te verdelen in positieve en negatieve symptomen. Positieve symptomen zijn hallucinaties, wanen en formele denkstoornissen (zoals incoherentie en het gebruik van neologismen). Bij ouderen met schizofrenie kunnen in principe alle positieve symptomen worden aangetroffen die ook bij schizofrenie op jongere leeftijd voorkomen. De intensiteit van positieve symptomen is vaak wel minder (Jeste e.a., 2003), maar hierop zijn uitzonderingen. Typerend voor de later ontstane vormen van schizofrenie zijn multimodale hallucinaties (die meerdere zintuiggebieden betreffen) en de partitiewaan, waarbij een patiënt ervan overtuigd is dat impermeabele structuren als muren en vloeren doorgankelijk zijn voor mensen of materialen (Howard e.a., 1992).

Negatieve symptomen zijn onder meer initiatiefverlies en affectvervlakking. Deze neigen tot persisteren en zijn maar weinig gevoelig voor medicatie. Vanwege hun invloed op zelfredzaamheid zijn negatieve symptomen prognostisch vaak belangrijker voor iemands functioneren dan positieve symptomen. Alleen bij de very-late-onset schizophrenia-like psychosis zijn negatieve symptomen beduidend minder vaak aanwezig (zie tabel 29.1).

Tabel 29.1   Onderscheidende kenmerken van early-onset schizofrenie (EOS), late-onset schizofrenie (LOS) en very-late-onset schizophrenia-like psychosis (VLOS)

Kenmerk	EOS	LOS	VLOS
Geslacht	M > V	V > M	V >> M
Familieanamnese positief voor schizofrenie	++	+	-
Formele denkstoornissen	++	+	-
Negatieve symptomen	++	+(+)	-
Cognitieve disfunctie	++	+	+

EOS: early-onset schizofrenie; LOS: late-onset schizofrenie; VLOS: very-late-onset schizophrenia-like psychosis

Cognitieve stoornissen bij schizofrenie betreffen vooral aandacht, werkgeheugen, verbaal en visueel leren, executieve functies en psychomotorisch tempo (Bowie e.a., 2008). Cognitieve disfunctie ontwikkelt zich vaak al in een vroeg stadium, nog voor het manifest worden van positieve symptomen. Cognitieve stoornissen lijken zich bovendien relatief vroeg in het beloop te stabiliseren, zodat het niveau van cognitief functioneren over langere tijd relatief onveranderd kan blijven. Bij oudere patiënten is de cognitie natuurlijk een kwetsbaar domein. Alleen al normale cognitieve veroudering kan gesuperponeerd op reeds aanwezige cognitieve disfunctie soms veel gevolgen hebben voor het functioneren. Bij de groep patiënten met de ernstigste symptomen, die vaak aangewezen is op langdurige institutionele zorg, ziet men op latere leeftijd nogal eens versnelde cognitieve achteruitgang. Daarbij is dan vaak sprake van een atypisch dementieel beeld met vooral frontosubcorticale kenmerken. Er zijn overigens geen aanwijzingen dat patiënten met schizofrenie meer kans lopen op veelvoorkomende vormen van dementie, zoals de ziekte van Alzheimer (Purohit e.a., 1998).

Naast neurocognitie is ook de sociale cognitie van patiënten met schizofrenie vaak aangedaan. Vaak zijn er stoornissen in de theory of mind, gedefinieerd als het vermogen om gedachten en gevoelens aan anderen toe te schrijven en daarmee gedrag te kunnen begrijpen (Sprong e.a., 2007). Ook bij patiënten bij wie positieve symptomen in remissie zijn, worden theory-of-mindbeperkingen gevonden, wat suggereert dat het hier om een *trait*- (in plaats van een *state*-) kenmerk gaat (Smeets-Janssen e.a., 2013).

Bij het voor het eerst optreden van psychotische symptomen op latere leeftijd is het belangrijk om andere aandoeningen grondig uit te sluiten, alvorens de diagnose late-onsetschizofrenie of *very-late-onset schizophrenia-like psychosis* te kunnen stellen. Naast primair affectieve stoornissen (psychotische depressie, manie) dienen vooral een delier en dementie zo goed mogelijk te worden uitgesloten. Een subacuut of acuut begin met een fluctuerend beloop van symptomen, waarbij de patiënt ook tijdelijk symptoomvrij kan zijn, typeert het delier. Wisselende stoornissen van aandacht en bewustzijn staan hierbij op de voorgrond. Hallucinaties zijn vooral visueel, terwijl wanen een vluchtig en niet-gesystematiseerd karakter kennen. Een helder bewustzijn en relatieve stabiliteit van het beeld onderscheiden de dementie van het delier. In alle dementiestadia en bij alle subtypen kunnen zich psychotische verschijnselen voordoen. Wanen bij de ziekte van Alzheimer zijn vaak weinig complex, terwijl bij vasculaire dementie soms juist complexere wanen optreden. Fluctueren van cognitieve disfunctie in combinatie met visuele hallucinaties en parkinsonisme kan wijzen op een Lewy-bodydementie. Complexe visuele hallucinaties bij een patiënt met intacte realiteitstoetsing zijn typerend voor het syndroom van Charles Bonnet. Deze perceptiestoornis wordt meestal veroorzaakt door oogafwijkingen.

Een goede heteroanamnese is vaak nuttig bij het taxeren van de aard en het beloop van psychotische symptomen. Daarnaast zijn somatische anamnese, inventarisatie van medicatie- en middelengebruik, algemeen lichamelijk onderzoek (inclusief zintuigfuncties) en oriënterend laboratoriumonderzoek geïndiceerd. Neuropsychologisch onderzoek kan bijdragen aan het onderscheid met een dementie. Een MRI-scan maakt niet standaard deel uit van het hulponderzoek, maar hoort bij diagnostische twijfel te worden aangevraagd. Ten slotte kan een eeg soms helpen om een psychotische stoornis te onderscheiden van een delier of van dementie.

4 Gesprek met de patiënt

Over het praten met psychotische patiënten bestaan veel vooroordelen, ook bij hulpverleners. De ervaring leert dat met tact en geduld een zinvol gesprek bij veel patiënten met een psychose heel goed mogelijk is. Vaak gaat het erom eerst eigen misvattingen bij te stellen of schroom te overwinnen. Veel psychotische patiënten waarderen juist de aandacht en interesse die een ander voor hun bijzondere belevingen opbrengt. Een open en oprecht nieuwsgierige houding vergroot de kans op het slagen van een gesprek. Vaak is het passend om een gesprek bij iets alledaags te beginnen, in plaats van recht op het doel af te gaan met een vraag als: 'Hoort u stemmen?' Doorvragen levert daarbij vaak goede informatie op en versterkt de band met de patiënt. Deze houding is het best te omschrijven als die van een 'welwillende rechercheur'. In de casus 'Technieken' over de buurman die op afstand plaagt, kan bijvoorbeeld eerst gevraagd worden naar de frequentie, de tijdstippen, de verschillende manieren, enzovoort. In een volgende stap kunnen dan veronderstelde motieven ('Hij wil me het huis uit hebben') aan bod komen, c.q. wat de patiënt er zelf aan denkt te doen ('Ik ga zelf 's nachts herrie maken').

Een bekend dilemma, en niet alleen voor hulpverleners, is hoe om te gaan met iemands psychotische overtuiging. Twee klassieke valkuilen zijn enerzijds het bestrijden van, anderzijds het volledig meegaan in die overtuigingen. Bestrijden leidt meestal alleen maar tot afstand en onbegrip, terwijl te veel meegaan met iemands psychotische denkbeeld niet alleen complicaties oplevert ('Dus u gaat de politie voor mij bellen'?) maar ook een oprechte basis van het contact ondermijnt. Met enige oefening is het vaak goed mogelijk om een psychotische patiënt duidelijk te maken dat zijn of haar opvattingen niet de jouwe hoeven te zijn, maar dat je er wel meer over wilt weten en begrijpen. Daarbij is aandacht voor de gevoelswaarde in plaats van voor de inhoud van belevingen een goed handvat: 'Ik kan me voorstellen dat het u heel bang of boos maakt, als uw buurman zo tekeergaat'. Een dergelijke houding vergroot de kans dat de patiënt ervaart dat de gesprekspartner 'langszij' komt, in plaats van dat hij de zoveelste persoon is die hem niet gelooft.

5 Psychosociaal perspectief van levenskwaliteit en zingeving

In sociaal opzicht blijven veel ouderen met schizofrenie achter bij gezonde leeftijdgenoten (Meesters e.a., 2010). Sociale beperkingen die patiënten met early-onsetschizofrenie al vroeg in hun ziekte hebben ondervonden, bijvoorbeeld door gemiste kansen op een relatie, opleiding of werk, beïnvloeden vanzelfsprekend ook hun functioneren op oudere leeftijd. In de regel zijn sociale netwerken klein en daarmee ook gevoeliger voor verlies van dierbaren, zoals dat zich op latere leeftijd voordoet. Ook stigmatisering en zelfstigmatisering kunnen sociale ontplooiing in de weg staan (Depla e.a., 2005). Patiënten die pas op latere leeftijd schizofrenie ontwikkelen, zijn vaak beter sociaal geïntegreerd. Dat is een van de verklaringen voor de grote variatie in sociaal functioneren tussen patiënten. Het niveau van sociale vaardigheden hangt sterker samen met het niveau van cognitief functioneren dan met de intensiteit van psychotische symptomen. Een groot deel van de variatie in sociaal functioneren is echter nog onverklaard. Zo is bijvoorbeeld nog weinig onderzoek verricht naar de effecten van sociale steun of van de beschikbaarheid van sociale voorzieningen.

Vaak wordt verondersteld dat de ervaren kwaliteit van leven bij ouderen met schizofrenie wel mager zal zijn. Onderzoek laat echter een veel genuanceerder beeld zien. In het SOUL-onderzoek (Schizofrenie op Oudere Leeftijd) rapporteerde bijna de helft van alle deelnemers dat ze hun kwaliteit van leven globaal als redelijk tot goed ervoeren (Meesters e.a., 2013b). Depressiviteit en sociale beperkingen bleken sterkere voorspellers van kwaliteit van leven dan psychotische symptomen. Uit Amerikaans onderzoek bleek een hogere leeftijd juist samen te gaan met een betere kwaliteit van leven (Folsom e.a., 2009). Het is goed voorstelbaar dat de verandering in copingstijlen die vaak gepaard gaat met het ouder worden, sociale adaptatie bevordert. Toegenomen acceptatie van eigen beperkingen en een extravertere attitude zijn hier voorbeelden van. Zo kunnen op hogere leeftijd algemene aspecten van veroudering aan belang winnen ten opzichte van schizofreniegebonden factoren. Ook het sociale netwerk, dat net zoals de patiënt vaak een overlevingsattitude laat zien, kan hierin positief bijdragen.

Kwaliteit van leven is gerelateerd aan de afstand die iemand ervaart tussen zijn aspiraties en zijn feitelijke leefsituatie. Die interne vergelijkingen veranderen in de loop van de tijd, waarbij patiënten zich aanpassen aan hun aandoening en de gevolgen daarvan. Zo wordt het begrijpelijk dat patiënten die in omstandigheden leven die anderen onaangenaam lijken, desondanks tevreden kunnen zijn met hun leven. In een kwalitatief onderzoek onder 32 oudere Amerikaanse patiënten rapporteerden de meeste deelnemers dat de invloed die de ziekte op hun leven had, mettertijd was afgenomen, waarbij ze hun eigen vaardigheid in het omgaan met symptomen als belangrijk ervoeren (Shepherd e.a., 2012). Tegelijkertijd verschilden patiënten onderling sterk in hun toekomstverwachting, variërend van wanhoop bij sommigen tot acceptatie en zelfs optimisme bij anderen. Wat aan de buitenkant kan overkomen als een vergelijkbare ziektelast, kan dus heel verschillende reacties oproepen bij de patiënt zelf.

6 Behandeling

6.1 Algemene principes

De meeste mensen met schizofrenie zijn blijvend aangewezen op zorg en ondersteuning. Vaak verandert deze zorgbehoefte met het ouder worden. Sommige behoeften kunnen verminderen (bijvoorbeeld door een afname van psychotische symptomen), terwijl andere behoeften juist toenemen of voor het eerst ontstaan (bijvoorbeeld door lichamelijke ziekte). Behoeften op psychologisch en sociaal terrein blijken vaker onvervuld te zijn dan basalere behoeften (woonomgeving, lichamelijke behoeften) (Meesters e.a., 2013a). Een vergelijkbare verdeling is ook gerapporteerd in onderzoek bij jongere patiënten. Slechts weinig patiënten kunnen een beroep doen op een mantelzorger uit hun natuurlijke systeem.

Het medisch behandelmodel focust vooral op ziekte, beperking en functieverlies. Hoewel deze oriëntatie onmisbaar is voor de basale voorwaarden om te kunnen functioneren, is het risico dat er weinig oog is voor de veerkracht en de talenten van ouderen met schizofrenie. Herstelgerichte zorg staat bij ouderen met schizofrenie nog in de kinderschoenen, al neemt de belangstelling voor dit thema wel toe, een ontwikkeling waaraan het vergrijzen van de samenleving ook bijdraagt. Behandeling en herstelgerichte zorg behoren geen gescheiden werelden te zijn, maar juist geïntegreerd te worden aangeboden. In de internationale literatuur over ouderenrehabilitatie zijn de afgelopen jaren meerdere succesvolle interventies beschreven. Het accent ligt hierbij op groepsprogramma's en op training van sociale vaardigheden die zelfredzaamheid kunnen bevorderen (Pratt e.a., 2008).

Ook zijn er interventies die zich vooral richten op somatische comorbiditeit en leefstijl (Mueser e.a., 2010). Het belang van risicovolle leefstijlfactoren (zoals roken, weinig beweging, obesitas) begint nu ook te dagen voor de groep ouderen. Fysieke beperkingen door ziekte of invaliditeit oefenen op hogere leeftijd een grote invloed uit op het niveau van functioneren en beïnvloeden daarmee ook mogelijkheden voor rehabilitatie ('herstel'). Daarbij wordt schizofreniepatiënten in vergelijking met de algemene bevolking vaak minder adequate somatische zorg geboden (Vahia e.a., 2008). Helaas hebben veel hulpverleners een defaitistische houding tegenover het nut van leefstijladviezen zoals stoppen met roken of afvallen. Naast gezondheidsbevordering kunnen initiatieven op het gebied van leefstijl juist ook bijdragen aan een positiever zelfbeeld van patiënten.

Sociaal gerichte interventies in de herstelgerichte zorg voor ouderen met schizofrenie verschillen principieel niet van die bij jongere patiënten, maar er is voldoende reden om er specifiek aandacht aan te besteden. Thema's als opleiding en werk die voor veel jongere patiënten centraal staan, hebben voor de meeste ouderen minder relevantie, al kan dat onder invloed van maatschappelijke ontwikkelingen de komende tijd veranderen. Wonen, leefstijl, sociale relaties en dagbesteding zijn voor ouderen daarentegen even relevant als voor jongeren. Samenwerking met ketenpartners is bij rehabilitatieaanbod voor ouderen wellicht nog belangrijker dan bij jongeren. Terwijl ouderen vanwege hun meestal veelvormige zorgvragen hulp ontvangen van diverse instanties (ggz, thuiszorg, maatschappelijke dienstverlening, welzijnszorg), is structurele samenwerking tussen deze instanties nog eerder uitzondering dan regel. Ook zingevingsvragen behoren aandacht te krijgen in de begeleiding van ouderen met schizofrenie, net als bij alle ouderen die met lichamelijke achteruitgang, verandering van maatschappelijke rol, en verlies van naasten te maken krijgen.

Voor de groep ouderen met schizofrenie die in zorgcentra of beschermde woonvormen verblijft, is consultatie aan de verzorgende staf een belangrijke activiteit. Psycho-educatie en bespreken van de gevoelens die patiënten door hun afwijkend gedrag kunnen oproepen, vormt de basis om succesvol verder te kunnen gaan met specifieke bejegeningsadviezen. Hoewel slechts een minderheid van de ouderen met schizofrenie een beroep kan doen op mantelzorg, is aparte aandacht voor mantelzorgers van groot belang vanwege de psychische belasting die zij kunnen ondervinden. Voor andere aandoeningen, zoals dementie, is uitputting van mantelzorgers beschreven als een belangrijke reden voor instituutsplaatsing.

6.2 Psychologische interventies

In Nederland is de *Multidisciplinaire richtlijn schizofrenie* (Van Alphen e.a., 2012) momenteel het document waarin, vanuit een overzicht van de effectiviteitsonderzoek, adviezen worden geformuleerd over welke behandelingen wel en niet nuttig zijn. De belangrijkste psychologische behandelingen bij een psychotische stoornis zoals schizofrenie zijn: psycho-educatie, cognitieve gedragstherapie en gezinsinterventies. Daarnaast behoren ook psychologische evidence-based behandelingen voor comorbide stoornissen te worden aangeboden, zoals bij een depressieve stoornis, een obsessieve-compulsieve stoornis, een paniekstoornis en/of agorafobie, of een posttraumatische-stressstoornis (Achim e.a., 2011). Therapeuten kunnen soms terughoudend zijn in de uitvoering van deze behandelingen bij mensen die primair een psychotische stoornis hebben, maar de wetenschappelijke kennis die er is, wijst er bijvoorbeeld op dat behandeling van de posttraumatische-stressstoornis bij mensen met een psychose veilig en effectief is (Van den Berg e.a., 2015). De richtlijn adviseert bij psychotische stoornissen geen steunende psychotherapie, geen copingtherapie, geen psychoanalytische therapie en geen cognitieve remediatie (training bij cognitieve beperkingen). Cognitieve remediatie verbetert wel cognitieve prestaties op tests, maar het generaliseert onvoldoende naar alledaagse capaciteiten en functioneren.

Psycho-educatie

Psycho-educatie heeft als doel patiënten en familieleden te informeren over de stoornis, de gerelateerde klachten en de behandeling. Hoewel al enige tijd duidelijk is dat psycho-educatie voor patiënten met schizofrenie geen duidelijke gezondheidswinst biedt, is het vanuit ethische overwegingen wel gewenst. Psycho-educatie aan gezinsleden is wel zinvol en leidt vaak tot een gunstiger beloop bij de patiënt (Van Alphen e.a., 2012). De op patiënten gerichte psycho-educatie kan in een groep plaatsvinden, maar het blijkt vaak zinvol om psycho-educatie te individualiseren. Veel patiënten hebben geen ziektebesef en verzetten zich tegen het idee iets te mankeren en hulp nodig te hebben. Patiënten willen wel praten over achterdocht of over de vreemde stemmen die zij horen, maar het aanvaarden van een diagnose is van een andere orde.

Cognitieve gedragstherapie

Ook bij ouderen komt cognitieve gedragstherapie (CGT) in aanmerking voor de behandeling van psychotische aandoeningen. CGT voor psychotische klachten richt zich op het wijzigen van disfunctionele interpretaties (zoals 'Die stem heeft macht over mij'), het toetsen van angstige verwachtingen (bijvoorbeeld: 'Als ik de stem niet gehoorzaam dan word ik gestraft'), en het doorbreken van vermijdings- en veiligheidsgedrag. Veiligheidsgedrag bestaat uit alle acties die mensen uitvoeren om een gevreesd gevolg te ontdekken, te voorkomen, te vermijden of teniet te doen.

Soms wordt gepoogd om de patiënt bewust te maken van gevaarlijke redeneertendensen (cognitieve tendensen) en deze tijdig te leren signaleren en overrulen. De perceptiestoornissen zelf (zoals hallucinaties) zijn niet direct focus van behandeling, maar worden als een psychisch fenomeen beschouwd dat via misinterpretatie tot een symptoom kan worden. De stemmen die de patiënt hoort, worden dus niet als het probleem gezien – de interpretatie ervan wel. Hallucinaties lijken in die zin op de intrusieve angstige gedachten die mensen met een dwangstoornis kunnen hebben: de intrusie zelf is niet de stoornis, maar de overschatting van het gevaar, de angst en het dwanggedrag vormen tezamen de stoornis. Een succesvolle behandeling bereikt dan dat de gevoels- en gedragsmatige consequenties minder worden, zodat de patiënt zich minder of niets meer van de intrusies aantrekt en zijn leven normaal kan leiden. Zo is het ook bij de toepassing van cognitieve gedragstherapie voor psychotische klachten.

Alvorens er binnen CGT bij psychose gestart wordt met interventies, worden de klachten van de patiënt in een cognitieve-probleemformulering samengevat. De gebeurtenissen, automatische gedachten, gevoelens en gedragingen worden op een overstijgend niveau beschreven, zodat deze niet een enkele situatie, maar meerdere situaties binnen hetzelfde thema beschrijven (zie figuur 29.1 voor een voorbeeld van een ingevulde CGT-probleemformulering).

Figuur 29.1 Voorbeeld CGT-probleemformulering bij visuele hallucinaties

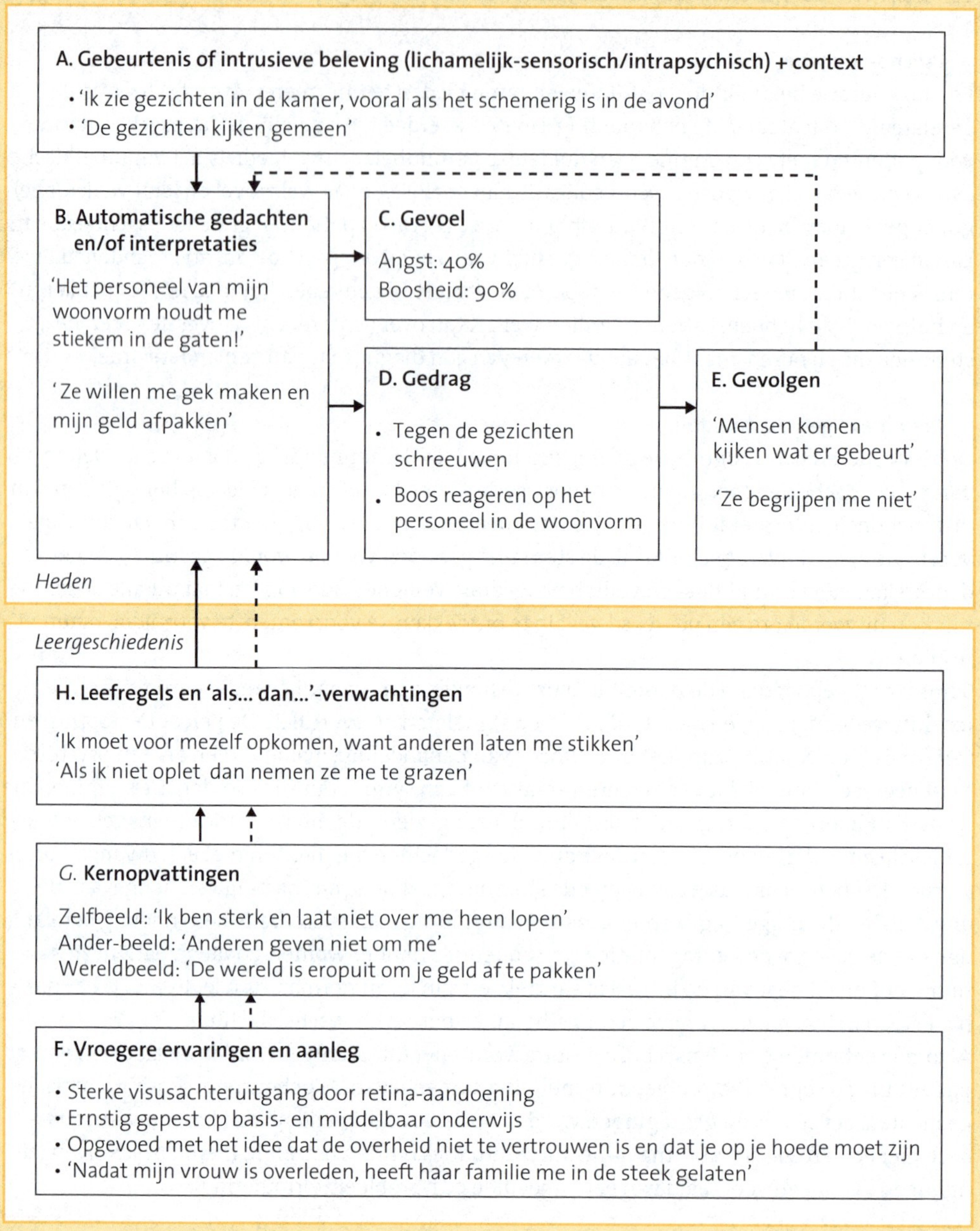

A. Gebeurtenis of intrusieve beleving (lichamelijk-sensorisch/intrapsychisch) + context
- 'Ik zie gezichten in de kamer, vooral als het schemerig is in de avond'
- 'De gezichten kijken gemeen'

B. Automatische gedachten en/of interpretaties

'Het personeel van mijn woonvorm houdt me stiekem in de gaten!'

'Ze willen me gek maken en mijn geld afpakken'

C. Gevoel

Angst: 40%
Boosheid: 90%

D. Gedrag
- Tegen de gezichten schreeuwen
- Boos reageren op het personeel in de woonvorm

E. Gevolgen

'Mensen komen kijken wat er gebeurt'

'Ze begrijpen me niet'

Heden

Leergeschiedenis

H. Leefregels en 'als... dan...'-verwachtingen

'Ik moet voor mezelf opkomen, want anderen laten me stikken'
'Als ik niet oplet dan nemen ze me te grazen'

G. Kernopvattingen

Zelfbeeld: 'Ik ben sterk en laat niet over me heen lopen'
Ander-beeld: 'Anderen geven niet om me'
Wereldbeeld: 'De wereld is eropuit om je geld af te pakken'

F. Vroegere ervaringen en aanleg
- Sterke visusachteruitgang door retina-aandoening
- Ernstig gepest op basis- en middelbaar onderwijs
- Opgevoed met het idee dat de overheid niet te vertrouwen is en dat je op je hoede moet zijn
- 'Nadat mijn vrouw is overleden, heeft haar familie me in de steek gelaten'

CGT: cognitieve gedragstherapie
Bron: Van der Gaag e.a., 2013

Bijvoorbeeld: (A) ik hoor de buurman rommelen en een vaag geluid van kinderen in de verte; (B) ik denk dat de buurman mijn leven kapotmaakt, en hij houdt mijn kleinkinderen in zijn kelder gevangen die ik zou moeten beschermen; (C) ik word angstig en soms boos; en (D) ik bel de politie om ze op de buurman af te sturen, en verder probeer ik alert te blijven op wat er gebeurt. De langetermijngevolgen (E) zijn dat ik uitgeput raak. Met de patiënt wordt tevens besproken welke levenservaringen (F) ertoe hebben geleid dat hij is gaan denken dat mensen kwade bedoelingen kunnen hebben en dat hij zich zo verantwoordelijk voelt voor zijn kleinkinderen. Ook risicofactoren komen hier aan bod, zoals genetisch risico (zijn er familieleden met schizofrenie?) of trauma's in het verleden. Er wordt verder stilgestaan bij basale assumpties (G): 'Ik ben zwak en verantwoordelijk voor wat er misgaat', 'Anderen zijn eropuit je te pakken' en 'De wereld is een gevaarlijke plek'. Ook is er aandacht voor de intermediaire assumpties (H) die een afgeleide zijn van de basale aannames: 'Ik moet mijn familie behoeden voor de boze wereld' en 'Ik moet de hele tijd op mijn hoede zijn, anders pakken ze me'.

Vanuit de probleemformulering worden CGT-interventies ingezet. Bijvoorbeeld gedragsexperimenten die de veronderstelde macht van een achtervolger of stem uitdagen. Dit begint vaak klein, omdat patiënten erg bang kunnen zijn, bijvoorbeeld met de stem uitdagen om een pen te laten bewegen in de therapiesessie, zoals in het volgende voorbeeld ('Marian'). Dit kan er vervolgens toe leiden dat meerdere kleine experimenten worden uitgevoerd.

Marian

Therapeut:	Je denkt dat je stem een geest is die Marian heet. Ook ben je er 95% van overtuigd dat ze macht heeft en kwade dingen kan doen. Wat zou de stem kunnen doen als ze echt macht heeft? En hoe zouden we dit kunnen onderzoeken?
Patiënt:	Ze zou mij kwaad kunnen doen, en ook mijn dochter. Maar dat durf ik niet te testen. Ik ben veel te bang dat het fout gaat.
Therapeut:	Kunnen we misschien kleine uitdagingen bedenken voor Marian?
Patiënt:	Zoals wat?
Therapeut:	We zouden haar kunnen vragen of ze deze pen wil laten bewegen. Dan krijgt ze 30 seconden de tijd om op die manier te laten zien dat ze echt iets kan. Dat ze werkelijk macht heeft.
Patiënt:	Ja, dat durf ik wel.
Therapeut:	Heb je nog meer ideeën?
Patiënt:	We kunnen misschien vragen of ze het raam open kan doen.
Therapeut:	Uitstekend, dan krijgt ze daar dadelijk ook 30 seconden voor. Wat nog meer?
Patiënt:	Als jij en ik allebei op onze stoel gaan staan, dan krijgt ze 30 seconden om ons eraf te duwen. [De patiënt lacht.]
Therapeut:	Heel goed idee! We toetsen hiermee je gedachte dat Marian echt fysieke macht heeft. Voor welke alternatieve gedachte krijgen we misschien bewijs?
Patiënt:	Dat Marian geen macht heeft.
Therapeut:	Heel goed. En welke uitkomst wijst op welke opvatting?

De voorspellingen worden verder uitgewerkt en daarna worden de experimenten stuk voor stuk uitgevoerd in de sessie. Er gebeurt niets.

Patiënt:	Marian heeft helemaal niks gedaan!
Therapeut:	Inderdaad! Hoe sterk ben je er op dit moment van overtuigd dat ze echt macht heeft en kwade dingen kan doen?
Patiënt:	60%.
Therapeut:	Knap dat je je opvattingen zo onderzoekt. Laten we eens bedenken welke volgende stap geschikt is, zodat je jezelf misschien nog meer kunt geruststellen over hoeveel macht Marian werkelijk heeft.

Bron: Van der Gaag & Staring, 2011

Daarna worden experimenten opgezet voor het niet opvolgen van de opdrachten van de stem, zodat de patiënt leert dat de verwachte straf of ramp niet optreedt. Voor meer uitleg en casuïstiek van cognitieve gedragstherapie bij verschillende psychotische klachten zie Van der Gaag e.a. (2013). Zie ook de website www.gedachtenuitpluizen.nl.

Gezinsinterventies

Onderzoek laat zien dat het zorgen voor iemand met een psychose negatieve effecten heeft op de lichamelijke en geestelijke gezondheid van de zorger (Wynaden e.a., 2007). De relatie tussen psychose en het gedrag van (mantel)zorgers is uitgebreid onderzocht voor het concept expressed emotion (EE). Er is een hogere mate van terugval bij patiënten die terugkeren in hun gezinsomgeving waarin de zorgers een 'hoge emotionele betrokkenheid' hebben, in plaats van een 'lage emotionele betrokkenheid' (Brown e.a., 1972; Brown & Birtwistle, 1998). Expressed emotion bestaat uit vijf onderdelen:
- kritiek: een ongunstige opmerking of uiting over het gedrag of de persoon van de patiënt;
- vijandigheid: extreme aspecten van kritiek, zoals een afwijzende opmerking of een negatieve uiting over de patiënt in het algemeen, in plaats van over specifiek gedrag;
- emotionele overbetrokkenheid: zoals zelfopoffering, preoccupatie met de ziekte van de patiënt en overbescherming;
- positieve opmerkingen: ondubbelzinnige verklaringen over de persoonlijkheid, vaardigheden en eigenschappen van de patiënt;
- warmte: uitingen van empathie, sympathie, betrokkenheid en begrip tegenover de patiënt.

Er zijn verschillende methoden en handleidingen beschikbaar, met daarin onderdelen zoals probleemoplossen, communicatieve vaardigheden, terugvalpreventie en psycho-educatie. Gezinsinterventies kunnen in de thuissituatie worden uitgevoerd: in of binnen behandelingsinstellingen voor individuele gezinnen (Kuipers e.a., 2002), of voor groepen van meerdere families (McFarlane, 2002). De patiënt hoeft niet vanzelfsprekend aanwezig te zijn (Barrowclough e.a., 2001) hoewel de effecten sterker zijn als dit wel het geval is.

Gezinsinterventies hebben hun waarde bewezen doordat ze significant terugval van de patiënt en tevens de daarbij komende negatieve gevolgen van psychose op de zorgers verminderen (Pfammatter e.a., 2006). De gezinsinterventies zijn weliswaar vooral voor de jongere patiënten ontwikkeld, maar ook ouderen kunnen ervan profiteren.

Mediatieve therapie

Weer een andere nuttige rol is weggelegd voor de mediatieve therapie. Hierin oefent de psycholoog via de eigen omgeving van de patiënt invloed uit. Denk naast de genoemde gezinsinterventies bijvoorbeeld aan het coachen van een verzorgingsteam in de omgang met iemands achterdochtige uitspraken (bijvoorbeeld: niet tegenspreken en wel meeleven met de lijdensdruk). Of aan het meedenken over aanpassingen in dagritme, rust, en kwesties van overzicht in overeenstemming met iemands cognitieve belastbaarheid.

7 Conclusie

Hulpverlening aan ouderen met schizofrenie vraagt om een model dat zowel oog heeft voor kwetsbaarheid als voor kracht en veerkracht. Oud worden met een aandoening als schizofrenie impliceert niet onvermijdelijk een neergaande lijn met toenemende afhankelijkheid en afname van kwaliteit van leven. De mogelijkheden tot aanpassing die toenemend erkend worden voor ouderen in het algemeen, zijn evenzeer aan de orde bij ouderen met schizofrenie. Er is dan ook geen plaats voor pessimisme over de mogelijkheid van oudere patiënten om te profiteren van het brede aanbod aan interventies dat inmiddels voor jongere patiënten veelal wel beschikbaar is.

Ouderenpsychologen spelen een belangrijke rol bij zowel diagnostiek (onder andere neuropsychologisch onderzoek) als behandeling van ouderen met schizofrenie. Bij behandeling kan het gaan om psycho-educatie, cognitieve gedragstherapie, gezinsinterventies, en psychotherapie voor comorbide problematiek. Daarnaast kan de psycholoog een rol hebben via mediatieve therapie.

Literatuur

Achim, A.M., Maziade, M., Raymond, E., Olivier, D., Mérette. C., & Roy, M.A. (2011). How prevalent are anxiety disorders in schizophrenia? A meta-analysis and critical review on a significant association. *Schizophrenia Bulletin, 37*, 811-821.

Aleman, A., Kahn, R.S., & Selten, J.P. (2003). Sex differences in the risk of schizophrenia: Evidence from meta-analysis. *Archives of General Psychiatry, 60*, 565-571.

Alphen, C. van, Ammeraal, M., Blanke, C., Boonstra, N., Boumans, H., & Bruggeman, R. (2012). *Multidisciplinaire richtlijn schizofrenie.* Utrecht: De Tijdstroom.

Barrowclough, C., Haddock, G., Tarrier, N., Lewis, S.W., Moring, J., O'Brien, R., e.a. (2001). Randomized controlled trial of motivational interviewing, cognitive behavior therapy, and family intervention for patients with comorbid schizophrenia and substance use disorders. *American Journal of Psychiatry, 158*, 1706-1713.

Berg, D.P.G. van den, Bont, P.A.J.M. de, Vleugel, B.M. van der, Roos, C. de, Jongh, A de, Minnen, A. van, e.a. (2015). Prolonged exposure vs eye movement desensitization and reprocessing vs waiting list for posttraumatic stress disorder in patients with a psychotic disorder: A randomized clinical trial. *JAMA Psychiatry, 72*, 259-267.

Bowie, C.R., Leung, W.W., Reichenberg, A., McClure, M.M., Patterson, T.L., Heaton, R.K., e.a. (2008). Predicting schizophrenia patients' real-world behavior with specific neuropsychological and functional capacity measures. *Biological Psychiatry. 63*, 505-511.

Brown, G.W., Birley, J.L.T., & Wing, J.K. (1972). Influence of family life on the course of schizophrenic disorders: A replication. *British Journal of Psychiatry, 121*, 241-258.

Brown, S., & Birtwistle, J. (1998). People with schizophrenia and their families: Fifteen-year outcome. *British Journal of Psychiatry, 173*, 139-144.

Cohen, C.I., Meesters, P.D., & Zhao, J. (2015). New perspectives on schizophrenia in later life: Implications for treatment, policy, and research. *Lancet Psychiatry, 2*, 340-350.

Depla, M.F.I., Graaf, R. de, Weeghel, J. van., & Heeren, T.J. (2005). The role of stigma in the quality of life of older adults with severe mental illness. *International Journal of Geriatric Psychiatry, 20*, 146-153.

Folsom, D.P., Depp, C., Palmer, B.W., Mausbach, B.T., Golshan, S., Fellows, I., e.a.(2009). Physical and mental health-related quality of life among older people with schizophrenia. *Schizophrenia Research, 108*, 207-213.

Gaag, M. van der, & Staring, T. (2011). Protocollaire behandeling van patiënten met een paranoïde waan. In G.P.J. Keijsers, A. van Minnen & C.A.L. Hoogduin (Red.), *Protocollaire behandelingen voor volwassenen met psychische klachten 2* (pp. 331-378). Amsterdam: Boom.

Gaag, M. van der, Staring, T., Berg, D. van den, & Baas, J. (2013). *Gedachten uitpluizen: Cognitief gedragstherapeutische protocollen bij psychotische klachten* (3e dr.). Oegstgeest: Stichting Cognitie en Psychose.

Howard, R., Castle, D., O'Brien, J., Almeida, O., & Levy, R. (1992). Permeable walls, floors, ceilings and doors. Partition delusions in late paraphrenia. *International Journal of Geriatric Psychiatry, 7*, 719-724.

Howard, R., Rabins, P.V., Seeman, M.V., & Jeste, D.V. (2000). Late-onset schizophrenia and very-late-onset schizophrenia-like psychosis: An international consensus. *American Journal of Psychiatry, 157*, 172-178.

Ibrahim, F., Cohen, C.I., & Ramirez, P.M. (2010). Successful aging in older adults with schizophrenia: Prevalence and associated factors. *American Journal of Geriatric Psychiatry, 18*, 879-886.

Jeste, D.V., Twamley, E.W., Eyler Zorrilla, L.T., Golshan, S., Patterson, T.L., & Palmer, B.W. (2003). Aging and outcome in schizophrenia. *Acta Psychiatrica Scandinavica, 107*, 336-343.

Kreyenbuhl, J., Nossel, I.R., & Dixon, L.B. (2009). Disengagement from mental health treatment among individuals with schizophrenia and strategies for facilitating connections to care: A review of the literature. *Schizophrenia Bulletin, 35*, 696-703.

Kuipers, E., Lam, D., & Leff, J. (2002). *Family work for schizophrenia: A practical guide*. Londen: Gaskell Press.

McFarlane, W.R. (2002). *Multifamily groups in the treatment of severe psychiatric disorders*. New York/Londen: Guildford Press.

Meesters, P.D., Comijs, H.C., Dröes, R-M., Haan, L. de, Smit, J.H., Eikelenboom, P., e.a. (2013a). The care needs of elderly patients with schizophrenia spectrum disorders. *American Journal of Geriatric Psychiatry, 21*, 129-137.

Meesters, P.D., Comijs, H.C., Haan, L. de, Smit, J.H., Eikelenboom, P., Beekman, A.T., e.a. (2013b). Subjective quality of life and its determinants in a catchment area based population of elderly schizophrenia patients. *Schizophrenia Research, 147*, 275-280.

Meesters, P.D., & Stek, M.L. (2011). Ouderen met schizofrenie: Prevalentie en verdeling naar ontstaansleeftijd in een psychiatrisch verzorgingsgebied in Amsterdam. *Tijdschrift voor Psychiatrie, 53*, 669-675.

Meesters, P.D., Stek, M.L., Comijs, H.C., Haan, L. de, Patterson, T.L., Eikelenboom, P., e.a. (2010). Social functioning among older community-dwelling patients with schizophrenia: A review. *American Journal of Geriatric Psychiatry, 18*, 862-878.

Mueser, K.T., Pratt, S.I., Bartels S.J., Swain, K., Forester, B., Cather, C., e.a. (2010). Randomized trial of social rehabilitation and integrated health care for older people with severe mental illness. *Journal of Consulting and Clinical Psychology, 78*, 561-573.

Pfammatter, M., Junghan, U.M., & Brenner, H.D. (2006). Efficacy of psychological therapy in schizophrenia: Conclusions from meta-analyses. *Schizophrenia Bulletin, 32*, S64-S80.

Pratt, S.I., Citters, A.D. van, Mueser, K.T., & Bartels, S.J. (2008). Psychosocial rehabilitation in older adults with serious mental illness: A review of the research literature and recommendations for development of rehabilitative approaches. *American Journal of Psychiatric Rehabilitation, 11*, 7-40.

Purohit, D.P., Perl, D.P., Haroutunian, V., Powchik, P., Davidson, M., & Davis, K.L. (1998). Alzheimer disease and related neurodegenerative diseases in elderly patients with schizophrenia: A postmortem neuropathologic study of 100 cases. *Archives of General Psychiatry, 55*, 205-211.

Saha, S., Chant, D., Welham, J., & McGrath, J. (2005). A systematic review of the prevalence of schizophrenia. *PLoS Medicine, 2*, 413-433.

Shepherd, S., Depp, C., Harris, G., Halpain, M., Palinkas, L., & Jeste, D.V. (2012). Perspectives on schizophrenia over the lifespan: A qualitative study. *Schizophrenia Bulletin, 38*, 295-303.

Smeets-Janssen, M.M.J., Meesters, P.D., Comijs, H.C., Eikelenboom, P., Smit, J.H., Haan, L. de, e.a. (2013). Theory of mind differences in older patients with early-onset and late-onset paranoid schizophrenia. *International Journal of Geriatric Psychiatry, 28*, 1141-1146.

Sprong, M., Schothorst, P., Vos, E., Hox, J., & Engeland, H. van. (2007). Theory of mind in schizophrenia. *British Journal of Psychiatry, 191*, 5-13.

Tiihonen, J., Lönnqvist, J., Wahlbeck, K., Klaukka, T., Niskanen, L., Tanskanen, A., e.a. (2009). 11-year follow-up of mortality in patients with schizophrenia: A population-based cohort study (FIN11 study). *Lancet, 374*, 620-627.

Vahia, I.V., Diwan, S., Bankole, A.O., Kehn, M., Nurhussein, M., Ramirez, P., e.a. (2008). Adequacy of medical treatment among older persons with schizophrenia. *Psychiatric Services, 59*, 853-859.

Wynaden, D. (2007). The experience of caring for a person with a mental illness: A grounded theory study. *International Journal of Mental Health Nursing, 16*, 381-389.

30
Mensen met dementie

Jacomine de Lange

1 Inleiding
2 Definitie en cijfers
3 Leven met dementie
4 Persoonsgerichte zorg voor mensen met dementie
5 Psychosociale interventies om het welbevinden te bevorderen
    5.1 Advance care planning
    5.2 Cognitief georiënteerde interventies
    5.3 Emotiegeoriënteerde interventies
    5.4 Psychotherapeutische interventies
    5.5 Intramurale multidisciplinaire programma's
6 De ouderenpsycholoog
  Literatuur

 www.tijdstroom.nl/leeromgeving

 Handige documenten
 Weblinks

Kernboodschappen
- Mensen met dementie schetsen zelf een genuanceerder beeld van het leven met dementie dan de media en de maatschappij.
- Dementie is een ingrijpende progressieve aandoening die continu aanpassing vergt van de persoon zelf en zijn naasten.
- Mensen met dementie kunnen baat hebben bij psychologische behandeling mits de behandeling wordt afgestemd op hun mogelijkheden.
- De psycholoog heeft een belangrijke taak in het uiteenrafelen en verklaren van psychologische mechanismen die een rol spelen bij dementie.

1 Inleiding

Dementie is een aandoening die met veel angst en stigma omgeven is. In de media wordt vaak een eenzijdig en negatief beeld van dementie geschetst en ook hulpverleners kijken soms pessimistisch tegen mensen met dementie aan. Mensen met dementie zelf laten een genuanceerder beeld zien. Sommigen maken duidelijk dat zij ook met dementie best een goed leven hebben, anderen kijken er minder positief tegenaan.
Dementie is een zeer ingrijpende progressieve aandoening die continu aanpassing vergt van de persoon zelf en de naasten. Dit aanpassingsproces behoeft en verdient ondersteuning en de psycholoog kan daarin veel betekenen. In dit hoofdstuk gaan we kort in op wat dementie is en wat het betekent om dementie te hebben. Daarna laten we zien welke psychosociale mogelijkheden er zijn om mensen met dementie te ondersteunen bij het omgaan met hun ziekte en de gevolgen daarvan.

2 Definitie en cijfers

Dementie is een omschrijving van een complex van verschijnselen waarbij cognitieve stoornissen en verandering van gedrag optreden (zie kader). Kenmerkend voor dementie is de stoornis in de informatieverwerking. Daardoor raakt de persoon met dementie het overzicht kwijt en wordt het moeilijk om te plannen of complexe taken uit te voeren.

Wat is dementie?
Dementie wordt vastgesteld wanneer er cognitieve of gedragsmatige (neuropsychiatrische) symptomen bestaan die:
1 interfereren met het beroepsmatige of dagelijkse functioneren;
2 duidelijk afgenomen zijn vergeleken met een voorgaand niveau van functioneren;
3 niet verklaard worden door een delier of een psychiatrische aandoening;
   - vastgesteld zijn met een combinatie van:
     - anamnese bij de patiënt en een betrouwbare informant;
     - objectieve cognitieve beoordeling met behulp van bedsidetests of met behulp van neuropsychologisch onderzoek;
4 minimaal twee van de volgende domeinen betreffen:
   - geheugen (opslaan, ophalen): herhaald vragen, dezelfde verhalen vertellen, dingen kwijtraken, afspraken vergeten, verdwalen op een bekende route;
   - executieve functies: gebrekkig overzicht en planning, onvermogen om complexe taken uit te voeren, geen inzicht in veiligheidsrisico's, financiën niet kunnen regelen, slechte besluitvaardigheid;
   - visuospatiële functies: voorwerpen of mensen niet herkennen; moeite met hanteren van gebruiksvoorwerpen, het verkeerde kledingstuk aantrekken, of op een verkeerde manier;
   - taalfuncties: woordvindproblemen, verminderde spreekvaardigheid, moeite met lezen, schrijven, opdrachten begrijpen;
   - persoonlijkheid en gedrag: stemmingswisselingen, agitatie, onrust, verminderde motivatie, apathie, sociaal terugtrekken, verminderde interesse in activiteiten, verlies van empathisch vermogen, dwangmatig of obsessief gedrag, moeite sociale situaties goed in te schatten, sociaal ongepast gedrag.

Bron: Scheltens, 2015 (op basis van McKhann e.a., 2011)

Naast de in het kader genoemde kenmerken komen op den duur andere beperkingen voor, zoals incontinentie, problemen met lopen, niet kunnen uiten van pijn, of honger of verzadigingsgevoel niet herkennen. De precieze symptomen kunnen per persoon verschillen. De symptomen leiden op den duur doorgaans tot ernstige belemmeringen in het dagelijks leven, zowel in het uitvoeren van handelingen als in communicatie en sociale contacten. In de DSM-V wordt niet meer van dementie gesproken, omdat dit als te stigmatiserend wordt beschouwd, maar van een ernstige neurocognitieve stoornis (ernstige NCS). De volgende domeinen van NCS worden onderscheiden: complexe aandacht, uitvoerende functies, geheugen en leervermogen, taal, perceptueel-motorische functies en sociale cognitie. Ook wordt in de DSM-V een minder ernstige mate van cognitieve beperking onderscheiden: de beperkte NCS, gekenmerkt door een lichte achteruitgang ten opzichte van vroeger functioneren die geen belemmering is voor onafhankelijk functioneren, maar wel een grotere inspanning vraagt (APA, 2014). Deze lichte cognitieve problematiek wordt ook aangeduid met de term *mild cognitive impairment* (MCI). Dit kan een voorstadium zijn van dementie, maar kan ook samenhangen met andere factoren waardoor de beperkingen stabiel kunnen blijven of op termijn weer verdwijnen. De belangrijkste oorzaak van dementie is de ziekte van Alzheimer. Andere veelvoorkomende vormen van dementie zijn vasculaire dementie, frontotemporale dementie en Lewy-bodydementie (zie voor uitgebreide beschrijvingen van deze ziekten: www.alzheimercentrum.nl).

Op dit moment zijn er wereldwijd naar schatting 46,8 miljoen mensen met dementie. Per jaar komen er 9,9 miljoen mensen met deze diagnose bij. Dat kan oplopen tot 131,5 miljoen in 2050 als er geen afdoende behandeling gevonden wordt en beschikbaar is (World Alzheimer Report, 2015). Het aantal mensen met dementie in Nederland wordt geschat op 270.000. Dit zal oplopen tot meer dan een half miljoen in 2040 (Alzheimer Nederland, 2016). Leeftijd vormt de belangrijkste risicofactor voor de ziekte van Alzheimer. Hoe hoger de leeftijd, hoe vaker ook cerebrovasculaire schade een rol kan gaan spelen. Boven de 80 jaar is bij 70-80% van de ouderen met dementie sprake van een combinatie van de ziekte van Alzheimer en vasculaire dementie. Goede preventie en behandeling van hart- en vaatziekten kunnen leiden tot een vermindering van dementie (De Bruijn e.a., 2015).

In Nederland woont ongeveer 70% (180.000) van de mensen met dementie thuis met behulp van mantelzorgers en professionals. Van hen woont 44% (80.000) alleen. In grote steden woont ongeveer 50% van de thuiswonende mensen met dementie alleen (Alzheimer Nederland, 2013). De zorg in Nederland is georganiseerd in Dementieketens waar de belangrijkste zorgaanbieders uit een regio verantwoordelijk zijn voor de zorg in die regio. De ideale zorg is beschreven in de *Zorgstandaard dementie* (Alzheimer Nederland/Vilans, 2013). De huisarts is verantwoordelijk voor de medische zorg, de casemanager voor de overige zorg en welzijn. Iedereen in Nederland heeft volgens de *Zorgstandaard dementie* na de diagnose dementie recht op een casemanager. Er zijn geen exacte cijfers bekend van het aantal mensen met dementie in verpleeg- en verzorgingshuizen. Op basis van AWBZ-indicaties werd geschat dat er in 2013 ongeveer 82.000 (30%) mensen met dementie in een verzorgings- of verpleeghuis woonden. Het aantal mensen met dementie in verpleeghuizen met een intensieve zorgbehoefte is sindsdien vermoedelijk toegenomen (www.volkgezondheidenzorg.nl). Er zijn grote verschillen tussen zorginstellingen in kwaliteit van zorg, mate van persoonsgerichte zorg, kwaliteit van de ruimte en omgeving, grootschalig of kleinschalig, en traditioneel of innovatief. Ook zijn er particuliere initiatieven met meer service dan in een verpleeghuis, vaak ook met een hogere eigen bijdrage, maar soms ook uit idealistische motieven.

3 Leven met dementie

Voordat de diagnose dementie gesteld wordt, maken veel mensen een onzekere fase mee. Uit een Engels onderzoek blijkt dat 40% van de mensen er aanvankelijk niet over praat met anderen, en 50% pas na meer dan een halfjaar hulp zoekt bij een professional. Driekwart van de mensen met dementie vindt het moeilijk om erover te praten en voelt het als een taboe dat omgeven is met angst en schaamte (Psota, 2015). Rond en na de diagnose hebben mensen doorgaans veel behoefte aan steun en informatie. De diagnose kan enerzijds een opluchting zijn en een eind maken aan de onzekerheid, maar de toekomst gaat er heel anders uitzien dan men dacht. Sommigen hebben het gevoel dat er geen toekomst meer is.

Wanneer de dementie vordert, wordt een enorme uitdaging van de persoon met dementie en zijn naasten gevraagd omdat de verschijnselen van dementie toenemend gevolgen hebben in het dagelijks leven. Het progressieve karakter van dementie vraagt om een voortdurende adaptatie. Mensen moeten ermee leren omgaan dat ze eenvoudige taken niet meer goed kunnen uitvoeren. Ze moeten leren omgaan met verlieservaringen, zoals geheugenverlies, verlies van autonomie, verlies van communicatiemogelijkheden, met onbegrip van anderen, en met de boosheid, het verdriet en de angst die dat verlies oproept. Mensen met dementie staan voor de opgave hun zelfrespect te behouden ondanks alles wat er misgaat in hun leven. Dröes e.a. (2015) hebben dit benoemd als de zogeheten adaptieve taken waarmee mensen worden geconfronteerd als ze dementie krijgen (zie kader).

> **Adaptieve taken bij dementie**
> 1 Omgaan met beperkingen in het dagelijks leven
> 2 Behoud van emotioneel evenwicht
> 3 Behoud van positieve zelfwaardering
> 4 Onderhouden en aangaan van sociale contacten
> 5 Opbouwen van een adequate relatie met zorgprofessionals
> 6 Aanpassen aan een nieuwe (woon)omgeving (behoud van identiteit, iets omhanden hebben)
> 7 Omgaan met een onzekere toekomst
>
> Bron: Dröes e.a., 2015

Toch brengt dementie niet alleen maar negatieve gevoelens teweeg. Veel mensen met dementie vinden dat ze nog een goed leven hebben. Zij kijken tevreden terug op hun leven en kunnen genieten van dagelijkse dingen als muziek, lekker eten en wandelen. Sommigen nemen het leven zoals het is: ze leven in het hier en nu. Anderen benadrukken de liefdevolle relatie met hun partner of kinderen die hen helpt op een goede manier om te gaan met dementie. Positieve strategieën die ze toepassen zijn: er het beste van maken, zelf actief blijven om de achteruitgang tegen te gaan, humor, en hoop blijven houden. Sommige mensen met dementie hebben juist behoefte om over hun problemen te praten, anderen willen dat juist liever niet. Ook het vermijden van moeilijke situaties kan een strategie zijn (De Boer e.a., 2010; Wolverson, e.a., 2015). Voor mantelzorgers verandert er eveneens veel in hun leven. Mantelzorgers betitelen het veranderende gedrag van hun naaste soms als gemakzucht, onwil of desinteresse, als ze niet goed begrijpen wat er aan de hand is. Zij moeten leren wat dementie is en wat de gevolgen zijn voor het dagelijks leven. Daarnaast maken zij een rolwisseling door: van familielid naar zowel familielid als hulpverlener. Ze moeten hun eigen behoeften onderkennen, grenzen leren stellen, en hulp van anderen leren accepteren (Bootz e.a., 2014). Dat betekent dat vaak een zware wissel getrokken wordt op de mantelzorgers. Zij voelen zich tamelijk zwaar belast (38%), zeer zwaar belast (12%) of overbelast (4%) (Jansen e.a., 2016). Psychologische hulp moet dus zowel mensen met dementie als mantelzorgers ondersteunen bij adaptieve taken (zie hoofdstuk 23).

4 Persoonsgerichte zorg voor mensen met dementie

Persoonsgerichte zorg wordt beschouwd als de standaard voor goede zorg bij dementie. Het betekent zorg die aansluit bij de wensen, behoeften en mogelijkheden van mensen met dementie en hun mantelzorgers. De kern is om mensen met dementie in de eerste plaats als uniek persoon te blijven zien ondanks hun geheugenproblemen en beperkingen. Persoonsgerichte zorg is gericht op het bevorderen van het welbevinden en op optimaal functioneren in het dagelijks leven. Dat betekent dat de zorg moet beginnen met een analyse van behoeften, en niet moet ophouden bij het in kaart brengen van problemen. Een indeling in psychologische behoeften van mensen met dementie dat daarbij kan helpen, is van Kitwood (1997) (zie kader; zie ook Vermeiren, 2012).

> **Psychologische behoeften van mensen met dementie volgens Kitwood (1997)**
> – Behoefte aan liefdevolle aandacht en respect (*love*)
> – Behoefte aan veiligheid en vertrouwdheid (*attachment*)
> – Behoefte aan troost en steun (*comfort*)
> – Behoefte aan sociale inclusie: erbij horen (*inclusion*)
> – Behoefte aan participatie en iets omhanden hebben (*occupation*)
> – Behoefte aan behoud van identiteit en zelfwaardering (*identity*)

Kitwood noemt niet de behoefte aan autonomie. Nu verschilt dat ook per persoon. Sommige mensen met dementie hebben juist behoefte de touwtjes in handen te houden, terwijl anderen zich graag overgeven aan een vertrouwd persoon (Klingeman e.a., 2012). Het in kaart brengen van deze behoeften geeft aanknopingspunten voor het bevorderen van het welbevinden van mensen met dementie. Deze behoeften zijn niet altijd duidelijk. Onvervulde behoeften hebben negatieve gevolgen voor de kwaliteit van leven en kunnen probleemgedrag in de hand werken. Soms moet gezocht worden naar achterliggende behoeften die probleemgedrag kunnen verklaren. Psychologen hebben een belangrijke taak om dit inzichtelijk te maken voor andere professionals (zie hoofdstuk 8).

5 Psychosociale interventies om het welbevinden te bevorderen

Dementie is een aandoening die ingrijpende gevolgen kan hebben voor de kwaliteit van leven. Zolang er geen genezing is voor dementie, blijft verhogen van kwaliteit van leven het eerste doel van professionele hulp. Welke hulp geboden wordt, is afhankelijk van leeftijd en ernst van de aandoening, maar is ook afhankelijk van het ondersteunende netwerk en de bereidheid en mogelijkheid van dit netwerk om zorg te verlenen.
Voor alles geldt dat interventies pas ingezet moeten worden na een uitgebreide behoefteanalyse en moeten worden aangepast aan de persoonlijke situatie van de cliënt en zijn dierbaren.

De taak van de psycholoog is, vooral in complexe gevallen, een diepgaande analyse te maken en een gericht advies te geven voor een op de persoon aangepaste interventie. De psycholoog kan de interventie zelf uitvoeren, andere professionals trainen in en counselen bij het uitvoeren van de interventie, en een rol spelen bij de evaluatie om na te gaan of de gekozen interventie meerwaarde heeft voor de persoon met dementie. Vaak zal de psycholoog samenwerken binnen een team met een arts en verzorgenden.

5.1 Advance care planning

Omdat de persoon met dementie in de beginfase nog goed kan nadenken, is dit een moment om samen met familie onder ogen te zien wat er gaat gebeuren, welke toekomstplannen mogelijk zijn en hoe men de in de toekomst benodigde zorg het liefst zou willen. Hiervoor zijn verschillende *advanced care planning*-interventies ontwikkeld zoals de *early diagnosis dyadic intervention* (EDDI) (Whitlatch e.a., 2006). Het Trimbos-instituut heeft een methodiek ontwikkeld en onderzocht voor thuiswonende mensen met dementie en hun mantelzorgers die net de diagnose te horen hebben gekregen: 'Samen verder na de diagnose dementie'. Deze interventie bestaat uit vier gesprekken van de persoon met dementie en de mantelzorger met een in deze methode getrainde ouderenpsycholoog. Het doel is samen beter voorbereid te zijn op de mogelijke gevolgen van dementie, nu en in de toekomst (Van Asch e.a., 2016).

Er zijn echter belemmeringen om de gevolgen van dementie al in een vroeg stadium te kunnen bespreken. Mensen met dementie beginnen er vaak zelf niet over en het kiezen van het juiste tijdstip is moeilijk (De Vleminck e.a., 2014). Uit een onderzoek van Cheong e.a. (2015) blijkt dat maar 40% van de mensen met dementie wil meedoen aan een advance care planning-interventie. Hoe minder cognitieve beperkingen, des te groter was de kans dat ze willen meedoen. Redenen die genoemd werden om niet mee te doen, waren dat de familie te zijner tijd wel beslissingen zal nemen als dat nodig is, en: 'Het is nu niet relevant of nodig'. Ook mensen die de cognitieve beperkingen ontkennen, wilden niet meedoen.

Lewis e.a. (2015) kwamen tot vergelijkbare conclusies. Van de 100 cliënten van een geheugenpoli die ze aanschreven om mee te doen aan informatieve bijeenkomsten en een intensieve advanced care planning-interventie, toonde de helft belangstelling maar uiteindelijk volgde maar 20% van hen de informatieve bijeenkomsten, en slechts 2 mantelzorgers en 3 cliënten deden mee aan de intensieve interventie. Uit een kwalitatief onderzoek (Dickinson e.a., 2013) blijkt dat mensen met dementie wel praktische, persoonlijke financiële en wettelijke zaken willen regelen, maar niet zozeer op schrift willen vastleggen. Wel willen ze een vertrouwd iemand aanwijzen die het voor hen kan regelen als het zover is. Gebrek aan kennis en ziekte-inzicht, een ongeschikt tijdstip, beperkte keuze in zorgarrangementen en gebrek aan steun bij het maken van keuzes waren belemmeringen om tot advanced care planning te komen.

5.2 Cognitief georiënteerde interventies

Het doel van cognitieve stimuleringsprogramma's is behoud of verbetering van het cognitieve functioneren, maar ook leren omgaan met cognitieve beperkingen en de communicatie verbeteren. Een groepsgewijs cognitief stimuleringsprogramma is dat van Spector e.a. (2003). In 14 sessies van 45 minuten, 2 keer per week, passeren onder andere de volgende onderwerpen de revue: omgaan met geld, woordspelletjes, de dag van vandaag, en bekende gezichten. Op een groot bord staan de namen van de deelnemers en personeelsleden en de naam van de groep. Iedere sessie begint met een warming-up, bijvoorbeeld een balspel. Daarna volgt een algemeen thema, zoals kindertijd of voedsel, aangepast aan de dag van vandaag. Het gaat meer om informatieverwerking dan om feitenkennis. Uit een *randomized controlled trial* (RCT) blijkt dat mensen in de experimentele groep na de interventie significant beter cognitief functioneren en een hogere kwaliteit van leven hebben vergeleken met de controlegroep. Er was een trend tot verbeterde communicatie. Er werd geen verschil aangetoond tussen beide groepen in lichamelijk functioneren, depressie en angst (Spector, e.a., 2003).

Ook mantelzorgers kunnen samen met de persoon met dementie thuis of in een specifieke woonvorm activiteiten doen met het oog op cognitieve stimulering. Quayhagen en Quayhagen (2001) ontwierpen een cognitief stimuleringsprogramma dat door mantelzorgers aan hun familielid met dementie geboden kan worden. De persoon met dementie en diens mantelzorger kregen veertien weken een uur per week instructie van een psycholoog en moesten de interventie zelf vijf dagen per week een uur per dag toepassen. De interventie bestond uit woordspelletjes en foto's herkennen, maar ook herhalen van informatie uit televisieprogramma's, kranten en boeken. Ook werd hen geleerd hoe problemen op te lossen door de juiste aanpak te kiezen, zoals: wat te doen bij brand. Positieve feedback en bemoediging waren belangrijk. De experimentele groep verbeterde significant in probleem oplossen en in spreekvaardigheid. Van de mantelzorgers uit de experimentele groep vond 70% dat de onderlinge communicatie verbeterd was (Quayhagen & Quayhagen, 2001).

In een onderzoek waarin mantelzorgers en mensen met dementie 25 weken lang 3 keer per week 30 minuten moesten oefenen aan de hand van een oefenboek met een toolkit, vond men geen effect op cognitie en stemming bij mensen met dementie, maar wel een verbeterde relatie tussen de persoon met dementie en de mantelzorger, en een hogere kwaliteit van leven van de mantelzorger in vergelijking met een controlegroep. Het bleek moeilijk om het oefenen 25 weken lang vol te houden (Orgeta e.a., 2015b). In een Cochranereview werd geconcludeerd dat er aanwijzingen zijn voor een positief effect op cognitie bij mensen met milde tot matig ernstige dementie, maar dat verder onderzoek naar de effecten op langere termijn nodig is (Woods e.a., 2012).

Mensen met dementie kunnen ook alleen oefenen, bijvoorbeeld met geheugenspelletjes op de computer zoals de BrainTrainerPlus (www.btp.nl). De ervaring leert dat zij dit vaak plezierig vinden. Voor zover bekend is hier nog geen onderzoek naar gedaan.

Cognitieve rehabilitatie is meer exclusief gericht op het gebruik van strategieën en hulpmiddelen om beter om te gaan met cognitieve beperkingen. Mensen met dementie leren gezichten te verbinden met namen, het gebruik van de agenda, een datumklok en een notitieboekje, en technieken om zich dingen te herinneren. Bij mensen met lichte dementie (die ook cholinesteraseremmers gebruikten) is een verbetering van cognitie aangetoond (Loewenstein e.a., 2004). Amieva e.a. (2015) voerden een op het individu toegesneden cognitief rehabilitatieprogramma uit bij thuiswonende mensen met dementie en vonden een effect op functiebeperkingen en uitstel van verpleeghuisopname van zes maanden. Er worden veel hulpmiddelen ontwikkeld die gebruikt kunnen worden bij cognitieve rehabilitatie, zoals de mantelzorgassistent, een applicatie van Alzheimer Nederland: verschillende digitale agenda's waarbij mantelzorgers via een tablet de agenda van de persoon met dementie kunnen inplannen, die dan een waarschuwing krijgt als hij of zij een actie moet ondernemen; gemakkelijke manieren om te communiceren via tablets of met een fototelefoon, of met een telefoon met foto's van familie en vrienden op de druktoetsen. Ook zijn er sprekende knoppen die de bediening van apparaten uitleggen als je erop drukt. In ontwikkeling zijn de robots die op een gepersonaliseerde manier mensen met dementie herinneren aan het uitvoeren van activiteiten, of mensen stimuleren om iets te ondernemen of contact met iemand te zoeken en ook door middel van sensoren in de gaten houden wat iemand doet en of er onveilige situaties ontstaan (www.smarthomes.nl).

De laatste tijd wordt ook het zogeheten foutloos leren (*errorless learning*) toenemend toegepast bij mensen met dementie. Een dagelijkse activiteit zoals thee zetten wordt opgedeeld in verschillende stappen die eerst worden voorgedaan. De persoon met dementie krijgt vervolgens bij iedere stap een duidelijke verbale instructie die net zo lang herhaald wordt totdat de persoon de actie kan uitvoeren. Voorkomen wordt dat hij fouten maakt, door steeds opnieuw de correcte instructie te geven als de persoon iets verkeerd dreigt te doen of onzeker is. De Werd e.a. (2013) toonden in een review een positief effect aan van deze methode vergeleken met gewoon leren, en toonden daarmee aan dat mensen met dementie wel degelijk nieuwe dingen kunnen leren. Zij raken bovendien gemotiveerd om nieuwe dingen aan te pakken en krijgen het gevoel dat ze toch wat kunnen, hetgeen bevorderend is voor hun kwaliteit van leven.

5.3 Emotiegeoriënteerde interventies

De doelen van emotiegeoriënteerde programma's zijn om mensen met dementie emotioneel in evenwicht te houden, geborgenheid te bieden, en het behoud van een positief zelfbeeld en van identiteit te stimuleren.

Reminiscentie

Levensloopbenaderingen zijn benaderingen die gebruikmaken van (herinneringen ophalen aan gebeurtenissen uit) de levensloop, zoals reminiscentie en het werken met levensboeken. Met behulp van foto's, filmfragmenten of oude voorwerpen en gerichte vragen over het leven van vroeger worden herinneringen opgeroepen en met elkaar gedeeld. Onderwerpen kunnen zijn: de schooltijd, spelletjes, wasdag, en beroepen van de vader of de moeder (Barendsen & Boonstra, 2005). De doelen zijn behoud van identiteit en zelfwaardering, maar deze interventies bieden ook een vorm van sociaal contact.

Onderzoek toonde een statistisch significant effect op cognitie, stemming en gedrag aan (Woods e.a., 2005; Subramamiam e.a., 2012). In de praktijk blijkt dat mensen met dementie het leuk vinden om mee te doen met reminiscentie. Uit onderzoek blijkt bovendien dat zij tijdens reminiscentie meer welbevinden vertonen dan tijdens andere groepsactiviteiten (Brooker & Duce, 2000). Levensboeken waarin foto's van iemands leven zijn opgenomen met korte verhaaltjes erbij, blijken in de praktijk een goed hulpmiddel voor het maken van persoonlijk contact met mensen met dementie. Zij vertellen spontaan verder over de gebeurtenissen die in het boek staan.

Muziekinterventies

Muziekinterventies toegepast door een muziektherapeut, zoals luisteren naar muziek, zingen, instrumenten bespelen, zijn onder andere gericht op een beter emotioneel evenwicht. Een Cochranereview toonde aan dat er (nog) geen goede RCT's bestaan (Vink e.a., 2004). In een overzichtsonderzoek van Sherrat e.a. (2004a) noemt en wel effecten als minder storend gedrag (agressie, agitatie, zwerfgedrag, roepen) en meer betrokkenheid, welbevinden en sociaal gedrag. Sherrat e.a. (2004b) vergeleken het gedrag van mensen met dementie tijdens het afspelen van een bandje met commerciële muziek, een bandopname van muziek gemaakt door een musicus, een liveoptreden van dezelfde musicus, en gedrag zonder dat er muziek werd gespeeld. Mensen

met dementie vertoonden de meeste respons gedurende het liveoptreden. Er werd geen effect op probleemgedrag gevonden.
Götell e.a. (2002) vonden een positief effect van zingen door de verzorgende tijdens de ochtendverzorging, alleen of samen met de persoon met dementie, in vergelijking met een bandje met muziek, of geen muziek draaien tijdens de verzorging. De ouderen begrepen tijdens het zingen beter wat van hen verwacht werd en werkten beter mee. De familie gaf tips over welke muziek de voorkeur van de oudere zou hebben. Vink e.a. (2013) vonden geen verschil in effect tussen muziektherapie en activiteitenbegeleiding. Ray en Mittelman (2015) vonden een effect van muziektherapie op depressie en agitatie bij mensen met matige tot ernstige dementie in een verpleeghuis, maar geen effect op dwaalgedrag. In een meta-analyse waren Chang e.a. (2015) hoopvol gestemd, omdat zij een redelijk groot effect konden aantonen op probleemgedrag, een matig effect op angst en stemming, en zelfs een klein effect op cognitie.

Zintuigstimulering

Snoezelen stimuleert de zintuigen (horen, zien, tast en reuk) in een prettige omgeving. Het is gericht op ontspanning, genieten, verbeteren van de stemming en verminderen van gedragsproblemen (agitatie en rusteloosheid). De interventie wordt vooral toegepast bij gevorderde dementie. Aanvankelijk vond het vooral in een speciale snoezelruimte plaats met speciale verlichting, versiering, zachte bedden, spiegels en muziek. Tegenwoordig wordt het ook toegepast in de 24 uurszorg. De verzorgenden leren persoonlijke omstandigheden van de bewoner, zoals levensstijl, voorkeuren, wensen en culturele diversiteit in de zorg tot uitdrukking te laten komen (Van Weert e.a., 2005). Deze vorm van snoezelen komt dichtbij geïntegreerde belevingsgerichte zorg. Deze vorm maakt ook gebruik van elementen uit de levensloop, van de plezierigeactiviteitenmethode en van verbale en non-verbale communicatietechnieken. Interviews met familieleden en het uitproberen van verschillende vormen van zintuigstimulering helpen bij het opstellen van een zogenoemd snoezelplan. Het snoezelplan wordt vervolgens omgezet in een snoezelzorgplan, waarin ook aanwijzingen staan hoe de bewoner te helpen bij activiteiten van het dagelijks leven. In een Cochranereview (Chung e.a., 2002) zijn twee RCT's (Baker e.a., 1997; Holtkamp e.a., 1997) gevonden die effecten aantonen tijdens de snoezelsessie: minder apathisch gedrag, en minder rusteloos en repeterend gedrag; maar dat effect hield na de sessie geen stand.
Van Weert (2004) vond in haar onderzoek naar effecten van snoezelen in de 24 uurszorg een statistisch significant effect op apathie, decorumverlies, opstandig gedrag, agressief gedrag en depressie. Tijdens de ochtendverzorging waren de bewoners vrolijker, hadden ze beter contact met de verzorgenden, reageerden ze meer als er tegen hen gepraat werd, en spraken ze meer in normale zinnen.
Aromatherapie of aroma-activiteiten bestaan uit (hand)massage met aromatische olie of verstuiven van aromatische olie. Het doel kan zijn genieten en ontspanning, maar het wordt ook toegepast ter vermindering van probleemgedrag (Koot-Fokkink, 2004). In een Cochranereview (Thorgrimsen e.a., 2005) werden twee RCT's gevonden (Smallwood e.a., 2001; Ballard e.a., 2002). Smallwood vergeleek handmassage met lavendel met lavendel verstuiven met handmassage zonder toevoeging van een aroma. Ballard liet armen en gezicht van mensen met dementie twee keer per dag een tot twee minuten inwrijven met olie met melisse en vergeleek dit met op dezelfde manier insmeren met olie waaraan geen aroma was toegevoegd. Na de behandeling met aroma's waren de bewoners significant minder geagiteerd. Ook Yang e.a. (2015) vonden in een RCT een significant effect van aromatherapie op agitatie.

Technologie om welbevinden te bevorderen

De laatste tijd zijn ook robots in opkomst die mensen met beginnende dementie gezelschap houden en dierenrobots voor mensen met gevorderde dementie zoals de zeehond Paro die geluiden maakt, zijn kop, vinnen en staart kan bewegen, en zijn ogen opent en sluit. Eerste pilotstudies laten een positief effect zien op kwaliteit van leven, stemming en agitatie, maar er is meer onderzoek nodig (Bemelmans e.a., 2015; Jøranson e.a., 2015; Valenti Soler e.a., 2015). Om mensen met gevorderde dementie op een positieve manier te activeren, is de zogenoemde tovertafel ontworpen. Op het tafelblad worden lichtanimaties (bijvoorbeeld van herfstbladeren, bloemen, rijmpjes, of een bal) geprojecteerd die reageren op beweging van handen en armen van de ouderen. Ook spelletjes op de iPad kunnen het welbevinden bevorderen, zoals sjoelen, of Talking Tom (een kat die herhaalt wat de persoon met dementie zegt), een mooie visvijver met een zacht muziekje, of een kleurenspel. Mensen met dementie vinden het vaak een leuke manier om bezig te zijn, hun zelfwaardering stijgt, het spel roept herinneringen op aan vroeger en brengt interactie met anderen tot stand. Anderen beleven er weinig plezier aan, vinden het kinderachtig of lezen liever een boek (Groenewoud & De Lange, 2014; www.Alzheimer-Nederland.nl/nieuws/apps-voor-mensen-met-dementie).

5.4 Psychotherapeutische interventies

Net als mensen met andere ongeneeslijke ernstige aandoeningen, kunnen mensen met dementie vastlopen in hun aanpassing aan de gevolgen van hun ziekte en het veranderde toekomstbeeld. Ook kunnen zij kampen met gevoelens van angst, depressie, rouw, met traumatische herinneringen, zingevingsvragen of doodsverlangens. Zij kunnen gebukt gaan onder relationele problemen, onder onbegrip en verwijdering ervaren ten opzichte van hun dierbaren. Hun gedrag kan als moeilijk hanteerbaar of risicovol worden ervaren en bijdragen aan overbelasting van hun dierbaren of verzorgers. In deze situaties kan psychologische behandeling geïndiceerd zijn. Bij mensen met een lichte dementie is individuele psychologische behandeling met enige aanpassing doorgaans nog goed mogelijk, mits behandeling wordt afgestemd op hun mogelijkheden. Dit is nader beschreven in de hoofdstukken in deel 4, Psychologische interventies. Naarmate de dementie vordert, wordt de rol van naasten en verzorgenden groter binnen de psychologische behandeling. Hier volgen enkele voorbeelden van psychologische behandeling van mensen met dementie. Psychologische behandeling op mediatieve wijze bij mensen met dementie bij wie therapeutisch gesprekscontact niet mogelijk is, wordt beschreven in hoofdstuk 17.

Cognitieve gedragstherapie bij angst

De toepassing van cognitieve gedragstherapie bij mensen met dementie met angstproblemen geeft hoopvolle resultaten, maar uitgebreider onderzoek is gewenst. Spector e.a. (2015) ontwierpen een interventie die uit drie fasen bestaat. In de eerste fase gaat de therapeut een vertrouwensrelatie met de persoon met dementie aan (inclusief het motiveren tot de behandeling), waarna informatie wordt geboden over angstklachten en over cognitieve gedragstherapie, en het doel van de behandeling wordt vastgesteld. Ook de rol van de mantelzorger wordt vastgelegd. Deze rol kan variëren van heel klein, tot altijd aanwezig zijn. De mantelzorger kan de persoon met dementie thuis helpen met in praktijk brengen wat in de therapiesessies ter sprake is gekomen. In de tweede fase worden technieken uit de cognitieve gedragstherapie toegepast, zoals strategieën om zich veilig te voelen, niet-helpende gedachten herkennen en veranderen, kalmerende gedachten oproepen (met kaartjes) en experimenteren met nieuw gedrag. Ook spanningen tussen de persoon met dementie en de mantelzorger kunnen aan de orde komen. In fase 3 wordt de therapie afgesloten met het bespreken van de toekomst.

Groepspsychotherapie

Cheston e.a. (2003) ontwierpen een groepspsychotherapie voor mensen met dementie van tien wekelijkse bijeenkomsten van een uur en een kwartier. De deelnemers waren mensen met een diagnose dementie met een score op de Mini-Mental State Examination (MMSE) van 18 of hoger, die zelf erkenden (in ieder geval regelmatig) dat ze geheugenproblemen hadden die verder ging dan normale ouderdomsvergeetachtigheid, en die bereid waren tot deelname aan een groep. De groepsleden werden aangemoedigd te praten over de vraag: 'Hoe is het als je geheugen niet meer zo goed is als het was?' De focus was ervaringen in het hier en nu, en de impact ervan op relaties. Er werd een significant effect aangetoond op depressie en angst (Cheston e.a., 2003, Cheston & Jones, 2009).

In Nederland wordt vanuit de ggz en op verschillende dagbehandelingen van verpleeghuizen de Kopgroep dementie aangeboden, een combinatie van bewegingstherapie en gesprekstherapie onder begeleiding van een psycholoog over thema's die de deelnemers zelf aandragen en die te maken hebben met het omgaan met dementie (De Lange & Veerbeek, 2009). Uitgangspunten zijn: veiligheid en vertrouwen bieden, controle teruggeven, zelfbeeld en lichaamsbeeld bijstellen, leren omgaan met gevoelens, en leren omgaan met gedragsveranderingen. Het doel is om de ziekte beter te kunnen verwerken, te leren omgaan met de gevolgen, en onderlinge steun te ervaren. Effectonderzoek is nog gaande.

5.5 Intramurale multidisciplinaire programma's

Bij mensen met dementie die in een zorginstelling verblijven is het dementieproces al zover voortgeschreden dat zij zijn aangewezen op intensieve gespecialiseerde zorg. Veel aandacht gaat daarbij uit naar het herkennen van en aansluiten bij de behoeften van de persoon met dementie en naar het begrijpen en hanteren van gedrag. Behandeling van stemmings- of gedragsproblemen bestaat doorgaans uit verschillende interventies door een multidisciplinaire team. Hier volgen enkele voorbeelden van intramurale multidisciplinaire programma's waarbij psychologen een rol spelen.

Doen bij Depressie

Doen bij Depressie is een gestructureerd multidisciplinair zorgprogramma met stepped care voor opsporing, behandeling en monitoring van depressieve klachten bij ouderen met chronische en complexe gezondheidsproblemen in verpleeghuizen (Leontjevas, 2012). In het programma is gekozen voor een specifieke benadering voor twee groepen bewoners van zorginstellingen: bewoners die op cognitief en communicatief gebied geen ernstige beperkingen hebben, en bewoners die dat wel hebben, zoals de bewoners met dementie. Het programma wordt in drie stappen (zie kader) uitgevoerd in nauwe samenwerking tussen de psycholoog, de specialist ouderengeneeskunde en de verzorgenden. Deze aanpak verbeterde de kwaliteit van leven van mensen met dementie, maar het effect op depressieve klachten kon niet worden aangetoond (Leontjevas, 2012).

> **Doen bij Depressie bij ouderen met dementie in zorginstellingen**
> Doen bij Depressie bestaat uit drie fasen. Binnen iedere fase hebben het zorgteam, de psycholoog en de specialist ouderengeneeskunde hun eigen taken en vinden overleg en afstemming plaats.
> - Fase 1: opsporen. Depressieve verschijnselen worden opgespoord en nader onderzocht in drie stappen.
>   - Stap 1: opsporen depressieve verschijnselen door verzorgenden, met behulp van de Nijmegen Observer Rated Depression schaal (NORD).
>   - Stap 2: Screening door de psycholoog, met behulp van de verkorte versie van de Geriatric Depression Scale (GDS-8) en de Cornell Scale for Depression in Dementia (CSDD).
>   - Stap 3: Diagnostiek door de psycholoog en de specialist ouderengeneeskunde. Voor het diagnosticeren van depressie werden de Provisional Diagnostic Criteria for Depression in Alzheimer Disease (PDCdAD) gebruikt.
> - Fase 2: behandelen. De fase behandelen is modulair opgebouwd.
>   - Module 1: basisinterventies door zorgteam
>   Voorlichting, dagstructuur in combinatie met een activiteitenplan aansluitend bij de plezierigeactiviteitenmethode. Deze module start als er sprake is van depressiesymptomen bij de patiënt. Als er niet alleen sprake is van depressiesymptomen maar ook van een depressiediagnose, wordt naast module 1 ook module 2 gestart.
>   - Module 2: psychologische behandeling
>   Psychologische behandeling in de vorm van gesprekstherapie. Hierbij is Dierbare Herinneringen (life review) eerste keuze. Als gesprekstherapie niet mogelijk is, wordt mediatieve therapie toegepast.
>   - Module 3: medicamenteuze behandeling
>   Antidepressiva voorgeschreven door de specialist ouderengeneeskunde. Indien onvoldoende resultaat: consultatie van de ouderenpsychiater.
> - Fase 3: monitoren. De fase monitoren houdt in dat behandeling wordt geëvalueerd met gebruikmaking van de tests die bij de screening waren afgenomen. Voor patiënten bij wie geen depressieve klachten waren geconstateerd, start na vier tot zes maanden de cyclus opnieuw met het invullen van de NORD door verzorgenden.
>
> Bron: Leontjevas e.a., 2014

Grip op probleemgedrag

De methodiek Grip op probleemgedrag is een multidisciplinair zorgprogramma voor het signaleren en behandelen van probleemgedrag, uitgevoerd door de verzorgenden, de arts en de psycholoog. Eerst wordt een scholing over probleemgedrag en het belang van methodisch werken gegeven. Vervolgens wordt het methodisch werken uitgevoerd in vier stappen (zie kader Grip op probleemgedrag).

Dit zorgprogramma is gebaseerd op richtlijnen en handreikingen van verschillende beroepsgroepen, waaronder de *Handreiking psychologische hulpverlening bij gedragsproblemen bij dementie* van het Nederlands Instituut van Psychologen (NIP, 2009). Effectiviteitsonderzoek toont een afname aan van agitatie, wanen, depressie, ontremd gedrag en doelloos repetitief gedrag. Deze klachten worden door verzorgenden beter opgemerkt omdat bij dit programma in stap 1 met een speciale checklist wordt gewerkt om deze symptomen te herkennen. Ook werd een afname van medicijngebruik gezien. Er worden in principe altijd eerst psychosociale interventies toegepast voordat medicijnen worden voorgeschreven. De effecten op agitatie waren kleiner dan verwacht. Volgens de onderzoekers komt dit waarschijnlijk omdat het programma werd ingevoerd en onderzocht bij alle bewoners van de afdeling, terwijl niet iedereen last had van probleemgedrag. Hierdoor lijken de effecten mogelijk minder groot dan ze in werkelijkheid zijn. Daarnaast was het op sommige afdelingen moeilijk om het programma uit te voeren zoals het bedoeld was, bijvoorbeeld omdat er geen of weinig multidisciplinair overleg was en er niet altijd regulier een psycholoog kon worden geconsulteerd. Hoe beter het programma volgens protocol gevolgd werd, des te groter waren de effecten (Zwijsen, 2014.)

Grip op probleemgedrag
- Stap 1: detectie
  Vroegtijdig vaststellen van probleemgedrag door verbeterde signalering door verzorgenden met NPI-Q. Met behulp van deze lijst wordt gekeken naar twaalf mogelijke symptomen, de ernst ervan en de emotionele stress die deze veroorzaken. De scorelijst wordt elke zes maanden door verzorgenden ingevuld en dient als vangnet voor het probleemgedrag dat door de verzorging niet spontaan gesignaleerd wordt.
- Stap 2: analyse
  Analyse van het gedrag met behulp van een werkblad. Verzorgenden beantwoorden vragen als: hoe ziet het gedrag eruit, voor wie is het een probleem, waar en wanneer gebeurt het? Dit werkblad wordt doorgegeven aan de arts (bij een vermoeden van een lichamelijke oorzaak) of aan de psycholoog (bij een vermoeden van een psychische oorzaak). De arts en de psycholoog vullen hun eigen werkblad in. Dit mondt uit in een uitgebreide beschrijving van het gedrag en de factoren die daarbij mogelijk een rol spelen.
- Stap 3: behandeling
  Opstellen van behandelplan, doel en evaluatiemoment door de arts of de psycholoog. Het team bespreekt de resultaten van de analyse en de ernst van het gedrag. De behandeling wordt gebaseerd op de analyse en hangt af van de mogelijke oorzaken, de wensen van de bewoner en de behandelingsmogelijkheden.
- Stap 4: evaluatie
  Evaluatie met het team door de arts of de psycholoog (afhankelijk van wie de behandeling regisseert). Aan de hand van de 10-puntsschaal wordt geschat of het gedrag verbeterd is. Ook wordt een evaluatieformulier doorlopen met vragen als: is het behandeldoel bereikt, zijn alle geplande behandelingen uitgevoerd, wordt de behandeling gestopt of een andere behandeling toegepast?

NPI-Q: Neuropsychiatrische Vragenlijst-Questionnaire
Bron: Grip op probleemgedrag, UKON-netwerk

Zevenstappenmodel voor omgaan met onbegrepen gedrag
Het Trimbos-instituut en Vilans hebben op verzoek van de Inspectie voor de Gezondheidszorg en op basis van interviews met experts een model ontworpen met zeven kernelementen voor omgaan met onbegrepen gedrag bij mensen met dementie (Zwijsen e.a., 2013; 2014). De eerste drie kernelementen zijn tijdig signaleren, bespreken in een multidisciplinair team bestaande uit de psycholoog, de specialist ouderengeneeskunde en de verzorgende, en het bij de zorg betrekken van de familie. Vooral dat laatste krijgt hier meer nadruk dan in de andere modellen. Het vierde element behelst het maken van een gedegen analyse vergelijkbaar met de NIP-handreiking (NIP, 2009), waarbij de psycholoog een belangrijke rol speelt. Daarna wordt benadrukt dat de interventie moet aansluiten op de analyse, en niet op het gedrag, en dat eerst psychosociale interventies gekozen moeten worden voordat medicijnen voorgeschreven worden. Het laatste kernelement is dat er altijd geëvalueerd moet worden. In de praktijk bleek dat deze laatste stap vaak niet werd gevolgd.

6 De ouderenpsycholoog

Hoe kan de ouderenpsychologie een bijdrage leveren aan het verbeteren van kwaliteit van leven van mensen met dementie? Dit hoofdstuk laat zien dat de psycholoog in alle fasen van dementie ondersteuning kan bieden. Naast neuropsychologische diagnostiek van dementie, counseling en psycho-educatie over de diagnose heeft de psycholoog een belangrijke taak in het uiteenrafelen en verklaren van psychologische mechanismen die een rol spelen bij dementie, zoals het onderkennen en expliciteren van copingmechanismen, van strategieën die mensen met dementie hanteren om grip te houden op hun leven, en van de psychologische behoeften van mensen met dementie. Deze 'psychologie van de persoon met dementie' moeten psychologen uitleggen aan mensen met dementie zelf en hun dierbaren om hen te ondersteunen bij de veranderingen die ze ervaren en nog voor de boeg hebben, maar ook aan professionele verzorgenden en artsen.

Psychologen spelen een belangrijke rol bij diagnostiek, analyse en behandeling van interactieproblemen, depressie, angst, doodswensen of gedragsproblemen bij mensen met dementie. Tot nu toe vooral intramuraal, en toenemend voor mensen met dementie thuis. Stemmings- en gedragsproblemen gaan gepaard met veel lijdensdruk en zijn nogal eens een reden tot opname in een instelling. Zeker nu mensen met dementie geacht worden zo lang mogelijk thuis te blijven, is het van groot belang dat ouderenpsychologen voor thuiswonende mensen met dementie laagdrempelig geconsulteerd kunnen worden door casemanagers dementie, thuiszorgteams en huisartsen.

Als mensen met gevorderde dementie uiteindelijk toch in een instelling gaan wonen, kunnen psychologen een bijdrage leveren aan een zorgvisie en een leefklimaat dat aansluit bij behoeften van mensen met dementie, en aan het implementeren van programma's zoals Doen bij Depressie of Grip op probleemgedrag. Ook door training en coachen van professionals over omgaan met dementie kunnen zij een rol spelen bij het verbeteren van de kwaliteit van leven van mensen met dementie. Voor een goede dementiezorg is het van belang dat psychologen in een multidisciplinair trio werken met de medische en verpleegkundige discipline, zowel intra- als extramuraal.

Literatuur

ADI. (2015). *World Alzheimer Report 2015: The global impact of dementia, an analysis of prevalence, incidence, cost and trends*. Londen: Alzheimer's Disease International.

Alzheimer Nederland. (2016). *Cijfers en feiten over dementie: Factsheet, datum: 28-01-2016*, www.Alzheimer Nederland.nl [Pdf op internet]. Amersfoort: Alzheimer Nederland. Raadpleegbaar via: www.Alzheimer Nederland.nl/sites/default/files/directupload/factsheet-dementie-algemeen.pdf.

Alzheimer Nederland/Vilans. (2013). *Zorgstandaard dementie*. Amersfoort: Alzheimer Nederland.

Amieva, H., Robert, P.H., Grandoulier, A.S., Meillon, C., De Rotrou, J., Andrieu, S., e.a. (2015). Group and individual cognitive therapies in Alzheimer's disease: The ETNA3 randomized trial. *International Psychogeriatrics, 28*, 707-717.

APA. (2014). *Handboek voor de classificatie van psychische stoornissen: DSM-5* [vertaling van Diagnostic and statistical manual of mental disorders, fifth edition: DSM-5™]. Amsterdam: Boom.

Asch, I. van, Ven, I. van de, & Pot, A.M. (2016). Samen verder na de diagnose. *Denkbeeld, 28*, 30-32.

Baker, R., Bell, S., Baker, E., Gibson, S., Holloway, J., Pearce R., e.a. (2001). A randomized controlled trial of the effects of multi-sensory stimulation (MSS) for people with dementia. *British Journal Clinical Psychology, 40*, 81-96.

Baker, R., Dowling, Z., Wareing, L.A., Dawson, J., & Assey, J. (1997). Snoezelen: Its long-term and short-term effects on older people with dementia. *British Journal of Occupational Therapy, 60*, 213-218.

Ballard, C., O'Brien, J., Reichelt, K., & Perry, E. (2002). Aromatherapy as a safe and effective treatment for the management of agitation in severe dementia: The results of a double blind, placebo controlled trial with Melissa. *Journal of Clinical Psychology, 63*, 553-558.

Barendsen, I., & Boonstra, W. (2005). *Terug naar toen; reminisceren met ouderen*. Baarn: HB Uitgevers.

Bemelmans, R., Gelderblom, G.P., Jonker., P., & Witte, L. de. (2015). Effectiveness of robot Paro in intramural psychogeriatric care: A multicenter quasi-experimental study. *Journal of the American Medical Directors Association, 16*, 946-950.

Boer, M.E., de, Dröes, R.M., Jonker, C., Eefsting, J.A., & Hertogh, C.M.P.M. (2010). De beleving van beginnende dementie en het gevreesde lijden. *Tijdschrift Gerontologie en Geriatrie, 41*, 194-203.

Bootz, L.M.M., Wolfs, C.A.G., Verhey, F.R.J., Kempen, G.I.J.M., & Vugt, M.E. de. (2015). Qualitative study on needs and wishes of early-stage dementia caregivers: The paradox between needing and accepting help. *International Psychogeriatrics, 27*, 927-936.

Brooker, D., & Duce, L. (2000). Wellbeing and activity in dementia: A comparison of group reminiscence therapy, structured goal-directed group activity and unstructured time. *Aging & Mental Health, 4*, 354-358.

Bruijn, R.F.A.G. de, Bos, M.J., Portegies, M.L.P., Hofman, A., Franco, O.H., Koudstaal, P.J., e.a. (2015). The potential for prevention of dementia across two decades: The prospective, population-based Rotterdam Study. *BMC Medicine, 13*, 132.

Chang, Y.S., Chu, H., Yang, C.Y., Tsai, J.C., Chung, M.H., Liao, Y.M., e.a. (2015). The efficacy of music therapy for people with dementia: A meta-analysis of randomised controlled trials. *Journal of Clinical Nursing, 24*, 3425-3440.

Cheong, K., Fisher, P., Goh, J. Ng, L., Koh, H.M., & Yap, P. (2015). Advance care planning in people with early cognitive impairment. *BMJ Supportive & Palliative Care, 5*, 63-69.

Cheston, R., & Jones, R. (2009). A small-scale study comparing the impact of psycho-education and exploratory psychotherapy groups on newcomers to a group for people with dementia. *Aging & Mental Health, 13*, 420-425.

Cheston, R., Jones, K., & Gilliard, J. (2003). Group psychotherapy and people with dementia. *Aging & Mental Health, 7*, 452-461.

Chung, J.C.C., Lai, C.K.M., Chung, P.M.B., & French, H.P. (2002). Snoezelen for dementia. *Cochrane Database of Systematic Reviews 2002*(4), Article CD003152. The Cochrane Library Database.

Dickinson, C., Bamford, C., Exley, C., Emmett, C., Hughes, J., & Robinson, L. (2013). Planning for tomorrow whilst living for today: The views of people with dementia and their families on advance care planning. *International Psychogeriatrics, 25*, 2011-2021.

Dröes, R.-M. (1991). *In beweging; over psychosociale hulpverlening aan demente ouderen*. Nijkerk: Intro.

Dröes, R.-M., Schols, J., & Scheltens, P. (Red.). (2015). *Meer kwaliteit van leven: Integratieve persoonsgerichte dementiezorg*. Leusden: Diagnosis Uitgevers.

Finnema, E., Kooij, C., van der, & Dröes, R.-M. (2015). Omgaan met dementie: belevingsgerichte begeleiding en zorg in verschillende stadia van dementie. In R.-M. Dröes, J. Schols & P. Scheltens (Red.), *Meer kwaliteit van leven; integratieve persoonsgerichte dementiezorg* (pp. 163-184). Leusden: Diagnosis Uitgevers.

Groenewoud, J.H., & Lange J., de. (2014). *Evaluatie van individuele happy games op de iPad voor mensen met dementie.* Rotterdam: Kenniscentrum Zorginnovatie Hogeschool Rotterdam.

Götel, E., Brown, S., & Ekman S.L. (2002). Caregiver singing and background music in dementia care. *Western Journal of Nursing Research, 24,* 195-216.

Holtkamp, C.C.M,, Kragt, K,, Dongen, M.C.J.M. van, Rossum, E. van, & Salentijn, C. (1997). Effect van snoezelen op het gedrag van demente ouderen. *Tijdschrift Gerontologie Geriatrie, 28,* 124-128.

Jansen, D., Werkman, W., & Francke, A.L. (2016). *Dementiemonitor Mantelzorg 2016.* Utrecht: Nivel.

Jøranson, N., Pedersen, I., Rokstad, A.M., & Ihlebæk, C. (2015). Effects on symptoms of agitation and depression in persons with dementia participating in robot-assisted activity: A cluster-randomized controlled trial. *Journal of the American Medical Directors Association, 16,* 867-873.

Kitwood, T. (1990). Psychotherapy and dementia. *Newsletter of the Psychotherapy Section of the British Psychological Society, 8,* 40-56.

Kitwood, T. (1997). *Dementia reconsidered: The person comes first.* Buckingham: Open University Press.

Klingeman, C., Coppoolse, K., & Lange, J. de. (Red.). (2012). *Dementie en regie: De zorgrelatie tussen cliënten met dementie, hun mantelzorgers en thuiszorgprofessionals.* Rotterdam: Kenniscentrum Zorginnovatie, Hogeschool Rotterdam. Raadpleegbaar via: www.hogeschoolrotterdam.nl/contentassets/f37c348286564317989f68cf8507fabb/dementie_en_regie.pdf.

Koot-Fokkink, A. (2004). *Aroma-activiteiten met ouderen.* Baarn: HB Uitgevers.

Labarge, E., & Trtanj, F. (1995). A support group for people in the early stages of dementia of the Alzheimer type. *Journal of Applied Gerontology, 14,* 289-301.

Lange, J. de. (2004). *Omgaan met dementie; het effect van geïntegreerde belevingsgerichte zorg op adaptiatie en coping van mensen met dementie in verpleeghuizen, een kwaliatief onderzoek binnen een gerandomiseerd experiment.* Academisch proefschrift, ErasmusMc Rotterdam. Utrecht: Trimbos-instituut.

Lange, J. de. (2005). Belevingsgerichte zorg bij mensen met dementie. In A. Schene (Red.), *Jaarboek voor psychiatrie en psychotherapie 2005-2006 (9)* (pp. 218-29). Houten: Bohn Stafleu van Loghum.

Lange, J. de, & Veerbeek, M. (2009). *De Kopgroep: Een behandelgroep voor mensen met dementie.* Utrecht: Trimbos-instituut.

Leontjevas, R. (2012). *Act in case of Depression! Validation and effectiveness of a multidisciplinary depression care program in nursing homes.* Dissertation, Nijmegen: Radboud Universiteit.

Leven, N. van 't, Prick, A.E., Groenewoud, J.H., Roelofs, P.D.D.M., Lange, J. de, & Pot, A.M. (2013). Dyadic interventions for community-dwelling people with dementia and their family caregivers: a systematic review. *International Psychogeriatrics, 25,* 1581-1603.

Lewis, M., Rand, E., Mullaly, E., Mellor, D., & Macfarlane, S. (2015). Uptake of a newly implemented advance care planning program in a dementia diagnostic service. *Age and Ageing, 44,* 1045-1049.

Loewenstein, D.A., Acevedo, A., Czaja, S.J., & Duara, R. (2004). Cognitive rehabilitation of mildly impaired Alzheimer disease patients on cholinesterase inhibitors. *American Journal of Geriatric Psychiatry, 12,* 395-402.

McKhann, G.M., Knopman, D.S., Chertkow, H., Hyman, B.T., Jack, C.R. Jr, Kawas, C.H., e.a. (2011). The diagnosis of dementia due to Alzheimer's disease: Recommendations from the National Institute on Aging-Alzheimer's Association workgroups on diagnosit guidelines for Alzheimer's disease. *Alzheimer's & Dementia : The Journal of the Alzheimer's Association, 7,* 263-269.

Mormont, E., Jamart, J., & Jacques, D. (2014). Symptoms of depression and anxiety after the disclosure of the diagnosis of Alzheimer disease. *Journal of Geriatric Psychiatry and Neurology, 27,* 231-236.

NIP. (2009). *Handreiking psychologische hulpverlening bij gedragsproblemen bij dementie.* Amsterdam: Nederlands Instituut van Psychologen.

Orgeta, V., Leung, P., Yates, L., Kang, S., Hoare, Z., Henderson, C., e.a. (2015). Individual cognitive stimulation therapy for dementia: a clinical effectiveness and cost-effectiveness pragmatic, multicentre, randomised controlled trial. *Health Technology Assessment, 19*, 1-108.

Orgeta, V., Quazi, A., Spector, A., & Orrel M. (2015). Psychological treatments for depression and anxiety in dementia and mild cognitive impairment: Systematic review and meta-analysis. *British Journal of Psychiatry, 207*, 293-298. Peeters, J., Werkman, W., & Francke A.L. (2014). *Kwaliteit van dementiezorg door de ogen van mantelzorgers: Dementiemonitor Mantelzorg 2013.* Utrecht: Nivel.

Poppe, M., Burleigh, S., & Banerjee, S. (2013). Qualitative Evaluation of Advanced Care Planning in Early Dementia (ACP-ED). *PLoS ONE, 8*, e60412.

Psota, G. (2015). Social psychiatric aspects of dementia [Conference paper]. *Psychiatria Danubina, 27*, 432-438.

Quayhagen, M.P., & Quayhagen, M. (2001). Testing of a cognitive stimulation intervention for dementia caregiving dyads. *Neuropsychological Rehabilitation, 11*, 319-332.

Ray, K.D., & Mittelman, M.S. (2015). Music therapy: A nonpharmacological approach to the care of agitation and depressive symptoms for nursing home residents with dementia. *Dementia (London), pii*, 1471301215613779 [Epub ahead of print].

Scheltens, P. (2015). Diagnostiek en classificatie van dementie. In R.-M. Dröes, J. Schols & P. Scheltens (Red.), *Meer kwaliteit van leven: Integratieve persoonsgerichte dementiezorg* (pp. 15-29). Leusden: Diagnosis Uitgevers.

Sherratt, K., Thorton, A., & Hatton, C. (2004a). Music interventions for people with dementia: A review of the literature. *Aging & Mental Health, 8*, 3-12.

Sherratt, K., Thornton, A., & Hatton, C. (2004b). Emotional and behavrioal responses to music in people with dementia: An observational study. *Aging & Mental Health, 8*, 233-241.

Smallwood, J., Brown, R., Coulter, F., Irvine, E., & Copland, C. (2001). Aromatherapy and behaviour disturbances in dementia: A randomized controlled trial. *International Journal of Geriatric Psychiatry, 16*, 1010-1013.

Spector, A., Charlesworth, G., King, M., Lattimer, M., Sadek, S., Marston, L., e.a. (2015). Cognitive-behavioural therapy for anxiety in dementia: Pilot randomized controlled trial. *British Journal of Psychiatry, 206*, 1-8.

Spector, A., Orrell, M., Davies, S., & Woods, B. (2000). Reality orientation for dementia. *The Cochrane Database of Systematic Reviews, 2:* Article CD001119. The Cochrane Library Database.

Spector, A., Orrell, M., Davies, S., & Woods, R.T. (2005). Reminiscence therapy for dementia. *Cochrane Database of Systematic Reviews 2005*(2), Article CD001120. The Cochrane Library Database.

Spector, A., Thorgrimsen, L., Woods, B., Royan, L., Davies, S., Butterworth, M., e.a. (2003). Efficacy of an evidence-based cognitive stimulation therapy programme for people with dementia. *British Journal of Psychiatry, 193*, 248-254.

Subramaniam, P., & Woods, B. (2012). The impact of individual reminiscence therapy for people with dementia: Systematic review. *Expert Review of Neurotherapeutics, 12*, 545-555.

Thorgrimsen, L., Spector, A., Wiles, A., & Orrell, M. (2005). Aroma therapy for dementia. *Cochrane Database of Systematic Reviews 2003*(3), Article CD003150. The Cochrane Library Database.

Valentí Soler, M., Agüera-Ortiz, L., Olazarán, R.J., Mendoza Rebolledo, C., Pérez Muñoz, A., Rodríguez Pérez, I., e.a. (2015). Social robots in advanced dementia. *Frontiers in Aging Neuroscience [electronic resource], 7*, 133.

Vermeiren, H. (2012). *Dementie, het blikveld verruimd: Introductie in persoonsgerichte zorg en dementia care mapping.* Antwerpen: Garant.

Vink, A.C., Birks, J.S., Bruinsma, M.S., & Scholten, R.J. (2004). Music therapy for people with dementia. *Cochrane Database of Systematic Reviews 2004*(3), Article CD003477. The Cochrane Library Database.

Vink, A.C., Zuidersma, M., Boersma, F., Jonge, P. de, Zuidema, S.U., & Slaets, J.P. (2013). The effect of music therapy compared with general recreational activities in reducing agitation in people with dementia: A randomised controlled trial. *International Journal of Geriatric Psychiatry, 28*, 1031-1038.

Vleeminck, A, de, Pardon, K., Beernaert, K., Deschepper, R., Houttekier, D., Van Audenhove, C., e.a. (2014). Barriers to advance care planning in cancer, heart failure and dementia patients: A focus group study on general practitioners views and experiences. *PLoS One, 21, 9*, e84905.

Werd, M.M., de, Boelen, D., Rikkert, M.G., & Kessels, R.P. (2013). Errorless learning of everyday tasks in people with dementia. *Journal of Clinical Interventions in Aging, 8*, 1177-1179.

Weert, J. van. (2004). *Multi-sensory stimulation in 24-hour dementia care*. Dissertation, VUmc Amsterdam.

Weert, J., Peter, J., Janssen, B., Vrugginkc, F., & Dulmen, S. van. (2005). *Snoezelen in de zorg: Handboek voor de praktijk deel 1-4*. Utrecht: Nivel.

Woods, B., Aguirre, E., Spector, A.E., & Orrell, M. (2012). Cognitive stimulation to improve cognitive functioning in people with dementia. *Cochrane Database of Systematic Reviews 2012*(2), Article CD005562. The Cochrane Library Database.

Woods, B., Spector, A., Jones, C., Orrell, M., & Davies, S. (2005). Reminiscence therapy for dementia. *Cochrane Database of Systematic Reviews 2005*(2), Article CD001120. The Cochrane Library Database.

Willemse, B.M., Downs, M., Arnold, L., Smit, D., Lange, J. de, & Pot, A.M. (2015). Staff-resident interactions in long-term care for people with dementia: The role of meeting psychological needs in achieving residents' well-being. *Aging & Mental Health, 19*, 444-452.

Whitlatch, C.J., Judge, K. Zarit, S.H., & Femia, E. (2006). Dyadic intervention for family caregivers and care receivers in early-stage dementia. *Gerontologist, 46*, 688-694.

Wolverson, E.L., Clarke, C., & Moniz-Cook, E.D. (2015). Living positively with dementia: A systematic review and synthesis of the qualitative literature. *Aging & Mental Health, 20*, 676-699.

Yang, M.H., Lin, L.C., Wu, S.C., Chiu, J.H., Wang, P.N., & Lin, J.G. (2015). Comparison of the efficacy of aroma-acupressure and aromatherapy for the treatment of dementia-associated agitation. *BMC Complementary and Alternative Medicine, 15*, 93.

Zwijsen, S.A. (2014). *Grip on challenging behaviour: Development, implementation and evaluation of a care programme for the management of challenging behavior on dementia special care units*. Dissertation, Vrije Universiteit Amsterdam.

Zwijsen, S., Lange, J. de, Mahler, M., Minkman, M., & Pot A.M. (2014). Omgaan met onbegrepen gedrag; naar betere zorg in zeven stappen. *Denkbeeld, 26*, 6-9.

Zwijsen, S., Lange, J. de, Pot, A.M., Mahler, M., & Minkman, M. (2013). *Omgaan met onbegrepen gedrag bij dementie; Inventarisatie richtlijnen en inzichten rondom onbegrepen gedrag bij ouderen met dementie*. Utrecht: Trimbos-instituut/Vilans.

Deel VI
Thema's in de beroepsuitoefening

31
Beroepsethiek

Henk Geertsema

1 Inleiding
2 Beroepscode
   2.1 Functies
   2.2 Opbouw
3 Ethische kwesties in de ouderenzorg
   3.1 Informatie en instemming
   3.2 Vertrouwelijkheid en privacy bij multidisciplinaire samenwerking
   3.3 Werken in opdracht, vragen van derden
4 Ethische bezinning
   4.1 Zorgethiek
   4.2 Gesprek over ethische dilemma's
   Literatuur

---

www.tijdstroom.nl/leeromgeving

- Beeldmateriaal
- Weblinks

Kernboodschappen
- De ethiek in de hulpverlening aan ouderen omvat meer dan de toepassing van de beroepscode: het gaat om de vraag hoe de cliënt zo goed mogelijk geholpen kan worden.
- Ook als de vraag voor een psychologisch consult gesteld is door derden, wordt in de gezondheidszorg de cliënt zelf – of diens vertegenwoordiger – als de opdrachtgever gezien.
- In de zorgethiek krijgen solidariteit en verbondenheid met de hulpbehoevende cliënt prioriteit boven een individualistisch en juridisch geïnterpreteerde opvatting van autonomie.
- Psychologen kunnen een nuttige rol vervullen bij een ethische bezinning binnen organisaties, zowel met probleemgeoriënteerde gespreksmethoden die de ethische reflectie structureren, als met houdingsgeoriënteerde gespreksmethoden die het besef ondersteunen van ethische aspecten in het werk en de waarden en normen die daarbij worden gehanteerd.

1 Inleiding

> **Omgangsadviezen**
> Rita Verkerke, 78 jaar, is sinds een halfjaar opgenomen op een psychogeriatrische afdeling van een verpleeghuis. Aanvankelijk gedroeg zij zich stil en onopvallend. De laatste tijd echter laat zij zich meer gelden. Zij heeft al een paar keer ruzie gehad met een kamergenoot, waarbij zij een flinke klap heeft uitgedeeld.
> Ze loopt veel over de afdeling en duwt wie of wat haar in de weg staat opzij. De verzorgenden van de afdeling vinden het moeilijk om met haar om te gaan en hebben aan de psycholoog gevraagd om met hen te overleggen. Na afloop van dit overleg formuleert de psycholoog een aantal omgangsadviezen en plaatst deze in het elektronische zorgdossier. Deze adviezen zijn bedoeld voor alle anderen die bij de zorg betrokken zijn.

Veel psychologen die werkzaam zijn in de ouderenzorg, zullen deze situatie wel min of meer kennen vanuit hun eigen beroepspraktijk. Het betreft een tamelijk gangbare werkwijze. Het kost echter niet veel moeite om direct al een aantal ethisch gevoelige punten in deze casus aan te wijzen. Hoe wordt omgegaan met de autonomie van Rita Verkerke? Hoe verhoudt haar autonomie zich tot de taak van de verzorgende om goede zorg te verlenen? En wat betekent goede zorg in dit geval? Wie bepaalt wat gewenst en ongewenst gedrag is? Hoe zwaar mogen de eisen van het huis tellen als het gaat om veiligheid en rust tegenover de behoeften van de bewoner? Dat zij zelf haar situatie niet geheel overziet, rechtvaardigt dat de bemoeienissen van anderen? Een dergelijke doorsneewerksituatie laat zien hoeveel ethische vragen te stellen zijn bij alledaagse situaties. We vatten hierbij ethiek op als het nadenken over waarden en normen om daardoor tot goede zorg te komen.

In de ethische bezinning wordt doorgaans een centrale plaats toegekend aan de autonomie van mensen. Deze autonomie betekent vooral dat eenieder vrij beslissingen moet kunnen nemen voor zichzelf en zijn eigen bestaan. Dit geldt ook als mensen afhankelijk van zorg worden. Dan rijst de vraag hoe hulpverleners kunnen bijdragen aan het versterken van de autonomie van de cliënt. Echter, zeker in de ouderenzorg stuiten we op de grenzen van deze opvatting over autonomie. Want hoe te handelen als door cognitieve en emotionele problemen een cliënt nauwelijks invulling aan zijn eigen leven kan geven? En hoe verhoudt zich dit autonomiebegrip tot de professionaliteit van de hulpverlener? Is de hulpverlener er uitsluitend voor de wensen en behoeften van de cliënt? Dergelijke vragen raken ook direct de uitoefening van het werk van de psycholoog. Hoe geeft deze op verantwoorde wijze ondersteuning aan de autonomiebeleving van de cliënt en hoe handelt hij als de cliënt steeds afhankelijker wordt? Een eerste antwoord op deze vraag kan gevonden worden in de beroepscode.

2 Beroepscode

2.1 Functies

In Nederland worden de psychologen geacht om hun professionele gedrag af te stemmen op de beroepsethiek voor psychologen zoals geformuleerd vanuit de beroepsvereniging, het Nederlands Instituut van Psychologen (NIP). Deze beroepsethiek is vastgelegd in de *Beroepscode voor psychologen 2015* (NIP, 2015). Deze beroepscode heeft bindende kracht voor psychologen die lid zijn van het NIP. Verder is het NIP van mening dat de code naar zijn aard moet gelden voor de beroepsuitoefening van alle psychologen.

De beroepscode vervult verschillende functies. Voor iedereen die gebruikmaakt van de diensten van een psycholoog, geeft de code informatie over wat van de psycholoog verwacht mag worden. Voor de psycholoog zelf vormt de code een richtlijn voor het beroepsmatige handelen. Indien nodig kan dit handelen ook aan de beroepscode worden getoetst. Dit betekent dat de psycholoog niet alleen moet weten wat in de beroepscode staat, maar ook moet weten hoe hij aan de eisen en verwachtingen vormgeeft in zijn dagelijks werk met cliënten.

Dit laatste is bepaald geen gemakkelijke opgave. Enerzijds zijn de ethische principes en de richtlijnen uit de beroepscode vrij globaal en abstract geformuleerd en anderzijds zijn de situaties in het werk vaak complex en verwarrend. Hoe kunnen deze twee elementen met elkaar verbonden worden? Om deze vraag te beantwoorden, gaat dit hoofdstuk eerst in op de opbouw van de beroepscode. Daarna komen er drie situaties ter sprake die veel voorkomen in de ouderenzorg. Daarbij bespreken we de problemen die psychologen (in de ouderenzorg) ervaren en suggereren we enkele mogelijkheden om daar adequaat mee om te gaan. Ethiek is meer dan alleen het toepassen van de beroepscode. We bespreken kort waaruit dit meerdere zou kunnen bestaan. Tot slot staan we stil bij de vraag hoe een psycholoog tot verantwoorde ethische afwegingen en beslissingen kan komen, zo nodig samen met andere hulpverleners.

2.2 Opbouw

De beroepscode opent met een preambule die de bedoeling van de code uiteenzet. Nadrukkelijk wordt hierin gesteld dat de code geen eenduidige handleiding kan zijn die voor de psycholoog precies aangeeft wat juist is om te doen. De beroepscode is het hulpmiddel voor de psycholoog om zijn ethische afweging te expliciteren en tot een verantwoorde eigen keuze te komen.

Na de preambule volgt een algemeen deel, waarin de begrippen uit de code, zoals het beroepsmatig handelen, de cliënt en de professionele relatie worden gedefinieerd. Het volgende deel omschrijft de vier basisprincipes waar de beroepscode van uitgaat: integriteit, respect, deskundigheid en verantwoordelijkheid. Deze basisprincipes worden in het laatste en omvangrijkste deel uitgewerkt in richtlijnen. Dit deel geeft veel concreter aan wat de psycholoog moet doen of nalaten.

Soms ligt de uitwerking voor de hand. Dat de regels voor de informatieverstrekking door de psycholoog als uitwerking van integriteit worden behandeld, valt gemakkelijk te begrijpen. Soms ligt het verband minder voor de hand. Dat de richtlijnen voor de dossiervoering gebracht worden als een uitwerking van het begrip respect, vereist wellicht wat meer zoekwerk. In dat geval komt de index goed van pas.

De beroepscode is ook het middel om het professionele gedrag van de psycholoog aan te toetsten. Dit gebeurt wanneer er een klacht tegen een psycholoog wordt ingediend. Dit kan bij het College van Toezicht, mits de betrokken psycholoog lid is van het NIP. Dit College onderzoekt de klacht en doet een uitspraak. Tegen deze uitspraak kan de klager bezwaar aantekenen bij het College van Beroep. Beide colleges zijn door het NIP in het leven geroepen. Ze functioneren onafhankelijk. De reglementen van beide colleges zijn te vinden op de website van het NIP. Hoe de colleges in de praktijk met een klacht omgaan, is uitvoerig beschreven door Soudijn (2000).

De geanonimiseerde uitspraken worden op de NIP-website gepubliceerd. Uit sommige uitspraken valt lering voor andere psychologen te halen. Deze worden van commentaar voorzien en gepubliceerd in *De Psycholoog*, het maandblad van het NIP.

3 Ethische kwesties in de ouderenzorg

Elk werkveld van de psycholoog brengt zijn eigen ethische vragen en dilemma's met zich mee, juist ook de hulpverlening aan ouderen, zeker wanneer er sprake is van ontoereikende wilsbekwaamheid. Hier bespreken we drie situaties die door psychologen in de ouderenzorg als lastig worden bestempeld. De keuze voor deze situaties is gebaseerd op ervaringen die door cursisten in onderwijs over de beroepscode en in supervisie worden ingebracht. De volgende punten worden vaak genoemd:
- het informeren en instemmen bij het aangaan of voortzetten van de professionele relatie;
- het omgaan met vertrouwelijkheid en de privacy van de cliënt bij het hanteren van het dossier en bij het multidisciplinair werken;
- het werken in opdracht bij een hulpvraag vanuit familie of vanuit andere hulpverleners.

3.1 Informatie en instemming

> **Toestemming (1)**
> Ida de Keijzer, 83 jaar, woont alleen. Er zijn signalen dat het thuis niet meer zo goed gaat. Haar buren hebben haar al een paar keer zwervend op straat aangetroffen en haar weer naar haar eigen huis gebracht. Zij hebben bij de huisarts aan de bel getrokken. Deze heeft het mobiel geriatrisch team ingeschakeld en gevraagd om een onderzoek naar het cognitief functioneren van Ida. Als de psycholoog van het team haar benadert om een afspraak te maken, reageert zij afhoudend en achterdochtig: 'Ik ben niet gek! Op mijn leeftijd maak je weleens een foutje. Daar heb jij niets mee te maken.'

Voor het aangaan van een professioneel contact met een cliënt staan er in de beroepscode enkele duidelijke richtlijnen.
- Artikel 61: Toestemming bij aangaan of voortzetten van de professionele relatie:
  'De psycholoog kan uitsluitend een professionele relatie met de cliënt aangaan of voortzetten met diens toestemming. [...]'
- Artikel 62: Aangaan en voortzetten van de professionele relatie:
  'Voorafgaande aan en tijdens de duur van de professionele relatie verstrekken psychologen zodanige informatie aan de cliënt, dat deze vrijelijk in staat is welingelicht in te stemmen met het aangaan en voortzetten van de professionele relatie.'

Op het eerste gezicht zijn dit duidelijke richtlijnen. Echter, in de praktijk van de ouderenzorg roept dit onder andere de volgende vragen op.
- Is het haalbaar om als psycholoog cliënten altijd volledig en bij voorkeur zowel mondeling als schriftelijk in te lichten (zie artikel 63)? Het gaat om erg veel informatie tegelijk en niet alle oudere cliënten zullen altijd alles kunnen begrijpen.
- Welke methoden zijn geschikt en verantwoord om ouderen goed voor te lichten over de mogelijkheden van de psycholoog?
- De reactie van de oudere roept mogelijk de vraag op naar de wilsbekwaamheid van een cliënt. Wie bepaalt de wilsbekwaamheid van de cliënt en op grond waarvan?
- In de psychogeriatrie hebben we regelmatig te maken met meerderjarige wilsonbekwame cliënten (artikel 9) en dus met een (wettelijke of aangewezen) vertegenwoordiger. In welke mate en op welke manier wordt een vertegenwoordiger betrokken bij het werk van de psycholoog?

Sommige regels kunnen naar hun aard niet als een absolute verplichting worden gezien. Dergelijke stellig geformuleerde regels geven een uiterste inspanningsverplichting. Men wordt dus geacht zoveel als in het vermogen van de psycholoog ligt, te handelen overeenkomstig het artikel. Zo is het toch van belang om de oudere zo goed mogelijk te informeren. Dit kan vragen om eenvoudig en concreet taalgebruik, korte zinnen, een rustig spreektempo en creativiteit om een bepaalde zaak op verschillende manieren te kunnen omschrijven. Daarbij moet eerst het contact worden gelegd en vertrouwen gewonnen.

Veel instellingen voor ouderenzorg werken met schriftelijk informatiemateriaal. Veel verpleeghuizen bijvoorbeeld reiken een uitvoerige folder uit bij aanmelding om de aanstaande bewoner op de opname voor te bereiden. Vaak worden daarin ook de werkzaamheden van de psycholoog vermeld.

Schriftelijke informatie heeft het voordeel dat de lezer zelf kan bepalen wanneer hij deze informatie tot zich wil nemen. Ook biedt het de mogelijkheid om het meerdere keren te lezen. Indien men wil kan men het met vrienden of familieleden bespreken. Voor een deel zal dergelijke schriftelijke informatie zeker voldoen om de cliënt de relatie welingelicht aan te laten gaan, maar wellicht is het niet toereikend. Artikel 63 (Informatie bij het aangaan en voortzetten van de professionele relatie) bevat een rijtje met onderwerpen waarover de cliënt geïnformeerd dient te worden, zoals het doel van het contact, de gang van zaken, de personen met wie de psycholoog samenwerkt, de methoden van onderzoek en behandeling, de wijze van rapportering, enzovoort. Dit overzicht kan de psycholoog als checklist gebruiken.

Uiteindelijk gaat het er niet alleen om of de cliënt beschikt over voldoende informatie, maar vooral of hij het begrepen heeft en met de psycholoog in zee wil gaan. Er zal daarom altijd gevraagd moeten worden of alle informatie duidelijk en begrepen is. Zo nodig wordt nog het een en ander toegelicht.

Voor een deel van de ouderen die naar de psycholoog verwezen zijn, is dit inderdaad veel informatie. Of het te veel is, zal uit de reactie van de oudere blijken. Kan de betrokkene niet goed overzien wat van hem wordt gevraagd dan zal de psycholoog contact opnemen met de vertegenwoordiger van de cliënt. Men gaat er dan vanuit dat de cliënt op dit punt niet wilsbekwaam is (zie hoofdstuk 11). Bij ouderen gaat het daarbij meestal om partners of kinderen als vertegenwoordiger, conform de Wet op de Geneeskundige Behandelingsovereenkomst (WGBO). Soms heeft men te maken met door de rechter benoemde vertegenwoordigers, zoals een curator of een mentor.

Toestemming (2)

De psycholoog laat zich niet echt afschrikken door de reactie van Ida de Keijzer, maar dringt op dit moment niet verder aan. Ze zegt vriendelijk dat er niets gebeurt tegen Ida's wil. Zij besluit contact op te nemen met Ida's dochter. Deze is niet verbaasd als ze hoort hoe haar moeder heeft gereageerd. Toch wil zij wel graag dat het onderzoek plaatsvindt. Zij woont ver weg en maakt zich zorgen over haar moeder. Zij vraagt zich vooral af of het nog wel vertrouwd is dat haar moeder alleen woont. Zij kent de verhalen van de buren. Ook heeft zij haar moeder weleens vervuild aangetroffen. Zij geeft haar toestemming voor het onderzoek en zegt dat zij graag het resultaat met de psycholoog wil bespreken. Ze geeft nog wat achtergrondinformatie over haar moeder, die de psycholoog gebruiken kan in haar benadering van Ida.

Toestemming van een vertegenwoordiger wil uiteraard niet zeggen dat de mening van de betrokkene er niet meer toe doet. Artikel 9 (Meerderjarige wilsonbekwame cliënt) zegt hierover:

'Ook als er sprake is van een vertegenwoordiger [...] dan nog betrekken psychologen de meerderjarige wilsonbekwame cliënt waar mogelijk bij de uitoefening van zijn rechten.'

Nog steeds moet geprobeerd worden de oudere zelf zo goed mogelijk te motiveren en te informeren. Dit vraagt een maximale inspanning van de psycholoog om rekening te houden met het begripsvermogen van de cliënt.

> **Toestemming (3)**
> De psycholoog gaat nog een keertje bij Ida de Keijzer langs. Ze gaat eerst rustig bij haar zitten en praat over alledaagse zaken. Dan brengt ze het gesprek op het onderzoek en vertelt daar iets over. Ze heeft het gevoel dat haar gesprekspartner het niet echt goed volgen kan. Als ze zegt dat ze er ondertussen gezellig een kopje koffie bij drinken, is het goed: 'Nou, laat dan maar eens zien wat je hebt.'

3.2 Vertrouwelijkheid en privacy bij multidisciplinaire samenwerking

> **Privacy en samenwerking (1)**
> Daniël Joosse heeft al anderhalf jaar contact met een psycholoog in de ambulante geestelijke gezondheidszorg, vanwege zijn depressieve klachten. In de gesprekken tussen beiden is al veel ter sprake gekomen uit de levensgeschiedenis van Daniël. Hij heeft onder meer verteld van enkele buitenechtelijke escapades waarover hij zich nog steeds, ook na het overlijden van zijn vrouw enkele jaren geleden, erg schuldig voelt. Op een dag stelt de psycholoog voor om met zijn team te overleggen of medicatie ook zinvol kan zijn. Daniël schrikt. In de psycholoog heeft hij vertrouwen, maar komt zijn vuile was nu bij allemaal onbekenden op tafel?

De psycholoog moet zich inspannen om de privacy van de cliënt te beschermen. In de beroepscode is dit een uitwerking van het basisprincipe respect. De privacybewaking speelt bij twee vragen een grote rol.
1 Wat allemaal vast te leggen in een al dan niet gecentraliseerd en elektronisch dossier?
2 Welke informatie kan besproken worden met andere disciplines waarmee samengewerkt wordt ten behoeve van dezelfde cliënt?

Ook hierover lijken de betreffende artikelen uit de beroepscode op het eerste gezicht duidelijk.
– Artikel 20: Volledigheid, noodzakelijkheid en actualiteit van het dossier:
  'Psychologen bewaren alle gegevens die noodzakelijk zijn in het kader van de professionele relatie in het dossier. [...].'
– Artikel 80: Beveiliging van het dossier:
  'Psychologen zorgen ervoor dat het dossier op zodanige wijze wordt bewaard dat zonder hun toestemming niemand toegang daartoe heeft, zodat de vertrouwelijkheid van de gegevens bewaard blijft.'
– Artikel 81: Gegevensverstrekking aan derden:
  'De psycholoog verstrekt uitsluitend die gegevens uit het dossier aan derden die relevant en noodzakelijk zijn voor de specifieke vraagstelling en waarvoor de cliënt vooraf gericht toestemming heeft verleend. [...]'

Maar ook hierbij is weer een aantal vragen te stellen.
- In de praktijk van een psycholoog in de ouderenzorg zal het hierbij meestal gaan om ruwe testgegevens, observaties, aantekeningen van gesprekken, en het verslag van het psychologisch onderzoek. Als er sprake is van een individueel, integraal zorgdossier, wat moet dan beschouwd worden als het dossier van de psycholoog? Verdeelt hij de stukken, bijvoorbeeld het verslag in het integrale dossier en de rest in een map op zijn eigen werkkamer?
- Wat zijn in dergelijke gevallen de consequenties voor de rechten die aan het dossier verbonden zijn, zoals inzage, het verkrijgen van een afschrift, of het laten aanbrengen van correcties?
- Hoe bewaakt de psycholoog de toegang tot het dossier en daarmee de vertrouwelijkheid van de gegevens bij het gebruik van een integraal dossier dat ook door andere disciplines wordt ingezien?
- Over welke derden gaat het hier: zijn dat andere disciplines, meelevende familieleden, of betrokken vrijwilligers, en wat zijn in dit verband legitieme vraagstellingen?
- In de praktijk overlegt de psycholoog nogal eens over de resultaten van een psychologisch onderzoek, maar wordt daar vooraf gericht en schriftelijk toestemming voor verkregen van de cliënt? Mogelijk is de cliënt hiertoe niet eens in staat. Moet dan toestemming van de vertegenwoordiger verkregen worden?

Kijk in dit verband ook naar artikel 82 (Verstrekking van gegevens zonder toestemming): wanneer werken andere leden van het interdisciplinaire team mee aan de uitvoering van de professionele relatie?

Het multidisciplinaire werken is een ethisch mijnenveld. Over de cliënt wordt er zoveel verschillende informatie verzameld en besproken dat het grote zorgvuldigheid vraagt om hierin niet te ver te gaan. Dat geldt niet alleen voor de psycholoog, maar ook voor andere betrokken disciplines, zoals de arts en de verpleegkundige.

Het beeld dat uit de relevante artikelen van de beroepscode oprijst, is vooral de situatie van een een-op-eenrelatie. Dergelijke situaties komen in de hulpverlening aan ouderen zeker voor, bijvoorbeeld in de generalistische basis-ggz. Maar bij complexe problematiek en vooral daar waar de oudere intramuraal verblijft, ontstaat al snel een kluwen hulpverleners die ieder vanuit een eigen invalshoek proberen goede zorg aan de oudere te bieden. Het zijn hulpverleners die elkaar niet alleen op formele momenten ontmoeten, zoals bij cliëntbesprekingen, maar die elkaar ook op informele manier tegenkomen, zoals bij een gezamenlijke lunch of bij het koffieapparaat. Is de informatie die daar uitgewisseld wordt, ook altijd conform de ethische richtlijnen?

Als er ook vrijwilligers in het spel zijn, wordt de situatie nog ingewikkelder. Zij hebben vaak enige informatie over cliënten nodig om zinvol hun vrijwilligerswerk te kunnen doen. Maar hun activiteiten staan meestal niet in een heldere juridische of beroepethische context. Het is goed om hier expliciet afspraken over te maken in bijvoorbeeld een vrijwilligersovereenkomst.

Privacy en samenwerking (2)
De psycholoog bemerkt de geschrokken en afwerende reactie van Daniël Joosse. Hij legt uit hoe binnen het team wordt samengewerkt. Hij vertelt zo precies mogelijk welke overwegingen hij heeft om aan de mogelijkheden van medicatie te denken. Hij stelt voor om deze vragen aan de psychiater van de instelling voor te leggen. In dat overleg wil hij wel graag iets zeggen over de stemming en emoties van Daniël, maar daarbij is het niet nodig om op gebeurtenissen in diens levensgeschiedenis in te gaan. Daniël gaat met deze uitleg akkoord en vraagt wanneer hij dan iets hoort over de mening van de betreffende psychiater. De psycholoog maakt hierover een afspraak met Daniël.

Van groot belang is de vraagstelling waarmee de psycholoog aan de gang gaat. Deze vraagstelling rechtvaardigt zijn bemoeienissen, uiteraard met toestemming van de cliënt of diens vertegenwoordiger. Wat de psycholoog gaat doen – tests, observeren, een gesprek voeren, enzovoort – dient ter beantwoording van de vraag. Dit moet ook in de verslaglegging duidelijk tot uitdrukking komen. Een vraagstelling die zich enkel richt op nadere typering van het dementiesyndroom, is te smal geformuleerd om uit te monden in een begeleidingsadvies voor de partner van de cliënt.

Maar een helder verslag met een duidelijke opbouw van vraagstelling naar beantwoording lost nog niet alle problemen op. Als tijdens een multidisciplinair overleg eerst de diagnostiek ter sprake komt, kan de psycholoog zijn steentje bijdragen vanuit zijn onderzoek. Ook voor deze bespreking dient hij overigens de toestemming van de cliënt of diens vertegenwoordiger te hebben. In het kader van het onderzoek heeft de psycholoog allicht ook iets gezien van de persoonlijkheid en het copinggedrag van de cliënt. Als dan in het vervolg van de bespreking door de verzorgenden gesproken wordt over het gedrag van de cliënt dat voor hen vragen oproept, zou het wel erg formalistisch zijn als de psycholoog zijn deskundigheid voor zich houdt. Daarmee is het belang van de cliënt niet gediend. Uiteraard wil de psycholoog dan proberen de verzorging te ondersteunen in hun dagelijkse zorg voor de cliënt. Inmiddels is echter de focus duidelijk verschoven. Dan komen de volgende vragen op: heeft de psycholoog ook toestemming van de cliënt om hierover te spreken met anderen? En heeft de psycholoog op grond van zijn onderzoek, dat op een andere vraag gericht was, ook voldoende gronden om op deze nieuwe vraag in te gaan?

Het is gebruikelijk en gewenst dat de psycholoog de verzameling van gegevens over een cliënt bewaart in een dossier. De cliënt heeft het recht op inzage in het dossier. Daarbij maakt het niet uit hoe dit dossier in elkaar steekt: een centraal dossier, een dossier per discipline of een tussenvorm, op papier of elektronisch. De psycholoog dient ervoor te zorgen dat het dossier zo bewaard wordt dat niemand zonder zijn toestemming daar toegang toe heeft. De vertrouwelijkheid van de gegevens blijft hierdoor bewaard. Dit is doorgaans eenvoudig te realiseren met een eigen dossier beheerd door de psycholoog zelf. Lastiger is deze bewakingsfunctie bij een centraal en elektronisch dossier.

Hierbij moet wel bedacht worden dat ook andere disciplines met een geheimhoudingsplicht, zoals de medici, dezelfde problemen tegenkomen bij een gecentraliseerd elektronisch dossier. Gezamenlijk dient men hierover goede afspraken te maken. Deze afspraken doen een beroep op de professionaliteit van de betrokken hulpverleners.

Het is wenselijk dat de afspraken over de toegang en de bewaking van het centrale zorgdossier op papier worden gezet. Doorgaans zijn bij een geautomatiseerd zorgdossier de toegangsrechten beter te bewaken dan bij een papieren dossier. Maar dat dient dan ook wel te gebeuren. In de praktijk ontbreekt het daaraan nog al eens. De tuchtrechter heeft zich daar al eens over uitgesproken (Geertsema, 2014).

Duidelijk zal zijn dat de psycholoog voor verschillende onderdelen van het proces de toestemming van de cliënt nodig heeft. Dit kan uiteraard in één keer gevraagd worden. Dit dwingt de psycholoog om van tevoren goed na te denken over de vraag waar zijn betrokkenheid met de cliënt precies uit zal bestaan.

- Welke vragen wil hij beantwoorden in het onderzoek?
- Met wie wil hij, naast de cliënt zelf, de resultaten bespreken?
- Op welke wijze wordt het werk van de psycholoog vastgelegd in een dossier?
- Wie hebben daar toegang toe?

Bij veranderingen in het proces of bij nieuwe vragen moet hij altijd weer opnieuw in gesprek gaan met de cliënt.

3.3 Werken in opdracht, vragen van derden

> **De vraagstelling**
> De psycholoog die in consult gevraagd is voor Ida de Keijzer, gaat stapsgewijs aan de slag. Nadat zij van Ida's dochter toestemming heeft gekregen voor het onderzoek, gaat zij eerst proberen een goed en concreet beeld van de vraagstelling te krijgen. Daarbij combineert zij de vraag en toelichting van de arts met de gegevens die ze van Ida's dochter gekregen heeft. In het eerste gesprek met Ida vraagt de psycholoog ook hoe Ida zelf tegen haar situatie aankijkt.

Ook hier weer enkele belangrijke artikelen uit de beroepscode.
– Artikel 61: Toestemming bij aangaan of voortzetten van de professionele relatie:
 'De psycholoog kan uitsluitend een professionele relatie met de cliënt aangaan of voortzetten met diens toestemming. De toestemming is echter niet nodig als de professionele relatie tot stand komt als gevolg van een externe opdrachtgever, die daartoe door de wet toegekende bevoegdheid heeft.'
– Artikel 1.9: De externe opdrachtgever:
 'De persoon of rechtspersoon die opdracht heeft gegeven tot enige vorm van beroepsmatig handelen, maar die niet zelf de cliënt of het cliëntsysteem is, noch de verwijzer.'

In de gezondheidszorg wordt de cliënt gezien als de opdrachtgever. Dit vloeit voort uit het principe van het *informed consent*, een fundamenteel patiëntenrecht: hulpverleners mogen pas tot actie overgaan als zij de cliënt (of diens vertegenwoordiger) eerst goed over de mogelijkheden hebben ingelicht en daarvoor diens toestemming hebben gekregen. Dus ook een verwijzer of een leidinggevende mogen in dit verband niet als opdrachtgevers worden gezien.
Hierbij kunnen de volgende vragen gesteld worden.
– Hoe om te gaan met vragen om onderzoek of behandeling van andere disciplines of familieleden? Dit wordt in de code niet beschreven, maar komt in de praktijk van de ouderenzorg vaak voor. In de artikelen 81 en 82 staat wel het een en ander over informatieverstrekking aan derden (zie aldaar); in hoeverre kunnen andere disciplines echter beschouwd worden als meewerkend aan de uitvoering van de professionele relatie?
– Kan de familie ook beschouwd worden als passend in deze categorie?
– Hoe met hun vragen om te gaan?

Het is zinvol om een onderscheid te maken tussen de vraagstelling waarmee de psycholoog zo mogelijk aan de slag kan gaan, en de manier waarop de vraagstelling bij de psycholoog terechtkomt. Een vraag van de arts om nader onderzoek kan niet vergeleken worden met de opdracht van een werkgever voor een psychologisch onderzoek in het kader van een assessmentprocedure uit het bedrijfsleven.
Met de arts kan wel gesproken worden over de vraagstelling, maar het is aan de cliënt om te zeggen of het onderzoek ook daadwerkelijk kan plaatsvinden. Mocht een cliënt zelf niet voldoende in staat zijn om zijn situatie te overzien om van daaruit tot beslissingen te komen, dan wordt deze rol door een vertegenwoordiger overgenomen. De wet vraagt van een vertegenwoordiger om een 'goed vertegenwoordiger' te zijn. Dat lijkt op het eerste gezicht een open deur. De dochter van mevrouw De Keijzer moet zich zo goed mogelijk verplaatsen in de persoon van haar moeder om beslissingen te nemen waarmee zij het eens zou zijn. Maar partners en

kinderen hebben soms ook zo hun eigen belangen en kwetsbaarheden. Soms kunnen zij de realiteit van een voortschrijdende dementie niet aanvaarden. Anderen willen hun geliefde niet achteruit zien gaan en willen dat alles uit de kast wordt gehaald om door te gaan met behandelen. Weer anderen hebben materieel belang bij een opname van hun moeder in een instelling. Een psycholoog kan niet altijd op de hoogte zijn van al deze processen. Hij hoeft al helemaal niet de vertegenwoordiger eerst te keuren, maar wel dient hij altijd mee te wegen of er sprake is van goed vertegenwoordigerschap.

Vragen van artsen, paramedici, familieleden of verzorgenden dienen dus altijd teruggekoppeld te worden naar de cliënt of diens vertegenwoordiger. Hierbij zij aangetekend dat vertegenwoordiger en familielid verschillende rollen zijn, die soms, maar zeker niet altijd samenvallen. In principe is er ook maar één vertegenwoordiger per cliënt. In veel instellingen wordt gewerkt met de functie van eerste contactpersoon. Daar is uiteraard niets op tegen, mits men zich maar realiseert dat een eerste contactpersoon niet automatisch vertegenwoordiger is. Een vertegenwoordiger moet voldoen aan de regels die daarvoor gesteld zijn (zie hoofdstuk 11, Wilsbekwaamheid) en erin bewilligen deze taak op zich te nemen.

De verwijzer heeft een iets andere rol. De beroepscode omschrijft de verwijzer (artikel 1.10) als 'de persoon op wiens advies de cliënt een professionele relatie met de psycholoog aangaat'. Een verwijzer speelt dus een rol in het tot stand komen van de relatie met de psycholoog. Dit geeft hem echter niet automatisch recht op informatie over wat er gebeurt binnen deze relatie. Er kunnen natuurlijk goede redenen zijn om de verwijzer wel te informeren, maar dan alleen met toestemming van de cliënt of diens vertegenwoordiger.

4 Ethische bezinning

De beroepscode is een waardevol instrument voor praktiserend psychologen. Dat het niet direct alle praktijkvragen oplost, zal uit het bovenstaande duidelijk zijn. Toch geeft het in eerste instantie duidelijkheid over wat de psycholoog geacht wordt te doen. Daarmee is een eenzijdigheid van deze benadering van de ethiek al aangestipt. De beroepscode is gericht op de psycholoog en beoogt op een verantwoorde manier sturing te geven aan diens professionele gedrag. De cliënt, om wie het uiteindelijk gaat, komt slechts indirect ter sprake. De vraag wat het beste is voor de cliënt, is een veel bredere vraag dan de vraag wat een psycholoog moet doen. Het denken over de belangen en het welzijn van cliënt vormt een domein op zich.

Daarmee komt ook nog een andere eenzijdigheid in zicht. De beroepscode is opgebouwd uit regels. De psycholoog wordt geacht zich aan deze regels te houden. Weliswaar moeten de regels gezien worden als uitwerkingen van de waarden integriteit, respect, deskundigheid en verantwoordelijkheid. Maar in de praktijk is de aandacht vooral gericht op de toepassing van deze regels. Voor een deel komt dit wellicht doordat de regels niet allemaal direct inzichtelijk uit deze waarden af te leiden zijn. En voor een deel zal dit te maken hebben met het abstracte karakter van deze waarden. Tegen deze waarden kan men moeilijk bezwaar maken, terwijl men over de toepassing van de regels een klacht kan indienen en een hele rechtsgang binnen de beroepsvereniging van start kan laten gaan. Dit versterkt de focus op de regels en verleent dit deel van de beroepsethiek ook een sterk juridisch karakter.

De vraag wat goed is voor de cliënt, gaat dus verder dan het handelen van de psycholoog en beperkt zich niet tot deze discipline. Ook andere beroepsbeoefenaren in de ouderenzorg denken na over de vraag hoe de cliënt zo goed mogelijk geholpen kan worden.

De ethiek als wetenschap onderscheidt verschillende theoretische benaderingen. Een relevant overzicht hiervan is onder anderen te vinden bij Widdershoven (2013). Een oriëntatie in de verschillende manieren van denken over ethiek is ook voor de psycholoog zinvol. Ethische bezinning volgens deze lijnen is uiteraard niet disciplinegebonden.

4.1 Zorgethiek

Meestal staat in de ethische bezinning in de ouderenzorg de oudere zelf centraal. Autonomie en zelfbeschikkingsrecht zijn daarbij belangrijke waarden. Omdat het in de hulpverlening vooral gaat om de oudere die kwetsbaar en afhankelijk van zorg geworden is, worden deze waarden vaak als problematisch ervaren. Door deze kwetsbaarheid en afhankelijkheid is de oudere niet altijd in staat om voldoende voor zichzelf op te komen en zijn belangen te behartigen.

In de zorgethiek wordt de realiteit van deze situatie als uitgangspunt genomen (Tronto, 1993; Verkerk, 1994; Widdershoven, 2013). De behoefte aan zorg en het verlenen van zorg worden hierbij opgevat als belangrijke ethische begrippen. Zorgrelaties zijn ook morele relaties. Zorgen is antwoord geven op de hulpbehoevendheid van een ander. Daarbij zijn solidariteit en rechtvaardigheid belangrijk evenals emoties. Emoties ondersteunen de zinvolheid van het geven van zorg en geven deze een bepaalde sturing, die niet altijd te vangen is in juridisch gecodificeerde regels. Zorg verlenen is een verbintenis met het lot van de cliënt. De zorgverlener treedt binnen in de wereld van de zorgbehoeftige.

Deze benadering werpt een bepaald licht op het begrip autonomie. Door uit te gaan van concrete relaties waarbinnen solidariteit en verbondenheid functioneren, wordt het belangrijk om de zorg te richten op wat in gezamenlijkheid gedaan kan worden om tegemoet te komen aan de hulpbehoevendheid van de cliënt. De verbondenheid krijgt daarbij prioriteit boven een individualistisch en juridisch geïnterpreteerde opvatting van autonomie.

Interessant wordt deze benadering bij toepassing op concrete situaties in de ouderenzorg. Zo gaan Hertogh e.a. (2004) in op de ethiek van de zorg voor cliënten met psychogeriatrische problemen. Hoe bijvoorbeeld om te gaan met vragen die voortkomen uit een veranderde belevingswereld, zoals: 'Wilt u de deur voor mij openmaken? Ik moet naar huis, want mijn kinderen komen zo uit school.' Oriënteren we ons op huidige uitlatingen van de cliënt, of reconstrueren wij de wensen van de cliënt op basis van eventuele wilsverklaringen en diens levensgeschiedenis? Hoe om te gaan met familieleden, die zo hun eigen opvattingen hebben van wat goed is voor de cliënt?

In het nadenken over goede zorg voor deze groep cliënten werkt de psycholoog nauw samen met artsen, paramedici, vepleegkundigen en verzorgenden. In die zin is ook ethiek een multidisciplinaire aangelegenheid. Dan rijst ook de vraag hoe daar met alle betrokkenen aan gewerkt kan worden.

4.2 Gesprek over ethische dilemma's

Bij ethische problemen in de ouderenzorg wordt algauw gedacht aan grote kwesties als wilsverklaringen en euthanasie. Uit het voorgaande blijkt echter dat er veel meer ethische vragen leven, die juist met het alledaagse werk verbonden zijn. De vraag hoe om te gaan met de autonomie van een cliënt is vooral in de intramurale zorg elke dag voor alle betrokkenen aan de orde. Maar ook in de thuissituatie: denk aan mensen die zorg weren.

De vraag wat goed is om te doen in de zorg, is daarom ook meestal niet een disciplinegebonden vraag. Zonder iets af te doen van de verschillende professionele verantwoordelijkheden, zijn morele problemen bij uitstek ook multidisciplinaire vraagstukken.

De psycholoog zal daarin niet altijd de hoofdrol spelen. Wel kan hij een waardevolle inbreng hebben vanuit zijn psychologische kennis in de ethische discussies. Daarnaast mag van hem verwacht worden dat hij door zijn academische statuur voldoende oog heeft voor de ethische implicaties van allerlei handelwijzen en het belang van bezinning daarop. De psycholoog zal zeker de aanjager van het ethisch debat moeten kunnen zijn.

Door ethici zijn verschillende methoden ontwikkeld om zich te bezinnen op ethische vragen. Manschot en Van Dartel (2003) maken onderscheid tussen probleemgeoriënteerde methoden, die gericht zijn op het oplossen van een ethisch probleem, en houdingsgeoriënteerde methoden. Deze laatste methoden, zoals het socratisch gesprek (Bauduin, 2003), ondersteunen het besef van ethische aspecten die zich in het werk voordoen en de waarden en normen, die daarbij gehanteerd worden.

Een voorbeeld van een probleemgeoriënteerde gespreksmethode is het Utrechtse stappenplan; een methode voor structurering van ethische reflectie (Van Willigen e.a., 1998; Bolt & Kanne, 2003). Dit stappenplan helpt om een ethische vraag systematisch en vanuit meerdere perspectieven te bespreken. Dit verhoogt de kans op overeenstemming tussen de deelnemers (de cliënt, partners, andere familieleden, andere betrokkenen, verzorgenden, de psycholoog, andere disciplines) aan het gesprek over de vraag hoe verder te handelen in de kwestie die besproken wordt. Een garantie op een dergelijke consensus geeft het echter niet.

Het Utrechtse stappenplan

Fase I: verkenning
1 Welke vragen roept de casus op?

Fase II: explicitering
   2 Wat is de morele vraag?
   3 Welke handelingsmogelijkheden staan op het eerste gezicht open?
   4 Welke feitelijke informatie ontbreekt op dit moment?

Fase III: analyse
   5 Wie zijn bij de morele vraag betrokken en wat is het perspectief van ieder van de betrokkenen?
   6 Welke argumenten zijn relevant voor de beantwoording van de morele vraag?

Fase IV: afweging
   7 Wat is het gewicht van de argumenten in deze casus?
   8 Welke handelingsmogelijkheid verdient op grond van deze afweging de voorkeur?

Fase V: aanpak
   9 Welke concrete stappen vloeien hieruit voort?

Bron: Bolt & Kanne, 2003

Bij deze methode worden verschillende fasen en vragen onderscheiden (zie Het Utrechtse stappenplan). Er wordt begonnen met een verkenningsfase. Daarin wordt de besproken situatie nader verkend. Welke vragen roept de casus op? Beschikken we over voldoende informatie? Welke emoties spelen een rol?

Dan wordt overgegaan naar de fase van de explicitering. Allereerst wordt de morele vraag geformuleerd. Een morele vraag is een vraag waarin het vooral om waarden gaat.

> **Autonomie versus veiligheid**
> Roza Suurmond woont in een kleinschalige psychogeriatrische voorziening. Zij wil graag alleen naar buiten om wat te wandelen. De verzorgenden zijn bang dat ze dan zal verdwalen of onvoldoende op het verkeer zal letten. De morele vraag hier kan zijn: wat is het belangrijkste: de wens van Roza (autonomie) of bescherming tegen het verdwalen (veiligheid)?

Om een heldere discussie te krijgen, is het van belang dat alle deelnemers het eens zijn over de vraag. Het is verstandig om de vraag op de handelingsmogelijkheden toe te spitsen, bijvoorbeeld: gaan we wel of niet over tot nader psychologisch onderzoek? Hierna worden de handelingsmogelijkheden in kaart gebracht. In het genoemde voorbeeld lijken de opties duidelijk: wel of niet onderzoeken. Maar misschien zijn er nog andere opties, zoals vroeger onderzoek opsporen, of alleen observaties verrichten. Tot slot wordt in deze fase de vraag gesteld of er nog feitelijke informatie ontbreekt. Hierbij gaat het niet zozeer om zo veel mogelijk vragen te stellen, als wel om over die informatie te beschikken die relevant is voor de beantwoording van de morele vraag. In de vragen die de deelnemers stellen, klinkt algauw door welke argumenten de vraagstellers van belang vinden. Hier past enige terughoudendheid. Het beschouwen van de argumenten komt pas later.

De derde fase is de fase van de analyse. Daarbij wordt allereerst gevraagd wie bij de morele vraag betrokken zijn en wat het perspectief is van alle betrokkenen. In de ouderenzorg gaat het meestal niet alleen om de cliënt, maar ook om partners of andere familieleden en om verzorgenden. Steeds wordt geprobeerd om zo goed mogelijk het perspectief van de verschillende partijen uit te diepen; welke waarden en normen hanteren zij? In zekere zin wordt er zodoende gestreefd naar een combinatie van verschillende perspectieven. Dit voorkomt dat één perspectief centraal staat of dat er betrokkenen over het hoofd worden gezien. En dan komen we eindelijk bij de argumenten. De pro's en contra's worden geïnventariseerd. Bij het verzamelen van de argumenten gaat het vooral om de vraag of ze relevant zijn en niet of de deelnemers de argumenten delen. Bij deze inventarisatie kunnen tegenstrijdige argumenten genoemd worden; dat ligt in de aard van een ethisch dilemma. Ook kan de ene deelnemer een argument als pro kwalificeren, terwijl hetzelfde argument er voor een ander juist tegen pleit.

In de fase van de afweging volgt de weging van de argumenten. Welk gewicht kennen we toe aan de genoemde argumenten? Bij de beantwoording van deze vraag wordt gestreefd naar het vermijden van tegenstrijdigheden. Het gaat er juist om, tot een samenhangende argumentatie te komen. Aansluitend komt de vraag aan de orde welke handelingsmogelijkheid de voorkeur verdient op grond van de gemaakte afweging. In het ideale geval zijn de deelnemers het met elkaar eens. Het kan echter ook voorkomen dat gekozen moet worden voor de minst slechte oplossing. In dat geval zullen de deelnemers er zo hun eigen gevoelens bij blijven houden.

In de laatste fase, de aanpak, wordt besproken wat er gebeuren moet nu er voor een bepaalde handelingsmogelijkheid gekozen is. Wie gaat nu wat doen? Allicht wordt contact met de cliënt opgenomen, maar meestal moet ook dan met familie of verzorgenden gesproken worden.

Wie dit proces overziet, zal daar als psycholoog wellicht veel in herkennen. En inderdaad zit in deze en vergelijkbare methoden veel van wat psychologen reeds kennen uit de communicatieleer en uit gesprekstechnieken. Een reden te meer om actief bezig te zijn met ethische kwesties in de hulpverlening aan ouderen.

Literatuur

Bauduin, D. (2003). De socratische methode: van moreel oordeel naar morele vooronderstelling. In H. Manschot & H. van Dartel (Red.), *In gesprek over goede zorg: Overlegmethoden voor ethiek in de praktijk* (pp. 97-114). Amsterdam: Boom.

Bolt, I., & Kanne, M. (2003) Het stappenplan: de Utrechtse methode voor structurering van ethische reflectie. In H. Manschot & H. van Dartel (Red.), *In gesprek over goede zorg: Overlegmethoden voor ethiek in de praktijk* (pp. 80-94). Amsterdam: Boom.

Geertsema, H. (2014). Zo lek als een mandje: het EPD. *Psycholoog, 49*, 58-60.

Hertogh, C.M.P.M., The, B.A.M., Miesen, B.M.L., & Eefsting, J.A. (2004). *Je krijgt er zóveel voor terug! Aspecten van een belevingsgerichte ethiek bij dementie*. Amsterdam: Het VU medisch centrum.

Manschot, H., & Dartel, H. van. (2003). Inleiding: Wegwijzers voor het spreken over goede zorg. In H. Manschot & H. van Dartel (Red.), *In gesprek over goede zorg: Overlegmethoden voor ethiek in de praktijk* (pp. 7-36). Amsterdam: Boom.

NIP. (2015). *Beroepscode voor psychologen 2015*. Utrecht: Nederlands Instituut van Psychologen.

Soudijn, K. (2000). *Ethiek voor psychologen: Thema's voorbeelden codes*. Lisse: Swets & Zeitlinger.

Tronto, J.C. (1993). *Moral boundaries: A political argument for an ethic of care*. New York/Londen: Routledge.

Verkerk, M. (1994). Zorg of contract: Een andere ethiek. In H. Manschot & M. Verkerk (Red.), *Ethiek van de zorg* (pp. 53-73). Amsterdam/Meppel: Boom.

Widdershoven, G. (2013). *Ethiek in de kliniek: Hedendaagse benaderingen in de gezondheidsethiek* (4e dr.). Amsterdam: Boom.

Willigen, T. van, Beld, A. van den, Heeger, F., & Verweij, M. (1998). *Ethiek in de praktijk* (2e dr.). Assen: Van Gorcum.

32
Wetenschappelijke competenties

Gerben Westerhof en Anne Margriet Pot

1 Inleiding
2 Evidence-based practice in de psychologie (EBPP)
    2.1 Beste beschikbare onderzoek
    2.2 Klinische expertise
    2.3 Kenmerken, context en voorkeuren van de cliënt
3 Literatuur zoeken en selecteren
    3.1 Informatiebronnen
    3.2 Vraagstelling en zoekstrategie
4 Onderzoek in de praktijk
    4.1 Kwalitatief therapieveranderingsonderzoek
    4.2 Experimentele single case studies
5 Tot besluit
    Literatuur

 www.tijdstroom.nl/leeromgeving

🌐 Weblinks

Kernboodschappen
- Evidence-based practice in de psychologie (EBPP) is de integratie van het beste onderzoek dat beschikbaar is met klinische expertise in de context van patiëntkenmerken, cultuur en voorkeuren.
- Zolang er weinig specifieke richtlijnen zijn voor de psychologische hulpverlening aan ouderen, is men vooral aangewezen op systematische reviews of, als deze ontbreken, op oorspronkelijke onderzoeken.
- Het zoeken en selecteren van literatuur via elektronische bibliografische databanken vergt een specifiek geformuleerde uitgangsvraag en een adequate zoekstrategie.
- Kwalitatief onderzoek kan bijdragen aan het verbeteren van behandelingen door inzicht te geven in veranderingsprocessen vanuit het perspectief van de cliënt.
- Onderzoek met een experimenteel *single case design* kan de ouderenpsycholoog gebruiken om bewijskracht te verzamelen voor het succes van toegepaste interventies bij ouderen.

1 Inleiding

Om de best mogelijke hulp te kunnen bieden ter bevordering van de psychische gezondheid van ouderen, zijn voor psychologen niet alleen klinische, maar ook wetenschappelijke competenties van belang. Al sinds de Boulder-conferentie in 1949 bestaat het ideaal van de psycholoog als scientist-practitioner. In dit ideaalbeeld reflecteert de psycholoog op behandelingen met behulp van wetenschappelijk onderzoek. Een minimale vereiste daarbij is dat een psycholoog in staat is wetenschappelijke literatuur te zoeken, kritisch op haar waarde te beoordelen en in verband te brengen met de eigen praktijk. Psychologen leren echter ook om zelf onderzoek te doen. Van een afgestudeerde psycholoog met een masteropleiding wordt verwacht dat deze met een zekere mate van zelfstandigheid onderzoek kan verrichten. Afgezien van wat psychologen in hun opleiding leren, zijn ze in de praktijk echter toch vaak meer practitioner dan scientist. Dat heeft er ook mee te maken dat wetenschappelijk psychologisch onderzoek soms ver afstaat van de klinische praktijk. Toch vindt er wel een toenadering plaats. Van psychologen in opleiding tot specialist (klinisch psycholoog/klinisch neuropsycholoog) wordt verwacht dat ze praktijkgericht onderzoek verrichten. Soms worden psychologen die al in de praktijk werken ook vrijgesteld van klinische werkzaamheden om promotieonderzoek te verrichten. Anderzijds vindt er aan universiteiten in toenemende mate maatschappelijk relevant (promotie)onderzoek plaats, omdat universiteiten grote waarde aan de valorisatie van wetenschappelijke bevindingen hechten. Instellingen en universiteiten vinden elkaar ook steeds meer in het streven naar de erkenning van topzorg, die om een voortdurende wetenschappelijke reflectie en onderzoek vraagt van het therapeutisch handelen in de praktijk.

In dit hoofdstuk besteden we allereerst aandacht aan evidence-based practice in de psychologie. Daarna gaan we in op het zoeken en selecteren van wetenschappelijke literatuur om te eindigen met wetenschappelijke methoden die ook in de praktijk goed ingezet kunnen worden.

2 Evidence-based practice in de psychologie (EBPP)

In 2005 werd een werkgroep naar evidence-based practice in het leven geroepen door de American Psychological Association (APA). In deze werkgroep waren wetenschappers en hulpverleners uit verschillende werkvelden vertegenwoordigd. Het doel was om uit te werken wat evidence-based practice betekent voor de psychologie (APA, 2006; Levant, 2005). De werkgroep stelde de volgende definitie hierover op:

> 'Evidence-based practice in de psychologie is de integratie van het beste onderzoek dat beschikbaar is met klinische expertise in de context van patiëntkenmerken, cultuur en voorkeuren' (APA, 2006).

In deze definitie wordt met opzet van patiënt gesproken en niet van cliënt of persoon, omdat dit overeenkomt met de definitie van evidence-based practice zoals die binnen andere domeinen van de gezondheidszorg wordt gehanteerd. Wij zullen in dit hoofdstuk niet over patiënten spreken, maar zoals te doen gebruikelijk binnen de psychologie over cliënten. De term evidence-based practice laten wij in dit hoofdstuk onvertaald, omdat het een internationaal bekend begrip is en een goede Nederlandse equivalent nog ontbreekt (vergelijk Offringa e.a., 2000). Het doel van evidence-based practice is om een effectieve psychologische praktijk te stimuleren en de volksgezondheid te vergroten door het toepassen van empirisch ondersteunde principes op het gebied van psychologische diagnostiek, gevalsbeschrijvingen, therapeutische relaties en interventies.

2.1 Beste beschikbare onderzoek

Het 'beste beschikbare' onderzoek verwijst naar de resultaten van klinisch relevant en intern valide wetenschappelijk onderzoek. Dit onderzoek kan interventiestrategieën, diagnostische methoden, klinische problemen en cliëntenpopulaties betreffen, zowel in het laboratorium als in de praktijk. Daarnaast kan het ook betrekking hebben op fundamenteel onderzoek op het terrein van de psychologie of aanverwante gebieden (APA, 2006).

Het is belangrijk om te beseffen dat evidence-based practice geen alles-of-nietsfenomeen is. Enerzijds kan er in de psychologie nauwelijks gesproken worden van 'onomstotelijk bewijs'. Anderzijds kan een veel voorkomende praktijk die nog niet onderzocht is toch effectief zijn, ook al is het bewijs misschien nog niet geleverd. De American Psychological Association wijst er wel op dat het van belang is om wijdverspreide klinische praktijken of innovatieve interventies grondig te evalueren en om eventuele barrières om onderzoek hiernaar te verrichten te onderkennen en te benoemen.

Gezien deze stand van zaken worden er daarom verschillende niveaus van bewijskracht gehanteerd. Het Loket Gezond Leven beoordeelt bijvoorbeeld interventies op het gebied van zorg en welzijn, waaronder ook interventies in de langdurige ouderenzorg (Zwikker e.a., 2015). Daarbij worden de volgende niveaus onderscheiden: goed beschreven, goed onderbouwd, effectief met eerste, goede of sterke aanwijzingen voor effectiviteit. Voor elk niveau worden specifieke criteria onderscheiden waarbij de bewijskracht van verschillende soorten wetenschappelijk onderzoek wordt meegewogen.

In het algemeen kan gesteld worden dat gerandomiseerde gecontroleerde onderzoeken (RCT's) die redelijke effectgroottes laten zien met zowel statistische als klinische significantie de meest krachtige vorm van evidentie geven. Maar ook hier maakt één zwaluw nog geen zomer. Meerdere trials, die niet alleen in een experimentele maar ook in een praktijksetting zijn uitgevoerd door verschillende onderzoeksgroepen zijn nodig om sterke aanwijzingen voor effectiviteit te verkrijgen. Dit vraagt weer om gedegen overzichten en analyses van de verschillende trials. Uiteindelijk zijn dus systematische reviews en meta-analyses over meerdere onderzoeken nodig. In een systematische review worden op basis van een systematische literatuurstudie meerdere studies met elkaar vergeleken en kritisch geanalyseerd. In een meta-analyse worden de data van meerdere studies op geaggregeerd niveau statistisch geanalyseerd, om zo tot een betere schatting van het effect te komen. Systematische reviews en meta-analyses worden vaak weer gebruikt om richtlijnen voor behandeling vast te stellen. In de psychologie is er echter nog weinig onderzoek dat verschillende behandelmethoden met elkaar vergelijkt en het onderzoek dat dat wel doet laat vaak zien dat verschillende methoden even effectief zijn.

De afgelopen decennia is er steeds meer wetenschappelijk bewijs gekomen voor het effect van de behandeling van psychische klachten en stoornissen bij ouderen. In verschillende hoofdstukken in dit handboek wordt daar aandacht aan besteed. Het is van belang dat de ouderenpsycholoog dit wetenschappelijk bewijs in ieder geval goed kan wegen. Het is daarom nodig om inzicht te hebben in de uitvoering van RCT's, systematische reviews en meta-analyses en daarmee in de bewijskracht die deze leveren. Er bestaan goede checklists die helpen bij het beoordelen van dergelijke onderzoeken zoals de checklist volgens de Consolidated Standards of Reporting Trials (CONSORT-checklist) voor het rapporteren van RCT's of de checklist volgens de

Preferred Reporting Items for Systematic Reviews and Meta-Analyse (PRISMA-checklist) voor het rapporteren over systematische reviews en meta-analyses. Ouderenpsychologen die in de praktijk werken zullen niet vaak zelf dit soort onderzoek uitvoeren, al kan het wel voorkomen dat ze meewerken als behandelaar in een onderzoek naar de effectiviteit van een interventie. Ook dan is het belangrijk dat de psycholoog de principes van goed wetenschappelijk onderzoek beheerst.

Er zijn wel enkele nuanceringen op hun plaats. Zeker met het oog op de doelgroep ouderen is het niet in alle gevallen wenselijk of mogelijk om goed gerandomiseerd onderzoek uit te voeren. Met name in de langdurige ouderenzorg kan dit ethische problemen opleveren als mensen mogelijk effectieve zorg onthouden wordt. Er kunnen ook praktische problemen ontstaan als het gaat om een groep kwetsbare ouderen die vaak niet op langere termijn in staat is om mee te doen aan onderzoek. Daarnaast geldt dat RCT's wel inzicht bieden in de mate waarin interventies en behandelingen effectief zijn, maar dat ze minder aanknopingspunten bieden voor klinisch relevante vragen, zoals voor wie een interventie geschikt is of hoe deze werkt. Als er meerdere RCT's beschikbaar zijn, kan in een meta-analyse onderzocht worden welke kenmerken van deze studies gerelateerd zijn aan een sterker effect. Er kan dan bijvoorbeeld worden onderzocht of de effecten groter zijn voor een specifieke doelgroep (bijvoorbeeld mensen met meer of minder ernstige klachten) of dat een langere behandeling resulteert in meer effect. Als dergelijke analyses niet mogelijk zijn, omdat voldoende studies ontbreken, is de klinische expertise van belang.

Tot slot: in andere contexten wordt tegenwoordig ook wel gesproken over evidence-informed practice. Evidence-informed practice wordt dan onderscheiden van evidence-based, omdat niet alleen de onderzoeksevidentie van belang is, maar juist ook de expertise van de professionals en wensen en kenmerken van patiënten. Evidence-informed practice vraagt dus aandacht voor aspecten die ook in de APA-definitie van evidence-based practice genoemd worden, maar weegt deze zwaarder mee. Het dekt de huidige stand van zaken in de psychologie misschien ook beter dan de pure kennis over effectiviteit van een behandeling. Bovendien doet het meer recht aan de klinische expertise die psychologen hebben opgebouwd.

2.2 Klinische expertise

In de verklaring van de American Psychological Association worden de competenties uiteengezet waaruit de klinische expertise van de psycholoog is opgebouwd. De letterlijke tekst staat, onvertaald, in het volgende kader. Deze klinische expertise wordt gebruikt om de beste onderzoeksresultaten te integreren met klinische gegevens in de context van de kenmerken en voorkeuren van de cliënt. Expertise komt niet alleen tot stand gedurende de opleiding tot psycholoog of door theoretisch inzicht en kennis van onderzoek. Ook ervaring, zelfreflectie en continue bijscholing en training dragen eraan bij. De American Psychological Association merkt hierbij op dat het bovendien van belang is dat men zich tegelijkertijd

> 'de eigen beperkingen in kennis en vaardigheden realiseert en aandacht schenkt aan de betekenisgeving en vooringenomenheid die het klinisch oordeel zowel in affectief als cognitief opzicht kunnen beïnvloeden'.

Specifiek voor de ouderenpsycholoog hoort daarbij specialistische kennis over de normale ontwikkeling gedurende de volwassenheid en het ouder worden, over geestelijke gezondheid op latere leeftijd, en over specifieke aspecten van diagnostiek en behandeling bij ouderen.

> **Klinische expertise volgens de American Psychological Association (2006)**
> Psychologists' clinical expertise encompasses a number of competencies that promote positive therapeutic outcomes. The competencies include:
> a conducting assessments and developing diagnostic judgments, systematic case formulations, and treatment plans;
> b making clinical decisions, implementing treatments, and monitoring patient progress;
> c possessing and using interpersonal expertise, including the formation of therapeutic alliances;
> d continuing to self-reflect and acquire professional skills;
> e evaluating and using research evidence in both basic and applied psychological science;
> f understanding the influence of individual, cultural, and contextual differences on treatment;
> g seeking available resources (e.g. consultation, adjunctive or alternative services) as needed; and:
> h having a cogent rationale for clinical strategies.

2.3 Kenmerken, context en voorkeuren van de cliënt

Een derde aspect van evidence-based practice betreft de rol die kenmerken, sociaal-culturele context en voorkeuren van de cliënt spelen. Interventies zijn het meest effectief, wanneer zij rekening houden met kenmerken van de cliënt en wanneer de psycholoog de cliënt zelf zo veel mogelijk laat kiezen tussen verschillende effectieve interventies. Van veel cliëntkenmerken, zoals de bereidheid te veranderen en de ervaren sociale steun, is bekend dat zij belangrijk zijn voor het aangaan en onderhouden van een therapeutische relatie en de toepassing van specifieke interventies.

De American Psychological Association geeft een opsomming van kenmerken die van belang kunnen zijn bij het aangaan van een therapeutische relatie en het toepassen van een specifieke interventie. Niet alleen worden leeftijd, levensfase en ontwikkelingsgeschiedenis in dit verband genoemd, maar ook contextuele factoren en stressoren. Voor de doelgroep ouderen komen dergelijke kenmerken uitgebreid in dit boek aan de orde. Hierbij kan men bijvoorbeeld denken aan het wonen in een zorginstelling, het veranderende sociale netwerk van ouderen en belangrijke levensgebeurtenissen zoals het verlies van vrienden en familieleden.

Daarnaast noemt de American Psychological Association ook variaties in de presentatie van problemen of stoornissen, etiologie, bijkomende symptomen en gedrag, verwachtingen en voorkeuren. Deze factoren zijn eveneens van belang bij het aangaan van een therapeutische relatie en het toepassen van een interventie. In dit boek komen de algemene verschillen van ouderen ten opzichte van jongere volwassenen op deze punten uitgebreid aan de orde.

Van belang is hier te noemen dat uiteindelijk de psycholoog – en dus niet de cliënt – beslist welke interventie of behandelplan zal worden uitgevoerd. Hierbij zullen ook de kosten en baten en de beschikbaarheid van de psychologische hulpverlening een rol spelen. De American Psychological Association wijst erop dat deze beslissing wel in samenspraak met de cliënt moet worden genomen en dat de cliënt hierover ook in voldoende mate moet worden geïnformeerd om de kans op succes van de psychologische hulpverlening te vergroten.

3 Literatuur zoeken en selecteren

Omdat het gebruik van de beste onderzoeksresultaten een belangrijk onderdeel van evidence-based practice is, besteden we hier aandacht aan de wijze waarop literatuur kan worden gezocht en geselecteerd. Er zijn namelijk uiteenlopende bronnen beschikbaar waarmee vragen waar psychologen in de praktijk tegenaan lopen beantwoord kunnen worden. Het is belangrijk om vooraf te bedenken welke bronnen men gaat raadplegen en op welke wijze. Dit is bepalend voor hetgeen men aan informatie vindt. De informatie die men vindt zal kritisch moeten worden gelezen om de validiteit, de relevantie en de toepasbaarheid van de resultaten voor de eigen cliënt te kunnen bepalen. Vervolgens moet er afgewogen worden of resultaten daadwerkelijk op de individuele cliënt kunnen worden toegepast, waarbij onder meer de kosten en baten en de beschikbaarheid van de hulpverlening ook een rol spelen. Voor meer informatie over het kritisch beoordelen van literatuur en de vertaling naar de individuele cliënt verwijzen we naar Offringa e.a. (2000), Sackett e.a. (2000) en Tiemens e.a. (2010).

3.1 Informatiebronnen

Sackett e.a. (2000) adviseren om allereerst traditionele handboeken in de vuilnisbak te gooien. Deze uiteraard gechargeerde opmerking komt voort uit het feit dat sommige handboeken niet vaak genoeg worden herzien, dat zij niet van de vereiste referenties zijn voorzien om de oorspronkelijke bronnen te kunnen raadplegen en niet op de principes van evidence-based practice zijn gebaseerd. Als de gezochte informatie voor een probleem van een specifieke cliënt niet in, of met behulp van een handboek te vinden is, zullen andere bronnen geraadpleegd moeten worden. Hierbij zijn grofweg twee typen evidence te onderscheiden: evidence die onbewerkt is zoals in oorspronkelijke onderzoeken en evidence die voorbewerkt is zoals in richtlijnen het geval is (Offringa e.a., 2000). Hoewel er wel addenda zijn voor ouderen bij de multidisciplinaire richtlijnen depressie en angststoornissen, ontbreken verder specifieke richtlijnen voor de psychologische hulpverlening aan ouderen in Nederland. Men is dus vooral aangewezen op systematische reviews of, als deze ontbreken, op oorspronkelijke onderzoeken die in elektronische bibliografische databases te vinden zijn. Wij noemen hier enkele grote databases.

De Cochrane Collaboration staat bekend om de systematische reviews die ze maakt van de effecten van uiteenlopende interventies in de gezondheidszorg. Deze zijn ondergebracht in de Cochrane Database of Systematic Reviews en bedoeld om een kritisch en toegankelijk overzicht te bieden van de evidentie. Voor een psycholoog die in de ouderenzorg werkzaam is, is het net als voor andere hulpverleners, ondoenlijk om alle publicaties die er op het vakgebied verschijnen bij te houden. Deze Cochrane-reviews kunnen belangrijke informatie leveren bij het nemen van klinische behandelbeslissingen, gezien de kwaliteit van deze overzichten en de wijze waarop deze up-to-date worden gehouden. Naast de Cochrane-reviews biedt de Cochrane Library andere bronnen van betrouwbare informatie, onder meer van andere systematische reviews, economische evaluaties en individuele experimentele onderzoeken. De Cochrane Library is via universiteiten te raadplegen of elders met een licentie voor gebruik.

PsycINFO is de database van de American Psychological Association, met meer dan 2,3 miljoen titels van tijdschriftartikelen en (hoofdstukken in) boeken op het gebied van de gedragswetenschappen en geestelijke gezondheid. Het betreft niet alleen literatuur op het gebied van de psychologie, maar ook op aanverwante gebieden zoals psychiatrie, geneeskunde, verpleging, rechten, en onderwijs. Bijna alle titels zijn voorzien van een samenvatting. Zij dateren van 1967 tot heden en zijn geïndexeerd met behulp van trefwoorden. PsycINFO is bereikbaar vanuit de universiteitsbibliotheken, maar is niet gratis bereikbaar vanuit huis.

PubMed is het elektronische bibliografische databestand van de National Library of Medicine in de Verenigde Staten dat wel gratis op het internet vanaf huis te raadplegen is. PubMed bevat niet alleen interessante informatie op het gebied van de geneeskunde, maar ook publicaties over psychologie, verpleging en gezondheidszorg. Het bestaat sinds 1996 en omvat meer dan 25 miljoen referenties met titels en samenvattingen van artikelen uit meer dan 5.600 tijdschriften die gepubliceerd zijn in de Verenigde Staten en zeventig andere landen. De tijdschriften in PubMed komen gedeeltelijk overeen met de tijdschriften die in PsycINFO zijn opgenomen. *Tijdschrift voor Gerontologie en Geriatrie* (TGG) is bijvoorbeeld in beide databases opgenomen.

Ook noemen we de Nederlandse Centrale Catalogus, waarin alle boeken, tijdschriften, video- en audiobanden zijn opgenomen van alle Nederlandse openbare en universiteitsbibliotheken. Deze kan door middel van de website Picarta geraadpleegd worden. Deze is in veel bibliotheken in Nederland vrij in te zien. Leden van een bibliotheek kunnen zich ook vaak thuis aanmelden. Deze catalogus kan van belang zijn voor niet Nederlandstalige literatuur en voor niet peer-reviewed tijdschriften, die dus niet in de PubMed of PsycINFO zijn opgenomen, zoals Denkbeeld of PsychoPraktijk. Daarnaast geeft PiCarta gelijktijdig alle boeken en tijdschriften (nationaal en internationaal) over het gekozen onderwerp op het scherm.

Tot slot noemen we de database Gerolit, de online catalogus van het Deutsches Zentrum für Altersfragen (DZA). Deze op de gerontologie toegespitste catalogus is vrij toegankelijk. De database omvat ongeveer 60% Duitstalige, maar ook 40% meest Engelstalige literatuur en groeit jaarlijks met 4.000 artikelen.

Het kan ook interessant zijn om direct te zoeken in tijdschriften die relevant zijn voor het onderwerp. In het volgende kader staat een kort overzicht van tijdschriften die direct relevant zijn voor de ouderenpsycholoog.

> **Tijdschriften op het gebied van ouderenpsychologie**
> Er zijn drie Nederlandstalige tijdschriften op het gebied van ouderen en ouder worden.
> - *Tijdschrift voor Gerontologie en Geriatrie* bestrijkt het brede wetenschapsgebied van de gerontologie en geriatrie in al zijn facetten, met bijdragen uit de biologische, medische, psychologische en sociale wetenschappen. Bovendien wordt aandacht besteed aan de noodzakelijke wisselwerking tussen gerontologie en geriatrie.
> - *Denkbeeld, tijdschrift voor psychogeriatrie* is een populair-wetenschappelijk tijdschrift, waarin de oudere mens met psychogeriatrische problemen centraal staat. Het tijdschrift schenkt aandacht aan alle problemen die zich in de latere levensfase kunnen voordoen: van dementie tot angst, van achterdocht tot depressiviteit.
> - *Gerōn Tijdschrift over ouder worden en maatschappij* is een tijdschrift over ouder worden in de moderne samenleving, met informatie en opinies uit beleid, praktijk en wetenschap. *Gerōn* heeft vier aandachtsgebieden: welzijn, zorg, huisvesting en arbeid/inkomen.
>
> De belangrijkste internationale tijdschriften op het brede gebied van normale psychologische veroudering zijn *Psychology and Aging* en de *Journals of Gerontology: Psychological Sciences*. Het *European Journal of Aging* heeft hierbij een meer multidisciplinaire benadering. *Gerontologist* heeft ook veel oog voor onderzoek naar praktische toepassingen in de ouderenzorg, terwijl de focus van *Aging and Mental Health* de (bevordering) van de geestelijke gezondheid van ouderen is. Tot slot mogen ook de psychogeriatrische tijdschriften niet onvermeld blijven: *American Journal of Geriatric Psychiatry*, *International Journal of Geriatric Psychiatry*, *International Psychogeriatrics*.

Tot slot kan een sneeuwbalmethode gebruikt worden om literatuur te vinden. Door literatuurlijsten te raadplegen van artikelen die relevant zijn, kunnen andere relevante publicaties worden opgespoord. Een nadeel hiervan is dat alleen literatuur die ouder is dan het artikel, kan worden getraceerd. Door gebruik te maken van citaatindexen, zoals Web of Science, kunnen nieuwe publicaties worden opgespoord die gebruik hebben gemaakt van het betreffende artikel. Dit is echter alleen mogelijk via universiteitsbibliotheken. Overigens, als via de sneeuwbalmethode nog veel artikelen gevonden worden, dan lijkt de zoekstrategie waarmee begonnen is niet erg goed geweest te zijn.

Een nadeel van veel databases en tijdschriften is dat deze vaak alleen via (universitaire) bibliotheken te gebruiken zijn. Google Scholar is een vrij toegankelijke en veelgebruikte manier om wetenschappelijke literatuur te zoeken, maar het is moeilijk te beoordelen hoe compleet de resultaten zijn.

De laatste jaren zijn er snelle ontwikkelingen op het gebied van zogeheten open access. Niet alleen komen er meer open access tijdschriften (zoals *PlosOne* of de tijdschriften van BMC, waaronder *BMC Geriatrics*), universiteiten hebben ook met uitgevers van bestaande uitgeverijen afspraken gemaakt over open access publiceren. Bestaande onderzoeksfondsen zoals NWO of ZonMw vragen tegenwoordig ook om open access publiceren over de resultaten van onderzoek dat zij gefinancierd hebben.

3.2 Vraagstelling en zoekstrategie

Voor het vinden van de juiste informatie is het van belang om allereerst een adequate vraagstelling te formuleren. Sackett e.a. (2000) onderscheiden in dit verband twee soorten vragen: vragen die algemene kennis over een probleem betreffen (zogeheten achtergrondvragen) en vragen die specifieke kennis betreffen over de hulpverlening naar aanleiding van een probleem (zogeheten voorgrondvragen). Vragen naar algemene kennis zijn bijvoorbeeld: 'Wat is het verschil tussen depressie en rouw?' of 'Wanneer mag je een volwassen kind van de cliënt al dan niet de uitslag van een psychologisch onderzoek vertellen?' Het zijn belangrijke vragen die echter niet gelieerd zijn aan problemen van een specifieke cliënt. Een voorbeeld van een vraag naar specifieke kennis is: 'Heeft interpersoonlijke psychotherapie een gunstiger effect op depressieve stoornissen van ouderen dan farmacologische behandeling?' Dergelijke specifieke vragen zullen betere informatie opleveren voor de problemen waarmee een psycholoog in de hulpverleningspraktijk geconfronteerd wordt.

Een handig hulpmiddel daarbij is het zogeheten PICO-systeem. De P verwijst naar de patiënten of de populatie waar je je op wil richten (ouderen met een klinische depressie), de I naar de interventie waar je meer over te weten wil komen (interpersoonlijke psychotherapie), de C naar de *comparison* ofwel de conditie waarmee je de interventie wil vergelijken (farmacologische behandeling) en de O naar de uitkomst waar je je op wil richten (depressieve stoornissen). Voor meer informatie zie Koopmans en Offringa e.a. (2000), Pot (2004), Sackett e.a. (2000) en Tiemens e.a. (2010).

Naast het formuleren van een adequate vraagstelling, is ook het formuleren van een adequate zoekstrategie van belang om de juiste informatie in elektronische bibliografische databases te kunnen achterhalen. Dit is een vaardigheid die wellicht eenvoudig lijkt, maar die geleerd moet worden. Dit vergt de nodige oefening – en dus tijdsinvestering. Er kan op vele trefwoorden worden gezocht, maar ook op tekstwoorden, op auteursnaam, tijdschrift en jaar van publicatie, om maar een paar mogelijkheden te noemen. Voor psychologen die met ouderen werken is het belangrijk te weten dat in sommige databases ook op leeftijdscategorieën kan worden gezocht.

Verschillende zoekstrategieën kunnen worden gecombineerd. Voor meer informatie zie Assendelft en Zaat (2000) en Sackett e.a. (2000).

Tegenwoordig wordt er ook vaak gewerkt met systematische reviews, die ook door anderen reproduceerbaar zijn. De zoekstrategie en de inclusiecriteria voor onderzoeken worden van tevoren vastgelegd, verschillende databases worden doorzocht, en de opzet en uitkomsten van verschillende onderzoeken worden systematisch vergeleken en beoordeeld. In sommige gevallen is het ook mogelijk de informatie statistisch te vergelijken in een meta-analyse. Het Prismaconsortium heeft hiervoor duidelijke richtlijnen opgesteld (Moher e.a., 2009).

4 Onderzoek in de praktijk

Hoewel het gegeven beperkingen in tijd en geld in de praktijk niet vaak voor zal komen dat een ouderenpsycholoog een gerandomiseerd gecontroleerd onderzoek zal uitvoeren, zijn er toch interessante mogelijkheden om onderzoek te doen in de praktijk. Deze onderzoeken zullen zich dan vaak niet direct richten op de effectiviteit van een nieuwe interventie, maar zich juist vaak afspelen op het snijvlak tussen onderzoek, klinische expertise en cliëntkenmerken. Het veld van therapieveranderingsonderzoek, dat vragen stelt als voor wie, wanneer en hoe therapie effect kan hebben, is daarbij bijzonder van belang. We bespreken hier kwalitatief therapieveranderingsonderzoek en experimentele *single case studies*.

4.1 Kwalitatief therapieveranderingsonderzoek

De afgelopen jaren is de stem van ouderen in onderzoek en praktijk veel belangrijker geworden. In onderzoeksprogramma's als het Nationaal Programma Ouderenzorg en Memorabel hebben ouderen ook zelf geparticipeerd. Het doel daarbij is behandelingen en interventies, maar ook het onderzoek zelf, zo goed mogelijk af te kunnen stemmen op de wensen en voorkeuren van ouderen zelf. Daarnaast wordt de eigen regie steeds belangrijker gevonden in behandelingen en interventies. In de definitie van evidence-based psychological practice zien we ook dat elke goede therapie een afstemming is tussen wetenschappelijke evidentie, klinische expertise en de persoon van de cliënt. Het is in onderzoek dus ook belangrijk aandacht te besteden aan de visie van cliënten. Dit wordt onder andere gedaan in gebruikersonderzoek in de geestelijke gezondheidszorg (Faulkner, 2012) en in het ontwikkelen van technologische toepassingen in e-(mental) health (Van Gemert-Pijnen e.a., 2015).

Ouderenpsychologen zullen in de praktijk minder te maken hebben met dergelijk onderzoek dat gericht is op het ontwerpen van nieuwe behandelvormen. Toch kan ook het betrekken van oudere cliënten zelf ook wetenschappelijk inzicht opleveren in de eigen praktijk. Een interessante benadering daarvoor is het kwalitatief therapieveranderingsonderzoek (Elliott, 2012). Dit probeert inzicht te krijgen in de vraag wat voor wie op welk moment werkt in een behandeling. Er is een veelheid aan kwalitatieve benaderingen die daarbij gebruikt kan worden. Het boek *Qualitative research methods in mental health and psychotherapy* geeft een goed overzicht van de verschillende benaderingen, gericht op studenten en professionals (Harper & Thompson, 2012). In deze paragraaf besteden we aandacht aan de manieren waarop de visie van cliënten op de behandeling betrokken kan worden in kwalitatief therapieveranderingsonderzoek. Elke goede therapeut vraagt gedurende de behandeling en na afloop hoe de cliënt de behandeling ervaart of ervaren heeft. Maar dit kan ook op een meer systematische, wetenschappelijke manier gedaan worden.

Globaal genomen zijn er twee manieren. De eerste manier is door cliënten regelmatig te laten reflecteren op de behandeling. Dit kan bijvoorbeeld na afloop van elke sessie gedaan worden. Elliot (2012) ontwikkelde hiervoor het Helpful Aspects of Therapy Form (HAT). Op basis van open vragen beschrijven cliënten hun ervaringen over de helpende en hinderende gebeurtenissen in de therapie. De tweede manier is een evaluatie achteraf. Hiervoor kan bijvoorbeeld het Change Interview gebruikt worden (Elliott, 2012). Het doel daarbij is om inzicht te krijgen in de visie van cliënten op veranderingen die hebben plaatsgevonden en wat daaraan bijgedragen heeft volgens henzelf.

Een voorbeeld van het eerste soort onderzoek is dat van Adler (2012). Hij vroeg cliënten om na afloop van elke sessie een kort verhaal over de therapie te schrijven. Hij onderzocht daarbij onder andere de mate waarin de cliënt zichzelf daarin opvoerde als iemand die regie over het eigen leven ervaart (*agency*). Vervolgens deed hij een kwantitatieve analyse waarbij hij de coherentie van en agency in de verhalen relateerde aan klachten. Ten eerste bleek dat de mate van agency in de loop van de behandeling toenam. Ten tweede bleek dat veranderingen in de mate van agency voorspellend waren voor veranderingen in klachten. Cliënten groeien zo in hun eigen verhaal over de therapie. Dit onderzoek laat zien dat de verhalen van de cliënten ertoe doen. Uit soortgelijk onderzoek dat werd verricht op het Roessingh Revalidatiecentrum in Enschede bleek dat cliënten met chronische pijn ook positief waren over een dergelijke benadering, omdat het naar hun gevoel ook bijdroeg aan het beklijven van wat ze geleerd hadden in de behandeling (Weiss, 2010).

Het onderzoek van Adler (2012) is weliswaar in de dataverzameling kwalitatief van aard, maar in de verdere analyse kwantificerend. Het geeft goede handvatten om de mate van agency in therapieverhalen vast te stellen en zo na te gaan of in de verhalen ook is vast te stellen of een therapie op dit gebied tot verandering leidt. Kwalitatief onderzoek kan echter juist ook inzicht geven in hoe een veranderingsproces heeft plaatsgevonden. In het onderzoek bij het Roessingh kon bijvoorbeeld vastgesteld worden dat het verloop in de mate van agency sterk individueel bepaald is (Weiss, 2010). Vervolgens kon uit de interviews ook gereconstrueerd worden waarom dit volgens cliënten op een bepaald moment in de behandeling zo was (Westerhof, 2013). Daarbij benoemden zij persoonlijke omstandigheden, eigen moeilijkheden en aspecten van de behandeling. Op deze wijze kon beter begrepen worden waarom de behandeling op sommige momenten minder goed leek te werken voor een persoon. Behandelaren kunnen hiermee in hun behandelpraktijk dan rekening houden.

Een voorbeeld van een onderzoek dat na afloop van een interventie werd uitgevoerd is het onderzoek van Korte e.a. (2014) over life-reviewtherapie. Korte interviewde na afloop van een intensieve life-reviewtherapie deelnemers over de bevorderende en belemmerende factoren in de interventie. Zij nodigde daartoe mensen uit die juist wel en mensen die juist niet van de therapie geprofiteerd hadden in de zin van een kwantitatieve afname van depressieve klachten. In haar analyses richtte zij zich op de vraag welke sociale processen voor de deelnemers aan de groepsinterventie van belang waren geweest, omdat er enige discussie over is of life review therapie het beste individueel of in groepen gegeven kan worden. Positieve sociale processen waren bijvoorbeeld het gevoel erbij te horen, geaccepteerd te worden, in goed gezelschap te zijn, zichzelf te uiten, herkenning te vinden in de problemen van anderen, te leren van anderen en hen te helpen. Negatieve sociale processen betroffen moeilijkheden om persoonlijke ervaringen te uiten en de angst om geen herkenning en respect te vinden. Opvallend was dat de antwoorden nauwelijks verschilden tussen de deelnemers die wel en niet vooruitgegaan waren in depressieve klachten. De negatieve processen werden wel vaker genoemd door degenen die minder vooruitgang geboekt hadden, maar steeds ook in combinatie met positieve ervaringen over het sociale proces.

Dit onderzoek gaf duidelijk aan dat volgens de deelnemers de sociale processen van life review therapie erg belangrijk voor hen waren. Maar het onderzoek was ook reden om aandacht te besteden aan verbeterpunten voor de groepsinterventie. Er werd duidelijk dat in de intakegesprekken meer aandacht besteed moet worden aan de bereidheid en mogelijke angsten rondom het delen van persoonlijke herinneringen in een groep. Als er een te grote drempel is om dit te willen of te kunnen dan is een individuele vorm van life review therapie wellicht beter geschikt. Daarnaast laat het onderzoek zien welke positieve processen therapeuten nog beter kunnen stimuleren en welke mogelijke moeilijkheden in het sociale proces extra aandacht verdienen als ze optreden.

Dit soort kwalitatief therapieveranderingsonderzoek kan dus bijdragen aan meer inzicht in de werkzaamheid van interventies en behandelingen vanuit het perspectief van de cliënten. Het is daarbij wel belangrijk om te beseffen dat het daarbij steeds gaat om de interpretatie van de cliënten. In die zin kan het dus geen inzicht geven in wat er werkelijk werkt. Psychologen hebben echter in hun dagelijks werk steeds te maken met dergelijke interpretaties, hetgeen het belang van dit soort onderzoek alleen maar onderstreept.

4.2 Experimentele single case studies

Het is van belang om de psychologische hulpverlening aan een cliënt te monitoren, omdat het werken volgens evidence-based principes weliswaar informatie oplevert over welke hulp voor een specifieke cliënt het beste lijkt, maar dit niet met zekerheid van tevoren kan worden vastgesteld. Door de voortgang te monitoren kan de hulpverlening indien nodig worden aangepast. Met behulp van een experimentele single case studie waarin de individuele cliënt zijn eigen controle is, kan dit in een betrekkelijk korte tijd en op een relatief eenvoudige manier worden nagegaan. Een experimentele single case studie, ook wel *single subject design*, N-*of*-1 *design* of *case-based time series analysis* genoemd, is daarmee een flexibele en praktische manier om het eigen klinische handelen te evalueren. De evidentie die herhaalde experimentele casestudies tezamen opleveren wordt ook meegewogen in het beoordelen of een interventie effectief is (Zwikker e.a., 2015).

Anders dan de traditionele gevalsbeschrijving, die doorgaans een meer verhalend karakter heeft, heeft een experimentele single case studie een vooraf bepaald design waarbij gewerkt wordt met systematische observaties of metingen over vastgestelde tijdsintervallen die ook statistisch kunnen worden geanalyseerd (Borckardt e.a., 2008; Hadert & Quinn, 2008; Tate e.a., 2008). Een experimentele single case studie heeft als voordelen dat er weinig kosten aan verbonden zijn, dat het veranderingsproces bestudeerd kan worden in plaats van alleen een uitkomst van een behandeling en dat het na kan gaan of een behandeling voor een specifieke persoon werkt in plaats van voor een gemiddelde deelnemer (Franklin, 1997).

Het design van een experimentele single case study bestaat eruit dat het functioneren van een enkele persoon onder verschillende condities of fasen wordt onderzocht. In het geval er een interventie wordt onderzocht, wordt vaak begonnen met een periode waarin de interventie nog niet is toegepast (conditie A), gevolgd door een periode waarin de interventie wel wordt toegepast (B). In het ideale geval vindt er daarna weer één of zelfs meerdere alternaties tussen deze condities plaats (ABAB). Er kan dan onderzocht worden of het functioneren onder de verschillende condities anders is. Het uitgebreidere ABAB-design is echter in psychologisch onderzoek lang niet altijd mogelijk, omdat vaak beoogd wordt een blijvende verandering te bewerkstelligen. Bovendien kan het ethische problemen met zich meebrengen wanneer een eenmaal ingezette interventie weer wordt afgebroken Een voorbeeld van een studie met een single case design is het onderzoek van Olsson e.a. (2015) over het gebruik van trackingtechnologie bij mensen met dementie. Beweging buitenshuis is belangrijk voor mensen met dementie, maar roept vaak veel zorgen op bij mantelzorgers. Trackingtechnologie zou het bewegen kunnen verbeteren en de zorgen kunnen verminderen. De interventie betrof een pakket gebaseerd op gps-signalen die kunnen vaststellen waar iemand zich bevindt. Als de persoon met dementie zich buiten een vooraf vastgelegd gebied met een straal van 500 meter begaf, dan kreeg de partner een bericht op de mobiele telefoon en een kaart waar de persoon met dementie zich bevond. De studie had een ABAB-design en werd met drie deelnemers uitgevoerd. Na een baseline periode (conditie A) kregen de persoon met dementie en de partner de beschikking over de technologie (conditie B). Vervolgens deden ze het weer een tijd zonder de technologie (conditie A) en daarna weer een tijd met de technologie (conditie B). Naast enkele andere maten, hielden de partners een dagboekje bij met vragen over de onafhankelijke activiteiten buitenshuis.

Per week werd berekend hoeveel procent van de dagen de persoon met dementie zelfstandig buitenshuis was geweest. Voor de vier condities waren dat voor de eerste persoon 52, 24, 25 en 49%, voor de tweede persoon 0, 55, 54 en 70% en voor de derde persoon 43, 88, 54 en 77%. Het patroon van bevindingen laat dus vooral voor de derde persoon zien dat de technologie samenging met meer activiteit.

Experimentele single case studies kunnen verder versterkt worden wanneer deze herhaald worden. Een specifieke invulling hiervan is het *multiple-baseline-design*. Bij dit design wordt gevarieerd in de lengte van de baselineperiode (conditie A), bijvoorbeeld variërend van één tot meerdere weken. Deelnemers worden vooraf willekeurig toebedeeld aan de verschillende baselinecondities. Vervolgens kan dan beter worden bepaald of veranderingen steeds inzetten op het moment dat de behandeling begint (conditie B). Dergelijke designs zijn met name interessant als er geen opeenvolgende alteraties van condities mogelijk zijn.

Waar ander onderzoek, zoals een RCT, vaak weinig observaties of metingen van veel deelnemers heeft (bijv. een meting bij begin en eind van een interventie gecombineerd met een follow-up), heeft een (herhaalde) experimentele single case study juist vaak veel observaties of metingen, gewoonlijk 10-20 per persoon, van weinig of slechts één deelnemer (Borckardt e.a., 2008). Het gebruik van veel observaties versterkt het design dat wordt toegepast. Wanneer voor een langere tijd bijvoorbeeld dagelijks of wekelijks geobserveerd of gemeten wordt, kan vastgesteld worden wanneer veranderingen plaatsvinden. In het ideale geval is dat wanneer er een verandering van conditie plaatsvindt.

Interessante onderzoeksinstrumenten die niet aan een specifieke behandeling gebonden zijn, zijn de zogeheten Outcome Rating Scales en Session Rating Scales die in een therapie bij elke sessie worden afgenomen en zo inzicht geven in het proces dat zich gedurende de therapie afspeelt (Hafkenscheid, 2010).

Waar het voordeel van het experimentele single case design is, dat dit met weinig deelnemers betrekkelijk makkelijk doorgevoerd kan worden, blijft de causale bewijslast een punt van aandacht. Veranderingen in scores voor en na een interventie hoeven niet door de interventie veroorzaakt te worden, er kunnen ook andere redenen aan ten grondslag liggen. Een mogelijke alternatieve verklaring is de variabiliteit van een cliënt, zoals een cliënt die 's morgens altijd meer depressieve klachten heeft dan aan het eind van de dag. Als de voormeting 's morgens heeft plaatsgevonden en de eindmeting 's avonds dan zal er bij de desbetreffende cliënt een verbetering geconstateerd worden die niet aan de interventie, maar aan het tijdstip van meten is gerelateerd. Een andere mogelijke verklaring wordt gevormd door variatie in de condities waaronder men meet, bijvoorbeeld wanneer de ene keer gemeten wordt bij de cliënt thuis en een volgende keer in de zorginstelling. Ook kan er een gebeurtenis gelijktijdig met de interventie plaatsvinden, waardoor het lijkt alsof de interventie voor een verbetering in depressieve klachten heeft gezorgd terwijl dit moet worden toegeschreven aan die andere gebeurtenis. Denk bijvoorbeeld aan de eerste casus: tijdens de RET-interventie is ook psychomotorische therapie toegepast. De verbeteringen in functioneren van de man zijn wellicht (mede) te wijten aan de beweging die hij heeft gekregen. Dit maakt tevens duidelijk dat er een spanningsveld kan bestaan tussen de benadering die een psycholoog in de klinische praktijk volgt, en de wetenschappelijke benadering die een experimentele single case studie vereist. Om alternatieve verklaringen zo veel mogelijk uit te sluiten is het van belang om ook andere factoren goed in kaart te brengen. Daarnaast is het van belang om van tevoren goed na te denken over het design van het onderzoek, bijvoorbeeld aan de hand van de kwaliteitscriteria voor het beoordelen van experimentele single case studies (Tate e.a., 2008).

Naarmate er meer alternaties van condities mogelijk zijn (dus niet alleen AB, maar ook ABAB of nog meer alternaties), naarmate er meer metingen zijn tijdens een specifieke conditie (dus bijvoorbeeld dagelijks in plaats van wekelijks) en naarmate er meer herhalingen van de experimentele single case study zijn wordt het design sterker om ook causaliteit aan te kunnen tonen. De geloofwaardigheid van de werkzaamheid van een interventie hangt samen met de lengte en stabiliteit van de periode voorafgaand aan de toepassing van de interventie (basisperiode) en de snelheid waarmee het effect van de interventie plaatsvindt (Morley, 1989). De geloofwaardigheid is groter als er een lange stabiele basisperiode is ondanks veranderingen in het leven van de cliënt en er een snelle verandering optreedt na de toepassing van een interventie. Bovendien wordt de bewijskracht sterker als dezelfde effecten gevonden worden bij verschillende behandelaren en in verschillende behandelcontexten. Tot slot kunnen naast uitkomsten (zoals een afname van depressieve klachten) ook specifieke werkzame factoren (zoals psychologische flexibiliteit in een behandeling gebaseerd op *acceptance en commitment therapie*: Trompetter, 2014) gemeten worden. Als veranderingen in werkzame factoren over de tijd veranderingen in uitkomsten voorspellen is de kans dat veranderingen aan alternatieve verklaringen zijn toe te schrijven minder aannemelijk.

Natuurlijk hebben experimentele single case studies beperkingen. Het belangrijkste is dat de resultaten voor één of enkele personen niet eenvoudig gegeneraliseerd kunnen worden naar een grotere populatie. Het experimentele single case design levert voor de praktiserende psycholoog in de ouderenzorg echter wel goede informatie op over de betekenis van het eigen klinisch handelen voor een specifieke cliënt. Het maakt duidelijk of bijstelling van de interventie al dan niet vereist is. Het legt bovendien een basis voor het begrijpen van de rol van onafhankelijke variabelen in de praktijk en hoe deze te beïnvloeden zijn. Er zijn dan ook auteurs die beweren dat deze manier van onderzoeken voor de studie van gedragsinterventies veel meer informatie oplevert dan de traditionele groepsdesigns (Moniz-Cook e.a., 2003). Dit geldt misschien wel des te meer omdat groepsgemiddelden weinig betekenis hebben vanwege de grote diversiteit in de groep ouderen, maar ook omdat ouderen vanwege de complexe problematiek met meerdere ziekten en medicijnen bij uitstek worden geëxcludeerd in trials.

5 Tot besluit

We hebben in dit hoofdstuk aandacht gegeven aan het belang van goed onderzoek naar psychologische behandelingen en interventies. We hebben beschreven hoe evidentie opgebouwd kan worden door middel van randomized trials en systematische reviews en meta-analyses. We hebben ook duidelijk gemaakt hoe daarover en over andere onderwerpen op een geordende wijze literatuur gezocht kan worden. Tot slot hebben we aandacht besteed aan mogelijkheden voor onderzoek die ook in het bereik liggen van de ouderenpsycholoog die in de praktijk werkzaam is. Juist omdat evidence-based werken een combinatie is van gedegen wetenschappelijke kennis, klinische expertise en kenmerken en voorkeuren van cliënten, is het belangrijk om de eigen praktijk steeds kritisch onder de loep te nemen. Op die manier komt het ideaal van de scientist-practitioner weer een stapje dichterbij.

Literatuur

Adler, J.M. (2012). Living into the story: Agency and coherence in a longitudinal study of narrative identity development and mental health over the course of psychotherapy. *Journal of Personality and Social Psychology, 102*, 367-389.

APA. (2006). Evidence-based practice in psychology. *American Psychologist, 61*, 271-285.

Assendelft, W.J.J., & Zaat, J.O.M. (2000). Zoeken en selekteren van literatuur. In M. Offringa, W.J.J. Assendelft & R.J.P.M. Scholten (Red.), *Inleiding in evidence-based medicine: Klinisch handelen gebaseerd op bewijsmateriaal* (pp. 18-30). Houten/Diegem: Bohn Stafleu van Loghum.

Borckardt, J.J., Nash, M.R., Murphy, M.D., Moore, M., Shaw, D., & O'Neil, P. (2008). Clinical practice as natural laboratory for psychotherapy research: A guide to case-based time-series analysis. *American Psychologist, 63*, 77-95.

Elliott, R. (2012). Qualitative methods for studying psychotherapy change processes. In D. Harper & A.R. Thompson (Eds.), *Qualitative research in mental health and psychotherapy* (pp. 69-82). Chichester: Wiley.

Faulkner, A. (2012). Participation and service user involvement. In D. Harper & A.R. Thompson (Eds.), *Qualitative research in mental health and psychotherapy* (pp. 39-54). Chichester: Wiley.

Fernandez, A.L., Manoiloff, L.M., & Monti, A.A. (2006). Long-term cognitive treatment of Alzheimer's disease: A single case study. *Neuropsychological Rehabilitation, 16*, 96-109.

Franklin, S. (1997). Designing single case treatment studies for aphasic patients. *Neuropsychological Rehabilitation, 7*, 401-418.

Gemert-Pijnen, J.E.W.C. van, & Span, L.L.M. (2015). CeHRes Roadmap to Improve Dementia Care. In J. van Hoof, G. Demiris & E.J.M. Wouters (Eds.), *Handbook of smart homes, health care and well-being* (pp. 1-11). New York: Springer.

Hadert, A., & Quinn, F. (2008). The individual in research: Experimental single-case studies in health psychology. *Health Psychology Update, 17*, 20-27.

Hafkenscheid, A. (2010). De Outcome Rating Scale en de Session Rating Scale. *Tijdschrift voor Psychiatrie, 6*, 394-403.

Harper, D., & Thompson, A.R. (Eds.). (2012). *Qualitative research in mental health and psychotherapy*. Chichester: Wiley.

Hoogeveen, F.R., Smith, J., Koning, C.C., & Meerveld, J.H.V.M. (Red.). (1998). *Preferenties van dementerende ouderen: Eindrapportage van een onderzoek* [Publicatienr. 198.1198]. Utrecht: NZi, onderzoek, informatie en opleidingen in de zorg.

Koopmans, R.P., & Offringa, M. (2000). De juiste vragen stellen. In M. Offringa, W.J.J. Assendelft & R.J.P.M. Scholten (Red.), *Inleiding in evidence-based medicine: Klinisch handelen gebaseerd op bewijsmateriaal* (pp. 11-17). Houten/Diegem: Bohn Stafleu van Loghum.

Korte, J., Drossaert, C.C., Westerhof, G.J., & Bohlmeijer, E.T. (2014). Life review in groups? An explorative analysis of social processes that facilitate or hinder the effectiveness of life review. *Aging & Mental Health, 18*, 376-384.

Legra, M.J., & Bakker, T.J. (2002). Rationeel-Emotieve Therapie in de psychogeriatrie, een nieuwe toepassing? Casusbeschrijving van een dagbehandelingspatiënt. *Tijdschrift voor Gerontologie en Geriatrie, 33*, 101-106.

Levant, R.F. (2005). *Report of the 2005 Presidential Task Force on evidence-based practice.* Washington, DC: American Psychological Association. Geraadpleegd op 15 november 2016 op http://www.apa.org/practice/resources/evidence/evidence-based-report.pdf.

Moher, D., Liberati, A., Tetzlaff, J., Altman, D.G., & the PRISMA Group. (2009). Preferred reporting items for systematic reviews and meta-analyses: The PRISMA Statement. *PLoS Med, 6*, e1000097.

Moniz-Cook, E., Stokes, G., & Agar, S. (2003). Difficult behaviour and dementia in nursing homes: Five cases of psychosocial intervention. *Clinical Psychology & Psychotherapy, 10*, 197-208.

Morley, S. (1989). Single case research. In G. Parry & F.N. Watts (Eds.), *Behavioural and mental health research: A handbook of skills and methods* (pp. 233-264). Wiltshire: Erlbaum/Taylor & Francis.

Offringa, M., Assendelft W.J.J., & Scholten, R.J.P.M. (2000). *Inleiding in evidence-based medicine: Klinisch handelen gebaseerd op bewijsmateriaal* (pp. 121-134). Houten/Diegem: Bohn Stafleu van Loghum.

Olsson, A., Engström, M., Asenlöf, P., Skovdahl, K., & Lampic, C. (2015). Effects of tracking technology on daily life of persons with dementia: three experimental single-case studies. *American Journal of Alzheimers Disease and Other Dementias, 30*, 29-40.

Pot, A.M. (2004). De psycholoog als wetenschappelijk onderzoeker. In M.T. Vink & R.P. Falck (Red.), *De psycholoog in de ouderenzorg: een vak apart* (pp. 121-134). Houten/Diegem: Bohn Stafleu van Loghum.

Sackett, D.L., Straus, S.E., Richardson, W.S., Rosenberg, W., & Haynes, R.B. (2000). *Evidence-based medicine: How to practise and teach EBM.* Londen: Harcourt Publishers Limited.

Tate, R.L., McDonald, S., Perdices, M., Togher, L., Schultz, R., & Savage, S. (2008). Rating the methodological quality of single-subject designs and n-of-1 trials: Introducing the Single-Case Experimental Design (SCED) Scale. *Neuropsychological Rehabilitation, 18*, 385-401.

Tiemens, B. Kaasenbrood, A., & Niet, G. de. (2010). *Evidence based werken in de ggz: Methodisch werken als oplossing.* Houten: Bohn Stafleu van Loghum.

Trompetter, H. (2014). *ACT with pain.* Dissertation, Universiteit Twente.

Weiss, L.A. (2011). *The development of psychological flexibility in chronic pain patients during acceptance and commitment therapy: how do acceptance, values-based action and application of learned principles develop during an eight-week inpatient treatment in five patients?* Masterthesis, Universiteit Twente.

Westerhof, G.J. (2013, maart). *Therapy narratives or how stories provide insights in treatments.* Paper presented at Congres Narratieve zorg, Enschede.

Woods, R. (2001). De wetenschappelijke onderbouwing van psychosociale interventies. In A.M. Pot, P. Broek & R.M. Kok (Red.), *Gedrag van slag: Gedragsproblemen bij ouderen met dementie* (pp. 27-36). Houten/Diegem: Bohn Stafleu van Loghum.

Zwikker, M., Dale, D. van, Dunnink, T., Willemse, G., Rooijen, S. van, Heeringa, N., e.a. (2015). *Erkenning van interventies: Criteria voor gezamenlijke kwaliteitsbeoordeling.* Utrecht: RIVM, NJi, NISB, Trimbos-instituut, Vilans, Movisie, NCJ.

33
Deskundigheidsbevordering

Anne de Wit

1 Inleiding
2 Diversiteit van leren
3 Leervoorkeuren
4 Systematische aanpak van scholing
    4.1 Doelgroep
    4.2 Praktische randvoorwaarden
    4.3 Doelen
    4.4 Ontwerpen van een programma
    4.5 Evalueren
5 Leren door reflectie
    5.1 Gereedschap psycholoog
    5.2 Een beroepsleven lang leren
Literatuur

 www.tijdstroom.nl/leeromgeving

 Weblinks

Kernboodschappen
- Psychologen in de ouderenzorg zijn voortdurend bezig met leren en veranderen.
- De manier waarop mensen leren is zeer divers; het is belangrijk om daarbij aan te sluiten om effectief te zijn.
- Zicht op de eigen manier van leren en die van anderen verruimt de mogelijkheden om aan te sluiten bij het referentiekader van de ander en daarmee op een succesvolle verandering.
- Voor het ontwerpen van een effectieve scholing is de didactische voorbereiding minstens zo belangrijk als de inhoudelijke.
- Reflectie is een belangrijk instrument om een beroepsleven lang te leren van praktijkervaringen.

1 Inleiding

Scholingsactiviteiten en leerprocessen begeleiden beschouwen psychologen in de ouderenzorg wellicht niet als kerncompetenties. Bij scholing wordt vaak gedacht aan de docent die voor de klas staat en vertelt hoe het zit. Vanuit dat perspectief zal de gemiddelde psycholoog zijn dagelijkse werkzaamheden waarschijnlijk niet samenvatten als het voortdurend bezig zijn met het leren van anderen. Toch is een belangrijk deel van het werk van de psycholoog gericht op veranderingsprocessen en het leren van mensen. Als de psycholoog een cliënt de gevolgen van dementie uitlegt en vertelt wat dat betekent voor het dagelijks leven (psycho-educatie), is hij bezig met het overbrengen van informatie om de ander te leren omgaan met de veranderde persoonlijke situatie. Bij een multidisciplinair overleg maakt de psycholoog gebruik van de overdracht van kennis en kunde over ziektebeelden en aandoeningen om de situatie van een patiënt te verhelderen, bijvoorbeeld bij de aanpak van de revalidatie van een CVA-patiënt. Bij het geven van gedragsadviezen aan een team van verzorgenden over het roepgedrag van een bewoner wordt kennis over gedragstherapeutische principes vertaald naar deze situatie. Impliciet is het doel om de verzorgenden te leren hoe ze dergelijk gedrag kunnen hanteren. Deze dagelijkse werkzaamheden waarin leren en veranderen een belangrijke rol spelen vragen specifieke kennis en vaardigheden van de psycholoog.

Hoewel het begeleiden van het leren en veranderen van mensen dus een wezenlijk deel uitmaakt van het werk van de psycholoog, is er in de praktijk weinig expliciete aandacht voor. Psychologen verwerven in hun opleiding kennis over leren en veranderingsprocessen. Deze kennis en bijbehorende vaardigheden zijn van belang om zichzelf en anderen effectief te laten leren. Het competentieprofiel van de gezondheidszorgpsycholoog onderstreept dit dan ook. Binnen het competentiegebied 'Kennis en wetenschap' staat vermeld dat de gezondheidszorgpsycholoog zelf een persoonlijk bij- en nascholingsplan ontwikkelt en onderhoudt, en de deskundigheid van anderen in de gezondheidszorg bevordert. Transfer van deze kennis naar de praktijk vindt echter niet vanzelfsprekend plaats. Het toepassen van de kennis in de praktijk is een leerproces op zich.

Dit hoofdstuk belicht de diversiteit van leren, met specifieke aandacht voor de betekenis daarvan voor het leren en veranderen op de werkplek. Aan de hand van leervoorkeuren wordt ingegaan op de verschillende manieren waarop mensen leren. Daarnaast zal een model worden aangereikt voor het systematisch ontwerpen van scholing. Ten slotte zal aandacht worden besteed aan de ontwikkeling als professional, waarbij reflectie een belangrijk instrument is om te leren van ervaringen.

2 Diversiteit van leren

Leren is een complex concept waarover veel gezegd en geschreven is. Een aantal aspecten wordt hier behandeld. Leren heeft uiteraard een cognitieve component: het is een mentaal proces en gebeurt voor een belangrijk deel in ieders hoofd. De cognitieve leertheorie legt de nadruk op het opnemen, verwerken en gebruiken van informatie. Op basis van ervaringen ontwikkelen mensen schema's, opvattingen en mentale representaties die het handelen beïnvloeden. Het constructivisme, een leertheorie die voortborduurt op de cognitieve leertheorie, definieert leren als 'het construeren van betekenis' (Bolhuis, 2001). Mensen leren door nieuwe informatie te verbinden aan wat ze al weten. Een volwassene bekijkt de wereld vanuit aanwezige kennis, opvattingen, normen en waarden, emoties en handelingsmogelijkheden. Dit referentiekader is een raamwerk of filter waarmee mensen nieuwe informatie selecteren, ordenen en interpreteren. Aangereikte kennis wordt niet door iedereen op dezelfde manier verwerkt. Het constructivisme benadrukt hiermee de actieve rol van de lerende. In praktijk betekent dit bijvoorbeeld dat het van belang is om aan te sluiten bij de kennis en ervaring die mensen hebben over het onderwerp, bijvoorbeeld bij het geven van psycho-educatie aan een cliënt (en diens familie). Dat kan betekenen dat de psycholoog eerst navraagt wat de cliënt al weet, voordat informatie wordt gegeven. Het feit dat mensen eigen betekenis geven aan nieuwe informatie maakt het relevant om na te vragen hoe de uitleg is ontvangen en welke betekenis het heeft voor de betreffende persoon.

Inzichten over de werking van het brein laten zien dat herhaling een belangrijk principe van leren is dat samenhangt met de plasticiteit van de hersenen (Damasio, 1994). Herhaling van de leerstof met steeds langere tussenpozen vergroot het leereffect. Bij een cognitieve training zullen de meeste psychologen dit principe meenemen, maar wordt dat ook toegepast bij een benaderingsadvies?

Zintuigen spelen een rol bij het opslaan van informatie. De inzet van meerdere zintuigen bevorderen het leren (Souza, 2006). Zo is het effectief om bij informatieoverdracht naast auditieve informatie ook beeldmateriaal aan te bieden. Hierbij kan bijvoorbeeld worden gedacht aan het gebruik van afbeeldingen bij een uitslaggesprek na een neuropsychologisch onderzoek of bij de toelichting van de rationale van een behandeling.

Naast cognities spelen ook emoties een belangrijke rol in het leren. Emoties kunnen leren stimuleren, blokkeren of anderszins beïnvloeden. Uit onderzoek blijkt dat als leren gepaard gaat met een sterke emotie (positief of negatief), de informatie beter onthouden wordt (Bower, 1992). Zo kan een situatie waarin iemand onbedoeld een fout maakt een sterke motivator zijn om de volgende keer anders te handelen. Emoties die niet relevant zijn voor het leren, leiden juist af of storen het leerproces. Frustratie over een te hoge werkdruk is niet de ideale situatie om een verzorgend team te leren hoe het een cliënt het beste kan bejegenen. Er zal dan eerst aandacht moeten worden besteed aan de emoties die leven over de werkdruk.

Andersom bepaalt het geleerde de emotie die ermee gepaard gaat. Een succesvolle ervaring met teambegeleiding leidt tot een ander gevoel over een volgende bijeenkomst, dan de ervaring van een mislukte bijeenkomst. Kortom, er is sprake van een wisselwerking tussen leren en emotie: emoties beïnvloeden het leren en leren richt de emotie.

Het behaviorisme belicht de gedragsmatige kant van leren. Principes van klassieke en operante conditionering zijn verankerd in het denken over leren. Deze principes passen psychologen toe in het ontwerp van een gedragstherapie of een benaderingsadvies bij een gedragsprobleem. Ook recentere theorieën over leren zoals die van Argyris en Schön (1974) hechten belang aan de zichtbaarheid van het gedrag: volgens hen vindt leren pas plaats als verworven kennis wordt toegepast in de praktijk. Dit betekent bijvoorbeeld dat niet kan worden volstaan met het geven van een benaderingsadvies op papier. Om een gedragsverandering teweeg te brengen bij een team, is begeleiding bij de daadwerkelijke uitvoering en evaluatie hiervan nodig om het leren compleet te maken.

Tot slot heeft leren naast een individuele ook een sociale kant. Bandura (1977) zegt hierover dat mensen leren door anderen te observeren. Veel wordt geleerd in sociale interacties in zogenoemde 'communities of practice': gemeenschappen waartoe men behoort, zoals familie, vrienden, verenigingen, opleiding en werkplek (Wenger, 1998). De cultuur waarin men leeft, met bijbehorende normen en waarden, wordt eigen gemaakt in de loop der tijd. Dat bepaalt wat men belangrijk vindt en waar mensen zich in het leren op richten. Vaak zijn mensen zich hier nauwelijks van bewust. Leren is in die zin een interactieve bezigheid. Leren vindt dus niet alleen plaats in hoofd en gedrag, maar wordt ook bepaald door de context.

Voor het leren op de werkplek betekent dit dat mensen leren van elkaar en gebruik maken van rolmodellen. Deze informele manier van leren is krachtig en gebeurt vaak onbewust, maar kan wel bewust worden gemaakt, bijvoorbeeld in teambegeleiding. De cultuur van een organisatie of een team beïnvloedt in sterke mate wat er geleerd wordt. Als psycholoog is het zinvol om zicht te krijgen op normen, waarden en opvattingen die leven en van invloed kunnen zijn op het leren. Als in een team de overtuiging heerst dat fouten maken uit den boze is, werkt dat belemmerend voor het leren van elkaars feedback. Bespreekbaar maken van dergelijke opvattingen kan een goede manier zijn om een beter leerklimaat te creëren.

De genoemde aspecten laten zien hoe veelzijdig het begrip leren is. Leren gebeurt in het hoofd en in gedrag, is individueel en sociaal tegelijk en leren heeft cognitieve en emotionele kanten. Dit vraagt om een doordachte benadering van het leren en veranderen van mensen. Het illustreert ook dat hoe meer zicht de psycholoog heeft op de eigen manier van leren en die van de ander, des te effectiever hij kan zijn in (het begeleiden van) het leren.

3 Leervoorkeuren

De complexiteit van het concept leren roept de vraag op hoe psychologen op betrekkelijk eenvoudige wijze zicht kunnen krijgen op de manier waarop een individu leert. Er zijn verschillende modellen beschreven over leerstijlen van volwassenen. Uit een systematische review van Coffield e.a. (2004) blijkt dat er in de loop van 50 jaar meer dan 71 modellen zijn ontwikkeld. Meta-analyses laten zien dat aansluiten bij verschillen in leerstijlen zin heeft, daarmee worden de mogelijkheden om te leren bevorderd. Coffield e.a. concluderen dat het voor het individu waardevol is om zich bewust te zijn van de eigen manier van leren. Dat geeft de mogelijkheid om een effectieve leerstrategie te kiezen in een bepaalde situatie. Meetinstrumenten om leerstijlen in kaart te brengen moeten vooral op die manier worden ingezet: als hulpmiddel om zicht te krijgen op de eigen manier van leren en zo effectiever te worden in het leerproces.

Kolb is ongetwijfeld de bekendste theoreticus op het gebied van leerstijlen. Hij beschrijft een cyclisch proces van ervaringsleren. Kolb (1984) onderscheidt vier fasen in het leerproces: (1) concreet ervaren, (2) reflectief observeren, (3) abstract conceptualiseren en (4) actief experimenteren (zie figuur 33.1).

Idealiter doorlopen mensen deze fasen in de volgorde van de cyclus. Mensen ontwikkelen in de loop der tijd een voorkeur voor een van de fasen. Een stagiair die graag vooraf met een begeleider bespreekt hoe een familiegesprek gevoerd moet worden, steekt bij voorkeur in bij stap 2; reflecteren. De sterke kant hiervan is dat vooraf goed wordt overdacht welke mogelijkheden er zijn. De valkuil van deze leerstijl kan zijn dat de stagiair moeilijk tot een besluit kan komen, omdat er allerlei alternatieven worden gezien. Een stagiair die bij voorkeur leert vanuit de concrete ervaring (stap 1) gaat gelijk aan de slag en zal minder geneigd zijn vooraf na te denken over een plan van aanpak. Een van de beperkingen van het model van Kolb is dat het een individueel intern proces beschrijft en daarmee geen recht doet aan het sociale aspect van leren. Dat neemt niet weg dat hij met zijn model een belangrijke bijdrage heeft geleverd aan het denken over leren.

Figuur 33.1   De fasen in het leerproces volgens Kolb

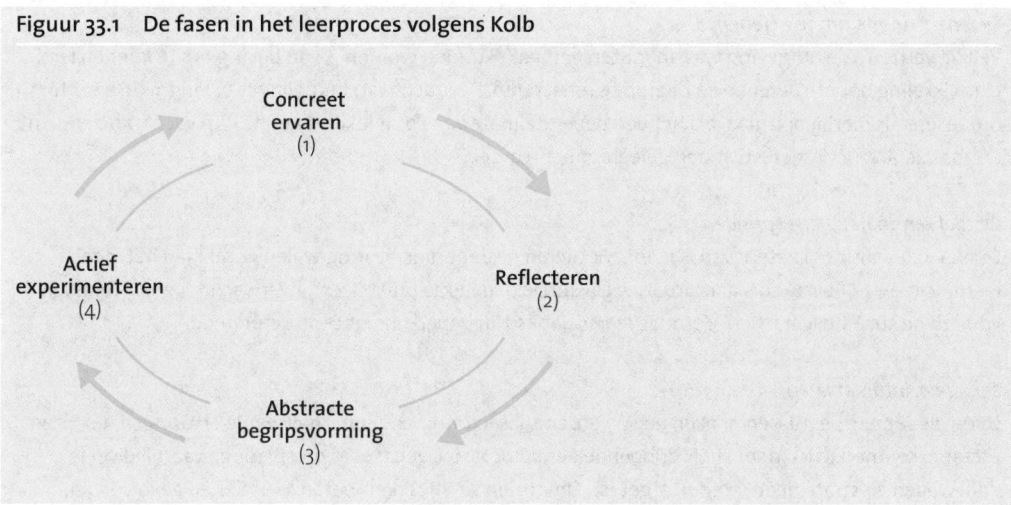

In Nederland heeft Ruijters (2006) onderzoek gedaan naar de diversiteit van leren in het dagelijks werk. Zij neemt hierbij de sociale kant en context mee. Op basis daarvan is een instrument ontwikkeld waarmee leervoorkeuren in kaart kunnen worden gebracht.

Ruijters gaat ervan uit dat leervoorkeuren redelijk stabiel zijn, maar zich wel kunnen ontwikkelen. Leervoorkeuren worden beïnvloed door de omgeving en de ontwikkelingsfase waarin men zit. Het model geeft taal om met anderen van gedachten te wisselen over leren; Ruijters noemt dat de 'Language of learning'. In 'Liefde voor leren' zijn vijf voorkeuren beschreven die gezamenlijk het leerprofiel vormen: kunst afkijken, participeren, kennis verwerven, oefenen en ontdekken. Hier zijn later twee voorkeuren aan toegevoegd: intuïtief leren en imaginair leren (Ruijters e.a., 2014).

Leervoorkeuren

Kunst afkijken: toepassen wat werkt
Snel en doelgericht leren. De dagelijkse praktijk is de beste leeromgeving. Door anderen te observeren, te analyseren wat bruikbaar is en dat toe te passen in eigen werk ontwikkelen mensen met deze leervoorkeur zich. Praten over leren maakt al snel ongeduldig.

Participeren: samen betekenis geven
Leren door de dialoog met anderen. Met en van elkaar leren is waardevol. De perspectieven van anderen meenemen en het gezamenlijk betekenis geven.

Kennis verwerven: willen weten wat er bekend is
Hechten aan objectieve kennis. Vraagstukken oplossen vanuit bestaande kennis. Bronnen zijn boeken of wetenschappelijke artikelen, maar ook het raadplegen van een deskundige. Fouten voorkomen is belangrijk: fouten staan voor slechte voorbereiding, of onvoldoende kennis.

Oefenen: ruimte om te oefenen
Veilige vertrouwde omgeving waarin fouten gemaakt kunnen worden is van belang om te kunnen leren. Ontwikkeling door te oefenen en daarop te reflecteren. De kracht van herhaling is belangrijk. De context om te leren is hierbij optimaal als het een beperkte mate van complexiteit heeft. Stap voor stap oefenen en aandacht voor datgene wat nog geleerd moet worden.

Ontdekken: in het diepe springen
Leren vindt continu plaats: leven is leren. Niet-leren bestaat niet. Sturing willen geven aan het eigen leerproces en zelf betekenis aan situaties geven. De dagelijkse praktijk en onverwachte gebeurtenissen vormen de sterkste leerschool. Formele leersituaties zijn beperkend of te structurerend.

Doorzien: intuïtief leren
Leren als samenspel tussen denken en voelen, en tussen intuïtie (geïnternaliseerde ervaringen) en interpretatie. Kenmerkt zich door snel verlopende denkprocessen, gebaseerd op ervaring, waarbij diverse denkwegen en strategieën worden afgetast. Omarmen van het niet-weten. Emoties en gevoelens zijn belangrijke informatiebronnen.

Verbeelden: imaginair leren
Denken in scenario's, opties verkennen en perspectieven ontdekken. Alle zintuigen en emoties vormen de belangrijke instrumenten voor de lerende. Het is helpend als kennis wordt aangeboden in verhalende vorm. Moeite met focussen en met verbinding maken tussen gedachten en werkelijkheid.

Bron: Ruijters e.a., 2014

Met behulp van een instrument, het zogenoemde situgram, kan een leerprofiel worden vastgesteld. Het leerprofiel omvat altijd alle leervoorkeuren: men is niet typisch een kunstafkijker of ontdekker, daarmee zou de diversiteit van het leren tekort worden gedaan. De verhouding tussen de afzonderlijke elementen is voor iedereen uniek. Het profiel zegt niet zozeer iets over hoe iemand 'is', wel belicht het de context waarin iemand effectief leert.

Nu de verschillende manieren van leren zijn belicht rijst de vraag wat dit betekent voor het dagelijks werk van de psycholoog. Het in kaart brengen van de manier waarop mensen leren geeft handvatten voor het bedenken van leeractiviteiten, waarmee het leerrendement wordt vergroot. Anders gezegd is het, naast stil te staan bij het wat van het leren, minstens zo belangrijk om na te denken over het hoe van het leren.

Het inzetten van doordachte werkvormen bij scholingsactiviteiten komt tegemoet aan de diversiteit in leervoorkeuren die onder deelnemers zal bestaan. Met uitleg geven over depressie en de omgang daarmee, zullen deelnemers met voorkeur voor 'kennis verwerven' zich aangesproken voelen. Voor deelnemers die bij voorkeur 'oefenen' is het zinvol om een rollenspel te doen. En wie 'participeren' als leervoorkeur heeft, zal het prettig vinden om ervaringen te delen over de omgang met een depressieve patiënt.

Inzicht in leervoorkeuren helpt de psycholoog ook om na te denken over de eigen leervoorkeur. De eigen manier van leren beïnvloedt in sterke mate de manier waarop werkzaamheden worden aangepakt, mensen tegemoet worden getreden en scholingsactiviteiten worden vormgegeven. De neiging is groot om aan te sluiten bij de eigen leervoorkeur. Meer bewustzijn over de eigen manier van leren en die van anderen vergroot de mogelijkheden om aan te sluiten bij de behoefte van de ander. Het leidt ook tot meer begrip en tolerantie voor elkaars aanpak.

Kennis over manieren van leren biedt handvatten voor de begeleiding van stagiairs of nieuwe collega's. Vooral het gesprek over het hoe van het leren is waardevol. Daarmee leert de ander zijn leerproces te sturen en kan naar een passende manier van begeleiden voor dat moment worden gezocht.

4 Systematische aanpak van scholing

In deze paragraaf wordt het toepassen van didactische leerprincipes verder geïllustreerd aan de hand van een systematische werkwijze om een scholingsactiviteit vorm te geven. Bij een verzoek voor scholing is men snel geneigd om zich vooral inhoudelijk te verdiepen in het onderwerp. Dat is in de meeste situaties echter niet nodig, omdat de psycholoog als inhoudsdeskundige veel meer weet van het onderwerp dan het luisterend publiek. Veel belangrijker en doelmatiger is een systematische voorbereiding waarbij de volgende stappen worden doorlopen.

4.1 Doelgroep

De eerste stap in de voorbereiding is het in kaart brengen van de doelgroep. Het is van belang om te exploreren wat de leerbehoeften zijn van de deelnemers. Met welke vraag of wens komen ze naar de scholingsactiviteit? Welke emoties kunnen een rol spelen bij het onderwerp? Het is belangrijk om een beeld te krijgen van de houding en motivatie van de deelnemers ten aanzien van de te bereiken doelen. Wat weten of kunnen de deelnemers al met betrekking tot het onderwerp? Soms is het uitgangsniveau van de deelnemers vergelijkbaar, bijvoorbeeld bij verzorgenden die een klinische les krijgen over de cognitieve problemen bij CVA. In andere situaties loopt het niveau sterk uiteen, zoals bij mantelzorgers die een familieavond over dementie bezoeken. In deze fase heeft de psycholoog een coachende rol: door verhelderende en verdiepende vragen te stellen krijgt hij zicht op de wensen en behoeften van de doelgroep. De groepsgrootte ten slotte bepaalt voor een deel welke werkvormen in kunnen worden gezet.

4.2 Praktische randvoorwaarden

Een aantal praktische zaken is handig om vooraf in kaart te brengen zoals de beschikbare ruimte en de opstelling van stoelen en tafels die passend is voor de scholing. Welke hulpmiddelen (zoals computer, beamer, flip-over, video) zijn beschikbaar of nodig voor de scholing? Het is zinvol om na te gaan hoeveel tijd nodig is, en op welk moment de scholing het beste kan plaatsvinden. Daarbij dient ook aandacht te zijn voor de tijd die nodig is voor de voorbereiding en of dat past binnen de andere werkzaamheden. Als de praktische randvoorwaarden niet voldoende zijn om de scholingsactiviteit naar behoren te kunnen voorbereiden en uitvoeren, is het zeer de vraag of dat geaccepteerd moet worden. Niets zo vervelend als een scholing die in het water valt omdat het tijdstip slecht was gekozen of de ruimte niet geschikt bleek. Na het ontwerpen van het programma (stap 4) is het goed om de praktische randvoorwaarden nogmaals langs te lopen.

4.3 Doelen

Nadat de doelgroep en praktische randvoorwaarden in kaart zijn gebracht is de volgende stap om de doelen te bepalen. Dit start met vast te stellen wat met de scholing moet worden bereikt, ofwel 'Begin with the end in mind'. Als helder is wat de deelnemers aan het einde van de bijeenkomst kunnen of weten, dan geeft dat onmiddellijk richting aan de invulling van de scholing. Wanneer de scholing wordt verzorgd in opdracht van iemand anders (organisatie, of als deel van een cursus) is het goed om nauwkeurig na te gaan wat de doelen van de opdrachtgever zijn en van welk groter geheel de scholing deel uitmaakt.

Doelen kunnen worden onderscheiden op de volgende gebieden:
- kennis: wat moeten de deelnemers weten?
- vaardigheden: wat moeten de deelnemers kunnen?
- houding: welke attitude moeten de deelnemers ontwikkelen?

Een goed omschreven doel is het halve werk en hier mag relatief veel aandacht aan worden besteed. Hoe beter de psycholoog voor ogen heeft wat de doelen zijn, hoe eenvoudiger het is om te bepalen wat er wel en niet in de scholing thuishoort.

Een goed leerdoel voldoet aan de SMART-criteria:
- specifiek;
- meetbaar;
- acceptabel;
- relevant;
- tijdgebonden.

Specifiek wil zeggen: het doel zo concreet mogelijk formuleren. Niet: 'De verzorgende heeft kennis van een delier', maar: 'De verzorgende herkent de symptomen van een delier bij een bewoner'. Door het doel concreet te formuleren kan het makkelijk gemeten en geëvalueerd worden. Acceptabel betekent dat het leerdoel haalbaar is. Vaak wil men een heleboel bereiken in korte tijd. Het is goed om te bedenken of een doel niet te hoog gegrepen is. Een doel is relevant als het aansluit bij de behoeften van de doelgroep. De motivatie van de deelnemers neemt toe als de leerdoelen door henzelf zijn geformuleerd of in hun woorden zijn omschreven. Hierbij kan informatie over de wensen en leerbehoeften van de doelgroep die in de eerste stap is geëxploreerd, goed benut worden. Tijdgebonden betekent dat het doel zodanig is geformuleerd dat aangegeven kan worden wanneer het doel bereikt is. Dit bepaalt tevens wanneer het doel wordt geëvalueerd. Als een langer lopende scholing wordt ontworpen, bijvoorbeeld een scholing over belevingsgerichte zorg van een aantal dagdelen, zal vaak gestart worden met een langetermijndoel. Dat is over het algemeen lastig SMART te maken. Door subdoelen te formuleren wordt systematisch toegewerkt naar het langetermijndoel. Timing is eveneens een aspect van het criterium tijdgebonden, ofwel: is dit het juiste moment om de scholing uit te voeren?

4.4 Ontwerpen van een programma

Voor het ontwerpen van een programma zijn veel didactische modellen beschikbaar. De hieronder gepresenteerde stappen zijn onder andere gebaseerd op het negen-stappeninstructiemodel van Gagné e.a. (1992) en het model dat De Galan (2008) heeft ontwikkeld voor het ontwerpen van trainingen.

Volgorde leerdoelen

Door te bepalen in welke volgorde de leerdoelen aan bod komen, ontstaat er een didactisch logische opbouw. Dit kan betekenen dat wordt gestart met een leerdoel gericht op kennis, omdat dit noodzakelijk is om vaardigheden te kunnen oefenen. Het is echter niet altijd nodig om met kennisoverdracht te starten. Als de deelnemers al veel weten van het onderwerp, sluit het wellicht beter aan om te starten met een doel op vaardigheidsniveau. Ook kan juist worden gestart met een vaardigheid waar nog ontbrekende kennis voor nodig is, om deelnemers te laten ervaren welke kennis hen ontbreekt.

Werkvormen

De keuze van werkvormen hangt af van verschillende aspecten. Als de leerdoelen SMART geformuleerd zijn, is het over het algemeen niet moeilijk om daar een passende werkvorm voor te vinden. Het is goed om bewust te zijn van de eigen leervoorkeur en hoe die van invloed is op de keuzes voor werkvormen. Door hierop te reflecteren, wordt ruimte gecreëerd om de eigen manier van leren naast andere leervoorkeuren te plaatsen en daarin weloverwogen keuzes te maken. Door meerdere werkvormen te gebruiken wordt aangesloten bij de verschillende leervoorkeuren van de deelnemers. Over het algemeen geldt hoe actiever de inbreng van de deelnemers, des te groter het leereffect. Bij het overbrengen van kennis kan dat bijvoorbeeld door de deelnemers vragen te stellen tijdens het verhaal of aan de hand van stellingen toelichting te geven op het onderwerp. Leeractiviteiten gericht op vaardigheden zijn bijvoorbeeld oefenen in een rollenspel, of het bekijken van een goed voorbeeld op video om vervolgens te oefenen. Werkvormen voor attitudedoelen zijn bijvoorbeeld een discussie over het onderwerp aan de hand van stellingen of het bespreken van vragen in kleine groepjes. Het is altijd van belang een veilig leerklimaat te creëren, passend bij de werkvorm. Bij het oefenen in een rollenspel kan dat door in kleine subgroepen te werken. Bij kennisoverdracht is het prettig dat mensen zich niet 'dom' voelen als ze iets nog niet weten.

Tijdsindeling

Het is goed om per werkvorm in te schatten wat de tijdsinvestering is en dat te verwerken in het ontwerp. Daarbij dient ook rekening te worden gehouden met de tijd om een werkvorm in te leiden. Plan ook tijd in voor een evaluatie door de deelnemers aan het einde van de scholingsactiviteit. Ook hiervoor zijn verschillende werkvormen in te zetten.

Tot slot: de eerste taak bij de start van de scholing is de deelnemers te verleiden tot leren (De Galan, 2008). Dit kan op verschillende manieren worden bereikt, afhankelijk van de motivatie van de deelnemers. De aandacht trekken door aan te sluiten bij hun beleving zal bereidheid tot leren versterken. Dit kan bijvoorbeeld worden gedaan door te starten met een anekdote, een kort videofragment of een korte ervaringsoefening die aansluit bij het onderwerp.

4.5 Evalueren

De laatste stap in de systematische aanpak voor scholing is het evalueren. In de evaluatie van de scholing is het belangrijk om na te gaan of de doelen zijn behaald en wat de leeractiviteiten hebben opgeleverd. Zelden zal in een scholing of training direct kunnen worden bereikt dat de deelnemers in staat zijn om het geleerde toe te passen in de praktijk. Het is in de evaluatie daarom zinvol om mee te nemen hoe nieuwe vaardigheden in de praktijk toe kunnen worden gepast. Om gedragsveranderingen in de praktijk te stimuleren kan de psycholoog bijvoorbeeld begeleiding bieden bij het oefenen in de praktijk, of kan een vervolgbijeenkomst worden gepland om (werk)ervaringen uit te wisselen, en belemmeringen en successen te bespreken. Naast evaluatie van het resultaat is het evalueren van het proces ook zinvol. Hierbij kunnen vragen worden gesteld als: 'Zijn de stappen voor de systematische aanpak doorlopen?'; 'Waren de leerdoelen en werkvormen juist gekozen?'; en: 'Wat zijn verbeterpunten voor een volgende keer?' In tabel 33.1 zijn de stappen van een systematische aanpak voor scholing samengevat. Dit overzicht kan ook behulpzaam zijn bij het evalueren van het proces op de verschillende onderdelen.

Tabel 33.1 Systematische aanpak voor scholing

Stadium	Doel	Onderdelen
Stap 1	Doelgroep bepalen	– Leerwensen – Motivatie en beleving – Beginniveau – Groepsgrootte
Stap 2	Praktische randvoorwaarden vaststellen	– Ruimte – Hulpmiddelen – Tijdsinvestering en planning
Stap 3	Doelen bepalen	– Leerdoelen op het gebied van kennis, vaardigheden en attitude – SMART geformuleerde leerdoelen
Stap 4	Ontwerpen van een programma	– Volgorde leerdoelen – Werkvormen – Tijdsindeling
Stap 5	Evalueren	– Evaluatie resultaat – Evaluatie proces

SMART: specifiek; meetbaar; acceptabel; relevant; tijdgebonden

5 Leren door reflectie

Een manier van leren die een belangrijke plaats heeft gekregen in het huidige onderwijs voor professionals is het leren op basis van reflectie. Eenmaal werkzaam als beroepsbeoefenaar blijft de professionele ontwikkeling relevant en levert reflectie op eigen handelen een bijdrage. Dewey wordt beschouwd als grondlegger van deze manier van leren, maar reflecterend leren gaat in feite al terug tot de Griekse filosofen. Dewey (1933) beschouwde reflectie als een belangrijke vaardigheid om te leren van ervaringen. Er zijn in de loop der tijd, afhankelijk van de context en uitgangspunten, veel definities van reflecteren beschreven. De grote gemene deler van deze definities is: reflecteren is nadenken over ervaringen om ervan te leren. Leren is dus een kerndoel van reflecteren. Professioneel werken is zo complex, dat het de deskundigheid van de professionele hulpverlener ten goede komt om er achteraf bij stil te staan. Hierbij gaat het om het onderzoeken van ervaringen op hun betekenis (vanuit verschillende perspectieven) om op basis daarvan te komen tot nieuw bewust handelen.

Er zijn vele auteurs geïnspireerd geraakt door Dewey's uitwerking van reflectie in een aantal fasen. De leercirkel van Kolb is daar misschien wel het meest bekende voorbeeld van. Korthagen (1992) heeft, gebaseerd op Kolb, een reflectiespiraal ontworpen.

In het 'ideale' reflectieproces worden de stappen systematisch doorlopen. Bij stap één worden relevante ervaringen opgezocht om van te kunnen leren en een keuze gemaakt op welk ervaringsmoment wordt gereflecteerd. Bij het terugblikken op de ervaring wordt onder andere onderzocht wat het eigen aandeel en dat van anderen is. Bij deze stap is divergeren een kenmerk: zoveel mogelijk perspectieven worden in ogenschouw genomen. Dit leidt in de derde stap tot een conclusie, samenvatting of het vaststellen van de essentie (convergeren). In de volgende stap worden alternatieven voor de aanpak in toekomstige situaties onderzocht, een keuze gemaakt en daarmee geëxperimenteerd (stap 5). Korthagen noemt dit model een spiraal omdat

Figuur 33.2 De reflectiespiraal van Korthagen

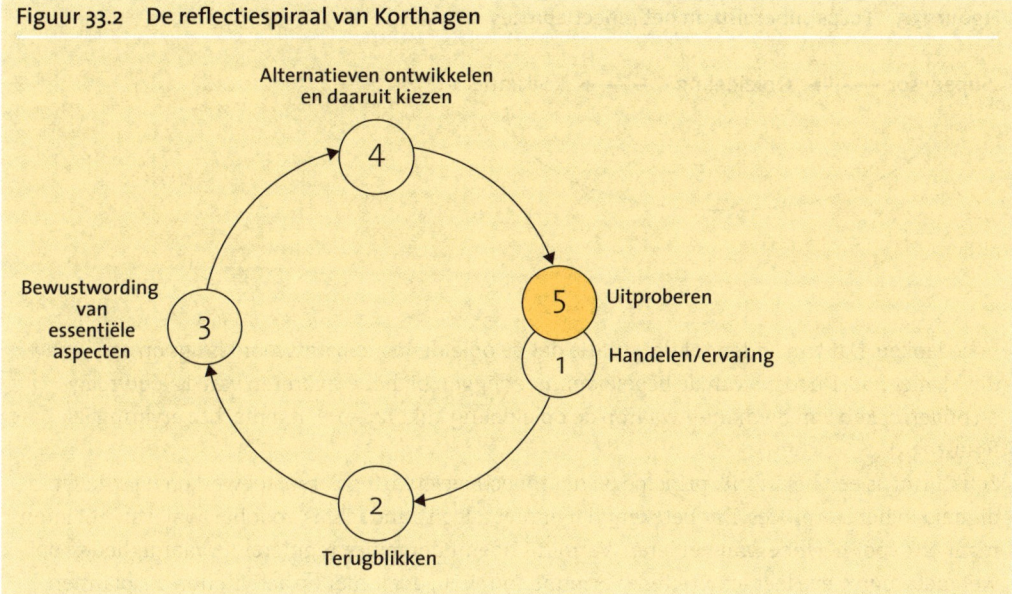

stap vijf weer de eerste stap is van de volgende cyclus: het opdoen van een concrete ervaring. Luken (2015) wijst erop dat reflecteren niet per definitie een positief effect heeft en gewaakt moet worden voor de risico's. Reflecteren kan namelijk ook leiden tot rumineren, angst of stress. Belangrijke voorwaarden om tot een positief effect van reflecteren te komen zijn volgens Luken onder andere:
- gemotiveerd zijn om te leren van reflectie en uit nieuwsgierigheid willen weten en begrijpen;
- goede begeleiding van het reflectieproces door stimulerende vragen te stellen over concrete, affectief geladen ervaringen;
- niet meer reflecteren dan nodig is;
- technieken hanteren die andere functies dan alleen het mentale/talige stimuleren;
- niet alleen aandacht hebben voor de eerste stappen van het reflectieproces zoals het terugblikken, maar ook voor de conclusie, beslissingen en de betekenis voor het handelen in toekomstige situaties.

De psycholoog kan met reflectie een relevante rol vervullen in de deskundigheidsbevordering van andere professionals in de ouderenzorg. Te denken valt hierbij aan de begeleiding van stagiairs, gezondheidszorgpsychologen in opleiding, en ook andere hulpverleners. Reflectie op het beroepsmatig handelen is een krachtige manier van leren, die ingezet kan worden naast andere begeleidingsvormen zoals feedback geven, laten meekijken en laten oefenen.

Opleidingssupervisie is een begeleidingsvorm waarbij leren van ervaringen centraal staat (Van de Boomen e.a., 2015). Op regelmatige basis vindt een gesprek plaats waarin reflectie op eigen handelen centraal staat. Dit biedt de mogelijkheid om in alle rust terug te blikken op een concrete ervaring die de opleideling bezighoudt. Bij het inbrengen van een ervaring is het van belang om vast te stellen wat de opleideling wil bereiken met het gesprek erover. Dit maakt duidelijk aan welk doel wordt gewerkt. Bij het reflectieproces staat de manier waarop de opleideling kijkt naar de situatie/casus centraal, en niet zozeer de situatie zelf. Een valkuil als supervisor is om vragen te stellen over de ingebrachte situatie en daarvoor (samen) een 'oplossing'

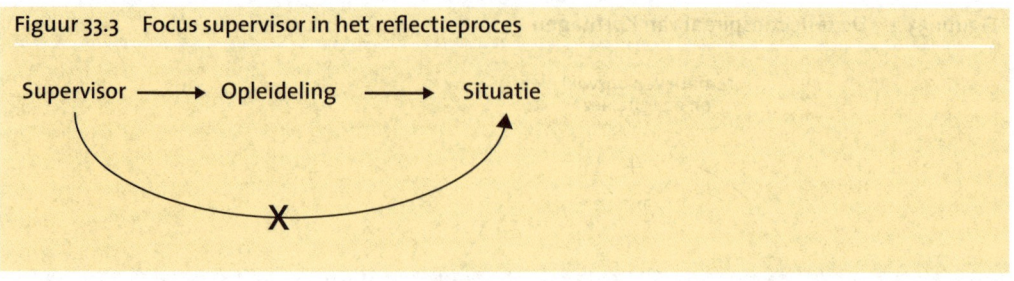

Figuur 33.3 Focus supervisor in het reflectieproces

te bedenken. Dat kan leiden tot de situatie dat de opleideling een antwoord krijgt op een vraag die hij niet had. De focus van de begeleider moet liggen bij het exploreren van de leervraag en onderzoeken van de manier waarop de opleideling kijkt naar de ingebrachte ervaring (zie figuur 33.3).

Zelfsturing is een belangrijk principe bij het reflectieve ervaringsleren: toewerken naar zelfstandigheid in het leerproces. Dat betekent dat er niet alleen aandacht is voor het 'wat' van het leren maar ook voor het 'hoe' van het leren. Vermunt noemt dergelijke regulerende vaardigheden ook wel metacognitieve leeractiviteiten (Vermunt, 1994). Hij doelt hier op activiteiten als plannen, bewaken, toetsen, evalueren en bijsturen van het eigen leerproces. Expliciete aandacht voor de manier waarop iemand leert geeft handvatten voor het sturen van het eigen leerproces. Het in kaart brengen en bespreken van leervoorkeuren kan hierbij helpend zijn.

5.1 Gereedschap psycholoog

Het mag duidelijk zijn: het opleiden van andere professionals vraagt veel vaardigheden. De gemiddelde psycholoog kan daarbij putten uit een eigen instrumentarium, iets wat niet voor alle professies geldt. Gespreksvaardigheden, deeltechnieken en interventies van verschillende vormen van psychotherapie staan de psycholoog ter beschikking. Oplossingsgerichte vragen zoals de wondervraag en schaalvragen uit de oplossingsgerichte psychotherapie zijn bijvoorbeeld behulpzaam bij het formuleren van een leervraag of het te bereiken doel. De aandacht voor het gebruiken van eigen krachtbronnen en andere hulpbronnen is eveneens goed toe te passen bij leervraagstukken van opleidelingen. Methoden en technieken van mindfulness (Kabat-Zinn, 2004) en focusing (Gendlin, 1982) kunnen worden ingezet om de affectieve aspecten van een ervaring te belichten. Dit is relevant als iemand al van alles heeft bedacht en afgewogen en er niet verder mee komt. De interactionele benadering van de cliëntgerichte psychotherapie kan worden gebruikt om te leren van het hier-en-nu. Interventies zijn hierbij gebaseerd op het parallelle proces van leren van toen-en-daarwerksituaties en het hier-en-nu-contact tussen opleideling en begeleider. Een leervraag over de samenwerking met een collega is daar een voorbeeld van. Daarbij zorgt het basisprincipe van Rogers dat een authentieke, accepterende, empathische en onderzoekende houding van de therapeut het belangrijkste instrument is voor verandering, voor een veilig leerklimaat. Interventies uit de cognitieve gedragstherapie kunnen eveneens goed worden toegepast in het reflectieproces. Gedachten en overtuigingen die ten grondslag liggen aan het handelen kunnen worden onderzocht en uitgedaagd als ze niet helpend zijn. Dat creëert de mogelijkheid om een helpende gedachte te formuleren die tot andere handelingsopties leidt.

Het stimuleren van reflectie kan uiteraard ook worden ingezet in de ondersteuning van andere hulpverleners. Een voorbeeld bij uitstek is de begeleiding van verzorgende teams. Naast bovengenoemde interventies ontleend aan psychotherapieën, zijn ook intervisiemethoden zeer bruikbaar bij teambegeleiding (zie hoofdstuk 24). Gestructureerde methoden zoals de socratische methode of incidentmethode bieden handvatten om teams op systematische wijze te begeleiden bij vragen over de benadering van cliënten.

5.2 Een beroepsleven lang leren

Reflectie op het beroepsmatig handelen als psycholoog is een vaardigheid die bijdraagt aan de eigen professionele ontwikkeling. Iedere professional kent momenten waarop hij zich afvraagt of hij op de juiste manier heeft gehandeld in een bepaalde situatie. Door hier systematisch op te reflecteren kan er veel van deze situaties worden geleerd. Dit reflectieproces kan individueel plaatsvinden, maar ook met collega's. Intervisie en supervisie zijn vormen van deskundigheidsbevordering waar (leren) reflecteren een belangrijke plaats inneemt. Door het eigen handelen onder de loep te leggen ontwikkelt de psycholoog zich tot een vakbekwame professional die blijvend leert.

Literatuur

Argyris, C., & Schön, D. (1974). *Theory in practice: Increasing professional effectiveness.* San Francisco: Jossey-Bass.
Bandura, A. (1977). *Social learning theory.* Englewood Cliffs, NJ: Prentice Hall.
Bolhuis, S. (2001). *Leren en veranderen bij volwassenen: Een nieuwe benadering.* Bussum: Coutinho.
Boomen, F. van den, Hoonhout, M., & Merkies, R. (2015). Wat is supervisie? Wat doet een supervisor? In M. Boer, M. Hoonhout & J. Oosting (Red.), *Supervisiekunde, meerperspectivisch* (pp. 18-32). Deventer: Vakmedianet, 2015.
Bower, G.H. (1992). How might emotions affect learning? In S. Christianson (Ed.), *The handbook of emotion and memory: research and theory* (pp. 3-32). New Jersey: Lawrence Erlbaum Associate.
Coffield, F., Moseley, D., Hall, E., & Ecclestone, K. (2004). *Learning styles and pedagogy in post-16 learning: A systematic and critical review.* Trowbridge, Witshire: Learning and Skills Research Centre, Cromwell Press Ltd.
Damasio, A. (1994). *De vergissing van Descartes: Gevoel, verstand en het menselijk brein.* Amsterdam: Wereldbibliotheek.
Dewey, J. (1933). *How we think: A restatement of the relation of reflective thinking to the educative process.* Boston: Heath & Co.
Gagné, R.M., Briggs, L.J., & Wager, W.W. (1992). *Principles of instructional design* (4th ed.). Forth Worth, TX: Harcourt Brace Jovanovich College Publishers.
Galan, K. de. (2008). *Van deskundige naar trainer: Trainen als tweede beroep.* Amsterdam: Pearson Education Benelux bv.
Gendlin, E.T. (1982). *Focusing.* New York: Bantam Doubleday Dell Publishing Group, Inc.
Kabat-Zinn, J. (2004). *Handboek meditatief ontspannen: Effectief programma voor het bestrijden van pijn en stress.* Haarlem: Altamira-Brecht.
Kolb, D.A. (1984). *Experiential learning: Experience as the source of learning and developement.* New Jersey: Prentice Hall.

Korthagen, F.A.J. (1992). Reflectie en de professionele ontwikkeling van leraren. *Pedagogische Studiën, 69*, 112-123.

Luken, T. (2015). De schaduw van reflectie. In M. Boer, M. Hoonhout & J. Oosting (Red.), *Supervisiekunde, meerperspectivisch* (pp. 147-161). Deventer: Vakmedianet.

Ruijters, M.P.C. (2006). *Liefde voor leren: Over diversiteit van leren en ontwikkelen in en van organisaties.* Deventer: Kluwer.

Ruijters, M.P.C., Simons, P.R.J., & Wallenaar, M.J. (2014). Het leren ontwikkeld-t. Diversiteit en complexiteit in leren en ontwikkelen. *Tijdschrift voor Begeleidingskunde, 3*, 2-11.

Souza, D.A. (2006). *How the brain learns.* Thousand Oaks, California: Corwin Press.

Vermunt, J.D.H.M. (1994). Leerstijlen en leerstrategieën. *Gids van de Opleidingspraktijk, 16*, 3-15.

Wenger, E. (1998). *Communities of practice: Learning, meaning and identity.* Cambridge: Cambridge University Press.

34
Multidisciplinaire samenwerking

Henk Geertsema[1]

1 Inleiding
2 Samenwerking tussen disciplines
    2.1 Multidisciplinair of interdisciplinair?
    2.2 Behandelplannen
    2.3 Coördinatie en taakverdeling
    2.4 Multidisciplinair teamoverleg
3 De psycholoog in het multidisciplinaire team
    3.1 Organisatorische plaats van de psycholoog
    3.2 Overige rollen
4 Competenties voor teamsamenwerking
    Literatuur

www.tijdstroom.nl/leeromgeving

📁 **Handige documenten**
🌐 **Weblinks**

Kernboodschappen

- Het werk in de zorgverlening voor ouderen dient per definitie multidisciplinair te zijn vanwege de complexe problemen. Wat ouderen en hun naasten belangrijk vinden, is hierbij leidend.
- In de samenwerking met andere disciplines werkt de psycholoog als teamspeler vanuit zijn professionele autonomie.
- De psycholoog levert een bijdrage aan de multidisciplinaire samenwerking als lid van het team, als regiebehandelaar of als adviseur.
- Psychologische kennis van de sociale psychologie, groepsdynamica, interpersoonlijke relaties en gedragsverandering zijn bruikbaar en noodzakelijk in de multidisciplinaire samenwerking.

---

1 Met dank aan Jan te Winkel, klinisch psycholoog, voor zijn aanvullingen en kritisch commentaar.

1 Inleiding

De afgelopen jaren zijn er veel veranderingen doorgevoerd in de organisatie van de gezondheidszorg en er staat nog een aantal veranderingen op stapel. Dit betekent dat de context van het multidisciplinaire werken in de ouderenzorg sterk aan verandering onderhevig is. In veel instellingen wordt hier intensief over nagedacht en wordt gezocht naar nieuwe vormen van samenwerking tussen de hulpverleners met de cliënt en tussen de hulpverleners onderling. De kern van deze veranderingen wordt helder weergegeven in een schema uit het rapport *Naar nieuwe zorg en zorgberoepen: de contouren* van Zorginstituut Nederland (2015), zie tabel 34.1.

Tabel 34.1 Verandering van aanbodgerichte naar vraaggerichte zorg

Van	Naar
Aanbod	Vraag
Ziekte	Functioneren
Zorgen voor	Zorgen dat
Professionele autonomie	Cocreatie
Fragmentatie	Zorgarrangement
Hiërarchie	Regie
Verticaal	Horizontaal
Burgers bij de zorg betrekken	Consultatie van professionals
Eigen belang	Algemeen belang
Recht hebben op	Verantwoordelijk voor
Macht	Kracht
Beroepenstructuur	Continuüm van vakbekwaamheden

Bron: *Naar nieuwe zorg en zorgberoepen: de contouren* (Zorginstituut Nederland, 2015)

De auteurs spreken van een paradigmashift. Deze verschuiving is weliswaar al een aantal jaren aan de gang, maar wordt bij alle recente beleidsveranderingen in de zorg steeds consequenter doorgevoerd. Al de genoemde aspecten uit het schema hangen nauw samen met elkaar. Centraal is de verschuiving van aanbod naar vraag. Dit betekent dat nog meer dan voorheen de vragen en wensen van de cliënt en zijn naaste of vertegenwoordiger het uitgangspunt vormen. Dit vertrekpunt wordt al in veel visies en missies van ouderenzorginstellingen vermeld, maar de praktijk bleef tot dusverre hierin achter. Een belangrijke stap hierbij is dat de cliënt niet alleen het onderwerp is van behandelplannen die door professionals zijn opgesteld, maar steeds meer gezien wordt als de eigenaar van dit plan en daarmee ook verantwoordelijk voor de totstandkoming en het up-to-date houden van het behandelplan. Zo schrijft staatssecretaris Van Rijn (ministerie VWS, 2015) in zijn plan ter verbetering van de kwaliteit van zorg in de verpleeghuizen:

'De cliënt of zijn vertegenwoordiger heeft de regie over het opstellen, evalueren en bijstellen van het zorgleefplan en wordt hierin ondersteund. Hierdoor komt ook tot uitdrukking wat de cliënt wil om waardig te kunnen leven. Goede zorg voor kwetsbare mensen vereist een samenspel met familie, verwanten en cliëntenraad. Dat is meer dan de verplichte exercitie van het invullen van een formulier voor een zorgplan. De wensen van de cliënt en diens verwanten moeten leidend zijn voor de zorg die ze krijgen. Het eigenaarschap van het zorgplan behoort bij de cliënt en de verwanten te liggen, ook wanneer het om dementerende mensen gaat waarbij de professional wellicht een grotere rol heeft bij het opstellen en evalueren van het plan.'

Hiermee verandert de relatie tussen de cliënt en de professional. Van Rijn:

'[...] het gaat om een voortdurend gesprek tussen professional en cliënt. Zij dienen voortdurend samen te bezien hoe kwaliteit van leven is te realiseren. Wanneer een cliënt verminderde regie heeft, gaat het gesprek over het zorgplan ook over het ondersteunen in het voeren van regie in plaats van het overnemen van die regie.'

De professionele relatie wordt zo steeds meer een samenwerkingsrelatie. Van Staveren (2016) citeert een patiënt die haar vertelde: 'Ik vind het wel fijn als een hulpverlener iets over zichzelf vertelt. Je voelt je dan minder patiënt. Het is gelijkwaardiger.'
Al deze veranderingen hebben gevolgen voor de manier waarop de multidisciplinaire samenwerking vorm en inhoud krijgt. Een regieversterkende en op de samenwerkingsrelatie met de cliënt gerichte werkwijze sluit bij uitstek aan bij basishouding en competenties van psychologen. Voor de psycholoog in de ouderenzorg liggen hier kansen om zich als discipline binnen het samenwerkingsproces verder te profileren en zijn specifieke deskundigheid in te zetten.

2 Samenwerking tussen disciplines

Ouderenzorg wordt al jaren getypeerd als multidisciplinaire zorg: zorg waarbij verschillende hulpverleners, met uiteenlopende wetenschappelijke of professionele competenties, samenwerken ten behoeve van de cliënt. Deze opvatting is te vinden bij de beroepsgroep van psychologen (NIP, 2016), Actiz, de brancheorganisatie voor ouderenzorg (Arcares, 2004) en bij andere beroepsgroepen, zoals artsen (Robben, 2002; Verenso, 2015; Helle & Knuiman, 2004). Multidisciplinaire zorg is niet een willekeurig ontstane werkwijze, maar vindt zijn oorsprong en rechtvaardiging in de veelal complexe problemen van de oudere cliënt.
Een oudere die bijvoorbeeld getroffen wordt door een ernstige beroerte, heeft meestal niet alleen lichamelijke problemen, zoals verlammingen en pijn, maar ook neuropsychologische stoornissen of een verstoorde stemming. Vaak heeft deze persoon zoveel zorg nodig dat een opname noodzakelijk is, al was het maar voor een revalidatieperiode. Het perspectief op herstel en terugkeer naar huis is onzeker. Dit alles brengt ook spanning mee in de relaties van de betrokken cliënt. Deze samengestelde problemen zijn zo ingrijpend, dat hulpverleners met verschillende deskundigheden gewenst zijn om adequaat zorg te bieden. Deze verschillende deskundigheden moeten zodanig op elkaar afgestemd worden dat de cliënt er optimaal van kan profiteren en dat er efficiënt gewerkt kan worden. Leidend hierbij is datgene wat voor de oudere zelf van belang is.

2.1 Multidisciplinair of interdisciplinair?
In de literatuur wordt onderscheid gemaakt tussen multidisciplinair en interdisciplinair werkende teams (Miller & Toner, 1991; Zeiss & Steffen, 1996). Zeiss en Steffen omschrijven multidisciplinaire teams als teams waarvan de leden uit verschillende disciplines afkomstig zijn, maar onafhankelijk van elkaar diagnoses stellen, behandelingen uitvoeren en evalueren. Zij komen

alleen bij elkaar om informatie uit te wisselen. Er is geen gemeenschappelijk plan; hooguit gebruikt men de informatie die men van een andere professional ontvangt voor de uitwerking van eigen behandeldoelen en beoordeling.

Interdisciplinaire teams zijn teams waarin eveneens verschillende disciplines zijn vertegenwoordigd, maar die nauw samenwerken in de diagnosestelling, het zorg- of behandelplan en de evaluatie. Teamleden volgen hun eigen diagnostische procedures, maar stemmen deze wel op elkaar af om herhalingen of vermijdbare belasting voor de cliënt te voorkomen. Rubenstein (1997, p. 77) spreekt in dit verband van een *comprehensive geriatric assessment* (CGA):

> 'CGA is a multidimensional usually interdisciplinary diagnostic process intended to determine a frail elderly person's medical, psychosocial and functional capabilities and problems in order to develop an overall plan for treatment and long-term follow-up. [...] By incorporating multidisciplinary perspectives into a systematic assessment, CGA helps to evaluate the "whole patient".'

De aldus verkregen informatie wordt allereerst besproken met de cliënt en daarna gedeeld en besproken met de andere disciplines om een samenhangend beeld van de situatie van de cliënt op te bouwen. Daarna worden er met de cliënt of diens vertegenwoordiger gezamenlijk behandel- en zorgdoelen geformuleerd. De verschillende teamleden stellen hun interventies op deze doelen af. De evaluatie gebeurt ook gemeenschappelijk en zo nodig worden de doelen bijgesteld. De teamleden dragen zelf de verantwoordelijkheid voor hun samenwerking en de uitkomsten daarvan voor de cliënten.

In Nederlandse gezondheidszorgorganisaties worden beide termen doorgaans als synoniem gehanteerd. Vaak gebruikt men het woord multidisciplinaire samenwerking voor de vorm van samenwerking, die in de literatuur interdisciplinair wordt genoemd. Hertogh (1997) ziet dat in de praktijk van de hulpverlening veelal de term multidisciplinariteit wordt gebruikt, terwijl in het wetenschappelijk onderzoek en de wetenschapsfilosofie de term interdisciplinariteit prevaleert. Hertogh (1997, p. 141) komt na een kritische bespreking van het begrip multidisciplinariteit tot de volgende conclusie.

> 'Samenvattend kan gesteld worden dat multidisciplinaire samenwerking in de zorg voor patiënten met complexe, samengestelde gezondheidsproblemen praktisch noodzakelijk is vanwege de arbeidsdeling en specialisatie over diverse beroepsgroepen en disciplines verdeelde deskundigheid. Hoewel een helder en eensluidend concept van multidisciplinariteit ontbreekt, kunnen aan deze vorm van samenwerking de volgende twee aspecten worden onderscheiden.
> 1 Een interdisciplinair aspect: het betreft ten dele samenwerking tussen vertegenwoordigers van wetenschapsgebieden met onderling verschillende theoretische uitgangspunten en werkwijze.
> 2 Een interprofessioneel aspect: het betreft ook een samenwerking tussen beroepsgroepen die (deels binnen een gemeenschappelijk paradigma) verschillen in praktische deskundigheid, verantwoordelijkheid en autonomie.'

Het is belangrijk om deze verschillen in het achterhoofd te houden bij het uitwerken van een structuur waarbij de verschillende beroepsbeoefenaren hun bijdrage aan de zorg leveren. Als al te egaliserend over de multidisciplinaire samenwerking wordt gesproken, bijvoorbeeld door te stellen: 'Wij werken op basis van consensus' of: 'Het team beslist', dan miskent men de verschillen, die er wel degelijk zijn en die er ook moeten zijn om een beroep te kunnen doen op ieders specifieke deskundigheid. Multidisciplinaire samenwerking betekent juist dat iedere discipline iets specifieks en eigens heeft in te brengen ten behoeve van de behandeling van de cliënt. Uiteraard zijn de problemen niet in alle gevallen complex of meervoudig. Een oudere die zich met depressieve klachten tot de ambulante geestelijke gezondheidszorg wendt, zal meestal genoeg hebben aan één bekwame psychotherapeut, mits er geen somatische problemen zijn. Maar zelfs dan zal dikwijls bij een bespreking van de intake in teamverband de rapportage van de intaker vanuit verschillende perspectieven bekeken worden.

In grote lijnen kan worden gesteld dat de mate van multidisciplinair samenwerken toeneemt naarmate de onderhavige problemen complexer zijn en meerdere terreinen van het functioneren van de cliënt betreft. Om die reden is deze werkwijze ook sterker ontwikkeld bij de intramurale vormen van ouderenzorg, evenals bij de intramurale psychiatrie voor jongere leeftijdsgroepen en de zorg voor mensen met een verstandelijke handicap. Overigens zijn ook de condities voor deze vorm van samenwerking, zoals één centrale aansturing en vergelijkbare arbeidsvoorwaarden, in de intramurale wereld eenvoudiger tot stand te brengen dan daarbuiten. Echter door het overheidsbeleid om ouderen langer in hun thuissituatie de zorg te geven die zij nodig hebben, neemt ook de behoefte aan multidisciplinaire samenwerking in de eerste lijn toe.

De overheid (Zorginstituut Nederland, 2015) probeert zicht te krijgen op de zorgbehoefte in 2030. Daarbij wordt uitgegaan van zorg, die mensen in staat stelt om zoveel mogelijk zelfstandig en in hun eigen leefomgeving te kunnen functioneren. Daarbij staat niet de ziekte of aandoening centraal, maar het functioneren, de veerkracht en de eigen regie van de burger. Om aan de zorgvraag tegemoet te komen wordt voorgesteld om zorgarrangementen te ontwikkelen, die uitgevoerd zullen worden door multidisciplinair samengestelde en samenwerkende teams. Deze teams zullen bestaan uit zorgprofessionals die tezamen beschikken over de bekwaamheden die nodig zijn om het functioneren te herstellen of te bevorderen. De burger (let op deze typering!) maakt deel uit van dit team en voert, indien mogelijk, zelf de regie. De teams worden samengesteld op basis van de zorgvraag en kunnen dus wisselen van samenstelling of locatie. De meeste zorgprofessionals zullen generalistisch zijn en zich begeven op verschillende werkvelden; een kleiner deel zal zich primair richten op hoogcomplexe zorg en behandeling. Onder deze laatste groep professionals zullen zich zeker psychologen bevinden. In deze visie zal multidisciplinair werken eerder regel dan uitzondering zijn.

2.2 Behandelplannen

De multidisciplinaire samenwerking is meestal georganiseerd rond de individuele behandelplannen, die door en voor de cliënt worden opgesteld (Hertogh, 1997; Andreoli, 2000; Van Oorsouw, 2003; Verenso, 2015; NIP, 2016). In de praktijk worden in de verschillende werkvelden waar ouderen behandeld worden, verschillende termen gehanteerd. We kiezen hier voor de term behandelplan als een algemene aanduiding van het plan waarin de bijdragen van de diverse hulpverleners, onder wie de psycholoog, beschreven staat.

De visie dat werken met behandelplannen de standaard is voor goede zorg in de ouderenzorg wordt algemeen geaccepteerd. Een behandelplan geeft aan welke zorg door de diverse disciplines met de cliënt is afgesproken. Een dergelijk plan speelt een centrale rol in het overleg met de cliënt. Deze heeft er volgens de Wet op de Geneeskundige Behandelingsovereenkomst (WGBO) recht op goed geïnformeerd te worden over zijn eigen problemen zoals die door de hulpverleners worden beoordeeld, en over de behandelmogelijkheden. Verder moet hij instemmen met de voorgestelde behandelingen en zorg, voordat ze uitgevoerd mogen worden. Een cliënt dient dus zijn instemming te verlenen aan het behandelplan. Dit geldt uiteraard het duidelijkst als de cliënt gezien wordt als de eigenaar van het behandelplan.

Het behandelplan vervult daarnaast ook een belangrijke functie voor de samenwerkende disciplines. Iedere professional kan lezen hoe zijn werkzaamheden zich verhouden ten opzichte van de activiteiten van andere betrokken hulpverleners. Hij ziet welke doelen beoogd worden en wanneer er weer geëvalueerd wordt. In die zin kan het behandelplan ook gezien worden als het werklijstje van de zorgverleners. Verder kunnen invallers snel achterhalen wat van hen verlangd wordt en binnen welke context zij werken.

2.3 Coördinatie en taakverdeling

Met de groei van het multidisciplinaire werken neemt ook de behoefte en noodzaak van het structureren van deze samenwerking toe. In 2010 heeft een werkgroep bestaande uit leden van verschillende beroepsverenigingen, waaronder het NIP, zich over deze vragen gebogen en een handreiking opgesteld: de Handreiking Verantwoordelijkheidsverdeling bij samenwerking in de zorg (KNMG, 2010). Hierin staan dertien aandachtspunten geformuleerd (zie kader).

> **Samenwerking in de zorg, 13 aandachtspunten**
>
> 1 Voor de cliënt is te allen tijde duidelijk wie van de betrokken zorgverleners het aanspreekpunt is voor vragen van de cliënt of diens vertegenwoordiger; de inhoudelijke (eind)verantwoordelijkheid heeft voor de zorgverlening aan de cliënt; belast is met de coördinatie van de zorgverlening aan de cliënt (zorgcoördinator). Het is van belang dat deze drie taken over zo weinig mogelijk zorgverleners worden verdeeld. Zo mogelijk zijn deze taken in één hand.
> 2 Alle bij de samenwerking betrokken zorgverleners beschikken zo nodig over een gezamenlijk en up-to-date zorg- of behandelplan betreffende de cliënt.
> 3 Gegarandeerd wordt dat de rechten van de cliënt, zoals deze voortvloeien uit wetgeving en rechtspraak, op de juiste wijze worden nagekomen. Waar nodig worden afspraken gemaakt om te vergemakkelijken dat de cliënt de hem toekomende rechten kan uitoefenen.
> 4 Een zorgverlener die deelneemt in een samenwerkingstraject vergewist zich ervan dat hij/zij beschikt over relevante gegevens van collega's en informeert collega's over gegevens en bevindingen die zij nodig hebben om verantwoorde zorg te kunnen verlenen.
> 5 Relevante gegevens worden aangetekend in een dossier betreffende de cliënt. Bij voorkeur is dit een geïntegreerd dossier, dat door alle bij de samenwerking betrokken zorgverleners kan worden geraadpleegd en aangevuld. Zo niet, dan worden afspraken gemaakt over de wijze waarop samenwerkingspartners relevante informatie uit een dossier kunnen verkrijgen.
> 6 Zorgverleners die deelnemen aan een samenwerkingsverband maken duidelijke afspraken over de verdeling van taken en verantwoordelijkheden met betrekking tot de zorgverlening aan de cliënt.
> 7 Zorgverleners die deelnemen aan een samenwerkingsverband zijn alert op de grenzen van de eigen mogelijkheden en deskundigheid en verwijzen zo nodig tijdig door naar een andere zorgverlener. Zij zijn op de hoogte van de kerncompetenties van de andere betrokken zorgverleners.
> 8 In gevallen waarin tussen zorgverleners een opdrachtrelatie bestaat, geeft de opdrachtgevende zorgverlener voldoende instructies met betrekking tot de zorgverlening aan de cliënt.
> 9 Overdracht van taken en verantwoordelijkheden vindt expliciet plaats. Bij de inrichting van overdrachtsmomenten is van belang om zowel rekening te houden met bij overdrachtssituaties in het algemeen veel voorkomende risico's als met eventuele specifieke kenmerken van de cliëntsituatie.

10 Waar nodig voor een goede zorgverlening wordt in situaties van samenwerking in de zorg voorzien in controlemomenten (overleg, evaluatie).
11 De cliënt of diens vertegenwoordiger wordt intensief betrokken bij de ontwikkeling en uitvoering van het zorg- of behandelplan. De eigen verantwoordelijkheid van de cliënt in relatie tot het zorgproces wordt zoveel mogelijk gestimuleerd. Elke zorgverlener bespreekt met de cliënt ook diens ervaringen met het samenwerkingsverband.
12 Afspraken die door samenwerkingspartners worden gemaakt over de aard en inrichting van de samenwerking en over ieders betrokkenheid worden schriftelijk vastgelegd.
13 Voor incidenten (waaronder begrepen fouten) geldt het volgende:
   - tegenover de cliënt wordt over incidenten openheid betracht;
   - incidenten worden gemeld op een binnen het samenwerkingsverband afgesproken centraal punt;
   - een aan het samenwerkingsverband deelnemende zorgverlener die in de ogen van een of meer collega's niet voldoet aan de normen voor verantwoorde zorg, wordt door hen daarop aangesproken.

Bron: Handreiking Verantwoordelijkheidsverdeling bij samenwerking in de zorg (KNMG, 2010)

Rijksen (2014) constateert dat de implementatie van deze aandachtspunten nog te wensen overlaat. Hij doet de suggestie om verschillende 'vertaalversies' te maken gericht op de verschillende beroepsgroepen. Ook wijst hij erop dat samenwerking alleen kan slagen als men elkaars expertise erkent. In dit licht is het opmerkelijk dat de in de nota van de beroepsvereniging van specialisten ouderengeneeskunde, Verenso (2015), de bijdragen van andere disciplines als opdrachten van de specialist ouderengeneeskunde getypeerd worden. In hun opvatting staat de arts centraal. In de meeste organisaties voor verpleeghuiszorg gaat het er echter zo niet aan toe en wordt dit ook niet als wenselijk gezien.

De regiebehandelaar

Naast de behoefte aan duidelijkheid voor de cliënt bestaat ook bij de zorgverleners onderling behoefte aan afstemming. In dit verband wordt vaak het begrip hoofdbehandelaar gehanteerd. In de praktijk is echter niet altijd duidelijk wat de taak van een hoofdbehandelaar precies zou moeten inhouden. De minister van vws heeft daarom een commissie ingesteld, de commissie Hoofdbehandelaarschap GGZ, ook wel de commissie-Meurs genoemd, naar de voorzitter prof. dr. P.L. Meurs, om met voorstellen te komen voor een toetsbare norm voor de inhoud van het hoofdbehandelaarschap binnen de (generalistische basis- en de gespecialiseerde) ggz (commissie Hoofdbehandelaarschap GGZ, 2015).

De commissie stelt dat het begrip hoofdbehandelaar aanvankelijk gebruikt werd om de zorgverlener aan te duiden, die de inhoudelijke verantwoordelijkheid had over het totale zorgproces van een patiënt. Maar door de toename van het multidisciplinaire werken is er een overgang gekomen van een primair op de inhoud naar een primair op regie en coördinatie gericht hoofdbehandelaarschap. Deze overgang wordt onderbouwd door een beschrijving van ontwikkelingen in de medische wereld, wetgeving, kwaliteitsdenken en het opkomen van nieuwe zorgprofessionals. De commissie adviseert om liever te spreken over een regiebehandelaar. Dit woord drukt beter uit dat de essentie van het hoofdbehandelaarschap gevormd wordt door de regiefunctie en brengt tevens tot uitdrukking dat de regiebehandelaar een substantieel aandeel in de behandeling van de patiënt en niet louter een managementfunctie heeft. De commissie geeft ook duidelijkheid over het takenpakket van de regiebehandelaar (zie kader).

Het takenpakket van de regiebehandelaar
De regiebehandelaar:
- zorgt ervoor dat op basis van een werkdiagnose een behandelplan wordt opgesteld, zoveel mogelijk in overleg met de patiënt en/of diens vertegenwoordiger;
- zorgt ervoor dat het behandelplan wordt vastgesteld in een overleg met alle disciplines die een aandeel nemen in de uitvoering van het behandelplan;
- staat er garant voor dat alle teamleden over voldoende deskundigheid beschikken voor het uitvoeren van hun aandeel in het zorgtraject;
- ziet erop toe dat alle relevante deskundigheden worden benut en neemt (controversiële) beslissingen niet eerder dan nadat alle betrokken inhoudelijke deskundigen zijn geconsulteerd;
- schept de benodigde voorwaarden voor een verantwoorde uitvoering van het behandelplan;
- initieert de uitvoering van het behandelplan en bewaakt de voortgang; stuurt andere betrokken zorgverleners aan; toetst of de door hen geleverde bijdragen aan de behandeling van de patiënt met elkaar in verhouding zijn en passen binnen het behandelplan en intervenieert zo nodig;
- evalueert (periodiek) de voortgang van het proces en de effectiviteit;
- ziet erop toe dat in alle fasen van het behandeltraject dossiervoering plaatsvindt die voldoet aan de daaraan te stellen eisen;
- is aanspeekpunt voor de patiënt, diens naasten en eventuele wettelijke vertegenwoordiger;
- is beschikbaar en bereikbaar.

Bron: commissie Hoofdbehandelaarschap (GGZ, 2015).

Welke zorgverlener is de regiebehandelaar?

Gegeven de eis van beschikbaarheid kan de regiebehandelaar per fase van het behandelingstraject wisselen. Uitgangspunt dient steeds te zijn: regiebehandelaar is de behandelaar die het meest geëigend is, gegeven de zorgvraag en voorkeur van de cliënt, de voorgeschreven behandeling en de fase van het behandelingstraject. In beginsel komt elke professionele discipline in aanmerking om de functie van regiebehandelaar te vervullen, mits deze een – gegeven de aard van de zorgvraag – relevante inhoudelijke deskundigheid bezit en overigens in beginsel is voldaan aan de volgende voorwaarden:
- academische opleiding, die onderworpen is aan een systeem van (her)accreditatie en voorziet in gerichte bij- en nascholing;
- BIG-registratie;
- relevante werkervaring;
- periodieke deelname aan een vorm van intervisie en intercollegiale toetsing.

Het is duidelijk dat BIG-geregistreerde psychologen, als zij ook aan de overige voorwaarden voldoen, de rol van regiebehandelaar kunnen invullen. Voor een aantal psychologen zal dat geen nieuwe rol zijn. Zonder dat de titel van regiebehandelaar gebruikt wordt heeft een deel van de psychologen al een dergelijke taak op zich genomen.
Hoewel deze voorstellen ontwikkeld zijn met de ggz in gedachten sluiten ze ook heel goed aan bij de huidige praktijk in andere delen van de ouderenzorg. De minister heeft bekendgemaakt achter deze voorstellen te staan.

2.4 Multidisciplinair teamoverleg

De samenwerking tussen de disciplines komt bij uitstek naar voren in het multidisciplinair teamoverleg. In sommige ggz-instellingen schuift ook een ervaringsdeskundige bij dit overleg aan. In dit overleg komt de voortgang van het werken aan het behandelplan ter sprake. Zo nodig wordt het plan bijgesteld. Zowel voor als na dit overleg wordt uitvoerig contact met de cliënt of diens vertegenwoordiger onderhouden. Veel instellingen kiezen ervoor om de cliënt ook bij het teamoverleg uit te nodigen. Dit wordt vaak beargumenteerd als een vorm van emancipatie van de cliënt. Waarom over iemand spreken als hij er zelf bij kan zijn? Anderen besluiten om het overleg tussen de disciplines en het overleg met de cliënt te scheiden. Zij leggen de nadruk op de verschillen in communicatie. Het spreken met een cliënt vereist dat tempo en woordkeus op hem worden afgestemd. Ook is men alert op de emotionele kanten van het besprokene. Hulpverleners onder elkaar praten sneller, zakelijker en vaak met gebruik van vaktermen en afkortingen.

Hoewel in de basis-ggz verschillende zorgverleners zich inzetten voor dezelfde cliënt vindt daar als regel geen multidisciplinair overleg plaats. De onderlinge afstemming vindt daar meestal ad hoc plaats.

3 De psycholoog in het multidisciplinaire team

De psycholoog in de hulpverlening aan ouderen is bij uitstek een teamspeler. Hij stemt niet alleen zijn eigen activiteiten af op die van anderen, maar is actief in de ondersteuning van andere disciplines bij de uitvoering van hun taken en verantwoordelijkheden, zoals verpleegkundigen en verzorgenden.

De functie van de gezondheidszorgpsycholoog is in wettelijk opzicht gebaseerd op de Wet op de beroepen in de individuele gezondheidszorg (Wet BIG). Deze wet onderscheidt een aantal basisberoepen in de gezondheidszorg, zoals de apotheker, de arts, de fysiotherapeut, de psychotherapeut, de tandarts, de verloskundige, de verpleegkundige en dus ook de gezondheidszorgpsycholoog. De overheid houdt een register bij van de ingeschreven beroepsbeoefenaren. Deze registratie is bedoeld als een toets op de kwaliteit van de deskundigheid van de diverse hulpverleners. Komt een cliënt in aanraking met een van de beroepsbeoefenaren, dan kan hij op de site www.bigregister.nl nagaan of de betrokken hulpverlener daadwerkelijk is ingeschreven en dus bevoegd is om zijn beroep uit te oefenen. De Wet BIG onderscheidt daarnaast twee specialismen van de gezondheidszorgpsycholoog: de klinisch psycholoog en de klinisch neuropsycholoog. Beide specialismen komen voor in de ouderenzorg.

De fundering van de functie van gezondheidszorgpsycholoog in de Wet BIG verleent de psycholoog een eigen verantwoordelijkheid voor zijn activiteiten. Hij dient zelf te zorgen dat hij zijn werkzaamheden verricht naar de stand van zaken in de psychologie als wetenschap, in overeenstemming met de (ethische) normen en richtlijnen van zijn beroepsgroep en ten dienste van het welzijn van zijn cliënten. Deze verantwoordelijkheid wordt omschreven als de professionele autonomie van de psycholoog.

Ten behoeve van de organisaties waarbinnen psychologen werkzaam zijn is deze positie omschreven in een zogenoemd professioneel statuut (zie volgend kader). Dit statuut beoogt aan te geven hoe de professionele autonomie van de psycholoog in een organisatie ingepast kan worden.

Professioneel statuut gezondheidszorgpsychologen

Artikel 1 [Begripsomschrijvingen]

Artikel 2
1 De gezondheidszorgpsycholoog verbindt zich de (deeltijd)klinische en poliklinische patiënten die zich aan zijn zorg toevertrouwen respectievelijk op de gebruikelijke wijze aan zijn zorg worden toevertrouwd, te behandelen. In voorkomende gevallen doet hij dit in teamverband met andere gezondheidszorgpsychologen, klinisch psychologen en andere beroepsbeoefenaren.
2 Indien de gezondheidszorgpsycholoog het professioneel niet verantwoord acht de behandeling van een patiënt op zich te nemen, of een aangevangen behandeling voort te zetten, treft hij maatregelen teneinde een andere behandeling mogelijk te maken, de continuïteit van de behandeling te waarborgen, dan wel voor een andere wijze voor de opvang van de patiënt te zorgen.
3 Indien andere professionele medewerkers in de gezondheidszorg rechtstreeks zijn betrokken bij de actuele behandeling van de patiënt, verstrekt de gezondheidszorgpsycholoog aan hen informatie voor zover die verstrekking noodzakelijk is voor de door hen in dat kader te verrichten werkzaamheden.

Artikel 3
1 De behandeling van patiënten geschiedt door de gezondheidszorgpsycholoog onder zijn professionele verantwoordelijkheid.
2 Met inachtneming van de onzekerheden die de uitoefening van zijn beroep meebrengt, zal de gezondheidszorgpsycholoog de patiënt op voor hem begrijpelijke wijze (blijven) informeren omtrent diagnose, therapie, daaraan verbonden risico's, andere behandelmogelijkheden en prognose. Deze informatie zal desgevraagd schriftelijk worden gegeven.
3 De gezondheidszorgpsycholoog geeft waar nodig en mogelijk informatie en adviezen aan andere beroepsbeoefenaren die bij de behandeling betrokken zijn.

Artikel 4
1 De gezondheidszorgpsycholoog verplicht zich mee te werken aan interdisciplinaire samenwerking en kwaliteitsbewaking op de in de instelling gebruikelijke wijze.
2 De gezondheidszorgpsycholoog verplicht zich tot intercollegiale toetsing, gebaseerd op daartoe opgestelde normen.

Artikel 5
De gezondheidszorgpsycholoog is verplicht zich bij de uitoefening van zijn werkzaamheden te gedragen naar de aanwijzingen door of vanwege de werkgever gegeven ter bevordering van de orde en goede gang van zaken in de instelling. Mochten de bedoelde aanwijzingen door de gezondheidszorgpsycholoog als een ernstige belemmering van zijn professioneel of beroepsethisch handelen worden ervaren, dan zal hij zorgvuldig gebruikmaken van de in de instelling bestaande overlegprocedures.

Artikel 6
De gezondheidszorgpsycholoog kan in goed overleg met de werkgever opleidingsbevoegdheid in het kader van de postdoctorale opleiding tot gezondheidszorgpsycholoog aanvragen.
Indien hij de opleidingsbevoegdheid verkrijgt, zal met inachtneming van de mogelijkheden van de instelling het opleiden van gezondheidszorgpsychologen conform de opleidingseisen een onderdeel van de werkzaamheden zijn.

Artikel 7
De gezondheidszorgpsycholoog is gehouden voor iedere door hem te behandelen patiënt op de in de instelling gebruikelijke wijze een dossier, waaronder ook begrepen de audiovisuele en geautomatiseerde registraties, op te maken en bij te houden. Het dossier bevat zodanige gegevens, dat daaruit blijkt wat het doel was van de behandeling en hoe het verloop en de afronding hebben plaatsgevonden.

Artikel 8
1 De gezondheidszorgpsycholoog verplicht zich mee te werken aan maatregelen die ertoe strekken fouten en ongevallen binnen de instelling waarbinnen de gezondheidszorgpsycholoog werkzaam is te voorkomen.
2 De gezondheidszorgpsycholoog verplicht zich te handelen overeenkomstig de in de instelling geldende richtlijnen met betrekking tot de melding en verdere procedures rond fouten, (bijna-)ongevallen en klachten.

Artikel 9
De werkgever stelt de gezondheidszorgpsycholoog in staat maatregelen te treffen opdat bij afwezigheid van de gezondheidszorgpsycholoog wegens vakantie, buitengewoon verlof of ziekte, of na beëindiging van het dienstverband, de continuïteit van de behandeling/verzorging van patiënten, die aan de zorg van de gezondheidszorgpsycholoog zijn toevertrouwd, wordt gewaarborgd.

Artikel 10
Het is in het belang van de behandeling, c.q. beroepsuitoefening door de gezondheidszorgpsycholoog, dat deze regelmatig zijn kennis en vaardigheden op peil houdt dan wel uitbreidt tot het niveau dat voor een goed professioneel functioneren gewenst is en daartoe in de gelegenheid wordt gesteld binnen het raam van de mogelijkheden van de instelling.

Deze professionele zelfstandigheid betekent dat de psycholoog zelf moet beoordelen of hij een vraag die aan hem gesteld wordt als psycholoog kan beantwoorden. In dat opzicht kan en mag hij zich niet verschuilen achter een verwijzer of een opdracht van zijn leidinggevende. De professionele, wettelijke zelfstandigheid moet echter wel onderscheiden worden van de organisatorische of hiërarchische aspecten. De meeste psychologen in de hulpverlening aan ouderen werken nu eenmaal in een organisatie. Hun werk is daarom ingebed in het zorgproces, zoals dat geregeld is in de instelling. Deze inbedding omvat meestal ook regels over de wijze waarop de psycholoog met cliënten te maken krijgt, bijvoorbeeld structureel bij elke nieuwe opname, of incidenteel op verzoek van een arts, andere disciplines of rechtstreeks op verzoek van de cliënt. Een verwijzing door een andere discipline doet niets af aan de eigen professionele verantwoordelijkheid van de psycholoog. Elke verwijzing wordt door de psycholoog beoordeeld. Is hij het niet eens met de verwijzing of meent hij dat een andere benadering van de problemen meer in het belang van de cliënt is, dan moet hij dit ter sprake brengen en zorgen dat datgene gedaan

kan worden wat naar zijn professionele oordeel het beste het belang van de cliënt dient.
Een voorbeeld: de specialist ouderengeneeskunde van een somatische afdeling van het verpleeghuis vraagt aan de psycholoog om een psychologisch onderzoek van een bewoner met het oog op een indicatie voor een overplaatsing naar een psychogeriatrische afdeling. De psycholoog zoekt contact met de arts en verzorgenden om de hulpvraag te verhelderen. Zij komt tot de conclusie dat het meer in het belang van deze bewoner is dat het verzorgend team wordt ondersteund in het omgaan met zijn gedrag. Met het unithoofd maakt zij een afspraak voor een overleg.

De psycholoog werkt vaak samen met medici, bijvoorbeeld de huisarts, specialist ouderengeneeskunde, neuroloog, klinisch geriater of psychiater, als het gaat om diagnostische vragen. Dit samenwerkingsaspect wordt ook beschreven in diverse richtlijnen, zoals de Richtlijn Diagnostiek en Behandeling van dementie (Nederlandse Vereniging voor Klinische Geriatrie: NVKG 2014), Revalidatie na een beroerte (Nederlandse Hartstichting, 2001) of het *Addendum ouderen bij de multidisciplinaire richtlijn angststoornissen* (Landelijke Stuurgroep, 2008). Alle recente en nog te ontwikkelen richtlijnen zijn tegenwoordig multidisciplinair van aard.

De psychodiagnostische inbreng van de psycholoog is vaak ook van belang voor de werkzaamheden van de paramedici, zoals de fysiotherapeut, de ergotherapeut en de logopedist. Zij zijn geïnteresseerd in de (neuro)psychologische beperkingen, die effect hebben op hun behandelingen. Maar ook hebben zij belang bij informatie over mogelijkheden van de cliënt, zoals over leervermogen of motivatie.

Met disciplines zoals het maatschappelijk werk, geestelijke verzorging en activiteitenbegeleiding en sociotherapeuten, wordt samengewerkt ten aanzien van psychosociale aspecten van het functioneren van de cliënt. Zij kunnen bijvoorbeeld belang hebben bij informatie over persoonlijkheidsaspecten, motivatie, levensfaseproblemen of de mogelijkheden voor systeemtherapeutische interventies.

Al deze informatie kan ook relevant zijn voor verpleegkundigen en verzorgenden. Met de verpleging en verzorging werkt de psycholoog samen vanuit twee verschillende perspectieven: bij mediatieve behandeling vanuit een cliëntenperspectief (zie hoofdstuk 17, Mediatieve cognitieve gedragstherapie) en bij begeleiding van verzorgende teams vanuit een medewerkersperspectief (zie hoofdstuk 24, Teambegeleiding). Bij mediatieve behandeling van de problemen van de cliënt heeft de psycholoog de verpleegkundige of verzorgende nodig om zodanig met het gedrag van de cliënt om te gaan dat diens situatie verbetert. De verpleging helpt in de uitvoering van een psychologische behandeling onder verantwoordelijkheid van de psycholoog. De doelen zijn hierbij geformuleerd in termen van gedrag van de cliënt en de inzet van de verpleegkundigen en verzorgenden is niet vrijblijvend.

Bij begeleiding van verzorgende teams gaat het primair om de professionele verzorgers. De verpleegkundigen en verzorgenden hebben – althans in de intramurale ouderenzorg – 24 uur per dag te maken met het gedrag van bewoners. Omdat gedragsproblemen vaak een van de hoofdfactoren vormen die tot een opname hebben geleid, is het hanteren van het gedrag vaak geen sinecure. De psycholoog als gedragswetenschapper kan hen daarbij ondersteunen door overleg, psycho-educatie en adviezen. Bij deze ondersteuning gaat het om doelen in termen van gedrag van de verpleegkundigen en verzorgenden. Zij blijven zelf verantwoordelijk voor wat zij doen met de ondersteuning van de psycholoog.

3.1 Organisatorische plaats van de psycholoog

Psychologen hebben op verschillende manieren een plaats in de ouderenzorgorganisaties. Een veelvoorkomende vorm is de psycholoog als lid van het multidisciplinaire team. De psycholoog wordt hierbij gezien als een van de behandelaren. Een andere functionaris vervult de regiefunctie. De psycholoog wordt op een afgesproken manier bij de zorg voor de diverse cliënten betrokken. Daarna levert hij zijn bijdrage in de lijn zoals hierboven beschreven. Als lid van het team participeert hij actief in het overleg en vraagt zich steeds af wat hij vanuit zijn psychologische deskundigheid kan bijdragen aan de totale zorg voor een cliënt. Vaak functioneert de psycholoog in nauwe samenwerking met de psychiater of de specialist ouderengeneeskunde, beide als academisch gevormde behandelaars. In sommige instellingen wordt hierbij gesproken van een kernteam, waarbij meestal ook iemand van de verplegingsdienst wordt betrokken.

De beroepsgroep acht het van belang dat de psycholoog volop als lid van het team kan functioneren (NIP, 2016). Ongewenst is de situatie dat de psycholoog alleen diagnostisch werk verricht, een rapport opstelt en dat inlevert bij de verwijzer. Deze werkwijze staat op gespannen voet met de Beroepscode 2015 van psychologen als het gaat om de mogelijkheden voor overleg met de cliënt zelf en de overige hulpverleners.

Een tweede vorm is de psycholoog die functioneel leidinggeeft aan het multidisciplinaire team. Deze organisatorische plaats werd meestal aangeduid met de term hoofdbehandelaar of behandelcoördinator. In de lijn van het rapport van de commissie-Meurs kan hier nu de term regiebehandelaar voor gebruikt worden. Hierbij draagt de psycholoog verantwoordelijkheid voor de taken zoals die in paragraaf 2.3 omschreven zijn. Deze functie vereist dat hij het hele zorgproces kan overzien, kennis heeft van de mogelijke bijdragen van anderen aan de zorg, en over communicatieve en samenwerkingsvaardigheden beschikt als onderhandelen en conflicthantering.

Een derde vorm is de psycholoog, die vooral een adviesfunctie heeft. We spreken van een consulentschap indien de psycholoog behandelaars en verzorgenden adviseert of coacht ten aanzien van individuele cliënten zonder zelf een behandelrelatie met de betreffende cliënt te hebben. De adviesfunctie kan ook breder worden ingevuld. Dan adviseert de psycholoog tevens ten aanzien van de structurering van het zorgproces in het algemeen. Een dergelijke positie vraagt generalistisch overzicht en tegelijkertijd een diepgaande gespecialiseerde kennis van de mogelijkheden van de klinische ouderenpsychologie. Ook kennis van de (regionale) gezondheidszorg en managementvraagstukken is hierbij van belang.

3.2 Overige rollen

Ook enkele overige belangrijke rollen van de psycholoog brengen specifieke samenwerkingsmomenten met zich mee (Vink & Falck, 2004). De psycholoog probeert niet alleen de problemen van de cliënt te verhelpen of te verlichten, maar zal ook proberen deze te voorkomen. Hij vervult daarmee een rol als preventiewerker (Geelen & Vink, 2004, zie ook hoofdstuk 15, Preventie). Er is veel kennis bijvoorbeeld van de risico's die een opname in een zorginstelling met zich meebrengt. Deze kennis kan helpen de overgang, zeker bij een definitieve verhuizing, gemakkelijker te maken en negatieve gevolgen, zoals depressieve klachten of eenzaamheid, te voorkomen. Omdat de meeste instellingen volgens een probleemgeoriënteerde methode werken, bestaat het risico dat de mogelijkheden tot preventie te weinig aandacht krijgen. Van de psycholoog mag hierin een actieve houding verwacht worden, zowel in het algemeen zorgbeleid als voor individuele cliënten. Dit vereist goede samenwerkingsrelaties om ook op dit vlak bepaalde maatregelen voor elkaar te krijgen.

De psycholoog beschikt over de nodige kennis die ook voor anderen nuttig kan zijn. Deze kennis zal hij in veel situaties met anderen willen delen. Dit plaatst hem – al dan niet formeel – in een docentenpositie (Geertsema, 2004, zie ook hoofdstuk 33, Deskundigheidsbevordering). In het kader van psycho-educatie zal hij veel voorlichting geven aan cliënten en familie. Ook in de ondersteuning van andere disciplines, mantelzorgers en vrijwilligers zal de psycholoog zijn kennis willen delen met als doel anderen zelfstandiger, assertiever of meer weerbaar te maken. Binnen teams zal hij regelmatig klinische lessen geven. Ook dit draagt bij aan verbetering van de zorg.

4 Competenties voor teamsamenwerking

Efficiënte en effectieve samenwerking in een team vraagt een aantal vaardigheden van de teamleden. Zeiss en Steffen (1996) noemen de volgende competenties: vaardigheden op het gebied van communicatie, rolontwikkeling, leiderschap, conflicthantering en de vaardigheid om te werken met disciplineoverstijgende concepten. Deze vaardigheden worden bij alle teamleden verondersteld. Omdat ze echter voor een groot deel ook expliciet een onderdeel zijn van de opleiding van de psychologen kan van hen hierin zeker een actieve rol worden verwacht. Hun kennis van de sociale psychologie, groepsdynamica, interpersoonlijke relaties en gedragsverandering zijn zeer bruikbaar in de samenwerking.

In de opleiding tot gezondheidszorgpsycholoog (Werkgroep Modernisering GZ-opleiding, 2012) worden competenties ontwikkeld waarmee de verschillende rollen en taken in de samenwerking kunnen worden vervuld (zie kader).

Compenties in de opleiding tot gezondheidszorgpsycholoog
De GZ-psycholoog draagt bij aan effectieve intra- en interdisciplinaire samenwerking en ketenzorg. Dit betekent dat hij of zij:
3.1.1 inter- en multidisciplinair samenwerkt, zo nodig en waar gebruikelijk in teamverband;
3.1.2 actief participeert en zich in teamoverleg profileert;
3.1.3 in het proces van psychologisch en/of pedagogisch handelen schriftelijk en/of mondeling met andere disciplines afstemt;
3.1.4 optimaal gebruikmaakt van expertise binnen de eigen organisatie;
3.1.5 gebruikmaakt van de sociale kaart.

De GZ-psycholoog past samenwerkingsvaardigheden doelgericht toe. Dit betekent dat hij of zij:
3.2.1 advies geeft aan collega's;
3.2.2 collega's consulteert;
3.2.3 casemanagement uitvoert/zorgcoördinatie verricht;
3.2.4 evenwichtig en constructief met conflictsituaties omgaat.

De GZ-psycholoog verwijst doelgericht op basis van een actueel inzicht in en de beschikbaarheid van de expertise van andere zorgverleners. Dit betekent dat hij of zij:
3.3.1 beoordeelt wanneer verwijzing naar een specialist of andere professional geïndiceerd is;
3.3.2 verwijzing en bijbehorende informatieoverdracht zorgvuldig tot stand brengt;
3.3.3 de verantwoordelijkheid neemt voor de continuïteit van de zorg voor de cliënt.

Bron: Werkgroep Modernisering GZ-opleiding, 2012

De meeste organisaties proberen om in het kader van het kwaliteitsbeleid systematisch aandacht te besteden aan het werken in teamverband. De meeste aandacht richt zich daarbij op de structurele aspecten, zoals het format van het zorg- of behandelplan, de verantwoordelijkheid voor verschillende aspecten van het zorgproces, de frequentie, duur en het tijdstip van overleg, de agenda en de keuze wie deelnemen aan het overleg als teamlid of voorzitter. Veel organisaties hebben deze stappen in het zorgproces op papier staan in de vorm van een protocol. Teamsamenwerking kent echter ook sociale en emotionele kanten. Zeiss en Steffen (1996) onderscheiden de volgende vier processen binnen de ontwikkeling van een geriatrisch team: *forming*, *storming*, *norming* en *performing*.

In een beginfase (forming) houdt de groep zich bezig met vragen als: wie doen allemaal mee, op wie richten we ons precies, hoe gaan we het aanpakken, wat betekent het om lid van deze groep te zijn, en wat kan ik doen als ik het ergens niet mee eens ben?

Na enige tijd komen verschilpunten bovendrijven (storming): over de wijze waarop plannen worden gemaakt, over ruimte voor verschillende persoonlijke stijlen, over hoe hard de gemaakte afspraken nu eigenlijk zijn, of over verschillende visies, bijvoorbeeld over de aanpak van depressie. Groepen moeten dergelijke verschillen het hoofd kunnen bieden om succesvol verder te kunnen.

Verschillen vragen om oplossingen en aanpassingen. Het team moet zich gaan bezighouden met het proces van samenwerking. Er worden afspraken (norming) gemaakt over de manier van samenwerken, bijvoorbeeld: meningsverschillen betekenen niet dat we elkaar niet als teamlid accepteren. Of: we overleggen net zo lang tot we consensus hebben bereikt.

Als al deze stappen goed verlopen leert het team steeds efficiënter en effectiever te werken (performing). Afspraken en werkwijze zijn helder. Men komt snel ter zake. Meningsverschillen worden zonder spanningen ter sprake gebracht en men komt snel tot goed onderbouwde zorg- of behandelplannen. De teamleden zullen het team ervaren als een prettige groep collega's. Nauta en Hammelburg (2014) beschrijven een aantal werkvormen, die van pas kunnen komen wanneer multidisciplinaire teams kritisch hun eigen functioneren onder de loep willen nemen. Aandacht voor de structuur van de samenwerking en aandacht voor het proces van samenwerken sluiten elkaar niet uit; integendeel, zij versterken elkaar. Het zijn twee zijden van de medaille van de multidisciplinaire samenwerking. Van de psycholoog kan verwacht worden dat hij besef heeft van de verschillende kanten van het teamgebeuren en daarom ook veel mogelijkheden tot interventies heeft. Samenwerken is nooit vanzelfsprekend. Het vereist actieve betrokkenheid.

Literatuur

Andreoli, P. (2000). Van zorgplan naar bloesemroute: De weg naar bestaansbevorderende zorg. *Denkbeeld, Tijdschrift voor Psychogeriatrie, 12*, 16-21.

Arcares (2004). *Professionele verantwoordelijkheid en verantwoorde zorg: Juridische aspecten van verantwoordelijkheidsverdeling tussen zorgaanbieder en professionals*. Utrecht: Arcares.

Commissie Hoofdbehandelaarschap GGZ. (2015). *Hoofdbehandelaarschap GGZ als noodgreep*. Den Haag: www.ggznieuws.nl/home/advies-commissie-meurs-hoofdbehandelaarschap-ggz-draait-niet-om-de-financien/.

Engbers-Kamp, H.J.M., & Sprudel, C. van (1993). *Model zorgplan verpleeghuiszorg*. Utrecht: NVVz.

Geelen, R., & Vink, M. (2004). De psycholoog als preventiewerker. In M.T. Vink & R.P. Falck (Red.), *Psychologie in de ouderenzorg: Een vak apart* (pp. 85-104). Houten: Bohn Stafleu van Loghum.

Geertsema, H. (2004). De psycholoog als docent. In M.T. Vink & R.P. Falck (Red.), *Psychologie in de ouderenzorg: Een vak apart*. Houten: Bohn Stafleu van Loghum.

Helle, R., & Knuiman, R.B.J. (2004). *Handreiking professionele verantwoordelijkheid van de verpleeghuisarts*. Utrecht: Nederlandse Vereniging van Verpleeghuisartsen.

Hertogh, C.M.P.M. (1997). *Functionele geriatrie: Probleemgerichte zorg voor chronisch zieke ouderen*. Maarssen: Elsevier/De Tijdstroom.

KNMG. (2010). *Handreiking verantwoordelijkheidsverdeling bij samenwerking in de zorg*. Utrecht: Koninklijke Nederlandsche Maatschappij tot bevordering der Geneeskunst.

Landelijke Stuurgroep Multidisciplinaire Richtlijnontwikkeling in de Geestelijke Gezondheidszorg. (2008). *Addendum ouderen bij de multidisciplinaire richtlijn angststoornissen*. Utrecht: Trimbos-instituut.

Miller, P.A., & Toner, J.A. (1991). The making of a geriatric team. In W.A. Myers (Ed.), *New techniques in the psychotherapy of older patients* (pp. 203-219). Washington: American Psychiatric Press.

Ministerie van VWS. (2015). *Waardigheid en trots, liefdevolle zorg voor onze ouderen: Plan van aanpak kwaliteit verpleeghuizen* [Uitwerking kwaliteitsbrief ouderenzorg]. Den Haag: ministerie van Volksgezondheid, Welzijn en Sport. Raadpleegbaar via: www.rijksoverheid.nl/documenten/rapporten/2015/02/10/waardigheid-en-trots-liefdevolle-zorg-voor-onze-ouderen.

Nauta, N., & Hammelburg, R. (2014). Werkvormen voor multidisciplinaire bijeenkomsten. In R. Hammelburg, W.J. Lubbers & N. Nauta (Red.), *Veranderende samenwerking in de zorg* (pp. 121-125). Houten: Bohn Stafleu van Loghum.

Nederlandse Hartstichting. (2001). *Revalidatie na een beroerte: Richtlijnen en aanbevelingen voor zorgverleners*. Den Haag: Nederlandse Hartstichting.

NIP. (2016). *De psycholoog in de veranderende verpleeghuiszorg*. Utrecht: Sectie Psychologen in de Ouderenzorg NIP.

NVKG. (2014). *Richtlijn diagnostiek en behandeling van dementie*. Utrecht: Nederlandse Vereniging voor Klinische Geriatrie.

Oorsouw, J. van. (2003). Zorgplannen, orde in de chaos. In B. Miesen, M. Allewijn, C. Hertogh, F. de Groot & M. van Wetten (Red.), *Leidraad psychogeriatrie, deel B/C* (pp. 570-593). Houten: Bohn Stafleu van Loghum.

Rijksen, P. (2014). DE KNMG-Handreiking Verantwoordelijkheidsverdeling bij samenwerking in de zorg. In R. Hammelburg, W.J. Lubbers & N. Nauta (Red.), *Veranderende samenwerking in de zorg* (pp. 77-82). Houten: Bohn Stafleu van Loghum.

Robben, P. (2002). *Kwartet voor ouderen: Ontstaan en ontwikkeling van de medische beroepen in de ouderenzorg*. Houten: Bohn Stafleu van Loghum.

Rubenstein, L.Z. (1997). Context of care. In C.K. Cassel, H.J. Cohen e.a. (Eds.), *Geriatric medicine* (3rd ed., pp. 73-80). New York: Springer.

Staveren, R. van. (2016). *Hart voor de GGZ. Werken met compassie in een nieuwe ggz*. Utrecht: De Tijdstroom.

Verenso. (2015). *Handreiking Multidisciplinair overleg (MDO)*. Utrecht: Verenso. Raadpleegbaar via: www.verenso.nl/wat-doen-wij/vakinhoudelijke-producten/handreikingen/mulditd/#.VfAp69LtlBc.

Vink, M.T., & Falck, R.P. (2004). *Psychologie in de ouderenzorg: Een vak apart*. Houten: Bohn Stafleu van Loghum.

Werkgroep Modernisering GZ-opleiding. (2012). *Opleidingsplan GZ-psycholoog*. Raadpleegbaar via: www.psynip.nl/scrivo/asset.php?id=1070421.

Zeiss, A.M., & Steffen, A.M. (1996). Interdisciplinary health care teams: The basic unit of geriatric care. In L. Carstensen, B.A. Edelstein & L. Dornbrand (Eds.), *The practical handbook of clinical geropsychology* (pp. 423-450). Thousand Oaks, CA: Sage.

Zorginstituut Nederland. (2015). *Naar nieuwe zorg en zorgberoepen: de contouren*. Amsterdam: Zorginstituut Nederland. Raadpleegbaar via: www.zorginstituutnederland.nl/beroepen+en+opleidingen/naar+nieuwe+zorg+en+zorgberoepen+-+de+contouren.

Personalia

Drs. Maritza Allewijn, gezondheidszorgpsycholoog, directeur PgD Psychologische expertise voor de ouderenzorg, en werkzaam bij Rijnhoven Harmelen.

Prof.dr. Bas van Alphen, bijzonder hoogleraar klinische ouderenpsychologie Vrije Universiteit Brussel, programmaleider en gezondheidszorgpsycholoog bij GGz Mondriaan Ouderen, Heerlen-Maastricht.

Drs. Iris van Asch, psycholoog en onderzoeker, programma ouderen, Trimbos-instituut, Utrecht.

Prof.dr. Paul A. Boelen, hoogleraar klinische psychologie Universiteit Utrecht en Arq Psychotrauma Expert Groep, klinisch psycholoog/psychotherapeut en wetenschappelijk directeur Ambulatorium, faculteit sociale wetenschappen, Universiteit Utrecht.

Prof.dr. Ernst Bohlmeijer, psycholoog en hoogleraar geestelijke gezondheidsbevordering, Universiteit Twente, Enschede.

Drs. Corgé Borghouts, gezondheidszorgpsycholoog, cognitief gedragstherapeut en supervisor VGCT, Novicare, docent RINO Noord-Holland.

Prof.dr. Jan van den Bout, klinisch psycholoog/psychotherapeut, emeritus hoogleraar klinische psychologie, Universiteit Utrecht.

Prof.dr. Marjolein Broese van Groenou, socioloog, hoogleraar informele zorg, Vrije Universiteit Amsterdam.

Dr. Hans Cladder, gezondheidszorgpsycholoog, psychotherapeut en gedragstherapeut, privépraktijk, Bilthoven, docent PAO, Driebergen en Solutions Institute, Utrecht.

Dr. Quin van Dam, klinisch psycholoog, psychoanalyticus, supervisor NVP, NPaV en NVPP, eigen praktijk, Leiden, docent RINO Amsterdam, begeleider intervisiegroepen huisartsen met de Balintmethode.

Dr. Han Diesfeldt, psycholoog, zelfstandig gevestigd supervisor.

Dr. Jeannette Dijkstra, klinisch neuropsycholoog, afdeling psychiatrie en psychologie Maastricht UMC+, p-opleider Maastricht UMC+, hoofddocent klinische neuropsychologie Rino-Zuid.

Drs. Claudia Disselhorst, gezondheidszorgpsycholoog, cognitief gedragstherapeut, supervisor VGCt, Disselhorst Ouderenpsychologie, Lent/Nijmegen, docent RINO en GERION/VU medisch centrum, Amsterdam.

Dr. John Ekkerink, gezondheidszorgpsycholoog, Stichting de Waalboog, Nijmegen.

Prof.dr. Petri Embregts, orthopedagoog, gezondheidszorgpsycholoog, hoogleraar academische werkplaats Leven met een verstandelijke beperking, Tranzo, Tilburg University, Tilburg.

Drs. Henk Geertsema, gezondheidszorgpsycholoog, hoofd nascholing GERION/VU medisch centrum, Amsterdam, Centrum voor Wilsbekwaamheidsvragen, VU medisch centrum, Amsterdam.

Dr. Debby Gerritsen, psychogerontoloog, universitair hoofddocent, programmaleider Mental Health, Eerstelijnsgeneeskunde, Universitair Kennisnetwerk Ouderenzorg Nijmegen, Radboud Alzheimer centrum, Radboudumc, Nijmegen.

Prof.dr. Hilde Geurts, neuropsycholoog, bijzonder hoogleraar autisme: cognitie gedurende de levensloop, Universiteit van Amsterdam, programmagroep brein & cognitie, senior onderzoeker Dr. Leo Kannerhuis.

Dr. Chantal Geusgens, klinisch neuropsycholoog, afdeling psychiatrie en psychologie, Maastricht UMC+.

Drs. Leny Haaring, gezondheidszorgpsycholoog, zelfstandig werkzaam als docent, trainer, supervisor.
Drs. Nathalie Huitema-Nuijens, psychogerontoloog, gezondheidszorgpsycholoog, seksuoloog, PhD-student human sexuality, California Institute of Integral Studies (CIIS), San Francisco, USA.
Drs. Marga Jacobs, klinisch psycholoog, psychotherapeut, cognitief en gedragstherapeut VGCt, EFT-therapeut, supervisor NVP, privépraktijk Zeist.
Drs. Marion Klaver, gezondheidszorgpsycholoog, cognitief gedragstherapeut, supervisor VGCt, Careyn, Maria-oord, Vinkeveen.
Dr. Yolande Kuin, psychogerontoloog en gezondheidszorgpsycholoog niet praktiserend, 's-Hertogenbosch. Voorheen Radboud Universiteit Nijmegen, onderwijs en onderzoek op het gebied van de klinische psychogerontologie en zingeving.
Dr. Sanne Lamers, psychogerontoloog in opleiding tot gezondheidszorgpsycholoog, GGNet Ouderen, Apeldoorn.
Dr. Jacomine de Lange, psycholoog, lector transities in zorg, kenniscentrum Zorginnovatie, Hogeschool Rotterdam.
Dr. Paul David Meesters, ouderenpsychiater, Van Andel Ouderenpsychiatrie, GGZ Friesland.
Drs. Rianne Meeusen, gezondheidszorgpsycholoog, orthopedagoog, afdeling opname ouderen crisis care en ambulant team LVB Ouderen GGzE, Eindhoven, Consulent CCE Veldhoven, docent GITP PAO, Utrecht.
Prof.dr. Mark Miller, MD, professor of psychiatry, Dana Farnsworth Chair of Education in Psychiatry, West Virignia University, Morgantown, West Virginia, USA.
Dr. Richard Morycz, associate professor of psychiatry, medicine, and social work, University of Pittsburgh, Pittsbugh, Pennsylvania, USA.
Drs. Albert Neeleman, klinisch psycholoog, psychotherapeut en seksuoloog, manager behandelbeleid Yorneo, Papenvoort en relatieconsultant bij het Amsterdams Instituut voor Gezins- en Relatietherapie te Amsterdam.
Dr. Wietske van Oorsouw, orthopedagoog, senior onderzoeker, coördinator academische werkplaats Leven met een verstandelijke beperking, Tranzo, Tilburg University, Tilburg.
Prof.dr. Anne Margriet Pot, hoogleraar ouderenpsychologie, klinische psychologie, Vrije Universiteit Amsterdam, Trimbos-instituut in Utrecht; diplomaat World Health Organization in Genève voor dementie en langdurige zorg, uitgezonden door het ministerie van Volksgezondheid, Welzijn en Sport.
Drs. Johan Smal, gezondheidszorgpsycholoog, cognitief gedragstherapeut VGCt, Geriant, Heerhugowaard, docent GERION/VU medisch centrum, Amsterdam.
Dr. Martin Smalbrugge, specialist ouderengeneeskunde, hoofd GERION/VU medisch centrum, Amsterdam.
Dr. Carolien Smits, psycholoog, sociaal gerontoloog, lector innoveren met ouderen. Hogeschool Windesheim, Zwolle.
Drs. Wietske Soeteman, gezondheidszorgpsycholoog, EMDR Europe Practitioner, Altrecht ouderenpsychiatrie, Utrecht.
Dr. Harm-Pieter Spaans, psychiater, Parnassia Klinisch Centrum Mangostraat Den Haag, coördinator ECT-afdeling, behandelaar afdeling stemmingsstoornissen ouderen, mede-initiatator Chronotherapie Netwerk Nederland.
Dr. Tonnie Staring, klinisch psycholoog, psychotherapeut. Altrecht GGZ, afdeling vroege psychose ABC, Utrecht.

Prof.dr. Nardi Steverink, psycholoog, socioloog, hoogleraar sociologie, afdeling sociologie, Rijksuniversiteit Groningen; onderzoeker, afdeling gezondheidspsychologie, Universitair Medisch Centrum Groningen.

Dr. Saskia Teunisse, klinisch psycholoog, klinisch neuropsycholoog, Amstelring Transferafdeling, VU Medisch Centrum, universitair docent GERION/VU medisch centrum Amsterdam, hoofdopleider profielopleiding ouderenpsycholoog.

Prof.dr. Theo van Tilburg, socioloog, hoogleraar sociologie en sociale gerontologie, Vrije Universiteit Amsterdam.

Drs. Marja Vink, klinisch psycholoog, Zorgspectrum en GERION/VU medisch centrum, Amsterdam, hoofdopleider profielopleiding ouderenpsycholoog.

Dr. Marjolein de Vugt, gezondheidszorgpsycholoog, universitair hoofddocent psychiatrie en neuropsychologie, Universiteit Maastricht.

Prof.dr. Gerben Westerhof, psycholoog, hoogleraar narratieve psychologie, Universiteit Twente, Enschede.

Drs. Anne de Wit, gezondheidszorgpsycholoog, universitair docent, GERION/VU medisch centrum, Amsterdam.

Drs. Yvonne Witter, socioloog, sociaal gerontoloog, adviseur Aedes-Actiz Kenniscentrum Wonen-Zorg, Den Haag/Utrecht.

Dr. Sandra Zwijsen, neuropsycholoog, epidemioloog, VU medisch centrum, Amsterdam.

Register

A

aandachtsdeficiëntie-/hyperactiviteits-
   stoornis. Zie ADHD
aandachtsfunctie 140
ABC-schema 374
abnormaal gedrag 176
acceptance and commitment t
   herapy (ACT) 343
actietendens, emotie als 84
adaptatie-copingmodel 182, 309
ADHD 538, 544
   comorbiditeit 546
advance care planning 594
affect 86
affectie 303, 304, 308
afwijkend gedrag 176
agitatie 186
andropauze 277
anticiperend inzicht 507
   strategietraining 511
antidepressiva 76
antisociaal gedrag 159
apathiesyndroom 96
appraisal 85, 181
artrose 74
autismespectrumstoornis 538, 539
   comorbiditeit 542
   theory of mind 543
autoanamnese 141
autonomie 252

B

basisbehoeften 303
beeldvorming over ouderen 17
bekrachtiging
   differentiële 376, 382
   non-contingente 376
belangrijke andere 143
belevingsgerichte zorg 183

benefit finding 205
beroepscode psychologen 610
beroerte 72
bestaansangst 105, 110
bezoekertypische samenwerkingsrelatie 430
biogerontologie 66
biologische veranderingen 69
biologische veroudering 66
biopsychosociaal functioneren 140
biopsychosociaal model 177

C

CALTAP-model 24
casusconceptualisatie 372
challenging behavior 175
chronische pijn 446
chronische ziekte 211
cognitie 124
   automatische 357
   disfunctionele 361
cognitieve-affectieveontwikkelingstheorie 87
cognitieve diagnostiek 136
cognitieve gedragsrelatietherapie 463
cognitieve gedragstherapie (CGT) 356
   dementie 598
   psychotische stoornis 581
cognitieve interventies 378
cognitieve revalidatie 504
cognitieve stoornissen 505
cognitieve veroudering 125
   ADHD 546
   autismespectrumstoornis 543
cognitive impairment 394
comorbiditeit 68, 140
compensatiestrategie 511
compensatoire interventies 508
conditionering
   operante 179, 382
   respondente 179
conditioneringspatroon 374

construct
    cognitief-emotioneel 134
    psychologisch 174
Contextual Lifespan Theory for Adapting Psychotherapy. Zie CALTAP-model
contingentie, SORCK-model 374
continuïteitstheorie 210
cool death anxiety 323
coping (definitie) 181
copingmodel 181
    adaptatie- 182
copingstrategie
    emotieregulerend 181
    probleemoplossend 181
crystallized intelligence 127

D

daily hassles 181
delier 577
dementia care mapping (DCM) 306
    teambegeleiding 498
dementie 72, 306, 308, 590
    advance care planning 594
    apathiesyndroom 96
    autismespectrumstoornis 543
    depressie 95
    inzicht in eigen functioneren 143
    levensalbum 407
    mantelzorg 470
    relatie met ADHD 547
    reminiscentie 596
    seksueel functioneren 285
    snoezelen 597
    tovertafel 598
    verstandelijke beperking 562
    zingeving 212
    zintuigstimulering 597
depressie
    ADHD 546
    autismespectrumstoornis 541
    EMDR 446
    verstandelijke beperking 561
diabetes 75
differentiële emoties, theorie van 87
disability paradox 298

Doen bij Depressie 102, 306
    dementie 599
    mediatieve CGT 382
    preventie 347
doodsangst 322
doodsverlangen 328
dual continua-model 37, 339
dubbele vergrijzing 16

E

eenzaamheid 57
ego-integriteit 213, 318, 403, 405
egotranscendentie 319
elektroconvulsieve therapie (ECT) 100
EMDR 436
emergent inzicht 507
    strategietraining 511
emotie 84
    versus gevoel 85
emotionally focused couple therapy (EFCT) 464
emotionele steun 53
ethische kwesties in de ouderenzorg 612
eudaimonic well-being 300
eudemonische visie 35
euthanasie 318
    systeemtherapie 464
evidence-based practice in de psychologie (EBPP) 624
evidence-informed practice 626
evocatie 425
executief disfunctioneren 395
executief functioneren 506
executieve functies 133
existentiële angst 330
exposure 359
eye movement desensitization and reprocessing. Zie EMDR

F

fantoompijn 446
fluid intelligence 127
forgotten grievers 233

G

gebitsproblemen 73
gedrag 174
    abnormaal 176
    afwijkend 176
    antisociaal 159
    diagnostiek 188
    probleem- 176
    psychologische modellen 177
    verstorend 177
gedragsobservatieschalen 189
geeltjesmethode 193
geestelijke gezondheid 402
gegeneraliseerde-angststoornis 96, 107, 108, 111, 112
geheugen 128
    episodisch 130
    impliciet 131, 510
    kortetermijn- 130
    langetermijn- 130
    procedureel 131
    prospectief 131
    semantisch 131
    werk- 130
gehoorverlies 141
genderidentiteit 273
generativiteit 321, 328
genogram 461, 462
geriatrische revalidatiezorg (GRZ) 504
gerotranscendentietheorie 319
gevoel
    versus emotie 85
    versus stemming en emotie 86
gezondheid 20, 55, 207
    geestelijke 402
    zes dimensies van 299
groepspsychotherapie, dementie 599
grondstemming 86

H

habituatie 180, 185
healthy ageing-model 21
hechting 458

hedonic well-being 300
hedonistische visie 35
hersenaandoeningen, EMDR 447
heterotypische continuïteit 159
holistische theorie 372
hot death anxiety 323
hulpverlenersparadox 492

I

impliciet geheugen 131, 510
indicatiestelling 191
individualiteit 209
informatieverwerking 127
informele zorg 56, 470
inhibitietaak 133
inschatting 181
institutionalisering 182
instrumentele activiteiten van het dagelijks leven (IADL) 134
instrumentele steun 52, 56
intellectueel inzicht 507
intelligence. Zie crystallized intelligence en fluid intelligence
interpersoonlijke psychotherapie 388
interviewinstrumenten 257
intimiteit 272
inzicht
    anticiperend 507
    emergent 507
    in eigen beperkingen 507
    intellectueel 507
    ziekte- 507

K

kalenderleeftijd 16
klaagtypische samenwerkingsrelatie 420, 423, 430
klanttypische samenwerkingsrelatie 420, 423, 430
kleinschalig wonen 483
Kopgroep 483, 599
kosmische oriëntatie 319

kwaliteit van leven 298
    concept 298
    schizofrenie 579
    WHO-definitie 299

L

Laurens Therapeutisch Klimaat 512
Leefvormen en sociale netwerken van ouderen (LSN) 50
leertheoretisch model 178
    evidence 188
leervermogen 506
leren 640
levensalbum 403, 407
    migratie 528
levenseinde 213
levensloopperspectief 33
    netwerken 53
levenslooppsychologie 32, 33
levenslooptheorie 339
levensverhalen 40
levensverwachting 20
levensvragen 211
Lewy-bodydementie 577
life review 43, 400, 403
    dementie 599
    depressie 101
    -interventies 403
    migranten 528
    -therapie 342
Loket Gezond Leven 625
Longitudinal Aging Study Amsterdam (LASA) 50
loyaliteit 459

M

mantelzorg 56, 470
    ondersteuningsgroepen 474
    psychotherapie 474
meaning management-theorie 321
mediatieve cognitieve gedragstherapie 370
mediatieve therapie
    dementie 599
    psychotische stoornis 584

menopauze 277
migratie 520
    psychologische hulpverlening 529
    schizofrenie 524
    zorgbehoefte en zorggebruik 525
mild cognitive impairment (MCI) 512, 591
mindfulness 343
modelling 510
multidisciplinaire zorg 655
multidisciplinair teamoverleg 661
multifactoriële model (Kitwood) 183
multimorbiditeit 140

N

narratieve gerontologie 40
narratieve zorg 42
narrative foreclosure 42
netwerk, sociaal 50
netwerkveranderingen 53
niet-aangeboren hersenletsel 504, 510
    cognitieve revalidatie 511
normale cognitieve veroudering 125

O

observatie
    gedrags- 194
    -instrumenten 309
    participerende 194
Odensehuis 528
omgangsoverleg 494
ontwikkelingsregulatie 34
    -theorie 339
ontwikkelingstaak 41, 158
    levenseinde 318
onvoorwaardelijke of ongeconditioneerde stimulus (ucs) 179
operante conditionering 382
operante leerwet 356
oplossingsgerichte psychotherapie 377, 416
oplossingsgerichte therapie 418
osteoporose 74
ouderdomsslechthorendheid 71

ouderenpsycholoog 22
    autismespectrumstoornis en ADHD 547
    dementie 602
    kwaliteit van leven 309
    preventie 348
    professionalisering 26

P

paniekstoornis 438
    EMDR 445
Parkinson, ziekte van 72
pathologische-trekkenmodel 159
Pauzeren, Rustige omgeving, Eén ding tegelijkertijd en Tempo aanpassen (PRET) 513
person-environment fit 187
personhood-benadering 183, 305, 306
persoonlijkheidsontwikkeling 158
persoonlijkheidsstoornissen 161
persoonsgerichte benadering 183
positieve psychologie 300, 417
positiviteitseffect 254
posttraumatische groei 205
posttraumatische-stressstoornis (PTSS) 436
    EMDR 439, 441
preventie 338
priming 131
privacy 614
probleemgedrag 175, 176
processing speed theory 128
progressive disclosure 137, 507
progressive lowered stress threshold-model (PLST) 185
prolonged grief disorder 233
proxyrapportage 307
psycho-educatie
    cognitieve stoornis 507
    dementie 602
    mantelzorg 473
    preventie 347
    psychotische stoornis 581
    rouw 238
psychofarmaca 75

psychotherapie
    interpersoonlijke 388
    mantelzorg 474
    mediatieve toepassing 429
    oplossingsgerichte 377, 416
psychotische stoornis 574

Q

Quality of Life in Dementia (Qualidem) 309

R

reciprociteit 53
reciproque inhibitie 180
reflectie 648
reflectiespiraal van Korthagen 648
reframing 406
regiebehandelaar 659
relatie, persoonlijke 50
religie 210
    acculturalisatie 523
reminiscentie 43, 400, 401, 596
    -interventies 403
    volgens Butler 400
response shift. Zie disability paradox
responsinhibitie 133
rouw
    -begeleiding 238
    chronische 228
    depressie 95
    doodsangst 326
    gecompliceerde 233
    interpersoonlijke psychotherapie 392
    'gewone' 222
    oplossingsgerichte therapie 424
    -stadia 224
    -therapie 239
rouwarbeidhypothese 224
rouwsluier 227
rouwtakenmodel van Worden 230
rumineren 406

S

schadelijke omgangsstrategie 185
schema 357
schemamodus 168
schildklierafwijkingen 75
schizofrenie 574
    early-onset- 575
    late-onset 575
    migratie 524
    very-late-onset schizophrenia-like psychosis 575
seksualiteit 272
    problemen en disfuncties 281
Selectie Optimalisatie met Compensatie-theorie. Zie SOC-model
self-efficacy 304
separatieangst 235
Skinnerbox 179
slaapdeprivatie 104
snoezelen 597
sociaalconstructionisme 417
sociaal-psychologische theorie 304
sociale productiefuncties (SPF), theorie van 302
socio-emotionele-selectiviteitstheorie (SEST) 34, 54, 86, 135, 254
SOC-model 34
socratisch gesprek 362, 493
    ethiek 620
SORCK-model 179, 374
SRC-schema 374
stemming 85
stereotype embodiment 39
stress 181
subsyndromaal symptoom 340
sundowning 186
systeemtherapie 456

T

taak
    adaptieve 182
    ontwikkelings- 41, 158, 318
teambegeleiding 481
teamsamenwerking 666
terror management-theorie 320
testonderzoek 146
thanatologie 332
theory of mind
    autismespectrumstoornis 543
    psychotische stoornis 577
time-sampling 194
tovertafel 598
transcendente oriëntatie 319
traumagerelateerde angst, EMDR 444
twee-continuamodel. Zie dual continua-model

U

unmet needs-model 186

V

valangst 346
veerkracht (resilience) 231
verbondenheid 208
vergeetfobie 162
verlies 222
veroudering
    biologische 66
    cognitieve 125
verstandelijke beperking 418, 554
    dementie 562
    depressie 561
    psychopathologie 560
    psychotische stoornissen 560
verstorend gedrag 177
video-interactiebegeleiding 194, 495
vignetmethode 258
Vijffactorenmodel (Big Five) 159
visuoconstructie 132
visuospatiële vaardigheden 132

W

weerstand 420
welbevinden 35
    criteria voor 36
    emotioneel 36
    psychologisch 36
    sociaal 37
well-being paradox. Zie disability paradox
werkgeheugen 130
wilsbekwaamheid 248
    beoordeling 256
    ethiek 612
wonderdag 422
wondervraag 416, 421
    alternatieve 425

Z

zelfbeschikkingsrecht 619
zelfdeterminatietheorie 339
zelfmanagement 302
zelfrapportage-instrumenten 309
zelfrealisatietheorie 339
zelfstandigheid 210
ziekte-inzicht 424, 426, 507, 511
    strategietraining 511
zingeving 202
    thema's 205
    verlies 231
zintuigstimulering 597
zorgethiek 619